泰州文獻

第四輯

讀易集說

人系

鳳凰出版社

ISBN 978-7-5506-2232-6

9 787550 622326 >

圖書在版編目（CIP）數據

讀易集説 / (清) 朱勳撰. 人系 / 黄立編. -- 南京:
鳳凰出版社, 2015.10
（泰州文獻）
ISBN 978-7-5506-2232-6

Ⅰ. ①讀… ②人… Ⅱ. ①朱… ②黄… Ⅲ. ①《周易》
—研究②社會科學—文集 Ⅳ. ①B221.5②C53

中國版本圖書館CIP數據核字(2015)第289540號

責任編輯　王愛榮
裝幀設計　姜　嵩
出版發行　鳳凰出版傳媒股份有限公司
　　　　　鳳凰出版社(原江蘇古籍出版社)
　　　　　發行部電話 025－83223462
出版社地址　南京市中央路165號　郵編:210009
出版社網址　http://www.fhcbs.com
印　　刷　揚州文津閣古籍印務有限公司
　　　　　揚州市開發區鴻揚路22-2號(6幢)　郵編:225009
開　　本　889毫米×1194毫米　1/16
印　　張　34.25
版　　次　2015年10月第1版　2015年10月第1次印刷
標準書號　ISBN 978-7-5506-2232-6
定　　價　520.00圓
(本書凡印裝錯誤可向承印廠調換,電話:0514－87969255)

《泰州文獻》工作委員會

《泰州文獻》編纂委員會

《泰州文獻》學術指導委員會

（按姓氏筆畫为序）

江慶柏　金良年　茅家琦　華學誠　徐　雁　畢飛宇
程章燦　楊九俊　魯國堯　劉玉才　顧　農

總序

泰州古稱海陵，漢初（公元前一一七年）置縣，晋末（公元四一一年）設郡，南唐（公元九三七年）建州，始稱泰州。

泰州濱江近海，物阜民豐。漢唐以來，糧鹽並舉，商貿繁榮，爲溝通南北的重要港口城市。

泰州素爲文教昌明之邦。唐初立州學，北宋建貢院，明清開學政試院，産出大批科舉優秀人才。

泰州自古人文薈萃。走進泰州的，從范仲淹、富弼、陸佃，到孔尚任、吴讓之、蔣春霖，都留下深遠影響。走出泰州的，從張懷瓘、胡瑗、施耐庵、王艮，到李清、吴嘉紀、柳敬亭、黄龍士、李鱓、鄭燮、劉熙載、李詳、梅蘭芳、高二適，都在各自領域爲中國文化作出巨大貢獻。

泰州遺存的文獻也很豐富。僅據《江蘇藝文志》所載，便有二千七百餘種，涵蓋經、史、子、集的方方面面。其中，尤以明清時期爲夥，占到百分之九十九以上。這當中不排除由於種種原因，致使元以前的一些著述湮没無聞，但明清兩代，確是泰州文化的繁盛期。在這些文獻中，如《書斷》（張懷瓘）、《水滸傳》（施耐庵）、《王心齋先生遺集》（王艮）、《宗子相集》（宗臣）、《陋軒詩集》（吴嘉紀）、《板橋全集》（鄭燮）、《藝概》（劉熙載）、《李審言文集》（李詳）、《黄龍士先生棋譜》等，在中國文化史上都有重要地位和深遠影響。

與此同時，對鄉邦文獻進行整理的也代不乏人。自宋至清，周氏（周麟之等）、宫氏（宫偉鏐等）、陳

氏（陳應芳等）、徐氏（徐鳴柯等）等都曾致力其事，爲泰州留下了許多寶貴的文化財富。清嘉道間，鄉人夏荃編輯《海陵文徵》二十卷、附録十二卷，《海陵詩徵》十卷。民國初年，曾任江蘇省省長的鄉人韓國鈞歷經十餘年編成《海陵叢刻》計二十三種六十六册。

二〇一一年九月召開的中共泰州市第四次代表大會，提出了建設文化名城的任務。爲此，中共泰州市委、泰州市人民政府決定編纂《泰州文獻》。這是泰州有史以來對本土文獻最大規模的整理和彙編。它對於保存、利用、研究和開發泰州的歷史文化，尋繹泰州獨特的地方文化價值，爲泰州文化建設提供歷史人文資源，意義重大。

爲了保證編纂工作的順利進行，市委、市政府專門成立了工作委員會、編纂委員會和學術指導委員會。工作委員會由市委、市政府領導和相關部門負責同志組成，負責對編纂工作的領導和協調。編纂委員會由相關專家、學者組成，具體負責《泰州文獻》的編纂出版工作。學術指導委員會由江慶柏、魯國堯、程章燦、茅家琦、華學誠、徐雁、金良年等國内知名文史專家組成，負責對編纂工作的指導和把關。

編纂工作按如下幾個步驟進行：（一）進行文獻調查，建立文獻檔案；（二）精選有代表性、有學術價值的作品影印出版，選目由編纂委員會和學術指導委員會共同審議確定；（三）編輯出版《泰州文獻總目》。

《泰州文獻》分爲四輯：

第一輯『官修舊志』，收録泰州地區現存所有官修地方志。

第二輯『地方史料文獻』，收録泰州地區歷代重要的筆記和史料。按内容又可分爲史地類：收録有關泰

州歷史地理方面的著作，包括小志、專志、雜志等；政情類：收録有關泰州政治、經濟等方面的著作；文教類：收録有關文化、教育、圖書館等方面的著作。

第三輯『家族文獻』，收録泰州地區重要的家譜、家傳、家集與名人年譜。按内容又可分爲家乘傳記類：擇要收録泰州家族譜牒中的譜序、家規、家訓、箴言、族約、族記、祠田記、塋田記、雜記、著述等資料；家族總集類：以家族姓氏筆畫爲序。

第四輯『泰州文存』，收録泰州地區作者的詩文著作及其他代表性著作。按内容又可分爲學術論著類：收録泰州作者的經史雜著；文集類：收録泰州作者的詩文集；地方總集類：收録泰州作者的詩文合集。

考慮到《水滸傳》、《封神演義》（《辭海》云『一説陸西星作』）、《檮杌閑評》（學界多謂李清所作）等小説流傳甚廣，版本豐富，故不再收録。其他如堪輿、術數類著作，泰州人撰泰州地區以外的地方志、地理志類著作，一般性的彙編、摘鈔類著作，亦不予收録。

《泰州文獻》原則上收録現轄區内的作家作品。但從尊重歷史出發，泰州學派創派人物、明代思想家、哲學家王艮，平民詩人吴嘉紀等人，歷史上均屬於泰州地區，對泰州地區具有深遠的文化影響，他們的作品亦予收録。

前人給我們留下了豐厚的文化遺産，我們既要加以珍視和傳承，更要在前人的基礎上，創造出無愧於今天這個偉大時代的新篇章。這是我們更重要的使命，讓我們爲之努力。

《泰州文獻》編纂委員會

二〇一三年十月十八日

凡例

一、《泰州文獻》（以下簡稱《文獻》）分爲《官修舊志》、《地方史料文獻》、《家族文獻》和《泰州文存》四輯。

二、《文獻》收録範圍原則上爲現行政轄區内作者的著述和與泰州有關的重要著述，但考慮到歷史上曾屬於泰州地區的人物，如泰州學派的代表人物王艮、平民詩人吴嘉紀等對泰州文化深具影響，對他們的作品亦予收録。

三、所收著作成書年代限於一九四九年以前。

四、《文獻》所收著作，以學術價值、使用價值較高爲原則，適當兼顧版本價值。

五、《文獻》以影印方式出版。如有蠹損、殘缺、漫漶不清處，原則上以相同版本予以補配，以保證完整、清晰。

六、《文獻》對所收每種著作均撰寫提要，置於該著作前面，以方便讀者瞭解作者生平、主要内容、學術價值等。

七、《文獻》除保留所收著作原有頁碼外，均新編頁碼，每册頁碼自爲起訖。

八、《文獻》最後一册編有書名索引和作者索引，以方便讀者使用。

目録

讀易集説

（清）朱勷撰

《讀易集説》不分卷，清朱勳撰，據上海圖書館藏嘉慶二十二年（一八一七）資善堂刻本影印。

朱勳（？—一八二九），字晋階，號虚舟。清靖江人。由監生捐納按察使經歷，歷任按察使、布政使等職。嘉慶十八年（一八一三）任陝西巡撫。道光元年（一八二一）護理陝甘總督。

此書體例爲首列卦象，次列卦辭，以下列爻辭、彖傳、象傳、文言等。經文之外則爲宋儒解説，低一格爲周敦頤、程顥、程頤、張載、邵雍、朱熹等大儒的解説，其後再低一格爲朱震、郭雍、楊萬里、吕東萊、吕大臨等學者的解説。繫辭、説卦、序卦、雜卦諸傳俱同此例。此書不載撰者自己意見，所集俱爲宋儒之説，宋代主要《易》學家多有收録，各家之説中又以程頤之説較多。《周易》研究有象數和義理之分，此書偏重義理之説，程氏《易傳》即義理派名著，其他宋儒之説亦多取其義理成分。義理之説注重發掘《周易》的哲學價值，進而闡述儒家社會哲理、政治理想等等，此書即多采録此類解説，如《乾》：『乾，元亨利貞。』就采周子『元亨誠之通，利貞誠之復』，邵子『元者，春也，仁也』，『亨者，夏也，禮也』，張子『仁統天下之善，禮嘉天下之會』，朱子『元是生物之仁』等等。

（周　忠）

嘉慶丁丑栞

讀易集說

資善堂藏板

讀易集說　　靖江朱勳學

䷀乾下乾上

伊川程子曰重乾爲乾乾天也天者乾之形體乾者天之性情乾健也健而无息之謂乾夫天專言之則道也天且弗違是也分而言之則以形體謂之天以主宰謂之帝以功用謂之鬼神以妙用謂之神以性情謂之乾乾者萬物之始故爲天爲陽爲父爲君易傳

乾元亨利貞

周子曰元亨誠之通利貞誠之復大哉易也其性命之源乎通書

邵子曰元者春也仁也春者時之始仁者德之長時則未盛而德足以長人故言德而不言時亨者夏也禮也夏者時之盛禮者德之文盛則必衰而文不足以救之故言時而不言德故曰大哉乾元而上九有悔也利者秋之義也秋者時之成義者德之方萬物方成而獲利義者不通于利故言時而不言德也貞者冬也冬者時之末智者德之衰正則吉不正則凶故言德而不言時也故言利貞者性情也元亨利貞之德各包吉凶悔吝之事雖行乎德若違於時亦或凶矣觀物外篇

張子曰仁統天下之善禮嘉天下之會義公天下之和

信一天下之動（橫渠易說）

朱子曰大哉乾元萬物資始至哉坤元萬物資生元是生物之仁資始是得其氣資生是成其形亨是彰著利是結聚貞是收斂（語錄）

漢上朱氏曰正字足以盡貞乎曰不足以盡之貞有堅固守正之意有以守柔爲正者有以守剛爲正者有雖柔也當堅守乎其剛所謂用六也元亨利貞四者皆周流圓轉以盡易之用故非知變不足以盡之或厲或悔或吝不善用之者也（叢說）

白雲郭氏曰文言之初言四德後又曰乾元者始而亨者也利貞者性情也又觀餘卦利牝馬之貞利君子貞之類則疑其以元亨二德爲一利貞二德爲一矣蓋自易論之乾陽物也坤陰物也由乾之一卦論之則元與亨陽之類也利與貞陰之類也是猶春夏秋冬雖爲四時由陰陽觀之則春夏爲陽秋冬爲陰是以四德或爲二義可也且四德者在卦則合天地人而言之曰元亨利貞在天地人別而言之雖亦曰元亨利貞然天之所謂元亨利貞者如立天之道陰與陽之類是也地之所謂元亨利貞者如立地之道柔與剛之類是也人之所謂元亨利貞者如立人之道仁與義之類是也天地人之陰陽剛柔仁義皆可謂之元亨利貞而卦之元亨利貞不可謂之陰陽不可謂之剛柔不可謂之仁義者以卦得兼三才而三才之一物不得以兼卦故也是以乾之道天得之而爲天君父得之而爲君父圜得之而爲圜木果得之而爲木果大小不同其具四者則一而已所謂語大天下莫能載語小天下莫能破其道一也文王之易乾卦六畫之下惟元亨利貞四字而已至周公益六位爻辭六十二字而易道備孔子彖象文言成今之易而後世明觀文王之易則知周公事業所謂郁郁

乎文者也亦見文王无聲无臭同於上天之載天不已文王亦不已之義由文王以觀包犧之畫則知包犧範圍天地之道同於太極至矣（易說）

初九潛龍勿用

伊川程子曰下爻爲初九陽數之盛故以名陽爻理无形也故假象以顯義乾以龍爲象龍之爲物靈變不測故以象乾道變化陽氣消息聖人進退初九在一卦之下爲始物之端陽氣方萌聖人側微若龍之潛隱未可自用當養晦以俟時（易傳）　乾六爻如欲見聖人曾履處當以舜可見在側陋時便是潛陶漁時便是見升聞時

便是乾乾納于大麓時便是躍楊遵道錄

白雲郭氏曰爻辭皆以人道爲主龍雖非人而萬物皆人道之內又取以象聖人故乾爻稱之乾不爲龍而稱之者龍有聖人之德不必拘以乾象也初始也聖人之始果行育德未可爲時用或時亦未能致聖人皆潛可也此舜耕稼陶漁之時必至元德升聞乃命以位故潛之時宜勿自用伊尹耕於有莘傳說隱於巖野二老避於海濱亦皆是道易說

東萊呂氏曰乾之初九曰潛龍勿用坤之初六曰履霜堅冰至陽者善之類也陰者惡之類也善端初發且要涵養惡念初生便須翦除讀易紀聞

九二見龍在田利見大人

伊川程子曰田地上也出見於地上其德已著以聖人言之舜之田漁時也利見大德之君以行其道君亦利見大德之臣以共成其功天下利見大德之人以被其澤大德之君九五也乾坤純體不分剛柔而以同德相應易傳

九三君子終日乾乾夕惕若厲无咎

邵子曰周公思兼三王以施四事其有不合者仰而思之坐以待旦夕惕若之謂也

伊川程子曰三雖人位已在下體之上未離於下而尊顯者也舜之元德升聞時也日夕不懈而兢惕則雖處危地而无咎在下之人而君德已著天下將歸之其危懼可知雖言聖人事苟不設戒則何以爲教作易之義也易傳

白雲郭氏曰三居臣道之尊當興事造業之任故終日乾乾法乾之健不遑休息此大禹三過其門不入之時然天下之理高則危滿則溢必戰戰兢兢然後无危溢之患是以九三位極之君子能朝夕惕然則雖處危地无咎矣若厲者雖危也禹曰予思日孜孜

舜稱其不自滿假孟子稱其聞善言則拜皆夕惕之意也乾之道堯舜得其大禹得其健雖欲不爲帝王不可得已故堯舜禹之授受係乎道之自然聖人初无心於其間焉易說

誠齋楊氏曰勤於德而懼于位則危者安矣何咎之有易傳

九四或躍在淵无咎

張子曰處陰故曰在淵易說

伊川程子曰淵龍之所安也或疑辭謂非必也躍不躍惟及時以就安耳聖人之動无不時也舜之歷試時也

易傳

白雲郭氏曰初居下體之下潛者也潛則行而未成故不可用四居上卦之下猶有淵義雖潛道已革而无在田之位進退惟時固不可躍而進也然君子進德修業欲及時居近君之位時其可失乎是以疑於可進而自躍也可以仕則仕可以止則止所謂或躍也六爻之義大率以初爲未仕四爲已仕二爲應君之臣三爲人臣尊極之位葢下卦以漸進而四爲近君故二多譽得君也四多懼近君也三多凶危也易說

九五飛龍在天利見大人

伊川程子曰進位乎天位也聖人既得天位則利見在下大德之人與共成天下之事天下固利見夫大德之君也易傳

兼山郭氏曰九五飛龍在天利見大人龍者變化而不測者也以天德而居天位是以謂之飛龍在天也猶之乘六氣御青天呼吸風雷震蕩下土及其霽也風沈雷滅了不知其所之反視太虛廓然曾无遺迹惟九五之得一是以能體之如聖人有作於天下萬物覩之而蕩蕩巍巍不可得而名言者也利見大人者言有君必有臣有德必有鄰所以相應相求相須而治也易說

白雲郭氏曰孔子曰惟天爲大惟堯則之孟子曰大舜有大焉則大人莫大於堯舜也然堯以不得舜爲已憂舜以不得禹臯陶爲已憂雖堯舜之大其憂尚如此此九五大人之君所以利見九二大人之臣也天位不可階而升也故稱飛龍焉易說

上九亢龍有悔

伊川程子曰九五者位之極中正者得時之極過此則亢矣上九至於亢極故有悔也有過則有悔惟聖人知進退存亡而无過則不至於悔也易傳

白雲郭氏曰九三過而惕故无咎上九過而亢故有悔然則龍德莫善於惕而莫不善於亢也亢則不知進退存亡其悔宜矣堯老而舜攝舜亦以命禹伊尹復政厥辟周公復子明辟君臣之間皆有是道故知進退存亡者其唯聖人乎易說

用九見羣龍无首吉

伊川程子曰用九者處乾剛之道以陽居乾體純乎剛者也剛柔相濟爲中而乃以純剛是過乎剛也見羣龍謂觀諸陽之義无爲首則吉也以剛爲天下先凶之道也易傳 或問用九只在上九一爻非也六爻皆用九故

曰見羣龍无首吉用九便是行健處天德不可爲首言乾以至剛健又安可更爲物先爲物先則有禍所謂不敢爲天下先乾順時而動不過處便是不爲首六爻皆同楊遵道錄

朱子曰用九言凡筮得陽爻者也皆用九而不用七蓋諸卦百九十二陽爻之通例也以卦純陽而居首故於此發之而聖人因繫之辭使遇此卦而六爻皆變者卽此占之蓋六陽皆變剛而能柔吉之道也故爲羣龍无首之象而其占爲如是則吉也本義

白雲郭氏曰九天德也用天德者徧覆包含无所不

容其於見羣龍而容之有餘裕矣夫是之謂大人大人有容天下之德而无長天下之志至於天下樂推首出庶物之際一以无心應之而已象言天德不可爲首爲者自爲之辭无首者戒其无自爲首也是以堯无能名舜有天下而不與文王三分有其二而事殷皆无首之道孔子曰天何言哉四時行焉百物生焉知此然後盡用九无首之吉也乾坤純備天地九六之道故稱用九用六它卦雜而不純雖有所用亦乾坤之九六也易說

彖曰大哉乾元萬物資始乃統天雲行雨施品物流形大明終始六位時成時乘六龍以御天乾道變化各正性命保合太和乃利貞首出庶物萬國咸寧

周子曰誠者聖人之本大哉乾元萬物資始誠之源也乾道變化各正性命誠斯立焉純粹至善者也通書

張子曰雲行雨施散而无不之也言乾發揮偏被於六十四卦各使成象變言其著化言其漸萬物皆始故性命之各正惟君子爲能與時消息順性命躬天德而誠行之也精義時措故能保合太和健利且貞孟子所謂終始條理集大成於聖智者與　乾道變化各正性命此謂六爻言天道變化趨時者六爻各隨時自正其性

命謂六位隨時正性命各有一道理蓋爲時各不同正蒙

伊川程子曰大哉乾元贊乾元始萬物之道大也四德之元猶五常之仁偏言則一事專言則包四者萬物資始乃統天言元也乾元統言天之道也天道始萬物萬物資始於天也雲行雨施品物流形言亨也天道運行生育萬物也大明天道之終始則見卦之六位各以時成卦之初終乃天道終始乘此六爻之時乃天運也以御天謂以當天運乾道變化生育萬物洪纖高下各以其類各正性命也天所賦爲命物所受爲性保合太和乃利貞保謂常存合謂常和保合太和是以利且貞也

天地之道常久而不已者保合太和也天爲萬物之祖王爲萬邦之宗乾道首出庶物而萬彙亨君道尊臨天位而四海從王者體天道則萬國咸寧也易傳 維天之命於穆不已忠也乾道變化各正性命恕也胡氏拾遺

朱子曰彖即文王所繫之辭傳者孔子所以釋經之辭也此專以天道明乾義又析元亨利貞爲四德以發明之而此一節首釋元義也大哉嘆辭元大也始也乾元天德之大始故萬物之生皆資之以爲始也又爲四德之首而貫乎天德之始終故曰統天雲行雨施品物流形釋乾之亨也大明終始六位時成始即元也終謂貞

也不終則无始不貞則无以爲元也此言聖人大明乾道之終始則見卦之六位各以時成而乘此六陽以行天道是乃聖人之元亨也乾道變化至乃利貞變者化之漸化者變之成物所受爲性天所賦爲命太和陰陽會合沖和之氣也各正者得於有生之初保合者全於已生之後此言乾道變化无所不利而萬物各得其性命以自全以釋利貞之義也首出庶物萬國咸寧聖人在上高出於物猶乾道之變化也萬國各得其所而咸寧猶萬物之各正性命而保合太和也此言聖人之利貞也蓋嘗統而論之元者物之始生亨者物之暢茂利則向於實也貞則實之成也實之既成則其根蔕脫落可復種而生矣此四德之所以循環而无端也然而四者之間生氣流行初无間斷此元之所以包四德而統天也其以聖人而言則孔子之意蓋以此卦爲聖人得天位行天道而致太平之占也雖其文義有非文王之舊者然讀者各以其意求之則並行而不悖也本義 天人一理人之動乃天之運也然以私意而動則人而不天矣惟其潛見飛躍各得其時則是以人當天也然不言當天而曰御天以見進退遲速之在我矣語錄

廣平游氏曰乾曰大哉坤曰至哉大則无所不包至

則无所不盡乾之大无方而坤則未離乎方也易說

兼山郭氏曰乾健也健而不息之謂乾蓋天體於上而日月星辰繫焉自古至今一息之不留常行而不改周旋而不殆此萬化之所從出也猶人之精神之運照知事物之不窮體夫天道之不息者也是故昔之言易者必三復其道而備言之元亨利貞者何謂也大无不包細无不舉是以謂之元也及其用也如天地之絪縕男女之構精故有所謂雲行雨施者矣彼在天者成象在地者成形是所謂品物流形者也既有元有亨斯有體有用則不能无推移有推移不

能无終始而此實大明之所以成六位也易說

白雲郭氏曰乾之四德元爲大元爲始彖論一卦之才故首言乾元元之在乾猶人之有首也萬物之所以資始者在此且雲行雨施品物流形天之長育萬物健而亨之道也而乾元則統之聖人知此故大明乾元終始一卦之道得所謂潛見飛躍各以其時而成六位矣此周公繫爻之義也六位旣以時成則聖人可以乘此而用天道或潛或見或惕或躍或飛或亢亦各因其時而乘焉此聖人法乾用九之道也故孔子曰乾元用九乃見天則且乾道之變化也蓋非

物物而生之大闢資始之戶使萬物各得其性命之正而已各得其性命之正則萬物无一物之不和是之謂保合太和乾始能以美利利天下不言所利者以此是乃乾之所謂利貞也聖人知乾之利貞在此而不在彼故法各正性命之道以出庶物法保合太和之道以寧萬國則首出庶物而萬國咸寧矣此又聖人法乾用九之道也故孔子曰乾元用九天下治也易之彖非獨統論一卦之體蓋以人事兼明之易說

象曰天行健君子以自彊不息

張子曰道行也所行卽是道易言天行健天道也易說

伊川程子曰卦下象辭一卦之象爻下象辭一爻之象諸卦皆取象以爲法乾道覆育之象至大非聖人莫能體欲人皆可取法也故取其行健而已非至健固不足以見天道也君子以自彊不息法天行之健也易傳

潛龍勿用陽在下也

伊川程子曰陽氣在下君子處微未可用也易傳

白雲郭氏曰在下非獨處微亦陽未動而時未至故也易說

見龍在田德施普也

伊川程子曰見於地上德化及物其施已普也易傳

白雲郭氏曰時至而出兼善天下膏澤下於民之時也易說

終日乾乾反復道也

伊川程子曰進退動息必以道也易傳　反復道也言終日乾乾往來皆由於道也三位在二體之中可進而上可退而下故言反復張釋錄

白雲郭氏曰乾乾自彊不息也自彊不息則反復皆天道造次顛沛必於是也易說

或躍在淵進无咎也

張子曰或躍進退皆可在淵者性退也故指其時而言

也易說

伊川程子曰量可而進適其時則无咎易傳

白雲郭氏曰四爲有位之臣與五同功雖有進退之義而義在有爲故進亦无咎聖人懼其近而必進故或之亦慮其退而失時故曰進无咎也易說

飛龍在天大人造也

張子曰乾之九五曰飛龍在天利見大人乃大人造位天德成性躋聖者耳若夫受命首出則所性不存焉故不曰位乎君位而曰位乎天德不曰大人君矣而曰大人造也易說

伊川程子曰大人之爲聖人之事也易傳

亢龍有悔盈不可久也

伊川程子曰盈則變有悔也易傳

朱子曰亢者過于上而不能下之意也陽極于上動必有悔本義

白雲郭氏曰易窮則變變則通通則久亢不知變其能久乎易說

用九天德不可爲首也

明道程子曰文王之所以爲文也純亦不已此乃天德也有天德便可語王道劉絢錄

伊川程子曰用九天德也天德陽剛復用剛而好先則過矣易傳

白雲郭氏曰善用天德者用其大不善用天德者用其強強无不反也處衆則欲長有功則欲伐故聖人於是戒之益贊於禹曰滿招損謙受益時乃天道其知用天德者與易說

文言曰元者善之長也亨者嘉之會也利者義之和也貞者事之幹也

明道程子曰天地之大德曰生天地絪縕萬物化醇生之謂性告子此言是而謂犬之性猶牛之性牛之性猶人之性則非也萬物之生意最

可觀此元者善之長也斯可謂仁也人與天地一物也而人特自小之何邪劉質夫錄

伊川程子曰元亨利貞乾之四德在人則元者衆善之首也亨者嘉美之會也利者和合於義也貞者幹事之用也易傳 陰爲小人利爲不善不可一槩論夫陰助陽以成物者君子也其害陽者小人也夫利和義者善也其害義者不善也張繹錄

君子體仁足以長人嘉會足以合禮利物足以和義貞固足以幹事君子行此四德者故曰乾元亨利貞

伊川程子曰君子體仁足以長人體法於乾之仁乃爲

君長之道足以長人也體仁體元也比而效之謂之體
嘉會足以合禮得會通之嘉乃合於禮也不合禮則非
理豈得爲嘉非理安有亨乎利物足以和義和於義乃
能利物豈有不得其宜而能利物者乎貞固足以幹事
貞固所以能幹事也君子行此四德乃合於乾也易傳
朱子曰此篇申彖傳象傳之意以盡乾坤二卦之蘊而
餘卦之說因可以例推云元者善之長也元者生物之
始天地之德莫先於此故於時爲春於人則爲仁而衆
善之長也亨者生物之通物至於此莫不嘉美故於時
爲夏於人則爲禮而衆美之會也利者生物之遂物各

得宜不相妨害故於時爲秋於人則爲義而得其分之
和貞者生物之成實理俱備隨在各足故於時爲冬於
人則爲智而爲衆事之幹幹木之身枝葉所依以立者
也君子體仁以仁爲體則無一物不在所愛之中故足
以長人嘉其所會則無不合禮使物各得其所利則義
無不和貞固者知正之所在而固守之所謂知而勿去
者也故足以爲事之幹君子行此四德者非君子之至
健無以行此故曰乾元亨利貞本義　元者善之長以下
四句說天德之自然君子體仁足以長人以下四句說
人事之當然元只是善之長萬物生理皆始於此衆善

百行皆統於此故於時爲春於人爲仁亨是嘉之會嘉
美也會猶齊也嘉會衆美之會猶言齊好也春天發生
萬物未大故齊到夏時洪纖高下各各暢茂蓋春方生
育至此乃无一物不暢茂其在人則禮儀三百威儀三
千事事物物大大小小一齊到恰好處所謂動容周旋
皆中禮故於時爲夏於人爲禮利者爲義之和萬物至
此各遂其性事理至此无不得宜故於時爲秋於人爲
義貞者乃事之幹萬物至此收斂成實事理至此无不
的正故於時爲冬於人爲智此天德之自然其在君子
所當從事於此者則必體仁乃足以長人嘉會足以合

禮利物足以和義貞固足以幹事此四句倒用上面四
箇字極有力體者以仁爲我之骨我以之爲體仁皆從
我發出故无物不在所愛所以能長人嘉會足以合禮
者言須是美其所會也欲其所會之美當美其所會蓋
其厚薄親疎尊卑小大相接之體各有節文无不中節
即所會皆美所以能合於禮也利物足以和義使物物
各得其利則義无不和蓋義是斷制裁割若似不和然
惟義能使事物各得其宜不相妨害自无乖戾而各得
其和所以爲義之和也貞正也知其正之所在固守而
不去故足以爲事之幹幹事言事之所依以立蓋正而

能固萬事依此而立在人則是智至靈至明是是非非確然不可移易不可欺瞞所以能立事也幹如板築之有楨幹無是非之心非知也知得是是非非之正堅固確守不可移易故曰知　元者善之長也亦仁而已體仁則痒痾疾痛舉切吾身故足以長人亨者嘉之會會通也通有交之意嘉會猶言慶會會通而不嘉者有矣如小人同謀其情非不通也然非嘉美之會又安有亨乎利者義之和和合於義即利也利物足以和義蓋義者得宜之謂也處得其宜不逆於物即所謂利則利之行豈不足以和義乎貞者事之幹徹頭徹尾不可欠缺

人之遇事所以頹惰不立而失其素志者不貞故也仁爲四德之首而智則能成始而成終猶元爲四德之長然元不生於元而生於貞蓋天地之化不翕聚則不發散也仁智交際之間乃萬化之機軸此理循環不窮脗合无間故不貞則无以爲元也　利如未有仁而遺其親未有義而後其君之利義斷是非別曲直近於不和然是非曲直辨便是利乃是和處也義之和處便是利如君臣父子各得其宜此便是義之和處安得不云利如君不君臣不臣父不父子不子此便是不和安得云利並語錄

漢上朱氏曰守正堅固不爲萬物之所撓奪乃能建立庶事易傳

東萊呂氏曰貞固足以幹事世人多謂疏通者能幹事貞固者不能幹事此蓋錯認朴拙爲貞固耳殊不知世所謂疏通者雖能趣辦目前然不貞不固終必敗事故惟貞固爲能幹事也紀聞

初九曰潛龍勿用何謂也子曰龍德而隱者也不易乎世不成乎名遯世无悶不見是而无悶樂則行之憂則違之確乎其不可拔潛龍也

明道程子曰樂則行之憂則違之樂與憂皆道也非已

之私也劉絢錄

伊川程子曰自此以下言乾之用用九之道也初九陽之微龍德之潛隱乃聖賢之在側陋也守其道不隨世而變晦其行不求知於時自信自樂見可而動知難而避其守堅不可奪潛龍之德也易傳

朱子曰龍德聖人之德也在下故隱易謂變其所守大抵乾卦六爻文言皆以聖人明之有隱顯而無淺深也本義

行而未成只是事業未就伊川云未成是未著如尹居有莘之時便是行而未成語錄

白雲郭氏曰道與世合則出而見道與世違則隱而

潛惟有德者能之古之人邦无道至死不變又曰邦无道則愚豈不易乎世不成乎名者歟遯世无悶獨善其身者也不見是而无悶人不知而不慍者也行其所可樂違其所可憂此顔子所以不改其樂而人不堪其憂也易說

九二曰見龍在田利見大人何謂也子曰龍德而正中者也庸言之信庸行之謹閑邪存其誠善世而不伐德博而化易曰見龍在田利見大人君德也

伊川程子曰以龍德而處正中者也在卦之正中爲得正中之義庸信庸謹造次必於是也既處无過之地則

惟在閑邪邪既閑則誠存矣善世而不伐不有其善也德博而化正已而物正也皆大人之事雖非君位君之德也易傳　如何是閑邪非禮而勿視聽言動邪斯閑矣呂與叔録

藍田呂氏曰皆乾也九二之中君德也九五之中天德也君德使民有所視傚故曰見天德卓越積盛而至不可階而升故曰飛人倫者天下之常道百世所不易大君所先治也九二人道之極而位中正惟人倫之爲務故庸言之信庸行之謹九二成德所以常久而不倣在乎閑邪不伐而已初潛學也二見用也

三乾乾四或躍離乎人而未至於天也五絕羣離類位乎天也上過則亢大成若缺則不至乎亢以有悔也[redacted]

白雲郭氏曰初九潛而勿用故孔子言其隱德九二見而在田故孔子言其龍德之著見者由二爻以觀之中庸所謂誠則形形則著著則明明則動動則變變則化之序也庸言之信庸行之謹言行之見者安行之也惟正故能閑邪惟中故能存誠閑邪所以存其誠也有善世之功而不自伐故天下莫與汝爭功有正中龍德博而物化故能盡性盡人物之性豈非

閑邪存誠之所致歟君之德正中而已九二所謂咸有一德者也易說

九三曰君子終日乾乾夕惕若厲无咎何謂也子曰君子進德修業忠信所以進德也修辭立其誠所以居業也知至至之可與幾也知終終之可與存義也是故居上位而不驕在下位而不憂故乾乾因其時而惕雖危无咎矣

張子曰適在不安之位故曰因其時求致用者幾不可緩將進德者徙義必精此君子所以立多凶多懼之地乾乾德業不少懈於趨時也知至極盡其所知也易說

伊川程子曰忠信所以進德者何也閑邪則誠自存誠

存斯爲忠信也吕與叔錄　學者必知所以入德不知所以
入德未見其能進也故孟子曰不明乎善不誠其身易
曰知至至之胡氏拾遺
朱子曰忠信主於心者無一念之不誠也修辭見於事
者無一言之不實也雖有忠信之心然非修辭立誠則
无以居之知至至之進德之事知終終之居業之事所
以終日乾乾而夕猶惕若者以此故也可上可下不驕
不憂所謂无咎也本義　忠信所以進德忠信實也然從
知上來吾心知得是非端的是如此心便實實便忠信
吾心以爲實然從此做去卽是進德處修辭立誠又是

進德事　忠信猶言實其善之謂非主忠信與朋友交
而有信之忠信也進者日新而不已居者一定而不易
忠信進德修辭立誠居業工夫之條件也知至至之可
與幾知終終之可與存義工夫之功程也此一段只是
說終日乾乾而已　德是得之於心業是見之於事修
業居業二者只是一意居守也逐日修作時是修常常
爲此是守　知至至之此知謂進德者也知終終之此
知謂居業者也進德者日日新又日新進而不已也居
業者日日守定在此也然必內有忠信方能修辭心不
在時如何修得於乾言忠信者有健而无息之意于坤

言敬者有順而有常之意　知至至之主在至上知終
終之主在終上進字貼著那幾字至字又貼著那進字
終是要守居字貼著那存字終字又貼著那居字德是
心上說義是業上底道理　問知至至之致知也知終
終之力行也雖是如此知至知終皆致知事至之終之
皆力行事然知至至之主於知故可與幾知終終之主
於行故可與存義如何先生曰知至至之者言此心所
知者眞个到那所知田地雖行未到而心已到故其精
微幾密一齊在此故曰可與幾知終終之者旣知到極
處便力行進到極處此眞實見於行事故天下義理都

无走失故曰可與存義　知至至之進德之事以知得
端的此心自實從此實處做便是進德處也　或問修
辭立其誠修辭所以立其誠意非徒修飾爲也若修飾
則秪不誠矣平居亦當察此而聖人獨言於九三者蓋
當危疑之地人情之變辭危則易亢辭遜則易枉亦難
乎有言矣於是焉而能修之則誠立矣語錄
廣平游氏曰忠信所以進德也如甘之受和白之受
采故善學者其心以忠信爲主不言則已言而必忠
信也故其言爲德言不行則已行而必忠信也故其
行爲德行止而思動而爲无時而不在是焉則安往

而非進德哉故爲仁不主於忠信則仁必出於姑息爲義不主於忠信則義必出於矯抗操是心以往則禮必出於足恭智必出於行險安往而非敗德哉而何進德之有壽譬之欲立數仞之墻而浮埃聚沫以爲基亦没世不能立矣語解

龜山楊氏曰修辭立誠而剛大之氣形諸外則鄙倍斯遠矣語解

白雲郭氏曰乾健也乾乾健之至其自强不息可知也蓋不如是不足以進德修業大有爲於天下也德在我者也非內盡忠信則德不可進事業措諸天下

者也其修辭外見者未見其所以盡成已成物之道皆不足以居業也事之方來可至者至之君子知動之微作事謀始也事之已往當終者終之君子存謹終如始之義也卦至於三其道革矣自初至三可終之德業也自四以往可至之德業也旣盡善始善終之道故居三之尊而不驕任五之事而不憂雖在危地何咎之有夫內以忠信而進德外以辭誠而居業知至之幾知終之義不驕不憂皆乾乾而夕惕者也修辭立其誠如皐陶矢厥謨之類是也發號施令皆修辭也以誠爲主易說

九四曰或躍在淵无咎何謂也子曰上下无常非爲邪也進退无恒非離羣也君子進德修業欲及時也故无咎

張子曰以陽居陰故曰在淵位非所安故或以躍德非爲邪故進退上下唯義所適唯時所合故曰欲及時也能如此擇義則无咎也易說

朱子曰內卦以德學言外卦以時位言進德修業九三備矣此則欲其及時而進也上而躍下而退是无常也意在公天下非爲邪也進退无恒者時使之然非苟欲離羣類也本義

東萊呂氏曰九四一章須看故无咎三字凡人規行

矩步自然无失若進退无常豈能无咎惟九四或躍或潛或進或退乃无咎者以其進德修業之及時也蓋進德修業不可先時不可後時須識時中之義易說

九五曰飛龍在天利見大人何謂也子曰同聲相應同氣相求水流濕火就燥雲從龍風從虎聖人作而萬物覩本乎天者親上本乎地者親下則各從其類也

朱子曰作起也物猶人也覩釋利見之意也本乎天者謂動物本乎地者謂植物物各從其類聖人人類之首也故興起於上則人皆見之本義

白雲郭氏曰大哉君臣之道各從其類如是之至也

故湯使聘之幡然而改者商之一德之臣也閎文王
與而盍歸乎來者周之同德之臣也雖求之於上應
之於下在人事如此而有必應必親之道者係乎龍
德之同耳易說
上九曰亢龍有悔何謂也子曰貴而无位高而无民賢人
在下位而无輔是以動而有悔也
伊川程子曰九居上而不當尊位是以无民无輔動則
有悔也易傳
朱子曰賢人在下位謂九五以下无輔以上九過高志
滿不來輔助之也本義

東萊呂氏曰過中則亢中不可過上過五故亢日中
則昃月盈則食亢之理也賢者過之亦是道術之亢
若清虛絕滅之學所見非不自高然至於无位无民
无輔則皆不可用易无所不載故此亦可以言亢易說
上九賢人在下位而无輔蓋上九窮高極亢不能
下賢所以賢人在下位而不輔之也紀聞
潛龍勿用下也見龍在田時舍也終日乾乾行事也或躍
在淵自試也飛龍在天上治也亢龍有悔窮之災也乾元
用九天下治也
張子曰九二居大中安止之地至於三四則不得所安

也易說 大而得易簡之理當成位乎天地之中時舍而
不受命乾九二有焉及夫化而聖矣造而位天德矣則
富貴不足以言之正蒙
伊川程子曰此以下言乾之時勿用以在下未可用也
時舍隨時而止也行事進德修業也自試隨時自用也
上治得位而行上之治也窮之災窮極而災至也天下
治用九之道天與聖人同得其用則天下治也易傳
白雲郭氏曰下也曰下言微也如有鰥在下也前言
位之人也後言爻之時也時舍時可進故隨時而舍
明有正中君德亦必待時行事與事造業大有為也

自試君子謹失時之戒故或自試上治以天德位天
位治所從出窮之災窮不知變故災至天下治知乾
元之義而用天德則治矣易說
東萊呂氏曰乾元用九天下治也乾天也元聖人也
天无時而不用九而天下有治不治者由居其下者
无用九之聖人耳聖人與天同德則天下治矣易說
潛龍勿用陽氣潛藏見龍在田天下文明終日乾乾與時
偕行或躍在淵乾道乃革飛龍在天乃位乎天德亢龍有
悔與時偕極乾元用九乃見天則
張子曰乾二五皆正中之德五則曰大人造也又曰聖

人作而萬物覩大人而升聖乃位乎天德也不言帝王而言天德位不足道也所性不存焉潛龍自是聖人之德備具但未發見見龍成性至飛龍則位天德九五言乃位乎天德蓋是成聖實到也不言首出所性不存焉其實天地也不曰天地而曰天德言德則德位皆造故曰大人造也至此乃是大人之事畢矣五乾之極盛處故以此當聖人之成德言乃位即是實到爲已有也若由思慮勉勉而至者止可言知不可言位也乃位則實在其所矣大抵語勉勉者則是大人之分也勉勉則猶或有退少不勉勉斯退矣所以須學問進德修業欲成

性也成性則從心皆天也所以成性則謂之聖者如夷之清惠之和不必勉勉彼一節而成性若聖人則於天以成性易說

伊川程子曰此以下言乾之義方陽微潛藏之時君子亦當晦隱未可用也天下文明龍德見於地上則天下見其文明之化也與時偕行隨時而進也乾道乃革離下位而升上位上下革矣乃位乎天德正位乎上位當天德與時偕極時既極則處時者亦極矣乃見天則用九之道天之則也天之法則謂天道也易傳

廣平游氏曰揲蓍之法過九六之數則變乾以純陽故陽極而亢坤以純陰故陰極而戰如其不變則亢而災戰而傷不能免也乾以用九則陽知險而變故无首而吉坤以用六則陰知阻而變故永貞而利乾坤純乎陰陽者也故有用九用六與他卦不同將來者進成功者退天之則也故乾元用九乃見天則易說

白雲郭氏曰陽氣潛藏則閉塞未亨之時天下文明君子出則道大明與時偕行時可行健君子應時行之行謂用也乾道乃革潛龍之義至四而革矣乃位乎天德有天德而得天位也與時偕極乾道極矣時不復矣而不知止故與偕極乃見天則惟天爲大惟

堯則之觀用九之義見天之可則也易說

乾元者始而亨者也利貞者性情也乾始能以美利利天下不言所利大矣哉

伊川程子曰既始則必亨不亨則息矣乾之性情也既始而亨非利貞其能不息乎乾始之道能使庶類生成天下蒙其美利而不言所利者蓋无所不利非可指名也故贊其利之大曰大矣哉易傳

大哉乾乎剛健中正純粹精也六爻發揮旁通情也時乘六龍以御天也雲行雨施天下平也

伊川程子曰剛則不屈健則不息中則無過不及正則

不邪純則不雜粹則无疵屈于物欲非剛也有始無卒
非健也過與不及非中也背義就利非正也所守偏駁
非純也未能盡善非粹也李衡學易記
朱子曰乾元始則必亨理勢然也利貞收斂歸藏乃見
性情之實乾始始者元而亨也利天下者利也不言所
利者貞也或曰坤利牝馬則言所利矣剛以體言健兼
用言中者其行无過不及正者其立不偏四者乾之德
也純者不雜於陰柔粹者不雜於邪惡蓋剛健中正之
至極而精者又純粹之至極也或疑乾剛无柔不得言
中正者不然也天地之間本一氣之流行而有動靜耳

以其流行之統體而言則但謂之乾而无所不包矣以
其動靜分之然後有陰陽剛柔之別也旁通猶言曲盡
時乘言聖人乘六龍以御天則如天之雲行雨施而天
下平也本義
兼山郭氏曰乾之爲乾剛健中正純粹精是也考乾
之象則六爻不齊能盡乾之義就其中正而純全焉
獨見乎九五所以取象於飛龍也必也考論其精微
則七者咸在也蓋陽德爲剛乾德爲健以位則中以
才則正上下无異體故謂之純內外无偏係故謂之
粹它卦莫能與之同故謂之精易說

劉氏曰乾之六爻發越揮散于六十二卦之間曲盡
天道萬物之理學易記
君子以成德爲行日可見之行也潛之爲言也隱而未見
行而未成是以君子弗用也
張子曰成德爲行德成自信則不疑所行日見於外可
也易說
伊川程子曰德之成其事可見者行也德成而後可施
於用初方潛隱未見其行未成未成未著也是以君子
弗用也易傳
朱子曰成德已成之德也初九固成德但其行未可見

耳本義
君子學以聚之問以辯之寬以居之仁以行之易曰見龍
在田利見大人君德也
伊川程子曰聖人在下雖已顯而未得位則進德修業
而已學聚問辯進德也寬居仁行修業也君德已著利
見大人而進以行之耳進居其位者舜禹也進行其道
者伊尹傅也易傳
廣平游氏曰乾之道不盡於九二故有學問坤之道
盛於六二故不習无不利易說　閑邪存誠此尊德性
也非學以聚之問以辯之則擇善不明矣中庸解

兼山郭氏曰九二見龍在田以君德而處臣位在君子方學以聚之問以辯之者也田非不可安安之非所宜也是以利見大人蓋以待徵學以待發故也易說

東萊呂氏曰學聚問辯而又曰寬以居之何也蓋到此地位正須涵養此理迫則失之矣紀聞

九三重剛而不中上不在天下不在田故乾乾因其時而惕雖危无咎矣

伊川程子曰三重剛剛之盛也過中而居下之上上未至於天而下已離於田危懼之地也因時順處乾乾兢惕以防危故雖危而不至於咎君子順時兢惕所以能

泰也易傳

九四重剛而不中上不在天下不在田中不在人故或之或之者疑之也故无咎

伊川程子曰四不在天不在田而出人之上矣危地也疑者未決之辭處非可必也或進或退惟所安耳所以無咎也易傳

白雲郭氏曰四承重剛多懼之地上不爲中正之君下不爲同德之臣中非與事造業之任故於進退懼而或之也或之則毋必是以可進則進可退與退故无咎易說

漢上朱氏曰四上不在天下不在田或進而之五則中不在人可懼之地也故疑而未決上下進退不必於處是以无咎九三之惕九四之疑可謂能用九矣雖重剛不中何患於過乎易傳

夫大人者與天地合其德與日月合其明與四時合其序與鬼神合其吉凶先天而天弗違後天而奉天時天且弗違而況於人乎況於鬼神乎

伊川程子曰大人與天地日月四時鬼神合者合乎道也天地者道也鬼神者造化之迹也聖人先於天而天同之後於天而能順天者合於道而已合於道則人與

鬼神豈能違也易傳 天且不違況於鬼神乎鬼神言其功用天言其主宰游氏拾遺

朱子曰大人卽釋爻辭所利見之大人也有是德而當其位乃可以當之人與天地鬼神本无二理特蔽於有我之私是以梏於形體而不能相通大人无私以道爲體曾何彼此先後之可言哉先天不違謂意之所爲默與道契後天奉天謂知理如是奉而行之本義 先天而天弗違者如禮雖先王未之有而可以義起之類蓋雖天之所未爲而吾意之所爲自與道契天亦不能違也後天而奉天時如天敘有典天秩有禮之類雖天之所

已爲而理之所在吾亦奉而行之耳葢大人无私以道爲體此一節只是釋大人之德語錄

白雲郭氏曰天下至大也非有大德者不能有天下惟有大德故其德有容无私於覆載其明无不及无私於照臨其序有常无私於生養其吉凶有感无私於賞罰是以能同於天而无相違之道況於人鬼乎易說

漢上朱氏曰道者循萬物之理而行其所无事者也天地之覆載日月之照臨四時之消長鬼神之吉凶豈有意爲之哉大人其道與天地日月四時鬼神合

故順至理而推行之先後天而弗違天且不違而況於人乎況於鬼神乎易傳

亢之爲言也知進而不知退知存而不知亡知得而不知喪其唯聖人乎知進退存亡而不失其正者其唯聖人乎

伊川程子曰極之甚爲亢至於亢者不知進退存亡得喪之理也聖人則知而處之皆不失其正故不至於亢也易傳

朱子曰知其理勢如是而處之以道則不至於有悔矣固非計私以避害者也本義

☷☷ 坤下坤上

朱子曰一一者偶也陰之數也坤者順也陰之性也陰之成形莫大於地此卦三畫皆偶故名坤而象地重之又得坤焉則是陰之純順之至故其名與象皆不易也本義

坤元亨利牝馬之貞君子有攸往先迷後得主利西南得朋東北喪朋安貞吉

伊川程子曰坤乾之對也四德同而貞體則異乾以剛固爲貞坤則柔順而貞牝馬柔順而健行故取其象曰牝馬之貞君子所行柔順而利且貞合坤德也陰從陽者也待唱而和陰而先陽則爲迷錯居後乃得其常也

主利利萬物則主於坤生成皆地之功也臣道亦然君令臣行勞於事者臣之職也西南陰方東北陽方陰必從陽離喪其朋類乃能成化育之功而有安貞之吉得其常則安安於常則貞是以吉也易傳

朱子曰陽先陰後陽主義陰主利西南陰方東北陽方安順之爲也貞健之守也遇此卦者其占爲大亨而利以順健爲正如有所往則先迷後得而主於利往西南則得朋往東北則喪朋大抵能安於正則吉也本義

陰體柔躁柔所以躁剛便不躁躁是欲動而不得動之意剛則動矣柔躁不能自守所以說安貞吉語錄

兼山郭氏曰乾稱父坤稱母乾一也坤二也一以資始二則資生所以地大亦配天之極也坤配乾是以有元有亨有利獨无剛德以終之故爲牝馬之貞而已易說

白雲郭氏曰乾健也坤順也天地大德曰生則乾坤元亨皆一也利貞之體異者坤以順爲正也牝馬順而健者也先順而後健坤之道也利牝馬之貞所謂言所利也言所利則不名爲大故彖曰至哉坤元坤德至順待唱而應不爲物先故君子有所往在物之先則失其道在物之後則得其道得其道斯能成其

所利矣西南坤之類也故得朋東北反坤之類也故喪朋世有以得爲吉者堯之得舜是也有以喪爲吉者坤之喪朋是也得朋則以順濟順可小事不可大事之道喪朋則以健濟順天下无不濟矣坤道以喪朋爲正君子安此則吉孰大焉上言元亨利牝馬之貞蓋坤之爻辭自君子攸往之下皆人道也凡言吉凶皆人道之辭餘卦皆同易說

彖曰至哉坤元萬物資生乃順承天坤厚載物德合无疆含宏光大品物咸亨牝馬地類行地无疆柔順利貞君子攸行先迷失道後順得常西南得朋乃與類行東北喪朋乃終有慶安貞之吉應地无疆

張子曰坤先迷不知所從故失道後能順聽則得其常矣易說

伊川程子曰資生之道可謂大矣乾既稱大故坤稱至至義差緩不若大之盛也聖人於尊卑之辨謹嚴如此萬物資乾以始資坤以生父母之道也順承天施以成其功坤之厚德持載萬物合于乾之无疆也以含宏光大四者形容坤道猶乾之剛健中正純粹精也含包容也宏寬裕也光昭明也大博厚也有此四者故能成承天之功品物咸得亨遂取牝馬爲象者以其柔順而健

行地之類也行地无疆謂健也乾健坤順坤亦健乎曰非健何以配乾未有乾行而坤止也其動也剛不害其爲柔也柔順而利貞乃坤德也君子之所行也君子之道合坤德也乾之用陽之爲也坤之用陰之爲也形而上曰天地之道形而下曰陰陽之功先迷後得以下言陰道也先唱則迷失陰道後和則順而得其常理西南陰方從其類得朋也東北陽方離其類喪朋也離其類而從陽則能成生物之功終有吉慶也與類行者本也從于陽者用也陰體柔躁故從于陽則能安貞而吉應地之无疆也陰而不安貞豈能應地之道彖有三无

疆葢不同也德合无疆天之不已也應地无疆地之无窮也行地无疆馬之健行也易傳　東北喪朋陰必從陽然後乃終有慶也　天地之中理必相直則四邊當有空闕處地之下豈无天今所謂地特於天中一物耳如雲氣之聚以其久而不散也故爲對凡地動者只是氣動凡所指地者只是土土亦一物爾不可言地更須要知坤元承天是地之道也東見錄

廣平游氏曰乾曰大哉坤曰至哉大則无所不包至則无所不盡乾之大无方而坤則未離乎方也坤順承天則于乾之道亦无餘矣特不出于天之外而已

故曰至哉坤元言地道于是爲盡也天下之道至于易而盡故曰易其至矣天下之德至於中庸而盡故曰中庸其至矣禮易而崇德則日新體易而廣業則富有故曰盛德大業至矣哉其靜也翕故曰含宏含言无所不容宏言无所不有其動也闢故曰光大光言无所不顯大言无所不被四者坤元之德也體坤德以有行者非君子不足以與此故曰君子攸行天行健者天之不已也无不覆幬者天之无疆以形言也德合无疆者地之配天也應地无疆者君子之法地也知君子攸行應地无疆則知乃順承天之下德合无疆者合乎天也易說

兼山郭氏曰乾坤二者方其對立於兩儀莫知所宗是以謂之先迷及其順以承天是以謂之後得主利也西南陰位也故謂之得朋得朋者趣其類也東北陽位也故謂之喪朋喪朋者順以從乾也安貞之吉吉者言其靜順之常也易說

白雲郭氏曰大則无不至至則有所極此乾坤之異也始則未生生則成形坤之資生順承之道是爲坤之至也一順未足以盡坤之道其能合乾无疆之大德者厚載萬物而已元者四德之首也故統天爲乾

之元而厚載爲坤之元也无疆之德健是也剛健中正此乾之所以大含宏光大此坤之所以至含宏言其靜而翕也光大言其動而闢也萬物資生而得咸亨者本於含宏光大而已乾爲馬非坤也而坤有取於牝馬者欲合乾德无疆故有取于馬也合乾而非乾故曰牝馬牝馬柔順而行健坤道至柔而動剛故能合乾之德而行地无疆也君子法坤之道行此柔順利貞而已柔順至柔也利貞則動剛在其中矣且乾健坤順道之常也逆之則失其道也故坤先則迷而失常道後則順而得常道也然一陰一陽之謂道

坤本陰而西南與類行是不知坤有剛柔動靜之道一於陰者也東北喪朋則得至柔動剛之理坤道乃備是以乃終有慶矣聖人出庶物而寧萬國者法天之行健也安於後順喪朋之正而終於吉者應地之无疆也坤合乾德之无疆馬行類地之无疆聖人應坤之无疆此三言无疆之别也易說

漢上朱氏曰萬物資乾以始而有氣資坤以生而有形乾始而亨无所待也是以能大坤待乾而行乃能至于大有氣而後有形也故乾元曰大哉坤元曰至哉天健也坤順而承之故曰坤天先地後而生萬物

坤爲大輿自下載之積厚也天无疆者也坤所以配之者載物之德合乎无疆故地配天坤配乾乾坤之始皆謂之元光者坎離也大者乾陽也靜翕含之也以育其根動闢宏之也以成其形一靜一動品物咸亨故曰亨品物咸亨者離之時也乾爲馬坤變之爲牝馬類地也无疆者乾之行也坤依乾而行以柔承剛以順承健乃能行地无疆故曰利牝馬之貞利牝馬之貞則非不言所利此坤之利所以異于乾之利歟君子乾之象柔順坤之德一三五天也二四六地也陽以奇爲正陰以偶爲正陽先陰後柔順承乾乃得坤正則柔順者利于承乾以爲正也是以君子體坤而行行者攸往也故曰君子攸往猶乾言時乘六龍首出庶物也一三五不得其正先迷也失坤道也牝雞无晨西雲不雨故曰先迷二順一四順三六順五順乾得主坤道有常有常者坤之利也臣待君唱女須男行故曰後得主利子夏傳曰先迷後得主也二進至三坤體成西南坤也止而不進成艮東北艮也坤陰生于午至申三陰成矣自申抵戌羣陰得朋宜若有得也而至亥成坤萬物皆虛故曰西南得朋乃與類行乾陽生于子至寅三陽成矣自寅抵辰陰

類浸亡宜若有喪也而至巳成乾萬物皆盈故曰東北喪朋乃終有慶是以得君者臣之慶得親者子之慶得夫者婦之慶三者未有不離其朋類而得者也故曰東北喪朋乃終有慶坤以順爲正而地之順天而无疆者順夫正也臣有獻替婦有警戒子有幾諫各安其正乃能悠久而无窮安貞之吉應乎地之无疆也故曰安貞吉易傳

象曰地勢坤君子以厚德載物

伊川程子曰坤道之大猶乾也非聖人孰能體之地厚而其勢順傾故取其順厚之象而云地勢坤也君子觀

坤厚之象以深厚之德容載庶物易傳

兼山郭氏曰乾天道也以氣言故曰天行健坤地道也以形言故曰地勢坤氣則无不健也形則无不順也坤以地道主之故能厚德載物靜順之道也易說

漢上朱氏曰天高西北地傾東南以順之故水潦有所歸而萬物各得其所君子積順德而至博厚故能容載萬物易傳

初六履霜堅冰至象曰履霜堅冰陰始凝也馴致其道至堅冰也

伊川程子曰陰爻稱六陰之盛也八則陽生矣非純盛也陰始生於下至微也聖人於陰之始生以其將長則爲之戒陰之始凝而爲霜履霜則當知陰漸盛而至於堅冰矣猶小人始雖甚微不可使長長則至于盛也故戒於初馴謂習習而至於盛習因循也易傳

兼山郭氏曰乾一以健坤一以順而六爻之義何參差之不齊也葢統而言之則爲順者同別而言之則爲順者異非異也所順者時之不同也初六之順言其理也陰能消陽柔能敗剛是以履霜未至於堅冰馴致其道則然矣防微於初不可與長也孔子曰非一朝一夕之故其所由來者漸矣易說

六二直方大不習无不利象曰六二之動直以方也不習无不利地道光也

伊川程子曰二陰位在下故爲坤之主統言坤道中正在下地之道也以直方大三者形容其德用盡地之道矣由直方大故不習而无所不利不習謂其自然在坤道則莫之爲而爲也在聖人則從容中道也直方大孟子所謂至大至剛以直也在坤體故以方易剛猶貞加牝馬也言氣則先大大氣之體也於坤則先直方由直方而大也直方大足以盡地道在人識之耳乾坤純體以位相應二坤之主故不取五應不以君道處五也乾則二五相應承天而動直以方耳直方則大矣直方之義其大无窮地道光顯其功順成豈習而後利哉易傳

朱子曰柔順正固坤之直也賦形有定坤之方也德合无疆坤之大也六二柔順而中正又得坤道之純者故其德內直外方而又盛大不待學習而无不利占者有其德則其占如是也本義

藍田呂氏曰理義者人心之所同然屈而不信私意害之也理義者天下之所共由畔而去之无法以閑之也私意害之不欽莫大焉无法以閑之未有不流于不義也直則信之而已方則匡之而已非有加損

于其間使知不喪其所有不失其所行而已二者克已復禮者也克已復禮則天下莫非吾體此其所以大也心誠求之雖不中不遠矣此所以不習无不利也六二居坤下體柔順而中君子存心治身莫宜於此

廣平游氏曰坤之六二靜則爲中正動則爲直方坤之道盛於六二而直方因動而後見也不言直方則地道之光不可得而見矣故以動者言之易說

兼山郭氏曰六二柔順中正盡坤之美居无不當之位而上无異道之應故可以直可以方不疑其所行

凡以順道故也且天得一以清地得一以寧乾之得一者九五是也坤之得一者六二是也六二柔順中正在下卦之中无應无承遠于君位可以直道而行者也以其能一而不私故能直以其依中正而行故能方以是而之焉故能大无所因也從容中道而已所以不習无不利也德惟一動罔不吉其是之謂乎且天動而不息地靜而无爲何取六二之動也曰天地相感合和于中亦感而後動動而有行與夫陽唱而陰不和男行而女不隨者異矣是以初爲防微終爲失道亦見聖人之情也易說

白雲郭氏曰臣道以順爲正得順之至者其六二乎六二盡牝馬之道者也盡牝馬之道而言直方大者疑於陽德也蓋不有是德則一于柔順而已又豈能東北喪朋而行地无疆乎故象以直方爲六二之動而文言亦以其動也剛稱之然牝馬順而健性之自然非習之而後能也蓋君子盡在已直方大之德而外物之來雖不習而可應猶所謂素富貴貧賤者也不習无不利者以敬義也素富貴貧賤者以誠明也臣道如此則動靜之際无所往而不爲利雖非乾之不言所利亦盡坤之利矣繫辭曰坤其靜也翕其動

也闢闢則含宏光大品物咸亨所以爲地道之光也地道之光非以其動而光乎舜曰重華禹曰文命皆地道之光者也易說

漢上朱氏曰六二中正而動中故直正故方直者遂也方者不易其宜也易曰乾其靜也專其動也直是以大生焉又曰坤至柔而動也剛至靜而德方而說卦乾爲直坤爲方方亦剛也易傳

六三含章可貞或從王事无成有終象曰含章可貞以時發也或從王事知光大也

伊川程子曰三居下之上得位者也爲臣之道當含晦

其章美有善則歸之於君乃可常而得正上无忌惡之心下得柔順之道也可貞謂可貞固守之又可以常久而無悔咎也或從上之事不敢當其成功惟奉事以守其終耳守職以終其事臣之道也夫子懼人之守文而不達義也又從而明之言爲臣處下之道不當有其功善必含晦其美乃正而可常然義所當爲者則以時而發不有其功耳不失其宜乃以時也非含藏終不爲也含而不爲不盡忠者也或從王事而能无成有終者是其知之光大也唯其知之光大故能含晦淺暗之人有善唯恐人之不知豈能含章也（易傳）

朱子曰六陰三陽內含章美可貞以守然居下之上不終含藏故或時出而從上之事則始雖无成而後必有終爻有此象故戒占者有此德則如此占也（本義）

六四括囊无咎无譽象曰括囊无咎慎不害也

伊川程子曰四居近五之位而无相得之義乃上下閉隔之時其自處以正危疑之地也若晦藏其知如括結囊口而不露則可得无咎不然則有害也既晦藏則无譽矣能慎如此則无害也（易傳）

白雲郭氏曰六五之君柔弱在上而四又以柔德獨近之其道危矣惟六四知幾之君子一以柔德自處既絕直方之動又異含章之發括而絕物斯无咎矣善惡括而不形故无譽好惡括而不萌故不害天下徒知毀之爲害而六四又知夫譽之爲害也不其慎之至歟（易說）

漢上朱氏曰六四當天地否塞之時不利君子正慎以全身於義不害故此爻不以位言之（易傳）

童溪王氏曰咎所以致罪譽所以致疑甚矣无咎无譽之難也然當是時也譽所以致疑則譽亦咎也故象曰括囊无咎慎不害也（學易記）

六五黃裳元吉象曰黃裳元吉文在中也

伊川程子曰坤雖臣道五實君位故爲之戒云黃裳元吉黃中色裳下服守中而居下則元吉謂守其分也元大而善也爻象唯言守中居下則元吉不盡發其義也黃裳既元吉則居尊爲天下大凶可知後之人未達則此義晦矣不得不辨也五尊位也在它卦六居五或爲柔順或爲文明或爲暗弱在坤則爲居尊位陰者臣道也婦道也臣居尊位羿莽是也猶可言也婦居尊位女媧氏武氏是也非常之變不可言也故有黃裳之戒而不盡言也　黃中之文在中不過也內積至美而居下故爲元吉（易傳）

白雲郭氏曰坤雖臣道而五實君位雖以柔德不害其爲君也猶乾之九二雖有君德亦不害其爲臣故乾有兩君德而無兩君坤有兩臣德而无兩臣皆一義也六五以柔居尊下下之君也江海所以能爲百谷王者以其善下之也下下本坤之道也黄中色也色之美者也裳下服也是以至美之德而下人也昔堯有允恭克遜之德而後能得舜舜有温恭允塞之德而後能得禹臯陶文王有徽柔懿恭之德而後能得閎夭泰顛然則黄裳之德其爲元吉宜矣元大也一人有慶兆民賴之元吉也二五之爻葢聖人明直方之臣非有黄裳之君不能致也文在中者言美德在中故暢於四支發于事業皆天下之至美是以天下蒙其福也易說

漢上朱氏曰五尊位六居之人臣當此唯守中居下乃得元吉否則必凶黄地之中色文者地道之美見于山川動植者也裳下體之飾曰黄則守中有地道之美而不過故曰文在中也曰裳則居下雖處尊位而不失坤之常惟守中不過斯能居下矣以是而動則得二元吉也元吉者言其始本自吉非變而吉也故元吉在吉爲至善易傳　又曰坤雖臣道五實君位故爲之戒云黄裳元吉黄中色裳下服言守中居下則元吉葢伊尹周公之事也叢說

上六龍戰于野其血玄黄象曰龍戰于野其道窮也

伊川程子曰陰從陽者也然順極則抗而爭六既極矣復進不已則必戰故云戰于野野謂進至于外也既敵矣必皆傷故其血玄黄　陰盛至于窮極則必爭而傷也易傳

兼山郭氏曰凡易貴陽而賤陰非賤之也葢陽主生陰主殺陽主德陰主刑陽知進退之義陰无過亢之悔是以非克之則不去也始也履霜則難與之進終也龍戰則難與之退不知進退存亡是以謂之賤也易說

用六利永貞象曰用六永貞以大終也

伊川程子曰坤之用六猶乾之用九用陰之道也陰道柔而難常故用六之道利在常永貞固陰既貞固不足則不能永終故用六之道利在盛大於終能大於終乃永貞也易傳

朱子曰用六永貞以大終也陽爲大陰爲小如大過小過之類皆是以陰陽而言坤六爻皆陰其始本小到此陰皆變爲陽矣所謂以大終也言始小而終大語錄

兼山郭氏曰柔順而動剛坤之德也可久之道也用六之義用此而已用此可久能勿大終乎用九非獨君也臣亦可用九二是也用六非獨臣也君亦可用六五是也易說

漢上朱氏曰六陰柔之極不濟之以陽剛則邪佞之道故以九用六乃能永久不失其正杜欽曰地道貴貞陽始之陰終之未始離陽故曰以大終也易傳

文言曰坤至柔而動也剛至靜而德方後得主而有常含萬物而化光坤道其順乎承天而時行

伊川程子曰坤道至柔而其動則剛坤體至靜而其德

則方動剛故應乾不違德方故生物有常陰之道不唱而和故居後為得而主利成萬物坤之常也含容萬類其功化光大也主字下脫利字坤道其順乎承天而時行承天之施行不違時贊坤道之順也易傳

漢上朱氏曰至柔至靜者坤之體也動而剛方者坤之用也方亦剛也以其不可易言之謂之方其體則坤用則隨乾觀其所動而坤之順德見矣含萬物而生之者陰含陽也坤之光即乾之光大也坤道至矣一言可盡其順矣乎天動地隨其行有時故承天而時行易傳

誠齋楊氏曰臣道一于順乎有臣道有臣節臣道一于順故欲柔欲靜不順則為莽卓臣節病于順故欲剛欲方順則為張禹胡廣坤何以動而剛曰發生必達易傳

積善之家必有餘慶積不善之家必有餘殃臣弒其君子弒其父非一朝一夕之故其所由來者漸矣由辯之不蚤辯也易曰履霜堅冰至蓋言順也

伊川程子曰天下之事未有不由積而成家之所積者善則福慶及于子孫所積不善則災殃流于後世其大至于弒逆之禍皆因積累而至非朝夕所能成也明者

則知漸不可長小積成大辯之於蚤不使順長故天下之惡无由而成乃知霜冰之戒也霜而至于冰小惡而至于大皆事勢之順長也易傳

白雲郭氏曰坤之初六非積善之象而文言先及積善者因明善不善皆在所積知不善之不可積則善為可積矣聖人貴夫蚤辯者慮馴致之易長耳所以坤之德以柔而剛靜而方為至蓋非剛非方則一於順皆馴致之道必不能蚤辯故也易說

直其正也方其義也君子敬以直內義以方外敬義立而德不孤直方大不習无不利則不疑其所行也

張子曰敬以直內則不失于物義以方外則得已敬義一道也敬所以成仁也葢敬則實爲之實爲之故成其仁易說

明道程子曰學者不必遠求近取諸身只明人理敬而已矣便是約處易之乾卦言聖人之學坤卦言賢人之學惟言敬以直內義以方外敬義立而德不孤至于聖人亦止如是更无別途東見錄　敬義夾持直上達天德自此李籲師說

伊川程子曰直言其正也方言其義也君子主敬以直其內守義以方其外敬立而內直義形而外方義形於

外非在外也敬義既立其德盛矣不期大而大矣德不孤也无所用而不周无所施而不利孰爲疑乎易傳　帥氣者在志養志者在直內切要之道无如敬以直內人心不能不交感萬物亦難爲使之不思慮若欲免此唯是心有主如何爲主敬而已矣有主則虛虛謂邪不能入无主則實實謂物來奪之今夫缾甖有水實內則雖江海之浸无所能入无水於內則停注之水不可勝注大凡人心不可二用用于一事則它事更不能入者事爲之主也事爲之主尚无思慮紛擾之患若主於敬又焉有此患乎所謂敬者主一之謂敬所謂一者无適之謂一且欲涵泳主一之義一則无二三矣言敬无如聖人之言易所謂敬以直內義以方外須是直內乃得主一之義至於不敢欺不敢慢尚不愧于屋漏皆是敬之事也但存此涵養久之自然天理明語錄　君子慎獨敬以直內義以方外所以爲克己復禮也克己復禮則事事皆仁故曰天下歸仁焉李籲師說

朱子曰敬以直內義以方外直是直上直下胷中无纖毫委曲方是割截方整之意　敬以直內義以方外須自去下工夫方見得是如此敬以直內是无纖毫私意胷中洞然徹上徹下表裏如一義以方外是見得是處

决定是恁地不是處决定不是恁地截然方方正正須是自去做工夫若實是做工夫只敬以直內義以方外八箇字一生用之不窮語錄

龜山楊氏曰易曰君子敬以直內義以方外夫盡其誠心而无僞焉所謂直也若施之於事則厚薄隆殺一定而不可易爲有方矣敬與義本无二所主者敬而義則自此出焉故有內外之辨其實義亦敬也故孟子之言義曰行吾敬而已京師語錄

白雲郭氏曰直以言六二之正也方以言六二之義也以敬爲正而直內盡處中之道矣又以義而方外

是以能居與事造業之任也直內則中立不倚君子所以正其心方外則和而不流君子所以措諸事業內外並立則大德不孤矣虞舜夔夔齊慄直內之敬也溫恭允塞方外之義也五典克從百揆時敘无所往而不利故不疑其所行也易說

漢上朱氏曰敬者操持其誠心而弗敢失也二動以直敬以直內也直內言內省不疚其理直也方者義之不可易也有所不爲有所不行也二往之五義以方外也誠者合內外之道內直外方敬義立矣敬義立則相應相與其德不孤放諸四海而準以直方大也易傳

陰雖有美含之以從王事弗敢成也地道也妻道也臣道也地道无成而代有終也

伊川程子曰爲下之道不居其功含晦其章美以從王事代上以終其事而不敢有其成功也猶地道代天終物而成功則主于天也妻道亦然易傳

漢上朱氏曰天地之間萬物粲然而陳者皆陽麗于陰托之以爲美者也陽盡則陰之惡畢見不能自美矣然陰雖有陽之美當含蓄之以從王事待時而發不有已也豈敢當其成功哉乾巽從王事也地道无成順天而行乾知大始坤代有終自然之道也故臣終君之事妻終夫之事不言子者臣子一也易傳

天地變化草木蕃天地閉賢人隱易曰括囊无咎无譽蓋言謹也

伊川程子曰四居上近君而无相得之義故爲隔絕之象天地交感則變化萬物草木蕃盛君臣相際而道亨天地閉隔則萬物不遂君臣道絕賢者隱遯四于閉隔之時括囊晦藏則雖无令譽可得无咎言當謹自守也易傳

朱子曰或問如乾初九潛龍是象勿用是占辭坤六五黃裳之象元吉是占辭甚分明至若坤初六履霜堅冰至六二直方大不習无不利六三含章可貞或從王事无成有終上六龍戰于野其血元黃皆是舉象而占意已見於象中此又別是一例如何先生曰象占例不一有占意只見于象中者亦自可見如乾初九坤六五此至分明易見者如直方大惟直方故能大所謂敬義立而德不孤六二有直方大之象占者有此德而得此爻則不習而无不利矣言不待學習而无不利也故謂直方大爲象不習无不利爲占辭亦可然直方故能大故不習无不利象既如此占者亦不離此意矣六三陰居

陽位爲是陰帶些陽故爲含章之象又貞以守則爲陰象矣或從王事者以居下卦之上不終含藏故有或時出從王事之象无成有終者不居其成而能有終也在人臣用之則爲不居其成而能有終之象在占者用之則爲始進无成而能有終也此亦占意已見于象中者六四重陰不中故有括囊之象无咎无譽亦是象中已見占意因問程易云六四近君而不得於君爲上下間隔之時與重陰不中二說如何先生曰只是重陰不中故當謹密如此 語錄

誠齋楊氏曰六五之位君位也坤之六則臣也六五以臣而居君之位則僭也臣僭君則天下亂是天地閉塞之時也六四不幸而近之唯恐隱之不深耳此龔勝所以不仕于莽之朝也聖人嚴臣子之大分於六五則深戒之以居下之禮于六四則力勸之以潔身之節隱之于六五而發之于六四其防患深遠矣 易傳

君子黃中通理正位居體美在其中而暢于四支發于事業美之至也

伊川程子曰黃中文居中也君子文中而達于理居正位而不失爲下之體五尊位在坤則惟取中正之義美積于中而通暢于四體發見於事業德美之至盛也 易傳

君子不成章不達易曰美在其中暢于四支成章之謂也 劉元承手編

廣平游氏曰黃中通理者養德性之源而通至理也正位居體者正爲臣之位而居坤體也通理云者非謂其見彼也自見而已非謂其闢彼也自闢而已故宅於心者至虛而明居體云者處靜而无倡也稟其令而已處順而无作也續其終而已故守其身者至柔而恭內外交相養則美在其中粹然无疵矣故見於面盎于背施于四體四體不言而喻此暢于四支所以爲美之至也致天下之大利成天下之大順功高而朝不忌任重而上不疑此發于事業所以爲美之至也古之人有體是道者吾於周公見之矣周公既有大美而不居則所可得而形容者道德之氣神明之容而已故曰赤舄几几盎暢於四支者然也東人欲其留西人欲其歸而名實孚於上下不可掩也故曰德音不瑕盎發于事業者然也公之碩膚若是而不與有焉則其爲美之至可知也坤之六二地遠於君諸侯之位也故言敬以直內義以方外而以其動者言之所以爲大也六五地近於君公卿之位也

故言黄中通理正位居體而以其靜者言之所以爲美也爲臣之義於是兩盡易說

陰疑於陽必戰爲其嫌於无陽也故稱龍焉猶未離其類也故稱血焉夫元黄者天地之雜也天元而地黄

伊川程子曰陽大陰小陰必從陽陰既盛極與陽偕矣是疑於陽也不相從則必戰卦雖純陰恐疑无陽故稱龍見其與陽戰也于野進不已而至于外也盛極而進不已則戰矣雖盛極不離陰類也而與陽爭其傷可知故稱血陰既盛極至與陽爭雖陽不能无傷故其血元黄元黄天地之色謂皆傷也易傳

朱子曰疑謂均敵而无小大之差也坤雖无陽然陽未嘗无也血陰屬蓋氣陽而血陰也元黄天地之正色言陰陽皆傷也本義

白雲郭氏曰上六之戰无龍以明之則不知其與陽戰也爲其嫌于无陽而言戰也故稱龍焉蓋俱陰无戰故也因其稱龍故稱血因其稱血故稱元黄從其類而言此周公爻辭之大法也天元而地黄蓋天地陰陽兩傷之意也易說

䷂ 震下坎上

伊川程子曰屯序卦曰有天地然後萬物生焉盈天地之間者唯萬物故受之以屯屯者盈也屯者物之始生也萬物始生鬱結未通故爲盈塞于天地之間至通暢茂盛則塞意亡矣天地生萬物屯物之始生故繼乾坤之後以二象言之雲雷之興陰陽始交也以二體言之震始交于下坎始交于中陰陽相交乃成雲雷陰陽始交雲雷相應而未成澤故爲屯若已成澤則爲解也又動于險中亦屯之義陰陽不交則爲否始交而未暢則爲屯在時則天下屯難未亨泰之時也易傳

白雲郭氏曰易爲三才之書其言道則三才之道也天地人雖均爲三才獨人道雜而多端无天地之純全故純剛爲乾而盡天道純柔爲坤而盡地道至於人事不齊一卦不足以盡故自屯至未濟共爲人道以配乾坤是以諸卦所載人事爲多而人道自此明矣然則人道以六十二卦而後能配乾坤所謂乾以易知坤以簡能與易說

誠齋楊氏曰物勾萌未舒曰屯氣始交未暢曰屯世多難未泰曰屯誠齋易傳

屯元亨利貞勿用有攸往利建侯

伊川程子曰屯有大亨之道而處之利在貞固非貞固何以濟屯方屯之時未可有所往也天下之屯豈獨力所能濟必廣資輔助故利建侯也易傳

朱子曰震一陽動于二陰之下故其德爲動其象爲雷坎一陽陷于二陰之閒故其德爲陷爲險其象爲雲爲雨爲水屯難也物始生而未通之意故其爲字象屮穿地始出而未申也其卦以震遇坎乾坤始交而遇險陷故其名爲屯震動在下坎險在上是能動乎險中能動雖可以亨而在險則宜守正而未可遽進故筮得之者其占爲大亨而利于正但未可遽有所往耳又初九陽

居陰下而爲成卦之主是能以賢下人得民而可君之象故筮立君者遇之則吉也本義　初九一爻蓋成卦之主也一陽居二陰之下有以賢下人之象有爲民歸往之象故宜立君故象曰以貴下賤大得民也　屯是陰陽未通之時蹇是流行之中有蹇滯困則窮矣並語錄

龜山楊氏曰屯極必亨故屯有亨之道元亨大亨也利貞利在正也與乾四德異矣勿用有攸往以初爻言也險在前屯難方生也遽而往則行險而犯難矣故曰勿用有攸往易說

誠齋楊氏曰物屯求亨時屯亦求亨然時屯求亨其道有三惟至正爲能正天下之不正故曰利貞惟不欲速爲能成功之速故曰勿用有攸往惟多助爲能克寡助故曰利建侯易傳

彖曰屯剛柔始交而難生動乎險中大亨貞雷雨之動滿盈天造草昧宜建侯而不寧

伊川程子曰以雲雷二象言之則剛柔始交也以坎震二體言之動乎險中也剛柔始交未能通暢則艱屯故云難生又動于險中爲艱屯之義　所謂大亨而貞者雷雨之動滿盈也陰陽始交則艱屯未能通暢及其和洽則成雷雨盈滿于天地之閒生物乃遂屯有大亨之

道也所以能大亨由夫貞也非貞固安能出屯人之處屯有致亨之道亦在夫貞固也　上文言天地生物之義此言時事天造謂時運也草草亂無倫序昧冥昧不寧當此時運所宜建立輔助則可以濟屯雖建侯自輔又當憂勤兢畏不遑寧處聖人之深戒也並易傳

朱子曰剛柔始交指震言所謂震一索而得男也剛柔始交而難生是以二體釋卦名義動乎險中大亨貞是以二體之德釋卦辭雷雨之動滿盈天造草昧宜建侯而不寧是以二體之象釋卦辭語錄

龜山楊氏曰乾一索而得震陰陽始交也坎在上難

生也陰陽始交而未成澤坎之所以爲難也震動而坎險動乎險中合二體言之也止乎險則蹇動乎險中則亨動有亨之道也蓋險非可止之地止則終于陷而已矣故動乃亨也夫屯難之初上下无常分貴賤无定位非正也屯難平而後君君臣臣而天下治故曰大亨貞言亨而後貞也雷雨之動滿盈則屯解而澤下流矣易說

兼山郭氏曰屯者物之始生也草者之未齊昧者之未明勾者之未伸萌者之未達而有動乎險中之象終至於大亨貞也是以草者齊之昧者明之造物之

始也建侯而不寧人倫之始也厥初生民无羽毛以蔽其身无爪牙以充其欲則必求其羣而比焉勢又不足則必求其强且大者而比焉此后王君公之所由立也故後世有天下者必思屯之所以利建侯而不寧則知所以爲治矣易說

白雲郭氏曰乾剛坤柔至屯而始交交則人道乃著然純陰疑於陽則戰況剛柔之交能无難乎以是知人道之患與天地異故繫辭言鼓萬物而不與聖人同憂是聖人不能无憂也屯之時處險而不可動故言勿用有攸往屯者也而天下草昧聖人不得不動之時故言利建侯康屯之主也利建侯則動乎險中亦聖人所不得已也唯動則得天地大亨萬物之貞道苟一於勿用有攸往則非康屯之主也雷雨之動滿盈乎天地之間此天造草昧也建侯而不寧聖人法天而造草昧也聖人法天繼天而造草昧此屯所以繼乾坤之道也易說

東萊呂氏曰屯勿用有攸往利建侯若就學者言之如道學廢絶之時乃道之屯也當此時未可便有爲須廣求有志之士共扶此道乃可有濟紀聞

象曰雲雷屯君子以經綸

伊川程子曰坎不云雨而云雲者雲爲雨而未成者也未能成雨所以爲屯君子觀屯之象經綸天下之事以濟于屯難經緯綸緝謂營爲也易傳

朱子曰坎不言水而言雲者未通之意經綸治絲之事經引之綸理之也屯難之世君子有爲之時也本義 問屯需二象皆陰陽未和洽成雨之象也然屯言君子以經綸而需乃言飲食宴樂何也曰需是緩意在它无所致力只得飲食燕樂屯是物之始生象草木初出地之狀其初出時欲破地面而出不无齟齬艱難故當爲經綸其義所以不同也語錄

廣平游氏曰經綸者因性循理而治之无汨其序之謂也易於屯曰君子以經綸言所以濟難當如此也中庸解

白雲郭氏曰坎在上爲雲故雲雷屯坎在下爲雨故雷雨作解雲而未雨所以爲屯經綸者經綸天下之事建侯而不寧之謂也易說

初九磐桓利居貞利建侯象曰雖磐桓志行正也以貴下賤大得民也

伊川程子曰初以陽爻在下乃剛明之才當屯難之世居下位者也未能便往濟屯故磐桓也方屯之初不磐

桓而遽進則犯難矣故宜居正而固其志凡人處屯難則鮮能守正苟无貞固之守則將失義安能濟時之屯乎居屯之世方屯于下所宜有助乃居屯濟屯之道也故取建侯之義謂求輔助也　賢人在下時苟未利雖磐桓未能遂往濟時之屯然有濟屯之志與濟屯之用志在行其正也　九當屯難之時以陽而來居陰下爲以貴下賤之象方屯之時陰柔不能自存有一剛明之才衆所歸從也更能自處卑下所以大得民也或疑方屯於下何有貴乎夫以剛明之才而下于陰柔以能濟屯之才而下于不能乃以貴下賤也況陽之于陰自爲貴乎並易傳

朱子曰磐桓難進之貌屯難之初以陽在下又居動體而上應陰柔險陷之爻故有磐桓之象然居得其正故其占利于居貞又本成卦之主以陽下陰爲民所歸侯之象也故其象又如此而占者如是則利建以爲侯也本義

龜山楊氏曰得天下有道得其民斯得天下矣初以剛明之才處羣陰之下能以貴下賤也其才足以濟時之屯又能以貴下之宜其得民矣然猶磐旋未進者志行正故也行一不義殺一不辜得天下不爲所

謂正也文王三分天下有其二可謂大得民也而猶服事商者亦行正而已矣故曰利居貞利居貞者待時而動不失正也聖人之有天下非私之也四海之内共利之之爲說共給之之爲安故利建侯武王克商有未及下車而封者用此道也易說

兼山郭氏曰初九剛柔始交故稱磐桓時止則止時行則行理之常也時有不得行是以宜待也陽上而陰下上貴而下賤亦理之常也其或以陽下陰以貴下賤者適時之變也康屯之道在於得民得民之道在於下下老子曰江海爲百谷王以其下之也易說

白雲郭氏曰剛柔始交而難生則居屯者有不可動之勢而天下萬物方資於濟屯之才則濟屯者爲不可不動之時以不可動之勢而遇不可不動之時此其所以磐旋也初九以剛明之才濟屯之難居正而静不違勢建侯而動不違時其於屯也何不利之有故雖磐旋而不失康屯之道故曰志行正也況以陽下陰大得民乎聖人經綸建侯非自爲也爲民而已爲民而得民其難濟矣夏商之季湯武其盡之易說

東萊吕氏曰易之爻大抵隨步換形如屯初九剛正之人本自是好在六二看初九則以陰柔爲剛陽所

讀易集說 屯　八

逼却看得初九是寇此隨步換形也至六四與初九是正應得初九剛陽之助却看得是昏姻此又隨步換形也　初九磐桓說者或謂初以剛居剛在屯難之世恐其鋭于進故戒之以磐桓此說不然葢初以剛明之才乃能與時消息自制其剛磐桓而不敢騁此正所謂自勝之强也此正所謂剛也惟剛然後能磐桓孰謂以剛爲戒乎　屯初九象曰雖磐桓志行正也人徒見君子居屯難之時磐桓不進遂以爲甘心退縮无志于行正道殊不知所以磐桓不進者其志乃在于行正道也苟輕進易合豈能行道乎以貴

下賤大得民也九居屯難之時欲建侯以爲助若自恃其剛陽之貴不屑屈已下賤豈能得民亦如主盟斯道者欲廣求人以濟道之屯若抗顔自尊不屑降意收接後進亦豈能得人乎亞紀聞

六二屯如邅如乘馬班如匪寇婚媾女子貞不字十年乃字象曰六二之難乘剛也十年乃字反常也

伊川程子曰二以陰柔居屯之世雖五應在上而逼于初剛故屯難邅回如辭助也乘馬欲行也欲從正應而復班如不能進也班分布之義下馬爲班與馬異處也二當屯世雖不能自濟而居中得正有應在上不失義

讀易集說 屯　九

者也然逼近于初陰乃陽所求柔者剛所陵柔當屯時固難自濟又爲剛陽所逼故爲難也設匪逼于寇難則往求于婚媾矣婚媾正應也寇非理而至者二守中正不苟合于初所以不字苟貞固不易至于十年屯極必通乃獲正應而字育矣以女子陰柔苟能守其志節久必獲通況君子守道不回乎初爲賢明剛正之人而爲寇以侵逼于人何也曰此自據二以柔近剛而爲義更不計初之德如何也易之取義如此易傳

漢上朱氏曰九五屯之主六二中正而應共濟乎屯者也故曰屯如二乘初九欲往應五迫于剛强邅回

而不能去故適如(易傳)

六三即鹿无虞惟入于林中君子幾不如舍往吝象曰即鹿无虞以從禽也君子舍之往吝窮也

伊川程子曰六三以陰柔居剛柔既不能安屯居剛而不中正則妄動雖貪于所求既不足以自濟又无應援將安之乎此如即鹿而无虞人也入山林者必有虞人以導之无導之者則唯陷入于林莽中君子見事之幾微不若舍之而勿逐往則徒取窮吝而已　事不可而妄動以從欲也无虞而即鹿以貪禽也當屯之時不可動而動猶无虞而即鹿以有從禽之心也君子則見幾

而舍之不從若往則可吝而困窮也(並易傳)

兼山郭氏曰六三在屯之時居動之極貪於有獲肆欲從禽昧道而行以臨險阻始求有得往益屯也不知所謂得人者昌失人者亡故也六三互體有艮庶幾有知止之心故曰君子幾不如舍也即鹿无虞以從禽也何必黔喙之謂乎其卦則屯其體則震其五體則止動而求獲不知其向是以不如止也(易說)

東萊呂氏曰三以陰柔而所居不正故貪求妄動急于求鹿不待虞人之指導猖狂妄行陷于林莽此輕動之咎也惟君子心无利欲故能獨見其幾預知不可得鹿而遽舍之止于未動之先豈待既往有吝然後悔乎(紀聞)

六四乘馬班如求婚媾往吉无不利象曰求而往明也

伊川程子曰六四以柔順居近君之位得于上者也而其才不足以濟屯故進而復止乘馬班如也已既不足以濟時之屯若能求賢以自輔則可濟矣初陽剛之賢乃是正應已之婚媾也若求此陽剛之婚媾往與共輔陽剛中正之君濟時之屯則吉而无所不利也居公卿之位已之才雖不足以濟時之屯若能求在下之賢親而用之何所不濟哉　知已不足求賢自輔而後往可

謂明矣居得致之地已不能而遂已至暗者也(並易傳)

龜山楊氏曰六四靜而正居險而不妄動者也故曰乘馬班如班如者有待而行也夫初以陽下陰求婚媾者也而四應之求而往者也屯難之時智者以其謀勇者以其力競時赴功者皆是也而四獨居險而不爲難待求而後往非擇義之明疇克爾故往吉无不利而孔子曰求而往明也若諸葛孔明之于先主其幾是乎(易說)

白雲郭氏曰居屯之時有濟難之志而无濟難之才者六四也无其才則必資剛明之才與共濟難此所

以班如有待于初九也初九正應以陽下陰得婚媾之義彼求而我往是以吉无不利也六二不與初九而待正應是之謂貞貞則正道存焉六四不近比九五下待初九求而後往是之謂明明則事業與焉此伊尹伯夷之所以辨也易說

九五屯其膏小貞吉大貞凶象曰屯其膏施未光也

伊川程子曰五居尊得正而當屯時若有剛明之賢爲之輔則能濟屯矣以其无臣也故屯其膏人君之尊雖屯難之世於其名位非有損也惟其施爲有所不行德澤有所不下是屯其膏人君之屯也既膏澤有所不下

是威權不在已也威權去已而欲驟正之求凶之道魯昭公高貴鄉公之事是也故小貞則吉也小貞則漸正之也若盤庚周宣修德用賢復先王之政諸侯復朝謂以道馴致爲之不暴也又非恬然不爲若唐之僖昭也不爲則常屯以至于亡矣易傳

朱子曰九五雖以陽剛中正居尊位然當屯之時陷于險中雖有六二正應而陰柔才弱不足以濟初九得民于下衆皆歸之九五坎體有膏澤而不得施爲屯其膏之象占者以處小事則守正猶可獲吉以處大事則雖正而不免于凶本義

白雲郭氏曰九五位非不尊也處非不正也德非不中也見揜于二陰而有屯膏之象者葢五方自屯於險中豈能膏澤下於民哉然女子小人皆陰之類也能揜君之德者也能屯君之澤者也人君惑而好之乃所以自致其屯也易說

東萊呂氏曰九五與六二是正應既是有應而九五之爻却言屯其膏其辭反不美何也葢易變易也初无定體五雖有二之應然二是陰柔之質豈能濟屯難譬如人君得剛明之臣相助乃有益苟不得剛明之人雖有柔弱者千百輩相助何益于事此所以屯

其膏也又不可拘于有應易說

上六乘馬班如泣血漣如象曰泣血漣如何可長也

伊川程子曰上六陰柔居屯之終在險之極而无應援居則不安動无所之乘馬欲往復班如不進窮厄之甚至于泣血漣如屯之極也苟陽剛而有助則屯既極可濟矣屯難窮極莫知所爲故至泣血顛沛如此其能長久乎夫卦者事也爻者事之時也分三而又兩之足以包括衆理引而伸之觸類而長之天下之能事畢矣易傳

和靖尹氏曰否以上九陽剛故能傾否此以上六柔不足以濟屯而皆曰何可長也意不同而言各有當

也此言不能濟屯何可長也否言傾否言否不可久
也咨楊子安書
蒙齋李氏曰拚君之德屯君之澤而附君子難者上
與四也若既附于難爲小人者豈能獨保其安哉乘
馬班如謂窮阨而無所歸也窮阨之甚至于泣血漣
如屯之極也顛沛如此其能長久乎凶可知矣學易記

䷃ 坎下艮上
伊川程子曰蒙序卦屯者盈也物之始生也物生必蒙
故受之以蒙蒙者蒙也物之穉也物始生穉小蒙昧未
發蒙所以次屯也爲卦艮上坎下艮爲山爲止坎爲水
爲險山下有險遇險而止莫知所之蒙之象也水必行
之物始出未有所之故爲蒙及其進爲亨義易傳
蒙亨匪我求童蒙童蒙求我初筮告再三瀆瀆則不告利
貞
伊川程子曰蒙有開發之理亨之義也卦才時中乃致
亨之道六五爲蒙之主而九二發蒙者也我謂二也二
非蒙主五能順巽于二二乃發蒙者也故主二而言匪
我求童蒙童蒙求我五居尊位有柔順之德而方在蒙
童與二爲正應而中德又同能用二之道以發其蒙也
二以剛中之德在下爲君所信嚮當以道自守待君至
誠求己而後應之則能用其道匪我求蒙童乃蒙童來
求于我也筮占決也初筮告謂至誠一意以求己則告
之再三則瀆慢矣故不告也發蒙之道利以貞正又二
雖剛中然居陰故宜有戒易傳
朱子曰艮亦三畫卦之名一陽止於二陰之上故其德
爲止其象爲山蒙昧也物生之初蒙昧未明也其卦以

坎遇艮山下有險蒙之地也內險外止蒙之意也故其名爲蒙亨以下占辭也九二內卦之主以剛居中能發人之蒙者而與六五陰陽相應故遇此卦者有亨道也我二也童蒙幼稚而蒙昧謂五也筮者明則人當求我而其亨在人筮者暗則我當求人而其亨在我人求我者當視其可否而應之我求人者當致其精一而叩之而明者之養蒙與蒙者之自養又皆利於以正也本義

彖曰蒙山下有險險而止蒙蒙亨以亨行時中也匪我求童蒙童蒙求我志應也初筮告以剛中也再三瀆瀆則不告瀆蒙也蒙以養正聖功也

周子曰聖可學乎曰可有要乎曰一爲要一者无欲也无欲則靜虛動直靜虛則明明則通動直則公公則溥明通公溥庶矣乎通書

張子曰時中之義甚大如蒙亨以亨行時中也者蒙何嘗有亨以九二之亨行蒙者之時中故蒙所以得亨也蒙无遽亨之理以九二循循行時中之亨也蒙卦之義主之者全在九二彖之所論皆二之義教者但觀蒙者時之所及則道之此是亨行時中也此時也正所謂如時雨化之若既引之中道而不使之通則是教者之過當時而道之使不失其正則是教者之功養其蒙使正者聖人之功也易說

伊川程子曰山下有險內險不可處外止莫能進未知所爲故爲昏蒙之義蒙亨以亨行時中也蒙之能亨以亨道行也所謂亨道時中也時謂得君之應中謂處得其中得中則有時也　卦辭曰利貞彖復申其義以明不止爲戒於二實養蒙之道也未發之謂蒙以純一未發之蒙而養其正乃作聖之功也發而後禁則扞格而難勝養正於蒙學之至善也蒙之六爻二陽爲治蒙者四陰皆處蒙者也並易傳

藍田呂氏曰蒙者物有所蔽而未發也是卦也主發

蒙而言故曰蒙亨以發爲亨也發蒙教者也蒙學者也教者之心所施於學者皆亨道也君子之教者五所謂以亨行時中也匪我求童蒙童蒙求我有來學无往教也不憤不啓不悱不發彼有來學之誠乃可授之以教志應也童蒙之質德性未喪特未發耳由是而養之以正不流於邪雖聖人之學不越於是故曰聖功也利貞者貞則不失其性也[redacted]

東萊呂氏曰再三瀆瀆則不告瀆蒙也再三瀆是蒙者瀆發蒙者今不曰瀆發蒙者而反曰瀆蒙何也蓋聖人教人不倦豈嘗厭蒙者之瀆我哉所以再三瀆

而不告者蓋至理不容擬議一言之下便當領解苟未領解吾置之而不告彼雖未達其胷中天理完然不動也若再三瀆告之則彼將入於擬議億度反瀆亂其天理矣此所謂瀆蒙也紀聞

象曰山下出泉蒙君子以果行育德

伊川程子曰山下出泉出而遇險未有所之蒙之象也若人蒙穉未知所適也君子觀蒙之象以果行育德觀其出而未能通行則以果決其所行觀其始出而未有所向則以養育其明德也易傳

廣平游氏曰山下出泉其一未散其勢未達觀其勢

之未達則果行觀其一之未散則育德易說

白雲郭氏曰先人有言蒙之爲蒙可以達材可以成已也雍曰山下出泉行之所以果行止之所以育德非以泉行而山止也蓋山下之泉必養其源然後決而爲江河君子必育德深厚然後可以果行也其所以生利萬物者所謂達材歟易說

初六發蒙利用刑人用說桎梏以往吝象曰利用刑人以正法也

伊川程子曰初以陰闇居下下民之蒙也爻言發之之道發下民之蒙當明刑禁以示之使之知畏然後從而

教導之自古聖王爲治設刑罰以齊其衆明教化以善其俗刑罰立而後教化行雖聖人尚德而不尚刑未嘗偏廢也故爲政之始立法居先治蒙之初威之以刑者所以說去其昏蒙之桎梏桎梏謂拘束也不去其昏蒙之桎梏則善教无由而入旣以刑禁率之雖使心未能喻亦當畏威以從不敢肆其昏蒙之欲然後漸能知善道而革其非心則可以移風易俗矣苟專用刑以爲治則蒙雖畏而終不能發苟免而无恥治化不可得而成矣故以往則可吝易傳

白雲郭氏曰先人曰人之生不知學問之可成不知

啓擭陷穽之可避凡以蒙故也雍曰初六發蒙是使之知學問之可成也利用刑人是使之知陷穽之可避也聖人懼民性之易遷故欲辯之於初也雖舜之刑期无刑不過於此豈非說桎梏之道哉不知此道而以往能无吝乎易說

九二包蒙吉納婦吉子克家象曰子克家剛柔接也

伊川程子曰包含容也二居蒙之世有剛明之才而與六五之君相應中德又同當時之任者也必廣其含容哀矜昏愚則能發天下之蒙成治蒙之功其道廣其施博如是則吉也卦惟二陽爻上九剛而過惟九二有剛

中之德而應于五用于時而獨明者也苟恃其明專於自任則其德不宏故雖婦人之柔闇尚當納其所善則其明廣矣又以諸爻皆陰故云婦堯舜之聖天下莫及也尚曰清問下民取人爲善也二能包納則克濟其君之事猶子能治其家也五既陰柔故發蒙之功皆在于二以家言之五父也二子也二能主蒙之功乃人子克治其家也易傳

朱子曰九二以剛陽爲內卦之主統治羣陰當發蒙之任也然所治既廣物性不齊不可一概取必而爻之德剛而不過爲能有所包容之象又以陽受陰爲納婦之

象又居下位而能任上事爲子克家之象故占者有其德而當其事則如是而吉也剛柔接指二五之應本義

六三勿用取女見金夫不有躬无攸利象曰勿用取女行不順也

伊川程子曰三以陰柔處蒙闇不中不正女之妄動者也正應在上不能遠從近見九二爲羣蒙所歸得時之盛故舍其正應而從之是女之見金夫也女之從人當由正禮乃見人之多金說而從之不能保有其身者也无所往而利矣易傳　六三坎體水性趨下學易記

六四困蒙吝象曰困蒙之吝獨遠實也

伊川程子曰蒙之時陽剛爲發蒙者四陰柔而最遠於剛乃愚蒙之人而不比近賢者无由得明矣故困於蒙可羞吝者以其獨遠於賢明之人也不能親賢以致困可吝之甚也實謂陽剛也易傳

六五童蒙吉象曰童蒙之吉順以巽也

伊川程子曰五以柔順居君位下應於二以柔中之德任剛明之才足以治天下之蒙故吉也童取未發而資於人也爲人君者苟能至誠任賢以成其功何異乎出於己也　舍己從人順從也降志下求卑巽也能如是優於天下矣易傳

龜山楊氏曰五居尊位而下求九二之臣不挾貴也以童蒙自居不挾長挾賢也苟有求焉有所挾則皆在所不告自天子至於庶人君子所以俟之一也故唯童蒙乃吉夫湯之於伊尹高宗之於傅說皆學焉而後臣之由斯道也易說

兼山郭氏曰順也者順於理也巽也者入於道也易說

漢上朱氏曰艮少男童也五求於二成坤坤順也二往資五成巽巽順也順則易從巽則易入順則樂告之以善道巽則優柔以開導之以此治蒙優於天下矣童蒙之吉也易傳

上九擊蒙不利爲寇利禦寇象曰利用禦寇上下順也

伊川程子曰九居蒙之終是當蒙極之時人之愚蒙既極如苗民之不率爲寇爲亂者當擊伐之然九居上剛極而不中故戒不利爲寇治人之蒙乃禦寇也肆爲剛暴乃爲寇也若舜之征有苗周公之誅三監禦寇也秦皇漢武窮兵誅伐爲寇也易傳

龜山楊氏曰上九蒙之極也以剛之才處之故至於擊蒙也然擊之以正其罪則禦寇也已甚而至於殘民則爲寇也故戒之曰不利爲寇利禦寇若有苗之昏迷而舜征之擊蒙而禦寇也孟子謂燕可伐而齊

王伐之誅其君而弔其民則是亦禦寇也而齊王遷其重器係累其子弟是乃爲寇耳故諸侯將謀救之上下不順故也何利之有易說

白雲郭氏曰先人曰不利爲寇利禦寇彼我賓主之辭非有時而利爲寇也雍曰既利禦寇則彼來寇者不利明矣夫不能戒之於蚤終至於過而後擊之亦非特教之不至也蓋有積惡不移之質如何校滅耳者也上九剛過之才發蒙則暴包蒙則不能容以之禦寇則利矣能禦寇亦去衆蒙之害上下得不順之乎易說

䷄ 乾下坎上

伊川程子曰需序卦蒙者蒙也物之穉也物穉不可不養也故受之以需需者飲食之道也夫物之幼穉必待養而成養物之所需者飲食也故曰需者飲食之道也雲上於天有蒸潤之象飲食所以潤益於物故需爲飲食之道所以次蒙也卦之大意須待之義序卦取所須之大者耳乾健之性必進者也乃處坎險之下險爲之阻故須待而後進也易傳

需有孚光亨貞吉利涉大川

伊川程子曰需者須待也以二體言之乾之剛健上進

而遇險未能進也故爲需待之義以卦才言之五居君位爲需之主有剛健中正之德而誠信充實於中中實有孚也有孚則光明而能亨通得貞正而吉也以此而需何所不濟雖險无難矣故利涉大川也凡貞吉有既正且吉者有得正則吉者當辯也易傳

朱子曰需待也以乾遇坎乾健坎險以剛遇險而不遽進以陷於險待之義也孚信之在中者也其卦九五以坎體中實陽剛中正而居尊位爲有孚得正之象坎水在前乾健臨之將涉水而不輕進之象故占者爲有所待而能有信則光亨矣若又得正則吉而利涉大川正

固無所不利而涉川尤貴于能待則不欲速而犯難也本義需者寧耐之意以剛遇險時節如此只當寧耐以待之且如涉川者多以不能寧耐致覆溺之禍故需卦首言利涉大川語錄

藍田呂氏曰需有所待而進也乾健欲進而險在前姑有所待終必濟也有所待者久則孚孚則光亨乾之用也利涉大川剛健乃濟也[illegible]

漢上朱氏曰蘇氏解需光亨曰光者物之神也此關子明之說也或問神曰日月在上其明在地夫日月之形其大如盤盂光之所燭被乎萬物非神乎蓋神

雖吉也故以光形容之君子動而有光廣大无所不及故易言未光大者皆狹且陋也叢說

彖曰需須也險在前也剛健而不陷其義不困窮矣需有孚光亨貞吉位乎天位以正中也利涉大川往有功也

伊川程子曰需之義須也以險在于前未可遽進故需待而行也以乾之剛健而能需待不輕動故不陷于險其義不至于困窮也剛健之人其動必躁乃能需待而動處之至善者也故夫子贊之曰其義不困窮矣易傳

象曰雲上於天需君子以飲食宴樂

伊川程子曰雲氣蒸而上升於天必待陰陽和洽然後成雨雲方上於天未成雨也故爲須待之義陰陽之氣交感而未成雨澤猶君子蓄其才德而未施於用也君子觀雲上於天需而爲雨之象懷其道德安以待時飲食以養其氣體宴樂以和其心志所謂居易以俟命也易傳

東萊呂氏曰君子於未遇之時涵養成就一旦有用則无施不可以非口體之養而已也易說

初九需于郊利用恒无咎象曰需于郊不犯難行也利用恒无咎未失常也

伊川程子曰需者以遇險故需而後進初最遠于險故

爲需于郊郊曠遠之地也處于曠遠利在安守其常則无咎也不能安常則躁動犯難豈能需于遠而无過也處曠遠者不犯冒險難而行也陽之爲物剛健上進者也初能需待於曠遠之地不犯險難而進復宜安處不失其常則可以无咎矣雖不進而志動者不能安其常也君子之需時也安靜自守志雖有須而恬然若將終身焉乃能用常也易傳

九二需于沙小有言終吉象曰需于沙衍在中也雖小有言以吉終也

伊川程子曰坎爲水水近則有沙二去險漸近故爲需

于沙漸近于險難雖未至于患害已小有言矣凡患難之辭大小有殊小者至于有言言語之傷至小者也二以剛陽之才而居柔守中寬裕自處需之善也雖去險漸近而未至于險故小有言語之傷而无大害終得其吉也衍寬綽也二雖近險而以寬裕居中故雖小有言語及之終得其吉善處者也易傳

耿氏曰乾之九二寬以居之履之九二履道坦坦寬衍而夷易无如二之中也故曰需于沙衍在中也近於險故小有言然而寬衍在中未至迫也所以得吉而終者也易學記

九三需于泥致寇至象曰需于泥災在外也自我致寇敬慎不敗也

伊川程子曰泥逼于水也既進逼于險當致寇難之至也三剛而不中又居健體之上有進動之象故致寇也苟非敬慎則致喪敗矣易傳

白雲郭氏曰君子居易以俟命敬慎也小人行險以徼幸鮮不敗矣然君子敬當在物先故坤之直內言存于物先也需之九三上六見于用以接物而已易說

六四需于血出自穴象曰需于血順以聽也

伊川程子曰四以陰柔之質處于險而下當三陽之進傷于險難者也故云需于血既傷于險難則不能安處必失其居故云出自穴穴物之所安也順以從時不競於險難所以不至于凶也以柔居陰非能競者也若陽居之則必凶矣蓋无中正之德徒以剛競于險適足以致凶耳　四以陰柔居于險難之中不能固處故退出自穴蓋陰柔不能與時競不能處則退是順從以聽於時所以不至于凶也易傳

九五需于酒食貞吉象曰酒食貞吉以中正也

伊川程子曰五以陽剛居中得正位乎天位克盡其道矣以此而需何需不獲故宴安酒食以俟之所需必得

也既得貞正所需必遂可謂吉矣易傳

藍田呂氏曰九五陽居至尊中正之位三陽上進志同情悅需于酒食以交歡也交歡之事以道相待非苟悅也

白雲郭氏曰先人曰既醉以酒既飽以德人有士君子之行詩之所謂太平需之所謂貞吉也雍曰飲食非自養也養賢而已養賢以及萬民所以應天下之需也鹿鳴之君蓋得需于酒食之道天保之福所謂貞吉也易說

誠齋楊氏曰陽彙而進陰引而退九五以陽剛居中

得正而位乎天位險者夷難者解天下治平矣需於酒食乃太平之君以飲食宴樂勞忠臣嘉賓之事也貞吉者待之有禮而无過不及之謂也故象曰以中正也學易記

上六入于穴有不速之客三人來敬之終吉象曰不速之客來敬之終吉雖不當位未大失也

伊川程子曰需以險在前需時而後進上六居險之終終則變矣在需之極久而得矣陰止于六乃安其處故爲入于穴穴所安也安而旣止後者必至不速之客三人謂下之三陽乾之三陽非在下之物需時而進者也

需旣極矣故皆上進不速不促之而自來也上六旣需得其安處羣剛之來苟不起忌疾忿競之心至誠盡敬以待之雖甚剛暴豈有侵凌之理故終吉也或疑以陰居三陽之上得爲安乎曰三陽乾體志在上進六陰位非所止之正故无爭奪之意敬之則吉也易傳

䷅ 坎下乾上

伊川程子曰訟序卦飲食必有訟故受之以訟人之所需者飲食旣有所需爭訟所由起也訟所以次需也爲卦乾上坎下以二象言之天陽上行水性就下其行相違所以成訟也以二體言之上剛下險剛險相接能无訟乎又人內險阻而外剛强所以訟也易傳

訟有孚窒惕中吉終凶利見大人不利涉大川

朱子曰訟爭辨也上乾下坎乾剛坎險上剛以制其下下險以伺其上又爲內險而外健又爲已險而彼健皆訟之道也九二中實上無應與又爲加憂且於卦變自

遯而來爲剛來居二而當下卦之中有有孚而見窒能懼而得中之象上九過剛居訟之極有終極其訟之象九五剛健中正以居尊位有大人之象以剛乘險以實履陷有不利涉大川之象故戒占者必有爭辨之事而隨其所處爲吉凶也本義　大凡卦辭取義不一如訟有孚窒惕中吉蓋取九二中實坎爲加憂之象中實爲有孚坎陷爲窒坎爲加憂爲惕九二居下卦之中故曰有信而見窒能懼而得中也終凶蓋取上九終極于訟之象利見大人蓋取九五剛健中正居尊之象不利涉大川又取以剛乘險以實履陷之象此取義不一也然亦有不必如此取者此特其一例也語錄

白雲郭氏曰需訟一體也相親而需則爲需相速而訟則爲訟性情之異耳然性情之異而有孚則同者親而无孚需之妄也訟而无孚訟之妄也窒者塞其源而不流也惕者謹其事而知懼也得其中則吉成其終則凶知此則知訟之爲道矣非特訟者爲然聽訟亦如之也好生之德洽于民心茲用不犯于有司窒之也欽哉欽哉惟刑之恤哉惕之也呂刑曰簡孚有衆又曰獄成而孚輸而孚有孚也故乃明于刑之中中吉也舜典之疑唯輕呂刑之疑有赦不成其終也易說

彖曰訟上剛下險險而健訟訟有孚窒惕中吉剛來而得中也終凶訟不可成也利見大人尚中正也不利涉大川入于淵也

伊川程子曰訟之爲卦上剛下險健而不險不生訟也險而不健不能訟也險而又健是以訟也九二以剛自外來而成訟則二乃訟之主也以剛處中中實之象故爲有孚處訟之時雖有孚信亦必艱阻窒塞而有惕懼不窒則不成訟矣又居險陷之中亦爲窒塞惕懼之義訟非善事得中无過則吉終極其事則凶矣故曰不可成也成謂窮盡其事也訟者求辨其是非利見大人以所尚者中正也中正大人九五是也不利涉大川謂若蹈危險則陷其身矣乃入于深淵也卦中有中正險陷之象易傳從學易記錄

象曰天與水違行訟君子以作事謀始

伊川程子曰天上水下相違而行二體違戾訟之由也若上下相順訟何由興君子觀象知人情有爭訟之道故凡所作事必謀其始絕訟端于事之始則訟无由生矣謀始之義廣矣若慎交結明契券之類是也易傳

初六不永所事小有言終吉象曰不永所事訟不可長也雖小有言其辯明也

伊川程子曰六以柔弱居下才不能訟雖不永所事既訟矣必有小災故小有言也既不永其事又上有陽剛之正應辨理之明故終得其吉也不然其能免乎易傳

九二不克訟歸而逋其邑人三百戶无眚象曰不克訟歸逋竄也自下訟上患至掇也

伊川程子曰二五相應之地而兩剛不相與相訟者也九二自外來以剛處險爲訟之主乃與五爲敵五以中正處君位其可敵乎是爲訟而義不克也若能知其義之不可退歸而逋避以寡約自處則得无過眚也必逋者避爲敵之地也三百戶邑之至小者若處強大是猶

競也能无眚乎眚過也處不當也與知惡而爲有分也
義既不敵故不能訟歸而逋竄避去其所也自下而訟
其上義乖勢屈禍患之至猶拾掇而取之言易得也易傳
龜山楊氏曰以成卦之才言之則九二剛來而得中
能有孚窒惕中吉也以爻言之二五正應也二以剛
險而不應訟上者也而五以剛中正而履尊位訟之
主也人所利見而取決焉不可得而訟也故不克訟
然九二剛而中知義不克則非怙終者故歸而逋其
邑人三百戶无眚歸而逋者自反不縮逋竄而自逭
也邑人三百戶則其君寡弱矣不爲健險也不爲健
險則訟息矣故无眚易說
徐氏曰九二所以能逋竄者坎爲隱伏故也學易記
六三食舊德貞厲終吉或從王事无成象曰食舊德從上
吉也
伊川程子曰三雖居剛而應上然質本陰柔處險而介
二剛之間危懼非爲訟者也祿者稱德而受食舊德謂
處其素分貞謂堅固自守厲終吉謂雖處危地能知危
懼則終必獲吉也守素分而无求則不訟矣處危謂在
險而承乘皆剛與居訟之時也柔從剛者也下從上者
也三不爲訟而從上九所爲故曰或從王事无成謂從

上而成不在己也訟者剛健之事故初則不永三則從
上皆非能訟者也二爻皆以陰柔不終而得吉四亦以
不克而渝得吉訟以能止爲善也守其素分雖從上之
所爲非由己也故无成而終得其吉也易傳
蒙齋李氏曰或從王事无成者謂從王事而不以成
功自居也夫訟生于行之相違天下之訟又起于矜
功而伐善以柔而從剛以下而從上有功而不自居
故能不失舊物而終又獲吉也學易記
九四不克訟復卽命渝安貞吉象曰復卽命渝安貞不失
也
伊川程子曰命謂正理失正理爲方命方不順也故以
卽命爲復不克訟而不訟反就正理變其不安貞爲安
貞則吉矣易傳
朱子曰渝變也復卽命渝言復就命而變其不順之命
語錄
東萊呂氏曰九四不克訟復卽命渝安貞吉以九居
四是剛强之人處不中正之地本好訟者也然所承
者五五至尊而不敢與之訟所履者三三至柔而不
至於生訟所應者初初既相應亦非與之爲訟者也
左右前後皆无可訟雖有好訟之心畧不得騁則其

心必自還而歸善故曰復即命渝命正理也好訟之心既無所施則必復就於正理變而爲善也譬如水之泛溢欲擊東岸而其岸堅而不可動欲擊西岸而其岸又堅而不可動則必循循歸于故道矣心之所之只有善惡兩件於惡既不得騁不之于善將何之乎閩紀

九五訟元吉象曰訟元吉以中正也

伊川程子曰以中正居尊位治訟者也治訟得其中正所以元吉也元吉大吉而盡善也吉大而不盡善者有矣中正之道何施而不元吉易傳

朱子曰陽剛中正以居尊位聽訟而得其平者也占者遇之訟而有理必獲伸矣中則聽不偏正則斷合理本義

白雲郭氏曰九五中正大人也聽訟之主也天下之長也爲天下之長以中正之德聽天下之訟人之所利見其爲吉也大矣蓋非一人之吉實天下之吉也獄訟之歸虞舜虞芮之質文王其九五之謂也易說

上九或錫之鞶帶終朝三褫之象曰以訟受服亦不足敬也

伊川程子曰九以陽居上剛健之極又處訟之終極其訟者也人之肆其剛强窮極於訟取禍喪身固其理也設或使之善訟能勝窮極不已至于受服命之賞是亦與人讎爭所獲其能安保之乎故終一朝而三見褫奪也易傳

䷆坎下坤上

伊川程子曰：師序卦訟必有衆起故受之以師師之興由有爭也所以次訟也爲卦坤上坎下以二體言之地中有水爲衆聚之象以二卦之義言之內險外順險道而以順行師之義也以爻言之一陽而爲衆陰之主統衆之象也比以一陽爲衆陰之主而在上君之象也師以一陽爲衆陰之主而在下將帥之象也易傳

東萊呂氏曰比與師當作一體看且以大體看既有衆則必有比君道善羣苟无善羣之德則强凌弱衆暴寡人將不能自安以小言之比卦當與師相表裏

始見三代兵農井田之所起師除九二一陽而五陰即五人爲伍之象也比除九五一陽而五陰即五家爲隣之象也此是兵農爲一當天下有事出則權專在將更无牽制之患天下无事入則權便歸君更无尾大不掉之患易說

師貞丈人吉无咎

伊川程子曰師之道以正爲本興師動衆以毒天下而不以正民弗從也强驅之耳故師以貞爲主其動雖正也帥之者必丈人則吉而无咎也丈人者尊嚴之稱帥師總衆非衆所尊信畏服則安能得人心之從所謂丈人不必素居崇貴但其才謀德業衆所畏服則是也易傳

朱子曰師兵衆也下坎上坤坎險坤順坎水坤地古者寓兵於農伏至險于大順藏不測於至靜之中又卦惟九二一陽居下卦之中爲將之象上下五陰順而從之爲衆之象九二以剛居下而用事六五以柔居上而任之爲人君命將出師之象故其卦之名曰師丈人長老之稱用師之道利於得正而任老成之人乃得吉而无咎戒占者亦必如是也本義

廣平游氏曰師貞丈人吉故詩稱方叔元老克壯其猷也老者成德之稱乞其言足以愈人之疾故曰艾

憲其行足以助人之善故曰叟其更事多其作謀審其成德也尊其致道也遠蓋朝廷典刑所賴而非特可以行師也丈人者老者之尊稱而法度所資也師之道以律爲主故以丈人言之易說

彖曰師衆也貞正也能以衆正可以王矣剛中而應行險而順以此毒天下而民從之吉又何咎矣

伊川程子曰能使衆人皆正可以王天下矣得衆心服從而歸正王道止於是也剛中而應行險而順言二也以剛處中剛而得中道也六五之君爲正應信任之專也雖行險道而以順動所謂義兵王者之師也上順下

險行險而順也易傳

司馬溫公曰夫治衆不以剛則慢而不整用剛而不獲中則暴而无親上无應于君下无應于民則身危而功不成所施不在于順則衆怨而民不從四者非所以吉而无咎也吉而无咎則惟剛中而應行險而順乎學易記

廣平游氏曰用師之道將以正天下之不正也故師謂之征己不正其能正人乎此師之所以主乎貞也剛中而應任將之道也行險而順興師之義也仰順乎天无違天以干時俯順乎人无咈人以從欲興師

之順如此則民之從之雖犯難而忘其死矣故能以衆正以衆正之則人皆知其欲正己而已天下孰不趨於正哉其爲王也孰禦故吉且无咎易說

象曰地中有水師君子以容民畜衆

伊川程子曰水聚于地中爲衆聚之象故爲師也君子觀地中有水之象以容保其民畜聚其衆也易傳

朱子曰水不外於地兵不外于民故能養民則可以得衆矣本義　川壅爲澤坎爲川兌爲澤澤是水不流坎下一畫閉合成兌卦便是川壅爲澤之象語錄

兼山郭氏曰坤爲地爲衆坎爲險爲法地所以容民法所以畜衆也周官司空掌邦土居四民時地利非容民乎司馬掌邦政統六師平邦國非畜衆乎故自比閭族黨州鄉容民之道也自伍兩卒旅師軍畜衆之法也是以居則出入相友疾病相扶持容民之常也動則勝相見敗相救畜衆之終也是以兵形象水水因地而制形兵因敵而制勝師其有焉易說

漢上朱氏曰物之在天地間至多者无若水也地中能有之師之象也故土雖緻密而含通流泉河海之大不能出其涯涘君子寬以容民又有度量上下維持以畜衆繫辭曰陽一君而二民陰二君而一民民

謂陰爻也有陽爻則陰爻爲民所謂容民者言內卦也坤爲衆所謂畜衆者言外卦也或曰隱至險於大順伏師旅於民衆井田之法也

東萊呂氏曰地中有水之象惟君子觀之則見地之容水體之以容民畜衆若小人觀此象但見地中有水謂不防之則橫流不可制必酷爲法制御軍苛刻而致亂矣象一耳而觀者二焉此所以當觀象紀聞

初六師出以律否臧凶象曰師出以律失律凶也

伊川程子曰初師之始也故言出師之義及行師之道在邦國興師而言合義理則是以律法也謂以禁亂誅

暴而動苟動不以義則雖善亦凶道也善謂克勝凶謂殃民害義也在行師而言律謂號令節制行師之道以號令節制爲本所以統制於衆不以律則雖善亦凶雖使勝捷猶凶道也制師无法幸而不敗且勝者時有之矣聖人之所戒也易傳

龜山楊氏曰師出无名師行无制皆不能以律也初六師之始也故言師出之義甘誓曰左不攻于左汝不恭命右不攻于右汝不恭命牧誓曰不愆于六步七步乃止齊焉不愆于四伐五伐乃止齊焉此師律也不如是皆失律也刑戮隨之矣雖足以幸勝猶凶

道也故曰否臧凶言否則雖臧亦凶也易說

九二在師中吉无咎王三錫命象曰在師中吉承天寵也王三錫命懷萬邦也

伊川程子曰師卦惟九二一陽爲衆陰所歸五居君位是其正應二乃師之主專制其事者也居下而專制其事惟在師則可自古命將閫外之事得專制之在師專制而得中道故吉而无咎葢恃專則失爲下之道不專則无成功之理故得中爲吉凡師之道威和並至則吉也既處之盡其善則能成功而安天下故王錫寵命至於三也凡事至於三者極也六五在上既專倚任復厚

其寵數葢禮不稱則威不重而下不信也他卦九二爲六五所任者有矣惟師專主其事而爲衆陰所歸故其義最大人臣之道於事无所敢專惟閫外之事則專制之雖制之在已然因師之力而能致者皆君所與而職當爲也易傳

六三師或輿尸凶象曰師或輿尸大无功也

朱子曰輿尸謂師徒撓敗輿尸而歸也以陰居陽才弱志剛不中不正而犯非其分故其象占如此本義

東萊呂氏曰六三師或輿尸凶二師之主將帥之象也三居二之上位高者也軍政當出於一非可使衆

主之也三苟自恃位高不肯屈已從二之令使撓軍政則令出於二其覆敗必矣所以軍中只論節制不論官爵閑紀

六四師左次无咎象曰左次无咎未失常也

伊川程子曰師之進以强勇也四以柔居陰非能進而克捷者也知不能進而退故左次左次退舍也量宜進退乃所當也故无咎見可而進知難而退師之常也唯取其退之得宜不論其才之能否也度不能勝而完師以退愈於覆敗遠矣可進而退乃爲咎也易之發此義以示後世其仁深矣易傳

六五田有禽利執言无咎長子帥師弟子輿尸貞凶象曰長子帥師以中行也弟子輿尸使不當也

朱子曰六五用師之主柔順而中不爲兵端者也敵加於己不得已而應之故爲田有禽之象而其占利以搏執而无咎也言語辭也長子九二也弟子三四也又戒占者專於委任若使君子任事而又使小人參之則是使之輿尸而歸故雖貞而亦不免於凶也本義

白雲郭氏曰自古帝王興兵動衆蓋未有无名之師也故六五言田有禽利執言田之有禽害稼也故獵取之變戎寇賊害民也故執言以伐之執言奉辭也

以興師則无咎矣此論在師之君道非將帥之事也故雖鳴條之師牧野之戰湯武必執言誓師明告其罪而後舉也長子九二也以中行師得其道者也弟子六三也以輿尸而凶非獨六三之罪也君使之不當也貞凶蓋言輿尸之凶長子帥師无凶也然則師之君道无它焉執言專任而已師道貞則吉卦既言得丈人而後吉爻於此又明弟子雖貞亦凶聖人之意其慎如此易說

上六大君有命開國承家小人勿用象曰大君有命以正功也小人勿用必亂邦也

邵子曰人所謂才者有利焉有害焉才一也利害二也有才之正者有才之不正者才之正者利乎人而及乎身者也才之不正者利乎身而害乎人者也曰不正則安得謂之才曰人之所不能而能之安得不謂之才聖人所以惜乎才之難者謂其能成天下事而歸之正者寡也若不能歸之於正才則才矣難乎語其仁矣譬猶藥之療疾也毒藥亦有時而用也可一而不可再也疾愈則速已不已則害人矣平藥則常日而用之可也重疾非所以能治也能驅重疾而无害人之毒者古今人所謂良藥也易曰大君有命開國承家小人勿用如是

則小人亦有時而用之時平治定用之則否詩云他山之石可以攻玉其小人之才乎漁樵對問

伊川程子曰上師之終也功之成也大君以爵命賞有功也開國封之爲諸侯也承家以爲卿大夫也承受也小人者雖有功不可用也故戒使勿用師旅之興成功非一道不必皆君子也故戒以小人有功不可用也賞之以金帛祿位可也不可使有國家而爲政也小人平時易致驕盈況挾其功乎漢之英彭所以亡也聖人之深慮遠戒也此專言師終之義不取爻義蓋以其大者若以爻言則六以柔居順之極師既終而在无位之地

善處而无咎者也易傳

白雲郭氏曰先人曰武成之終曰列爵惟五分土惟三又曰惇信明義崇德報功則盡上六之義者其武王乎雍曰雖大君有命而小人不得開國承家者以小人无容衆居上之德此武王所以必崇德而報功也崇德則小人勿用矣易說

䷇ 坤下坎上

伊川程子曰比序卦衆必有所比故受之以比比親輔也人之類必相親輔然後能安故既有衆則必有所比比所以次師也爲卦上坎下坤以二體言之水在地上物之相切比无間莫如水之在地上故爲比也又衆爻皆陰獨五以陽剛居君位衆所親附而上亦親下故爲比也易傳

東萊呂氏曰師以二爲主二將帥也以一陽而爲衆陰之所聽命者也比以五爲主以一陽而爲衆陰之所親者也比所以次師者言衆雖聽命於將帥而心

當親於君也紀聞

比吉原筮元永貞无咎不寧方來後夫凶

伊川程子曰比吉道也人相親比自爲吉道故雜卦云比樂師憂人相親比必有其道苟非其道則有悔咎故必推原占決其可比者而比之筮爲占決卜度非謂以蓍龜也所比得元永貞則无咎元謂有君長之道永謂可以常久貞謂得正道上之比下必有此三者下之從上必求此三者則无咎也人之不能自保其安寧方且來求親比得所比則能保其安當其不寧之時固宜汲汲以求比若獨立自恃求比之志不速而後則雖夫亦

凶矣夫猶凶況柔弱者乎夫剛立之稱傳曰子南夫也又曰是謂我非夫凡生天地之間者未有不相親比而能自存者也雖剛強之至未有能獨立者也比之道由兩志相求兩志不相求則睽矣君懷撫其下下親輔於上親戚朋友鄉黨皆然故當上下合意以相從苟无相求之意則離而凶矣大抵人情相求則合相持則睽相持相待莫先也人之相親固有道然而欲比之志不可緩也 易傳

彖曰比吉也比輔也下順從也原筮元永貞无咎以剛中也不寧方來上下應也後夫凶其道窮也

伊川程子曰比吉也比者吉之道也物相親比乃吉道也比輔也釋比之義比者相親輔也下順從也解卦所以爲比也五以陽居尊位羣下順從以親輔之所以爲比也推原筮決相比之道得元永貞而後可以无咎所謂元永貞如五是也以陽剛居中正盡比道之善者也以陽剛當尊位爲君德元也居中得正能永而貞也卦辭本泛言比道彖言元永貞者九五以剛處中正是也 易傳

龜山楊氏曰五以剛中得尊位居中履正衆陰在下而順承之有親輔之象卦之所以爲比也故曰比吉也比輔也下順從也先王什伍其民鄉田同井使之出入相友守望相助疾病相扶持比之所以吉也政散民流用薄析離居則凶可知矣此自然之理也原筮者占所比也元永貞者可比之道也原筮謂占決可否非龜筮之筮也與初筮之筮同蓋无長人之仁則雖比而不親无可久之德則雖比而必離无正固之守則雖比而不周上之比乎下與下之比乎上无是三者則小人之比耳能无咎乎故惟元永正而後无咎盡此道者惟九五乎故曰以剛中也居比之時陰无正應不寧之象也而衆陰順承不寧方來之象

也不寧方來以上下應而已蓋后非民罔使民非后罔事上下相求古今之同道也上不比乎下下不比乎上而能獨安者未之有也 易說

南軒張氏曰夫陽明所在不可不依衆人所往不可獨背方衆陰比乎九五而上六獨在外有背而去之之象也彖辭言比吉也比輔也下順從也獨言下順從豈非斥上六之在外乎 學易記

象曰地上有水比先王以建萬國親諸侯

伊川程子曰夫物相親比而无間者莫如水在地上所以爲比也先王觀比之象以建萬國親諸侯建立萬國

所以比民也親撫諸侯所以比天下也易傳

朱子曰伊川說建萬國以比民言民不可盡得而比故建諸侯使比民而天子所親者諸侯而已便是比天下之道語錄

藍田呂氏曰地中有水則容畜而不散可以聯什伍而成軍地上有水則浸灌旁及可以交四隣而修好

兼山郭氏曰民之有君諸侯之有王非先王創治而有之皆出於自然之勢也蓋上下之分未立强弱之勢不齊於是大得以陵小衆得以暴寡日趣於亂亡而生生之理息矣必有强有德者出焉則大小之勢分衆寡之情一於是有小事大有大比小小大之情親率歸於大定者是先王封建之本也梁襄王問孟子曰天下惡乎定孟子對曰定于一一者王也方地上有水非澤之所鍾散而相親則各有所比先王以是建萬國而親諸侯王道之本也方比之五陰而一陽上有大中至正之道下无僭亂分民之臣蓋足以王矣自河圖洛書之相為經緯八卦九章之相為表裏文王得之以演周易孔子得之以述春秋故春秋二百四十二年之間有春有王正月蓋同出於此矣

觀禹會諸侯於塗山執玉帛者萬國周成王時諸侯來朝助祭者千八百國春秋之時見於經者止百二十有四國其後離為十二合為六七卒并于秦方是時征伐四出轉以相滅原野厭人之肉川谷流人之血凡以天下无王故也故易之有比春秋之書王豈易言哉易說

初六有孚比之无咎有孚盈缶終來有它吉象曰比之初六有它吉也

伊川程子曰初六比之始也相比之道以誠信為本中心不信而親人人誰與之故比之始必有孚誠乃无咎也孚信之在中也誠信充實於內若物之盈滿於缶中也缶質素之器言若缶之盈實其中外不加文飾則終能來有它吉也它非此也外也若誠實充於內物无不信豈用飾外以求比乎誠信中實雖它外皆當感而來從孚信比之本也言比之初六者比之道在乎始也始能有孚則終致有孚之吉其始不誠終焉能吉上六之凶由无首也易傳

白雲郭氏曰廣大乎比天下之道見賢而比之不必有應而比也然有應而比者比之易二四是也遠而非應者比之難初六是也然遠而非應柔弱不能自

達有待於人者也缶之爲器有物盈之則有用也无以盈之虚器也是缶之有待於物猶初六之不能自用也初六以誠信之道自充於中所謂有孚盈缶矣何患其无用乎中孚曰鳴鶴在陰其子和之蓋誠信感人有必應之道故終使六二自内與之同比於五也雖非其應而比其道蓋益賢於求應者矣何咎之有它吉本非我有之吉因人而得之者也初六才位不足直以誠信得它吉也故比之道雖吉而比之始又以孚爲先古之人因人得用者多矣唯誠信充於中者能終它吉不然吉未終而凶矣易說

六二比之自内貞吉象曰比之自内不自失也

伊川程子曰二與五爲正應皆得中正以中正之道相比者也二處於内自内謂由已也擇才而用雖在乎上而以身許國必由於已已以得君道合而進乃得正而吉也以中正之道應上之求乃自内也不自失也汲汲以求比者非君子自重之道乃自失也易傳

廣平游氏曰比之自内者非枉已以外求也上之人訪逮幽側至誠以相與然後出而應之故爻稱自内而象以爲不自失也六二居中得正與九五爲正應迹遠而志同位殊而德合故以自内言之若伊尹之在莘而湯聘加焉非自内以比邪易說

漢上朱氏曰六二九五中正相比剛柔正而位當聖人猶曰比之自内者六二柔也恐其自失也二處乎内待上之求然後應之比之自内者也故貞吉正則吉也不能自重汲汲以求比動而自失其正道亦不可以行矣枉尺直尋未有能直人者也故曰比之自内不自失也易傳

六三比之匪人象曰比之匪人不亦傷乎

朱子曰初應四四是外比于賢爲比得其人二應五五爲顯比之君亦爲比得其人惟三乃應上上爲比之无

首者故爲比之匪人也語錄

六四外比之貞吉象曰外比於賢以從上也

伊川程子曰四與初不相應而五比之外比於五乃得貞正而吉也君臣相比正也相比相與宜也五剛陽中正賢也居尊位在上也親賢從上比之正也故爲貞吉以六居四亦爲得正之義又陰柔不中之人能比於剛明中正之賢乃得正而吉也又比賢從上必以正道則吉也數說相須其義始備易傳

九五顯比王用三驅失前禽邑人不誡吉象曰顯比之吉位正中也舍逆取順失前禽也邑人不誡上使中也

伊川程子曰五居君位處中得正盡比道之善者也人君比天下之道當顯明其比道而已如誠意以待物恕己以及人發政施仁使天下蒙其惠澤是人君親比天下之道也如是天下孰不親比於上若乃暴其小仁違道干譽欲以求天下之比其道亦狹矣其能得天下之比乎故聖人以九五盡比道之正取三驅爲喻曰王用三驅失前禽邑人不誠吉先王以四時之畋不可廢也故推其仁心爲三驅之禮乃禮所謂天子不合圍也成湯祝網是其義也天子之畋圍合其三面前開一路使之可去不忍盡物好生之仁也止取其不用命者不出

而反入者也禽獸前去者皆免矣故曰失前禽也王者顯明其比道天下自然來比來者撫之固不煦煦然求比於物若田之三驅禽之去者從而不追來者則取之此王道之大所以其民皞皞而莫知爲之者也邑人不誠吉言其至公无私无遠邇親疏之別也邑者居邑易中所言邑皆同王者所都諸侯國中也誠期約也待物之一不期誠於居邑如是則吉也聖人以大公无私治天下於顯比見之矣非惟人君比天下之道如此大率人之相比莫不然以臣於君言之竭其忠誠致其才力乃顯其比君之道也用之與否在君而已不可阿諛逢

迎求其比已也在朋友亦然修身誠意以待之親已與否在人而已不可巧言令色曲從苟合以求人之比已也於鄉黨親戚於衆人莫不皆然三驅失前禽之義也不期誠於親近上之使下中平不偏遠近如一也易傳

朱子曰邑人不誠蓋上之人顯明其比道不必人之從已而其私屬亦化之不相戒約自然從已也語錄

白雲郭氏曰九五之君非以力假仁者也蓋有大中至正之道以昭示天下天下自從而比之故曰顯比王田不合圍三面而驅故所失者前禽而已是由上六之不我比也夫以大公至正之道昭示天下无容

私焉是以逆則舍之順則取之故彖言不寧方來後夫凶皆自來自後之辭非聖人有以强之也上使中者書曰民心罔中惟爾之中其使中之謂乎易說

漢上朱氏曰天地之間陰必比陽未有无應而相比者初六不變則缶虛而不汲失有孚盈缶之象矣三驅之禮禽逆來趣已則舍之背已則射之顯比也雖有愛惡而愛惡出于彼之來去吾豈容心哉三苗逆命禹乃徂征不比也七旬來格舜則舍之顯[illegible]也比之與否舜禹非私也用中之道也叢說

誠齋楊氏曰王者之比天下去妙巧捐箴諆昭示之

、以至正大中之道而已可以比天下而不可示天下王者不由也故曰顯比然有比天下之道而无比天下之心可與比天下矣邑人不誡者不誡人而人自親也上使中者上以中正比其下下亦以中正比其上非使之使也不使之使也太王去邠而從之者如歸市則驅禽而禽不去成湯征葛而聞之者怨後予則不令而提于令聖人何必哉〔學易記〕

上六比之无首凶象曰比之无首无所終也

王荊公曰陰之物以陽爲首而比之者也乘九五而不承焉比之无首也有陽爲之首則陰有所終无首則无終矣陰先則迷而失道也〔學易記〕

白雲郭氏曰上六非天下之取比又不能比人爲臣而無君與无元首何異哉是以凶而无所終也三有匪人之傷上有无首之凶皆逆比之道聖人舍之者也四也初也其知幾乎故能非其應而獲吉以是知比者必求大中至正而比之斯无不吉〔易說〕

䷈ 乾下巽上

伊川程子曰小畜序卦比必有所畜故受之以小畜物相比附則爲聚聚畜也又相親比則志相畜小畜所以次比也畜止也止則聚矣爲卦巽上乾下乾在上之物乃居巽下夫畜止剛健莫如巽順爲巽所畜故爲畜也然巽陰也其體柔順惟能以巽順柔其剛健非能力止之也畜道之小者也又四以一陰得位爲五陽所說得位得柔巽之道也能畜羣陽之志是以爲畜也小畜謂以小畜大所畜聚者小所畜之事小以陰故也彖專以六四畜諸陽爲成卦之義不言二體蓋舉其重者〔易傳〕

或以小畜爲臣畜君大畜爲君畜臣先生云不必如此說大畜只是所畜者大小畜只是所畜者小不必指定一件事便是君畜臣臣畜君皆是這箇道理隨大小用〔楊遵道錄〕

東萊呂氏曰小畜傳止則聚矣心散則道不積〔己丑課程〕

小畜亨密雲不雨自我西郊

伊川程子曰雲陰陽之氣二氣交而和則相畜固而成雨陽倡而陰和順也故和若陰先陽倡不順也故不和不和則不能成雨雲之畜聚雖密而不能成雨者自西郊故也東北陽方西南陰方自陰倡故不和而不能成

雨以人觀之雲氣之興皆自四遠故云郊據四而言故云自我畜陽者四畜之主也易傳

白雲郭氏曰剛德天德也天德畜之則止不能畜則失聖人之所以爲聖以能畜天德而已然畜有二道有止而畜之者畜之大也故爲大畜有入而畜之者畜之小也故爲小畜舍是皆不能畜矣能大畜天德則理非不亨小畜疑於未亨故言亨也密雲不雨言畜之而未及用也自我西郊明其自我畜之也自我畜之而未及用君子成己之道未至於成物所以爲小畜易說

彖曰小畜柔得位而上下應之曰小畜健而巽剛中而志行乃亨密雲不雨尚往也自我西郊施未行也

伊川程子曰言成卦之義也以陰居四又處上位柔得位也上下五陽皆應之爲所畜也以一陰而畜五陽能係而不能固是以爲小畜也　健而巽以卦才言也內健而外巽健而能巽也二五居中剛中也陽性上進下復乾體志在於行也剛居中爲剛而得中又爲中剛言畜陽則以柔巽言能亨則以剛中以成卦之義言則爲陰畜陽以卦才言則陽爲剛中才如是故畜雖小而能亨也並易傳

朱子曰小畜柔得位至曰小畜以卦體釋卦名義柔得位指六居四上下應謂五陽健而巽至乃亨以卦德卦體而言陽猶可亨也密雲不雨尚往也言畜之未極其氣猶上進也本義

象曰風行天上小畜君子以懿文德

伊川程子曰乾之剛健而爲巽所畜夫剛健之性惟柔順爲能畜止之雖可以畜止之然非能固制其剛健也但柔順以擾係之耳故爲小畜也君子觀小畜之義以懿美其文德畜聚爲蘊畜之義君子所蘊畜者大則道德經綸之業小則文章才藝君子觀小畜之象以懿美

其文德文德方之道義爲小也易傳

白雲郭氏曰文德美德也坤言美在中而文言曰美在其中而暢於四支發於事業美之至也然則畜之道必先畜美德以成己而後可見於事業也大畜之以畜其德則天德之大皆止而畜之矣乾之不言所利猶大畜以畜其德坤利牝馬之貞猶懿文德也風行天上是爲巽入之道是我入而畜之也天在山中則爲來畜於我大小之辨如此易說

初九復自道何其咎吉象曰復自道其義吉也

伊川程子曰初九陽爻而乾體陽在上之物又剛健之

才足以上進而復與在上同志其進復於上乃其道也故云復自道復既自道何過咎之有无咎而又有吉也 易傳

朱子曰下卦乾體本皆在上之物志欲上進而爲陰所畜然初九體乾居下得正前遠於陰雖與四爲正應而能自守以正不爲所畜故有進復自道之象占者如是則无咎而吉也 本義

東萊吕氏曰小畜初九復自道何其咎吉九二牽復吉九陽也陽非久爲陰所畜者也故其志皆欲進復於上焉然則安於豢養而不復進者非可恥邪 紀聞

誠齋楊氏曰啓君之善在初止君之不善亦在初故伊尹告太甲以謹厥初召公告成王以若生子繼子初禁于未晚矣初與四爲應四止初而初受之有不善未嘗不止止而復復而歸于道是雖曰彼之所止而吾實自復于道也 學易記

渾源雷氏曰君之失道初而未彰陳善而閉畜之使復而由于道則敬而好君者也何尤于畜君哉而人臣之義得矣故曰復自道何其咎吉而象以爲其義吉也 學易記

九二牽復吉象曰牽復在中亦不自失也

伊川程子曰二以陽居下體之中五以陽居上體之中皆以陽剛居中爲陰所畜俱欲上復五雖在四上而爲其所畜則同是同志者也夫同患相憂二五同志故相牽連而復二陽並進則陰不能勝得遂其復矣故吉也 易傳

白雲郭氏曰不能辨之于早至二艱矣故牽而後復也牽者强勉之義雖无自復之易然强勉能復猶爲吉也非二有剛中之德亦將自失矣 易說

九三輿說輻夫妻反目象曰夫妻反目不能正室也

伊川程子曰三以陽爻居不得中而密比於四陰陽之

情相求也又暱比而不中爲陰畜制者也故不能前進猶車輿說去輪輻言不能行也夫妻反目陰制於陽者也今反制陽如夫妻之反目也反目謂怒目相視不順其夫而反制之也婦人爲夫寵惑既而遂反制其夫未有夫不失道而妻能制之者也故說輻反目三之爲也 易傳

朱子曰九三亦欲上進然剛而不中迫近於陰而又非正應但以陰陽相說而爲所繫畜不能自進故有輿說輻之象然以志剛故又不能平而與之爭爲夫妻反目之象戒占者如是則不得進而有所爭也 本義

龜山楊氏曰重剛而不中則身不行道矣身不行道不行於妻子故輿說輻夫妻反目輿說輻不能有行也切比於四爲陰所畜不行於妻子也至於夫妻反目則正家之道可知矣故曰不能正室也易說

六四有孚血去惕出无咎象曰有孚惕出上合志也

伊川程子曰四於畜時處近君之位畜君者也若內有孚誠則五志信之從其畜也卦獨一陰畜衆陽者也諸陽之志繫於四四苟欲以力畜之則一柔敵衆剛必見傷害惟盡其孚誠以應之則可以感之矣故其傷害遠其危懼免也如此則可以无咎不然則不免乎害矣此

以柔畜剛之道也以人君之威嚴而微細之臣有能畜止其欲者葢有孚信以感之也易傳

白雲郭氏曰以人畜天以柔畜剛非天下之至誠其孰能與于此此六四有孚之道也六四以有孚之道主于中又且惕然知懼此其所以免害而血去且无咎矣葢一柔五剛有害而傷之之理故也上合志者合九五有孚之志故志行也惟其上合志是以能畜也易說

九五有孚攣如富以其鄰象曰有孚攣如不獨富也

伊川程子曰小畜衆陽爲陰所畜之時也五以中正居尊位而有孚信則其類皆應之矣故曰攣如謂牽連相從也五必援挽與之相濟是富以其鄰也五以居尊位之勢如富者推其財力與鄰比共之也君子爲小人所困正人爲羣邪所厄則在下者必攀挽於上期於同進在上者必援引於下與之勠力非獨推己力以及人也固資在下之助以成其力耳易傳

白雲郭氏曰九五合六四誠信之志攣衆剛而畜之是富以其鄰者也富以其鄰則以畜衆爲富不以獨智爲富矣此明畜之君道如大舜善與人同取諸人以爲善是也易言富以其鄰者乾之象也不富以其

鄰者坤也乾大也坤吝嗇也易說

漢上朱氏曰五近四相得无應以分其志有孚也易言交如者異體交也言攣如者同體合也四五同巽體君臣合志攣如也小畜一陰五陽常恐力不足而見傷五於畜時雖得尊位而不能畜以其富也委之於鄰併力而畜之有孚攣如則衆陽皆爲我所用矣陽實爲富陰虛爲貧四虛五實而五與之共位食祿四得盡其心能以富用其鄰也易傳

蒙齋李氏曰易言交如者異體交也言攣如者同體合也六四柔順之臣而上欲格君心之非下欲正天

下之不善常恐力不足而見傷也九五剛明中正之君而行巽順柔克之政四以正匡其君五以正用其臣四之忠誠孚于五五信任而不疑君臣合志同心同德故曰有孚攣如攣如者固而不可解也四五皆言有孚而五又曰攣如者蓋君臣相信固不專在君而不在臣也故戒五而不戒四富以其鄰者謂人君富有天下以信任賢臣故也書云臣哉鄰哉蓋指四而言也且人君之富有天下所貴乎置天下之民於富庶康寧之域風行草偃靡然而爲善也豈謂使天下之人奉一人而已哉學易記

上九既雨既處尚德載婦貞厲月幾望君子征凶象曰既雨既處德積載也君子征凶有所疑也

伊川程子曰九以巽順之極居卦之上處畜之終從畜而止者也爲四所止也既雨和也既處止也陰之畜陽不和則不能止既和而止畜之道成矣大畜畜之大故極而散小畜畜之小故極而成尚德載四用柔巽之德積滿而至於成也陰柔之畜剛非一朝一夕能成由積累而至可不戒乎載積滿也詩云厥聲載路婦貞厲婦謂陰以陰而畜陽以柔而制剛婦若貞固守此危厲之道也安有婦制其夫臣制其君而能安者乎月幾望陰與日敵矣幾望言其盛將敵也陰已能畜陽而云幾望何也此以柔巽畜其志也非力能制也然不已則將盛於陽而凶矣於幾望而爲之戒曰婦將敵矣君子動則凶也君子謂陽征動也幾望將盈之時若已望則陽已消矣尚何戒乎既雨既處言畜道積滿而成也陰將盛極君子動則有凶也陰敵陽則必消陽小人抗君子則必害君子安得不疑慮乎若前知疑慮而警懼求所以制之則不至於凶矣易傳

䷉兌下乾上

伊川程子曰履序卦物畜然後有禮故受之以履夫物之聚則有大小之別高下之等美惡之分是物畜然後有禮履所以繼畜也履禮也禮人之所履也爲卦天上澤下天而在上澤而處下上下之分尊卑之義理之當也禮之本也常履之道也故爲履履踐也藉也履物爲踐履於物爲藉以柔藉剛故爲履也不曰剛履柔而曰柔履剛者剛乘柔常理不足道故易中惟言柔乘剛不言剛乘柔也言履藉於剛乃見卑順說應之義易傳

蒙齋李氏曰動以天爲无妄是動合乎天德也明乎天爲同人人心即天心也悅乎天爲履是聖人樂天之道也故曰禮義之悅我心猶芻豢之悅我口易學記

履虎尾不咥人亨

伊川程子曰履人所履之道也天在上而澤處下以柔履藉於剛上下各得其義事之至順理之至當也人之履行如此雖履至危之地亦无所害故履虎尾而不見咥嚙所以能亨也易傳

南軒張氏曰孔子恭而安有子以禮之用和爲貴夫禮未嘗无和樂坦易之道但衆人禮義之心爲私欲之心所勝樂放肆而憚繩檢視禮爲難事而不知安意直行乃所以蹈危也聖人遵理而行心與理一習與性成雖處衆人所甚懼之地而易直子諒之心油然而生此履虎尾所以不咥人也履之爲卦上乾而下兌乾者强行不息之謂兌者和豫可悅之謂强行不息而至和豫可悅非達于禮者其能至此哉易學記

蒙齋李氏曰履禮也有天德而行之以和故能一柔進退履衆剛而不見傷也禮之用和爲貴其是之謂乎易學記

象曰履柔履剛也說而應乎乾是以履虎尾不咥人亨剛中正履帝位而不疚光明也

伊川程子曰兌以陰柔履藉乾之陽剛柔履剛也兌以說順應乎乾剛而履藉之下順乎上陰承乎陽天下之正理也所履如此至順至當雖履虎尾亦不見傷害以此履行其亨可知易傳

廣平游氏曰剛中正履帝位而不疚者兌澤下流故也胥澤下於民則貴爲天子富有四海而内省不疚矣此天下所以心悅而誠服也天下心悅而誠服則親之若父母仰之若日月敬之如神明畏之如雷霆可不謂光明矣夫若其據利勢之重恃法度之威以臨莅天下而澤不加於民則民咨胥怨疾首蹙頞而

相告矣夫如是則從之者勢也而心背之事之者貌也而腹非之夫何光明之有 易説

象曰上天下澤履君子以辯上下定民志

伊川程子曰天在上澤居下上下之正理也人之所履當如是故取其象而爲履君子觀履之象以辨別上下之分以定其民志夫上下之分明而後民志有定民志定然後可以言治民志不定天下不可得而治也古之時公卿大夫而下位各稱其德終身居之得其分也位未稱德則君舉而進之士修其學學至而君求之皆非有預於已也農工商賈勤其事而所享有限故皆有定

志而天下之心可一後世自庶士至於公卿日志於尊榮農工商賈日志於富侈億兆之心交騖於利天下紛然如之何其可一也欲其不亂難矣此由上下无定志也君子觀履之象而分辨上下使各當其分以定民之心志也 易傳

龜山楊氏曰禮莫大於明分分之不明則爲下者不安於下而志不定志不定則覬覦之心生覬覦之心生則陵僭之禍起而亂之所由作也夫天澤定位上下之分明矣六三説而應乎乾則爲下而安於下者也此履之所以成象也故君子觀履之象以辨上下定民志 易説

東萊呂氏曰天處上澤處下尊卑各得其分大抵尊卑貴賤本皆有定位爲尊者處尊爲卑者處卑雖萬鍾之祿不自以爲多抱關擊柝不自以爲寡若是上下无辨宜賤者處貴宜卑者處尊民志使不定何者才能相若德業相若而一貴一賤安得不生叛援之心乎君子之辨上下本非强以私意安排上天下澤物各付物各隨尊卑之分而已然而尊卑分明无如天地天尊地卑最是上下之辨之大者上天下地反爲否何也取象之義又須識所謂上天下澤與上天

下地不同上天下澤所謂山澤通氣氣升於天辨位之中自有融通之理此其所以爲履若上天下地天氣不下降地氣不上騰則雖辨而无接此其所以爲否也 易説

初九素履往无咎象曰素履之往獨行願也

明道程子曰素履者雅素之履也初九剛陽素履已定但行其志爾故曰獨行願也 劉絢師訓

伊川程子曰履不處者行之義初處至下素在下者也而陽剛之才可以上進若安其卑下之素而往則无咎矣夫人不能自安於貧賤之素則其進也乃貪躁而動

求去乎貧賤耳非欲有爲也旣得其進驕溢必矣故往則有咎賢者則安履其素其處也樂其進也將有爲也故得其進則有爲而无不善乃守其素履者也易傳

龜山楊氏曰君子素其位而行素履也不願乎其外則無入而不自得矣故往无咎初九在一卦之下君子敬修其可願在此時而已易說

白雲郭氏曰素有先定於內之義素定於內則隨事之來履而往之又何咎矣素富貴則可以行富貴素貧賤則可以行貧賤故孔子曰不以其道得之不處也不以其道得之不去也此素富貴貧賤之道也可

以仕則仕可以止則止可以久則久可以速則速此孔子之素履也素履行已之義非澤民之道故曰獨行願也伊川曰若欲貴之心與欲行道之心交戰於中豈能安履其素也易說

東萊吕氏曰初九素履往无咎言人當守初心如自貧賤而之富貴不可以富貴移其所履惟素履故无咎蓋不爲地位所移也易說

九二履道坦坦幽人貞吉象曰幽人貞吉中不自亂也

伊川程子曰九二居柔寬裕得中其所履坦坦然平易之道也雖所履得坦易之道亦必幽靜安恬之人處之則能貞固而吉也九二陽志上進故有幽人之戒易傳

藍田吕氏曰二體陽居陰以中自守履道之所尚也履斯以進坦然易行守斯以處保乎終吉隱顯同致无所不宜也[redacted]

龜山楊氏曰剛中而承柔異乎六三之履虎尾也故曰履道坦坦坦坦者言所履夷易而无難也居中處說而上无應故曰幽人顔淵在陋巷不改其樂是也非中不自亂何以與此苟有應乎上則爲禹稷之事非幽人也古之聖人雖在側微若將終身焉中不自亂故也若夫外鶩而以紆朱懷金爲樂則利欲交戰

於胷中而能不自亂者未之有也其能貞吉不亦遠乎易說

六三眇能視跛能履履虎尾咥人凶武人爲于大君象曰眇能視不足以有明也跛能履不足以與行也咥人之凶位不當也武人爲于大君志剛也

龜山楊氏曰六三居不當位體柔而志剛非履之正也禮者中而已矣不中不足以有明眇者之視也體柔則不足以與行跛者之履也其視不明其行不正雖居安且不可況履危陷難乎故履虎尾咥人凶陽在前履虎尾也然以成卦之才言之則六三以柔順

之質說而應乎乾雖履至危之地无害矣故履虎尾不咥人亨以一爻言之柔失位不中而上承三陽近而不相得則履虎尾咥人而凶者也易中隨時取義故不同也夫見善未必明而用心剛者武夫也以陰居陽故志剛也由是而進爲於君克全者葢寡矣故不言吉凶以其吉凶未定故也易說

蒙齋李氏曰六三陰柔不中不正眇而跛者也然而處陽其志剛不知其眇而自以爲能視狠愎自賢而不見己過不知其跛而自以爲能履不由其道而驕傲自行故不足與之有明有行也武人謂武暴之人

用于大君以有爲肆其躁率無所顧忌非能順履而遠到也其取禍也必矣學易記

九四履虎尾愬愬終吉象曰愬愬終吉志行也

龜山楊氏曰以剛承陽處多懼之地履虎尾之象也然而體剛而志柔知愬愬戒懼順以從上故志行而終吉矣易說

白雲郭氏曰九四近剛決之君處多懼之地而能愬愬恐懼所謂戰戰兢兢如臨淵履冰者也豈有不終吉者哉此聖人居危難之道也志行者不失其所志之謂也舜之志孝也文王之志仁也父頑母嚚而克

諧以孝舜居難而志行也出羑里而請除炮烙之刑文王居難而志行也易說

九五夬履貞厲象曰夬履貞厲位正當也

伊川程子曰夬剛決也五以陽剛乾體居至尊之位任其剛決而行者也如此則雖得正猶危厲也古之聖人居天下之尊明足以照剛足以決勢足以專然而未嘗不盡天下之議雖芻蕘之微必取此其所以爲聖也履帝位而光明者也若自任剛明決行不顧雖使得正亦危道也可固守乎有剛明之才苟專自任猶爲危道況剛明不足者乎易傳

朱子曰夬履貞厲如東坡所謂憂治世而危明主也剛中正履帝位而不疚光明也此是指九五而言然九五爻辭則云夬履貞厲與象似相反何邪九五以剛居上下臨柔說之人故決然自爲而无所疑不自知其過於剛耳並語錄

龜山楊氏曰履禮也禮以用和爲貴故曰履和而至九二九四皆體剛而志柔履而和者也故吉六三體柔而志剛以和爲體也而又失位不中和而不以禮節者也故亦不可行九五剛當位而履履而不用和者也故曰夬履貞厲夬謂以剛決而履也居履之時

上下之位定九五以剛中正而履尊位其德可謂不疚矣以爻趨時而不以和則非履之善也故雖正亦厲矣易說

上九視履考祥其旋元吉象曰元吉在上大有慶也

伊川程子曰上處履之終於其終視其所履行以考其善惡禍福若其旋則善且吉也旋謂周旋完備无不至也人之所履考視其終若終始周完无疚善之至也是以元吉人之吉凶繫其所履善惡之多寡吉凶之小大也上履之終也人之所履善而吉至於終周旋无虧乃大有福慶之人也人之行貴乎有終易傳

乾下坤上

伊川程子曰泰序卦履而泰然後安故受之以泰履得其所則舒泰泰則安矣泰所以次履也爲卦坤陰在上乾陽居下天地陰陽之氣相交而和則萬物生成故爲通泰易傳

泰小往大來吉亨

伊川程子曰小謂陰大謂陽往往之於外也來來居於內也陽氣下降陰氣上交也陰陽和暢則萬物生遂天地之泰也以人事言之大則君上小則臣下君推誠以任下臣盡誠以事君上下之志通朝廷之泰也陽爲君子陰爲小人君子來處於內小人往處於外是君子得位小人在下天下之泰也泰之道吉而且亨也不云元吉元亨者時有汙隆治有小大雖泰豈一概哉言吉亨則可包矣易傳

彖曰泰小往大來吉亨則是天地交而萬物通也上下交而其志同也內陽而外陰內健而外順內君子而外小人君子道長小人道消也

伊川程子曰小往大來陰往而陽來也則是天地陰陽之氣相交而萬物得遂其通泰也在人則上下之情交通而其志意同也陽來居內陰往居外陽進而陰退也

乾健在內坤順在外爲內健而外順君子之道也君子在內小人在外是君子道長小人道消所以爲泰也既取陰陽交和又取君子道長陰陽交和乃君子之道長也易傳

龜山楊氏曰往自內出也來自外至也陽大而陰小小者未往則陰爲主陽无自而到故小往而後大來否反泰者也故大往而後小來此陰陽之義君子小人進退之象也小人在內而能進君子者未之有也夫天地交則絪縕而化醇故萬物通上下交則貴貴尊賢之義明故其志同內陽而外陰以二體言也內

健而外順以卦之才而言也內君子而外小人君子道長小人道消以卦之時言也有其體而後有以成其才有其才而後有以御其時三者備則泰之爲泰而吉亨之義盡于此矣易說

象曰天地交泰后以財成天地之道輔相天地之宜以左右民

伊川程子曰天地交而陰陽和則萬物茂遂所以泰也人君當體天地通泰之象而以財成天地之道輔相天地之宜以左右生民也財成謂體天地交泰之道而財制成其施爲之方也輔相天地之宜天地通泰則萬物茂遂人君體之而爲法制使民用天時因地利輔助化育之功成其豐美之利也如春氣發生萬物則爲播殖之法秋氣成實萬物則爲收斂之法乃輔相天地之宜以左右輔助於民也民之生必賴君上爲之法制以教率輔翼之乃能遂其生養是左右之也易傳

朱子曰裁成以制其過輔相以補其不及本義　裁成猶裁截成就之也輔相者是於裁成處補其不及而已如君臣父子兄弟夫婦聖人便爲制下許多禮數倫序便是裁成處至大至小之事皆是因是萬物本有此道理若非聖人裁成之亦不能得如此齊整此皆天地之所

不能爲而聖人能之所以贊天地之化育而功與天地參也語錄

初九拔茅茹以其彙征吉象曰拔茅征吉志在外也

伊川程子曰初以陽爻居下是有剛明之才而在下者也時之否則君子退而窮處時既泰則志在上進也君子之進必與其朋類相牽援如茅之根然拔其一則牽連而起矣茹根之相牽連者故以爲象彙類也賢者以其類進同志以行其道是以吉也君子之進必以其類不唯志在相先樂於與善實乃相賴以濟故君子小人未有能獨立不賴朋類之助者也自古君子得位天下

之賢萃於朝廷同志協力以成天下之泰小人在位則不肖者並進然後其黨勝而天下否矣蓋各從其類也時將泰則羣賢皆欲上進三陽之志欲進同也故取茅茹彙征之象志在外上進也易傳

九二包荒用馮河不遐遺朋亡得尚于中行象曰包荒得尚于中行以光大也

伊川程子曰二以陽剛得中上應於五五以柔順得中下應於二君臣同德是以剛中之才爲上所專任故二雖居臣位主治泰者也所謂上下交而其志同也故治泰之道主二而言包荒用馮河不遐遺朋亡四者處泰

之道也人情安肆則政舒緩而法度廢弛庶事无節治之之道必有包含荒穢之量則其施爲寛裕詳密弊革事理而人安之若无含宏之度有忿疾之心則無深遠之慮有暴擾之患深弊未去而近患已生矣故在包荒也用馮河泰寧之世人情習於久安安於守常惰於因循憚於更變非有馮河之勇不能有爲於斯時也馮河謂其剛果足以濟深越險也自古泰治之世必漸至於衰替蓋由狃習安逸因循而然自非剛斷之君英烈之輔不能挺特奮發以革其弊也故曰用馮河或疑上云包荒則是包含寛容此云用馮河則是奮發改革似相反也不知以含容之量施剛果之用乃聖賢之爲也不遐遺泰寧之時人心狃於泰則苟安逸而已烏能復深思遠慮及於遐遠之事哉治夫泰者當周及庶事雖遐遠不可遺若事之微隱賢才之在僻陋皆遐遠者也時泰則固遺之矣朋亡夫時之既泰則人習於安其情肆而失節將約而正之非絕去其朋與之私則不能也故云朋亡自古立法制事牽於人情卒不能行者多矣若禁奢侈則害於近戚限田產則妨於貴家如此之類既不能斷以大公而必行則是牽於朋比也治泰不能朋亡則爲之難矣治泰之道有此四者則能合於九二之德故曰得尚于中行言能配合中行之義也尚配也易傳

朱子曰九二以剛居柔在下之中上有六五之應主乎泰而得中道者也占者能包含荒穢而果斷剛決不遺遐遠而不昵朋比則合乎此爻中行之道矣本義

龜山楊氏曰包荒在宥之而不治也治則或傷之矣用馮河過中者不弃也弃之則立賢有方矣不遐遺不忘遠也朋亡不泄邇也周公思兼三王以施四事如是而已此大臣之任也易說

九三无平不陂无往不復艱貞无咎勿恤其孚于食有福

象曰无往不復天地際也

伊川程子曰三居泰之中在諸陽之上泰之盛也物理如循環在下者必升居上者必降泰久而必否故於泰之盛與陽之將進而爲之戒曰无常安平而不險陂者謂无常泰也无常往而不返者謂陰當復也平者陂往者復則爲否矣當知天理之必然方泰之時不敢安逸常艱危其思慮正固其施爲如是則可以无咎處泰之道既能艱貞則可常保其泰不勞憂恤得其所求也不失所期爲孚如是則於其祿食有福益也祿食謂福祉善處泰者其福可長也蓋德善日積則福祿日臻德踰於祿則雖盛而非滿自古隆盛未有不失道而喪敗者也无往不復言天地之交際也陽降於下必復於上陰升於上必復於下屈伸往來之常理也因天地交際之道明否泰不常之理以爲戒也易傳

六四翩翩不富以其鄰不戒以孚象曰翩翩不富皆失實也不戒以孚中心願也

伊川程子曰六四處泰之過中以陰在上志在下復上二陰亦志在趨下翩翩疾飛之貌四翩翩就下與其鄰同也鄰其類也謂五與上夫人富而其類從者爲利也不富而從者其志同也三陰皆在下之物居上乃失其實其志皆欲下行故不富而相從不待告戒而誠意相合也夫陰陽之升降乃時運之否泰或交或散理之常也泰既過中則將變矣聖人於三尚云艱貞則有福蓋三爲將中知戒則可保四已過中矣理必變也故專言始終反復之道五泰之主則復言處泰之義翩翩下往之疾不待富而鄰從者以三陰在上皆失其實故也陰本在下之物今乃居上是失實也不待告戒而誠意相與者蓋其中心所願故也理當然者天也衆所同者時也易傳

藍田呂氏曰小畜九五富以其鄰鄰志不同富以勸之也泰六四不富以其鄰鄰之所願不待勸也

蒙齋李氏曰陰氣上升陽氣下降乃天地之交泰也上以謙虛接乎下下以剛直事乎上上下相孚乃君臣之交泰也君臣交泰則天下泰矣故下三爻皆以剛直事其上上三爻皆以謙虛接乎下四當二爻之交故發此義凡居人上而虛中接下者苟出於勉強則皆不能盡其道上三爻其虛中无我翩然而來接下之道皆出于中心之誠不待人之告誡而後能也爻言不富象曰失實是皆不以富貴驕人而有虛中无我之意也鄰類也謂五與上也故四五皆稱行願在下卦之初則明以彚交于上在上卦之初則明以

鄰交于下蓋上下交而其志同也學易記

六五帝乙歸妹以祉元吉象曰以祉元吉中以行願也

伊川程子曰史謂湯爲天乙厥後有帝祖乙亦賢王也後又有帝乙多士曰自成湯至于帝乙罔不明德恤祀稱帝乙者未知誰是以爻義觀之帝乙制王姬下嫁之禮法者也自古帝女雖皆下嫁至帝乙然後制爲禮法使降其尊貴以順從其夫也六五以陰柔居君位下應於九二剛明之賢五能倚任其賢臣而順從之如帝乙之歸妹然降其尊而順從於陽則以之受祉且元吉也元吉大吉而盡善者也謂成治泰之功也以祉元吉所

以能獲祉福且元吉者由其以中道合而行其志願也有中德所以能任剛中之賢所聽從者皆其志願也非其所欲能從之乎易傳

白雲郭氏曰泰之時有乾德剛中之臣而上无飛龍之君不幾於不能用乎然泰之所謂天地交者以臣有乾德而居下君有坤德而居上是以謂之交也兼其乾坤之體而不得其全所以爲聖人參天地之卦故象言財成輔相之道也六五以謙尊自居用坤之六得黃裳之道下下以成其政所謂上下交而其志同也有是君有是臣所以能福天下以元吉也元吉

非一人之吉天下之吉也所謂斂時五福用敷錫厥庶民者也以祉者以福天下也六五之志在於用柔今之下下行用柔之願而已乙用柔也妹柔之至也非柔之至不足以盡黃裳之道故歸妹黃裳皆稱元吉蓋一道也易說

上六城復于隍勿用師自邑告命貞吝象曰城復于隍其命亂也

張子曰泰極則否非力所支故不可以師其勢愈亂正以命令諭衆然終吝道也故知者先幾艱貞无咎著戒未然也易說

伊川程子曰掘隍土積累以成城如治道積累以成泰及泰之終將反于否如城土頹圮復反于隍也上泰之終六以小人處之行將否矣勿用師君之所以能用其衆者上下之情通而心從也今泰之將終失泰之道上下之情不通矣民心離散不從其上豈可用也用之則亂衆既不可用方自其親近而告命之雖使所告命者得其正亦可羞吝邑所居謂親近大率告命必自近始凡貞凶貞吝有二義有貞固守此則凶吝者有雖得正亦凶吝者此不云貞凶而云貞吝者將否而方告命爲可羞吝否不由於告命也易傳

䷋ 坤下乾上

伊川程子曰否序卦泰者通也物不可以終通故受之以否夫物理往來通泰之極則必否否所以次泰也爲卦天上地下天地相交陰陽和暢則爲泰天處上地處下是天地隔絶不相交通所以爲否也易傳

否之匪人不利君子貞大往小來

伊川程子曰天地交而萬物生於中然後三才備人爲最靈故爲萬物之首凡生天地之中者皆人道也天地不交則不生萬物是无人道故曰匪人謂非人道也消長闔闢相因而不息泰極則復否終則傾无常而不變之理人道豈能无也旣否則泰矣夫上下交通剛柔和會君子之道也否則反是故不利君子貞君子正道否塞不行也大往小來陽往而陰來也小人道長君子道消之象故爲否也易傳

彖曰否之匪人不利君子貞大往小來則是天地不交而萬物不通也上下不交而天下无邦也內陰而外陽內柔而外剛內小人而外君子小人道長君子道消也

伊川程子曰夫天地之氣不交則萬物无生成之理上下之義不交則天下无邦國之道建邦國所以爲治也上施政以治民民戴君而從命上下相交所以治安也今上下不交是天下无邦國之道也陰柔在內陽剛在外君子往居于外小人來處于內小人道長君子道消之時也易傳

象曰天地不交否君子以儉德辟難不可榮以祿

伊川程子曰天地不相交通故爲否否塞之時君子道消當觀否塞之象而以儉損其德避免禍難不可榮居祿位也否者小人得志之時君子居顯榮之地禍患必及其身故宜晦處窮約也易傳

初六拔茅茹以其彙貞吉亨象曰拔茅貞吉志在君也

伊川程子曰泰與否皆取茅爲象者以羣陽羣陰同在下有牽連之象也泰之時則以同征爲吉否之時則以同貞爲亨始以內小人外君子爲否之義復以初六否而在下爲君子之道易隨時取義變動无常否之時在下者君子也否之三陰上皆有應在否隔之時隔絶不相通故无應義初六能與其類貞固其節則處否之吉而其道之亨也當否而能進者小人也君子則伸道免禍而已君子進退未嘗不與其類同也爻以六自守于下明君子處下之道象復推明以盡君子之心君子固守其節以處下者非樂于不進獨善也以其道方否不可進故安之耳心固未嘗不在天下也其志常在得君

而進以康濟天下故曰志在君也易傳

朱子曰三陰在下當否之時小人連類而進之象而初之惡未形故戒其貞則吉而亨能如是則變而爲君子矣小人變爲君子則能以愛君爲念而不計其私矣本義

藍田呂氏曰否閉之世上雖不交乎下下不可以不係乎上以柔居下臣之分也上下不交其以聽命有死靡它臣之正也引類守正以保其身時雖不泰其道亨矣故天下有道以道殉身天下无道以身殉道困而不失其所亨其亨由是也[redacted]

白雲郭氏曰居廟堂之高則憂其民處江湖之遠則

憂其君蓋泰言志在外否言志在君之意也君子當否之時有止无進固守且吉而道不廢於自亨也亨如顏氏之樂是也卦象以內爲小人而爻以初爲君子伊川所謂隨時取義變動无常也易說

六二包承小人吉大人否亨象曰大人否亨不亂羣也

伊川程子曰六二其質則陰柔其居則中正以陰柔小人而言則方否於下志所包畜者在承順乎上以求濟其否爲身之利小人之吉也大人當否則以道自處豈肯枉已屈道承順於上唯自守其否而已身之否乃其道之亨也或曰上下不交何所承乎曰正則否矣小人

順上之心未嘗无也大人於否之時守其正節不雜亂於小人之羣類身雖否而道之亨也故曰否亨不以道而身亨乃道之否也不云君子而云大人能如是則其道大也易傳

朱子曰陰柔而中正小人而能包容承順乎君子之象小人之吉道也故占者小人如是則吉大人則當安守其否而後道亨蓋不可以彼包承于我而自失其守也言不亂于小人之羣本義

六三包羞象曰包羞位不當也

伊川程子曰三以陰柔不中不正而居否又切近于上

非能守道安命窮斯濫矣極小人之情狀者也其所包畜謀慮邪濫无所不至可羞恥也陰柔居否而不中不正所爲可羞者處不當故也處不當位所爲不以道也易傳

廣平游氏曰六三與中正剛明者爲隣則見聞所漸亦知其可羞矣惟以資質陰柔不能行其所知至於忍恥而冒處故謂之包羞易說

白雲郭氏曰三居下體之上過中思變之時也泰之九三能艱貞以守之故无咎否之六三不能變以有爲而輔休否之君尸祿素餐所謂包羞者也孔子曰

邦无道穀恥也其六三之謂歟書言沈潛剛克六三包羞无剛也无剛而處三五同功之位故曰位不當也易說

九四有命无咎疇離祉象曰有命无咎志行也

伊川程子曰四以陽剛健體居近君之位是有濟否之才而得高位者也足以輔上濟否然當君道方否之時處逼近之地所惡在居功取忌而已若能使動必出于君命威柄一歸于上則无咎而其志行矣能使事皆出于君命則可以濟時之否其疇類皆附離其福祉離麗也君子道行則與其類同進以濟天下之否疇離祉也

小人之進亦以其類同也易傳

白雲郭氏曰九四以剛健之才居近君之位可以輔其君以休否者也然臣道无成有終而已必君命之斯无過舉矣故有是臣有是命又非特无過而已其疇類亦將附麗而獲福也湯之命見於湯誓也又曰聿求元聖與之戮力則有命无咎之人伊尹是也武王之命見於泰誓也又曰予小子既獲仁人以遏亂畧則有命无咎之人太公之徒是也湯誓曰予其大賚汝周書曰大賚于四海豈非疇離祉之謂歟嗚呼商周之民非伊呂則无休否之祉伊呂非湯武之命將老死於莘渭間尚何志行之有哉易說

九五休否大人吉其亡其亡繫于苞桑象曰大人之吉位正當也

伊川程子曰五以剛陽中正之德居尊位故能休息天下之否大人之吉也大人當位能以其道休息天下之否以循致于泰猶未離于否也故有其亡之戒否既休息漸將反泰不可便爲安肆當深慮遠戒常虞否之復來曰其亡矣其亡矣其繫于苞桑謂爲安固之道如維繫于苞桑也桑之爲物其根深固苞謂叢生者其固尤甚聖人之戒深矣漢王允唐李德裕不知此戒所以致

禍敗也繫辭曰危者安其位者也亡者保其存者也亂者有其治者也是故君子安而不忘危存而不忘亡治而不忘亂是以身安而國家可保也有大人之德而得至尊之正位故能休天下之否是以吉也无其位則雖有其道將何爲乎故聖人之位謂之大寶易傳

朱子曰有戒懼危亡之心則有苞桑繫固之象蓋能戒懼危亡則如繫于苞桑堅固不拔矣語錄

白雲郭氏曰九五以剛中之才而居尊位爲休否之主湯武是也商書曰徯予后后來其蘇此湯之休否也周書曰一戎衣天下大定此武王之休否也湯武

休否大人吉也其亡其亡存不忘亡也繫于苞桑則爲悠久无疆之道也聖人之意蓋亦深矣湯之書曰慄慄危懼若將隕于深淵仲虺又爲之誥曰愼厥終惟其始此湯其亡苞桑之義也武王之書曰乃偃武修文歸馬于華山之陽放牛于桃林之野示天下弗服召公又訓于王曰爲山九仞功虧一簣此武王其亡苞桑之義也位正當者有其德而有其位也易於否稱大人而泰不言者則知泰之九二否之九五皆得乾二五大人之道可互見也易說

上九傾否先否後喜象曰否終則傾何可長也

伊川程子曰上九否之終也物理極而必反故泰極則否否極則泰上九否既極矣故否道傾覆而變也先極否也後傾喜也否傾則泰矣後喜也否終則必傾豈有長否之理極而必反理之常也然反危爲安易亂爲治必有剛陽之才而後能也故否之上九則能傾否屯之上六則不能變屯也易傳

䷌ 離下乾上

伊川程子曰同人序卦物不可以終否故受之以同人夫天地不交則爲否上下相同則爲同人與否義相反故相次又世之方否必與人同力乃能濟同人所以次否也爲卦乾上離下以二象言之天在上者也火之性炎上與天同也故爲同人以二體言之五居正位爲乾之主二爲離之主二爻以中正相應上下相同同人之義也又卦惟一陰衆陽所欲同亦同人之義也它卦固有一陰者在同人之時而二五相應天火相同故其義大易傳

同人于野亨利涉大川利君子貞

伊川程子曰野謂曠野取遠與外之義夫同人者以天下大同之道則聖賢大公之心也常人之同者以其私意所合乃暱比之情耳故必于野謂不以暱近情之所私而於郊野曠遠之地既不繫所私乃至公大同之道无遠不同也其亨可知能與天下大同是天下皆同之也天下皆同何險阻之不可濟何艱危之不可亨故利涉大川利君子貞上言于野止謂不在暱比此復言宜以君子正道君子之貞謂天下至公大同之道故雖居千里之遠生千歲之後若合符節推而行之四海之廣

兆民之衆莫不同小人則惟用其私意所比者雖非亦同所惡者雖是亦異故其所同者則爲阿黨蓋其心不正也故同人之道利在君子之貞正易傳

白雲郭氏曰同人名卦不曰同者同大同也大同則三才无不同矣聖人明人道得失必有所指故名曰同人不曰同也然聖人雖行人道而其道未嘗不同天者蓋由同人則同天矣人道以同人爲大故也故爲君臣父子爲兄弟夫婦朋友至於臨民爲政處已接物凡有見於外者无非欲盡同人之道子思之所謂盡性孟子之所謂盡心其說一本於此然天无事

於人也聖人亦同其无事於人則不期同天而天自同矣大舜善與人同孔子稱其无爲而治則同天矣孔子曰予欲无言是亦同其无事之義也野者遠於有事又其廣大无際同人之道至于野則廣大无不同矣六爻之才皆不及此利涉大川天道之大且健也利君子貞廣大非小人之事言惟君子可得同人之道也夫不能同人而欲人同己者小人也能同人則君子矣君子言其德之盛大蓋不以才言以是知同人之道在德不在才也中庸曰天之所覆地之所載日月所照霜露所隊凡有血氣者莫不尊親故曰配天此同人之道也易說

彖曰同人柔得位得中而應乎乾曰同人同人曰同人于野亨利涉大川乾行也文明以健中正而應君子正也唯君子爲能通天下之志

伊川程子曰言成卦之義柔得位謂二以陰居陰得其正位也五中正而二以中正應之得中而應乎乾也五剛健中正而二以柔順中正應之各得其正其德同也故爲同人五乾之主故云應乎乾彖取天火之象而彖專以二言同人曰三字羨文天下之志萬殊理則一也君子明理故能通天下之志聖人視億兆之心猶一心

者通於理而已文明則能燭理故能明大同之義剛健則能克己故能盡大同之道然後能中正合乎乾行也易傳

藍田吕氏曰同人者樂與天下共也同乎人者雖以柔合應之不以正則物所不與濟之不以健則爲物所遷二者皆不可與天下共也故柔得位得中而應乎乾曰同人同人于野亨應以正則无所不合理義人心之所同然者也利涉大川濟以健也君子正者理義之心也斯心也天下之所同然故能通天下之志

龜山楊氏曰天道上行火炎上皆親乎上者也故爲同人之象卦惟一陰則一陰爲之主柔得位而不中得中而不應皆非所以爲同也得位得中而應乎乾六二以之卦之所以爲同人也同人于野利涉大川利君子貞夫人之常情暱近遺遠則其同不廣矣故同人于野亨野郊之外遠於邑者也于野則无暱比之私焉是以亨也蓋公則一私則萬殊合天下之公而誠焉天德也衕斯以往何險難之不濟乎故曰利涉大川乾行也文明以健總一卦之才言也中正而應以二五言也文明而不健則物或蔽之中正而不

應則物或間之雖有同焉寡矣唯君子爲能先得人之所同然者故能通天下之志能通天下之志則視天下无一物非我也尚誰異哉列子曰和者大同於物夫五味相得而後和則和初非同也合異以爲同者也如是然後爲大同若夫物各以類而同之則所同者小矣且天下之志固非一也而君子能通天下之志而同之亦若是而已所謂君子貞者有如此苟在物一曲則非正也同之之道孰利於此乎易說

象曰天與火同人君子以類族辨物

伊川程子曰不云火在天下天下有火而云天與火者天在上火性炎上火與天同故爲同人之義君子觀同人之象而以類族辨物各以其類族辨物之同異也若君子小人之黨善惡是非之理物情之離合事理之異同凡同異者君子能辨明之故處物不失其方也易傳

藍田呂氏曰類族辨物大同而小異也必有小異然後有大同如不容其異必比同之則勢有所不行此墨氏尚同所以不合乎聖人也惟天與火雖同乎陽然其體用固有異也同人之時志乎大則與天下共之應以正則合乎理義然後其道可以大同矣[redacted]

兼山郭氏曰陳相許行之言使市賈不二國中无僞

孟子曰物之不齊物之情也或相倍蓰或相什伯或相千萬子比而同之是亂天下也故類族辨物乃所以盡同之之道也易說

初九同人于門无咎象曰出門同人又誰咎也

伊川程子曰九居同人之初而无繫應是无所偏私同人之公者也故爲出門同人出門謂在外在外則无私昵之偏其同博而公如此則无過咎也出門同人于外是其所同者廣无所偏私人之同也有厚薄親疏之異過咎所由生也既无所偏黨誰其咎之易傳

六二同人于宗吝象曰同人于宗吝道也

伊川程子曰二與五爲正應故曰同人于宗宗謂宗黨也同于所繫應是有所偏與在同人之道爲私狹矣故可吝二若陽爻則爲剛中之德乃以中道相同不爲私也諸卦以中正相應爲善而在同人則爲可吝故五不取君義蓋私比非人君之道相同以私爲可吝也易傳

白雲郭氏曰在卦論之六二文明之性固知同人之義自爻觀之其才至柔不足與立安能大同於物是雖知之力有所不能也故彖之所論者卦之德也六二之所言者爻之才也易說

九三伏戎于莽升其高陵三歲不興象曰伏戎于莽敵剛

也三歲不興安行也

伊川程子曰三以陽居剛而不得中是剛暴之人也在同人之時志在於同卦惟一陰諸陽之志皆欲同之三又與之比然二以中正之道與五相應三以剛強居二五之間欲奪而同之然理不直義不勝故不敢顯發伏藏兵戎於林莽之中懷惡而內負不直故又畏懼時升高陵以顧望如此至於三歲之久終不敢興此爻深見小人之情狀然不曰凶者既不敢發故未至凶也所敵者五既剛且正其可奪乎故畏憚伏藏也至於三歲不興矣終安能行乎易傳

廣平游氏曰伏戎于莽欲以劫五之下援也升其高陵欲以扞二之上比也二五以同德合而九三居剛不中不務德而欲以力爭宜其三歲不興也三在下體之上有高陵之象故曰升其高陵其者指三之本體也易說

龜山楊氏曰卦惟一陰衆陽宗之以爲同也九三重剛而不中故伏戎于莽升其高陵據險以陵上也居同人之三上陵下據害乎同者也義不直矣方乾道上行而九五以剛健中正居其上非三之所能陵也故伏戎而已不能興戎以爲敵也故曰三歲不興安

行也安行不遽之辭易說

九四乘其墉弗克攻吉象曰乘其墉義弗克也其吉則困而反則也

伊川程子曰四剛而不中正其志欲同二亦與五爲仇者也墉垣所以限隔也四切近於五如隔墉耳乘其墉欲攻之知義不直而不克也苟能自知義之不直而不攻則爲吉也若肆其邪欲不能反思義理妄行攻奪則其凶大矣三以剛居剛故終其強而不能反四以剛居柔故有困而能反之義能反則吉矣畏義而能改其吉宜矣所以乘其墉而弗克攻之者以其義之弗克也以

邪攻正義不勝也其所以得吉者由其義不勝困窮而反於法則也二者衆陽所同欲也獨三四有爭奪之義者二爻居二五之間也初終遠故取義別易傳

蒙齋李氏曰九四雖不中正以其乾體故知險履離故有明明而知險是以過惡未形能止而弗攻也易學記

九五同人先號咷而後笑大師克相遇象曰同人之先以中直也大師相遇言相克也

伊川程子曰九五同於二而爲三四二陽所隔五自以義直理勝故不勝憤抑至於號咷然邪不勝正雖爲所

隔終必得合故後笑也大師克相遇五與二正應而二陽非理隔奪必用大師克勝之乃得相遇也云大師云克者見二陽之强也九五君位而爻不取人君同人之義者蓋五專以私暱應於二而失其中正之德人君當與天下大同而獨私一人非君道也又先隔則號咷後遇則笑是私暱之情非大同之體也二之在下尚以同于宗爲吝况人君乎五既於君道无取故更不言君道而明二人同心不可間隔之義繫辭云君子之道或出或處或默或語二人同心其利斷金中誠所同出處語默无不同天下莫能間也同者一也一不可分分乃二

也一可以通金石冒水火无所不能入故云其利斷金其理至微故聖人贊之曰同心之言其臭如蘭謂其言意味深長也易傳

上九同人于郊无悔象曰同人于郊志未得也

伊川程子曰居遠莫同故終无所悔然而在同人之道求同之志不得遂雖无悔非善處也易傳

龜山楊氏曰同人于野亨上九同人于郊止于无悔而已何也蓋以一卦之義言之則于野无暱比之私焉故亨上九居卦之外而无應不同乎人人亦无同之者則靜而不通乎物也故无悔而已以吉凶悔吝

生乎動故也易說

白雲郭氏曰郊之與野其庶幾乎然上九非有爲之位其自爲則善矣所以同天下之道則未宏也故无悔者言自爲也志未得者不能同天下之大也上九遠於有事之地故言于郊也易說

乾下離上

伊川程子曰大有序卦與人同者物必歸焉故受之以大有夫與人同者物之所歸也大有所以次同人也爲卦火在天上火之處高其明及遠萬物之衆无不照見爲大有之象又一柔居尊衆陽並應居尊執柔物之所歸也上下應之爲大有之義大有盛大豐有也易傳

大有元亨

朱子曰大有所有之大也離居乾上火在天上无所不照又六五一陰居尊得中而五陽應之故爲大有乾健離明居尊應天有亨之道占者有其德則大善而亨也

本義

白雲郭氏曰伊川曰凡卦德有卦名自有其義者如比吉謙亨是也有因其卦義便爲訓戒者如師貞丈人吉同人于野亨是也有以其卦才而言者大有元亨是也由剛健文明應天時行故能元亨也又曰諸卦具元亨利貞則彖皆釋爲大亨恐疑與乾坤同也不兼利貞則釋爲元亨盡元義也元有大與善二義故也又曰元之在乾爲元始爲首出庶物之義它卦則爲善爲大而已又曰元之爲善何也曰元者物之先也物之先豈有不善乎事成而後有敗敗非先於成也興而後有衰衰固後於興也得而後有失非得則无失也至於善惡治亂是非天下之事莫不皆然必善爲先也故文言曰元者善之長也雍曰乾坤四德諸卦有具之者皆自乾坤中得其一時一事非全有之也雖使彖釋无異辭亦不得與乾坤同如屯爲屯之時元亨利貞臨爲臨之時元亨利貞屯之元亨利貞已不得施于臨臨之元亨利貞亦不得施于屯又安得如乾坤四德天地長久其用无窮哉故知四德支分派别散爲諸卦合之則爲乾坤矣譬之水焉澗溪沼沚江淮河漢以至于海皆水也其功皆能潤

其德皆能生其力皆能載而大小相遠則有間矣乾卦言不言所利大矣哉者正所以别坤也諸卦不必辯也易說

嵩齋李氏曰凡卦言元亨利貞者皆二五陰陽相應彖皆釋爲大亨蓋不能與乾坤同也屯隨臨无妄革是也凡卦辭言元亨者皆六居五九居二彖皆釋爲元亨以元有善大之意大有蠱升鼎是也升之彖伊川謂誤隨他卦作大亨易學記

彖曰大有柔得尊位大中而上下應之曰大有其德剛健而文明應乎天而時行是以元亨

伊川程子曰五以陰居君位柔得尊位也處中得大中之道也爲諸陽所宗上下應之也夫居尊執柔固衆之所歸也而又有虛中文明大中之德故上下同志應之所以爲大有也易傳

龜山楊氏曰卦惟一陰衆陽宗之故上下應而爲大有也大有者盛大之時也柔得尊位大中以虛受之能有其大也是以元亨此以六五一爻成卦之義言之也處大有之時而外有文明之德以濟之內有剛健之德以蓄之則物不能累矣剛健文明天德也故能應乎天而時行時行言有大而各當其可也易說

漢上朱氏曰內乾剛健也外離文明也剛健則不息文明則能順萬物之理而能有是德矣推而行之不失其時隨天而行也易傳

象曰火在天上大有君子以遏惡揚善順天休命

張子曰柔能大有非天道也乃天命也故曰順天休命遏惡揚善勉衆也易說

伊川程子曰火高在天上照見萬物之衆多故爲大有大有繁庶之義君子觀大有之象以遏絕衆惡揚明善類以奉順天休美之命萬物衆多則有善惡之殊君子亨大有之盛當代天工治養庶類治衆之道在遏惡揚善而已惡懲善勸所以順天命而安羣生也易傳

朱子曰火在天上大有凡有物須是自家照見得方見得有无若不照見則有无不可知何名爲有語錄

白雲郭氏曰離之爲象在天爲日之明在地爲火之明在人爲德之明今也火在天上又爲人君明德之象安得不大有于天下也故象言火在天上以見至明居至尊至高之位而臨照四方雖衆陽之剛非資其明則冥行而已故天下之動晝行夜伏者无他焉其動以明爲主故爾是知大有之卦以五陽而歸于一陰者非歸其柔也歸其明也人主明德天下歸之

意也乃若同人之象火在天下雖火爲至明潛而在下不復有君德尊明之象是以同人則可語以大有則未也遏惡揚善明于人道也順天休命明于天道也堯授舜而舜受之明休命也舜舉十六相而去四凶明善惡也易說

初九无交害匪咎艱則无咎象曰大有初九无交害也

伊川程子曰九居大有之初未至于盛處卑无應與未有驕盈之失故无交害未涉于害也大凡富有鮮不以害以子貢之賢未能盡免況其下者乎匪咎艱則无咎言富有本匪有咎也人因富有自爲咎耳若能享富有

而知難處則自无咎也處富有而不能思艱兢畏則驕侈之心生矣所以有咎也在大有之初克念艱難則驕溢之心无由生矣所以不交涉于害也易傳

龜山楊氏曰以剛健之才而上无應困于一卦之下无交故也是以有害然匪其咎也以无交爲害枉已以求人則有咎矣故艱則无咎夫君子厄於陳蔡之間无上下之交也其厄也非无害矣然道大不容何病則雖厄而聖人不以爲害也當盛大之時貧且賤焉恥也則无交宜有害矣故曰大有初九无交害惟大有之初爲然易說

白雲郭氏曰賢者當棄進之時而已獨在下以无交爲害疑于有咎矣疑于有咎而非咎者以无交之害非已自致故匪咎也大有尚賢之君將使野无遺賢何患于不進哉難進易退士之常也不失是道則无咎矣故曰艱則无咎易說

九二大車以載有攸往无咎象曰大車以載積中不敗也

伊川程子曰九以陽剛居二爲六五之君所倚任剛健則才勝居柔則謙順得中則无過其才如此所以能勝大有之任如大車之材強壯能勝載重物也可以任重行遠故有攸往而无咎也大有豐盛之時有而未極故以二之才可往而无咎至于盛極則不可以往矣壯大之車重積載于其中而不損敗猶九二材力之強能勝大有之任也易傳

藍田呂氏曰九二大有之時以陽居陰无所驕亢以剛居中无所偏邪可以任天下之重而行者也

白雲郭氏曰自任以天下之重者伊尹也大車以載非伊尹不足以當之以此而往就湯可也就桀可也相湯伐桀可也放太甲于桐可也歸太甲于亳可也又何咎之有葢聖人道積于中无所往而不利故如大車之不可敗也九二有剛健之才柔謙之德居中

而无過其積于中者如此易說

九三公用亨于天子小人弗克象曰公用亨于天子小人害也

伊川程子曰三居下體之上在下而居人上諸侯人君之象也公侯上承天子天子居天下之尊率土之濱莫非王臣在下者何敢專其有凡土地之富人民之衆皆王者之有也此理之正也故三當大有之時居諸侯之位有其富盛必用亨通乎天子謂以其有爲天子之有也乃人臣之常義也若小人處之則專其富有以爲私不知公以奉上之道故曰小人弗克也公當用亨于天

子若小人處之則爲害也自古諸侯能守臣節忠順奉上者則蕃養其衆以爲王之屏翰豐殖其財以待上之徵賦若小人處之則不知爲臣奉上之道以其爲已之私民衆財豐則反擅其富强益爲不順是小人大有則爲害又大有爲小人之害也易傳

九四匪其彭无咎象曰匪其彭无咎明辯晳也

伊川程子曰九四居大有之時已過中矣是大有之盛者也過盛則凶咎所生也故處之之道匪其彭則得无咎謂能謙損不處其太盛則得无咎也四近君之高位茍處太盛則致凶咎彭盛多之貌詩載驅云行人彭彭

行人盛多之狀大明云駟騵彭彭言武王戎馬之盛也能不處其盛而得无咎者葢有明辯之智也晳明智也賢智之人明辯物理當其方盛則知咎之將至故能損抑不敢至于滿極也易傳

藍田吕氏曰九四當大有之時居近至尊其勢盛大然以陽居陰不以盛大自有明辯之知獨知事幾之必然故无咎也

誠齋楊氏曰九四離之初故明晳以陽處陰故匪其彭學易記

六五厥孚交如威如吉象曰厥孚交如信以發志也威如之吉易而无備也

張子曰人威重有德望則人自畏服易曰厥孚交如威如吉君子以至誠交人然後有威重威如之吉易而无備也君子至平易有何關防擬備惟以抑抑威儀爲德之隅儼然人望而畏之既易而无備則威如乃吉也易說

伊川程子曰六五當大有之時居君位虛中爲孚信之象人君執柔守中而以孚信接于下則下亦盡其信誠以事于上上下孚信相交也以柔居尊位當大有之時人心安易若專尚柔順則陵慢生矣故必威如則吉威如有威嚴之謂也既以柔和孚信接于下衆志說從又

有威嚴使之可畏善處有者也吉可知矣

白雲郭氏曰君能下下以成其政臣能歸美以報其上盡君臣相與之誠故曰厥孚交如也凡爲臣者皆以誠交非一臣也書曰威克厥愛允濟大有之君以柔尊而有衆賢雖盡相與之誠苟无克愛之威亦且未必吉也交如親之也通誠信之道也威如尊之也嚴君臣之分也誠信之道已通君臣之分已嚴故能消患于无形矣非明君盡惟幾惟康之道者不足以與此君臣上下信以發志孰爲猜嫌之患是以易而无備也且初九之難進九二之積中九三之克亨九

四之匪彭各以其道而來親而尊之可謂有賢之極矣舜闢四門明四目達四聰終至于无爲而治君臣賡歌都俞而已其六五易而无備之吉乎易說

上九自天祐之吉无不利象曰大有上吉自天祐也

伊川程子曰上九在卦之終居无位之地是大有之極而不居其有者也處離之上明之極也惟至明所以不居其有不至于過極也有極而不處則无盈滿之災能順乎理者也五之孚信而履其上爲蹈履誠信之義五有文明之德上能降志以應之爲尚賢崇善之義其處如此合道之至也自當享其福慶自天祐之行順乎天

而獲天祐故所往皆吉无所不利也大有之上有極當變由其所爲順天合道故天祐助之所以吉也君子滿而不溢乃天祐也繫辭復申之云天之所助者順也人之所助者信也履信思乎順又以尚賢也是以自天祐之吉无不利也履信謂履五五虛中信也思順謂謙退不居尚賢謂志從于五大有之世不可以盈豐而復處盈焉非所宜也六爻之中皆樂據權位惟初上不處其位故初九无咎上九无不利上九在上履信思順故在上而得吉蓋自天祐也易傳

䷎ 艮下坤上

伊川程子曰謙序卦有大者不可以盈故受之以謙其有既大不可至於盈滿必在謙損故大有之後受之以謙也爲卦坤上艮下地中有山也地體卑下山高大之物而居地之下謙之象也以崇高之德而處卑下謙之義也易傳

謙亨君子有終

伊川程子曰有其德而不居謂之謙人以謙巽自處何往而不亨乎君子有終君子志存乎謙巽達理故樂天而不競內充故退讓而不矜安履乎謙終身不易自卑

而人益尊之自晦而德益光顯此所謂君子有終也在小人則有欲必競有德必伐雖使勉慕於謙亦不能安行而固守不能有終也易傳

白雲郭氏曰繫辭曰勞而不伐有功而不德厚之至也故謙爲不居其德之稱德且不居則富貴崇高皆餘事也孔子不居聖顏淵願无伐善无施勞之謂也然有德而不居亨在其中矣小人矜能伐功日損之道君子德日進而謙不已是有終也易說

彖曰謙亨天道下濟而光明地道卑而上行天道虧盈而益謙地道變盈而流謙鬼神害盈而福謙人道惡盈而好

謙謙尊而光卑而不可踰君子之終也

伊川程子曰天之道以其氣下濟故能化育萬物其道光明下濟謂下交也地之道以其處卑所以其氣上行交于天皆以卑降而亨也　以地勢而言則盈滿者傾變而反陷卑下者流注而益增也　謙爲卑巽也而其道尊大而光顯自處雖卑屈而其德實高不可加尚是不可踰也君子至誠于謙有終也故尊光易傳

藍田呂氏曰謙持盈若不足也艮以陽下坤之陰而有止所謂天道下濟而光明也坤以陰而居艮之上地道卑而上行也謙道雖至於自下然不可以不執

中尊者之謙有所止則光夷王下堂而見諸侯是太不自尊而无所止招辱而已不足光也卑者之謙不可爲物之所踰庶人召之役則往役可也召之見則往見不可也可召而見是在卑而可踰也以謙下人无有不亨尊卑之謙不失乎中惟君子能終之

象曰地中有山謙君子以裒多益寡稱物平施

龜山楊氏曰地中有山謙高者下之謙之象也多者裒之寡者益之是謂稱物均一无偏陂之私是謂平施益取虧盈益謙之義易說

初六謙謙君子用涉大川吉象曰謙謙君子卑以自牧也

伊川程子曰初六以柔順處謙又居一卦之下爲自處卑下之至謙而又謙也故曰謙謙能如是者君子也自處至謙衆所共與也雖用涉險難亦无患害況居平易乎何所不吉也初處謙而以柔居下得无過于謙乎曰柔居下乃其常也但見其謙之至故爲謙謙未見其失也易傳

白雲郭氏曰卦之六爻三言吉三言利是知謙之爲道天地人鬼之所貴也謙謙者謙而又謙也是爲有終君子能之昔舜戒禹曰汝惟不矜天下莫與汝爭能汝惟不伐天下莫與汝爭功曾子稱顏淵曰有若

無實若虛是知謙謙非君子不能也書曰滿招損謙受益是謙爲滿之反亦有虛之象也乘木舟虛故用涉大川吉易于乾健之才多言利涉大川如謙與中孚皆以虛而有濟耳卑則謙之道也卑以自牧言又能自養其謙以至於謙謙也易說

六二鳴謙貞吉象曰鳴謙貞吉中心得也

伊川程子曰二以柔順居中是爲謙德積於中謙德充積于中故發于外見于聲音顏色故曰鳴謙居中得正有中正之德也故云貞吉凡貞吉有爲貞且吉者有爲貞則吉者六二之貞吉所自有也二之謙德由至誠積

於中所以發於聲音中心所自得也非勉爲之也易傳

九三勞謙君子有終吉象曰勞謙君子萬民服也

蒙齋李氏曰三以陽剛之德爲衆陰所宗履得正位爲下之上是上爲君所任下爲衆所從有功勞而持謙德者也故繫辭曰勞而不伐有功而不德厚之至也語以其功下人者也以功下人故能保有其功也萬民服者釋所以有終也人心不服功業雖高而不能令終者多矣學易記集伊川佚菴說

白雲郭氏曰唐虞之際能盡勞謙之道者其禹歟克勤于邦而至于九功惟叙所謂勞也不自滿假而拜

昌言所謂謙也至于詢謀僉同鬼神其依則天地人鬼莫不從有終之吉大矣易說

六四无不利撝謙象曰无不利撝謙不違則也

伊川程子曰四居上體切近君位六五之君又以謙柔自處九三又有大功德爲上所任衆所宗而已居其上當恭畏以奉謙德之君卑巽以讓勞謙之臣動作施爲无所不利于撝謙也撝施布之象如人手之撝也動息進退必施其謙蓋居多懼之地又在賢臣之上故也凡人之謙有所宜施不可過其宜也如六五或用侵伐是也惟四以處近君之地據勞臣之上故凡所動作靡不利于施謙如是然後中于法則故曰不違則也謂得其宜也易說

藍田呂氏曰六四以陰居陰其體則順謙之至者也然居上體之下卑而不可踰者也若謙之時卑不可踰不至卑柔不失乎法則之中故指撝進退无所不利[redacted]

龜山楊氏曰六四履近尊之位上承下比无所不用其謙則不違則矣蓋物各有則或過或不及皆違則也故曰无不利撝謙撝言發撝也初六處一卦之下自牧而已二則中心得而已三之勞謙不伐而已四

則異于是上承柔巽之君下比勞謙之臣非撝謙不足以存其位也易說

六五不富以其鄰利用侵伐无不利象曰利用侵伐征不服也

伊川程子曰富者衆之所歸惟財爲能聚人五以君位之尊而執謙順以接于下衆所歸也故不以富而能有其鄰也鄰近也不富而得人之親也爲人君而持謙順天下所歸心也然君道不可專尚謙柔必須威武相濟然後能懷服天下故利用行侵伐也威德並著然後盡君道之宜而无所不利也蓋五之謙柔當防于過故發

此義易說

龜山楊氏曰六五柔得尊位大中處謙之時以謙接下者也謙德之光而人之從之也輕故能不富以其鄰不富言以德而不以利合也夫侵伐先王不得已而用之非治世之利也然人君執謙以涖下不富而以其鄰宜无不從矣而猶有不服者焉縱而不治則亂羣必矣故利用侵伐征不服也易說

上六鳴謙利用行師征邑國象曰鳴謙志未得也可用行師征邑國也

伊川程子曰六以柔處柔順之極又處謙之極極乎謙者也以極謙而反居高未得遂其謙之志故至發于聲音又柔處謙之極亦必見于聲色故曰鳴謙雖居无位之地非任天下之事然人之行己必須剛柔相濟上謙之極也至于太甚則反爲過矣故利在以剛武自治邑國己之私有行師謂用剛武征邑國謂自治其私易傳

朱子曰坤爲衆有坤卦處多言師如泰上六城復于隍勿用師之類坤爲土上爲國故云征邑國也語錄

藍田吕氏曰上六以柔居最上之位與二同德其聲皆可以遠聞然二居艮體之中正而得中中心得上居坤體之末至順而无位可以小有爲不可大得志

也

白雲郭氏曰上六之鳴異乎六二之鳴也六二之鳴非有求於應而欲人之聞之也其聲之自聞而人自應之所謂聲无隱而弗聞行无隱而弗彰者也上與三爲應也有應而鳴以聲感三也九三止而不求又且爲衆陰之主而无私焉此上六所以志未得也終以其應而有助故可用行師征邑國而已易說

紫齋李氏曰上六之鳴異乎六二之鳴也六二居中得正謙德充積于中故發于聲音見于顏色莫非謙也故曰有諸中者形諸外上六以陰柔居一卦之上才德不稱既无其實又不能撝而不有居謙之世徒欲以足恭弔名求其所謂尊而光不可得也故曰志未得也征邑國自治也宜以剛武勝己之私也學易記

☷☳ 坤下震上

明道程子曰豫者備豫也逸豫也事豫故逸樂其義一也 劉絢師訓

伊川程子曰豫序卦有大而能謙必豫故受之以豫承二卦之義而爲次也有既大而能謙則有豫樂也豫者安和悅樂之義爲卦震上坤下順動之象動而和順是以豫也九四爲動之主上下羣陰所共應也坤又承之以順是以動而上下順應故爲和豫之義以二象言之雷出於地上陽始潛閉於地中及其動而出地奮發其聲通暢和豫故爲豫也 易傳

豫利建侯行師

伊川程子曰豫順而動也豫之義所利在于建侯行師夫建侯樹屏所以共安天下諸侯和順則萬民悅服兵師之興衆心和悅則順從而有功故悅豫之道利于建侯行師也又上動而下順諸侯從王師衆順令之象君萬邦聚大衆非和悅不能使之服從也 易傳

彖曰豫剛應而志行順以動豫豫順以動故天地如之而況建侯行師乎天地以順動故日月不過而四時不忒聖人以順動則刑罰清而民服豫之時義大矣哉

伊川程子曰剛應謂四爲羣陰所應剛得衆應也志行謂陽志上行動而上下順從其志得行也順以動豫震動而坤順爲動而順理順理而動又爲動而衆順所以豫也天地以順動復詳言順動之道天地之運以其順動所以日月之度不過差四時之行不忒聖人以順動故經正而民興于善刑罰清簡而萬民服也 易傳

司馬温公曰逆理而動者心勞而事難故順以動則豫矣 易學記

象曰雷出地奮豫先王以作樂崇德殷薦之上帝以配祖考

伊川程子曰雷者陽氣奮發陰陽相薄而成聲也陽始

閉鬱及奮發則通暢和豫故爲豫也坤奮震發和順積中而發於聲樂之象也先王觀雷出地而奮和暢發於聲之象作聲樂以褒崇功德其殷盛至于薦之上帝推配之以祖考盛之至也

新安朱子曰雷出地奮和之至也先王作樂既象其聲又取其義殷盛也 本義 象其聲者謂雷取其義者謂和崇德謂著其德作樂所以發揚其德也 語錄

白雲郭氏曰先人曰雷出地蓋帝出乎震之時於夏則仲春之二月於周則孟夏之四月也又曰大司樂以圜鍾爲宮靁鼓靁鼗孤竹之管雲和之琴瑟雲門

之舞於地上之圜丘奏之圜鐘夾鐘也夏時二月律也則雷出地奮豫而作樂崇德其在於斯時乎帝者生物之宗祖考者人之始也故推以配焉離曰雷出地奮夏之二月天地萬物說豫之時也作樂崇德治定功成君臣萬民說豫之時也樂之出虛蓋本陰陽之氣自无而生有故因器而成聲器可見者也聲可聞者也氣不作焉聲不聞矣雷之收發何以異此故陰陽者雷之氣也而雷者陰陽之聲也春秋者又雷之器也非鐘鼓則樂无作止非春秋則雷无收發以是知雷之與樂非特取象而成其實一氣同類特大

而作於天地者曰雷小而作於人者曰樂此見先王法象乎天地之道也故祭義曰君子合諸天道春禘秋嘗此言夏商之時也又曰禘有樂而嘗无樂以見先王作樂之道因雷之收發其微如此蓋春秋者天地之闔闢也一闢而雷奮於是乎作樂故能通陰陽之氣一闔而雷收於是乎不作樂以順陰陽之理此所以禘有樂而嘗无樂合於豫之作樂崇德也易說

東萊吕氏曰地中先有雷然後能出而發聲冒中元无樂如何作樂夫雷本發于地則奮然而震驚此亦順動之象也故先王體此作樂夫樂者亦本諸人心發而寓諸金石鐘鼓之間今人須看雷之所自發處及樂之所自起處則豫之義可知不然則徒見震驚之聲則謂之雷論其清濁調其宮角則謂之樂此不足與語雷樂之義也上天下澤履此易之言禮雷出地奮豫此易之言樂大凡天下事不知其理不可便言其无有如柳子厚言樂不能殖財只爲自不見此道理易說

初六鳴豫凶象曰初六鳴豫志窮凶也

伊川程子曰初六以陰柔居下四豫之主也而應之是不中正之小人處豫而爲上所寵其志意滿極不勝其

豫至發于聲音輕淺如此必至于凶也鳴發于聲也易傳

朱子曰卦之得名本爲和樂然卦辭爲衆樂之義爻辭除九四與卦同外皆爲自樂所以有吉凶之異窮謂滿極本義

東萊吕氏曰初六鳴豫凶一爻備極小人之情狀小人一得意于上便志得意滿易說

蒙齋李氏曰六以陰柔居下上應于四是不中正之小人恃九四之親舊以求豫者也四以一陽爲致豫之主必无私應小人之理且鳴而求謙者志猶未可得况鳴而求豫乎志窮凶者窮其求豫之志則凶也

學易記

六二介于石不終日貞吉象曰不終日貞吉以中正也

明道程子曰介于石理素定也理素定故見幾而作何俟終日哉劉絢師說

伊川程子曰逸豫之道放則失正故豫之諸爻多不得正才與時合也惟六二一爻處中正又无應爲自守之象當豫之時獨能以中正自守可謂特立之操是以節介如石之堅也人之于豫樂心說之故遲遲遂至于耽戀二以中正自守其介如石其去之速不俟終日故貞正而吉處豫不可安且久也久則溺矣如二可謂見幾

而作者也易傳

東萊呂氏曰六二介于石處豫樂之中不有其豫樂故能見幾而作象言以中正也蓋豫得中正則不爲豫樂所移易說

六三盱豫悔遲有悔象曰盱豫有悔位不當也

伊川程子曰六三陰而居陽不中不正之人也以不中正而處豫動皆有悔盱上視也上瞻望于四則以不中正不爲四所取故有悔也四豫之主與之切近苟遲遲而不前則見棄絶亦有悔也蓋處身不正進退皆有悔吝當如之何在正身而已君子處已有道以禮制心雖處豫時不失中正故无悔也易傳

白雲郭氏曰處豫之道戒在于不能自立而優柔无斷是以馴致必至於凶故六二以介于石爲得而六三以盱遲有失也夫雖盱視上而說之非介如石者也遲疑而有待非不終日者也視而說之者失于不立遲疑有待者失于无斷與夫鳴而求之者過猶不及耳宜其皆爲有悔之道欲无悔者无它道焉介然不動以守之斷然不疑以行之惟此見六二之貞可謂能知能行者也孔子之不惑顔子之弗失孟子之不動心亦皆六二介于石之道歟易說

九四由豫大有得勿疑朋盍簪象曰由豫大有得志大行也

伊川程子曰豫之所以爲豫者由九四也爲動之主動而衆陰說順爲豫之義四大臣之位六五之君順從之以陽剛而任上之事豫之所由也故云由豫大有得言得大行其志以致天下之豫也勿疑朋盍簪四居大臣之位承柔弱之君而當天下之任危疑之地也獨當上之倚任而下无同德之助所以疑也惟當盡其至誠勿有疑慮則朋類自當合聚夫欲上下之信惟至誠而已苟盡其至誠則何患乎其无助也簪聚也簪之名簪取

聚髮也或曰卦惟一陽安得同德之助曰居上位而至誠求助理必得之姤之九五曰有隕自天是也四以陽剛迫近君位而專主乎豫聖人宜爲之戒而不然者豫和順之道也由和順之道不失爲臣之正也如此而專主於豫乃是任天下之事而致時於豫者也故惟戒以至誠勿疑易傳

朱子曰九四卦之所由以爲豫者也故其象如此而其占爲大有得然又當至誠不疑則朋類合而從之矣故又因而戒之本義

龜山楊氏曰四以一陽爲順動之主剛應而志行天

下由之而豫也故大有得也處多懼之地承柔弱之君而任天下之責危疑之時也惟至誠爲能通天下之志至誠而不動者未之有也故曰勿疑朋盍簪言誠而不疑則其類自合矣簪髮之簪則其合也固矣方成王幼沖周公爲冢宰百官總已而聽焉上則成王未悟下則羣叔流言危疑之甚也惟周公以身任之而不疑故民獻有十夫予翼此朋盍簪之謂也使周公懷自疑之心畏艱大之言以考翼不可征則亂无日矣其能成寧考之圖功哉易說

希道耿氏曰九四爲震之主以象言之萬物莫不由雷以豫以爻言之五陰莫不由陽以豫是以大有得也大有得而勿疑則乃能協衆力以安其上猶簪之總衆髮以安其冠若自疑則衆斯睽矣未聞以疑事而有功者也學易記

六五貞疾恒不死象曰六五貞疾乘剛也恒不死中未亡也

伊川程子曰六五以陰柔居君位當豫之時沉溺於豫不能自立者也權之所主衆之所歸皆在於四四之陽剛得衆非耽惑柔弱之君所能制也乃柔弱不能自立之君受制於專權之臣也居得君位貞也受制於下有

疾苦也五居尊位權雖失而位未亡故云貞疾恒不死言貞而有疾常疾而不死如漢魏末世之君也人君致危亡之道非一而以豫爲多在四不言失正而於五乃見其强逼者四本无失故於四言大臣任天下之事之義於五則言柔弱居尊不能自立威權去已之義各據爻以取義故不同也若五不失君道而四主於豫乃是任得其人安享其功如太甲成王也蒙亦以陰居尊位二以陽爲蒙之主然彼吉而此疾者時不同也童蒙而資之于人宜也耽豫而失之于人危亡之道也故蒙相應則倚任者豫相逼則失權者也又上下之心專歸於

四也易傳

朱子曰當豫之時以柔居尊沉溺于豫又乘九四之剛衆不附而處勢危故爲貞疾之象然以其得中故又爲恒不死之象卽象而觀占在其中矣本義

上六冥豫成有渝无咎象曰冥豫在上何可長也

伊川程子曰上六陰柔非有中正之德以陰居上不正也而當豫極之時以君子居斯時亦當戒懼况陰柔乎乃耽肆於豫昏迷不知反者也在豫之終故爲昏冥已成也若能有渝變則可以无咎矣在豫之終有變之義人之失苟能自變皆可以无咎故冥豫雖已成能變則善也聖人發此義所以勸遷善也故更不言冥之凶專言渝之无咎易傳

東萊呂氏曰上六冥豫今人當冥豫之極便謂不可救藥不知一念才正卽是好人易傳曰不言冥成之凶而言有渝无咎聖人勸人遷善之義深矣易說

䷐震下兌上

伊川程子曰隨序卦豫必有隨故受之以隨夫說豫之道物所隨也隨所以次豫也爲卦兌上震下兌爲說震爲動說而動動而說皆隨之義女隨人者也以少女從長男隨之義也又震爲雷兌爲澤雷震於澤中澤隨而動隨之象也又以卦變言之乾之上來居坤之下坤之初往居乾之上陽來下於陰也以陽下陰陰必說隨爲隨之義凡成卦既取二體之義又有取爻義者復有更取卦變之義者如隨之取義尤爲詳備易傳

隨元亨利貞无咎

伊川程子曰隨之道可以致大亨也君子之道爲衆所隨與己隨於人及臨事擇所隨皆隨也隨得其道則可以致大亨也凡人君之從善臣下之奉命學者之從義臨事而從長皆隨也隨之道利在於貞正隨得其正然後能大亨而无咎失其正則有咎矣豈能亨乎易傳

彖曰隨剛來而下柔動而說隨大亨貞无咎而天下隨時隨時之義大矣哉

伊川程子曰卦所以爲隨以剛來而下柔動而說也謂乾之上九來居坤之下坤之初六往居乾之上以陽剛來下於陰柔是以上下下以貴下賤能如是物之所說

隨也又下動而上說動而可說也所以隨也如是則可大亨而得正能大亨而得正則爲无咎不能亨不得正則非可隨之道豈能使天下隨之乎天下所隨者時也故云天下隨時君子之道隨時而動從宜適變不可爲典要非造道之深知幾能權者不能與於此也故贊之曰隨時之義大矣哉凡贊之者欲人知其義之大玩而識之也此贊隨時之義大與豫等諸卦不同諸卦時與義是兩事易傳　禮孰爲大時爲大亦須隨時當隨則隨當治則治當其時作其事便是能隨時尋常人言隨時爲且和同只是流徇耳不可謂和和則已是和於義故

學者患在不能識時時出之亦須有溥博淵泉方能出之自畫卦垂衣裳至周文方備只爲時也若不是隨時卽一聖人出百事皆做了後來者没事又非聖人智慮所不及只是時不可也並入關語錄

白雲郭氏曰先人曰隨不止於人道而言震東方之卦也萬物隨之以生兌西方之卦也萬物隨之以成其出入也孰不隨之故春生之夏長之秋成之冬藏之隨也聖人東作西成亦隨也五載一巡守亦隨也隨之大豈一端而已耶伊川曰凡人君之從善臣下之奉命學者之徒義衆人之隨已已之隨人與臨事

而擇所隨皆隨也雍曰隨之成卦以初九上六來往成震兌動說而有隨王輔嗣以震爲剛而兌爲柔是剛下柔如咸卦男下女之說不言初九上六之義若如王氏言則剛來下柔之卦居易之半矣何獨於隨言之也且天下之理不動則无所隨不說則不能隨所以致動而說者初九上六之力也聖人論上下卦則言男女陰陽及論爻則言剛柔隨蠱二卦不以初上之變論之則剛來下柔與剛上柔下之義終不可明也然隨之道大而天地小而人民細而蟲魚草木无不有隨不能以言盡要其歸則隨時而已至如堯

舜隨於揖遜湯武隨於征伐伊周隨於致君孔孟隨於設教以聖人之隨其不同已如此況天地萬物之隨乎蓋道與時會則聖人隨之易地皆然也是以聖人所任者道而不能違者時故曰隨時之義大矣哉易說

東萊呂氏曰人之性本同一有所隨便分善惡如堯之朝舜禹爲善人之宗共鯀爲惡人之主方未有所隨則同此人也一步隨舜禹則爲善人之歸一步隨共鯀則爲惡人之黨是爲善爲惡爲正爲邪皆在舉步間不可況有所隨蓋隨人不是小事須元亨利貞

乃无咎如比之親輔人必須原筮元永貞乃无咎易三百八十四爻一言以蔽之只是一時字如孔子大不可名孟子以聖之時盡之中庸只說一時中易傳曰凡贊之者欲人知其義之大玩而識之也只教人玩識時字易說

象曰澤中有雷隨君子以嚮晦入宴息

伊川程子曰雷震於澤中澤隨震而動爲隨之象君子觀象以隨時而動隨時之宜萬事皆然取其最明且近者言之君子以嚮晦入宴息君子晝則自强不息及嚮昏晦則入居於內宴息以安其身起居隨時適其宜也

禮君子晝不居內夜不居外隨時之道也凡易卦有就卦才而得其義者亦有舉兩體便得其義者隨剛來而下柔動而說隨此是就卦才而得隨之義澤中有雷隨此是就象上得隨之義也易傳

龜山楊氏曰雷在澤中其動息矣故君子以是嚮晦入宴息夫日出而作晦而息人之所同然者君子則知隨時之義者也衆人則由之而不知耳處隨之義至於晦明動息而不違況出處之大致乎易說

東萊呂氏曰雷震於澤中澤隨震而動隨之至也震者時也澤隨震而動猶人之隨時然澤中有雷則時

本自有初非外物也凡隨者必與之爲一始爲隨之至孔門弟子善隨夫子莫如顏子至奔逸絶塵瞠若乎後猶未能一夫子步亦步趨亦趨畢竟有顏子之步又有夫子之步有顏子之趨又有夫子之趨亦未爲隨之至嚮晦入宴息曉便起晦便息飢便食渴便飲堯舜便禪讓湯武便征誅八元便舉四凶便逐姑舉一事以明之則知事事皆如飢食渴飲晝作夜息不費思量本无一事祇爲見得理明時到自應天下之理既如渴飲飢食晝作夜息理甚明白初无難知惟人自見不明往往求之至難不可卒曉之處故多

辛苦憔悴而无成殊不知天下本无事所以然者以其不善推之故也此之謂不受命易說

初九官有渝貞吉出門交有功象曰官有渝從正吉也出門交有功不失也

伊川程子曰九居隨時而震體且動之主有所隨者也官主守也既有所隨是其所主守有變易也故曰官有渝貞吉所隨得正則吉也有渝而不得正乃過動也出門交有功人心所從多所親愛者也常人之情愛之則見其是惡之則見其非故妻孥之言雖失而多從所憎之言雖善爲惡也苟以親愛而隨之則是私情所與豈

合正理故出門而交則有功也出門謂非私暱交不以私故其隨當而有功旣有隨而變必所從得正則吉也所從不正則有悔吝出門而交非牽於私其交必正矣正則无失而有功易傳

龜山楊氏曰居隨之初以時爲大宜有渝者也知守而不知變則失時矣初九陽剛而震體能有渝者也然而渝不以正咎孰大焉故正乃吉也夫體隨時之義而蔽於暱巳之私則所失多矣故出門交而後有功不失也易說

白雲郭氏曰剛來隨於內者也在內之隨主於初九

夫以乾剛之性豈能變其所守哉能變而從動雖未至隨之大巳爲動之主矣易曰變則通此隨之成卦所以有取於初之變也能變其所守是以得貞而吉二三得剛而後動剛亦得二三而後動剛柔相須以動故出門交而有功也出門交兊然後隨道成而不失隨之大也蓋初雖爲主於內特動之主未爲隨耳

伊尹幡然而改是爲出門交有功也易說

六二係小子失丈夫象曰係小子弗兼與也

伊川程子曰二應五而比初隨先於近柔不能固守故爲之戒云若係小子則失丈夫也初陽在下小子也五正應在上丈夫也二若志係於初則失九五之正應是失丈夫也係小子而失丈夫舍正應而從不正其咎大矣二有中正之德非必至如是也在隨之時當爲之戒也人之所隨得正則違邪從非則失是无兩從之理二苟係初則失五矣弗能兼與也所以戒人從正當專一也易傳

白雲郭氏曰六二初不能動今居動之中者得初九而後動也故舍應從初非得巳也亦隨之小者耳是以有係小子失丈夫之象方其未動之時雖欲應五豈可得哉然終无絶五之志以急於託初之動未能

兼與故也與夫愚而好自用賤而好自專者異矣是以所係雖小而无凶咎也易說

六三係丈夫失小子隨有求得利居貞象曰係丈夫志舍下也

伊川程子曰丈夫九四也小子初也陽之在上者丈夫也居下者小子也三雖與初同體而切近於四故係於四也大抵陰柔不能自立常親係於所近者上係於四故下失於初舍初從上得隨之宜也上隨則善也如昏之隨明事之從善上隨也背是從非舍明逐暗下隨也四亦无應无隨之者也近得三之隨必與之親善故三

之隨四有求必得也人之隨於上而上與之是得所求也又凡所求者可得也雖然固不可非理枉道以隨於上苟取愛說以遂所求如此乃小人邪諂趨利之爲也故云利居貞自處於正則所謂有求而必得者乃正事君子之隨也易傳

誠齋楊氏曰求道得道求仁得仁孰能禦之貞者求在我者也陳相舍陳良而從許行六二以之夷子舍墨氏而見孟子六三以之學易記錄

九四隨有獲貞凶有孚在道以明何咎象曰隨有獲其義凶也有孚在道明功也

伊川程子曰九四以陽剛之才處臣位之極若於隨有獲則雖正亦凶有獲謂得天下之心隨於已爲臣之道當使恩威一出於上衆心皆隨於君若人心從已危疑之道也故凶居此地者奈何唯孚誠積於中動爲合於道以明哲處之則又何咎古之人有行之者伊尹周公孔明是也皆德及於民而民隨之其得民之隨所以成其君之功致其國之安其至誠存乎中是有孚也其所施爲无不中道在道也惟其明哲故能如是以明也復何過咎之有是以下信而上不疑位極而无逼上之嫌勢重而无專强之過非聖人大賢則不能也其次如唐之郭子儀威震主而主不疑亦由中有誠孚而處无甚失也非明哲能如是乎易傳

白雲郭氏曰六三隨有求得蓋隨人而有得者九四隨有獲蓋以得人之隨爲獲也夫近尊之臣勢疑于君又獲天下之隨守此爲貞則凶矣是必有至誠之道大明于天下足以使天地鬼神萬世无疑焉斯无咎矣其義凶者非九四誠有是凶也若貞固守之其義有得凶之理也明功者有孚在道明隨之功也易說

九五孚于嘉吉象曰孚于嘉吉位正中也

伊川程子曰九五居尊得正而中實是其中誠在於隨

善其吉可知嘉善也自人君至於庶人隨道之吉惟在隨善而已下應二之正中爲隨善之義處正中之位由正中之道孚誠所隨者正中也所謂嘉也其吉可知所孚之嘉謂六二也隨以得中爲善隨之所防者過也蓋心所說隨則不知其過矣易傳

上六拘係之乃從維之王用亨于西山象曰拘係之上窮也

伊川程子曰上六以柔順而居隨之極極乎隨者也拘係之謂隨之極如拘持縻係之乃從維之又從而維係之也謂隨之固結如此王用亨于西山隨之極如是昔

者太王用此大亨王業于西山太王避狄之難去豳來岐豳人老稚扶攜以隨之如歸市蓋其人心之隨固結如此用此故能亨盛其王業于西山西山岐山也周之王業蓋興於此上居隨極固爲太過然在得民之隨與隨善之固如此乃爲善也施於他則過矣易傳

兼山郭氏曰舍已從人不咈人以從已之欲隨民之道也隨民之極則民之隨也亦如是而已方文王之三分天下有其二固有不隨者也至於其化自北而南皆有德以維其心中心悅而誠服者此亨于西山之道也故詩曰自西自東自南自北無思不服方是

時民歸之若自拘係之又從而維之見其歸之固如是也必也有以拘係有以維縶豈文王之道哉而上六所言乃上窮之民將從文王之維无孑遺者也大哉隨乎舍已從人隨也達則兼善天下亦隨也不當時命而獨善其身亦隨也故始之言父子夫婦朋友之隨而終之以文王之成王道皆隨時之義也易說

蒙齋李氏曰上六處隨之極盡動而說隨之義民之隨之如拘係之蓋言不得不隨也爲之主者乃從而以道維之古人以禮義廉耻謂之四維是乃維民之道也昔者太王之去豳也勢亦窮矣勢窮而人益隨之所以見動而說隨之義故興王業于西山學易記

䷑巽下艮上

伊川程子曰蠱序卦以喜隨人者必有事故受之以蠱承二卦之義以爲次也夫喜說以隨於人者必有事也无事則何喜何隨蠱所以次隨也蠱事也蠱非訓事蠱乃有事也爲卦山下有風風在山下遇山而回則物亂是爲蠱象蠱之義壞亂也在文爲蟲皿皿之有蟲蠱壞之義左氏傳云風落山女惑男以長女下於少男亂其情也風遇山而回物皆撓亂是爲有事之象故云蠱者事也既蠱而治之亦事也以卦之象言之所以成蠱也以卦之才言之所以治蠱也易傳

蠱元亨利涉大川先甲三日後甲三日

伊川程子曰既蠱則有復治之理自古治必因亂亂則開治理自然也如卦之才以治蠱則能致元亨也蠱之大者濟時之艱難險阻也故利涉大川先甲後甲者甲數之首事之始也如辰之甲乙甲第甲令皆謂首也事之端也治蠱之道當思慮其先後三日葢推原先後爲救弊可久之道先甲謂先於此究其所以然也後甲謂後於此慮其將然也一日二日至於三日言慮之深推之遠也究其所以然則知救之之道慮其將然則知備之之方善救則前弊可革善備則後利可久此古之聖王所以新天下而垂後世也後之治蠱者不明聖人先甲後甲之誡慮淺而事近故勞於救亂而亂不革功未及成而弊已生矣甲者事之首庚者變更之首制作政教之類則云甲舉其首也發號施令之事則云庚庚猶更也有所更變也易傳

白雲郭氏曰易言利涉大川非剛健之才則虛中有濟之象而蠱特言其易於有爲也易說

彖曰蠱剛上而柔下巽而止蠱蠱元亨而天下治也利涉大川往有事也先甲三日後甲三日終則有始天行也

伊川程子曰以卦變及二體之義而言剛上而柔下謂乾之初九上而爲上九坤之上六下而爲初六也陽剛尊而在上者也今往居於上陰柔卑而在下者也今來居於下男雖少而居上女雖長而在下尊卑得正上下順理治蠱之道也由剛之上柔之下變而爲艮巽艮止也巽順也下巽而上止止於巽順也以巽順之道治蠱是以元亨也元亨而天下治者治蠱之道如卦之才則元亨而天下治矣夫治亂者苟能使尊卑上下之義正在下者巽順在上者能止齊安定之事皆止於順則何蠱之不治也其道大善而亨也如此則天下治矣往有事也者方天下壞亂之際宜涉艱險以往而濟之是往

有所事也終則有始者夫有始則必有終既終則必有始天之道也聖人知終始之道故能原始而究其所以然要終而備其將然先甲後甲而爲之慮所以能治蠱而致元亨也易傳

廣平游氏曰巽而止者飭天下之蠱義主於巽而道貴於止也巽而止則元亨而天下治矣故諸爻皆以家道言之蓋當是時治大宜如小治衆宜如寡治煩宜如簡一切以柔巽自處而无意於動衆順其序而弗擾因其情而无咈如子之任父事則觀聽不駭而害已消矣且有而爲之其易邪如欲以發強剛毅勇

於作爲多所紛更者任是猶治絲而棼之益以壞亂而已非治蠱之道也易說

龜山楊氏曰剛上而柔下剛柔不交上下不相與不足與有爲巽而止无健行之才不能以有爲此事之所以蠱也蠱者弊壞之時先王之治蠱也如治陋室然構櫨居楔各安所施而不易其處則庶乎其苟完矣動而紛更之則腐者敗傾者覆不可復支非治蠱之道也夫剛上而柔下巽而止合二體而爲蠱也卽其體因其才而用之以通其變則蠱元亨而天下治矣治然後可以往有事也周之宣王承厲王之後天

下蕩蕩无綱紀文章蠱已甚矣宣王勞來還定安集之而已初非有爲也其卒也內修政事外攘夷狄復會諸侯於東都此既治而往有事之謂也既治矣終於无所事而欲復文武之境土成中興之功不可得也易說

東萊呂氏曰剛上而柔下當萬事蠱壞之時下巽順而從上上之意惟欲止亂下既順而止卽止不復過當窮治此所以能治蠱也又有一義此卦上止下巽天下之事所以不治者在上常患主宰不定在下常患人各有心若上之止如山岳之定下之順如水之

從何蠱之不可治又其卦上剛而下柔上剛則果決而有行下柔則易使如此而治蠱則元善大亨而天下治矣若是上柔下剛君弱臣強安能治天下之事巽而止舉事皆然既巽順曲折不逆人心又須中有所主確然不可變若是中无所主但止而不巽无巽以出之之道亦是拂人心處既胷中有所定而柔順以行之始是大亨以此處天下之事必其勢順其才全剛上而柔下其勢順矣巽而止其才全矣利涉大川往有事也往則有事天下之事向前則有功不向前百年亦只如此蓋往則有功也易說

南軒張氏曰蠱剛上而柔下謂在上者剛在下者柔剛柔不交所以致蠱壞也巽而止蠱言治蠱之道也艮止於上巽順于下无爲而尊於上者父之道服勞而順于下者子之道故在爻多言子幹父事雖然由朝廷至閭里孰非事而獨舉父子何哉天下之本在國國之本在家王者雖曰有天下自其本觀之亦家而已故家人之九五亦曰王假有家爲天下之倡莫先于一家居一家之責者莫重于子能盡子道則家齊矣由是而之焉則國可治而天下可平故曰蠱元亨而天下治也夫皿有蟲蠹則爲器之蠱身安宴溺

則爲人之蠱朝有小人則爲天下之蠱凡蠱則不可不治所以有幹事之象也故聖人于蠱弊之時未嘗憂其不治特患幹之无其人耳在卦五以柔中居尊倚任九二剛中之臣利涉大川往有事者九二之任也先甲後甲則天行終始之道循環然耳易於泰終言其命亂於蠱言元亨而天下治皆先甲後甲之常也學易記集

象曰山下有風蠱君子以振民育德

伊川程子曰山下有風風遇山而回則物皆散亂故爲有事之象君子觀有事之象以振濟於民養育其德也在己則養德於天下則濟民君子之所事无大於此二者易傳

龜山楊氏曰山下有風振物之象也蠱之時以振民爲先振民以育德爲本易說

平原單氏曰山下有風振物之象也蠱之時民德敗矣敗而育之必振動之使離其故習可也猶風之撓物適所以養之也振民風象育德山象學易記集

初六幹父之蠱有子考无咎厲終吉象曰幹父之蠱意承考也

伊川程子曰初六雖居最下成卦由之有主之義居內

在下而爲主子幹父蠱也子幹父蠱之道能堪其事則爲有子而其考得无咎不然則爲父之累故必惕厲則得終吉也處卑而尸尊事自當兢畏以六之才雖能巽順體乃陰柔在下无應而主幹非有能濟之義若以不克幹言則其義甚小故專言爲子幹蠱之道必克濟則不累其父能厲則可以終吉乃備見爲子幹蠱之大法也意承考也者子幹父蠱之道意在承當於父之事也故祗敬其事以置父於无咎之地常懷惕厲則終得其吉也盡誠於父事吉之道也易傳

東萊呂氏曰初六幹父之蠱置父於无過之地人稱

之爲有子亦可以无憾矣然必厲終吉葢不知戒懼則自以爲事父之道足矣所謂意承考者從父之意而已譬如人君之繼志是也祖宗之意只欲天下安我措置得天下安便是承祖宗之意不必事事要學也易說

蒙齋李氏曰治蠱非創始之事非若屯難之難濟否塞之難傾也當家道弊壞之初故六雖柔弱之才亦能幹焉能幹父之蠱則爲有子矣有子則考乃无咎謂前人之過庶可補也厲惕厲也孟子所謂操心危慮患深之意也能如是終乃獲吉意承考者善繼父之志也學易記參取白雲郭氏說

九二幹母之蠱不可貞象曰幹母之蠱得中道也

伊川程子曰九二陽剛爲六五所應是以陽剛之才在下而幹夫在上陰柔之事也故取子幹母蠱爲義以剛陽之臣輔柔弱之君義亦相近二巽體而處柔順義爲多幹母之蠱之道也夫子之於母當以柔巽輔導之使得於義不順而致敗蠱則子之罪也從容將順豈無道乎以婦人言之則陰柔可知若伸已剛陽之道遽然矯拂則傷恩所害大矣亦安能入乎在乎屈已下意巽順將承使之身正事治而已故曰不可貞謂不可貞固盡

其剛直之道如是乃中道也又安能使之爲甚高之事乎若於柔弱之君盡誠竭忠致之於中道則可矣又安能使之大有爲乎且以周公之聖輔成王成王非甚柔弱也然能使之爲成王而已守成不失道則可矣固不能使之爲羲黄堯舜之事也二巽體而得中是能巽順而得中道合不可貞之義得幹母蠱之道也易傳

白雲郭氏曰初六以陰承陽故言幹父九二以陽應陰故言幹母然九二以剛强之才而幹陰柔之事方之初六有餘力矣不可固守剛强以盡用其才也惟九二能得中道故克幹焉貞本幹事之德而九二不

用者蠱之時易爲力適中足矣不可過也易說

九三幹父之蠱小有悔无大咎象曰幹父之蠱終无咎也

伊川程子曰三以剛陽之才居下之上主幹者也子幹父之蠱也以陽處剛而不中剛之過也然而在巽體雖剛過而不爲无順順事親之本也又居得正故无大過以剛陽之才克幹其事雖以剛過而有小小之悔終无大過咎也然有小悔已非善事親也易傳

六四裕父之蠱往見吝象曰裕父之蠱往未得也

伊川程子曰四以陰居陰柔順之才也所處得正故爲寬裕以處其父事者也夫柔順之才而處正僅能尋常

自守而已若往幹過常之事則不勝而見吝也以陰柔而无應助往安能濟以四之才守常居寬裕之時則可矣欲有所往則未得也加其所任則不勝矣易傳

安定胡氏曰夫父以柔懦以致蠱壞其家而四又以柔弱之質承其蠱壞之後無剛明果決之才不能幹家事也然而以陰履正但少能寬裕其父之事耳夫承蠱壞之後而以柔弱之質將有往必見悔吝无所成也初亦陰柔而能幹者居壞敗之始也治家之法當在于始學易記

六五幹父之蠱用譽象曰幹父用譽承以德也

伊川程子曰五居尊位以陰柔之質當人君之幹而下應於九二是能任剛陽之臣也雖能下應剛陽之賢而倚任之然已實陰柔故不能爲創始開基之事承其舊業則可矣故爲幹父之蠱夫創業垂統之事非剛明之才則不能繼世之君雖柔弱之資苟能任剛賢則可以爲善繼而成令譽也大甲成王皆以臣而用譽者也承以德也者幹父之蠱而用有令譽者以其在下之賢承輔之以剛中之德也易傳

上九不事王侯高尚其事象曰不事王侯志可則也

伊川程子曰上九居蠱之終无繫應於下處事之外无所事之地也以剛明之才无應援而處无事之地是賢人君子不偶於時而高潔自守不累於世務者也故云不事王侯高尚其事古之人有行之者伊尹太公望之事曾子子思之徒是也不屈道以徇時既不得施設於天下則自善其身尊高敦尚其事守其志節而已士之自高尚亦非一道有懷抱道德不偶於時而高潔自守者有知止足之道退而自保者有量力度分安於不求知者有清介自守不屑天下之事獨潔其身者所處雖有得失小大之殊皆自高尚其事者也象所謂志可則者進退合道者也志可則也者如上九之處事外不累

於世務不臣事於王侯蓋進退以道用舍隨時非賢者能之乎其所存之志可爲法則也易傳

䷒兌下坤上

伊川程子曰臨序卦有事而後可大故受之以臨臨者大也蠱者事也有事則可大矣故受之以臨也韓康伯云可大之業由事而生二陽方長而盛大故爲臨也爲卦澤上有地澤上之地岸也與水相際臨近乎水故爲臨天下之物密近相臨者莫若地與水故地上有水則爲比澤上有地則爲臨也臨者臨民臨事凡所臨皆是在卦取自上臨下臨民之義易傳

臨元亨利貞至于八月有凶

伊川程子曰以卦才言也臨之道如卦之才則大亨而

正也二陽方長於下陽道嚮盛之時聖人豫爲之戒曰陽雖方盛至于八月則其道消矣是有凶也大率聖人爲戒必於方盛之時方盛而慮衰則可以防其滿極而圖其永久若既衰而後戒則无及矣自古天下安治未有久而不亂者蓋不能戒於盛也方其盛而不知戒故狃安富則驕侈生樂舒肆則綱紀壞忘禍亂則釁孽萌是以浸淫不知亂之至也易傳　臨言八月有凶謂至八月是遯也當其剛浸長之時便戒以陰長之意周行已錄

彖曰臨剛浸而長說而順剛中而應大亨以正天之道也至于八月有凶消不久也

伊川程子曰浸漸也二陽長於下而漸進也下兌上坤和說而順也剛得中道而有應助是以能大亨而得正合天之道剛正而和順天之道也化育之功所以不息者剛正和順而已以此臨人臨事臨天下莫不大亨而得正也兌爲說說乃和也臨二陽生陽方漸盛之時故聖人爲之戒云陽雖方長然至于八月則消而凶矣八月謂陽生之八月陽始生於復自復至遯凡八月自建子至建未也二陰長而陽消矣故云消不久也在陰陽之氣言之則消長如循環不可易也以人事言之則陽爲君子陰爲小人方君子道長之時聖人爲之誡使知

極則有凶之理而虞備之常不至於滿極則无凶也易傳

白雲郭氏曰自一卦之象言之二陽之生爲臨其生不已也故曰剛浸而長不言陽而言剛者以初九九二二爻言也自內外二卦之象言之則曰說而順自九二成卦之爻言之則曰剛中而應順者順天之道而說萬物也九二剛中之德足以有臨其有不大亨以正者乎且剛柔之義相反而相生故泰中有復否中有傾而臨之中有八月之凶也君子知幾之義欲其辯蚤而思其亡之戒也易說

象曰澤上有地臨君子以教思无窮容保民无疆

伊川程子曰澤之上有地澤岸也水之際也物之相臨與含容无若水之在地故澤上有地爲臨也君子觀親臨之象則教思无窮親臨於民則有教導之意思也无窮至誠无斁也觀含容之象則有容保民之心无疆廣大无疆限也含容有廣大之意故爲无窮无疆之義易傳

白雲郭氏曰天之澤謂之澤地之澤亦謂之澤皆以及物爲功故澤爲說也猶坎之水在上爲雲在下爲雨在地爲水具三者之義斯爲坎矣坎之爲水本周流轉注淵深莫測而已及其爲澤皆兌之功也然其道亦相須焉此坎爲險而兌爲說之意也觀雲雷爲

屯雷雨作解澤地爲萃地澤爲臨則知臨之及物至矣是以有元亨利貞之德也君子法之以教思无窮充澤之利也保民无疆充地之容也不如是則不能大不能大則不足以有臨也易說

漢上朱氏曰水天下之至柔也以土制水宜若易者然迫之以險隘奔潰四出壞之而後已居之以寬大則畜而爲澤矣君子之於民也亦然臨之以勢勢有盡也親之以教教无窮也是以忘有盡之勢思无窮之教教思无窮則待之非一日也故包容之保有之而无疆无疆者坤德也厚之至也三代之民不忘乎先王之澤者教之也三代而下一決則橫流而不可復者臨之以勢也易傳

初九咸臨貞吉象曰咸臨貞吉志行正也

伊川程子曰咸感也陽長之時感動於陰四應於初感之者也比它卦相應尤重四近君之位初得正位與四感應是以正道爲當位所信任得行其志獲乎上而得行其正道是以吉也他卦初上爻不言得位失位蓋初終之義爲重也臨則以初得位居正爲重易傳

九二咸臨吉无不利象曰咸臨吉无不利未順命也

伊川程子曰二方陽長而漸盛感動於六五中順之君

其交之親故見信任得行其志所臨吉而无不利也吉者已然如是故吉也无不利者將然於所施爲无所不利也九二與五感應以臨下蓋以剛德之長而又得中至誠相感非由順上之命也是以吉而无不利五順體而二說體又陰陽相應故象特明其非由說順也易傳

廣平游氏曰君倡而臣和禮之正也若臨之九二以剛中之才任六五之眷倚則有從道不從君之事矣故象以爲未順命至於爲上爲德而君臣一道則上之所倡豈終不和邪故以未順言之易說

白雲郭氏曰剛中有應爲一卦之主方剛長之時權

獨在已而能感中順之君以求應焉斯吉无不利矣未順命者有獻可替否之義非獨順命而後利也蓋君之所言而然所行而善則世俗謂之不肖臣故舜之戒禹曰予違汝弼汝无面從退有後言六五中順之君在上故九二未以順命爲吉也易說

六三甘臨无攸利既憂之无咎象曰甘臨位不當也既憂之咎不長也

伊川程子曰三居下之上臨人者也陰柔而說體又處不中正以甘說臨人者也在上而以甘說臨下失德之甚无所利也兌性既說又乘二陽之上陽方長而上進故不安而益甘既知危懼而憂之若能持謙守正至誠以自處則无咎也邪說由已能憂而改之復何咎乎陰柔之人處不中正而居下之上復乘二陽是處不當位也既能知懼而憂之則必强勉自改故其過咎不長也易傳

六四至臨无咎象曰至臨无咎位當也

伊川程子曰四居上之下與下體相比是切臨於下臨之至也臨道尚近故以比爲至四居正位而下應於剛陽之初處近君之位守正而任賢以親臨於下是以无咎所處當也居近君之位爲得其任以陰處四爲得其正與初相應爲下賢所以无咎蓋由位之當也易傳

廣平游氏曰臨之六四爲至臨者應下而順上守之以正以臨其民則民敬而從之是其爲臨也可名於至矣然多懼之地而才不足以有爲非若六五知臨之大也故稱无咎而不言吉適當其位而已易說

白雲郭氏曰六之居四柔之至也初以至剛而感四以至柔臨之以至柔臨至剛无乖爭之變是爲至臨然位則當然也知當然而然則不失剛長之道故无咎易說

六五知臨大君之宜吉象曰大君之宜行中之謂也

伊川程子曰五以柔中順體居尊位而下應於二剛中之臣是能倚任於二不勞而治以知臨下者也夫以一人之身臨乎天下之廣若區區自任豈能周於萬事故自任其知者適足爲不知唯能取天下之善任天下之聰明則无所不周是不自任其知則其知大矣五順應於九二剛中之賢任之以臨下乃已以明知臨天下大君之所宜也其吉可知君臣道合蓋以氣類相求五有中德故能倚任剛中之賢得大君之宜成知臨之功蓋由行其中德也人君之於賢才非道同德合豈能用也易傳

上六敦臨吉无咎象曰敦臨之吉志在内也

伊川程子曰上六坤之極順之至也居臨之終敦厚於臨也與初二雖非正應然大率陰求於陽又其至順故志在從乎二陽尊而應卑高而從下尊賢取善敦厚之至也故曰敦臨所以吉而无咎陰柔在上非能臨者宜有咎也以其敦厚於順剛是以吉而无咎六居臨之終而不取極義臨无過極故止爲厚義上无位之地止以在上言志在内應乎初與二也志順剛陽而敦篤其吉可知也易傳

白雲郭氏曰有感而應理之常也无感而志在内者

蓋二陽方進爲君子道長之時不以尊高自居而有下賢之志是厚於君子而薄於小人德之盛者也其有敦臨之吉宜矣以一身言之則可獲吉以臨之道論之是无咎也易說

東萊呂氏曰上六无應然陰之志必求陽下之二陽本不應乎上而上之志常在於内之二陽此所謂敦臨也敦厚也彼應我而我厚之者常也彼不應我而我猶厚之非常也敦也敦過厚之義上與三正應本當相厚未足爲敦惟與初非相應而厚之所以爲敦大抵在上臨下須看敦臨下雖未應在上不可不過厚以臨之如堯舜之世上厚於下下厚於上上下相應固盡善矣若盤庚遷都胥動浮言下不應上如此盤庚三篇之戒諄諄告諭如此亦敦臨之意易說

䷓ 坤下巽上

伊川程子曰觀序卦臨者大也物大然後可觀故受之以觀觀所以次臨也凡觀視於物則爲觀爲觀於下則爲觀如樓觀謂之觀者爲觀於下也人君上觀天道下觀民俗則爲觀修德行政爲民瞻仰則爲觀風行地上徧觸萬類周觀之象也二陽在上四陰在下陽剛居尊爲羣下所觀仰觀之義也在諸爻則唯取觀見隨時爲義也 易傳

觀盥而不薦有孚顒若

伊川程子曰盥謂祭祀之始盥手酌鬱鬯於地求神之

時也薦謂獻腥獻熟之時也盥者事之始人心方盡其精誠嚴肅之至也至既薦之後禮數繁縟則人心散而精一不若始盥之時矣居上者正其表儀以爲下民之觀當莊嚴如始盥之初勿使誠意少散如既薦之後則天下之人莫不盡其孚誠顒然瞻仰之矣顒仰望也 易傳

藍田呂氏曰觀以下觀上也惟至誠可以交神明然後動而爲天下信信心服也聖人設教於上天下不心服而化者未之有也祭祀之實以誠敬交乎神明誠敬之至莫先乎盥當是時也恍惚以與神明交使人觀之斯心可以化天下矣及乎饋薦之入則其事也其誠不若盥之始也有孚顒若不言而信也荀卿云祭祀之未入尸也大昏之未發齊也喪之未小斂也一也斯得之矣天何言哉四時行焉百物生焉天之神道也惟聖人至誠然後可與天通此所以設教而天下服也

彖曰大觀在上順而巽中正以觀天下觀盥而不薦有孚顒若下觀而化也觀天之神道而四時不忒聖人以神道設教而天下服矣

伊川程子曰五居尊位以剛陽中正之德爲下所觀其德甚大故曰大觀在上下坤而上巽是能順而巽也五

居中正以巽順中正之德爲觀於天下也 易傳

張子曰有兩則須有感然天之感有何思慮莫非自然聖人則能用感何謂用感凡教化設施皆是用感也作於此化於彼者皆感之道聖人以神道設教是也 易說

天不言而信神不怒而威誠故信无私故威天之不測謂神神而有常謂天 正蒙

兼山郭氏曰在下而觀上謂之觀童觀闚觀觀國之光是也在上而眡下謂之觀大觀在上觀我生觀民是也故在下者觀上之好惡而風知所移在上者不求於下至誠以示之而已故曰大觀在上順而巽中

正以觀天下盥而不薦有孚顒若下觀而化也觀之成卦二陽在上四陰在下所謂大觀也坤下而巽上所謂巽而順也九五得位而應焉所謂中正以觀天下也聖人在上无思无爲以治天下何事於精神心思之所及哉至誠以示之而已故曰可以贊天地之化育與天地參況萬民乎故垂衣拱手不下袵席之上而天下化者誠以先之也故曰誠則形形則著著則明明則動動則變變則化惟天下至誠爲能化經曰觀盥而不薦有孚顒若誠之本也至於薦也備物而將之末也且天之神道四時見之矣其升降之運

本之一氣一氣之運本之於一誠故八卦之變起於中孚非誠則不能也聖人之神道見於教化教化之成敗見於風俗風俗之所自出於上之誠信故知遠之近知風之自則有至於无聲无臭者矣彼刑名度數曷足以明之故聖人以神道設教而天下服者予知其聲色之於化民末也易說

象曰風行地上觀先王以省方觀民設教

伊川程子曰風行地上周及庶物爲遊歷周覽之象故先王體之爲省方之禮以觀民俗而設政教也天子巡省四方觀視民俗設爲政教如奢則約之以儉儉則示之以禮是也省方觀民也設教爲民觀也易傳

白雲郭氏曰風之爲物初不知其生化萬物也而風行地上萬物自生自化猶大觀在上下觀而化故爲觀之象也易說

初六童觀小人无咎君子吝象曰初六童觀小人道也

伊川程子曰六以陰柔之質居遠於陽是以觀見者淺近如童稚然故曰童觀陽剛中正在上聖賢之君也近之則見其道德之盛所觀深遠初乃遠之所見不明如童蒙之觀也小人下民也所見昏淺不能識君子之道乃常分也不足謂之過咎若君子而如是則可鄙吝也

所觀不明如童稚乃小人之分故曰小人道也易傳

朱子曰卦以觀示爲義據九五爲主也爻以觀瞻爲義皆觀乎九五也初六陰柔在下不能遠見童觀之象小人之道君子之羞也本義

白雲郭氏曰在觀之初以柔自處未見其有立童觀是也童則蒙而无知小人道也小人能用童觀則內无剛戾之性外无强暴之行惟知觀人而效之者也何咎之有君子以設教立道爲事反同小人之觀不亦鄙乎故曰君子吝初六小人之觀也六二女子之觀也三四君子之觀也易說

六二闚觀利女貞象曰闚觀女貞亦可醜也

伊川程子曰二應於五觀於五也五剛陽中正之道非二陰暗柔弱所能觀見也故但如闚覘之觀耳闚覘之觀雖少見而不能甚明也二既不能明見剛陽中正之道則利如女子之貞雖見之不能甚明而能順從者女子之道也在女子爲貞也二既不能明見九五之道能如女子之順則不失中正乃爲利也君子不能觀見剛陽中正之大道而僅闚覘其彷彿雖能順從乃同女子之貞亦可羞醜也易傳

六三觀我生進退象曰觀我生進退未失道也

伊川程子曰三居非其位處順之極能順時以進退者也若居當其位則无進退之義也觀我生我之所生謂動作施爲出於己者觀其所生而隨宜進退所以處雖非正而未至失道也隨時進退求不失道故无悔吝以能順也易傳

廣平游氏曰六三觀我生進退者省諸己也度德以就位量能以任官也九五觀我生者驗諸民也所以審好惡而察治忽也夫如是則興事造業无過舉矣故无咎此在上位者與德稱而志在民者之所爲也故特稱君子以别六三也若夫上九之觀其生則觀其時之施設也此有君子之才而无其位身在畎畝而志常在君者之所爲故亦稱君子而象因其有觀以知其志未平也易說

藍田吕氏曰觀我生自觀也觀其生觀彼也六三柔順居二卦之際不苟進以比尊不苟退以遠陽知反己以自觀不失進退之道也[redacted]

白雲郭氏曰六三順而應上可以進也柔不當位可以退也觀我道之可進而進可退而退則爲不失進退之道矣雖孔子用舍行藏孟子得志不得志之説不過如是而已易說

六四觀國之光利用賓于王象曰觀國之光尚賓也

伊川程子曰觀莫明於近五以剛陽中正居尊位聖賢之君也四切近之觀見其道故云觀國之光觀見國之盛德光輝也不指君之身而云國者在人君而言豈止觀其行一身乎當觀天下之政化則人君之道德可見矣四雖陰柔而巽體居正切近於五觀見而能順從者也利用賓于王夫聖明在上則懷抱才德之人皆願進於朝廷輔戴之以康濟天下四既觀見人君之德國家之治光華盛美所宜賓于王朝效其智力上輔於君以施澤天下故云利用賓于王也古者有賢德之人則人

君賓禮之故士之仕進于王朝則謂之賓易傳　尚謂志也尚其志願慕賓于王朝也爻言利用賓于王而象言尚賓者夫子恐人貪國之光不待禮至而往也爻恐失時象恐輕進聖人之心可謂委曲丁寧矣易學記

九五觀我生君子无咎象曰觀我生觀民也

伊川程子曰九五居人君之位時之治亂俗之美惡繫乎已而已觀已之生若天下之俗皆君子矣則是已之所爲政化善也乃无咎矣若天下之俗未合君子之道則是已之所爲政治未善不能免於咎也我生出於已者人君欲觀已之施爲善否當觀於民民俗善則政化善也王弼云觀民以察已之道是也易傳

龜山楊氏曰道雖本諸身得失則驗之民而後見故曰觀我生觀民也語錄

白雲郭氏曰九五尊位大中居大觀之位未嘗責天下以必化惟觀我道之何如耳天下入於君子之途我之道得也故无咎是觀民所以爲觀我生也中庸曰取人以身修身以道又曰失諸正鵠則反諸其身皆九五觀民之道也羣黎百姓徧爲爾德人有士君子之行皆天下爲君子之時也易說

上九觀其生君子无咎象曰觀其生志未平也

伊川程子曰上九以剛陽之德處於上爲下之所觀而不當位是賢人君子不在於位而道德爲天下所觀仰者也觀其生觀其所生也謂出於已者德業行義也既爲天下所觀仰故自觀其所生若皆君子矣則无過咎也苟未君子則何以使人觀仰矜式是其咎也雖不在位然以人觀其德用爲儀法故當自愼省觀其所生常不失於君子則人不失所望而化之矣不可以不在於位故安然放意无所事也是其志意未得安也故云志未平也平謂安寧也易傳

漢上朱氏曰上九過剛也過則有咎自古觀其君而去者以未平之志爲忿世疾邪之事多失之於矯激太過豈能无咎夫聰明深察而近於死者好譏議人也辯博閎遠而危其身者好發人之過者也梁鴻作五噫以顯宗之賢猶不能堪之非失之過乎易傳

蒙齋李氏曰上九道之已成處觀之極不當其任者非若小人女子之童闚又无進退之疑无賓王之利者也故觀其生九五之君六四之臣皆在所觀也昔武王既已革命天下歸心四方英賢雲集輻湊放牛歸馬垂拱無爲盛德光輝爛然可觀所謂童闚之觀者可勝言哉用賓于王者爲不少矣然伯夷守節甘

采薇于首陽者何哉蓋其觀武王之革命羣賢之趨時赴功若有不足者焉遂作歌曰黄農虞夏忽焉殁兮我安適歸其志未能平也歟夫觀之時天下既定人知趨時赴功觀其國之光華爲急而不知趨時之弊又有甚焉是以後世風俗奔競委靡不振去道日遠矣孟子稱伯夷百世之師也聖之清者也所謂君子无咎者也或曰以此爲說通則通矣與蠱之上九毋乃相類乎曰不然蠱之時天下方弊六五以柔居尊下有陽剛之臣爲之應是以幹蠱而用譽上九以陽剛之才无應援而處無事之地是賢人君子負經

濟之才不偶于時不見知於當世之君者也非遇其時不出也非志有所未平也觀之時天下既定九五以剛居尊下皆陰柔奉命之臣國之盛德光輝爭先觀之爲快上九以陽剛之才處一卦之上觀其時之所尚懼後世不能無弊將以振起風俗清介自守不屑天下之事其志有所未平也雖然武王周公急於救當世者也伯夷之心將救後世者也或疑湯武之事見于革卦不知革之時是方革命之時也觀之時是觀天下既平之時也學易記

䷔ 震下 離上

伊川程子曰噬嗑序卦可觀而後有所合故受之以噬嗑嗑者合也既有可觀然後有來合之者也噬嗑所以次觀也噬齧也嗑合也口中有物間之齧而後合之也卦上下二剛爻而中柔外剛中虛人頤口之象也中虛之中又一剛爻爲頤中有物之象口中有物則隔其上下不得嗑必齧之則得嗑故爲噬嗑聖人以卦之象推之於天下之事在口則爲有物隔而不得合在天下則爲有強梗或讒邪間隔於其間故天下之事不得合也當用刑法小則懲誡大則誅戮以除去之然後天下之

治得成矣凡天下至於一國一家至於萬事所以不和合者皆由有間也无間則合矣以至天地之生萬物之成皆合而後能遂凡未合者皆爲間也若君臣父子親戚朋友之間有離貳怨隙者蓋讒邪間於其間也除去之則和合矣故間隔者天下之大害也聖人觀噬嗑之象推之於天下萬事皆使去其間隔而合之則无不和且治矣噬嗑者治天下之大用也去天下之間在任刑罰故卦取用刑爲義在二體明照而威震乃用刑之象也易傳

噬嗑亨利用獄

伊川程子曰噬嗑亨卦自有亨義也天下之事所以不得亨者以有間也噬而嗑之則亨通矣利用獄噬而嗑之之道宜用刑獄也天下之間非刑獄何以去之不云利用刑而云利用獄者卦有明照之象利於察獄也獄者所以究察情僞得其情則知爲間之道然後可以設防與致刑也易傳

白雲郭氏曰噬嗑之名有二義合而言之則噬而後合嗑而後亨事之序也別而言之則方噬者未合旣嗑者不噬噬爲始也嗑爲終也終始之義分焉文王之辭兼始終故言亨謂嗑之終也言利用獄謂噬之

始也噬之始立卦之義也嗑之終卦成之義也易說

東萊呂氏曰利用獄須是去其間所以言獄者又須是推究病源所在不曰用刑而曰用獄者蓋獄者察其情也當察其何處間隔然後治之譬如人固是被私意間隔處各不同苟不察見間隔所在則枉用力噬嗑緣有物間隔故須用明與威治之然後无間不特治天下如此且如人身本與天地无間只爲私意間之故與天地相遠苟見善明用心剛去私意之間則自與天地相近易說

彖曰頤中有物曰噬嗑噬嗑而亨剛柔分動而明雷電合而章柔得中而上行雖不當位利用獄也

張子曰六自初而進之於五故曰上行易說

伊川程子曰頤中有物故爲噬嗑有物間於頤中則爲害噬而嗑之則其害亡乃亨通也故云噬嗑而亨剛柔分以卦才言也剛爻與柔相間剛柔分而不相雜爲明辨之象明辨察獄之本也動而明下震上離其動而明也雷電合而章雷震而電耀相須並見合而章也照與威並行用獄之道也能照則无所隱情有威則莫敢不畏上旣以二象言其動而明故復言威照並用之意六五以柔居中爲用柔得中之義上行謂居尊位雖不當

位謂以柔居五爲不當而利於用獄者治獄之道全剛則傷於嚴暴過柔則失於寬縱五爲用獄之主以柔處剛而得中得用獄之宜也以柔居剛爲利用獄以剛居柔爲利否曰剛柔質也居用也用柔非治獄之宜也易傳

象曰雷電噬嗑先王以明罰勑法

伊川程子曰象无倒置者疑此文互也雷電相須並見之物亦有嗑象電明而雷威先王觀雷電之象法其明與威以明其刑罰飭其法令法者明事理而爲之防者也易傳

白雲郭氏曰先人曰噬嗑先動而後明初末明也故

不敢折獄致刑豐則先明而後動初已明也故不待明罰勅法而後用也蔡曰二卦先後之象盡於此矣然噬嗑方動以期於明必先明其罰勅其法以示天下使天下知所避然後犯於有司者可以麗其罪若周官大司寇縣刑象之法于象魏小司寇令以木鐸曰不用法者國有常刑令羣士宣布于四方憲刑禁至於士師又憲禁令于國及郊野此之謂明罰勅法也豐則已明而動是已布刑也已令憲也動則麗之刑矣若大司寇邦典定之邦法斷之邦成弊之小司寇以五刑聽萬民之獄訟附于刑用情訊之至于旬

乃弊之士師察獄訟之辭以詔司寇斷獄弊訟致邦令此之謂折獄致刑也是皆聖人之政見於有迹者也若其至仁內充推恩四海蓋不可得而見焉特於聖人之言得其大槩而已觀舜戒羣后曰欽哉欽哉惟刑之恤哉其戒皐陶曰惟明克允又曰明于五刑以弼五教又曰刑期于無刑而皐陶稱舜亦曰好生之德洽于民心茲用不犯于有司知此則盡噬嗑之用獄矣然舜之命皐陶必先曰蠻夷猾夏寇賊姦宄然後曰汝作士蓋蠻夷猾夏寇賊姦宄利用獄之時也由是知非噬嗑之時聖人未嘗以用獄爲利也易說

漢上朱氏曰勅當作敕明其罰之輕重使人曉然易避效雷之明也正其法令以警懈惰效雷之動也易傳

初九屨校滅趾无咎象曰屨校滅趾不行也

伊川程子曰九居初最在下无位者也下民之象爲受刑之人當用刑之始罪小而刑輕校木械也其過小故屨之於足以滅傷其趾人有小過校而滅其趾則當懲懼不敢進於惡矣故得无咎繫辭云小懲而大誡此小人之福也言懲之於小與初故得无咎也初與上无位爲受刑之人餘四爻皆爲用刑之人初居最下无位者也上處尊位之上過於尊位亦无位者也王弼以爲无

陰陽之位陰陽繫於奇偶豈容无也然諸卦初上不言當位不當位者蓋初終之義爲大臨之初九則以位爲正若需上六云不當位乾上九云无位爵位之位非陰陽之位也屨校而滅傷其趾則知懲誡而不敢長其惡故云不行也古人制刑有小罪則校其趾蓋取禁止其行使不進於惡也易傳

六二噬膚滅鼻无咎象曰噬膚滅鼻乘剛也

伊川程子曰二應五之位用刑者也四爻皆取噬爲義二居中得正是用刑得其中正也用刑得其中正則罪惡者易服故取噬膚爲象噬齧人之肌膚爲易入也滅

沒也深入至沒其鼻也二以中正之道其刑易服然乘初剛是用刑於剛強之人刑剛強之人必須深痛故至滅鼻而无咎也中正之道易以服人與嚴刑以待剛強義不相妨深至滅鼻者乘剛故也乘剛乃用刑於剛強之人不得不深嚴也深嚴則得宜乃所謂中也易傳

朱子曰祭有膚鼎蓋肉之柔脆噬而易嗑者六二中正故其所治如噬膚之易然以柔乘剛故雖甚易亦不免於傷滅其鼻占者雖傷而終无咎也本義

六三噬腊肉遇毒小吝无咎象曰遇毒位不當也

伊川程子曰三居下之上用刑者也六居三處不當位

自處不得其當而刑於人則人不服而怨懟悖犯之如噬齧乾腊堅韌之物而遇毒惡之味反傷於口也用刑而人不服反致怨傷是可鄙吝也然當噬嗑之時大要噬間而嗑之雖其身處位不當而強梗難服至於遇毒用刑非爲不當也故雖可吝而亦小噬而嗑之非有咎也六三以陰居陽處位不當自處不當故所刑者難服而反毒之也易傳

東萊呂氏曰六三以陰居陽處不當位自不正而欲正人難矣哉然而彼有罪惡之可誅則當誅之而不宥在我亦自无咎噬腊肉而遇毒當於此知正已之道雖吝而无咎小人有惡從而治之在我則實无罪聖人不長小人之惡之意也易說

九四噬乾胏得金矢利艱貞吉象曰利艱貞吉未光也

伊川程子曰九四居近君之位當噬嗑之任者也四已過中是其間愈大而用刑愈深也故云噬乾胏胏肉之有聯骨者乾肉而兼骨至堅難噬者也噬至堅而得金矢金取剛矢取直九四陽德剛直爲得剛直之道雖用剛直之道利在克艱其事而貞固其守則吉也九四剛而明體陽而居柔剛明則傷於果故戒以知難居柔則守不固故戒以堅貞剛而不貞者有矣凡失剛者皆不

貞也在噬嗑四最爲善凡言未光其道未光大也戒以利艱貞蓋其所不足也不得中正故也易傳

朱子曰周禮獄訟入鈞金束矢而後聽之九四以剛居柔得用刑之道故有此象言所噬愈堅而得聽訟之宜也然必利于艱難正固則吉本義　問九四利艱貞六五貞厲皆有艱難正固危懼之意故皆爲戒占者之辭曰亦是爻中元自有此道理大抵纔是治人彼必爲敵不是易事故雖時位卦德得用刑之宜亦須以艱難正固處之至於六三噬腊肉遇毒則是所噬者堅韌難合六三以陰柔不中正而遇此所以遇毒而小吝然此亦是

合當治者但難治耳治之雖小吝終无咎也語錄

龜山楊氏曰九四合一卦言之則爲間者也以爻言之則居大臣之位任除間之責者也易之取象不同類如此夫處羣陰之中當除間之責其任難勝矣故有噬乾胏之象焉胏肉之有骨者堅而難噬也噬胏而得金矢以剛克過之也葢剛過中故有金矢之象焉夫用獄之道君子所宜盡心也一之以剛直則獄有不得其情者故利艱貞吉孔子曰聽訟吾猶人也必也使無訟乎雖利艱貞未能使无訟也故曰未光也易說

六五噬乾肉得黃金貞厲无咎象曰貞厲无咎得當也

伊川程子曰五在卦愈上而爲噬乾肉反易於四之乾胏者五居尊位乘在上之勢以刑於下其勢易也在卦將極矣其爲間甚大非易嗑也故爲噬乾肉也得黃金黃中色金剛物五居中爲得中道處剛而四輔以剛得黃金也五无應而四居大臣之位得其助也貞厲无咎六五雖處中剛然實柔體故戒以必貞固而懷危厲則得无咎也以柔居尊而當噬嗑之時豈可不貞固而懷危懼哉貞厲所以能无咎者以所爲得其當也所謂當居中用剛而能守正慮危也易傳

上九何校滅耳凶象曰何校滅耳聰不明也

伊川程子曰上過乎尊位无位者也故爲受刑者居卦之終是其間大噬之極也繫辭所謂惡積而不可揜罪大而不可解者也故何校而滅其耳凶可知矣何負也謂在頸也人之聾暗不悟積其罪惡以至於極古人制法罪之大者何之以校爲其无所聞知積成其惡故以校而滅傷其耳誡聰之不明也易傳

䷕離下艮上

伊川程子曰賁序卦嗑者合也物不可以苟合而已故受之以賁賁者飾也物合則必有文文乃飾也如人合聚則有威儀上下物合聚則有次序行列賁所以次噬嗑也爲卦山下有火山者草木百物所聚下有火則照見其上草木品彙皆被其光彩有賁飾之象故爲賁易傳

賁亨小利有攸往

伊川程子曰物有飾而後能亨故曰无本不立无文不行有實而加飾則可以亨矣易傳

白雲郭氏曰分剛上而文柔則柔爲質而剛爲文也

以柔爲質而剛文之又非中正之位此上九之所以小利有攸往易說

彖曰賁亨柔來而文剛故亨分剛上而文柔故小利有攸往天文也文明以止人文也觀乎天文以察時變觀乎人文以化成天下

伊川程子曰卦爲賁飾之象以上下二體剛柔交相爲文飾也下體本乾柔來文其中而爲離上體本坤剛往文其上而爲艮乃爲山下有火止于文明而成賁也天下之事无飾不行故賁則能亨分剛上而文柔故小利有攸往分乾之中爻往文於艮之上也事由飾而加盛由飾而能行故小利有攸往亨者亨通往者加進二卦之變共成賁義而彖分言上下各主一事蓋離明足以致亨文柔又能小進也天文人文承上文言陰陽剛柔相文者天之文也止於文明者人之文也止謂處於文明也質必有文自然之理理必有對待生生之本也有上則有下有此則有彼有質則有文一不獨立二則爲文非知道者孰能識之天文天之理謂日月星辰之錯列寒暑陰陽之代變觀其運行以察四時之遷改也人文人之道謂人理之倫序觀人文以教化天下天下成其禮俗乃聖人用賁之道也易傳

白雲郭氏曰觀乎天文則日中星鳥宵中星虛而知東作西成之序時變可知也觀乎人文則二南之道麟趾騶虞之應化成可知矣由二卦之變論之則以六二上九二爻爲主是爲乾坤之變文也地道无成則是地來文天天往文地皆以天爲主地在其中耳故獨曰天文也由一卦之成論之則上體爲艮下體爲離是爲艮離之成文也故曰文明以止人文也天文主二卦之變人文由一卦之成故觀于天文者可以察時變觀于人文者能化成天下易說

東萊呂氏曰彖天下之人先須看其基本如何剛本

強也文之以柔故无不亨柔本弱也文之以剛則小利有攸往文者文飾之也因其質之厚薄而加飾耳文王聖人也得尚父佐輔之故爲大聖人之事業伊尹周公聖人也所佐者太甲成王而已則亦止於太甲成王之事業日月星辰雲漢之章天之文也父子兄弟君臣朋友人之文也此理之在天人常昭然未嘗滅沒人惟不加考究則不見其爲文耳此一段當看觀字惟能觀察此理則在天者可以知時變在人者可以化成天下也易說

象曰山下有火賁君子以明庶政无敢折獄

伊川程子曰山者草木百物之所聚生也火在其下而上照庶類皆被其光明爲賁飾之象也君子觀山下有火明照之象以修明其庶政成文明之治而无果敢于折獄也折獄者人君之所致慎也豈可恃其明而輕自用乎乃聖人之用心也爲戒深矣象之所取惟以山下有火明照庶物以用明爲戒而賁亦自有无敢折獄之義折獄者專用情實有文飾則沒其情矣故无敢用文以折獄也易傳

朱子曰此與旅卦都說刑獄事但爭艮與離之在內外故其說相反止在外明在內故明政而不敢折獄止在內明在外故明愼用刑而不留獄麄言之如今州縣治獄禁勘審覆自有許多節次過乎此而不決便是留獄不及乎此而決便是敢于折獄書曰要囚至于旬時自有許多時日此與周禮秋官同意語錄

白雲郭氏曰本乎天者親上火之性也本乎地者親下山之德也山在上而親下火在下而親上是又相飾成文之象也聖人之德無加于明文明如此故可以明庶政然无敢折獄者有其象而无其才故也噬嗑以離明而明罰豐以離明而折獄賁之文明是有其象也噬嗑明而動豐動以明而賁文明以止是无

其才也且噬嗑與賁皆頤中有物之象而賁无除間之義者蓋動則間當除而止則不能除間也洪範曰龜筮共違于人用靜吉用作凶亦猶爲間雖一而有動止不同之義也易說

初九賁其趾舍車而徒象曰舍車而徒義弗乘也

伊川程子曰初九以剛陽居明體而處下君子有剛明之德而在下者也君子在无位之地无所施於天下惟自賁飾其所行而已趾取在下而所以行也君子修飾之道正其所行守節處義其行不苟義或不當則舍車輿而寧徒行衆人之所羞而君子以爲賁也舍車而徒

之義兼於比應取之初比二而應四應四正也與二非正也九之剛明守義不近與於二而遠應於四舍易而從難如舍車而徒行也守節義君子之賁也是故君子所賁世俗所羞世俗所貴君子所賤以車徒爲言者因趾與行爲義也易傳

朱子曰剛德明體自賁於下爲舍非道之車而安于徒步之象占者自處當如是也君子之取舍決於義而已本義

六二賁其須象曰賁其須與上興也

伊川程子曰卦之爲賁雖由兩爻之變而文明之義爲

重二實賁之主也故主言賁之道飾于物者不能大變其質也因其質而加飾耳故取須義須隨頤而動者也動止惟繫于所附猶善惡不由于賁也二之文明唯爲賁飾善惡則繫其質也以須爲象者謂其與上同興也隨上而動動止唯繫所附也猶加飾于物因其質而賁之善惡在其質也易傳

白雲郭氏曰先人曰安定先生謂須待也君子之道不可以躁進也葢上下相文之時六二以文明而麗乎下柔順中正无私无應靜而有待物必有致飾者雍曰以王輔嗣之清談猶以須爲上附之物獨安定以爲須待然後賁之六二可得而言也六二文明之主也有待而興智之事也然其須也乃所以爲賁歟與上興者柔而无應故須九三剛爲之助則可興于君矣易說

五峯胡氏曰六二文明賁之主其質陰柔隨質之善惡而賁之耳故不能變其質也如叔孫通制禮儀因漢高所能行者而已易外傳

九三賁如濡如永貞吉象曰永貞之吉終莫之陵也

伊川程子曰三處文明之極與二四二陰間處相賁賁之盛者也故曰賁如如辭助也賁飾之盛光彩潤澤故

云濡如永貞吉三與二四非正應相比而成相賁故戒以常永貞正賁者飾也賁飾之事難乎常也故永貞則吉三與四相賁又下比于二二柔賁一剛上下交賁爲賁之盛也飾而不常且非正人所陵侮也故戒能永貞則吉也其賁既常而正誰能陵之乎易傳

漢上朱氏曰六二以柔賁剛賁如也九三坎體以剛賁柔坎水濡之澤潤而有光耀濡如也剛柔相賁文飾之盛禮之致隆者也然二非正應以近相得故相賁相濡以成文九三守正不動二亦柔麗乎中正故吉三賁將變動而失正則上自外而陵之禮者法之

大分去爭奪之道也永正誰能陵之今夫富商之財足以金玉其車文錯其服而木楗葦藩過於朝而不歉者知禮法之不可以干也苟失其正乘其間者有競心焉安能自免于陵轢乎故終莫之陵者永貞之吉三下卦之終三不動永貞之象易傳

東萊呂氏曰九三居內卦之極又有離體故爲文明之極故曰賁如濡如然又曰永貞吉何也蓋文之極須當守以正大凡有文之人自爲人所重而此象乃曰終莫之陵者蓋文士雖爲人所愛而亦爲人所薄若唐之王楊盧駱雖有文采終爲人薄者以不正故

耳若孔子孟子非不文也而後人仰之莫不肅然而敬者以其永正也六經之文亦然說易

六四賁如皤如白馬翰如匪寇婚媾象曰六四當位疑也匪寇婚媾終无尤也

伊川程子曰四與初爲正應相賁者也本當賁如而爲三所隔故不獲相賁而皤如皤白也未獲賁也馬在下而動者也未獲相賁故云白馬其從正應之志如飛故曰翰如匪爲九三之寇讎所隔則婚媾遂其相親矣已之所乘與動于下者馬之象也初四正應終必獲親第始爲其間隔耳四與初相遠而三介于其間是所當之位爲可疑也雖爲三寇讎所隔未得親于婚媾然其正應理直義勝終必得合故云終无尤也尤怨也終得相賁故无怨尤也易傳

渾源雷氏曰六四自飾以正故曰賁如未受于初故曰皤如初九體乾馬也義而不污白馬也舍二之車而勿乘專志于四動而趨上疾若飛然故曰白馬翰如六四以陰居陰正而不足于明是以初九之來本以親已疑其爲寇也始雖疑而終能以正相賁復何尤哉學易記

六五賁于邱園束帛戔戔吝終吉象曰六五之吉有喜也

伊川程子曰六五以陰柔之質密比於上九剛陽之賢陰比於陽復无所係應從之者也受賁於上九也自古設險守國故城壘多依邱坂邱謂在外而近且高者園圃之地最近城邑亦在外而近者邱園謂在外而近者指上九也六五雖居君位而陰柔之才不足自守與上之剛陽相比而志從焉獲賁於外比之賢賁于邱園也若能受賁於上九受其裁制如束帛而戔戔則雖其柔弱不能自爲爲可吝少然能從於人成賁之功終獲其吉也戔戔翦裁分裂之狀帛未用則束之故謂之束帛及其制爲衣服必翦裁分裂戔戔然束帛喻六五本質

戔戔謂受人翦製而成用也其資於人與蒙同而蒙不
言吝者蓋童蒙而賴於人乃其宜也非童幼而資賁於
人爲可吝耳然享其功終爲吉也能從人以成賁之功
享其吉美是有喜也易傳

白雲郭氏曰六五爲賁之主及于丘園所飾遠矣聖
人不遐遺之義也遠且不遺況邇者乎丘園尚及之
況朝廷乎故商之賁也及于耕築周之賁也及于漁
釣賁于丘園乃所以飾天下國家非特下飾窮士而
已易說

上九白賁无咎象曰白賁无咎上得志也

伊川程子曰上九賁之極也賁飾之極則失於華僞唯
能質白其賁則无過飾之咎白素也尚質素則不失其
本眞所謂尚質素者非无飾也不使華沒實耳白賁无
咎以其在上而得志也上九爲得志者在上而文柔成
賁之功六五之君又受其賁故雖居无位之地而實居
賁之功爲得志也與它卦居極者異矣旣在上而得志
處賁之極將有華僞失實之咎故戒以質素則无咎飾
不可過也易傳

藍田呂氏曰上九以陽居上至白之象也畫繢之事
後素功極乎藻絢必尚素功者衆色淆亂非白无以
別之也畫繢至於素功飾之道盡矣上之志得矣

白雲郭氏曰先人曰賁之文陰陽上下之相文自然
之文也至於文明而不以止人爲之僞也人爲之僞
殆不若白賁之爲得也禮有以文爲貴者有以素爲
貴者孔子曰惡衣服而致美乎黻冕卑宮室而盡力
乎溝洫禹吾無間然矣此之謂也故三代之王忠質
相先救時之獘也方賁之時文旣勝矣白賁无咎其
救僿之道歟然則人之文也率歸之僞可乎詩云緜
蠻黃鳥止于丘隅子曰於止知其所止可以人而不
如鳥乎爲人君止於仁爲人臣止於敬爲人子止於

孝爲人父止於慈與國人交止於信未有不知止者
也知止則誠而无僞矣雍曰大哉白賁之義也立德
之始也治天下之本也以性言之天命之謂性也聖
人懼其質而近於禽獸故假賁飾以文之文之不已
於是乎窮人欲而滅天理是豈人之性也哉知白賁
之義則知天命之性知天命之性則知率性之道知
率性之道則知修道之教此中庸之道所以立也以
天下言之則忠之獘救以質質之獘救以文文之不
已其獘僿矣大者驕奢淫泆於其上小者放辟邪侈
於其下是豈聖人之教哉知白賁之道則救僿以忠

於以繼周雖百世可知此三代之治可以復也不然則君臣上下沈湎淫泆卿士師師非度從流忘反尚何化成天下之有乎故彖言文明以止所以止其初上九言白賁无咎所以復其終其義一也方未賁之時則白賁為非既賁之後乃无咎矣此獨上九之事故象言上得志蓋得上九之志也易說

蒙齋李氏曰上九以剛文柔而居无位之地有功成不居之象故曰白賁功成不居何咎之有學易記

䷖ 坤下艮上

伊川程子曰剝序卦賁者飾也致飾然後亨則盡矣故受之以剝夫物至于文飾亨之極也極則必反故賁終則剝也卦五陰而一陽陰始自下生漸長至于盛極羣陰消剝于陽故為剝也以二體言之山附于地山高起地上而反附著于地頹剝之象也易傳

東萊呂氏曰以致飾為亨則其亨盡矣譬如花開方其未開之時固有无窮之意及其一開之後則殘謝而已豈復有餘蘊哉易說

剝不利有攸往

伊川程子曰剝者羣陰長盛消剝于陽之時衆小人剝喪于君子故君子不利有所往惟當巽言晦迹隨時消息以免小人之害也易傳

朱子曰剝落也五陰在下而方生一陽在上而將盡陰盛而陽消落九月之卦陰盛陽衰小人壯而君子病又內坤而外艮有順時而止之象故占得之者不可以有所往也本義

白雲郭氏曰剝有二道有民剝君小人剝君子民之剝君不過厚百姓以自薄為安宅順止之道小人剝君子則毋與爭利藏器待時而已潛龍勿用內文明

而外柔順艱正晦其明儉德辟難遯之時義皆君子遇剥之義也剥之卦辭獨言不利有攸往者遇剥无它說焉懼君子以道自任與小人校也易說

彖曰剥剥也柔變剛也不利有攸往小人長也順而止之觀象也君子尚消息盈虛天行也

伊川程子曰剥剥也謂剥落也柔變剛也柔長而剛剥夏至一陰生而漸長一陰長則一陽消至于建戌則極而成剥是陰柔變剛陽也陰小人之道方長盛而剥消於陽故君子不利有所往也君子當剥之時知不可有所往順時而止乃能觀剥之象也卦有順止之象乃處

剥之道君子當觀而體之君子尚消息盈虛天行也君子存心消息盈虛之理而能順之乃合乎天行也理有消衰有息長有盈滿有虛損順之則吉逆之則凶君子隨時敦尚所以事天也易傳

漢上朱氏曰剥本乾陰侵陽進而剥之柔剥乎剛下剥其上回邪剥正道小人剥君子剛爲柔變故曰剥剥也柔變剛也此以五陰剥陽言剥也剥而不已一陽僅存小人道長君子道消往亦无與何所之哉當巽言屈身避害而已故曰不利有攸往小人長也此以上九言剥也聖人患君子不往人道將絶故又發其義曰順而止之坤順艮止也止小人之道當順其理而止之乃可以止葢以象觀之剥極當止之時五變陰陽有可反之理剥反晉晉反大有而乾體復矣天道之行消於巽息于兌盈于乾虛于坤消極則息盈久則虛君子尚之與時偕行能剛能柔任理而已矣漢唐之季小人道長諸賢不能順而止之悉力以抗小人是以无成功王弼謂强亢激拂觸忤以隕身身既傾焉功又不就非君子之所尚也易傳

誠齋楊氏曰不利有攸往其遂聽天下之自亂乎聖人固曰盍觀剥之象乎坤順艮止止亂以順小人亦

以順故解黨禍者陳實之臨延唐祚者方慶之對皆順而止非逆而激之也此君子治剥之道也易學記

象曰山附于地剥上以厚下安宅

伊川程子曰艮重于坤山附于地也山高起于地而反附著于地圮剥之象也上謂人君與居人上者觀剥之象而厚固其下以安其居也下者上之本未有基本固而能剥者也故上之剥必自下下剥則上危矣爲人上者知理之如是則安養人民以厚其本乃所以安其居也書曰民爲邦本本固邦寧易傳

白雲郭氏曰以剛柔言之則天道盈虛消息所以有

剥自卦才言之則順而止之爲處剥之道由象言之則山附于地者剥也厚下安宅者處剥之道也彖象之義不一而足象言上者非獨君后也凡居上者皆當然也語曰百姓足君孰與不足是亦厚下之道厚下所以安宅也夫知幾君子未必至于剥之時也不幸而至是不過厚下俟時而已易說

劉牧曰山以地爲基厚其地則山保其高君以民爲本厚其下則君安其上學易記

初六剥牀以足蔑貞凶象曰剥牀以足以滅下也

伊川程子曰陰之剥陽自下而上以牀爲象者取身之

所處也自下而剥漸至于身也剥牀以足剥牀之足也剥始自下故爲剥足陰自下進漸消蔑于貞正凶之道也蔑无也謂消亡于正道也陰剥陽柔變剛是邪侵正小人消君子其凶可知取牀足爲象者以陰侵没陽于下也滅没也侵滅正道自下而上也易傳

龜山楊氏曰剥自下而上惟厚下爲可以安宅安民所以厚下也牀人所安足牀所恃以爲安者也剥牀以足則蔑厚下之道故凶小人剥民以自厚得志則害加于人天下之凶也及夫進而位乎上則下已不厚矣亦非所以自安也故其卒至於剥廬而无所容其凶豈不已甚乎小人如此亦足以戒矣易說

六二剥牀以辨蔑貞凶象曰剥牀以辨未有與也

伊川程子曰辨分隔上下者牀之幹也陰漸進而上剥至于辨愈蔑于正也凶益甚矣陰之侵剥于陽得以益盛至于剥辨者以陽未有應與故也小人侵剥君子若君子有與則可以勝小人不能爲害矣惟其无與所以被蔑而凶當消剥之時而無徒與豈能自存也言未有與剥之未盛有與猶可勝也示人之意深矣易傳

朱子曰辨牀幹也進而上矣未有與言未大盛本義

六三剥之无咎象曰剥之无咎失上下也

伊川程子曰衆陰剥陽之時而三獨居剛與上下之陰異矣志從于正在剥之時爲无咎者也三之爲可謂善矣不言吉何也曰方羣陰剥陽衆小人害君子三雖從正其勢孤弱所應在无位之地于斯時也難乎免矣安得吉也其義爲无咎耳言其无咎所以勸也三居剥而无咎者其所處與上下諸陰不同是與其同類相失於處剥之時爲无咎如東漢之吕强是也易傳

朱子曰衆陰方剥陽而已獨應之去其黨而從正无咎之道也占者如是則得无咎上下謂四陰本義

六四剥牀以膚凶象曰剥牀以膚切近災也

伊川程子曰始剥于牀足漸至于膚膚身之外也將滅其身矣其凶可知陰長已盛陽剥已甚貞道已消故更不言蔑貞直言凶也易傳

龜山楊氏曰剥牀以足以辨則剥其所安而已未及膚也六四履近尊位則剥及其膚矣其災也豈不切近乎易說

六五貫魚以宮人寵无不利象曰以宮人寵終无尤也

張子曰六五爲上九之膚能下寵衆陰則陽獲安而无不利矣異于六三者以其居尊制裁爲卦之主故不云剥之也終无尤怨者以小人之心不過圖寵利而已不

以宮人見蓄爲恥也陰陽之際近必相比六五能上附于陽反制羣陰不使相逼方得處剥之善下无剥之之憂上得陽功之庇故曰无不利易說

伊川程子曰剥及君位剥之極也其凶可知故更不言剥而别設義以開小人遷善之門五羣陰之主也魚陰物故以爲象五能使羣陰順序如貫魚然反獲寵愛于在上之陽如宮人則无所不利也宮人宮中之人妻妾侍使也以陰言且取獲寵愛之義以一陽在上衆陰有順從之道故發此義易傳

白雲郭氏曰方剥之時小人進長六五知其不可決而寵之所謂順剥之時而爲止剥之道者也雖然貫衆陰而寵之疑非聖人之道而曰无不利終无尤者蓋消息盈虚天之道也君子之所尚也雖聖人不能違時特于其間而有止之之道非若一于順而寵之不知濟時者也安定先生曰以宮人寵但厚其田宅不使竊天下之權則无不利此謂根蒂之難去者易說

藍田吕氏曰剥之時小人長而君子消六五以柔中居尊位其御小人以柔而不以威者也道以御之小人不失其寵雖曰道長亦莫能害君子者御得其道也

上九碩果不食君子得輿小人剥廬象曰君子得輿民所載也小人剥廬終不可用也

伊川程子曰諸陽消剥已盡獨有上九一爻尚存如碩大之果不見食將見復生之理上九亦變則純陰矣然陽无可盡之理變于上則生于下无間可容息也聖人發明此理以見陽與君子之道不可亡也或曰剥盡則爲純坤豈復有陽乎曰以卦配月則坤當十月以氣消息言則陽剥爲坤陽來爲復陽未嘗盡也剥盡于上則復生于下矣故十月謂之陽月恐疑其无陽也陰亦然聖人不言耳陰道盛極之時其亂可知亂極則自當思

治故衆心願載于君子君子得輿也詩匪風下泉所以居變風之終也理既如是在卦亦衆陰宗陽爲共載之象小人剥廬若小人則當剥之極剥其廬矣无所容其身也更不論爻之陰陽但言小人處剥極則及其廬矣廬取在上之象或曰陰陽之消必待盡而後復生于下此在上便有復生之義何也夬之上六何以言終有凶曰上九居剥之極只有一陽陽无可盡之理故明其有復生之義見君子之道不可亡也夬者陽消陰小人之道也故但言其消亡耳何用更言復生之理乎易傳

朱子曰一陽在上如碩大之果人不及食而獨留於其

上如君子在上而小人皆載於下則是君子之得輿也然小人雖載君子而乃欲自下而剥之則是自剥其廬耳蓋惟君子乃能覆蓋小人必賴君子以保其身今小人欲剥君子則君子亡而小人亦无所容其身如自剥其廬也自古小人欲害君子到害得盡後國破家亡其小人曾有存活者否故聖人象曰君子得輿民所載也小人剥廬終不可用也若人占得此爻則爲君子之所爲者必吉而爲小人之所爲者必凶矣語錄

䷗ 震下坤上

邵子曰无極之前陰含陽也有象之後陽分陰也陰爲陽之母陽爲陰之父故母孕長男而爲復父生長女而爲姤是以陽起於復而陰起於姤也夫易根於乾坤而生於姤復蓋剛交柔而爲復柔交剛而爲姤自兹而无窮矣復次剥明治生於亂乎姤次夬明亂生於治乎時哉時哉未有剥而不復未有夬而不姤者防乎其防邦家其長子孫其昌是以聖人貴未然之防是謂易之大綱觀物外篇

伊川程子曰復序卦物不可以終盡剥窮上反下故受

之以復物無剥盡之理故剥極則復來陰極則陽生陽剥極於上而復生於下窮上而反下也復所以次剥也爲卦一陽生於五陰之下陰極而陽復也歲十月陰盛既極冬至則一陽復生於地中故爲復也陽君子之道陽消極而復反君子之道消極而復長也故爲反善之義易傳

復亨出入无疾朋來无咎反復其道七日來復利有攸往

伊川程子曰復亨既復則亨也陽氣復生於下漸亨盛而生育萬物君子之道既復則漸以亨通澤於天下故復則有亨盛之理也出入无疾出入謂生長復生於內

入也長進於外出也先云出語順耳陽生非自外也來於內故謂之入物之始生其氣至微故多屯難陽之始生其氣至微故多摧折春陽之發爲陰寒所折觀草木於朝暮則可見矣出入无疾謂微陽生長无害之者也旣无害之而其類漸進而來則將盛亨故无咎也所謂咎在氣則爲差忒在君子則爲抑塞不得盡其理陽之當復雖使有疾之固不能止其復也但爲阻礙耳而卦之才有无疾之義乃復道之善也一陽始生至微固未能勝羣陰而發生萬物必待諸陽之來然後能成生物之功而无差忒以朋來而无咎也三陽子丑寅之氣生

成萬物衆陽之功也若君子之道旣消而復豈能便勝於小人必待其朋類漸盛則能協力以勝之也　謂消長之道反復迭至陽之消至七日而來復姤陽之始消也七變而成復故云七日謂七更也臨云八月有凶謂陽長至於陰長歷八月也陽進則陰退君子道長則小人之道消故利有攸往也易傳

彖曰復亨剛反動而以順行是以出入无疾朋來无咎反復其道七日來復天行也利有攸往剛長也復其見天地之心乎

伊川程子曰復亨謂剛反而亨也陽剛消極而來反旣來反則漸長盛而亨通矣動而以順行是以出入无疾朋來无咎以卦才言其所以然也下動而上順是動而以順行也陽剛反而順動是以得出入无疾朋來而无咎也朋之來亦順動也易傳　近取諸身百理皆具屈伸往來之義只於鼻息之間見之屈伸往來只是理不必將旣屈之氣復爲方伸之氣生生之理自然不息如復言七日來復其間元不斷續陽已復生物極必返其理須如此有生便有死有始便有終入關語錄

朱子曰復見天地之心天地所以運行不息者只是生物而已生於春長於夏至秋萬物咸遂如收斂結實是

漸欲離其本之時也及其成則物之成實者各具生理所謂碩果不食是已夫具生理者固各繼其生而物之歸根復命猶自若也如說天地以生物爲心斯可見矣在天地則爲陰陽在人則爲善惡有不善未嘗不知知之未嘗復行不善處便是陰知處便屬陽上五陰下一陽是當沉迷蔽錮之時忽然一夕省覺便是陽動處陰陽動靜是造化之機不能相无者若善惡則有眞妄之分人當克彼以復此然後可耳復有善惡之復有動靜之復須各省得分曉終日營營與萬物並馳忽然有惻隱是非羞惡之心發見此善惡爲陰陽也若寂然至靜

之中有一念之動此動靜爲陰陽也程子謂天地无心而成化聖人有心而无爲是說天地无心處且如四時行百物生天地何所容心至於聖人則順理而已復何爲哉所以明道云天地之常以其心普萬物而无心聖人之常以其情順萬事而无情語錄

龜山楊氏曰陰極而陽復復斯亨矣復剛反也震動而坤順動而以順行也一陽復於下而五陰在上則陽微而陰猶盛矣小人衆而君子獨非一人一日之力所能勝也動而不以順行則疾之者至身之不能保尚何朋來之有故動而以順行而後出入无疾出

入无疾而後朋來无咎夫陰陽一氣之往來也反復其道終則有始天行也七日謂自姤至復也姤陰始生也陰生則陽消矣故七日而後復夫四時之變浸而爲寒暑固非一日之積也天且不能暴爲之而況於人乎故剝以順止之復以順而行其道一也當是時陽微矣止而不行則剛終不可長也故利有攸往夫復也者陽始生動之端也知復之道則天地之心可以默識矣非盡心知性其孰能見之易說

白雲郭氏曰復以剛反而亨則天地萬物皆有待於剛者也剛故動柔故靜物久於靜不能自動是以有

待於剛然後動而亨也如此則復主動而非靜姤主靜而非動動靜之義係乎剛柔之反也有震之動有坤之順以是行焉則上順天地之道下順萬物之理是以出入行於自然无遲速之異也且剛柔反復其運不停自其小者視之四時日月可見也故在易之中一陽爲復進而爲臨爲泰爲大壯爲夬爲乾一陰爲姤進而爲遯爲否爲觀爲剝爲坤皆其出也陽出則陰入陰出則陽入陰陽出入反復如此孰爲遲速故无疾而有常也朋來之後然後道大亨而功成故言无咎天行者自天道以言之七日之復是也由七

日之復以觀則三才萬物之復莫不皆然復其見天地之心者天地固无心於萬物也而萬物有心於天地因其有心於天地言之故曰天地之心然萬物資天地以有生故天地於是乎生萬物則天地之心无它焉生物而已是以繫辭言天地之大德曰生以有生故有德有德則有心矣復爲生物之始是所以見天地之心也然復之時義大矣而彖不言大矣哉者蓋復非小道不待言而可知也姤遇之事有至小者存焉聖人欲人遺其小而玩其大者故姤言大矣哉也易說

漢上朱氏曰復本坤而乾交之陰陽之反皆自內出非由外來而出入云者以剝復明消息之理也剝極成坤陽降而入坤極而動陽升而出入其反也出其動也其出其入羣陰莫能害之害之之謂疾言剛反動而得位也坤爲順剛反動而得位以順道而上行斯復所以亨歟朋陽之類也一陽來復而得位无咎者以正也剛動則不累於物以順行則不違其時正則和而不同斯朋來所以无咎也夫復所以亨者豈一君子之力哉譬如舟車必相濟達已先則挽之彼先則推之然後并心協力其道大行故曰復亨剛反

動而以順行是以出入无疾朋來无咎 易傳

東萊呂氏曰自大言之則天道陰陽消長有必復之理自小言之則人之一心善端發見雖窮凶極惡之人此善端亦未嘗不復纔復便有亨通之理且以卦體之爻觀之初九一陽潛伏于五陰之下雖五陰積累在上而一陽旣動便覺五陰已自有消散披靡氣象人有千過萬惡叢萃一身善心一復則雖有千過萬惡亦便覺有消散披靡氣象是纔復便有亨通之理天地發生之物最是于萌櫱始生之時要人營護保養且如草木萌動根芽初露易被摧殘惟能於將生之際遮覆蓋護則枝枝葉葉漸漸條達人之善端初發亦多爲衆惡陵鑠惟是于出入將發之時養而无害然後自然朋來朋謂助也如所謂德不孤必有隣凡善類皆朋也凡日用間遇事有互相發明吾之善者皆朋也萬善會聚於吾身自然无咎自復亨下數句次序節目整然不亂反復其道七日來復此是天地消息盈虛自然之理如自一陽之復積而至于二陽之臨三陽之泰四陽之大壯五陽之夬六陽之乾皆反復自然之天道人於善心發處便充長之自可欲之善積而至于聖而不可知之神亦是性中所

固有故出入无疾入者謂剝之上九一爻來入于復之初九故謂之入出者謂初九一爻漸出而爲九二九三九四九五上九故謂之出利有攸往此一句最是做工夫處天地到一陽始復時便自此浸浸而往人于善心發處便自此迤邐充長去亦何所不到只爲人纔到善心發處又爲人欲障蔽不能利有攸往人善心悔處日用間甚多或聽言而於心有悔或因觀書而於心有動或于應接事物而有警悟於心日用間復處甚多雖大姦大惡之人亦然惟其不能利有攸往故至于頻復耳彖者聖人言一卦大體之意

也剛反二字最要看天道至於復時何故都无障蔽爲天能剛反剛反二字見得天道復處人惟其不能剛反雖動而又以逆行故不能利有攸往惟天道能剛反動而以順行是以出入无疾朋來无咎反復其道七日來復天行也天行是解上兩句所以如此者是天道自然之運行也天道之有復乃天行自然之道理人之善心發處亦人心固有之理天道到復時便運行无間人何故于善心發處乃不似天之順動而善心又多泯沒蓋爲天以无心運用人以私意障蔽人雖以私意障蔽然秉彝終不可泯没便是天行

无間之理利有攸往剛長也惟剛長便能利有攸往易說

象曰雷在地中復先王以至日閉關商旅不行后不省方

伊川程子曰雷者陰陽相薄而成聲當陽之微未能發也雷在地中陽始復之時也陽始生於下而甚微安靜而後能長先王順天道當至日陽之始生安靜以養之故閉關使商旅不得行人君不省視四方觀復之象而順天道也在一人之身亦然當安靜以養其陽也易傳

藍田呂氏曰雷在地中微陽始生靜以養之待盈而發也閉關涂止行者皆以養微陽也

初九不遠復无祇悔元吉象曰不遠之復以修身也

伊川程子曰復者陽反來復也陽君子之道故復爲反善之義初剛陽來復處卦之初復之最先者也是不遠而復也失而後有復不失則何復之有唯失之不遠而復則不至於悔大善而吉也祇宜音柢抵也玉篇云適也義亦同无祇悔不至於悔也坎卦曰祇既平无咎謂至既平也顏子无形顯之過夫子謂其庶幾乃无祇悔也過既未形而改何悔之有既未能不勉而中所欲不踰矩是有過也然其明而剛故一有不善未嘗不知既知未嘗不遽改故不至於悔乃不遠復也不遠而復者

君子所以修其身之道也學之道无他也唯其知不善則速改以從善而已易傳

六二休復吉象曰休復之吉以下仁也

伊川程子曰二雖陰爻處中正而切比於初志從於陽能下仁也復之休美者也復者復於禮也復禮則爲仁初陽復復於仁也二比而下之所以美而吉也爲復之休美而吉者以其能下仁也仁者天下之公善之本也初復於仁二能親而下之是以吉也易傳

白雲郭氏曰不遠之復克己者也克己復禮仁也故六二之下初九所以爲下仁也然古之人修身者豈

徒然哉所以爲齊家治國平天下之始也聖人之治天下仁之而已孟子所謂推恩保四海是也夫欲仁天下者必先仁其身是以中庸言修身以道修道以仁而復以初九修身六二爲下仁不亦宜乎易說

六三頻復厲无咎象曰頻復之厲義无咎也

伊川程子曰三以陰躁處動之極復之頻數而不能固者也復貴安固頻復頻失不安於復也復善而屢失危之道也聖人開遷善之道與其復而危其屢失故云厲无咎不可以頻失而戒其復也頻失則爲危屢復何咎過在失而不在復也易傳

朱子曰以陰居陽不中不正又處動極復而不固屢失屢復之象屢失故危復則无咎故其占又如此本義

六四中行獨復象曰中行獨復以從道也

伊川程子曰四行羣陰之中而獨能復自處於正下應於陽剛其志可謂善矣不言吉凶者蓋四以柔居羣陰之閒初方甚微不足以相援无可濟之理故聖人但稱其能獨復而不欲言其獨從道而必凶也曰然則不云无咎何也曰以陰居陰柔弱之甚雖有從陽之志終不克濟非无咎也稱其獨復者以其從陽剛君子之善道也易傳

六五敦復无悔象曰敦復无悔中以自考也

伊川程子曰六五以中順之德處君位能敦篤於復善者也故无悔雖本善戒亦在其中矣陽復方微之時以柔居尊下復无助未能致亨吉也能无悔而已以中道自成也五以陰居尊處中而體順能敦篤其志以中道自成則可以无悔也自成謂成其中順之德易傳

白雲郭氏曰五以陰居尊位在坤之中有厚德之象故言敦復中以自考者能以中道自厚而已自厚則所以成已者至矣雖未足以盡爲君之道亦可以无悔矣中庸曰誠者非自成已而已也所以成物也盡

成已成物之道則君道盡二帝三王是也六五爲一卦之主其才有所不足故僅能自成與在下君子修身无以異然初九既无大悔於其初馴致其道則知其終爲元吉矣六五居尊極之位方同在下之道雖敦復優於不遠之復而以時位初終論之是未足以致人君之元吉也故特中以自成而已易說

廣漢張氏曰復卦之義以初爻爲重於畫爲陽於義爲善於人蓋君子之道也二比於初故爲休復四應於初故爲獨復而三之頻復而厲則以其非比非應開其遷善而危其屢失也上之迷復而凶則以其處

極之最遠往而不返也觀諸此則可見以初爻爲重矣然則五之敦復奈何體順而居中以中自考者也故爲敦篤於復夫能敦篤於復宜曰吉曰亨矣而獨曰无悔奈何无悔者戒辭也以其柔而遠於陽故爲之戒辭謂如是乃无悔也南軒集

上六迷復凶有災眚用行師終有大敗以其國君凶至于十年不克征象曰迷復之凶反君道也

伊川程子曰以陰柔居復之終終迷不復者也迷而不復其凶可知有災眚災天災自外來眚已過由自作既迷不復善在已則動皆過失災禍亦自外而至蓋所招

也迷道不復无施而可用以行師則終有大敗以之爲國則君之凶也十年者數之終至于十年不克征謂終不能行既迷於道何時而可行也　復則合道既迷於復與道相反也其凶可知以其國君凶謂其反君道也人君居上而治衆當從天下之善乃迷於復反君之道也非止人君凡人迷於復者皆反道而凶也易傳

䷘ 震下乾上

伊川程子曰无妄序卦復則不妄矣故受之以无妄復者反於道也既復於道則合正理而无妄故復之後受之以无妄也爲卦乾上震下震動也動以天爲无妄動以人欲則妄矣无妄之義大矣哉易傳

朱子語錄道夫問无妄誠之道不欺則所以求誠否曰无妄者聖人也謂聖人爲无妄則可謂聖人爲不欺則不可又問此正所謂誠者天之道思誠者人之道否曰然无妄是自然之誠不欺是著力去做无妄是我无妄故誠不欺者對物而言故次之

兼山郭氏曰无妄即誠也在易曰无妄至孔子文言及中庸而後言誠又至孟子則曰性善皆一也然无妄有動象故又爲誠之見於有爲者如是則誠然後无妄矣以其本善故誠以其誠故无妄又爲三者之序不誠則妄矣天人之分其間不能以寸无妄圖

无妄元亨利貞其匪正有眚不利有攸往

伊川程子曰无妄者至誠也至誠者天之道也天之化育萬物生生不窮各正其性命乃无妄也人能合无妄之道則所謂與天地合其德也无妄有大亨之理君子行无妄之道則可以致大亨矣无妄天之道也卦言人

由无妄之道也利貞法无妄之道利在貞正失貞正則妄也雖无邪心苟不合正理則妄也乃邪心也故有匪正則爲過眚既已无妄不宜有往往則妄也易傳

朱子語錄問雖无邪心苟不合正理則妄也既无邪何以不合正曰有人自是其心全无邪而却不合於正理如賢智者過之其心豈曾有邪却不合正理佛氏亦豈有邪心者

彖曰无妄剛自外來而爲主於內動而健剛中而應大亨以正天之命也其匪正有眚不利有攸往无妄之往何之矣天命不祐行矣哉

伊川程子曰謂初九也坤初爻變而爲震剛自外而來也震以初爻爲主成卦由之故初爲无妄之主動以天爲无妄動而以天動爲主也以剛變柔爲以正去妄之象又剛正爲主於內无妄之義也九居初正也下動而上健是其動剛健也剛健无妄之體也剛中而應五以剛居中正二復以中正相應是順理而不妄也故其道大亨通而貞正乃天之命也天命謂天道也所謂无妄也所謂无妄正而已小失於正則爲有過乃妄也所謂匪正蓋由有往若无妄而不往何由有匪正乎无妄者理之正也更有往將何之矣乃入於妄也往則悖於天理天道所不祐可行乎哉易傳

兼山郭氏曰老子曰人法地地法天天法道道法自然故天无私覆地无私載日月无私照率歸之自然而已聖人之與天合德觀天之道執天之行不先時而起不後時而縮因循故常依於天理无思无爲亦歸之自然而已此无妄之本也以其卦言之震剛自外來而爲主於內以才言之動而健以其位言之二五得位剛中而應所以爲元亨利貞也乾者大也大亨以正其天之命乎且天下雷行其動以時故自春分而出萬物從之而出秋分而入萬物從之而入莫

之令而常自然豈物物而賦之此以亨正而出彼以亨正而受此以无妄而感彼以无妄而應故能自智自力自形自色者也故曰乾道變化各正性命於此可見矣其或感之有正有不正養之或得或失所以爲夭爲壽爲災爲眚是爲匪正有災之理也然則匪正有災又何之矣故知有妄之行天之所不祐也易說

白雲郭氏曰剛自外來而爲主于內論卦之所以成无妄者主於震也動而健者動以天不以人也剛中而應九五也大亨以正无妄之道也无妄之道天也非人也故言天之命與中庸言天命之謂性孟子言

有命焉君子不謂性之義皆同然止于无妄而不往則天道常存不止于无妄而有攸往者是以人而滅天者也故彖之意以謂捨无妄而往又將何之焉一捨无妄而往則爲匪正矣是以人滅天以僞喪誠乖于天道此天命所以不祐也天非有心于祐不祐之間蓋其道不與天合天何由而助之故孟子言盡心知性則知天存心養性所以事天蓋知天事天爲天所祐皆必與天合德也曰動而健則動而與天合德矣不與天合德則與天非其類故非天之所助如是行而有往又何之乎易說

東萊呂氏曰卦辭言不利有攸往而初九則曰往吉六二則曰利有攸往蓋既曰无妄則已上別无去處動著便錯才添纖毫則妄矣此卦辭所謂不利有攸往也雖動著便錯然又非塊然不行也此理元自流行而不息故兩爻皆以往爲吉易說

象曰天下雷行物與无妄先王以茂對時育萬物

明道程子曰天下雷行物與无妄天下雷行付與无妄天性豈有妄耶聖人以茂對時育萬物各使得其性也无妄則一毫不可加安可往也往則妄矣无妄震下乾上動以天安有妄乎動以人則有妄矣劉絢師訓

伊川程子曰雷行于天下陰陽交和相薄而成聲于是驚蟄藏振萌芽發生萬物其所賦與洪纖高下各得其性命无有差妄物與无妄也先王觀天下雷行發生賦與之象而以茂對天時養育萬物使各得其宜如天與之无妄也茂盛也對時謂順合天時天道生萬物各正其性命而不妄王者體天之道養育人民以至昆蟲草木使各得其宜乃對時育物之道也易傳

朱子曰天下雷行震動發生萬物各正其性命是物物而與之以无妄也先王法此以對時育物因其所性而不爲私焉本義

兼山郭氏曰物之生也本乎一氣氣之運也本乎陰陽天地者氤氳以感之爾何與於人乎曰天非人不因人非天不成先王之仁得被萬物者在對時而已且日中星鳥以正仲春於是乎平秩東作宵中星虛以正仲秋於是乎平秩西成東作西成烝民乃粒萬邦作乂先王之政也國君春田不圍澤大夫不掩羣士不取麛卵則仁及於禽獸草木黃落然後斧斤入山林則仁及於草木獺祭魚然後漁人入澤梁則仁及於魚鼈先王之仁有及於烝民有及於禽獸有及於草木魚鼈故能如魚麗之盛多凡以對時育物而

已詩云麀鹿濯濯白鳥翯翯王在靈沼於牣魚躍故古之與王莫不皆然亦曰則天之明因地之利率之无妄而已易說

初九无妄往吉象曰无妄之往得志也

張子曰易所謂得志者聖賢獲其願欲者也得臣无家堯之志也貞吉升階舜之志也易說

伊川程子曰九以剛陽爲主於內无妄之象以剛實變柔而居內中誠不妄者也以无妄而往何所不吉卦辭言不利有攸往謂既无妄不可復有往也過則妄矣爻言往吉謂以无妄之道而行則吉也以无妄而往无不

得其志也葢誠之於物无不能動以之修身則身正以之治事則事得其理以之臨人則人感而化无所往而不得其志也易傳

白雲郭氏曰卦之辭以天下之誠未有不以僞喪者故欲守正而不往顏子拳拳服膺弗失之義也爻之辭欲以无妄之道見於有行既盡己之性又盡人之性盡物之性如是而往其爲得志大矣是以吉也言於初者初震也震之動以天故也卦爻之言相爲終始與中庸天命之性率性之道修道之教及成己成物之義皆同易說

六二不耕穫不菑畬則利有攸往象曰不耕穫未富也

伊川程子曰凡理之所然者非妄也人所欲爲者乃妄也故以耕穫菑畬譬之六二居中得正又應五之中正居動體而柔順爲動能順乎中正乃无妄者也故極言无妄之義耕農之始穫其成終也田一歲曰菑三歲曰畬不耕而穫不菑而畬謂不首造其事因其事理所當然也首造其事則是人心所作爲乃妄也因事之當然則是順理應物非妄也穫與畬是也葢耕則必有穫菑則必有畬是事理之固然非心意之所造作也如是則爲无妄不妄則所往利而无害也或曰聖人制作以利

天下者皆造端也豈非妄乎曰聖人隨時制作合乎風氣之宜未嘗先時而開之也若不待時則一聖人足以盡爲矣豈待累聖繼作也時乃事之端聖人隨時而爲也未者非必之辭臨卦曰未順命是也不耕而穫不菑而畬因其事之當然既耕則必有穫既菑則必成畬非必以穫畬之富而爲者也其始耕菑乃設心在于求穫畬是以其富也心有欲而爲者則妄也易傳

朱子曰柔順中正因時順理而无私意期望之心故有不耕穫不菑畬之象言其无所爲于前无所冀于後也占者如是則利有攸往矣富如非富天下之富言非計

其利而爲之也本義

廣平游氏曰无妄之六二不耕而穫不菑而畬以明君子之于物也應而不倡其于事也述而不作非樂通物也樂循理而已矣循理而已則有行有爲皆天命也何妄之有焉雖然六二得位矣而非尊位故其勢不得以始事得中矣而非大中故其才不足以創物是故象以爲未富若夫通其變使民不倦神而化之使民宜之應時而造以斂成功其爲无妄孰大於此易說

漢上朱氏曰初耕者也二當不耕而穫耕則妄矣初

菑者也二當不菑而畬菑則妄矣吾無決擇順乎中正可動而動无所容心也如是則利有攸往有攸往者二往五則穫畬有成矣易傳

六三无妄之災或繫之牛行人之得邑人之災象曰行人得牛邑人災也

伊川程子曰三以陰柔而不中正是爲妄者也又志應於上欲也亦妄也在无妄之道爲災害也人之妄動由有欲也妄動而得亦必有失雖使得其所利其動而妄失已大矣况復凶悔隨之乎知者見妄之得則知其失必與稱也故聖人因六三有妄之象而發明其理云无妄之災或繫之牛行人之得邑人之災言如三之爲妄乃无妄之災害也設如有得其失隨至如或繫之牛或謂設或也或繫得牛行人得之以爲有得邑人失牛乃是災也借使邑人繫得馬則行人失馬乃是災也言有得則有失不足以爲得也行人邑人但言有得則有失非以爲彼已也妄得之福災亦隨之妄得之得失亦稱之固不足以爲得也人能知此則不爲妄動矣易傳

朱子曰卦之六爻皆无妄者也六三處不得正故遇其占者无故而有災如行人牽牛以去而居者反遭詰捕之擾也本義

九四可貞无咎象曰可貞无咎固有之也

伊川程子曰四剛陽而居乾體復无應與无妄者也剛而无私豈有妄乎可貞固守此自无咎也九居陰得爲正乎曰以陽居乾體若復處剛則爲過矣過則妄也居四无尚剛之志也可貞與利貞不同可貞謂其所處可貞固守之利貞謂利於貞也易傳

九五无妄之疾勿藥有喜象曰无妄之藥不可試也

伊川程子曰九以中正當尊位下復以中正順應之可謂无妄之至者也其道无以加矣疾爲之病者也以九五之无妄如其有疾勿以藥治則有喜也人之有疾則

以藥石攻去其邪以養其正若氣體平和本無疾病而攻治之則反害其正矣故勿藥則有喜也有喜謂疾自亡也无妄之所謂疾者謂若治之而不治率之而不從化之而不革以妄而爲无妄之疾舜之有苗周公之管蔡孔子之叔孫武叔是也旣已无妄而有疾之者則當自如无妄之疾不足患也若遂自攻治乃是渝其无妄而遷於妄也五旣處无妄之極故惟戒在動動則妄矣人之有妄理必修改旣无妄矣復藥以治之是反爲妄也其可用乎故云不可試也試暫用也猶曰少嘗之也易傳

朱子曰乾剛中正以居尊位而下應亦中正无妄之至

也如是而有疾勿藥而自愈矣故其象占如此本義

藍田呂氏曰九五下有六二之應以正合者也初九雖欲比二非意見侵乃无妄之疾非已致也二自守中初莫能犯卒獲正應如疾非已致治之愈亂不治而自愈矣雖有治疾之具不可用也[redacted]

上九无妄行有眚无攸利象曰无妄之行窮之災也

張子曰進而過中是无妄而行也易說

伊川程子曰上九居卦之終无妄之極者也極而復行過於理也過於理則妄也故上九而行則有過眚而无所利矣易傳

䷙ 乾下艮上

伊川程子曰大畜序卦有无妄然後可畜故受之以大畜无妄則爲有實故可畜聚大畜所以次无妄也爲卦艮上乾下天而在于山中所畜至大之象畜爲畜止又爲畜聚止則聚矣取天在山中之象則爲蘊畜取艮之止乾則爲畜止止而後有積故止爲畜義易傳

東萊呂氏曰序卦有无妄然後可畜故受之以大畜畜養也若无此理又何所養有无妄然後可畜此最爲學之要无妄則有誠誠立方可涵養畜聚也使誠不立則涵養者何物將何以爲畜也伊川曰止則聚

矣止則自然有聚書曰允懷于茲道積于厥躬允誠也懷于茲者已止于此矣然後道始能積又中庸曰不誠无物惟誠然後有物惟无妄然後內充實而有主故可以畜于內若有妄安能畜哉惟无妄然後中有主自是畜之至于篤實輝光可也易說

蒙齋李氏曰小畜巽畜乾以柔畜之也大畜艮畜乾以剛畜之也學易記

大畜利貞不家食吉利涉大川

伊川程子曰莫大于天而在山中艮在上而止乾于下皆蘊畜至大之象也在人爲學術道德充積于內乃所

畜之大也凡所畜聚皆是專言其大者人之蘊畜宜得正道故云利貞若夫異端偏學所畜至多而不正者固有矣旣道德充積于內宜在上位以享天祿施爲于天下則不獨一身之吉天下之吉也若窮處而自食于家道之否也故不家食則吉所畜旣大宜施之于時濟天下之艱險乃大畜之用也故利涉大川此只據大畜之義而言彖更以卦之才德而言諸爻則惟有止畜之義蓋易體道隨宜取明且近者易傳

東萊吕氏曰大畜利貞不家食吉利涉大川我所養旣大然後可以受爵祿當患難若未有所養而欲出

爲世用亦危矣所畜者旣大而不正則反爲學者之害所謂學非而博者也言語足以動人文章足以聳衆不正則反爲害不如空无所有之人雖欲害物亦不能爲大害故利于正有如是之人所畜者大而又正則是道全德備充足飽滿可以有爲于世而亦天下之仰望者也故不家食則吉而利涉大川以濟險也是聖人教人斟酌量力然後進而有爲畜旣正而家食則凶畜不正而不家食亦凶惟畜正故不家食則得其位行其道致君澤民而天下被其利故吉涉大川則其才能可以濟危難而安天下故利易說

彖曰大畜剛健篤實輝光日新其德剛上而尚賢能止健大正也不家食吉養賢也利涉大川應乎天也

張子曰剛健篤實日新其德乃天德也强學者往往心多好勝必无心處一乃善也定然後始有光明唯能定已是光明矣若常移易不定何求光明易大抵以艮爲止止乃光明時止時行動静不失其時其道光明謙天道下濟而光明天在山中大畜君子以剛健篤實輝光日新其德定則自光明故大學定而至於能慮人心多則无由光明易說

伊川程子曰剛健篤實輝光以卦之才德而言也乾體

剛健艮體篤實人之才剛健篤實則所畜能大充實而有輝光畜之不已則其德日新也剛上陽居上也陽剛居尊位之上爲尚賢之義止乎健者非大正則安能以剛陽在上與尊尚賢德能止至健皆大正之道也大畜之人所宜施其所畜以濟天下故不食于家則吉謂居天位享天祿也國家養賢賢者得行其道也利涉大川謂大有蘊畜之人宜濟天下之艱險也彖更發明卦才云所以能涉大川者以應乎天也六五君也下應乾之中爻乃大畜之君應乾而行也所行能應乎天无艱險之不可濟况其它乎易傳

廣平游氏曰柔得位而上下應之小者之畜也古之人有行之者若仲山甫之于宣王是也故詩人稱之曰柔嘉維則又曰袞職有闕惟仲山甫補之剛上而五承之能止健大者之畜也古之人有行之者若伊尹之于太甲是也故高宗稱之曰先正保衡作我先王則補袞之闕不足道也夫人主之利勢固能利害而擅生殺矣可不謂健已乎非有大人之正德終始惟一者孰能止之昔之辯士葢有能變亂名實而使其君虛己以聽之至于疏間親新間舊言聽計從无不遂其意者其術智亦足以畜其君矣而君子惡之

為其不正耳此大畜所以言其利貞也易說

兼山郭氏曰健為天德大畜止健畜天德也故彖曰剛健篤實輝光日新其德不能畜天德則見于有為者不能无妄故天德止於大畜而動于无妄也序卦曰有无妄而後可畜是為交相養之道則知无妄者動亦无妄靜亦无妄而大畜一于止矣大畜圖

象曰天在山中大畜君子以多識前言往行以畜其德

伊川程子曰天為至大而在山之中所畜至大之象君子觀象以大其蘊畜人之蘊畜由學而大在多聞前古聖賢之言與行考跡以觀其用察言以求其心識而得之以畜成其德乃大畜之義也易傳

和靖尹氏曰伊川易傳考跡以觀其用察言以求其心孟子曰博學而詳說之將以反說約也大凡學問須要約之於己方有用處如前言往行若只是多識不能畜以成己之德何畜者語錄

白雲郭氏曰高高在上者天之體也而大道无乎不在其在人亦莫不有之皆自失之耳且以山言之一山必不能畜天之大也而畜天之道則為有餘在人亦然故君子欲多識前聖之言以知天之德何如而可畜也欲多識往聖之行以見天之德何如而可畜

也是以稽其言考其行如是而畜之則天德盡在是矣故能畜其德也其德者謂剛健篤實輝光日新之天德也此所以為大畜也歟且識孔子之言曰天何言哉四時行焉百物生焉則知天之德以是而畜之也識惟天為大惟堯則之則見天之德以是而可畜矣所以能畜其德也然自其不可名而言之則曰天道自其可名而言之則曰天德其實一也畜以德為本故大畜言畜其德小畜言懿文德能畜天德斯能行天道矣易說

初九有厲利已象曰有厲利已不犯災也

伊川程子曰大畜艮止畜乾也故乾三爻皆取被止爲義艮三爻皆取止之爲義初以陽剛又健體而居下必上進者也六四在上畜止於已安能敵在上得位之勢若犯之而進則有危厲故利在已而不進也在它卦則四與初爲正應相援者也在大畜則相應乃爲相止畜上與三皆陽則爲合志蓋陽皆上進之物故有同志之象而无相止之義有危則宜已不可犯災危而行也不度其勢而進有災必矣易傳

廣平游氏曰賢者之畜君亦必有道焉量而後入信而後諫不量而入則將至於失身未信而諫則君必

以爲謗已故初則有厲而利已易說

漢上朱氏曰已先儒讀已矣之已王弼作已易傳

白雲郭氏曰天道上行今居下焉有難畜之象惟聖人則安而畜之賢人則利而畜之中人之才則勉强而畜之必不使有失于天德也失天德則納諸陷穽其危可立而待然人雖知危之可畏而不知危之爲利知危之可畏者不知反身修德之道也知危之爲利者蓋以危而修德則无犯災之理反所以爲己之利也故古人之以宴安爲酖毒如此則知有厲爲利已明矣易說

東萊呂氏曰初九陽欲上進爲上六四所止是知有厲則利在已而已已則不犯患難也以剛健之才而處于初又乾健在下其欲向前而上進者何如哉然當大畜之時爲艮四所止則是屈抑而不能伸也故有厲凡人有剛健之才則其向進之心毅然有不可犯者今爲艮所止則其心愈躁而不能堪且將決裂四出而後已故聖人戒以利已凡人在我雖剛而時之所不可苟不顧而强求之則其犯災也必矣易說

九二輿說輹象曰輿說輹中无尤也

伊川程子曰二爲六五所畜止勢不可進也五據在上

之勢豈可犯也二雖剛健之體然其處得中道故進止无失雖志於進度其勢之不可則止而不行如車輿脫去輪輻謂不行也輿說輹而不行者蓋其處得中道動不失宜故无過尤也善莫善於剛中柔中者不至於過柔耳剛中中而才也初九處不得中故戒以有危宜已二得中進止自无過差故但言輿說輹謂其能不行也不行則无尤矣初與二乾體剛健而不足以進四與五陰柔而能止時之盛衰勢之强弱學易者所宜深識也易傳

童溪王氏曰小畜之九三見畜于六四而曰輿說輹

四說其輹也大畜之九二亦曰輿說輹自說其輹也夫說人之輹與自說其輹語其勢之順逆蓋有間焉何者九三剛過而九二則剛得中故也剛而得中則進止無失夫何尤乎朱子發曰初剛正也二剛中也四五柔也柔能畜剛剛知其不可犯而安之時也夫氣雄九軍者或屈于賓贊之儀才力蓋世者或聽于委裘之命故曰大畜時也學易記

九三良馬逐利艱貞曰閑輿衛利有攸往象曰利有攸往上合志也

伊川程子曰三剛健之極而上九之陽亦上進之物又處畜之極而思變也與三乃不相畜而志同相應以進者也三以剛健之才而在上者與合志而進其進如良馬之馳逐言其速也雖其進之勢速不可恃其才之健與上之應而忘備與慎也故宜艱難其事而由貞正之道輿者用行之物衛者所以自防當自日常閑習其車輿與其防衛則利有攸往矣三乾體而居正能貞者也當其銳進故戒以知難與不失其貞也志既銳於進雖剛明有時而失不得不誡也易傳

朱子語錄問九六爲止應皆陰皆陽則爲无應獨畜卦不爾何也先生曰陽遇陰則爲陰所畜九三與上九皆陽皆欲上進故但以同類相求也小畜亦然

藍田呂氏曰九三爲上九所畜畜極而通天衢已亨可以馳逐而无阻故曰良馬逐然不可以不戒故利艱貞戒之之道不可以不豫習故曰閑輿衛曰命之也閑習也輿衛習則馬不駭以是馳逐宜无不利而又上志獲通則无往不合[illegible]

白雲郭氏曰能止健而畜德无若九二說輹之道也說輹止健而有之夫欲何爲哉蓋欲施之天下國家非獨善其身而已此中庸之道也大畜之健中庸天命之性也止健率性之道也九三良馬逐修道之教

也故中庸言能盡其性則能盡說輹之義矣盡其性而盡人物之性此良馬逐利有攸往之義也良馬逐利有攸往蓋言用道也聖人之畜天德確乎其不可拔及其用也推而放諸四海而準雖有良馬之象亦未喻其至也至于何天之衢則放乎四海與天同道矣故良馬之逐所以上合天衢之志也良馬正爲乾象言良馬則知九三畜乾之德至于用九矣然自輿說輹之止至于良馬逐之用中庸之道已備矣蓋參天地贊化育之時上合天地之志猶曰利艱貞閑輿衛蓋懼有失焉此中庸始言戒慎恐懼慎獨終言不

愧于屋漏之義不然湯之慄慄危懼文王小心翼翼詩言何取焉（易說）

六四童牛之牿元吉象曰六四元吉有喜也

伊川程子曰以位而言則四下應於初畜初者也初居最下陽之微者微而畜之則易制猶童牛而加牿大善而吉也槩論畜道則四艮體居上位而得正是以正德居大臣之位當畜之任者也大臣之任上畜止人君之邪心下畜止天下之惡人人之惡止於初則易既盛而後禁則扞格而難勝故上之惡既甚則雖聖人救之不能免違拂下之惡既甚則雖聖人治之不能免刑戮莫

若止之於初如童牛而加牿則元吉也牛之性觝觸以角故牿以制之若童犢始角而加之以牿使觝觸之性不發則易而无傷以況六四能畜止上下之惡於未發之前則大善之吉也（易傳）　教人之術若童牛之牿當其未能觸時已先制之善之大者其次則豶豕之牙豕之有牙既已難制以百方制之終不能使之改唯豶其勢則性自調伏雖有牙亦不能爲害如有不率教之人却須置其夏楚別以道格其心則不須夏楚將自化矣（呂與叔東見錄）

朱子曰童者未角之稱牿施橫木於牛角以防其觸詩所謂楅衡者也止之於未有之時爲力則易大善之吉也故其象占如此學記曰禁於未發之謂豫正此意也（本義）　大畜下三爻取其能自畜而不進上三爻取其能畜彼而不使進然四能止之於初故爲力易六五則陽已進而止之則難但以柔居尊得其機會可制故亦吉但不能如四之元吉耳（語錄）

兼山郭氏曰大畜之六四臣位也臣有止君之象六五君位也君有畜天下之象何以言之經曰剛上而尚賢能止健大正也大正者主乎艮也艮之能止者主乎四五之二爻六四以至柔而接乎下初九以剛

健而應乎上上下之情通而能行止之時也方初九私欲之未行而能畜之將順於其早正救於其小也古之人君垂衣拱手不下衽席之上冕而前旒以蔽明黈纊充耳以塞聰前凝後丞左輔右弼王居中无爲以守至正其止之有素也必也好惡之已形嗜欲之已著而欲面折廷爭攖龍鱗犯嚴顏自謂曰我能事君我能事君何知之晚也故成王翦桐之戲而唐叔以封非周公孰爲之蓋將順之於其早正救之於其小故也然則六五畜天下者如之何書曰无若火始燄燄厥攸灼叙是以貴除其本也民惟邦本本固

邦寧是則有固本之道也上古結繩以治後世聖人易之以書契除民訟之本也周人羣飲汝勿佚盡執拘以歸於周予其殺絕酒禍之本也詩首關雎之義明夫婦之道成父子之親也春秋書王正月公卽位立君臣之正也父子親君臣正使父父子子夫夫婦婦而各止其分義豈一朝一夕之能哉蓋申其義去其害之有素是豶豕之牙之義也夫然後仁者不遺其親義者不後其君日月所照霜露所隊尺地莫非其有一民莫非其臣夫是之謂大畜也然六四者能盡事君之一心故能有喜六五賴及於天下故言有

慶亦小大之異也易說

六五豶豕之牙吉象曰六五之吉有慶也

明道程子曰豶豕之牙吉不去其牙而豶其勢則自善矣治民者不止其爭而教之讓之類是也劉絢師訓

伊川程子曰六居君位止畜天下之邪惡夫以億兆之衆發其邪欲之心人君欲力以制之雖密法嚴刑不能勝也夫物有總攝事有機會聖人操得其要則視億兆之心猶一心道之斯行止之則戢故不勞而治其用若豶豕之牙也豕剛躁之物而牙爲猛利若強制其牙則用力勞而不能止其躁猛雖縶之維之不能使之變也若豶去其勢則牙雖存而剛躁自止其用如此所以吉也君子法豶豕之義知天下之惡不可以力制也則察其機持其要塞絕其本原故不假刑法嚴峻而惡自止也且如止盜民有欲心見利則動苟不知教而廹於饑寒雖刑殺日施其能勝億兆利欲之心乎聖人則知所以止之之道不尚威刑而修政教使之有農桑之業知廉恥之道雖賞之不竊矣故止惡之道在知其本得其要而已不嚴刑於彼而修政於此是猶患豕牙之利不制其牙而豶其勢也在上者不知止惡之方嚴刑以敵民欲則其傷甚而无功若知其本制之有道則不勞无

傷而俗革天下之福慶也易傳

藍田呂氏曰六四六五皆以柔畜剛止健者也牛之剛健在角豕之剛健在牙初九居健之始其健未若童牛然禁於未發以牿閑之及其長也无所用其健豈特不暴而已安於馴柔可駕而服故可喜也九二居健之中其健已具若豕之牙漸不可制六五居尊守中能以柔道殺其剛暴之氣若豶豕然其牙雖剛莫之能暴可以養畜而无虞故有慶也[illegible]

上九何天之衢亨象曰何天之衢道大行也

伊川程子曰予聞之胡先生曰天之衢亨誤加何字事

極而反理之常也故畜極而亨小畜畜之小故極而成大畜畜之大故極而散極既當變又陽性上行故遂散也天衢天路也謂虛空之中雲氣飛鳥往來故謂之天衢天衢之亨謂其亨通曠闊无有蔽阻也在畜道則變矣變而亨非畜道之亨也何以謂之天衢以其无止礙道路大通行也以天衢非常語故象特設問曰何謂天之衢以道路大通行取空豁之狀也以象有何字故爻下亦誤加之（易傳）

龜山楊氏曰居大畜之終畜極而反則乾道上行矣故衢亨也（易說）

白雲郭氏曰孟子曰聖人之于天道命也有性焉君子不謂命也如童牛之牿豶豕之牙如不失其赤子之心求其放心豈非其性哉能盡是性是以至于天之衢也何天之衢聖人止于天道矣止于天道然後萬物各正性命保合太和是以道大行而亨也以在上言之則蕩蕩乎民無能名之時也以在下言則仰之彌高鑽之彌堅瞻之在前忽焉在後之時也方是時博厚配地高明配天悠久無疆日月所照霜露所隊凡有血氣者莫不尊親故曰配天其上九之謂歟（易說）

䷚ 震下艮上

伊川程子曰頤序卦物畜然後可養故受之以頤物既畜聚必有以養之无養則不能存息頤所以次大畜也卦上艮下震上下二陽爻中含四陰上止而下動外實而中虛人頤頷之象也頤養也人口所以飲食養人之身故名爲頤聖人設卦推養之義大至於天地養育萬物聖人養賢以及萬民與人之養生養形養德養人皆頤養之道也動息節宣以養生也飲食衣服以養形也威儀行義以養德也推已及物以養人也（易傳）

頤貞吉觀頤自求口實

伊川程子曰頤之道以正則吉也人之養身養德養人養於人皆以正道則吉也天地造化育養萬物各得其宜者亦正而已矣觀頤自求口實觀人之所頤與其自求口實之道則善惡吉凶可見矣（易傳）

朱子曰貞吉者占者得正則吉觀頤謂觀其所養之道自求口實謂觀其所以養身之術皆得正則吉也（本義）

白雲郭氏曰上止下動飲食之象頤養也飲食所以自養也天下之養自養生養心養德養人其養雖不一然非如頤之虛中則口實无自而致養必有虛以容之斯足以受養矣故卦辭祇以觀頤口實爲言以

明頤之道以虛中爲主故也況飲食之養朝夕有常不可變者如此然後盡頤養之道所以必取飲食之象而頤非止於飲食而已也聖人立象以盡意故言簡而理明如此易說

彖曰頤貞吉養正則吉也觀頤觀其所養也自求口實觀其自養也天地養萬物聖人養賢以及萬民頤之時大矣哉

伊川程子曰貞吉所養者正則吉也所養謂所養之人與養之之道自求口實謂其自求養身之道皆以正則吉也聖人極言頤之道而贊其大天地之道則養育萬

物養育萬物之道正而已矣聖人則養賢才與之共天位使之食天祿俾施澤於天下養賢以及萬民也養賢所以養萬民也夫天地之中品物之衆非養則不生聖人裁成天地之道輔相天地之宜以養天下至於鳥獸草木皆有養之之政其道配天地故夫子推頤之道贊天地與聖人之功曰頤之時大矣哉或云義或云用或止云時以其大者也萬物之生與養時爲大故云時易傳

司馬温公曰何謂觀其所養其人賢則所養必賢也其人不肖則其所養必不肖也何謂觀其自養取于人以義自奉養以禮斯賢也取于人无度自奉養无節斯不肖也故富視其所與貧視其所取遠視其所主達視其所舉足以知其爲人矣易學記

龜山楊氏曰上止而下動外實而中虛頤之象也口之於飲食人所資以爲養也故頤養也夫觀頤觀其所養也天地養萬物聖人養賢以及萬民是也自求口實觀其自養也體有小大不以小害大自養之道也天地養萬物失其正則陰陽繆戾而物不遂其生矣聖人養賢不以正賢者不安其位而民不被其澤矣一人之身无尺寸之膚不養也務養其小體則飲食之人而人賤之矣故頤正則吉反是則凶之道也

夫天地之養萬物聖人之養賢與人之自養各當其可而後得其正得其正而後吉則頤之時豈不大矣哉易說

東萊呂氏曰人皆知萬物之自生自息而不知天地有以養之聖人德與天地合故養賢以及萬民然萬民之多安得人人而養之惟得其要會則所養甚約而所及甚博其要先在於養賢而已易說

渾源雷氏曰舜養十六相而去四凶所養正也孟子以寡欲養心以直養氣又曰萬鍾於我何加焉自養之正也此卦體震之三爻皆凶艮之三爻皆吉蓋養

之道靜止則吉躁動則凶故也學易記

象曰山下有雷頤君子以愼言語節飲食

伊川程子曰以二體言之山下有雷雷震於山下山之生物皆動其根荄發其萌芽爲養之象以上下之義言之艮止而震動上止下動頤頷之象以卦形言之上下二陽中含四陰外實中虛頤口之象口所以養身也故君子觀其象以養其身愼言語以養其德節飲食以養其體不惟就口取養義事之至近而所繫至大者莫過於言語飲食也在身爲言語於天下則凡命令政教出於身者皆是愼之則必當而无失在身爲飲食於天下則凡貨財資用養於人者皆是節之則適宜而无傷推養身之道養德養天下莫不然也易傳

龜山楊氏曰言語飲食皆取頤之象也出其言不善則千里之外違之則亂之階也故書曰惟口出好興戎可不愼乎飲食以養人務養其口悅而不知節則取賤之道也夫如是皆非頤正之義也易說

白雲郭氏曰山附於地其養物以形也雷動於天其養物以氣也此天地致養萬物之道也在人之養亦无異此故天地以形氣而養物而人亦受養於形氣之間是以君子愼言語而節飲食也然頤以虛中爲主雖以言語飲食爲致養之道而爲虛中之患者亦言語飲食也言語出於虛者也飲食入於虛者也出而爲患於是愼之入而爲患於是節之頤養之道斯爲至矣蓋君子知言語飲食之不能无也使不爲養之之患者其惟愼而節之乎天下之虛其患皆如是所以去其患者亦莫不然也易說

初九舍爾靈龜觀我朶頤凶象曰觀我朶頤亦不足貴也

伊川程子曰蒙之初六蒙者也爻乃主發蒙而言頤之初九亦假外而言爾謂初也舍爾之靈龜乃觀我而朶頤我對爾而設初之所以朶頤者四也然非四謂之也

假設之辭爾九陽體剛明其才智足以養正者也龜能咽息不食靈龜喻其明智而可以不求養於外也才雖如是然以陽居動體而在頤之時求頤人所欲也上應於四不能自守志在上行說所欲而朶頤者也心旣動則其自失必矣迷欲而失已以陽而從陰則何所不至是以凶也朶頤爲朶動其頤頷人見食而欲之則動頤垂涎故以爲象九動體朶頤謂其說陰而志動旣爲欲所動則雖有剛健明智之才終必自失故其才亦不足貴也人之貴乎剛者爲其能立而不屈於欲也貴乎明者爲其能照而不失其正也旣惑所欲而失其正何剛

明之有爲可賤也易傳

龜山楊氏曰龜能前知靈於物者也咽息不食非志於義者也初自外來而爲主於內震之體也四止於上而初動於下以應之朶頤之象也朶動其頤也一陽在下有剛明之才而求養於上則匪正矣舍靈龜之象也舍靈龜而觀朶頤則人賤之矣故凶而不足貴也易說

東萊呂氏曰初九觀我朶頤凶六二顛頤拂經于邱頤征凶六三拂頤貞凶頤自初至三皆震體也震動也頤養也動而求養故三爻皆凶是知躁動以求富

貴利祿无時而不凶也易說

六二顛頤拂經于邱頤征凶象曰六二征凶行失類也

伊川程子曰女不能自處必從男陰不能獨立必從陽二陰柔不能自養待養於人者也天子養天下諸侯養一國臣食君上之祿民賴司牧之養皆以上養下理之正也二既不能自養必求養於剛陽若反下求於初則爲顛倒故云顛頤顛則拂違經常不可行也若求養於邱則往必有凶邱在外而高之物謂上九也卦止二陽既不可顛頤於初若求頤於上九往則有凶在頤之時相應則相養者也上非其應而往求養非道妄動是以

凶也顛頤則拂經不獲其養爾妄求於上往則得凶也今有人才不足以自養見在上者勢力足以養人非其族類妄往求之取辱得凶必矣六二中正在它卦多吉而凶何也曰時然也陰柔既不足以自養初上二爻皆非其與故往求則悖理而得凶也　征而從上則凶者非其類故也往求而失其類得凶宜矣行往也並易傳

六三拂頤貞凶十年勿用无攸利象曰十年勿用道大悖也

伊川程子曰頤之道惟正則吉三以陰柔之質而處不中正又在動之極是柔邪不正而動者也其養如此拂

違於頤之正道是以凶也得頤之正則所養皆吉求養養人則合於義自養則成其德三乃拂違正道故戒以十年勿用十數之終謂終不可用无所往而利也所以戒終不可用以其所由之道大悖義理也易傳

白雲郭氏曰二言拂經謂違二五相應之常此言拂頤則違頤之道矣故象言其大悖也六二之凶宜矣六三有應而凶者蓋上止下動爲頤之道今居上下之際過於動而不知止以動爲貞則凶矣是以十年勿用无所利也易每以十年然後反常則人之一失必十年而後復可不慎哉易說

六四顛頤吉虎視眈眈其欲逐逐无咎象曰顛頤之吉上施光也

伊川程子曰四在人上大臣之位六以陰居之陰柔不足以自養況養天下乎初九以剛陽居下在下之賢也與四爲應四又柔順而正是能順於初賴初之養也以上養下則爲順今反求下之養顛倒也故曰顛頤然已不勝其任求在下之賢而順從之以濟其事則天下得其養而已无曠敗之咎故爲吉也夫居上位者必有才德威望爲下民所尊畏則事行而衆心服從若或下易其上則政出而人違刑施而怨起輕於陵犯亂之由也

六四雖能順從剛陽不廢厥職然質本陰柔賴人以濟人之所輕故必養其威嚴眈眈然如虎視則能重其體貌下不敢易又從於人者必有常若間或无繼則其政敗矣其欲謂所須用者必逐逐相繼而不乏則其事可濟若取於人而无繼則困窮矣既有威嚴又所施不窮故能无咎也二顛頤則拂經四則吉何也曰二在上而反求養於下下非其應類故爲拂經四則居上位以貴下賤使在下之賢由己以行其道上下之志相應而施於民何吉如之自三以下養口體者也四以上養德義者也以君而資養於臣以上位而賴養於下皆養德也顛倒求養而所以吉者葢得剛陽之應以濟其事致已居上之德施光明被於天下吉孰大焉易傳

白雲郭氏曰居上而求養於下者亦失頤養之道故謂之顛頤顛頤一也所以爲顛頤則異也經云頤養正也又曰養正則吉故知求養正于下者是能養其德也故吉不知求養正于下則是厲民而自養也故凶此其所以異也六四所居者正所應者正獨得養正之道故一爻之中具求養自養內養外之義是以吉且无咎而爲上施之光也且顛頤求養也虎視眈眈其欲逐逐自養也虎視眈眈所以養威容于外

又逐逐去其多欲所以養心于內也詩云它山之石可以攻玉故古之人以能問於不能以多問于寡有若无實若虛此顛頤求養之道也君子正其衣冠尊其瞻視所謂虎視眈眈以養其外者如此顏子克己而非禮勿視是也孟子曰養心莫善于寡欲所謂其欲逐逐以養其內者如此夫子絕四而毋意毋必是也彖曰觀頤觀其所養也自求口實觀其所自養也觀六四之所養則顛頤求養是也觀六四之自養則虎視養其外逐欲養其內是也六四雖无養賢及萬民之位而其養德之正亦可謂大人之事矣不然則

不知養正之道而失顚頤之吉其求下也不過上下征利養口體而已所謂觀我朶頤凶者也若是者外安得有可畏之威而內安得无欲哉上施光者易以謙爲光以益爲光謙卦曰天道下濟而光明又曰謙尊而光益卦曰自上下下其道大光六四求下養德亦庶幾謙益之光者歟易說

六五拂經居貞吉不可涉大川象曰居貞之吉順以從上也

伊川程子曰六五頤之時居君位養天下者也然其陰柔之質才不足以養天下上有剛陽之賢故順從之賴

其養己以濟天下君者養人者也反賴人之養是違拂於經常旣以己之不足而順從於賢師傅上師傅之位也必居守貞固篤於委信則能輔翼其身澤及天下故吉也陰柔之質无貞剛之性故戒以能居貞則吉以陰柔之才雖倚賴剛賢能持循於平時不可處艱難變故之際故云不可涉大川也以成王之才不至甚柔弱也當管蔡之亂幾不保於周公況其下者乎故書曰王亦未敢誚公賴二公得終信故艱險之際非剛明之主不可恃也不得已而濟艱險者則有矣發此義者所以深戒於爲君也於上九則據爲臣致身盡忠之道言故不同也居貞之吉者謂能堅固順從於上九之賢以養天下也易傳

廣平游氏曰六五履尊位而德不稱德雖不稱位而其富固无敵矣所以不足者非物也乃能親上九之賢委己以聽之亦庶乎有以養萬民矣而六二之有求方且養其私而已此五之拂經所以異於二也雖然六五質柔而止體也喜蹈常畏興事其資然也見善未必明用心未必剛故以之守文以之持正可也若應變以成務則非其任矣蓋疑間一生則危亂之機將不可解故居正則吉而不可涉大川也不可涉

大川爲六五之君言之也利涉大川爲上九之臣言之也使大臣之才如上九足以養天下而人主順以從之其蔑不濟矣此周公復政之後成王所以四征不庭制禮作樂六服承德也易說

白雲郭氏曰五爲一卦之主其才不足非徒无以養天下雖六二之應亦不能致養非養賢以及萬民之道也故亦曰拂經苟能以柔道自居守正不失足以自養其身凶禍亦无自而至是以吉也然柔道不可以有爲故不可涉大川柔道好從人故順以從上上九有剛陽之才而知止者是以得其所從而成已之

吉也六二拂經蓋違相應之理六五拂經以違大君之道其言雖同而各有所辯易說

上九由頤厲吉利涉大川象曰由頤厲吉大有慶也

張子曰由頤自危然後乃吉者下有衆陰順從之慶驕則有他吝此卦得養之正者方利涉大川蓋養然後可動耳易說

伊川程子曰上九以剛陽之德居師傅之任六五之君柔順而從於已賴已之養是當天下之任天下由之以養也以人臣而當是任必常懷危厲則吉也如伊尹周公何嘗不憂勤兢畏故得終吉夫以君之才不足而倚

賴於已身當天下大任宜竭其才力濟天下之艱危成天下之治安故曰利涉大川得君如此之專受任如此之重苟不濟天下之艱危何足稱委遇而謂之賢乎當盡誠竭力而不顧慮然惕厲則不可忘也當大任如是能兢畏如是天下被其德澤是大有福慶也易傳

兼山郭氏曰以善服人未有能服人者也以善養人然後能服天下天下不心服而王未之有也上九雖不居有爲之地自下而升爲頤之主能養賢以及萬民之象也故能涉險濟難雖危而吉也故孔子曰頤之時大矣哉易說

䷛ 巽下兌上

伊川程子曰大過序卦曰頤者養也不養則不可動故受之以大過凡物養而後能成成則能動動則有過大過所以次頤也爲卦上兌下巽澤在木上滅木也澤者潤養於木乃至滅沒於木爲大過之義大過者陽過也故爲大者過過之大與大事過也聖賢道德功業大過於人凡事之大過於常者皆是也夫聖人盡人道非過於理也其制事以天下之正理矯失之用小過於中者則有之如行過乎恭喪過乎哀用過乎儉是也蓋矯之小過而後能及於中乃求中之用也所謂大過者常事

之大者耳非有過於理也惟其大故不常見以其比常所見者大故謂之大過如堯舜之禪讓湯武之放伐皆由道也道无不中无不常以世人所不常見故謂之大過於常也易傳

大過棟橈利有攸往亨

伊川程子曰小過陰過於上下大過陽過於中陽過於中而上下弱矣故爲棟橈之象棟取其勝重四陽聚於中可謂重矣九三九四皆取棟象謂任重也橈取其本末弱中强而本末弱是以橈也陰弱而陽强君子盛而小人衰故利有攸往而亨也易傳

朱子曰大陽也四陽居中過盛故爲大過上下二陰不勝其重故有棟橈之象又以四陽雖過而二五得中內巽外說有可行之道故利有所往而得亨也本義

白雲郭氏曰頤之虛中虛故受實實則剛剛而後過二卦之象相終始也故頤以虛爲主而過以剛爲義過非人之失也過於用剛也過於用剛所以爲大者過也當本末弱而棟橈之時非過於用剛不可也夫大厦將顚梁棟傾橈不可扶持是以必當大過治之也亦猶衰亂之世天下蕩蕩无綱紀文章非聖人大過常道以治之豈能復治哉利有攸往亨者大過棟

橈之時利於聖賢大過治之然後亨也由此觀之大過之時亦非不可治之世特蠱弊之大者耳患无剛過而中之德以行大過之事也易說

彖曰大過大者過也棟橈本末弱也剛過而中巽而說行利有攸往乃亨大過之時大矣哉

邵子曰大過本末弱也必有大德大位然後可救常分有可過者有不可過者有大德大位可過者也伊周其人也不可懼也有大德无大位不可過也孔孟其人也不可悶也其位不勝德邪大哉位乎待才用之宅也觀物外篇

伊川程子曰大者過謂陽過也在事爲事之大者過與其過之大本末弱謂上下二陰衰弱陽盛則陰衰故爲大者過在小過則曰小者過陰過也剛過而中言卦才之善也剛雖過而二五皆得中是處不失中道也下巽上兌是以巽順和說之道而行也在大過之時以中道巽說而行故利有攸往乃所以能亨也大過之時其事甚大故贊之曰大矣哉如立非常之大事興不世之大功成絶俗之大德皆大過之事也易傳

藍田呂氏曰大過非常情之所及也二剛居二體之中有二剛以輔之大者過也二柔居二體之中有二

柔以輔之小者過也本末皆弱非大過不足以持之必大有爲而後濟故利有攸往乃亨剛過而不失其中可與權也巽而說行得道者多助也[redacted]

龜山楊氏曰上下二陰本末弱也四陽聚於中大者過也剛過而聚於中剛過而中也巽而說行合二體言也所謂大過者立非常之事成希世之功是已禮器曰禮時爲大堯授舜舜授禹湯放桀武王伐紂時也時也者當其可之謂也苟當其可則雖堯舜之禪遜湯武之放伐是亦過而中者也故堯典之書爲遜舜而作而名之曰典典言常道也堯雖以天下與人

而舜以匹夫受人之天下以人之常情言之可謂大過矣自聖人觀之亦曰常道而已也然而非巽而說行則不可往也故堯舜禹三聖之相授而謳歌獄訟皆歸之焉湯武之用師則東征西夷怨南征北狄怨簞食壺漿以迎王師故能成大功非巽而說行何以有此反是則子之之遜白公之爭耳何亨之有哉易說

白雲郭氏曰彖言大者過也蓋明大過之義非言小者之過也棟橈大過之時也大過之時外則棟橈故宜用剛内則剛過而中是以其剛可用所以成大過之象然剛過而中非剛德過中也乃剛過之德又不

失中者也剛過之德既不失中又巽而說行者罔咈百姓以從己之欲也謂所致天下之大利成天下之大順者也以是而有攸往寧无利亨乎大過之時大矣非大人孰能當之易說

東萊吕氏曰大過兌上巽下兌說也巽順也爲非常大過人之事自常人論之必須剛毅勇力之人乃能辦此不知辦此事者郤是巽順和悅不動聲色易說

象曰澤滅木大過君子以獨立不懼遯世无悶

伊川程子曰澤潤養於木者也乃至滅沒於木則過甚矣故爲大過君子觀大過之象以立其大過人之行君子所以大過人者以其能獨立不懼遯世无悶也天下非之而不顧獨立不懼也舉世不見知而不悔遯世无悶也如此然後能自守所以爲大過人也易傳

藍田吕氏曰木資澤之潤以長茂澤水之盛至於滅木大過之象也君子達命之變得其所自信雖大過之世不與物推移故能以不懼无悶處之[illegible]

龜山楊氏曰澤雖滅木而木之植自若也君子體之故獨立不懼遯世无悶易說

兼山郭氏曰獨立不懼遯世无悶此大者之過也今以一人譽之則喜一人非之則沮不能過者也昔者

伯夷叔齊推位避國以歸文王及武王興師叩馬而諫其後卒不食周粟餓於首陽方武王興師商之賢人有如微子之徒已歸周周之賢臣有如大公召公之徒皆以爲當伐而不疑四方諸侯會者蓋八百國是天下舉以爲是也獨伯夷非之蓋推父子之親立君臣之義不得不如是也非獨當世之是非又將窮天地亘萬世而不顧也由是言之獨立不懼遯世无悶非伯夷之徒孰能爲之此其所謂大過之時大者之過也易說

白雲郭氏曰澤上而木下滅木之象也滅木澤之過

也君子於大過之時有二道或進則大有爲或退則窮處而已進而大有爲則反天下之衰獘獨立不懼可也退而窮處則遯世无悶可也禹之治水伊尹之相湯伯夷之諫武王皆大過之事可謂獨立不懼者矣孔子反魯而刪詩書繫周易作春秋顔子人不堪其憂回也不改其樂亦皆大過之事可謂遯世无悶者矣若接輿荷蓧長沮桀溺皆失德之人非遯世之士也遯世无悶幾於潛龍之義二者蓋聖賢出處之大致非止於行過恭喪過哀用過儉而已易說

東萊呂氏曰象君子以獨立不懼遯世无悶蓋大過

雖本於理不過然其事皆常人數百年所不曾見必大驚駭无一人以我爲是非有大力量何以當之若見理不明者見衆人紛紛安得不懼見理明者見理而不見人何懼之有我所行者左右前後縱横顛倒无非此理又何嘗獨立乎彼衆人紛紛之論人數雖衆然其說皆无根蔕乃獨立也至此則我反爲衆衆反爲獨矣易說

初六藉用白茅无咎象曰藉用白茅柔在下也

伊川程子曰初以陰柔巽體而處下過於畏愼者也以柔在下用茅藉物之象不錯諸地而藉以茅過於愼也是以无咎茅之爲物雖薄而用可重者以用之能成敬愼之道也愼守斯術而行豈有失乎大過之用也繫辭云苟錯諸地而可矣藉之用茅何咎之有愼之至也夫茅之爲物薄而用可重也愼斯術也以往其无所失矣言敬愼之至也茅雖至薄之物然用之可甚重以之藉薦則爲至愼之道是用之重也人之過於敬愼爲之非難而可以保其安而无過苟能愼斯道推而行之於事其无所失矣以陰柔處卑下之道唯當過於敬愼而已以柔在下爲以茅藉物之象敬愼之道也易傳

白雲郭氏曰大過之初未可大有爲而初六旣柔居

下又不可以有爲者故特可用於過厚而已此藉用白茅之義也藉用白茅在初六則无咎二則失之不及矣上六不知柔道之難濟是以凶也易說

渾源雷氏曰大過之世剛得位得中然後可以過越而濟之初六以柔在下豈能有爲而拯弱扶衰乎當避難全身而已夫置器者苟措諸地則安而無傷矣猶以爲未而恐其傷也又用茅以藉之則安之甚而愼之至也茅之爲物潔白柔順猶之避難也苟遯于世則可矣然非潔白則有同俗之汙非柔順則有違世之害必潔白以治己柔順以隨時所謂危行言遜

和而不同之道也以此而往何咎之有哉此藉用白茅無咎之意也學易記

九二枯楊生稊老夫得其女妻无不利象曰老夫女妻過以相與也

伊川程子曰陽之大過比陰則合故二與五皆有生象九二當大過之初得中而居柔與初密比而相與初既切比於二二復无應於上其相與可知是剛過之人而能以中自處用柔相濟者也過剛則不能有所爲九三是也得中用柔則能成大過之功九二是也楊者陽氣易感之物陽過則枯矣楊枯槁而復生稊陽過而未至

於極也九二陽過而與初老夫得女妻之象老夫而得女妻則能成生育之功二得中居柔而與初故能復生稊而无過極之失无所不利也在大過陽爻居陰則善二與四是也二不言吉方言无所不利未遽至吉也稊根也老夫之說少女少女之順老夫其相與過於常分謂九二初六陰陽相與之和過於常也易傳

藍田吕氏曰初六以柔在下大過乎慎者也茅柔物藉在下也大過之世老少不得當其偶陽過於陰則老陽與少陰偶陰過於陽則老陰與少陽偶初六少陰女也上六老陰老婦也九二在初六之上老於初六故曰老夫九五在上六之下少於上六故曰士夫士未娶女未嫁者也大過剛過也柔過則不濟矣九二比於初六剛過乎柔上六比於九五柔過乎剛過則爲老故枯楊爲老夫老婦稊柔物也枯楊生稊再秀也華陽物也枯楊生華再榮也九二剛過故得柔之助楊之再秀尚可久也老夫女妻未失宜也上六柔過九五以少陽配之剛不足以助之雖榮易落也老婦士夫雖配非偶也

誠齋楊氏曰九二以陽剛之才居謙柔之地以下比於初六此大臣之能下士而得助者也持此道以當

大厦將顛之世則廢可興衰可扶矣木枯而根生廢可興也身老而妻壯衰可扶也然則大厦之顛何患于不起哉故曰无不利學易記

九三棟橈凶象曰棟橈之凶不可以有輔也

伊川程子曰夫居大過之時興大過之功立大過之事非剛柔得中取於人以自輔則不能也既過於剛強則不能與人同常常之功尚不能獨立況大過之事乎以聖人之才雖小事必取於人當天下之大任則可知矣九三以大過之陽復以剛自居而不得中剛過之甚者也以過甚之剛動則違於中和而拂於衆心安能當大

過之任乎故不勝其任如棟之橈傾敗其室是以凶也取棟爲象者以其无輔而不能勝重任也或曰三巽體而應於上豈无用柔之象乎曰言易者貴乎識勢之重輕時之變易三居過而用剛巽既終而且變豈復有用柔之義應者謂志相從也三方過剛尚能係其志乎剛强之道則不能取於人人亦不能親輔之如棟橈折不可支輔也棟當室之中不可加助是不可以有輔也（易傳）

佚菴劉氏曰三四居一卦之中故皆有棟象九三以剛居剛不勝其重故有棟橈之象（學易記）

九四棟隆吉有它吝象曰棟隆之吉不橈乎下也

張子曰志在拯弱則棟隆而吉若私應爲心則橈乎下吝也（易說）

伊川程子曰四居近君之位當大過之任者也居柔爲能用柔相濟既不過剛則能勝其任如棟之隆起是以吉也隆起取不下橈之義大過之時非陽剛不能濟以剛處柔爲得宜矣若又與初六之陰相應則過也既剛柔得宜而志復應陰是有它也有它則有累於剛雖未至於大害亦可吝也蓋大過之時動則過也有它謂更有它志吝爲不足之義謂可少也或曰二比初則无不利四若應初則爲吝何也曰二得中而比於初爲以柔相濟之義四與初爲正應志相係者也九既居四剛柔得宜矣復牽係於陰以害其剛則可吝也棟隆起則吉不橈曲以就下也謂不下係於初也（易傳）

九五枯楊生華老婦得其士夫无咎无譽象曰枯楊生華何可久也老婦士夫亦可醜也

伊川程子曰九五當大過之時本以中正居尊位然下无應助固不能成大過之功而上比過極之陰其所相濟者如枯楊之生華枯楊下生根稊則能復生如大過之陽興成事功也上生華秀雖有所發无益於枯也上六過極之陰老婦也五雖非少比老婦則爲壯矣于五

无所賴也故反稱婦得過極之陰得陽之相濟不爲无益也以士夫而得老婦雖無罪咎殊非美也故曰無咎無譽象復言其可醜也枯楊不生根而生華旋復枯矣安能久乎老婦而得士夫豈能成生育之功亦爲可醜也（易傳）

白雲郭氏曰三四之應同故皆曰棟而其應有隆橈之異二五之道同故皆言枯楊夫婦然五之承上二之乘初尊卑上下之位不同而老少夫婦之情自異也三下體也是以不能有輔五尊位也故得夫婦之道焉然上承於陰不如下比之順也上六之過不如

初六之愼也故二五之辭二爲優矣華見於外數榮而已不若稊之可久也老婦之得士夫反婚姻男女之正方之女妻爲可醜也觀象之辭蓋言不若初二之相與也无咎无譽者僅得无咎幸矣何譽之有二之枯楊謂老夫也五之枯楊謂老婦也老夫女妻則剛爲主而柔輔之大過之得者也故无不利老婦士夫則柔爲主而剛輔之大過之失者也故无譽而象言何可久亦可醜之意也然大過之道在臣下爲多故象言獨立不懼遯世无悶而九五亦不以君道責之亦猶君道之无明夷也曰人君亦有大過如此者其義何如曰人君大過如此則九五休否之君也易說

上六過涉滅頂凶无咎象曰過涉之凶不可咎也

伊川程子曰上六以陰柔處過極是小人過常之極者也小人之所謂大過非能爲大過人之事也直過常越理不恤危亡履險蹈禍而已如過涉於水至滅沒其頂其凶可知小人狂躁以自禍蓋其宜也復將何尤故曰无咎言自爲之无所怨咎也因澤之象而取涉義易傳

朱子曰處過極之地才弱不足以濟然於義爲无咎矣蓋殺身成仁之事故其象占如此本義

龜山楊氏曰居大過之終則過極矣故有過涉滅頂

之象焉若比干諫而死之類是也在比干之身則凶矣於義則不可咎也易說

白雲郭氏曰上六以柔道居過之極不知以濟剛爲已任而欲自同剛德以有爲是以有過涉滅頂之象焉其凶自爲之不可咎於人也易之无咎多有其義異者象言不可咎又誰咎之類是也伊川曰以言无所怨咎蓋因象以明之矣先儒以上六爲龍逢比干之事亦以凶而无咎爲義然龍逢比干剛德之賢非陰柔自任之人其道殊不相類故伊川獨以上六爲小人履險自禍之事不然則龍逢比干豈不量力度德之人也哉易說

䷜坎下坎上

張子曰色以離見聲以震聞臭以巽知味以坎達坎離者天地之中二氣之正交然離本陰卦坎本陽卦以此見二氣其本如此而交性也非此二物則无易易說　一陷溺而不得出爲坎一附麗而不能去爲離正蒙

伊川程子曰習坎序卦物不可以終過故受之以坎坎者陷也理无過而不已過極則必陷坎所以次大過也習謂重習它卦雖重不加其名獨坎加習者見其重險險中復有險其義大也卦中一陽上下二陰陽實陰虛上下无據一陽陷於二陰之中故爲坎陷之義陽居陰

中則爲陷陰居陽中則爲麗凡陽在上者止之象在中陷之象在下動之象陰在上說之象在中麗之象在下巽之象陷則爲險習重也如學習温習皆重複之義也坎陷也卦之所言處險難之道坎水也一始於中有生之最先者也故爲水陷水之體也易傳

東萊呂氏曰坎陷也陽居陰中則爲陷離麗也陰居陽中則爲麗是知小人猶可以依附君子君子於小人羣衆中決无容身之地易說

蒙齋李氏曰險以陰言陰之性險故也陷以陽言一陽陷于二陰之中故也易學記

習坎有孚維心亨行有尚

張子曰人欲得正已而物正大抵道義雖不可緩又不欲急迫在人固須求之有漸於已亦然蓋精思潔慮以求大功則其心隘惟是得心洪放得如天地易簡易簡然後能應物皆平正博學於文者只要得習坎心亨蓋人經歷險阻艱難然後其心亨通博學者皆是小德應物不學則無由知之故中庸之欲前定將以應物也經學理窟

伊川程子曰陽實在中爲中有孚信維心亨維其心誠一故能亨通至誠可以通金石蹈水火何險難之不可

亨也行有尚謂以誠一而行則能出險有可嘉尚謂有功也不行則常在險中矣易傳

彖曰習坎重險也水流而不盈行險而不失其信維心亨乃以剛中也行有尚往有功也天險不可升也地險山川丘陵也王公設險以守其國險之時用大矣哉

邵子曰易曰坎有孚維心亨行有尚中正行險往且有功雖危无咎能自信故也伊尹以之是知古之人患名過實者有之矣其間有幸與不幸者雖聖人人力有不及者矣伊尹行冢宰居責成之地借使避放君之名豈曰不忠乎則天下之事去矣又安能正嗣君成終始之

大忠者乎吁若委寄於匪人三年之間其如嗣君何則天下之事亦去矣又安有伊尹也坎有孚維心亨不亦近之乎觀物外篇

張子曰可盈則非謂重險也中柔則心无常何能亨也內外皆險義不可止故行有尚也坎維心亨故行有尚外雖積險苟處之心亨不疑則雖難必濟而往有功也今水臨萬仞之山要下卽下无復疑滯人在前惟知有義理而已則復何回避所以心通易說

伊川程子曰習坎者謂重險也上下皆坎兩險相重也初六云坎窞是坎中之坎重險也水流而不盈陽動於

險中而未出於險乃水性之流行而未盈於坎既盈則出乎坎矣行險而不失其信陽剛中實居險之中行險而不失其信者也坎中實水就下皆爲信義有孚也維其心可以亨通者乃以其剛中也中實爲有孚之象至誠之道何所不通以剛中之道而行則可以濟險難而亨通也以其剛中之才而往則有功故可嘉尚若止而不行則常在險中矣坎以能行爲功高不可升者天之險也山川邱陵地之險也王公君人者觀坎之象知險之不可陵也故設爲城郭溝池之險以守其國保其民人是有用險之時其用甚大故贊其大矣哉山河城池設險之大端也若夫尊卑之辨貴賤之分明等威異物采凡所以杜絕陵僭限隔上下者皆體險之用也易傳

白雲郭氏曰彖言重險正釋習坎二字則習之爲重明矣先儒謂便習非也水流而不盈者坎之險無窮已也行險而不失其信者坎之德有孚也夫以一陽陷于二陰非亨也然終不能陷者剛中也剛中則所守至固雖非亨而心亨矣孟子所謂富貴不能淫貧賤不能移威武不能屈者也孔子曰棖也欲焉得剛剛中之德用以有行何往而非功其本則自有孚心亨之微推而及之天下也君子正心誠意而能治天

下國家者以此中庸之學不離乎一性之內其失則爲罟擭陷阱而君子每愼其獨者所以守剛中之德爲心亨之道也易說

渾源雷氏曰夫坎之險陷害人甚矣而用得其道則可以守國猶之水火烹飪灌溉以爲養而人非水火不生用之得其道也苟用失其道則漂溺焚燎害莫甚焉道德亦然剛者君子之道也用剛以爲仁則仁不可勝用矣用剛以爲直則義不可勝用矣若夫用剛以爲暴虐則暴虐亦无所不至天下事无不然顧用之如何耳學易記

象曰水洊至習坎君子以常德行習教事

伊川程子曰坎爲水水流仍洊而至兩坎相習水流仍洊之象也水自涓滴至於尋丈至於江海洊習而不驟者也其因勢就下信而有常故君子觀坎水之象取其有常則常久其德行人之德行不常則僞也故當如水之有常取其洊習相受則以習熟其教令之事夫發政行教必使民熟於聞聽然後能從故三令五申之若驟告未喻遽責其從雖嚴刑以驅之不能也故當如水之洊習易傳

藍田吕氏曰水之走下繼至而不絶有習險之義焉

德行教事非習不成也

初六習坎入于坎窞凶象曰習坎入坎失道凶也

伊川程子曰初以陰柔居坎險之下柔弱无援而處不得當非能出乎險也惟益陷於深險耳窞坎中之陷處已在習坎中更入坎窞其凶可知由習坎而更入坎窞失道也是以凶能出於險乃不失道也易傳

龜山楊氏曰柔不當位失道也居重險之時承剛而在下失道而不足以出險則益陷於險矣故入于坎窞凶窞坎中之陷處也易說

九二坎有險求小得象曰求小得未出中也

伊川程子曰二當坎險之時陷上下二陰之中乃至險之地是有險也然其剛中之才雖未能出乎險中亦可小自濟不至如初益陷入於深險是所求小得也君子處險難而能自保者剛中而已剛則才足自衛中則動不失宜未出中者方爲二陰所陷在至險之地以剛中之才不至陷於深險是所求小得然未能出坎中之險也易傳

白雲郭氏曰以一陽揜於二陰之中不能无難也故曰坎有險然剛而得中有心亨之道故可以求小得而不至於喪其良心也一離乎中則失之矣故象言

求小得以其未出中也求得之際道之所以失也以九二剛中尚且小得而已況无剛中之德者乎是以君子戒愼恐懼乎不睹不聞之際誠非用心之過也聖人所謂求小得不過如明哲保身而已異乎小人之求之也易說

六三來之坎坎險且枕入于坎窞勿用象曰來之坎坎終无功也

伊川程子曰六三在坎陷之時以陰柔而居不中正其處不善進退與居皆不可者也來下則入於險之中之上則重險也退來與進之皆險故云來之坎坎既進退

皆險而居亦險枕謂支倚居險而支倚以處不安之甚也所處如此惟益入於深險耳故云入于坎窞如三所處之道不可用也故戒勿用進退皆險處又不安若用此道當益入于險豈能有功乎以陰柔處不中正雖平易之地尚致悔咎況處險乎險者人情之所欲出也必得其道乃能去之求去而失其道益困窮耳故聖人戒如三所處不可用也易傳

白雲郭氏曰坎之下卦言處險之道上卦言用險之道枕言處險之上也易傳

童溪王氏曰乾之九三處二乾之間故曰終日乾乾

坎之六三處二坎之間故曰來之坎坎來謂下而之二坎也之謂往而之四亦坎也以言進退皆險也夫居進退皆險之地自君子處之其恐懼不安何如也然三乃以陰柔不正之才不知恐懼乃于險而且枕焉則不安之地爲可安之也故曰入于坎窞其曰勿用之者戒之之辭三下之終也故曰終无功學易記

六四樽酒簋貳用缶納約自牖終无咎象曰樽酒簋貳剛柔際也

伊川程子曰六四陰柔而下无助非能濟天下之險者以其在高位故言爲臣處險之道大臣當險難之時唯至誠見信於君其交固而不可間又能開明君心則可保无咎矣夫欲上之篤信唯當盡其質實而已多儀而尚飾莫如燕享之禮故以燕享喻之言當不尚浮飾唯以質實所用一樽之酒二簋之食復以瓦缶爲器質之至也其質實如此又須納約自牖納約謂進結於君之道牖開通之義室之暗也故設牖所以通明自牖言自通明之處以況君心所明處詩云天之牖民如壎如篪毛公訓牖爲道亦開通之謂人臣以忠信善道結於君心必自其所明處乃能入也人心有所蔽有所通所蔽者暗處也所通者明處也當就其明處而告之求信則

易也故云納約自牖能如是則雖艱險之時終得无咎也且如君心蔽於荒樂唯其蔽也故爾雖力詆其荒樂之非如其不省何必於所不蔽之事推而及之則能悟其心矣自古能諫其君者未有不因其所明者也非惟告於君者如此爲教者亦然夫教必就人之所長所長者心之所明也從其心之所明而入然後推及其餘孟子所謂成德達才是也易傳

九五坎不盈祇既平无咎象曰坎不盈中未大也

伊川程子曰九五在坎之中是不盈也盈則平而出矣祇宜音柢抵也復卦云无祇悔必抵於巳平則无咎既

曰不盈則是未平而尚在險中未得无咎也以九五剛中之才居尊位宜可以濟於險然下无助也二陷於險中未能出餘皆陰柔无濟險之才人君雖才安能獨濟天下之險居君位而不能致天下出於險則爲有咎必祗既平乃得无咎九五剛中之才而得尊位當濟天下之險難而坎尚不盈乃未能平乎險難是其剛中之道未光大也險難之時非君臣協力其能濟乎五之道未大以无臣也人君之道不能濟天下之險難則爲未大不稱其位也易傳

龜山楊氏曰剛得中而履尊位宜可以濟天下之險矣然以一陽在重險之中則剛雖中而未大也故坎不盈祗既平而已盈則出險矣然既平則有出險之漸故无咎易說

東萊呂氏曰凡水火以常論之水屬陰火屬陽至以爻論之天一生水水中有陽故坎卦上下二陰中央一陽故水屬陽也夫水之流行必先盈滿而後流出若淵而盈則能出淵之類是也坎之未至于盈非坎深之故但水未能盈滿耳九五君位也如德未至於堯舜必求至于堯舜是坎而止於盈也若五一爻特患未至於盈耳此君子所以釋之曰中未大也易說

上六係用徽纆寘于叢棘三歲不得凶象曰上六失道凶三歲也

伊川程子曰以陰柔而居險之極其陷之深者也以其陷之深取牢獄爲喻如係縛之以徽纆囚寘于叢棘之中陰柔而陷之深其不能出矣故云至于三歲之久不得免也其凶可知易傳

童溪王氏曰耿希道曰居險貴于過過則身免于險用險戒于過過則人懼其害上六在上非居險者乃用險也夫過于用險則强人而使我服故拘係之無所不用其威雖然用其威而不得其情猶昔也則上有失道之名而下無說服之實矣故曰係用徽纆寘于叢棘三歲不得凶夫徽纆刑威之具叢棘刑威之地也係之徽纆寘之叢棘之中三歲之久猶不得其情則在人者久罹其害而在上愈增失道之愆矣故曰上六失道凶三歲也學易記

東萊呂氏曰上六一爻否極必泰屯極必通坎極必出險理之自然也然而若知否極而泰不知致泰之道則不能去否屯極則通不能爲致通之理則不能去屯上居坎之極必能出險然以陰柔之質居之則不知所以出險故三歲之久至于凶也易說

䷝ 離下離上

伊川程子曰離序卦坎者陷也陷必有所麗故受之以離離者麗也陷于險難之中則必有所附麗理自然也離所以次坎也離麗也明也取其陰麗于上下之陽則爲附麗之義取其中虛則爲明義離爲火火體虛麗于物而明者也又爲日亦以虛明之象易傳

離利貞亨畜牝牛吉

張子曰以柔麗乎中正故利貞易說

伊川程子曰離麗也萬物莫不皆有所麗有形則有麗矣在人則爲所親附之人所由之道所主之事皆其所

麗也人之所麗利于貞正得其正則可以亨通故曰離利貞亨畜牝牛吉牛之性順而又牝焉順之至也旣附麗於正必能順於正道如牝牛則吉也畜牝牛謂養其順德人之順德由養以成旣麗于正當養習以成其順德也易傳

白雲郭氏曰坎爲險爲水離爲明爲火險與明足以見坎離之情水與火不足以盡坎離之象而論坎者必先水言離者復先明何哉蓋坎險難明而水易見由水以知險由險以知坎斯得坎之義矣離明易見不必因火而後知故直言其明也離之道柔中柔中失之无守故必利貞而後亨牝牛性順而從人柔中之道也然其強力足與有守復有貞固之象是以吉也離之與坤道雖不同而性畧相類故坤之牝馬自順而健離之牝牛自柔而強馬乾象也故坤之黄裳元吉見于六五牛坤象也故離之黄離元吉見于六二君臣之辯觀二五之象斯得之矣易說

彖曰離麗也日月麗乎天百穀草木麗乎土重明以麗乎正乃化成天下柔麗乎中正故亨是以畜牝牛吉也

伊川程子曰離麗也謂附麗也如日月則麗于天百穀草木則麗於土萬物莫不各有所麗天地之中无无麗

之物在人當審其所麗麗得其正則能亨也重明以麗乎正以卦才言也上下皆離重明也五二皆處中正麗乎正也君臣上下皆有明德而處中正可以化天下成文明之俗也易傳

朱子曰彖辭重明自是五二兩爻爲君臣重明之義大象又自說繼世重明之義不同語錄

白雲郭氏曰離附麗也萬物莫不有所麗在天之日月在地之百穀草木皆是也舉日月百穀則萬物在天地之中有形有象者其麗皆一也推而上之雖天地聖人不能不麗乎道而道亦不能不麗乎天地聖

人也離之爲義亦大矣而彖不言者蓋坎險難明而離明易見不待言而知也是以坎以險而陷離以麗而明重明麗乎正者在卦爲二五在人爲君臣以明相繼是以化成天下也書曰元首明哉股肱良哉庶事康哉康哉則化成天下矣柔謂二五也麗乎中正者貞也貞故亨此畜牝牛吉之義也易說

象曰明兩作離大人以繼明照于四方

伊川程子曰若云兩明則是二明不見繼明之義故云明兩明而重兩謂相繼也作離明兩而爲離繼明之義也震巽之類亦取洊隨之義然離之義尤重也大人以德言則聖人以位言則王者大人觀離明相繼之象以世繼其明德照臨於四方大凡以明相繼皆繼明也舉其大者故以世襲繼照言之易傳

朱子曰如日然今日出了明日又出是以謂之兩作蓋只是這一箇明兩番作非明兩乃兩作也猶云水洊至習坎語錄

初九履錯然敬之无咎象曰履錯之敬以辟咎也

伊川程子曰陽固好動又居下而離體陽居下則欲進離性炎上志在上麗幾於躁動其履錯然謂交錯也雖未進而跡已動矣動則失居下之分而有咎也然其剛

明之才若知其義而敬慎之則不至於咎矣初在下无位者也明其身之進退乃所麗之道也其志旣動不能敬慎則妄動是不明所麗乃有咎也履錯然欲動而知敬慎不敢進所以求辟免過咎也居明而剛故知而能辟不剛明則妄動矣易傳

兼山郭氏曰初九文明之初錯然者也不敬何以行之子入太廟每事問亦其意也易說

東萊呂氏曰大抵人之念慮雖未發于外要當制之於未動之先蓋離是火九是剛火則炎上剛則欲進火與剛在乎用之如何耳善用之則火爲明不善用之則爲炎上剛善用之則爲正不善用之則爲躁進故必敬於先然後能无咎易說

六二黃離元吉象曰黃離元吉得中道也

伊川程子曰二居中得正麗于中正也黃中之色文之美也文明中正美之盛也故云黃離以文明中正之德上同於文明中順之君其明如是所麗如是大善之吉也所以元吉者以其得中道也不云正者離以中爲重所以成文明由中也正在其中矣易傳

九三日昃之離不鼓缶而歌則大耋之嗟凶象曰日昃之離何可久也

伊川程子曰八純卦皆有二體之義乾內外皆健坤上下皆順震威震相繼巽上下順隨坎重險相習離二明繼照艮內外皆止兌彼已相說而離之義在人事最大九三居下體之終是前明將盡後明當繼之時人之始終時之革易也故爲日昃之離日下昃之明也昃則將沒矣以理言之盛必有衰始必有終常道也達者順理爲樂缶常用之器也鼓缶而歌樂其常也不能如是則以大耋爲嗟憂乃爲凶也大耋傾沒也人之終盡達者則知其常理樂天而已遇常皆樂如鼓缶而歌不達者則恐恒有將盡之悲乃大耋之嗟爲其凶也此處死生

之道也耋與昳同日既傾昃明能久乎明者知其然也故求人以繼其事退處以休其身安常處順何足以爲凶也易傳

九四突如其來如焚如死如棄如象曰突如其來如无所容也

伊川程子曰九四離下體而升上體繼明之初故言繼承之義在上而近君繼承之地也以陽居離體而處四剛躁而不中正且重剛以不正而剛盛之勢突如而來非善繼者也夫善繼者必有巽讓之誠順承之道若舜之啟然今四突如其來失善繼之道也又承六五陰柔之

君其剛盛陵爍之勢氣燄如焚然故云焚如四之所行不善如此必被禍害故曰死如失繼紹之義承上之道皆逆德也衆所棄絕故云棄如至於死棄禍之極矣故不假言凶也上陵其君不順所承人惡衆棄天下所不容也易傳

藍田呂氏曰離之四五與坎相反坎之四五皆當位離之四五皆不當位剛柔不當位則剛必陵柔下必陵上不順之勢物所不容也離于下體其明再生故突如其來如物所不容不戢自焚故焚如死如棄如六五爲四所陵不堪其逼然處尊居中不失王公之

義物必助之故吉[redacted]

龜山楊氏曰九四以炎上之性當繼明之時而麗非其正則循沿不休流金焦山勢之必至也故突如其來如焚如无善繼之道也古人善繼者如舜避堯之子禹避舜之子是也无善繼之道則天下所同疾宜无所容矣故死如棄如然不言凶者凶不足道也易說

白雲郭氏曰火性炎上而九四近君當慄慄危懼如臨深淵可也反肆其剛暴突如其來若火之焚不能自制速死之道无踰於斯矣自蹈禍機雖三尺之童亦知其非而棄之矣故雖至於死地而人无傷恒之

心焉方其突然而來烈如猛火人人將望而畏之其有見容者乎故象曰无所容也古之君子於進也必有漸是以有三揖而進一辭而退之義況居近君多懼之地者乎易說

誠齋楊氏曰九四逼近君之地而席內外重火之氣燄故其興暴然其來突然若有縱焚之勢而不可撲滅者然六五中正而不可犯此其火必至于若燼而死若灰而棄焉耳學易記

六五出涕沱若戚嗟若吉象曰六五之吉離王公也

張子曰言王公之貴人之所附下以剛進已雖憂危終

以得衆而吉者柔履中正也易說

伊川程子曰六五居尊位而守中有文明之德可謂善矣然以柔居上在下无助獨附麗於剛強之間危懼之勢也惟其明也故能畏懼之深至於出涕憂慮之深至於戚嗟所以能保其吉也出涕戚嗟極言其憂懼之深耳時當然也居尊位而文明知憂畏如此故得吉若自恃其文明之德與所麗中正泰然不懼則安能保其吉也六五之吉者所麗得王公之正位也據在上之勢而明察事理畏懼憂虞以持之所以能吉也不然豈能安乎易傳

渾源雷氏曰涕洟也沱若多也六五以柔順居尊位近有突如之亂故涕之多憂之甚雖然六五柔麗乎中正則非失道之主而又有公侯之忠烈者附之以順討逆除其亂而吉矣上九之王用出征有嘉折首是也故象曰六五之吉離王公也明帝用溫嶠陶侃討王敦即此爻之義也王公謂王之三公指上九也學易記

上九王用出征有嘉折首獲匪其醜无咎象曰王用出征以正邦也

伊川程子曰九以陽居上在離之終剛明之極者也明

則能照剛則能斷能照足以察邪惡能斷足以行威刑故王者宜用如是剛明以辨天下之邪惡而行其征伐則有嘉美之功也征伐用刑之大者夫明極則无微不照斷極則无所寬宥不約之以中則傷於嚴察矣去天下之惡若盡究其漸染詿誤則何可勝誅所傷殘亦甚矣故但當折取其魁首所執獲者非其醜類則无殘暴之咎也書曰殲厥渠魁脅從罔治王者用此上九之德明照而剛斷以察除天下之惡所以正治其邦國剛明居上之道也易傳

䷞ 艮下兌上

張子曰咸之爲道以虛受爲本有意於中則滯於方體而隘矣拇腓股輔以一卦通體高下爲言 易說

伊川程子曰咸序卦有天地然後有萬物有萬物然後有男女有男女然後有夫婦有夫婦然後有父子有父子然後有君臣有君臣然後有上下有上下然後禮義有所錯天地萬物之本夫婦人倫之始所以上經首乾坤下經首咸繼以恒也天地二物故二卦分爲天地之道男女交合而成夫婦故咸與恒皆二體合爲夫婦之義咸感也以說爲主恒常也以正爲本而說之道自有

正也正之道固有說焉巽而動剛柔皆應說也咸之爲卦兌上艮下少女少男也男女相感之深莫如少者故二少爲咸也艮體篤實止爲誠慤之義男志篤實以下交女心說而上應男感之先也男先以誠感則女說而應也 易傳

朱子曰否泰咸恒損益既濟未濟此八卦首尾皆是一義如咸皆是感動之義之類 語錄

東萊呂氏曰咸恒二卦須合看咸卦說中有正恒卦正中有說咸兌上艮下兌說艮止故說中有正恒震上巽下震動巽順故正中有說咸卦少女少男故爲

說恒卦長女長男故爲正 易說

咸亨利貞取女吉

伊川程子曰咸感也不曰感者咸有皆義男女交相感也物之相感莫如男女而少復甚焉凡君臣上下以至萬物皆有相感之道物之相感則有亨通之理君臣能相感則君臣之道通上下能相感則上下之志通以至父子夫婦親戚朋友皆情意相感則和順而亨通事物皆然故咸有亨之理也利貞相感之道利在於正也不以正則入於惡矣如夫婦之以淫姣君臣之以媚說上下之以邪僻皆相感之不以正也取女吉以卦才言也

卦有柔上剛下二氣感應相與止而說男下女之義以此義取女則得正而吉也 易傳

彖曰咸感也柔上而剛下二氣感應以相與止而說男下女是以亨利貞取女吉也天地感而萬物化生聖人感人心而天下和平觀其所感而天地萬物之情可見矣

張子曰有无一內外合庸聖同此人心之所自來也若聖人則不專以聞見爲心故能不專以聞見爲用无所不感者虛也感卽合也咸也以萬物本一故一能合異以其能合異故謂之感若非有異則无合天地乾坤陰陽也二端故有感本一故能合天地生萬物所受雖不

同皆无須臾之不感所謂性卽天道也感者性之神性者感之體在天在人其究一也惟屈信動靜終始之能一也故所以妙萬物而謂之神通萬物而謂之道體萬物而謂之性正蒙

伊川程子曰咸之義感也在卦則柔爻上而剛爻下柔上變剛而成兌剛下變柔而成艮陰陽相交爲男女交感之義又兌女在上艮男居下亦柔上剛下也陰陽二氣相感相應而和合是相與也止而說止於說爲堅慤之意艮止於下篤誠相下也兌說於上和說相應也以男下女和之至也相感之道如此是以能亨通而得正

取女如是則吉也卦才如此大率感道利於正也易傳

兼山郭氏曰咸感也而謂之咸有以无心感者然後盡咸之義如天地之感也以氣聖人之感也以心由所感之不同故咸之所通亦異如柔上而剛下二氣感應以相與言天地之感也止而說男下女亨利貞取女吉言人道之感也故天地感而萬物化生聖人感人心而天下和平其大小亦異也故曰觀其所感而天地萬物之情可見矣詩云鳶飛戾天魚躍于淵其或天欲雨而柱礎潤銅山傾而洪鐘鳴无足疑也然天人之感終有以異乎曰聖人贊天地之化育與天地參亦曰憲天之聰明而已易說

和靖尹氏曰咸感也不言感而言咸蓋咸有皆感之義感只是感得同類也其感狹也若憧憧往來朋從爾思只是感得同類者故云未光大若二氣感應以相與是咸也語錄

東萊呂氏曰咸感也止取女吉也君尊而臣卑夫唱而婦和上天下地理之常也然下天而上地則爲泰男下女則爲咸蓋以位言則上下之分一定而不可易以交感之道言則必在上者先感下則在下者斯應上易說

象曰山上有澤咸君子以虛受人

張子曰山下有澤非交感不能也感物之善莫若以虛受人有所繫慕皆非正吉故六爻皆以有應不盡卦義而有所譏也易說

伊川程子曰澤性潤下土性受潤澤在山上而其潤漸通徹是二物之氣相感通也君子觀山澤通氣之象而虛其中以受於人夫人中虛則能受實則不能入矣虛中者无我也中無私主則无感不通以量而容之擇合而受之非聖人有感必通之道也易傳

藍田呂氏曰咸以无心感也咸之所感不一故咸之

義又爲感天與地相感故萬物化生聖人與人心相感故天下和平理義者人心之所同然感無不應應无不同好色好貨親親長長以斯心加諸彼未有不和不平者也天地萬物形氣雖殊同生乎一理觀於所感則其情亦未嘗不一也澤居下而山居高然山能出雲而致雨者山內虛而澤氣通也土灰候氣可以知也故君子居物之上物情交感者亦以虛受也

白雲郭氏曰山生物也澤利物也天地之大亦相感而後萬物化生況山澤乎是以交感而後生利萬物也君子法之以虛受人惟虛故受受故能感不能感者以不能受故也不能受者以不能虛中故也充虛中之道故至於无所不感无所不通然後盡咸之道矣聖人寂然不動感而遂通天下之故蓋本諸此言虛者本山澤有容之義蓋卦无虛之象而咸有虛之義也易說

東萊呂氏曰伊川解虛以受人最當玩味若心不虛而中有私主所主者在官職則山林之言不受所主者在山林則應世之言不受惟无所主故泛然无不受且如一江之闊只受一江之水如受兩江之水則溢矣今之人只說與正人處至邪人已不能與處惟聖人无限量故不擇合无邪无正皆能受之所以然者以其中心虛而无不受也大凡天下之理虛則能受實則不能受易說

初六咸其拇象曰咸其拇志在外也

伊川程子曰初六在下卦之下與四相感以微處初其感未深豈能動於人故如人拇之動未足以進也拇足大指人之相感有深淺輕重之異識其時勢則所處不失其宜矣初志之動感於四也故曰在外志雖動而感未深如拇之動未足以進也易傳

朱子曰感之尚淺欲進未能故不言吉凶此卦雖主於感然六爻皆宜靜而不宜動本義

龜山楊氏曰感而動者物皆然而人爲之主故咸六爻之象皆取諸身初在下咸其拇者也在下而居艮體雖有應乎上未能進也故在外而已易說

白雲郭氏曰咸之名卦蓋取六爻无不相感故合一卦論之則足以見天地萬物之情自六爻觀之則取遇取感不同其咸分矣不足以見其大全猶耳目手足之用不同又安足以識人之大體哉各言手足耳目之一用可也故咸之諸爻皆不能盡充咸之義各舉其一偏言之也易記

東萊呂氏曰初六雖與四相感然感之初者也感之初信未孚志未交今人與朋友親戚交感但責人而不責己只說我誠意已孚而彼不應不知己之誠未孚如足指之方動安能感人此一爻不以誠已孚而責人不應但以志尚在外而不能自足又曰六處咸之下是感之深者也故以拇言象曰志在外也者常人之感人感之不入即止初六則不然謂感其拇是在我者微未足感人也故志在於外无自已之心求爲感通而後已易說

六二咸其腓凶居吉象曰雖凶居吉順不害也

伊川程子曰二以陰在下與五爲應故設咸腓之戒腓足肚行則先動足乃舉之非如腓之自動也二若不守道待上之求而如腓先動則躁妄自失所以凶也安其居而不動以待上之求則得進退之道而吉也二中正之人以其在咸而應五故爲此戒復云居吉若安其分不自動則吉也二居中得正所應又中正其才本善以其在咸之時質柔而上應故戒以先動求君則凶居以自守則吉象復明之云非戒其不得相感唯順理則不害謂守道不先動也易傳

東萊呂氏曰大抵君臣上下貴賤之間君當求臣臣不可先求君上當求下下不可先求於上貴賤之理亦如此蓋二與五正應五在上二在下六二柔順說於上有如腓之好動動不知止凶之道也若不待五求而先自動則不能安分諂諛冒進惟能居守而不好動則可以吉象復明其順不害者言長沮桀溺之徒乃與君相忘但不可先動使君倡而臣和可也蓋上下君臣之間又不可隔絕而不通要得其求則順而從之毫釐之間不可不察易說

九三咸其股執其隨往吝象曰咸其股亦不處也志在隨人所執下也

伊川程子曰九三以陽居剛有剛陽之才而爲主於內居下之上是宜自得於正道以感於物而乃應於上六陽好上而說陰上居感說之極故三感而從之股者在身之下足之上不能自由隨身而動者也故以爲象言九三不能自主隨物而動如股然其所執守者隨於物也剛陽之才感於所說而隨之如此而往可羞吝也云亦者蓋象辭本不與易相比自作一處故諸爻之象辭意有相續者此言亦者承上爻辭也上云咸其拇志在外也雖凶居吉順不害也咸其股亦不處也前二陰爻皆有感而動三雖陽爻亦然故云亦不處也不處謂動

也有剛陽之質而不能自主志反在於隨人是所操執者卑下之甚也易傳
朱子曰言亦者因前二爻皆欲動而云也二爻陰躁其動也宜九三陽剛居止之極宜靜而動可吝之甚也本義
東萊呂氏曰觀頤之初九可見九三之義頤之初九有剛陽之才不自知其剛陽之貴反與九四爲應如人自有靈智之德反舍之而觀其人之朶頤所以謂之觀我朶頤咸之九三亦如此以九居三不自知其剛陽之才可貴以自處反慕上六舍陽從陰舍上從下是不能自貴反有隨於人之動其吝可知故曰咸

其股執其隨往吝象曰咸其股亦不處也謂不能以貴自處而感於卑下也又曰志在隨人所執下也謂九三以剛陽之才而不知自信不能使人從己而反從人也今之學者蓋亦如此吾之性本與天地同其性吾之體本與天地同其體不知自貴乃慕爵祿不知一體之中自有廣大之道所謂舍爾靈龜觀我朶頤咸其股執其隨者也易說
九四貞吉悔亡憧憧往來朋從爾思象曰貞吉悔亡未感害也憧憧往來未光大也
伊川程子曰感者人之動也故皆就人身取象拇取在下而動之微腓取先動股取其隨九四无所取直言感之道不言咸其心感乃心也四在中而居上當心之位故爲感之主而言感之道貞正則吉而悔亡感不以正則有悔也又四說體居陰而應初故戒於貞感之道无所不通有所私繫則害於感通乃有悔也聖人感天下之心如寒暑雨暘无不通无不應者亦貞而已矣貞者虛中无我之謂也貞一則所感无不通若往來憧憧然用其私心以感物則思之所及者有能感而動所不及者不能感也是其朋類則從其思也以有繫之私心既主於一隅一事豈能廓然无所不通乎貞則吉而悔亡

未爲私感所害也繫私應則害於感矣憧憧往來以私心相感感之道狹故云未光大也易傳
天錫潘氏曰憧字從心謂思慮往來不絕也學易記
九五咸其脢无悔象曰咸其脢志末也
伊川程子曰九居尊位當以至誠感天下而應二比上若繫二而說上則偏私淺狹非人君之道豈能感天下乎脢背肉也與心相背而所不見也言能背其私心感非其所見而說者則得人君感天下之正而无悔也易傳
龜山楊氏曰脢背肉也无思无慮故无悔然而非不爲也不能而已與所謂寂然不動者異矣居得尊位

比上而不能通天下之故則其志末矣非爲上之道也易說

白雲郭氏曰子夏傳曰在脊曰脢蓋感於不思不動之地其道優矣是以无悔然不能舍脢之感而志夫體之大全未足以盡君人之道故曰志末也君人之道感人心而天下和平是也易說

上六咸其輔頰舌象曰咸其輔頰舌滕口說也

伊川程子曰上陰柔而說體爲說之主又居感之極是其欲感物之極也故不能以至誠感物而發見於口舌之間小人女子之常態也豈能動於人乎不直云口而

云輔頰舌亦猶今人謂口過曰唇吻曰頰舌也輔頰舌皆所用以言也唯至誠爲能感人乃以柔說騰揚於口舌言說豈能感於人乎易傳

白雲郭氏曰先人曰易稱近取諸身獨咸艮二卦言之爲詳而其成終者特異豈非咸極於說而艮終於止而已邪觀艮其輔言有序爲可見矣雍曰咸之六爻莫善於脢莫不善於頰舌口舌感人小人之道也故中庸言聲色之化民末矣是以聖人不爲也然咸之道以身觀之以男女觀之以聖人和平天下觀之以天地萬物觀之皆可得而見特舉其至近而易明者則莫若人之一身也故六爻取象如此易說

東萊吕氏曰至誠方能感人上六以陰柔居卦之終專以口舌感人譬之巧言如簧其口雖不能辨其心終不感且如二帝未嘗无典謨其所以感人者乃在典謨之外三王未嘗无訓誥其所以感人者乃在訓誥之外孔孟未嘗无答問其所以感人者乃在答問之外若无誠意而徒有典謨訓誥答問未免爲滕口說也易說

巽下震上

伊川程子曰恒序卦夫婦之道不可以不久也故受之以恒恒久也咸夫婦之道夫婦終身不變者也故咸之後受之以恒也咸少男在少女之下以男下女是男女交感之義恒長男在長女之上男尊女卑夫婦居室之常道也論交感之情則少為深切論尊卑之叙則長當謹正故兌艮為咸而震巽為恒也男在女上男動於外女順於內人理之常故為恒也又剛上柔下雷風相與巽而動剛柔相應皆恒之義也易傳

恒亨无咎利貞利有攸往

伊川程子曰恒者常久也恒之道可以亨通恒而能亨乃无咎也恒而不可以亨非可恒之道也為有咎矣如君子之恒於善可恒之道也小人恒於惡失可恒之道也恒所以能亨由貞正也故云利貞夫所謂恒謂可恒久之道非守一隅而不知變也故利於有往唯其有往故能恒也一定則不能恒矣又常久之道何往不利易傳

白雲郭氏曰咸恒二卦六爻剛柔皆應而名義不同者咸以男下女交感之義也恒男上女下夫夫婦婦之常道也交感時焉而已故曰取女吉夫夫婦婦可久之道也故曰恒久也其道可久斯无不通无不通則无過舉內利以固外利以行此其所以為恒也易說

東萊呂氏曰无咎利貞利有攸往通乎古今行乎天下而後謂之常行於今不可行於古行於家不可行於國則不可謂之常通乎古今則不可改矣行乎天下則不可違矣父慈子孝兄友弟恭此閨門之常也夏葛冬裘渴飲飢食此一身之常也其曰恒亨无咎利貞者常行之道利在於正使其不正雖一朝行之亦不可也為學亦然門戸已是議論已正常而行之雖終身不可改也所學所行未得其正則安可一朝居哉恒而曰利有攸往者如晝之終始維一時乃曰

新一之內自有新新之內自有一有終有始本不可謂之一今也以為一者是不常中自有常也不善學者以為一定不易而已由是至於執而不通利有攸往者乃變通不息之理也如天地之道寒往暑來不已不息所以為天地之常易說

彖曰恒久也剛上而柔下雷風相與巽而動剛柔皆應恒恒亨无咎利貞久於其道也天地之道恒久而不已也利有攸往終則有始也日月得天而能久照四時變化而能久成聖人久於其道而天下化成觀其所恒而天地萬物之情可見矣

伊川程子曰恒者常久之義也剛上而柔下雷風相與巽而動剛柔皆應卦才有此四者成恒之義也剛上而柔下謂乾之初上居於四坤之四下居於初剛爻上而柔爻下也二爻易處則成震巽震上巽下亦剛上而柔下也剛處上而柔居下乃恒道也雷風相與雷震則風發二者相須交助其勢故云相與乃其常也巽而動下巽順上震動爲以巽而動天地造化恒久不已者順動而已巽而動常久之道也動而不順豈能常也剛柔皆應一卦剛柔之爻皆相應剛柔相應理之常也此四者恒之道也卦所以爲恒也恒之道可致亨而无過咎但

所恒宜得其正失正則非可恒之道也故曰久於其道其道可恒之正道也不恒其德與恒於不正皆不能亨而有咎也易傳

朱子曰終則有始久於其道終也利有攸往始也動靜相應循環之理然必以靜爲主也本義

龜山楊氏曰男下女婚姻之始也男上而女下居室之常分也盡其常分而後有可久之道焉卦之所以爲恒也中庸曰至誠无息不息則久故惟天下之至誠爲能久恒久也夫婦之道不可以不久也又曰維天之命於穆不已蓋曰天之所以爲天也於乎不顯文王之德之純蓋曰文王之所以爲文也純亦不已天之爲天文之爲文皆原於不已故曰天地之道恒久而不已也日月得天得其所以爲天故代明不息而能久照四時變化終則有始故能有成聖人久於其道而天下化成如文王所以爲文是也天人之道一於誠而已矣易説　有恒心然後可與爲善苟无恒心放僻邪侈无不爲已故善人不可得而見思見有恒者易曰恒久也以亡爲有終亦必亡而已矣何可久也虛也約也亦然故曰難乎有恒矣語解

兼山郭氏曰剛上而柔下剛柔之常也雷風相與二

氣之常也剛柔皆應交感之常也恒亨無咎利正可久之常也天地之道恒久而不已蓋言天之高明地之博厚悠也久也故能常也日月得天故能生明四時變化故能成歲聖人久於其道故爲忠爲文相救而成道也故曰中也者天下之大本和也者天下之達道如是也然作易者專取配於夫婦何也言君子之道造端乎夫婦及其至也察乎天地者此也易説

象曰雷風恒君子以立不易方

伊川程子曰君子觀雷風相與成恒之象以常久其德自立於大中常久之道不變易其方所也易傳

童溪王氏曰大學曰於止知其所止而其所止之目則曰爲人君止於仁爲人臣止於敬爲人子止於孝爲人父止於慈與國人交止於信此不易之地也君子立其身於此地則所謂有常之德也

初六浚恒貞凶无攸利象曰浚恒之凶始求深也

伊川程子曰初居下而四爲正應柔暗之人能守常而不能度勢四震體而陽性以剛居高志上而不下又爲二三所隔應初之志異乎常矣而初乃求望之深是知常而不知變也浚深之也浚恒謂求恒之深也守常而不度勢求望於上之深堅固守此凶之道也泥常如此

无所往而利矣世之責望故素而至悔吝者皆浚恒者也志既上求之深是不能恒安其處者也柔微而不恒安其處亦致凶之道凡卦之初終淺與深微與盛之地也在下而求深亦不知時矣居恒之始而求望於上之深是知常而不知度勢之甚也所以凶陰暗不得恒之宜也易傳

朱子曰初與四爲正應理之常也然初居下而在初未可以深有所求四震體而陽性上而不下又爲二三所隔應初之意異乎常矣初之柔暗不能度勢又以陰居巽下爲巽之主其性務入故深以常理求之浚恒之象也占者如此則雖正亦凶而无所利矣本義

白雲郭氏曰進道有漸而後可久在恒之初浚而深求非其道也孔子曰欲速則不達孟子曰其進鋭者其退速是豈可久之道乎以是爲貞則凶矣不達退速之道何所利哉易說

東萊呂氏曰相應而相親者此常理也恒之初與四時位不同則不可以常理論何者初在下而賤四在上而貴又有二三間於中當自安分可也初六不達夫勢利之分區區責人之應已而以常理待人四又以尊貴居上而不與之應此其所以凶也交遊亦然

始也相親相應亦固其常自夫一貴一賤之分而勢位異矣苟不知勢之異勞精神以求其應則亦有求深之凶大抵人情責已輕責人深不知勢位之既分而以始交之心求之故言始求深也易說

蒙齋李氏曰浚者求治之深也故春秋書浚洙孟子稱浚井宣公言于德宗曰陛下求治太切浚恒太深是治民而始求之深者也未信而驟諫交淺而言深以類推之无非浚恒之過貞固守此凶之道也何所利哉易學記

九二悔亡象曰九二悔亡能久中也

伊川程子曰在恒之義居得其正則常道也九陽爻居陰位非常理也處非其常本當有悔而九二以中德而應於五五復居中以中而應中其處與動皆得中也是能恒久於中也能恒久於中則不失正矣中重於正中則正矣正未必中也九二以剛中之德而應於中德之勝也是以亡其悔矣人能識重輕之勢則可以言易矣所以得悔亡者由其能恒久於中也人能恒久於中豈止亡其悔德之善也易傳

東萊呂氏曰大抵天下事惟得中則可以无悔九二以陽居陰非中也何以謂之悔亡蓋得形之中不若

得理之中形之中上下之中也譬如屋之中央有定所若理之中則无往而不中也九二以陽居陰以中而處於下又應五之中居中而行中雖非得形之中而處中應中有理之中所以悔亡也是中也亘古今而不易歷萬世而无弊天下事本无致悔之道不須言悔亡亦猶本无致咎之道不須言无咎惟二非得形之中本自當有悔今也處之而得理之中故復云悔亡也大凡道无不常亦无不中在乎處之如何耳象曰能久中也中庸曰人皆曰予知擇乎中庸而不能期月守也又曰中庸其至矣乎民鮮能久矣九二所以悔亡由久於理之中也觀此則見時中之義易說

九三不恒其德或承之羞貞吝象曰不恒其德无所容也

伊川程子曰三陽爻居陽位處得其位是其常處也乃志從於上六不唯陰陽相應風復從雷於恒處而不處不恒之人也其德不恒則羞辱或承之矣或承之謂有時而至也貞吝固守不恒以為恒豈不可羞吝乎人既无恒何所容處當處之地既不能恒處非其據豈能恒哉是不恒之人无所容處其身易傳

龜山楊氏曰九三處雷風相與之際雷動之風散之宜不能安其處也故曰不恒其德或承之羞或者疑

之也蓋陽得位疑若能常者故稱或焉或者不必之辭也易說

東萊呂氏曰事有未是則當去之既到是處則當守之故有正者必當居其正有其正而不能居則失其所以為正矣九三以陽居陽得其正矣不能固守而又求於陰乃反更慕上六是已正而不能居故羞惡或承之雖正而亦吝也象曰无所容也可以容身之處而不容將何所復容其身以九居三本自有容惟其不常故雖一身亦无容是舍可容之地而反至无容之地也大抵常之道在乎中正而已九二本非正

而居中所以雖悔而亡九三雖居得正乃合是而從非合正而從邪故曰无所容也

九四田无禽象曰久非其位安得禽也

伊川程子曰以陽居陰處非其位處非其所雖常何益人之所爲得其道則久而成功不得其道則雖久何益故以田爲喻言九之居四雖使恒久如田獵而无禽獸之獲謂徒用力而无功也

白雲郭氏曰居可久之地故能成可久之功居非其位而望其功是以沒世窮年而終不可得也其九四田无禽之謂歟初六以柔求深自用之過者也九四剛而不中居非其位不能自用以有獲者也皆非恒道語之聖人久於其道則失之遠矣易說

六五恒其德貞婦人吉夫子凶象曰婦人貞吉從一而終也夫子制義從婦凶也

伊川程子曰五應於二以陰柔而應陽剛居中而所應又中陰柔之正也故恒久其德則爲貞也夫以順從爲恒者婦人之道在婦人則爲貞故吉若丈夫而順從於人爲恒則失其剛陽之正乃凶也五君位而不以君道言者如六五之義在丈夫猶凶況人君之道乎在它卦六居君位而應剛未爲失也在恒故不可耳君道豈可

以柔順爲恒也如五之從二在婦人則爲正而吉婦人以從爲正以順爲德當終守於從一夫子則以義制者也從婦人之道則爲凶也易傳

上六振恒凶象曰振恒在上大无功也

伊川程子曰六居恒之極在震之終恒極則不常震終則動極以陰居上非其安處又陰柔不能堅固其守皆不常之義也故爲振恒以振爲恒也振者動之速也在上而其動无節以此爲恒其凶宜矣

䷠ 艮下乾上

伊川程子曰遯序卦恒者久也物不可以久居其所故受之以遯遯者退也夫久則有去相須之理也遯所以繼恒也遯退也避也去之之謂也爲卦天下有山天在上之物陽性上進山高起之物形雖高起體乃止物有上陵之象而止不進天乃上進而去之下陵而上去是相違遯故爲遯之義二陰生於下陰長將盛陽消而退小人漸盛君子退而避之故爲遯也易傳

遯亨小利貞

伊川程子曰遯者陰長陽消君子遯藏之時也君子退

藏以伸其道道不屈則爲亨故遯所以有亨也在事亦有由遯避而亨者雖小人道長之時君子知幾退避固善也然事有不齊與時消息无必同也陰柔方長而未至於甚盛君子尚有遲遲致力之道不可大貞而尚利小貞也易傳

朱子曰遯退避也爲卦二陰浸長陽當退避故爲遯六月之卦也陽雖當遯然九五當位而下有六二之應若猶可以有爲但二陰浸長於下則其勢不可以不遯故其占爲君子能遯則身雖退而道亨小人則利於守正不可以浸長之故而遂侵迫於陽也小謂陰柔小人也此卦之占與否之初二兩爻相類本義

白雲郭氏曰古之人有大德而無其時則遯方二陰進長不利君子之時進則否而遯則亨也乾健也艮止也有剛健之德而止於下此其所以爲遯也孔子之德與天同矣而可以止則止遯之義也小利貞者可小事也是以孔子乘田委吏中都司寇皆屑爲之易說

彖曰遯亨遯而亨也剛當位而應與時行也小利貞浸而長也遯之時義大矣哉

伊川程子曰小人道長之時君子遯退乃其道之亨也

君子遯藏所以伸道也此言處遯之道自剛當位而應以下則論時與卦才尚有可爲之理也雖遯之時君子處之未有必遯之義五以剛陽之德處中正之位又下與六二以中正相應雖陰長之時如卦之才尚當隨時消息苟可以致其力无不至誠自盡以扶持其道未必於遯藏而不爲故曰與時行也當陰長之時不可大貞而尚小利貞者蓋陰長必以浸漸未能遽盛君子尚可小貞其道所謂小利貞扶持使未遂亡也遯者陰之始長君子知微故當深戒而聖人之意未便遽已也故有與時行小利貞之教聖賢之於天下雖知道之將廢豈

肯坐視其亂而不救必區區致力於未極之間强此之衰艱彼之進圖其暫安苟得爲之孔孟之所屑爲也王允謝安之於漢晉是也若有可變之道可亨之理更不假言也此處遯時之道也故聖人贊其時義大矣哉或久或速其義皆大也易傳

漢上朱氏曰遯坤再交乾也陽長則陰消柔壯則剛遯晝夜寒暑之道也二陰浸長得位于內君子之道漸消是以四陽遯去自內而之外故曰遯遯以全其剛小人不能害其身退而其道伸矣故曰遯亨遯而亨也或曰三陰進而至否五陰極而至剝君子猶居

其間二陰方長君子何爲遯哉曰否陰已盛剝陰將窮故否之九四九五上九剝之上九君子居之遯陰方長進而用事可不遯乎然君子之遯未嘗一日忘天下陰浸長而未盛五剛當位應二則與之應而不辭矣與時偕行豈必于遯哉孔子所以遲遲去魯孟子所以三宿而後出晝鄭康成曰正道見聘始仕他國亦遯而後亨也故曰剛當位而應與時行也此再以二五相應伸遯亨之義也二陰浸長方之於否不利君子貞固有間矣然不可大貞利小貞而已陰爲小剛當位而應六二得乎中正也先儒謂居小官幹

小事其害未甚我志猶行易傳曰聖賢之於天下雖知道之將廢豈忍坐視而不救哉苟可致力焉孔孟之所屑爲也蓋遯非疾世避俗長往而不返之謂也去留遲速惟時而已非不忘乎君不離乎羣消息盈虛循天而行者豈能盡遯之時義故曰遯之時義大矣哉易傳

兼山郭氏曰遯非有亨之理其所亨者遯也按卦乾德廣運于外艮知行之宜于內所以能遯而亨也易說

象曰天下有山遯君子以遠小人不惡而嚴

伊川程子曰天下有山山下起而乃止天上進而相違

是遯避之象也君子觀其象以避遠乎小人遠小人之道若以惡聲厲色適足以致其怨忿惟在乎矜莊威嚴使知敬畏則自然遠矣易傳

漢上朱氏曰山以下陵上天遯而去之不可干也三四五上君子初二小人小人內君子外遠小人也小人遠之則怨怨則所以害君子者无所不至初四二五相應不惡也四陽以剛嚴在上臨之不惡而嚴也不惡故不可得而疏嚴故不可得而親是亦莫之怨亦莫敢侮而君子小人各得其所矣易傳

初六遯尾厲勿用有攸往象曰遯尾之厲不往何災也

伊川程子曰它卦以下爲初遯者往遯也往前者先進故初乃爲尾尾在後之物也遯而在後不及者也是以危也初以柔處微既已後矣不可往也往則危矣微者易於晦藏往既有危不若不往之无災也見幾先遯固爲善也遯而爲尾危之道也往既有危不若不往而晦藏可免於災處微故也古人處微下隱亂世而不去者多矣易傳

朱子曰遯而在後尾之象危之道也占者不可以有所往但晦處靜俟可免災耳本義

東萊呂氏曰大抵君子見幾而作當小人道長之時

固當奉身而退若羣賢既遯之後則不可去矣故有災正如蔡邕當獻帝時董卓擅權君子皆去獨邕未能遠遯其後卒爲卓所用竟不能免易說

六二執之用黃牛之革莫之勝說象曰執用黃牛固志也

張子曰黃牛中順也陰邪浸長二居君臣正合之位甚難救時莫若中順固志使姦不能干不然小人易間矣易說

伊川程子曰二與五爲正應雖在相違遯之時二以中正順應於五五以中正親合於二其交自固黃中色牛順物革堅固之物二五以中正順道相與其固如執繫之以牛革也莫之勝說謂其交之固不可勝言也在遯之時故極言之上下以中順之道相固結其心志甚堅如執之以牛革也易傳

朱子曰以中順自守人莫能解必遯之志也占者固守亦當如是本義

九三係遯有疾厲畜臣妾吉象曰係遯之厲有疾憊也畜臣妾吉不可大事也

伊川程子曰陽志說陰三與二切比係乎二者也遯貴速而遠有所係累則安能速且遠也害於遯矣故爲有疾也遯而不速是以危也臣妾小人女子懷恩而不知

義親愛之則忠其上係戀之私恩懷小人女子之道也故以畜養臣妾則得其心爲吉也然君子之待小人亦不如是也三與二非正應以暱比相親非待君子之道若以正則雖係不得爲有疾蜀先主之不忍棄士民是也雖危爲无咎矣遯而有係累必以困憊致危其有疾乃憊也蓋力亦不足矣以此暱愛之心畜養臣妾則吉豈可以當大事乎易傳

藍田呂氏曰九三獨近二陰爲陰所係臣妾役於人者也陰爲我役則雖近之而无害爲陰所係則憊矣臣妾亦陰類也[redacted]

兼山郭氏曰剥之六五以宫人寵言君位也遯之九三畜臣妾吉言臣位也位雖不同其義則近之矣易說

白雲郭氏曰遯以艮止故六二止於下以固志九三過於止而係於遯也係於遯而不知變是以疾困而危其江海遯世之徒歟畜臣妾吉者是道也施之於家則可施之於天下則不可若是者君子謂之隘其可大事乎易說

東萊吕氏曰大抵遯者當遯即遯苟滯戀顧惜而不能則害於遯矣以九居三居下體之上位之尊顯處遯之時是當去者也今係戀顧盼下切比六二之陰

又非正應乃牽制而不能決其遯是當遯而不能遯者也若以此道畜臣妾則吉若欲成天下之大事立天下之大節非有決斷之志者必至於疾憊危厲而後已君子之遯可如是乎所謂畜臣妾吉意不專在畜臣妾上但言如此係戀乃畜臣妾之道據臣妾之情常有戀戀之意耳亦如闚觀利女貞不在利女上易說

九四好遯君子吉小人否象曰君子好遯小人否也

伊川程子曰四與初爲正應是所好愛者也君子雖有所好愛義苟當遯則去而不疑所謂克己復禮以道制欲是以吉也小人則不能以義處暱於所好牽於所私至於陷辱其身而不能已故在小人則否也否不善也四乾體能剛斷者聖人以其處陰而有係故設小人之戒恐其失於正也君子雖有好而能遯不失於義小人則不能勝其私意而至於不善也易傳

漢上朱氏曰好者情欲之所好也九四係於初六不正之陰而相應情好也君子剛決以義斷之當可遯之時舍所好動而去與應絶矣動則正正故吉蕭望之不顧王生之寵是也故曰君子吉曰小人否者九動成六六安於四又有小人不能去之象否者不能

然也此爻與初六相應處陰而有所係故極陳小人之戒以佐君子之決易傳

九五嘉遯貞吉象曰嘉遯貞吉以正志也

伊川程子曰九五中正遯之嘉美者也處得中正之道時止時行乃所謂嘉美也故爲貞正而吉九五非无係應然與二皆以中正自處是其心志及乎動止莫非中正而无私係之失所以爲嘉也志正則動必由正所以爲遯之嘉也居中得正而應中正是其志正也所以爲吉人之遯也止也惟在正其志而已矣易傳

上九肥遯无不利象曰肥遯无不利无所疑也

伊川程子曰肥者充大寬裕之意遯者惟飄然遠逝无所係滯之爲善上九乾體剛斷在卦之外矣又下无所係是遯之遠而无累可謂寬綽有餘裕也遯者窮困之時也善處則爲肥矣其遯如此何所不利遯之遠无所疑滯也蓋在外則已遠无應則无累故爲剛決无疑也易傳

東萊吕氏曰司馬相如云列仙之儒居山澤間形容甚臞若隱遯而未能與物相忘遲疑不決二者交戰安能心廣體胖故惟无所疑然後能肥遯也子夏出見紛華而說入聞夫子之道而樂二者交戰於胷中

則不能无疑及其戰而道勝所以肥而樂也此子夏所謂始之癯終之肥也肥遯之肥蓋亦如此易說

䷡ 乾下 震上

伊川程子曰大壯序卦遯者退也物不可以終遯故受之以大壯遯爲違去之義壯爲進盛之義遯者陰長而陽遯也大壯陽之壯盛也衰則必盛消息相須故既遯則必壯大壯所以次遯也爲卦震上乾下乾剛而震動以剛而動大壯之義也剛陽大也陽長已過中矣大者壯盛也又雷之威震而在天上亦大壯之義也易傳

大壯利貞

伊川程子曰大壯之道利於貞正也大壯而不得其正强猛之爲耳非君子之道壯盛也易傳

希道耿氏曰陰陽之分雖陽大而陰小其實迭爲消長迭爲羸壯故三陰在上三陽在下雖謂之小往大來然亦陰陽平分而不相勝耳三陽未爲壯及四陽長然後爲壯耳易學記

彖曰大壯大者壯也剛以動故壯大壯利貞大者正也正大而天地之情可見矣

伊川程子曰所以名大壯者謂大者壯也陰爲小陽爲大陽長已盛是大者壯也下剛而上動以乾之至剛而動故爲大壯爲大者壯與壯之大也大者既壯則利於貞正正而大者道也極正大之理則天地之情可見矣

天地之道常久而不已者至大至正也正大之理學者默識心通可也不云大正而云正大恐疑爲一事也易傳

朱子曰此卦多說羊羊是兌之屬季通說這箇是夾住底兌卦兩畫當一畫語錄

漢上朱氏曰陰陽迭壯者也以三畫卦言之初爲少二爲壯三爲究以重卦言之初二爲少三四爲壯陽動於復長於臨交於泰至四爻而後壯泰不曰壯者陰陽敵也過於陰則陽壯矣猶人血氣方剛故曰大壯大者壯也陽之初其動甚微動而不已物莫能禦君子之道義其大至於塞乎天地之間者以剛動也

故曰剛以動故壯此合震乾二體而言壯之時也初九大者正也大者正乃能動而不屈壯而不以正則失之暴不能久也飄風暴雨江河之大皆不能久故曰利貞大者正也此以初九言壯之道也曾子曰自反而縮雖千萬人吾往矣正故也正故能大天地之動也乾始於子坤始於午震卯而兌酉正也故四時行百物生其大无外以正而大也易傳曰天地之道常久而不已者亦至大至正而已易傳

東萊呂氏曰壯利於正不正而壯者乃血氣之壯耳剛以動由天德而動至誠不息故謂之大壯天剛也陽也用壯於血氣者是蔽於私慾小智反所以自狹自弱也人情每恃其能而欲大其已然卒不能成其大者蓋不明致壯之道欲已之壯乃狹已之爲烏能致於壯哉惟夫擴吾一已之大則自然而壯矣故曰大者壯也剛者天之道以天之道而動則无一不合於天理此所以爲壯故曰剛以動故壯常人每恃已之強以爲壯大抵皆失正理故大壯必利於正惟知以正道爲壯便與天地同其大蓋褊狹者不足以見天地才去私意小智則便見天地正大之情矣天地之情不外乎正吾能盡去一已之私以正而大則天

地正大之情亦不能外也易說

象曰雷在天上大壯君子以非禮弗履

張子曰克已復禮壯莫大焉故易於大壯之用見之易說

伊川程子曰雷震於天上大而壯也君子觀大壯之象以行其壯君子之大壯者莫若克已復禮古人云自勝之謂強中庸於和而不流中立而不倚皆曰強哉矯赴湯火蹈白刃武夫之勇可能也至於克已復禮則非君子之大壯不可能也故云君子以非禮弗履易傳

龜山楊氏曰君子之壯壯於禮而已行有不慊於心則餒矣尚能壯乎哉易說

白雲郭氏曰天下雷行爲无妄雷在天上爲大壯无妄之動以天則天德及物之時故象言茂對時育萬物大壯先天而後動在人則盡心知性則知天之時期不失中庸所謂天命之性者故象以非禮弗履爲言也且壯者君子所以勝巳而小人所以勝人孔子告顏淵以克巳復禮勝巳之道也旣勝巳之私則无適而非天矣是爲壯之大者也小人不知勝巳至於窮人欲而滅天理何大之有是以九三祇以用壯言之然有大壯之弗履以成巳然後有无妄之育物以成物二者之道相爲終始亦猶中庸言天命之謂性

率性之謂道而後曰修道之謂教蓋性與道成巳也而教所以成物也 易說

初九壯于趾征凶有孚象曰壯于趾其孚窮也

伊川程子曰初陽剛乾體而處下壯于進者也在下而用壯壯于趾也趾在下而進動之物九在下用壯而不得其中夫以剛處壯雖居上猶不可行況在下乎故征則其凶有孚孚信也謂以壯往則得凶可必也壯于趾在最下而用壯以行可必信其窮困而凶也 易傳

藍田吕氏曰初九居下而壯勢必犯上繇是而往其究必凶

東萊吕氏曰以九居初二者皆是陽又居乾體三陽同居若以其壯勇敢躁進則必致乎凶此有孚與它卦有孚不同征凶有孚謂其凶无疑也然旣以壯名卦則三陽正合卦體何故凶蓋體旣壯能用以自治克巳復禮則吉若用此勇鋭躁進安能不凶趾者如足趾之在下而好動大抵在上之人有勢有位猶可以有爲旣處卑下居貧賤而恃其強壯躁於求進信乎其凶也猶人始學之初稍有剛強制過不定便欲奮然作爲見於行事其行而得凶蓋理之必信而无疑者也故謂之有孚蓋不能自制其壯遽欲作爲是

反爲壯之所使矣此弱也非壯也 易說

九二貞吉象曰九二貞吉以中也

伊川程子曰二雖以陽剛當大壯之時然居柔而處中是剛柔得中不過於壯得貞正而吉也或曰貞非以九居二爲戒乎曰易取所勝爲義以陽剛健體當大壯之時處得中道无不正也在四則有不正之戒人能識時義之輕重則可以學易矣九二所以貞正而吉者以其得中道也中則不失正況陽剛而乾體乎 易傳

藍田吕氏曰九二以陽居陰以謙居壯者也又不失中居之安矣

九三小人用壯君子用罔貞厲羝羊觸藩羸其角象曰小人用壯君子罔也

伊川程子曰九三以剛居陽而處壯又當乾體之終壯之極者也極壯如此在小人則爲用壯在君子則爲用罔小人尚力故用其壯勇君子志剛故用罔罔无也猶云蔑也以其志剛蔑視於事而无所忌憚也君子小人以地言如君子有勇而无義爲亂剛柔得中則不折不屈施於天下而无不宜苟剛之太過則无和順之德多傷莫與貞固守此則危道也凡物莫不用其壯齒者齧角者觸蹄者踶羊壯於首羝爲喜觸故取爲象羊喜觸藩籬以藩籬當其前也蓋所當必觸喜用壯如此必羸困其角也猶人尚剛壯所當必用必至摧困也三壯甚如此而不至凶何也曰如三之爲其往足以致凶而方言其危故未及於凶也凡可以致凶而未致者則曰厲也易傳

朱子曰過剛不中當壯之時是小人用壯而君子則用罔也罔无也視有如无君子之過於勇者也如此則雖正亦危矣羝羊剛壯喜觸之物藩籬也羸困也貞厲之占其象如此　小人以壯敗君子以罔困竝本義

東萊吕氏曰九三以陽居陽又處于乾體之極是極

于壯者也然所謂壯則一所以用壯則二小人居三則惟恃力向前君子則高視一世无所顧忌小人則恃其强暴以犯上而躁于有爲固不可也君子亦恃其强壯蔑視天下之事尤不可也以此爲固守之正厲也大抵經傳稱君子有二以賢愚言則君子喻于義小人喻于利之類以貴賤言則君子勞心小人勞力之類此爻之君子小人是以貴賤論雖貴賤不同其剛陽太過則一大凡用剛太過則必折三以剛遇四是以剛遇剛譬如羊之很恃其角以觸藩籬未有不羸者也三之觸四二者皆剛三暴進而四設籬以禦之二者鬥而三獨傷者以其有以創之也天下之理始之者鮮不受害亦如用兵爭訟先犯者必凶易說

九四貞吉悔亡藩決不羸壯于大輿之輹象曰藩決不羸尚往也

張子曰乘剛本有悔不用其壯故貞吉三以四爲藩九四上无陽爻故曰藩決壯輿之輹往无咎也四能不爲陰累守已以正則吉而无乘剛之悔且得衆陽之助以銷陰慝易說

伊川程子曰四陽剛長盛壯已過中壯之甚也然居四爲不正方君子道長之時豈可有不正也故戒以貞則

吉而悔亡蓋方道長之時小失則害亨進之勢是有悔也若在它卦重剛而居柔未必不爲善也大過是也藩所以限隔也藩籬決開不復羸困其壯也高大之車輪輹强壯其行之利可知故云壯于大輿之輹輹輪之要處也車之敗常在折輹輹壯則車强矣云壯于輹謂壯於進也剛陽之長必至于極四雖已盛然其往未止也以至盛之陽用壯而進故莫有當之藩決開而不羸困其力也尚往其進不已也（易傳）

朱子曰貞吉悔亡與咸九四同占藩決不羸承上文而言也決開也三前有四猶有藩焉四前二陰則藩決矣

壯于大輿之輹亦可進之象也以陽居陰不極其剛故其象如此（本義）　此卦如九二貞吉只是自守而不進九四藩決不羸壯于大輿之輹却是有可進之象此卦爻之好者蓋以陽居陰不極其剛而前遇二陰有藩決之象取以爲進非如九二前有三四二陽隔之不得進也（語錄）

閑閑趙氏曰以陽居陰行不違謙不專用壯者也故貞吉悔亡二柔在前不足蔽也故藩決不羸德者身之輿也謙者德之輹也不壯于力而壯于德又何往而不可哉（學易記）

六五喪羊于易无悔象曰喪羊于易位不當也

伊川程子曰羊羣行而喜觸以象諸陽並進四陽方長而並進五以柔居上若以力制則難勝而有悔惟和易以待之則羣陽无所用其剛是喪其壯於和易也如此則可以无悔五以位言則正以德言則中故能用和易之道使羣陽雖壯无所用也所以必用柔和者以陰柔居尊位故也若以陽剛中正得尊位則下无壯矣以六五位不當也故設喪羊于易之義然大率治壯不可用剛夫君臣上下之勢不相侔也苟君之權足以制乎下則雖有强壯跋扈之人不足謂之壯也必人君之勢有

所不足然後謂之治壯故治壯之道不可以剛也（易傳）

上六羝羊觸藩不能退不能遂无攸利艱則吉象曰不能退不能遂不詳也艱則吉咎不長也

張子曰剛競用觸則進退皆凶危懼求全則咎有時而息也然上六以陰居上不詳事宜用壯而觸故進退不能（易說）

伊川程子曰羝羊但取其用壯故陰爻亦稱之六以陰處震終而當壯極其過可知如羝羊之觸藩籬進則礙身退則防角進退皆不可也才本陰柔故不能勝己以就義是不能退也陰柔之人雖極用壯之心然必不能

終其壯有摧必縮是不能遂也其所爲如此无所往而利也陰柔處壯不能固其守若遇艱困必失其壯失其壯則反得柔弱之分矣是艱則得吉也用壯則不利知艱而處柔則吉也居壯之終有變之義也非其處而處故進退不能是其自處之不詳愼也艱則吉柔遇艱難又居壯終自當變矣變則得其分過咎不長乃吉也易傳

白雲郭氏曰居動之極以柔用壯雖无羸角之厲而進退不能何所利哉不能遂者進不足以勝人也不能退者退不足以自勝也此豈不能審於度德量力之事者歟故曰不詳也聖人兢兢業業其難其愼以

不矜不伐爲已任又安有用壯之厲乎是以艱則吉也易說

䷢ 坤下離上

伊川程子曰晉序卦物不可以終壯故受之以晉晉者進也物无壯而終止之理旣盛壯則必進晉所以繼大壯也爲卦離在坤上明出地上也日出於地升而益明故爲晉晉進而光明盛大之意也凡物漸盛爲進故彖云晉進也卦有有德者有无德者隨其宜也乾坤之外云元亨者固有也云利貞者所不足而可以有功也有不同者革漸是也隨卦可見晉之盛而无德者无用貞也晉之明盛故更不言亨順乎大明无用戒正也易傳

東萊呂氏曰晉所以次於壯者蓋言進之道必先有

其壯然後可進以卦體而言明出乎地光輝發越所以爲進盛也然以爻義而言晉以柔順之臣附麗乎大明之君則道德之光被乎四表所以爲盛也易說

晉康侯用錫馬蕃庶晝日三接

伊川程子曰晉爲進盛之時大明在上而下體順附諸侯承王之象也故爲康侯康侯者治安之侯也上之大明而能同德以順附治安之侯也故受其寵數錫之馬衆多也車馬重賜也蕃庶衆多也不唯錫與之厚又見親禮晝日之中至於三接言寵遇之至也晉進盛之時上明下順君臣相得在上而言則進於明盛在臣而言

則進升高顯受其光寵也易傳

白雲郭氏曰伊川曰晉以其明盛故不言亨順乎大明故不戒以正不待言而其德可知雍曰彖言晉進也雜卦曰晉晝也則知晉之義不止於進葢言明以進故曰晉漸以進不謂之進也晉卦取名之義與大有畧相類大有火在天上君道也故爲大有晉明出地上臣道也故爲晉君臣天地之象雖不同其欲以明德居上則一而已且以人臣之進獨備一卦之義則臣道之至大者非康侯安足以當之易之卦辭唯晉爲異專以康侯爲義是以不及其他也康侯如是其亨利貞可知易說

彖曰晉進也明出地上順而麗乎大明柔進而上行是以康侯用錫馬蕃庶晝日三接也

伊川程子曰晉進也明進而盛也明出於地益進而盛故爲晉所以不謂之進者進爲前進不能包明盛之義明出地上離在坤上也坤麗於離以順麗於大明順德之臣上附於大明之君也柔進而上行凡卦離在上者柔居君位多云柔進而上行噬嗑睽鼎是也六五以柔居君位明而順麗爲能待下寵遇親密之義是以爲康侯用錫馬蕃庶晝日三接也大明之君安天下者也諸侯能順附天子之明德是康民安國之侯也故謂之康侯是以享寵錫而見親禮晝日之間三接見於天子也不曰公卿而曰侯天子治於上者也諸侯治於下者也在下而順附於大明之君諸侯之象也易傳

東萊呂氏曰晉之爲義惟在下之賢以柔順麗乎大明之君而得以上行所以謂之晉盛大抵君臣之間惟降志以相接則治可日彰德可日明若在下者方命在上者驕亢則治與德俱退矣惟是上柔順以接下下柔順以輔上則爲晉盛非特君臣之間爲然學者欲進德修業亦必於柔順上求若不柔順則矜巳

自大德日益晦矣故傳說戒高宗曰惟學遜志遜之一字其入道之門乎易說

象曰明出地上晉君子以自昭明德

伊川程子曰昭明之也傳曰昭德塞違昭其度也君子觀明出地上而益明盛之象而以自昭其明德去蔽致知昭明德於巳也明明德於天下昭明德於外也明明德在巳故云自昭易傳

白雲郭氏曰元首明哉股肱良哉自古以明爲君德之大堯舜文王皆是也而晉爲臣道自昭明德何哉葢侯有君人之道有明德自昭而柔順上行然後備

晉之義可以謂之康侯不如是雖使錫馬蕃庶晝日三接亦非晉進之道不得謂之康侯矣古之人莫不務明明德於天下爲君爲臣亦豈有二德哉是以伊尹言咸有一德武王言同心同德則晉之象言自昭明德不爲過矣易說

初六晉如摧如貞吉罔孚裕无咎象曰晉如摧如獨行正也裕无咎未受命也

伊川程子曰初居晉之下進之始也晉如升進也摧如抑退也於始進而言遂其進不遂其進唯得正則吉也罔孚者在下而始進豈遽能深見信於上苟上未見信

則當安中自守雍容寬裕无急於求上之信也苟欲信之心切非汲汲以失其守則悻悻以傷於義矣皆有咎也故裕則无咎君子處進退之道也獨行正者无進无抑唯獨行正道也寬裕則无咎者始欲進而未進位故也君子之於進退或遲或速唯義所當未嘗不裕也聖人恐後之人不達寬裕之義居位者廢職失守以爲裕故特云初六裕則无咎者始進未受命當職任故也若有官守不信於上而失其職一日不可居也然事非一槩久速唯時亦容有爲之兆者易傳

白雲郭氏曰在卦之初爲晉之始有可進可退之義能不以進退爲慮唯固守明德柔順上行爲臣若此能无吉乎罔孚者雖以明德自任而初之時名實未加於上下未足信於人當是時也進退之際旣已處之裕然何咎之有若孔子可以仕則仕可以止則止是也獨行正者獨以明德上行而固守爲正不以進退爲慮也未受命者无官守言責之時孟子所謂吾進退豈不綽綽然有餘裕也易說

六二晉如愁如貞吉受茲介福于其王母象曰受茲介福以中正也

張子曰進而无援多失於肆故愁如乃吉六五以陰居

尊故稱王母俱以柔中故受福可必也易說

伊川程子曰六二在下上无應援以中正柔和之德非強於進者也故以進爲可憂愁謂其進之難也然守其貞正則當得吉故云晉如愁如貞吉王母祖母也謂陰之至尊者指六五也二以中正之道自守雖上无應援不能自進然其中正之德久而必彰上之人自當求之蓋六五大明之君與之同德必當求之加之寵禄受介福于王母也介大也受茲介福以中正之道也人能守中正之道久而必亨況大明在上而同德必受大福也易傳

白雲郭氏曰六二柔順中正爲臣之道莫美於斯而曰晉如愁如者蓋小人以進爲喜而君子以進爲懼故召公爲保則不悅正考父三命而傴俯茲其所以順而麗乎大明歟是以既貞且吉受介福于王母也孔子言諸侯長守富貴之道則曰戰戰兢兢如臨深淵如履薄冰則晉如愁如而受茲介福也宜矣易說

六三衆允悔亡象曰衆允之志上行也

伊川程子曰以六居三不得中正宜有悔咎而三在順體之上順之極者也三陰皆順上者也是三之順上與衆同志衆所允從其悔所以亡也有順上向明之志而

衆允從之何所不利或曰不由中正而與衆同得爲善乎曰衆所允者必至當也况順上之大明豈有不善也是以悔亡蓋亡其不中正之失矣古人曰謀從衆則合天心易傳

龜山楊氏曰六三在坤體之上以陰承陽順之至也順而麗乎大明雖不當位衆允之也故悔亡易說

東萊呂氏曰六三欲上進輔乎大明之君下二陰以類而順從之此衆允所以悔亡也爻驗之以衆象折之以理此一爻最難看以訓詁言不過曰當晉之時得衆之允者斯可亡悔殊不知所允者何人且如陳仲子廉衆皆與之鄉原之德一鄉與之又如王莽在漢闕下之人皆謂周公再出使從當時之人則安得無悔然不可如此看當於允字上看允者志之至當者也當則可以亡悔傳云衆所允者必至當也允之一字非是其確然自信乃人心所同然處若虛聲相鼓非所謂允易說

九四晉如鼫鼠貞厲象曰鼫鼠貞厲位不當也

張子曰鼫鼠爲物貪而畏人體陽在進反據陰位故動止皆失與六三之義爲相反矣易說

伊川程子曰以九居四非其位也非其位而居之貪據

其位者也貪處其位既非所安而又與上同德順麗於上三陰皆在己下勢必上進故其心畏忌之貪而畏人者鼫鼠也故皆云晉如鼫鼠貪於非據而存畏忌之心貞固守此其危可知言貞厲者開有改之道也賢者以正德宜在高位不正而處高位則爲非據貪而懼失則畏人固處其地危可知也易傳

東萊呂氏曰此爻最見小人貪進患失之情狀蓋以九居四不當其位小人之象也然居近君之位是得寵之小人也夫以小人而見寵於君才不勝位下又爲三陰所迫常懷憂懼惟恐其進蓋小人貪寵之心

切故也然則處四之時當如何曰去一已貪進患失之私心擴推賢遜能之公道則可矣易說

六五悔亡失得勿恤往吉无不利象曰失得勿恤往有慶也

伊川程子曰六以柔居尊位本當有悔以大明而下皆順附故其悔得亡也下旣同得順附當推誠委任盡衆人之才通天下之志勿復自任其明恤其失得如此而往則吉而无不利也六五大明之主不患其不能明照患其用明之過至於察察失委任之道故戒以失得勿恤也夫私意偏任不察則有蔽盡天下之公豈當復用

私察也以大明之德得下之附推誠委任則可成天下之大功是往而有福慶也易傳

朱子曰以陰居陽宜有悔以大明在上而下皆順從故占者得之則其悔亡又一切去其計功謀利之心則往吉而无不利也然亦必有其德乃應其占耳本義

上九晉其角維用伐邑厲吉无咎貞吝象曰維用伐邑道未光也

伊川程子曰角剛而居上之物上九以剛居卦之極故取角爲象以陽居上剛之極也在晉之上進之極也剛極則有强猛之過進極則有躁急之失以剛而極於進失中之甚也无所用而可維獨用於伐邑則雖厲而吉且无咎也伐四方者治外也伐其居邑者治內也言伐邑謂內自治也人之自治剛極則守道愈固進極則遷善愈速如上九者以之自治則雖傷於厲而吉且无咎也嚴厲非安和之道而於自治則有功也復云貞吝以盡其義極於剛進雖自治有功然非中和之德故於貞正之道爲可吝也不失中正爲貞維用伐邑旣得吉而无咎復云貞吝者其道未光大也以正理言之猶可吝也夫道旣光大則无不中正安有過也今以過剛自治雖有功矣然其道未光大故亦可吝聖人言盡善之道

易傳

東萊呂氏曰上九以剛居剛處卦之極而用剛健之物剛之大甚者也故无施而可蓋太剛非道之中以之治人則失於酷以之事君則失於訐惟以之自治則可故伊川曰剛極則守道愈固進盛則遷善愈速此乃用剛自治之道也然猶曰正吝者蓋進道之體本當寬裕優游待其自進非剛强也若剛躁而速其進急其成則失貞正之道惟放乎四海盈科而後進方合道之體此失之剛所以言未光也易說

䷣ 離下坤上

伊川程子曰明夷序卦晉者進也進必有所傷故受之以明夷夷者傷也夫進之不已必有所傷理自然也明夷所以次晉也爲卦坤上離下明入地中也反晉成明夷故義與晉正相反晉者明盛之卦明君在上羣賢並進之時也明夷昏暗之卦暗君在上明者見傷之時也日入於地中明傷而昏暗也故爲明夷易傳

明夷利艱貞

伊川程子曰君子當明夷之時利在知艱難而不失其貞正也在昏暗艱難之時而能不失其正所以爲明君

子也易傳

彖曰明入地中明夷內文明而外柔順以蒙大難文王以之利艱貞晦其明也內難而能正其志箕子以之

張子曰文王體一卦之用箕子以六五一爻之德文王難在外箕子難在內也易說

伊川程子曰明入於地其明滅也故爲明夷內卦離離者文明之象外卦坤坤者柔順之象爲人內有文明之德而外能柔順也昔者文王如是故曰文王以之當紂之昏暗乃明夷之時而文王內有文明之德外柔順以事紂蒙犯大難而內不失其明聖而外足以遠禍患此文王所用之道也故曰文王以之明夷之時利於處艱戹而不失其貞正謂能晦藏其明也不晦其明則被禍患不守其正則非賢明箕子當紂之時身處其國內切近其難故云內難然箕子能藏晦其明而自守其正志箕子所用之道也故曰箕子以之易傳

象曰明入地中明夷君子以涖衆用晦而明

伊川程子曰明所以照君子无所不照然用明之過則傷於察太察則盡事而无含宏之度故君子觀明入地中之象於涖衆也不極其明察而用晦然後能容物和衆衆親而安是用晦乃所以爲明也若自任其明无所

不察則已不勝其忿疾而无寬厚含容之德人情睽疑而不安失涖衆之道適所以爲不明也古之聖人設前旒屏樹者不欲明之盡乎隱也易傳

初九明夷于飛垂其翼君子于行三日不食有攸往主人有言象曰君子于行義不食也

張子曰進應于上爲三所困故曰于飛垂翼君子避患當速勢不與抗退而遠行不遑暇食靜以自守非有所往之時也易說

伊川程子曰初九明體而居明夷之初見傷之始也九陽明上升者也故取飛象昏暗在上傷陽之明使不得

上進是于飛而傷其翼也翼見傷故垂朶凡小人之害君子害其所以行者君子于行三日不食君子明照見事之微雖始有見傷之端未顯也君子則能見之矣故行去避之君子于行謂去其祿位而退藏也三日不食言困窮之極也事未顯而處甚艱非見幾之明不能也夫知幾者君子之獨見非衆人所能識也故明夷之始其見傷未顯而去之則世俗之見恠而遲疑其行也若俟衆人盡識則傷已及而不能去矣此薛方所以爲明而揚雄所以不獲其去也或曰傷至於垂翼傷已明矣何得衆人猶未識也曰初傷之始也云垂其翼謂傷其

讀易集說 明夷 三

所以飛爾其事則未顯也君子見幾故亟去之世俗之人未能見也故異而非之如穆生之去楚申公白公且非之況世俗之人乎但譏其責小禮而不知穆生之去避胥靡之禍也當其言曰不去楚人將鉗我於市雖二儒者亦以爲過甚之言也又如袁閎於黨事未起之前名德之士方鋒起而獨潛身土室故人以爲狂生卒免黨錮之禍所往而人有言胡足怪也君子遯藏而困窮義當然也唯義之當然故安處而无悶雖不食可也易傳

六二明夷夷于左股用拯馬壯吉象曰六二之吉順以則也

伊川程子曰六二以至明之才得中正而體順順時自處處之至善也雖君子自處之善然當陰闇小人傷明之時亦不免爲其所傷但君子自處有道故不能深相傷害終能違避之爾足者所以行也股在脛足之上於行之用爲不甚切左又非便用者手足之用以右爲便唯蹶張用左蓋右立爲本也夷于左股謂傷害其行而不甚切也雖然亦必自免有道拯用壯健之馬則獲免之速而吉也君子爲陰闇所傷其自處有道故其傷不甚自拯有道故獲免之疾用拯之道不壯則被傷深矣故云馬壯則吉也二以明居陰闇之下所謂吉者得免

讀易集說 明夷 四

傷害而已非謂可以有爲於斯時也六二之得吉者以其順處而有法則也則謂中正之道能順而得中正所以處明傷之時而能保其吉也易傳

九三明夷于南狩得其大首不可疾貞象曰南狩之志乃大得也

伊川程子曰九三離之上明之極也又處剛而進上六坤之上暗之極也至明居下而爲下之上至暗在上而處窮極之地正相敵應將以明去暗者也斯義也其湯武之事乎南在前而明方也狩畋而去害之事也南狩謂前進而除害也當克獲其大首大首謂暗之魁首上

六也三與上正相應爲至明克至暗之象不可疾貞謂誅其元惡舊染汙俗未能遽革必有其漸革之遽則駭懼而不安故酒誥云惟殷之廸諸臣惟工乃湎于酒勿庸殺之姑惟教之至於既久尚曰餘風未殄是漸漬之俗不可以遽革也故曰不可疾貞正之不可急也上六雖非君位以其居上而暗之極故爲暗之主謂之大首夫以下之明除上之暗其志在去害而已如商周之湯武豈有意於利天下乎得其大首是能去害而大得其志矣志苟不然乃悖亂之事也易傳

藍田呂氏曰九三居離之極至明之主也上六居坤

之極至暗之主也離南方之卦離至南而盡明得其地也故曰明夷于南狩明夷之世至明之主得其地以攻至闇之主必大有得故曰得其大首君子之於物无不愛也雖有甚惡閔之而已正之而已不可疾也苟不可疾之心以爲正則君子用兵皆出於不得巳也[redacted]

六四入于左腹獲明夷之心于出門庭象曰入于左腹獲心意也

伊川程子曰六四以陰居陰而在陰柔之體處近君之位是陰邪小人居高位以柔邪順於君者也六五明夷之君位傷明之主也四以柔邪順從之以固其交夫小人之事君未有由顯明以道合者也必以隱僻之道自結於上右當用故爲明顯之所左不當用故爲隱僻之所人之手足皆以右爲用世謂僻所爲僻左是左者隱僻之所也四由隱僻之道深入其君故云入于左腹入腹謂其交深也其交之深故得其心凡姦邪之見信於其君皆由奪其心也不奪其心能无悟乎于出門庭既信之於心而後行之於外也邪臣之事暗君必先蠱其心而後能行於外入于左腹謂以邪僻之道入於君而得其心意也得其心所以終不悟也易傳

白雲郭氏曰伊川以六四爲陰邪小人居高位以柔邪順於君者也雍曰小人之事其君也務引其君於不正之道然後能獲其心意而作威福於天下也大學之道欲明明德於天下者必先正心誠意而後可以治國治天下是以明君務其本而後小人不得啟其邪心又烏有入于左腹獲心意之事哉明夷之君暗主也暗主不知正心誠意故小人得以不正之道乘間而入以獲其心意適所以喪其君之明也好大喜功者以攻戰入之好貨財者以聚斂入之好奢侈者以土木文繡入之好淫泆驕樂者以鄭衛聲色入

之故入于左腹言投其不正之道也明夷之心暗主之心也于出門庭作威福於天下也君子務引其君於當道而格君心之非小人則務投其不正之道而得其心意以作威福君子小人之事君其辨如此是以争臣多君子而功利之臣多小人易說

六五箕子之明夷利貞象曰箕子之貞明不可息也

伊川程子曰五爲君位乃常也然易之取義變動隨時上六處坤之上而明夷之極陰暗傷明之極者也五切近之聖人因以五爲切近至暗之人以見處之之義故不專以君位言上六陰暗傷明之極故以爲明夷之主五切近傷明之主若顯其明則見傷害必矣故當如箕子之自晦藏則可以免於難箕子商之舊臣而同姓之親可謂切近於紂矣若不自晦其明被禍可必也故佯狂爲奴以免於害雖晦藏其明而內守其正所謂內難而能正其志所以謂之仁與明也若箕子可謂貞矣以五陰柔故爲之戒云利貞謂宜如箕子之貞固也若以君道言義亦如是人君有當含晦之時亦外晦其明而內正其志也箕子晦藏不失其貞固雖遭患難其明自存不可息滅也若遁禍患遂失其所守則是亡其明乃滅息也古之人如楊雄者是也易傳

上六不明晦初登于天後入于地象曰初登于天照四國也後入于地失則也

伊川程子曰上居卦之終爲明夷之主又爲明夷之極上至高之地明在至高本當遠照明既夷傷故不明而反昏晦也本居於高明當及遠初登于天也乃夷傷其明而昏暗後入于地也上明夷之終又坤陰之終明傷之極者也初登于天居高而明則當照及四方也乃被傷而昏暗是後入于地失明之道也失則失其道也易傳

朱子曰以陰居坤之極不明其德以至于晦始則處高位以傷人之明終必至于自傷而墜厥命故其象如此而占亦在其中矣照四國以位言本義

藍田吕氏曰明當在上而入于地上六所以失明之則闇當在下而不用其明六二所以順以則也

離下巽上

伊川程子曰家人序卦夷者傷也傷於外者必反其家故受之以家人夫傷困於外則必反於內家人所以次明夷也家人者家內之道父子之親夫婦之義尊卑長幼之序正倫理篤恩義家人之道也卦外巽內離爲風自火出火熾則風生風生自火自內而出也自內而出由家而及於外之象二與五正男女之位於內外爲家人之道明於內而巽於外處家之道也夫人有諸身者則能施於家行於家者則能施於國至於天下治治天下之道蓋治家之道也推而行之於外耳故取自內而

出之象爲家人之義也文中子書以明內齊外爲義古今善之非取象之意也所謂齊乎巽言萬物潔齊於巽方非巽有齊義也如戰乎乾乾非有戰義也易傳

東萊呂氏曰大抵人之困窮當反於內故明夷之後次以家人蓋傷於外者必反於家自昔聖賢所以成就如孟子所稱傅說膠鬲之流皆自憂患中來後世人處憂患所以不能成就者只以其但知憂愁蹙迫而不能反於內所謂困而不學民斯爲下者也伊川云正倫理篤恩義此兩句最當看常人多以倫理爲兩事殊不知父子有親夫婦有別所謂倫也能正其倫則道之表裏已在矣常人多以用私爲恩施公爲義殊不知能恩其所恩即是義也若正篤二字尤當玩味蓋倫理在彼正之在我恩義在彼篤之在我倫理初未嘗亂人自不正耳恩義本未嘗虧人自不篤耳若看得正篤兩字可與論學矣易說

家人利女貞

伊川程子曰家人之道利在女貞女貞則家道正矣夫夫婦而家道正獨云利女貞者夫正者身正也女正者家正也女正則男正可知矣易傳

白雲郭氏曰大學言古之欲明明德於天下者先治

其國欲治其國者先齊其家故家齊而後國治國治而後天下平則一家之治所以爲治國治天下之本也而家人之道亦與治國治天下之道皆一也齊家自夫婦始故舜觀厥刑于二女文王刑于寡妻至于兄弟然則利女貞者又家道之本也此與詩首關雎言后妃之德同意易說

東萊呂氏曰大抵正於已其正尚未至惟及於人方謂之正故曰利女貞伊川曰正者身正也女正者家正也正不獨身而能及人則家道成矣易說

彖曰家人女正位乎內男正位乎外男女正天地之大義

也家人有嚴君焉父母之謂也父父子子兄兄弟弟夫夫婦婦而家道正正家而天下定矣

伊川程子曰彖以卦才而言陽居五在外也陰居二處內也男女各得其正位也尊卑內外之道正合天地陰陽之大義也家人之道必有所尊嚴而君長者謂父母也雖一家之小无尊嚴則孝敬衰无君長則法度廢有嚴君而後家道正家者國之則也父子兄弟夫婦各得其道則家道正矣推一家之道可以及天下故家正則天下定矣

龜山楊氏曰家人之義以順爲正故利女貞至於婦

子嘻嘻則失家節矣易說

西山眞氏曰治家以嚴肅爲本父母者一家之君嚴則家政舉不嚴則家政壞然所謂嚴者非猛暴之謂也父盡父之道子盡子之道推之兄弟夫婦莫不盡道上下肅然无或少間如此則家道正人君之家正推之于天下無不正者故曰正家而天下定矣易學記

象曰風自火出家人君子以言有物而行有恒

伊川程子曰正家之本在正其身正身之道一言一動不可易也君子觀風自火出之象知事之由內而出故所言必有物所行必有恒也物謂事實恒謂常度法則也德業之著於外由言行之謹於內也言慎行修則身正而家治矣易傳

龜山楊氏曰風自火出由內及外以風天下之象也言忠信則有物行篤敬則有常无稽之言是无物也暴慢邪僻是无常也易說

初九閑有家悔亡象曰閑有家志未變也

伊川程子曰初家道之始也閑謂防閑法度也治其有家之始能以法度爲之防閑則不至於悔矣治家者治乎衆人也苟不閑之以法度則人情流放必至於有悔失長幼之序亂男女之別傷恩義害倫理无所不至能

以法度閑之於始則无是矣故悔亡也九剛明之才能閑其家者也不云无悔者羣居必有悔以能閑故亡耳閑之於始家人志意未變動之前也正志未流散變動而閑之則不傷恩不失義處家之善也是以悔亡志變而後治則所傷多矣乃有悔也易說

藍田呂氏曰初九以剛居始閑有家者也禁之於未然不傷恩故悔亡

誠齋楊氏曰婦訓以始至子訓以始穉及其志意誠一而未變也易傳

六二无攸遂在中饋貞吉象曰六二之吉順以巽也

伊川程子曰人之處家在骨肉父子之間大率以情勝禮以恩奪義唯剛立之人則能不以私愛失其正禮故家人卦大要以剛爲善初三上是也六二以陰柔之才而居柔不能治於家者也故无攸遂无所爲而可也夫以英雄之才尚有溺情愛而不能自守者况柔弱之人其能勝妻子之情乎如二之才若爲婦人之道則其正也以柔順處中正婦人之道也以柔順處中故在中饋則得其正而吉也婦人居中而主饋者也故云中饋二以陰柔居中正能順從而卑巽者也故爲婦人之貞吉也易傳

朱子曰六二柔順中正女之正位乎內者故其象占如此本義

東萊呂氏曰六二女正位乎內者也女之處乎內必有所聽命而不敢專故无得自遂然此一爻伊川則以爲二以陰柔之才而居陰無所爲而可朱子發之說則以爲女在內無所遂如大夫無遂事之類若以彖辭看自從朱子發說葢九五一爻在外專說男子則此爻專爲女子說易說

九三家人嗃嗃悔厲吉婦子嘻嘻終吝象曰家人嗃嗃未失也婦子嘻嘻失家節也

伊川程子曰嗃嗃未詳字義然以文義及音意觀之與嗷嗷相類又若急束之意九三在內卦之上主治乎內者也以陽居剛而不中雖得正而過乎剛者也治內過乎剛則傷於嚴急故家人嗃嗃然治家過嚴不能无傷故必悔於嚴厲骨肉恩勝嚴過故悔也雖悔於嚴厲未得寬猛之中然而家道齊肅人心祗畏猶爲家之吉也若婦子嘻嘻則終至羞吝矣在卦非有嘻嘻之象葢對嗃嗃而言謂與其失於放肆寧過於嚴也嘻嘻笑樂无節也自恣无節則終至敗家可羞吝也葢嚴謹之過雖於人情不能无傷然苟法度立倫理正乃恩義之所存

也若嘻嘻无度乃法度之所由廢倫理之所由亂安能保其家乎嘻嘻之甚則致敗家之凶但云吝者可吝之甚則至於凶故未遽言凶也未失也者雖嗃嗃於治家之道未爲甚失若婦子嘻嘻是无禮法失家之節家必亂矣易傳

六四富家大吉象曰富家大吉順在位也

伊川程子曰六以巽順之體而居四得其正位居得其正爲安處之義巽順於事而由正道能保有其富者也居家之道能保有其富則爲大吉也四高位而獨云富者於家而言高位家之尊也能有其富是能保其家也

吉孰大焉以巽順而居正位正而巽順能保有其富者也富家之大吉也易傳

白雲郭氏曰君子修身齊家由內出外至於巽體家道成矣故六四富家大吉九五王假有家上九威如終吉也六四之富豈金玉布帛而已哉葢必有其道矣其道何如父父子子兄兄弟弟夫夫婦婦是也家道之富无以加於此故其爲吉莫大焉然得其道謂之順失其道謂之逆父父子子順也父不父子不子逆也彖言家人家道正則父子兄弟夫婦各安其分而无逆焉故曰順在位也在禮亦曰父子篤兄弟睦夫婦和家之肥也易之所謂富猶禮之所謂肥也禮以人之肥家之肥國之肥天下之肥是謂大順象言順在位則禮之大順是也易說

九五王假有家勿恤吉象曰王假有家交相愛也

伊川程子曰九五男而在外剛而處陽居尊而中正又其應順正於內治家之至正至善者也王假有家五君位故以王言假至也極乎有家之道也夫王者之道修身以齊家家正則天下治矣自古聖王未有不以恭己正家爲本故有家之道既至則不憂勞而天下治矣勿恤而吉也五恭己於外二正家於內內外同德可謂至

矣王假有家之道者非止能使之順從而已必致其心化誠合夫愛其內助婦愛其刑家交相愛也能如是者文王之妃乎若身修法立而家未化未得爲假有家之道也易傳

誠齋楊氏曰正家在政睦家在德正人在法感人在心使我正人易使我愛人難使我愛人易使人愛我難使人愛我易使人人交相愛難非以德睦之以心感之安能使之交相愛乎九五以乾德之剛明居巽位之中正爲天下國家之至尊而愛心感人巽而入之此所以感假其家以及天下莫不人人交相愛也易傳

白雲郭氏曰勿恤吉者王假有家毋憂天下之不定也吉孰大焉然父父子子兄兄弟弟夫夫婦婦同大順而无逆焉者交相愛之道也易說

上九有孚威如終吉象曰威如之吉反身之謂也

伊川程子曰上卦之終家道之成也故極言治家之本治家之道非至誠不能也故必中有孚信則能常久而衆人自化爲善不由至誠己且不能常守也況欲使人乎故治家以有孚爲本治家者在妻孥情愛之間慈過則无嚴恩勝則掩義故家之患常在禮法不足而瀆慢

生也長失尊嚴少忘恭順而家不亂者未之有也故必有威嚴則能終吉保家之終在有孚威如二者而已故於卦終言之治家之道以正身爲本故云反身之謂爻辭謂治家當有威嚴而夫子又復戒云當先嚴其身也威嚴不先行於己則人怨而不服故云威如而吉者能自反於身也孟子所謂身不行道不行於妻子也易傳

朱子曰上九以剛居上在卦之終故言正家久遠之道占者必有誠信嚴威則終吉也威如之吉謂非作威也反身自治則人畏服之矣本義

白雲郭氏曰家人之始在於閑及其能成在於信究

終始不可變者威如之吉而已威自我出也孟子曰家之本在身故威如之吉克保其終者非反諸其身蓋不能也象既明言有物而行有常而此又言反身之謂者家人之道所以成始成終者修身而已且恩愛人之常情父子兄弟夫婦之間所不能无而過之者多矣至於明信嚴分或爲情愛所奪則家人嚴君之義未盡其道故上九以有孚威如終之威如之吉未備君子必自反也然是道也內之則可以正心修身外之則可以治國治天下惟明家人終始之義允執其中而內外之道至矣是以詩首關雎則見文王化天下之道所謂王假有家者也聖人序詩之意蓋亦深矣易說

䷥ 兌下離上

伊川程子曰睽序卦家道窮必乖故受之以睽睽者乖也家道窮則睽乖離散理必然也故家人之後受之以睽也爲卦上離下兌離火炎上兌澤潤下二體相違睽之義也又中少二女雖同居而所歸各異是其志不同行也亦爲睽義易傳

睽小事吉

伊川程子曰睽者睽乖離散之時非吉道也以卦才之善雖處睽時而小事吉也易傳

彖曰睽火動而上澤動而下二女同居其志不同行說而

麗乎明柔進而上行得中而應乎剛是以小事吉天地睽而其事同也男女睽而其志通也萬物睽而其事類也睽之時用大矣哉

伊川程子曰彖先釋睽義次言卦才終言合睽之道而贊其時用之大火之性動而上澤之性動而下二物之性違異故爲睽義女之少也同處長則各適其歸是其志不同行也亦爲睽義言睽者本同也本不同則非睽也　說而麗乎明柔進而上行得中而應乎剛者卦才如此所以小事吉也方睽乖之時柔居尊位有說順麗明之善又得中道而應剛雖不能合天下之睽成天下之大事亦可以小濟是以小事吉也五以明而應剛不能致大吉何也曰五陰柔雖應二而睽之時相與之道未能深固故二必遇主于巷五噬膚則无咎也天下睽散之時必君臣剛陽中正至誠協力而後能合也天高地下其體睽也而陽降陰升相合而成化育之事則同也男女異質睽也而相求之志則通也生物萬殊睽也然而得天地之和稟陰陽之氣則相類也物雖異而理本同故天下之大羣生之衆睽散萬殊而聖人爲能同之處睽之時合睽之用其事至大故云大矣哉易傳

東萊呂氏曰說而麗乎明柔進而上行得中而應乎

剛僅能小事吉處睽者其可易邪九二居下體之中是說而麗乎明也六五居上體之中下應於二是柔進而上行又得中而應乎剛君降志以應乎剛明之臣臣盡道以輔乎柔順之君君臣之間盡道相與於睽乖之時雖不能大有所爲亦可以小吉大抵天下之治常君臣之不相與今也君臣上下相與如此乃止於小吉何哉蓋天下之治主乎君睽之時六五爲君其質本弱雖欲强之一歸於治有所不能亦如伊尹一人耳在成湯時則格于皇天在太甲時則格于上帝蓋太甲資質本弱不及於湯故也易說

象曰上火下澤睽君子以同而異

伊川程子曰上火下澤二物之性違異所以爲睽離之象君子觀睽異之象於大同之中而知所當異也夫聖賢之處世在人理之常莫不大同於世俗所同者則有時而獨異蓋於秉彝則同矣於世俗之失則異也不能大同者亂常拂理之人也不能獨異者隨俗習非之人也要在同而能異耳中庸曰和而不流是也易傳

白雲郭氏曰上火下澤異之象也聖人用睽有道存焉然用同者用睽之道也故大舜善與人同同也有天下而不與焉異也柳下惠不羞汙君不辭小官同

也而曰爾爲爾我爲我異也故君子以同而異爲用睽之道也孔子曰君子和而不同蓋言不同於小人之事也此言君子以同而異蓋言同於道也故言同雖一而爲事道則異矣易說

初九悔亡喪馬勿逐自復見惡人无咎象曰見惡人以辟咎也

伊川程子曰九居卦初睽之始也在睽乖之時以剛動於下有悔可知所以得亡者九四在上亦以剛陽睽離无與自然同類相合同是陽爻同居下又當相應之位二陽本非相應者以在睽故合也上下相與故能亡其悔也在睽諸爻皆有應夫合則有睽本異則何睽唯初與四雖非應而同德相與故相遇馬者所以行也陽上行者也睽獨无與則不能行是喪其馬也四既與之合則能行矣是勿逐而馬復得也惡人與己乖異者也見者與相通也當睽之時雖同德者相與然小人乖異者至衆若棄絶之不幾盡天下以仇君子乎如此則失含宏之義致凶咎之道也又安能化不善而使之合乎故必見惡人則无咎也古之聖王所以能化姦凶爲善良革讎敵爲臣民者由弗絶也睽離之時人情乖違求和合之且病其不能得也若以惡人而拒絶之則將衆仇

於君子而禍咎至矣故必見之所以免避怨咎也无怨咎則有可合之道易傳

白雲郭氏曰初九无應有悔之象居睽而說道存焉故悔亡也喪馬初睽也逐之則成其爲睽不可合矣勿逐自復用同而復也惡人與己異者也見之所以同而異也能同而異何咎之有見者遇之而勿絶之辭非必欲見之也易說

九二遇主于巷无咎象曰遇主于巷未失道也

伊川程子曰二與五正應爲相與者也然在睽乖之時陰陽相應之道衰而剛柔相戾之意勝學易者識此則

知變通矣故二五雖正應當委曲以相求也二以剛中之德居下上應六五之君道合則志行成濟睽之功矣而居睽離之時其交非固二當委曲求於相遇覬其得合也故曰遇主于巷必能合而後无咎君臣睽離其咎大矣巷者委曲之塗也遇者會逢之謂也當委曲相求期於會遇與之合也所謂委曲者以善道宛轉將就使合而已非枉已屈道也當睽之時君心未合賢臣在下竭力盡誠期使之信合而已至誠以感動之盡力以扶持之明義理以致其知杜蔽惑以誠其意如是宛轉以求其合也遇非枉道迎逢也巷非邪僻由徑也故夫子特云遇主于巷未失道也易傳

六三見輿曳其牛掣其人天且劓无初有終象曰見輿曳位不當也无初有終遇剛也

伊川程子曰陰柔於平時且不足以自立况當睽離之際乎三居二剛之閒處不得其所安其見侵陵可知矣三以正應在上欲進與上合志而四阻於前二牽於後車牛所以行之具也輿曳牽於後也牛掣阻於前也在後者牽曳之而已當前者進者之所力犯也故重傷於上爲四所傷也其人天且劓天髡首也劓截鼻也三從正應而四隔止之三雖陰柔處剛而志行故力進以犯是以傷也天而又劓言重傷也三不合於二與四睽之時自无合義適合居剛守正之道也其於正應則睽極有終合之理始爲二陽所戹是无初也後必得合是有終也掣從制從手執止之義也以六居三非正也非正則不安又在二陽之閒所以有如是艱戹由位不當也无初有終者終必與上九相遇而合乃遇剛也不正而合未有久而不離者也合以正道自无終睽之理故賢者順理而安行智者知幾而固守易傳

龜山楊氏曰澤動而下故輿曳火動而上故其牛掣輿曳而掣則其事睽而不同矣尚能有行乎其人天

且劓劓者絕其通絕其通則其睽極矣睽極而反故无初有終易說

九四睽孤遇元夫交孚厲无咎象曰交孚无咎志行也

伊川程子曰九四當睽時居非所安无應而在二陰之閒是睽離孤處者也以剛陽之德當睽離之時孤立无與必以氣類相求而合是以遇元夫也夫陽稱元善也初九當睽之初遂能與同德而亡睽之悔處睽之至善者也故目之爲元夫猶云善士也四則過中爲睽已甚不若初之善也四與初皆以陽處一卦之下居相應之位當睽乖之時各无應援自然同德相親故會遇也同

德相遇必須至誠相與交孚各有孚誠也上下二陽以至誠相合則何時之不能行何危之不能濟故雖處危厲而无咎也當睽離之時孤居於二陰之間處不當位危且有咎也以遇元夫而交孚故得无咎也初四皆陽剛君子當睽乖之時上下以至誠相交協志同力則其志可以行不止无咎而已卦辭但言无咎夫子又從而明之云可以行其志故時之睽也蓋以君子陽剛之才而至誠相輔何所不能濟也唯有君子則能行其志矣易傳

朱子曰睽孤謂无應遇元夫謂得初九交孚謂同德相

信然當睽時故必危厲乃得无咎占者亦如是也本義

六五悔亡厥宗噬膚往何咎象曰厥宗噬膚往有慶也

伊川程子曰六以陰柔當睽離之時而居尊位有悔可知然而下有九二剛陽之賢與之爲應以輔翼之故得悔亡厥宗其黨也謂九二正應也噬膚噬囓其肌膚而深入之也當睽之時非入之者深豈能合也五雖陰柔之才二輔以陽剛之道而深入之則可往而有慶復何過咎之有以周成之幼稚而興盛王之治以劉禪之昏弱而有中興之勢蓋由任聖賢之輔而姬公孔明所以入之者深也爻辭但言厥宗噬膚則可以往而无咎象復推明其義言人君雖已才不足若能信任賢輔使以其道深入於已則可以有爲是往而有福慶也易傳

上九睽孤見豕負塗載鬼一車先張之弧後說之弧匪寇婚媾往遇雨則吉象曰遇雨之吉羣疑亡也

伊川程子曰上居卦之終睽之極也陽剛居上剛之極也在離之上用明之極也睽極則咈戾而難合剛極則躁暴而不詳明極則過察而多疑上九有六三之正應實不孤而其才性如此自睽孤也如人雖有親黨而多自疑猜妄生乖離雖處骨肉親黨之間而常孤獨也上之與三雖爲正應然居睽極无所不疑其見三如豕之

汚穢而又背負泥塗見其可惡之甚也既惡之甚則猜成其罪惡如見載鬼滿一車也鬼本无形而見載之一車言其以无爲有妄之極也物理極而必反以近明之如人適東東極矣動則西也如升高高極矣動則下也既極則動而必反也上之睽乖既極三之所處者正理大凡失道既極則必反正理故上於三始疑而終必合也先張之弧始疑惡而欲射之也疑之者妄也妄安能常故終必復於正三實无惡故後說弧而弗射睽極而反故與三非復是寇讎乃婚媾也此匪寇婚媾之語與屯卦同而義則殊也陰陽交而和暢則爲雨上於三始

疑而睽睽極則不疑而合陰陽合而益和則爲雨故云往遇雨則吉往者自此以往也謂既合而益和則吉也易傳

睽之上九離也離之爲德在諸卦莫不以爲明獨於睽便變爲惡以陽在上則爲亢以剛在上則爲狠以明在上變而爲察以狠以察所以爲睽之極也故曰見豕負塗載鬼一車皆自任巳察之所致然往而遇雨則吉遇雨者睽解也睽解有二義一是物極則必反故睽極則必通若睽極不通却終於睽而巳二是所以能解睽者却是用明之功也周行己錄

白雲郭氏曰處睽之極故曰睽孤然天下之睽始於

疑疑故睽不疑則交孚而无睽矣疑者小人之道也聖人无疑也睽之成卦本自二女則小人之象明矣故上九極言其疑也見豕負塗有之疑也載鬼一車无之疑也有之疑疑之始也无之疑其疑甚矣有无无所不疑是以張弧以禦之其道乖矣三之應上何寇之有其應甚正昬姻之道也故後有說弧之象焉往遇雨則吉者陰陽和則雨往而和則有无之際羣疑自釋睽道革矣是以吉也六三陰也上九陽也陽氣下降陰道上行故言遇雨見豕負塗猶詩言誰謂鼠無牙有之疑也載鬼一車猶詩言誰謂雀無角无之疑也易說

艮下坎上

伊川程子曰蹇序卦睽者乖也乖必有難故受之以蹇蹇者難也睽乖之時必有蹇難蹇所以次睽也蹇險阻之義故爲蹇難爲卦坎上艮下坎險也艮止也險在前而止不能進也前有險陷後有峻阻故爲蹇也易傳　蹇是處蹇之道道无時不可行游定夫所錄

朱子曰屯是陰陽未通之象蹇是流行之中有蹇滯困則窮矣語錄

東萊吕氏曰睽者乖也乖必有難故受之以蹇蹇者難也夫患難者人之所同畏然知其患難之可畏而

不知患難之本原睽乖者患難之本原也今人處患難而常懷乖異不平之心汩汩不反是猶惡熱而增焚惡醉而強酒何往而非患難哉故欲去險難必先去險難之本可也易說

蹇利西南不利東北利見大人貞吉

伊川程子曰西南坤方坤地也體順而易東北艮方艮山也體止而險在蹇難之時利於順處平易之地不利止於危險也處順易則難可紓止於險則難益甚矣蹇難之時必有聖賢之人則能濟天下之難故利見大人也濟難者必以大正之道而堅固其守故貞則吉也凡處難者必在乎守貞正設使難不解不失正德是以吉也若遇難而不能固其守入於邪濫雖使苟免亦惡德也知義命者不爲也易傳

白雲郭氏曰蹇難也見難而知止謂之蹇故蹇爲智者之事蹇之時得人則濟故利西南不利東北利見大人西南得朋之地也東北喪朋之地也大人足以濟大蹇者也得人之道先在反己其身正而天下歸之故貞吉也易說

東萊吕氏曰蹇利西南不利東北利見大人貞吉大抵天下之理相反處乃是相治水火相反也而救火

者必以水氷炭相反也而禦氷者必以炭險與平相反而治險必以平此聖人於蹇之卦所以特發明濟險之義西南坤位平易而順者也東北艮位艮爲山險也遇險必以平易之道而濟則險難可治苟以險濟險則其難益甚矣貞吉者謂人之處蹇守正則吉也今人處患難往往不能固其所守又見古人亦有守正而身不免於難遂以爲此義不足信殊不知所謂吉者非免於難爲吉乃順理之吉也易說

彖曰蹇難也險在前也見險而能止知矣哉蹇利西南往得中也不利東北其道窮也利見大人往有功也當位貞

吉以正邦也蹇之時用大矣哉

伊川程子曰蹇難也蹇之爲難如乾之爲健若易之爲難則義有未足蹇有險阻之義屯亦難也困亦難也同爲難而義則異屯者始難而未得通困者力之窮蹇乃險阻艱難之義各不同也險在前也坎險在前下止而不進故爲蹇見險而能止以卦才言處蹇之道也上險而下止見險而能止也犯險而進則有悔咎故美其能止爲知也方蹇難之時惟能止爲善故諸爻除五與二外皆以往爲失來爲得也蹇之時利於處平易西南坤方爲順易東北艮方爲險阻九上居五而得中正之位

是往而得平易之地故爲利也五居坎險之中而謂之平易者蓋卦本坤由五往而成坎故但取往而得中不取成坎之義也方蹇而又止危險之地則蹇蓋甚矣故不利東北其道窮也謂蹇之極也蹇難之時非聖賢不能濟天下之蹇故利於見大人也大人當位則成濟蹇之功矣往而有功也能濟天下之蹇者惟大正之道夫子又取卦才而言蹇之諸爻除初外餘皆當正位故爲貞正而吉也初六雖以陰居陽而處下亦陰之正也以如此正道正其邦可以濟於蹇矣處蹇之時濟蹇之道其用至大故云大矣哉天下之難豈易平也非聖賢不能其用可謂大矣順時而處量險而行從平易之道由至正之理乃蹇之時用也易傳

東萊呂氏曰夫當患難之際必有處險之道坎爲險在上是險在前也艮爲止在下是見險而能止也坎卦本是坤卦只因第二爻變遂至于險使第二爻知坤順之可從而復歸于坤則无復蹇惟第二爻不肯變故止于蹇難知矣哉知字最要看當平易之地則縱步至險難之地則駐足則又何以爲知惟其預知其難而遂止所以爲知也所謂見險而能止非畏其難怠惰而一無所爲也故大象以君子反身修德以

明之易說

楊氏曰蹇險在前止焉可也故諸爻喜來而惡往二五不言往來何也二臣位臣當濟君上之蹇五君位君當濟天下之蹇其可見險而止乎又曰見險而止者防之于未然之前不陷于已然之後也學易記

象曰山上有水蹇君子以反身修德

伊川程子曰山之峻阻上復有水坎水爲險陷之象上下險阻故爲蹇也君子觀蹇難之象而以反身修德君子之遇艱阻必反求諸已而益自修孟子曰行有不得者皆反求諸已故遇艱蹇必自省於身有失而致之乎

是反身也有所未善則改之无歉於心則加勉乃自修其德也君子修德以俟時而已易傳 蹇以反身修德故往而在外也在外必蹇來者在內也在內則有譽无尤來連朋來來碩皆反身修德之謂也蹇蹇不暴進內顧之象也暴進出外則无事矣連連則无窮也朋來則衆來言朋來未免於有思也至於來碩則來處於大人之事也故曰從貴羅氏拾遺

白雲郭氏曰古之君子窮則獨善其身達則兼善天下獨善之道无它修德而已蒙也蹇也皆君子遇險獨善之時也故蒙曰果行育德蹇曰反身修德也蹇

利得朋而反身修德者君子愛人不親反其仁治人不治反其智禮人不答反其敬行有不得者皆反求諸己其身正而天下歸之故得朋之道莫大於反身修德之要也屯之難濟以動故君子以經綸困之難濟以說故君子致命遂志蹇之難在止於至善故曰反身修德難非一也故所以濟難亦不能同也易說

初六往蹇來譽象曰往蹇來譽宜待也

伊川程子曰六居蹇之初往進則益入於蹇往蹇也當蹇之時以陰柔无援而進其蹇可知來者對往之辭上進則爲往不進則爲來止而不進是有見幾知時之美來則有譽也方蹇之初進則益蹇時之未可進也故宜見幾而止以待時可行而後行也諸爻皆蹇往而善來然則无出蹇之義乎曰在蹇而往則蹇也蹇終則變矣故上巳有碩義易傳

白雲郭氏曰蹇爲智者之事見難而止智也見難而往非智也故往則蹇而來則譽也夫知止而止則安榮知止而不止則危辱故言來譽來譽雖美未足以究蹇之實用故宜有待以濟也易說

六二王臣蹇蹇匪躬之故象曰王臣蹇蹇終无尤也

伊川程子曰二以中正之德居艮體止於中正者也與

五相應是中正之人爲中正之君所信任故謂之王臣雖上下同德而五方在大蹇之中致力於蹇難之時其艱蹇至甚故爲蹇於蹇也二雖中正以陰柔之才豈易勝其任所以蹇於蹇也志在濟君於蹇難之中其蹇蹇者非爲身之故也雖使不勝志義可嘉故稱其忠藎不爲己也然其才不足以濟蹇也小可濟則聖人當盛稱以爲勸矣 雖艱戹於蹇時然其志在濟君難雖未成功然終无過尤也聖人取其志義而謂其无尤所以勸忠藎也並易傳

朱子曰柔順中正正應在上而在險中故蹇而又蹇以

求濟之非以其身之故也不言吉凶者占者但當鞠躬盡力而已至於成敗利鈍則非所論也終无尤者事雖不濟亦无可尤本義

九三往蹇來反象曰往蹇來反内喜之也

伊川程子曰九三以剛居正處下體之上當蹇之時在下者皆柔必依於三是為下所附者也三與上為正應上陰柔而无位不足以為援故上往則蹇也來下來也反還歸也三為下二陰所喜故來為反其所也稍安之地也内在下之陰也方蹇之時陰柔不能自立故皆附於九三之陽而喜愛之九之處三在蹇為得其所也處

蹇而得下之心可以求安故以來為反猶春秋之言歸也易傳

漢上朱氏曰往則犯難反則得位九三重剛為下卦之主初二柔爻恃之以拒外險故往蹇來反以内喜之而反也陽得位故喜易傳

六四往蹇來連象曰往蹇來連當位實也

伊川程子曰往則益入於坎險之深往蹇也居蹇難之時同處艱戹者其志不謀而同也又四居上位而與在下者同有得位之正又與三相比相親者也二與初同類相與者也是與下同志衆所從附也故曰來連來則與在下之衆相連合也能與衆合得處蹇之道也四當蹇之時居上位不往而來與下同志固足以得衆矣又以陰居陰為得其實以誠實與下故能連合而下之二三亦各得其實初以陰居下亦其實也當同患之時相交以實其合可知故來而連者當位以實也處蹇難非誠實何以濟當位不曰正而曰實上下之交主於誠實用各有其所也易傳

九五大蹇朋來象曰大蹇朋來以中節也

伊川程子曰五居君位而在蹇難之中是天下之大蹇也當蹇而又在險中亦為大蹇大蹇之時而二在下以

中正相應是其朋助之來也方天下之蹇而得中正之臣相輔其助豈小也得朋來而无吉何也曰未足以濟蹇也以剛陽中正之君而方在大蹇之中非得剛陽中正之臣相輔之不能濟天下之蹇也二之中正固有助矣欲以陰柔之助濟天下之難非所能也自古聖王濟天下之蹇未有不由賢聖之臣為之助者湯武得伊吕是也中常之君得剛明之臣而能濟大難者則有矣劉禪之孔明唐肅宗之郭子儀德宗之李晟是也雖賢明之君苟无其臣則不能濟於難也故凡六居五九居二者則多由助而有功蒙泰之類是也九居五六居二則

其功多不足屯否之類是也蓋臣賢於君則輔君以君所不能臣不及君則贊助之而已故不能成大功也朋者其朋類也五有中正之德而二亦中正雖大蹇之時不失其守蹇於蹇以相應助是以其中正之節也上下中正而弗濟者臣之才不足也自古守節秉義而才不足以濟者豈少乎漢李固王允晉周顗王導之徒是也易傳

上六往蹇來碩吉利見大人象曰往蹇來碩志在內也利見大人以從貴也

伊川程子曰六以陰柔居蹇之極冒極險而往所以蹇

也不往而來從五求三得剛陽之助是以碩也蹇之道戹塞窮蹙碩大也寬裕之稱來則寬大其蹇舒矣蹇之極有出蹇之道上六以陰柔故不得出得剛陽之助可以舒蹇而已在蹇極之時得舒則為吉矣非剛陽中正豈能出乎蹇也利見大人蹇極之時見大德之人則能有濟於蹇也大人謂五以相比發此義五剛陽中正而居君位大人也在五不言其濟蹇之功而上六利見之何也曰在五不言以其居坎險之中无剛陽之助故无能濟蹇之義在上六蹇極而見大德之人則能濟於蹇故為利也各爻取義不同如屯初九之志正而於六二則因之為寇也諸爻皆不言吉上獨言吉者諸爻皆得正各有所善然皆未能出於蹇故未足為吉惟上處蹇極而得寬裕乃為吉也　上六應三而從五志在內也蹇既極而有助是以碩而吉也六以陰柔當蹇之極密近剛陽中正之君自然其志從附以求自濟故利見大人謂從九五之貴也所以云從貴恐人不知大人為指五也易傳

䷧坎下震上

伊川程子曰解序卦蹇者難也物不可以終難故受之以解物无終難之理難極則必散解者散也所以次蹇也爲卦震上坎下震動也坎險也動於險外出乎險也故爲患難解散之象又震爲雷坎爲雨雷雨之作蓋陰陽交感和暢而緩散故爲解解者天下患難解散之時也易傳

解利西南无所往其來復吉有攸往夙吉

張子曰難免人患散則得衆者吉往而不返則生它變有所往而不速將後於時也故无所往則靜吉有所往則速吉易說

伊川程子曰西南坤方坤之體廣大平易當天下之難方解人始離艱苦不可復以煩苛嚴急治之當濟以寬大簡易乃其宜也如是則人心懷而安之故利如西南也湯除桀之虐而以寬治武王誅紂之暴而反商政皆從寬易也无所往謂天下之難已解散无所爲也有攸往謂尚有所當解之事也夫天下國家必紀綱法度廢亂而後禍患生聖人旣解其難而安平无事矣是无所往也則當修復治道正紀綱明法度進復先代明王之治是來復也謂反正理也天下之吉也其發語辭自古

聖王救難定亂其始未暇遽爲也旣安定則爲可久可繼之治自漢以下亂旣除則不復有爲姑隨時維持而已故不能成善治蓋不知來復之義也有攸往夙吉謂尚有當解之事則蚤爲之乃吉也當解而未盡者不蚤去則將復盛事之復生者不蚤爲則將漸大故夙則吉也易傳

彖曰解險以動動而免乎險解解利西南往得衆也其來復吉乃得中也有攸往夙吉往有功也天地解而雷雨作雷雨作而百果草木皆甲拆解之時大矣哉

伊川程子曰坎險震動險以動也不險則非難不動則不能出難動而出於險外是免乎險難也故爲解解難之道利在廣大平易以寬易而往濟解則得衆心之歸也不云无所往省文爾救亂除難一時之事未能成治道也必待難解无所往然後來復先王之治乃得中道謂合宜也有所爲則夙吉也蚤則往而有功緩則惡滋而害深矣旣明處解之道復言天地之解以見解時之大天地之氣開散交感而和暢則成雷雨雷雨作則萬物皆生發甲拆天地之功由解而成故贊解之時大矣哉王者法天道行寬宥施恩惠養育兆民至於昆蟲草木乃順解之時與天地合德也易傳

藍田吕氏曰解出乎險難也當解之時无濟難之志守中自居來復可也有濟難之志不夙則失時險而止蒙其險在內心有窒礙失之止而不知學也蹇見險而能止其險在外知不可進而自止也屯動乎險中險亦在外動乎險中求出而未得也解險以動動而免乎險已出險外動而遠之以免斯難也[redacted]

龜山楊氏曰動而免乎險卦之所以爲解也免乎險而以順動則衆斯得矣此解之所以利西南也居解之時難方解矣故无所往則宜復有攸往則宜夙所謂宜復何也蓋天下方出於屯難則還定安集之時

也作之則人弗堪矣故來復吉漢爲畫一之法而天下歌之來復之謂也所謂宜夙者何也蓋解之初與民維新之時也人方厭亂而餘風遺俗亂政弊法有不可因者則革之宜夙也天下已定而人安於故常方且圖之則擾矣尚能有功哉武王克商反商政有未及下車而行者夙之謂也觀天地解而雷雨作則解之不可不夙亦天地之理也易說

象曰雷雨作解君子以赦過宥罪

伊川程子曰天地解散而成雷雨故雷雨作而爲解也與明兩而作離語不同赦釋之宥寬之過失則赦之可也罪惡而赦之則非義也故寬之而已君子觀雷雨作解之象體其發育則施恩仁體其解散則行寬釋也易傳

平原單氏曰坎在上則爲雲言澤未及物也此屯之象也坎在下則爲雨言澤之及物也此解之象也解者物離乎難而更新之時也故赦過宥罪取以滌其舊而與之更新也易學記

初六无咎象曰剛柔之際義无咎也

伊川程子曰六居解初患難既解之時以柔居剛以陰應陽柔而能剛之義既无患難而自處得剛柔之宜患難既解安寧无事惟自處得宜則爲无咎矣方解之初

宜安靜以休息之爻之辭寡所以示意初四相應是剛柔相際接也剛柔相際爲得其宜難既解而處之剛柔得宜其義无咎也易傳

藍田吕氏曰初六居解之始以柔在險下宜有咎也然應於九四比於九二剛柔相濟足以解難義无咎也[redacted]

九二田獲三狐得黃矢貞吉象曰九二貞吉得中道也

伊川程子曰九二以陽剛得中之才上應六五之君用於時者也天下小人常衆剛明之君在上則明足以照之威足以懼之剛足以斷之故小人不敢用其情然猶

常存警戒慮其有間而告正也六五以陰柔居尊位其
明易蔽其威易犯其斷不果而易惑小人一近之則移
其心矣況難方解而治之初其變尚易二既當用必須
能去小人則可以正君心而行其剛中之道田者去害
之事狐者邪媚之獸三狐指卦之三陰時之小人也獲
謂能變化除去之如田之獲狐也獲之則得中直之道
乃貞正而吉也黃中色矢直物黃矢謂中直也羣邪不
去君心一入則中直之道无由行矣桓敬之不去武三
思是也所謂貞吉者得其中道也除去邪惡使其中直
之道得行乃正而吉也易傳

誠齋楊氏曰多難既散有攸往夙吉九二以陽剛之
才佐六五陰柔之主急于有爲之時也則宜何先莫
急于紀綱而又有急于紀綱者莫先于法度而又有
急于法度去小人是也霍光上官並受武之託丙魏
恭顯雜居宣之朝則是无難多難之始也故當解之
世九二欲其獲狐六三戒其致寇九四欲其解拇六
五欲其退小人上六欲其射隼一卦六爻而去小人
者居其五然則召天下之多難者果誰乎君人者亦
何利乎天下之多難而樂于近小人踈君子哉狐者
小人之妖恭顯是也拇者小人之賤通嫣是也隼者
小人之驁憲冀是也負乘者小人之僭莽卓是也一
卦之中聖人五致意焉其防難也不爲不詳矣三狐
三陰也一卦四陰而指其三者不指六五五君位也
田者力而取之也矢者我直則壯也黃者中而不過
也去小人而不力雖去必來去小人而不直雖行必
革去小人而不中雖甚必亂三者盡矣又能貞固以
守之則吉也易傳

六三負且乘致寇至貞吝象曰負且乘亦可醜也自我致
戎又誰咎也

伊川程子曰六三陰柔居下之上處非其位猶小人宜

在下以負荷而且乘車非其據也必致寇奪之至雖使
所爲得正亦可鄙吝也小人而竊盛位雖勉爲正事而
氣質卑下本非在上之物終可吝也若能大正則如何
曰大正非陰柔所能也若能之則是化爲君子矣三陰
柔小人宜在下而反處下之上猶小人宜負而反乘當
致寇奪也難解之時而小人竊位復致寇矣負荷之人
而且乘載爲可醜惡也處非其據德不稱其器則寇戎
之致乃己招取將誰咎乎易傳

九四解而拇朋至斯孚象曰解而拇未當位也

伊川程子曰九四以陽剛之才居上位承六五之君大

臣也而下與初六之陰爲應拇在下而微者謂初也居上位而親小人則賢人正士遠退矣斥去小人則君子之黨進而誠相得也四能解去初六之陰柔則陽剛君子之朋來至而誠合矣不解去小人則已之誠未至安能得人之孚也初六其應故謂遠之爲解四雖陽剛然居陰於正疑不足若復親比小人則其失正必矣故戒必解其拇然後能來君子以其處未當位也解者本合而離之也必解拇而後朋孚蓋君子之交而小人容於其間是與君子之誠未至也易傳

六五君子維有解吉有孚於小人象曰君子有解小人退

也

伊川程子曰六五居尊位爲解之主人君之解也以君子通言之君子所親比者必君子也所解去者必小人也故君子維有解則吉也小人去則君子進矣吉孰大焉有孚者世云見驗也可驗之於小人小人之黨去則是君子能有解也小人去則君子自進正道自行天下不足治也君子之所解者謂退去小人也小人去則君子之道行是以吉也易傳

上六公用射隼於高墉之上獲之无不利象曰公用射隼以解悖也

伊川程子曰上六尊高之地而非君位故曰公但據解終而言也隼鷙害之物象爲害之小人墉墻內外之限也害若在內則是未解之時也若出墉外則是无害矣復何所解故在墉上離乎內而未去也云高見防限之嚴而未去者上解之極也解極之時而獨有未解者乃害之堅强者也上居解極解道已至器已成也故能射而獲之既獲之則天下之患解已盡矣何所不利夫子於繫辭復伸其義曰隼者禽也弓矢者器也射之者人也君子藏器於身待時而動何不利之有動而不括是以出而有獲語成器而動者也鷙害之物在墉上苟无

其器與不待時而發則安能獲之所以解之之道器也事之當解與已解之之道至者時也如是而動故无括結發而无不利矣括結謂阻礙聖人於此發明藏器待時之義夫行一身至於天下之事苟无其器與不以時而動小則括塞大則喪敗自古喜有爲而无成功或顛覆者皆由是也易傳

䷨ 兌下艮上

伊川程子曰損序卦解者緩也緩必有所失故受之以損縱緩則必有所失失則損也損所以繼解也爲卦艮上兌下山體高澤體深下深則上益高爲損下益上之義又澤在山下其氣上通潤及草木百物是損下而益上也又下爲兌說三爻皆上應是說以奉上亦損下益上之義又下兌之成兌由六三之變也上艮之成艮自上九之變也三本剛而成柔上本柔而成剛亦損下益上之義損上而益於下則爲益取下而益於上則爲損在人上者施其澤以及下則益也取其下以自厚則損也譬諸壘土損於上以培厚其基本則上下安固矣豈非益乎取於下以增上之高則危墜至矣豈非損乎故損者損下益上之義益則反是易傳

東萊呂氏曰損之卦損下益上故爲損蓋上雖受其益殊不知既損其下則上亦損矣然其下爲兌兌說也又下三爻皆應於上是下樂輸以奉上人君固可以安受之何名爲損乎蓋損下益上人君之失也樂輸於上人臣之義也兩者自不相妨又艮止兌說凡上有取於民皆謂之損合上下二體而觀之下當樂輸而不怨上當取於民有制不可无所止也易說

損有孚元吉无咎可貞利有攸往曷之用二簋可用享

伊川程子曰損減損也凡損抑其過以就義理皆損之道也損之道必有孚誠謂至誠順於理也損而順理則大善而吉所損无過差可貞固常行而利有所往也人之所損或過或不及或不常皆不合正理非有孚也非有孚則无吉而有咎非可貞之道不可行也損者損過而就中損浮末而就本實也聖人以寧儉爲禮之本故於損發明其義以享祀言之享祀之禮其文最繁然以誠敬爲本多儀備物所以將飾其誠敬之心飾過其誠則爲僞矣損飾所以存誠也故云曷之用二簋可用享二簋之約可用享祭言在乎誠而已誠爲本也天下之害无不由末之勝也峻宇雕牆本於宮室酒池肉林本於飲食淫酷殘忍本於刑罰窮兵黷武本於征討凡人欲之過者皆本於奉養其流之遠則爲害矣先王制其本者天理也後人流於末者人欲也損之義損人欲以復天理而已易傳

朱子曰損減省也爲卦損下卦上畫之陽益上卦上畫之陰損兌澤之深益艮山之高損下益上損內益外剝民奉君之象所以爲損也損所當損而有孚信則其占當有此下四者之應矣曷之用二簋可用享言當損時

則至薄无害本義

彖曰損損下益上其道上行損而有孚元吉无咎可貞利有攸往曷之用二簋可用享二簋應有時損剛益柔有時損益盈虛與時偕行

伊川程子曰損之所以爲損者以損於下而益於上也取下以益上故云其道上行夫損上而益下則爲益損下而益上則爲損損基本以爲高者豈可謂之益乎元吉者謂損而以至誠則有此元吉以下四者損道之盡善也夫子特釋曷之用二簋可用享卦辭簡直謂當損去浮飾曰何所用哉二簋可以享也厚本損末之謂也

夫子恐後人不達遂以爲文飾當盡去故詳言之有本必有末有實必有文天下萬事无不然者无本不立无文不行父子主恩必有嚴順之體君臣主敬必有承接之儀禮讓存乎內待威儀而後行尊卑有其序非物采則无別文之與實相須而不可闕也及夫文之勝末之流遠本喪實乃當損之時也故云曷所用哉二簋足以薦其誠矣謂當務實而損飾也夫子恐人之泥言也故復明之曰二簋之質用之當有時非其所用而用之不可也謂文飾未過而損之與損之至於過甚則非也損剛益柔有時剛爲過柔爲不足損益皆損剛益柔也必

順時而行不當而損益之則非也或損或益或盈或虛唯隨時而已過者損之不足者益之虧者盈之實者虛之與時偕行也易傳

象曰山下有澤損君子以懲忿窒欲

伊川程子曰山下有澤氣通上潤與深下以增高皆損下之象君子觀損之象以損於己在修己之道所當損者唯忿與欲故以懲戒其忿怒窒塞其意欲也易傳

初九已事遄往无咎酌損之象曰已事遄往尚合志也

伊川程子曰損之義損剛益柔損下益上也初以陽剛應於四四以陰柔居上位賴初之益者也下之益上當

損己而不自以爲功所益於上者事既已則速去之不居其功乃无咎也若享其成功之美非損己益上也於爲下之道爲有咎矣四之陰柔賴初者也故聽於初初當酌度其宜而損己以益之過與不及皆不可也尚上也時之所崇用爲尚初之所尚者與上合志也四賴於初初益於四與上合志也易傳

朱子曰初九當損下益上之時上應六四之陰輟所爲之事而遄往以益之無咎之道也故其象占如此本義

九二利貞征凶弗損益之象曰九二利貞中以爲志也

伊川程子曰二以剛中當損剛之時居柔而說體上應

六五陰柔之君以柔説應上則失其剛中之德故戒所利在貞正也征行也離乎中則失其貞正而凶矣守其中乃貞也弗損益之不自損其剛貞則能益其上乃益之也若失其剛貞而用柔説適足以損之而已非損已而益上也世之愚者有雖无邪心而唯知竭力順上爲忠者蓋不知弗損益之之義也九居二非正也處説非剛也而得中爲善若守其中德何有不善豈有中而不正者豈有中而有過者二所謂利貞謂以中爲志也志存乎中則自正矣大率中重於正中則正矣正不必中也能守中則有益於上矣易傳

六三三人行則損一人一人行則得其友象曰一人行三則疑也

漢上朱氏曰伊川易傳損六三曰三陽同行則損九三以益上三陰同行則損上六以爲三三人行則損一人也上以柔易剛而謂之損但言其減一耳上與三雖本相應由二爻升降而一卦皆成兩相與也初二二陽四五二陰同德相比三與上應皆兩相與則其志專皆爲得其友也傳言損三益上損上爲三以柔易剛二爻升降此正論卦變也叢說

六四損其疾使遄有喜无咎象曰損其疾亦可喜也

伊川程子曰四以陰柔居上與初之剛陽相應在損時而應剛能自損以從剛陽也損不善以從善也初之益四損其柔而益之以剛損其不善也故曰損其疾疾謂疾病不善也損于不善唯使之遄速則有喜而无咎人之損過唯患不速速則不至於深過爲可喜也易傳

龜山楊氏曰損之爲卦用下益上則上皆獲益者也六四承乘皆陰偏于陰者也陰陽失其平則爲疾初與已應得陽而損其疾也爲損而至于損其疾亦可喜也易說

六五或益之十朋之龜弗克違元吉象曰六五元吉自上

祐也

張子曰龜弗能違言受益之可必信然不疑也或益之上九自外來而比之況其下者乎易說

伊川程子曰六五於損時以中順居尊位虛其中以應乎二之剛陽是人君能虛中自損以順從在下之賢也能如是天下孰不損已自盡以益之故或有益之之事則十朋助之矣十衆辭龜者决是非吉凶之物衆人之公論必合正理雖龜筴不能違也如此可爲大善之吉矣古人曰謀從衆則合天心所以得元吉者以其能盡衆人之見合天地之理故自上天降之福祐也易傳

東萊呂氏曰損六五益六二損下益上爲損損之爲卦上受其益六五居上體之中受益之主也損上益下爲益益之爲卦下受其益六二居下體之中受益之主也故爻辭多同然損之六五弗克違之下止曰元吉益之六二弗克違之下曰永貞吉王用享於帝吉其辭煩簡不同者君臣之地不同也損君也以人君而受天下之益可也益臣也以人臣而受天下之益其地至難居故須長守正而歸功於君不可私其善於己故難受衆人之善合衆善而守之確然不移然衆善本非我有又當聽人君所用以治天職豈可

認爲己有哉此所謂王用享於帝吉也易說

上九弗損益之无咎貞吉利有攸往得臣无家象曰弗損益之大得志也

伊川程子曰凡損之義有三損己從人也自損以益於人也行損道以損於人也損己從人徙于義也自損益人及于物也行損道以益于人行其義也各因其時取大者言之四五二爻取損己從人下體三爻取自損以益人損時之用行損道以損天下之當損者也上九則取不行其損爲義九居損之終損極而當變者也以剛陽居上若用剛以損削於下非爲上之道其咎大矣若不行其損變而以剛陽之道益於下則无咎而得其正且吉也如是則宜有所往往則有益矣在上能不損其下而益之天下孰不服從從服之衆无有內外也故曰得臣无家得臣謂得人心歸服无家謂无有遠近內外之限也大得志也者居上不損下而反益之是君子大得行其志也君子之志唯在益於人而已易傳

朱子曰上九當損下益上之時居卦之上受益之極而欲自損以益人也然居上而益下有所謂惠而不費者不待損己然後可以益人也能如是則无咎然亦必以正則吉而利有所往惠而不費其惠廣矣故又曰得臣

无家本義

䷩ 震下巽上

伊川程子曰益序卦損而不已必益故受之以益盛衰損益如循環損極必益理之自然益所以繼損也爲卦巽上震下雷風二物相益者也風烈則雷迅雷激則風怒兩相助益所以爲益此以象言也巽震二卦皆由下變而成陽變而爲陰者損也陰變而爲陽者益也上卦損而下卦益損上益下所以爲益此以義言也下厚則上安故益下爲益（易傳）

益利有攸往利涉大川

伊川程子曰益者益於天下之道也故利有攸往益之道可以濟險難利涉大川也（易傳）

朱子曰益增益也爲卦損上卦初畫之陽益下卦初畫之陰自上卦而下于下卦之下故爲益卦之九五六二皆得中正下震上巽皆木之象故其占利有攸往而涉大川也（本義）

彖曰益損上益下民說无疆自上下下其道大光利有攸往中正有慶利涉大川木道乃行益動而巽日進无疆天施地生其益无方凡益之道與時偕行

伊川程子曰以卦義與卦才言也卦之爲益以其損上益下也損於上而益下則民說之无疆謂无窮極也自上而降己以下下其道之大光顯也陽下居初陰上居四爲自上下下之義五以剛陽中正居尊位二復以中正應之是以中正之道益天下天下受其福慶也益之爲道於平常无事之際其益猶小當艱危險難則所益至大故利涉大川也於濟艱險乃益道大行之時也又以二體言卦才下動而上巽動而巽也爲益之道其動巽順於理則其益日進廣大无有疆限也動而不順於理豈能成大益也以天地之功言益道之大聖人體之以益天下也天道資始地道生物天施地生化育萬物各正性命其益可謂无方矣方所也有方所則有限量无方謂廣大无窮極也天地之益萬物豈有窮際乎天地之益无窮者理而已矣聖人利益天下之道應時順理與天地合與時偕行也（易傳）

象曰風雷益君子以見善則遷有過則改

伊川程子曰風烈則雷迅雷激則風怒二物相益者也君子觀風雷相益之象而求益于己爲益之道无若見善則遷有過則改也見善能遷則可以盡天下之善有過能改則无過矣益于人者无大于是（易傳）

白雲郭氏曰子夏傳曰雷以動之風以散之萬物皆益也天施地生所以益萬物者莫盛於雷風也損之

象言懲忿窒慾蓋言修德之始務損去其惡也其惡旣損則見善自遷矣然猶曰有過則改者非謂懲窒忿慾之未盡也蓋遷善之際猶或有失焉有之又當不憚改也過謂過失耳非若忿慾之爲惡也顔子三月不違仁則亦有違矣不遠復則亦有未復之時矣所謂過也是以顔子克己之始於視聽言動之非禮者皆勿而絶之所謂懲忿窒慾也及其得一善則拳拳服膺而弗失所謂見善則遷也有不善未嘗不知知之未嘗復行孔子以謂殆庶幾所謂有過則改也論語亦以不遷怒不貳過言之故懲忿窒慾始也見

善則遷中也有過則改終也知此則損益之道盡矣 易說

初九利用爲大作元吉无咎象曰元吉无咎下不厚事也

伊川程子曰初九震動之主剛陽之盛也居益之時其才足以益物雖居至下而上有六四之大臣應於己四巽順之主上能巽於君下能順於賢才也在下者不能有爲也得在上者應從之則宜以其道輔於上作大益天下之事利用爲大作也居下而得上之用以行其志必須所爲大善而吉則无過咎不能元吉則不惟在己有咎乃累乎上爲上之咎也在至下而當大任小善不足以稱也故必元吉然後得无咎在下者本不當處厚事厚事重大之事也以爲在上所任所以當大事必能濟大事而致元吉乃爲无咎能致元吉則在上者任之爲知人已當之爲勝任不然則上下皆有咎也 易傳

朱子曰元吉无咎吉凶是事咎是道理蓋有事則吉而理却過差者是之謂吉而有咎 語錄

白雲郭氏曰損爲益之始益爲損之終損益者始終之道也在損之初言當已事至益之初則遄往之時矣故言利用爲大作而繫辭言益以興利其義一也自益之一卦言之則初九爲益之始自損而至於益

言之則初九道已成矣先難之事已矣言乎得失則元吉論其修德則无咎當興利之初故利爲大作也損益二卦終始相通故其辭意相接損之上九曰勿損益之无咎貞吉利有攸往得臣无家而象言大得志益之初九言利用爲大作元吉无咎蓋所以終利有攸往之辭亦知其大得志也猶之卦辭損自有孚終於利有攸往而益之卦辭以利有攸往爲始也下不厚事者益之初九非先難之時故雖在下而不必厚於事是以直以長裕之道大有爲以益天下自然元吉无咎也事如懲忿窒慾損惡之事固當厚而不

敢忽然德既有成當利澤天下非厚事之時也何以知其德之成蓋方忿未懲慾未窒之時非獨无以致元吉亦且未能補過而无咎矣易說

六二或益之十朋之龜弗克違永貞吉王用享于帝吉象曰或益之自外來也

伊川程子曰六二處中正而體柔順有虛中之象人處中正之道虛其中以求益而能順從天下孰不願告而益之孟子曰夫苟好善則四海之內皆將輕千里而來告之以善夫滿則不受虛則來物理自然也故或有可益之事則衆朋助而益之十者衆辭衆人所是理之至

當也龜者占吉凶辨是非之物言其至是龜不能違也永貞吉就六二之才而言二中正虛中能得衆人之益者也然而質本陰柔故戒在常永貞固則吉也求益之道非永貞則安能守也損之六五十朋之則元吉者蓋居尊自損應下之剛以柔而居剛柔爲虛受剛爲固守求益之至善故元吉也六二虛中求益亦有剛陽之應而以柔居柔疑從益之未固也故戒能常永貞固則吉也王用享於帝吉如二之虛中而能永貞用以享上帝猶當獲吉況與人接物其意有不通乎求益於人有不應乎祭天天子之事故云王用也易傳

白雲郭氏曰或者來益而不一之辭損之六五曰元吉自然之吉也此曰永貞吉久而有守斯爲吉也君臣之道不同故其爲吉亦異或益之人益之也十朋之龜弗克違鬼神益之也王用享于帝吉天益之也益象虛中六二謙以居之是以致益之多天且弗違況于人與鬼神乎在謙之彖言天道益謙鬼神福謙人道好謙益六二皆得之易說

六三益之用凶事无咎有孚中行告公用圭象曰益用凶事固有之也

伊川程子曰三居下體之上在民上者也乃守令也居

陽應剛處動之極居民上而剛決果於爲益者也果於爲益用之於凶事則无咎凶事謂患難非常之事三居下之上在下當承稟於上安得自任擅爲益乎惟於患難非常之事則可量宜應卒奮不顧身力在其民故无咎也下專自任上必忌疾雖當凶難以義在可爲然必有其孚誠而所爲合於中道則誠意通於上而上信與之矣專爲而无爲上愛民之至誠固不可也雖有誠意而所爲不合中行亦不可也圭者通信之物禮云大夫執圭而使所以申信也凡祭祀朝聘用圭玉所以通達誠信也有誠孚而得中道則能使上信之是猶告公上

用圭玉也其孚能通達於上矣在下而有為之道固當有孚中行又三陰爻而不中故發此義六三益之得可用於凶事者以其固有之也謂專固自任其事也居下當稟承於上乃專任其事惟救民之凶災極時之艱急則可也乃處急難變故之權宜故得无咎若平時則不可也易傳

朱子曰益用凶事欲其困心衡慮而固有之也本義

益之用凶事猶言用降我凶德嘉績于朕邦語錄

六四中行告公從利用為依遷國象曰告公從以益志也

伊川程子曰四當益時處近君之位居得其正以柔巽

輔上而下順應於初之剛陽如是可以益於上也惟處不得其中而所應又不中是不足於中也故云若行得中道則可以益於君上告於上而獲信從矣以柔巽之體非有剛特之操故利用為依遷國為依依附於上也遷國順下而動也上依剛中之君而致其益下順剛陽之才以行其事利用如是也自古國邑民不安其居則遷遷國者順下而動也爻辭但云得中行則告公而獲從象復明之曰告公而獲從者告之以益天下之志也志苟在於益天下上必信而從之事君者不患上之不從患其志之不誠也易傳

白雲郭氏曰三四失中故皆以中行戒之非有為之地居巽之下不能自動以益人故欲有行也告公而已欲遷國也依人而已不能自用也告公者以益天下之志告之也易說

九五有孚惠心勿問元吉有孚惠我德象曰有孚惠心勿問之矣惠我德大得志也

伊川程子曰五剛陽中正居尊位又得六二之中正相應以行其益何所不利以陽實在中有孚之象也以九五之德之才之位而中心至誠在惠益於物其至善大吉不問可知故云勿問元吉人君居得致之位操可致

之權苟至誠益於天下天下受其大福其元吉不假言也有孚惠我德人君至誠益於天下天下之人无不至誠愛戴以君之德澤為恩惠也人君有至誠惠益天下之心其元吉不假言也故云勿問之矣天下至誠懷吾德以為惠是其道大行人君之志得矣易傳

白雲郭氏曰天下之能致益者君也而求其益者天下之民也有孚惠心則所以致益者有至誠之道焉此其所以元吉也有孚惠我德則天下之民求益而得益至誠懷我之德矣此其所以大得志也益之道於是為至損之上九言大得志蓋自損得益而為得

志也此言大得志蓋君子有惠天下之志至於天下信而懷其德是爲大得志之時也孔子曰老者安之朋友信之少者懷之九五之謂也勿問者有孚惠心无所擇也猶彖言天施地生而曰无方繫辭言益之長裕而曰不設皆无限極之意易說

東萊呂氏曰益九五有孚人君但誠心惠民不須問民之感如此然後元吉民皆交孚而惠君之德也苟惠民而先問民之感與不感是計功利非誠心惠民者也安能使民之樂應乎梁惠王徒有移民之小惠已遽問孟子以鄰國之民不加少寡人之民不加多

此不知勿問之理也易說

上九莫益之或擊之立心勿恒凶象曰莫益之偏辭也或擊之自外來也

伊川程子曰上居无位之地非行益於人者也以剛處益之極求益之甚者也所應者陰非取善自益者也利者衆人所同欲也專欲益已其害大矣欲之甚則昏蔽而忘義理求之極則侵奪而致讎怨故夫子曰放於利而行多怨孟子謂先利則不奪不厭聖賢之深戒也九以剛而求益之極衆人所共惡故无益之者而或攻擊之矣立心勿恒凶聖人戒人存心不可專利云勿恒如是凶之道也所當速改也理者天下之至公利者衆人所同欲苟公其心不失其正理則與衆同利无侵於人人亦欲與之若切於好利蔽于自私求自益以損於人則人亦與之力爭故莫肯益之而有擊奪之者矣云莫益之者非其偏已之辭也苟不偏已合於公道則人亦益之何爲擊之乎既求益於人至於甚極則人皆惡而欲攻之故擊之者自外來也人爲善則千里之外應之六二中正虛已益之者自外而至是也苟爲不善則千里之外違之上九求益之極擊之者自外而至是也繫辭曰君子安其身而後動易其心而後語定其交而後

求君子修此三者故全也危以動則民不與也懼以語則民不應也无交而求則民不與也莫之與則傷之者至矣易曰莫益之或擊之立心勿恒凶君子言動與求皆以其道乃完善也不然則取傷而凶矣易傳

朱子曰莫益之者猶從其求益之偏辭而言也若究而言之則又有擊之者矣本義

䷪ 乾下兌上

伊川程子曰夬序卦益而不已必決故受之以夬夬者決也益之極必決而後止理无常益益而不已已乃決也夬所以次益也爲卦兌上乾下以二體言之澤水之聚也乃上於至高之處有潰決之象以爻言之五陽在下長而將極一陰在上消而將盡衆陽上進決去一陰所以爲夬也夬者剛決之義衆陽進而決去一陰君子道長小人消衰將盡之時也易傳

夬揚于王庭孚號有厲告自邑不利即戎利有攸往

伊川程子曰小人方盛之時君子之道未勝安能顯然以正道決去之故含晦俟時漸圖消之之道今既小人衰微君子道盛當顯行之於公朝使人明知善惡故云揚于王庭孚信之在中誠意也號者命衆之辭君子之道雖長盛而不敢忘戒備故至誠以命衆使知尚有危道雖以此之甚盛決彼之甚衰若易而无備則有不虞之悔是尚有危理必有戒懼之心則无患也聖人設戒之意深矣君子之治小人以其不善也必以已之善道勝革之故聖王誅亂必先修已舜之敷文德是也邑私邑告自邑先自治也以衆陽之盛決於一陰力固有餘然不可極其剛至於太過太過乃如蒙上九之爲寇也

戎兵者強武之事不利即戎謂不宜尚壯武也即從也從戎尚武也利有攸往陽雖盛未極乎上陰雖微猶有未去是小人尚有存者君子之道有未至也故宜進而往也不尚剛武而其道益進乃夬之善也易傳

彖曰夬決也剛決柔也健而說決而和揚于王庭柔乘五剛也孚號有厲其危乃光也告自邑不利即戎所尚乃窮也利有攸往剛長乃終也

張子曰不可以必勝而忽慢故能矜慎則愈光也除惡務本故利有所進而後爲德乃終易說

伊川程子曰夬爲決義五陽決上之一陰也健而說決而和以二體言卦才也下健而上說是健而能說決而能和決之至善也兌說爲和揚于王庭柔雖消矣然居五剛之上猶爲乘陵之象陰而乘陽非理之甚君子勢既足以去之當顯揚其罪於王朝大庭使衆知善惡也孚號有厲盡誠信以命其衆而知有危懼則君子之道乃无虞而光大也告自邑當先自治不宜專尚剛武即戎則所尚乃至窮極矣夬之時所尚謂剛武也陽剛雖盛長猶未終尚有一陰更當決去則君子之道純一而无害之者矣乃剛長之終也易傳

朱子曰剛長乃終謂一變即爲純乾也本義

白雲郭氏曰彖明剛決柔謂之夬非剛決柔不名夬也然有乾之健故能決有兌之說故能和小人既決合天下之公義故天下說而和所謂四罪而天下咸服也柔乘五剛不得不正其罪是所以必揚于王庭也其危乃光者明信宣布其所以自取危亡之道則君子之公義乃明矣所尚乃窮者以威力爲尚而不知有道存焉適足以致小人之辭是自窮之道也剛長乃終者五剛既盛必復於乾而後已柔不去則剛不長非終道也小人不去則君子之道不長君子之道不長非君子之終也剛長乃終必決之義也易說

嵩齋李氏曰其危乃光猶今人所謂罪狀明白也學易記

象曰澤上於天夬君子以施祿及下居德則忌

張子曰君子道長故非德之禁可以必行然不可恃令之行无恩以及下也易說

伊川程子曰澤水之聚也而上於天至高之處故爲夬象君子觀澤決於上而注溉於下之象則以施祿及下謂施其祿澤以及於下也觀其決潰之象則以居德則忌居德謂安處其德則約也忌防也謂約立防禁有防禁則无潰散也王弼作明忌亦通不云澤在天上而云澤上於天上於天則意不安而有決潰之勢云在天上乃安辭也易傳

嵩齋李氏曰澤上於天乃雲興雨施潤澤萬物之象君子法之所以施祿及下居德者謂以德自居猶言其有善也忌如道家所忌之忌功被天下而守之以讓其是道歟學易記

初九壯于前趾往不勝爲咎象曰不勝而往咎也

張子曰言能慮勝而往則无咎易說

伊川程子曰九陽爻而乾體剛健在上之物乃在下而居決時壯于前進者也前趾謂進行人之決於行也行

而宜則其決爲是往而不宜則決之過也故往而不勝則爲咎也夬之時而往往決也故以勝負言九居初而壯於進躁於動者也故有不勝之戒陰雖將盡而巳之躁動自宜有不勝之咎不計彼也易傳

誠齋楊氏曰初九陽壯之初位乎四陽之下趾之象也銳于行而躁于往欲以孤力決去小人一小人雖微而在上其易勝乎勝在往先者勝往在勝先者負况不勝在先往者乎故周公言往不勝而孔子斷之曰不勝而往宜其咎也易傳

白雲郭氏曰四剛過中已爲大壯况夬之五剛乎故

大壯初九曰壯于趾而夬曰壯于前趾則又欲速進其壯矣然初九居剛長之初力未能決有必不勝之理必不勝而往其咎宜也此復所以有朋來无咎之義而夬之初九失之（易說）

九二惕號莫夜有戎勿恤象曰有戎勿恤得中道也

伊川程子曰夬者陽決陰君子決小人之時不可忘戒備也陽長將極之時而二處中居柔不爲過剛能知戒備處夬之至善也內懷兢惕而外嚴誡號雖莫夜有兵戎亦可勿恤矣莫夜有兵戎可懼之甚也然可勿恤者以自處之善也既得中道又知惕懼且有戒備何事之

足恤也九居二雖得中然非正其爲至善何也曰陽決陰君子決小人而得中豈有不正也知時識勢學易之大方也（易傳）

白雲郭氏曰初九銳于用剛而不知不勝之咎九二處中居陰則无過焉是以有兢慎戒不虞之義惕知懼也號明戒也有備則无患故雖莫夜非所憂也得中道者以剛中自治而已非如初九之過于用剛者也（易說）

九三壯於頄有凶君子夬夬獨行遇雨若濡有愠无咎象曰君子夬夬終无咎也

伊川程子曰爻辭差錯安定胡公移其文曰壯於頄有凶獨行遇雨若濡有愠君子夬夬无咎亦未安也當云壯于頄有凶獨行遇雨君子夬夬若濡有愠无咎夬決尚剛健之時三居下體之上又處健體之極剛果於決者也頄顴骨也在上而未極於上者也三居下體之上雖在上而未爲最上上有君而自任其剛決壯于頄者也有凶之道也獨行遇雨三與上六爲正應方羣陽共決一陰之時已若以私應之故不與衆同而獨行則與上六陰陽和合故云遇雨易中言雨者皆謂陰陽和也君子道長決去小人之時而已獨與之和其非可知唯

君子處斯時則能夬夬謂夬其夬果決其斷也雖其私與當遠絕之若見濡汚有愠惡之色如此則无過咎也三健體而處正非必有是失也因此義以爲教耳爻文所以交錯者由有遇雨字又有濡字故誤以爲連也牽梏於私好由无決也君子義之與比決於當決故終不至於有咎也（易傳）

朱子曰頄顴也九三當決之時以剛而過乎中是欲決小人而剛壯見于面目也如是則有凶道矣然在衆陽之中獨與上六爲應若能果決其決不係私愛則雖合于上六如獨行遇雨至于若濡而爲君子所愠然終必

能決去小人而無所咎也溫嶠之于王敦其事類此 本義
九四臀无膚其行次且牽羊悔亡聞言不信象曰其行次且位不當也聞言不信聰不明也
伊川程子曰臀无膚居不安也行次且進不前也次且進難之狀九四以陽居陰剛決不足欲止則衆陽並進於下勢不得安猶臀傷而居不能安也欲行則居柔失其剛壯不能彊進故其行次且也牽羊悔亡羊者羣行之物牽者挽拽之義言若能自彊而牽挽以從羣行則可以亡其悔然既處柔必不能也雖使聞是言亦必不能信用也夫過而能改聞善而能用克已以從義唯剛

明者能之在它卦九居四其失未至如此之甚在夬而居柔其害大矣九處陰位不當也以陽居柔失其剛決故不能彊進其行次且剛然後能明處柔則遷失其正性豈復有明也故聞言而不能信者蓋其聰聽之不明也 易傳
九五莧陸夬夬中行无咎象曰中行无咎中未光也
伊川程子曰五雖剛陽中正居尊位然切近於上六上六說體而卦獨一陰陽之所比也五爲決陰之主而反比之其咎大矣故必決其決如莧陸然則於其中行之德爲无咎也中行中道也莧陸今所謂馬齒莧是也曝之難乾感陰氣之多者也而脆易折五若如莧陸雖感於陰而決斷之易則於中行无過咎矣不然則失其中正也感陰多之物莧陸爲易斷故取爲象卦辭言夬夬則於中行爲无咎矣象復盡其義云中未光也夫人心正意誠乃能極中正之道而充實光輝五心有所比以義之不可而決之雖行於外不失中正之義可以无咎然於中道未得爲光大也蓋人心一有所欲則離道矣夫子於此示人之意深矣 易傳
龜山楊氏曰周公東征邦君御事皆以爲不可周公徙得十夫之助決意征之禹征有苗會羣后誓之旣

已出師朝廷上下宜无不以爲當者而益以一言贊之禹遂振旅而還而苗亦隨格豈周公之德不逮禹乎蓋舜之時在廷莫非君子而天下已大治矣其敢逆命者獨有苗而已縱而不治未足爲害如必欲誅之則太平之民自受其病矣故與其勤師遠伐不若修德以待其來之爲愈也若夫三監之叛其變起王室況又成王幼沖莅政之初君子之道不勝小人不誅而縱之其禍將不勝救矣當是之時雖无十夫之助周公亦不可已此所以必征之也易曰莧陸夬夬中行无咎其舜之事乎 餘杭語錄

上六无號終有凶象曰无號之凶終不可長也

伊川程子曰陽長將極陰消將盡獨一陰處窮極之地是衆君子得時決去危極之小人其勢必須消盡故云无用號咷畏懼終必有凶也陽剛君子之道進而益盛小人之道旣已窮極自然消亡豈能復長久乎雖號咷无以爲也故云終不可長也易傳

䷫ 巽下乾上

伊川程子曰姤序卦夬者決也決必有所遇故受之以姤姤遇也決判也物之決判則有遇合本合則何遇姤所以次夬也爲卦乾上巽下以二體言之風行天下天之下者萬物也風之行无不經觸乃遇之象又一陰始生于下陰與陽遇也故爲姤易傳

姤女壯勿用取女

伊川程子曰一陰始生自是而長漸以盛矣是女之將長壯也陰長則陽消女壯則男弱故戒勿用取如是之女取女者欲其柔和順從以成家道姤乃方進之陰漸壯而敵陽者是以不可取也女漸壯則失男女之正家道敗矣姤雖一陰甚微然有漸壯之道所以戒也易傳

白雲郭氏曰夬之一陰將消之陰也姤之一陰方長之陰也其陰雖同所以爲陰則異故夬姤卦象反對其義正相反夬以五剛爲義姤以一柔爲義也陰之方長女壯之象也自以一陰方長而陽道向消无畏五剛之志欲獨以一柔遇之用壯之甚也是以不可取也觀一陽之復猶曰朋來无咎而姤以一陰之遇不待得朋是以知其壯也陽至四五而後言壯姤一陰方長卽爲壯者亦見君子小人之情不同也是以

陽爲君子而陰爲小人易說

東萊呂氏曰女壯勿用取女一陰何以謂之壯一念初發善善惡惡莫不皆甚壯也易說

彖曰姤遇也柔遇剛也勿用取女不可與長也天地相遇品物咸章也剛遇中正天下大行也姤之時義大矣哉

伊川程子曰姤之義遇也卦之爲姤以柔遇剛也一陰方生始與陽相遇也一陰既生漸長而盛陰盛則陽衰矣取女者欲長久而成家也漸盛之陰將消勝于陽不可與之長久也凡女子小人勢苟漸盛何可與久也故戒勿用取如是之女陰始生于下與陽相遇天地相遇

也陰陽不相交遇則萬物不生天地相遇則化育庶類品物咸章萬物章明也剛遇中正以卦才言也五與二皆以陽剛居中與正以中正相遇也君得剛中之臣臣遇中正之君君臣以剛陽遇中正其道可以大行於天下矣贊姤之時與姤之義至大也天地不相遇則萬物不生君臣不相遇則功用不成姤之時與義甚大也易傳

象曰天下有風姤后以施命誥四方

伊川程子曰風行天下无所不周爲君后者觀其周徧之象以施其命令周誥四方也風行地上與天下有風皆爲周徧庶物之象而行於地上徧觸萬物則爲觀經

歷觀省之象也行于天下周徧四方則爲姤施發命令之象也諸象或稱先王或稱后或稱君子大人稱先王者先王所以立法制建國作樂省方勅法閉關育物享帝皆是也稱后者后王之所爲也財成天地之道施命誥四方是也君子則上下之通稱大人者王公之通稱易傳

初六繫于金柅貞吉有攸往見凶羸豕孚蹢躅象曰繫于金柅柔道牽也

伊川程子曰姤陰始生而將長之卦一陰生則長而漸盛陰長則陽消小人道長也制之當於其微而未盛之

時柅止車之物金爲之堅强之至也止之以金柅而又繫之止之固也固止使不得進則陽剛貞正之道吉也使之進往則漸盛而害于陽是見凶也羸豕孚蹢躅聖人重爲之戒言陰雖甚微不可忽也豕陰躁之物故以爲況羸弱之豕雖未能强猛然其中心在乎蹢躅蹢躅跳躑也陰微而在下可謂羸矣然其中心常在乎消陽也君子小人異道小人雖微弱之時未常无害君子之心防於微則无能爲矣牽者引而進也陰始生而漸進柔道方牽也繫之于金柅所以止其進也不能進則不能消正道乃貞吉也易傳

九二包有魚无咎不利賓象曰包有魚義不及賓也
伊川程子曰姤遇也二與初密比相遇者也在它卦則初正應於四在姤則以遇爲重相遇之道主于專一二之剛中遇固以誠然初之陰柔羣陽在上而又有所應者其志所求也陰柔之質鮮克貞固二之於初難得其誠心矣所遇不得其誠心遇道之乖也包者苴裹也魚陰物之美者陽之於陰其所說美故取魚象二於初若能固畜之如包苴之有魚則於遇爲无咎矣賓外來者也不利賓包苴之魚豈能及賓謂不可更及外人也遇道當專一二則雜矣二之遇初不可使有二於外當如

包苴之有魚包苴之魚義不及於賓客也易傳
渾源雷氏曰魚之爲物制得其道則可得而有之民之象也書曰民罔常懷懷于有仁史記曰平易近民民必歸之近民者親近而愛養之之謂也學易記
蒙齋李氏曰祖豫州不納後趙之民正墜羯胡之計中也包有魚不利賓識者不能無恨學易記
九三臀无膚其行次且厲无大咎象曰其行次且行未牽也
伊川程子曰二與初既相遇三說初而密比於二非所安也又爲二所忌惡其居不安若臀之无膚也處既不

安則當去之而居姤之時志求乎遇一陰在下是所欲也故處雖不安而其行則又次且也次且進難之狀謂不能遽舍也然三剛正而處巽有不終迷之義若知其不正而懷危懼不敢妄動則可以无大咎也非義求遇固已有咎矣知危而止則不至於大也其始志在求遇於初故其行遲遲未牽不促其行也既知危而改之故未至於大咎也易傳
朱子曰九三過剛不中下不遇于初上无應於上居則不安行則不進故其象占如此然既无所遇則无陰邪之傷故雖危厲而无大咎也本義

九四包无魚起凶象曰无魚之凶遠民也
伊川程子曰包者所裹畜也魚所美也四與初爲正應當相遇者也而初已遇於二矣失其所遇猶包之无魚亡其所有也四當姤遇之時居上位而失其下下之離由己之失德也四之失者不中正也以不中正而失其民所以凶也曰初之從二以比近也豈四之罪乎曰在四而言義當有咎不能保其下由失道也豈有上不失道而下離者乎遇之道君臣民主夫婦朋友皆在焉四以下睽故主民而言爲上而下離必有凶變起者將生之謂民心既離難將作矣下之離由己致之遠民者已

遠之也爲上者有以使之離也易傳

九五以杞包瓜含章有隕自天象曰九五含章中正也有隕自天志不舍命也

張子曰杞之爲物根固於下瓜之爲實潰必自內九五以中正剛健含章宅尊而遇陰柔浸長之時厚下安宅潰亂是防盡其人謀而聽天命者也以杞包瓜文王事紂之道厚下以防中潰盡人謀而聽天命者歟易說

伊川程子曰九五下亦无應非有遇也然得遇之道故終必有遇夫上下之遇由相求也杞高木而葉大處高體大而可以包物者杞也美實之在下者瓜也美而居

下者側微之賢之象也九五尊居君位而下求賢才以至高而求至下猶以杞葉而包瓜能自降屈如此又其內蘊中正之德充實章美人君如是則无有不遇所求者也雖屈已求賢若其德不正賢者不屑也故必含畜章美內積至誠則有隕自天矣猶云自天而降言必得之也自古人君至誠降屈以中正之道求天下之賢未有不遇者也高宗感於夢寐文王遇於漁釣皆由是道也所謂含章謂其含蘊中正之德也德充實則成章而有輝光命天理也舍違也至誠中正屈已求賢存志合於天理所以有隕自天必得之矣易傳

廣平游氏曰以杞包瓜者以九五之剛中包初六之柔脆用賢得民之象也用賢得民則我无爲也中心守至正而已故曰含章若是者天實臨之降之百祥將不旋踵矣故曰有隕自天蓋則君之於天下安危利害不惑其心居中守正強爲善以俟之所以作元命也故曰志不舍命易說

上九姤其角吝无咎象曰姤其角上窮吝也

伊川程子曰至剛而在最上者角也九以剛居上故以角爲象人之相遇由降屈以相從和順以相接故能合也上九高亢而剛極人誰與之以此求遇固可吝也已

則如是人之遠之非它人之罪也由已致之故无所歸咎旣處窮上剛亦極矣是上窮而致吝也以剛極居高而求遇不亦難乎易傳

白雲郭氏曰居姤之終不知道之變道旣上窮猶欲遇焉是其所以吝也无咎者姤以妄遇則有凶上九旣不遇於君又進則无所遇非能得无咎之道幸而居无咎之位耳與九三无大咎同義易說

䷬坤下兌上

伊川程子曰萃序卦姤者遇也物相遇而後聚故受之以萃萃者聚也物相會遇則成羣萃所以次姤也爲卦兌上坤下澤上於地水之聚也故爲萃不言澤在地上而云澤上於地言上於地則爲方聚之義也易傳

萃亨王假有廟利見大人亨利貞用大牲吉利有攸往

明道程子曰萃渙皆享于帝立廟因精神之聚而形於此爲其渙散故立此以收之謝顯道錄　古者祭祀用尸極有深意蓋人之魂氣既散孝子求神而祭无尸則不享无主則不依故易於渙萃皆言王假有廟即渙散之時

事也魂氣必求其類而依之人與人既爲類骨肉又爲一家之類已與尸各已潔齋至誠相通以此求神宜其饗之李籲師說

伊川程子曰王者萃聚天下之道至於有廟極也羣生至衆也而可一其歸仰人心莫知其鄉也而能致其誠敬鬼神之不可度也而能致其來格天下萃合人心總攝衆志之道非一其至大莫過於宗廟故王者萃天下之道至於有廟則萃道之至也祭祀之報本於人心聖人制禮以成其德耳故豺獺能祭其性然也萃下有亨字羡文也亨字自在下與渙不同渙則先言卦才萃乃先言卦義彖辭甚明天下之聚必得大人以治之人聚則亂物聚則爭事聚則紊非大人治之則萃所以致爭亂也萃以不正則人聚爲苟合財聚爲悖入安得亨乎故利貞萃者豐厚之時也其用宜稱故用大牲吉事莫重於祭故以祭享而言上交鬼神下接民物百用莫不皆然當萃之時而交物以厚則是享豐富之吉也天下莫不同其富樂矣若時之厚而交物以薄乃不享其豐美天下莫之與而悔吝生矣蓋隨時之宜順理而行故彖云順天命也夫不能有爲者力之不足也當萃之時故利有攸往大凡興功立事貴得可爲之時萃而後用

是以動而有裕天理然也易傳

白雲郭氏曰萃聚之世既庶既富之時也故萃有亨之道孔子曰既富矣又何加焉曰教之故聖人設教必于富庶之後而設教之道莫先于孝享以爲天下先故觀之神道設教亦必以盥而不薦爲首與萃之時王假有廟致孝享之意同利見大人亨者天下萬物萃聚之時主之者不得其道則亂由以生故非見大人則萃不能亨也大人爲道之大足以容民畜衆者也所以利見大人者利貞故也正故能亨不正則不亨矣始言萃亨王假有廟統言之也自利見大人

之下詳言其事也見大人則正正則得主萃之道故天下可以用大牲而致孝享因萃之盛足以有爲是以利有攸往矣由是觀之萃非大人適所以致亂也故卦辭先言萃有亨之道而後言見大人則亨也易說

彖曰萃聚也順以說剛中而應故聚也王假有廟致孝享也利見大人亨聚以正也用大牲吉利有攸往順天命也觀其所聚而天地萬物之情可見矣

張子曰聚而致享必有廟乃盡其實聚不以正私邪勝也富聚之世順天之命用大牲有所進爲宜散而通之順天命而不凝於物也易說

伊川程子曰萃之義聚也順以說以卦才言也上說而下順爲上以說道使民而順於人心下說上之政令而順從於上既上下順說又陽剛處中正之位而下有應助如此故能聚也欲天下之萃才非如是不能也王者萃人心之道至於建立宗廟所以致其孝享之誠也祭祀人心之所自盡也故萃天下之心者无如孝享王者萃天下之道至於有廟則其極也萃之時見大人則能亨蓋聚以正道也見大人則其聚以正道得其正則亨矣萃不以正其能亨乎用大牲承上有廟之文以享祀而言凡事莫不如是豐聚之時交於物者當厚稱其宜也物聚而力贍乃可以有爲故利有攸往皆天理然也故云順天命也觀萃之理可以見天地萬物之情也天地之化育萬物之生成凡有者皆聚也有无動靜終始之理聚散而已故觀其所以聚則天地萬物之情可見矣易傳

白雲郭氏曰其道不順其情不說則无萃聚之理剛中而應九五也萃之主也非剛則不能爲衆聚之主非中則不可爲主苟无其應又不能爲之主也是以順以說爲物聚之理剛中而應爲能聚之道致孝享者嘉會之時理在所先也萃之致孝享亦以身化天

下也聚以正者見大人則聚以正道非大人則聚以不正之道故大人所以爲時利見也用大牲吉利有攸往者因時而可有爲也時則所謂天命也當可爲而爲所以順天命也然天地萬物之情所以聚者不過順說而已其道不順則无由以聚其情不說則不能聚矣故天地萬物之情既不過順說是以彖言可見也易說

象曰澤上於地萃君子以除戎器戒不虞

伊川程子曰澤上於地爲萃聚之象君子觀萃象以除治戎器用戒備於不虞凡物之萃則有不虞度之事故

衆聚則有爭物聚則有奪大率既聚則必多故矣故觀萃象而戒也除謂簡治也去弊惡也除而聚之所以戒不虞也易傳

初六有孚不終乃亂乃萃若號一握爲笑勿恤往无咎象曰乃亂乃萃其志亂也

伊川程子曰初與四爲正應本有孚以相從者也然當萃時三陰聚處柔无守正之節若舍正應而從其類乃有孚而不終也乃亂惑亂其心也乃萃與其同類聚也初若守正不從號呼以求正應則一握笑之矣一握俗語一團也謂衆以爲笑也若能勿恤而往從剛陽之正

應則无過咎不然則入小人之羣矣其心志爲同類所惑亂故乃萃於羣陰也不能固其守則爲小人所惑亂而失其正矣易說

六二引吉无咎孚乃利用禴象曰引吉无咎中未變也

伊川程子曰初陰柔又非中正恐不能終其孚故因其才而爲之戒二雖陰柔而得中正故雖戒而微辭凡爻之辭關得失二端者爲法爲戒亦各隨其才而設也引吉无咎引者相牽也人之交相求則合相待則離二與五爲正應當萃者也而相遠又在羣陰之間必相牽引則得其萃矣五居尊位有中正之德二亦以中正之道往與之萃乃君臣和合也其所共致豈可量也是以吉而无咎也无咎者善補過也二與五不相引則過矣孚乃利用禴孚信之在中誠之謂也禴祭之簡薄者也菲薄而祭不尚備物直以誠意交於神明也孚乃者謂有其孚則可不用文飾專以至誠交於上也以禴言者謂薦其誠而已上下相聚而尚飾焉是未誠也蓋其中實者不假飾於外用禴之義也孚信者萃之本也不獨君臣之聚凡天下之聚在誠而已萃之時以得聚爲吉故九四爲得上下之萃二與五雖正應然異處有間乃當萃而未合者也故能相引而萃則吉而无咎以其有中

正之德未遽至改變也變則不相引矣或曰二既有中正之德而象云未變辭若不足何也曰羣陰比處乃其類聚方萃之時居其間能自守不變遠須正應剛立者能之二陰柔之才以其有中正之德可覬其未至於變耳故象含其意以存戒也易傳

藍田呂氏曰六二居純柔之中不變淳一寡欲雖與五應俟引之而後往若有失時之咎不失守正之義故吉无咎當聚之時不求所聚所用約矣如見信於五雖約亦亨故孚乃利用禴禴薄祭也

誠齋楊氏曰君臣之聚會始于相求終於相信臣固

求君也然君之求臣亟于臣之求君也觀湯之于伊尹先主之于孔明則見矣然則何道以求之星辰非能自高也引而高之者天也賢臣非自能進也引而進之者君也六二之進非九五進之而誰也故曰引吉无咎此相求于初之道也及其相得相信之後則如骨肉如一體豈復事于外飾哉中未變者蓋六二所守之中道不以爲上所引而有所變也易傳

六三萃如嗟如无攸利往无咎小吝象曰往无咎上巽也

伊川程子曰三陰柔不中正之人也求萃於人而人莫與求四則非其正應又非其類是以不正爲四所棄也

與二則二自以中正應五是以不正爲二所不與也故欲萃如則爲人棄絶而嗟如不獲萃而嗟恨也上下皆不與无所利也唯往而從上六則得其萃爲无咎也三與上雖非陰陽正應然萃之時以類相從皆以柔居一體之上又皆无與居相應之地上復處說順之極故得其萃而无咎也易道變動无常在人識之然而小吝何也三始求萃於四與二不獲而後往從上六人之動爲如此雖得所求亦可小羞吝也上居柔說之極三往而无咎者上六巽順而受之也易傳

渾源雷氏曰萃之道見大人乃利而亨初萃于四二萃于五則三當萃上六也上六柔而失中非大人之道不可萃者也比卦曰比之匪人不亦傷乎萃而不得其人其能不嘆惜乎故曰萃如嗟如見大人則利而亨不見大人則有害而已范增之萃項羽歎恨而無所利者也往无咎何也萃如嗟如而无攸利則可往求大人而萃之矣不可空嗟歎而無益也雖然三萃于上六正也上六不應而不可萃遂往而他適以求大人而萃之者非正也不得已也于義不得无小吝故曰往无咎小吝陳平韓信去楚而適漢往无咎者也自三至五爲巽四者公侯大臣之象六三所以

往而无咎者以上之九四九五巽而可入納已而不拒也若夫四與五无巽入之道拒巳而不納其能往而无咎乎故曰往无咎上巽也韓信所以得萃者蕭何高祖能納故也學易記

九四大吉无咎象曰大吉无咎位不當也

伊川程子曰四當萃之時上比九五之君得君臣之聚也下比下體羣陰得下民之聚也得上下之聚可謂善矣然四以陽居陰非正也雖得上下之聚必得大吉然後爲无咎也大爲周遍之義无所不周然後爲大无所不正則爲大吉大吉則无咎也夫上下之聚固有不由

正道而得者非理枉道而得君者自古多矣非理枉道而得民者蓋亦有焉如齊之陳恒魯之季氏是也然得爲大吉乎得爲无咎乎故九四必能大吉然後爲无咎也以其位之不當疑其所爲未能盡善故云必得大吉然後爲无咎也非盡善安得爲大吉乎易傳

朱子曰上比九五下比衆陰得其萃矣然以陽居陰不正故戒占者必大吉然後得无咎也本義

九五萃有位无咎匪孚元永貞悔亡象曰萃有位志未光也

伊川程子曰九五居天下之尊萃天下之衆而君臨之

當正其位修其德以陽剛居尊位稱其位矣爲有其位矣得中正之道无過咎也如是而有不信而未歸者則當自反以修其元永貞之德則無思不服而悔亡矣元永貞者君之德民所歸也故比天下之道與萃天下之道皆在此三者王者既有其位又有其德中正无過咎而天下尚有未信服歸附者蓋其道未光大也元永貞之道未至也在修德以來之如苗民逆命帝乃誕敷文德舜德非不至也蓋有遠近昏明之異故其歸有先後既有未歸則當修德也所謂德元永貞之道也元首也長也爲君德首出庶物君長羣生有尊大之義焉有主統之義焉而又恒永貞固則通於神明光於四海无思不服矣乃无匪孚而其悔亡也所謂悔志之未光心之未慊也易傳

白雲郭氏曰居萃之時得位之當者九五而已然有其位斯有其事主天下之萃則其事也能充其道故爲大人不能充其道則僅有其位无過亦幸矣湯之克寬克仁彰信兆民豈有位无咎而已哉故九五爲匪孚也匪孚者未能大信於天下也不能信於天下則將有悔矣唯元永貞可以无悔元者盡君長之道也永可久也貞正也得位而孚充是三者之道則大

君之能事畢矣湯文是也得位而匪孚未能信於天下故特悔亡而已此象所以言志未光也九五宜能充其道而爻象弗與何哉蓋九四下比羣陰非其位而有其道矣萃聚之權獨在九四凡以九五未能孚於天下故也此爻辭弗與之義也必曰萃有位又見徒有其位而已所以甚言无其道也然九四大吉无咎而象曰位不當九五萃有位而象曰志未光者以見九四得萃聚之道而无君位可行九五雖有君位而其志未光大也易說

上六齎咨涕洟无咎象曰齎咨涕洟未安上也

伊川程子曰六說之主陰柔小人說高位而處之天下孰肯與也求萃而人莫之與其窮至於齎咨而涕洟也齎咨咨嗟也人之絶之由已自取又將誰咎爲人惡絶不知所爲則隕穫而至嗟涕眞小人之情狀也小人所處常失其宜旣貪而從欲不能自擇安地至於困窮則顚沛不知所爲六之涕洟蓋不安於處上也君子愼其所處非義不居不幸而有危困則泰然自安不以累其心小人枉不擇安常履非據及其窮迫則隕穫躁撓甚至涕洟爲可羞也易傳

䷭ 巽下坤上

伊川程子曰升序卦萃者聚也聚而上者謂之升故受之以升物之積聚而益高大聚而上也故爲升所以次於萃也爲卦坤上巽下木在地下爲地中生木木生地中長而益高爲升之象也易傳

升元亨用見大人勿恤南征吉

伊川程子曰升者進而上也升進則有亨義而以卦才之善故元亨也用此道以見大人不假憂恤前進則吉也南征前進也易傳

白雲郭氏曰天地萬物皆有升在人則位之升謂之升德之升亦升也升位則足以行道升德則足以進道是以元亨之理在焉升位而見大人故无附麗小人之失升德而見大人則日入於君子之塗故用見大人可以無憂而有慶也南爲明方陽之位也君之所也君子之類也故南征无不吉也唯見大人故可勿恤勿恤則害已者去而无憂矣故可至南征南征斯無不吉蓋升之有序如此易說

彖曰柔以時升巽而順剛中而應是以大亨用見大人勿恤有慶也南征吉志行也

伊川程子曰以二體言柔升謂坤上行也巽旣體卑而

就下坤乃順時而上升以時也謂時當升也柔既上而成升則下巽而上順以巽順之道升可謂時矣二以剛中之道應於五五以中順之德應於二能巽而順其升以時是以元亨也凡升之道必由大人升於位則由王公升於道則由聖賢用巽順剛中之道以見大人必遂其升勿恤不憂其不遂也遂其升則已之福慶而福慶及物也南人之所向南征謂前進也前進則遂其升而得行其志是以吉也易傳

象曰地中生木升君子以順德積小以高大

伊川程子曰木生地中長而上升爲升之象君子觀升之象以順修其德積累微小以至高大也順則可進逆乃退也萬物之進皆以順道也善不積不足以成名學業之充實道德之崇高皆由積累而至積小所以成高大升之義也易傳

白雲郭氏曰萬物之升其象則皆如地中生木也自毫末以至合抱人莫見其升之之迹者以順積而致之耳順則不逆於德積則爲之有漸故能升而不已以極高大不然則逆德暴行未能升而困及之矣易說

初六允升大吉象曰允升大吉上合志也

伊川程子曰初以柔居巽體之下又巽之主上承於九

二之剛巽之至者也二以剛中之德上應於君當升之任者也允者信從也初之柔巽唯信從於二信二而從之同升乃大吉也二以德言則剛中以力言則當任初之陰柔又无應援不能自升從於剛中之賢以進是由剛中之道也吉孰大焉與在上者合志同升也上謂九二從二而升乃與二同志也能信從剛中之賢所以大吉易傳

九二孚乃利用禴无咎象曰九二之孚有喜也

伊川程子曰二陽剛而在下五陰柔而居上夫以剛而事柔以陽而從陰雖有時而然非順道也以暗而臨明以剛而事弱若黽勉於事勢非誠服也上下之交不以誠其可以久乎其可以有爲乎五雖陰柔然居尊位二雖剛陽事上者也當內存至誠不假文飾於外誠積於中則自不事外飾故曰利用禴謂尚誠敬也自古剛强之臣事柔弱之君未有不爲矯飾者也禴祭之簡質者也云孚乃謂既孚乃宜不用文飾專以其誠感通於上也如是則得无咎以剛强之臣而事柔弱之君又當升之時非誠意相交其能免於咎乎二能以孚誠事上則不惟爲臣之道无咎而已可以行剛中之道澤及天下是有喜也凡象言有慶者如是則有福慶及於物也言

有喜者事既善而又有可喜也如大畜童牛之牿元吉
象云有喜蓋牿於童則易又免强制之難是有可喜也
易傳
朱子語錄升萃二卦多是言祭享萃取聚義升是積其
誠意以事鬼神有升而上通之義[redacted]
九三升虛邑象曰升虛邑无所疑也
伊川程子曰三以陽剛之才正而且巽上皆順之復有
援應以是而升如入無人之邑孰禦哉入无人之邑其
進无疑阻也易傳
朱子曰陽實陰虛而坤有國邑之象九三以陽剛當升

時而進臨于坤故其象占如此本義
藍田吕氏曰九三以陽居陽將升於上上體純陰莫
之違拒如入无人之境其行无疑故曰升虛也[redacted]
六四王用亨于岐山吉无咎象曰王用亨于岐山順事也
伊川程子曰四柔順之才上順君之升下順下之進己
則止其所焉以陰居柔陰而在下止其所也昔者文王
之居岐山之下上順天子而欲致之有道下順天下之
賢而使之升進已則柔順謙恭不出其位至德如此周
之王業用是而亨也四能如是則亨而吉且无咎矣四
之才固自善矣復有无咎之辭何也曰四之才雖善而

其位當戒也居近君之位在升之時不可復升升則凶
咎可知故云如文王則吉而无咎也然處大臣之位不
得无事於升當上升其君之道下升天下之賢已則止
其分焉分雖當止而德則當升也道則當亨也盡斯道
者其惟文王乎四居近君之位而當升時得吉而无咎
者以其有順德也以柔居坤順之至也文王之亨于岐
山亦以順時順事而已上順於上下順乎下己順處其
義故云順事也易傳
六五貞吉升階象曰貞吉升階大得志也
伊川程子曰五以下有剛中之應故能居尊位而吉然

質本陰柔必守貞固乃得其吉也若不能貞固則信賢
不篤任賢不終安能吉也階所由而升也任剛中之賢
輔之而升猶登進自階言有由而易也指言九二正應
然在下之賢皆用升之階也能用賢則彙升矣倚任賢
才而能貞固如是而升可以致天下之大治其志可大
得也君道之升患无賢才之助爾有助則猶自階而升
也易傳
㒸齋李氏曰頤卦下三爻養口體者也上三爻養德
義者也升卦下三爻升其位者也上三爻升其德者
也六五以柔居尊謙虛接下有九二剛中之臣爲之

應是得正而吉者也故曰貞吉升階者其德日新進退无已之義也葦賢並升君德日進何憂乎天下之不治也故曰大得志也學易記

上六冥升利于不息之貞象曰冥升在上消不富也

伊川程子曰六以陰若升之極昏冥於升知進而不知止者也其爲不明甚矣然求升不已之心有時而用於貞正而當不息之事則爲宜矣君子於貞正之德終日乾乾自强不息如上六不已之心用之於此則利也以小人貪求无已之心移於進德則何善如之皆冥於升極上而不知已唯有消亡豈復有加益也不富无復增益也升既極則有退而无進也易傳

䷮ 坎下兌上

伊川程子曰困序卦升而不已必困故受之以困升者自下而上自下升上以力進也不已必困矣故升之後受之以困也困者憊乏之義爲卦兌上而坎下水居澤上則澤中有水也乃在澤下枯涸无水之象爲困乏之義又兌以陰在上坎以陽居下與上六在二陽之上而九二陷於二陰之中皆陰柔揜於陽剛所以爲困也君子爲小人所揜蔽窮困之時也易傳　困是處困之道道无時不可行游定夫錄

困亨貞大人吉无咎有言不信

伊川程子曰如卦之才則困而能亨且得貞正乃大人處困之道也故能吉而无咎大人處困不惟其道自吉樂天安命乃不失其吉也況隨時善處復有裕乎有言不信當困而言人誰信之易傳

朱子曰困者窮而不能自振之義坎剛爲兌柔所揜九二爲二陰所揜四五爲上六所揜所以爲困坎險兌說處險而說是身雖困而道則亨也二五剛中又有大人之象占者處困能亨則得其正矣非大人其孰能之故曰貞又曰大人者明不正之小人不能當也有言不信又戒以當務晦默不可尚口益取窮困本義

白雲郭氏曰天下之時不同而所以處之之道不能一也困爲難處之時唯君子反諸其身以修德不繫於困否故不失其亨也大人之貞寬裕有容如天地然何物足以困之是以吉而无咎以見小人匪正不能處困而凶咎必至也處困尚德而不尚言雖君子之言人亦未之信況衆人乎易說

彖曰困剛揜也險以說困而不失其所亨其唯君子乎貞大人吉以剛中也有言不信尚口乃窮也

伊川程子曰卦所以爲困以剛爲柔所揜蔽也陷於下而揜於上所以困也陷亦揜也剛陽君子而爲陰柔小

人所揜蔽君子之道困窒之時也險以說以卦才言處困之道也下險而上說爲處險而能說雖在困窮艱險之中樂天安義自得其說樂也時雖困也處不失義則其道自亨困而不失其所亨也能如是者其唯君子乎若時當困而反亨身雖亨乃其道之困也君子大人通稱困而能貞大人所以吉也蓋其以剛中之道也五與二是也非剛中則遇困而失其正矣當困而言人所不信欲以口免困乃所以致窮也以說處困故有尚口之戒易傳

誠齋楊氏曰剛于中者萬險不能隕其正正于己者千憂不能喪其說烏往而不亨乎此大人之事故曰亨易傳

象曰澤无水困君子以致命遂志

伊川程子曰澤无水困乏之象也君子當困窮之時既盡其防慮之道而不得免則命也當推致其命以遂其志知命之當然也則窮塞禍患不以動其心行吾義而已苟不知命則恐懼於險難隕穫於窮戹所守亡矣安能遂其爲善之志乎易傳

朱子曰水下漏則澤上枯故曰澤无水致命猶言授命言持以與人而不之有也能如是則雖困而亨矣本義

白雲郭氏曰澤水一物也語其爲功利之名曰澤論其爲功利之物則曰水也故澤必資水而利萬物澤无水則困而无以資物矣君子得位而後能澤加於民无位則困而窮處矣君子知命者也當其困也豈復怨天尤人哉一歸之天命而已故孔子曰道之將行也與命也道之將廢也與命也而孟子亦曰行止非人所能爲也吾之不遇魯侯天也則孔孟之困皆致之天命而无怨也遂志者君子所志者道道不以困窮而變窮亦是道也通亦是道也故孔子曰用之則行舍之則藏遂志也孟子曰窮則獨善其身達則

兼善天下亦遂志也遂志是以不失其所亨也易說

初六臀困于株木入于幽谷三歲不覿象曰入于幽谷幽不明也

伊川程子曰六以陰柔處於至卑又居坎險之下在困不能自濟者也必得在上剛明之人爲援助則可以濟其困矣初與四爲正應九四以陽而居陰爲不正失剛而不中又方困於陰揜是烏能濟人之困猶株木之不能蔭覆於物株木无枝葉之木也四近君之位在它卦不爲无助以居困而不庇物故爲株木臀所以居也臀困于株木謂无所庇而不得安其居居安則非困也入

于幽谷陰柔之人非能安其所遇既不能免於困則益迷暗妄動入於深困幽谷深暗之所也方益入於困无自出之勢故至於三歲不覿終困者也不覿不遇其所亨也幽不明也謂益入昏闇自陷於深困也明則不至於陷矣易傳

九二困于酒食朱紱方來利用亨祀征凶无咎象曰困于酒食中有慶也

張子曰困危之際物思所附九二以剛居中正大人之吉上下交說不施聰明美物方至然未可有爲故以祭則吉以征則凶征雖或凶於義无咎易說

伊川程子曰酒食人所欲而所以施惠也二以剛中之才而處困之時君子安其所遇雖窮戹險難无所動其心不恤其爲困也所困者唯困於所欲耳君子之所欲者澤天下之民濟天下之困也二未得遂其欲施其惠故爲困于酒食也大人君子懷其道而困於下必得有道之君求而用之然後能施其所蘊二以剛中之德困於下上有九五剛中之君道同德合必來相求故云朱紱方來方來方且來也朱紱王者之服蔽膝也以行來爲義故以蔽膝言之利用亨祀亨祀以至誠通神明也在困之時利用至誠如亨祀然其德既誠自能感通於

上自昔賢哲困於幽遠而德卒升聞道卒爲用者唯自守至誠而已征凶无咎方困之時若不至誠安處以俟命往而求之則犯難得凶乃自取也將誰咎乎不度時而征乃不安其所爲困所動也失剛中之德自取凶悔何所怨咎諸卦二五以陰陽相應而吉唯小畜與困乃戹於陰故同道相求小畜陽爲陰所畜困陽爲陰所揜也雖困于所欲未能施惠於人然守其剛中之德必能致亨而有福慶也易傳

白雲郭氏曰彖曰困剛揜也謂九二之剛揜於二陰所以爲困非止三之揜二也然九二剛中之大人固

而不失其所亨者特君臣未遇天祿未食君子困於家食之際无飲食宴樂之奉而已其道不可得而困也朱紱王者之象九五之君方將以同德而來求則困于酒食非所患矣利用亨祀者天下之至難致者君之求至難通者鬼神之德而九二剛中之德至誠感物故无或不通以之待君之求則朱紱方來以之交鬼神則利用享祀是其至誠之道无所感而不通也苟不知是道而欲妄進以求用則先自失其所亨凶之道也將誰咎乎中有慶者大人以道自任豈以口腹酒食爲困哉蓋酒食以見君臣相遇交際之道

不得乎此雖如伊尹樂堯舜之道不過老死莘野而已終无享天心革夏正之事也是知酒食之間有天下之大慶存焉故需卦於九五言需于酒食而詩人於鹿鳴言燕樂蓋一義也易說

六三困于石據于蒺蔾入于其宮不見其妻凶象曰據于蒺蔾乘剛也入于其宮不見其妻不祥也

伊川程子曰六三以陰柔不中正之質處險極而用剛居陽用剛也不善處困之甚者也石堅重難勝之物蒺蔾刺不可據之物三以剛險而上進則二陽在上力不能勝堅不可犯益自困耳困于石也以不善之德居九二剛中之上其不安猶藉刺據于蒺蔾也進退既皆益困欲安其所益不能矣宮其居所安也妻所安之主也知進退之不可而欲安其居則失其所安矣進退與處皆不可唯死而已其凶可知繫辭曰非所困而困焉名必辱非所據而據焉身必危既辱且危死期將至妻其可得見邪二陽不可犯也而犯之以取困是非所困而困也名辱其事惡也三在二上固爲據之然苟能謙柔以下之則无害矣乃用剛險以乘之則不安而取困如據蒺蔾也如是死期將至所安之主可得而見乎據于蒺蔾謂乘九二之剛不安猶藉刺也不祥者不善之徵

失其所安者不善之效故云不見其妻不祥也易傳

藍田呂氏曰六三以陰居陽不安於困處二剛之間求耦於非其耦四堅拒而不納二若芒刺而不可據焉進退失圖卒不得其耦妄動以取禍也

九四來徐徐困于金車吝有終象曰來徐徐志在下也雖不當位有與也

伊川程子曰唯力不足故困亨困之道必有援助當困之時上下相求理當然也四與初爲正應然四以不中正處困其才不足以濟人之困初比二二有剛中之才足以拯困則宜爲初所從矣金剛也車載物者也二以

剛在下載巳故謂之金車四欲從初而阻於二故其來遲疑而徐徐是困于金車也巳之所應疑其少巳而之它將從之則猶豫不敢遽前豈不可羞吝乎有終者事之所歸者正也初四正應終必相從也寒士之妻弱國之臣各安其正而巳苟擇勢而從則惡之大者不容於世矣二與四皆以陽居陰而二以剛中之才所以能濟困也居陰者尚柔也得中者不失剛柔之宜也四應於初而隔於二志在下求故徐徐而來雖居不當位爲未善然其正應相與故有終也易傳

白雲郭氏曰當困之時以陰求陽者无它焉求濟而

巳初六之困甚矣而九四正應不能以濟者以九二剛中在下力足以有濟而初六近而可從也故有金車之象焉金有堅剛之象車有積中之德謂九二也來徐徐者初六既從二而于九四之應則徐徐其來也當困之時九二得濟難之權四不當位非其敵也故不能濟初之急是困于九二之權也困于九二而未能應初吝也雖吝而有終者正道終復而應也故初六言三歲以見雖久而有期非若終凶者也與九四有終之意相符象言志在下者彼雖徐徐其來而四則未有忘初之志也有與者雖不當濟困之事以初六正應而有當與之道也易說

九五劓刖困于赤紱乃徐有說利用祭祀象曰劓刖志未得也乃徐有說以中直也利用祭祀受福也

伊川程子曰截鼻曰劓傷於上也去足爲刖傷於下也上下皆掩於陰爲其傷害劓刖之象也五君位也人君之困由上下无與也赤紱臣下之服取行來之義故以紱言人君之困以天下不來也天下皆來則非困也五雖在困而有剛中之德下有九二剛中之賢道同德合徐必相應而來共濟天下之困是始困而徐有喜說也利用祭祀祭祀之事必致其誠敬而後受福人君在困

時宜念天下之困求天下之賢若祭祀然致其誠敬則能致天下之賢濟天下之困矣五與二同德而云上下无與何也曰陰陽相應者自然相應也如夫婦骨肉分定也五與二皆陽爻以剛中之德同而相應相求而後合者也如君臣朋友義合也方其始困安有上下之與有與則非困故徐合而後有說也二云享祀五云祭祀大意則宜用至誠乃受福也祭與祀享泛言之則可通分而言之祭天神祀地示享人鬼五君位言祭二在下言享各以其所當用也始爲陰掩无上下之與方困未得志之時也徐而有說以中直之道得在下之賢共濟

於困也不曰中正與二合者云直乃宜也直比正義差緩盡其誠意如祭祀然以求天下之賢則能亨天下之困而亨受其福慶也易傳

朱子曰劓刖者傷于上下下既傷則赤紱无所用而反爲困矣九五當困之時上爲陰揜下則乘剛故有此象然剛中而居說體故遲久而有說也占具象中又利用祭祀久當獲福本義

白雲郭氏曰困之象上下皆揜於陰在常人處之受其困而已在有爲之君必思所以去之是以有用刑之象劓刖者上下皆刑之也刑小人而去之所以進

君子故九五劓刖以困于赤紱故也赤紱君子之服也病君子之不進故刑及小人也君子進則善者勸而不仁者遠何困之有且君子難進易退不求而致之不可得也故九五患赤紱之不進而九二有朱紱方來之辭以見九五之求之也九二中直之臣至而後有說故曰乃徐有說必曰紱者紱蔽膝也與黃裳之義同取其謙下之道也朱紱君也赤紱臣也九二以謙而不敢自進九五以謙而下求之故皆曰紱也君臣相與至誠而已其道雖鬼神可交況人乎故以九二事君之道用於享祀則利用享祀矣以九五下賢之道用於祭祀則利用祭祀矣此亦見其君臣同於至誠之德用於人用於神皆可也如是則天下其有不治者哉志未得者非樂於用刑也君子未進人君志未得之初不得已而用之也受福者與孔子祭則受福之義同蓋是道也用於君子則必得賢用於鬼神則必受福人神雖不同其交感之道則一而已易說

上六困于葛藟于臲卼曰動悔有悔征吉象曰困于葛藟未當也動悔有悔吉行也

伊川程子曰物極則反事極則變困既極矣理當變矣

葛藟纏束之物臲卼危動之狀六處困之極爲困所纏束而居最高危之地困于葛藟與臲卼也動悔動輒有悔无所不困也有悔咎前之失也曰自謂也若能曰如是動皆得悔當變前之所爲有悔也能悔則往而得吉也困極而征則出於困矣故吉三以陰在下卦之上而凶上居一卦之上而无凶何也曰三居剛而處險困而用剛險故凶上以柔居說惟爲困極耳困極則有變困之道也困與屯之上皆以无應居卦終屯則泣血漣如困則有悔征吉屯險極而困說體故也以說順進可以離乎困也爲困所纏而不能變未得其道也是處之未

當也知動則得悔遂有悔而去之可出於困是其行而吉也易傳

蒙齋李氏曰葛藟纏糾之象臲卼不安之貌困于葛藟謂牽于六三之柔臲卼謂乘乎九五之剛柔不可牽舍之可也剛不可乘去之可也上六柔懦之過若計曰動則恐有悔遂不動乃所以有悔曰征吉謂吉在乎行也諸卦上極多不以征此困時也困終有出困之義征則免困矣是以征吉學易記

䷯ 巽下坎上

伊川程子曰井序卦困乎上者必反下故受之以井承上升而不已必困爲言謂上升不已而困則必反於下也物之在下者莫如井井所以次困也爲卦坎上巽下坎水也巽之象則木也巽之義則入也木器之象木入於水下而上乎水汲井之象也易傳

井改邑不改井无喪无得往來井井汔至亦未繘井羸其瓶凶

伊川程子曰井之爲物常而不可改也邑可改而之它井不可遷也故曰改邑不改井汲之而不竭存之而不

盈无喪无得也至者皆得其用往來井井也无喪无得其德也常往來井井其用也周常也周也井之道也汔幾也繘綆也井以濟用爲功幾至而未及用亦與未下繘於井同也君子之道貴乎有成所以五穀不熟不如荑稗掘井九仞而不及泉猶爲棄井有濟物之用而未及物猶无有也羸敗其瓶而失之其用喪矣是以凶也羸毁敗也易傳

朱子曰井者穴地出水之處以巽木入乎坎水之下而上出其水故爲井改邑不改井故无喪无得而往者來者皆井其井也汔幾也繘綆也羸敗也汲井幾至未盡

綆而敗其瓶則凶也其占爲事仍舊无得喪而又當敬勉不可幾成而敗也本義

白雲郭氏曰井之爲物水在下也今坎水居上而爲井者水在下則未用在上則出而有功乃能盡井之義故卦辭合德與用言之改邑不改井无喪无得往來井井皆井之德也汔至亦未繘井羸其瓶凶言井之用也井言其凶者以見雖有德而不及用非井也中庸曰天命之謂性率性之謂道修道之謂教又曰能盡其性則能盡人之性又曰誠者非自成已而已也所以成物也故中庸之言皆終於用盡井之義則

中庸之道得矣然卦辭不言其功獨言其凶者蓋深以不克終其功爲戒也能終其功則吉可知亦猶中庸之言人皆曰予知擇乎中庸而不能期月守之謂也井字本取井榦之象而井田又取井字之象故卦名非井田之義改邑不改井者邑有變而井无變故也取之不能竭勿取不能盈故无喪无得往者謂已應而往者也來者謂方來而應之者也往者以此來者以此雖應物无窮而其德未嘗改也幾至未盡綆而羸其瓶與无井德者何以異是以凶也能克終其用則无凶矣孟子曰掘井九仞而不及泉猶爲棄井也此論適與井之義同是以聖人貴夫有用而中庸之德爲至焉易說

彖曰巽乎水而上水井井養而不窮也改邑不改井乃以剛中也汔至亦未繘井未有功也羸其瓶是以凶也

伊川程子曰巽入於水下而上其水者井也井之養於物不有窮已取之而不竭德有常也邑可改井不可遷亦其德之常也二五之爻剛中之德其常乃如是卦之才與義合也雖使幾至旣未爲用亦與未繘井同井以濟用爲功水出乃爲用未出則何功也瓶所以上水而致用也羸敗其瓶則不爲用矣是以凶也易傳

象曰木上有水井君子以勞民勸相

伊川程子曰木承水而上之乃器汲水而出井之象君子觀井之象法井之德以勞徠其民而勸勉以相助之道也勞徠其民法井之用也勸民使相助法井之施也易傳

朱子曰木上有水津潤上行井之象也勞民者以君養民勸相者使民相養皆取井養之義本義

初六井泥不食舊井无禽象曰井泥不食下也舊井无禽時舍也

伊川程子曰井與鼎皆物也就物以爲義六以陰柔居

下上无應援无上水之象不能濟物乃井之不可食也井之不可食以泥汚也在井之下有泥之象井之用以其水之養人也无水則舍置不用矣井水之上人獲其用禽鳥亦就而求焉舊廢之井人既不食水不復上則禽鳥亦不復往矣蓋无以濟物也井本濟人之物六以陰居下无上水之象故爲不食井之不食以泥也猶人當濟物之時而才弱无援不能及物爲時所舍也以陰而居井之下泥之象也无水而泥人所不食也人不食則水不上无以及禽鳥禽鳥亦不至矣見其不能濟物爲時所舍置不用也易傳

九二井谷射鮒甕敝漏象曰井谷射鮒无與也

伊川程子曰二雖剛陽之才而居下上无應而比於初不上而下之象也井之道上行者也澗谷之水則旁出而就下二居井而就下失井之道乃井而如谷也井上出則養人而濟物今乃下就汚泥注於鮒而已鮒或以爲蝦或以爲蟇井泥中微物耳射注也如谷之下流注於鮒也甕敝漏如甕之破漏也陽剛之才本可以養人濟物而上无應援故不能上而就下是以无濟用之功如水之在甕本可爲用乃破敝而漏之不爲用也井之初二无功而不言悔咎何也曰失則有悔過則爲咎无應援而不能成用非悔咎也居二比初豈非過乎曰處中非過也不能上由无援非以比初也井以上出爲功二陽剛之才本可濟用以在下而上无應援是以下比而射鮒若上有與之者則當汲引而上成井之功矣易傳

白雲郭氏曰巽之性順而入不能自舉以趨有用之地故九二亦失井之道而莫見其功也井以上出爲功不能動而上反如谷水旁流足以射鮒不足以養人其德既非美矣語其用則羸且敝漏雖有動出之名而无上水之實是以爲衆所不與也故漏近於羸瓶无與近於時舍若是者安知有用之大乎易說

九三井渫不食爲我心惻可用汲王明並受其福象曰井渫不食行惻也求王明受福也

伊川程子曰三以陽剛居得其正是有濟用之才者也在井下之上水之清潔可食者也井以上爲用居下未得其用也陽之性上又志應上六處剛而過中汲汲於上進乃有才用而切於施爲未得其用則如井之渫治清潔而不見食爲其心之惻怛也三居井之時剛而不中故切於施爲異乎用之則行舍之則藏者也然明王用人豈求備也故王明則受福矣三之才足以濟用如井之清潔可用汲而食也若上有明王則當用之而得

其効賢才見用則巳得行其道君得享其功下得被其澤上下並受其福也井渫治而不見食乃人有才知而不見用以不得行爲憂惻也旣以不得行爲惻則豈免有求也故求王明而受福志切於行也易傳

白雲郭氏曰知井以上出爲用而能自治以待用者九三是也渫治之而不食則不見知者衆也不見知者衆故有知之者爲我心惻也心惻傷之也傷其可用汲而不食也猶之修德之士不見用者王不知之也王不知之王之不明也王明則達而兼善天下而天下受其福矣象言井渫不食行惻也者葢言渫治

而不見用其行可傷惻也爻言王明而象言求王明者君子難進易退葢求明王而事之也故古之人有非其君不事者所以求王明也欲見爻言王明爲九三之未遇故曰求王明也易說

六四井甃无咎象曰井甃无咎修井也

張子曰无應於上无敝漏於下故但免咎而巳易說

伊川程子曰四雖陰柔而處正上承九五之君才不足以廣施利物亦可自守者也故能修治則得无咎甃砌累也謂修治也四雖才弱不能廣濟物之功修治其事不至於廢可也若不能修治廢其養人之功則失井之

道其咎大矣居高位而得剛陽中正之君但能處正承上不廢其事亦可以免咎也易傳

朱子曰以六居四雖得其正然陰柔不泉則但能修治而无及物之功故其象爲井甃而占則无咎占者但能自修治則雖无及物之功而亦可以无咎矣本義

九五井洌寒泉食象曰寒泉之食中正也

伊川程子曰五以陽剛中正居尊位其才其德盡善盡美井洌寒泉食也洌謂甘潔也井泉以寒爲美甘潔之寒泉可爲人食也於井道爲至善也然而不言吉者井以上出爲成功未至於上未及用也故至上而後言元

吉易傳

白雲郭氏曰九五剛德中正才德與位兼得之井道莫善於斯故言井洌寒泉食也洌潔也寒者水之性也寒泉旣不失其性又修潔之食之美者莫善於斯猶人能自修不失其性則德全矣天下之性初未失也皆以不中不正則失之其能自修使不失其性者无它焉中正而已寒泉之食亦猶是也然言洌又言寒者洌言井之修潔主人事而言也寒言泉有自然之性主天理而言也人事學也天理命也兩得之斯爲至矣繫辭論九卦皆言德德未有不能修性而得

者此井之道所以與性通也易說

上六井收勿幕有孚元吉象曰元吉在上大成也

伊川程子曰井以上出爲用居井之上井道之大成也收汲取也幕蔽覆也取而不蔽其利无窮井之施廣矣大矣有孚有常而不變也博施而有常大善之吉也夫體井之用博施而有常非大人孰能它卦之終爲極爲變唯井與鼎終乃爲成功是以吉也易傳

白雲郭氏曰井无他道特以上出爲功用耳故至上六爲功用大成而元吉也收者功之成也勿以功成而遂吝其博施濟衆之德故云勿幕戒其勿幕所以終井道也其功既成其施愈博天下信之是以元吉象言元吉在上者非上六之元吉也井道至上而大成盡元吉之道也易說

䷰ 離下兌上

伊川程子曰革序卦井道不可不革故受之以革井之爲物存之則穢敗易之則清潔不可不革者也故井之後受之以革也爲卦兌上離下澤中有火也革變革也水火相息之物水滅火火涸水相變革者也火之性上水之性下若相違行則睽而已乃火在下水在上相就而相克相滅息者也所以爲革也又二女同居而其歸各異其志不同爲不相得也故爲革也易傳

革巳日乃孚元亨利貞悔亡

伊川程子曰革者變其故也變其故則人未能遽信故必巳日然後人心信從元亨利貞悔亡弊壞而後革之革之所以致其通也故革之而可以大亨革之而利於正道則可久而得去故之義无變動之悔乃悔亡也革而无甚益猶可悔也況反害乎古人所以重改作也易傳

白雲郭氏曰甚哉革道之難也天下之事不和則革和則无革是革之繫乎時者也聖人以道論之乖於道則革不乖於道則不革是革又繫乎聖人也然方革之初固不能使天下之盡信俟其盡信則失時矣故聖人觀當革之時盡其在我所以革之之道雖衆所未孚革巳則其孚必矣蓋得革之道故也故卦辭

首言巳日乃孚以明革道之難也革道如之何元亨利貞是也元亨利貞天德也无欲也革之而不失天德是可革也故革之而當巳日可孚其悔亦亡矣革之而失天德是不可革也不可革而革則革之不當巳日不孚必有大咎不止於其悔不亡而已悔亡者凡欲革者皆以有悔而革是以革之當則能亡其悔也易說

彖曰革水火相息二女同居其志不相得曰革巳日乃孚革而信之文明以說大亨以正革而當其悔乃亡天地革而四時成湯武革命順乎天而應乎人革之時大矣哉

伊川程子曰文明以說以卦才言革之道也離爲文明兌爲說文明則理无不盡事无不察說則人心和順革而能照察事理和順人心可致大亨而得貞正如是變革得其至當故悔亡也天下之事革之不得其道則反致弊害故革有悔之道唯革之至當則新舊之悔皆亡也易傳

白雲郭氏曰息滅也非生息也水火之性以勝相滅然有相違者則不息也不幸如二女同居而不能相違其志復不相得則必革而息矣巳日乃孚言革而後信之也文明以說大亨以正然後革而當其悔乃亡非文明以說大亨以正則知其革必不當其悔不能亡矣文明故見於未革之先說故孚於巳革之後大亨故能終革之道正故能明革之公以是爲當而悔亡則革之道其難矣哉然天地尚有革而不能廢況人道乎此湯武革命所以不能自已也惟順天故元亨利貞惟應人故巳日乃孚上乃順天下能應人故悔亡能此則爲湯武不能此是篡也且桀紂之君上則得罪於天下則結怨於民湯武知當革之時盡所以革之之道以順天應人而已曾無私欲焉此革之道也是以革通天道非止人事改更而已故曰大矣哉易說

象曰澤中有火革君子以治歷明時

伊川程子曰水火相息爲革革變也君子觀變革之象推日月星辰之遷易以治歷數明四時之序也夫變易之道事之至大理之至明跡之至著莫如四時觀四時而順變革則與天地合其序矣易傳

初九鞏用黃牛之革象曰鞏用黃牛不可以有爲也

伊川程子曰變革事之大也必有其時有其位有其才審慮而慎動而後可以无悔九以時則初也動於事初則无審慎之意而有躁易之象以位則下也无時无援

而動於下則有僭妄之咎而无體勢之重以才則離體而陽也離性上而剛體健皆速於動也其才如此有爲則凶咎至矣蓋剛不中而體躁所不足者中與順也當以中順自固而无妄動則可也鞏局束也革所以包束黃中色牛順物鞏用黃牛之革謂以中順之道自固不妄動也不云吉凶何也曰妄動則有凶咎以中順自固則不革而已安得便有吉凶乎以初九時位才皆不可以有爲故當以中順自固也易傳

六二已日乃革之征吉无咎象曰已日革之行有嘉也

伊川程子曰以六居二柔順而得中正又文明之主上

有剛陽之君同德相應中正則无偏蔽文明則盡事理應上則得權勢體順則无違悖時可矣位得矣才足矣處革之至善者也然臣道不當爲革之先又必待上下之信故已日乃革之也如二之才德所居之地所逢之時足以革天下之弊新天下之治當進而上輔於君以行其道則吉而无咎也不進則失可爲之時爲有咎也以二體柔而處當位體柔則其進緩當位則其處固變革者事之大故以此戒二得中而應剛未至失於柔也聖人因其有可戒之疑而明其義耳使賢才不失可爲之時也已日而革之征則吉而无咎者行則有嘉慶也謂可以革天下之弊新天下之事處而不行是无救弊濟世之心失時而有咎也易傳

九三征凶貞厲革言三就有孚象曰革言三就又何之矣

伊川程子曰九三以剛陽爲下之上又居離之上而不得中躁動於革者也在下而躁於變革以是而行則有凶也然居下之上事苟當革豈可不爲也在乎守貞正而懷危懼順從公論則可行之不疑革言謂當革之論就成也合也審察當革之言至於三而皆合則可信也言重慎之至能如是則必得至當乃有孚也已可信而衆所信也如此則可以革矣在革之時居下之上事之

當革若畏恐而不爲則失時爲害唯當慎重之至不自任其剛明審攷公論至於三就而後革之則无過矣易傳

朱子曰過剛不中居離之極躁動於革者也故其占有征凶貞厲之戒然其時則當革故至於革言三就則亦有孚而可革也又何之矣言已審也本義

九四悔亡有孚改命吉象曰改命之吉信志也

伊川程子曰九四革之盛也陽剛革之才也離下體而進上體革之時也居水火之際革之勢也得近君之位革之任也下无係應革之志也以九居四剛柔相濟革之用也四既具此可謂當革之時也事之可悔而革之

革之而當其悔乃亡也革之旣當唯在處之以至誠故有孚則改命吉改命改爲也謂革之也旣事當而弊革行之以誠上信而下順其吉可知四非中正而至善何也曰唯其處柔也故剛而不過近而不逼順承中正之君乃中正之人也易之取義无常也隨時而已改命而吉以上下信其志也誠旣至則上下信矣革之道以上下之信爲本不當不孚則不信當而不信猶不可行也況不當乎易傳

朱子語錄問革下三爻有謹重難改之意上三爻則革而善者蓋事有新故革者變故而爲新故漸漸好先生曰然乾卦到九四爻謂乾道乃革也是到這處方變了

藍田呂氏曰九四始入上體其命當改雖有无應之悔而革言三就之後物情已信不必私應故悔亡有孚悔亡有孚吾志可信改命无疑矣故改命吉

九五大人虎變未占有孚象曰大人虎變其文炳也

張子曰行前定而不疚光明也大人虎變夫何疚之有正蒙

伊川程子曰九五以陽剛之才中正之德居尊位大人也以大人之道革天下之事无不當也无不時也所過變化事理炳著如虎之文采故云虎變龍虎大人之象也變者事物之變曰虎何也曰大人變之乃大人之變也以大人中正之道變革之炳然昭著不待占決知其至當而天下必信也天下蒙大人之革不待占決知其至當而信之事理明著若虎文之炳煥明盛天下有不孚乎易傳

白雲郭氏曰盛矣哉九五之革也大人之道也且虎之文炳然而易見大人之道文明而可覩使天下曉然知大公至正革命之當无陰謀可疑之事以順天應人則天下不必占決而信之也昔湯征自葛而天下信之其大人虎變未占有孚之道歟易說

上六君子豹變小人革面征凶居貞吉象曰君子豹變其文蔚也小人革面順以從君也

伊川程子曰革之終革道之成也君子謂善人良善則已從革而變其著見若豹之彬蔚也小人昏愚難遷者雖未能心化亦革其面以從上之教令也龍虎大人之象故大人云虎君子云豹也人惟木善皆可以變化然有下愚雖聖人不能移者以堯舜爲君以聖繼聖百有餘年天下被化可謂深且久矣而有苗有象其來格烝乂蓋亦革面而已小人旣革其外革道可以爲成也苟更從而深治之則爲已甚已甚非道也故至革之終而

又征則凶也當貞固以自守革至於極而不守以貞則所革隨復變矣天下之事始則患乎難革已革則患乎不能守也故革之終戒以居貞則吉也居貞非爲六戒乎曰爲革終言也莫不在其中矣人性本善有不可革者何也曰語其性則皆善也語其才則有下愚之不移所謂下愚有二焉自暴也自棄也人苟以善自治則无不可移者雖昏愚之至皆可漸磨而進也唯自暴者拒之以不信自棄者絶之以不爲雖聖人與居不能化而入也仲尼之所謂下愚也然天下自暴自棄者非必皆昏愚也往往强戾而才力有過人者商辛是也聖人以其自絶於善謂之下愚然考其歸則誠愚也旣曰下愚其能革面何也曰心雖絶於善道其畏威而寡罪則與人同也唯其有與人同所以知其非性之罪也君子從化遷善成文彬蔚章見於外也中人以上莫不變革雖不移之小人則亦不敢肆其惡革易其外以順從君上之教令是革面也至此革道成矣小人勉而假善君子所容也更往而治之則凶矣易傳

䷱ 巽下離上

伊川程子曰鼎序卦革物者莫若鼎故受之以鼎鼎之爲用所以革物也變腥而爲熟易堅而爲柔水火不可同處也能使相合爲用而不相害是能革物也鼎所以次革也爲卦上離下巽所以爲鼎則取其象焉取其義焉取其象者有二以全體言之則下植爲足中虛爲腹中虛受物在中之象對峙於上者耳也横亘乎上者鉉也鼎之象也以上下二體言之則中虛在上下有足以承之亦鼎之象也取其義則木從火也巽入也順從之義以木從火爲然之象火之用唯燔與烹燔不假器故取烹象而爲鼎以木巽火烹飪之象也制器取其象也乃象器以爲卦乎曰制器取於象也象存乎卦而卦不必先器聖人制器不待見卦而後知象以衆人之不能知象也故設卦以示之卦器之先後不害於義也或疑鼎非自然之象乃人爲也曰固人爲也然烹飪可以成物形制如是則可用此非人爲自然也在井亦然器雖在卦先而所取者乃卦之象卦復用器以爲義也易傳

鼎元吉亨

伊川程子曰以卦才言也如卦之才可以致元亨也止當云元亨文羡吉字卦才可以致元亨未便有元吉也

彖復止云元亨其義明矣易傳

白雲郭氏曰易以器物名卦者井鼎二卦而已聖人名卦必以道獨二卦以器者以明道器皆一也由道可見器由器可推道也井以不改爲德以動出爲功井之道也鼎用以享上帝養聖賢鼎之道也易說

彖曰鼎象也以木巽火亨飪也聖人亨以享上帝而大亨以養聖賢巽而耳目聰明柔進而上行得中而應乎剛是以元亨

伊川程子曰卦之爲鼎取鼎之象也鼎之爲器法卦之象也有象而後有器卦復用器而爲義也鼎大器也重

寶也故其制作形模法象尤嚴鼎之名正也古人訓方方實正也以形言則耳對植於上足分峙於下周圓內外高卑厚薄莫不有法而至正至正然後成安重之象故鼎者法象之器卦之爲鼎以其象也以二體言鼎之用也以木巽火以木從火所以亨飪也鼎之爲器生人所賴至切者也極其用之大則聖人亨以享上帝大亨以養聖賢聖人古之聖王大言其廣上既言鼎之用矣復以卦才言人能如卦之才可以致元亨也下體巽爲巽順於理離明而中虛於上爲耳目聰明之象凡離在上者皆云柔進而上行柔在下之物乃居尊位進而上

義也命令政事順理則合民心而民順從矣易傳

藍田呂氏曰風行相隨所向皆靡故可以申命行事

白雲郭氏曰君子之德風也有風之德而下无不從然後具重巽之義故象言隨風巽則知重巽隨風之義皆繫乎上下而言也君子有是德下民如是而從其於申命行事也何有易於巽主教命猶詩之言風也故觀則省方觀民設教姤則施命誥四方蠱則振民育德皆主巽而言也由是觀之則巽之命可順之命也命或不可順而欲以剛强之亦難矣哉易說

初六進退利武人之貞象曰進退志疑也利武人之貞志

治也

張子曰體柔居下在巽之始謙抑過中故施於武人之貞則適得其宜進退者柔不自決之象也易說

伊川程子曰六以陰柔居卑巽而不中處最下而承剛過於卑巽者也陰柔之人卑巽太過則志意恐畏而不安或進或退不知所從其所利在武人之貞若能用武人剛貞之志則爲宜也勉爲剛貞則无過卑恐畏之失矣進退不知所安者其志疑懼也利用武人之剛貞以立其志則其志治也治謂修立也易傳

白雲郭氏曰卦以居柔而不能大初六又以柔而不

能決是以有進退之象武人三軍之勇者其志決於進者也初六疑於申命行事之際則敗且至矣宜以武人之貞自治其志可也治已以武人之貞斯无進退之疑矣孔子語冉求以聞斯行之是也然道雖不一於進而此利在行事是亦行權之義易說

九二巽在牀下用史巫紛若吉无咎象曰紛若之吉得中也

伊川程子曰二居巽時以陽處陰而在下過於巽者也牀人之所安巽在牀下是過於巽過所安矣人之過於卑巽非恐怯則諂說皆非正也二實剛中雖巽體而居

柔為過於巽非有邪心也恭巽之過雖非正禮可以遠恥辱絕怨咎亦吉道也史巫者通誠意於神明者也紛若多也苟至誠安於謙巽能使通其誠意者多則吉而无咎謂其誠足以動人也人不察其誠意則以過巽為諂矣二以居柔在下為過巽之象而能使通其誠意者衆多紛然由得中也陽居中為中實之象中既誠實則人自當信之以誠意則非諂畏也所以吉而无咎易傳

朱子曰二以陽處陰而居下有不安之意然當巽之時不厭其卑而二又居中不至已甚故其占為能過于巽而丁寧煩悉其辭以自道達則可以吉而无咎亦竭誠

為皆當安重也易傳

朱子曰凝命恐伊川說未然此言人君臨朝也須端莊安重似鼎不動然後可以凝住天命如所謂協于上下以承天休語錄

初六鼎顛趾利出否得妾以其子无咎象曰鼎顛趾未悖也利出否以從貴也

伊川程子曰六在鼎下趾之象也上應於四趾而向上顛之象也鼎覆則趾顛趾顛則覆其實矣非順道也然有當顛之時謂傾出敗惡以致潔取新則可也故顛趾利在於出否否惡也四近君大臣之位初下之人而相

應乃上求於下下從其上也上能用下之善下能輔之為可以成事功乃善道如鼎之顛趾有當顛之時未為悖理也得妾以其子无咎六陰而卑故為妾得妾謂得其人也若得良妾則能輔助其主使无過咎也子主也以其子致其主於无咎也六陰居下而卑巽從陽妾之象也以六上應四為顛趾而發此義初六本无才德可取故云得妾言得其人則如是也鼎覆而趾顛悖道也然非必為悖者蓋有傾出否惡之時也去故而納新瀉惡而受美從貴之義也應於四上從於貴者也易傳

朱子曰居鼎之下鼎趾之象也上應九四則顛矣然當

卦初鼎未有實而舊有否惡之積焉因其顛而出之則爲利矣得妾而因得其子亦由是也此爻之象如此而其占无咎蓋因敗以爲功因賤以致貴也鼎而顛趾悖道也而因可出否以從貴則未爲悖也從貴謂應四亦爲取新之意（本義）

九二鼎有實我仇有疾不我能即吉象曰鼎有實愼所之也我仇有疾終无尤也

張子曰以陽居中故有實實而與初競則所喪多矣故所之不可不愼也我仇謂三也三爲革爲塞固已路而爲患者也使其有疾而不能加我則美實可保而吉可

致也然四亦惡三三常懼焉是有疾而无尤也（易說）

伊川程子曰二以剛實居中鼎中有實之象鼎之有實上出則爲用二陽剛有濟用之才與五相應上從六五之君則得正而其道可亨然與初密比陰從陽者也九二居中而應中不至失正已雖自守彼必相求故戒能遠之使不來即我則吉也仇對也陰陽相對之物謂初也相從則非正而害義是有疾也二當以正自守使之不能來就己人能自守以正則不正不能就之矣所以吉也鼎之有實乃人之有才業也當愼所趨向不愼所往則亦陷於非義二能不暱於初而上從六五之正應乃是愼所之也我仇有疾舉上文也我仇對己者謂初也初比已而非正是有疾也既自守以正則彼不能即我所以終无過尤也（易傳）

白雲郭氏曰凡陽爲實而陰爲虛九二剛中故爲有實則鼎之方用非虛鼎也仇爲我之害者也虛則方有容故害我者不來實則盈滿之時故害我者必至必使我仇不我能即然後吉此聖人持滿之戒也古之人爵高祿厚不免凶禍者多矣皆仇能即之故也仇非一也既滿而仇人則人爲仇既滿而驕則驕爲仇既滿而貪則貪爲仇凡能害我者无彼无此皆仇

也是以古之君子愼之欹器之戒以虛則欹中則正滿則覆九二之仇不我能即者用中故也象言愼所之者方是時尤當愼其所之也之怨耦之驕之貪皆所之也有所之則有所致鼎既有實何致之有是求益也盈而求益損之道也故害且至焉是以君子愼之也我仇有疾終无尤者仇雖有害我之理然我能用中則仇自病之而不我能即故終吉而无尤矣（易說）

九三鼎耳革其行塞雉膏不食方雨虧悔終吉象曰鼎耳革失其義也

張子曰耳革行塞處二陽之間上下俱實也上下革塞

則雖有美實而不見取若二使應五四使應初則其悔可虧故曰方雨虧悔能終不固塞其路則吉可召也革塞之則失其義矣以陽居陽承乘皆剛悔也有九四之革其行不得上通皆鼎耳之失義也易說

伊川程子曰鼎耳六五也爲鼎之主三以陽居巽之上剛而能巽其才足以濟務然與五非應而不同五中而非正三正而非中不同也未得於君者也不得於君則其道何由而行革變革爲異也三與五異而不合也其行塞不能亨也不合於君則不得其任无以施其用膏甘美之物象祿位雉指五也有文明之德故謂之雉三

有才用而不得六五之祿位是不得雉膏食之也君子蘊其德久而必彰守其道其終必亨五有聰明之象而三終上進之物陰陽交暢則雨方雨且將雨也言五與三方將和合虧悔終吉謂不足之悔終當獲吉也三懷才而不偶故有不足之悔然其有陽剛之德上聰明而下巽正終必相得故吉也三雖不中以巽體故无過剛之失若過剛則豈能吉始與鼎耳革異者失其相求之義也與五非應失求合之道也不中非同志之象也是以其行塞而不通然上明而下才終必和合故方雨而吉也易傳

朱子曰以陽居鼎腹之中本有美實者也然以過剛失中越五應上又居下之極爲變革之時故爲鼎耳方革而不可舉移雖承上卦文明之腴有雉膏之美而不得以爲人之食然以陽居陽爲得其正苟能自守則陰陽將和而失其悔矣占者如是則初雖不利而終得吉也本義

問九三鼎耳革是如何先生曰他與五不相應五是鼎耳鼎无耳則移動不得革是變換之義他在上下之間與五不相當是鼎耳變革了不可舉移雖有雉膏而不食此是陽爻陰陽終必和故有方雨之吉語錄

九四鼎折足覆公餗其形渥凶象曰覆公餗信如何也

伊川程子曰四大臣之位任天下之事者也天下之事豈一人所能獨任必當求天下之賢智與之協力得其人則天下之治可不勞而致也用非其人則敗國家之事貽天下之患四下應於初初陰柔小人不可用者也而四用之其不勝任而敗事猶鼎之折足也鼎折足則傾覆公上之餗餗鼎實也居大臣之位當天下之任而所用非人至於覆敗乃不勝其任可羞愧之甚也其形渥謂赧汗也其凶可知繫辭曰德薄而位尊知小而謀大力小而任重鮮不及矣言不勝其任也蔽於所私德薄知小也大臣當天下之任必能成天下之治安則不

誤君上之所倚下民之所望與巳致身任道之志不失所期乃所謂信也不然則失其職誤上之委任得爲信乎故曰信如何也易傳

六五鼎黄耳金鉉利貞象曰鼎黄耳中以爲實也

伊川程子曰五在鼎上耳之象也鼎之舉措在耳爲鼎之主也五有中德故云黄耳鉉加耳者也二應於五來從於耳者鉉也二有剛中之德陽體剛中色黄故爲金鉉五文明得中而應剛二剛中巽體而上應才无不足也相應至善矣所利在貞固而巳六五居中應中不至於失正而質本陰柔故戒以貞固於中也六五以得中

爲善是以中爲實德也五之所以聰明應剛爲鼎之主得鼎之道皆由得中也易傳

上九鼎玉鉉大吉无不利象曰玉鉉在上剛柔節也

張子曰以剛居上能貞潔如玉以成鼎道不牵陰柔以固其節則吉无不利鼎象也足陰腹陽耳虛鉉剛故曰剛柔節也易說

伊川程子曰井與鼎以上出爲用處終鼎功之成也在上鉉之象剛而温者玉也九雖剛陽而居陰履柔不極剛而能温者也居成功之道唯善處而巳剛柔適宜動靜不過則爲大吉无不所利矣在上爲鉉雖居无位之地實當用也與他卦異矣井亦然剛而温乃有節也上居成功致用之地而剛柔中節所以大吉无不利也井鼎皆以終爲成功而鼎不云元吉何也曰井之功用皆在上出又有博施有常之德是以元吉鼎以享飪爲功居上爲成德與井異以剛柔節故得大吉也易傳

白雲郭氏曰上九鼎道大成剛柔適宜故得玉鉉之象玉剛而温非一於剛者也是以大吉无不利與井之上六元吉在上之義同剛柔節者以剛節柔以柔節剛相與以相濟猶所謂欲剛必以柔守之之意也九三剛過於中无節也九四用剛自任之過无節也

故獨上九得剛柔之節而盡玉鉉之美以成鼎道之吉斯爲至矣易說

䷲ 震下震上

伊川程子曰震序卦主器者莫若長子故受之以震鼎者器也震爲長男故取主器之義而繼鼎之後長子傳國家繼位號者也故爲主器之主序卦取其一義之大者爲相繼之義震之爲卦一陽生於二陰之下動而上者也故爲震震動也不曰動者震有動而奮發震驚之義乾坤之交一索而成震生物之長也故爲長男其象則爲雷其義則爲動雷有震奮之象動爲驚懼之義易傳

震亨震來虩虩笑言啞啞震驚百里不喪匕鬯

伊川程子曰陽生於下而上進有亨之義又震爲動爲

恐懼爲有主震而奮發動而進懼而修有主而保大皆可致亨故震則有亨當震動之來則恐懼不敢自寧旋顧周慮虩虩然也虩虩顧慮不安之貌處震如是則能保其安裕故笑言啞啞啞啞言笑和適之貌言震動之大而處之之道動之大者莫若雷震爲雷故以雷言雷之震動驚及百里之遠人无不懼而自失雷聲所及百里也唯宗廟祭祀執匕鬯者則不至於喪失人之致其誠敬莫如祭祀匕以載鼎實升之於俎鬯以灌地而降神方其酌祼以求神薦牲而祈饗盡其誠敬之心則雖雷震之威不能使之懼而失守故臨大震懼能安而不自失者唯誠敬而已此處震之道也卦才无取故但言處震之道易傳

白雲郭氏曰震一索而得男故謂之長男自乾坤而來變之始者莫先於震故爲動之始然乾坤震動之始其來方興莫測是以有震動之象曰亨者天下之理不動則不亨故天地萬物待震而後亨也自震來虩虩皆主人事而言虩虩恐懼之貌啞啞和樂之意因震動而恐懼則長慮却顧終无危亡之失是以後獲笑言和樂之吉也震驚百里不喪匕鬯者雖有大震恐不失主祭之道葢知恐懼修省而已主祭長子

之事也然則文武始於憂勤終於逸樂其亦震來虩虩笑言啞啞之義乎易說

彖曰震亨震來虩虩恐致福也笑言啞啞後有則也震驚百里驚遠而懼邇也出可以守宗廟社稷以爲祭主也

伊川程子曰震自有亨之義非由卦才震來而能恐懼自修自慎則可反致福吉也笑言啞啞言自若也由能恐懼而後自處有法則也有法則則安而不懼矣處震之道也雷之震及於百里遠者驚邇者懼言其威遠大也彖文脫不喪匕鬯一句卦辭云不喪匕鬯本謂誠敬之至威懼不能使之自失彖以長子宜如是因承上文

用長子之義通解之謂其誠敬能不喪匕鬯則君出而可以守宗廟社稷爲祭主也長子如是而後可以守世祀承國家也易傳

象曰洊雷震君子以恐懼修省

伊川程子曰洊重襲也上下皆震故爲洊雷雷重仍則威益盛君子觀洊雷威震之象以恐懼自修飭循省也君子畏天之威則修正其身思省其過咎而改之不唯雷震凡遇驚懼之事皆當如是易傳

初九震來虩虩後笑言啞啞吉象曰震來虩虩恐致福也笑言啞啞後有則也

伊川程子曰初九成震之主致震者也在卦之下處震之初也知震之來當震之始若能以爲恐懼而周旋顧慮虩虩然不敢寧止則終必保其安吉故後笑言啞啞也震來而能恐懼周顧則无患矣是能因恐懼而反致福也因恐懼而自修省不敢違於法度是由震而後有法則故能保其安吉而笑言啞啞也易傳

六二震來厲億喪貝躋于九陵勿逐七日得象曰震來厲乘剛也

伊川程子曰六二居中得正善處震者也而乘初九之剛九震之主震剛動而上奮孰能禦之厲猛也危也彼來既猛則已處危矣億度也貝所有之資也躋升也九陵陵之高也逐往追也以震來之厲度不能當而必喪其所有則升至高以避之也九言其重岡陵之重高之至也九重之多也如九天九地也勿逐七日得二之所貴者中正也遇震懼之來雖量勢巽避當守其中正无自失也億之必喪也故遠避以自守過則復其常矣是勿逐而自得也逐即物也以己即物失其守矣故戒勿逐避遠自守處震之大方也如二者當危懼而善處者也卦位有六七乃更始事既終時既易也不失其守雖一時不能禦其來然時過事已則復其常故云七日得

當震而乘剛是以彼厲而己危震剛之來其可禦乎易傳

六三震蘇蘇震行无眚象曰震蘇蘇位不當也

伊川程子曰蘇蘇神氣緩散自失之狀三以陰居陽不正處不正於平時且不能安況處震乎故其震懼而蘇蘇然若因震懼而能行去不正而就正則可以无過眚過也三行則至四正也動以就正爲善故二勿逐則自得三能行則无眚以不正而處震懼有眚可知其恐懼自失蘇蘇然由其所處不當故也不中不正其能安乎易傳

九四震遂泥象曰震遂泥未光也

伊川程子曰九四居震動之時不中不正處柔失剛健之道居四无中正之德陷溺於重陰之閒不能自震奮者也故云遂泥泥滯溺也以不正之陽而上下重陰安能免於泥乎遂无反之意處震懼而莫能守也欲震動則莫能奮也震道亡矣豈復能光亨也陽者剛物震者動義以剛處動本有光亨之道乃失其剛正而陷於重陰以致遂泥豈能光也云未光見陽剛本能震也以失德故泥耳易傳

六五震往來厲億无喪有事象曰震往來厲危行也其事在中大无喪也

張子曰懼往亦厲懼來亦厲能行已以危則富貴可保故曰无喪有事猶云不失其所有也以其乘剛故危以其在中故无喪禍至與不至皆懼則无喪有事易說

伊川程子曰六五雖以陰居陽不當位爲不正然以柔居剛又得中乃有中德者也不失中則不違於正矣所以中爲貴也諸卦二五雖不當位多以中爲美三四雖當位或以不中爲過中常重於正也蓋中則不違於正正不必中也天下之理莫善於中於六二六五可見五之動上往則柔不可居動之極下來則犯剛是往來皆危也當君位爲動之主隨宜應變在中而已故當億度无喪失其所有之事而已所有之事謂中德苟不失中雖有危不至於凶也億度謂圖慮求不失中也五所以危由非剛陽而无助若以剛陽有助爲動之主則能亨矣往來皆危時則甚難但期於不失中則可自守以柔主動固不能致亨濟也往來皆厲行則有危也動皆有危唯在无喪其事而已其事謂中也能不失其中則可自守也大无喪以无喪爲大也易傳

上六震索索視矍矍征凶震不于其躬于其鄰无咎婚媾有言象曰震索索中未得也雖凶无咎畏鄰戒也

伊川程子曰索索消索不存之狀謂其志氣如是六以

陰柔居震動之極其驚懼之甚志氣殫索也矍矍不安定貌志氣索索則視瞻徊徨以陰柔不中正之質而處震動之極故征則凶也震之及身乃于其躬也不于其躬謂未及身也鄰者近於身者也能震懼於未及身之前則不至於極矣故得无咎苟未至於極尚有可改之道震終當變柔不固守故有畏鄰戒而能變之義聖人於震終示人知懼能改之義爲勸深矣婚媾所親也謂同動者有言有怨咎之言也六居震之上始爲衆動之首今乃畏鄰戒而不敢進與諸處震者異矣故婚媾有言也所以恐懼自失如此以未得於中道也謂過中也

使之得中則不至於索索矣極而復征則凶也若能見鄰戒而知懼變於未極之前則无咎也上六動之極震極則有變義也易傳

白雲郭氏曰居震之極无中以自守內積驚懼失所處之道是以志氣索索然而其瞻視亦矍矍然不安也能止而守不過驚懼而已以征則凶也震驚之來未及其身方及其鄰能畏懼而戒之如此則无咎矣蓋先時而懼未至於極故也婚媾所親也有言失之小也處震之極得无大咎足矣小有言蓋不可得而免也象言中未得者以失中道故索索然也震卦言虩虩啞啞蘇蘇索索矍矍與二五之言億諸卦皆无其義雖多恐懼之貌亦於爻義各有辨也易說

䷳ 艮下艮上

伊川程子曰艮序卦震者動也物不可以終動止之故受之以艮艮者止也動靜相因動則有靜靜則有動物无常動之理艮所以次震也艮者止也不曰止者艮山之象有安重堅實之意非止義可盡也乾坤之交三索而成艮一陽居二陰之上陽動而上進之物既至於上則止矣陰者靜也上止而下靜故爲艮也然則與畜止之義何異曰畜止者制畜之義力止之也艮止者安止之義止其所也易傳

艮其背不獲其身行其庭不見其人无咎

周子曰艮其背背非見也靜則止止非爲也通書

明道程子曰艮其背止於所不見也劉絢師訓　人之情各有所蔽故不能適道大率患在自私而用智自私則不能以有爲爲應迹用智則不能以明覺爲自然今以惡外物之心而求照无物之地是反鑑而索照也易曰艮其背不獲其身行其庭不見其人孟子亦曰所惡於智者爲其鑿也與其非外而是內不若內外之兩忘兩忘則澄然无事矣无事則定定則明明則尚何應物之爲累哉與橫渠書

伊川程子曰人之所以不能安其止者動於欲也欲牽

於前而求其止不可得也故艮之道當艮其背所見者在前而背乃背之是所不見也止於所不見則无欲以亂其心而止乃安不獲其身不見其身也謂忘我也无我則止矣不能无我无可止之道行其庭不見其人庭除之間至近也在背則雖至近不見謂不交於物也外物不接內欲不萌如是而止乃得止之道於止爲无咎也易傳

艮其背乃止也背无欲无思也故可止陳氏拾遺

兼山郭氏曰艮止也天下之欲无窮而人每患於不能止者蓋不知无欲之地而止之也止於无欲之地所謂艮其背也人之耳目口鼻皆有欲也至於背則

无欲也內欲不動則外境不入是以行其庭不見其人也不獲其身止其止矣不見其人止於行矣內外兼止故人欲自滅而天理固存孟子曰養心莫善於寡欲其艮其背之義乎自一身言之庭與四海皆一也聖人舉而措之天下謂之事業皆行其庭之事也此道可明以理不可窮以辭卽所謂中庸之道也艮止圖說

東萊呂氏曰艮背之義在學者用之莫若止其所有所止則外物之交乎前不能汨之故夫子釋彖之辭不曰艮其背而曰艮其止其意可見答朱元晦

彖曰艮止也時止則止時行則行動靜不失其時其道光明艮其止止其所也上下敵應不相與也是以不獲其身行其庭不見其人无咎也

張子曰艮一陽爲主於兩陰之上各得其位而其勢止也易言光明者多艮之象著則明之義也動靜不失其時義之極也義極則光明著見唯其時物前定而不疚正蒙

明道程子曰艮其止止其所也各止其所父子止於恩君臣止於義之謂艮劉絢師訓　艮止也止則生不止則不生艮始終萬物語錄

伊川程子曰艮爲止止之道唯其時行止動靜不以時則妄也不失其時則順理而合義在物爲理處物爲義動靜合理義不失其時也乃其道之光明也君子所貴乎時仲尼行止久速是也艮體篤實有光明之義艮其止謂止之而止也止之而能止者由止得其所也止不得其所則无可止之理夫子曰於止知其所止謂當止之所也夫有物必有則父止於慈子止於孝君止於仁臣止於敬萬物庶事莫不各有其所得其所則安失其所則悖聖人所以能使天下順治非能爲物作則也唯止之各於其所而已上下敵應不相與也以卦才言也

上下二體以敵相應无相與之義陰陽相應則情通而相與乃以其敵故不相與也不相與則相背爲艮其背止之義也是以不獲其身至无咎也相背故不獲其身不見其人是以能止能止則无咎也易傳

朱子曰艮其背便不獲其身不獲其身便不見其人行其庭對艮其背只是對得輕身是動物動斯妄矣不動自无妄　伊川易傳艮其背一段只是非禮勿視聽言動則止於所不見无欲以亂其心不獲其身者蓋外既无非禮之視聽言動則内自不見有私已之欲矣外物不接便是姦聲亂色不留聰明淫樂慝禮不接心術惰

慢邪僻之氣不設於身體之意　問艮之象何以爲光明先生云定則光明凡人胸次煩擾則愈見昏昧中有定止則自然光明莊子所謂宇泰定者天光發焉是也　艮其背不獲其身只見道理所當止處不見自家自已不見害不見利不見痛痒只見道理如古人殺身成仁舍生取義皆是　時止則止時行則行行固非止然行而不失其理乃所以爲止也語錄

藍田呂氏曰艮止而不相交也背之於身五官之用四體之運動皆所不與止其所而與物不相交者也止道施於背則一身之運動皆所不與故曰艮其背不獲其身止其所而與物不相交故行其庭不見其人時止則止止不失時所以无咎時行而止時止而不止皆失之固止而不止其所則亂而失其所矣耳司聽目司視火之炎水之潤各止其用而不可亂也達於父子夫婦長幼君臣尊卑貴賤親疏之分各安其所而不亂此道所以光明也[redacted]

南軒張氏曰初六艮其趾未失正也六二艮其腓不拯其隨其心不快此言慾心既動不能制也腓隨身者也心者四體之所聽命者也于腓若不救其隨而任所之焉則心終不寧矣故曰不拯其隨未退聽也

九三艮其限列其夤者勇于止而未能循理適宜者也六四艮其身者大學所謂知止于其所當止者也六五艮其輔言有序悔亡者記所謂口容止語所謂時然後言繫辭所謂吉人之辭寡者也上九敦艮吉者居之安者也八卦之終惟艮爲吉乾亢坤疑坎陷離暴巽極則失兌極則志流震極則索則凶艮獨以終吉何也繫辭曰吉凶悔吝生乎動者也動則獲凶常多得吉常少靜而知止何咎之有聖人所以洗心退藏于密其至矣哉易說

象曰兼山艮君子以思不出其位

伊川程子曰上下皆山故爲兼山此而并彼爲兼謂重復也重艮之象也君子觀艮止之象而思安所止不出其位也位者所處之分也萬事各有其所得其所則止而安若當行而止當速而久或過或不及皆出其位也況踰分非據乎易傳

白雲郭氏曰艮之爲卦上下皆艮故曰兼山下卦內也內爲身上卦外也外爲人兼內外而統之所以有不獲其身不見其人之象也止无它義止其所而已以君子之位言之則思不出其位者亦止其所也位非獨爵祿而已所守之分皆位也必曰思者未有事

之時也未有事之時則无欲矣待其有欲而止則非艮也中庸曰喜怒哀樂之未發謂之中然則艮之爲止其在茲時乎易說

初六艮其趾无咎利永貞象曰艮其趾未失正也

伊川程子曰六在最下趾之象趾動之先也艮其趾止於動之初也事止於初未至失正故无咎也以柔處下當止之時也行則失其正矣故止乃无咎陰柔患其不能常也不能固也故方止之初戒以利在常永貞固則不失止之道也當止而行非正也止之於初故未至失正事止於始則易而未至於失也易傳

白雲郭氏曰趾初象也凡動之先莫先於趾止於動之先則易而止於既動之後則難止於其先故得无咎止於既動之後不能无得失也利永貞者利在久於其道而固守之也中庸曰人皆曰予知擇乎中庸而不能期月守也是不知利永者也又曰得一善則拳拳服膺而弗失之是能利貞者也象言未失正者止於未動之先未有失正之事也小畜於復自道言吉復於不遠復言元吉艮之初六有過於二者而不言吉蓋吉凶者失得之象也二卦之復雖與正相近然有失而能止則謂之復凡言復皆先失後得復則

吉不復則凶吉凶可得而言也艮其止則止於未失得之前吉凶失得皆在所止矣是以不言吉也然則艮之无咎豈不足於小畜與復之吉哉蓋不使累於得失而已故象言未失正則止於无失止於无失則未嘗有得矣然世多以吉爲過於无咎是不知吉與无咎自爲二道論有爲則莫善於吉論守道則无咎爲大是以易辭或言吉或言无咎或吉而无咎或凶而无咎不可同也易說

六二艮其腓不拯其隨其心不快象曰不拯其隨未退聽也

伊川程子曰六二居中得正得止之道者也上无應援不獲其君矣三居下之上成止之主主乎止者也乃剛而失中不得止之宜剛止於上非能降而下求二雖有中正之德不能從也二之行止繫乎所主非得自由故爲腓之象股動則腓隨動止在股而不在腓也二既不得以中正之道拯救三之不中則必勉而隨之不能拯而唯隨也雖咎不在已然豈其所欲哉言不聽道不行也故其心不快不得行其志也士之處高位則有拯无隨在下位則有當拯有當隨有拯之不得而後隨所以不拯之而唯隨者在上者未能下隨也退聽下從也易傳

朱子曰六二居中得正既止其腓矣三爲限則腓所隨也而過剛不中以止乎上二雖中正而體柔弱不能往而拯之是以其心不快也此爻占在象中下爻放此三止乎上亦不肯退而聽乎二也本義

白雲郭氏曰六二有爲之臣位也君子正心誠意之初故艮其背不獲其身行其庭不見其人及其道之大成施之於天下國家欲天下各安其所止蓋伊尹使是君爲堯舜之君使是民爲堯舜之民孟子欲正人心之時而不能拯其隨者是以其心不快也此謂其隨失隨之義象言未退聽謂隨者也易說

九三艮其限列其夤厲薰心象曰艮其限危薰心也

伊川程子曰限分隔也謂上下之際三以剛居剛而不中爲成艮之主決止之極也已在下體之上而隔上下之限皆爲止義故爲艮其限是確乎止而不復能進退者也在人身如列其夤夤膂也上下之際也列絶其夤則上下不相從屬言止於下之堅也止道貴乎得宜行止不能以時而定於一其堅強如此則處世乖戾與物睽絶其危甚矣人之固止一隅而舉世莫與宜者則艱蹇忿畏焚撓其中豈有安裕之理厲薰心謂不安之勢薰爍其中也謂其固止不能進退危懼之慮常薰爍其

中心也易傳

藍田呂氏曰九三當止之時陽剛當位分別名分嚴不可犯物情不安故危薰心

張子曰止於心故能艮其身咸之九四朋從爾思義近之易說

六四艮其身无咎象曰艮其身止諸躬也

伊川程子曰四大臣之位止天下之當止者也以陰柔而不遇剛陽之君故不能止物唯自止其身則可无咎所以能无咎者以止於正也言止其身无咎則見其不能止物施於政則有咎矣在上位而僅能善其身无取

之甚也不能爲天下之正能止於身而已豈足稱大臣之位也易傳

朱子曰以陰居陰時止而止故爲艮其身之象而占得无咎也本義

白雲郭氏曰以初論四則初爲早辨者也然有初之艮其趾然後四能艮其身先後之序理亦宜然艮其身則一身之內合於自然无不止也是以无咎止諸躬者謂能成已而已未能成物也易說

六五艮其輔言有序悔亡象曰艮其輔以中正也

伊川程子曰五君位艮之主也主天下之止者也而陰柔之才不足以當此義故止以在上取輔義言之人之所當慎而止者唯言行也五在上故以輔言輔言之所由出也艮於輔則不妄出而有序也言輕發而无序則有悔止之於輔則悔亡也有序中節有次序也輔與頰舌皆言所由出而輔在中艮其輔謂止於中也五之所善者中也艮其輔謂止於中也言以得中爲正止之於輔使不失中乃得正也易傳

上九敦艮吉象曰敦艮之吉以厚終也

伊川程子曰九以剛實居上而又成艮之主在艮之終止之至堅篤者也敦篤實也居止之極故不過而爲敦人之止難於久終故節或移於晚守或失於終事或廢於久人之所同患也上九能敦厚於終止道之至善所以吉也六爻之德唯此爲吉天下之事唯終守之爲難能敦於止有終者也上之吉以其能厚於終也易傳

藍田呂氏曰上九止之時以剛居上所守不遷敦重其所止以終其事也

䷴ 艮下巽上

伊川程子曰漸序卦艮者止也物不可以終止故受之以漸漸者進也止必有進乃屈伸消息之理也止之所生亦進也所反亦進也漸所以次艮也進以序爲漸今人以緩進爲漸進以序不越次所以緩也爲卦上巽下艮山上有木木之高而因山其高有因也其高有因乃其進有序也所以爲漸也易傳

漸女歸吉利貞

伊川程子曰以卦才兼漸義而言也乾坤之變爲巽艮巽艮重而爲漸在漸體而言中二爻交也由二爻之交

然後男女各得正位初終二爻雖不當位亦陽上陰下得尊卑之正男女各得其正亦得位也與歸妹正相對女之歸能如是之正則吉也天下之事進必以漸者莫如女歸臣之進於朝人之進於事固當有序不以其序則陵節犯義凶咎隨之然以義之輕重廉恥之道女之從人最爲大也故以女歸爲義且男女萬事之先也諸卦多有利貞而所施或不同有涉不正之疑而爲之戒者有其事必貞乃得其宜者有言所以利者以其有貞也所謂涉不正之疑而爲之戒者損之九二是也處陰居說故戒以宜貞也有其事必貞乃得宜者大畜是也

言所畜利於貞也有言所以利者以其有貞者漸是也言女歸之所以吉利於如此貞正也蓋其固有非設戒也漸之義宜能亨而不云亨者蓋亨者通達之義非漸進之義也易傳

朱子曰漸漸進也爲卦止于下而巽于上爲不遽進之義有女歸之象焉又自二至五位皆得正故其占爲女歸吉而又戒以利貞也本義

白雲郭氏曰漸之進不速而不已也天地之道進皆有漸況人乎舉人道而言之則進之漸者无若女之歸也女歸不以漸則奔也漸則爲歸速則爲奔故女

歸以漸爲吉也凡天下之進如女歸之漸无不吉也利貞者女歸之道正也固守之无不利矣然聖人制昏禮有納采問名納吉納徵請期之節其禮爲尤備是以知其漸也鴻之進也有于干于磐于木于陸之漸豈不猶女歸之禮乎故卦辭言女歸而爻明鴻漸其義一也易說

彖曰漸之進也女歸吉也進得位徃有功也進以正可以正邦也其位剛得中也止而巽動不窮也

伊川程子曰如漸之義而進乃女歸之吉也謂正而有漸也女歸爲大耳它進亦然漸進之時而陰陽各得正

位進而有功也四復由上進而得正位三離下而爲上遂得正位亦爲進得位之義以正道而進可以正邦國至於天下也凡進於事進於德進於位莫不皆當以正也上云進得位往有功也統言陰陽得位是以進而有功復云其位剛得中也所謂位者五以剛陽中正得尊位也諸爻之得正亦可謂之得位矣然未若五之得尊位故特言之內艮止外巽順止爲安靜之象巽爲和順之義人之進也若以欲心之動則躁而不得其漸故有困窮在漸之義內止靜而外巽順故其進動不有困窮也易傳

藍田呂氏曰漸徐進而不迫也艮止於下巽進而上不可以速故其進徐也女子之歸必待父母之命媒妁之言備禮以聘然後行故以漸進爲吉君子之難進亦斯道也君子以漸進累其功小人以漸進養其姦故進以正然後利也進以正故累功可以正邦也得位得中故正而有功止而又巽无過越亢滿之憂故其動无窮[illegible]

漢上朱氏曰漸否一變三之四成卦九四之剛下柔六三之柔上進漸柔之進也故曰漸之進也此以否六三之四言漸也女謂嫁曰歸自內之外也三坤之四成巽女往也四乾之三成艮男下女也艮男下女然後巽女往而進艮陽君三巽陰居四男女各得其正矣易傳

象曰山上有木漸君子以居賢德善俗

張子曰居可久之德難從无徵之德君子不以責人君子以賢德自居不强率人待其心同故善俗自然易說

伊川程子曰山上有木其高有因漸之義也君子觀漸之象以居賢善之德化美於風俗人之進於賢德必有其漸習而後能安非可陵節而遽至也在已且然教化之於人不以漸其能入乎移風易俗非一朝一夕所能

成故善俗必以漸也易傳

藍田呂氏曰山上有木逮其成林長養有漸矣君子之處賢德使成美材善風俗使成美俗其長養亦有漸也[illegible]

白雲郭氏曰合抱之木生於毫末則木之生未嘗不以漸也有山之高而木生焉故其高无窮猶漸之進其進有道故亦不窮也進之道何如止而巽是也先有所止不爲妄進巽而入之則有漸矣於賢德先有所止也善俗巽而入之也德非一日可成也俗非一日可善也居賢德善俗又漸之義也居賢德而後善

俗葢先自治而後治人彖所謂進以正可以正邦之道也易以巽主風教故此言善俗易說

初六鴻漸于干小子厲有言无咎象曰小子之厲義无咎也

伊川程子曰漸諸爻皆取鴻象鴻之爲物至有時而羣有序不失其時序乃爲漸也干水湄水鳥止於水之湄水至近也其進可謂漸矣行而以時乃所謂漸漸進不失漸得其宜矣六居初至下也陰之才至弱也而上无應援以此而進常情之所憂也君子則深識遠照知義理之所安時事之所宜處之不疑小人幼子唯能見已

然之事從衆人之知非能燭理也故危懼而有言葢不知在下所以有進也用柔所以不躁也无應所以能漸也於義自无咎也若漸之初而用剛急進則失漸之義不能進而有咎必矣雖小子以爲危厲在義理實无咎也易傳

六二鴻漸于磐飲食衎衎吉象曰飲食衎衎不素飽也

伊川程子曰二居中得正上應於五進之安裕者也但居漸故進不速磐石之安平者江河之濱所有象進之安自干之磐又漸進也二與九五之君以中正之道相應其進之安固平易莫加焉故其飲食和樂衎衎然吉可知也爻辭以其進之安平故取飲食和樂爲言夫子恐後人之未喻又釋之云中正君子遇中正之主漸進於上將行其道以及天下所謂飲食衎衎謂其得志和樂不謂空飽飲食而已素空也易傳

朱子曰磐大石也漸遠于水進于磐而益安矣衎衎和樂之意六二柔順中正進以其漸而上有九五之應故其象如此而占則吉也素飽如詩言素飡得之以道則不爲徒飽而處之安矣本義

白雲郭氏曰易以象言之則一卦一爻之內天地萬物无不具焉聖人或取諸身或取諸物獨舉其一以

言之耳理不能盡也如艮則取諸身漸則取諸鴻非艮之象不在物而漸之象不在人也故卦言女歸彖言進位爻言鴻漸互相發明无嫌于不同也世之論象者率拘于說卦已言之象其所不言者不能明也況六十四卦古人未嘗明言之且震爲龍而乾稱龍乾爲馬而坤稱馬坤爲牛而離稱牛皆非說卦之象八卦無鴻而漸稱鴻故知易之取象天地萬物无不具聖人亦不能盡言姑舉八卦之畧使後世知所謂象者如此貴夫觸類而長之也易說

九三鴻漸于陸夫征不復婦孕不育凶利禦寇象曰夫征

不復離羣醜也婦孕不育失其道也利用禦寇順相保也
伊川程子曰平高曰陸平原也三在下卦之上進至于陸也陽上進者也居漸之時志將漸進而上无應援當守正以俟時安處平地則得漸之道若或不能自守欲有所牽志有所就則失漸之道四陰在上而密比陽所說也三陽在下而相親陰所從也二爻相比而无應相比則相親而易合无應則无適而相求故爲之戒夫陽也夫謂三三若不守正而與四合是知征而不知復征行也復反也不復謂不反顧義理婦謂四若以不正而合則雖孕而不育蓋非其道也如是則凶也三之所利

在於禦寇非理而至者寇也守正以閑邪所謂禦寇也不能禦寇則自失而凶矣夫征不復則失漸之正從欲而失正離叛其羣類爲可醜也卦之諸爻皆无不善若獨失正是離其羣類婦孕不由其道所以不育也所利在禦寇謂以順道相保君子之與小人比也自守以正豈惟君子自完其己而已乎亦使小人得不陷於非義是以順道相保禦止其惡故曰禦寇易傳
藍田呂氏曰九三居下卦之上地不高而遠乎水故曰陸與初六六二同處艮體合之而求巽之六四既无正應其行不及四以近比其偶不正不正之偶既不孕何由育夫不夫婦不婦凶之道也同舟而濟胡越無異心雖非其正猶利禦寇三與四同順而相保也

六四鴻漸于木或得其桷无咎象曰或得其桷順以巽也
張子曰木非鴻所居如四之易位而在上也然本坤之爻進而爲巽故或得其桷居之可安也順巽則衆所與也故得所安易說
伊川程子曰當漸之時四以陰柔進據剛陽之上陽剛而上進豈能安處陰柔之下故四之處非安地如鴻之進于木也木漸高矣而有不安之象鴻趾連不能握枝

故不木棲桷横平之柯唯平柯之上乃能安處謂四之處本危或能自得安寧之道則无咎也如鴻之於木本不安或得平柯而處之則安也四居正而巽順宜无咎者也必以得失言者因得失以明其義也桷者平安之處求安之道唯順與巽若其義順正其處卑巽何處而不安如四之順正而巽乃得桷也易傳

九五鴻漸于陵婦三歲不孕終莫之勝吉象曰終莫之勝吉得所願也
伊川程子曰陵高阜也鴻之所止最高處也象君之位雖得尊位然漸之時其道之行固亦非遽與二爲正應

而中正之德同乃隔於三四三比二四比五皆隔其交者也未能即合故三歲不孕然中正之道有必亨之理不正豈能隔害之故終莫之能勝但其合有漸耳終得其吉也以不正而敵中正一時之爲耳久其能勝乎君臣以中正相交其道當行雖有間其間者終豈能勝哉徐必得其所願乃漸之吉也易傳

白雲郭氏曰陵高阜也君之象也二五正應君臣同中正之德宜其吉矣然猶三歲不孕者以三四爲之間故也四不能間五而能間二九三禦寇之才足以間五然君臣同德有間終合故終莫之勝也雖九五

之尊猶有三歲之久者亦爲之以漸故也三言夫征不復五言婦三歲不孕以卦辭言女歸吉故以夫婦爲言易說

上九鴻漸于陸其羽可用爲儀吉象曰其羽可用爲儀吉不可亂也

伊川程子曰安定胡公以陸爲逵逵雲路也謂虛空之中爾雅九逵謂之逵逵通達无阻蔽之義也上九在至高之位又益上進是出乎位之外在它時則爲過矣於漸之時居巽之極必有其序如鴻之離所止而飛於雲空在人則超逸乎常事之外者也進至於是而不失其漸賢達之高致也故可用爲儀法而吉也羽鴻之所用進也以其進之用况上九進之道也君子之進自下而上由微而著跬步造次莫不有序不失其序則无所不得其吉故九雖窮高而不失其吉可用爲儀法者以其有序而不可亂也易傳

䷵兑下震上

伊川程子曰歸妹序卦漸者進也進必有所歸故受之以歸妹進則必有所至故漸有歸義歸妹所以繼漸也歸妹者女之歸也妹少女之稱爲卦震上兑下以少女從長男也男動而女說又以說而動皆男說女女從男之義卦有男女配合之義者四咸恒漸歸妹也咸男女之相感也男下女二氣感應止而說男女之情相感之象恒常也男上女下巽順而動陰陽皆相應是男女居室夫婦唱隨之常道漸女歸之得其正也男下女而各得正位止靜而巽順其進有漸男女配合得其道也歸

妹女之嫁歸也男上女下女從男也而有說少之義以說而動動以說則不得其正矣故位皆不當初與上雖當陰陽之位而陽在下陰在上亦不當位也與漸正相對咸恒夫婦之道漸歸妹女歸之義咸與歸妹男女之情也咸止而說歸妹動於說皆以說也恒與漸夫婦之義也恒巽而動漸止而巽皆以巽順也男女之道夫婦之義備於是矣歸妹爲卦澤上有雷雷震而澤動從之象也物之隨動莫如水男動於上而女從之嫁歸從男之象震長男兑少女少女從長男以說而動動而相說也人之所說者少女故云妹爲女歸之象又有長男說少女之義故爲歸妹也易傳

歸妹征凶无攸利

伊川程子曰以說而動動而不當故凶不當位不當也征凶動則凶也如卦之義不獨女歸无所往而利也易傳

朱子曰婦人謂嫁曰歸妹少女也兑以少女而從震之長男而其情又爲以說而動皆非正也故卦爲歸妹而卦之諸爻自二至五皆不得正三五又皆以柔乘剛故其占征凶而无所利也本義

彖曰歸妹天地之大義也天地不交而萬物不興歸妹人之終始也說以動所歸妹也征凶位不當也无攸利柔乘

剛也

張子曰泰之九三進而在四六四降而在三故曰天地之大義也然泰卦將終征將爲否故曰凶易說

伊川程子曰一陰一陽之謂道陰陽交感男女配合天地之常理也歸妹女歸於男也故云天地之大義也男在女上陰從陽動故爲女歸之象天地不交則萬物何從而生女之歸男乃生生相續之道男女交而後有生息有生息而後其終不窮前者有終而後者有始相續不窮是人之終始也說以動以二體釋歸妹之義男女相感說而動者少女之事故以說而動所歸者妹也所

以征則凶者以諸爻皆不當位也所處皆不正何動而不凶大率以說而動安有不失正者柔乘剛不惟位不當也又有乘剛之過三五皆乘剛男女有尊卑之序夫婦有唱隨之禮此常理也如恒是也苟不由常正之道徇情肆欲唯說是動則夫婦瀆亂男牽欲而失其剛婦狃說而忘其順如歸妹之乘剛是也所以凶无所往而利也夫陰陽之配合男女之交媾理之常也然從欲而流放不由義理則淫邪无所不至傷身敗德豈人理哉歸妹之所以凶也易傳

象曰澤上有雷歸妹君子以永終知敝

伊川程子曰雷震於上澤隨而動陽動於上陰說而從女從男之象也故爲歸妹君子觀男女配合生息相續之象而以永其終知有敝也永終謂生息嗣續永久其傳也知敝謂知物有敝壞而爲相繼之道也女歸則有生息故有永終之義又夫婦之道當常永有終必知其有敝壞之理而戒慎之敝壞謂離隙歸妹說以動者也異乎恒之巽而動漸之止而巽也少女之說情之感動動則失正非夫婦正而可常之道久必敝壞知其必敝則當思永其終也天下之反目者皆不能永終者也不獨夫婦之道天下之事莫不有終有敝莫不有可繼可

久之道觀歸妹則當思永終之戒也易傳

朱子曰雷動澤隨歸妹之象君子觀其合之不正知其終之有敝也推之事物莫不皆然本義

初九歸妹以娣跛能履征吉象曰歸妹以娣以恒也跛能履吉相承也

伊川程子曰女之歸居下而无正應娣之象也剛陽在婦人爲賢貞之德而處卑順娣之賢正者也處說居下爲順義娣之卑下雖賢何所能爲不過自善其身以承助其君而已如跛之能履言不能及遠也然在其分爲善故以是而行則吉也歸妹之義以說而動非夫婦能常之道九乃剛陽有賢貞之德雖娣之微乃能以常者也雖在下不能有所爲如跛者之能履然征而吉者以其能相承助也能助其君娣之吉也易傳

九二眇能視利幽人之貞象曰利幽人之貞未變常也

伊川程子曰九二陽剛而得中女之賢正者也上有正應而反陰柔之質動於說者也乃女賢而配不良故二雖賢不能自遂以成其內助之功適可以善其身而小施之如眇者之能視而已言不能及遠也男女之際當以正禮五雖不正二自守其幽靜貞正乃所利也二有剛正之德幽靜之人也二之才如是而言利貞者利言

宜於如是之貞非不足而爲之戒也守其幽貞未失夫婦常正之道也世人以媟狎爲常故以貞静爲變常不知乃常久之道也易傳

藍田吕氏曰九二一卦之中獨與六五應遠而相應如視也雖有剛中居陰處内不在尊位故不可與有明如眇能視也不可與有明則不得與有爲静而守中不變其常所以利幽人之貞[redacted]

白雲郭氏曰九二剛中賢女也長男說少女而動則夫之非賢可知矣女從男者也夫之不賢女不能制也一賢一否眇之象也眇而能視以見九二之獨賢

也然夫之不賢豈可變常而從之哉守其幽獨之操不爲不賢之人奪其志可謂女子之貞者矣斯其所以爲利也故曰利幽人之貞九二葢能獲其利者非才不足而戒之也易說

劉氏曰九二剛中女之賢者也上應六五之陰塙是女賢而配不良也婦人无遂事雖賢何所能爲猶眇者之能視又何足以言明也易學記

六三歸妹以須反歸以娣象曰歸妹以須未當也

伊川程子曰三居下之上本非賤者以失德而无正應故爲欲有歸而未得其歸須待也待者未有所適也六居三不當位德不正也柔而尚剛行不順也爲說之主以說求歸動非禮也上无應无受之者也无所適故須也女子之處如是人誰取之不可以爲人配矣當反歸而求爲娣媵則可也以不正而失其所也未當者其處其德其求歸之道皆不當故无取之者所以須也易傳

蒙齋李氏曰三與四上下无應故俱有須待之義而其德不同九四體剛而用柔體剛則堅貞而有守用柔則合婦人之道故能有待而行也六三體柔而用剛體柔則无堅貞之德用剛則躁進失婦之道故不能須待反其歸妹之義而從娣媵之事也易學記

九四歸妹愆期遲歸有時象曰愆期之志有待而行也

伊川程子曰九以陽居四四上體地之高也陽剛在女子爲正德賢明者也无正應未得其歸也過時未歸故云愆期女子居貴高之地有賢明之資人情所願娶故其愆期乃爲有時葢自待非不售也待得佳配而後行也九居四雖不當位而處柔乃婦人之道以无應故爲愆期之義而聖人推理以女賢而愆期葢有待也所以愆期者由己而不由彼賢女人所願娶所以愆期乃其志欲有所待待得佳配而後行也易傳

六五帝乙歸妹其君之袂不如其娣之袂良月幾望吉象

曰帝乙歸妹不如其娣之袂良也其位在中以貴行也

伊川程子曰六五居尊位妹之貴高者也下應於二爲下嫁之象王姬下嫁自古而然至帝乙而後正婚姻之禮明男女之分雖至貴之女不得失柔巽之道有貴驕之志故易中陰尊而謙降者則曰帝乙歸妹泰六五是也貴女之歸唯謙降以從禮乃尊高之德也不事容飾以說於人也娣媵者以容飾爲事者也衣袂所以爲容飾也六五尊貴之女尚禮而不尚飾故其袂不及其娣之袂良也良美好也月望陰之盈也盈則敵陽矣幾望未至於盈也五之貴高常不至於盈極則不亢其夫乃

爲吉也女之處尊貴之道也以帝乙歸妹之道言其袂不如其娣之袂良尚禮而不尚飾也五以柔中在尊高之位以尊貴而行中道也柔順降屈尚禮而不尚飾乃中道也易傳

上六女承筐无實士刲羊无血无攸利象曰上六无實承虛筐也

伊川程子曰上六女歸之終而无應女歸之无終者也婦者所以承先祖奉祭祀不能奉祭祀則不可以爲婦矣筐篚之實婦職所供也古者房中之俎葅歜之類后夫人職之諸侯之祭親割牲卿大夫皆然割取血以祭禮云血祭盛氣也女當承事筐篚而无實无實則无以祭謂不能奉祭祀也夫婦共承宗廟婦不能奉祭祀乃夫不能承祭祀也故刲羊而无血亦无以祭也謂不可以承祭祀也婦不能奉祭祀則當離絶矣是夫婦之无終者也何所往而利哉筐无實是空筐也空筐可以祭乎言不可以奉祭祀也女不可以承祭祀則離絶而已是女歸之无終者也易傳

䷶ 離下震上

伊川程子曰豐序卦得其所歸者必大故受之以豐物所歸聚必成其大故歸妹之後受之以豐也豐盛大之義爲卦震上離下震動也離明也以明而動動而能明皆致豐之道明足以照動足以亨然後能致豐大也易傳

豐亨王假之勿憂宜日中

伊川程子曰豐爲盛大其義自亨極天下之光大者唯王者能至之假至也天位之尊四海之富羣生之衆王道之大極豐之道其唯王者乎豐之時人民之繁庶事物之殷盛治之豈易周爲可憂慮宜如日中之盛明廣

照无所不及然後无憂也易傳

白雲郭氏曰豐者盛大之名盛大所以亨極天下之盛大唯王能至之蓋王者有道之主也然物極太盛者憂必將至唯用中道自持則可无憂故欲勿憂則宜如日之方中也日過中則昃豐過盛則憂一道也聖人欲持滿以中故言宜日中然噬嗑與豐皆明動之卦噬嗑先動而求明得明而後可亨也豐已明而後動則不期而自亨矣故噬嗑亨繼以利用獄利於求明故也豐无不亨故特曰王假之而已亦猶乾之不言所利也易說

彖曰豐大也明以動故豐王假之尚大也勿憂宜日中宜照天下也日中則昃月盈則食天地盈虛與時消息而況於人乎況於鬼神乎

伊川程子曰豐者盛大之義離明而震動明動相資而成豐大也王者有四海之廣兆民之衆極天下之大也故豐大之道唯王者能致之所有既大其保之治之之道亦當大也故王者之所尚至大也所有既廣所治既衆當憂慮其不能周及宜如日之盛明普照天下无所不至則可勿憂矣如是然後能保其豐大保有豐大豈小才小知之所能也既言豐盛之至復言其難常以爲

誡也日中盛極則當昃昳月既盈滿則有虧缺天地之盈虛尚與時消息況人與鬼神乎盈虛謂盛衰消息謂進退天地之運亦隨時進退也鬼神謂造化之迹於萬物盛衰可見其消息也於豐盛之時而爲此誡欲其守中不至過盛處豐之道豈易也哉易傳

劉氏曰天地盈虛謂陰陽之氣也陽氣自子而息漸長而至于盈自午而消漸衰而至于虛陰則反是此一節蓋言豐盛之不可常也學易記

象曰雷電皆至豐君子以折獄致刑

張子曰盛明如天大之至也動於上而明於下故折獄

致刑民不惑矣易說

伊川程子曰雷電皆至明震並行也二體相合故云皆至明動相資成豐之象離明也照察之象震動也威斷之象折獄者必照其情實惟明克允致刑者以威於姦惡惟斷乃成故君子觀雷電明動之象以折獄致刑也噬嗑言先王飭法豐言君子折獄以明在上而麗於威震王者之事故爲制刑立法以明在下而麗於威震君子之用故爲折獄致刑旅明在上而云君子者旅取慎用刑與不留獄君子皆當然也易傳

白雲郭氏曰噬嗑動以求明故雖爲雷電而未極其

至豐先明而後動則動无不善是以極其至也故曰雷電皆至蓋明之至而動亦至也折獄斷弊也致刑麗於刑也方動而有明有不明故明罰勅法以申戒之求於明也既明而後動則无疑矣是以斷弊而致之刑也易說

初九遇其配主雖旬无咎往有尚象曰雖旬无咎過旬災也

伊川程子曰雷電皆至成豐之象明動相資致豐之道非明无以照非動无以行相須猶形影相資猶表裏初九明之初九四動之初宜相須以成其用故雖旬而相應位則相應用則相資故初謂四爲配主已所配也配雖匹稱然就之者也如配天以配君子故初於四云配四於初云夷也雖旬无咎旬均也天下之相應者常非均敵如陰之應陽柔之從剛下之附上敵則安肯相從唯豐之初四其用則相資其應則相成故雖均是陽剛相從而无過咎也蓋非明則動无所之非動則明无所用相資而成用同舟則胡越一心共難則仇怨協力事勢使然也往而相從則能成其豐故云有尚有可嘉尚也在他卦則不相下而離隙矣聖人因時而處宜隨事而順理夫勢均則不相下者常理也然有雖敵而相資

者則相求也初四是也所以雖旬而无咎也與人同而力均者在乎降已以相求協力以從事若懷先已之私有加上之意則患當至矣故曰過旬災也均而先已是過旬也一求勝則不能同矣易傳

六二豐其蔀日中見斗往得疑疾有孚發若吉象曰有孚發若信以發志也

伊川程子曰明動相資乃能成豐二爲明之主又得中正可謂明者也而五在正應之地陰柔不正非能動者二五雖皆陰而在明動相資之時居相應之地五才不足既其應之才不足資則獨明不能成豐既不能成豐

則喪其明功故爲豐其蔀日中見斗二至明之才以所應不足與而不能成其豐喪其明功无明功則爲昏暗故云見斗斗昏見者也蔀周帀之義用障蔽之物掩晦於明者也斗屬陰而主運乎象五以陰柔而當君位日中盛明之時乃見斗猶豐大之時乃遇柔弱之主斗以昏見言見斗則是明喪而暗矣二雖至明中正之才所遇乃柔暗不正之君既不能下求於已若往求之則反得疑猜忌疾暗主如是也然則如之何而可夫君子之事上也不得其心則盡其至誠以感發其志意而已苟誠意能動則雖昏蒙可開也雖柔弱可輔也雖不正可

正也古人之事庸君常主而克行其道者已之誠意上達而君見信之篤耳管仲之相桓公孔明之輔後主是也若能以誠信發其志意則得行其道乃爲吉也有孚發若謂以己之孚信感發上之心志也苟能發則其吉可知雖柔暗有可發之道也易傳

朱子曰六二居豐之時爲離之主至明者也而上應六五之柔暗故爲豐蔀見斗之象蔀障蔽也大其障蔽故日中而昏也往而從之則昏暗之主必反見疑惟在積其誠意以感發之則吉戒占者宜如此也虛中有孚之象本義

九三豐其沛日中見沬折其右肱无咎象曰豐其沛不可大事也折其右肱終不可用也

張子曰所應在陰故曰豐沛能折其右肱絶去上六而不累其明則可免咎也光大之上陰柔之終不可用也易說

伊川程子曰沛字古本有作旆字者王弼以爲旛幔則是旆也旛幔圍蔽於內者豐其旆其暗更甚於蔀也三明體而反暗於四者所應陰暗故也三居明體之上陽剛得正本能明者也豐之道必明動相資而成三應於上上陰柔又无位而處震之終既終則止矣不能動者

也它卦至終則極震至終則止矣三无上之應則不能成豐沬星之微小无名數者見沬暗之甚也豐之時而遇上六日中而見沬者也右肱人之所用乃折矣其无能爲可知賢智之才遇明君則能有爲於天下上无可賴之主則不能有爲如人之折其右肱也人之爲有所失則有所歸咎曰由是故致是若欲動而无右肱欲爲而上无所賴則不能而已更復何言无所歸咎也三應於上上應而无位陰柔无勢力而處既終其可共濟大事乎既无所賴如右肱之折終不可用矣易傳

九四豐其蔀日中見斗遇其夷主吉象曰豐其蔀位不當

也日中見斗幽不明也遇其夷主吉行也

伊川程子曰四雖陽剛爲動之主又得大臣之位然以不中正遇陰暗柔弱之主豈能致豐大也故爲豐其蔀蔀周圍掩蔽之物周圍則不大掩蔽則不明日中見斗當盛明之時反昏暗也夷主其等夷也相應故謂之主初四皆陽而居初是其德同又居相應之地故爲夷主居大臣之位而得在下之賢同德相輔其助豈小也哉故吉也如四之才得在下之賢爲之助則能致豐大乎曰在下者上有當位爲之與在上者下有賢才爲之助豈无益乎故吉也然而致天下之豐有君而後能也五

陰柔居尊而震體无虛中巽順下賢之象下雖多賢亦將何爲蓋非陽剛中正不能致天下之豐也位不當謂以不中正居高位所以暗而不能致豐謂幽暗不能光明君陰柔而臣不中正故也陽剛相遇吉之行也下就於初故云行下求則爲吉也易傳

白雲郭氏曰二之豐蔀見斗以重陰而非正應也而有孚發若吉者中正也四之豐蔀見斗非中正也而遇其夷主吉者應初之求而有遇也反復參考之則二爻之義實相類故其辭同而皆終之以吉有爲之時明動必相濟然後有成故初謂四爲配主四謂初爲夷主夷等也等亦匹配之義造稱主者均爲陽剛特明動相須不能專任以有爲莫適賓主惟足於明者知求動以爲主居於動者知求明以爲主故也象言位不當者非中正也遇其夷主則行斯吉矣易說

六五來章有慶譽吉象曰六五之吉有慶也

伊川程子曰五以陰柔之才爲豐之主固不能成其豐大若能來致在下章美之才而用之則有福慶復得美譽所謂吉也六二文明中正章美之才也爲五者誠能致之在位而委任之可以致豐大之慶名譽之美故吉也章美之才主二而言然初與三四皆陽剛之才五能

用賢則彙征矣二雖陰有文明中正之德大賢之在下者也五與二雖非陰陽正應在明動相資之時有相爲用之義五若來章則有慶譽而吉也然六五无虛己下賢之義聖人設此義以爲教耳其所謂吉者可以有慶福及於天下也人君雖柔暗若能用賢才則可以爲天下之福唯患不能耳易傳

白雲郭氏曰觀豐之世以无所豐爲大不知此而徒欲務豐於外是蔽於豐者也蔽於豐故惟見斗見沬而已非處豐之道也猶爲之君者居豐盛之世上欲豐於朝廷下欲豐於民物或欲豐其貨財或欲豐其

土地城邑宮室車徒之類是不知豐之世盛大无以加又求豐之是无厭也故必有一偏之蔽然後從而損其明則向之欲豐今反損矣聖人貴夫持盈守成而不以豐大爲務故書有滿招損之戒而易著豐蔀豐沛之失且卦辭言王假之又言勿憂宜日中則知能行道者乃能極其至而持之以中道者又所以无憂也是以六爻之中稱豐者皆无善道而六五不言豐獨爲可尚也來章章之也所以章豐之盛大也豐在彼者也豐之來我能章之而已苟豐之來我亦豐之是二三見斗見沬之不明也章之之道何如持之

守之保而弗失使豐之道久亨於世无加損焉是爲章之之道也此五所以獨能至之也不知出此而有一偏之蔽則所豐者小道而損豐之大所豐者末務而忘豐之本是日中而求昃月盈而求食非聖人章豐之道也來章如是則其慶其譽何時而已邪是爲六五之吉也不然苟務豐而不知善終之道聖人无取焉故豐其屋蔀其家固非有期於闃其戶闃其无人而其爲應必至是而後已可不戒哉易說

龔氏曰易有含章有來章含章者有待而發也來章者資諸物而爲用也學易記

上六豐其屋蔀其家闚其戶闃其无人三歲不覿凶象曰豐其屋天際翔也闚其戶闃其无人自藏也

張子曰豐屋蔀家自蔽之甚猶大明之世而夷壘其行窮大而失居者也處上之極不交於下而居動之末曰天際翔也易說

伊川程子曰六以陰柔之質而居豐之極處動之終其滿假躁動甚矣處豐大之時宜乎謙屈而處極高致豐大之功在乎剛健而體陰柔當豐大之任在乎得時而不當位如上六者處无一當其凶可知豐其屋處太高也蔀其家居不明也以陰柔居豐大而在无位之地乃

高亢昏暗自絕於人人誰與之故闚其戶闃其无人也至於三歲之久而不知變其凶宜矣不覿謂尚不見人蓋不變也六居卦終有變之義而不能遷是其才不能也六處豐大之極在上而自高若飛翔於天際謂其高大之甚闚其戶而无人者雖居豐大之極而實无位之地人以其昏暗自高大故皆棄絕之自藏避而弗與親也易傳

白雲郭氏曰屋之覆障非特蔀沛而已而豐其屋蔀其家又爲自厚於一身一家之事者也於豐之道豈不小哉然天下之理有謙盈之異効雖欲自厚其如

天地鬼神何故豐屋蔀家者固非有期於闚其戶闃其无人而其爲應必至是而後已也久而无所見其凶甚矣見斗見沬猶有見焉上六既極故不覿而凶也天際翔者天際之高不可極也高不可極猶欲至而翔焉是不知豐大之无以加遂窮无厭之欲者也故爲豐其屋之象自藏者其无人也非由人致之實自致之耳序卦曰窮大者必失其居其是之謂與班固言許史三王丁傅之家皆重侯累將窮貴極富見其位矣未見其人也豈聞其无人之謂乎易說

䷷ 艮下離上

伊川程子曰旅序卦豐大也窮大者必失其居故受之以旅豐盛至於窮極則必失其所安旅所以次豐也爲卦離上艮下山止而不遷火行而不居違去爲不處之象故爲旅也又麗乎外亦旅之象易傳

旅小亨旅貞吉

伊川程子曰以卦才言也如卦之才可以小亨得旅之貞正而吉也易傳

朱子曰旅羈旅也山止於下火炎於上爲去其所止而不處之象故爲旅以六五得中於外而順乎上下之二陽艮止而離麗於明故其占可以小亨而能守其旅之貞則吉旅非常居若可苟者然道无不在故自有其正不可須臾離也本義

彖曰旅小亨柔得中乎外而順乎剛止而麗乎明是以小亨旅貞吉也旅之時義大矣哉

伊川程子曰六五柔得中乎外也麗於上下之剛順乎剛也下艮止上離麗止而麗於明也柔順而得在外之中所止能麗於明是以小亨得旅之貞正而吉也旅困之時非陽剛中正有助於下不能致大亨也所謂得在外之中中非一揆旅有旅之中也止麗於明則不

失時宜然後得處旅之道天下之事當隨時各適其宜而旅爲難處故稱其時義之大易傳

藍田呂氏曰旅失居而未得也旅在外者也處旅之道柔而得中以順乎剛則知屈以求伸也止而麗乎明則知所以安而不之於邪闇也此善處旅者所以得旅之小亨得旅之貞吉也[redacted]

漢上朱氏曰旅否之變也剛當居上柔當居下六居五失其所居而在外旅也然六五居柔得中矣得中則其柔不過爲得旅之中道易說曰中非一揆旅有旅之中也柔得中則能順乎上下之剛不爲剛所揜

而小者亨順乎剛而柔失中旅道窮矣坤順也君子入國問禁與之日從新國之法順乎剛也故曰柔得中而順乎剛此以六五言旅小亨也九居三未爲失其所居也然剛自五而反居于下猶爲旅也居三成艮屈其剛而止于下自謙屈之道也雖止乎下矣然九三正止而不失其正上麗乎離之明君子之居是邦也事其大夫之賢者友其士之仁者麗乎明也正然後能麗乎明不正人將拒我矣正則吉故曰止而麗乎明此以九三言旅貞吉也旅難處也旅如六五柔得中乎外而順乎剛在我者不失已矣乃可以小亨旅如九三止而麗乎明在彼者亦不失人矣乃可以貞吉是以旅一也而再言之易傳曰旅困之時非陽剛中正有助于下則不能致大亨如卦之才則可以小亨得旅貞而吉也易傳

渾源雷氏曰去父母之國旅寄于他邦太剛則人所不容太柔則已无以立故貴乎得中易學記

象曰山上有火旅君子以明愼用刑而不留獄

伊川程子曰火之在高明无不照君子觀明照之象則以明愼用刑明不可恃故戒於愼明而止亦愼象觀火行不處之象則不留獄獄者不得已而設民有罪而入

豈可留滯淹久也易傳

朱子曰謹刑如山不留獄如火本義

誠齋楊氏曰刑不明則冤故欲明過則明察故欲謹過謹則滯故欲不留民止故謹火行故不留而明易傳

初六旅瑣瑣斯其所取災象曰旅瑣瑣志窮災也

張子曰瑣瑣不能致命遂志身窮而志卑也冗細其所爲取災之道也易說

伊川程子曰六以陰柔在旅之時處於卑下是柔弱之人處旅困而在卑賤所存汚下者也志卑之人旣處旅困鄙猥瑣細无所不至乃其所以致侮辱取災咎也瑣

瑣猥細之狀當旅困之時才質如是上雖有援无能爲也四陽性而離體亦非就下者也又在旅與它卦爲大臣之位者異矣志意窮迫益自取災也災眚對言則有分獨言則謂災患矣易傳

白雲郭氏曰旅雖有失其所居之義而卦象之中至明存焉故君子之處旅也必思其至明而法以行事然後足以得旅之大義此象所以言明愼用刑之意不知出此反致意於瑣瑣細末之務則闇於大義是其所以爲取災之道歟夫窮志畢力於瑣瑣之務者終不能大有爲於天下也初六陰柔之才自居於卑

故无高遠之見如此孟子曰養其大體爲大人養其小體爲小人旅之大義與其瑣瑣皆在人自養之而已可不審哉易說

六二旅即次懷其資得童僕貞象曰得童僕貞終无尤也

張子曰居得位即次之義得三之助故曰懷其資下有一陰无所係累故曰得童僕貞易說

伊川程子曰二有柔順中正之德柔順則衆與之中正則處不失當故能保其所有童僕亦盡其忠信雖不若五有文明之德上下之助亦處旅之善者也次舍旅所安也財貨旅所資也童僕旅所賴也得就次舍懷畜其資財又得童僕之貞良旅之善也柔弱在下者童也强壯處外者僕也二柔順中正故得內外之心在旅所親比者童僕也不云吉者旅寓之際得免於災厲則已善矣羈旅之人所賴者童僕也旣得童僕之忠貞終无尤悔矣易傳

九三旅焚其次喪其童僕貞厲象曰旅焚其次亦以傷矣以旅與下其義喪也

伊川程子曰處旅之道以柔順謙下爲先三剛而不中又居下體之上與艮之上有自高之象在旅而過剛自高致困災之道也自高則不順於上故上不與而焚其

次失所安也上離爲焚象過剛則暴下故下離而喪其童僕之貞信謂失其心也如此則危厲之道也旅焚失其次舍亦以困傷矣以旅之時而與下之道如此義當喪也在旅而以過剛自高待下必喪其忠貞謂失其心也在旅而失其童僕之心爲可危也易傳

九四旅于處得其資斧我心不快象曰旅于處未得位也得其資斧心未快也

張子曰以陽居陰旅于處也所應在初初爲瑣瑣志窮卑下不能大助於已但得其資斧之用而已志未有得故其心不快易說

伊川程子曰四陽剛雖不居中而處柔在上體之下有用柔能下之象得旅之宜也以剛明之才爲五所與爲初所應在旅之善者也然四非正位故雖得其處止不若二之就次舍也有剛明之才爲上下所與乃旅而得貨財之資器用之利也雖在旅爲善然上无剛陽之與下唯陰柔之應故不能伸其才行其志其心不快也云我者據四而言四以近君爲當位在旅五不取君義故四爲未得位也曰然則以九居四不正爲有咎矣曰以剛居柔旅之宜也九以剛明之才欲得時而行其志故雖得資斧於旅爲善其心志未快也易傳

六五射雉一矢亡終以譽命象曰終以譽命上逮也

伊川程子曰六五有文明柔順之德處得中道而上下與之處旅之至善者也人之處旅能合文明之道可謂善矣羈旅之人動而或失則困辱隨之動而无失然後爲善離爲雉文明之物射雉謂取則於文明之道而必合如射雉一矢而亡之發无不中則終能致譽命也譽令聞也命福祿也五居文明之位有文明之德故動必中文明之道也五君位人君无旅旅則失位故不取君義有文明柔順之德則上下與之逮與也能順承於上而上與之爲上所逮也在上而得乎下爲下所逮也在旅而上下與之所以致譽命也旅者困而未得所安之時也終以譽命終當致譽命也已譽命則非旅也困而親寡則爲旅不必在外也易傳

上九鳥焚其巢旅人先笑後號咷喪牛于易凶象曰以旅在上其義焚也喪牛于易終莫之聞也

張子曰以陽極上旅而驕肆者也失柔順之正故曰喪牛于易易肆也肆怒而忤物雖有凶危其誰告之故曰終莫之聞也易說

伊川程子曰鳥飛騰處高者也上九剛不中而處最高又離體其亢可知故取鳥象在旅之時謙降柔和乃可

自保而過剛自高失其所安宜矣巢鳥所安止焚其巢失其所安无所止也在離上爲焚象陽剛自處於至高始快其意故先笑旣而失安莫與故號咷輕易以喪其順德所以凶也牛順物喪牛于易謂忽易以失其順也離火性上爲躁易之象上承鳥焚其巢故更加旅人字不云旅人則是鳥笑哭也以旅在上而以尊高自處豈得保其居其義當有焚巢之事方以極剛自高爲得志而笑不知喪其順德於躁易是終莫之聞謂終不自聞知也使自覺知則不至於極而號咷矣陽剛不中而處極固有高亢躁動之象而火復炎上則又甚焉易傳

䷸巽下巽上

伊川程子曰巽序卦旅而无所取容故受之以巽巽者入也羈旅親寡非巽順何所取容苟能巽順雖旅困之中何往而不能入巽所以次旅也爲卦一陰在二陽之下巽順於陽所以爲巽也易傳

巽小亨利有攸往利見大人

伊川程子曰卦之才可以小亨利有攸往利見大人也巽與兑皆剛中正巽說義亦相類而兑則亨巽乃小亨者兑陽之爲也巽陰之爲也兑柔在外用柔也巽柔在內性柔也巽之亨所以小也易傳

朱子曰巽入也一陰伏於二陽之下其性能巽以入也其象爲風亦取入義陰爲主故其占爲小亨以陰從陽故又利有所往然必知所從乃得其正故又曰利見大人也本義

彖曰重巽以申命剛巽乎中正而志行柔皆順乎剛是以小亨利有攸往利見大人

伊川程子曰重巽者上下皆巽也上順道以出令下奉命而順從上下皆順重巽之象也又重爲重複之義君子體重巽之義以申復其命令申重複也丁寧之謂也剛巽乎中正以卦才言也陽剛居巽而得中正巽順於中正之道也陽性上其志在以中正之道上行也又上下之柔皆巽順於剛其才如是雖內柔可以小亨也巽順之道无往不能入故利有攸往巽順雖善道必知所從能巽順於陽剛中正之大人則爲利故利見大人也如五二之陽剛中正大人也巽順不於大人未必不爲過也易傳

朱子語錄巽以行權兑見而巽伏權是隱然做底物事若顯然地做却不成行權問申字是兩番降命令否曰非也只是丁寧反復說便是申命巽風之吹物无處不入无物不鼓動詔令之入人淪肌浹髓亦如風之動物也易說

白雲郭氏曰上下皆巽是爲重巽上以巽入而化下下以巽順而從上是以命行無違也剛巽乎中正而志行者上以巽入而化下是剛以巽而无太過也柔皆順乎剛者下以巽順而從上是柔以巽而无不及也上下之巽如此故亨而利也易說

象曰隨風巽君子以申命行事

伊川程子曰兩風相重隨風也隨相繼之義君子觀重巽相繼以順之象而以申命令行政事隨與重上下皆順也上順下而出之下順上而從之上下皆順重巽之

行也以明居尊而得中道應乎剛能用剛陽之道也五居中而又以柔而應剛爲得中道其才如是所以能元亨也（易傳）

白雲郭氏曰井鼎皆物也彖於鼎言鼎象而於井不言象者蓋井之象水在下今取於巽乎水而上水之義非象也鼎取以木巽火亨飪之象故曰鼎象也聖人之亨豈口腹之奉而已哉亨上帝養聖賢而已亨上帝交天也養聖賢交人也交通天人則亨飪之用大矣巽而耳目聰明者人君之視聽以天而其明四目達四聰也以人能亨上帝養聖賢則其耳目聰明

之用廣大矣故可以垂旒充耳而聽天下也柔進而上行得中而應乎剛五之德也自聖人亨以享上帝以至得中而應乎剛皆致元亨之道也（易說）

誠齋楊氏曰鼎象也象者卦之形肖鼎之形也以列足而載一腹以一鉉而貫耦耳非鼎之形乎六爻畫而鼎之形以具二卦合而鼎之用以行以巽之木入離之火而烹飪之用著矣古者聖人之制鼎豈自奉口食而已哉有鼎之用有鼎之德亨上帝養聖賢乃其用也體巽之順以順于義理體離之明以達其視聽體六五之柔中以應陽剛之聖賢乃其德也全其

德以施其用焉往而不大亨乎故曰是以元亨且夫革去故鼎取新去故取新何獨鼎哉食者生民之大本鼎者火化之元勲革鴻荒而新萬法孰爲革故取新之初乎孰有大于革茹毛爲火化之初乎一初既立而萬法類從矣（易傳）

龔氏曰易以井言德性以鼎言才器德性在已无俟乎外而足也故窮不損達不加猶井之无喪无得也才器有小大在人之所用猶鼎之有大小各隨其量而有所受也（易學記）

劉氏曰得中而應乎剛者以柔居中下應九二之剛

乃能用賢也柔得尊位卑巽以下賢是以致元亨也人君卑巽以下賢則賢者樂告以善道而聞見日廣故耳目聰明也（易學記）

象曰木上有火鼎君子以正位凝命

伊川程子曰木上有火以木巽火也亨飪之象故爲鼎君子觀鼎之象以正位凝命鼎者法象之器其形端正其體安重取其端正之象則以正其位謂正其所居之位君子所處必正其小至於席不正不坐毋跛毋倚取其安重之象則以凝其命令安重其命令也凝聚止之義謂安重也今世俗有凝然之語以命令而言耳凡動

意以祭祀之吉占也本義
蒙齋李氏曰紛若之吉猶詩言百祿是荷降福穰穰言其多也學易記
九三頻巽吝象曰頻巽之吝志窮也
伊川程子曰三以陽處剛不得其中又在下體之上以剛亢之質而居巽順之時非能巽者勉而爲之故屢失也居巽之時處下而上臨之以巽又四以柔巽相親所乘者剛而上復有重剛雖欲不巽得乎故頻失而頻巽是可吝也三之才質本非能巽而上臨之以巽承重剛而履剛勢不得行其志故頻失而頻巽是其志窮困可

吝之甚也易傳
白雲郭氏曰過於剛而不中是以或巽或失所謂既不能令又不受命者也非吝而何其志終不能以有行是以窮也易說
六四悔亡田獲三品象曰田獲三品有功也
伊川程子曰陰柔无援而承乘皆剛宜有悔也而四以陰居陰得巽之正在上體之下居上而能下也居上之下巽於上也以巽臨下巽於下也善處如此故得悔亡所以得悔亡以如田之獲三品也田獲三品及於上下也田獵之獲分三品一爲乾豆一供賓客與充庖一頒

徒御四能巽於上下之陽如田之獲三品謂遍及上下也四之地本有悔以處之至善故悔亡而復有功天下之事苟善處則悔或可以爲功也巽於上下如田之獲三品而遍及上下成巽之功也易傳
白雲郭氏曰六四近君志決於進无初六之疑既无羣疑則悔亡矣是以有田獲三品之功也六四至柔不當有田獲之功而此以順乎剛故得之由是觀之則剛以巽而无太過柔以巽而无不及則巽之爲道豈柔弱畏懦之義哉是其可與有行也易說
九五貞吉悔亡无不利无初有終先庚三日後庚三日吉

象曰九五之吉位正中也
明道程子曰先甲三日以窮其所以然而處其事後甲三日以究其將然而爲之防甲者事之始也庚者有所革也自甲至於戊巳春夏生物之氣巳備庚者秋冬成物之氣也故有所革別一般氣劉絢師訓
伊川程子曰五居尊位爲巽之主命令之所出也處得中正盡巽之善然巽者柔順之道所利在貞非五之不足在巽當戒也既貞則吉而悔亡无所不利貞正中也處巽出令皆以中正爲吉柔巽而不貞則有悔安能无所不利也命令之出有所變更也无初始未善也有終

更之使善也若已善則何用命也何用更也先庚三日後庚三日吉出命更改之道當如是也甲者事之端也庚者變更之始也十干戊已爲中過中則變故謂之庚事之改更當原始要終如先甲後甲之義如是則吉也解在蠱卦九五之吉以處正中也得正中之道則吉而其悔亡也正中謂不過无不及正得其中也處柔巽與出命令惟得中爲善失中則悔也易傳

白雲郭氏曰剛以巽而後貞吉柔以巽而後有功貞吉則无太過有功則无不及是以四五皆得巽道而悔亡也九五居尊中正爲巽之主固守是道吉无不

利猶曰无初有終者巽之爲象以柔而用剛也惟以柔故有初六進退之疑惟用剛故有九五正中之吉是爲无初有終也先庚三日後庚三日吉者九五人君之位也出命人君之所先也愼乃出令君人之道也故必先後三日而申命之夫上有巽入之道下有巽順之義風行草偃莫易於斯時猶且先後三日而申命之者愼之至也愼之至者令出惟行弗惟反故也命令之出有必可行之善而无不可行復反之失是以吉也上曰貞吉九五之吉也下曰吉槩命令以是爲吉也庚卽命令也先庚謂未出令之前已申命後庚謂出令之後三日而後行事也伊川曰甲者事之始也庚者變更之始也易說

渾源雷氏曰九五變則爲蠱蠱者事之壞亂而當更之時也先庚三日先事而圖之愼其始也後庚三日後事而戒之愼其終也易學記

上九巽在牀下喪其資斧貞凶象曰巽在牀下上窮也喪其資斧正乎凶也

伊川程子曰牀人所安也在牀下過所安之義也九居巽之極過於巽者也資所有也斧以斷也陽剛本有斷以過巽而失其剛斷失其所有喪資斧也居上而過巽

至於自失在正道爲凶也巽在牀下過於巽也處卦之上巽至於窮極也居上而過極於巽至於自失得爲正乎乃凶道也巽本善行故疑之曰得爲正乎復斷之曰乃凶也易傳

誠齋楊氏曰位極乎人臣身極乎崇高愛其所有之富貴權勢而患失之心生故必極其巽順阿諛以保其所有不知順愈過而身愈危也故小則喪其資用大則喪其權勢李斯憂蒙恬之代其相則順趙高廢立之邪謀司馬遷論之曰持爵祿之重阿順苟合可謂洞見其肺肝矣易傳

☱ 兌下兌上

伊川程子曰兌序卦巽者入也入而後說之故受之以兌兌者說也物相入則相說相說則相入兌所以次巽也易傳

兌亨利貞

伊川程子曰兌說也說致亨之道也能說於物物莫不說而與之足以致亨然爲說之道利於貞正非道求說則爲邪諂而有悔咎故戒利貞也易傳

白雲郭氏曰兌之爲說非有意於說人亦非有意於求說天下有說之道在上者不違是道以臨人在下

者得其志而自說耳使有心於其間非兌也兌之所以亨者此也何謂說之道卽王道是也然使有心於其間則爲常人私欲之情非天下之公說是以利貞惟貞則无私矣故兌因貞而利也易說

彖曰兌說也剛中而柔外說以利貞是以順乎天而應乎人說以先民民忘其勞說以犯難民忘其死說之大民勸矣哉

伊川程子曰兌之義說也一陰居二陽之上陰說於陽而爲陽所說也陽剛居中中心誠實之象柔爻在外接物和柔之象故爲說而能貞也利貞說之道宜正也卦有剛中之德能貞者也說而能貞是以上順天理下應人心說道之至正至善者也若夫違道以干百姓之譽者苟說之道違道不順天干譽非應人苟取一時之說耳非君子之正道君子之道其說於民如天地之施感於其心而說服无斁故以之先民則民心說隨而忘其勞率之以犯難則民心說服於義而不恤其死說道之大民莫不知勸勸謂信之而勉力順從人君之道以人心說服爲本故聖人贊其大易傳

象曰麗澤兌君子以朋友講習

伊川程子曰麗澤二澤相附麗也兩澤相麗交相浸潤

互有滋益之象故君子觀其象而以朋友講習朋友講習互相益也先儒謂天下之可見莫若朋友講習朋友講習固可說之大者然當明相益之象易傳　天下之說不可極惟朋友講習雖過說无害兌澤有相滋益處語錄

初九和兌吉象曰和兌之吉行未疑也

伊川程子曰初雖陽爻居說體而在最下无所係應是能卑下和順以爲說而无所偏私者也以和爲說而无所偏私說之正也陽剛則不卑居下則能巽處說則能和无應則不偏處說如是所以吉也有求而和則涉於邪諂初隨時順處心无所係无所爲也以和而已是以

吉也象又以其處說在下而非中正故云行未疑也其行未有可疑謂未見其有失也若得中正則无是言也說以中正爲本爻直陳其義象則推而盡之易傳

九二孚兌吉悔亡象曰孚兌之吉信志也

伊川程子曰二承比陰柔陰柔小人也說之則當有悔二剛中之德孚信內充雖比小人自守不失君子和而不同說而不失剛中故吉而悔亡非二之剛中則有悔矣以自守而亡也心之所存爲志二剛實居中孚信存於中也志存誠信豈至說小人而自失乎是以吉也易傳

朱子曰剛中爲孚居陰爲悔占者以孚而說則吉而悔亡矣本義

白雲郭氏曰九二有剛中之德蓋賢者之能自治者也故知說之在我不在於天下不求說於天下而孚兌之道自信其志彼天下之說有不期而自至者矣是以吉而悔亡也使有心求說於天下而不知信其在我者則徇外忘內物我兩失之剛中之賢固如是乎有賢如此未有事是君爲容說者也昔成湯克寬克仁彰信兆民蓋信在我而信之者在人雖君臣之道不同其與九二孚兌信志之理一也易說

六三來兌凶象曰來兌之凶位不當也

伊川程子曰六三陰柔不中正之人說不以道者也來兌就之以求說也比於在下之陽枉己非道就以求說所以凶也之內爲來上下俱陽而獨之內者以同體而陰性下也失道下行也自處不中正无與而妄求說所以凶也易傳

九四商兌未寧介疾有喜象曰九四之喜有慶也

伊川程子曰四上承中正之五而下比柔邪之三雖剛陽而處非正三陰柔陽所說也故不能決而商度未寧謂擬議所從而未決未能有定也兩間謂之介介限也地之界則加田義乃同也故人有節守謂之介若介然守正而疾遠邪惡則有喜也從五正也說三邪也四近君之位若剛介守正疾遠邪惡將得君以行道福慶及物爲有喜也若四者得失未有定繫所從耳所謂喜者若守正而君說之則得行其剛陽之道而福慶及物也易傳

白雲郭氏曰當兌之時處上下之際不妄從說而擬議不遑寧是知所擇者也爲臣如此賢矣哉故終有介疾之喜也介然自守外患不能入故能全兌說之喜喜非獨一身而已終亦有及物之慶也昔伊尹五就湯五就桀湯三使往聘之然後幡然而改所謂商

兌未寧者如此至於享天心革夏正所謂有喜有慶也且陰者陽所說也舍所說而比五故爲商兌之義然兌之象剛中柔外其象上行九四舍三而比五上行也至於九五比上失在小人蓋亦上行之象雖其性均本乎象而得失之異則係乎爻伊川曰兩間謂之介介分限也故人之守節者謂之介易說

九五孚于剥有厲象曰孚于剥位正當也

伊川程子曰九五得尊位而處中正盡說道之善矣而聖人復設有厲之戒蓋堯舜之盛未嘗无戒也戒所當戒而已雖聖賢在上天下未嘗无小人然不敢肆其惡

也聖人亦說其能勉而革面也彼小人者未嘗不知聖賢之可說也如四凶處堯朝隱惡而順命是也聖人非不知其終惡也取其畏罪而强仁耳五若誠心信小人之假善爲實善而不知其包藏則危道也小人者備之不至則害於善聖人爲戒之意深矣剥者消陽之名陰消陽者也蓋指上六故孚於剥則危也以五在說之時而密比於上六故爲之戒雖舜之聖且畏巧言令色安得不戒也說之惑人易入而可懼也如此戒孚於剥者以五所處之位正當戒也密比陰柔有相說之道故戒在信之也易傳

朱子曰剥謂陰能剥陽者也九五陽剛中正然當說之時而居尊位密近上六上六陰柔爲說之主處說之極能妄說以剥陽者也故其占但戒以信於上六則有危也位正當者與履九五同本義

上六引兌象曰上六引兌未光也

伊川程子曰他卦至極則變兌爲說極則愈說上六成說之主居說之極說不知已者也故說既極矣又引而長之然而不至悔咎何也曰方言其說不知已未見其所說善惡也又下乘九五之中正无所施其邪說六三則承乘皆非正是以有凶說既極矣又引而長之雖說

之之心不已而事理已過實无所說事之盛則有光輝既極而强引之長其无意味甚矣豈有光也未非必之辭象中多用非必能有光輝謂不能光也易傳

朱子曰上六成說之主以陰居說之極引下二陽相與爲說而不能必其從也故九五當戒而此爻不言其吉凶本義

䷺坎下巽上

伊川程子曰渙序卦兌者說也說而後散之故受之以渙說則舒散也人之氣憂則結聚說則舒散故說有散義渙所以繼兌也爲卦巽上坎下風行於水上水遇風則渙散所以爲渙也易傳

渙亨王假有廟利涉大川利貞

明道程子曰萃渙皆享于帝立廟因其精神之聚而形於此爲其渙散故立此以收之謝顯道錄

伊川程子曰渙離散也人之離散由乎中人心離則散矣治乎散亦本於中能收合人心則散可聚也故卦之義皆主於中利貞合渙之道在乎正固也易傳

白雲郭氏曰渙者離散之義天下離散爲渙而散天下之難亦爲渙居渙得散而亨散天下之難亦亨也王道至而有廟則難散矣萃與渙其義相類難渙則萃萃則渙難故當萃聚難渙之時宜莫先于有廟以致孝享也利涉大川木行水上之象也利貞者渙難以是爲德之先也易說

彖曰渙亨剛來而不窮柔得位乎外而上同王假有廟王乃在中也利涉大川乘木有功也

伊川程子曰渙之能亨者以卦才如是也渙之成渙由九來居二六上居四也剛陽之來則不窮極于下而處行其中柔之往則得正位于外而上同于五之中巽順於五乃上同也四五君臣之位當渙而比其義相通同五乃從中也當渙之時而守其中則不至于離散故能亨也　王假有廟之義在萃卦詳矣天下離散之時王者收合人心至於有廟乃是在其中也在中謂求得其中攝其心之謂也中者心之象剛來而不窮柔得位而上同卦才之義皆主于中也王者拯渙之道在得其中而已孟子曰得其民有道得其心斯得民矣享帝立廟民心所歸從也歸人心之道无大于此故云至于有廟

拯渙之道極于此也　治渙之道當濟于險難而卦有乘木濟川之象上巽木也下坎水大川也利涉險以濟渙也木在水上乘木之象乘木所以涉川也涉則有濟渙之功卦有是義有是象也易傳

藍田呂氏曰渙離其羣而散也渙之爲卦自否而成否之九四來居于二離乾之羣與初六六三相比故曰剛來而不窮六二上居于四離坤之羣上承九五故曰柔得位乎外而上同剛柔皆離其羣故曰渙離羣而上下交故亨萬物之散剛得尊位而在中則人神有主矣故王假有廟渙則物離非涉難有功不足

以濟故利涉大川巽在坎上乘木涉川之象也
漢上朱氏曰渙否九四之變也險難離散否塞解釋剛柔皆亨故曰渙亨此以卦變言乎渙也九二之剛自四而來動於險中二陰不能陷解難散險又處之以中者也險豈能窮之哉五得中道出乎險外六四之柔自二而往正位乎外而以巽順上同於五君臣協比能守其中者也天下之難患處之者不以道及其出險又或不以道守之則亂者不解解者復亂二五之剛四之柔處之守之皆不失中故曰剛來而不窮柔得位乎外而上同此以二四五三爻言渙之才

所以致亨也天下離散不安其居者本於人心失中鬼神依人而行離散則鬼神不饗聖人推原其本將以聚之故建國設官以爲民極而宗廟爲先宗廟者收其心之渙散而存之也人孰不有父母知報本則知祭祀出於人心復其本心則離散者可合而天下无事矣治渙之道也 易傳

象曰風行水上渙先王以享于帝立廟
伊川程子曰風行水上有渙散之象先王覩是象救天下之渙散至于享帝立廟也收合人心无如宗廟祭祀之報出于其心故享帝立廟人心之所歸也係人心合離散之道无大于此 易傳

初六用拯馬壯吉象曰初六之吉順也
伊川程子曰六居卦之初渙之始也始渙而拯之又得馬壯所以吉也六爻獨初不云渙者離散之勢辯之宜早方始而拯之則不至于渙也爲教深矣馬人之所託也託於壯馬故能拯渙馬謂二也二有剛中之才初陰柔順兩皆无應无應則親比相求初之柔順而託于剛中之才以拯其渙如得壯馬以致遠必有濟矣故吉也渙拯於始爲力則易時之順也 初之所以吉者以其能順從剛中之才也始渙而用拯能順乎時也 並易傳

白雲郭氏曰初六難之始也方難之始而能竭其至健之才以拯之則難无不濟矣是其所以吉也天下之事辨之于早則順而易舉故象曰初六之吉順也卦以初二四五皆爲渙難者初能比二四能比五故也三與上私于其應能免其身幸矣明夷用拯馬壯吉曰順以則也此言順也是知馬以健順爲義故坤之彖有取于馬也 易說

九二渙奔其机悔亡象曰渙奔其机得願也
伊川程子曰諸爻皆云渙謂渙之時也在渙離之時而處險中其有悔可知若能奔就所安則得悔亡也机者

俯憑以為安者也俯就下也奔急往也二與初雖非正應而當渙離之時兩皆无與以陰陽親比相求則相賴者也故二目初為机初謂二為馬二急就于初以為安則能亡其悔矣初雖坎體而不在險中也或疑初之柔微何足賴蓋渙之時合力為勝先儒皆以五為机非也方渙離之時二陽豈能同也若能同則成濟渙之功當大豈止悔亡而已机謂俯就也　渙散之時以合為安二居險中急就於初求安也賴之如机而亡其悔乃得所願也並易傳

六三渙其躬无悔象曰渙其躬志在外也

張子曰援上而進惟求自脫于險无悔而已非能及物者也易說

伊川程子曰三在渙時獨有應與无渙散之悔也然以陰柔之質不中正之才上居无位之地豈能拯時之渙而及人也止于其身可以无悔而已上加渙字在渙之時躬无渙之悔也　志應於上在外也與上相應故其身得免於渙而无悔悔亡者本有而得亡无悔者本无也並易傳

六四渙其羣元吉渙有邱匪夷所思象曰渙其羣元吉光大也

張子曰已處險外无私其應常以拯衆為心則其志光大獲吉若志在所歸之地近累于五則非平均其慮者也易說

伊川程子曰渙四五二爻義相須故通言之彖故曰上同也四巽順而正居大臣之位五剛中而正居君位君臣合力剛柔相濟以拯天下之渙者也方渙散之時用剛則不能使之懷附用柔則不足為之依歸四以巽順之正道輔剛中正之君君臣同功所以能濟渙也天下渙散而能使之羣聚可謂大善之吉也渙有邱匪夷所思贊美之辭也邱聚之大也方渙散而能致其大聚其

功甚大其事甚難其用至妙夷平常也非平常之見所能思及也非大賢智孰能如是　稱元吉者謂其功德光大也元吉光大不在五而在四者二爻之義通言也於四言其施用於五言其成功君臣之分也並易傳

朱子曰居陰得正上承九五當濟渙之任者也下无應與為能散其朋黨之象占者如是則大善而吉又言能散其小羣以成大羣使所散者聚而若邱則非常人思慮之所及也本義　東坡云能渙小人之私羣成天下之公道所以元吉也陰道以喪朋為正近不比三而遠不應初能渙其羣而致一以承五也五中正居尊邱之象

也渙有邱萿言渙天下之難非九五剛中之君不能也夷等也同類也謂三與初也渙天下之難其功期甚大非陰柔同類平常之見所能思及也元吉光大不亦宜乎 學易記

九五渙汗其大號渙王居无咎象曰王居无咎正位也

張子曰爲渙之主使物徧被其澤正位凝命可以免咎不私於應故爲均布其大號也渙然廓大以王道自居乃无咎 易說

伊川程子曰五與四君臣合德以剛中正巽順之道治渙得其道矣惟在浹洽於人心則順從也當使號令洽

於民心如人身之汗浹於四體則信服而從矣如是則可以濟天下之渙居王位爲稱而无咎大號大政令也謂新民之大命救渙之大政再云渙者上謂渙之時下謂處渙如是則无咎也在四已言元吉五惟言稱其位也渙之四五通言者渙以離散爲害拯之使合也非君臣同功合力其能濟乎爻義相須時之宜也 王居謂正位人君之尊位也能如五之爲則居尊位爲稱而无咎也 並易傳

上九渙其血去逖出无咎象曰渙其血遠害也

伊川程子曰渙之諸爻皆无係應亦渙離之象惟上應於三三居險陷之極上若不從于彼則不能出於渙也險有傷害畏懼之象故云血惕然九以陽剛處渙之外有出渙之象又居巽之極爲能巽順于事理故云若能使其血去其惕出則无咎也其者所有也渙之時以能合爲功獨九居渙之極有係而臨險故以能出渙遠害爲善也 易傳

朱子曰上九以陽居渙極能出乎渙故其象占如此血謂傷害逖當作惕與小畜六四同言渙其血則去渙其惕則出也 本義

䷻兌下坎上　伊川程子曰節序卦渙者離也物不可以終離故受之以節物既離散則當節止之節所以次渙也爲卦澤上有水澤之容有限澤上置水滿則不容爲有節之象故爲節易傳

節亨苦節不可貞

伊川程子曰事既有節則能致亨通故節有亨義節貴適中過則苦矣節至於苦豈能常也不可固守以爲常不可貞也易傳

朱子曰節有限而止也爲卦下兌上坎澤上有水其容

有限故爲節節固自有亨道矣又其體陰陽各半而二五皆陽故其占得亨然至於太甚則苦矣故又戒以不可守以爲貞也本義

彖曰節亨剛柔分而剛得中苦節不可貞其道窮也說以行險當位以節中正以通天地節而四時成節以制度不傷財不害民

張子曰以苦節爲貞其道之窮必矣易說

伊川程子曰節之道自有亨義事有節則能亨也又卦之才剛柔分處剛得中而不過亦所以爲節所以能亨也　節至於極而苦則不可堅固常守其道已窮極也

說以行險以卦才言也內兌外坎說以行險也人於所說則不知已遇艱險則思止方說而止爲節之義當位以節五居尊當位也在澤上有節也當位而以節主節者也處得中正節而能通也中正則通過則苦矣

推言節之道天地有節故能成四時无節則失序也聖人立制度以爲節故能不傷財害民人欲之无窮也苟非節以制度則侈肆至於傷財害民矣並易傳

漢上朱氏曰節渙之反泰之變也泰分九三之五以節其上之柔分六五之三以節其下之剛剛柔分而有節二五之剛得中上下節之而不過所謂節者剛

柔有節而不過乎中不過則亨故曰節亨剛柔分而剛得中不曰柔得中者剛得中則柔不過矣此以卦變二三五爻言節之所以亨也上六乘剛處險守而不變所以不可貞者節之道窮也易窮則變變則通通則久守而不變苦節也凡物過則苦味之過正形之過勞心之過思皆曰苦苦節則違情性之正物不能堪豈道也哉申屠狄之潔陳仲子之廉非不正也立節太苦不可貞也夫節者爲其過於中也故節之使不失其中上六正而過矣安能節乎故曰道之不行也我知之矣賢者過之不肖者不及也自不肖觀

之過者爲賢自中言之過不及一也謂之正者貴乎中正也正而失中不可正也故曰苦節不可貞其道窮也此以上六无應戒苦節也兌說也坎險也人情易則行險則止凡止而行皆有節險之道節止而不行者也泰之九三上行自兌成坎以說行險也以說行險雖止不失其和矣和而不流中立而不倚故曰說以行險此以九五言節之亨也九五節之位也中正節之道也當位以中正爲上下之節各適其宜无所不行故曰當位以節中正以通此以九五言節亨者當有位也易傳

象曰澤上有水節君子以制數度議德行

伊川程子曰澤之容水有限過則盈溢是有節故爲節也君子觀節之象以制立數度凡物之大小輕重高下文質皆有數度所以爲節也數多寡度法制議德行者存諸中爲德發於外爲行人之德行當義則中節議謂商度求中節也易傳

白雲郭氏曰澤无水困則爲不足澤上有水則爲有餘不足則爲困有餘則當節理之常也在人之節則制數度所以節於外議德行所以節於內也爲國爲家至於一身其內外制節皆一也易說

佚菴劉氏曰制數度所以爲節也議德行欲其中節也古者器用宮室衣服莫不有多寡之數隆殺之度以是爲節故貴賤上下各安其分而不踰越也易學記

初九不出戶庭无咎象曰不出戶庭知通塞也

張子曰見塞於九二故不出易說

伊川程子曰戶庭戶外之庭門庭門外之庭初以陽在下上復有應非能節者也又當節之初故戒之謹守至於不出戶庭則无咎也初能固守終或渝之不謹於初安能有卒故於節之初爲戒甚嚴也　爻辭於節之初戒之謹守故云不出戶庭則无咎也象恐人之泥於言也故復明之云雖當謹守不出戶庭又必知時之通塞也通則行塞則止義當出則出矣尾生之信水至不去不知通塞也故君子貞而不諒繫辭所解獨以言者在人所節惟言與行節於言則行可知言當在先也並易傳

藍田呂氏曰九以剛居節之初宜立法以制節人之有欲爲上之所制節其始多不說君子知通塞之有時與夫人情難與慮始故立法之初愼密不出則不爲異論之所近矣故曰不出戶庭无咎

白雲郭氏曰六爻惟初爲有應而曰不出戶庭无咎者所以節之也不知有節則出入无時而失愼密之

道且通則行塞則止當出則出初不係于有應无應也應者助其外而已而在我之節其可廢乎故象以不出戶庭爲知通塞而繫辭又明愼密不出之義聖人之旨深矣節之議德行於此可見學易記

九二不出門庭凶象曰不出門庭失時極也

伊川程子曰二雖剛中之質然處陰居說而承柔處陰不正也居說失剛也承柔近邪也節之道當以剛中正二失其剛中之德與九五剛中正異矣不出門庭不之於外也謂不從於五也二五非陰陽正應故不相從若以剛中之道相合則可以成節之功惟其失德失時是

以凶也不合於五乃不正之節也以剛中正爲節如懲忿窒慾損過抑有餘是也不正之節如嗇節於用懦節於行是也　不能上從九五剛中正之道成節之功乃係於私暱之陰柔是失時之至極所以凶也失時失其所宜也並易傳

白雲郭氏曰初爲不當有事之地而二以剛中居有爲之位其道不可同也故初以不出戶庭爲知塞而二以不出門庭爲不知通知塞故无咎不知通則有失時之凶矣極至也在初故可以節二有二則可以節初二者亦相濟之道歟易說

六三不節若則嗟若无咎象曰不節之嗟又誰咎也

張子曰處非其位失節也然能居不自安則人將咨之故无咎兌說也故能嗟咨取咨易說

伊川程子曰六三不中正乘剛而臨險固宜有咎然柔順而和說若能自節而順於義則可以无過不然則凶咎必至可傷嗟也故不節若則嗟若己所自致无所歸咎也　節則可以免過而不能自節以致可嗟將誰咎乎並易傳

白雲郭氏曰自卦之初論之則六三所以節剛自生爻之後論之則六三居不中正乘剛履險不知節者

也　節之爲義適中而已六三不中不正以兌說陰柔之極而在人上挾其說豫充盈之勢驕矜侈汰不知自節者凡人遇吉則喜遇凶則嗟必矣又誰咎哉言已自取之也三居澤之極故溢而不節學易記

六四安節亨象曰安節之亨承上道也

伊川程子曰四順承九五剛中正之道是以中正爲節也以陰居陰安於正也當位爲有節之象下應於初四坎體水也水上溢爲无節就下有節也如四之義非強節之安於節者也故能致亨節以安爲善強守而不安則不能常豈能亨也易傳

白雲郭氏曰以陰比陽以柔從剛安行承上之節而无勉强矯爲之意此六四之所以亨也亨自亨也未足以及人古之所謂守節之士也 易說

九五甘節吉往有尚象曰甘節之吉居位中也

張子曰以剛居中得乎盛位優爲其節者也守之不僻富貴常保故曰往有尚 易說

伊川程子曰九五剛中正居尊位爲節之主所謂當位以節中正以通者也在已則安行天下則說從節之甘美者也其吉可知以此而行其功大矣故往則有可嘉尚也 既居尊位又得中道所以吉而有功節以中爲貴得中則正矣正不能盡中也 並易傳

白雲郭氏曰安節自安而已而人未必安甘節則施之於已施之於人皆不以爲苦故无往不可所以爲人君之道九五居中履正以甘節節天下上下同之其吉宜矣盡節之大者是以往有尚也詩所謂如月之恒如日之升者其往有尚之意與葢言日進而无已也 易說

安定胡氏曰五爲制節之主能以中正爲之使人樂從所以得其吉矣 學易記

上六苦節貞凶悔亡象曰苦節貞凶其道窮也

伊川程子曰上六居節之極節之苦者也居險之極亦爲苦義固守則凶悔則凶亡悔損過從中之謂也節之悔亡與他卦之悔亡辭同而義異也 易傳

藍田呂氏曰上六陰過乎中居節之極陽盈陰虛其節已甚苦節者也用過乎節物所不堪守是不變物窮必乖故曰貞凶禮奢寧儉未害乎義故可以悔亡

䷼兌下巽上

伊川程子曰中孚序卦節而信之故受之以中孚節者爲之制節使不得過越也信而後能行上能信守之下則信從之節而信之也中孚所以次節也爲卦澤上有風風行澤上而感於水中爲中孚之象感謂感而動也內外皆實而中虛爲中孚之象又二五皆陽中實亦爲孚義在二體則中實在全體則中虛中虛信之本中實信之質易傳

中孚豚魚吉利涉大川利貞

伊川程子曰豚躁魚冥物之難感者也孚信能感於豚

魚則无不至矣所以吉也忠信可以蹈水火況涉川乎守信之道在乎堅正故利於貞也易傳

彖曰中孚柔在內而剛得中說而巽孚乃化邦也豚魚吉信及豚魚也利涉大川乘木舟虛也中孚以利貞乃應乎天也

張子曰中孚上巽施之下悅承之其中必有感化而出焉者蓋孚者覆乳之象有必生之理信且正天之道也易說

伊川程子曰二柔在內中虛爲誠之象二剛得上下體之中中實爲孚之象卦所以爲中孚也以二體言卦之用也上巽下說爲上至誠以順巽於下下有孚以說從其上如是其孚乃得化於邦國也若人不說從或違拂事理豈能化天下乎信能及於豚魚信道至矣所以吉也以中孚涉險難其利如乘木濟川而以虛舟也舟虛則无沈覆之患卦虛中爲虛舟之象中孚而貞則應乎天矣天之道孚貞而已易傳

蒙齋李氏曰柔在內則其虛足以感物剛得中則其實可以存誠說而巽孚者以和說之道入于人心則人皆信之乃能化邦也豚魚物之冥頑而无知者飼之以信則應期而集而况人乎故曰豚魚吉至誠以

涉險如乘虛舟舟虛則無沈覆之患中孚而貞則應乎天天之道孚貞而已易學記

象曰澤上有風中孚君子以議獄緩死

伊川程子曰澤上有風感於澤中水體虛故風能入之人心虛故動能感之風之動乎澤猶物之感於中故爲中孚之象君子觀其象以議獄與緩死君子之於議獄盡其忠而已於決死極於惻而已故誠意常求於緩緩寬也於天下之事无所不盡其忠而議獄緩死最其大者也易傳

藍田呂氏曰澤中氣散而爲風澤上有風澤氣達其

外者也中心憯怛則愛人之仁達之於外則聽訟而
求生
白雲郭氏曰治獄聽訟虛中爲先實其中則有閡此
中孚之卦君子所以議獄緩死也議獄亦舉一端言
之也凡天下之務當虛中者皆如治獄用中孚之道
也且聖人之爲治也有道以爲之本刑罰助治而已
非聖人之所專任以治天下也知此則知虛中之道
矣不知此則刑罰先實其中道无自而入焉是其爲
治无適而非刑也安得議獄緩死之事哉易說
初九虞吉有它不燕象曰初九虞吉志未變也

伊川程子曰九當中孚之初故戒在審其所信虞度也
度其可信而後從也雖有至信若不得其所則有悔吝
故虞度而後信則吉也既得所信則當誠一若有它則
不得其燕安矣燕安裕也有它志不定也人志不定則
惑而不安初與四爲正應四巽體而居正无不善也爻
以謀始之義大故不取相應之義若用應則非虞也當
信之始志未有所從而虞度所信則得其正是以吉也
蓋其志未有變動志有所從則是變動虞之不得其正
矣在初言求所信之道也易傳
朱子曰當中孚之初上應六四能度其可信而信之則
吉復有它焉則失其所以度之之正而不得其所安矣
戒占者之辭也本義
誠齋楊氏曰邪不閑不可與言存誠僞不去不可與
言著誠是故中孚之誠不可不防其有它也然責子
在初閑家亦在初防心亦在初若生子在初見于書
責子之法也閑有家志未變見于家人之初九閑家
之法也虞吉志未變見于中孚之初九防心之法也
虞之爲言防也儆无虞戒不虞是也不及其初志之
未變而防之俟其亡而追炎而撲曲而揉決而隄則
噬臍矣一貞之外無非妄一誠之外無非僞妄與僞

皆所爲有它也如禦寇如避風雨察吾心一毫有它
則惕然而不安則防之周矣不忠不信不習當如曾
子之所省者三勿視勿聽勿言勿動當如顏子之所
克者四其庶矣乎不燕不安也謂非安于中孚之道
者也易傳
九二鶴鳴在陰其子和之我有好爵吾與爾靡之象曰其
子和之中心願也
張子曰居中體巽无所私係德必有鄰物所願歸位以
德致爲五所任故曰與爾靡之靡偃也順從之也易說
伊川程子曰二剛實於中孚之至者也孚至則能感通

鶴鳴於幽隱之處不聞也而其子相應和中心之願相通也好爵我有而彼亦係慕說好爵之意同也有孚於中物无不應誠同故也至誠无遠近幽深之間故繫辭云善則千里之外應之不善則千里之外違之言誠通也至誠感通之理知道者爲能識之中心願謂誠意所願也故通而相應易傳

蒙齋李氏曰鶴鳴于幽陰之中而其子和之者必至之理中心之願不期應而應之也好爵者乃孟子所謂尊爵也天尊也貝貴也靡共也同也人之性善本同也惻隱之心人皆有之是吾與爾同也繫辭曰君

子居其室出其言善則千里之外應之况其邇者乎說者多以好爵爲爵祿之爵言人慕爵祿之心同殊非中孚之義惟郭子和有所不安而以美道釋之然其說亦晦微孟子仁義忠信之辨好爵之義後世殆難明也學易記

六三得敵或鼓或罷或泣或歌象曰或鼓或罷位不當也

伊川程子曰敵對敵也謂所交孚者正應上九是也三四皆以虛中爲成孚之主然所處則異四得位居正故亡匹以從上三不中失正故得敵以累志以柔說之質即有所係惟所信是從或鼓張或罷廢或悲泣或歌樂動息憂樂皆從乎所信也惟係所信故未知吉凶然非明達君子之所爲也居不當位故无所主惟所信是從所處得正則所信有方矣易傳

朱子曰敵謂上九信之窮者六三陰柔不中正以居說極而與之爲應故不能自主而其象如此本義

白雲郭氏曰自一卦論之則三四爲虛中自爻言之則六三之不當位又不若六四之能虛已也且中孚之道不立已何得敵之有得敵則有已甚于虞吉故物或怒之則鼓或困之則罷或悲之則泣或樂之則歌四者有感于外而動于中者也感于中而動于外

不能忘敵也不能忘敵有我之過也惟中孚虛已无與爲敵外物之來如投虛然或怒之則无鼓也或困之則无罷也或悲之則无泣也或樂之則无歌也舉无得敵之理則其道全矣易說

六四月幾望馬匹亡无咎象曰馬匹亡絕類上也

伊川程子曰四爲成孚之主居近君之位處得其正而上信之至當孚之任者也如月之幾望盛之至也已望則敵矣臣而敵君禍敗必至故以幾望爲至盛馬匹亡四與初爲正應匹也古者駕車用四馬不能備純色則兩服兩驂各一色又小大必相稱故兩馬爲匹謂對也

馬者行物也初上應四而四亦進從五皆上行故以馬爲象孚道在一四既從五若復下係於初則不一而害於孚爲有咎矣故馬匹亡則无咎也上從五而不係於初是亡其匹也係初則不進不能成孚之功也絶其類而上從五也類謂應也 易傳

九五有孚攣如无咎象曰有孚攣如位正當也

伊川程子曰五居君位人君之道當以至誠感通天下使天下之心信之固結如拘攣然則爲无咎也人君之孚不能使天下固結如是則億兆之心安能保其不離乎五居君位之尊由中正之道能使天下信之如拘攣之固乃稱其位人君之道當如是也 易傳

上九翰音登于天貞凶象曰翰音登于天何可長也

伊川程子曰陽性上進風體飛颺九居中孚之時處於最上孚於上進而不知止者也其極至於羽翰之音登聞于天貞固於此而不知變凶可知矣夫子曰好信不好學其蔽也賊固守而不通之謂也守孚至於窮極而不知變豈可長久也固守而不通如是則凶也 易傳

朱子曰居信之極而不知變雖得其貞亦凶道也故其象占如此雞曰翰音乃巽之象居巽之極爲登于天雞非登天之物而欲登天信非所信而不知變亦猶是也 本義

白雲郭氏曰中孚虛已也虛已者道之虛也道之虛故足以應天下之實而无不通焉是以聖人尚之也翰音登于天聲之虛也聲之虛不足以有爲也以是爲貞則凶矣虛聲无實非可久之道也九五知虛已而用道於中故足以通天下之志上九獨務虛聲而事於外不知其道已喪於中矣故凶而不可久也 易說

䷽ 艮下震上

伊川程子曰小過序卦有其信者必行之故受之以小過人之所信則必行行則過也小過所以繼中孚也爲卦山上有雷雷震於高其聲過常故爲小過又陰居尊位陽失位而不中小者過其常也蓋爲小者過又爲小事過又爲過之小易傳　子曰先進於禮樂野人也言其質勝文也後進於禮樂君子也言其文質彬彬也如用之則吾從先進言若用於時救文之弊則吾從先進小過之義也少日所聞諸師友說

小過亨利貞可小事不可大事飛鳥遺之音不宜上宜下大吉

伊川程子曰過者過其常也若矯枉而過正過所以就正也事有時而當然有待過而後能亨者故小過自有亨義利貞者過之道利於貞也不失時宜之謂正過所以求就中也所過者小事也事之大者豈可過也於大過論之詳矣飛鳥遺之音謂過之不遠也不宜上宜下謂宜順也順則大吉過以就之蓋順理也過而順理其吉必大易傳

白雲郭氏曰大過四剛二柔剛過之象小過二剛亦曰過者蓋剛實其中則爲過矣是以聖人貴夫居柔而用剛故中孚而後有小過頤而後有大過也易說

彖曰小過小者過而亨也過以利貞與時行也柔得中是以小事吉也剛失位而不中是以不可大事也有飛鳥之象焉飛鳥遺之音不宜上宜下大吉上逆而下順也

張子曰時宜用過雖過正也易說

伊川程子曰陽大陰小陰得位剛失位而不中是小者過也故爲小事過過之小小者與小事有時而當過過之亦小故爲小過事固有待過而後能亨者過之所以能亨也過而利於貞謂與時行也時當過而過乃非過也時之宜也乃所謂正也小過之道於小事有過則吉者而彖以卦才言吉義柔得中二五居中也陰柔得位能致小事吉耳不能濟大事也剛失位而不中是以不可大事大事非剛陽之才不能濟三不中四失位是以不可大事小過之時自不可大事而卦才又不堪大事與時合也事有時而當過所以從宜然豈可甚過也如過恭過哀過儉大過則不可所以在小過也所過當如飛鳥之遺音鳥飛迅疾聲出而身已過然豈能相遠也事之當過者亦如是身不能甚遠於聲事不可遠過其常在得宜耳不宜上宜下更就鳥音取宜順之義過之道當如飛鳥之遺音夫聲逆而上則難順而下則易故

在高則大山上有雷所以爲過也過之道順行則吉如飛鳥之遺音宜順也所以過者爲順乎宜也能順乎宜所以大吉易傳

藍田呂氏曰小過過於小事者也二柔居二體之中有二柔以輔之小者過也君子之過皆以濟其不及然後可以會於中大過以濟其大不及小過以濟其小不及者濟所以亨也時過則過以過爲正故利貞飛鳥張翼於外以舉其身則外虛而內實矣小過二陽居中四陰在外以翼之陽實陰虛故有飛鳥之象焉凡事之過則聲遠聞而實不稱如飛鳥遺之音也

飛鳥不宜上宜下上窮而下有止也過慢過奢則凶不宜上也過恭過儉則吉宜下也上偪下則可下僭上則不可也[redacted]

白雲郭氏曰中孚虛中而實外舟虛之象也小過中實而外柔飛鳥之象也飛鳥遺音能下不能上上則逆也下則順也逆則无適而非凶此順所以爲大吉也由是言之則小過之義可過於下不可過於上可過於順不可過於逆可過於柔不可過於剛故不及其君過其臣所以爲小過之无咎歟易說

誠齋楊氏曰矯枉過正應時所宜不可常上則乘剛逆也下則承陽順也易傳

象曰山上有雷小過君子以行過乎恭喪過乎哀用過乎儉

伊川程子曰雷震於山上其聲過常故爲小過天下之事有時當過而不可過甚故爲小過君子觀小過之象事之宜過者則勉之行過乎恭喪過乎哀用過乎儉是也當過而過乃其宜也不當過而過則過矣易傳

初六飛鳥以凶象曰飛鳥以凶不可如何也

伊川程子曰初六陰柔在下小人之象又上應於四四復動體小人躁易而上有應助於所當過必至過甚況

不當過而過乎其過如飛鳥之迅疾所以凶也躁疾如是所以過之速且遠救止莫及也易傳

白雲郭氏曰卦彖言飛鳥之象飛鳥之音而初上又明飛鳥之凶中實外柔飛鳥之象也上逆下順飛鳥之音也迅疾多過飛鳥之凶也別而言之固不同合而言之則飛鳥皆有是三者之義也初六以柔居下其道順也從剛而應四則舍順而從逆飛鳥上逆之過也是以有凶飛鳥之過一往不及反雖欲救止之末如之何矣故曰不可如何也易說

六二過其祖遇其妣不及其君遇其臣无咎象曰不及其

君臣不可過也

伊川程子曰陽之在上者父之象尊於父者祖之象四在三上故爲祖二與五居相應之地同有柔中之德志不從於三四故過四而遇五是過其祖也五陰而尊祖妣之象與二同德相應在他卦則陰陽相求過之時必過其常故異也无所不過故二從五亦戒其過不及其君遇其臣謂上進而不陵及於君適當臣道則无咎也遇當也過臣之分則其咎可知過之時事无不過其常故於上進則戒及其君臣不可過臣之分也易傳

九三弗過防之從或戕之凶象曰從或戕之凶如何也

伊川程子曰小過陰過陽失位之時三獨居正然在下无所能爲而爲陰所忌惡故有當過者在過防於小人若弗過防之則或從而戕害之矣如是則凶也三於陰過之時以陽居剛過於剛也既戒之過防則過剛亦在所戒矣防小人之道正己爲先三不失正故无必凶之義能過防則免矣三居下之上居上爲下皆如是也陰過之時必害於陽小人道盛必害君子當過爲之防防之不至則爲其所戕矣故曰凶如何也言其甚也易傳

白雲郭氏曰聖人之所以爲防者禮而已惟禮足以防人亦足以防已過人而不知防則從或戕於外守已而不知防則從或戕於內傷害既至其凶如何信不可逃也君子行過乎恭喪過乎哀用過乎儉皆所以防之耳九三以陽居剛爲道過矣過而不知防是以凶也易說

九四无咎弗過遇之往厲必戒勿用永貞象曰弗過遇之位不當也往厲必戒終不可長也

伊川程子曰四當小過之時以剛處柔剛不過也是以无咎既弗過則合其宜矣故云遇之謂得其道也若往則有危必當戒懼也往去柔而以剛進也勿用永貞陽性堅剛故戒以隨宜不可固守也方陰過之時陽剛失

位則君子當隨時順處不可固守其常也四居高位而无上下之交雖比五應初方陰過之時彼豈肯從陽也故往則有厲位不當謂處柔九四當過之時不過剛而反居柔乃得其宜故曰遇之遇其宜也以九居四位不當也居柔乃遇其宜也當陰過之時陽退縮自保足矣終豈能長而盛也故往則有危必當戒也易傳

六五密雲不雨自我西郊公弋取彼在穴象曰密雲不雨已上也

伊川程子曰五以陰柔居尊位雖欲過爲豈能成功如密雲而不能成雨所以不能成雨自西郊故也陰不能

成雨小畜卦中已解公弋取彼在穴弋射取之也射止是射弋有取義穴山中之空中虛乃空也在穴指六二也五與二本非相應乃弋而取之五當位故云公謂公上也同類相取雖得之兩陰豈能濟大事乎猶密雲之不能成雨也陽降陰升合則和而成雨陰已在上雲雖密豈能成雨乎陰過不能成大之義也易傳

朱子曰以陰居尊又當陰過之時不能有爲而弋取六二以爲助故有此象在穴陰物也兩陰相得其不能濟大事可知本義

藍田呂氏曰小畜一陰不足以固三陽陽尚往而莫

之畜小過二陽在內四陰足以固之陰上於陽爲已甚而陽不足故皆足以致密雲而不雨也六五得位陰之盛者且在二陽之上故應斯象自我西郊陰生於西陰盛陽弱而不交也四公位也九四比於六五不交於五而下應於初故曰公弋取彼在穴穴幽陰在下謂初也弋射飛鳥而反取在穴不交於五而應於二也[redacted]

白雲郭氏曰雨之潤澤萬物非小道也豈小過柔中之君能盡其道哉雖與二爲過亦可小事而已故言雨則密雲自我西郊方與而未有潤澤之功蓋見其

不可大事也公弋取彼在穴者弋取小事故能有在穴之獲在穴之獲謂二之遇也君臣之遇固非小事然未能大得君未足以澤及天下故爲小也若乾之二五同聲相應同氣相求所謂大矣已上者言陰道已上行而未雨蓋君臣俱柔之象也易說

上六弗遇過之飛鳥離之凶是謂災眚象曰弗遇過之已亢也

張子曰不宜上而上乃自取之災也易說

伊川程子曰六陰而動體處過之極不與理遇動皆過之其違理過常如飛鳥之迅速所以凶也離過之遠也

是謂災眚是當有災眚也災者天殃眚者人爲既過之極豈惟人眚天災亦至其凶可知天理人事皆然也居過之終弗遇於理而過之過已亢極其凶宜矣易傳

䷾ 離下坎上

伊川程子曰既濟序卦有過物者必濟故受之以既濟能過於物必可以濟故小過之後受之以既濟也爲卦水在火上水火相交則爲用矣各當其用故爲既濟天下萬事已濟之時也 易傳

既濟亨小利貞初吉終亂

伊川程子曰既濟之時大者既以亨矣小者尚有亨也雖既濟之時不能无小未亨也小字在下語當然也若言小亨則爲亨之小也利貞處既濟之時利在貞固以守之也初吉方濟之時也終亂濟極則反也 易傳

朱子曰既濟事之既成也爲卦水火相交各得其用六爻之位各得其正故爲既濟大抵此卦及六爻占辭皆有警戒之意時當然也 本義

白雲郭氏曰已濟難爲既濟方將濟難爲未濟名卦之義甚明然則既濟之亨可知矣易六爻有應者八卦既濟未濟居其二而未濟不能濟難者以既濟六爻皆得位未濟六爻皆失位故也六爻皆應皆得位在六十四卦之中獨此一卦而已以是知欲濟者必在有應必得其位然後可也初吉者既濟无不吉也道窮則變未濟終焉故終亂也既濟有初吉終亂之象未必濟者皆亂也終亂不亂則在人耳故聖人慎終如始所以復濟終亂之道也昔成湯黜夏命之後乃曰茲朕未知獲戾於上下慄慄危懼若將隕於深淵武王大告武成乃偃武修文歸馬放牛示天下弗服若是者豈有終亂之道乎是以商周享國久長由湯武有以濟終亂之道也有其象則卦言之而亂與不亂在人事者非卦所可盡言也 易說

誠齋楊氏曰出多難而入无難是爲既濟之世當是之時小者亦亨況大者乎蓋无一人不亨无一物不亨无一事不亨也如濟川焉舍川而陸舍舟而轂危

者安險者濟何憂之有然人皆儆於洪流莫或儆於夷塗人皆懼於覆舟莫或懼於覆車是以初吉而終亂也秦滅六國而秦自滅晉平吳亂而晉自亂隋取亡陳而隋自亡惟聖人能內外无患自非聖人外寧必有內憂此鄢陵之勝范文子所以憂晉之必禍也蓋人之常情多難則戒戒則憂憂則吉无難則驕驕則怠怠則亂聖人見其初吉而探其終亂惟能守之以貞固而不移持之以憂勤而不怠則可以免終亂而不窮矣故戒之曰利貞又曰終止則亂其道窮也剛柔正謂六爻剛居剛位柔居柔位柔得中謂六二

終止謂上六柔怠自畫非克終既濟之才學易記

彖曰既濟亨小者亨也利貞剛柔正而位當也初吉柔得中也終止則亂其道窮也

張子曰通其變然後可久故止則亂也易說

伊川程子曰既濟之時大者固已亨矣惟有小者亨也時既濟矣固宜貞固以守之卦才剛柔正當其位當位者其常也乃正固之義利於如是之貞也陰陽各得正位所以爲既濟也二以柔順文明而得中故能成既濟之功二居下體方濟之初也而又善處是以吉也天下之事不進則退无一定之理濟之終不進而止矣无常止也衰亂至矣蓋其道已窮極也九五之才非不善也時極道窮理當必變也聖人至此奈何曰惟聖人爲能通其變於未窮不使至於極也堯舜是也故有終而无亂易傳

藍田吕氏曰既濟成功无所事也終止則亂恃濟而不爲則事弛而日入於敝所以亂也[redacted]

象曰水在火上既濟君子以思患而豫防之

伊川程子曰水火既交各得其用爲既濟時當既濟惟慮患害之生故思而豫防使不至於患也自古天下既濟而致禍亂者蓋不能思患而豫防也易傳

白雲郭氏曰水性下而居上火性上而居下交則相濟是爲既濟也既濟雖非有患之時而患必生於既濟之後故君子思患而豫爲之防也成湯之危懼成王之小毖皆思患豫防之謂也故卦言終亂象言豫防爻有濡首之厲其義一也易說

初九曳其輪濡其尾无咎象曰曳其輪義无咎也

伊川程子曰初以陽居下上應於四又火體其進之志銳也然時既濟矣進不已則及於悔咎故曳其輪濡其尾乃得无咎輪所以行倒曳之使不進也獸之涉水必揭其尾濡其尾則不能濟方既濟之初能止其進乃得无咎不知已則至於咎也既濟之初而能止其進則不至於極其義自无咎也易傳

六二婦喪其茀勿逐七日得象曰七日得以中道也

伊川程子曰二以文明中正之德上應九五剛陽中正之君宜得行其志也然五既得尊位時已既濟无復進而有爲矣則於在下賢才豈有求用之意故二不得遂其行也自古既濟而能用人者鮮矣以唐太宗之用言尚怠於終況其下者乎於斯時也則剛中反爲中滿坎離乃爲相戾矣人能識時知變則可以言易矣二陰也故以婦言茀婦人出門以自蔽者也喪其茀不可行矣

二不爲五之求用則不得行如婦之喪茀也然中正之道豈可廢也時過則行矣逐者從物也從物則失其素守故戒勿逐自守不失則七日當復得也卦有六位七則變矣七日得謂時變也雖不爲上所用中正之道无終廢之理不得行於今必行於異時也聖人之勸戒深矣 易傳

九三高宗伐鬼方三年克之小人勿用象曰三年克之憊也

伊川程子曰九三當既濟之時以剛居剛用剛之至也既濟而用剛如是乃高宗伐鬼方之事高宗必商之高

宗天下之事既濟而遠伐暴亂也威武可及而以救民爲心乃王者之事也惟聖賢之君則可若騁威武忿不服貪土地則殘民肆慾也故戒不可用小人小人爲之則以貪忿私意也非貪忿則莫肯爲也三年克之見其勞憊之甚聖人因九三當既濟而用剛發此義以示人爲法爲誡豈淺見所能及也言憊以見其事之至難在高宗爲之則可无高宗之心則貪忿以殃民也 易傳

六四繻有衣袽終日戒象曰終日戒有所疑也

伊川程子曰四在濟卦而水體故取舟爲義四近君之位當其任者也當既濟之時以防患慮變爲急繻當作濡謂滲漏也舟有罅漏則塞以衣袽有衣袽以備濡漏又終日戒懼不怠慮患當如是也不言吉方免於患也既濟之時免患則足矣豈復有加也終日戒懼常疑患之將至也處既濟之時當畏慎如是也 易傳

九五東鄰殺牛不如西鄰之禴祭實受其福象曰東鄰殺牛不如西鄰之時也實受其福吉大來也

伊川程子曰五中實孚也二虛中誠也故皆取祭祀爲義東鄰陽也謂五西鄰陰也謂二殺牛盛祭也禴薄祭也盛不如薄者時不同也二五皆有孚誠中正之德二在濟下尚有進也故受福五處濟極无所進矣以至誠

中正守之苟未至於反耳理无極而終不反者也已至於極雖善處无如之何矣故爻象惟言其時也五之才德非不善不如二之時也二在下有進之時故中正而孚則其吉大來所謂受福也吉大來者在既濟之時爲大來也亨小初吉是也 易傳

藍田呂氏曰九五剛中居尊既濟之主也保既濟者不恃其全盛而恃其克誠物備而誠不至不如誠至而物不備故誠信可以感鬼神而不能保其邦家者未之有也[redacted]

白雲郭氏曰大難既濟爲之君者何所事焉惟祭祀

爲先耳與萃渙二卦王假有廟同意牛祭祭之盛者也禴祭祭之薄者也祭之盛者非无誠也然以物爲主祭之薄者非无物也然以誠爲主物過於誠則物勝誠而誠日以衰誠過於物則誠勝物而誠日以著鬼神惟誠而後通物亦因誠而可薦則祭祀之道誠在所先而物在所後明矣是以東鄰殺牛不如西鄰之禴祭實受其福也象言西鄰之時蓋君子誠之爲貴方既濟之初未能備物爲亨是得其時也吉大來者既濟亨矣其吉方興而未艾是猶天保之詩言吉蠲爲饎是用孝享禴祠烝嘗于公先王其卒章言如

月之恒如日之升如南山之壽不騫不崩如松柏之茂無不爾或承謂之大來者如此 易說

上六濡其首厲象曰濡其首厲何可久也

伊川程子曰既濟之極固不安而危也又陰柔處之而在險體之上坎爲水濟亦取水義故言其窮至於濡首危可知也既濟之終而小人處之其敗壞可立而待也

坎下離上

伊川程子曰未濟序卦物不可窮也故受之以未濟終焉既濟矣物之窮也物窮而不變則无不已之理易者變易而不窮也故既濟之後受之以未濟而終焉未濟則未窮也未窮則有生生之義爲卦離上坎下火在水上不相爲用故爲未濟 易傳

未濟亨小狐汔濟濡其尾无攸利

伊川程子曰未濟之時有亨之理而卦才復有致亨之道惟在慎處狐能渡水濡尾則不能濟其老者多疑畏故履氷而聽懼其陷也小者則未能畏慎故勇於濟汔

當爲仡壯勇之狀書曰仡仡勇夫小狐果於濟則濡其尾而不能濟也未濟之時求濟之道當至慎則能亨若如小狐之果則不能濟也既不能濟无所利矣 易傳

彖曰未濟亨柔得中也小狐汔濟未出中也濡其尾无攸利不續終也雖不當位剛柔應也

伊川程子曰以卦才言也所以能亨者以柔得中也五以柔居尊位居剛而應剛得柔之中也剛柔得中處未濟之時可以亨也小狐汔濟據二而言也二以剛陽居險中將濟者也又上應於五險非可安之地五有當從之理故果於濟如小狐也既果於濟故有濡尾之患未

能出於險中也其進銳者其退速始雖勇於濟不能繼續而終之无所往而利也雖陰陽不當位然剛柔皆相應當未濟而有與若能重愼則有可濟之理二以汔濟故濡尾也卦之諸爻皆不得位故爲未濟雜卦云未濟男之窮也謂三陽皆失位也斯義也聞之成都隱者易傳

藍田吕氏曰未濟有爲而未有功也

象曰火在水上未濟君子以愼辨物居方

伊川程子曰水火不交不相濟爲用故爲未濟火在水上非其處也君子觀其處不當之象以愼處於事物辨其所當各居其方謂止於其所也易傳

白雲郭氏曰火性炎上而在上水性潤下而在下二氣不交不相爲用是以爲未濟亦猶天地不交而爲否也物之有可辨者如水火之性是也居方者猶居上居下是也君子觀未濟之象而愼於辨物居方者欲其所居各得交濟之道无若火在水上而不相爲用也不然則物自各止其所在君子何愼之有易說

初六濡其尾吝象曰濡其尾亦不知極也

伊川程子曰六以陰柔在下處險而應四處險則不安其居有應則志行於上然已旣陰柔而四非中正之才不能援之以濟也獸之濟水必揭其尾尾濡則不能濟濡其尾言不能濟也不度其才力而進終不能濟可羞吝也不度其才力而進至於濡尾是不知之極也易傳

九二曳其輪貞吉象曰九二貞吉中以行正也

伊川程子曰在他卦九居二爲居柔得中无過剛之義也於未濟聖人深取卦象以爲戒明事上恭順之道未濟者君道艱難之時也五以柔處君位而二乃剛陽之才而居相應之地當用者也剛有陵柔之義水有勝火之象方艱難之時所賴者才臣耳尤當盡恭順之道故戒曳其輪則得正而吉也倒曳其輪殺其勢緩其進戒用剛之過也剛過則好犯上而順不足唐之郭子儀李

晟當艱危未濟之時能極其恭順所以爲得正而能保其終吉也於六五則言其貞吉光輝盡君道之善於九二則戒其恭順盡臣道之正盡上下之道也九二得正而吉者以曳輪而得中道乃正也易傳

白雲郭氏曰曳其輪者將以有行也九二以剛中之才居險難之中剛而有濟故曳其輪貞吉也夫六五之君柔中未能有濟必得九二剛中之臣相與爲應乃可濟矣是以有曳輪濟難之漸固守是道无不吉也中以行正者其曳輪也所以輔其君以有濟道之正也以九居二中之德也以中之德行道之正故曰

中以行正也既濟初九曳輪而已濟者也未濟九二曳輪而將濟者也夫濟者宜有用舟之象而二卦皆言曳輪者以見濟難之時用力甚艱而後有濟故也易說

六三未濟征凶利涉大川象曰未濟征凶位不當也

張子曰有強援於上故利涉大川非義躁進凶之道也易說

伊川程子曰未濟征凶謂居險无出險之用而行則凶也必出險而後可征三以陰柔不中正之才而居險不足以濟也未有可濟之道出險之用而征所以凶也然

未濟有可濟之道險終有出險之理上有剛陽之應若能涉險而往從之則濟矣故利涉大川也然三之陰柔豈能出險而往非時不可才不能也三征則凶者以位不當也謂陰柔不中正无濟險之才也若能涉險以從應則利矣易傳

九四貞吉悔亡震用伐鬼方三年有賞于大國象曰貞吉悔亡志行也

伊川程子曰九四陽剛居大臣之位上有虛中明順之主又已出於險未濟已過中矣有可濟之道也濟天下之艱難非剛健之才不能也九雖陽而居四故戒以貞固則吉而悔亡不貞則不能濟有悔者也震動之極也古之人用力之甚者伐鬼方也故以爲義力勤而遠伐至于三年然後成功而行大國之賞必如是乃能濟也濟天下之道當貞固如是四居柔故設此戒如四之才與時合而加以貞固則能行其志吉而悔亡鬼方之伐貞之至也易傳

六五貞吉无悔君子之光有孚吉象曰君子之光其暉吉也

伊川程子曰五文明之主居剛而應剛其處得中虛其心而陽爲之輔雖以柔居尊處之至正至善无不足也

既得貞正故吉而无悔貞其固有非戒也以此而濟无不濟也五文明之主故稱其光君子德輝之盛而功實稱之有孚也上云吉以貞也柔而能貞德之吉也下云吉以功也既光而有孚時可濟也光盛則有暉暉光之散也君子積充而光盛至於有暉善之至也故重云吉易傳

白雲郭氏曰六五柔中文明之君虛己而有容故賢者樂爲之輔以濟天下之難是以九二有曳輪之吉而九四有鬼方之伐也人君不以尊位自居而樂於虛己待賢固守是道宜其吉而无悔矣貞吉而无悔

是以未濟之悔可亡於九四也爲君之德孰有光於是者乎此其所以爲文明之君有孚虛中也虛中故能尊賢而容衆是以吉也上言貞吉始之吉也下言有孚吉終之吉也此所謂能續終者也昔文王之爲君也徽柔懿恭所謂柔中也光於四方顯於西土非君子之光乎至於得賢而用之則有若虢叔閎夭散宜生泰顛南宮适之徒以爲疏附先後奔走禦侮之臣故在詩則文王獨稱大明而在易則未濟六五亦獨爲君子之光也 易說

上九有孚于飲酒无咎濡其首有孚失是象曰飲酒濡首

亦不知節也

伊川程子曰九以剛在上剛之極也居明之上明之極也剛極而能明則不爲躁而爲決明能燭理剛能斷義居未濟之極非得濟之位无可濟之理則當樂天順命而已若否終則有傾時之變也未濟則无極而自濟之理故止爲未濟之極至誠安於義命而自樂則可无咎飲酒自樂也不樂其處則忿躁隕穫入於凶咎矣若從樂而耽肆過禮至濡其首亦未能安其處也有孚自信於中也失是失其宜也如是則於有孚爲失也人之處患難知其无可奈何而放意不反者豈安於義命者哉

白雲郭氏曰六五有孚于賢者故爲君子之光上九有孚于飲酒適足自養而已安能有濟哉然自養者獨善其身雖无大咎至於難將及已濡首而不變是不知進退存亡之節者也向之謂有孚今則失是矣上九剛明之才可用而不知變故聖人之辭戒之如此昔伊尹始則耕於有莘之野終則幡然而改所謂知進退存亡之節者又安有濡首之失乎 易說

繫辭上傳

朱子曰繫辭本謂文王周公所作之辭繫於卦爻之下者卽今經文此篇乃孔子所述繫辭之傳也以其通論一經之大體凡例故无經可附而自分上下云 本義

白雲郭氏曰包犧畫卦初无繫辭文王孔子之言皆繫辭也故孔子曰繫辭焉以斷其吉凶繫辭焉以盡其言則卦爻之辭皆是也今獨以此上下二篇稱繫辭者蓋卦辭爻辭文王周公之繫辭也此上下二篇孔子之繫辭也又於十翼之中獨此二篇泛論大道爲諸卦之統要與彖象文言之辭異故獨曰繫辭所

以尊崇孔子之辭與文王等也觀其言廣大而備變通而神无思而精皆彖象文言序卦說卦之所不能盡者非聖人孰能與此哉微此則易道絕矣 易說

天尊地卑乾坤定矣卑高以陳貴賤位矣動靜有常剛柔斷矣

張子曰靜專動直不爲物累則其動靜有常不牽制於物也然則乾爲剛果斷然不疑矣 易說

伊川程子曰天尊地卑尊卑之位定而乾坤之義明矣尊卑既判貴賤之位分矣陽動陰靜各有其常則剛柔判矣 經說

朱子曰天地者陰陽形氣之實體乾坤者易中純陰純陽之卦名也卑高者天地萬物上下之位貴賤者易中卦爻上下之位也動者陽之常靜者陰之常剛柔者易中卦爻陰陽之稱也 本義

龜山楊氏曰天尊地卑乾坤定矣乾坤本无體天地之位定則乾坤斯定不有天地乾坤何辨 南都語錄

方以類聚物以羣分吉凶生矣在天成象在地成形變化見矣

伊川程子曰事有理物有形也事則有類形則有羣善惡分而吉凶生矣象見於天形成於地變化之跡見矣

經說

朱子曰方謂事情所向言事物善惡各以類分而吉凶者易中卦爻占決之辭也象者易中蓍策卦爻陰變爲陽陽化爲陰者也此言聖人作易因陰陽之實體爲卦爻之法象莊周所謂易以道陰陽此之謂也 本義　在天成象在地成形變化見矣上是天地之變化下是易之變化蓋變化是易中陰陽二爻之變化故曰變化者進退之象也變化只進退便是如自坤而乾則爲進自乾而坤則爲退進退在已變未定之間若已定則便是剛柔也 語錄

白雲郭氏曰乾坤畫卦之始本无吉凶因人而生也方所也物以方而聚言其大致也復以羣而分言乎其微也類聚羣分皆在物也物動則有吉凶而其機則見於易故易之吉凶因物之類聚羣分而生初未之有也易之所有者卦與爻位而已前三者是也因三才而生見者吉凶變化也論乾坤卦位六爻吉凶變化如此則諸卦可知此章論乾坤先言卦位生爻以盡設卦之道繼言吉凶生變化見以見乾坤之致用變化之道至微難見因在天成象以見乾之變化因在地成形以見坤之變化故曰變化見矣易說

漢上朱氏曰五方之物各以其類聚同氣也五物之類各以其羣分異情也氣同則合情異則離而吉凶生矣爻或得朋或失類或遠而相應或近而不相得或揆而通或異而同陰陽之情也在天成象者陰陽也在地成形者剛柔也天變則地化變者陰陽極而相變也陰陽之氣變於上剛柔之形化於下故策二十八者其數七策三十二者其數八策三十六者其數九策二十四者其數六陰陽交錯剛柔互分天地變化之道也易傳

是故剛柔相摩八卦相盪鼓之以雷霆潤之以風雨日月運行一寒一暑乾道成男坤道成女

伊川程子曰陰陽之交相摩軋八方之氣相推盪雷霆以動之風雨以潤之日月運行寒暑相推而成造化之功得乾者成男得坤者成女經說

白雲郭氏曰變化之見在易則見於剛柔八卦在天地之間則見於雷霆風雨日月寒暑在人則見於男女皆乾坤變化之道也剛柔者六爻之九六也乾坤九六剛柔相摩而變故八卦因之相盪而六十四卦生焉此見於易者也雷霆風雨之鼓潤日月寒暑之運行皆八卦變化之象見於天地之間者也雷霆風

雨鼓潤萬物者也日月運行寒暑者也乾道成男在易則震坎艮是也在人則男也坤道成女在易則巽離兌是也在人則女也易說

漢上朱氏曰乾坤之交也乾以剛摩柔坤以柔摩剛剛柔相摩八卦推盪變化彰矣說卦謂之中爻先儒謂之互體鼓之以雷霆者震反艮也潤之以風雨者巽反兌也風而潤者以雨而風不以陰先陽也日月運行一寒一暑者坎離也六子致用萬物化生然不越乎乾坤也震坎艮之爲三男得乾之道者也巽離兌之爲三女得坤之道者也聖人之用天下合乾坤

也父子君臣乾坤也夫婦震巽坎離艮兌也長幼其序也朋同類也友異體也五者乾坤而已矣易傳

乾知大始坤作成物乾以易知坤以簡能易則易知簡則易從易知則有親易從則有功有親則可久有功則可大可久則賢人之德可大則賢人之業易簡而天下之理得矣天下之理得而成位乎其中矣

張子曰天地雖一物理須從分別大始者語物之始乾全體之而不遺故无不知也知之先者蓋莫如乾成物者物既形矣故言作已入于形氣也初未嘗有地而乾漸形不謂知作謂之何哉然而乾以不求知而知故其

知也速坤以不爲而爲故其成也廣易則易知簡則易從易知則有親易從則有功有親則可久有功則可大可久則賢人之德可大則賢人之業易簡而天下之理得矣天下之理得而成位乎其中矣此皆言人體天地之德然也言知者知而已言能者涉于形氣能能成物也易則易知易知則有親今夫虎豹之爲物參之難馴人亦不敢遂以親狎爲其難測惟其平易則易知易信信則人任焉以其可信人斯委任故易以有功矣道體至廣所以有言易有言小有言大无乎不在易簡理得則知幾知幾然後經可正經正則道前定事豫立不疑

其所行利用安身之要莫先焉易說

明道程子曰坤作成物是積學處乾知大始是成德處李籲所錄

伊川程子曰乾當始物坤當成物乾坤之道易簡而已乾始物之道易坤成物之能簡平易故人易知簡直故人易從易知則可親就而奉順易從則可取法而成功親合則可以常久成事則可以廣大聖賢德業久大得易簡之道也天下之理易簡而已有理而後有象成位乎其中也易說

龜山楊氏曰行其所無事不亦易乎一以貫之不亦

簡乎如是則天下之理得矣南都語錄

白雲郭氏曰自天尊地卑言乾坤之設卦卑高以陳言乾坤之六位動靜有常言乾坤六位之剛柔繼言因方物而吉凶生因象形而變化見則乾坤之義畧備矣繼又明變化之見有見於易者有見於天地之間及人道者雖各不同而其象一也自乾知大始坤作成物之下大明乾坤之德而終之以聖人法乾坤之道則乾坤之義畢矣繫易之義莫大於此莫先於此故以是首章也且自易言之則易始於乾坤而乾又爲坤之始是爲大始也自物言之則萬物始於坤

坤始於乾是爲大始也大始以氣言乾爲天天知始物而已非生也坤爲地地成形則生而作成之也此地道之代終也然乾之大始以易而知知始而已亦非生也坤之成形以簡而能能則作成之義也非易則不知非簡則不能乾坤之道不過於此况人乎是以聖人之道无它焉法乾坤易簡而已乾道易故人亦易知坤道簡故人亦易從人能法乾坤之易簡者以易知易從而已以易知之道接物故物輔而相親以易從之道有爲故人歸而有功有親樂其易也易則可久之道也有功成於簡也簡則可大之道也昧

者未之知故務爲艱險以去其易務爲繁苛以去其簡苟目前之利而不顧方來之弊則德於是乎不可久作聰明窮奢欲矜權術滋法令則業於是乎不可大天下之理既不能得於是上下乖離而天下始亂矣漢唐之弊是也安能知成位乎其中本於至簡至易之道哉易說

漢上朱氏曰乾坤之道觀乎天地萬物之變化其道較然著見矣然反觀吾身乾坤安在哉蓋善端初起者乾也身行之而作成其事者坤也人皆有善端不亦易知乎行其所知不亦簡能乎飢而食渴而飲晝作而夜止豈不簡且易哉蓋以此推天下未有不知而不從者也我知之人亦知之故有親我行之人皆行之故有功有親則俟百世而不惑有功則放諸四海而準可久者謂之德可大者謂之業賢人之德業至於配天地成位乎兩間可謂久且大矣然不過健順而已而健順者在乎反求諸身而已豈不至易至簡哉知此則天尊地卑八卦相盪在乎其中矣叢說

東萊呂氏曰静多於動踐履多於發用涵養多於講說讀經多於讀史工夫如此然後能可久可大與葉正則書

右第一章本義此章以造化之實明作經之理乾坤之理分見於天地而人兼體之也

聖人設卦觀象繫辭焉而明吉凶剛柔相推而生變化是故吉凶者失得之象也悔吝者憂虞之象也變化者進退之象也剛柔者晝夜之象也六爻之動三極之道也

伊川程子曰聖人既設卦觀卦之象而繫之以辭明其吉凶之理以剛柔相推而知變化之道吉凶之生由失得也悔吝者可憂虞也進退消長所以成變化也剛柔相易而成晝夜觀晝夜則知剛柔之道矣三極上中下也極中也皆其時中也三才以物言也三極以位言也經說

朱子曰六爻初二爲地三四爲人五上爲天動卽變化也極卽至也三極天地人之至理三才各一太極也變化者進退之象是剛柔之未定者剛柔者晝夜之象是變化之已成者蓋柔變而趨于剛是退極而進剛化而趨于柔是進極而退既變而剛則晝而陽既化而柔則夜而陰猶言子午卯酉卯酉是陰陽之未定子午是陰陽之已定又如四象之有老少陰半陽全陽先陰後陽之輕淸无形而陰之重濁有迹陰陽以氣言剛柔以質言既有卦爻可見則當以質言而不得以陰陽言矣故彖辭多言剛柔不言陰陽語錄　五行成數去其地十之上而不用則七八九六而已陽奇陰偶故七九爲陽六八爲陰陽進陰退故九六爲老七八爲少然陽極于九則退八而爲陰陰極于六則進七而爲陽一進一退循環无端此揲蓍之法所以用九六而不用七八蓋取其變也文集

漢上朱氏曰變化者動爻也六爻之動三極之道也一生二二生三三極矣邵雍曰易有貞數三是也關子明曰天三數之極也極乎終則反乎始兼兩之義也故極而不變其道乃窮說卦震其究爲健三變而乾也巽其究爲躁三變而震也觀此可以例餘卦矣易傳

是故君子所居而安者易之序也所樂而玩者爻之辭也是故君子居則觀其象而玩其辭動則觀其變而玩其占是以自天祐之吉无不利

張子曰序猶言分也易之中有貴有賤有吉有凶皆其自然之分也所居皆安之君子安分也所樂而玩者爻之辭言君子未嘗須臾學不在易玩玩習也每讀則每有益所以可樂占非卜筮之謂但事在外可以占驗也觀乎事變斯可以占矣蓋居則觀其象而玩其辭此所以動則觀其變而玩其占也易說

伊川程子曰六爻之動以位爲義乃其序也得其序則

安矣辭所以明義玩其辭義則知其可樂也觀象玩辭而能通其意觀變玩占而能順其時動不違於天矣經說

龜山楊氏曰觀象玩辭故能明吉凶之變觀變玩占故能識時措之宜所以盡三極之道也會通

白雲郭氏曰上言聖人謂作易之聖人也此言君子謂玩易之君子也有聖人作易如彼故君子玩之如此非獨明作易之道亦所以垂玩易之法又以見非聖人不能作易而君子之成德玩易之所致也然玩易有二道一則所居而安者易之序所樂而玩者爻之辭是也一則居則觀其象而玩其辭動則觀其變

而玩其占是也易之序者卦之序也序有時在其中故君子居其時而安之者得其序也如居否之時則儉德辟難居既濟之時則思患豫防之是以安也爻之辭所以明道也道非樂玩其辭則不可得而見故因介于石而有得於知幾之神因鳴鶴在陰而有得於樞機之慎舉爻辭尚樂而玩則卦辭爲可知矣此其一也其二則聖人又明居處動作之有異不可以一塗盡其道方居之時无所營爲故觀易之象以明時玩易之辭以探道及動之後悔吝攸生故觀其變以知善惡玩其占以明吉凶是以君子常吉而天祐之者蓋於所居所樂一動一靜之際莫非以易道自處非天私君子而祐之實自致也占不獨蓍龜也凡極數知來皆占也謂占於易之道也前章終於天下之理得而成位乎其中謂在上尊位之聖人也不曰聖人而曰賢人謂能法乾坤易簡非獨聖人可得天下之理賢者亦可修而得也此章終於君子玩易蓋兼上下窮通之君子其玩易皆一也稱君子兼聖賢言之易說

右第二章本義此章言聖人作易君子學易之事

彖者言乎象者也爻者言乎變者也吉凶者言乎其失得也悔吝者言乎其小疵也无咎者善補過也

伊川程子曰彖言卦之象爻隨時之變因失得而有吉凶能如是則得无咎經說

朱子曰彖謂卦辭文王所作者爻謂爻辭周公所作者象指全體而言爻指一節而言吉凶悔吝无咎此卦爻辭之通例本義

廣漢張氏曰悔吝雖未爲大過然悔未純吉吝未純凶如物有瑕疵也无咎本有咎能以善補其過惡故无咎也會通

是故列貴賤者存乎位齊小大者存乎卦辯吉凶者存乎辭憂悔吝者存乎介震无咎者存乎悔

張子曰齊小大者存乎卦卦有稱名至小而與諸卦均齊者各著其義也蓋稱名小而取類大也辯吉凶者存乎辭欲見小疵者必存乎辭憂悔吝者存乎介欲觀易象之小疵宜乎志靜知所動之幾微也悔吝吉凶之萌惟介于石者能見幾而作震无咎者存乎悔凡言无咎者必求其始皆有悔今能改之也有咎而免者善震而補也易說

伊川程子曰位有貴賤之分卦兼小大之義吝凶之道於辭可見以悔吝爲防則存意於微小震懼而得无咎者以能悔也經說

朱子曰位謂六爻之位齊猶定也小謂陰大謂陽介謂辨別之端蓋善惡已動而未形之時也於此憂之則不至於悔吝矣震動也知悔則有以動其補過之心而可以无咎矣本義

龜山楊氏曰介者始萬物之時震者動之將形憂悔吝者當在交物之初而善補過者當悔於將動之際過此則无及矣會通

漢上朱氏曰卦自下而上列貴賤之位存乎位則剛

柔往來上下內外得位失位或應或否見矣易於小事不忽於大事不懼視履尊位與居家同視征伐天下與折獄同視享上帝養聖賢養萬物與飲食同知此則知顏子與禹稷同曾子與子思同故存乎卦之小大則見事之小大齊矣憂悔吝之將至者當存乎介介者確然自守不與物交震懼而无咎者當存乎悔悔者追悔前失而不憚改也故悔則无咎介則无悔不近於知幾乎幾者動之微吉之先見也易曰介于石不終日貞吉確然自守者守正也易傳

是故卦有小大辭有險易辭也者各指其所之

伊川程子曰卦有小大於時之中有小大也有小大則辭之險易殊矣辭各隨其事也經說

漢上朱氏曰辭有易者之於吉也所謂能說諸心辭有險者之於凶也所謂能研諸慮有憂虞悔吝非險辭不足以盡之爻辭也各指其所之之險易也所之者動爻也言乎其變也春秋傳觀其動曰之某卦是也從其所之乃能趨時盡利順性命之理則繫辭焉以命之不可已也易傳

右第三章 本義此章釋卦爻辭之通例

易與天地準故能彌綸天地之道

伊川程子曰聖人作易以準則天地之道易之義天地之道也故能彌綸天地之道彌徧也綸理也在事爲倫治絲爲綸彌綸徧理也經說

廣平游氏曰彌之使不虧其體則覆幬者統元氣持載者統元形陽敷而能生陰肅而能成夫是之謂彌綸之使无失其叙則日月代明寒暑迭運將來者進成功者退夫是之謂綸易說

白雲郭氏曰一卦之中皆備三才之象故與天地準準則其道彌綸周滿天地而无有餘不足之差故天

地人鬼无或不知者以不能外乎此故也言天地則人在其中矣易說

仰以觀於天文俯以察於地理是故知幽明之故

張子曰天文地理皆因明而知之非明則皆幽也此所以知幽明之故萬物相見乎離非離不相見也見者由明而不見非无物也乃是天之至處彼異學則皆歸之空虛蓋徒知乎明而已不察夫幽所見一邊耳氣聚則離明得施而有形氣不聚則離明不得施而无形方其聚也安得不謂之有方其散也安得遽謂之无故聖人仰觀俯察但云知幽明之故不云知有无之故盈天地

之間者法象而已文理之察非離不相覩也方其形也有以知幽之故方其不形也有以知明之故易說

伊川程子曰徧理天地之道而復仰觀天文俯察地理驗之著見之跡故能知幽明之故在理爲幽成象爲明知幽明之故知理與物之所以然也經說

朱子曰天文是陽地理是陰然各有陰陽天之晝是陽夜是陰日是陽月是陰地如高屬陽下屬陰平坦屬陽險阻屬陰東南屬陽西北屬陰幽明便是陰陽語錄

白雲郭氏曰由易之道仰觀俯察則天地幽明之故无不知幽則天地之道其隱者也明則天地之道其

顯者也易說

原始反終故知死生之說

伊川程子曰原始則足以知其終反終則足以知其始死生之說如是而已矣故以春爲始而原之其必有冬以冬爲終而反之其必有春死生者其與是類也暢潛道錄

朱子曰原者推之於前反者要之於後本義

精氣爲物遊魂爲變是故知鬼神之情狀

邵子曰精氣爲物形也體也遊魂爲變神也用也鬼神者无形而有用其情狀可得而知也於用則可見之矣若人之耳目鼻口手足草木之枝葉華實顏色皆鬼神之所爲也福善禍淫主之者誰邪聰明正直有之者誰邪不疾而速不行而至任之者誰邪皆鬼神之情狀也觀物外篇

張子曰動物本諸天以呼吸爲聚散之漸植物本諸地以陰陽升降爲聚散之漸物之初生氣日至而滋息物生旣盈氣日反而遊散至之謂神以其申也反之爲鬼以其歸也易說

伊川程子曰聚爲精氣散爲遊魂聚則爲物散則爲變觀聚散則見鬼神之情狀萬物始終聚散而已鬼神造化之功也經說

西山眞氏曰人之生也精與氣合而已精者血之類是滋養一身者故屬陰氣是能知覺運動者故屬陽二者合而爲人精則魄也目之所以明耳之所以聰者卽精之爲也此之爲魄氣充乎體凡人心之能聰明有知識身之能舉動與夫勇決敢爲者卽氣之所爲也此之爲魂人之少壯也血氣強血氣強故魂魄盛此所謂伸及其老也血氣旣耗魂魄亦衰此所謂屈也旣死則魂升于天以從陽魄降于地以從陰所謂各從其類也魂魄合而生離而死故先王制祭享之禮使爲人子孫盡誠以焫蕭之屬求之于陽灌鬯

之屬求之于陰求之既至則魂魄雖離而可以復合故禮記曰合鬼與神教之至也神指魂而言鬼指魄而言此所謂屈而伸也姑舉鬼神一端如此至若造化之鬼神則山澤水火雷風是也日與電皆火也月與雨亦水也此數者合而言之又只是陰陽二氣而已陰陽二氣流行于天地之間萬物賴之以生賴之以成此即所謂鬼神也今人以幽暗不可見者爲鬼神殊不知山峙川流日照雨潤雷動風散乃分明有迹之鬼神故伊川曰鬼神者造化之迹又曰鬼神者天地之功用横渠曰鬼神二氣之良能此皆指陰陽

而言天地之氣即人身之氣人身之氣即天地之氣也學易記

與天地相似故不違

伊川程子曰以幽明之故死生之理鬼神之情狀觀之則可以見天地之道易之義與天地之道相似故无差違相似謂同也經說

白雲郭氏曰聖人與天地合其德故與天地相似天且弗違而況於人乎是以天地无違於聖人聖人亦无違於天地也或謂易與天地相似易非特相似而已相似者謂人道也易說

蒙齋李氏曰與天地相似者易之道即天地之道也故不違者言天地之道亦无外乎易之道也學易記

知周乎萬物而道濟天下故不過

伊川程子曰義之所包知也其義周盡萬物之理其道足以濟天下故无過差經說

朱子曰此聖人盡性之事天地之道知仁而已知周萬物者天也道濟天下者地也知且仁則知而不過矣本義

白雲郭氏曰聖人以周物爲知以濟天下爲道未嘗私一身而周濟之也故能與天地相似其道雖大而不爲過者以此上言與天地相似猶中庸所謂參天

地也此言知周乎萬物而道濟天下猶中庸所謂非自成己而已也所以成物也易說

蒙齋李氏曰知足以周萬物過之則鑿道足以濟天下過之則爲兼愛惟聖人用易故不過學易記

旁行而不流

伊川程子曰旁通遠及而不流失正理經說

朱子曰旁行者行權之知也不流者守正之仁也本義

知周萬物是體旁行是可與權乃推行處樂天知命是自得處三節各說一理語錄

樂天知命故不憂

明道程子曰樂天知命通上下而言之也聖人樂天則不須言知命知命者知有命而信之者爾不知命无以爲君子是矣命者所以輔義一循於義則何庸斷之以命哉若夫聖人之知天命則異於此劉絢師訓

伊川程子曰順乎理樂天也安其分知命也順理安分故无所憂經說

蒙齋李氏曰明天理者樂於內知天命者輕其外內樂而外輕此所以樂而不憂也學易記

安土敦乎仁故能愛

伊川程子曰安土安所止也敦乎仁存乎同也是以能愛經說

朱子曰隨處皆安而无一息之不仁故能不忘其濟物之心而仁益篤蓋仁者愛之理愛者仁之用故其相爲表裏如此本義

蒙齋李氏曰安土安所止也敦乎仁篤于仁也是以能愛此君子成已成人之道故曰惟仁者能愛人學易記

範圍天地之化而不過曲成萬物而不遺通乎晝夜之道而知故神无方而易无體

邵子曰神者易之主也所以无方易者神之用也所以无體觀物外篇

伊川程子曰範圍俗語謂之模量模量天地之運化而不過差委曲成就萬物之理而无遺失通晝夜闔闢屈伸之道而知其所以然如此則得天地之妙用知道德之本源所以見至神之妙无有方所而易之準道无有形體經說

朱子曰此聖人至命之事也天地之化无窮而聖人爲之範圍不過於中道所謂裁成者也通猶兼也晝夜卽幽明生死鬼神之謂如此然後可見至神之妙无有方所易之變化无有形體也本義 天地之化滔滔无窮如

一爐金汁鎔化不息聖人則爲之鑄瀉成器使人模範匡郭不使過於中道也曲成萬物而不遺此又是就事物之分量形質隨其大小闊狹長短方圓无不各成就此物之理无有遺闕範圍天地是極其大而言曲成萬物是極其小而言範圍如大德敦化曲成如小德川流語錄

龜山楊氏曰中以形道之體和以顯道之用致中則範圍而不過致和則曲成而不遺中庸解

白雲郭氏曰經言神易道聖人凡有四者之異且神无自神其在道則道之神也在易則易之神也在聖

人則聖人之神也神寓於道易聖人而道易聖人各有其名不謂之神此神所以无方也易有體者書也書之爲體者卦象也書以卦象爲體卦象未立而是道具有及其旣立則曰卦也曰象也不得復謂之易如此則易爲无體矣然聖人範圍曲成通乎晝夜豈无自而能然哉蓋用易无體之道以盡无方之神而後能之也如是則神也易也託聖人以爲方體耳故以是終之易說

漢上朱氏曰範圍者防範之所圍夫子所謂矩莊周所謂大方天地之化者氣也氣之推移一息不留故

謂之化善養其氣者大配天地不違也不過也不流也雖憂樂以天下而適乎大中至正之矩故不過不過者不過乎中也不過故能盡己之性能盡己之性則能盡物之性曲成者順萬物之理成之者非一方也天之生物也直聖人相天而曲成之不害其爲直此言中正之成物也曲成萬物而不遺乃能无一物不體與天地相似與時偕行矣晝夜者陰陽也推乎晝夜陰陽之道而通之則知幽明知死生知鬼神非盡己之性盡物之性者不能也故通乎晝夜之道而知陰陽兩也兩者合一而不測者神也不測則无方

剛柔雜居而相易者用也相易則无體易傳

右第四章本義此章言易道之大聖人之用如此

一陰一陽之謂道繼之者善也成之者性也仁者見之謂之仁知者見之謂之知百姓日用而不知故君子之道鮮矣

明道程子曰一陰一陽之謂道道非陰陽也所以一陰一陽道也如一闔一闢之謂變 謝顯道錄 天以生爲道繼此生理者卽是善也善便有元意元者善之長萬物皆有春意便是繼之者善也成之者性也成却待萬物自成其情須得 呂與叔東見錄

朱子曰一陰一陽此是天地之理如大哉乾元萬物資始乃繼之者善也乾道變化各正性命此成之者性也

讀易集說 繫辭上傳 五章 一

就人身言之道是吾心繼之者善是吾心發見惻隱羞惡之類成之者性是吾心之理所以爲仁義禮智是也

流行造化處是善凝成於我者卽是性繼是接續綿綿不息之意成是凝成有主之意 並語錄

龜山楊氏曰繼之者善无閒也成之者性无虧也 語解

漢上朱氏曰知易无方則知易无體知易无體則知一陰一陽之謂道一陰一陽在天日月之行也晝夜之經也寒暑之運也在人屈伸也動靜也語默也推而行之故以是名之爲道知一陰一陽之道則繼之而不已者善也君子晝有爲宵有得息有養瞬有存亹亹焉孜孜焉不敢須臾舍也夫性无有不善不善非天地之性剛柔之氣或得之偏乃有不善有不善然後善之名立善不善相形而後命之也善反其初者不善盡去則善名亦亡故舍曰善而成之者性也性自成也豈人爲哉性卽天地也所謂誠也仁者見其道濟天下得易之體也故謂之仁智者見其旁行而不流得易之用也故謂之智百姓習焉而不察行之而不著故日用而不知君子之道仁智合體用一兼體陰陽而无累通乎晝夜之道而知故君子之道鮮矣君子者具仁智之成名得道之大全者也 易傳

讀易集說 繫辭上傳 五章 二

顯諸仁藏諸用鼓萬物而不與聖人同憂

邵子曰若日月之照臨四時之成歲是顯諸仁也不知其所以然是藏諸用也 觀物外篇

明道程子曰鼓萬物而不與聖人同憂聖人人也故不得无憂天則不爲堯存不爲桀亡者也 劉絢師訓

伊川程子曰運行之跡生育之功顯諸仁也神妙无方變化无跡藏諸用也天地不與聖人同憂天地不宰聖人有心也天地无心而成化聖人有心而无爲 經說 天理鼓動萬物如此聖人循天理而欲萬物同之所以有憂患 游定夫所錄

朱子曰顯諸仁藏諸用只是一事顯諸仁可見便是繼之者善也藏諸用不可見便是成之者性也一而二二而一者也顯諸仁德之所以盛藏諸用業之所以成譬如一樹一根生許多枝葉花實此是顯諸仁處及至結實一核成一種子此是藏諸用處語錄

盛德大業至矣哉富有之謂大業日新之謂盛德

張子曰富有廣大不禦之盛歟日新悠久无疆之道歟富有者大无外也日新者久无窮也顯其聚也隱其散也顯且隱幽明所以存乎象聚且散推盪所以妙乎神日新之謂盛德過而不有不凝滯於心知之細也非盛德日新惟日新是謂盛德義理一貫然後日新易說

伊川程子曰天地聖人之盛德大業可謂至矣富有溥博也日新无窮也經說

朱子曰盛德大業至矣哉是贊上顯諸仁藏諸用萬物无不具此理所謂富有也生生不已所謂日新也語錄

白雲郭氏曰易有盛德大業聖人用易之道亦見於德業故盛德大業不獨主聖人言之易窮則變變則通通則久此易之盛德也以言乎天地之間則備矣此易之大業也然富有則无外无外大之至也聖人用此故有可大之業日新則无窮无窮則久聖人用此故有可久之德也前言易道之不與聖人同憂者此言其所同者德業也易說

生生之謂易成象之謂乾效法之謂坤極數知來之謂占通變之謂事陰陽不測之謂神

伊川程子曰生生相續變易而不窮也乾始物而有象坤成物而體備法象著矣推數可以知來通變不窮事之理也天下之有不離乎陰陽惟神也莫知其鄉不測其爲剛柔動靜也經說

漢上朱氏曰陽生陰陰生陽陽復生陰陰復生陽生生不窮如環无端此之謂易靜而生陰陰配於陽猶形之有影故兩剛柔男女而效之法此地所以兩也成象者健也此之謂乾效法者順也此之謂坤天數二十有五地數三十極天地之數而吉凶之變可以前知此之謂占窮則變變則有術以通之此之謂事陰陽變化不可測度此之謂神是道也在聖人爲德業在天地之用爲易簡在易爲乾坤爲占爲神以兩言該之曰仁智以一言該之曰道其實一也易傳

右第五章本義此章言道之體用不外乎陰陽而其所以然者則未嘗倚於陰陽也

夫易廣矣大矣以言乎遠則不禦以言乎邇則靜而正以言乎天地之閒則備矣

伊川程子曰易道廣大推遠則无窮近言則安靜而正天地之閒萬物之理无有不同經說

朱子曰不禦言无盡靜而正言卽物而理存備言无所不有本義

漢上朱氏曰廣者坤也大者乾也以言乎遠者變動也入於无形莫之能禦也以言乎邇者不變者也靜而守正一天下之動者也以言乎天地之閒則乾坤合德剛柔有體變與不變互相推盪而萬物備矣廣矣大矣備矣所謂富有也易傳

夫乾其靜也專其動也直是以大生焉夫坤其靜也翕其動也闢是以廣生焉

蒙齋李氏曰孔疏乾是純陽德能普備无所偏二唯專一而已若氣不發動則靜而專一故云其靜也專若其運動則四時不忒寒暑不差剛而得正故云其動也直以其動靜如此故能大生焉坤是陰柔閉藏翕歛故其靜也翕動則開生萬物故其動也闢以其如此故能廣生焉易學記

廣大配天地變通配四時陰陽之義配日月易簡之善配

此頁原書誤

一陰一陽之謂道繼之者善也成之者性也仁者見之謂之仁知者見之謂之知百姓日用而不知故君子之道鮮矣

明道程子曰一陰一陽之謂道道非陰陽也所以一陰一陽道也如一闔一闢之謂變謝顯道錄 天以生爲道繼此生理者卽是善也善便有元意元者善之長萬物皆有春意便是繼之者善也成之者性也成却待萬物自成其情須得呂與叔東見錄

朱子曰一陰一陽此是天地之理如大哉乾元萬物資始乃繼之者善也乾道變化各正性命此成之者性也

就人身言之道是吾心繼之者善是吾心發見惻隱羞惡之類成之者性是吾心之理所以爲仁義禮智是也

流行造化處是善凝成於我者卽是性繼是接續綿綿不息之意成是凝成有主之意語錄

龜山楊氏曰繼之者善无閒也成之者性无虧也語解

漢上朱氏曰知易无方則知易无體知易无體則知一陰一陽之謂道一陰一陽在天日月之行也晝夜之經也寒暑之運也在人屈伸也動靜也語默也推而行之故以是名之爲道知一陰一陽之道則繼之而不已者善也君子晝有爲宵有得息有養瞬有存

至德

張子曰循天下之理之謂道得天下之理之謂德故曰易簡之善配至德易說

伊川程子曰廣大天地之功也變通四時之運也一陰一陽日月之行也乾坤易簡之功乃至善之德也易說

朱子曰易之廣大變通與其所言陰陽之説易簡之德配之天道人事則如此本義

漢上朱氏曰天地之大德曰生乾坤不相離也是以能廣大故廣大配天地變通者乾坤之動也故變通配四時乾坤之動者陰陽之變也故陰陽之義配日月日月相推而明生焉故也言乎天地之間者備矣其究則乾坤易簡而已至德者天地之德隱於无形者也故易簡之善配至德易傳

右第六章

子曰易其至矣乎夫易聖人所以崇德而廣業也知崇禮卑崇效天卑法地天地設位而易行乎其中矣成性存存道義之門

張子曰何以致不息成性則不息誠成也誠爲能成性也仁人孝子所以成身柳下惠不息其和也伯夷不息其清也於清和以成其性故亦得爲聖人也然清和猶是一端不得完整不若知禮以成性即道義從此出智極其高故效天禮著實處故法地人必禮以立失禮則孰爲道天地設位而易行乎其中成性存存道義之門得知禮以成性性乃存然後道義從此出易說

朱子曰天地設位而變化行猶知禮存性而道義出也成性本成之性也存存謂存而又存不已之意也本義　成性只是渾淪之性存而不失便是道義之門便是生生不已處也　知崇是智識超邁禮卑是須就切實處行若知不高則識見淺陋若履不切則所行不實知識高便是象天所行實便是法地識見高於上所行實於下中間便生生而不窮故説易行乎其中大學格物致知是知崇之事誠意正心修身齊家治國平天下是禮卑之事語錄

白雲郭氏曰易之廣大備於天地之間故舉天下之

事莫不皆有易之道凡具天地之象者易已在其中矣故聖人无適而不用易非獨崇德廣業而已也且知以崇高而後明禮以卑遜而後恭知崇禮卑宜无與於易矣然崇者天之道卑者地之德知崇效天禮卑法地則天地之位已設矣天地之位已設則易已行乎知禮之中此聖人所以大而德業小而言行至於天地人鬼之變化无適而不用易者此也惟成之以性存存不忘則修身齊家治國平天下其道義之要皆由此塗出故易爲道義之門也法乾坤簡易以崇德廣業特其大者耳故此又言知崇禮卑以見其小者也易說

漢上朱氏曰將以崇德故知崇將以廣業故禮卑崇上達易自下升也卑无不至易徧體也通乎晝夜之道而知可謂知崇矣知崇則德崇曲成萬物而不遺可謂禮卑矣禮卑則業廣知崇效天禮卑法地德崇業廣則上下與天地同流易者天地之用也尊卑有定天地設位六爻上下升降而易行乎其中矣成性者存其所存則天地位天地位則道義出道義者用也故曰一陰一陽之謂道又曰道有變動又曰精義入神以致用夫萬物皆備於我而存其所存者何也

去人欲而天理存也易傳

右第七章

聖人有以見天下之賾而擬諸其形容象其物宜是故謂之象聖人有以見天下之動而觀其會通以行其典禮繫辭焉以斷其吉凶是故謂之爻言天下之至賾而不可惡也言天下之至動而不可亂也擬之而後言議之而後動擬議以成其變化

張子曰凡一言動是非可不可隨之而生所以要慎言動擬之而後言議之而後動不越求是而已易說

伊川程子曰賾深遠也聖人見天下深遠之事而比擬其形容體象其事類故謂之象天下之動无窮也故觀其會通會通綱要也乃以行其典禮典禮法度也物之

則也繫之辭以斷其吉凶者爻也言天下之深遠難知也而理之所有不可厭也言天下之動无窮也而物有其方不可紊也擬度而設其辭商議以察其動擬議以成其變化也變化爻之時義擬議議而言之也舉鳴鶴在陰以下七爻擬議而言者也餘爻皆然也經說

朱子曰會謂理之所聚而不可遺通謂理之可行而无所礙處如庖丁解牛會則其族而通則其虛也本義

龜山楊氏曰或問邵堯夫云誰信畫前元有易自從刪後更无詩畫前有易何以見答曰畫前有易其理甚微然即用孔子之已發明者言之未有畫前蓋可見也如云神農氏之耒耜蓋取諸益日中爲市蓋取諸噬嗑黃帝堯舜之舟楫蓋取諸渙服牛乘馬蓋取諸隨益噬嗑渙隨重卦也當神農黃帝堯舜之時重卦未畫此理眞聖人有以見天下之賾故通變以宜民而易之道得矣然則非畫前元有易乎京師語錄

鳴鶴在陰其子和之我有好爵吾與爾靡之子曰君子居其室出其言善則千里之外應之況其邇者乎居其室出其言不善則千里之外違之況其邇者乎言出乎身加乎民行發乎邇見乎遠言行君子之樞機樞機之發榮辱之主也言行君子之所以動天地也可不慎乎

伊川程子曰有孚於中物无不應誠同故也至誠无遠近幽深之間故繫辭云善則千里之外應之不善則千里之外違之誠通也至誠感通之理知道者爲能識之易傳

同人先號咷而後笑子曰君子之道或出或處或默或語二人同心其利斷金同心之言其臭如蘭

張子曰義理必至於出處語默之不可易如此其同也已同自信又得一人與之同故利可斷金易說

初六藉用白茅无咎子曰苟錯諸地而可矣藉之用茅何咎之有慎之至也夫茅之爲物薄而用可重也慎斯術也

以往其无所失矣勞謙君子有終吉子曰勞而不伐有功而不德厚之至也語以其功下人者也德言盛禮言恭謙也者致恭以存其位者也亢龍有悔子曰貴而无位高而无民賢人在下位而无輔是以動而有悔也不出戶庭无咎子曰亂之所生也則言語以爲階君不密則失臣臣不密則失身幾事不密則害成是以君子愼密而不出也子曰作易者其知盜乎易曰負且乘致寇至負也者小人之事也乘也者君子之器也小人而乘君子之器盜思奪之矣上慢下暴盜思伐之矣慢藏誨盜冶容誨淫易曰負且乘致寇至盜之招也

伊川程子曰茅之爲物雖薄而用可重者以用之能成敬愼之道也愼守斯術而行豈有失乎大過之用也茅雖至薄之物然用之可甚重以之藉薦則爲重愼之道是用之重也人之過於敬愼爲之非難而可以保其安而无過苟能愼斯道推而行之於事其无所失矣有勞而不自矜伐有功而不自以爲德是其德宏厚之至也言以其功勞而自謙以下於人也德言盛禮言恭以其德言之則至盛以其自處之禮言之則至恭此所謂謙也夫謙也者謂致恭以存其位者也存守也致其恭巽以守其位故高而不危滿而不溢是以能終吉也夫君子履謙乃其常行非爲保其位而爲之也而言存其位者蓋能致恭所以能存其位言謙之道如此如言爲善有令名君子豈爲令名而爲善哉亦言有令名者爲善之故也亢龍有悔九居上而不當尊位是以无民无輔動則有悔也不出戶庭无咎繫辭所解獨以言者在人所節惟言與行節於言則行可知言當在先也聖人於繫辭明其致寇之道曰作易者其知盜乎盜者乘釁而至苟无釁隙則盜安能犯負者小人之事乘者君子之器以小人而乘君子之器非其所能安也故盜乘釁而奪之小人而居君子之位非其所能堪也故滿假而陵

慢其上侵暴其下盜則乘其過惡而伐之矣伐者聲其罪也盜橫暴而至者也貨財而輕慢其藏是教誨乎盜使取之也女子而夭冶其容是教誨淫者使暴之也小人而乘君子之器是招盜使奪之也皆自取之之謂也易傳

廣漢張氏曰風不厚不能負大翼水不厚不能負大舟君子處心不厚則恃勞而傲物耀功而忽人安能以其功而下人乎竊觀地中有山之象夫德之盛而充實如山焉禮之恭而接下如地焉夫內之德盛而外之禮恭所以處上而人不忌處前而人不怨此謙

之所以長保其位也會通

右第八章本義此章言卦爻之用

天一地二天三地四天五地六天七地八天九地十

伊川程子曰自天一至地十合在天數五地數五上簡編失其次也天一生數地六成數纔有上五者便有下五者二五合而成陰陽之功萬物變化鬼神之用也經說

天數五地數五五位相得而各有合天數二十有五地數三十凡天地之數五十有五此所以成變化而行鬼神也

張子曰五位相得而各有合一二相間是相得也各有合以對相合也如一六二七三八四九各有合神也位相得化也成變化行鬼神成行陰陽之氣而已矣易說

伊川程子曰有理則有氣有氣則有數行鬼神者數也

數氣之用也大衍之數五十數始於一備於五小衍之而成十大衍之則爲五十五十數之成也成則不動故損一以爲用天地之數五十有五成變化而行鬼神者也變化言功鬼神言用經說

廣漢張氏曰一三五七九者此天數二十有五也二四六八十者此地數三十也合天地之數乃見五行其五位相得而各有合也蓋天一生水其性陽而地六之陰以成之地二生火其性陰而天七之陽以成之天三生木其性陽而地八之陰以成之地四生金其性陰而天九之陽以成之天五生土其性陽而地

十之陰以成之此一與六共宗二與七共朋三與八爲友四與九同道五與十相守故曰五位相得而各有合天數二十有五合地數三十此天地自然之數五十有五也夫天地自然之數盈虛消息往來不停變化雖妙而數有以成之若月令所謂鳩化爲鷹雀化爲蛤柎木乃茂草木黄落可以歷數推而迎之者此天地之數有以成其變化也鬼神雖幽而數有以行之若其神勾芒其神祝融其神蓐收其神元冥各司其時各治其職者此天地之數有以行鬼神也易說

大衍之數五十其用四十有九分而爲二以象兩掛一以象三揲之以四以象四時歸奇於扐以象閏五歲再閏故再扐而後掛

朱子曰大衍之數五十蓋以河圖中宮天五乘地十而得之至用以筮則又止用四十有九蓋皆出于理勢之自然而非人之知力所能損益也兩謂天地也掛懸其一于左手小指之間也三三才也揲間而數之也奇所揲四數之餘也扐勒于左手中三指之兩間也閏積月之餘日而成月者也五歲之間再積日而再成月故五歲之中凡有再閏然後別起積分如一掛之後左右各一揲而一扐故五者之中凡有再扐然後別起一掛也本義

廣漢張氏曰大衍之數五十其用止于四十有九者非不用一也方其初也而一已在其中矣其道生于一立于兩成于三揲蓍之法虛一爲无用之用所以象道之用四十九數會而總之所以象道之未判分之于左右手離之以爲二所以象兩者不止于兩儀也凡所謂兩者无所不象也掛一于指所以象三者不止于三才也凡所謂三者无所不象也揲之以四分蓍而揲之皆以四四爲數者所以象四時也歸奇于扐歸其四之餘蓍合于掛者所以象閏五歲再閏

故再扐而後掛再扐再歸奇也兩也三也四時也閏月也皆自然之數也五歲再閏者天有三百六十五度四分度之一日行遲一歲一周天以全數言之則一年行三百六十度餘有六度一歲之間所剩六度又有六小月是十二日也三年之中凡三十六日故閏一月又剩六日五年之中積二十四日加此六日故五歲再閏揲蓍之法歸此三之奇數共成一扐與閏同也揲蓍法者用蓍草四十九分爲左右手左小指内掛一莖先以左手内四莖數之留其餘如未遇四即留之復以右手内四莖數之又以其餘并左右

手餘作一處仍以小指內所掛一莖湊之如此則第一揲若非五即九也留下第一揲所餘者只將餘蓍依前揲復分左右手亦以所掛一莖湊之第二揲不四即八也第三揲亦如前其數亦不四即八也每爻三變然後成一爻第一揲不五即九第二揲不四即八第三揲亦不四即八此所謂十有八變而成卦也若三者俱多爲老陰謂初得九次二次三俱得八是也（此得純坤二拆）若三者俱少爲老陽謂初得五次二次三俱得四是也（此得純乾一單）兩少一多爲少陰初與二三之間或得四或得五而有八也或二揲得四一揲得五

皆爲兩少一多也（此得巽離兌）兩多一少爲少陽初與二三之間或得九或得八而有四也或二揲得四一揲得五皆兩多一少也（此得震坎艮）善揲者看左手即知右手第一揲左手餘一即知五也左手餘二亦知五也左手餘三亦知五也左手餘四亦知九也第二揲左手餘一即知四也餘二亦知四也餘三即知八也餘四亦知八也此觀天數乃知地數每以兩手揲其餘各以其所掛湊（易說）

乾之策二百一十有六坤之策百四十有四凡三百有六十當期之日二篇之策萬有一千五百二十當萬物之數也

朱子曰二篇謂上下經凡陽爻百九十二得六千九百一十二策陰爻百九十二得四千六百八策合之得此數（本義）

漢上朱氏曰自此以下再論揲之四以象四時歸奇合耦之數得五與四四則策數三十六四九也是爲乾之策乾之策老陽也得九與八八則策數二十四四六也是爲坤之策坤之策老陰也得五與八八得九與四八策數皆二十八四七也是爲震坎艮之策少陽也得九與四四得五與四八策數皆三十二四

八也是爲巽離兌之策少陰也三十六合二十四六十也二十八合三十二亦六十也乾之策六爻二百一十有六坤之策六爻一百四十有四乾坤之策凡三百有六十當期之日具四時也震坎艮之策六爻一百六十有八巽離兌之策六爻一百九十有二震坎艮巽離兌之策凡三百有六十亦當期之日舉乾坤則六卦舉矣（易傳）

是故四營而成易十有八變而成卦八卦而小成引而伸之觸類而長之天下之能事畢矣

廣漢張氏曰分而爲二掛一以象三揲之以四歸奇

于扐凡四營然後成一爻每爻三揲則十八變以成其卦也自此引而伸之則八卦之象可以窺天地之數自此觸類而長之則一卦可成六十四卦也易說

白雲郭氏曰四營謂分而爲二掛一以象三揲之以四歸奇於扐其營有四也四營而後有爻爻而後有卦故云成易也一掛再扐其爲三變而成一爻六爻則十有八變矣自八卦小成引而伸之觸類而長之重爲六十四卦合三百八十四爻爲策萬有一千五百二十則天地之間无不備矣乾坤策數之後復繼以四營成易之道者以明易之作始于數也易說

顯道神德行是故可與酬酢可與祐神矣

張子曰示人吉凶其道顯陰陽不測其德神顯故可與酬酢神故可與祐神受命如嚮故可與酬酢知來藏往故可與祐神易說

伊川程子曰顯明於道而見其功用之神故可與應對萬變可贊祐於神道矣謂合德也人惟順理以成功乃贊天地之化育也易說

廣漢張氏曰道之奧妙其原本於天也然道自此而顯德行之塵迹其原本於人也然德行自此而神其麤可以出同民患故可與酬酢其精可以贊化育故可與祐神易說

白雲郭氏曰道至難顯德行難神使道之顯猶易簡而天下之理得是也蓋由易之有書也使德行之神猶聖人之崇德是也亦由易之有書也唯顯道神德行故可與酬酢而應天下之變可與祐神而贊天地之化育也上言四營成易以至天下之能事畢矣皆謂易之成書天下萬事无不備故此言聖人因其書用其道以顯道神德行酬酢祐神也由是知易之爲書始於數而終於聖人之用明矣易說

子曰知變化之道者其知神之所爲乎

邵子曰神无方而易无體滯於一方則不能變化非神也有定體則不能變通非易也易雖有體體者象也假象以見體而本无體也　又曰神无所在无所不在至人與他心通者以其本於一也道與一神之强名也以神爲神者至言也皇極觀物外篇

廣平游氏曰春作夏長秋斂冬藏皆神之所爲也神之所爲異於人爲者以其從道而已此四時所以不忒也易說　變者革汚以爲清革暴以爲良然猶有迹也化則其迹滅矣日用飲食而已至於化則神之所爲也中庸解

廣漢張氏曰大而天地散而萬物舉皆囿於造化之道而爲其推遷者也變者自无而出有化者自有而歸无日月之往來寒暑之迭運雷霆之震驚風雨之散潤以至山岳之鼎峙江河之流注草木之榮枯蟲魚之出沒无非變化之道有以爲之樞機然變者不能以自變有神以變之化者不能以自化有神以化之故知變化之道者其知神之所爲乎易說

右第九章本義此章言天地大衍之數揲蓍求卦之法

易有聖人之道四焉以言者尚其辭以動者尚其變以制器者尚其象以卜筮者尚其占

張子曰辭變象占皆聖人之所務也易道具焉尚辭則言无所苟尚變則動必精義尚象則法必致用尚占則謀必知來四者非知神之所爲孰能與於此人言命字極難辭之盡理而无害者須出於精義易有聖人之道四曰以言者尚其辭必至於聖人然後其言乃能无敝蓋由精義所自出也故辭不可以不修易傳

伊川程子曰言所以述理以言者尚其辭謂於言求理者則存意於辭也以動者尚其變動則變也順變而動乃合道也制器作事當體乎象卜筮吉凶當考乎占經說

吉凶消長之理進退存亡之道備於辭推辭考卦可以知變象與占在其中矣易傳序

廣漢張氏曰易者无形之聖人而聖人者有形之易故易乃聖人之道而聖人者乃盡易之道者也故指易以爲聖人可也指聖人以論易亦可也故曰易有聖人之道四焉故指其所之者易之辭也以言者尚之則言无不當矣化而裁之者易之變也以動者尚之則動无不時矣象其物宜者易之象也制器者象之則可以盡制物之智極數知來者易之占也卜筮

者尚之則可以窮先知之神人能言以尚其辭動以尚其變制器以尚其象卜筮以尚其占則人皆可以爲舜塗人可以爲禹此無他以其得聖人之道故也 易說

是以君子將有爲也將有行也問焉而以言其受命也如嚮无有遠近幽深遂知來物非天下之至精其孰能與於此

張子曰有不知則有知无不知則无知是以鄙夫有問仲尼叩兩端而空空易无思无爲受命乃如嚮无有遠近幽深遂知來物非天下之至精孰能與於此言易之

爲書也至精者謂聖人窮理極盡精微處也 易說

參伍以變錯綜其數通其變遂成天地之文極其數遂定天下之象非天下之至變其孰能與於此

廣漢張氏曰三五天地參而伍之義也一與六共宗二與七共朋三與八成友四與九同道五與十相守此參天地之數而成其行伍所以爲變也以天之一而錯於地而生水以地之二而錯於天而生火以至天三錯地而生木地四錯天而生金凡此者謂之錯其數老陽之數綜於九老陰之數綜於六以至少陽之數綜於七少陰之數綜於八凡此者謂之綜其數

也人能參伍天地之數以通其變則水火金木經緯於天地之間以成天地之文者能成之而使之无虧矣人能錯綜天地之數以極其數則老陽老陰少陽少陰見天地之賾以定天下之象者能定之而无疑矣自非盡易之至變其孰能與於此 易說

易无思也无爲也寂然不動感而遂通天下之故非天下之至神其孰能與於此

周子曰寂然不動者誠也感而遂通者神也動而未形有无之間者幾也誠精故明神應故妙幾微故幽誠神幾曰聖人 通書

明道程子曰寂然不動感而遂通者天理具備元无少欠不爲堯存不爲桀亡父子君臣常理不易何曾動來因不動故言寂然雖不動感便通感非自外也 呂與叔東見錄

伊川程子曰喜怒哀樂之未發謂之中中也者言寂然不動者也故曰天下之大本發而皆中節謂之和和也者言感而遂通者也故曰天下之達道 暢潛道錄 寂然不動感而遂通此只言人分上事若論道則萬理皆具更不說感與未感 入關語錄

朱子曰此四者易之體所以立而用所以行者也易指著卦无思无爲言其无心也寂然者感之體感通者寂之

用人心之妙其動靜亦如此本義

廣平游氏曰不勉而中无爲也不思而得无思也孟解

三月不違仁者其心猶有所操也至於中心安仁則縱目之所視更无亂色縱耳之所聽更无姦聲无思也无爲也寂然不動感而遂通天下之故則發育萬物彌綸天地而何克已復禮三月不違之足言哉語解

廣漢張氏曰夫至精猶有所思也惟易則本无所思至變猶有所爲也惟易則本无所爲无思无爲如鑑也然形至則應如谷也然聲至則應无思无爲寂然

不動感而遂通天下之故所以極天下之至神也易說

漢上朱氏曰夫有行始於有爲有爲始於有思有思有爲者人也无思无爲者天也誰能有思有爲而无於人之累乎其唯易而已易有思也本於无思有爲也本於无爲合五十有五之數歸於太極寂然无聲其一不動萬化冥會乎其中有物感之散爲六七八九之變而天下之所以然者无乎不通所謂遠近幽深遂知來物乃其一也精者精此者也變者變此者也神之又神謂之至神易傳

夫易聖人之所以極深而研幾也唯深也故能通天下之志唯幾也故能成天下之務唯神也故不疾而速不行而至子曰易有聖人之道四焉者此之謂也

張子曰易非天下之至精則辭不足待天下之問非深不足通天下之志非通變極數則文不足以成物象不足以制器幾不足以成務非周知兼體則其神不能通天下之故故不疾而速不行而至也易說

朱子曰研猶審也幾微也所以極深者至精也所以研幾者至變也所以通志而成務者神之所爲也本義　深就心上說幾就事上說幾雖是微畢竟有件事深在心甚元與幾在事半微半顯通天下之志猶言開物故其

下對成務語錄　變化之道莫非神之所爲也故知變化之道則知神之所爲矣易有聖人之道四焉所謂變化之道也觀變玩占可以見其精之至矣觀象玩辭可以見其變之至矣然非有寂然感通之神則亦何以爲精爲變而成變化之道哉此變化之道所以爲神之所爲也所以極深者以其幾也所以研幾者以其變也極深研幾所以不疾而速不行而至者以其神也此又發明上文之意復以易有聖人之道四焉者結之也易精變神說

廣漢張氏曰深者理之奧能極深則天下之志果有不通者乎幾者事之微能研幾則天下之務果有不

成者乎然深之所以通天下之志者以其窮理之奧而天下之好惡取舍從違去就揆之以理莫不一以貫之而无所遺也幾之所以成天下之務者以其察事之微而天下之得失利害成敗存亡圖之於微莫不預爲之計而無所廢也然深也有待於極不極則不能造其至幾也有待於研不研則不能窮其精故通天下之志成天下之務可以指其方隅而言之也至於神則不疾而速初未嘗疾而速也感而遂通者乎不行而至初未嘗行而至也寂然不動者乎易說

白雲郭氏曰前言聖人之道四四者本於事由人而

言之也繼以至精至變至神三者易之道由易而言之也又繼以唯深唯幾唯神言雖聖人猶極深研幾如此也復以聖人之道四焉終之者蓋易之道其精變神如此聖人用易極深研幾又如此則天下後世於言動制器卜筮之間豈可任其私智以他求哉必當尚易之辭變象占也此衆人當尚之事而曰聖人之道者以言聖人猶尚此道也聖人尚此者以易爲至精至變至神天下无以加焉故也此之謂者猶言謂是故也易說

右第十章本義此章承上章之意言易之用有此四者

子曰夫易何爲者也夫易開物成務冒天下之道如斯而已者也

張子曰開物成務物凡物也務事也開明之也成處之也事无大小不能明何由能處雖至麄至小之事亦莫非開物成務譬如不深耕易耨則稼穡烏得而立唯深也故能通天下之志唯幾也故能成天下之務是則開物成務者必也有濟時之才易說

朱子曰易之爲書大抵皆因卜筮以設教逐爻開示吉凶包括无遺如將天下許多道理包藏在其中故曰冒天下之道如利用爲大作一爻象只曰下不厚事也自

此推之則凡居下者不當厚事如子之於父臣之於君僚屬之於官長皆不可以踰分越職縱可爲亦須是盡善方能无過所以有元吉无咎之戒繫辭自大衍數以下皆是說卜筮事由卜筮而推則上通鬼神下通事物精及於无形粗及於有象如包罩在此隨取隨得居則觀其象而玩其辭動則觀其變而玩其占者又不待卜而後見只是體察便自見吉凶之理聖人作易无不示戒乾卦纔說元亨便說利貞坤卦纔說元亨便說利牝馬之貞大畜乾陽在下爲艮所畜三得上應又畜極必通故曰良馬逐可謂通快矣然必艱難貞正又且曰閑

興衛然後利有攸往設若恃良馬之壯而忘艱貞之戒則必不利矣乾之九三君子終日乾乾固是好事然必曰夕惕若厲然後无咎也凡讀易而能句句體驗毋存兢慄戒謹之意則於己爲有益不然亦空言爾語錄

廣漢張氏曰此堯帝之命羲和歷象日月星辰推此以敬授人時者也武王之訪箕子以陳洪範以立九疇演此以相協民居者也萬物所聽者命命此而已萬物所由者道道此而已而易果何爲哉未嘗贅虧於其間也未嘗損益於其間也易之開物則因其數之自生者從而與之開也如出乎震相見乎離說言

乎兌勞乎坎俾之流通而无所壅遏者歟易之成務則因其數之自成者從而與之成也如制禮於履作樂於豫明政於賁設教於臨俾之就緒而无所墜廢者歟夫開物則物咸得其性成務則物咸有成功凡道之在範圍之中者莫不冒之而无所遺此易所以用數而不役於數者歟易說

是故聖人以通天下之志以定天下之業以斷天下之疑

張子曰能通天下之志者爲能感人心易說

白雲郭氏曰孔子言易道於上必繼以聖人用易於下以見聖人无適而非易也此章先言開物成務冒

天下之道繼之以通天下之志本乎易之開物也以定天下之業本乎易之成務也以斷天下之疑本乎易之冒天下之道也故聖人有爲有行未嘗不本於易易說

是故蓍之德圓而神卦之德方以知六爻之義易以貢

張子曰圓神故能通天下之志方知故能定天下之業爻貢所以斷天下之疑易書成三者備民患明聖人得以洗濯其心而退藏於密矣易說

朱子曰圓神謂變化无方方知謂事有定理易以貢謂變易以告人本義

廣漢張氏曰生蓍立卦而著其六爻之義者是乃示天下後世以天地之數者也故蓍之四十九其分其掛其揲以四歸奇於扐運量無窮者此圓而神也卦之六十四或奇或偶有小大之異別陰陽之殊致吉凶已定者此方以知也至於六爻或征而吉則以動而有功者貢於人也或征而凶則以動而有咎者貢於人也其得失存亡憂虞悔吝雜然貢於人而均獲其利者此六爻之義交易而貢於人也易說

聖人以此洗心退藏於密吉凶與民同患神以知來知以藏往其孰能與於此哉古之聰明叡智神武而不殺者夫

張子曰吉凶可以正勝非聖人之患也開物於幾先故曰知來明憂患而弭其故故曰藏往神武不殺神知之大者使知懼而不犯神武者也易說

朱子曰聖人體具三者之德而无一塵之累无事則其心寂然人莫能窺有事則神知之用隨感而應所謂无卜筮而知吉凶也神武不殺得其理而不假其物之謂本義　以此洗心者心中渾然此理別無他物退藏於密只是未見於用所謂寂然不動也下文說神以知來便是以蓍之德知來知以藏往便是以卦之德藏往洗心退藏言體知來藏往言用然亦只言體用具矣而未及使出來處到下文是興神物以前民用方發揮許多道理以盡見於用也語錄　又曰此言聖人所以作易之本也蓍動卦靜而爻之變易无窮未畫之前此理已具於聖人之心矣然物之未感則寂然不動而无朕兆之可名及其出而應物則憂以天下而所謂圓神方智者各見於功用之實矣聰明叡智神武不殺言其體用之妙也答王子合書

子明關氏曰接物者言接之而已非同之也洗心言洗濯其接物之心无所濆汙

蒙齋李氏曰聖人以此洗心退藏于密者言聖人以

讀易集說　繫辭上傳十一章　四

易之道洗滌其心而歸于无思无慮也密是用之源夫聖人用易隨用隨取隨取隨足果何思何慮哉酬酢萬變在易不在心也心苟留物則焉能應天下萬事之變乎故曰寂然不動感而遂通天下之故雖然聖人憂患天下後世不知易之道而取凶咎也故作以示天下使人讀之危者平易者傾其要无咎而已是吉凶與民同患也聖人之心同乎天聖人之憂同乎人開物于幾先故曰知來履霜堅冰之謂也明憂患而彌其故故曰藏往无平不陂无往不復艱貞无咎勿恤其孚之謂也其孰能與于此哉古之聰明叡知之君神武不殺而天下治者蓋得洗心退藏之道也聰明謂耳目無所蔽叡知謂思慮無所惑威武不殺而人自服故曰神武聖人以易洗心者恐塵滓或未盡去而不與天地相似也學易記

是以明於天之道而察於民之故是興神物以前民用聖人以此齊戒以神明其德夫

張子曰言天之變遷禍福之道由民之逆順取舍之故故作易以先之民患除憂疑亡用利身安故可退藏於密窮神知化以崇高其德也自此而下又歷言其德之出而異名也易說

讀易集說　繫辭上傳十一章　五

朱子曰神物謂蓍龜湛然純一之謂齋肅然警惕之謂戒明天道故知神物之可興察民故故知其用之不可不有以開其先是以作爲卜筮以教人而於此焉齋戒以考其占使其心神明不測如鬼神之能知來也本義

洗心聖人觀象玩辭理與心會也齋戒聖人觀變玩占臨事而敬也答何叔京書

是故闔戶謂之坤闢戶謂之乾一闔一闢謂之變往來不窮謂之通見乃謂之象形乃謂之器制而用之謂之法利用出入民咸用之謂之神

張子曰闔戶靜密也闢戶動達也形開而目覩耳聞受

於陽也一動一靜是道之常專於動靜則偏也一闔一闢謂之變人之有息蓋剛柔相摩乾坤闔闢之象也因其變而裁制之以教天下聖人之法也用之不窮莫知其鄉故名之曰神易說

伊川程子曰眞元之氣氣之所由生不與外氣相雜但以外氣涵養而已若魚在水魚之性命非是水爲之但必以水涵養魚乃得生耳人居天地氣中與魚在水无異至於飲食之養皆是外氣涵養之道出入之息者外氣涵養而已所出之息非所入之氣但眞元自能生氣所入之氣只當闔時隨之而入非假此氣以助眞元也

入關語錄

朱子曰闔闢動靜之機也先言坤者由靜而動也乾坤變通者化育之功也見象形器者生物之序也法者聖人修道之所爲而神者百姓自然之日用也本義

廣漢張氏曰夫自太極既判兩儀肇焉故闔戶之坤所以包括萬物而得陰也闢戶之乾所以敷生萬物而得陽也即乾坤之一闔一闢所以謂之變即乾坤之往來不窮所以謂之通夫乾坤者生成萬物之體也變化者乃乾坤生化萬物之用也其覆載範圍之中可得而見者謂之象也可指其形者謂之器也有

聖人制而用之所以謂之法也利用出入民咸用之而不可測者謂之神也易說

白雲郭氏曰繫辭論變通最爲易之要道而人多略之變通者易之道也用易之道也故孔子於繫辭三致意焉蓋其義微而難知也因其微而難知故以闔戶闢戶言之蓋聖人舉近人而易曉者莫若戶之爲用也固非乾坤之道止於闔戶闢戶而已也因闔戶闢戶以明變通則又并及象器法神而言者以見乾坤變通以至制法盡神之妙舉一戶之義足以兼明之則聖人所以探賾索隱鉤深致遠者如是其至也

然一戸至末也猶必盡此道而後可用於天下後世則聖人所以治天下者其可不盡變通之道乎故易曰神農氏沒黄帝堯舜氏作通其變使民不倦神而化之使民宜之易窮則變變則通通則久是以自天祐之吉无不利然則變通之道是乃黄帝堯舜氏得之以治天下者也可不務乎且坤陰物也故有闔戸之象乾陽物也故有闢戸之象既能闔復能闢是所謂變也朝闢之暮闔之日復一日往來闔闢不窮是所謂通也通也者通其變也至於其戸之可見則曰象也其有形則曰器也制而用此者則曰法也利於

出入之用而天下之民无不用之者又其所以爲神也如是則一戸之設豈苟徒哉故治天下之道无它焉如制一戸之法使之變通可久斯得之矣雖黄帝堯舜之治不過於此易說

漢上朱氏曰坤自夏至以一陰右行萬物從之而入故曰闔戸謂之坤乾自冬至以一陽左行萬物從之而出故曰闢戸謂之乾坤闔則陽變而陰乾闢則陰變而陽故一闔一闢謂之變闔者往也闢者來也一闔一闢往來相感其機有不得息者故往來不窮謂之通氣聚而有見故謂之象象成而有形故謂之器

利用此道以動靜出入而蚩蚩之民咸日用之莫知其然故謂之神七者同出而異名其變化之道神之所爲乎知闔闢變通者明於天之道知利用出入民咸用之者察於民之故乾天坤地而曰明於天之道者乾兼坤也闔闢以一歲言之寒暑也以一日言之晝夜也以一身言之出入之息死生之變也无闔則无闢无靜則无動此歸藏所以先坤歟易傳

是故易有太極是生兩儀兩儀生四象四象生八卦八卦定吉凶吉凶生大業

周子曰无極而太極太極動而生陽動極而靜靜而生

陰靜極復動一動一靜互爲其根分陰分陽兩儀立焉陽變陰合而生水火木金土五氣順布四時行焉五行一陰陽也陰陽一太極也太極本无極也五行之生也各一其性无極之眞二五之精妙合而凝乾道成男坤道成女二氣交感化生萬物萬物生生而變化无窮焉惟人也得其秀而最靈形既生矣神發知矣五性感動而善惡分萬事出矣聖人定之以中正仁義而主靜立人極焉故聖人與天地合其德日月合其明四時合其序鬼神合其吉凶君子修之吉小人悖之凶故曰立天之道曰陰與陽立地之道曰柔與剛立人之道曰仁與

義大哉易也斯其至矣太極圖說

張子曰四象卽乾之四德四時之象故下文云變通莫大乎四時盡吉凶之理則能盡天人之助而成位乎其中矣故下云崇高莫大乎富貴有吉凶利害然後人謀作大業生若无施不宜則何業之有易說

朱子曰一每生二自然之理也易者陰陽之變太極者其理也兩儀者始爲一畫以分陰陽四象者次爲二畫以分太少八卦者次爲三畫而三才之象始備此數言者實聖人作易自然之次第有不假絲毫智力而成者畫卦揲蓍其序皆然本義

此一節乃孔子所以發明伏羲畫卦自然之形體次第最爲切要古今說者惟康節明道兩先生爲能知之故康節之言曰一分爲二二分爲四四分爲八八分爲十六十六分爲三十二三十二分爲六十四猶根之有榦榦之有枝愈大則愈小愈細則愈繁而明道先生以爲加一倍法其發明孔子之言又可謂最切要矣蓋以河圖洛書論之太極者虛其中之象也兩儀者陰陽奇耦之象也四象者河圖之一合六二合七三合八四合九洛書之一含九二含八三含七四含六也八卦者河圖四正四隅之位洛書四實四虛之數也以卦畫言之太極者象數未形之全體也兩儀者⚊爲陽而⚋爲陰陽數一而陰數二也四象者陽之上生一陽則爲⚌而謂之太陽生一陰則爲⚍而謂之少陰陰之上生一陽則爲⚎而謂之少陽生一陰則爲⚏而謂之太陰也四象既立則太陽居一而含九少陰居二而含八少陽居三而含七太陰居四而含六此六七八九之數所由定也八卦者太陽之上生一陽則爲☰而名乾生一陰則爲☱而名兌少陰之上生一陽則爲☲而名離生一陰則爲☳而名震少陽之上生一陽則爲☴而名巽生一陰則爲☵而名坎太陰之上生一陽則爲☶而名艮生一陰則爲☷而名坤康節先天

之說所謂乾一兌二離三震四巽五坎六艮七坤八者蓋謂此也至於八卦之上又各生一陰一陽則爲四畫者十有六經雖无文而康節所謂八分爲十六者此也四畫之上又各有一陰一陽則爲五畫者三十有二經雖无文而康節所謂十六分爲三十二者此也五畫之上又各生一陰一陽則爲六畫之卦六十有四而八卦相重又各得乾一兌二離三震四巽五坎六艮七坤八之次其在圖可見矣今旣以七八九六爲四象又以揲之以四爲四象疑或有未安也河圖洛書愚竊以大傳之文詳之河圖洛書蓋皆聖人所取以爲八卦者而九

疇亦并出焉今以其象觀之則虛其中者所以爲易也實其中者所以爲洪範也其所以爲易者已見於前矣所以爲洪範則河圖九疇之象洛書五行之數有不可誣者不得以其出于緯書而畧之也與郭沖晦書

廣漢張氏曰易有太極者函三爲一此中也如立天之道曰陰與陽而太極乃陰陽之中者乎立地之道曰柔與剛而太極乃剛柔之中者乎立人之道曰仁與義而太極乃仁義之中者乎此太極函三爲一乃皇極之中道也是以聖人作易所謂六爻者乃三極之道故三才皆得其中是乃順性命之理也爰自太

極既判乃生兩儀者在天爲陰陽在地爲柔剛在人爲仁義雖曰陰陽不可指爲陰陽雖曰柔剛不可指爲柔剛雖曰仁義不可指爲仁義乃儀則具存而有對待者也夫有兩儀則一與六共宗二與七共朋三與八同道四與九相友有一而六具有二而七存有三而八著有四而九生此七九八六乃易之四象天一之水得六而居北於卦爲坎地二之火得七而居南於卦爲離天三之木得八而居東於卦爲震地四之金得九而居西於卦爲兌是以坎之數六去三而餘三此三畫之乾所以生於西北離之數七去三而餘四此四畫之巽所以生於東南兌之數九去三而餘六此六畫之坤所以生於西南震之數八去三而餘五此五畫之艮所以生於東北乃四象生八卦也及夫八卦既具則乾之策乃四九三十六策坤之策乃四六二十四策震坎艮之策乃四七之策也巽離兌之策乃四八之策也道之妙也由是而顯德之粗也由是而神可與祐神可與酬酢則吉凶豈有不定者乎吉凶既定則知其利之可興害之可除伏羲之與網罟神農之制耒耜黃帝堯舜之垂衣裳與夫帝之所興王之所成所以舉而措之天下之民者无非

本於此也易說

是故法象莫大乎天地變通莫大乎四時縣象著明莫大乎日月崇高莫大乎富貴備物致用立成器以爲天下利莫大乎聖人探賾索隱鉤深致遠以定天下之吉凶成天下之亹亹者莫大乎蓍龜

朱子曰易占不用龜而每言蓍龜皆具此理也筮卽蓍也筮短龜長不如從長者謂龜有鑽灼之易而筮有扐揲之煩龜之卦一灼便成亦有自然之意洪範所謂卜五占用二者卜五卽龜用二卽蓍曰雨曰霽曰蒙曰驛曰克卽是五行雨卽水霽卽火蒙卽土驛卽木克是金

曰貞曰悔卽是內外卦也（語錄）

廣漢張氏曰夫易有太極而降以生兩儀兩儀生四象四象生八卦八卦定吉凶吉凶生大業此易之興乎世聖人之興乎易易所以垂之天下後世者也雖然物固有法象至於法象之大者莫大乎天地物固有變通至於變通之大者莫大乎四時水火固著明矣然垂象著明惟在天之日月爲莫大也爵齒固崇高矣然崇高之極惟寶位之富貴爲莫大也以至備物致用立成器以爲天下利俾民養生喪死仰事俯育用之不窮者所以莫大於聖人也探賾索隱鉤深

致遠定天下之吉凶俾民避害趨利去危卽安以前民用者所以莫大於蓍龜也（易說）

漢上朱氏曰法象莫大乎天地故定乾坤也變通莫大乎四時故明六爻也縣象著明莫大乎日月故用坎離也積而崇高者富貴也富貴然後可與人共位食祿行道爻之尊位是也故莫大乎富貴備百物致民用立成器如網罟耒耜之類以爲天下利唯聖人能之象言先王大人君子之所以者是也故莫大乎聖人天地鬼神之奧幽賾隱伏深遠而難窮探取之搜索之鉤出之使自至之以定吉凶之未形以成亹亹之不已唯蓍龜能之故莫大乎蓍龜聖人觀天地四時日月又考之蓍龜而作易以通神明之德以類萬物之情處崇高之富貴備物致用立成器建卜筮然則通天下之志定天下之業斷天下之疑非聖人其孰能之是以成位兩間與天地並立故曰大哉人謨合此而能覆冒天下者未之見也（易傳）

是故天生神物聖人則之天地變化聖人效之天垂象見吉凶聖人象之河出圖洛出書聖人則之

朱子曰河圖與易之天一至地十者合而載天地五十有五之數則固易之所自出也洛書與洪範之初一至

次九者合而具九疇之數則固洪範之所自出也繫辭雖不言伏羲受河圖以作易然所謂仰觀俯察近取遠取安知河圖非其中之一事邪大抵聖人制作所由初非一端然其法象之規模必有最親切處如鴻荒之世天地之間陰陽之氣雖各有象然初未嘗有數也至于河圖之出然後五十有五之數奇偶生成粲然可見此其所以深發聖人之獨智又非泛然氣象之所可得而擬也是以仰觀俯察遠求近取至此而後兩儀四象八卦之陰陽奇偶可得而言雖繫辭所論聖人作易之由者非一而不害其得此而後決也（答袁機仲書）

易有四象所以示也繫辭焉所以告也定之以吉凶所以斷也

朱子曰四象謂陰陽老少示謂示人以所値之卦爻本義

右第十一章本義此章專言卜筮

讀易集說 繫辭上傳 十一章 十六

易曰自天祐之吉无不利子曰祐者助也天之所助者順也人之所助者信也履信思乎順又以尚賢也是以自天祐之吉无不利也

伊川程子曰履信謂履五五虛中信也思順謂謙退不居尚賢謂志從於五大有之世不可以盈豐而復處盈焉非所宜也六爻之中皆樂據權位惟初上不處其位故初九无咎上九无不利上九在上履信思順故在上而得吉葢自天祐也易傳

廣漢張氏曰在天有理惟順以循其理則天必眷顧而不違在人有心惟信以結其心則人必歸往而來

讀易集說 繫辭上傳 十二章 一

輔大有上九以爲吾之信固足以感乎人矣然賢者人之所望也詎可不以吾之信以信其賢乎我之順固足以格乎天矣然賢者天之所賚也詎可不以吾之順以順其賢乎始焉盡信順之德獲天人之助終焉推信順之德以之而尚賢如此則其謙足以格天其誠足以動天自天祐之吉无不利固其宜也由此觀之則天不妄祐人而人當反求諸己如大有之上九庶幾獲祐而无所愧也易說

子曰書不盡言言不盡意然則聖人之意其不可見乎子曰聖人立象以盡意設卦以盡情僞繫辭焉以盡其言變

而通之以盡利鼓之舞之以盡神
邵子曰象起於形數起於質名起於言意起於用天下之數出於理違於理則入於術世人以數而入術故失於理也有意必有言有言必有象有象必有數數立則象生象生則言著言著則意顯象數則筌蹄也言意則魚兔也得魚兔而謂必由筌蹄可也舍筌蹄而求魚兔則未見其得也（觀物外篇）
漢上朱氏曰言之難論者不能盡形之於書意之難傳者不能盡見之於言然聖人之意終不可見於天下後世乎夫有意斯有名有名斯有象意至賾也聖

人於无形之中建立有象因象而得名因名而得意則言之所不能盡見者盡矣君子小人情僞而已矣情則相應僞則相違聖人陳卦以示之斷之以中正而君子小人見然後著情去僞而其意誠矣繫之卦辭又繫之爻辭以吉凶明告之與卦象相發則書之所不能盡形者盡矣陰極變陽陽極變陰當變而變則通不變則窮窮非道也變而通之則无所不利而道行矣鼓舞者鼓之於此舞之於彼動止應節莫知其然神也（易傳）
乾坤其易之緼邪乾坤成列而易立乎其中矣乾坤毁則无以見易易不可見則乾坤或幾乎息矣
張子曰陰陽剛柔仁義之本立而後知趨時應變乾坤毁則无以見易感而後有通不有兩則无一故聖人以剛柔立本乾坤毁則无以見易乾坤既列則其間六十四卦爻位錯綜以爲變易苟乾坤不列則何以見易易不見則是无乾坤乾坤天地也易造化也聖人之意莫先乎要識造化既識造化然後有理可窮彼惟不識造化以爲幻妄也不見易則何以知天道不知道則何以語性（易說）
朱子曰緼所包蓄者猶衣之著也易之所有陰陽而已

凡陽皆乾凡陰皆坤畫卦定位則二者成列而易之體立矣乾坤毁謂卦畫不立乾坤息謂變化不行（本義）
廣漢張氏曰乾坤其易之門邪言易出入於乾坤也乾坤其易之緼邪言易合蓄於乾坤也故乾成位乎上坤成位乎下而易立乎其中矣故乾坤者人之四支而易者人之精神也方其手圓足方側首背北則精神有所託而立乎其中矣若夫四支隳廢則精神散而之他而手足亦幾乎息矣夫乾坤初未嘗毁而易亦未嘗不可見也聖人設此辭者欲天下後世求易者當即乾坤以求之歟（易說）

白雲郭氏曰乾坤與易其名雖異其道一也易之道緼於乾坤故易之書成則乾坤成列而易立乎其中如是則乾坤有體而易无體也有體則成毀從之故上言成列下言乾坤毀易以无體託於乾坤故乾坤之卦毀則无以見易易不可見則乾坤之道亦因以息矣此蓋言易之道固不繫於有書无書而无書則易不可見而乾坤之道亦息以明聖人不得不作易之意也易說

是故形而上者謂之道形而下者謂之器化而裁之謂之變推而行之謂之通舉而錯之天下之民謂之事業

張子曰一陰一陽不可以形器拘故謂之道乾坤成列而下皆易之器乾坤交變因約裁其變而別之故謂之變推而行其變盡利而不遺可謂通矣舉盡利之道而錯諸天下之民以行其典禮易之事業也形而上是无形體者也故形以上者謂之道也形而下是有形體者也故形以下者謂之器无形迹者即道也如大德敦化是也有形迹者即器也見於事實如禮義是也易說

廣漢張氏曰道不離形特形而上者也器異於道以形而下者也試以天地論之陰陽者形而上者也至於穹窿磅礴者乃形而下者歟離形以求道則失之恍惚不可爲象此老莊所謂道也非易之所謂道也易之論道器特以一形上下而言之也然道雖非器禮樂刑賞是治天下之道也禮雖非玉帛而禮不可以虛拘樂雖非鐘鼓而樂不可徒作刑本遏惡也必託於甲兵必寓於鞭朴賞本揚善也必表之以旂常必銘之於鐘鼎是故形而上者之道託於器而後行形而下者之器得其道而无弊聖人悟易於心覺易於性在道不泥於无在器不墮於有微妙並觀有无一致故化而裁之者明乎道器窮而能變也推而行之者察乎道器變而能通也舉而措之天下之民以

至於爲網罟爲耒耜作舟車作書契天下後世不可无萬世不可易乃推其道器舉而措之天下而世之人指之爲事業也易說

漢上朱氏曰乾健也坤順也健順者意也謂之乾坤者名也乾奇坤偶者象也象成而著者形也形而上者謂之道變通也形而下者謂之器執方也然則變通者易之道執方者易之器是故語道而至於不可象則名言亡矣變通一也離而言之則二今天地之化一息不留聖人指而裁之則謂之變故晝夜六時寒暑六氣剛柔六位因其化而裁之以著其變之微

故曰化而裁之謂之變晝夜相推爲一日寒暑相推爲一歲剛柔相推爲一卦推之則通故曰推而行之謂之通故曰剛柔相推變在其中矣知此則知變通一也舉此道而措之於天下謂之事業又曰通變之謂事知此則知事業通變一也易傳

是故夫象聖人有以見天下之賾而擬諸其形容象其物宜是故謂之象聖人有以見天下之動而觀其會通以行其典禮繫辭焉以斷其吉凶是故謂之爻極天下之賾者存乎卦鼓天下之動者存乎辭化而裁之存乎變推而行之存乎通神而明之存乎其人默而成之不言而信存乎

德行

周子曰聖人之道入乎耳存乎心蘊之爲德行行之爲事業彼以文辭而已者陋矣通書

張子曰化而裁之存乎變存四時之變則周歲之化可裁存晝夜之變則百刻之化可裁推而行之存乎通推四時而行則能存周歲之通推晝夜而行則能存百刻之通神而明之存乎其人道至有難明處而能明之此則在人也凡言神亦必待形而後著不得形神何以見神而明之存乎其人然則亦須待人而後能明乎神易說

朱子曰卦即象也辭即爻也卦爻所以變通者在人人之所以能神而明之者在德本義

廣平游氏曰非思非慮非視非聽了然遺照而獨存者神而明之之謂也神而明之非有心之所能知也此道之所以明无處无出无從无違確乎其能事者默而成之之謂也性成而成之非有爲之所能得也此道之所以行易說

龜山楊氏曰子貢能言者也而理有言不能喻者故子曰予欲无言以發之易曰默而成之不言而信存乎德行記曰天道至教聖人至德其斯之謂乎語解

白雲郭氏曰象爻卦辭易之書也化而裁之推而行

之神而明之默而成之皆聖人用易也易之道知之則可用故直曰謂之變謂之通易之書擬議而後可用故言存乎變存乎通雖存乎此不思則不得其道觀夫子之辭自繫辭首章以及於此莫不以用易之道終之以是知易之爲書用道之書也然易道廣大以言乎天地之間无不備故聖人修身齊家治國平天下皆可取而用之以成日新之德富有之業又何必焦心勞思任一已之獨智而後可以有爲于天下乎夫是之謂洗心易說

右第十二章

繫辭下傳

八卦成列象在其中矣因而重之爻在其中矣

朱子曰成列謂乾一兌二離三震四巽五坎六艮七坤八之類象謂卦之形體也因而重之謂各因一卦而以八卦次第加之為六十四也爻六爻也既重而後卦有六爻也本義

白雲郭氏曰上篇始於乾坤之成卦繼以易簡賢人之業下篇始於八卦成列繼以乾坤示人簡易其道雖相類然上篇言所未盡者見於下篇是相為終始之道也象非重卦而後有也葢始于八卦成列之初

三奇三偶皆象也爻因重卦而後有六位剛柔是也觀此則知象始于包犧畫卦之時而爻立於文王重卦之後故聖人設卦觀象則易之為書以象為本矣是以成列則有象重之則有爻有剛柔則有變有繫辭則有動也易說

剛柔相推變在其中矣繫辭焉而命之動在其中矣吉凶悔吝者生乎動者也剛柔者立本者也變通者趣時者也吉凶者貞勝者也

張子曰變其勢也動其情也情有邪正故吉凶生變能通之則盡利能正夫一則吉凶可勝而天地不能藏其迹日月不能眩其明辭各指其所之聖人之情也指之以趣時盡利順性命之理臻三極之道也能從之則不陷於凶悔矣所謂變動以利言者也然爻有攻取愛惡本情素動因生吉凶悔吝而不可變者乃所謂吉凶以情遷者也能深存繫辭所命則二者之動見矣又有義命當吉當凶當否當亨者聖人不能避凶趨吉一以貞勝而不顧如大人否亨有隕自天過涉滅頂凶无咎損益龜不克違及其命亂也之類三者異情不可不察易說

廣漢張氏曰六爻之義有奇有耦此剛柔所以立本也至於九六迭居此剛柔變通以趨時者也或以剛

位而居之以柔或以柔位而居之以剛无非趨時以盡變者乎夫變動以利言吉凶以情遷故吉凶所以生乎動也若得貞固之道則寂然不動確乎不拔禍亦不至吉凶无得而動之者此吉凶以貞勝者也聖人以此齋戒以神明其德者乎易說

白雲郭氏曰有象而後可重重而後有爻有爻則有剛柔剛柔推而有變剛柔相推以此易彼迭盛迭衰猶日月相推之義也象爻易見而變為難知故聖人必有繫辭而明其吉凶以命之也因動則生吉凶因吉凶則聖人繫之以辭故繫辭雖本於明吉凶以告

人而君子必觀吉凶而後動是繫辭所以命之故曰動在其中矣剛柔者爻之剛柔也爻有剛柔則可相推相推故變變故自乾坤而成八卦自八卦而爲六十四所以剛柔爲易之本也變通謂剛柔之變通也一剛一柔即變也相推不窮即通也剛柔相推所以明時之異故曰趣時也吉凶者繫辭之所明也君子玩易之辭而知吉凶故以貞勝也貞正也吉凶之道正則勝而常吉匪正則弗勝而常凶如是則吉凶在夫正與不正之間故惟貞可以勝吉凶也上言爻在其中故此復言剛柔立本上言變在其中故此復言

變通趣時上言動在其中故此復言吉凶貞勝皆所以明在上未終之意易說

天地之道貞觀者也日月之道貞明者也天下之動貞夫一者也

張子曰著天地日月以剛柔立其本也其變雖大蓋不能遷夫正者也正明不爲日月所眩正觀不爲天地所遷貞正也本也不眩不惑不倚之謂也天地之道至廣至大貞乃能觀也日月之明貞乃能明也天下之動貞乃能一也蓋言天地之道不眩惑者始能觀之日月之明不眩惑者始能明之天下之動不眩惑者始能見夫一者也所以不眩惑者何正以是本也本立則不爲聞見所轉其見其聞所徹所從來乃不眩惑此蓋謂人以貞而觀天地明日月一天下之動也易說

伊川程子曰天地之道常垂象以示人故曰貞觀日月常明而不息故曰貞明呂與叔東見錄

朱子曰觀示也天下之動其變无窮然順理則吉逆理則凶則其所正而常者亦一理而已本義

龜山楊氏曰貞正也正者静一之性雖天地日月聖人有所不能外天運乎上地處乎下終古不息者以正觀也日顯乎晝月顯乎夜其明不已者以正明也

天下之動紛至沓來皆有以一之者以正幹也經曰貞者事之幹非此之謂歟會通

漢上朱氏曰天地之道有升降然上下之觀不動也故曰天地之道貞觀也日月之道有往來然晝夜之明不動也故曰日月之道貞明也天下之動吉凶之變多矣而君子安其義命一以貞勝吉凶不能動何累之有故曰天下之動貞夫一也一者貞也貞所以一天下之動此彖辭爻辭所以貴夫貞也吉凶以貞勝故能立天下之本趣天下之時易傳

夫乾確然示人易矣夫坤隤然示人簡矣爻也者效此者

也象也者像此者也爻象動乎內吉凶見乎外功業見乎變聖人之情見乎辭

張子曰因爻象之旣動明吉凶於未形故曰爻象動乎內吉凶見乎外隨爻象之變以通其利故功業見也聖人之情存乎教人而已（易說）

朱子曰確然健貌隤然順貌所謂貞觀者也

漢上朱氏曰八卦本乾坤者也夫乾陽至剛確然不易示人爲君爲父爲夫之道不亦易乎夫坤陰至柔隤然而順示人爲子爲臣爲婦之道不亦簡乎乾剛坤柔以立本者也爻也者效乾坤之動者也天道下濟地道上行剛柔相推變通以趣時者也象者像乾坤之象者也爻有變動象亦像之爻象動乎內者有當有否則人事之見於外者有吉有凶人與乾坤一也吉凶之變有術通之凶者反之吉則功業不期於見而見矣觀此則乾坤示人足矣聖人必以彖言乎象爻言乎變繫辭以言吉凶者聖人之情愛人无已也恐其陷於凶咎是以指其所之故考乎其辭則聖人之情見矣（易傳）

天地之大德曰生聖人之大寶曰位何以守位曰仁何以聚人曰財理財正辭禁民爲非曰義

張子曰將陳理財養物於下故先叙天地生物

白雲郭氏曰天地以生物爲德故人以大德歸之聖人得崇高之仁然後成位乎中而贊化育故以位爲大寶也大寶者亦非聖人自以爲寶也天下有生幸聖人之得位以蒙其澤故天下以爲寶也然位唯仁可守不仁則失之故孟子曰惟仁者宜在高位且足以資人之生者皆曰財得其所資則人聚失其所資則人去斯民一日不可以无者也聖人理財非自用也生聚人而已又正其辭以出號令禁民爲非以明法禁此五教五刑之用有義存焉然天地易簡一於生而已聖人法天地亦一於生曰仁曰財曰義皆所以生斯民者也（易說）

右第一章（本義此章言卦爻吉凶造化功業）

古者包犧氏之王天下也仰則觀象於天俯則觀法於地觀鳥獸之文與地之宜近取諸身遠取諸物於是始作八卦以通神明之德以類萬物之情

白雲郭氏曰天地雷風山澤水火者皆法象於天地也動物之屬馬牛雞雉皆鳥獸之文也植物之屬木果竹葦反生果蓏皆地之宜也為首為腹寡髮廣顙心病耳痛取諸身也自身之外皆取諸物也易說

作結繩而為網罟以佃以漁蓋取諸離

伊川程子曰聖人制器不待見卦而後知象以衆人由之而不能知之故因卦以示之耳經說

廣漢張氏曰取諸離者離以一陰而麗乎二陽之間鳥獸之麗於網魚鼈之麗於罟其義其畫皆可得而推者乎易說

白雲郭氏曰自以類萬物之情已上言包犧所以畫八卦自作結繩之下言取諸離之義八卦者道之大全也作之所以明道於萬世也離者道之一也聖人遭時用道以利天下趣時者也聖人不能獨盡天下之時故亦不能盡用天下之道是以明大全之道於方來而其遭時所立不過一二而已故明與不明係乎聖人而用與不用又係乎時焉雖聖人不能必也

包犧之時未有犧牲故作結繩為網罟以佃以漁而已當時之人知為網罟佃漁不知有所取也孔子以易道觀之然後知是道有取於離故曰蓋取諸離離麗也網罟麗道也然包犧始作八卦所謂係乎聖人者也作結繩而為網罟所謂係乎時者也此聖人道與時之辯也易說

包犧氏沒神農氏作斲木為耜揉木為耒耒耨之利以教天下蓋取諸益

廣漢張氏曰耒耜之利所以取諸益者上震為動下巽為入農人所以深耕易耨發土膏而成五穀其致

用在耒耜所以獲其益也易說

白雲郭氏曰包犧有犧牲而未粒食炎帝氏為耒耨之利以教天下故號曰神農然則粒食自神農始也取諸益者益以重巽震二木成卦故有斲木為耜揉木為耒之象而其彖則曰木道乃行粒食木類也耒耨木教也故言取諸益然則益以益下為道又有天施地生其益无方之義耒耨之利是亦益下之道也亦其益无方之道也皆備益之三義易說

日中為市致天下之民聚天下之貨交易而退各得其所蓋取諸噬嗑

廣漢張氏曰：日中爲市，致天下之民，則遠近可以輻輳；交易而退，各得其所，則出入可以相友，必取諸噬嗑者，蓋噬嗑成卦，離上而震下，離明乎上，萬物皆相見，爲市之時也；震動乎下，除物之間，无所不合，交易而退，各得其所也。易說

白雲郭氏曰：古之聖人所以利天下者，非用其私智，皆有取於易，此聖人洗心之道也。爲市以合民，取諸噬嗑者，嗑，合也，凡合之道皆本於噬嗑。此言致天下之民，聚天下之貨，是又合之大者，故曰取諸噬嗑也。方神農時，有八卦而已，文王未重，未有益與噬嗑也，

而此言取諸益、取諸噬嗑者，蓋六十四卦之畫象，雖始於文王，而六十四卦之道未嘗无也。百世之下，獨有孔子能追明其道，若曰耒耜之教雖始於神農，考其所取，蓋益道也；爲市合民亦雖始於神農，考其所取，蓋噬嗑之道也。於是而爲言曰蓋取諸益，蓋取諸噬嗑，以明雖未有易之時，而自古聖人所用之道亦不過六十四者而已。天下之道不能外是，所謂百世聖人而不惑者也。是道固有久矣，文王知而重之爲書，故曰因而重之。由孔子之辭，則知文王之所作者易之書，其非文王之所作者易之道也。以書言之，神農之時未有益與噬嗑也；以道言之，神農之時蓋有益與噬嗑也。先儒惑於二卦，故謂神農重易，誤矣。與隨諸卦皆同。易說

神農氏沒，黃帝、堯、舜氏作，通其變，使民不倦，神而化之，使民宜之。易窮則變，變則通，通則久，是以自天祐之，吉无不利。

廣漢張氏曰：包犧、神農、黃帝、堯、舜皆制器以利天下者也，獨至于黃帝、堯、舜，乃曰通其變，使民不倦，神而化之，使民宜之，何也？蓋伏羲、神農制爲網罟以教之佃漁，耒耜以教之耕耨，爲市以教之交易。夫民知飲

食則嗜欲既滋，民有貨財則貪求愈熾，黃帝、堯、舜不能通其變，則攘奪誕謾之俗生，而乖爭陵犯之變起。此无他，以其飽食煖衣，逸居而无教也。況伏羲、神農至黃帝、堯、舜之時，上下數千百年，无一簡冊之可傳，言語之相授，所謂易窮則變，變則通，通則久者，皆先聖後聖以心相傳故也。故在黃帝、堯、舜之時，不得不通其變也。惟通易之變，則從之者无斁，使民不倦也；惟神而化之，則由之而不失，故使民宜之也。此无他，以伏羲、神農創業於前，知萬世之下必有得易之道，如黃帝、堯、舜者，窮而能變，變而能通，通而能久者也。

故其運量无窮上下與天地同流而无紀極故曰自天祐之吉无不利也易說

黃帝堯舜垂衣裳而天下治葢取諸乾坤

伊川程子曰古之宓羲豈不能垂衣裳必待堯舜然後垂衣裳據如此事只是一箇聖人都做得了然必須數世然後成亦因時而巳入關語錄

廣漢張氏曰夫乾確然示人易矣坤隤然示人簡矣天地以簡易示人而天下之人習矣而不著行矣而不察於易聖人作衣裳以被於身以啟廸天下之民故垂綃爲衣其色元而象道襞幅爲裳其色纁而象事所以法乾坤而易之俾民知有君臣知有父子知有尊卑貴賤之分以至飛潛動植山川鬼神莫不有各安其分者葢取諸乾坤者乎易說

刳木爲舟剡木爲楫舟楫之利以濟不通致遠以利天下葢取諸渙

廣漢張氏曰刳其木而中虛剡其木而上銳舟所以載物而楫所以進舟致遠以利天下而取諸渙者葢渙之成卦上巽而下坎象曰利涉大川乘木有功也而渙者又有散釋之義舟楫之用豈非散釋險難之器乎易說

服牛乘馬引重致遠以利天下葢取諸隨

廣漢張氏曰物之重者人力不能勝故聖人穿牛鼻者所以引其重地之遠者人力不能致故聖人絡馬首者所以致其遠夫牛之角能觸人也聖人因其順而俾之引重夫馬之蹄能踢人也聖人因其健而俾之致遠皆因其性而不逆故動以說而隨其人也故於卦取隨易說

重門擊柝以待暴客葢取諸豫

廣漢張氏曰重門以禦之所以爲宼者不能攻擊柝以警之所以爲盜者不能竊必取於豫者成卦二陰在前其耦也如重門一陽在中其動也如擊柝又有能豫備而能悅懌之象易說

斷木爲杵掘地爲臼臼杵之利萬民以濟葢取諸小過

白雲郭氏曰小過有實中之象而臼杵致實中之利神農氏興耒耜之教臼杵之制不可无也黃帝繼之萬民以濟此皆備物致用立成器以爲天下利者易說

棠齋李氏曰纂圖曰下卦艮爲石爲止上卦震爲木爲動木動於上而石止於下臼杵之象學易記

弦木爲弧剡木爲矢弧矢之利以威天下葢取諸睽

張子曰養道雖至禁網尚疎但懲其乖亂而已易說

白雲郭氏曰睽无弧矢之象而弧矢取諸睽者非謂物乖爭而弧矢足以威之也葢弧矢之用以睽而發也弧矢相睽則發而爲用睽之至則爲用亦至故弧矢二物有至睽之道存焉睽之象曰君子以同而異同而異者其唯弧矢異物而同功乎易說

上古穴居而野處後世聖人易之以宮室上棟下宇以待風雨葢取諸大壯

張子曰剛以承上柔以覆下上其棟下其宇之象棟屋脊檁也宇椽也宇垂而下故言下宇易說

古之葬者厚衣之以薪葬之中野不封不樹喪期无數後

世聖人易之以棺椁葢取諸大過

廣漢張氏曰必取諸大過者大過之成卦二陰周乎四方有棺椁之象君子不以天下儉其親於此而過亦无害也易說

上古結繩而治後世聖人易之以書契百官以治萬民以察葢取諸夬

廣漢張氏曰門柝之制足以防民之侵軼弓矢之利足以威民之不軌此皆小人之過惡顯然易見可得而治也若夫事之情僞是非有无虛實此包藏於内有不可測者是以聖人制爲書契故書以記久而明遠契以結信而止訟百官之務雖煩而以此治萬民之情雖隱而以此察此決去小人无所容縱於其間也故必取諸夬者葢夬者決去小人而君子之道長者乎易說

白雲郭氏曰未結繩之初結繩所以爲治也結繩之後書契所以爲治也結繩書契皆所以防小人之僞非待君子也夬之爲道以剛決柔君子道長小人道憂書契所以取諸夬者亦以決去小人之僞也自離至夬十三卦與本卦之義多不同以見卦之象義皆不可一例窮盡能變而通之則其利亦无窮於天下

矣此之所言亦其一也故曰通其變使民不倦易說

右第二章本義此章言聖人制器尚象之事

是故易者象也象也者像也彖者材也爻也者效天下之
動者也是故吉凶生而悔吝著也
廣漢張氏曰易者象也象也者像此者也謂之彖則
言其象之材而已謂之爻則言其象之變而已至於
吉凶則悔吝著也故悔者有改過之意至於吉則悔
之著也吝者有文過之意至於凶則吝之著也故悔
吝者小疵而吉凶則言乎失得至於吉凶乃悔吝之
彫著而不可掩者也易說
漢上朱氏曰動於人情見於風氣者有是時必有是
象易者象也易之有象擬諸其形容而已猶繪畫之

事雕刻之工一毫損益則不相似矣象之辭又謂之
彖者言乎其材也卦有剛柔材也有是時有是象必
有是材以濟之材與時會斯足以成務矣然天下之
動其微難知有同是一時同處一事所當之位有不
同焉則趨舍進退殊途矣故曰爻者效天下之動也
是以卦同爻異趣時之變不得而同然所歸則若合
符節故自伏羲神農黃帝堯舜凡六萬一千四百有
餘歲而行十三卦而已夫爻動則有吉凶悔吝吉凶
者所以生大業也吉凶生而悔吝著動可不慎乎易傳
右第三章

陽卦多陰陰卦多陽其故何也陽卦奇陰卦耦其德行何
也陽一君而二民君子之道也陰二君而一民小人之道
也
邵子曰乾奇也陽也健也故天下之健莫如天坤耦也
陰也順也故天下之順莫如地所以順天也震起也一
陽起也起動也故天下之動莫如雷坎陷也一陽陷於
二陰陷下也故天下之下莫如水艮止也一陽於是而
止也故天下之止莫如山巽入也一陰入二陽之下故
天下之入莫如風離麗也一陰離於二陽其卦錯然成
文而華麗也天下之麗莫如火故又為附麗之麗兌說

也一陰出於外而說於物故天下之說莫如澤觀物外篇
張子曰一其歸者君子之道多以御者小人之理陽遍
體衆陰衆陰共事一陽理也是故二君共一民一民事
二君上與下皆小人之道也一君而體二民二民而宗
一君上與下皆君子之道也易說
廣漢張氏曰震坎艮皆陽卦也然其畫皆一陽而二
陰巽離兌皆陰卦也然其畫皆一陰而二陽此其所
因者何也三陽之卦皆資乾之一體而成故其數奇
以大而奇者為之主也三陰之卦皆資坤之一體而
成故其數耦以小而耦者為之主也本其所得之德

所行之行而言之則陽一君而二民以大者宜在上也陰二君而一民以小者宜在下也大者在上故能進陽而抑陰長君子而卑小人是以爲君子之道也小者在下則陰進於陽而陽退聽焉小人乘時射利而君子伏焉是以爲小人之道也易說

右第四章

易曰憧憧往來朋從爾思子曰天下何思何慮天下同歸而殊塗一致而百慮天下何思何慮日往則月來月往則日來日月相推而明生焉寒往則暑來暑往則寒來寒暑相推而歲成焉往者屈也來者信也屈信相感而利生焉尺蠖之屈以求信也龍蛇之蟄以存身也精義入神以致用也利用安身以崇德也過此以往未之或知也窮理知化德之盛也

張子曰君子行義以達其道精一於義使不思而得不勉而中如介于石故能見幾而作天下何思何慮明屈信之變斯盡之矣日月相推而明生焉寒暑相推而歲

成焉神易无方體一陰一陽不測皆所謂通乎晝夜之道也屈信相感而利生感以誠也情僞相感而利害生雜之僞也精義入神事豫吾內求利吾外也利用安身素利吾外致養吾內也窮神知化乃養成自然非思勉之能强故崇德而外君子未或致知也咸之九四有應在初思其朋是咸其心也不言心而言心之事不能虛以受人乃憧憧而致其思咸道失矣憧憧往來心之往來也不能虛以接物而有所系著非行其所无事也精義入神豫而已學者求聖人之學以備所行之事惟豫而已撰次豫備乃擇義之精若是則何患乎物至事來

精義入神須從此去豫則事无備備則用利用利則身安凡人應物无節則往往自失故要在利用安身葢以養德也若夫窮神知化則是德之盛故云未之或知葢大則猶可勉而至大而化則必熟化卽達也精義入神以致用謂貫穿天下義理有以待之故可推用窮神是窮盡其神也入神是僅能入於神也言入如自外而入義固有深淺知幾其神精義入神皆豫之至也豫者見事於未萌豫卽神也精義入神利用安身此大人之事大人之事則在思勉力行可以擴而至之未之或知以上事是聖人德盛自致非思勉可得猶大而化之大則

人爲可勉也化則待利用安身以崇德然後德盛仁熟自然而致也故曰窮神知化德之盛也易說

无不容然後盡屈信之道至虛則无所不信矣君子无所爭知幾於屈信之感而已精義入神交信於不爭之地順莫甚焉利莫大焉易簡理得則知幾知幾然後經可正天下達道五其生民之大經乎經正則道前定事豫立不疑其所行利用安身之要莫先焉　至誠天性也不息天命也人能至誠則性盡而神可窮矣不息則命行而化可知矣學求至知化非真得也正蒙

明道程子曰息訓爲生者葢息則生矣一事息則一事生中无間斷碩果不食則便爲復也寒往則暑來暑往則寒來寒暑相推而歲成焉語錄

伊川程子曰天下何思何慮天下同歸而殊途一致而百慮天下何思何慮夫子因咸極論感通之道夫以思慮之私心感物所感狹矣天下之理一也塗雖殊而歸則同慮雖百而其致則一雖物有萬殊事有萬變統之以一則无能違者故貞其意則窮天下无不感通焉故曰天下何思何慮用其思慮之私心豈能无所不感也日往則月來月往則日來日月相推而明生焉寒往則暑來暑往則寒來寒暑相推而歲成焉往者屈也來

者信也屈信相感而利生焉此以往來屈信明感應之理屈則有信信則有屈所謂感應也故日月相推而生明寒暑相推而成歲功用由是而成故曰屈信相感而利生焉感動也有感必有應凡有動皆爲感感則必有應所應復爲感感復有應所以不已也尺蠖之屈以求信也龍蛇之蟄以存身也精義入神以致用也利用安身以崇德也過此已往未之或知也前云屈信之理矣復取物以明之尺蠖之行先屈而後信葢不屈則无信信而後有屈觀尺蠖則知感應之理也龍蛇蟄藏所以存息其身而後能奮迅也不蟄則不能奮迅矣動息相

感乃屈信也君子潛心精微之義入於神妙所以致其用也潛心精微積也致用施也積與施乃屈信也利用安身以崇德也承上文致用而言利其施用安處其身所以崇大其德業也所爲合理則事正而身安聖人能事盡於此矣故云過此以往未之或知也窮神知化德之盛也旣云過此以往未之或知更以此語結之云窮極至神之妙知化育之道德之至盛也无加於此矣易傳

龜山楊氏曰易於咸卦初六言咸其拇六二言咸其腓九三言咸其股九五言咸其脢上六言咸其輔頰舌至於九四一爻由一身觀之則心是也獨不言心

其說以謂有心以感物則其應必狹矣惟无心而待物之感故能无所不應其繇辭曰貞吉悔亡憧憧往來朋從爾思夫思皆緣其類而已不能周也所謂朋從者以類而應故也故孔子繫辭曰天下何思何慮天下同歸而殊塗一致而百慮天下何思何慮夫心猶鏡也居其所而物自以形來則所鑒者廣矣若執鏡隨物以度其形其照幾何或曰思造形之上極過是非思之所能及故唯天下之至神則无思也无思所以體道有思所以應世此爲不知易之義也易所謂无思者以謂无所事乎思云耳故其於天下之故感而通之而已今而曰不可以有思又曰不能无思此何理哉荊州語錄　夫精義入神乃所以致用利用安身乃所以崇德此合內外之道也天下之物理一而分殊知其理一所以爲仁知其分殊所以爲義權其分之輕重无銖分之差則精矣答胡康侯書

白雲郭氏曰自憧憧往來至莫益之十一義皆明聖人所以玩易之辭蓋將致用於天下以終上篇擬議之道也道以用爲大故聖人以中庸爲至者道之用也自一心之正推而及乎天下自一性之盡推而至於盡物皆用也所謂精義入神以致用者此也且以

咸卦論之則憧憧往來朋從爾思言其志意未定也孔子於此雖論何思何慮而極天下往來之理而論之則知爻辭往來二字非徒然也是所謂玩辭也且往來理之常也有往必有來有來必有往理勢之相感然也往而不來來而不往理无是也知往來之說則凡憧憧往來相感无定固有理存不必皆從爾思也惟知同歸殊塗一致百慮則天下何思何慮矣蓋朋從爾思者爾所感也不從爾思者非爾所感其往來自相感也日月寒暑是也有以屈信相感者尺蠖龍蛇是也有以精義相感而致用者聖人是也此雖

殊塗而同歸於感也又何必朋從爾思乎故日月往來則明生寒暑往來則歲成尺蠖之屈知其必信龍蛇之蟄知其必神然則聖人精義入神豈用以寂然而已哉必將致用於天下利用安身豈用以私一已而已哉必將崇德而廣業是皆往來屈信相感而利生出於自然者也夫惟有往來之感故天下之有成者在是焉有屈信之感故天下之致利者在是焉聖人內明屈信以成已故足以利用安身外窮往來以成物故足以窮神知化所以兼日月寒暑之成與夫尺蠖龍蛇之利也然非往則不來非屈則不信非精

義入神則不能致用過此以往皆非聖人致用之道是以聖人未之或知也蓋謂繁而見於事物者也若是則窮神之妙知化之極非聖人盛德孰能與此觀乾之初九潛龍勿用至九五而後飛龍在天此所謂屈信相感精義入神以致用者也易說

五峯胡氏曰夫理不窮則物情不盡物情不盡則擇義不精義不精則用不妙用不妙則不能所居而安居不安則不能樂天不能樂天則不能成其身矣故學必以窮極物理爲先也與張欽夫書

易曰困于石據于蒺藜入于其宮不見其妻凶子曰非所困而困焉名必辱非所據而據焉身必危既辱且危死期將至妻其可得見邪

張子曰此明不能利其用者寡助之至親戚畔之易說

伊川程子曰二陽不可犯也而犯之以取困是非所困而困也名辱其事惡也三在二上固爲據之然苟謙柔以下之則无害矣乃用剛險以乘之則不安而取困如據蒺藜也如是死期將至所安之主可得見乎易傳

廣漢張氏曰困人所不免也要在處之有道困而不失其所亨者乃爲君子困之六三應於上六而上六无情屹然不動有類于石者也下乘於九二然九傷

已有類於蒺藜者也有應於上將以求名今困于石此非所困而困焉名必辱也有依於下將以安身今據于蒺藜此非所據而據焉身必危也夫在困之時名辱身危有死之理此身不行道雖主饋之妻且不可見宜乎凶也易說

易曰公用射隼于高墉之上獲之无不利子曰隼者禽也弓矢者器也射之者人也君子藏器於身待時而動何不利之有動而不括是以出而有獲語成器而動者也

張子曰此明能精義以致用者易說

伊川程子曰鷙害之物在墉上苟无其器與不待時而

發則安得獲之所以解之之道器也事之當解與已解之之道至者時也如是而動故无括結發而无不利矣括結謂阻礙聖人於此發明藏器待時之義也夫行一身至於天下之事苟无其器與不以時而動小則括塞大則喪敗自古喜有爲而无成功或顛覆者皆由是也易傳

廣漢張氏曰解之六三以負殘小人輒居高位有隼居高墉之象而上六韜已成之器乘可爲之時故發強剛毅誅鋤強梗如摧枯拉朽動而不括出而有獲以解其悖戾之心者亦以成器而動故也易說

漢上朱氏曰藏可用之器待可爲之時動无結礙出則有獲惟乘屈信之理而其用利者能之易傳

子曰小人不恥不仁不畏不義不見利不勸不威不懲小懲而大誡此小人之福也易曰屨校滅趾无咎此之謂也

張子曰暗於事變者易說

伊川程子曰人有小過校而滅其趾則當懲懼不敢進於惡矣故得无咎繫辭云小懲而大誡此小人之福也言懲之於小與初故得无咎也易傳

白雲郭氏曰小人非不知天下之所謂善惡亦非不知天下之禍福也蓋昧於善惡幾微之際故積而至於大惡以受天下之大禍者多矣聖人憫其愚而受禍也於是制刑以小懲之懲其小而誡於大則終无大惡大禍之虞是豈非小人之福哉此所以屨校滅趾於初然後終无咎也易說

善不積不足以成名惡不積不足以滅身小人以小善爲无益而弗爲也以小惡爲无傷而弗去也故惡積而不可掩罪大而不可解易曰何校滅耳凶

伊川程子曰人之聾暗不悟積其罪惡以至於極古人制法罪之大者何以校爲其无所聞知積成其惡故以校而滅其耳誡聰之不明也易傳

子曰危者安其位者也亡者保其存者也亂者有其治者也是故君子安而不忘危存而不忘亡治而不忘亂是以身安而國家可保也易曰其亡其亡繫于苞桑

張子曰明君子之見幾易說

伊川程子曰漢王允唐李德裕不知此戒所以致禍敗也易傳

廣漢張氏曰否之九五休天下之否而天下已向於泰通之時也然古之人君在解則必思夙吉在既濟則必思豫防故人皆樂於安也乃安而不忘危人皆知其存也乃存而不忘亡人皆習於治也乃治而不

忘亂如此則身安而國家可保故曰其亡其亡繫于苞桑夫審其亡之戒而繫之苞桑則根本固而不可動搖矣易說

白雲郭氏曰安危存亡治亂蓋相代相生之道是以聖人居安慮危故終无危亡之患易說

漢上朱氏曰夫身者國家之本存亡治亂之所繫身雖安矣猶不可恃也故安其位者危保其存者亡有其治者亂君子兢兢業業不恃其有故身安而國家可保國家保而德崇矣易傳

子曰德薄而位尊知小而謀大力小而任重鮮不及矣易曰鼎折足覆公餗其形渥凶言不勝其任也

張子曰不知利用以安身者易說

伊川程子曰居大臣之位當天下之任而所用非人至於覆敗乃不勝其任可羞愧之甚也其形渥謂赧汗也其凶可知繫辭曰德薄而位尊知小而謀大力小而任重鮮不及矣言不勝其任也蔽於所私德薄知小也易傳

漢上朱氏曰位欲當德謀欲量知任欲稱力三者各當其實則用利而身安小人志在於得而已以人之國僥倖萬一鮮不及禍自古一敗塗地殺身不足以塞其責者本於不知義而已易傳

子曰知幾其神乎君子上交不諂下交不瀆其知幾乎幾者動之微吉之先見者也君子見幾而作不俟終日易曰介于石不終日貞吉介如石焉寧用終日斷可識矣君子知微知彰知柔知剛萬夫之望

明道程子曰先見則吉可知不見故致凶朱公掞聞學拾遺

介于石理素定也理素定故見幾而作何俟終日哉李籲所錄

伊川程子曰夫見事之幾微者其神妙矣乎君子上交不至於諂下交不至於瀆者蓋知幾也不知幾則至於過而不已交於上以恭巽故過則爲諂交於下以和易

故過則爲瀆君子見於幾微故不至於過也所謂幾者始動之微也吉凶之端可先見而未著者也獨言吉者見之於先豈復至有凶也君子明哲見事之幾微故能其介如石其守既堅則不惑而明見幾而動豈俟終日也斷別也其判別可見矣微與彰柔與剛相對者也君子見微則知彰矣見柔則知剛矣知幾如是衆所仰也故贊之曰萬夫之望易傳

廣漢張氏曰豫之六二當天下悅豫之時人皆樂通於物而爲悅也六二乃介然如石當是時也上交於五不爲諂諛也下交於初不爲褻瀆也乃介如石焉

其方寸之地淵靜而物來能名事至能斷寧用終日斷可識矣故在微而能知彰在柔而能知剛宜乎天下萬民望之而爲標準也易說

白雲郭氏曰至誠者大則通於道小則窮於理天下事物未有能逃於此者是以禍福善不善必先知之自君子觀之謂之知幾自衆人言之謂之前知易曰知幾其神矣乎故此論前知則曰至誠如神中庸解

子曰顔氏之子其殆庶幾乎有不善未嘗不知知之未嘗復行也易曰不遠復无祇悔元吉

伊川程子曰顔子无形顯之過夫子謂其庶幾乃无祇

悔也過既未形而改何悔之有既未能不勉而中所欲不踰矩是有過也然其明而剛故一有不善未嘗不知既知未嘗不遽改故不至於悔乃不遠復也易傳

龜山楊氏曰性不可離可離非率性也道无隱微之間於獨而不慎是可須臾離也故立則見其參於前在輿則見其倚於衡見此則知所以戒慎恐懼矣顔子不遠復其進於此乎中庸解

天地絪縕萬物化醇男女構精萬物化生易曰三人行則損一人一人行則得其友言致一也

張子曰始陳上下交以盡接人之道卒具男女致一之戒而人道畢矣氣坱然太虛升降飛揚未嘗止息易所謂絪縕莊生所謂生物以息相吹野馬者歟此虛實動靜之機陰陽剛柔之始浮而上者陽之清降而下者陰之濁其感遇聚結爲風雨爲霜雪萬品之流形山川之融結糟粕煨燼无非教也心所以萬殊者感外物而不一也天大无外其爲感者絪縕二端而已焉易說

伊川程子曰絪縕交密之狀天地之氣相交而密則生萬物之化醇醇謂醲厚厚猶精一也男女精氣交構則化生萬物惟精醇專一所以能生也一陰一陽豈可二也故三則當損言專致乎一也天地之間當損益之明

且大者莫過此也易傳　道无无對有陰必有陽有善必有惡有是必有非无一亦无三故易曰三人行則損一人一人行則得其友只是二也入關語録

龜山楊氏曰陰虛而陽實故陽施而陰受受則益施則損蓋天地之義也艮三索而得男兌三索而得女乾坤交索而男女成焉故三之與上所以有構精絪縕之義也夫天地之絪縕男女之構精其致一至矣是理也可以意致而言之所不能喻也以乾之三而索於坤則是三人行而損一人也索之而男女成焉是得其友也乾坤合而損益之義著非致一其孰能

與此哉易說

廣漢張氏曰天下之理惟致一者能得其要用志不分乃凝於神苟挾二三之心狐疑之志則安得盡誠而進於德乎損之六三所謂三人行則損一人一人行則得其友能致一者也益之上九莫益之或擊之立心勿恒凶不能致一者也竊觀天地絪緼萬物化醇此二氣所以致一也男女構精萬物化生此六子所以致一也易說

子曰君子安其身而後動易其心而後語定其交而後求君子修此三者故全也危以動則民不與也懼以語則民

不應也无交而求則民不與也莫之與則傷之者至矣易曰莫益之或擊之立心勿恒凶

張子曰此又終以昧於致用之戒易說

伊川程子曰君子言動與求皆以其道乃完善也不然則取傷而凶矣易傳

朱子曰夫子云不學詩无以言先儒以為心平氣和則能言易繫辭曰易其心而後語也荅劉坪

漢上朱氏曰所謂全者合我與人而為一也動而與之者安其身而後動也語之而應者平其心而後慮也求而與之者定其交而後求也三者得故能以天下為一家中國為一人故曰君子修此三者故全也離而為二物物成敵莫或與之擊之者至矣故曰立心勿恒凶勿恒者不一之謂也易傳

右第五章

子曰乾坤其易之門邪乾陽物也坤陰物也陰陽合德而剛柔有體以體天地之撰以通神明之德其稱名也雜而不越於稽其類其衰世之意邪

張子曰推而行之存乎通所謂合德隤然確然所謂有體乾於天爲陽於地爲剛於人爲仁坤於天則陰於地則柔於人則義先立乾坤以爲易之門戸既定剛柔之體極其變動以盡其時至於六十四此易之所以教人也其文辭錯綜而條理不雜世衰則天人交勝其道不一易之情也易說

朱子曰諸卦剛柔之體皆以乾坤合德而成故曰乾坤

易之門撰猶事也萬物雖多无不出於陰陽之變故卦爻之義雖雜出而不差繆然非上古淳質之時思慮所及也故以爲衰世之意蓋指文王與紂之時也本義

漢上朱氏曰乾坤其易之門邪乾坤毀則易无自而入矣乾剛者陽之物老陽之策也其德則健坤柔者陰之物老陰之策也其德則順陰陽氣也剛柔形也氣變而有形形具而有體是故揲策成爻健順合德而剛柔之體見矣聖人以此體天地之撰體形容之也撰定也形容天地之所定者體造物也卽剛柔有體是已天神也地明也通神明之德者示幽顯一源也卽陰陽合德是已陰陽相盪剛柔相推自乾坤而變八卦自八卦而變六十四卦三百八十四爻其稱名也雜然不齊枝葉至扶疏矣而亦不越乎陰陽二端而已乾坤其易之門邪伏羲始畫八卦文王監於二代而作周易周公因於文王而作爻辭卦有象爻有變動繫辭焉而命之曰益詳矣蓋時有汙隆道有升降世既下衰不如是不足以盡天下之情僞何以知其然哉於此稽考其類則知之矣易傳

夫易彰往而察來而微顯闡幽開而當名辨物正言斷辭則備矣其稱名也小其取類也大其旨遠其辭文其言曲

而中其事肆而隱因貳以濟民行以明失得之報

張子曰夫易彰往察來而微顯闡幽如坤初六驗履霜於已然察堅冰於將至之類數往知來其義一也顯者則微之使求其原幽者則闡之使見其用故曰其事肆而隱易說

朱子曰而微顯恐當作微顯而開而之而亦疑有誤肆陳也貳疑也本義

廣漢張氏曰論易之神彰往察來論易之道微顯闡幽往來以時言或往或來以其无常人不能知也惟易之神往者彰之來者察之微幽以理言或微或幽

人不能察也惟易之道微者顯之幽者闡之易之神易之道儻非乾坤開而當名辨物正言斷辭則易之道安能備而無窮乎是以乾陽物其數爲奇坤陰物其數爲耦陽奇陰耦以示之然後即其健而名之以乾即其順而名之以坤以至六子六十四卦當其名也夫名旣當則剛柔之物雖曰相雜蓋有自然而辨者矣言天下之至賾而爲象言天下之至動而爲爻以至吉凶者言乎其失得悔吝者言乎其小疵皆正其言也夫言旣正則辭之指其所者蓋有自然而斷者矣易說

白雲郭氏曰易之爲書也所以彰往聖之道察方來之變而垂教於无窮其微顯闡幽所謂顯道神德行也開明大道至于六十四其當名辨物正言斷詞无或不備雖其稱名小者其取類大也旨遠者道具於吉也辭文者道顯於辭也其言屈曲而發无不中其事肆而理无不精開明失得之報以濟民之所行故曰因貳貳者失得也斯道得則吉報之斯道失則凶報之吉凶所以爲失得之報也當名謂卦也辨物謂象也正言爻彖之辭也斷辭繫之以吉凶者也易說

漢上朱氏曰夫易之爲書以八卦言之自震至乾彰往也自巽至坤察來也一往一來周旋无窮是謂環中以重卦言之前卦爲往後卦爲來自內之外爲往自外之內爲來彰往故微顯察來故闡幽顯莫如旣往而有微而難知之理幽莫如方來而有顯而易見之象謂釋爻卦各當其名无隱也辨陰陽之物正吉凶之辭无遺也斷之以卦辭爻辭則備矣然而其稱名也小則百物不廢其取類也大則達之於天下意有餘故其旨遠物相雜故其辭文其言致曲而復中於道其事關肆而實本於隱非天下至神至精至變有不能與也而又因其疑貳不決恐懼易入之時以

濟民行告之以吉凶悔吝之辭以明失得之報蓋有遠害防患之心非衰世之意乎易傳

右第六章本義此章多闕文疑字不可盡通

易之興也其於中古乎作易者其有憂患乎

廣漢張氏曰伏羲神農黃帝堯舜之時上下數千百年民淳事簡三畫足以周天地之情八卦足以盡事物之變當是時也易不以不興而亡也及夫周之文王在商受之時有君人之大德內文明而外柔順望道而未見於是重伏羲之一卦而八八卦而六十四一爻而六六爻而三百八十四此易所以興於中古也然六十四卦皆濟民行而出民於憂患也而特取九卦以言之者蓋涉世路始於履終於巽則庶幾免人道之患也下文所以三言之易說

白雲郭氏曰易始於包犧而興於文王故曰中古作易者其有憂患乎蓋謂文王也說者謂既有憂患則須修德以避患故明九卦爲德之所用誤矣夫聖人修德又豈係於憂患乎而孔子言此者蓋以聖人居崇高之位道行於天下爲帝爲王參天地贊化育則易行乎其中矣固不必有作也及其道不行於天下而憂患天下後世之深欲力以斯文昭示來世則不得不作矣此文王所以蒙大難而作易也然則孔子道不行而繫易其亦所謂憂患者乎故憂患者甚憂患後世之不復與聞斯道也易說

是故履德之基也謙德之柄也復德之本也恒德之固也損德之修也益德之裕也困德之辨也井德之地也巽德之制也

張子曰巽德之制者量宜接物故曰制也易說

朱子曰履禮也上天下澤定分不易必謹乎此然後其德有以爲基而立也謙者自卑而尊人又爲禮者之所當執持而不可失者也九卦皆反身修德以處憂患之事也而有序焉基所以立柄所以持復者心不外而善端存恒者守不變而常且久懲忿窒慾以修身遷善改過以長善困以自驗其力井以不變其所然後能巽順

於理以制事變也本義

白雲郭氏曰聖人用易上篇言之詳矣而修德之事或未盡也故舉九卦以明之夫擇可履而履之故爲德之基謙以持之爲德之柄復以反之爲德之本恒以可久爲德之固損其害已之欲故爲德之修遷其益己之善故爲德之裕困而不失其所亨故爲德之辨改邑不改井井猶性也故爲德之地巽以申命行事故爲德之制此聖人以九卦入德於內也易說

履和而至謙尊而光復小而辨於物恒雜而不厭損先難而後易益長裕而不設困窮而通井居其所而遷巽稱而

隱
伊川程子曰益長裕而不設謂固有此理而就上充長之設是撰造也撰造則爲僞也周行已錄
朱子曰此如書之九德禮非强世然事皆至極謙以自卑而尊且光復陽微而不亂於羣陰恒處雜而常德不厭損欲先難習熟則易益但充長而不造作困身困而道亨井不動而及物巽稱物之宜而潛隱不露本義
廣漢張氏曰孔子論乾之九三曰知至至之可與幾也蓋言九三不中能知中之可至此知幾也故中者可至之地不及於中非至也過於中非至也禮而行其大同於人而又得不失於中也故曰履和而至謙之彖曰謙尊而光此又復云者言尊者知謙則合并天下衆善善爲君子之光者矣人之復貴乎早方其發於心萌於慮如顏子之不遠復此小而辨於物也若夫物交物則引之而已白而易汙者不若涅而不緇剛而易折者不若磨而不磷故有恒德者雜之而不厭然後見其道之久也去其害已懲忿窒慾所以爲難也及夫毀已遠害則復易焉天下之益有心爲之此出於作爲所以爲設也人君之益天下天地之益萬物長之裕之皆貴於不設因其自然可也在困

而能通者所以爲君子也是以經曰困而不失其所亨者其唯君子乎故扼窮禍患人不我知君不我用此困宜乎窮也然君子致命遂志而其道常通者乃困而不失其所亨也能諸已然後可以推而及人井居其所乃存諸已往來井井遷而及人者也凡爲人者必失已爲已者必失人惟井居其所而遷此物我兩存也有智名者智有時而窮有勇名者勇有時而竭曾不知巽之爲道時之或文或質事之或寬或猛皆稱其宜殆求其迹而不可見者此巽稱而隱者乎易說

履以和行謙以制禮復以自知恒以一德損以遠害益以興利困以寡怨井以辯義巽以行權
張子曰稱物平施隨所求小大與之此辯義也巽以行權者不巽則失其宜也易說
朱子曰寡怨謂少所怨尤辨義謂安而能慮本義　曰井居其所而遷又云井德之地也蓋井有定體不動然水流行不窮猶人心有持守不動而應變則不窮也巽以行權權之用是見得道理精熟後於物之精微委曲无處不入巽有入之義
廣漢張氏曰人之行或太過或不及或爲人或爲已

不得其節者多矣惟履有以和其行則仁不失於姑息義不失於刻剥信不至於失已智不至於穿鑿此履所以和行也謙之象曰稱物平施而傳謙以輕爲戒故君子之謙非樂於下人者也德言盛禮言恭謙以制禮而未嘗過也有不善未嘗不知知之未嘗復行此豈非自知乎此非因人而知乃悟之於心覺之於性也故曰復以自知德惟一動罔不吉德二三動罔不凶恒之君子素富貴行乎富貴素貧賤行乎貧賤其德如天地之貞觀日月之貞明終始如一故曰恒以一德九卦所論皆修身行已之事損以遠害益

以興利非謂去天下之害與天下之利也害於已者遠之如懲忿窒慾是也利於已者興之如遷善改過是也遠害之遠如遠佞人之遠興利之興如興於詩之興在困而怨者不能樂天者也然人皆有情能寡其怨者亦可貴也欲知義觀諸井則義明矣此井所以辯義九卦惟井爲象之顯然者所以明其義人之出處進退取舍辭受即井以明之故內能存已外不絕物乃爲義也孔子謂可與共學未可與適道可與適道未可與立可與立未可與權此權不易至也至於巽以行權則人道之患莫能及矣所以終之以此

易說

右第七章本義此章三陳九卦以明處憂患之道

易之爲書也不可遠爲道也屢遷變動不居周流六虛上下无常剛柔相易不可爲典要唯變所適

邵子曰易无體也曰既有典常則是有體也恐遂以爲有體故曰不可爲典要既有典常常也不可爲典要變也觀物外篇

張子曰心不存之是遠也不觀其書亦是遠也葢爲道屢遷易說

白雲郭氏曰人之於道不可須臾離也故於易不可遠可離者非道可遠者亦非易也易之爲道數遷而變動未嘗止周流六爻或以下而升上或由上而降

下以剛易柔以柔易剛不可以常道拘也唯變所適而已此之謂易之道也易說

其出入以度外內使知懼又明於憂患與故无有師保如臨父母初率其辭而揆其方既有典常苟非其人道不虛行

廣漢張氏曰其出以度外則无外患也其入以度內則无內患也易之辭各指其所之此其所以內外使知懼也出門者固有功矣遯出者固无咎矣然不出戶者在節乃爲知時入于林中者固吝矣入于坎窞者固勿用矣然視履而旋者在履乃爲有慶是其可懼也如此辭之所告非特使之知懼又明憂患與夫憂患之所因此書之不可遠也无有師保如臨父母焉夫師者教之道而有所欽也保者輔其功而有所愛也夫有師保而後欽愛者此學而後知教而後能非天性之自然也人之於易不待師保而欽愛之心如臨父母此附麗不以膠漆約束不以纆索不可遠之道出於天性之自然者乎大抵易之辭其告人也各指其所之有上有下有內有外循其辭而揆其所指之方則不迷其所向其道雖不可爲典要歟其書則有典可循有常可道也凡此者皆以其書之不可

遠者歟嗚呼人能宏道非道宏人雖載道而不可遠道雖屢遷而未始有常神而明之存乎其人者也苟非其人則道安能虛行乎易說

白雲郭氏曰人之學道能不遠易則出入行藏必謹其度外焉知懼則懼其失於有行內焉知懼則懼其失於修身憂患者一已之憂患也故者天下之務也明於憂患與故則自一身以及天下无或不明也人能明此以不遠易故也雖無師保教訓常如父母之臨豈无因而然哉知易之道須臾不可遠離而已如臨父母則敬易之心存焉易之言敬有二道有揆物

之敬需所謂敬之終吉是也有先物之敬坤所謂敬以直内是也接物之敬有作有輟直内之敬雖造次顛沛无時而非敬故常知父母之臨之也初率其辭而揆其方既有典常者聖人言學易之道也學者初循其辭以探其道而後可以得其典常典常大要也苟非其人能盡學易用易之道則易道安能有行于世哉然君子之於學也有二道有率其辭者自外入也故易之爲書不可遠有率其性者由中出也故中庸之道不可須臾離書不可遠則道不可遠矣道不可離則書不可離矣明乎此然後善學易易說

右第八章

易之爲書也原始要終以爲質也六爻相雜唯其時物也其初難知其上易知本末也初辭擬之卒成之終若夫雜物撰德辯是與非則非其中爻不備噫亦要存亡吉凶則居可知矣知者觀其彖辭則思過半矣

漢上朱氏曰此章言重卦六爻之義易之爲書也原始於初爻要終於上爻成六位以爲體質者也八卦八物也六爻六時也六爻相雜時異而物異八卦本象也時物别象也其本甚微故難知其末已著故易知初辭擬而後言不亦難知乎卒成之其事終矣不亦易知乎上下之位以時言之初終也以道言之本

末也以事言之始卒也其實一也時變則事變事變則道與之俱未有違時造事而能成者三畫非无本末也聖人何爲重卦曰理具乎中其事則末也若夫糅雜八卦之物撰定六爻之德辯得失是非則非中爻不備中爻崔憬所謂二三四五京房所謂互體是也蓋物无常是亦无常非施於彼者或不可施於此用於古者或不可行於今蒙以九二納婦而六三取女則不利節以初九不出而无咎九二不出則失時得失是非不可不辯也噫重卦六爻之意亦要諸吉凶存亡之辭而已有同位而異物同物而異象同象

而異辭要諸辭則四者不同居然易見可指掌而知矣六爻者變動相錯而有吉凶存亡者也彖辭者合內外二體以一爻相變而有者也知者明於理則觀諸彖辭而爻義已知其過半矣易傳

二與四同功而異位其善不同二多譽四多懼近也柔之爲道不利遠者其要无咎其用柔中也三與五同功而異位三多凶五多功貴賤之等也其柔危其剛勝邪

廣漢張氏曰二與四皆陰而二居內四居外三與五皆陽而三爲臣五爲君是謂同功而異位也二與四雖俱陰也然二多譽者以進於君而令聞令譽歸之

也四多懼者以其近於君而抑權損勢也然柔之爲道固當有所麗而不利於遠若夫其要无咎則所貴者在其中爾此二所以遠而多譽以其得於柔中故其要无咎也三與五雖俱陽也然三多凶者以其居下卦之上而近於賤五多功者以其居上卦之中而處其貴故也然三也以柔處之則危而不安以剛處之則重剛而勝也論二與四詳於二而略於四論三與五詳於三而略於五此互相備卽此以見彼也易說

右第九章

易之爲書也廣大悉備有天道焉有人道焉有地道焉兼三才而兩之故六六者非他也三才之道也道有變動故曰爻爻有等故曰物物相雜故曰文文不當故吉凶生焉

朱子曰道有變動謂卦之一體等謂遠近貴賤之差相雜謂剛柔之位相間不當謂爻不當位本義　道有變動不指陰陽老少之變是說卦中變動如乾卦六畫初潛二見三惕四躍便是有變動所以謂之爻爻中自有等差或高或低或遠或近或貴或賤皆謂之等易中便可見如說遠近相取而悔吝生近而不相得則凶二與四同功而異位二多譽四多懼近也三與五同功而異位

三多凶五多功貴賤之等也又曰列貴賤者存乎位皆是等也物者是列貴賤辯尊卑之物相雜故曰文如有君又有臣便爲君臣之文兩物相對待故有文若相離去便不成文矣卦中有陰爻又有陽爻相間錯則爲文若有陰无陽有陽无陰如何有文語錄

廣漢張氏曰易之爲書所以載三才之道此其所以爲廣大悉備也立天之道曰陰與陽立地之道曰柔與剛立人之道曰仁與義此易所以六畫而成卦六位而成章六者非他乃三才之道也三才之道其所變動如天之陰陽地之柔剛人之仁義有所變動也

如陽氣下降陰氣上升柔來而文剛剛上而文柔仁濟之以義義濟之以仁此天地之道有所變動以趨其時者乃所以爲爻也觀爻之二四有遠邇之殊三五有貴賤之異或多譽而多懼或多凶而多功其等之不可移者所以爲物也至於三五之陽而以柔居之縱横錯綜經緯无常此物之相雜故曰文也文之不當則宜凶也而併與吉言者葢不當而凶乃知其當而吉故也易說

右第十章

易之興也其當殷之末世周之盛德邪當文王與紂之事邪是故其辭危危者使平易者使傾其道甚大百物不廢懼以終始其要无咎此之謂易之道也

廣漢張氏曰道汙則從而汙此商之末世也道隆則從而隆此周之盛德也觀諸文王與紂則危者使平易者使傾葢可知矣文王囚于羑里埊道未見以其小心翼翼而尊其易故危者使平也紂貴爲天子以其殺戮无辜而悖於易故易者使傾也其道甚大世之百物所以不廢者易所以行乎天地之中故无廢墜也既懼其始使人防微杜漸又懼其終使人持盈守成其要之以无咎而補過乃易之道也易說

右第十一章

夫乾天下之至健也德行恒易以知險夫坤天下之至順也德行恒簡以知阻能說諸心能研諸侯之慮定天下之吉凶成天下之亹亹者

朱子曰至健則所行无難故易至順則所行不煩故簡然其於事皆有以知其難而不敢易以處之也是以其有憂患則健者如自高臨下而知其險順者如自下趨上而知其阻雖易而能知險則不陷於險矣旣簡而又知阻則不困於阻矣所以能危能懼而无易者之傾也侯之二字衍說諸心者心與理會乾之事也研諸慮者理因慮審坤之事也說諸心故有以定吉凶研諸慮故有以成亹亹本義

是故變化云爲吉事有祥象事知器占事知來天地設位聖人成能人謀鬼謀百姓與能

朱子曰變化云爲故象事可以知器吉事有祥故占事可以知來本義 在陰陽則爲變化在人事則爲云爲吉事自有祥兆惟其理如此故於變化云爲則象之而知已有之器於吉事有祥則占之而知未然之事也凡見於有形之實事者皆爲器語錄

廣漢張氏曰聖人悟易於心而天道之變化人事之云爲得之於心者如此則知幾之神吉事有祥也推此以利養生民故象事知器推此以吉凶與民同患故占事知來變者陽也化者陰也謂之變化此陰陽未辯者乎云者言也爲者行也謂之云爲此言行未著者乎聖人之心術雖融貫天人之道於方寸之間其見微知著觀往知來無非吉事有祥也故推之以制器則利養天下之民推之以爲占則吉凶與同民患天能天而不能地地能地而不能天所賴聖人成其能夫聖人之成能天地其能可謂大矣然又且明謀之人如詢於芻蕘是也幽謀之鬼神如質諸卜筮是也如是則不忍以爲能故百姓莫不歸美以與其能矣易說

八卦以象告爻彖以情言剛柔雜居而吉凶可見矣變動以利言吉凶以情遷

白雲郭氏曰八卦有象而未有言故以象告六十四卦之後有爻彖之辭故曰以情言剛柔相雜而後有得失故吉凶可見是三者皆卦所具之情也變動以利言者聖人變而通之以盡利故變動主於利也吉凶以情遷者卦之吉凶因人善惡而遷也易說

是故愛惡相攻而吉凶生遠近相取而悔吝生情僞相感而利害生

張子曰凡卦之所利與爻之所利皆變通之宜也如利建侯利艱貞誠則順理而利僞則不循理而害易言情僞相感而利害生則是專以人事言故有情僞利害也屈信相感而利生此則是理也惟以利害易說

廣漢張氏曰彼之所愛此或惡之此之所惡彼或愛之此愛惡出於情之不同而吉凶所以生也遠者或有求於近近者或有求於遠此遠近出於分之不等而悔吝所以生也以情感者或應之以僞以僞感者或應之以情此情僞出於心之不一而利害所以生也此聖人作易畢羅天下之事者乎易說

白雲郭氏曰六爻剛柔各因其愛惡相攻而後有吉凶遠或相應近或不相得則有悔吝此皆言爻之情也亦猶在人情僞相感而生利害與爻一也易說

凡易之情近而不相得則凶或害之悔且吝

廣漢張氏曰天下之物同聲相應同氣相求所以相近而相得也廟堂之上閨門之中鄉黨之間學校之內皆貴乎近而相得也今也近而不相得其爲患也異乎行道之人故大則凶小則害其微則爲悔吝矣考諸易爻莫不皆然故云凡易之情易說

將叛者其辭慙中心疑者其辭枝吉人之辭寡躁人之辭多誣善之人其辭游失其守者其辭屈

廣漢張氏曰叛而親離者內負所愧故其辭慙疑而猶豫者蔓衍不根故其辭必枝吉人爲善不足故言出於不得已故其辭寡躁人之急於自售故言必期於見信故其辭多人有善也誣而謗之則其辭不敢正言人之非故曰其辭游失其守則不能直已以見道故曰其辭屈聖人旣有以知人之情又有以察人之辭何異疏而不漏者乎易說

白雲郭氏曰六者之辭宜无與易焉然由六者觀之則易之辭蓋无是也然聖人作易所以无是六者之

辭者以聖人之辭出於道未嘗出於胷中之私也六者之人所以有六者之辭者各因其心之私而不自知其爲是言也以是知衆人之所任者心而聖人之所任者道也凡心善惡皆私也惟道爲天下之大公故足以洗心易說

右第十二章

說卦傳

白雲郭氏曰說卦論八卦之道德與其象義情性也然則六十四卦亦有是乎蓋六十四卦各具於文言彖象雜卦之中矣至萬物象類如履之爲虎漸之爲鴻中孚之鳴鶴小過之飛鳥井之爲井鼎之爲鼎皆是也其象不可盡言故於是數卦略明之繫辭曰以言乎天地之間則備矣斯其所以難言也故曰書不盡言易說

昔者聖人之作易也幽贊於神明而生蓍參天兩地而倚數觀變於陰陽而立卦發揮於剛柔而生爻和順於道德而理於義窮理盡性以至於命

邵子曰四九三十六也六六三十六也陽六而又兼陰六之半是以九也故以二卦言之陰陽各三也以六爻言之天地人各二也陰陽之中各有天地人天地人之中各有陰陽故參天兩地而倚數也觀物外篇　易曰窮理盡性以至於命所以謂之理者物之理也所以謂之性者天之性也所以謂之命者處理性者也所以能處理性者非道而何天下之物莫不有理焉莫不有性焉莫不有命焉所以謂之理者窮之而後可知也所以謂之性者盡之而後可知也所以謂之命者至之而後可知也此三者天下之眞知也雖聖人无以過之也而過之者非所以謂之聖人也觀物內篇

張子曰地所以兩分剛柔男女而效之法也天所以參一太極兩儀而象之性也一物兩體氣也一故神兩故化此天之所以參也兩不立則一不可見一不可見則兩之用息兩體者虛實也動靜也聚散也清濁也其究一而已天道卽性也故思知人不可不知天能知天斯知人矣知人與窮理盡性以至於命同意凡人剛柔緩急趨識无有同者此乾道變化各正性命也及盡性則皆忘之易說

二程解窮理盡性以至於命只窮理便是至於命余謂亦是失於太快此義儘有次序須是窮理便能盡得已之性則推類又盡人之性旣盡得人之性須并萬物之性一齊盡得如此然後至於天道也其間煞有事豈有當下理會了學者須是窮理爲先如此則方有學今言知命與至於命儘有遠近豈可以知便謂之至也蘇昞所錄　德不勝氣性命於氣德勝其氣性命於德窮理盡性則性天德命天理氣之不可變者獨死生修夭而已故論死生則曰有命以言其氣也語富貴則曰在天以言其理也此大德所以必受命易簡理得而成位乎天地之中也所謂天理也者能悅諸心能通天

下之志之理也能使天下悅且通則天下必歸焉不歸焉者所乘所遇之不同如仲尼與繼世之君也舜禹有天下而不與焉者正謂天理馴致非氣稟當然非志意所與也必曰舜禹云者餘非乘勢則求焉者也（正蒙）

伊川程子曰理也性也命也三者未嘗有異窮理則盡性盡性則知天命矣天命猶天道也以其用而言之則謂之命命者造化之謂也（附張繹師說） 凡一物上有一理須是窮致其理窮理亦多端或讀書講明義理或論古今人物別其是非或應接事物而處其當皆窮理也（劉元承手編）

朱子曰和順從容无所乖逆統言之也理謂隨事得其條理析言之也窮天下之理盡人物之性而合於天道此聖人作易之極功也（本義） 問和順道德而理於義是就聖人上說是就易上說曰是說易又問和順是聖人和順否曰是易云和順道德而理於義如吉凶消長之道順而无逆是和順道德也理於義則又極其細而言隨事各得其宜之謂也和順道德如極高明理於義如道中庸（語錄） 又曰和順於道德是默契本原處理於義是應變合宜處物物皆有理須一一推窮性則是理之極處故云盡命則性之所自來處以此推之自不重複

（答許順之書）

廣漢張氏曰義在我也命在天也天下之人皆知義命則聖人之易不作矣惟夫不知義者甘心於自暴自棄不知命者奔競而患得患失此聖人不得已而生蓍倚數立卦生爻凡以爲天下不知義命者設也是以天地能生蓍之形而不能生蓍之用惟聖人之德贊於神明故分之掛之揲之以四歸奇於扐生其用而至於圓而神也一三五七九皆陽數也獨以一三五參之而用九此倚其陽數也二四六八十皆陰數也獨以二四兩之而用六者此倚其陰數也特取

九六而不用夫七八者乃參天兩地而倚其數也純陽爲乾純陰爲坤及其陰陽之變則陽卦多陰陰卦多陽此卦所以立也剛柔者所以立本變通者所以趨時必待發其所蘊揮其所聚此爻所以生也道者出於天德者得於已能和順道德自然於義无所亂也故曰理於義如此則人盡矣萬物有自然之理一身有自然之性能窮理盡性自然於命无所負矣故曰至於命如此則天道盡矣（易說）

白雲郭氏曰說卦論說八卦之道而此極重卦而言者明八卦六十四終始一道耳或者言聖人謂包犧

也然以八卦六十四卦言之則非獨包犧矣聖人以道幽贊神明故生用蓍求卦之法猶繫辭言是與神物以前民用葢是道本於神明聖人能生之是爲幽贊之道矣故有神明之道有幽贊之道有生蓍之道以道合道故能生是道也此言變化之始也自蓍道生而後數可倚數可倚而後卦可立卦可立而後爻可生作易之道終矣易成而後道德理義有所寓聖人窮易之理盡萬物之性復於天道故曰以至於命此章自幽贊之始至以至於命葢明以此道始復以此道終有元循環實由一道非聖人有私意以作也

微顯闡幽而已天地者數所由生陰陽者變所由生剛柔者萬類所從生故參兩觀變發揮之也易於道德无違也和順之而已於義无作也明辨之而已葢言象辭之間其道德與義本諸自然聖人因之而作易特載以明之而已故聖人於玩易之際復用此道以窮理盡性至於命也窮理者窮天之理也盡性者盡天之性也然後不失其所謂天之命矣是知聖人由道以生易由易以復於道非聖人則无生无復謂之聖人作易可也然異乎衆人之所謂作者矣 易說

右第一章

昔者聖人之作易也將以順性命之理是以立天之道曰陰與陽立地之道曰柔與剛立人之道曰仁與義兼三才而兩之故易六畫而成卦分陰分陽迭用柔剛故易六位而成章

張子曰陰陽柔剛仁義所謂性命之理易一物而三才備陰陽氣也而謂之天剛柔質也而謂之地仁義德也而謂之人 易說

伊川程子曰昔者聖人立人之道曰仁與義孟子曰仁者人也親親爲大義者宜也尊賢爲大唯能親親故老吾老以及人之老幼吾幼以及人之幼唯能尊賢故賢

者在位能者在職唯仁與義盡人之道則謂之聖人 暢潛道錄

漢上朱氏曰說位畫有六而後有變動也易有太極太虛也陰陽者太虛聚而有氣也柔剛者氣聚而有體也仁義根於太虛見於氣體而動於知覺者也自萬物一源觀之謂之性自稟賦觀之謂之命自通天地人觀之謂之理三者一也聖人將以順性命之理故分一而爲三曰陰陽曰剛柔曰仁義以立天地人之道葢互見也易兼三才而兩之六畫而成卦成卦則三才合而爲一知陰陽剛柔仁義同源於太虛則

知性知天道曰陰陽地道曰剛柔人道曰仁義則知命知仁義即天之陰陽地之柔剛則知性命之理不順乎性命之理而行之則何所逃於天地之間乎然道有變動故分陰分陽迭用柔剛以位分之一三五陽也二四六陰也以卦分之乾震坎艮陽也坤巽離兌陰也以十日分之甲丙戊庚壬陽也乙丁已辛癸陰也所謂分陰分陽也八卦相盪五行更王上下無常周流六虛所謂迭用柔剛也分陰陽用柔剛者仁義也以人而用天地也誠知乎此則德勝於氣性命於氣之昏明不足以蔽之至於盡性而配天地矣易傳

右第二章

天地定位山澤通氣雷風相薄水火不相射八卦相錯數往者順知來者逆是故易逆數也

朱子曰問山澤通氣只爲兩卦相對所以氣通曰澤氣升於山爲雲爲雨是山通澤之氣山之泉脈流於澤爲泉爲水是澤通山之氣是兩箇之氣相通山澤通氣水火不相射山澤一高一下而水脈相爲灌輸也水火下然上沸而不相滅息也或曰射音亦與斁同言相爲用而不相厭也語錄

廣漢張氏曰自太極生兩儀兩儀生四象四象生八卦故八卦者乃聖人闡其神明之德以示人者也是

以天運乎上地處乎下此天地定其位也山之殺瘦澤之增肥此山澤通氣也雷之震驚至於拔山風之鼓舞至於振海各恃其功故曰相薄火之炎上其性燥水之流下其性濕不可相近故曰相射此麗於有形涉於有數其勢若不相悖者也及夫聖人作易乾坤交通而天地之位或上或下艮兌相與而山澤之氣或止或悅以至震巽合而雷風迭用坎離濟而水火成功此八卦相錯而六十四卦三百八十四爻可以窮造化之大測鬼神之幽遂而推之則四象兩儀與夫太極之遠可坐而致也大抵天下之事數往者

順知來者逆故善作樂者必求之於无聲欲制禮者必求之於太始易之於天下皆逆數以察其來故易逆數也逆如逆暑逆寒之謂豫爲之主者也易說

右第三章

雷以動之風以散之雨以潤之日以烜之艮以止之兌以說之乾以君之坤以藏之

廣漢張氏曰陽氣升而阻於陰此雷所以動而震發其萬物也陰氣達而礙於陽此風所以散而吹噓其萬物也陰之不固而成和於陽者此雨所以潤萬物異乎灌溉之勞也陽之所宗而不爍於陰者此日所以烜萬物異乎爝火之微也此四者皆其生物也故主象以言之物之小大長短之不同剛柔緩急之不等椿菌各安其壽夭鵬鷃各得其巨細物物有正性物物有正命者有艮以止之者歟太和所稟而无所

乖戾大順所鍾而无所偏陂勞者自此而少息華者自此而向成者有兌以說之者歟夫有風雷以作其氣有雨日以成其形而又有艮以止其分兌以說其情豈无司其造化之權者乎此乾所以君之也豈无冥其出入之機者乎此坤所以藏之也此四者取其成物也故主卦以言之易說

白雲郭氏曰天地雷風功用與八卦同故或言象或言卦其實一也動止說又其性也散潤烜又其功也君其道也藏其德也互言之知其互備也易說

漢上朱氏曰陽聚而動動極則散之散則復聚陰積

而潤潤極則烜之烜則復潤此雷霆風雨日月寒暑所以屈信相感而成萬物也艮則動者靜而止人於坤也兌則止者說而行出乎乾也乾以君之則萬物覩坤以藏之則天地閉前說乾坤而至六子无形者聚而有形也此說六子而歸乾坤有形者散而入於无形也終始循環不見首尾易之道也易傳

右第四章

帝出乎震齊乎巽相見乎離致役乎坤說言乎兌戰乎乾勞乎坎成言乎艮萬物出乎震震東方也齊乎巽巽東南也齊也者言萬物之絜齊也離也者明也萬物皆相見南方之卦也聖人南面而聽天下嚮明而治蓋取諸此也坤也者地也萬物皆致養焉故曰致役乎坤兌正秋也萬物之所說也故曰說言乎兌戰乎乾乾西北之卦也言陰陽相薄也坎者水也正北方之卦也勞卦也萬物之所歸也故曰勞乎坎艮東北之卦也萬物之所成終而所成始也故曰成言乎艮

伊川程子曰天者理也神者妙萬物而爲言者也帝者以主宰事而名劉絢師訓

龜山楊氏曰艮止也止其所也故繫辭曰止萬物者莫善乎艮又曰成言乎艮艮者萬物之所成終而成始也止於此矣復出乎震不終止也故艮卦曰時止則止時行則行語錄係杭

廣漢張氏曰帝者神之應而生物之所宗也帝出乎震於方爲東於時爲春萬物從之而出方其出也草昧而不齊汙穢而不潔惟王於東南然後齊而潔潔齊然後可以相見故離也者於方爲南於時爲夏萬物亨嘉而相見聖人出人天之本宗應帝王之興起

南面而聽天下嚮明而治亦體天道以臨其人者也故曰蓋取諸此言其不恃其明以聽天下者乎坤西南也乃夏秋之交也然萬物皆致養於坤如萬物資生者是也至於出機入機出冥入冥生於此而反於此未始暫停而坤乃隤然在下此致役乎坤也萬物自出乎震相見乎離而又致役乎坤至兌之西方於時爲秋所以小息此萬物所以說也至於西北則陽自外來而爲主於內陰恃已盛之勢而未肯聽命此戰乎乾所以陰陽相薄也坎也者萬物交精乎天一今也復歸於此故曰勞乎坎勞者如勞歸之勞勞其

還也惟艮介乎東北之地乃春冬之交萬物所從出入之方所以成其終而成其始故曰成言乎艮並易說

白雲郭氏曰天道始於震萬物從之皆出而有生生而齊齊畢出也至離而明明則可見至坤而養養而後物成物成則說乾以純陽居陰地故陰陽相薄而戰自出至戰久勞於外必歸而有以休息之故勞乎坎息之而後終終則有始此雖萬物之情實天之道也故言帝以先之自天地定位之後皆論八卦此章獨巽復有重釋之辭蓋上論八卦之位未明言其所故下復明言之曰震東方也巽東南也如是則无嫌於重釋之也唯潔齊之義難通求其意則齊一而已易說

右第五章

神也者妙萬物而爲言者也
　白雲郭氏曰道則道也易則書也聖人則人也獨神
爲無方而三者皆有之故道亦有神易亦有神聖人
亦有神神非別一物唯以其道之見於用而妙萬物
者名爲神也易與聖人之神皆一也因妙萬物而言
之爲神故曰妙萬物而爲言也觀易則知神之爲貴
究神之爲言則知道以用爲大此孔子所以言中庸
其至矣乎易說
　漢上朱氏曰帝乘萬物出入終始所可見者萬物之
迹而其用葢妙乎萬物不可得而見焉故曰神也者

妙萬物而爲言易之乾坤分陰分陽迭用柔剛上下
不居周流六虛葢象乎帝也故曰陰陽不測之謂神
聖人用易立法制器變通不倦故曰利用出入民咸
用之謂之神叢說

動萬物者莫疾乎雷撓萬物者莫疾乎風燥萬物者莫熯
乎火說萬物者莫說乎澤潤萬物者莫潤乎水終萬物始
萬物者莫盛乎艮故水火相逮雷風不相悖山澤通氣然
後能變化既成萬物也
　明道程子曰冬至一陽生而每遇至後則倍寒何也陰
陽消長之際无截然斷絕之理故相攙掩過如天將曉

復至陰黑亦是理也大抵終始萬物莫盛乎艮此儘神
妙須儘硏窮此理呂與叔東見錄　息止也生也止則便生不
止則不生艮終始萬物游定夫所錄
　廣漢張氏曰此論六子萬物不能以自生有雷以動
之有風以散之萬物不能以自成有火以燥之有澤
以說之有水以潤之然終之而萬物有所歸始之而
萬物有所出者此莫盛乎艮也前言天地定位山澤
通氣終於水火不相射葢言六子交通爲用也水之
飲酌有待於火火之烹飪有須於水此水火相逮也
雷之震驚有風以散之風之鼓舞有雷以先之此雷

風不相悖也山之氣下下通乎澤澤之氣上上通乎
山此山澤通氣也惟六爻交相爲用故變者自无而
有化者自有而无此既成萬物者乎易說

右第六章

乾健也坤順也震動也巽入也坎陷也離麗也艮止也兌說也

張子曰健動陷止剛之象順麗入說柔之體易說 一陷溺而不得出爲坎一附麗而不能去爲離艮一陽爲主於兩陰之上各得其位而其勢止也易言光明者多艮之象著則明之義也正蒙

朱子曰八卦之性情謂之性者言其性如此又謂之情者言其發用處亦如此如乾之健本性如此用時亦如此語錄

漢上朱氏曰天地能變化成萬物者必水火雷風山澤合一焉所謂陰陽合德剛柔有體也陰陽者在天成象也剛柔者在地成形也萬物既成各得其一故健順動入陷麗止說其性各不同能備萬物而兼有之者人也故下舉八畜八體而終之男女叢說

右第七章

乾爲馬坤爲牛震爲龍巽爲雞坎爲豕離爲雉艮爲狗兌爲羊

邵子曰一陽動於二陰之下震也重淵之下有動物者豈非龍乎觀物外篇

廣漢張氏曰乾得陽而健爲馬者以其致遠也坤得陰而順爲牛者以其任重也震爲龍者龍善動而升降自如而東方之七宿其象蒼龍也巽爲雞者雞知時善變而工商執雞者亦如其知時坎爲豕者豕主汙濕其性趨下也離爲雉雉性耿介而外文明也艮爲狗言其能止人而又止於人也兌爲羊言其外柔而內狠也凡此者皆遠取諸物也易說

右第八章

乾爲首坤爲腹震爲足巽爲股坎爲耳離爲目艮爲手兌爲口

白雲郭氏曰乾元首之象也坤之含宏腹也陽動於下足也順於下而動於上股也坎幽利聽離明利視艮具動靜而下垂兌爲口舌而上向也易說

右第九章

乾天也故稱乎父坤地也故稱乎母震一索而得男故謂之長男巽一索而得女故謂之長女坎再索而得男故謂之中男離再索而得女故謂之中女艮三索而得男故謂之少男兌三索而得女故謂之少女

白雲郭氏曰乾坤天地父母皆一道也此論父母男女之象故乾坤主父母而言六子之變自下爲先震自坤變而得陽畫於初巽自乾變而得陰畫於初故皆曰一索而爲長男長女也坎自坤變而得陽畫於中離自乾變而得陰畫於中故皆曰再索而爲中男中女也艮自坤變而得陽畫於上兌自乾變而得陰畫於上故皆曰三索而爲少男少女也一二三之義取於三畫之初中上也王氏曰索求也自坤而求陽皆男也自乾而求陰皆女也卦變之義葢始於此文王之重亦无以異也故說卦首章曰觀變於陰陽而立卦易說

右第十章

乾爲天爲圜爲君爲父爲玉爲金爲寒爲冰爲大赤爲良馬爲老馬爲瘠馬爲駁馬爲木果

張子曰乾爲大赤其正色也爲冰健極而寒甚也自此而下皆所以明萬物之情易說

廣漢張氏曰乾爲天者運而不息得會諸陽而在上者也圜者運而无窮而考工記謂衣裳畫火爲圜亦以象乾也爲君爲父道之尊也爲玉爲金德之貴也乾位在亥其陽氣自下而升故陰氣凜冽而爲寒凝結而爲冰其晝皆一故爲大赤巽乎坎之爲赤也爲良馬者言其性爲老馬者言其數爲瘠馬者言其剛

爲駁馬者言其變爲木果者言其陽氣能生者乎易說

坤爲地爲母爲布爲釜爲吝嗇爲均爲子母牛爲大輿爲文爲衆爲柄其於地也爲黑

白雲郭氏曰布均皆猶地之德釜猶地之化吝嗇陰性也子母牛蕃生也大輿厚載也物雜則生文數偶則衆柄爲化權純陰之色黑大赤之反也八卦之義最難通故聖人詳其所象亦立象盡意之謂也詳其一卦所爲之象然後可通一卦之義不然則乾坤八卦非親質之三聖人終莫知其爲義矣唯八卦有象如此其詳故雖百世之下亦可闚而知之也聖人反覆言八卦於前又列其卦言之於後得无深旨邪易說

震爲雷爲龍爲元黃爲旉爲大塗爲長子爲決躁爲蒼筤竹爲萑葦其於馬也爲善鳴爲馵足爲作足爲的顙其於稼也爲反生其究爲健爲蕃鮮

廣漢張氏曰陽氣自下而上者故爲雷也潛升在巳而動之以時者故爲龍也震爲四時之首天地始交二氣未分故爲元黃方春而發生萌芽條達故爲旉萬物由之而出巽乎艮之徑路故爲大塗對女而言故爲長男爲長子者亦以其一索而得之陽動於下物莫能遏故其性以躁根之盤結而下其剛者爲竹

其柔者爲蘆葦皆一陽在下故也凡物不得其平則鳴在下而不得其平故爲馬之善鳴也後足白謂之馵左爲陽而右爲陰後足左白則陰不先動從陽而作故也爲作足者一陽性動而作於下也二陰在外而著見故爲的顙凡五穀草木之實必倒生焉言其陽陰自下而生在人亦然凡陽有自然之性震之究必終於爲乾故其究爲健於春而蕃鮮震其時乎易說

巽爲木爲風爲長女爲繩直爲工爲白爲長爲高爲進退爲不果爲臭其於人也爲寡髮爲廣顙爲多白眼爲近利市三倍其究爲躁卦

廣漢張氏曰曲直不一卽從權也故爲木善入而无形故爲風一索於坤故爲長女能屈能伸故爲繩直制器不於一方而用其隱故爲工白受采而无不入也故爲白不自矜故爲長自下而人高之故爲高巽則進退不果故爲進退又爲不果也臭達乎遠而无不通故爲臭髮者血之餘也一陰在内其氣耗故爲寡髮二陽在上晧然顯白故爲廣顙木開竅爲目金爲色爲白巽爲木而在巳金生于巳而尅木焉故爲多白眼離爲南方日中市而巽不遠故爲近利市三倍凡物極則反故巽順之至究則爲躁卦以陰本自

性者乎 易說

坎爲水爲溝瀆爲隱伏爲矯輮爲弓輪其於人也爲加憂爲心病爲耳痛爲血卦爲赤其於馬也爲美脊爲亟心爲下首爲薄蹄爲曳其於輿也爲多眚爲通爲月爲盜其於木也爲堅多心

白雲郭氏曰江河溪澗皆水也溝瀆人所爲者也隱伏水性也矯輮弓輪方圓曲直之易也加憂心病耳痛血卦陽陷於中也坎再索以中爲主中得乾之剛故爲赤震坎皆有馬象者得乾德之餘也美脊亟心陽在中也下首陰居上也薄蹄下亦陰也流物故爲

通流不能止故多眚離日而坎月也盜小人之隱伏也木堅多心剛中也於輿之義疑當作其於輿也爲曳易曰見輿曳又曰曳其輪故輿有曳而馬无曳也乾震之馬四而坎之言馬五亦知曳爲輿矣屯以坎爲雲解以坎爲雨而於此不言者於以見八卦之象不能盡言者多矣 易說

離爲火爲日爲電爲中女爲甲胄爲戈兵其於人也爲大腹爲乾卦爲鼈爲蟹爲蠃爲蚌爲龜其於木也爲科上槁

廣漢張氏曰離爲南方故爲火外明内晦故爲日此明於陽者也在幽而明故爲電此明於陰者也再索

於坤而得之故爲中女甲胄外堅所以象離之畫戈兵上銳所以象火之性腹陰而有容坤爲腹而離得坤在中故爲大腹暵其萬物故爲乾卦鼈无耳而併精於目如離之明蟹用心之躁如離之性也蠃上銳而有所麗其象離之形乎蚌内陰而産珠其象離之中虚乎至於龜則於人爲靈於巳爲昧此外明内晦也火尅木而槁故爲科上槁 易說

艮爲山爲徑路爲小石爲門闕爲果蓏爲閽寺爲指爲狗爲鼠爲黔喙之屬其於木也爲堅多節

白雲郭氏曰震自坤變故爲大塗艮其小者則爲徑

路艮大爲山其小亦爲石山與小石如坎水溝瀆之義門闕閽寺性之止也果蓏亦乾之餘陽也指亦手也陽過而在上无中下之剛是以陽卦之中獨艮不言馬其剛在上所用益小故於獸畜之類无行健之功徒有噬齧之象狗鼠黔喙之屬皆是也震之剛動於下故言足坎之剛動於中故言心艮之剛動於上故言喙皆因所索而言也且坎之爲隱伏也在賢者爲隱在小人爲盜艮之爲利則爲狗爲害斯爲鼠皆一義而二象也堅多節者剛不中也中則爲心不中則爲節心則利用節不利於用二卦之辨也易說

兌爲澤爲少女爲巫爲口舌爲毀折爲附決其於地也爲剛鹵爲妾爲羊

白雲郭氏曰兌藪澤之象亦爲天澤雨有潤澤之功故雨亦名澤別而言之雨其物也澤其功也故坎與兌義不同也唯言其功故凡可以澤物者皆爲兌又不止雨之爲澤而已八卦之中三索而成者皆動於上也以陽動者艮也以陰動者兌也陽動則有口之義而未見其象陰動則卦具口象於上故直言其爲口舌也巫之通神以口舌而致精誠也古之巫與今之巫異古之巫誠人也今之巫妄人也誠故可用以通神妄非聖人之所用也口舌之用非辨論是非毀譽而已或附或決或用以毀折也附猶誓命使天下之比附決猶號令之決小人毀折猶噬嗑之用獄除間以去天下之害則口舌之用大矣非小人之所謂口舌頰舌之間而已是以天下說之也陽在下爲剛陰在上爲鹵蓋亦藪澤之象妾爲女道之下者也兌雖二剛在下而卦以上之一陰爲主故无良馬行健之功而有羝羊羸角之患也附決之意與詩之疏附同易說

右第十一章

序卦傳

邵子曰乾坤天地之本坎離天地之用是以易始於乾坤中於坎離終於旣未濟而泰否爲上經之中咸恒爲下經之首皆言乎其用也乾坤坎離爲上篇之用兑艮震巽爲下篇之用也頤中孚大過小過爲二篇之正也易之首於乾坤中於坎離終於水火之交不交皆至理也自乾坤至坎離以天道也自咸恒至旣濟未濟以人事也觀物外篇

有天地然後萬物生焉盈天地之間者惟萬物故受之以屯屯者盈也屯者物之始生也

廣漢張氏曰天地者萬物父母故生萬物然天覆乎上地載乎下而萬物在天地間充滿宇宙此盈天地之間者唯萬物也夫天地之氣始交而陰陽之氣甄陶孕育勾而未萌甲而未坼此屯所以爲物之始生也易說

物生必蒙故受之以蒙蒙者蒙也物之穉也

漢上朱氏曰蒙冥昧也物生者必始於冥昧勾萌胎卵是也故次之以蒙蒙童蒙也物如此穉也易傳

物穉不可不養也故受之以需需者飲食之道也飲食必有訟故受之以訟

白雲郭氏曰物穉不可不養故天地待聖人以成能養人爲事也飲食欲也欲爲訟之始易說

訟必有衆起故受之以師師者衆也衆必有所比故受之以比比者比也比必有所畜故受之以小畜

廣漢張氏曰自五人爲伍積而至萬二千五百人爲師此師所以爲衆然而无比安能統而歸於一乎故受之以比者言其相親比而有所畜止故受之以小畜易說

白雲郭氏曰畜德畜賢畜君畜衆皆畜也是以比必有所畜易說

漢上朱氏曰訟者兩辭必以衆起故次之以師師衆也衆不能以治衆治衆者至寡也衆之所以比執一以御之則衆治矣故次之以比比相親比也彼來比我我必畜之故次之以小畜易傳

物畜然後有禮故受之以履

張子曰德積則行必有方物積則散必有道易說

白雲郭氏曰衆必有比比必有畜畜而有禮則安无禮則危易說

漢上朱氏曰物畜聚然後有上下尊卑之等上下尊卑所謂禮也故次之以履禮者履而行之者也易傳

履而泰然後安故受之以泰

廣漢張氏曰履得其道則所履者泰无適而不安矣此履所以受之以泰易說

漢上朱氏曰所履者君子大道則其心泰然而安故次之以泰易傳

泰者通也物不可以終通故受之以否物不可以終否故受之以同人

廣漢張氏曰泰者陰陽交感而无所間故爲通也治亂之相仍如環之无端故物安有久通者乎故受之以否夫泰而驕者所以致否否而畏者所以復泰此

物不可終否故受之以同人也易說

與人同者物必歸焉故受之以大有有大者不可以盈故受之以謙

廣漢張氏曰人能樂以天下與天下同其樂憂以天下與天下同其憂此與人同也而物歸焉故受之以大有有天下之大者不可自任其聰明要在持之以謙易說

白雲郭氏曰易曰與人同者物必歸焉故受之以大有夫與人同者盡已盡人之性者也盡已盡人誠之至也誠至則可以有物是以物必歸焉苟或不然此

亦不能大有之矣故曰不誠无物中庸解

有大而能謙必豫故受之以豫

白雲郭氏曰以謙有大則絶盈滿之累故優游不廹而暇豫也易說

豫必有隨故受之以隨

白雲郭氏曰豫猶中庸所謂素也素有富貴之道則可行乎富貴素有貧賤之道則可行乎貧賤行則隨矣富貴貧賤其所隨者也統言隨義不必皆爲隨人易說

以喜隨人者必有事故受之以蠱蠱者事也有事而後可

大故受之以臨臨者大也

白雲郭氏曰隨善道也喜隨人則失於无所擇故必有弊蠱者已弊之事弊而知改爲則可大故有事復爲大之幾易說

物大然後可觀故受之以觀

漢上朱氏曰觀者自下觀上物大然後可觀是以王尚大故次之以觀易傳

可觀而後有所合故受之以噬嗑

廣漢張氏曰惟其可觀然後有所合也太公居東海之濵伯夷居北海之濵所以盡於文王者以文王可

觀然後有所合也故受之以噬嗑易說

嗑者合也物不可以苟合而已故受之以賁賁者飾也

白雲郭氏曰人之合則有上下長少非禮以飾之則无分无分則亂故不可苟合易說

致飾然後亨則盡矣故受之以剝剝者剝也

白雲郭氏曰自同人大有謙豫隨蠱臨觀噬嗑賁聖人所以履泰傾否之美道備盡於斯其道極盡則有剝矣易說

物不可以終盡剝窮上反下故受之以復復則不妄矣故受之以无妄

白雲郭氏曰剝窮則降而必復於道復於道則不妄以見小人之剝皆妄也是以小人无忌憚而君子唯誠之爲貴易說

有无妄然後可畜故受之以大畜

廣漢張氏曰天之生民有孚於中能有其无妄則所養大矣故受之以大畜易說

白雲郭氏曰大畜畜无妄之道而已无妄之道天道也有无妄之道則可畜猶有天命之性則可率而循之是以君子存其心養其性使不失赤子之心者以此易說

漢上朱氏曰无妄然後物物循理乃可大畜故次之以大畜前曰比必有所畜者比而後畜其畜也小故次之以小畜易傳

物畜然後可養故受之以頤頤者養也

白雲郭氏曰有所畜則天道止於我矣不有以養之將復失其正孟子所謂以直養而无害則塞乎天地之間者也易說

不養則不可動故受之以大過

廣漢張氏曰不養安能出而應世動而有爲乎不成則不達也故頤然後繼之以大過也易說

漢上朱氏曰聖人養賢養人養德不養之則不能動大過者動而大過乎物也故次之以大過易傳

物不可以終過故受之以坎坎者陷也陷必有所麗故受之以離離者麗也

廣漢張氏曰大過者從權以濟其一時然大過有弊物不可以終過故受之以坎夫物過其中則陷而入於險矣陷而入於險必思有所附麗而出其險故受之以離離者麗也上經始於乾坤而終於坎離者此其序也易說

有天地然後有萬物有萬物然後有男女有男女然後有

夫婦有夫婦然後有父子有父子然後有君臣有君臣然後有上下有上下然後禮義有所錯

張子曰性天經然後仁義行故曰有父子君臣上下然後禮義有所錯正蒙

廣漢張氏曰序卦上經之首不言乾坤下經之首不言咸者蓋天地者形也乾坤者天地之道也於序卦言天地欲人卽天地以求其乾坤者歟有心爲感无心爲咸於序卦言夫婦而不言咸者欲人卽夫婦以求其无心之咸者歟蓋乾坤與咸初无所受故也未有天地而萬物安從生及夫天位乎上而施其氣地

處乎下而生其形此有天地然後有萬物也夫乾天也故稱乎父所以成男坤地也故稱乎母所以成女此有萬物然後有男女也男女者言其自然之別也男正位乎外必有以代其終女正位乎內必有以造其始者此男女睽而其志通故有男女然後有夫婦者言其自然之配也夫婦之道納采問名親迎下嫁不敢苟合者以父子之道已肇於此也謂之父子言其有自然之繼也父子之間視安問寢合室異宮不敢褻瀆者以君臣之道已著於此也謂之君臣言其有自然之分也至於有君臣則上下之分不得不嚴所謂男女夫婦父子其尊卑高下咸有自然之分也知自別於萬物之中者以其有上下而禮爲之節文義爲之設飾而禮義有所錯故也易說

夫婦之道不可以不久也故受之以恒恒者久也物不可以久居其所故受之以遯遯者退也

白雲郭氏曰日月久照尚有昃食況萬物乎久居其所而退者宜也易說

物不可以終遯故受之以大壯

白雲郭氏曰遯以陰侵而遯大壯以剛長而壯消息往來之理易說

物不可以終壯故受之以晉晉者進也進必有所傷故受之以明夷

廣漢張氏曰物壯則老其可久乎故受之以晉晉者柔進而上行故日中則昃月滿則虧進而不已必有所傷故受之以明夷易說

夷者傷也傷於外者必反於家故受之以家人

兼山郭氏曰易曰傷乎外者必反於家蓋行有不得於人則反求諸已中庸解

白雲郭氏曰行有不得者皆反求諸已治國治天下而不治者必反於家治自近始實一道也易說

家道窮必乖故受之以睽睽者乖也

廣漢張氏曰夫家固有父子之親夫婦之愛然身不行道則父子夫婦无復親矣此家道窮則乖離而不和此家人所以繼之以睽而睽所以爲乖也易說

乖必有難故受之以蹇蹇者難也

廣漢張氏曰三軍同心則胡越一家六親不和則帝中成作敵睽乖而不和宜乎有難也故受之以蹇蹇見險而止所以爲難易說

物不可以終難故受之以解解者緩也緩必有所失故受之以損損而不已必益故受之以益益而不已必決故受

之以夬夬者決也

漢上朱氏曰難極必解无終難之理故次之以解解蹇難解也難解則舒緩解者蹇之反五退而居二緩也緩則寬弛必有所失故次之以損損減也減下而益上有失之象消久則息損而不已者必益損益相反也故次之以益益久則盈盈則必決隄防而已故決之以夬夬者陽決陰也易傳

決必有遇故受之以姤姤者遇也

漢上朱氏曰決則分分則相遇故次以姤姤者陰也而與陽相遇也易傳

物相遇而後聚故受之以萃萃者聚也

白雲郭氏曰相遇則道合而聚不合亦散矣故利見大人貞易說

漢上朱氏曰物以類相從遇而後聚非其類雖同居不相遇故次之以萃萃二陽聚也易傳

聚而上者謂之升故受之以升升而不已必困故受之以困困乎上者必反下故受之以井

廣漢張氏曰天下之物散之則小合而聚之則積小以成其高大故聚而上者謂升也升於德則聖敬日躋若夫冥升則有所蠱壞而困矣故受之以困凡人

困於功名富貴然後可從於儉約故困於上者必反下故受之以井易說

井道不可不革故受之以革革物者莫若鼎故受之以鼎主器者莫若長子故受之以震

廣漢張氏曰井居其所不可革其道則不可不革革腥爲熟革剛爲柔莫若鼎鼎天下之重器惟長子主之故受之以震易說

震者動也物不可以終動止之故受之以艮艮者止也物不可以終止故受之以漸漸者進也進必有所歸故受之以歸妹得其所歸者必大故受之以豐豐者大也窮大者

必失其居故受之以旅

白雲郭氏曰動極而止止極復進進以漸則有歸歸得其所則大窮其大則必失蓋非有大以謙故也易說

旅而无所容故受之以巽巽者入也入而後說之故受之以兌兌者說也

漢上朱氏曰旅者君子之窮也旅卦以柔順謙下為吉否則无所容矣故次之以巽巽者陰入於陽之下也天之澤萬物禮義之說人心不入則不說故次之以兌兌者說見於外也易傳

東萊吕氏曰明於內而巽於外是非取舍不可不十分明決然行之則當巽麗澤論說

說而後散之故受之以渙渙者離也物不可以終離故受之以節

白雲郭氏曰說而後萃疑可散散而无節則乖離矣易說

節而信之故受之以中孚有其信者必行之故受之以小過有過物者必濟故受之以既濟物不可窮也故受之以未濟終焉

廣漢張氏曰節天下以其節之道而民信之此出於中心之誠信非勉强也故受之以中孚人能有其信雖蠻貊之邦可行矣此有其信者必行之故受之以小過能高於人而過之然後可以濟天下此小過受之以既濟然事至於既濟則人情倦於有為事之驟廢而物之窮也故受之以未濟然後民勉於從事矣此易所以終之以未濟易說

漢上朱氏曰天地之節不可以不信不信則无以成萬物而况於人乎飲食起居身之節也不信則致疾尊卑長幼家之節也不信則召亂故次之以中孚中孚信也行者足相過也小過以陰過陽有行之象有

其信者必行中无所疑也故次之以小過物各有量不過則不能相濟所過大則其濟亦大是以智周萬物然後道濟天下故次之以既濟而止復入於未濟物之相生終不可窮故以未濟終篇焉易傳

雜卦傳

和靖尹氏壁帖讚易曰至序卦曰大哉時之相生也達者可與幾矣至雜卦曰旁行而不流守者可與存義矣子曰名實相生利用相成是非相明去就相安也文集

廣漢張氏曰序卦所以言易道之常雜卦所以言易道之變此古有是言也殊不知易之雜卦乃言卦畫反對各以類而言非雜也於雜之中有不雜存焉易說

白雲郭氏曰卦之性情與其爲德之不同八卦則見於說卦六十四卦則見於雜卦孔子於庖犧之道詳

盡於說卦皆文王所未嘗明之者故不得不詳也於文王之道則具於序卦雜卦之中其象則見於諸卦大小象而繫辭上下則兼統之易說

乾剛坤柔比樂師憂

廣漢張氏曰乾☰坤☷此二卦无反對之畫乾三畫奇剛也坤三畫耦柔也比䷇師比一陽居五而民樂而從之師一陽居二而民憂而畏之易說

白雲郭氏曰比以比輔從順爲樂師以相須行險致憂是天下可久比而不可久師也故比有永貞而師无之易說

漢上朱氏曰乾坤易之門凡剛皆乾也凡柔皆坤也剛柔相雜乃成諸卦故曰乾剛坤柔比得位而衆比之故樂師犯難而衆從之故憂憂樂以天下也易傳

臨觀之義或與或求

廣漢張氏曰臨䷒觀臨者上有與於下觀者下有求於上或與或求乃一時之義易說

白雲郭氏曰臨與所臨觀與所觀二卦皆有與求之義或有與无求或有求无與皆非臨觀之道有舜在上必有戴舜者是爲臨觀也易說

漢上朱氏曰臨之九二在下四陰與之故能以大臨

小觀之九五在上四陰求之故能以上觀下或與或求乃成臨觀之義易傳

屯見而不失其居蒙雜而著

廣漢張氏曰屯䷂蒙物在屯難之中其居常蒙雜纇蒙而性當自著易說

白雲郭氏曰屯旅皆近困旅困於已窮故失其居屯困於始生故不失其居而利於有爲也蒙未有所知之時中无所執則雜而著見故發之屯之難見於象者也蒙之稺著於形者也易說

震起也艮止也

廣漢張氏曰震䷲艮一陽在下故震爲起一陽在上故艮爲止易說

漢上朱氏曰陽起於坤而出震則靜者動陽止於艮而入坤則動者靜故起莫如震止莫如艮也易傳

損益盛衰之始也

廣漢張氏曰損䷨益損而不已必益爲盛之始益而不已必決爲衰之始易說

大畜時也无妄災也

廣漢張氏曰大畜䷙无妄惟大畜之君子所以能安其時若无妄而有妄者乃爲災也易說

萃聚而升不來也

廣漢張氏曰萃䷬升天地之理有聚有散惟順以說故聚也有往有來惟聚而升故不來也易說

白雲郭氏曰不來不知反也故至於困來則知止无困矣易說

漢上朱氏曰萃二陽萃於上升二陽升於下升者升也升往則不來矣不來者必聚於上也氣之方升誰能遏之故曰萃聚而升不來也易傳

謙輕而豫怠也

廣漢張氏曰謙䷎豫謙而不持重者失於輕豫而不警戒者失於怠也易說

白雲郭氏曰謙輕已豫怠已也以樂豫故心怠是以君子貴知幾易說

漢上朱氏曰謙自上降三豫自初升四謙故降而輕豫故怠而止故謙輕而豫怠也易傳

噬嗑食也賁无色也

廣漢張氏曰噬嗑䷔賁噬嗑除其間所以養其生故曰食也賁者設飾然終於白賁故无色也易說

白雲郭氏曰頤中有物則必斷故噬嗑利斷猶人之食也賁以白賁无咎故无色无色則質全有天之至

飾存焉

兌見而巽伏也

廣漢張氏曰兌䷹巽兌一陰在上故見巽一陰在下故伏易說

漢上朱氏曰陰隨陽升說而見乎外故曰兌見也陽隨陰降巽而伏乎內故曰巽伏也施說之道小者亦伸處巽之時大者亦屈无非天也易傳

隨无故也蠱則飭也

廣漢張氏曰隨䷐蠱能隨者則窮而能變豈有故邪蠱之壞要在致力以治之故蠱爲飭而飭有勁急

之義易說

剥爛也復反也

廣漢張氏曰剥䷖復剥者五陰剥一陽而勢之爛有不救之理復者一陽生於下而復反其所也易說

晉晝也明夷誅也

廣漢張氏曰晉䷢明夷晉爲日中過則明有所傷故爲誅也誅言其傷易說

井通而困相遇也

廣漢張氏曰井䷯困井內不失已外不失人无所蔽也故爲通至於困則蔽然邂逅有不可免者易說

白雲郭氏曰往來井井則其道通困遇剛揜所以爲困遇者柔遇剛之遇也遇其困我者也易說

漢上朱氏曰泰初之五往來不窮故曰井通否上之二陽遇陰則見揜故曰困相遇也或往而通或來而困唯其時也易傳

咸速也恒久也

廣漢張氏曰咸䷞恒咸之无心故應之也速恒者久於其道故恒者久不可欲速也易說

白雲郭氏曰感爲天下至速之道所謂不疾而速者也易說

渙離也節止也

廣漢張氏曰渙䷺節渙者民情散而離也節者民情有所憚而止也易說

解緩也蹇難也

廣漢張氏曰解䷧蹇天下之難既解故安於佚樂每失於緩蹇者見險而止故爲難易說

漢上朱氏曰蹇二往五涉難也故曰蹇難也解五來二復吉也故曰解緩也來者爲緩則往者當夙故曰有攸往夙吉易傳

睽外也家人內也

廣漢張氏曰睽䷥家人睽者言其在外之迹若不相通家人由內以及外也易說

漢上朱氏曰關子明曰明乎外者物自睽故曰睽外也明乎內者家自齊故曰家人內也易傳

否泰反其類也

廣漢張氏曰否䷋泰否君子退而小人之類進也泰君子進而小人之類退也此其類所以相反也易說

大壯則止遯則退也

廣漢張氏曰大壯䷡遯四陽長而不可過故大壯則止也二陰長而馴致有害君子之理故陽當退易說

白雲郭氏曰壯不知止小人之壯也君子之壯則有止遯之退大壯之止皆克已之道易說

漢上朱氏曰四陽並進六五以和易待之可以止而仕也故曰大壯則止四陽偕往二陰在內而執其柄可以退而去也故曰遯則退也易傳

大有衆也同人親也

廣漢張氏曰大有䷍[illegible]大有之時時和歲豐萬物盛多故爲衆也惟與人同故人皆歸而親之易說

白雲郭氏曰其有非一故衆衆則大能同乎人則天下親之易知則有親同人之親其得乾之易乎易說

漢上朱氏曰大有六五柔得尊位而有其衆有其衆則衆亦歸之故曰大有衆也同人六二得中得位而同乎人同乎人則人亦親之故曰同人親也易傳

革去故也鼎取新也

廣漢張氏曰革䷰[illegible]革弊所以去其故鼎亨所以取其新易說

白雲郭氏曰革鼎之義相爲終始是以去故取新共成一道易說

小過過也中孚信也

廣漢張氏曰小過䷽此卦无反對之畫天下失其中者故小有所過以復其中是過也乃所以救其不中者乎中孚䷼與小過卦相對而變者也天之生民其中有信此信由中也故爲中孚並易說

豐多故親寡旅也

朱子曰既明且動其故多矣本義

廣漢張氏曰豐䷶[illegible]天下豐大之時其事故云多也在旅之時失上下之交故爲親寡易說

離上而坎下也

廣漢張氏曰離☲坎☵此卦无反對之畫乃相對而變者也離火炎上坎水流下其自然之性不可易也

易說

漢上朱氏曰離火炎上也故陽爻多凶坎水趨下也故陰爻多凶坎離相濟者也易傳

小畜寡也履不處也

廣漢張氏曰小畜䷈[illegible]密雲不雨所濟者寡履行而不失其中不處也易說

漢上朱氏曰小畜五陽而畜一陰所畜者寡故曰小畜寡也履一柔而履五剛不處爲善故曰履不處也易傳

需不進也訟不親也

廣漢張氏曰需䷄訟䷅需者有所行故不進訟者險而健人誰親也易說

白雲郭氏曰需有待則不能自進訟違行相親之道絕矣易說

大過顛也

朱子曰大過以下卦不反對或疑其錯簡今以韻協之又似非誤未詳何義本義

廣漢張氏曰大過䷛此卦无反對之畫當本末弱之時當從權以濟其難蓋時之顛危故也易說

白雲郭氏曰中之四剛大難之象也有大難而本末弱故顛易說

姤遇也柔遇剛也

廣漢張氏曰姤䷫夬一陰始生乃柔遇也作易者進陽而退陰以一陰之生爲遇言出其不意也一陽之生爲復言反其所也易說

漸女歸待男行也

廣漢張氏曰漸䷴歸妹漸有所待如女之待男然後行言其不躁進也

頤養正也

廣漢張氏曰頤䷚此卦无反對所養不正則是養其小者以害其大者也易說

既濟定也

廣漢張氏曰既濟䷾未濟既濟天下之分皆得其所故定也易說

歸妹女之終也

廣漢張氏曰歸妹䷵女子以嫁爲歸此終身仰望所以爲終也易說

未濟男之窮也

廣漢張氏曰未濟䷿既濟男子有志於四方今也剛柔失位而不當故未濟其[illegible]矣夫易說

白雲郭氏曰剛柔失位男道[illegible]而窮矣柔失位則以剛失位則以貴居賤是以窮也易說

夬決也剛決柔也君子道長小人道憂也

廣漢張氏曰何世无君子何世无小人小人欲有君子而无小人是欲有陽而无陰也使小人之道有所憂危而不安者亦爲足矣雜卦乃以其類相生惟乾坤坎離小過大過中孚頤八卦无反對此聖人之深意惟穆伯長老蘇明之諸家並不違此易說

人系

黄　立　编

《人系》，黄立編，據華東師範大學圖書館藏民國四年（一九一五）逍遥齋石印本影印。

黄立（一八八七—一九六七），原名黄仲善，後改名重憲，又名仲憲。民國姜堰人。民國間於家鄉及上海興辦教育事業。建國後任泰縣政協委員，江蘇省文史館館員等。

此書始撰於清末，歷經九年，於民國三年編成。作者認爲法政、教育、經濟三者互爲因果，人之系之也，如行星之系太陽，因以爲書名。内容分爲三編，十二篇，以地支爲序，下分若干章。甲編法政部，下分子國體，丑政體；乙編教育部，下分寅教育腦，卯教育史，辰教育階，巳教育科；丙編經濟部，下分午生産篇，未分配篇，申交易篇，酉貨幣篇，戌度支篇，亥積貯篇。全書共六十章。此書吸取近代外國思想學説，主張建立新式社會制度，如國體篇就有國家源起、國家元素、國家主權，政體篇有憲章之發生及其意義、國會之組織及其職權、政府之組織及其職權，反映出清末民初知識階層的思想傾向以及積極追求。

（周　忠）

人系

甲編法政

第一冊

人系

民國四年春

逍遙齋石印

敘由

人初無君民之分也概謂為萬物之靈已耳故惟人物有間自君民之說創人與人亦有間矣設人字所以別乎物也民字則專以對君言君民之說出而不平之端起矣鈞是人也誰應為君誰應為民至無憑也强者為君弱者為民於是爭尚力巧者為君拙者為民於是爭尚慧知者為君愚者為民於是爭尚術安於愚則失於懦逞其知則失之詐以詐馭懦則玩而弄之矣拙則鈍巧則銳以銳挫鈍鈍則折矣弱不能競强則肉而食之矣君民之名定夫何使人至於此極也在昔猿族時代人物無界相處如類及至中古人物爭存益烈山澤周公驅虎豹此所謂用人權也後世即用是權以施之同類甚者骨肉相殘父子恩絕何者其利與勢趨之使然也利與勢何自來歟統謂人也天賦以等第之資至公而無私也何言乎利至平而無偏也何言乎勢藉有勢也藉有利也人具良知人具良能其

幼也莫不知愛其親也其長也莫不知敬其兄也日與人居非伍豺狼也徒以區區之利與勢而盡喪其本然之性真乎曰固也天誠無私天誠無偏區區之利與勢誠不足以喪其本然之性真矣天地之澗古今之長利孰過於富有國家者乎人自私天如之何勢孰大於尊為君主者乎人自偏天如之何之勢也之利也苟非上知如由光下愚若朱商中才之人見之而不奮然動者未之有也動於中而不形於外者其權與力不足也有其權與力而故置之若釋者泰伯仲雍延陵之儔以理奪情者也有幾人哉孔子作春秋凡為亂臣賊子也而弒父與君者流並未絕跡於天下後世在孔子原不過假嚴君臣之界以維持人道也而常人則見以為孔子聖人也其尊君抑臣如此幾何不競為君而惡居臣位而人道之喪失乃如故蓋假理勝情終難强以久安也聞者駭吾言乎請歷觀古今賊子毋出於君主之門人皆有子胡君主之多賊子也人皆為人子胡君主之子

之易為賊也無他利勢足以動情而近習者得操盜劫之柄象有齒而焚其身君主鑒諸下走狂也癡思復太古之境使人皆各安其所永享其天然幸福乃本孔子保護人道主義而持探原之論曰去君民之階級其去之之次第奈何曰先去其名使無所謂君無所謂臣無所謂民均謂之人旋去其實去實者何不使人治人不使人治於人使法治人使人治於法即移其所以尊君者尊法移其所以畏君者畏法於是人非服從於人乃服從於法而君民之實去勿以一人而私有國家之富則利不足奪勿以一人而偏居君主之尊則勢不足爭不爭不奪而亂賊剪跡矣一字之貶斧鉞之嚴且無所加也而人道完成矣雖然古之所資於君者曰以治人也今棄其君而更以法矣法非能自為作用也恒假人以為作用假人以為作用非仍所謂人治人人治於人乎曰非也假人以為作用者非假之箇人也法者非出自箇人之私意而任其設施也法必根諸億兆人之同

心孟子曰心之所同然者理也義也義理者何即人生本然之性真保有勿失加以經驗闡發之能是已原此義理以具成規約即謂之法準法以施行斯謂之政窮法政之來源反求於人之初心而已然而性相近習相遠人含天地陰陽之氣以生惟性隨之性者天所命也天不能保人之弗失此性也則恃乎人之自習習者生後之耳濡目染人之所化與天無涉故生之惟天而教之育之之職在人教育者所以存全天之所賦也法政當未具雛形之先實賴教育以端其萌芽譬之植物教育培根法政生幹教育開花法政結果故教育當充裕有餘之後必藉法政以狀其方體彼佛老教育非不能保人之性真也而期於無為祗以施之混沌之世陶唐以前今者人之知化大進欲惰其四肢棄其五官使求所謂清淨寂滅之說則非破裂地球重建新世界不可然則空具維繫義理之教育而不發為經綸事實之法政不失於老即流為佛則見為印度波蘭之續而已烏

覩其為安享天然幸福者哉必也教育與法政二者兩相連繫可乎而猶未也教育之倡興法政之舉行胥憑於人人也而能為無米之炊哉從斯二者之根本的着想捨經濟更無其塗故經濟為二者之所必需尤人生急切問題也教育賴經濟以倡興矣而經濟亦賴教育以浚其泉源農工商礦生財之源也設非教育其學莫明業乃不隆法政賴經濟以舉行矣而經濟又賴法政以疏其支流國務萬端動輒金錢設非法政支配失當其流乃塞故吾得而總斷之曰法政教育經濟三者互相為因互相為果棄其一而二者離棄其二而一者亡人之系之也如行星之系太陽焉苟失其一則人必如星月之亂軌道而相衝突國且棼矣余鑒於之既久益眷眷焉冀藉筆顛以表示其意思丙午擬目矢志編成乃未起草而病瘧二年己酉始秉筆就稿又删易子目殆盡迨民國光復益自冀學說之推行自本國始是編更不容稍緩癸丑鄉人迫以教授義務雖勉應之遇課之暇校之假未嘗他事迄甲寅歲杪克底於成顏之曰人系九年之間雖病時寢食時親朋宴會遊戲時苫塊時一念及此稿之中輟心輒如刺而無或知者行將畢事始以次告余父及師友諸昆輩知之其酬語之最切者亦不過曰有志事竟成耳

中華民國四年一月二十號黄立誌於老莊逍遥齋

例言

全書部分三大總綱曰法政曰教育曰經濟法政部末附教育法政經濟法政兩章教育部末附法政教育經濟教育兩章經濟部中附法政經濟教育經濟兩章以見三者互相維繫莫能偏廢其一全書之精神在是

法政造端於教育而以經濟勵其行論法政而棄教育必不知根據義理論法政而棄經濟必不欲期以實行故法政書當兼有教育經濟兩事

教育藉法政以狀其形骸賴經濟以收其成效離法政而言教育教育之真指難詮離經濟而言教育教育亦空言無補故教育書當兼有經濟法政兩事

經濟賴法政以疏通其源流賴教育以昌明其學術捨法政以言經濟則亂如麻絲而失其條序捨教育以言經濟則謬誤必多而無從匡正故經濟書當兼有教育法政兩事

此書法政書也教育書也經濟書也然則奚不以經濟教育法政三者名其書而命名人系曰著者本人道主義而著此書世界之人何一不系於此三者三者又何一不系諸人名以人系以明三者為人所不可缺故惟三者具而後人道立亦以明人為三者所不可缺亦惟三者具而後人道尊

著書之意本欲人人卒讀罄其旨趣俾各得分願世界將趨於極樂時代故書中於平等自由之處三致意焉

教育以天爵地爵人爵為三大主腦經濟以生產分配交易為三大要義法政以國體政體為兩大綱領一以不相强制循自然之序為的

史為人之鑑鏡亦足徵生世進化之階與其自然之趨勢故本書徵引史實尤詳著者參以案論反覆丁甯詮明己意不自覺其言之多而辭之激閱者亡自裁之

此書述作參半其造作之處思想自由言論自由間或加以詮說具陳事理凡徵引史實及前人之成說則參以案論若疏解自己之微意則附以詮說

著者抱大同主義含容寰宇故此著無國家畛域無種族界限人類學說而非限於國家者也

此書附有中西編年及各國度量衡幣諸表以便閱者攷訂

人系總目

人系　目錄　一

人系　目錄　二

中西年表

朝代 數年	帝王 數年	民國紀元前	西曆紀元前
	黃帝 一〇〇	四六〇八	二六九七
	少昊 八四	四五〇八	二五九七
	顓頊 七八	四四二四	二五一三
	帝嚳 七〇	四三四六	二四三五
	帝摯 八	四二七六	二三六五
唐 一〇二內有堯喪後二年	帝堯 一〇〇	四二六八	二三五七
虞 五〇內有舜喪後二年	帝舜 四八	四一六六	二二五五
夏 四二二	禹 八	四一一六	二二〇五
	啟 九	四一〇八	二一九七
	太康 二九	四〇九九	二一八八
	仲康 一三	四〇七〇	二一五九
	相 二八	四〇五七	二一四六
	少康 六一	四〇二九	二一一八
	杼 一七	三九八六	二〇五七
	槐 二六	三九五一	二〇四〇
	芒 一八	三九二五	二〇一四

朝代 數年	帝王 數年	民國紀元前	西曆紀元前
夏	泄 一六	三九〇七	一九九六
	不降 五九	三八九一	一九八〇
	扃 二一	三八三二	一九二一
	廑 二一	三八一一	一九〇〇
	孔甲 三一	三七九〇	一八七九
	皋 一一	三七五九	一八四八
	發 一九	三七四八	一八三七
	桀 三五	三七二九	一八一八
商 六〇一	湯 三〇	三六九四	一七八三
	太甲 三三	三六六四	一七五三
	沃丁 二九	三六三一	一七二〇
	太康 二五	三六〇二	一六九一
	小甲 一七	三五七七	一六六六
	雍己 一二	三五六〇	一六四九
	太戊 七五	三五四八	一六三七
	仲丁 一三	三四七三	一五六二
	外壬 一五	三四六〇	一五四九

朝代 數年	帝王 數年	民國紀元前	西歷紀元前
	河亶甲 九	三四四五	一五三四
	祖乙 一九	三四三六	一五二五
	祖辛 一六	三四一七	一五〇六
	沃甲 二五	三四〇一	一四九〇
	祖丁 三二	三三七六	一四六五
	南庚 二五	三三四四	一四三三
	陽甲 七	三三一九	一四〇八
	盤庚 二八	三三一二	一四〇一
	小辛 二一	三二八四	一三七三
	小乙 二八	三二六三	一三五二
	武丁 五九	三二三五	一三二四
	祖庚 七	三一七六	一二六五
	祖甲 三三	三一六九	一二五八
	廩辛 六	三一三六	一二二五
	庚丁 二一	三一三〇	一二一九
	武乙 四	三一〇九	一一九八
	太丁 三	三一〇五	一一九四
	帝乙 三七	三一〇二	一一九一

人系 中西年表 二

朝代 數年	帝王 數年	民國紀元前	西歷紀元前
周 八七四	紂辛 三二	三　六五	一一五四
	武王 七一三至一九	三〇三三	一一二二
	成王 三七	三〇二六	一一一五
	康王 二六	二九八九	一〇七八
	昭王 五一	二九六三	一〇五二
	穆王 五五	二九一二	一〇〇一
	共王 一二	二八五七	九四六
	懿王 二五	二八四五	九三四
	孝王 一五	二八二〇	九〇九
	夷王 一六	二八〇五	八九四
	厲王 五一	二七八九	八七八
	宣王 四六	二七三八	八二七
	幽王 一一	二六九二	七八一
	平王 五一	二六八一	七七〇
	桓王 二三	二六三〇	七一九
	莊王 一五	二六〇九	六九六
	釐王 五	二五九二	六八一

朝代 數年	帝王 數年	民國紀元前	西歷紀元前
	惠王 二五	二五八七	六七八
	襄王 三三	二五六二	六五一
	頃王 六	二五二九	六一八
	匡王 六	二五二三	六一二
	定王 二一	二五一七	六〇六
	簡王 一四	二四九六	五八五
	靈王 二七	二四八二	五七一
	景王 二五	二四五五	五四四
	敬王 四三	二四三〇	五一九
	元王 八	二三八七	四七六
	定王 二八	二三七九	四六八
	考王 一五	二三五一	四四〇
	威烈王 二四	二三三六	四二五
	安王 二六	二三一二	四〇一
	烈王 七	二二八六	三七五
	顯王 四八	二二七九	三六八
	慎靚王 六	二二三一	三二〇
	赧王 五九	二二二五	三一四

人系 中西年表 三

朝代 數年	帝王 數年	民國紀元前	西歷紀元前
	東周君 七	二一六六	二五五
秦 四二（內有未并六國前二七）	莊襄王 二	二一五九	二四八
	始皇 三七	二一五七	二四六
	二世 三	二一二〇	二〇九
漢 四二五	高祖 一二	二一一七	二〇六
	惠帝 七	二一〇五	一九四
	呂后 八	二　九八	一八七
	文帝 前一六	二〇九二	一七九
	後七	二〇四七	一六三
漢	景帝 前七	二〇六七	一五六
	中六	二〇六〇	一四九
	後三	二〇五四	一四三
	武帝 建元 六	二〇五一	一四〇
	元光 六	二〇四五	一三四
	元朔 六	二〇三九	一二八
	元狩 六	二〇三三	一二二
	元鼎 六	二〇二七	一一六

朝代	帝王	年號	年數	民國紀元前	西歷紀元前
漢		元封	六	二〇二一	一一〇
		大初	四	二〇一五	一〇四
		天漢	四	二〇一一	一〇〇
		太始	四	二〇〇七	九六
		征和	二	二〇〇三	九二
		後元	二	一九九九	八八
	昭帝	始元	六	一九九七	八六
		元鳳	六	一九九一	八〇
		元平	一	一九八五	七四
	宣帝	本始	四	一九八四	七三
		地節	四	一九八〇	六九
		元康	四	一九七六	六五
		神爵	四	一九七二	六一
		五鳳	四	一九六八	五七
		甘露	四	一九六四	五三
		黃龍	一	一九六〇	四九
	元帝	初元	五	一九五九	四八
		永光	五	一九五四	四三
		建昭	五	一九四九	三八
		竟寧	一	一九四四	三三
	成帝	建始	四	一九四三	三二
		河平	四	一九三九	二八
		陽朔	四	一九三五	二四
		鴻嘉	四	一九三一	二〇
		永始	四	一九二七	一六
		元延	四	一九二三	一二
		綏和	二	一九一九	八
	哀帝	建平	四	一九一七	六
		元壽	二	一九一三	二
	平帝	元始	五	一九一一	西歷紀元
	子嬰	居攝	二	一九〇六	六
	新莽	初始	一	一九〇四	八
		建國	五	一九〇三	九
		天鳳	六	一八九八	一四
		地皇	三	一八九二	一九

朝代	帝王	年號	年數	民國紀元前	西歷紀元
漢	淮陽王	更始	二	一八八九	二三
	光武帝	建武	三一	一八八七	二五
		中元	二	一八五六	五六
	明帝	永平	一八	一八五四	五八
	章帝	建初	八	一八三六	七六
		元和	三	一八二八	八四
		章和	二	一八二五	八七
	和帝	永元	一六	一八二三	八九
		元興	一	一八〇七	一〇五
	殤帝	延平	一	一八〇六	一〇六
	安帝	永初	七	一八〇五	一〇七
		元初	六	一七九八	一一四
		永寧	一	一七九二	一二〇
		建光	一	一七九一	一二一
		延光	四	一七九〇	一二二
	順帝	永建	六	一七八六	一二六
		陽嘉	四	一七八〇	一三二
		永和	六	一七七六	一三六
		漢安	二	一七七〇	一四二
		建康	一	一七六八	一四四
	冲帝	永嘉	一	一七六七	一四五
	質帝	本初	一	一七六六	一四六
	桓帝	建和	三	一七六五	一四七
		和平	一	一七六二	一五〇
		元嘉	二	一七六一	一五一
		永興	二	一七五九	一五三
		永壽	三	一七五七	一五五
		延熹	九	一七五四	一五八
		永康	一	一七四五	一六七
	靈帝	建寧	四	一七四四	一六八
		熹平	六	一七四〇	一七二
		光和	六	一七三四	一七八
		中平	六	一七二八	一八四
	獻帝	初平	四	一七二二	一九〇
		興平	二	一七一八	一九四

朝代 年數	帝王 年數	民國紀元前	西歷紀元
	建安二四	一七一六	一九六
魏四五	文帝黃初七	一六九二	二二〇
	明帝太和六	一六八五	二二七
	青龍四	一六七九	二三三
	景初三	一六七五	二三七
	邵陵厲公正始九	一六七二	二四〇
	嘉平五	一六六三	二四九
	高貴鄉公正元二	一六五八	二五四
	元帝甘露三	一六五八	二五六
	景元五	一六五二	二五九
	咸熙一	一六四八	二六四
晋二五五	武帝泰始一〇	一六四七	二六五
	咸寧五	一六三七	二七五
	太康一〇	一六三二	二八〇
	惠帝永熙一	一六二二	二九〇
	元康九	一六二一	二九一
	永康一	一六一二	三〇〇
	永寧一	一六一一	三〇一
	太安二	一六一〇	三〇二
	永興二	一六〇八	三〇四
	光熙一	一六〇六	三〇六
	懷帝永嘉六	一六〇五	三〇七
	愍帝建興四	一五九九	三一三
	元帝建武一	一五九五	三一七
	太興四	一五九四	三一八
	永昌一	一五九〇	三二二
	明帝太寧三	一五八九	三二三
	成帝咸和九	一五八六	三二六
	咸康八	一五七七	三三五
	康帝建元二	一五六九	三四三
	穆帝永和一二	一五六七	三四五
	升平五	一五五五	三五七
	哀帝隆和一	一五五〇	三六二
	興寧三	一五四九	三六三
	帝奕太和五	一五四六	三六六
	簡文帝咸安二	一五四一	三七一

朝代 年數	帝王 年數	民國紀元前	西歷紀元
	孝武帝寧康三	一五三九	三七三
	太元二一	一五三六	三七六
	安帝隆安五	一五一五	三九七
	元興三	一五一〇	四〇二
	義熙一四	一五〇七	四〇五
南北朝 宋五九	恭帝元熙一	一四九三	四一九
	武帝永初三	一四九二	四二〇
	少帝景平一	一四八九	四二三
	文帝元嘉三〇	一四八八	四二四
	孝武帝孝建三	一四五八	四五四
	大明八	一四五五	四五七
	明帝泰始七	一四四七	四六五
	泰豫一	一四四〇	四七二
	蒼梧王元徽四	一四三九	四七三
	順帝昇明二	一四三五	四七七
南北朝 齊二三	高帝建元四	一四三三	四七九
	武帝永明一一	一四二七	四八三
	明帝建武四	一四一八	四九四
南北朝 齊	永泰一	一四一四	四九八
	永元二	一四一三	四九九
	和帝中興一	一四一一	五〇一
南北朝 梁五五	武帝天監一八	一四一〇	五〇二
	普通七	一三九二	五二〇
	大通二	一三八五	五二七
	中大通六	一三八三	五二九
	大同一一	一三七七	五三五
	中大同一	一三六六	五四六
	太清三	一三六五	五四七
	簡文帝大寶二	一三六二	五五〇
	元帝承聖三	一三六〇	五五二
	敬帝紹泰一	一三五七	五五五
	太平一	一三五六	五五六
南北朝 陳三三	武帝永定三	一三五五	五五七
	文帝天嘉六	一三五二	五六〇
	天康一	一三四六	五六六

朝代 年數	帝王	年號 年數	民國紀元前	西曆紀元
	廢帝	光大 二	一三四五	五六七
	宣帝	太建 一四	一三四三	五六九
	後主	至德 四	一三二九	五八三
		禎明 二	一三二五	五八七
隋 二九	文帝	開皇 二〇	一三二三	五八九
		仁壽 四	一三一一	六〇一
	煬帝	大業 一三	一三〇七	六〇五
	恭帝	義寧 一	一二九五	六一七
唐 二八九	高祖	武德 九	一二九四	六一八
	太宗	貞觀 二三	一二八五	六二七
	高宗	永徽 六	一二六二	六五〇
		顯慶 五	一二五六	六五六
		龍朔 三	一二五一	六六一
		麟德 二	一二四八	六六四
		乾封 二	一二四六	六六六
		總章 二	一二四四	六六八
		咸亨 四	一二四二	六七〇
		上元 二	一二三八	六七四
唐		儀鳳 三	一二三六	六七六
		調露 一	一二三三	六七九
		永隆 一	一二三二	六八〇
		開耀 一	一二三一	六八一
		永淳 一	一二三〇	六八二
		弘道 一	一二二九	六八三
	中宗	嗣聖 二一	一二二八	六八四
		神龍 二	一二〇七	七〇五
		景龍 三	一二〇五	七〇七
	睿宗	景雲 二	一二〇二	七一〇
		太極 一	一二〇〇	七一二
	玄宗	開元 二九	一一九九	七一三
		天寶 一四	一一七〇	七四二
	肅宗	至德 二	一一五六	七五六
		乾元 二	一一五四	七五八
		上元 二	一一五二	七六〇
		寶應 一	一一五〇	七六二

朝代 年數	帝王	年號 年數	民國紀元前	西曆紀元
	代宗	廣德 二	一一四九	七六三
		永泰 一	一一四七	七六五
		大曆 一四	一一四六	七六六
	德宗	建中 四	一一三二	七八〇
		興元 一	一一二八	七八四
		貞元 二〇	一一二七	七八五
	順宗	永貞 一	一一〇七	八〇五
	憲宗	元和 一五	一一〇六	八〇六
	穆宗	長慶 四	一〇九一	八二一
	敬宗	寶曆 二	一〇八七	八二五
	文宗	太和 九	一〇八五	八二七
		開成 五	一〇七六	八三六
	武宗	會昌 六	一〇七一	八四一
	宣宗	大中 一三	一〇六五	八四七
	懿宗	咸通 一四	一〇五二	八六〇
	僖宗	乾符 六	一〇三八	八七四
		廣明 一	一〇三二	八八〇
		中和 四	一〇三一	八八一
唐		光啓 三	一〇二七	八八五
		文德 一	一〇二四	八八八
	昭宗	龍紀 一	一〇二三	八八九
		大順 二	一〇二二	八九〇
		景福 二	一〇二〇	八九二
		乾寧 四	一〇一八	八九四
		光化 三	一〇一四	八九八
		天復 三	一〇一一	九〇一
	昭宣帝	天祐 三	一〇〇八	九〇四
五代 梁 一六	太祖	開平 四	一〇〇五	九〇七
		乾化 二	一〇〇一	九一一
	末帝	乾化 二五	九九九	九一三
五代 梁		貞明 六	九九七	九一五
		龍德 二	九九一	九二一
五代 唐 一三	莊宗	同光 三	九八九	九二三
	明宗	天成 四	九八六	九二六
		長興 四	九八二	九三〇

	閔帝應順一	九七八	九三四
	潞王清泰一	九七七	九三五
五代晉二	高祖天福八	九七六	九三六
	出帝開運三	九六八	九四四
五代漢四	高祖天福一	九六五	九四七
	乾祐一	九六四	九四八
	隱帝乾祐二—三	九六三	九四九
五代周九	太祖廣順三	九六一	九五一
	世宗顯德六	九五八	九五三
宋三一七	太祖建隆三	九五二	九六〇
	乾德五	九四九	九六三
	開寶八	九四四	九六八
	太宗太平興國八	九三六	九七六
	雍熙四	九二八	九八四
	端拱二	九二四	九八八
	淳化五	九二二	九九〇
	至道三	九一七	九九五
	真宗咸平六	九一四	九九八

人系 中西年表 十

朝代 數年	帝王 數年	民國紀元前	西歷紀元
宋	景德四	九〇八	一〇〇四
	大中祥符九	九〇四	一〇〇八
	天禧四	八九五	一〇一七
	乾興二	八九〇	一〇二二
	仁宗天聖九	八八九	一〇二三
	明道二	八八〇	一〇三二
	景祐四	八七八	一〇三四
	寶元二	八七四	一〇三八
	康定一	八七二	一〇四〇
	慶歷八	八七一	一〇四一
	皇祐五	八六三	一〇四九
	至和二	八五八	一〇五四
	嘉祐八	八五六	一〇五六
	英宗治平四	八四八	一〇六四
	神宗熙寧一〇	八四四	一〇六八
	元豐八	八三四	一〇七八
	哲宗元祐八	八二六	一〇八六

	紹聖四	八一八	一〇九四
	元符三	八一四	一〇九八
	徽宗建中靖國一	八一一	一一〇一
	崇寧五	八一〇	一一〇二
	大觀四	八〇五	一一〇七
	政和七	八〇一	一一一一
	重和一	七九四	一一一八
	宣和七	七九三	一一一九
	欽宗靖康一	七八六	一一二六
	高宗建炎四	七八五	一一二七
	紹興三二	七八一	一一三一
	孝宗隆興二	七四九	一一六三
	乾道九	七四七	一一六五
	淳熙一六	七三八	一一七四
	光宗紹熙五	七二二	一一九〇
	寧宗慶元六	七一七	一一九五
	嘉泰四	七一一	一二〇一
	開禧三	七〇七	一二〇五

人系 中西年表 十一

朝代 數年	帝王 數年	民國紀元前	西歷紀元
宋	嘉定一七	七〇四	一二〇八
	理宗寶慶三	六八七	一二二五
	紹定六	六八四	一二二八
	端平三	六七八	一二三四
	嘉熙四	六七五	一二三七
	淳祐一二	六七一	一二四一
	寶祐六	六五九	一二五三
	開慶一	六五三	一二五九
	景定五	六五二	一二六〇
	度宗咸淳一〇	六四七	一二六五
	恭宗德祐二	六三七	一二七五
元九一	世祖至元三一	六三五	一二七七
	成宗元貞二	六一七	一二九五
	大德二	六一五	一二九七
	武宗至大四	六〇四	一三〇八
	仁宗皇慶二	六〇〇	一三一二
	延祐七	五九八	一三一四

朝代	帝王 數年	民國紀元前	西歷紀元
元	英宗至治三	五九一	一三二一
	泰定帝泰定四	五八八	一三二四
	文宗天歷二	五八四	一三二八
	至順三	五八二	一三三〇
	順帝元統二	五七九	一三三三
	至元六	五七七	一三三五
	至正二七	五七一	一三四一
明 二七六	太祖洪武三一	五四四	一三六八
	惠帝建文四	五一三	一三九九
	成祖永樂二二	五〇九	一四〇三
	仁宗洪熙一	四八七	一四二五
	宣宗宣德一〇	四八六	一四二六
	英宗正統一四	四七六	一四三六
	景帝景泰七	四六二	一四五〇
	英宗天順八	四五五	一四五七
	憲宗成化二三	四四七	一四六五
	孝宗弘治一八	四二四	一四八八
	武宗正德一六	四〇六	一五〇六
	世宗嘉靖四五	三九〇	一五二二
	穆宗隆慶六	三四五	一五六七
	神宗萬歷四七	三三九	一五七三
	光宗泰昌一	二九二	一六二〇
	熹宗天啟七	二九一	一六二一
	毅宗崇禎一六	二八四	一六二八
清 二六八	世祖順治一八	二六八	一六四四
	聖祖康熙六一	二五〇	一六六二
	世宗雍正一三	一八九	一七二三
	高宗乾隆六〇	一七六	一七三六
	仁宗嘉慶二五	一一六	一七九六
	宣宗道光三〇	九一	一八二一
	文宗咸豐一一	六一	一八五一
	穆宗同治一三	五〇	一八六二
	德宗光緒三四	三七	一八七五
清	宣統三	三	一九〇九

民國紀元	西歷紀元
元年	一九一二
二年	一九一三
三年	一九一四
四年	一九一五

中外度量衡幣表

長度表

中國

尺制……引……丈……尺……寸
里制……里……步
1——18——180——360——1800——18000
1——10——20——100——1000
1——2——10——100
1——5——50
1——10

寸以下為分釐毫絲忽皆遞以十析

法國

譯音：啟羅米突、海克脫米突、特卡米突、米突、特西米突、生的米突、密理米突
略號：米千、米百、米十、米尺、米分、米釐、米毛
自粍至粁皆以十進
(1米尺＝中國3,125尺)

英美普通

譯音：埋爾、花郎、依亞、幅地、因制
略號……哩……唹……碼……呎……吋
1——880——1760——5280——63360
1——2——6——72
1——3——36
1——12
(1尺＝中國9,875寸)

日本

里……町……丈……間……鯨尺……尺……寸
1——36——1296——2160——10368——12960——129600
1——36——60——288——360——3600
1——$1\frac{2}{3}$——8——10——100
1——$4\frac{4}{5}$——6——60
1——1,25——12,5
1——10
(1尺＝中國,82寸)

俄國

譯音：阜斯得、晒射、埃從、福脫、胃索
略號……俄里……晒……埃……俄尺
1——500——1500——3500——24000
1——3——7——48
1——$2\frac{1}{3}$——16
1——$6\frac{6}{7}$
(1俄尺＝中國9,8755寸)

量制表

中國	石…斛…斗…升 1＝2＝10＝100 1＝5＝50 1＝10 (1升＝316立方寸) 升以下為合勺抄撮圭皆遞以十析 圭以下為粟六粟為圭
法國	譯音 略號 進位 啟羅立脫爾 立千 各 海克脫立脫爾 立百 數 特卡立脫爾 立十 皆 立脫爾 立升 以 特布立脫爾 立分 十 生的立脫爾 立厘 進 密的立脫爾 立毛 (1立升＝1立粉＝中國1.076升)
日本	石…斗…升…合…勺 1＝10＝100＝1000＝10000 1＝10＝100＝1000 1＝10＝100 1＝10 (1升＝64,827立方寸＝中國1,24升)

體積度表

中國	立方丈…立方尺…立方寸 1＝1000＝1000000 1＝1000
法國	略號 立米千 各 立米百 數 立米十 皆 (1立米尺＝中國[illegible]立方尺) 立米尺 以 立米分 千 立米厘 進 立米毛
英美	略號 立方碼…立方尺…立方寸 1＝27＝46656 1＝1728 (1立方尺＝中國963立方寸)
日本	立方坪…立方尺…立方寸 1＝216＝216000 1＝1000 (1立方尺＝中國946立方寸)

面積度表

中國	尺制……方丈……方尺……方寸 畝制 方里 畝…分……方步 1＝540＝5400＝32400＝129600＝3240000＝324000000 1＝10＝60＝2400＝6000＝600000 1＝6＝24＝600＝60000 1＝4＝100＝10000 1＝25＝2500 1＝100 畝制自分以下或不用方步計算而用釐毫絲忽等名皆遞以十析
法國	略號…方米毛…方米厘…方米分…方米尺…方米十…方米百…方米千 各數俱以百進 (1方米尺＝中國10,4976方尺)
英美普通	略號…方𠺝里…方碼…方𠺝尺…方𠺝寸 1＝3097600＝27878400＝4014489600 1＝9＝1296 1＝144 (1方𠺝里＝中國8,4方里)
日本普通	方丈……方間……方尺……方寸 1＝2$\frac{7}{9}$＝100＝10000 1＝36＝3600 1＝100 (1方尺＝中國96.4方寸)
俄國	略號 俄方里 俄頃 方𠸍 方埃 俄方尺 1＝104$\frac{1}{6}$＝250000＝2250000＝12250000 1＝2400＝2600＝117600 1＝9＝49 1＝5$\frac{4}{9}$ (1俄方尺＝中國97.58方寸)

附說

米突法創自法國一七九一年五月二六日派特郎白 DELAMBRE 及梅謙 MERHAIN 兩人測量地球經線以其四千萬分之一為度之準倜即米特 METRE 是也量法衡法亦本米突為準倜其法按地球經線而定利用天然以十數遞為增減便於計算一八四年頒行後舉世稱便仿行者二十餘國世界度量衡既有準的將不難統一

一米突合中國三尺二寸四分蓋一尺當地球經線一萬二千九百六十萬分之一從兩數比較而得也

貨幣表

中國	(銀兩) 兩 錢 分 1＝10＝100 1＝10 (銀元) 元 角 分 1＝10＝100 1＝10
法國	譯音 佛郎 生丁 略號 佛 參 1＝100 1佛約合中國規銀2錢6分至3錢5分
英國	譯音 索佛令 先令 便士 略號…鎊…先…片 1＝20＝240 1＝12 1鎊約合中國規銀6兩5錢8分至8兩8錢[illegible]
美國	譯音 他賴 生司 略號 弗…仙 1弗＝100仙 約合中國規銀1兩3錢9分至1兩8錢9分
日本	1圓＝100錢 約合中國規銀6錢7分3厘至9錢6分
俄國	譯音 盧布 戈比 略號 留 哥 1留＝100哥 約合中國規銀6錢9分2厘至9錢3分1厘
德國	譯音 馬克 分尼 略號…馬＝100 1馬克約合中國規銀3錢2分1厘至4錢3分3厘

衡制表

中國	斤 兩 錢 1＝16＝160 1＝10 錢以下為分釐毫絲忽皆遞以十析
法國	略號 [illegible] 進位 各數皆以十進 (1克＝中國0,0268兩)
英美	磅 溫司 打蘭 克冷 1＝16＝256＝7000 1＝16＝437$\frac{1}{2}$ 1＝27.34375 1噸＝20[illegible] 英1[illegible]＝112磅 美1[illegible]＝100磅 (1磅＝中國12,1552兩)
日本	貫 斤 匁 1＝6,25＝1000 1＝160＝中國16,08兩 匁以下為分厘毛，皆遞以十析
俄國	譯音 [illegible] 略號…俄磅 1＝32＝96＝9216 1＝3＝288 1＝96 40磅＝1(波特) 10(波特)＝1(伯可忠司) (1磅＝中國10974兩)

人系中編

法政部

法律與政治有密切關係而性質不同法律淵源於人心政治發生於法律法律以指定行政之方針政治以實現法律之形體一判離焉而國不國矣

中國黄 立仲憲述作

子

國體

體主體也其用則奴君主之國家君為主民為奴故民為君用民主之國家民皆為主民皆為奴故民自為用君民共主之國家君為主亦為奴民為奴亦為主惟君能用民亦惟民能用君故交相為用奴之操作凡以為主也國之主體屬君則國家者君有之國家也藉使人民得干與政事亦所以為君治理其所有之國家也民仍未免為奴也藉使君主自欲立憲亦將以鞏固其所有之國家為子孫謀永遠也國家仍屬君主之私產如日本雖立有憲法而其國體則君主也國之主體在民則國家者國民公有之國家也藉使以民意共推一國君使之主理政務亦所以治理民有之國家也君由民推君主不啻民之自主君亦民中一分子奴君不啻民之自奴如比利時希臘雖立有君主而其國體則民主也藉如法蘭西大統領路易拿破崙當一八四九年以私意改頒憲法強使人民投票服從立憲其名專制其實而國體則仍為民主故國體不以政體之變更為變更

第一章

中國歷代國體

華族未盛以前苗族已占住中原及黄帝敗蚩尤其遺族退居於衡湘以南而吾國基始奠故吾今日述國體自黄帝始

一

五帝迄虞

黄帝既擒蚩尤諸侯尊為天子三傳及曾孫摯諸侯以其荒淫無度廢之而尊堯為天子堯崩天下之民不之堯之子而之舜舜乃繼為天子舜崩天下之民不之舜之子而之禹禹乃繼為天子

案黄帝懷保族思想擒苗而謀殖國基能保族者必能戰而安之能殖國者必能經而綸之故當世族人授黄帝以統治權摯荒其曾孫不足以統治國家則毅然廢之而移其統治權於堯以堯親九族平章百姓協和萬邦也其子丹朱不肖則棄之而授統治權於舜以舜舉畎畝習與民居必能體恤輿情也其子商均不肖則棄之而授統治權於禹以禹平水土受國逾於其身也五帝之際傳子舉賢均惟其民故國家統治權雖屬天子而國家主權則屬諸人民斯謂為民主國體

二

三代

夏禹崩天下之民曰啟吾君之子也相率歸之啟傳至桀桀無道殘虐萬姓伊尹遂相湯伐桀桀敗湯遂放桀於南巢諸侯大會湯退就諸侯之位曰天下非一家之有也惟有道者可以處之可以治之三讓諸侯皆推湯於是即天子位及太甲顛覆湯之典刑伊尹放之於桐而自攝政當國三年太甲遷善伊尹又反之傳至紂辛昏亂暴虐於是周武王乘機伐紂紂自燔死諸侯尊武王為天子

案禹無傳子之權而啟得繼父以統治天下者民歸之也民歸之不以其他理由而以其為君之子是君之子當然為君由是而子之子孫之子玄孫之子何子非君何君非子而家天下之局定而國家主權乃漸移而折入於君主一家此吾國國體所由由民主變而為君主也實民自為之商湯疾夏之家天下而忿桀之無道也乃聘伊尹與謀革命武功成始宣佈其主義曰天下非一家之有也惟有道者可以處治之時惟同事伊尹表同情其放太甲也知湯之不欲以天下私其子孫也而亦類湯之放桀其自攝政當國也伊尹以天下為己任也亦如湯之即天子位使太甲不悔失德如前則將處治以終其身固不忍以統治權私無道之主也湯為天子由諸侯之推重萬民之歸順伊尹出而以堯舜之道覺君與民為民代表獨操國權故商代惟湯尹之世稱民主國體西伯昌曰有天下者天下之主有一國者一國之主直以國家為私有物矣夫既有天下三分之二而不伐殷

者時未至也及將歿遺謂世子發曰時至勿疑發繼其志會諸侯於孟津諸侯皆曰紂可伐矣而發則曰汝未知天命未可也蓋天命尚未歸周時未至也居二年睹紂昏亂已極則舉兵一發得之伯夷叔齊歌曰以暴易暴兮不知其非矣神農虞夏忽焉沒兮我安適歸矣蓋謂周之易商國號易耳國主易耳其國體固猶是君主國體也安得夏禹前之國體而一覩乎故夷齊者可以繼湯尹革命之志而無其權者也卒以餓死惜哉

三

秦迄清

秦政兼并六國自號始皇而國家私有之案定由是而漢而晉而唐而宋元明清歷代創主以權術取國家私其子孫歷史上亦公然認之以易姓當國為一家興亡之跡雖累代末造割據土地國體分裂革命家數起而國家終未有一日公諸國民也

第二章

世界列強國體

世界小國概多民主譬之中國上古地狹民簡地狹則不足爭民簡則易團結地不足爭則斷無私有之國家民易團結乃能保固有之主權列強則地大民衆擬於中國近世然而國體亦漸次轉為民主故述之

一

法蘭西

法國國法。自古屢有變革。故其主權之所在。亦以時不同。然自一七八九年。公布國民權利。取主權在民主義以來。其間惟路易十八世憲法。取主權在君主之說。腓立布時。取主權在君主與議會兩方之說。他則皆為國民為主權者。故法國國體。為民主國體。

二

英吉利

英國主權。屬於國會。組成此國會者。為王室。為貴族院。為庶民院。就庶民院而言。主權在民。就王室而言。主權在君。而雙方同時皆有主權。是謂君民共主國體。

三

美利堅

美國先民。顚領於英之暴君。歷幾多世。始違離至美。旋以羣力抗英。戰勝之。得法人扶翊。而太平洋沿岸散處之民。乃褎然成國。由是而民富自由。各能自治。皆得以其主權選舉代治之士。美國誠民有之國也。其國體為民主國體。

四

德意志

拿破崙之風靡歐洲也。德意志各邦。亦罹於分析之禍。迨一八一五年。乃有聯合德意志者起。奧太利為盟主。威望獨振。而普亦漸強。一八六六年。普奧交絕。而所謂六週間之戰起。奧敗。德意志聯邦復解。於是普魯士收其北部二十三國。組織北德意志聯邦。巴威利、華路登、布克巴敦各國。則各自獨立。一八七〇年六月。北德意志聯邦與法蘭西戰。南部獨立各國。踐攻守同盟之約援之。旋亦加入北德意志聯邦之內。以普魯士王維廉為大統領。未幾更以大統領即皇帝位。遂建立德意志帝國。其主權不屬皇帝一人。而為聯合各國所共有。以言組織。此德意志帝國之各國。除其二三有例外者。概皆君主國體。以言此德意志帝國。則不得認為君主國體。蓋各國君主之自對。有國家主權。而對此德意志帝國。則各占國權一分子耳。故說者謂德意志為聯邦國體。

五

日本

日本國民。信其國為神明創立。當然歸之神之子孫。故三千年一系相傳。未見篡奪之事。而君主國體。乃鞏固不搖。

案今世諸國林立。他日必統歸於一。而成世界民國。仲尼氏所謂大同主義。其理想必驗於將來。蓋民智日臻。語言文字既同。則情意必通。而團結力乃固。由是而民權擴張。有斷言者。勢不至統趨於民國不止。同一人類。同一文言。同一國體。安有不統於一者。天演之歟。人造之歟。教育鎔冶而爐化之歟。

第三章

國家源起

國家之起源。古來學說紛然。持論不一。有謂國家由神造者。有謂由人民契約而成者。有謂為歷史之產出物者。茲述之如左。

一

神造說

國家出自神造之說。盛行於歐西中古時。猶太人對於國家之觀念。大都深信為神之特定。故其說興。希臘羅馬遇重大政治。必祈於神。舉一切人事。莫不支配於神。及基督教行。其說尤昌。蓋凡基督教之國。悉以為其君主之權力。得自上帝。中國上古。亦創神說。洎湯武革命。亟言上帝。湯則曰。有夏多罪。天命殛之。予畏上帝。不敢不正。武亦曰。商罪貫盈。天命誅之。予弗順天。厥罪惟鈞。於是人民信以為君由天立。順天者存。逆天者亡。而崇奉神權之說。相沿乃至於今。日本人民則直認其君主為神之子孫。其國家為神所手定。

案古時人之智識未開。不自知其所從來。羣已疑為此中有神。而況一二有智識者。又迎合其意。創此說以蠱其聽。則前之在疑似之間者。今更信以為確。極此說之弊。乃至於人各知有神權。而不知人自有權。爭於祈禱。而曠於職務。國家之亡。可翹足待。

二

契約說

是說唱於盧梭。以為社會之原始。實成於契約。盧之言曰。人類之從自然的狀態。而變為社會的狀態者。概由於社會契約而成者也。又以謂國家之起原。係以自由平等之個人。依於契約而起。

案人具有自然之團結力。其由個人而社會也。即其自然的之現象。更無待於契約。

三

歷史說

近世學者。多主此說。以國家為歷史之生產物。蓋謂人類之始。國家未能遽臻完備。必經幾多之變遷發達。由家族時代而部族時代。封建時代。漸次而達於國家統一時代。是則推究國家之原始。一家族而已。家族繁殖。分聚為部族。部族膨脹。成為一國。歷幾多歲月。經幾多變遷。始有今日之國家。威爾遜曰。一家之聚居。即古之一國。一國之原始。即古之一家。以歷史上觀之。今之稱為一國者。實為一家之膨脹而已。

案國家者。人類繁盛之後所定之團體之名稱也。猿族時代。未具人形。與鳥獸無異。無所謂家。更無所謂國。自人類化生。而有夫婦。而有子女。團而聚居。是謂一家。合家以成族。古時國家。聚族而居耳。無國家之名號也。及人繁而智進。覩動物中各具有天然能力。以自謀殖其生。於是名鳥之所棲為巢。為窩。名獸之所伏為穴。為窟。而以國家為人團之專名

詞。故國家者當然以人實之。而為人之保障物。蓋人具天然團結性。有人即有家。由家以成國。國家者淵源於人類者也。子輿氏謂天下之本在國。國之本在家。家之本在身。亦即此義。人類既組成國家。則對國以言。人斯謂之民。乃有國民之稱。國本作囗。取四境之內皆民之意。故民字原以對國言。後世則藉以對君言。蓋誤認民為君有。而國源民立之義遂泯。

第四章 國家元素

國家云者。人類團結於確定土地之上。而有主權者服從者之關係之謂也。無人類之團結。則國家無由發生。無土地以位置。則國家無所依據。無權力以統轄。則國家無以成體。故國家之元素。曰人類。曰土地。曰權力。

一 人類

國家無形體也。依人以營運其凡百機能。故人為國家構成分子。而國家為人之集合體。國家即人。人即國家。特人者指單純一個人而言。國家乃集合億兆人之稱。人類之所以必集合而成國家者。蓋不團結不足以圖存勢也。抑亦其天然團結性致然耳。中古以前。獸蹄鳥跡之道。交於中國。設非聚處。必不能勝鳥獸之角逐。況人靈於物。覩同類而不觸發其愛情乎。其漸次團成國家也。亦自然之道也。於是國家為人所組成。國家為人所獨有。而人乃純然為國家之元素。

二 土地

人類既團結矣。不有一定土地以居載之。雖有團體之現象。終不能指為確定之國家。古昔人民。逐水草而轉移。奉酋長之命令。受法律之支配。無確定之土地。此而認為國家。以何者為國家地位。以何者為國家境界。故國家者。有確定之處所。有確定之疆域。如彼希伯來人。雖受摩西之政治教育。而當約書亞未率以占居巴勒司坦時。固不得稱為國家。以彼漂泊人種。其居處或河畔。或山腹。或海灣。其生活為漁業。為狩獵。為牧畜。惟自為一團體而已。不知以其團體確立永久之國家。其視土地殆無何等之關係故也。古時不知有國家。即不知保貴土地。後世組織國家之人類。莫不知土地之關係人民。而以為構成國家之元素。雖然。荒山曠澤。多為鳥獸所占據。未盡闢而歸人。則土地究不得為人類所獨有。而國家乃人團之專名詞。故土地為國家之元素。而非純然也。

三 權力

國家非漫然團聚之人類而可合可散也。蓋必有秩然之紀律。俾得井井有條。庶不致如一

般散沙。於是國家之實質可覩。雖然紀律必非無妨害個人私願之處。苟人各以其私而違反紀律。則國家公然之秩序。仍不能保全。故必有權力以保護此紀律。使之繼續有效。此權力屬之國家。入國家人者。組織此國家全數人類也。故國家人為主權者。而以各個人之資格言。則為服從者。苟為國家必生主權者服從者之關係。使無此關係之區別。劃然存於其中。僅為人類集合。則謂之社會而非國家也。故權力者國家元素之一。

凡居住國家境域以內者。無論其為內國人外國人。皆被其國家權力之支配。國家境域內。不容其國家權力以外之一切權力。

苟國家境域內之土地水面。個人欲購買時。當一遵國家所定所有權取得之條件。個人已購買時。當納收益之幾分於國家。惟認此土地水面為公共營造之必要時。例如築鐵道。樹電桿之類。雖屬個人之所有。得賠償其代價而易取其所有權。

梭國有之土地水面。指向未歸個人所有者。或既歸個人所有後而其主消滅者而言。非經國家許可者。個人不得占有。

第五章 國家主權

國家之主權。既當然屬之國家人矣。而有在內對外之別。此主權之在內部。則為最高無限。而以立法權司法權行政權表現其作用。此主權之對外界。則為獨立不羈。而以宣戰媾和之權。締結條約之權。派遣公使之權。表現其作用。詳言之。分為五段。

一 主權為公有權

主權要為國家人公有之權。而非統治權也。故國家人謂之主權者。蓋國家主權即主有此國家之權也。例如物權之所有權。吾有是物之所有權。則是物得任吾之意思而處置之。或贈與人。或遺子孫。或破壞之。或保存之。是之謂主權。如美國雖分各州。以處理政務。受合衆國最高機關之支配。而其主權則公諸全國人也。

二 主權為獨立權

國家之主權。要獨立不羈。不受他國之干涉。且要為固有自存者。不能自他之權力而被分與讓附者也。故一方所有之權力。或由法律所發生授與者。固皆不得稱為主權。

三 主權為完全權力

主權也者。非如立法權司法權行政權特種之權利。亦非此等權力之總稱。蓋此等權力之根本原動力也。固完全圓滿而無缺。如彼立法司法行政云者。不過主權作用之一部分而已。總而言之。國法所規定各種之權利。為主權行使之一部分。而非主權其物之謂也。

四

主權無責任

主權者。法律上外對於外國。不得有何等責任。内對於本國一部分。不得有何等之責任者也。若對於外國而負有法律上之責任時。則反於主權固有之性質。若對於本國一部而負有法律上之責任時。則是以全部服從一部分之指令。主權之性質不如是也。蓋如彼之國際條約。雖生一種責任。然是因為政治上之責任。而非法律上之責任也。法律上之責任者。可得成立於一主權之下。而不能成立於主權與主權之間者也。

五

主權有一無二

自法理上論之。國家之所以為國家者。固在於其有主權也。若一國家内而存在二種以上之主權。則是為二種以上之國家。而不可謂為一國家矣。故一國之主權。法理上不能分析。蓋國家之所以存在者。在於其組織統一而為貫通之作用也。若其組織不能統一。則國家之權力不歸於一。其勢必渙。欲國之不垂亡難矣。

案主權為國家人所公有。苟欲委任於少數個人。以代表執行此主權。其主權亦必屬之國家人。而以憲法規定。關於此委任之條件。當於政體篇中詳述之。

丑

政體

政體如母。其所發生者為子。以立憲為母。則所立之憲為子。以專制為母。則所專之制為子。一母之所產出。良莠不必盡同。而其母不緣以為變遷。蓋專制政體固多弊政。然亦僅有專行良善之制度者。而政體則仍為專制。立憲政體固多善政。然亦僅有立不完美之憲法者。而其母則仍為立憲。故政體不以政治之變更為變更。

第六章

中國歷代政體

政體非單指行政一部而言。凡一切政法。皆同具一體。今述政體并及其作用。得其用而體更瞭然矣。中國垂五千年。代有政治。而究之三權共未能劃清。試一沿革言之。

一

五帝及虞夏之制度

自黃帝立六相史官及占天官。又置左右大監。監於萬國官職。稍分。少昊立歷正之四屬。鳩民之五官。又有五工正以利器用。九農正以勸農事。皆屬中央行政各部。農工兩職。沿今不變。及顓頊分司五行。以治五方。命南正重司天。北正黎司地。政教始分為二。唐虞之世。内官有百揆　后稷　司徒　士　共工　虞　秩宗　典樂　納言。又有十六相。皆屬中央行政各部。士則擬於今之司法官。納言則近於今之議院。外官有四岳州牧。即今之地方行政是

人系　甲編法政　七

刑法　唐虞之制。以墨劓剕宮辟為五刑。處以流放者曰流刑。又有贖刑鞭刑扑刑三等。眚災肆赦。怙終賊刑。士官執法。天子不能干以私。

兵制　天子有事。則徵師於諸侯。黃帝武功最盛。且制陣法。以揚德而建威。遷徙往來無常處。以師兵為營衛。

案我國自黃帝創立制度。而政體始樹。及虞舜命官任人。而政用益彰。統治權屬於天子一人。統治之法式悉順民情意以定。故其政治以專制為體。而以養民為用。垂四千餘年。政體未變。惟歷代開創之主。能得此養民之政用者。斯有統治權。其季世不能民心一去。革命家乃起而代之。故世界專制君主之國。接踵衰亡。獨我國巍然存立。至於數千年之久者。非以其體實以其用也。

二

三代之制度

中央行政各部。夏有三公九卿二十七大夫八十一元士。殷又置二相六大夫五官六府六工等。周有二相六卿。六卿之下。各有屬官。又有三公三孤。以待有德者。地方行政各部。夏殷仍唐虞九州之牧。殷代諸侯之官。有上大夫卿下大夫上士中士下士。凡五等。周仍此五等之制。又另設有内史司隸縣正。亦屬地方行政。又有鄉師鄉老鄉大夫之屬。蓋鄉官之制也。

刑法　夏作禹刑。殷制官刑。皆不詳。周有大司寇。掌三典。輕典中典重典。以佐王刑邦國。詰四方。以五刑野里鄉官國糾萬民。是為高級裁判。有小司寇。以五刑聽萬民之訟獄。為下級裁判。老弱愚蠢者。雖犯罪不加刑。無識或過誤或遺忘而犯罪者。皆在宥恕減刑之列。此與今日法律上保護未治產者之義相近。有以貨財相告者。令入束矢。以罪名相告者。令入鈞金。以三刺斷獄。以五聲聽訟。此乃裁判之制。

兵制　在夏殷天子有六師之制。周因井而制軍賦。地方一里為井。四井為邑。四邑為邱。四邱為甸。每甸出戎馬四匹。兵車一乘。牛十二頭。甲士三人。卒七十二人。干戈備具。此徵召之方法也。五人為伍。伍有長。五長為兩。兩有司馬。皆中士。四兩為卒。卒有長。皆上士。五卒為旅。旅有帥。皆下大夫。五旅為師。師有帥。皆中大夫。五師為軍。軍有將。皆命卿。天子六軍。大國三軍。中國二軍。小國一軍。此組合之方法也。民自二十歲至六十歲。皆當服兵役。王畿之兵。半歲而更。一生僅一役。諸侯之兵。一歲而更。一人再役或三役。此人民服兵役之制也。春蒐夏苗。秋獮冬狩。此訓練之方法也。

案桀紂專制。湯武亦專制。故易夏以商。易商以周。政體未革。特其用有能養民與不能養民之別耳。故湯武乃政用革命。而非政體革命也。及周失養民之政。乃一流而入春秋戰國之世。政用既失。政體遂裂。孟子興。力持保民而王之義。以說當世之諸侯。有以鑑也。

三

春秋戰國制度

人系　甲編法政　八

春秋時各國多有六官之制。如秦之右大夫。楚之令尹。皆屬中央行政。至地方縣邑之長官則有宰有尹。有公有大夫。軍事則有將軍之職。戰國時。各國皆置相。以當宰職之任。置師傅以為論道之官。屬中央行政。置御史以糾吏。而司法稍分。置守吏以治郡縣。為地方行政。軍事亦有將軍之職。

刑法　春秋仍西周呂刑之制。劓刵椓黥之刑。惟行諸一般人民。貴族中則止於殺而已。戰國時各國君權張而刑法益密。秦有三族七族十族連坐諸法。有腰斬車裂鑿顛抽脅諸刑。楚有滅家之法。有冥室櫝棺之刑。齊有烹刑。趙有夷刑。大抵由人君逞臆為之。無所謂司法之官。

兵制　春秋多寓兵於農。而以車為主。如齊之軌里連鄉。魯之邱甲。晉之州兵。至魯作三四軍。晉作六軍。而兵制為之一更。如鄭之編伍。晉之毀卒崇車。楚之乘廣軍隊組織。大概類此。戰國之兵。悉由召募。如秦法以客民任耕。秦民任戰。魏之武卒。以度取之之類。而兵農至此分矣。兵數驟增。遠過春秋。諸侯帶甲者以數十萬計。車騎之數。以千萬計。戰術亦多有進步。春秋猶主車戰。至戰國乃廢乘而騎。如齊以技擊強。魏以武卒奮。秦以銳士勝。不聞以車制敵。及趙武靈王胡服習射。乃古今戰術上改革之大關鍵。

附春秋國際公法

平時國際公法　(一)諸侯相朝。同姓先異姓。(二)衣裳盟會。歃血示信。(三)賑饑。(四)弔喪。(五)新君即位。遣使出聘。(六)友邦賓至。有郊勞之禮宴享之儀。

戰時國際公法　(一)兵車會盟。共討不法。(二)師出必有名。(三)軍旅所過。秋毫無犯。(四)敵未成列。不得進擊。(五)戰後言和。彼此必歸其俘。(六)興滅繼絕。(七)禦強衛弱。(八)勝則獻捷於天子。(九)師行鄰國。必假道。

四　秦漢及三國制度

秦置丞相。以總百揆。置御史大夫。以貳於相。置太尉以掌兵事。漢初一仍秦舊。丞相之權甚重。無所不統。御史大夫遇郡國奏事。得以意平決。太尉掌重兵。是為三公。其下有九卿。分曹治事。武帝時。省太尉。置大司馬。成帝時。改御史大夫曰大司空。哀帝時。改丞相曰大司徒。其時加大司馬於大將軍之上。王莽為之。遂移漢祚。東漢以尚書柄政。權出三公之上。自秦之少府。九卿之一。遣吏四人在殿中主發書。謂之尚書。遂有其名。漢武游宴後庭。始令宦者典尚書事。而外廷之權。漸移於宮內。武帝又任用左右近嬖之能奉承己意者。使潛奪相權。於是宰相實權歸於尚書。至霍氏而後。尚書一職。又移於外廷。東漢之尚書令。與司隸校尉御史中丞。朝會時皆專席坐。京師號曰三獨坐。三國魏置中書監令。尚書之權。又移歸中書。此皆中央行政也。至地方行政。則自秦分天下為三十六郡。郡置守　丞　尉。守治民。丞佐之。尉典兵。以御史監之。漢初郡置太守　郡丞　都尉。郡為諸侯王國者。置內史。以掌太守之

任。武帝時。省諸郡都尉。并職太守。惟邊郡往往置之。又置刺史。分巡十二州。權出太守之上。成帝時。改為州牧。位次九卿。其後復為刺史。漢末復置州牧。其權益重。袁紹劉表之徒。皆恃為號召之資。擬於古代諸侯。三國時。刺史太守。皆兼將軍都督之號。以故多事戰爭。

刑法　秦制死刑之屬有斬　戮屍　梟首　車裂　徇　滅宗　棄市　族　坑　腰斬及五刑等。非死刑之屬有劓　刵　鬼薪　黥為城旦等。漢初約法三章。殺人者死。傷人及盜抵罪。悉除秦苛法。惟三族之夷。五刑之具。則仍之。韓彭等身嬰其戮。及孝惠高后時。乃除去。蕭何攟摭秦法。作律九章。文帝時。除收孥律。以笞刑代肉刑。張釋之為廷尉。廷尉司法官也。一人犯蹕。廷尉奏當罰金。文帝怒。釋之曰。法者天子所與天下公共也。今法如此而更重之。是法不信於民也。且既下廷尉。廷尉天下之平也。一傾而天下用法皆為輕重。民安所措其手足。尊制政體之下。君主不能干涉司法權如此。武帝命張湯趙禹條定法令。作見知故縱監臨部主之法。緩深故之罪。急縱出之誅。歷宣成哀平。屢施寬典。惟禁網縱弛。人輕犯法。東漢章帝。除諸慘酷之科。解妖惡之禁。安帝除蠶室刑。免贓吏三代禁錮。狂易殺人者論減。三國魏又減而輕之。

兵制　秦收盡天下兵器。欲人民相安於無戰爭之世。而抑知陳勝吳廣之徒。揭竹竿而起革命軍矣。漢置材官於郡國。置南北軍於京師。兵農不分。民年二十三歲以上。當服兵役之義務。自武帝置八校。大抵以習知胡越人充之。而募兵之制起。武帝抱開疆拓土之志。故國家多養兵之費。常兵有不足之虞。昭宣後兵制益壞。東漢隨時地而分置營兵。惟訓練不精。每出必敗。桓靈兵柄。為宦官所竊。何進等召外兵以除宦者。而董卓之禍發。起義兵以討董卓。而三分之勢成。蜀兵常不滿十二萬。用其三之二而休息其餘。迭為更代。吳多舟師。魏置大將軍都督中外兵事。

案秦廢封建而為郡縣。朝野上下。胥受制於一人。專制政體。牢不可破。乃不二世而亡。政用之失民心也。項逐秦鹿。坑降卒。屠咸陽。殘民之政。過於漢高。民是以與漢而不與楚也。三國時。魏以其功羅民。吳以其地域民。蜀無魏功。并無吳地。特特其養民之術以固民耳。

五　晉及南北朝之制度

晉置尚書中書門下三省。分掌機衡之任。其下有九卿太常光祿衛尉太僕廷尉鴻臚宗正司農。其掌職略同於漢。又推三公之制為太宰太傅太尉司徒司空大司馬大將軍。謂之八公。位在三公上。至丞相相國。不常置。南朝宋齊梁陳。間有損益。至北朝魏。道武始建台省。置百官。而侍中則當樞密之任。北周初沿魏制。後酌周禮之義。建六官之職。此皆中央行政之制也。至地方行政。在晉則郡置太守。皆兼將軍之號。郡佐略如漢制。更為諸王置內史。大縣置令。小縣置長。掌其地之政令。宋仍其制。惟大小國皆有三軍。且多兼刺史之任。惟其實權多在長史。北周將軍都督刺史之類。則仍秦漢。

刑法　晉初賈充等修律。減梟斬族誅從坐等條。此為刑法上之進步。厥後議者屢請復肉刑。皆不可。齊武別造新律。亦未實施。梁末損益齊律。更為梁律。梟首棄市則為死刑。其餘諸刑。曰耐罪。曰贖。曰鞭。曰杖。陳律略如梁制。後魏用刑頗峻。及崔浩定律。刑制始備。讞鞫亦詳。特頗涉嚴酷。民多苦之。孝文帝哀矜庶獄。詔除大逆謀叛之外。犯罪者止刑其身。此見刑法之改良。亦以見君主之保貴私產。北齊採魏晉故事。更定齊律。死刑有轘梟斬絞之別。餘則為流刑徒刑鞭刑杖刑四等。與死刑皆聽納絹收贖。各有差等。北周所撰新律。與齊制稍異。而亦分五等。

兵制　晉初制中後二衛。及前後左右驍騎七軍。而領於中軍將軍。又封同姓諸王。大國兵五千。次國三千。小國千五。平吳之後。罷州郡兵。郡置武吏百人。小郡五十人。元帝南渡。州郡之兵轉盛。南朝大卒用徵發召募二制。惟輕進易退。故多敗少捷。後魏初置四廂大將。又仿十二時置十二小將。及孝文定都洛陽。乃選十五萬人。為羽林虎賁。以充宿衛。然使之坐食京師。久乃驕蹇不可用。北齊軍制別為內外。領之二曹。外步兵曹。內騎兵曹。人生十八受田。二十充兵。六十免役。北周軍制。合為百府。分屬二十四軍。郎將百人。人領一府。開府二十四人。人領一軍。合兩開府則置一將軍。合兩將軍則置一柱國。凡柱國六人。加持節都督以統之。此後世府兵之嚆矢也。

案漢季國家統治權分而為三。晉統一之。政權仍集於中央。及武帝晚年怠政。政治遂不

必專於君主。后黨專權。三楊用事。惟其為專制政體。固未變也。秦漢而還。國為私有。政操一人。久成鐵案。爭國家者。以政體為媒介。以為欲取其國。必先竊其政。魏晉得竊政之術。而不能永保其權。蓋操縱者不知執柄。其勢必奪。八王之亂。五胡之作。十六國之出。殆皆垂涎於已成之君主國家。莫先盜取其完全專制政體耳。特為盜者多。而體乃分矣。夫立憲政體。政公於國人。欲竊其政。必盡瞞過全國人之眼簾。專制政體。政在一人。挾而劫之。曚而竊之。至易事也。論歷史者。謂漢魏以降。戎狄雜居內地。黨徒衆而邊釁生。五胡十六國因之以起。蓋未究察其源耳。物為一人所有。兩人奪之而有餘。縱無五胡十六國。一二草澤之雄。已足亂之矣。

六

隋唐制度

隋煬帝行新令。置殿內省。與尚書門下內史秘書為五省。增謁者司隸台。與御史為三台。又置少府監與長秋國子將作都水為五監。中央行政部稍涉完備。唐初因是制。以尚書中書門下三省之長。共議國政。中書出詔令。門下掌封駮。尚書主奉行。有吏戶禮兵刑工六部為之屬。以尚書省統會衆務。及代宗設樞密使。以任宦官。德宗更置中尉使掌禁軍。宰相之權又由尚書移歸內侍。此中央行政之制。更述其地方行政。隋時罷郡。以州統縣。州置太守。縣置令。置司隸刺史。分察諸州。唐時分天下為十道。置巡察使二十人。全國三百餘州。分統於各道。州置刺史。縣置令。開元時於各道置採訪使。如漢刺史之職。開元末又於邊境各置節度使。使掌軍事。鎮撫邊人。肅代以降。內地亦復置之。於是節度繁多。紛紜更變。以迄於亡。

刑法　隋文定十二律。曰名例　衛禁　職制　戶婚　廄庫　擅興　賊盜　鬭訟　詐偽　雜律　捕亡　斷獄。置十惡之條。曰謀反　謀大逆　謀叛　惡逆　不道　大不敬　不孝　不睦　不義　內亂　犯者無赦。刑凡五等。曰笞　杖　流　徒　死。死刑有二。曰斬曰絞。蠲除前代鞭刑及梟首轘裂之法。其在八議親故賢能功貴勤賓之科。及官品第七以上者。犯罪皆例減一等。煬帝除十惡之條。律令亦稍有損益。唐初亦有十二律。與隋同。其十惡八議五刑。亦略相近。其行法以尊卑貴賤為差。罪在尊長或主人。即可論減。又有誣告之條。及匿名書之禁。在京師犯罪者。由京兆法曹若大理院推斷。在外者由州縣法曹推斷。其死罪則由中書門下五品以上及尚書平議之。

兵制　隋仍府兵之舊制。唐初亦效法之。分天下為十道。置府六百三十四。而關內道置二百六十一府。所以重內而輕外也。府有三等之別。上府千二百人。中府千人。下府八百人。置折衝都尉。每歲季冬。帥以教戰。又更番宿衛京師。其組織之法。十人為火。火有長。五十人為隊。隊有正。三百人為團。團有校尉。凡民二十為兵。六十免役。能騎射者為騎兵。其餘為步兵。騎步之名始此。高宗武后時。天下久不用兵。府兵之法寖壞。開元中。張說乃建議募士宿衛。號曰彍騎。天寶以後。彍騎之法。又稍變廢。宿衛皆市人。及祿山既滅。武夫戰卒。以功起行陣

閭者。列為王侯。皆除節度使。外兵勢盛。而京內禁衛。典於宦官。莫能制之。

案唐初以中書出詔令。可比立法機關。以門下掌封駮。可比司法機關。尚書主奉行。則行政機關也。惟專制政體。立法之權。則在君主。中書特其代表耳。司法權亦屬君主。特遇有嚴峻之司法官。君主不敢干以私。而司法乃得獨立。或遇有賢明之君主。自不干涉司法。而司法亦得獨立。唐代尤慎重死刑。其處置死罪。則合中書門下尚書平議而決之。其中央行政屬尚書省。固儼然今日之內閣。地方分治亦瑣。特兼充軍務。非治法耳。

七

五代制度

五代行政官。在中央則有三省九寺五監。在地方則有節度使刺史縣令。一仍唐制。惟唐樞密院。至中葉以降。宦官在內廷出納詔旨之職。朱梁革之。改樞密院為崇政院。使更用士人。後唐復改為樞密院。命宰臣郭韜兼使。權侔宰相矣。諸鎮節度使。改用文人。至諸州郡刺史之直屬於朝廷者。亦多用武臣。

刑法　五代多盜賊。故用刑尚酷。晉之治盜。其贓賊及鄰保。皆同處斬。南漢立燒煮剝剔刀山劍樹等刑。私販鹽十斤以上。釀麴至五斤以上者。皆處極刑。周制民有訴訟。必先歷州縣而觀察使。而台省。或自不能書牒。倩人代書。則必書所倩人姓名住所。若無可倩。聽執素紙所訴必須已事。毋得挾私妄訴。

兵制　梁懲藩鎮之弊。遇功臣稍有疑忌。輒斬艾隨之。遇將校有戰殁者。所部兵悉斬之。故士卒失主將者多逃亡。帝乃命文軍士之面。於是逃亡之兵。皆藏深山為盜。晉初制鄉兵號天威軍。後復以不可用罷之。而所在流兵。多起為盜。周世宗大簡諸軍。詔募天下壯士。選其尤者。為殿前諸班。其步騎諸軍。各命將帥選士。故士卒精強。權力特張。由是軍士策立天子習為風氣。李嗣源李從珂郭威皆由軍士擁立。趙匡胤為宋祖。亦由軍士推戴。

案五代之際。國體裂。政體亦碎。惟軍界專制之制。則完全自若。軍士之推戴天子。實專制威權有以致之。故政體寄焉。綿延保存此專制二字以致於宋者。軍隊也。

八

宋代制度

宋代中央行政。以同平章事。若參知政事。當宰相之任。不專用三省長官。中書門下。并列於外。又別置中書於禁中。謂之政事堂。與樞密院對掌大政。財賦則悉隸三司。糾彈之事。仍由御史台掌之。仁宗時。政黨發生。若韓琦范仲淹富弼歐陽修。為甲黨。黨首呂夷簡夏竦王拱辰為乙黨。黨首出入內閣。此起彼仆。先後廿年。英宗臨政。必問故事與古治所宜。凡有裁決。皆出羣臣意表。元祐間政黨又起。蘇軾為蜀黨。黨首程頤為洛黨。黨首劉摯王巖叟為朔黨。黨首。當時各持政論。其政治之發達。可見一班。至地方行政。諸路則置有觀察使防禦使團練使都督一官。至中葉兵興以後。始漸設之。餘若州有知州。縣有知縣。皆親民之官也。

刑法　宋襲唐舊。惟法典隨時修輯。分為四目。麗刑名輕重者為勅。載約束禁止者為令。言等級高下者為格。有體制模楷者為式。刑有笞杖徒流死五等。又有刺配法。杖其背。配其人。復黥其面。是一人而三刑。有淩遲法。先斷肢體。後絶其吭。是兼施身體刑與死刑者也。然刑雖過嚴。而法庭執法。必審慎至再。法庭之在京師者。有開封尹。有御史。又置糾察使以糾其失。有大理寺。有刑部。又置審刑院以決其平。在諸路則置提刑司。在諸州縣則牧令兼任。

兵制　宋鑒藩鎮跋扈。盡收天下精兵。列營京師。以備藩衛。其戍邊防須兵。則遣自京畿諸鎮。亦皆戍更。兵無常師。約之有二。禁兵為天子之衛兵。廂兵為諸州之鎮兵。又有鄉兵。選自戶籍。或土民應募。團結訓練於所在地。以為防守之資是也。有藩兵。塞下內屬諸部落。團結以為藩籬之兵是也。組織軍隊之法。馬軍以滿四百人。步軍以滿五百人為一營。民服兵役初以六十一歲為止。繼以五十而免。凡召募廩給訓練屯戍揀補諸政。樞密院之兵籍藏於院內。王安石保甲之法。改募兵為民兵。未得永行。宋南渡後。外兵漸盛。然中央一紙詔書。猛將雄師。莫敢不受節制。此正反乎古時將在外君命有所不受之義。卒為遙制。故曰任將而中制者敗。

案宋以政事堂與樞密院對掌大政。政權不必專操於君主也明矣。至英宗之裁決。皆出羣臣意表。固具有立憲之精神。且以門下所屬給事中。專掌封駁之職。當時若梁燾封繳詔書。其駁文云。所有錄黃。謹具封還。伏乞聖慈。特付中書省。別賜取旨云云。此之司法可

蹟於獨立。按其語義。又見中書省純然為立法機關。故北宋之際。中書立法。門下司法。樞密院掌行政。三權顯分。特未立有憲法之條文耳。惜乎南渡後。以門下侍郎為左僕射兼官。與中書侍郎同時取旨。於是三權合一。而并歸於君主之左右近習。專制政體仍復其初。

又案我國政黨。始於北宋。政黨者。政治上發達之根據的也。日人大隈重信之論政黨有三大綱。一曰貴統一。二曰重正義。三曰尊自由。所謂統一者。當統籌全國國境。建立政論。凡在國家主權所行之地。悉合而治諸一爐。毋因地方之歧異。毋以種族為畛域。所謂正義者。政黨公黨也。毋因私意而執己見。務以國家與人民之利害為前提。非以膨脹一私人之權力也。所謂自由者。人民莫不有其趨向之自由。即孟子所謂匹夫不可奪之志。是政黨務持光明正大主義。以吸收人民之同情。不可有絲毫強迫力介於其間。宋代有因學派之歧異。各樹黨爭。而攙入於政治問題者。失正義矣。蓋學術為個人私有。任一私人之宗主。無所妨害。政治則國家之公物。其直接影響於國家與人民。匪淺。政見以學派為異同。烏能成公黨之形。北宋制度。具有立憲精神。而未獲組成完全立憲政體者。實由當世政黨。囿於學派。未能公其心以造國家與人民生活的之幸福。斯則政治上之缺憾也已。

九

元代制度

元起朔方。部落野處。國俗淳厚。惟以萬戶統軍旅。以斷事官治政刑。任用者不過一二親貴重臣。其專制政體之基已植。及取中原。始立諸路宣課司。選儒士用之。即位後。酌古今之宜。定內外之官。其中央行政。有中書省。副者為左右丞相。秉兵柄者為樞密院。有院使司黜陟者為御史台。有御史大夫。凡官之長。多以蒙人為之。漢人南人貳焉。地方行政。則於諸路置有行省。行台。行院。地方長官有宣慰使。廉訪司。牧民者有路有府有州有縣。轄境遼狹。而秩亦遞卑。典學之官。凡行省所署之地。各置一儒學提舉司。

刑法　元因前制。仍備五刑。徒數與杖數附麗為加減。流則南人遷迤北之地。北人徙湖廣之鄉。又有籍沒連坐等法。而除黥面斷腕鞭背之制。英宗時頒律有大元通制。順帝時頒法有至正條格。初制本簡。因事立法。久之未免冗繁。雖能刪其繁文。使歸於一。而姦吏舞文弄法。人民難知。誤觸法網。往往有之。讞獄之權操之州縣府。總於刑部。又於各路置推官。推鞫刑獄。平反冤滯。

兵制　元初有蒙古軍。皆國人充當。有特默齊軍。出諸部族中。服兵役者男子年十五以上七十以下。既平中原。始有漢軍。其召集之法。或以丁論。男丁二十出一卒。或以戶論。二十戶出一卒。年在二十以上之男子充之。又有匠軍。取匠為軍。質子軍。諸侯將校之子弟組織之。皆多事之際。一時之制。有遼東之糺軍、契丹軍、女真軍、高麗軍、雲南之寸白軍、福建之畬軍。

皆就地徵募。不戍他方。有礮軍弩軍水手軍。蓋以技名者。有達爾罕軍。初平江南時。敢死士願從軍者。號達爾罕。蓋應募而集者。且馬政屯田驛傳（譯名展齊）諸部。凡與兵事相輔而行者。又皆綱舉目張。條理不紊。此蓋元之所以立國也。

案元代始闢東西交通之途。遵陸行者。一經天山南路。由中央亞細亞。一經天山北路。由西比利亞之南。而皆以和林燕京為會地。遵海行者。由波斯印度。至於閩廣。如福州泉州等地。實當代最盛商埠。其遠人之來中國者。近自波斯。遠及法蘭西。由是西方政治。乃得漸而東播。

十

明代制度

明行封建之制。而列爵不臨民。分土不任事。至靖難以後。防閑過峻。即有封地。畿等拘囚。出城省墓。請而後可。二王不得相見。封襲不以時行。不能擬於三代前貴族主義矣。其中央行政。有中書省。以總天下之官吏。都督府統天下之兵政。御史台振朝廷之紀綱。厥後立六部。分理庶政。罷中書省。廢丞相等官。洪武廿八年。諭後嗣無得議置宰相。蓋以其位高望重。有妨於君主之專制。仁宣以後。中央實權。歸於內閣。然其後內閣之擬票。決於內監之批紅。以是權歸寺人。皆天子近習之臣。故得為所欲為。而專制政體。遂完全無缺。其地方機關。於各省置承宣布政使。行政長官也。置提刑按察使。司法長官也。置都指揮使。典兵長官也。是為

三司。三司之上有總督巡撫。布按之下有諸道。曰分司。此外則又有巡按御史。以察官吏賢否。問人民疾苦。直隸於都察院。府有知府。州有知州。縣有知縣。

刑法　洪武廿二年。更定大明律。共目三十。刑律十一。曰人命　鬭毆　罵詈　訴訟　受贓　詐偽　犯姦　雜犯　捕亡　斷獄。十惡之目如前。貪墨贓六。曰監守盜。常人盜。竊盜。枉法。不枉法。坐贓。八議亦如前。雖禁用黥刺劓刵閹割之刑。而斷脊墮指刺心之類。猶覺所用非刑。其司刑獄之官。京師有刑部都察院大理寺。是為三法司。地方有按察使知州知縣。各有決斷訟獄之權。其不服者。得更提起訴訟於上級官廳。成祖以後。中官往往操緝捕之柄。分讞獄之權。浮縱枉濫。民怨莫伸。

兵制　明有京兵內地衛所兵邊兵。京兵一衛宮禁。其中有錦衣衛。以兵兼刑。且與中官相羽翼。故其權至後積重。一衛京城。另設專官統之。即五城兵馬兵。是又有神機營。專習神槍火箭之法。合上二者為三大營。衛所之兵。度地方之要害。於一郡設所。連郡設衛。大率以五千六百人為一衛。千一百二十八人為千戶所。百十二人為百戶所。大小聯比以成軍。一有征伐。則命將統之。邊兵則招近邊之人充之。且耕且戍。明初治兵之政。操於五府都督府。調撥之令。發於兵部。凡公侯伯皆領都督。以統禁兵。後以文臣或內臣提督京營。外設都指揮使。以轄鎮守之軍。又其後凡天下要害之區。皆設官統兵鎮守。有鎮守分守守備之屬。有事征戍。則又設總兵副將參將遊擊之屬。其文臣統兵者。則為經略總督巡撫之屬。其因事增

置者。又有提督提調巡視備禦備倭之屬。及中葉後。因東南沿海各地倭屢入寇。故設有舟師水寨之制。

案明末卓儒有黃梨洲先生者。痛夫專制政體之病民。乃從憲法之本源。著書以訴。其論君有曰。古者以天下為主。君為客。凡君之所畢世而經營者。為天下也。今也以君為主。天下為客。是以不惜屠毒天下之人民。以博我一人之私產。曰我固為子孫創業也。不惜離散天下之人民。以奉我淫樂。曰此固我產業所產出之花息也。然則為天下之大害者。君而已矣。其論臣有曰。緣夫天下之大。非一人所能治。而分治以羣工。故我之出而仕也。為天下。非為君也。為萬民。非為一姓也。吾以天下萬民起見。非其道。即君以形聲強我。未之敢從也。其論法有曰。三代之法。皆以為民。後之人主。惟恐其祚命不長。思患於未然。以為之法。然則其所謂法者。一家之私法。非天下之公法也。又曰。有治法而後有治人。蓋人依法行。法非而人是。終難以一私人之意見。於分外改革天下之公法。人非而法是。亦不至深刻羅網。文害天下。歷按先生所論。於國體政體憲法。均立有確義。其中有治法而後有治人一語。專從立憲政體上立論。蓋立憲政體。法緣理立。人依法行。法有條文。而理無憑證。故人之違法者易見。而法之背理者難知。大統領之非人不處也。憲法非法則不可救矣。非人者人違法也。察其違法。則執法從之可也。非法者法背理也。誰則察其背理。藉使有人察出。將以少數人改革此背理之憲法乎。強人從法耶。使法從人。不可有治法不患

無治人。無治法。雖有治人。莫能為也。故立憲政體。有治法而後有治人。專制政體。則有治人而後有治法。

十一

清代制度

清採明制。仍由君主獨裁。康熙間。諭旨多令南書房翰林撰擬。其職實如宰相。雍正間設軍機處。較選大學士及各部尚侍。入直內閣。中央實權。漸移歸軍機處。季世以組織責任內閣。設總協理大臣。為中央行政之總機關。裁撤軍機處。又定新內閣官制。特設閣丞。又分設法制院承宣廳及制誥局敘官局統計局印鑄局。院置院使。廳與局各置長。其中央各部。則曰外務部。自同治間與列國交涉甚繁。各國遣使駐京。清亦遣使分駐各國。又於京師設總理各國事務衙門。至拳禍交涉終。改為外務部。曰吏部。掌中外文職銓敘勳階黜陟之政。曰度支部。初名戶部。總司出納。掌戶口土地之籍。曰禮部。掌儀禮學校貢舉之政。曰陸軍部。初名兵部。掌中外武職銓選簡覈軍實督理禁衛鎮戍軍功之政。曰理藩部。掌外藩封授朝貢黜陟徵發之政。曰民政部。統管地方行政地方自治事務。曰學部。掌全國教育事宜。曰農工商部。提倡全國農工商諸政。曰郵傳部。主全國郵電路航諸政。曰法部。即刑部。掌刑名獄斷之政。各部以尚書為長官。後改尚書為大臣。亦為國務大臣。與內閣總協理負連帶責任。此外如大理院。為全國最高司法機關。資政院為最高立法機關。又設弼德院。以輔弼君主。設軍

諸府。以總持軍務。至地方行政各省。則置有總督巡撫。為一省或數省之行政長官。其下置布政使。掌財賦。按察使掌刑獄。後改為提法使。分巡道兼轄數府。府有知府。廳有同知。州有知州。縣有知縣。州縣親理民事。而受成於府。提督學政主一省之教令。後改為提學使。餘若因事設官。如漕督如河督如鹽運使及糧道鹽道之類。後又設交涉使勸業道巡警道之類。季世又採日本市町村制。訂有城鎮鄉地方自治章程。由各州縣自劃區域。每區設一地方自治公所。以各該州縣監督之。公所分代議執行兩機關。辦理各地必需事宜。

刑法　清初定問刑衙門。准明律治罪。復纂律例成書。刑分五等。斬絞徒流笞杖。情屬可矜可疑者。五刑皆有贖法。其較流徒加重者。曰充軍。發邊遠安置。曰邊外為民。發邊外安置。曰雜犯流罪准徒四年。曰雜犯斬絞准徒五年。其死刑重者。曰凌遲梟示。又有刺臂刺指之法。獄具有板枷杻鐵索鐐夾棍拶指之屬。中央有刑部都察院大理寺為之司。地方則決施於州縣府道按察司督撫。行政司法。混而為一。遇有酷毒官吏舞文弄法。摧殘人命。人民有呼籲無門之苦。季世各省籌設審判廳。有初級審判。地方審判。高等審判之稱。統諸京師之大理院。俱為專司刑法之機關。

兵制　清初設四旗兵。以色為辨。又定八旗之制。旋分蒙漢軍各為八旗。入關之初。因盛京為發祥重地。設兵駐守。而駐防始此。厥後凡直省形勝之區。皆分八旗兵駐防。時統計八旗兵額不過二十萬。而京師禁旅。乃至十餘萬。直省漢兵。由召募成軍者。凡六十萬人。以綠旗

為辨。故曰綠營。提督總兵。有簡練兵戎之責。總督巡撫。有節制提鎮之權。蒙古兵分旗編練。有大征伐。則檄以從征。惟西藏之番兵。不與征伐。方其盛時。旗兵固稱精勇。即綠營亦可補其不足。及其衰也。八旗多惰兵。徒耗國廪。綠營多空額。祇以市人備簡練之數。至嘉慶平川楚教匪後。八旗威替。而鄉勇之效漸著。湘鄉曾氏所團鄉勇。頗名一時。及髮捻平。勇兵又等於綠營。於是編制訓練。漸次改參西法。名曰練軍。各省以直隸為最著。季世裁撤綠營。創有新軍之制。於是常備續備後備之名。備軍鎮協標營隊之制詳。參用東西各國徵兵之制。廢團兵府兵之制。而徵集民兵。此皆陸軍制度。至海軍則自中法戰後。謀張海權。始漸設有海軍。當時師船劃分南北洋。北洋一軍。尤稱勁旅。及甲午戰敗。中國海權盡失。至宣統三年。始設海軍部。亟亟於購艦備兵之要務。然而規模幼稚。固非一時所能整頓也。

案自練軍以直隸為著。海軍亦以北洋為勁。至今尤以北軍為雄。南軍亞之。蓋北人賴苦。南人文弱。一也。軍隊貴服從。北人附近君主專制之威。猶有餘悸。南方則民智早開。不賴壓制。二也。

案自成湯革命。周武繼之。接踵而起者。多見於累代之季。迄前清未能革除專制之政體。若夏桀而不絕其根。終必復於歷代之主。革命者類皆以政能養民為目的。所謂政用革命。而非政體革命也。清之末造。鑒於列國以專制亡者。數見不鮮。鄰邦日本。又為之導其先路。乃派大臣出洋考察憲政。為立憲之準備。卒之政體未及樹固。有謀國體革命者。繼

步成湯之後而起。復三千六百年前之民主國體。破四千六百年來之專制政體。我國民咸祭香而祝之曰。民國萬歲。憲政萬歲。

第七章

世界列强政體

專制政體。已絕跡於今之世界。其小邦之憲法。簡而易立。不足稱述。列强則政繁而難備。然亦皆具有綦詳之憲法。為我國歷代所絕無。乃約舉而論次焉。

一

法國之制度

普法一戰。拿破崙三世之勢力乃墜。於是一八七〇年九月。甘必大宣言共和政治於巴黎。始建成共和政府。七一年二月。普法議和。法乃用普通選舉制組織國會。因以商確和欵。此國會於議約之外。且有制定永遠憲法之權限。一八七五年。法國現行憲法。經此國會承認。而於次年二月實施行之。惟此憲法甚簡。所規定者。僅其組織政治機關等重大事項而已。故實際上許採用從前憲法。以補新憲法之不足。但務與共和政治不相牴觸。至於必須修正或廢止之時。則由立法府之兩院合為一國民議會。此國民議會又為審斷法律有無違憲之唯一立法府。憲法有疑義時。亦以此議會所解釋者為準。故解釋憲法之權亦屬國民議會。

立法部

代議院之組織

法國憲法於代議院之組織。僅有遵法律所定之條件方法。依普通選舉以選出代議員一語。按現行法律。凡有法國國籍二十一歲以上之男子。於選舉前六個月住居於其市町村內者。皆有選舉權。又凡依裁判所宣告而剝奪公權剝奪參政權及禁止其行使選舉權者。或因強盜竊盜詐欺賭博受裁判所宣告者。受後見者。受破產宣告者。皆無選舉資格。凡選舉人。皆得被選為代議員。惟未滿二十五歲者則否。代議員任期四年。全數同時改選。共五百七十三人。

元老院之組織

元老院以各縣選舉會所選之議員組織之。此選舉會則由各縣所選出之代議院議員縣會議員郡會議員及各町村會所選之代表成立之。町村代表之數。依町村會議員之數定之。議員之數。則從町村人口定之。至代議院縣會郡會之各議員。皆以普通選舉選任之。故元老院實即於普通選舉中。用間接投票之法複選以組成之也。議員任期九年。全數三百人。每三年改選三分之一。各縣或選十人。或五人。或一人。按人口之多寡為差。凡有臣民之分限。滿四十歲。享有公權及參政權者。皆有被選之資格。他若前王之子孫宗族及現服海陸軍役務。皆不得為議員。又有給官吏。亦無議員資格。但如大臣次官公使縣知事警視總

監大審院長及其他重要官吏等則可。

兩院之職權

兩院相合。則為國會。最高立法機關也。權限甚廣。凡國家之權能。憲法上不明定屬何項機關者。概握之兩院。其權限以平等為原則。惟屬於財政上之法律案。則必先提出於代議院。蓋凡財政上議案。非屬於行政部者。皆必由代議院提起之。元老院無此先決權。但元老院對於代議院所已經可決者。有全體排斥之之權。至元老院之有修正其全案中一部之權與否。則迄無定論。在元老院向主張有此權限。且屢屢實行之。而代議院則共未承認。雖於元老院所修正者。亦時表同意。然終不承認其有修正權。

立法部之通常開會期日。憲法確定以每年一月第二之月曜日。兩院有不待大統領召集。得自集合開會之權。且得催迫大統領召集臨時會。兩院過半數之議員相要求者。大統領必須召集。每年兩院至少開五十日會。其開會閉會。必須同時。大統領有命其停會之權。但停會不得逾一月。若逾一月後。兩院得不待大統領之命。而自召集之。且一會期內。不得三次停會。若大統領於同一會期中。有第三次停會之命令。僅可置之不顧。兩院又有日日休會。或短期休會之權。通常會期。五個月既終。兩院得私自開會。其未終之時。非經大統領及內閣大臣之許可。不得閉會。

議員之特權　會期中不受逮捕審問。惟現行犯則否。於院內所表白之意見及投票等不負責任。據法律之規定。得受報酬。且實際上不受選舉區內人民意思之拘束。

立法之手續　法律案非經兩院可決其全部。不能有效。兩院既經可決。隨時即生法律上效力。不必更待大統領之裁可。惟大統領得申明其理由。求其再議。此時兩院須應之。若再經法定之多數可決者。則其要求即時消滅。蓋大統領既無裁可權。即無不裁可權。

國民議會之組織及其職權

凡通常之事務。元老院及代議院皆各自議決。惟修正憲法及選舉大統領時。則合兩院為一國民議會。其議決之修正憲法之先。須經兩院同時承認。方能着手。蓋兩院必先各自討論其應否修正及其所必須修正之點。與其所應行修正之條件。詳加審議。緣茲事重大。於求國民議會一致同意之前。兩院當各自知其精神之所在。凡選舉大統領。當於大統領缺人時。及修正憲法時。必須以議員過半數決之。其事既畢。即隨時閉會。倘或因事延長。不得逾通常議會會期之日數。（五個月通常議會。皆開於巴黎。惟國民議會。則在維薩里。蓋因大都之間。議論甚烈。恐其足以搖惑議員也）

行政部

大統領之選舉　資格　權限

選舉　大統領由選舉會國民議會選之。此選舉會於現大統領滿任前一月。必須召集。主召集者。憲法上無明文。自其精神上推測之。得由兩院議長協議。發召集狀。元老院議長若急於召集。則各議員得於大統領滿任前十五日。逕自集會。大統領死亡或辭職時。兩院得逕開選舉會。倘適在代議院解散期間。則即行選舉代議院議員。其元老院仍當然集會。組織選舉會之監督。元老院議長任之。選舉事務。副議長及書記官掌之。其選舉票數。從多數取決。大統領任期七年。得再被選。

資格　法國憲法於大統領之資格。除定為前王子孫。不得為之之外。無他規定。惟無選舉權者。不應有被選舉權。乃法律上之原則。而大統領尤宜具有代議院議員之資格。

權限　一外交權　大統領非豫經兩院承諾。不得宣戰。他如授受公使領事之權。締結條約之權。則屬之大統領。但關於平和貿易財政領域及人民在外國者之身體財產等條約。皆必經兩院議決。始有效力。　二關於立法之權限　法律案發案之權。及法律公布之權。屬於大統領。大統領於兩院所議決之法律案送達之後。一個月內。須公布之。若兩院申明其為緊急法律者。則三日內即須公布。當此期間。大統領得申明其理由。請求兩院再議。惟對於同一項法律。不得有二次請求。大統領得向兩院提議。請開國會。修正憲法。惟無強使必從之權。　三內務行政權　事實上大統領雖常行使其監督確保法律執行之權。而憲法上則無規定之明文。　四關於司法上之權限　大統領有構成裁判所之權。此裁判所專以審判元老院所告訴之關於國家安寧之犯罪者。亦得審判政府之最高官吏之罪犯。大統領得減輕刑罰。得命再審。得停止判決。於刑事裁判所或警察裁判所已經宣告之罪

犯。得赦免之。　案分權為憲法原則。司法之不能統於行政。猶行政之不能統合立法也。大統領亦行政機關之人員。當與司法官同為民選。各有職權。何容相侵。　（五）大統領之特權　大統領除犯大逆罪之外。一切犯罪。皆無責任。

案大統領之一方。亦國民耳。自其依法處理事務而言。固應認為統領。自其違法犯罪而言。即應目為罪犯。果不負犯罪之責任。司法官即不能按法加以處治。而法律乃失其效力。

大統領即犯大逆罪時。亦惟代議院始得起訴。惟元老院乃得審問之。大統領受刑法上特別保護。凡有誹毀侮辱之者。其處罰較加害常人者加重。

案大統領亦人耳。非具有特色之身體骨骼皮血也。其不甘受誹毀侮辱。亦等常人之情。而何分彼此。

大統領得受俸給。惟無定額。依每年豫算定之。

案大統領為通國所倩之代理人。自應受相當之酬報。且值其在任期間。固不暇另圖生計。捨此酬報。更何由贍足其家室與其自身日用之所需。

內閣及大臣會議

內閣與大臣會議。皆由各省大臣組合而成。惟職權不同。內閣乃運用國家政治之機關。地位實居中樞。立於國會與大統領之間。為其鎖鍵。故就內閣言大臣。則大臣者對於國會代

表政府者也凡大統領命令非經主務大臣副署之無效例如教育上之命令學部即其主務財政上之命令度支部即其主務當各省大臣之組織行政會議時則以大統領為行政長官蓋大臣為各部之主而各部又係大統領以命令而設者故大臣之在各部則服於大統領會議在大統領前開之而不受大統領之統理其統理此大臣會者為議長議長由大臣會中選任之大臣會之設立蓋所以統一國家之政務而於一切行政上行其監督者也大臣會議者乃於其行政上議決其職務耳凡大統領死亡辭職或無能力時當新大統領未舉定前則大臣會攝行其職務

大臣之選任實由大統領惟不得自由選任實際上務選議會多數公認者任之大臣之去就依於元老院所議決者少故進退大臣之權力概屬之代議院大臣得以其身分出席於國會議事時有發言權雖於討論終結之後亦得發言此權利大藏內務殖民文部四省次官亦有之故此四省次官通常皆兼國會議員大臣之政略非先得國會協贊必不能有所舉動故大臣一失議會信任即不得保其職位蓋大臣所提出之議案若經議會否決即不能不辭職以其政策不得議會同意終不能執行故也大臣又以其職而為參事院即裁判一切行政訴訟事件之最高裁判所之評定官度支大臣又以其職權製定豫算案大統領之給俸數列內此豫算案須得大臣會之同意始得提出於議會

總言之內閣為行政外部之代表大臣會議僅能為行政內部之監督故同一大臣處於內閣一方面祇以對外而處於大臣會議一方面則僅能對內

各省大臣共十一曰司法省度支省陸軍省海軍省附殖民外務省內務省文部省工部省農務省商務省遞信省

地方行政

法國地方自治體之行政每與國家行政相參錯其區域分國為縣分縣為郡郡更分為町村郡之下又有鄉之區域為縣會郡會議員之選舉區為治安裁判所之管轄區為軍隊之徵集區更為編製戶籍及縣道監督之第一區域惟鄉非自治體與一般行政無涉故略之僅述縣郡町村之制如下

縣

縣一面為國家行政區域一面又為自治團體故縣有兩種機關縣知事縣參事會為國家行政機關縣會及常置委員會則掌理縣自身之事務而為自治之機關惟縣知事雖為國家官吏同時又兼有自治體官吏之地位故縣知事對於一縣之內代表中央政府之官吏也由內務大臣推薦而大統領任之凡關於法律命令及各大臣所發之中央命令縣知事有奉行之責於該縣內凡屬國家行政上所用之官吏縣知事皆得任免之并有監督町村長之權以國家行政官吏之資格而論知事當受中央諸省之監督并得以其所受之監督監督縣內之町村故自治體一方直隸轄於國家以自治行政之執行官之資格而論知事則僅能施行縣會所議決之事件故自治體一方又有獨立之精神蓋自治體者自由而不越乎範圍者也

縣參事會列於知事之側以備知事之顧問其議員由大統領任免之議員受給俸不得兼營他業以其性質言則國家之官吏也惟亦有時離知事而獨立以行事如町村非先得縣參事會之同意不得提起訴訟之類

縣會以縣內人民所公舉之議員組織之議員則依普通選舉法由各鄉區選舉區選舉之成年男子未犯剝奪之罪者皆有選舉權選舉人居住町村六個月以上者皆有被選權惟四分之一之議員於其縣納有直接稅或有土地所有權者雖非居住人亦可官吏不得為議員一人不得同時為兩縣會議員議員任期六年每三年改選其半縣會通常每年開二次惟有大統領之命令或議員三分之二以上之請求則不拘何時皆得召集之凡議會皆公開之其權限以關於該縣之事務為主例如縣之財產財政租稅道路土木等皆由縣會監督之該縣所應負擔之租稅亦由縣會分所於縣內各區劃且如決定選舉區及監督縣內各町村之行政之類

縣會之常置委員會設於一八七八年亦名常設官府以監督縣知事之行為委員自四人至七人無定額由縣會選任之以為縣內各區之代表委員與縣會議員皆不受給俸通例每月集委員會一次若有必要時則不拘時日皆得集會其職權以監督縣知事之行為指關於該縣行政而言為主要例如委員會得就知事所計算之該縣歲費提出意見於縣會且審查知事之會計報告知事應以其所發之支拂命令及計算書每月提出於委員會一次知事遇有代表其縣而結重要契約時或提起訴訟時必先得委員會之同意會員會於監督知事行為之外更有直接處分行政事項之權限各縣資產之目錄書由委員會調製

郡

郡隸於縣內為國家行政區劃有郡長及郡會郡長之任免與縣知事同其職務在就其郡內施行知事之命令亦得以己意處理其事務郡會以其郡內人民所公舉之議員組織之選舉法略同縣會其職務每歲將其所受縣會賦課之直稅負擔額分課於郡內各町村郡會又國家行政之顧問府凡有關該郡利害之行政事項國家往往有諮詢該郡會意見之義務該郡會於其郡內特別利害事項亦有請願於中央政府之權利縣會亦如之

町村

町村為下級之行政區劃有町村長及町村會町村會議員依普通選舉法選舉之凡住居該町村六個月以上者或於町村納有直接稅者始得為選舉人必其人之姓名已記載於選舉人名簿內始得行其選舉權議員任期四年每年開通常會四次臨時會不拘何時不限幾次必公開之員額無定準町村之大小自十人至三十六人不等町村為純然自治團體其關於國家行政者極少故其會之職務與中央交涉者亦不多惟遇重大事項雖經町

村會議決猶必受中央政府之認可不能如縣會議決之效力

町村長由町村會於其議員中選任之任期與議員同町村會更於其議員中選出代理者數人以補助町村長之職務此代理者及町村長皆不受俸但屬於職務之費則支給之町村長町村之代表機關亦執行之機關也更具有中央行政部官吏之資格例如保存各種統計如出入死亡婚姻等記錄之職務是町村長又為司法警察之官吏其於選舉特有一種權限於町村內各吏員有任命之權且掌管理地方財產之細目公布課稅表目監督屬其町村各種行政職務並掌調製選舉人名簿及徵兵所用名簿編製町村財政之豫算惟其執行必依町村會之議決町村長又為町村會議長當審查町村長所提出之會計報告時則否

中央政府對於地方官吏及地方團體有強制其行為之權惟不得濫用此權致蹂躪地方行政故地方團體或利害關係人對於中央行政部之監督行為得出訴於行政裁判所此裁判所得依法律處決之

司法部

通常裁判所之組織及其權限

治安裁判所　有判事一人判事補二人準備代理判事者書記一人判事補多以町村長兼任補員不受俸給此裁判所乃最下級之裁判所其管轄地域甚狹惟輕微之民刑事有始審裁判權

地方裁判所　有判事有書記判事之數自三人至十二人不定其中更置所長一人部長數人以處理所內一切行政判事由大統領任命為終身官雖大統領不得任意使之退職其行裁判時以判事三人合議之其職務以掌民事刑事之始審裁判為主凡不屬於治安裁判所之一切民刑事件則地方裁判所為第一審裁判有不服治安裁判所之判決而控訴者此裁判所得裁判之又設檢事局檢事一人檢事補一人或數人檢事由大統領任免非終身官

商事裁判所　有上席判事一人判事補三人至十四人此判事由商人選舉之專裁判商務事件有不服者得控訴於控訴院

控訴院　有院長一人部長及判事數人院長部長亦皆為判事掌院內之行政事務亦由大統領任命設有檢事局檢事長一人檢事數人凡不服地方裁判所商事裁判所所為之第一審判決及地方裁判所所為之第二審判決而控訴者控訴院有裁判之之權其行裁判時以判事五人合議之

大審院　有院長一人部長數人猶之控訴院其判事之資格及任命亦略同亦有檢事局設檢事總長一人檢事數人大審院為全國惟一之最高裁判所凡不服控訴院以下之控訴裁判而上告者此院有裁判權但此院乃以謀法律適用之統一而非為實事裁判而設也

行政裁判所之組織及其權限

普通行政裁判所即縣參事會惟不能概括行政權凡關於郡會及町村會選舉之訴訟及其議員之訴訟若下級官吏與個人間所生之爭議大半皆屬之有不服者得進控於參事院

特別行政裁判所　如教育裁判所凡關於教育事宜或官吏有違礙教育時皆於此所起訴又如徵兵參事會則專裁判關於徵兵規則上之訴訟等類是也

最高行政裁判所即參事院其性質本為行政評議會內部有訴訟局以參事院議員五人委員若干人及會計檢查官組織之凡普通之行政訴訟皆由訴訟局判之其重大者則該局為豫審而判決於全參事院會凡對於大統領國務大臣行政處分之訴訟此院兼始審終審之裁判對於各縣參事會所判決及各特別裁判所判決之控訴案則此院僅為終審

權限裁判所　所以裁斷司法裁判所與行政裁判所間所起之積極消極之爭議者也

案法國憲法所最不完全者則司法不能離行政而獨立也元老院議員與代議院議員為組織立法機關之人員人民所信任而直接選出者也大統領與內閣大臣為組織行政機關之人員人民所信任而間接選出者也三權平立何獨缺司法機關不由人民組織而由大統領委任判事乎夫大統領所以統領行政一部分事宜其不能干涉司法猶之不能干涉立法也法以指定行政之方針也依理而立徒具條文國民以其

無憑或生玩弄之心法乃無效於是而有司法以司保之使其繼續有效無效之法與無法等故司法之不能統於行政猶立法之不能統於行政也且立憲政體之所以別乎專制政體者在先立鞏固不搖之法律以為行政之準則而範圍之也設行政人越出法律範圍不以法律為準則而任意獨裁則法律為無效而仍蹈專制政體之故轍故完全憲法上予司法以獨立性質保護其獨立精神不使稍受侵奪夫而後司法者鐵面無情執法不阿乃無違法行政之弊而法律得其效用憲法之原則將於是乎在故曰立憲政體之精神全在司法獨立四字

又案司法官由人民推舉乃屬人民之代表其對於人民自不得不盡其職務由大統領之任命乃屬大統領之委吏更何敢執法以繩其頂門上司故法國憲法有大統領不負犯罪責任之規定夫縱一人之違法即法律對於全國人民不能收完全效力任一事之違法即法律對於通國事務不能收完全效力法律有時而失其完全圓滿之效力何足以昭信用司法機關固失職守立法機關亦同虛設矣

二

英國之制度

英國憲法非由國王欽定非由官民協約非由平民革命乃隨國運之發達時勢之遷移漸次以至於今日

立法部

庶民院與貴族院之組織及權限

庶民院議員由國民用秘密選舉法選舉之。凡二十一歲以上之男子，皆有選舉及被選舉資格。惟英倫教會、蘇格蘭教會、愛爾蘭教會之僧侶、英倫蘇格蘭之貴族及州宰、與選舉挂等，均不得有選舉權及被選舉權。院長由院中議員互選。

貴族院以左列人員組織之

一有世襲議員之權利者。英倫世襲貴族

二依於敕選之議員。

三有依於官職而為議員之權利者。英國教長

四被選為終身議員者。由愛爾蘭貴族中選舉之

五被選為國會一期間議員者。由蘇格蘭貴族中選舉之

凡為貴族院議員者，必須成年以上。其受身代限之處分者、被處重罪之刑其刑期未了者、及依貴族院之裁判被剝奪為該院議員之資格者，皆不得為之。貴族院議長以大法官任之。

貴庶兩院權限雖無差異，而實際上則庶院所議決之議案，貴族院表其同意，此慣例也。

庶民院之特權如左

甲完備庶民院組織之權利（一國會會期中坐席有空虛時，得發召集狀。二不具有充國會坐席之資格者，得使之退出場外。三得審判選舉有轇葛之事件。）

乙處罰該院內所起之事件之權利。

丙罰其破損特權者之權利。

貴族院之特權如左

甲整理貴族院組織之權利。

乙侮辱貴族院者，有禁獄之之權利。

丙於該院之決議有不同意之少數人，得託其理由於議事錄。

丁司法上之權利。（一審判高等法院及控訴院之判決。二審判對於庶民院所彈劾之國罪犯。三貴族有叛逆或犯重罪之嫌疑時，得審判之。四應王室之顧問，審判其關於爭貴族坐席之權利者，且審查其有新為貴族之就席及投票之權利者。）

案兩院係立法機關，不應兼有司法之特權。其或欲達裁判上之目的，而以其立法之天職行補正之解釋，即變更法律之謂，則變法以行其裁判，司法固失其本職，因裁判上之便利而立法，立法亦難公平。司法之失本職，止於一二事；立法不公平，則蒙害者將與此弊法相終始，可懼哉。

議員之特權　會期中不受捕縛，在院內言論自由。

王室與國會關係。　英國由君主召集國會，君主對於國會不負責任，而其實權亦不敵內閣。宣戰媾和之權，君主掌之，而必依於內閣員之協贊，以樞密令公佈之。然戰費之支出，必經議會議決。內閣必以國會議員組織之。王室得通知其希望及意見於國會。王室得裁可國會所議決之議決案。近世所謂裁可者，全非君主之自由。凡經國會所議決者，必裁可之。君主不得自由任命大臣，并不得決定一般政略。

立法之手續

法律案以先提出於庶民院為通例。庶民院之議事種類（一私務。二公共之請願。三動議之豫告。四書類提出之動議。五缺席許可之動議。六質議。七當日之會及動議。）　凡法律案皆須經三次讀會。於二讀會終了之時，概皆委之全院委員會。有時若宗教貿易及關於財政之案，非經全院委員會調查後，不得提出於議會。三讀會通過後，則使書記官錄送此議決案於貴族院，而望其同意。貴族院收受此案，開一讀會。一讀會後經十二日而不發二讀會之通知者，則其議案消滅。若貴族院無異議而通過三讀會時，則通知其意於庶民院。於是此法律案乃為通過於國會者。若貴族院自加修改時，則當以其修改之案送之庶民院，而求其同意。庶民院若表同意，則議案成立；否則須謀兩院一致，或開兩院協議會，或使委員舉其不同意之理由，附於所被修改議案之後，再送之貴族院。若兩院終不能調和一致，則議案不成立。

行政部

內閣之組織及權限

君主命庶民院之多數黨首領組織內閣。其首領乃與其有力之黨員共議之，選其可任各部大臣者，造成名簿，達之君主。君主則照任其簿列各員為大臣。其最先受君主組織內閣之任命者，迨組織成立後，此人即居首位，而兼大藏長官。大法官、樞密院議長、內璽官、主稅尚書、內務大臣、外務大臣、殖民大臣、陸軍大臣、海軍長官等，則無或有缺者。

內閣握行政之實權，決定一般之政略，以謀保統一為的。其對於提出庶民院之重要議案，不能得議院協贊時，或彈劾大臣之案通過於庶民院時，則內閣大臣一概辭職。

中央行政諸省

國務尚書　一內務省。二外務省。三殖民省。四陸軍省。五印度事務省。此五省昔為一官廳，由國務尚書漸次分離而各獨立為一廳。

海軍省　掌海軍一切政務，以海軍會六人監督之。

樞密院　內閣長官、庶院議長及大總督之高等官，皆為組織樞密院之人。其重要支部一為教務部，管理國家教育制度之施行；一為農務部，主管全國一切農事之規則。

商務局　自其形式上觀之，則為樞密院之一委員會，而實際上則獨立為一省。其務職及

持權蓋甚大。於他省為助言。即英之統計局。於鐵道則行國家監督。於港灣燈台及領港則執行法律規則。定度量衡之制。監督鑄造貨幣。及全國郵便局驛遞局。

大藏省　以大藏長官、主稅尚書及大藏次官三人組織之。惟近日實際上大藏長官。以專理其主任事務之故。遂僅存其名。次官亦僅行其對於國會之職務而已。獨主稅尚書實為大藏省之長官。監督國家之歲出入。每年編成豫算案。提出於國會。又察國費之過與不及。附以增減租稅之意見而提出之。

大法官　處於內閣中極高之地位。蓋別居各位。而不在總理大臣之下。其職掌兼司法立法行政三部。在司法部則為裁判官之最高長官。有任免諸裁判官之權利。在行政部則為內閣之一員。參與政務之外。且為大璽之保管役。在立法部實為貴族院議長。

案以一人而任三職。兼有三權。即如英國選當代第一流之法律家充之。亦難免無混淆之弊。而必以貴族院長兼司法。實不欲予司法以獨立性質。而納其權於貴族者也。且使之監視內閣。列於高位。兼秉政權。可見貴族與庶民顯分階級。英之制度固未能達於平等。

愛爾蘭蘇格蘭之行政

愛爾蘭行政上之實權。屬愛爾蘭事務尚書。由英國監督之。其事務尚書常以庶民院議員兼任。於愛爾蘭事務有重大問題時。則列於內閣班中。故愛爾蘭行政之形式。雖若委之愛爾蘭太守。而實際上則全任事務尚書。以其與內閣及國會有關係故也。蘇格蘭之行政。以蘇格蘭事務代辦及其事務尚書掌事務。代辦者對於蘇之事務呈其助言於政府。在官職上隸屬於內務大臣者也。事務尚書為蘇格蘭所選出之國會議員。關於蘇之事務於庶民院為大臣之代辦。

警察

警察官受內務省之監視。其真實施行警察制度。則在地方機關。在諸州有四期法廷與州會之合議委員會。選定州之警部長。由警部長任用部下之警察官。并指揮之。在諸都府則由都府之政治機關選舉警察長。由其市之警察委員會行警察全體之監督。

地方行政

州會之組織　州會以通常議員長老議員組織之。其通常議員由州中人民有每年十鎊以上純價格之土地占有者及家屋占有者選舉之。凡州會議員選舉人及國會議員選舉人。皆有被選舉為州會議員之資格。長老議員由州會選舉之。其數為通常議員三分之一。任期六年。三年易其半數。通常議員任期三年。任滿同時退職。州會議長由會中選舉。任期一年。其報酬金由州會議定。

州會之職權　州會得任免及指揮該州之官吏。又確定其俸給之額。且管掌一切有關該州之事務。發種種規則及警察命令。關於財政上權力尤大。得因特定之目的。編成豫算。徵稅。取得財產。并得依法律借入公債。惟其種種權力。不能越出國會所立之條例。因中央集權。於國內每生不良之影響。故將地方諸官府上所有之一切監督權。全付與州會。

市會之組織　都市之官府。即市會也。市會以通常議員及長老議員組織之。凡住居於市內之納稅者。皆有選舉通常議員之權。其議員任期三年。每年以其三分之一更番退任。由通常議員中選舉三分之一為長老議員。其任期六年。每三年以其半數更番退任。市會中選舉市長一人。任期一年。得受報酬。其額由市會定之。

市會之職權　市會有掌管市之官吏職務之全權。監督市之行政。任免市吏員。并指揮之。且得任置新官職。并確定其相當之俸給。於法律範圍內決定市所應管行政事務。又因維持該市行政之故。確定其所應徵收之稅額。且有管理該市財政全權。會中分為各部委員。以監督行政上之事務。各部委員之下。置屬官一人。以施行市會及正當委員之所命令指揮之事。

市為州之小區域。外有怕歷斯及怕歷斯之聯合區。謂之村部。有監督會施行各種事務。又有市部衛生區。設有衛生事務會。以為公共衛生之保護。

中央行政與地方行政之關係

凡關於地方財政及其他重要行為。須得樞密院大藏省或地方政務局之認可。地方各官府之會計。概受中央政府之檢查。其檢查之職權。概屬地方政務局。至市之會計。則不受中央政府監督。別有市之會計檢查官。此檢官由市民選舉者二人。由市長任命者一人。中央政府對於怠慢地方。得依法律強制其必行公共利益之事業。

司法部

英國君主無隨意免黜裁判官之權。并不能干涉司法事務。臣民對於君主有必須提起法律上或衡平法之訴訟時。則當按權利請願之形式主張之。

最高等法院之編製及權限

英國最高等法院中。分高等法院及控訴院二部。其高等法院又分三部。一部以大法官為部長。下有判事五人。一部有判事十五人。以其中一人為部長。又一部則判事二人。其一為部長。合三部判事共二十三人。判事之審判訴訟。通常皆單獨為之。不必合議。若判事認為必須更變時。則必經總會議決。且審判下級裁判所之控訴時。或行特別之職務時。亦須二人以上之判事共議之。控訴院以判事長一人。判事五人。并高等法院之三部部長組織之。其判事與判事五人。乃控訴院專屬之常任判事。高等法院之三部長則為臨時判事。控訴院開庭時。必須有判事三人出席。其裁判官均由大法官推薦。以璽書任命之。

高等法院之裁判權。(一)衡平法及普通法上之裁判權。(二)從來屬於遺書及婚姻兩法庭之宗教上并制定法上之裁判權。(三)原屬於海軍裁判所之民事刑事裁判權。(四)發命令使下

級裁判官或其國體行屬其職務上公務之權五發令狀禁止越權裁判向下級法庭提取訴訟而自審理之權

凡高等法院之民事訴訟事件并屬於法律問題之刑事判決所起之控訴控訴院有裁判之權其在某特種事件控訴院對於高等法庭外之二三法庭所裁判者得有控訴裁判權

案大法官係貴族院議長偏予貴族以司法重權已非平等之制裁判官又皆由大法官推薦而以璽書任命之璽書之為鈐記屬君主乎屬內閣乎姑不論固行政機關之印信也司法與立法行政平列而不相統屬者也今既不能脫離立法又且隸屬於行政則其對於行政上之裁判或與內閣有違礙時將執法以從之乎該判事固受命於行政機關者也將枉法以徇情乎又何貴乎有此司法對於立法機關如庶民院可以秉法從公至對於貴族院則難免不私其所從出也自英國制度而論立法機關既由貴族庶民組織而成行政機關又由立法機關中政黨組合而成則司法機關亦自應由兩院組織離行政而獨立庶幾近之

下級裁判所之構成及權限

州裁判所為裁判民事訴訟之下級裁判所以判事一人及常任屬官數人組織之其判事非有失行不奪職其管轄之區域不能及州之全境僅限於一裁判區之內凡金額不出五十磅之貸借及損害賠償等件不出五百磅之衡平法上之訴訟皆受理之且高等法院判

事依訴訟當事者之請求得以金額不出百磅之契約訴訟由高等法院移之州裁判所又不問金額多少凡認為該訴訟之性質可以生出法理問題者則州裁判所判事或高等法院判事得將該事件由州裁判所移之高等法院而高等法院判事更於該州巡迴裁判區(此區每州置一)開巡迴裁判所以裁判之

州與市之治安判事為審判刑事之下級判事州治安判事為無給官吏由州知事推薦而大法官任之都市之治安判事則與他判事同乃有給吏員也治安判事無定額有審判一切犯罪之權利每年更開四期法廷四次以行其重要事務刑事除一切違警罪細事之外一切皆須陪審官列席始得審判之

案英國憲法立法權雖屬兩院而庶民院議決之案必得貴族院之同意方為有效是即予貴族院以裁可法律之權行政權雖屬內閣而以貴族院議長處於內閣極高地位是授貴族以永遠參與政治之權司法大權則概屬大法官而大法官實貴族院議長可見貴族院總攬三權庶民特其助理耳故英國政體為貴族立憲政體

三

美國之制度

美國憲法順承國民意志適應國民需要三權鼎立一部份有過則一部制之互相牽制以保存國民公意

立法部

國會

國會分為二部一元老院一代議院代議院議員由州民直接選舉為小區域人民之代表元老院議員由州民間接選舉為全州之代表代議院議員年齡必在二十五歲以上必為美國七年以上之公民必為其選出州之住民元老院議員則年在三十以上為美國九年以上之公民為其選出州之住民代議員二年一任元老院議員則六年一任每州必有兩人每州必由人民選舉議員以組織立法議院再由立法議院選出元老院議員二人各州之構成實由人民元老院之代表各州亦即代表各州之人民也亦何異於代議院惟各州既具有獨立政府國家形式則其對於合衆政府中不可不有以代表之此元老院之所由設也故元老院者所以酌盈劑虛防政府之權為一政黨所壟斷故每州平均二人非若代議員之額依於人口之多寡而定各州之中以居民十九萬四千人為一選舉區域每區域選舉一人

國會議員在華盛頓任事時不受逮捕其起程赴會及散會歸途時亦不受逮捕惟犯謀叛罪與擾害治安者或罪案重大當入國家監獄者皆不在此例議員在場發議不受他人詰責惟院內議員三分之二以上以某員行事不勝代表之任者得令其去職議員均受俸給每年每人五千元兩院議長則八千元又有旅費以其家距華盛頓之遠近定之計每里二

角議員在任期內不得兼合衆政府之官職及自己在國會時所協贊發生之官職所協贊如新之官職議員如以代人提出議案為人解釋危難故而受酬報則為犯罪輕者罰鍰重則監禁

通常國會會期法定為十二月第一禮拜之禮拜一日每年必開會一次如英國國會無定期君主何時召集即以其時為開會期此實政府擅權之漸也

特別會則由總統之意臨時召集所以處辦特別事情也

國會之職權

國會所以整理國家指導行政者也一國之政費國會定之政費之徵集或出於租稅或出於非租稅亦國會定之徵稅必得國民之承認承認之法即以議員代表之政府中人不得頭會箕斂自圖利實徵稅方法必出於公正使各地無偏畸輕重之弊不得徵出口稅即國內各口岸亦任商船經過不得享徵稅之特權

案余嘗言之矣經濟為人生急切問題生命所寄國會以代表人民自有維繫其生命之天職於所能擔負者從而徵之其不能者去之人民生活的之發達端於是矣況分權為立憲原則其執行徵收之機關必不能自定方法此所以予國會以議定徵稅之權而不任政府之自決自行也

又案出口徵稅已奪國際貿易之自由而內地設關徵捐尤為經商之障礙交易之阻塞

斯密亞丹氏所謂雍遏利權。不平不通。病國之源者。美人蓋鑑之矣。
倘遇非常之事。為常稅所不能支給者。或待用至殷。以徵稅之手續為緩不濟急者。得以美國名義向人借債。借債之權。亦國會所獨有。
國會有振興商業之責。有整齊各州間商業行動之權。有訂外國通商條約之權。有承認外人歸化之義務。并定其歸化之必要條件。凡國際關係。或在平時。或在戰時。皆由國會通告國民。
製造貨幣。發行證券。其種類與數量。國會定之。凡造僞幣者。有常刑。其罰則亦國會定之。餘如制定度量。建設郵路。提倡科學與美術。設立法廷。監督國際交涉。皆屬國會之特權。
國會有宣戰之權。總統不得干涉之。交戰時之規則。亦國會定之。徵集海陸軍及管理之之法。發生民兵及派兵赴戰等事。皆由國會定之。而其限制戰事之權。尤關重要。即軍事經費。二年一議。非得國會承認。無以支給其軍費是也。
案兵戰之權。有轉旋國家之力量。用是權以禦外。則能保護國家。用是權以靖內。則能安戢國家。用是權以作威作福。則能操縱國家。美國憲法。尤慎重於軍事一項。誠恐兵權萃集於一二人之手。則因以奪政柄。擧國權。改政體為專制。革國體為君主。一指顧間耳。所關豈淺鮮哉。
一定之期間於著述者及發明人。對於著書及發明品。須擔保其獨占權。以圖學術技藝之進步。
設隸屬於高等法院之下級裁判所。
定外海所犯海盜重罪及國際法上之犯罪。且處罰之。
以上所述。皆國會之權力。顧其限制之方。亦甚周密。第一不得侵犯人身自由。人身自由亦曰人權。使非罪案昭著。不能干涉。且不得通過沒權案。即未經正當審案。而以某人為謀叛。因沒收其財產。且剝奪其自由或生命也。

代議院元老院之規則與慣例

國會開於華盛頓之議事堂。此議事堂專為國家立法而設。其南面之屋為代議院議場。北面之屋。形同而略小。為元老院議場。
國會將開之豫備方法。兩院不同。而代議院尤為繁複。會中書記。先將選舉人名表。製就。凡當選之人。已得州知事執照者。皆得列於斯表。
議員既應選到會。乃選舉會場執事。如議長書記長議場警察門衛郵政長牧師等。其議長一職。即由議員團體中選舉。書記長除製選舉人名表外。有整理各項議案。詳列表冊。以備查攷之責任。而於立法無涉。惟得委任副書記數人。其俸給由院中支給之。
議場警察代表代議院之權力。其行動即代院自身之行動。有違抗其行動者。則政府當為其後盾。如當到會議員未及定額時。議場警察可迫令缺席者。立時赴會。雖在深夜或家距華盛頓千里以外者。亦不之顧。開會時。議場警察坐於議員前。監督其行為。門衛以管理代議院之器物。郵政長管理場內郵政。牧師從華盛頓城之牧師團體中舉之。每日開會。由牧師致禱。

代議院最要執事為議長。實議員之首領。議院之代表也。其位次於副統領。而關係則幾等於總統。元老院則以合衆國副統領主持院內事務。其外有書記官職。掌與代議院同。其議員之俸給。亦由書記官付之。則與代議院不同。有議場警察代表該院之權力。特其兼門衛之責。與代議院異。他若牧師郵政長圖書管理各職。皆同於代議院。惟副統領以外之職。選舉皆無定時。
兩院議員坐席之排列。俱成半圓形。議長及副統領之席最高。其下有書記席。報館記者席。
代議院當選舉會場執事既定後。乃由為議員最久之一人向議長宣誓。次則議長向各執事宣誓。又次則向各議員宣誓。而議院事務於是開始。事務之最要者。為指派委員。其關於稽核政費。審查歲出者。為度支委員。關於籌備國用。整理賦稅者。為國課委員。又有法制委員。而關於選舉軍議。軍人養老金等事。亦莫不有專任之委員。委員由議長派之。每一議案。先由議員提出於會場。而歸各科委員討論斷定之。制定法律修改憲法時。亦先由該委員等撰擬之。惟委員審查後。仍須由議員公衆決定之。
元老院開會之第一日。新選議員向副統領宣誓。開會後乃重定委員。而重定之權。屬之特別委員會。該會之主席。為各科委員中就職最久者。蓋元老院各科委員。遞相更迭。舊者去職。新者補之。
委員既定。乃開始議事。與代議院略同。而規則稍異。其重要之點。則在議員盡情討論議案之提出。與代議院同。其決議之法亦同。惟無檢查決議法。其副統領非由該院自選。除兩方人數相等時。無決議權。則與代議院異。
當副統領代任總統時。則由臨時議長主任元老院事。美國慣例。當元老院開會時。由議員團體中預舉一人以為之備。
元老院之職務。有與代議院絕無干涉者。即任命官吏之承諾是也。大總統之任命官吏。必送通告書於元老院。而待其承諾。元老院接到此項通知書。即須開會討論。此會謂之行政議會。祕密開之。惟所任官吏曾充元老院議員而未失其資格者。則承諾至速。無須開會。凡與外國訂立條約。亦必經元老院之承諾。其會議時。亦須秘密。審查彈劾案之權。亦元老院所獨有。其餘議案則必兩院從同。然後成立。惟歲入徵稅案。必在代議院中提出。外此兩院皆有提出議案之權。經此院之討論決議。而送其議案於彼院。彼院對於此案全然反對。則必將原案仍發還提出之院。如表同情。則於其討論決議後。送其議案於總統。總統既簽字。議案乃成立。有時兩院之人。於議案內之數點。意見參差。則由兩院議長派評議委員協議之。協議之結果。仍待定於兩院。兩院同意。然後送呈總統簽字。定為法律。倘總統不允簽字。

必送還國會令其重議重議之時非有兩院議員三分之二贊成則其議案終歸失敗

人民有上書請願之權國會不得拒絕之請願書之提出或在元老院或在代議院

行政部

總統之選舉及其職務

凡為總統者年齡必在三十五歲以上必生產於美國其由外國入籍者雖得享有美民一切權利而不得被選為總統

總統四年一選用間接選舉法選之其法以十一月第一禮拜之禮拜二日由美民之有選舉權者先選舉選士而以此選士代表人民擔任選舉總統之義務其代表各州之選士則由州議會派遣之或經州議會許可由州知事派遣

選士既定乃以正月第二禮拜之禮拜一日會合於州城為一選士團體各得選舉其總統及副總統選舉既竟乃造選舉報告三份以二份送華盛頓元老院議長一由郵寄一付專使以一份授諸選舉地之裁判官令藏弃之

二月第二禮拜之禮拜四日國會議員開聯合大會計算選舉票斯時元老院議長當兩院議員前將各報告開閱計明票數而以得大多數者為總統宣告會場使無得大多數之人合衆國選士四百七十六人其大多數為二百三十九則由代議院議員限於其最多數三人中選舉一人為總統倘副總統票數未足則由元老院議員限於選舉報告已得最多數

之二人決選其一

美國各政黨中於選舉選士之前先選舉其候補總統及選士之舉各黨亦舉其黨員充之使其黨黨員居選士之多數則其黨之候補當選亦必占優勝可為豫決故正月間之選舉徒存形式耳

總統之職務在依據法律以執行之即外國條約亦含有法律性質故外國政府有破壞條約者皆由總統董正其失使就範圍

凡國會開會先由兩院委員報告總統然後總統通牒於國會有關於普通國政者有關於特別需要者有關於各部事實者又有於開會後隨時提出者而國會則據其通牒而提議之

外國之使命由總統接受之駐外之官吏由總統任命之對外交涉之條約亦由總統訂立但須得元老院之認可

總統兼海陸大元帥之職有徵集民兵之權惟其濫用兵權之時國會得絕其餉需

案按總統以禦外靖內之權而又恐其濫施將有陵夷民政之弊其防微杜漸之密乃至於此

總統有赦宥罪犯之權又有輕減各項罪案之權

案此亦罪疑惟輕之義雖然吾終恐其侵礙司法也

總統有任命官吏之權但須經元老院之承諾不能自由行動

凡總統所受國會送來之議案必在十日內宣示可否如逾十日猶未宣布則雖不簽字亦成法律但議案從來未及十日而國會已經閉會者不在此限

總統任期四年任滿得連任雖至三四次以上亦不受法律之限制然自華盛頓辭第三任總統以後習俗相承皆以兩任為限

總統之彈劾　總統行政難免無違法干紀之時遇此時期則不待任滿由代議院提出罪狀糾舉紕繆而彈劾之由元老院斷定彈劾宣告其罪狀元老院判決此彈劾有特別之法廷議員入席皆須宣誓向以合衆國裁判長主之副總統者有代理總統之嫌不得為其主席法廷既啓乃召集兩造代表代議院之代表為彈案處辦事人總統之代表為律師互相辯論辯論既竟然後判決與普通法廷無異使議員三分之二以總統為有罪則總統即須去職有時罪狀較重則將來永不得為總統總統去職即等平民於是尋常裁判所按照罪狀加以刑罰副總統之彈劾亦如是政府各官不受尋常裁判所之審判者亦歸國會彈劾其彈劾之手續亦復如是惟彈劾各官之特別法廷仍以副總統主之耳

總統俸給每年五萬元

內閣之組織及各部之職務

總統為行政部之首領其下有各部行政官輔佐之行政官之團體謂之內閣分部設官由

總統任命之閣員之數凡九曰國務部之國務卿陸軍部之陸軍大臣度支部之度支大臣法部之檢事長郵傳部之郵傳大臣海軍部之海軍大臣農務部之農務大臣商工部之商工大臣合而組織之為一內閣分而主持各部之事對於總統擔其責任閣員有常期會議其會議多秘密各項行政分別討論以報告於總統有時事關重要則草擬條陳各抒所見以備總統之採擇

內閣之領袖為國務卿凡國際關係之事務皆國務卿主之駐外之公使領事亦國務卿主之外國政府代表之在華盛頓者皆由國務卿款洽之凡訂結條約皆由國務卿提出於元老院經元老院認可條約乃定又由國務卿藏弃之條約上必蓋國璽國璽亦國務卿掌之然國務卿者不過代表總統主持部務而已故仍須受總統之命令

國務卿且得管理國內事務如經國會之議決而建設新州者由國務卿通告之新州之議員亦由國務卿以總統之名義接受之法律原稿藏弃於國務部而別刊様本以頒示官民又由國務卿處辦之憲法之修訂亦由國務卿通告各州

國務部之長官為國務卿其下有國務次官三人僚佐及書記數人其辦事處在白宮之旁開國以來法律條約獨立宣言書等皆藏弃於此

次國務部而發生者為陸軍部其長官為陸軍大臣即代表總統陸軍大元帥之職者也居陸軍最高地位自陸軍大將以下均從其命令陸軍大臣有準備軍旅供給餉需之義務總

統之進退軍官亦由彼輔導之陸軍大臣之下有高級副官一人掌兵士名册及其應徵退伍之責有會計官一人主給付餉銀有軍需官一人主採辦戰事器具惟採辦糧食則由陸軍總監主之又有軍醫官檢查官分科治事各有專責

陸軍部中有軍事裁判所以軍官組織之專裁判軍人之犯法者又有軍電局為通信之需有陸軍學校為培養軍官之用

國務陸軍兩部既立遂以次而發生度支部其長官為度支大臣凡徵收歲入支給國用皆由其管理之度支大臣之下有國課官主徵收國內之租稅有關稅官主徵收外貨輸入稅又有通貨監督管理合衆國之紙幣亦屬度支部又有造幣廠設造幣監督以管理之其投資借債等事有主簿核計等官及會計檢查官一職

救生局亦歸度支部管理救生局以救濟航海被難之人航海業之盛衰與商業有關而商業又關於國家財政故救生局屬於度支部

度支部最重要之職務即提出預算案是也各部來年政費先由各部員自定彙送於度支部由度支部轉送國會決定

凡經營商業者不得任度支大臣之職防其徇私利而廢公務也度支大臣有副官三人書記若干人皆在華盛頓辦事又有律師一人掌部內之法律事務所謂度支辯護士是也

法部之設立在一七八九年主其事者為檢事長凡國有地證券之考查總統閣員對於法

律意義之疑問及政府之訴訟事件皆檢事長處理之政府之訴訟事件在司法院審判則檢事長為政府之代表猶律師之辯護個人也檢事長之下有副檢事長辯護士長及書記等全國律師亦歸檢事長管理以法部之事與各州之國家裁判所常有關涉故檢事長之辦事處亦分設於各州而地方裁判所之事則另派地方檢事以處理之

國家疆域日擴交通之政勢不可緩於是一七九四年設有郵傳部更由郵傳部分設郵政局以傳遞信件自通都大邑以及僻壤荒村皆設殆遍於是寄遞便而交通利郵傳大臣有副官四人又有僚佐多人其辦事處在華盛頓即郵政總局也

海軍部設於一七九八年其職務在管理海軍亦設有分局主各船塢之事有船塢局主建造新船及修理舊船者為造船局籌備局主籌備軍需添給新兵航海局與汽機局主駕駛管輪諸事

安那波里之海軍學校為培養海軍將校而設水道測量局主供給地圖刊行書籍為軍艦行駛之便

合衆國國旗亦海軍大臣掌之

內務部之設立又在海軍部後主其事者為內務大臣政務重要隸屬紛繁其尤重要者在管理國有地凡國有地未經人居住者美國之民皆得承領地畝宅業其中計每人一百六十衰克每衰克約中國六畝住居之期五年以法律明定之所謂宅地律是也各州公用之

地由政府給與之計每一新州給地十萬衰克為建築學校等事之用

內務部中有學務局所以徵集教育意見頒布學校章程也

農務部之設立在一八八九年所以掌全國農業辨其土宜而分播新種者也關於農學諸書亦由部中刊布之主其事者為農務大臣又分科設局其最要者為氣候局觀察氣候之現象而研究其寒暑風雨之理由

商工部以主理商工業上之各項行政部中所屬有公司局勞傭局移民局漁場海岸測量局海燈室等以商工大臣一人及副官二人管理之每十年間舉行民勢調查清查戶口一次亦由商工大臣主之

閣員在總統之下得完全主持其部務其俸給每年八千金

總統之權伸張無已頗為人民所忌故閣員每年仍當提出報告於國會國會者人民之代表然則人民之於閣員固有其監視之方也

司法部

憲法為一國之最高法國會之立法總統之行政皆不能與之牴觸故憲法之立必普通適用必永久存續而於立法行政之外又有司法院以為司法司法云者糾正違法之舉動平亭憲法之爭議也

凡國會之舉動在正當權力以外者司法院得限制之使所立法律違反憲法一經司法院

之斷定即歸無效蓋國會立法之當服從與否以違合憲法為標準法律之違合憲法與否又以司法院之斷定為標準

司法院

美國司法院有判事九人其人必湛深法學砥礪節概必分舉於各地其團體之名曰最高之判席判事之職名曰司法院之裁判官判事之任以終身非品行污劣致被撤退未有中途更易者

判事之主席為合衆國裁判長任期亦以終身其斷定法律之意見國會總統皆當服從非律師不得受是職判事以總統任命之但須得元老院之同意判事自身不可不服從法律如有違法舉動一經發覺即由國會彈劾使其去職

司法院不能參預立法亦不能干涉行政其權力範圍至於平亭法律爭議而止

司法院之審案必當聽兩方之辯論而後秘密集議以判斷之與尋常裁判所無異判斷以判事之多數定之更令一人將判斷之意見寫出即法律之最後解釋也其開廷在華盛頓城判事九人列坐高臺裁判長居中主席每年自十月中旬至五月底日日開廷五月以後各判事乃周遊國中助理判案所謂巡遊裁判所是也如有必要事故則無論何時皆得開廷審判之不以法定期間為限

判事俸給每年一萬元裁判長另加五百院內執事計書記一執行官一錄事一書記主裁

判室內之案件與事務執行官主判案時外之事務與秩序錄事主預備判案之報告每年刊印之

司法院以外之國家裁判所

除司法院以外國會得衡量情勢建設各種裁判所其尤要者即巡遊控訴裁判所是也又巡遊裁判所九處分設於各巡遊地巡遊裁判所之下有地方裁判所亦分區設置之巡遊控訴裁判所得在各巡遊地開廷受訴其判事三人即以司法院及巡遊裁判所或地方裁判所之判事組織之無常職也若巡遊裁判所與地方裁判所則各有其常設之判事惟巡遊裁判所之開廷則須司法院之判事助之至於各州之間又有其他裁判所為州政府所設立者此則性質全異與國家之裁判所無與焉

司法院之職務在判斷法律與憲法之違合其他裁判所則在判斷人民與法律之違合僅及於人民訴訟事件而與立法權不關且照憲法所定除特例二事必須在司法院起訴外其餘事件皆在下級裁判所先行起訴至不服判斷然後疊累上控雖簡畧事件之訴訟不能至司法院上控然使其案於破壞憲法有關往往由下級裁判所控至司法院

凡國際關係之訴訟及關於條約關於外國公使之訴訟皆以國家裁判所判斷處辦之至地方訴訟事件關係較輕則以各州裁判所處理之

政府與各州人民之訴訟各州間相互之訴訟皆以國家裁判所斷定之

凡外國公使提出之訴訟及一州自身提出之訴訟皆在司法院開始審判一經審判其案即定除此皆在下級裁判所開始審判使此等審判為陪審官所公決而審判手續又不背於法律則不能至司法院上控此國會所定也各項訴訟何者宜歸司法院其判決法宜如何國會有權定之惟不得抵觸憲法

各州裁判所

各州裁判所名目繁多其規則亦各異所以處辦各州人民之訴訟也各州裁判所皆以州判事主之每一訴訟或歸國家裁判所審判或歸各州裁判所審判定於訴訟之性質而不定於訴訟發生之地點有種訴訟雖經各州高級法廷判定亦能上控於司法院國家裁判所之訴訟規則各州裁判所不能干涉之而當各州裁判所之處理訴訟國家裁判所亦不能從中阻撓

凡訴訟案已經一州裁判所判定者則他州裁判所不能重判其司法制度祗適用於州內各屬地中有屬地裁判所此等屬地既受國家之統治則國家自當設置法廷以鞏固其治安屬地裁判所之管理訴訟與各州裁判所略同惟訴訟規則受國法之規定判事與執行官吏由總統直接任命耳一八五五年又特設一請求裁判所有裁判長一人判事四人皆終身任職以元老院之承諾而由總統任命之設立於華盛頓除暑假外常年開設凡對於合衆國之權利請求契約爭議皆在是處審理之因國會法律而生之請求及對於行政官報告之疑問亦在是處審判之攷請求裁判所未設以前此等請求皆掌於國會新制既行而責任乃各有攸歸矣

陪審官

無論何人非經陪審官衡量案情折衷法律為公平之決定不能斷其為有罪此等陪審官必與其人地位相等陪審官計十二人蓋沿英國舊制以公正不偏之法選舉之聽審之時裁判所之判事必以罪人之案由與應比附之法律語告之乃憑兩造證據與律師辯論退廷集議商確其判案商確畢然後推出陪審長一人率領到廷罪名如何即由陪審長宣告之而其案即定雖定案以後仍得赴上級裁判所控告陪審官之判案必全體一致倘其中有一人以判案為不然者則是案即須重審

案美人去英而謀獨立革其國體革其政體則英之制度宜無不在刪削中矣而於陪審官一項猶仍英之舊制以見非好為改作也其革命之目的在自由二字制度足以陵夷自由則毅然廢之其足以保護自由者未嘗不留為祖國紀念也美人之違離豈其樂於去父母之邦哉殆傾頼於英之政治者甚矣

陪審官有兩種一曰小陪審官所以定被控之人是否有罪也一曰大陪審官所以定被控之人應否受審判也大陪審官之人數在十二人以上二十三人以下以多數之意見定開審之准駁而由大陪審長書於訴狀之背面應開審者謂之准案然後由小陪審官審之不應開審者謂之駁案大小陪審官由特定官吏從陪審人名表中拈鬮取出之而陪審人名表則按各州法律製之

凡刑事訴訟皆歸陪審官判斷民事訴訟關於財產損失十二元以上者亦歸陪審官判斷若簡單之法律訴訟則以判事斷之而已凡軍事罪犯之審判由軍事裁判所執行之

附合衆國各州之制

合衆國之起源由於大革命時十三州之聯合以互相援助抵禦外侮故不得不聯合為一國欲聯合為一國不得不讓與各州之單獨統治權集取各州讓與之統治權以凝合為國家之統治權而合衆國乃樹立堅固所以維繫之者厥為憲法

各州之權力非盡讓與國家也其於本州民情土俗相關者仍得謀自治之道故各州亦分立法行政司法三部分而以成文憲法統轄之州之行政長曰知事州民直接選舉之任期一年至四年各州不等知事之下有副知事又有顧問院以備知事之顧問其行政部官吏皆由州民公舉官吏之俸給亦各州自定而自任之各州之立法部曰立法議院立法議院分為二部一代議院或衆議院其議員由各小選舉區中之人民選舉之選舉區以戶口而定其大城市中或得選議員數人而較小之村落亦得連合為一區選出一人一元老院議員之選舉與代院同惟其選舉區較大故議員之人數亦較少兩院議員之資格各州自定之

立法議院之辦事規則及會場執事與國會同全州中一切立法事務以普及一州者為限有州憲法以制定之每年開會一次多以正月一號為開會期近來以二年一開會者亦每每有之

每一州中各有法律又各有裁判所與判事以州憲法為制定法與普通法以立法議院所立之法為特別法與暫行法立法議院之立法必當與州憲法相合州憲法之修訂以全州之民定之與立法議院不相涉

各州在州境以內各有其最高權力但不當與合衆國相抵抗蓋合衆國之權力又超然軼出各州之上焉

案合衆國由各州組合而成而各州又為人民之集合體政權之關於公共利害者屬於國家其關於各地應行之需要者則仍操之各州權限劃清無相侵擾故雖地廣人雜終得收臂指之效列國遜之遠矣

又案三權鼎立不相統轄而有互策之效乃立憲政體之原身僅一現於古今中外

四

德國之制度

一八六七年於普魯士霸權之下組成北德意志同時制定憲法由普魯士起草而聯合各國委員議決之復集各國所選議員開聯邦會議於柏林修正憲法草案更使各國委員議決其受理與否議既定乃公布之

立法部

帝國之立法機關有二曰聯邦參議院曰代議院兩院之決議若不能一致則法律不成立皇帝有公布法律及施行之權而無裁可權

聯邦參議院之組織及權限

聯合此帝國之各國及自由市皆出參議院議員其議員額數依憲法定之普魯士十七人巴威利六人索遜及華路布克各四人巴敦及黑西各三人墨林堡及巴朗丁堡各二人其餘十四國及三自由市各一人共五十八人此議員非由選舉乃各國政府及各自由市之元老院於每會任命之其議長必由帝國大宰相兼任大宰相則由皇帝於普議員十七人中任命之議員議事投票表決可否同數則決之議長其一國所出之議員不論幾人皆視為一體同國之議員投票時不得可否互異大宰相如有他事即由大宰相於普議員或巴威利議員中指定代理人以代理其議長之職權參議院更設有各種委員會以行種種事務。

凡屬於帝國權能之一切政務憲法上不委任於他之政治機關者參議院皆得行使之

關於立法上之權利　參議院有發議法律案於代議院之權又有承認代議院所議決之法案權當訂結變動帝國憲法及其他法律之條約時必經參議院之協贊始生效力參議院議員對於該院所發送代議院之議案得出席於代議院陳說意見

關於行政上之權利　參議院監督帝國之行政事務又有選拔帝國政府重要官吏之權帝國依法律賦課於聯合各國之關稅及租稅參議院得監督之宣戰講和及解散代議院之各公布皆須經參議院協贊

關於司法上之權利　帝國內聯合諸國互起爭端則參議院為控訴院以裁判之聯合國對其人民有不能依據法理為正當之裁判時則參議院為最高法廷以保護人權聯合國有不盡其職務時參議院得發執行令狀

參議院議事方法依憲法所規定者為準次則據於該院所自定之事務規程其動議則由各國政府使其全權委員提出之此提出之議案由議長交於議會

參議院每年開會一次由皇帝召集之若有議員三分之一之投票請求時亦須召集之凡召集代議院必須召集參議院若召集參議院則不必召集代議院

代議院之組織及職權

代議院之性質與他國國會略同由國民選舉之代議士組織之其選舉憲法上定有直接普通選舉及秘密投票兩事凡有帝國國籍滿二十五歲以上之男子皆有選舉權如有左列事項之一者不得行使其選舉權㈠有後見人或管理人者㈡受破產或家資分散之宣布者㈢受公共財產或市町村財源之救助未滿二年者㈣已被剝奪公民權者㈤現服海

陸軍役者議員之任期五年由聯合各國選出之共三百九十七人議長及書記官亦由選舉議長得任命會計官司掌金庫及會計事務

代議院之職務要綱有四㈠協贊立法㈡協贊帝國之豫算公債及鐵道之許可㈢承諾其應屬立法範圍之條約㈣監督帝國行政

代議院之議事方法亦照憲法及該院所自定之事務規程為準其議案或由參議院提出之或由本院議員提出之皇帝有以參議院所議決之議案提出於代議院之義務法律案須經三讀會非得全員過半數之贊同不能成立第一讀會既終時則採決其應交委員會調查與否議長整理議事且有議會之懲戒權凡議事以公開為原則開議時必須有議員過半數出席有時議長發議或議員十人以上之請求得為秘密會議

代議院之召集皇帝命之其通常會每年須召集一次臨時會則全屬皇帝之自由開會閉會用聯邦政府之名義命之若停會與解散則必須參議院同意且停會若無代議院之同意不得逾三十日若解散代議院時須於六十日內更行選舉九十日內必召集之

代議院議員之個人的特權約有四端㈠議員當執行其職務時不受選舉人之拘束㈡議員在院內所為之發言表決於院外不負其責任㈢會期中不被逮捕監禁㈣依帝國刑法受特別保護雖然其以議員資格而受俸給及費用辦償之特權則無之

行政部

人系

甲編法政

第二冊

指揮帝國之行政者大宰相也其地位與他國國務大臣同副署皇帝之命令及處分而任其責為帝國行政部首長對於代議院得辨明帝國政略之方針有故障時得以代理者行其職務此代理者為副宰相副宰相代理大宰相之全職故亦必為參議院議員

大宰相有屬官（一）帝國內務省（二）外務省（三）海軍省（四）廢兵資金管理省（五）鐵道廳（六）銀行官廳（七）郵務省（八）司法省（九）鐵道管理局（十）大藏省其各長官皆稱國務大臣

案各省為大宰相屬官不負責任故其國務大臣亦與他之責任大臣絕異德意志以責任內閣者責任大宰相一人宰相權力為何如乎

外交權　凡單純之外交事務例如一般關係於歐洲問題者則帝國專司之聯合各國無容喙之地然各國於自己所有立法權之範圍內對於外國亦得為國際法上之主體如締結條約之權是已

軍事行政　帝國之陸軍以聯合各國之軍隊組織之各國軍隊合而為一統一的軍隊軍隊之最上命令權及軍事行政權皆屬皇帝帝國海軍編制之法較陸軍尤為統一海軍行政全屬皇帝所獨占其最上命令權亦屬皇帝

財務行政　德意志帝國乃為有財產權能之獨立人格者也其於財產權上關係之方面則名為帝國國庫帝國之經常歲入有三（一）私法上之歲入（二）手數料即辦理費（三）租稅及聯合各國之納入金是也帝國之經常歲出有四（一）徵收帝國歲入之費用及其管理費（二）

帝國各機關之支出費惟皇帝費用不由帝國支出（三）帝國行政各部事物上所必要之支出（四）償還國債及利息等是也

司法部

帝國司法事務

帝國所有司法上權限之範圍（一）帝國高等法院或譯為大審院乃統轄帝國內一切裁判所之唯一最上級裁判所也其原則上則裁判對於控訴院判決之上告及抗告更有對於君主身體所犯之大逆罪及對於帝國所犯之謀叛罪軍機洩漏罪為始審終審之裁判（二）領事裁判所在歐洲以外某外國之領事裁判權領事自為單獨判事行之或領事裁判所行之其權限乃管轄屬於區裁判所參審裁判所及地方裁判所權限之民事刑事者也（三）保護領裁判所凡於帝國保護領內所行使之裁判權準用領事裁判所所適用之法律

德意志皇帝對於帝國高等法院亞諾露曲裁判所領事裁判所及保護領裁判所等第一審所為一切之刑事事件有恩赦權即特赦免訴大赦之權凡死刑非於皇帝決定不施恩赦之後不得執行

聯合各國之司法

聯合諸國之裁判所皆依帝國法律而構成有控訴院地方裁判所區裁判所并屬於此等裁判所下之參審裁判所商事裁判所及重罪一審裁判所等皆為帝國高等法院之下級

裁判所惟其任命裁判官之權及制定裁判管轄區域之權則聯合各國有之究不得謂帝國之裁判所故以之屬於聯合各國之司法

區裁判所　置獨決裁判官以為之長裁判官有數名時或因地區分或因事類別使各分擔其事務其裁判為單獨制其管轄為民事至刑事之裁判由附屬於區裁判所之參審裁判所行之參審裁判所者以裁判長一名須為區裁判所之判事參審官二名名譽職組織之其權限皆極輕所裁決之民刑事亦極小

地方裁判所　有所長一人部長部員數人其裁判由數名判事之合議而行之故為合議制區則判事一人自行之為單獨制每年之初必於判事中任命豫審判事若干人其民事部之權限凡不屬於區裁判所一切民事之始審裁判權皆屬之凡對於區裁判所之判決有為控訴及申請故障者皆裁判之關於商務事件得特設商事裁判所商事裁判所者以裁判長一人須為地方裁判所之判事及商事裁判官二人組織之商事裁判官為名譽職由商業會議所推薦之其任期三年刑事部之權限凡不屬參審裁判所權限內之輕罪及二三之重罪有為始審裁判權且對於參審裁判權之判決有為控訴者亦屬其裁判此外之重罪則歸重罪裁判所裁判重罪裁判所者以判事三人及陪審官十二人組織之指定期限於地方裁判所開審其陪審官為名譽職僅判定犯罪事實之有無而已若法律上之判斷則不能干涉之

控訴院　以所長一人部長部員數人組織之其裁判亦由判事數人之合議而行之亦為合議制凡對於地方裁判所之判決有為控訴及故障者及地方裁判所以控訴裁判所之資格所下刑事之判決有對此判決為上告者控訴院皆有裁判之權

以上所述各種裁判所皆設有檢事局然檢事局非隸屬於裁判所者也控訴院有檢事長一人及檢事數人地方裁判所及參審裁判所亦置檢事數人至帝國高等法院則置檢事總長一人檢事總長者統轄帝國各邦之檢事而指揮之各檢事之職務以檢舉犯罪提起公訴為主關於刑事訴訟則立於原告地位且司刑罰之執行亦間有干與民事事件者

附普魯士地方行政

普魯士之地方行政乃由國家行政與地方自治混合而成國家行政之地方區域分國為州分州為縣分縣為郡皆各設官廳以司行政該區域除縣外同時又為獨立之自治體而有人格得自處理其政務州縣郡之外又有市町村為最下級之自治體國家不設官廳

州

州之國家行政其機關以州知事及州參事會組織之州知事由國王任免蓋中央政府之代理州政之官吏也居州行政之首位以處理中央指定之事務其對於州會可為國王代表以行召集之權及到會發言之權當爭戰或事變之時知事得行使州內行政之全權州參事會以州知事及內務大臣所任之高等行政官州住民中所選之州行政會議員五名組成之其職務監督州知事之行為為下級官吏之控訴裁判所以裁決疑問行政事項

州之地方行政其機關即自治機關為州會及州行政會州會由州境內之郡會市會所選出之議員組織之其議員須為德意志帝國之公民且住居州內有土地一年以上者須有道德上善良之資格及有堅定之資產者州會之職務凡州條令之布發及關於州之財產上絕大問題必經州會之承諾又得製調豫算監督州財產之管理州行政會掌管州之行政其議員由州會選出任期亦六年每三年改選其半其職務準據州會所議決之規則以自行州之自治行政惟尋常細事則委任於州長州長由州會選出經國王認可

縣

縣非自治體僅為國家行政之區域因而無自治機關其行政機關有縣廳縣知事及縣參事會自縣廳之內務課廢止所有一切事務皆由縣知事職掌故縣知事有二種地位一為合議機關縣廳議長之地位二為單獨機關之地位縣參事會以縣知事為議長有議員六人由國王任命者二人一為裁判官一須有高等行政官之資格由州行政會於寺領之住民中選出者四人其職務以監督縣知事之行為為主要

郡

郡之國家行政郡長指揮之郡長者屬於縣知事下之國家官吏也由國王任免之但須有

高等行政官之資格監督郡長之行為者則有郡參事會以郡長及議員六人組織之其議員由郡會於郡之住民中選出之郡參事會對於該郡一方面為國家行政機關一方面又為地方自治機關

郡之地方行政有郡會及郡參事會管轄之郡會議員由大地主及市町村選舉區選出之其職務在議決郡之財產管理上重大事務確定郡之豫算制定郡之條例任命郡之吏員郡參事會則有管理郡之財產保管郡之營造物之權利郡之行政一受縣知事監督二受州知事監督

市町村

市町村者最下級之自治體也市有市長有市會有市參事會其制略與郡同市長當國家無特別機關之時并可行地方警察權對於外部為市之代表市會為合議組織以議長議員及委員組成之市會有監督市行政之權

町村行政機關之組織更為簡單有町村長一人以處理町村內一切行政事務又有助役數人以輔佐之町村長有故障時助役代理之有町村會由選舉而成其小町村則逕由町村住民集會行之

案普在德意志為聯合國家之一分子實比於春秋之霸王然普能建造德意志帝國而齊晉不能復三代之統一帝國之樹立易固而春秋之盟會難終何也蓋齊晉以盟誓為

約而其人於法上純粹結社私約托於神權者也。其於神權之絕，其約必解散，使不解，私約固不足以統轄各國。憲法乃維繫國家之公物，而以人權主之，不比盟誓。故春秋為破裂時期，無政體之可述。德之為統合國家，稱立憲政體，其差點則在此耳。至於聯邦之形勢固無殊也。故德國之立憲，聯邦立憲也；德國之政體，聯邦立憲政體也。

五

日本之制度

日本天皇總攬統治權。憲法上雖劃清三權分任職務，而其特予天皇以重大之權有五。一對於法律有裁可公布執行之權，對於議會有召集開會閉會之權，於衆議院有解散之權。二有發緊急命令之權。三宣戰媾和之權。四統帥海陸軍之權。五變更憲法之發議權。

立法部

日本議會採兩院制。一貴族院，二衆議院。貴族院以皇族及勅任議員組織之，衆議院以人民所選舉之代議士組織之，合兩院而為一帝國議會。凡法律須經帝國之議會協贊，國家歲出入每年應製預算表，經帝國議會協贊。兩院各有修正之權，又議會不僅議決政府所提出之法律案，兩院各有提出法律案之權。

貴族院議長副議長由議員中勅任之，衆議院則選出候補者三人，而於此三人中勅任之。議長歲費五千元，副議長三千元，議員各二千元。

兩院須同時開會。由兩院長預定議事日程，而報告於議院。議院即依次討論法律之議案，而以三回讀會決之。第一讀會僅就該案大體討論之，并議決開第二讀會與否，若否決，則該議案即不成立。第二讀會須逐條審議，且議決其應否修正，若否決，即不得開第三讀會。第三讀會則就其議案之全體果採用與否而討論議決之。

兩院必有其全數議員三分之一出席，始得開議而行議決。至於勅命以改正憲法之議時，則兩院須各有三分之二以上出席，始得議決。凡議案皆須得兩院同意始為通過，通過後經天皇裁可而成法律，裁可後因公布而生效力。

行政部

政府以內閣為主腦。內閣以國務大臣組織之。國務大臣有三種。一內閣總理大臣，為各大臣之首班，有參畫機務、承君主之旨而保持行政各部統一之任務，并得中止行政各部之處分或命令。二各省大臣，即有中央行政諸省長官之地位者。三無任大臣，則無行政長官之地位，而列於內閣者也。此組織內閣之國務大臣謂之內閣員。內閣者，即此等內閣員之合議體，而評議國家施政之處也。通常皆會合於宮中之一室，天皇出席而聽其會議，故曾言之：內閣者，即國務大臣之議會也。國務大臣輔弼天皇，任其責。凡關於法律、勅令及其他國務之詔勅，須國務大臣副署。缺副署之行為即為無效。蓋君主不負責任，而以內閣任其責。

案。惟欲責任內閣，故必予國務大臣以副署之權，亦惟有國務大臣副署而內閣始負完全責任。憲法上明定缺副署之行為為無效，則內閣對於君主私自行為未經副署者，即應不負責任。蓋對此行為之相手方非不知有缺副署為無效之規定也。譬民法上貸借以立契約而生效力，設未成年者挪借款項，不經代理人之許可，則此代理人對於債權者必不負償還之責任。內閣之負責任既以副署為依據，則國務大臣自應獨操副署之權，對於不表同情、不願負責任之行為，亦自應得援據法理拒絕其副署。蓋內閣乃國家之行政機關，非君主之私務室；內閣員乃政治之表示人，非君主之親暱；副署乃法律上之憑證，非形式上之耀觀。責任又在內閣而不在君主，譬民法上契約之書寫，將不負責任之未成年者自主之乎，抑負責任者之代理人主之乎？

內閣置書記官長及書記官。書記官長受總理大臣之命，掌管機密文書，統理內閣一切庶務，且督率書記官掌種種公牘要務。置統計局，統計行政各部之事。又置恩給局、法制局、印刷局、馬政局等。

中央行政各部省有九：曰外務省、內務省、大藏省、司法省、陸軍省、海軍省、農商務省、文部省、遞信省。各省之長皆稱大臣，為單獨制，各依大臣一己之意思以處決其所轄事務。各省乃最上級之行政官廳，其事務之性質須全國統一。大臣為行政長官，又為內閣員，合為內閣，分為各省。內閣為合議制，而各省則單獨制，僅就其一部事宜直轄至最下級行政官廳。

地方行政制度淵源於德意志，故日本地方區域內國家行政與地方自治體混合。

自治體者，隸於國家公共團體，依法規所定監督方法之外，不更受國家之干涉，從法規而依於自己之機關以行其公共事務者也。曰市，曰町村。

市町村之區劃屬於國家之領土，而得行其自治權之地理的區域也。組織市町村之人民曰住民。凡居住於市町村之內者，皆當然為其住民。住民中之有選舉權及被選舉權者為公民。公民必有帝國國籍，年滿二十五歲以上之獨立男子。

市町村議決機關為市町村會，由公民中所選出之議員組織之，乃合議體。日本用等級選舉法，市採三級制，町村採二級制。議員為名譽職，任期六年，三年改選其半。斯會之職權有二：議決該市町村內一切行政事務，監督該市町村內執行機關。

市町村執行機關，在市為市參事會，以市長一人、助役一人或數人、參事會員若干人組織之。市長由市會推薦而裁可任用於天皇。助役及參事會員皆由選舉，惟助役須受府縣知事之認可。在町村則由町村會選舉町村長一人以執行政務。故市採合議制，而町村則單獨制也。

市町村之事務，一曰固有事務，如市町村以自己之費用施行其公共利益之事務也；一曰委任事務，蓋由國家依於法律上所委任之事務也。

市町村既以自己之費用執行其事務，自應有獨立之財政權，而不受國家之干涉，惟負擔

此經濟者為市町村住民該負擔經濟之住民自應予以監查收支之權故市町村之收入及支出必由市參事會若町村長製成豫決算表依市町村會之議決而確定之決算表且須公布區民周知

郡乃國家行政區域非比市町村純然有地方自治體之獨立資格也其機關有郡會郡參事會及郡長郡長係國家委任吏員郡會以郡內人民所選出之議員組織之其權限與市町村會不同除法律所規定者外無議決該郡一切行政之權能郡參事會以郡長一人及參事會員五人組織之參事會員由郡會議員中選出非郡之執行機關蓋與郡會同一純然議決機關也其權限僅能議決該郡會所委任事項或有臨時緊急動議不及召集郡會時代郡會而為議決耳郡雖得行其自治權而郡會與郡參事會皆為議決機關又不特設自治執行機關祇以國家官吏之郡長處理自治體之事務

郡之事務亦有固有委任二種郡為法人而受官之監督於法律命令範圍內處理其公共事務即所謂固有事務也依法律勅令國家之事務屬於該郡者即委任事務也其處理事務所需之費須以受國庫及府縣之補助金為原則不敷則向其郡內町村賦之擔任此郡費之住民屬於町村不屬於郡則知町村於郡有納受之義務住民又因町村而擔任此項郡費也蓋郡不能直接處理町村之人民以町村為自治體也町村又受郡之監督以町村亦屬國家之版圖也

府縣之制度略與郡同府縣會及府縣參事會猶郡會及郡參事會府縣知事猶之郡長府縣會議員之選舉亦與郡同府縣參事會以府縣知事一人府縣高等官二人及名譽參事會員組織之名譽參事會員之數府舉八人縣舉六人其各職務事業概同於郡惟財政則各異郡僅能向其管內町村賦課之府縣則既有向其管內住民徵收府縣稅之權利亦有時得依勅令所定向該管町村分課之

案市町村係自治體然國家於市町村區域不別設國家官廳而以市町村之國家行政一委諸市町村長則市町村執行機關又不得謂非國家機關也府縣及郡係國家行政區域然地方自治於府縣郡又不特設其執行機關而以府縣郡之自治事宜悉由郡長府縣知事代理故郡長與知事同時又為自治體之代表也要而言之市町村本地方自治體而兼為國家行政區域府縣郡今國家行政區域而兼有自治體之資格者也

司法部

司法權由裁判所以天皇之名依法律行之裁判所云者裁判民事刑事之機關也

區裁判所掌輕微之民刑事件及一般非訴事件之第一審裁判置判事及書記一人或數人為單獨制不任所長惟置判事二人以上者則由司法大臣命其一人為監督判事

地方裁判所置所長一名指揮一切事務該所之審問裁判以判事三人掌之其於審判事由司法大臣命之地方裁判所對於區裁判所之裁判有控訴裁判所之權限關於一切事件有第一審裁判所之權限

控訴院有院長一人指揮院內一切事務其制與地方裁判所無異其裁判民刑事之權限如下一對於地方裁判所第一審判決之控訴二對於地方裁判所第二審判決地方裁判所對於不服區裁判所判決之控訴事件之判決之上告三對於地方裁判所之決定及命令之法律所定之抗告

大審院乃帝國最高之裁判所有院長及部長與控訴院同其裁判民刑事之權限如下一對於控訴院之第二審判決之上告二對於控訴院之決定及命令之法律所定之上告此二者蓋言大審院為終審裁判時所有之權限也亦有時大審院兼有始審及終審之裁判權如對於皇族犯罪應處以刑之裁判之類是也

裁判官即判事須具有法律所定之資格由奏任或勅任除受刑法之宣告及懲戒之處分外不被免職故曰終身官

檢事亦由奏任或勅任惟無憲法上之保障且不得干涉裁判事件其職務在於探查訴追刑事犯罪及監視行事之執行

各裁判所及檢事局皆有書記課書記掌書類之調製及會計事務司法大臣任之控訴院及大審院之書記課置書記長書記長由奏任區裁判所置執達吏其職務在於送達裁判所發之文書及執行裁判所之裁判執達吏亦由司法大臣任之

案司法大臣乃組織內閣之一分子而內閣純為行政機關司法省隸於行政部中祇以關涉行政司法云爾非具有特然獨立之性質也而日本直以司法大臣為司法部之司法官而予以任命書記及執達吏之權是國家全部之司法亦祇屬於行政部之一分耳

案日本之憲法依君主之意思而定自應偏予君主以特權故日之政體為君主立憲政體而憲法之旨趣乃喪盡其最不完全者在立法則予天皇以裁可權是也天皇祇一人耳議員以百計法律案通過於兩院猶必經天皇之裁可設裁之而以為不可法律案終不成立將大多數之議決不敵一箇人之私意乎在行政則處天皇於不負責任之地而以大臣任其責是也設天皇因其便宜強使大臣副著憲法上又不予大臣以拒絕副署之權將天皇犯法而副署之大臣坐罪乎在司法則予天皇以勅任裁判官之權而任其不受裁判官之裁判是也設天皇逞君主之威任意殺人又將何以處之故曰極君主立憲之弊無異於專制政體

第八章

國家統治權

統治權與主權不同主權者所有權也物為我所獨有則主權在我贈與他人惟我遺傳子孫惟我存全毀碎悉惟我不受人之干涉物為眾所公有則主權在眾贈與遺傳存全毀碎均惟眾非少數人所得專主箇人為組成國家一分子僅占有國家一分子之主權其國家

全體之權則歸之組合國家之全數箇人

統治權為支配全國事務之權而發生於主權國家主權歸諸國家人國家人欲自處理其國內事務因而有統治權之發生

統治權總為三權　自法儒孟德斯鳩氏倡三權分立之說後之立憲國宗之然使三權互有獨立之地位而不設法以統一之則直以國家為三種團體矣安能成為一箇國家故必有統治權以總攬之

統治權為唯一權　一國家內不得有兩箇統治權人類之羣處不能無相互間之交涉況以其本而組合國家又不能無團體之秩序安得以各箇人自治各箇人使之紛如麻絲而失其綱紀於是乎又講統治之法

統治者非統之以一箇人也夫以一人養活一家猶難況以一人而統轄全國能保無疏漏之虞乎我國處競爭之際民族未嘗分治產工猶未能盡治與情睽隔於畎畝之中使散治之乃稱郅治五千年所僅見者也一人之精力不足普徧全國不待智者而後知君主之專制藉使以保全人民力謀公共生活之發達為目的然而鞭長不及馬腹故欲國家完全美滿相安於平等必不能偏與一箇人以統治權

統治權既不能偏予一箇人矣將必歸之多數箇人多數以何數為限制有其限制矣而以何等人充此多數使之有統治權乎則又一疑問也如曰鈞是組織國家之人全數皆當有統治權又不啻一盤散沙矣以謂之統治如曰偏予一等人以統治權而鈞是人也何人治人何人治於人於是不得不組織國家統治機關而以統治權屬之試述統治機關之組織

通國男女自成年以上皆有組織此統治機關之權限蓋國家既由此項男女組成則統治此國之權利亦自應由此項男女組織之無他所謂主權作用是也惟組織國家之人數以億兆計而組織統治機關必不能如其數於是不得不選舉代表而以代表組織之試述代表之選舉

通國男女自成年以上皆有選舉代表之權利及其義務皆有被選舉為代表之義務及其權利統治機關既不能容國人全數之多勢必以少數人充之區別此少數人則用選舉之法選舉者為多數而被選舉者即此少數人是也以言選舉者之權利則任其於所信仰者而委託以代表國家之重任凡占有國家主權之一分者均應享此權利以言選舉者之義務則為國家選舉代表以代理其國務有是國家之箇人均應盡此義務故曰通國男女皆有選舉代表之權利及其義務以言被選舉者之義務則受國家委託代以服統治之勞役國為公有何人偏盡此義務以言被選舉者之權利則居統治地位代表國家而行其統治權等是國人何人偏享此權利故曰通國男女皆有被選舉為代表之義務及其權利抑更有進者代表者國家之代表而非箇人之代表也箇人之選舉代表為國家選舉其代表而非個人之自選舉其代表也個人之當選為代表代表國家而非代表個人也從而選舉者

不應囑所選舉者以私被選舉者不應受選舉之者之私託

代表舉定則各負責任自進而集於該國家內之首都組織統治機關　機關者於無形之人格以有形者之意思發動其行為之謂也國家為無形之團體欲使其意思能力發現於外則不得不藉自然人之意思能力使之以國家之名為國家發表其意思故統治機關之組織必有待於自然人然則統治權究宜屬之統治機關乎抑屬之組織機關之自然人乎或者曰組織國家之自然人既有國家權則組織統治機關之自然人亦自應有統治權余曰非也因人而組織國家當然以人為國家之主體因國家而組織統治機關當然以國家為統治機關之主體因統治機關而舉人以組織之則組織統治機關之自然人當然為統治機關之容體故組織國家之人與組織統治機關之人有主客之別從而統治機關屬於國家而不屬於組織機關之自然人明矣從而統治機關代國家而握其統治權其組織機關之自然人不過其現形又明矣則知機關為代表國家之實體借自然人為其發現耳以故機關之一箇自然人為分子分子固不能代機關而理其職務機關之全數自然人為全體全體亦不能離機關而代理其職務以故組織統治機關之自然人有時脫離其機關而機關終不緣以為變更國家建設此統治機關欲其永遠有効而組織此統治機關之自然人不能無改換之一日於是統治機關成立後首先定憲章　憲章者由有意思能力之自然人準統治機關以代表其發現統治權之作用也依於國家全數人之意思而定以期國家安泰為主憲章既定互舉統領及副統領　統領者統治機關之首長也召集統治會而為其主席副統領於統領缺席時代行其職務統領舉定互選組織政府之人　政府即國家行政機關也其組織之人由統治機關先定額數而後於其內互選之惟已當選之統領副統領不在被選舉之列組織裁判所之人　裁判所即國家司法機關也其組織之人由統治機關先定額數而後於其內互選之惟已當選之統領副統領及政府組織人不在被選之列統治機關中之自然人除已被舉為統領副統領行政人司法人外皆為組織國會之人　國會即國家立法機關也組織統治機關之自然人既能代表國家之統治機關亦何不可代表國家之立法機關既能在統治機關定憲章亦何不可在立法機關議決法律惟三權平列即三機關亦相等似宜以同樣人組織之故分其一部以組織政府分其一部以組織裁判所又因司法行政之人數皆不敵立法人數之多尤須選擇精敏之人使其以一當十故於司法行政兩機關之組織人用互選法選舉之是不啻由國家人被選而出也且三權劃分乃憲章之原則必不可混之於一故分統治機關而為三則立法司法行政各機關是也然使分為三而無所統轄又失國家統一之旨趣故合立法司法行政三機關而為一即國家統治機關是也以故通常皆三機關鼎立一旦遇有關涉憲章之事或修改憲章解釋憲章則由統領召集三機關人員開統治會議決之三機關中如有一機關違反憲章欲行彈劾之手續時亦由統領召集統治會議決彈劾之惟

其被提議彈劾之機關中人員爲有故障應廻避不與統治會議

詮憲章者統治之規方統治權之作用而統治機關之脫胎也國家除統治機關外之一切機關皆發生此憲章中是以首先議定憲章而以爲其母憲章既定然後互舉各項人員以見各項人員均發生於憲章而受其範圍非憲章之發生於各項人員而任其設施也且定憲章之時必使統治機關之全數人不自知其將來爲何項當選而後其行憲章之議決始各無所偏而憲章乃得其平

第九章

憲章之發生及其意義

憲章因國家而制定者也前言國家卽人蓋人類團體之專名詞而鳥獸不與焉故動物皆具合群之性而能立憲以處理其群者則惟人然則憲章發生於人矣而泛以言人祇指其具有骸體之個人而言個人無所需於憲章其有待於憲章者國家也故憲章者以組織國家之全數人制定之方合公例徒以散漫無歸不得已而用選舉代表之制代表者專爲制定憲章而選舉也其議定憲章須統籌全國而行議決不當偏於一方之所特需尤不當偏於少數投票者之私意蓋憲章者全國之母法一切國務無不在其陶鎔範圍中稍有所偏直義盡失國家人蒙其不利國家卽不得安寧故憲章上寧予各地方以自治之權終不因一地之所需而爲之特設專條致不能適用於全國故代表國家人議定憲章時須平心靜

氣不可挾絲毫成見務使憲章能治化國家而不受國家之羅限能統理地方而不因地方爲畛域且須含容立法司法行政三者不可使其一者實有阻礙難依之處不可使其三者稍有混淆不清之弊

憲章既由國家人之代表依國家人之意思而定矣則直謂憲章由國家人代表依於國家人心中所具之義理而定可也故憲章者發生於人心所同然之義理者也

世界憲法發始於英沿於北美合衆國次及法德今已傳播歐西各國至於亞洲矣著者特窮究其真正意義而發明之

非人不能成國言之屢矣得人以組成其國而無法以支配之則强凌弱衆暴寡此詐彼虞勢必流於殘酷之境與禽獸無異而人乃不人國亦不國故法之關係於國與人也大矣然法無憑依則賴憲章爲之母

憲章者規定人國法三者相互間之當然不易之準則而又爲法之根據法又維繫人與國之要則也彼格來士薛哲等謂憲法爲規定國家組織之法案是說僅就人對於國而言憲法不如是之狹也格巴謂憲法爲規定國權全體之法案泥言國權全體廓而無當憲法之真義雖明近世學者多謂憲法爲規定國家組織及國權之作用大原則案國家組織乃謂人對於國國權作用乃謂法對於人與法對於國而已其國對於人及人與國之對於法仍未及之

憲章者國家人定之國家人廢之國家人變之從於人心所同然之義理而爲去取顧世之持分類主義者曰欽定憲法民定憲法成文憲法不文憲法合意憲法片意憲法而憲章之真義乃盡失之夫國家爲人所組成當然爲人所有則其處理此國家之憲章亦卽當然爲國家人所自定其非組織此國家之人卽國外人自不得有此國家卽不得予議此國之憲章矣以謂之欽定矣以謂之民定更何得有合意片意之稱憲章爲國家人所自定矣果既經察出弊端自應得隨時變更廢止蓋立憲章以謀國家安泰也有弊而不爲之革將永遠蒙其不利苟無其弊則從義理上所定之憲章斷難以不正當之理由而妄行變更廢矣以謂之成文法矣以謂之不成文法

憲章定而法律有所依據請言憲章之關於法律自法儒孟德斯鳩倡三權分立之說後之談憲章者主之然此特憲章之一部也三權者立法權行政權司法權是也平其等級不相上下不相統轄乃憲章之原則行政者依法以施行耳非能溢乎法之外而另有發生也司法者司守已立之法使不失効力耳非能另自立法而司守之也然則法既立司法權所不能干行政權所不能越三權雖平列而立法較高矣曰不然三權同時發生於憲章者也憲章於行政之越法視爲違憲於司法之干法視爲違憲至易見也而於立法之違憲則難見夫其難見也其詳也總括之有二大端一法之對於國法以期國家鞏固爲主要其或妨礙國家安寧秩序破壞國家統一精神稍有妨害國家之治安則爲違憲二法之對於人法以

保護國人維繫國人爲主要其或侵奪人之自由使同等之人有偏重倚輕之弊開彼詐此虞之端則爲違憲

憲章上法對於人既以保護維繫期於平等一致爲天職矣倘遇立法機關所立之法爲有妨害於一等自然人者則其被害之自然人得依憲章請願於統治機關由統領召集統治會議決之會議時立法人之贊成此項法律者均應廻避其明與憲章條文相牴觸加害國人確鑿可見者雖已通過於國會國人得援據憲章宣告其違憲不公認議案之成立故法而妨害國人憲章之所不容

憲章上法對於國既以保持秩序鞏固安寧爲天職矣其或有妨於地方自治則地方自治團體得依憲章請願於統治機關由統領召集統治會議決之或有妨於國家全部治安則統領得依憲章逕自召集統治會議決之或因統治機關三十人以上之提議請統領召集統治會議決之會議時立法人之贊成此項法律者均應廻避如法案明與憲章條文相牴觸確見其破壞國家之安全則雖已成立統治機關得援據憲章公布其違憲卽時以廢棄論故法而有妨國家之安寧憲章之所不容

請更言憲章上人對於法　法以支配全國國人也凡國內之人無論其爲組織機關之代表與非代表其成年以上之男女皆當以其自然人之資格遵崇此法在昔君主之國家且莫不有法曰法者天子所與天下公共之物也蓋法乃國法其行使之効力以國爲其界雖

古之君主亦不能溢乎法之外故凡國內人違法憲章必不容使是人而在機關為代表也則先取消其代表之當選而後科以違法之罪

請更言憲章上國對於法　國家設種種機關以代行其職務必有法律以為之準繩非可由各機關任意設施也如統治機關代表國家之統治權其行使此權時必不能與法相牴牾蓋法以維繫團結其國家國家而不盡遵守之義務則立見紊亂故凡為國家代表者僅先代表其遵崇法律之天職如海陸軍代表國家之權力其或伸張此權時必悉準諸法賦稅為國家之入量度支乃國家之出量一出一入必悉準諸法他若國家之印信郵傳農工商礦無一不規規於法夫如是憲章上方承認為國家不然雖號國家必非憲章上所能承認也故國家各項機關如或違法在憲章上即當隨時解散重行組織言國家自身無行為悉以代表負其責代表既不能代國家以奉法憲章又不承認違法之國家代表之一箇人以自然人資格而違法革除此一個人足矣代表之多數以法人資格而違法是即國家違法勢必解散其機關解散國家各項機關憲章上悉委其手續於統治機關至散解統治機關憲章上悉委其手續於國家人

請更言憲章上人對於國　國家為人所集合而成即應為國家人所有物言之已詳抑更有進者人情莫不保護其所有物之保護權此物為一個人所獨有保護此物者唯此一個人此物為多數所公有則保護此物者即在此多數人情也亦不悖於義理者也君主國體

人系　甲編法政　五十二

愛國者唯一君主其他臣民之愛國者非愛國也忠於君也以國為君有而身戴其君欲忠其所戴之君自不得不為君保愛其所有之國至問其自身之對於國絕無直接感情特因君為媒介而生臣民與國之關係耳故臣民一旦不忠於君而生叛背心則必不惜舉兵以蹂躪其國竊奪之割據之割據之不能則百般設計以破裂之傾覆之無他物非其所自有彼自不生愛惜之心況本應為公有之物而為一人所私有自其能忠於一人者言之惑於君民之分或知之而不為之發反是不能莫不忿於私有物之不平而充其力致之矣此古今中外禍亂之源也故立憲之原則第一在使人與國之間永存其固有之直接關係而使組織國家之人本人情愛物之心而生愛國之心不使有所隔膜也故憲章上務期人對於國有忠愛之心其不能忠愛其所自有之國者已失人情之常憲章上必不能容

請更言憲章上國對於人　人而公同結合一物也必將有所資藉焉而利用之君主之國家君主借國家為保障物臣民莫獲利益有時殘酷之君且將以其國家凌虐臣民類如以國家之賦稅縱淫樂而摧殘臣民以國家之兵力縱情戰爭不惜臣民之身命以國家之司法權濫施輕用任意斬殺其臣民則國之對於人匪徒無益而又害之揆其由國與人之間橫之以君主而斷絕其本然之關係立憲上之原則在使國與人之間永存其固有之直接關係而使人所組織之國家本天道循環之理迴護其被組織之人不使多數組成之物偏以一箇人蒙其利不使同一組織國家之人偏有一箇人不蒙其利故憲章上務期國對於

人有保護之之義務其不能盡保護之責者憲章上即不得承認為國家雖然國家非能自己行動者也何所施其保護力而盡其義務曰國設有各級機關在國家統治機關及立法司法行政各機關皆為代表國家職務而設以國家之大統治之不足又分治之憲章上許各地方得設自治機關蓋欲國家充其保護國人之力而偏於國境之內也故組織各機關之代表或有不能代表機關而盡其保護國人之職務者在憲章上即應革除之重行補選闕內已組成之各機關若有不能代表國家而盡其保護國人之職務者在憲章上即當解散之重行改組國家若不設各種機關或設之而任各機關之雖有國人憲章上必不容此種國家而此種國家往往樹立於世界蓋絕非真正立憲國也

請更言憲章上規劃個人地方人國家人之性質及其權利義務之區別　自個人以組成國家個人者具有身體之自然人也以言國家內之一箇人自應目為自然人以言組織國家之全數人既不得指為個人亦不得認為自然人於是有國家人之稱處國家之幅員寥廓也統治之不足又區劃地方以分治之故憲章上於國家統治外又有地方自治之規約地方以人資格之所集個人而成者也以言地方內之一箇人自應目為自然人以言組織地方之全數人既不得指為個人自然人又不得混為國家人於是有地方人之稱故自其人之單獨形體而言為一箇之自然人自其人之集合體而言則有地方人國家人之別個人出自天然本有其天然規律地方人與國家人均發生於憲章即應由憲章定其規律

人系　甲編法政　五十三

箇人有天然之自主權與自由權憲章因之而定地方人與國家人之自主權及自由權集身體之全部而為個人耳目手足心官之屬皆為個人所獨有主權自在他人不能干涉其行動集個人而為國家國內男女皆為國家所獨有主權所在他之國家不能干涉其行動分國家人而為地方住居地方內之男女皆為地方所獨有主權所在他之地方不能干涉其行動

自然人之肢體各具天然服從性其行使自主權與自由權時不因一部妨害全部憲章準是以定地方與國家之行使自主權及自由權均應各得其內部大多數人之同意　耳目口鼻手足身體之一部也自然人當然之行為絕不因一肢體之不欲而廢止之蓋身體為個人所有而非一肢體所有其自主權與自由權在箇人而不在其一肢體推而至於地方為地方人所有而非地方中一箇人所有國家為國家人所有而非國家內一箇人所有故其自主權與自由權在地方則地方人享有之在國家則國家人享有之皆非一箇人所能享有也少數服從多數之公例於此益明夫箇人之身體雖不止一部而一部之甘苦關身與共地方雖不止一箇人而憲章上必使如身體全部之關係一箇人被害即牽累地方國家雖不止一地方更不止一箇人而憲章上必使如身體全部之關係一地一人之受害即牽動全國身肩指臂之勢成而國家與地方乃永盛而國無或能亂之故夫憲章者一從至情至理之間定之非有一種特色也

箇人在國家得行使其自由權。國家因人而成。則人即國家之主體。故在該國家內得行其自由權。

箇人之自由權必同等。同具自然人之骸體。故均稱為人。無所差異。其自由權亦必平等。箇人之行使其自由權不能妨礙他之個人。個人既皆具同等之自由權。我因行使自由權而妨礙他人。即他人失其自由權矣。憲章所不容。

箇人之行使其自由權不能損害地方。地方為多數人組合而成。因一箇人行使自由權。致使地方全數人不能享自然之幸福。憲章所不容。

箇人之行使其自由權不能干涉國家。國家億兆人公有之物。固亦有其自由權。行使是權者唯國家人。而非一箇人之自由權所能微礙也。

地方人之當然權利　一曰事業主權。集人成家。數家為鄰。漸沿為黨里州閭。稱之曰地方。其間必有共通之必要事業。例如築橋梁以便交通。建學校以培子弟。皆是。此公共之事業必得全地方之同意而後克舉。故地方人有當然之事業權。二曰財政主權。地方人之舉行公共事務也。必不能無所費。各箇人有享受事業之權利。即有擔負經濟之義務。其自出資金而自興事業也。故地方人有當然之財政權。

地方人之當然義務　地方乃地方人所有。地方人之所寄跡也。地方之興敗與地方人有切近之關係。故不待強迫。而地方人當然有治理地方保護地方之義務。

國家人之當然權利　國家既為國家人所有。則處理其國家之法政。因應任主人之設施。故立法權、司法權、行政權當然為國家所有。

國家人之當然義務　國家既以人充實之。則法政之所以處理其國家者。即所以支配其人也。故服從法律。安於政治。又為國家人當然之義務。至其防禦外侮。保護國家之義務。又不待言。

地方人之代表　組織地方之箇人至夥也。人人而干涉地方事務。勢必紛擾。反難舉措。且各箇人皆有箇人營生之事業。悉舉而從事地方。則所謂農工商礦諸業必廢。地方因以貧瘠。地方人且隨之不振。於此籌兩全之策。使各地方內成年男女凡不受民法之禁止及刑法之停剝者。皆得以己意選舉其所願託付者。代表地方之重任。此代表就各地方內於有被選舉代表權者中選舉之。蓋地方人之代表。亦即地方之代表。而非地方內一箇人之代表也。

國家人之代表　以國家版圖之大。內務外交繁瑣。而關係尤緊。處治一失。其當國家人且不能保有其國家。故必統國境內之全數人為之。庶克有濟。然國人恒河沙數。散而無歸。適以亂國。於是有統治機關之組織。有代表之選舉。代表云者。代國家人以表白其意思與行為也。即代國家人以表行其當然權也。於是因國家人當然權之區別。以區別其代表之職權。代表國家人之立法權者。為立法代表人。代表國家之司法權者。為司法代表人。代表國家人之行政權者。為行政代表人。此三等代表人。統為國家人之代表。亦即國家之代表。而皆為組織國家統治機關之自然人。故統治機關分而為之。則曰立法機關、司法機關、行政機關。

第十章

國會之組織及其職權

國會乃國家立法機關。與政府裁判所同時發生於憲章。非國會之能立憲章也。故其組織之方法及相當之職權。皆以憲章定之。

一　國會之組織

歐洲諸邦國會編制之法。多採兩院制。曰貴族院、庶民院。且謂貴族院為上議院。庶民院為下議院。等是組織國會之人。而有貴族庶民之別。貴族指君主之貴族而言。庶民亦即指君主之庶民而言。君民之階級顯分。已失憲法之原則。況等是代表國家組織立法機關之人。而有上下之差。更屬不平之甚。藉使兩院實際相等。亦徒使機關轇轕。互為牽制。難以調和一致。反礙國家事業之進行。其弊一。其或兩院利害相反。或負於意氣。各執己見。不免因之而起爭端。誰為之解決。以底於和平。將利益全無。而僅留其害。其弊二。其或遇有緊急動議。經兩院種種手續。又未免徒延時日。坐失事機。其弊三。故歐西之採兩院制者。普者所絕對的不贊同也。

然則必採一院制矣。組織國會之議員。為國家立法代表人。較之國家統治代表人。職權為臨。既能當選以組織統治機關。更能當選以組織立法機關。國家人既託以代表統治權。何不可委以代表立法權。即以組織統治機關之自然人組織國會。亦屬當然。辦法且省卻一番選舉手續。惟立法、司法、行政三機關平列。其發生不能有先後異同之差。故使組織統治機關之人。既互舉其內部統領副統領外。皆為組織三機關之人。又因司法行政之員額各皆不及立法人十之一。自應舉出其少數組織司法行政兩機關。而以其餘者悉充立法代表人。然則統治代表之選舉。亦即國會議員之選舉。其選舉之大概。已略述於第八章。茲更詳言以補充之。

選舉國家之代表。當統合全國選舉之。不以地方為限域。特因版圖廣漠。人民散處。若必限於一箇投票所。又難萃合全國國人。且必紛然無秩。乃從投票便宜起見。或劃分全國為若干投票區。區設一投票所。一使人民各就其最附近之投票所行使其選舉權。此投票區乃為選舉便宜而設。非以限分選舉人及被選舉人也。故凡有本國國籍者。皆得在國內各區投票所投票。不必限於其所居區內之投票所。所舉之人。惟期有本國國籍。具被選舉之資格者。而不限於投票人區內之居民。各區須同日投票。投票前數十日。由各區先選選舉挂數人管理一切選舉事宜。投票完結。仍由選舉挂會同該區警察。保送投票

區於國之首都而集於都中之開票處開票時准各區另舉代表列開票所監視謂之監票代表開票後由選舉掛公布當選人姓名具當選書電致當選人當選人接據此書即使起程赴都親詣開票所具書答覆應選選舉掛接據此書公布國人週知當選人既齊集都城答覆應選後即各負代表責任自進而集會於統治機關斯時選舉手續已經完備選舉掛亦可卸職而統治機關即於時成立開會立憲章後互舉統領副統領各一人再互舉行政人司法人員爾由各國參酌情俗自定之其未當選為統領副統領行政人司法人者皆為組織國會之人員

列國代議士之選舉有二大別曰普通選舉曰限制選舉其限制選舉無論已法學家概以普通選舉為當然之則彌魯氏嘗言依於同一之法而行同一之政治斯為代議士之本旨茍為此區別甚無當也斯言誠合公理顧世之計利害者謂上等人民居少數下等人民居大多數若依於普通選舉則下等人民之代議士必占多數其結果每一立法必不利於有財產有智識之少數人民而惟利於多數人民之是務於是立一等異說使選舉投票權普及於一般人民特由其人之學識與財產之高下而異其程度例如下流社會之人與以一票之權利中流社會之人與以二票三票之權利其為非常卓越之士則更有較多之投票權愚按此說頗不平等國家之組成豈能缺此多數之下流人民此多數下流人民之組成國家固無殊於特達有識之士投票權發生於國家主權決非能以智識區其輕重尤非能

以財產遞其高下準財產之多寡智識之高低以為投票之差等者蓋不知選舉權之意義者也人民因其團體公同組合國家而成法人法人非能自己行動則以自然人代表之自然人散漫無歸故有選舉代表之制國家由人民公同組合故有公同選舉代表之制予人民以選舉權者蓋以國家為此等人民所公同組合而成也其組合國家之能力既無差等其選舉國家之代表亦自無分別故曰國家選舉權自然平等權也安得以財產智識兩途區分其上下哉然則無智識者之投票或有損於有智識無財產者之投票或有害於有財產者又將如何曰著者於此等處所固籌之有年矣亦無他術惟注意於教育經濟兩事人民之智識根於教育教育不普及無識之國民必多以多數無識之國民組合國家自然成為無識之國家而其間一二特達之士恒施愚民之手術此從來法政不平之由實教育不昌階之厲也著者法政書而附以教育者得此更瞭然矣財產原於經濟經濟不發達貧者多而富者寡以多數貧民組合一國家必成一空匱之國家藉有少數財產優餘者終不肯截長以補短此從來有財產者常占優步而無財產每落後塵法政因之而不平之端以起著法政書必附以經濟者鑒於此亦更了然著者之意國民智識不均財產不均盍注意於教育與經濟而務求其均終不能因智識財產而差分選舉代表之固有權蓋國家非止此有智識有財產者所組成憲章者所以均國家也智識財產不均者也選舉權當均者也憲章上必不因其所不均而牽及其所當均既均其選舉權有智識者即惡乎無智識者之舉票

為有損於自身如欲去其疾則或以其智識極力鼓吹教育使之普及促進國民之智識可也有財產者即惡乎無財產者之舉票為有害於自身如欲去其疾則或以其財產發展實業急公利而不謀其私可也若竟因智識財產之優劣而上下其選舉權將國家終為少數有智識有財產者之國家而多數之愚者終愚貧者終貧何日能平其不平也著者歷年來以心為權腦為度深思熟籌而得此輕重長短非偶然也

組織國家之人固無分於貧富無分於知愚矣亦無分於男女乎曰鈞是人也以言國家之組織男女固無二致以言人類之構造男女固自相需使其國而盡女也國必亡使其國而盡男也國亦亡男女均而國乃成國乃存執是以覲其因組合國家而應得之權利義務男女自應相等故統治權篇有曰通國男女自成年以上皆有選舉之權利及被選舉之義務雖然本編法政部也固未計及教育乙編教育階中曾述女子為天然教師可以充家庭主教教育之關係國家極重而以家庭教育植其初基毋為主教其擔任更不減於在任之代議士投票選舉瞬時無多猶可以假若當選為代議士則非一二年所能了事教育前途影響甚大於此又權衡其緩急輕重盍使女子不當選為代表終不能因當選代表而更換家庭主教蓋組織國家之人以億萬計勝任代表之職者易覯不必借重於女界而家庭教育之主教以母為最適宜女既擔任此重大職務更不暇兼顧其他此著者側重教育之微意決非不欲女子當選為代表尤非謂女子不當盡此義務也

然則女子享有選舉權利而不盡被選義務殆不平歟曰非也教育者萬事之爐法政尚受其陶鑄女子而盡教育義務其造化國家之功當不在代表之下就此即當酬以選舉權利況為所固有哉故男女均有選舉權利被選舉義務惟女礙於教育不暇盡此義務故當選代表者概皆男子選舉代表時則男與女俱至代表員額由各國準人口之多寡自定之任期亦由各國自定

國會會員互舉議長副議長各一又舉書記長一組織審查會推審查長及審查員分科設備

二 國會之職權

國會祇以代表國家之立法其職權較統治會為狹故同一議員在統治會則遵行統治會之職權在國會則遵行國會之職權試述國會之職權

一 職權之關於法律者

凡國家一切法律必須經國會通過法律既已通過於國會即為成立即應有效其未經通過之先雖具雛形不過一議案耳此議案亦謂法律案或由國家人提出或由地方人提出或由本會提出或由政府提出或由裁判所提出或由本會議員十分之一以上提出法律案既經提出於國會即任國會議決其行議決時必經三回讀會第一讀會由提出人之代

表說明理由而應各議員之質問一讀會終由議長詢於衆聞開第二讀會與否衆議員應就詢問當根據法律案提出之理由正當與否而爲答覆若衆議不開二讀會則法律案即否決矣第二讀會不過修正條文耳二讀會畢即時開三讀會而決之全數議員其可決者即移交政府公布法律案至已交到政府之日國會人員政府人員即當遵守惟國人尚未周知在公布法律兩星期內皆不負遵守責任

二職權之關於財政者

國會處於特地國家一切費用皆由政府出入故預算案必經國會公決決算案亦必經國會核其盈絀收支出皆由政府執行更不得不與國會以監督之權且國家費用出於租稅其由國家人擔任自應經多數代表之承諾故國會對於國家會計尤宜盡監查之職

三關於國會內部自治之職權

國會不受政府之干涉不受裁判所之干涉其內部事務必自嚴定其規律例如議事規則審查會規則內部委員規則關於議員之請假辭職許可懲戒等規則皆是

四對於政府之職權

國會對於政府之行政有監督之責任如欲詳悉政府內部事務則作質問書致之政府政府當定以期日出席於國會任答覆之倘遇政府違背法律之時得提出於統治會議決彈劾之蓋政府中一二人以個人資格違法自有裁判所執法從之設政府中全數或多數人以法人資格違法是即政府違法將使國會所立法律失其效力其政治方向必有害國家匪淺且憲章既明定政府行政必準法律如果違法行政亦即違反憲章於此場合國會得提出於統治會此次統治會議政府人員爲有故障均應回避經統治會議決須得裁判所人員大多數認可方爲議決確認爲違憲有證可據即由統治會取消其前日政府行政人之選舉而公布於國人蓋行政人由統治會選出今既察出其違憲之實跡自應任其收回成命然僅取消其行政之選舉則其人必仍留於統治機關夫既以違法故不容於政府更安能容於統治會故政府既被彈劾其人員即時退於個人地位統治會既彈劾政府一方任國會推舉行政代理人一方公布全國行統治會員之補闕選舉限期兩月闕額補足仍由統治會互舉組織正式政府之人惟司法人不在被選之列

五對於裁判所之職權

憲章上規定裁判所負司法責任或有時不據法律任意加利害於自然人或干涉法人或任人犯法放棄職務皆爲違憲於此場合國會得請開統治會此次統治會議裁判所人爲有故障應回避議決取消其選舉須得政府人員大多數認可方爲議決即由統治會宣布取消之理由暫由國會中互舉裁判代理人限兩月內行統治會員之補闕選舉闕額補足仍由統治會互舉組織正式裁判所之人惟行政人不與被選之列

詮國會對於政府與裁判所無直接彈劾之權祇以意見提出於統治會統治會者合三機關而爲一耳其被提議彈劾之政府或裁判所自不應與於斯會即提出意見之國會亦不應與於表決之數蓋未提出於統治會之先必經國會議員大多數之贊同始行提出此亦開統治會議國會議員自必仍本前說更無待其表決故統治會因國會之提出彈劾政府時必取決於裁判所之大多數因國會之提出彈劾裁判所時必取決於政府之大多數至國會之互選行政代理人及互選司法代理人均非國會固有之職權以其員額特占多數司法行政無或能一日停滯當彈劾案議決之時新機關又未成立權由國會互選其代理耳

六關於人民請願之職權

國會有收受人民請願之職權請願書先交到審查會由審查員審查確當而後附以意見報告於國會

七關於召集開會及閉會之職權

國會每年一次有憲定期間由議長召集期滿由議長宣告閉會如遇有重要事件會期雖滿會長得爲延會之宣告倘屆會期議長不行召集狀議員得援憲章逕自集會定期屆滿議長不爲閉會之宣告議員得各自散會國家如有特別事務不拘何時議長得發召集狀議員亦得逕自集會如開定期國會

國會議員之權利義務

國會議員即國家人之立法代表應承其付託之意而盡其職務每會必當出席其實有故障不能出席者必須請假得國會之許可如不得許可而逕自假曠者則有懲戒議員在任期內不當兼營他務或實有故障不能勝任此職者必須具由辭職得國會之承諾如不得承諾而逕自缺席者亦有懲戒議員得聯合全數十分之一以上之議員提出議案於國會議員在會中有言論自由之權惟或違背理要義之議案或以其言論任意加誹毀於他人則皆受懲戒議員除現行犯罪外會期中無國會之承諾不被逮捕列國議員大抵皆給歲費此實確當無疑之義蓋議員既爲國家人之代表在國家人自應酬以相當之報酬在代表既捨其私業以盡累歲立法之職務又無暇兼營生計受此報酬亦屬正當此美合衆國議長歲費八千弗議員五千弗

第十一章

政府之組織及其職權

政府乃國家行政機關與裁判所國會同時發生於憲章故以憲章定其編制定其職務

一

政府之組織

政府占統治機關之一部與國會裁判所平列無等差而列國每以司法部隸屬其中蓋失之矣德國謂政府爲國務省又曰總務省法國謂之大臣會議英國謂之內閣君主立憲國

概以責任內閣為原旨謂君主無責任若有失政及違憲時政府大臣任其責故歐西學者及政治家皆主責任內閣之說而以君主為神聖不可侵犯不受是非之裁判藉使其失政違憲亦惟內閣大臣是問蓋已犯法而使人坐其罪坐罪者冤無可伸已亦何忍犯法者肆意網外人更何甘焉君裁決於人心者也而使人不能忍人不能甘尚得謂之憲乎著者茲之所謂憲章上無君主之容足地故此說亦并從之而去將使行政人各負其責政府人員對於行政若違憲行法時應受裁判所之裁判政府全部違憲或失政時則由統治會究彈之

組織政府之人員必於衆望所歸之政黨中選出之英國內閣形式上雖由君主任命而實為議會多數所推戴德國內閣雖與議會若無關涉然觀俾士麥之為相議會多數不問其黨派之異同一若非彼而無以當政治之局者然余今日所論之政府雖不比於英德然政府握政治之樞機其員額不敵國會議員五之一欲使以一當五必得國家人代表多數之贊同故由統治會互選庶幾不虞疎漏猶須任其伸縮自在果其人適職雖數十年之久不易其位若不適職即數月之間亦得解職更選一人易之解職更選之權皆屬之統治會蓋果如一人失職即由統領召集統治會議決更換之夫如是莫不競為善政以求合國家人之心理完全處理政務而永保其地位也

我國由清代以前皆主專制政體所謂政府者概由君主獨當一面其間惟唐宋之初尚書主奉行參輔君主之行政彷彿君主立憲餘若權臣當國亦間有之古如伊尹以天下為己任故出而以斯道覺斯民其就聘也非為祿也為民也其放太甲也非篡之也專制政體君主不賢而政無望善國無望治民無望盛矣太甲賢又反之非私之也觀其能主宰政府而施行政治也有伊尹之德有伊尹之心然後能負伊尹之任伊尹習處有莘之野盡洽一般國人之常情故有其德故有其心故其自任以天下之重如此著者豈言得君如虞舜得臣如殷尹不必拘拘憲章而此書法政部可缺爾中華垂五千年矣僅得一君一臣耳政權國家人所有也伊尹之權可謂至矣而未嘗私其權於一箇人後世不然無其權者百般巧詐以擎其權既得其權則用是權以作威作福其所謂政不問國與民但求逞一箇人之所欲始則阿附其君以取悅繼則要挾其君以淩民終且篡奪君位以私肥其子孫蓋其視國家為君一人所獨有得其君斯得國矣於是專制之君主思杜其弊以為非滅絕權臣之迹不足以擴張專制之權蓋其視國家為己一人所獨有覬覦之而分其權者惟一二重臣力謀去之而專制政體乃完全圓滿而無缺我國先代行政種種惡果如此固不足以採擇即歐西立憲政體亦有弊端如德國以大宰相兼聯邦參事會議長以行政首長而兼立法代表其民選之代議院不能進退之議國法學者謂德國大宰相恰如君主國之君主與一箇人以此重大職權必如俾士麥乃可不然稍存私心用其權以作威福國隨之亂矣至如處君主於神聖地位而組織責任內閣尤非完全無弊之制故著者特創一組織政府之新法

政府為國家行政機關當然以國家人組織之故由統治會互舉其組織之人蓋即由國家人間接選任者也亦即由國家人複選選任者也夫而後純然為國家人組織之政府夫而後純然為國家行政之機關政府之行政分以各部者也國家政務繁殷非一部所能統括故有內務部外務部財政部教育部農林部工商部礦務部海軍部陸軍部郵傳部各部備設政務乃有端緒部有部長總理部內一切事宜有部員贊助部長分理部內一切事宜統治會互選行政人時分別投票先舉政務總理即府長一人副理一人後舉各部部長部各一人舉各部部員部各二人至四人各職舉定合為一團以組成政府分則為各部如遇政府會議時即以府長主席

國家祇此一个政府因欲處理其政務故其內部分為各部是先有政府而後有各部各部由政府而劃分非政府由各部而組合政府為法人而各部非法人政府負外部之責任各部負內部之責任蓋各部對政府負其責任政府對國家負其責任故各部違憲失政不聞於政府之外政府會議懲戒之而已至於政府違憲失政國人皆知之則必須統治會議決彈劾之政府與各部同負有兩種責任曰違憲責任曰失政責任

何謂違憲責任曰國家人既組織統治機關制定憲章而以其條規定國家行政之準繩則行政人對此條規即有遵行之義務倘有違反憲章之時即謂政府違憲以憲章所自發生之政府必不容其違反毋法此而政府不得不負責任夫政府法人非自然人其行運之機能一以自然人代表之故政府違憲亦以其自然人任其責而組織政府之自然人非止一箇何人代任其責曰政務總理代任其責而政府政務分畀各部總理特總其成耳政務之實行由各部行其初決求贊同於總理總理既不與聞各部行政之初決即無代負違憲責任之必要於此各部不能辭其責而以部長代任之故部長代表該部負違憲責任於政府府長據此責任代表政府負違憲責任於國家此之謂違憲責任

何謂失政責任曰國家人之制定憲章或不備於條文故政府之行政即不僅於不違憲章之條文而已其須於憲章精神之所在而力求其脗合憲章之精神在於本國家人保護身家之心理而助長其生活之發達本國家人組織國家之公義而增進國家之力量例如農業工業通商航海交通學術及其他類此者皆屬國家人生活之事能求其發達即助長國家人生活之發達也財力兵力以及外交皆屬於國家之事財力兵力能求其進外交能收其功即增大其國家之力量也括此二者言之即所謂國民發達之要件凡立憲政體所用以為政治之目的者即在運其行政權以務求促進此國民發達之要件也政治目的既在此則政府之行政即當專注於此故政府行政如有不能善合於此目的者亦即府長於其提示之義務有所未盡部長於其處決之義務有所未盡而各當任其責然則欲使政府之行政常合於立憲政體之目的必如何而可曰是在善擇政治之方向耳政治之方向依於政府會議之主義綱領而定者也夫政府既以助長國民之生活發達且圖國力之增進

為目的矣則其所應備之事應興之利不知凡幾必不能同時並舉且凡欲建一事以謀有益於國計民生者莫不先視其資力而國家之資力有限多於此者即不能不絀於彼況所謂國民生活之要件有時且增進國力之要件又若有不相容之數即如聚財之道莫外乎重賦稅而不免於困民業强兵之術莫先於役壯丁而國民役服之年必棄其種種生利之途欲民力國力二者兼備無漏此蓋必無之事故府長必擇最急最要者提示於政府會議而定政治之方針必使輕重緩急之際各得其宜方針既定更由各部力謀實行倘政治方針不能得輕重緩急之當是謂政府失政政治方針雖能得輕重緩急之當而各部不能奉行即謂各部失政亦即政府失政前之政府失政責任在政府會議此之政府失政責任在各部在政府會議者全政府人代表政府負責任於國家在各部者惟關於此事之一部部長代表該部負責任於政府府長據此責任代表政府負責任於國家此之謂失政責任

政府不使一個人總攬萬機必以多數人分任其職者蓋一則重視各部之事務而專其責成一則重視行政之負擔而分其職權即一面使各部長部員對於各所轄部内得盡其施行治理之力量而認為獨任無所推諉乃無放棄職權之弊一面使政府全數個人對於政府内之一切政權認為公有協同盡職無相掣越乃無侵占舞弄之弊夫國家與國家人之發達要件無窮而其資力有限且財政上之關係不能無利害相反者例如農政商政所以為國家人謀闢利源也而軍政及外交則祇以謀國家力量之增大驟見之若不相容其實

皆所以為國家人謀獲其利益幸福也究不能偏廢其一於此而權其輕重緩急之間設為適當之施行次第乃可夫因政府之公權而非可任之各部之私意也然又必使各部人員各各盡力伸張其所掌事務互相辯護設遇爭執不下之事則開政府會議以府長主席而取決於大多數在各部人員此時又不能徒執己意須統籌全局果他部人之所主張者為重且急而己部之事可以稍從緩者則服從公決而讓之否則堅持不移必不容捨己以為徇雖經政府會議議決棄位引去可也然政府既經議決之案亦不能因一人之引去而輕易變更故遇重大案件當討論之際必審慎周詳度其兩方而行議決不可稍涉倒置也

二

政府之職權

國家予政府以代表行政之大權故政府統國務之全部而任其責國家既予政府以代表行政之大權則必任其自定行政之方法政府之分部授職國家不得而干涉之政府既因國家之委託而負國務全部之責任則其內部所劃分之各部自不得不因政府之委託而負一部之責任故政府行政上之職權分於各部而集於政府始也政府因行政之便宜分屬其職權於各部終也各部因執行其政務仍歸其職權於政府政府與各部一而二二而一者也例如事關教育政府不得不予教育部以行使其便宜斯時之職權乃屬教育部而教育部之行使其事又不能離政府而獨立自當仍以政府之名行之斯時之職權又在政

府總之就政府之對其外部之國家而言則統合其所劃各部之職權而為一個就政府之對其內部之各部而言則分配其所受國家之職權而為多個欲明政府之職權更不得拋棄其各部試述其各當負之責任而職權自見

政府行政對於外部應負責任惟政府法人非自然人必有代之負責者其惟府長與部長乎府長部長代表政府同負責任於國家部長又代表該部負責任於政府蓋政務由各部主任必經部長之裁決以政府之名行之必經府長之贊同比如事屬內務部則政府鈐印蓋諸公文而以府長內務長之私章同副署於後而代負責任有時府長對於各部之行政另有意見不甘代負責任則部長不能强其副署但可由該部長代署或獨署使之代負責任緣部長亦組織政府之一分子政務又經其裁決彼自能度量審慎於其間特遇部長不願負責之事府長固不能强其副署且不能代其副署蓋府長總轄全部而非隸屬於一部對於部內所主任之政務必不能盡悉更何由獨任其責況府長之代負責任全憑部長先代該部負責任於政府部長既不代政府負責任於國家而謂其代表該部負責任於政府乎故凡政府之行政不得部長之副署終歸無效

政府鈐印由府長掌管并司鈐蓋之職府長藉或拒絕自身之副署必不能拒絕政府之鈐印蓋政府鈐印不負責任而以副署任其責部長既自願副署負責且亦屬政府之代表府長一人更不應拒絕政府公有之鈐印蓋政府鈐印非屬府長一人之私章特由其掌管耳

副署之規式不同事關政府全部則各部長一一副署之而任其責事關少數部則其少數部長連副署之而任其責府長之章皆署於其前如遇政府會議議決之件則不必府長部長之副署而副以一政府議會之章全體負責此政府議會之章另有保護之人其職守之重等於君主國之掌管國璽會議性質與立法機關之議事不同蓋自議決而自執行政府所以磋謀其內部之行政非另具一法人資格也

上述政府行政之職權請更述其關於法律之職權政府接到國會移來之法律案須隨時公布之蓋法律之議決原屬立法範圍至於公布之手續則屬執行一方國會至移交法律於政府之後即脫其立法之責任政府自接據國會議決之法律後即生執行之職權公布乃執行之第一手續不公布國人無從周知必不知所遵守即政府之違法與否亦無從查察故憲章上法律未經公布不生效力國人無遵從之義務然則公布之關係於法律亦大矣謂隨時公布者欲速國人之周知而促法律之完成有效也如延不公布即以違憲論倘政府於國會之立法認為有違反憲法之處則當其法律案交來時得暫不公布而訴請統領召集統治會議決之此次統治會國會議員之贊同此項法律者及政府行政人之不贊同此項法律者均應回避

政府得提出法律案於國會而請其議決之蓋政府行政必依據法律而一時於國務上察覺其所應為之事按諸法律又無依據此時則不得不提出意見於國會而求其贊同

政府得列席於國會而遣一部長或數部長出席以陳述政府為政之方針但不加於議決之數蓋國會立法其法律案無論為政府所提出與非政府所提出而要皆交由政府執行則自應許政府陳說其意見或具說阻礙難行之理由惟國會議員始終當準則人心同具之義理建公平正大之議論非必得政府之陳說而遂動搖其主見

關於豫算案之職權

國費收入支出政府委與財政部執行惟應支之數非財政部所得而知應收之數非財政部所能自決故必由各部自核算該部應舉事務必需之經費而彙交財政部由財政部製成總預算表以政府之名提出於國會經國會議決後交政府公布施行財政部則據此議決之預算案而為徵收不得超越其數更依此議決之預算案而為支出不得減少其數故總預算案必嚴格區別其科目凡以甲科目經費之名義經國會通過之支出額不許流用於乙科目不惟科目而已且年度之區別亦必嚴格不許將前年度預算時國會所通過之支出額充後年度之經費前年度支出若有剩餘則必編入於後年度收入之內凡關於國家一切費用切當簡明不紊此特約略言之餘詳於十八章

對於國會裁判所之職權

政府於國會違憲立法裁判所違憲司法確有證據時得建議於統治會議決解散國會取消裁判所此次解散國會之會議國會議員均應迴避政府中人亦不與於議決之數此次取消裁判所之會議裁判所人員均應迴避政府中人亦不與於議決之數如經可決由統治會公布議決案并解散取消之理由於通國更行統治機關之補闕選舉國會之解散由統治會推選舉掛籌備選舉事宜限月內告竣選以補選當選人充國會會員不比政府之彈劾裁判所之取消後須由國會互選其代理人且補闕選舉後亦不更行複選手續也

對於行政各部之職權

編制各部之權屬於政府各部者實皆政府內部所由以行其政治之機關也其設官任人不可不與政府所定之政治方針同歸一致且各部所設官吏又須適合於該部之資格而不能趨捨異路故又必得該部長部員之同意而為任免

凡政府對事務授之各部時皆須本法律公布於公報而代指授但有當特別告知者則發知狀

政務總理及部長部員對於各部之行政認為有違反法律時皆得提出於政府會議而為議決且以政府之職權處以相當之懲戒

各部在政府亦得行其應有之職權一就其本部所擔任之行政事務因欲實行其所立之計劃則有備案提出於政府會議之權二就其本部所必要之經費提出計算書參預於總預算案之權三總督本部官吏制定其職務規程之權四解釋關於其所掌行政事務之法律而定其施行方法及本於法律所特定發委任狀於地方政務處之權

政府直轄地方政務處之職權

政務處由各地方私自組織而何與於政府曰政府固國家之政府地方亦國家之地方為欲便宜處理其國家故劃分其地方使有自治之權衡以杜鞭長莫及之弊然則國家行政即地方行政地方行政亦即國家行政不可不力謀其合於是生政府直轄政務處之職權故政府得加委任於政務處使其於該地方內盡關於國家種種當然行政之義務政府又得派委監查地方之行政與國家行政相抵觸否政務處如不服委任或其行政與國家相抵觸時政府得提出於國會議決移交裁判所裁判解散政務處并加處分於政務處之代負責任者委任事件可由各部長直接發狀至派委監查及提出解散政務處之議案於國會時則必先通過於政府會議

附政府會議之規律

政府既分為各部其各部之行政不能無輕重緩急之差於是有會議為之決定施行之次第各部之合為政府政府不可不磋謀其行政之方針於是有會議為之議決政治之傾向會議之先由府長召集會所設政府之中央各部長部員應召而集府長宣佈提出書而行議決此時各部長部員討論議案當存一會員地步不當有部界討論既終由府長付表決以得多數之認可為可決

此政府會議與政府相終始設書記以保存文牘撰擬公文與各部所設書記不同各部之書記其職務僅及於一部政府會之書記即政府之書記每遇會議時列坐議場平時任於政府之書記室凡關於全政府之文件皆由其職掌

第十二章

裁判所之組織及其職權

裁判所即國家司法機關與國會政府同時發生於憲章而歐西各國往往以司法隸屬行政使司法部與行政各部平列是蓋未知司法權之重大乃一大缺點也夫司法直接關係國家人之生命持之稍不得當國人即無所措其手足況法律經國會議決政府公布費種種手續無限心機不惜國家人有限之脂膏易得此項法律原以保持國家秩序期於安寧為主若任人之舞弄此法藐玩此法則徒為立法之豪舉而無益於國家設裁判所以司保之使國人皆知法律之森嚴若火之猛烈不可輕犯而後法律始得永保其效力國家方得收法律之效果著者嘗謂無司法即無立法司法之關係法律極大固不減於立法蓋有法而不能收其效用等無法也行政者固依據法律以施行政治者也猶將受司法之裁判而謂能統有司法權乎我國相沿專制政體至數千年之久其間猶或見司法之獨立吾於第六章述之屢矣如漢之廷尉唐宋之門下給事中之類司法官嘗言法者天子與天下公共者也一傾而天下用法皆為輕重民安所措其手足專治政體之重視法律有如此語而況立憲政體乎威權如專制政體之天子猶不能私其司法權而謂立憲政體之行政機關能統轄

司法部乎此歐西憲法所最不慊於人心者也

欲詳裁判所之組織先究裁判所之發生憲章上所以發明裁判所之規定而使之介立於立法行政之間成為鼎足之勢者在於司法權之獨立夫其所以欲躋司法權於獨立之地者蓋有其故試即我中國觀之伊古以來雖間有一二嚴峻之司法官不受君主之侵陵而暴君汙吏濫盜司法之權以逞其壓制之淫威者史不絕書其故一由於司法者不能出君主之勢力範圍而每逢迎上意投其所好一由於殺生與奪之權本操之君主掌握中而不予執法者以裁判之權有此二故於是淫刑以逞國人生活之第一要義喪失殆盡夫立法司法行政三權同為國家人所固有前已言之藉使兼其立法行政之權以畀諸一箇人任其獨操大柄影響於國家者實甚而於一箇人之生命尚未必任意草菅若并棄其司法權任一箇人之濫施妄凟則國人不啻犬馬草芥無一夕之寧矣烏獸鱗介之屬且莫不保貴其生命而況為物之靈者乎然則今日為國家人所最不容緩者其惟奪還司法權乎夫以君主國體行專制政體其黷刑虐民固無足怪吾獨不解歐洲各國侈言立憲猶未能慎用司法權以保護人命為法律之要素則真人生之多艱矣當法國大革命起攻陷巴的爾城大放囚人使得自由竟有不自知其犯何罪而抱泣於獄中茫然於人世者不知凡幾蓋巴的爾城為累朝君主逞一己之所欲不為公明之審判而任意囚禁志士之場所也亦無足怪詎雖經此次大革命後法國之司法權猶未能獨立拿破崙一世至三世猶尚濫用

人系 甲編法政

此權以大逞殺戮之威至於今經多次革命司法尚未能脫離行政而獨立英之國民則知最先注重於此在大憲章即已為適當之規定使人民得身體之自由採用陪審制度有人犯罪時必先使陪審官決定其罪之有無而後始歸裁判所適用其法律此陪審官自人民中選出十二人任之雖然司法猶不能離行政而獨立實為立憲政體之詬病持君主立憲之說者動曰君主總攬統治權故司法權亦屬行政之一而統於君主一人司法行政未能劃分縱使君主依於憲法不侵奪司法之權而裁判官悉由君主一人之意而委任難免無私情呵護之弊此說固不容於著者之憲章持民主立憲之說者雖注重分權而皆謂司法宜發生於行政不過行政不能為司法之監督耳其意蓋謂司法亦行政一部分事也此病法蘭西猶不免而抑知否否著者之意以憲章為三權之毋使三權同時發生於憲章而皆受憲章之委托遇政府之違憲司法權應承憲章之委托以司糾正之職守遇政府部長或部員有違憲背法之時裁判所得施其裁判權由此觀之則司法部不能統轄於政府明矣吾故曰裁判所發生於憲章

一

裁判所之組織

裁判所既發生於憲章則憲章上應定其組織之方法試先述其組織之自然人司法權亦國家主權作用之一部分也主權當然屬之國家人主權之作用將誰任乎夫亦

曰惟國家人之意思而設施其作用憲章上建立三權即國家人之所用以治理其國家之規方而等是主權之作用也如曰司法統於行政即將行政各部中多設一司法部足矣其組織此司法部之自然人亦即組織行政機關之自然人又何取乎司法機關更何必發明此司法權而使之與立法行政并立乎夫既已知側重司法權而屢言獨立矣必謂其向隸於行政而不能獨立也夫既已知司法權之可貴而輒曰三權矣必謂三權平等而不相上下者其組織之方法當無異於立法機關與行政機關其組織之自然人亦必無殊於立法人與行政人組織立法行政兩機關之自然人皆係國家統治機關之自然人組織司法機關之自然人亦何獨不然故裁判所人員亦由統治會互舉惟已當選之統領副統領及行政人祇有選舉權而無被選權司法人由統治會互選而出亦即國家人間接選出複選選出者也夫而後國家司法之代表乃由國家人選任而司法權乃亦屬國家人矣顧世之立憲國有由君主任命司法大臣者有由統領任命司法院之判事者其附屬君主若統領與否姑置不究總之司法不能離行政而獨立則同一病也以美利堅之憲法且由不免何論其他

裁判所有判事十餘人亦曰裁判官判事之主席曰裁判長亦曰所長判事必湛深法學節礪慷慨負有特立獨行之義威而不猛令人畏敬而不敢近玩非若行政人須具有純然服從之性質也故當統治會行互選之時各須選擇勝任之人非若互選行政人必以政黨為

人系 甲編法政

其界裁判長更由已當選之判事中互舉之其職位尤重選擇更須矜慎政府府長不過為政府盡力之一人有時且不負行政責任至裁判長之斷定法律府長且當服從其意見且任期為終身固府長所遠不逮也故由判事互選不若府長之由統治會直接選出者蓋選之又選至於再三庶幾不虞疎漏判事之額數須酌量法務之繁簡及國人之文野出事之多寡由統治會以憲章定之

裁判所內之執事可參照美國之制計書記一執行官一錄事一書記主裁判室內之案件及事務執行官主判案時外之事務與秩序錄事主預備判案之報告每年刊印之此等報告須分送政府及國會且許國人之購訂

裁判長死亡或不能任職時由判事隨時互選判事缺額至五分之一以上者由統治會互選以補其闕其有此項當選之資格者惟國會議員若裁判所全體違憲或背法裁判因被取消時則先行統治機關之補闕選舉而後由統治會互選惟政府各員無此項當選之資格

二

裁判所之職權

裁判所既發生於憲章由憲章定其組織矣更不可不以憲章規劃其職權

裁判所以司守法律保護人道主義為天職故行其職務時在於以虛心平氣適用法律而

不可以他之目的變更法律之適用因欲盡其天職故憲章上予以獨立之特權司法代表人除認定法律外不知其他蓋恐分其精神之作用稍失平當人心隨之動搖國家即因以不能安靜故無論何人以私相干者司法人得持其憑證而以侵擾司法之罪處治之雖君主立憲之國家君主尚不能以私意干涉裁判之範圍徵之列邦憲法卓卓最著者也即君主專制之時代有明良之國君尚不欲以私意干涉司法有嚴峻之司法官尚不受君主之私意干涉徵之我國歷史卓卓最著者也蓋明乎人道主義而欲位國家於安靜地步也

對於法律之職權

國會立法之當服從與否以違合憲章為標準法律之違合憲章又以裁判所之斷定為標準遇有法律之爭議裁判所得平亭之加以違合憲章之判斷當國會之通過法律及政府之公布法律不能禁止其不通過不公布也至通過公布以後然後得衡量成憲而定其違憲違憲之法律即無服從之必要而不能不歸於廢止矣

雖然裁判所又有服從法律之職務法律既無違背憲章之處即憲章上所許以永遠有效者也裁判所亦受憲章之委托而任司法者也司法而不服從法律即負憲章之委托司法而不服從法律即法律失其效用而違憲章之規定又非憲章之所承認也裁判所法人非自然人其斷定法律服從法律必不可無其代表代表裁判所之職務者判事也判事既代表裁判所以服法律矣判事之自身又不可不服法律蓋判事之一方為法人之代表其又

一方亦一箇人也亦公同組織國家之一箇人也其應受法律之支配與他之一箇人同故裁判所之一箇人違法則其全體以代表之職權執法從之設其全體以代表之資格違法是即裁判所違法則統治會得取消之重組新裁判所

關於裁判之職權

裁判所有裁判國內民事刑事之權判決後得依法律加以處分

詮民法刑法特有規定專為裁判所裁判之依據規定此項法律之權亦屬立法機關憲章上不予裁判所以自定法律之權并不由裁判所之任意裁判即憲章之所以限制司法者也

裁判所判事得依法律單獨判斷細小民刑事件惟施處分之際及遇重要民刑事件須開裁判所合議以裁判處決之合議時以所長主席取決於多數判事更有一人將判斷之意見記錄簿中且印刷成書以備參攷之用蓋法律之最後解釋也倘少數判事以所斷為不公允者則由其中之一人將意見寫出亦置諸記事錄中以備參攷

裁判所之裁判各項事務以公開之為原則蓋欲使國家人得以間接監視其裁判而代表憲章以審察之也

凡國內有不服地方裁判所之判決者得提訴於裁判所裁判所對此提訴得為之開庭正式裁判

裁判所置檢察若干人檢察因警察之告訴司刑事上起訴事宜

裁判所置書記掌所內一切文牘保管訴訟案件

對於國會之職權

凡國會舉動在正當權力以外者裁判所得制限之設所立法律違反憲章一經司法院之斷定即歸無效裁判所更得以其違憲立法之罪由提訴於統治會即以統治會為法廷開議裁判之此次統治會國會議員為有故障應迴避其不贊同此項違憲法律者不在此限裁判所既為提訴之人亦不應與於議決之數如得裁可即由統治會調取國會議事錄確查其議決此項違憲法律案之多數人宣告其罪開除議員之名而行補闕選舉之手續

雖然裁判所不能參預國會之立法蓋立法之不能統於司法猶司法之不能統於立法也其相互監督以各期於完美者則憲章之所特許

對於政府之職權

政府行政當然從憲章之規定依據法律者也憲章特設司法部使之與行政平權者亦所以為監查政府之行政而裁判其違法之處雖然政府之違法行政固有背乎憲章裁判所既受憲章之委托亦自應本其義務糾正而彈劾之惟政府發生於憲章而由統治會互舉組織之人固非裁判所之權力所能彈劾也察其違法則惟有提出彈章於統治會而行議決耳此次統治會政府行政人固應迴避即裁判所人亦以提出彈章之故障不能與於議決之數政府既經統治會彈劾後限兩日內行補闕選舉

雖然裁判所亦不能干涉政府之行政分權乃憲章之原則司法之不能干與行政猶行政之不能統轄司法也

對於地方各機關之職權

裁判所既受憲章之委托而司保國家之法律以收實效於國境之內矣則凡國內有一人一事之違法即法律對於此一箇人此一件事不能收其效力裁判所知之而任其人其事之違法不為裁判而糾正之即裁判所對於法律不能盡司保之職即裁判所對於憲章不能報委托之命於此而裁判所即為違憲即應受彈劾之罪

何況地方各機關非止一箇人其所行事不止一件若不予裁判所以裁判其關於國家法律事項之權則法律將何以收效於地方機關裁判所更何以使法律通行於國中而無阻滯以完其司保之職乎故地方之議決案如或違法一經提訴於裁判所裁判所得開廷判斷取消其議決地方會如不服取消或逕通成立則裁判所得援法律解散之并取消其議案地方政務處之行政如與國家法律相抵觸時得經裁判所判斷禁止其執行不服則裁判所援據法律解散其機關地方裁判所之裁判如與國家法律相違反一經控訴於裁判所時裁判所得覆審而裁決之倘已被地方裁判加害於不當受罪之人則裁判所亦得解散其機關雖然茲之所云法律皆國家法律由國會依於憲章而定非謂地方會所立之條文

也至各地因其特殊之點特設條文為一地方之法律裁判所不能一一應其請求而為之司保使其有效故裁判所除關於憲章及國家法律之訴訟有拒絕不收受之權限從而地方裁判所除關於憲章及國家法律外之事項亦不受裁判所之羈束蓋司法人之地位若易於搖動則必以保護其地位故而反失公平故無論國家司法機關地方司法機關皆不能輕易變更除關涉憲章及法律之外亦皆不受他人之制裁

立憲政體之唯一目的在於圖國人生活發達裁判之公平乃發達之第一要件故於司法一部不可不三致意也

第十三章

地方會之組織及其職權

憲章上所以必設國會之故前已述之無論何國家所謂省縣市鄉之名稱從地理上之關係言之概謂之地方究之亦由國家土域版圖上劃分者也從而言法政之編制雖在省縣市鄉亦同受國家法政之支配而統治於憲章憲章為國家人所定國家人指合通國地方人而言國家人之代表亦皆由通國地方人選任非偏由一二地方人所選出也然則其所定憲章必適用於全國亦即適用於國內各該地方故劃分地方區域屬國家職務而地方各機關亦皆發生於憲章

夫亘於全國家之法律既不可不有待於國會則同此理由其屬於一省一縣一市鄉之法

律亦不可不各有待於該地方會議國幅廣漠國會之立法不能徧及各地方而一一應其特殊之要需且毋有交通不便之國家各地情況既不相同又不能達其情況於中央則憲章上當規定其屬於一地方之法律權時與其授之國家人代表之議會即國會毋寧授於特以其地方人代表所組成之議會即地方會為尤親近而切膚且各能悉其風土情俗本習慣而為法律誰曰不宜職是之故各地方必不可不設地方會自定一時應用之法律兼以為疏通情況達之國家統治機關之地位

一　地方會之組織

地方會亦既發生於憲章而為地方立法機關矣則憲章上不可不規定其組織之方法與其應有之職權

憲章之有地方會其主意蓋恐國會立法不能普及完密設地方會以補其不足也其編制之法亦由選舉選舉之法略同國會特限於各該地方區域內之居民始有選舉資格及被選舉資格被選舉者為地方人代表從而此地方人代表必不能代表他之地方選舉權及被選舉權無問男女貲富凡成年以上無民刑法之故障而住居該地方區內者皆當有之惟女子以家庭教育故不暇當選為代表

地方會又分三等一省會二縣會三市鄉會省會以該省全境之選舉人選舉代表組織之其被選人亦限於住居省內之有選舉權者縣會以該縣選舉人選舉之代表組織之其被選人限於住居該縣內之有選舉權者市鄉會以各該市鄉內選舉人選舉之代表組織之其被選人限於住居市鄉內之有選舉權者

凡國家統治會之選舉法即國會之選舉法地方會之選舉法亦約略相近試詳述之

一　選舉之分區　市鄉會之選舉即以該市鄉為選舉區縣會選舉即以該縣內各市鄉為選舉區省會選舉即以該省內各縣為選舉區國會統治會選舉亦以國內各縣為選舉區夫所以必設選舉區者以幅員廣大人口繁殷當調查造冊時不免遺失之弊當選舉投票時又不免紛紜之煩故如市鄉區域之狹小即可不設選舉區蓋無其繁雜即不必徒費分劃之手續然則選舉區不過為選舉之便宜而設非使各區所選出之議員祗為該一區之代表也從而被選舉者亦不以選舉區為限而以其所組織之機關權力所及之地域為限例如縣為統治會選舉區亦即國會選舉區其選舉統治會員國會議員在內時不限於該縣內之住民始能投票始能當選其投票及當選者雖屬他縣人亦得有效但須不越國境從比例而得省會之選舉以省為其界而不以其選舉區之縣域為界縣會之選舉以縣為其界而不以其選舉區之市鄉為界從法理言之國家人之代表所以代理其國家之事務而非僅限於一選舉區地方人之代表所以代理其地方事務而亦非僅限於一選舉區國家人指通國之人而言故其選舉代表亦自應統合全國人而選舉之地方人指閤地方而

言地方以省縣市鄉為界而有階級其選舉代表亦自應合該地方之全數人中選舉之國內既不止一地方而以省縣市鄉為界其各舉代表亦自應以各該省縣市鄉為界限制選舉之若必以選舉區為限制則失憲章之原旨矣而說者間設強辭謂從政治上觀之議員對於其被選本區常與其意向需要主義有密切之關係乃謂議員為一區之代表蓋大誤矣憲章上之所以有地方各機關之規定而予以自處理之權不直國家各機關處理者蓋欲地方各自應其需要而得便宜之道也至於國會議員純為國家立法之代表其發議當統籌全國不能偏及於一地方蓋非僅為選舉之代表而必受其委任也省會縣會亦如之至市鄉會則更無選舉區之可言

二　選舉之資格　列國有採用普通選舉制者其制凡為本國人民皆有選舉之資格惟禁治產者未成年者有罪犯者及女子不得有選舉權有採用制限選舉制者其制有單純與等級之別單純制限者謂教育與財產須合有一定之程度乃能有選舉權等級制限者專以財產之多寡定選舉之資格愚案既同此組織國家與地方之自然人即同有此處理國家事務與處理地方事務之主權選舉權者主權之第一作用也縱有知識優劣之不齊亦由教育之未普及其責任仍在知識之優先者蓋先知所以覺後知無知之徒全賴有知識者為之提倡教育而陶鑄之斷不能因其知識譾陋即存心欺負不予以固有之權如曰視此輩無知識者為組織國家組織地方之備數乎試問僅留此少數之有知識者果能組成

一完全國家或組成一完全地方乎將見空言理想之國家終流於餓莩之鄉而已說者曰予無知識者以選舉權恐其所舉非人每有妨礙於事務之進行余則曰此固然也教育不興富至亦終難完備觀於者所編教育部則知之矣必也人人受教育而後有知識而後始可與言憲章頒令之特制限主義者謂財產為第二生命其人民之無財產者即無甚關係於國家不知財產為組織國家之客體之一部而人乃組織國家之主體之全部今所云者選舉選舉其人以代理國家全部事務非止以管理國家之財產也以其無財產即謂其與國家無甚關係則斷斷不可若果財產為第二生命則其第一生命必為國家國家者人類之組成亦所以保護人類者也人類之藉保護於國家固甚於藉保護於財產而國家之組織以人為主體財產特其客體耳蓋財產者隨人人非附於財產者也詎能以財產為選舉資格之標準乎持普通主義者亦有不可解之處則制限女子不予以選舉權之說也夫女子獨非人乎獨非公同組織此國家與此地方之人乎且組織國家與地方之男子何一非產出於女子乎而盡奪其母之權以畀之子世寧有此公理耶是則吾之所最不解者也至若未成年者限以年齡未獲受完全教育其治產者限於天資不能領悟教育之旨趣其無知無識教育上皆不認咎罪犯人既有犯罪之知意必非無知無識而自願放棄其固有權教育上更不認咎故皆停其選舉權以待將來非所謂終身剝奪也蓋未成年者如達成年禁治產者如復其精神自應享有公權罪犯人果犯特大之罪必處以死刑其犯罪而不至

於死者皆刑法上所欲留其性命以遷就善途也果能改過遷善亦何不可予以公權亦憲章上懲惡勸善之微意無他道也

三選舉之手續　選舉有直接間接兩種需視其國人之鑑識力何如國人鑑識力之程度高則用直接選舉蓋選舉人心目中皆各有素所信仰之人雖百般巧計運以私賄終難奪其目的之所向至國人知識未開亦可採用間接選舉之法特其弊在濫用金錢徒費時日致使其手續複雜不如直接之稱便故歐西多用直接選舉之制選舉乃國人行其公共之職務也開票時務宜出於正大光明以公開為原則使之立於衆口評批之下而自不敢作弊於秘密之處投票之法宜採用匿名投票法將使各箇人之投票得於隱秘之際而達其目的列國多採用此制

無論用何選舉法皆須先查人名次編名册公布於通衢大道猶恐遺漏則廣發傳單以期無或遺漏為止此之手續由各區所選之選舉挂辦理且投票開票種種手續皆由此選舉挂主任惟投票之手續各區自為辦理至開票時則須合此次各選舉區之選舉挂一同辦理當公布人名册時各區選舉挂亦須會同造具總册每選舉人各送一份與傳單並發選舉挂無選舉及被選舉之資格其辦理選舉尤宜秉公稍涉於私則失立憲國人之美風而有污憲章矣蓋選舉本屬文明事業若因舞弊等情而科以罰則非所以待立憲國之人民若任其作奸遂私又失憲章之大旨必思善全二者則有待於教育之興教育以養成人民

高尚之美德自可免卑污齷齪之舉動教育以造就人民之公心其私心乃不由而化去談法政而更亟亟於教育者此亦一原因也

二

地方會之職權

憲章上既有地方會之規定矣不可不予以相當之職權

關於地方法之職權

省縣市鄉會對於各該管轄域內之應行事務得各自本其地方人之意思而表示之制成地方法於此而有各自提出議案之權惟事關國家則非地方會所能提議事關他之地方則無須此地方會為之干預僅限於該地方域內之公共事業及其所需要便宜之處得為提出而議決之議決地方法之會議須公開之使地方選舉人得列席旁聽議決地方法之順序亦須經三回讀會第一讀會各議員向原建議人審辦意旨而決定其應否收受由議長付表決若得可決再開二讀會否則此案即作廢棄第二讀會修改議案之條文隨開三讀會而決其可否如可決即將此議決之案件移交地方政務處

議決地方法之要旨（一）不能違背憲章（二）不能與國家法律相牴觸（三）不能拂地方人之性情此三大要旨地方會議員當牢記以為議事之規矩若失其一即不能為地方議決法律倘其所議決者違背此三大要旨或不能符合其一則雖通過成立後仍歸無效且地方法

律案又不必專由各地方會提出有依於憲章之規定者有由國家法律提出者有由各地方人請議者有由該地方政務處交來者統謂之地方法案地方會皆得議決之

關於財政上之職權

地方自治之施行公共事務也不能無所費此費徵收於他之地方固不能即要求國家撥款亦勢有不可蓋國家經費之製預算表也無此項之支出憲章上予地方以自處理事務之權者因各地之情況不同國家不能為之預定每年應辦之事業更何能為之預算其費用之多寡故此項豫算國家無從着手既無此項豫算則國家之所徵收者祇以供國家事務之需而不及分之各地方矣於此而各地方之辦事經費必由各該地方人擔負既由各該地方人擔負是不啻以自己所經營之經費籌畫自己所應需之事務則此財政權屬之地方人必不受外來之干涉故以地方人之代表代理其事務者并代理其財政至允當也雖然代表有三曰立法代表司法代表行政代表地方會立法代表也必如何劃分其財政權而畀於地方會曰議會立法者也徵收支出之方法及預算決算案必經其議決否則政務處不能實施藉使實施地方裁判所能斷其無效故地方會又有監督本地方財政之權并得行其檢查會計手續且屬該地方之公共財產得由國會分別性質由該地方會處分之惟屬國有者不任地方會處理地方或遇有水旱之災及因其他必需之事務致經濟空乏不敷則該地方會有請求國家補助之權請求時以意見書提出於國會而任其議決得

國家之補助而仍或不足地方會有提起借債之權借債手續必通過於本會
詮地方為國家之分子既據其告貸情況前來國家即不得不應其急需而補助之惟國
家之預算有定倘地方之藉助者多則其力有不逮故憲章上必予地方以各自借債之
權

對於地方政務處之職權

地方政務處由地方會中互選政治家組織之其施行政務必準據地方法如或違法行政
地方會得提訴於地方裁判所斷定確實由地方會取消其組織政務處之選舉并得代表
地方人取消其組織地方會之選舉是謂彈劾政務處政務處既被彈劾乃由地方會宣布
地方人并行地方會之補闕選舉補闕選舉既畢由新舊議員會合裁判所人互選組織政
務處之人惟裁判所人無當選資格政務員歲俸由地方會議定其數目地方會且得派員
查察政務處之行政有無違背地方法之處且得受國會之委托偵查政務處之行政是否
與國法相抵觸如遇政務處抵觸國法時即不受國會之委托亦得提訴於國家裁判所

對於地方裁判所之職權

組織裁判所之人亦由地方會互選裁判所之給俸亦由地方會議定裁判所之少數人犯
法自無害於全體其多數自可準法裁判之但不能革除其名若多數或全數違法更由何
人加以裁判曰惟地方會地方會如果察出地方裁判所有違法舉動得會同政務處議決

取消其組織裁判所之選舉并公布地方人行補闕選舉之手續補選既定由新舊議員會
同政務處人互選組織地方裁判所之人惟政務處人無當選資格
地方會不能干涉地方裁判所之裁判并不得干預政務處之行政

關於會內自治之職權

地方會得議定議事規約及議員懲戒細則地方會具團體性質有一不規則之議員即有
污於全體關於地方會之自身匪淺故其內部之懲戒以嚴峻為主議事貴有秩序貴正當
貴無畛界宜立有細切之規約
地方會內部有議長副議長審查員書記庶務均由議員中互舉議長代表全會議事時由
其主席因事告假或出缺則副議長代理審查員組織審查會屬於地方會之內部盡審查
議案之職務蓋一讀會終了如議決開二讀會時則將議案交由審查會修改條文亦有一
種議案須先付審查然後提交本會書記掌管會內文牘庶務司理會中雜務如在省縣會
書記庶務均得聘用助理人各職給俸皆於未行互舉之先合裁判所政務處人同議決之
議員皆有被舉為議長之權利即皆有不應運動為議長之義務議員在該會中皆有言論
自由之權利即皆有發正當言論之義務議員在會期中皆有不受逮捕之權利即皆有不
為罪犯之義務議員皆有受給俸之權利即皆有不營他業專任議員之義務議長主席時
有付表決之權利即有不得不付表決之義務對於外界有代表全會之權利即有負代表

責任之義務

第十四章

地方政務處之組織及其職權

憲章上既許地方以自處理其事務矣安得不予以行政權予以行政權矣安得不任其組
織一機關以為行政權之所屬故其機關之組織及職權皆從憲章之所規定
地方政務處即地方行政機關也地方之對於國家係一分子其自對則具有全體亦一法
人一方面受國家法律之支配而處理之所以盡一分子之義務於國家一方面得自定法
律而處理之所以盡全體之義務於自身國家之立法權憲章上予之國會而其應屬地方
執行之處則畀其權於地方政務處地方之立法權憲章上予之地方會而其據法執行之
權則予之地方政務處國會得於其議決案提出於地方會政府亦得依國家法律委任地
方政務處故地方政務處為雙方人格而兩應之一應國家法律之委任而處理國家事務
一應該地方法律之規定而處理其地方事務
地方區域之最大者曰省次曰縣又次曰市曰鄉市鄉者地方區域之最狹小者外國謂之
市町村故同一地方行政而區域有小大之別市鄉者縣之劃分縣者省之劃分而省又為
國之劃分區域既有小大事務即有繁簡而定行政機關之組織其組織之人數不能無多
寡之差其組織之方法由此亦稍有歧異

一
政務處之組織

政務處以地方會互舉之政務員組織之其員額亦由地方會準該地方事務之煩簡而定
政府分部任事政務處則分任各科特省縣市鄉區域有大小事務有煩簡其科目亦自有
多寡之差惟教育科經濟科為省縣市鄉之普通必要科其他有應各地方特殊之需要而
設者大約省適於縣縣適於市鄉科長科員皆係組織政務處人員地方會當選舉地方行
政人時務必先舉一政務長而冠以省縣市鄉字樣以區別之惟鄉區之狹小者僅有以鄉
政務長一人教育科一人經濟科一人三人組織之更無所謂科長科員政務長非省縣市
鄉之主宰不能獨決專行遇有事務須開政務處會議會議時以政務長主席從多數之議
決而執行其事故雖分為各科因事得由政務長召集會議此會議乃政務處內部之會議
磋商執行方法非另一機關也
政務處得設文牘庶務及其他關於各科之執事文牘庶務由政務長遴選委任各科執事
由各科自聘
無間科長科員對於政務處統謂政務員其任期與政務長同亦由各地方會定之給俸準
所事事務之繁簡及身心之勞逸由地方會議決其多寡之數任滿改組由地方會先舉定
接任政務長及政務員而後交卸選舉之次序先舉政務長後舉各科科長及科員政務長

科長科員既皆舉定則會同自進集於政務處各任厥職。

二 政務處之職權

一關於執行政務之職權

政務處依地方會議決之法律案執行其事務同時亦得受國家委任而處理其事務蓋一方受國家法律之指揮一方受地方法律之指揮均不得自定意旨任意處理事務

政務處自接據地方會移來之地方法律案得隨時公布於本地方使人人服從有時政府以國家法律案交由政務處公布則政務處自接據此委任公文即應公布於本地方地方會至移交法律案於政務處即了卸其立法之責政務處自接據此法律案後即發生其執行之任政府既已委任地方政務處即當予以國家行政之權政務處自接據政府委任公文即發生其分任國家行政之責公布乃執行上第一手續憲章上劃清職權即以此事分界至明顯也假而故意緩期或永不公布即為違憲

政府之委任政務處無論其為省為縣為市鄉均得直接省亦得以政府委任事件間接委之本省內各縣市鄉并得以本省應辦事件委之省內各縣市鄉縣之委任市鄉政務處亦如之

二關於處理財政之職權

政務處既同時執行兩方事務其屬地方行政所需用度由地方自己擔負其屬國家所需行政用度則必由國家擔負於是同時有處理兩方財政之權此兩方財政必須劃清所收國庫之支出不能混入地方費所徵地方稅亦不得混入國家費用地方稅由地方會議決

政務處徵收之國庫由政府發給政務處收受之政務處能徵收地方稅亦得代國家徵收國家稅但不得與法律稍有出入收支清賬對地方須交地方會通過後公布對國家須呈報政府核算斷無絲毫自由使用之權

政務處亦得管理公款公產并能酌量施於公益事宜惟公款公產性質不同屬國有者非得國家之委任不能干涉屬地方者又有省有縣有市鄉有之別憲章上應明定之何種應歸國有何種應歸地方如遇省縣市鄉有爭公款公產者政務處得提出國會請其議決政務處處理該地方公款公產時亦須受地方會之指揮

三關於內部監督懲戒之職權

政務處各員其少數違反憲章或國法地方法時經多數察出得會議加以懲戒處分或解其職或停給俸金惟辭職須通知地方會求其同意

四關於地方會之職權

政務處得提出議案於地方會請其議決得列席地方會中派員前往聽議并得呈述意見如視地方會議決之案為違反憲章或違反國家法律時得提訴於國家裁判所如視地方會議決之案為違背舊有之地方法律因有阻礙難行之弊時得發回地方會請其重議前提訴國家裁判所與發回重議時皆須在地方法律案移來政務處未公布之際如已公布即表同情不得另有意見

五關於地方裁判所之職權

地方會違背地方法律或超越職權時政務處得告訴地方裁判所判斷確實解散之

政務處法人亦得如私人提訴民刑事於地方裁判所如遇有不遵政治或破壞行政之職權侮辱政務處時均得以法人資格訴請地方裁判所為確當之判決倘認地方裁判所判決之案件為違反地方法律時得提出於地方會議決取消地方裁判所如遇地方裁判所判決之案為違反憲章或違反國家法律時得上訴於國家裁判所

關於以上所述職權省縣市鄉約略相同惟縣市鄉統括於省該政務處行政即不能越出省政務處之範圍且有應省政務處諮詢之義務省政務處并得以關於該縣市鄉之事務委任辦理市鄉又由縣轄劃分統括於縣其不能越出縣行政之範圍應受縣政務處之委任亦如縣之於省

所言省縣市鄉皆以直轄而言非謂甲省與乙省內之縣市鄉之關係非謂丙縣與丁縣內市鄉之關係也此省與彼省亦得連合辦理事務但須經各省會議決縣市鄉亦皆如之

第十五章

地方裁判所之組織及其職權

憲章上既予地方以自定法律之權即應予以司法之權蓋地方法律既定不能不保其永遠有效地方司法所以保護地方法律使之收效力於該地方其權不屬國家不屬箇人屬之地方其機關亦當然以地方人組織之

地方司法機關即地方裁判所是也其組織之方法及應有之職權亦從憲章之規定

一 地方裁判所之組織

省裁判所以省會互舉之判事組織之有判事長一人省會互舉此項人員時雖已先舉出政務處行政人此行政人亦當與有選舉權特不能被選耳

省裁判所亦採合議制惟審案由判事輪流值日詳細審問聽兩造辯論以速記記載兩方爭辯之言論審畢然後退庭集議判斷之判斷以判事之多數定之更令書記將判斷之意見寫出存於文牘房故裁判所有書記速記等職

所中設旁聽席審案以公開為原則惟行判斷時可以秘密集議判斷時以判事長主席審案之判事已得案情心中早先決其曲直即由該判事代直者之律師與所謂曲者之律師辯而後由全數判事合議裁判之

判事長由判事互舉如有故障不能任職即隨時互舉判事缺額即由省會會同省政務處

公舉省會議員以補其額

縣裁判所由縣會互舉之判事組織之縣行政人亦與有此項選舉權惟不能被選耳判事長亦由判事互舉一人充之其審案斷案悉如省裁判所置書記速記等職

市鄉區域狹小人口簡單其事務自不比省縣之繁雜可由數個市鄉連合設一區裁判所此區裁判所由該連合各市鄉會選舉區判事組織之此區判事不限於市鄉會之議員但須有選舉資格及被選舉資格之自然人員額悉從該市鄉連合會議定經費亦由該連合市鄉擔負區判事必須居住該連合市鄉區域之內

無論省縣市鄉其裁判所之判事皆受俸金終身任職不輕更換

二

地方裁判所之職權

一區裁判所之職權

區裁所之職權僅限於該連合市鄉域內域外之訴告不得收受除個人交涉事件區裁判所得受理外並得裁決該連合市鄉各機關相互交涉之案件凡遇刑事訴訟或民事之重大案情區裁判所無判斷之力量者得呈訴縣裁判所審判之若關於該市鄉法律之簡單訴訟則區裁判所之判事斷之而已

二縣裁判所之職權

縣裁判所以該縣域為職權所及之範圍有不服縣內區裁判所之判決而起訴者縣裁判所得裁判之任居縣內之個人因事起訴縣裁判所得裁判之縣內法人交涉提訴於縣裁判所者亦得裁判之關於省定法律他縣人與本縣個人起交涉而出訴者亦得依據省法裁判之當事人不服其裁判時並得詳訴省裁判所關於國家法律他省人與本縣個人起交涉而出訴者得依據國法為之正式判決不服並得詳訴國家裁判所雖屬國家統治機關之代表如以箇人資格在該縣內有違法之舉動經個人或多人之提訴縣裁判所有干涉之權但視其違背何項法律如違反該縣自定之法律縣裁判所得依照尋常裁判之法處治之如違反該縣所隸屬之省之省會議定法律則縣裁判所得提訴於省裁判所如違反國家法律時得提訴於國家裁判所惟縣裁判所提訴上控時須審慎精詳必確有的據而後可如占虛步經上級裁判所判斷縣裁判所即應取消

關於縣會之職權　縣會議決縣法如與國法或憲章相牴觸經縣裁判所判斷確實得呈訴於國家裁判所判斷取消其議決之案如遇縣會所議決之法律背反省會之議決案時經縣裁判所判決確實得呈訴省裁判所判斷取消其議決案縣會自身若有違縣法之舉動經縣裁判所判斷後并得求縣政務處之同意解散之

關於縣政務處之職權　政務處準縣法行政如或違反縣法以私意擅自專行縣法即失其効力縣裁判所於此得為正式裁判據法令其更正不服得提出縣會議決彈劾之如縣政務處之行政妨害國家法律縣裁判所得提訴於國家裁判所縣政務處之行政或違反省法縣裁判所得提訴於省裁判所

關於縣內各市鄉法律之職權　縣內各市鄉自定之法律如違反縣法時縣裁判所得判斷確實取消其法律縣內各個人及市鄉法人關於縣法上之交涉縣裁判所皆有裁判之之權

三省裁判所之職權

省裁判所以該省為司法區域其職權不及於省外凡關於省內私人法人之民刑訴訟事件皆有裁判之權

有不服縣裁判所之裁判提訴於省裁判所者省裁判所得裁判之有以違反國家法律之事件出訴於省裁判所者省裁判所得依據國法而行裁判省內各縣市鄉之立法機關所立之地方法與省會所立之法律或有牴觸時省裁判所得為正式判決確當取消其議決案

關於省會之職權　省會議決之法律案如與國家法律相違反時省裁判所得行判決呈訴國家裁判所國家裁判所接據此項呈訴經判斷確實後得取消此省會已決議之議案雖由政務處公布亦歸無効省會自身違背省法省裁判所得通知省政務處合議解散之

關於省政務處之職權　省政務處之行政一準省會議決之法律或受國家法律之委任

非能自由設施省司法處確有監察之職權如遇其行政越出法律範圍對於國家可直接呈訴國家裁判所判斷如係違反省法即通告國會請其議決彈劾之

司法之職權全在保法律之永遠收效政務處違法行政即法律不行於行政一方已失大半効力尚何能責望一般人民之遵奉司法機關於立法行政兩方尤當盡心竭力以期完其職守非能稍有脫略也

省內各縣市鄉自定之法律以不牴觸省法為原則如有違反省法時一經省裁判所判斷確實即歸無効省內各箇人及縣市鄉之法人有關於省法律交涉之案件省裁判所得裁判之

甲省人與乙省人之訴訟得請求國家裁判所判斷之不服省裁判所之判決者亦得請求國家裁判所判斷之

國內各省遇有最重大之刑事案件當處以死刑者皆須得國家裁判所為其終審判斷確實而後始能定罪施刑此蓋憲章上保護人命之至意深恐偶有寃抑死者不可復生慎刑乃至於此

第十六章

陸海軍之制度

軍以禦外保衛國家者也其大權亦屬於國家故軍權屬國家主權作用之一當然屬之國

家人卽當然屬之國家人所組織之統治機關惟統治機關非止一人以言殺敵制勝軍事又貴專制國家設軍原為達保護目的起見寧制將命乃軍家之大忌其勢必奪不大反夭國家建軍之旨乎此而為兩全之計捨劃清權限無從著手

軍事上之大權有三(一)宣戰媾和之權(二)行軍用兵之權(三)軍事行政權

試先述宣戰媾和之權之所屬戰和係國計交涉自應由國家處決國家無形體也而以統治機關為其代表機關亦無聲臭一任組織統治機關之全數自然人故遇有國家搆釁之際隨時集合統治會議決戰和宣告陸海軍總長陸海軍總長指揮軍隊者也由統治會推任而以行軍用兵之權屬之

次述行軍用兵之權行軍不可無獨立權古專制政體之下天子之遣將躬為推轂曰閫以外將軍制之蓋授以制敵之全權將責以成功也故自統治會既決定開戰而傳其意旨於陸海軍之後則凡攻擊敵人之行動布置之方法命令之申告一任陸海軍總長之指揮不受旁人之監掣此所謂陸海軍之獨立權欲以達保護國家之目的也

再述軍事行政權國會對於統治機關負立法責任裁判所對於統治機關負司法責任政府負行政責任於統治機關而以各部代任其責則陸海軍之行政固宜以陸軍部海軍部分負行政責任其關合軍事行政一方自應以陸海軍兩部總其職權更無異於他部之行政此所謂軍事行政權欲以統一人全國之行政也

宣戰媾和由統治會議決宣告其用兵之策略由陸海軍總長自決號令之至徵集依徵兵法經費依預算案凡一切軍事行政概屬政府之陸海軍部故統治會當議決戰和之際取決多數陸海軍總長無從置喙陸海軍部不能異同陸海軍總長一得統治會議決之兵符卽以向敵制勝為唯一目的總握全軍之全權有獨立之性質不受他之干涉陸海軍部依法行政苟不違越法律亦不受陸海軍總長之詰責總治會亦不當干預之

詮軍能保衛國家亦能顛覆國家請讀古今中外歷史冀國家於治安者軍也召國家之禍亂者亦軍也蓋視其制度之何如耳予一箇人以宣戰媾和之權行軍用兵之權軍事行政之權則左右此兵柄者惟此一箇人此箇人而懷一保衛國家之思想也則止用是權以禦外而已此箇人而一萌私念則用是權以奪政柄者有之竊國權者有之於是不惜糜爛國民而禍亂乃無已時是則兵之為害也

詮任將而中制者敗如宋之金牌是故曰將在外君命有所不受陸海軍總長卽國家所任之將也既責其戰事之成功卽不能牽其制手足故當戰釁一開務必保護其獨立權使之專號令策進退無一毫顧忌而後乃能制勝雖然專號令策進退矣若兼予以和戰之主權則必偏於一己之意思或一意主戰或一意主和國家又蒙其不利專號令策進退矣若兼予以行政權則或任意擴張軍費徒便於軍政而不顧國民之負擔又非國家之幸福以是分其權而為三也

軍事上之普通法律一由國會議決惟遇戰時陸海軍總長得以其獨立權發出命令但不得與憲章牴觸

以上既劃分軍事之職權矣更述其組織之大概

國家而為國家人所有物則保護之者亦惟此國家人軍隊之組織為保護國家起見等是組織國家之人何人應服兵役何人不服兵役國家公有之物誰人應為保護誰人不應保護故舉國男女成年後皆有服兵役之義務惟女子身任教育亦一重大責任可免兵役之義務男子無論何人皆以從軍為成年後第一要事故教育首在養成軍國民之資格而以軍事為體育之的國民普受家教育急於公義亦自無畏縮不前之虞讀者者所編教育部固未嘗忽於軍事一項也

以言平等之憲章自不容有偏重偏輕之弊軍事關係個人之生命等是生命憲章上不應有所偏巨況國家又屬人類公同組織之團體有保衛此項人類之効用設軍以固衛之國人皆蒙其利以一等人冒生命之危險使一等人坐觀其成享其利憲章上不如是之不平也至於徵集之方法憲章上亦予國會以立定之權茲不贅述

附列國軍制之比較

北美合衆國自開國以來其養兵卽絕少有事之日國民皆可起而為兵平時則不過三萬兵額以文職之大統領指揮之迨美西戰後始於一千零一年二月二日以法律增常備兵數為十萬以下至於文職武職之區別則依然不分而以兵事為文政之一課至千九零三年二月十四日更以法律置陸軍參謀員參謀長參謀長仍不得獨立行其計劃特參贊陸軍大臣之軍政權而已蓋美國狹小其海陸軍而以供給兵備之費用為興盛民業之資助一旦有事則以國民之全力補國家軍需之不足美誠民國也國與民合而為一以民國而舉民軍用民軍以衛民國其經費乃可通容而緩急亦得其濟軍國民團成國民軍適成為民國軍矣敢斷言曰所向無敵

法蘭西自行共和憲法名義上卽不認武權獨立其國權編制法第三條所謂大統領處置軍勢者蓋避統帥之語而易其名為處置耳大統領依此條文下命令於陸海軍之時與他之命令同皆須國務大臣一人或陸軍大臣或海軍大臣副署之自其制度之形式上觀之陸軍大臣指揮軍隊參謀部不過為陸軍省內之一局然察其實際則又別有軍事高等會議以老練將校組織之計劃機務之軍事事務其所議定者陸軍大臣不得拒絕之蓋任陸軍大臣者概皆國會議員於軍事上未有經驗故惟軍人所計劃是聽海軍制度亦略同

案法誠強兵之國知海陸軍大臣專掌軍事行政不能兼有指揮軍隊之權故設軍事高等會議寘老練將士組成之其劃分軍事上之職權亦極明顯

英吉利武備之制變遷頗多其陸軍本由國王將臣之司令官統帥之英王查理斯三世命自由黨總理克林威爾組織內閣之時其司令長官乃為統率軍隊而直屬於國王者而克

林威爾則主張應由國務大臣監督如不得監督權必不肯拜命時又別無能組織内閣者王不得已許之自此國務大臣乃以文職監督軍隊對於國會負責任後十年有苦利米亞之戰英軍以準備不完故交鋒而敗於是議者乃謂當置委員於國會使為實地調查内閣抗之不得迨國會決議之後遂全數辭職蓋其軍隊監督之權為國會所奪故也由是司令長官與陸軍大臣相離陸軍大臣掌軍政事務司令長官掌統帥事務互相獨立對於國會各負責任未幾復使司令長官居陸軍大臣監督之下以陸軍大臣併任軍政及統帥事務之責而無命令之權司令長官與陸軍大臣之意見有相異時則無以調停而軍隊之事務遂不免常陷於澁滯一八七十年乃使司令長官從屬於陸軍大臣降而為陸軍省内之一局長陸軍省置三局司令長官為第一局長執用兵事務砲工總監為第二局長掌軍隊之經理給養及兵器工事以國會議員一人為第三局長掌陸軍之會計及一八八二年司令長官名分上雖仍為陸軍省之第一局長而隸屬於陸軍大臣然至統率軍務則獨立專行之不經陸軍大臣直接上奏於君主陸軍大臣縱得聞知之而無容喙之權且廢第二局將其國防事務移之司令長官經理給養移之第三局長但此新制發布之後僅二週之間責任論又大起仍於國會置委員以調查之至一八九五年陸軍大臣之權力一旦復張然經族拉勒斯之戰深知其不利始使司令長官之職權一切復舊蓋其波折之反復不定如此

奧太利分軍制事務與統帥事務為二凡徵兵徵發及陸海軍之訓練武裝舍營運搬給養

人文 甲編 法政 八十二

衛生教育司法等皆屬於軍政者也帝國軍務大臣以責任掌之陸海軍之選叙補任陸海軍之編制國民軍之編制則以法律定之團隊配置檢閱動員國民軍之召集須有國務大臣副署及懲罰等皆屬於統帥事務者也軍隊之最高統帥者則皇帝當之

德意志帝國無所謂帝國之陸軍其各邦則有之合各邦之陸軍而成為帝國陸軍據德意志帝國憲法第六十三條德意志皇帝執聯合軍之最上統帥權聯邦之中惟巴威里國王當承平之時指揮巴威里之軍比及戰時其指揮權亦不得不移於德意志皇帝維持陸軍之任務在於各邦故軍制事務屬於各邦惟統帥事務乃屬帝國其陸軍省亦在各邦帝國無之因欲使各邦之陸軍軍政事務能統一之故凡屬軍隊之管理給養武裝及戰時準備等悉以普魯士國陸軍制度為其模範故其後遂以普魯海軍為德意志帝國之海軍其他各邦無海軍惟普有之而其軍政事務亦同時共移於帝國德國無陸軍省只有海軍省者即此故也

第十七章

教育法政

教育以鎔鑄國家者也國家之存亡繫焉則國家之對於教育應如何保持之旨明之立之法使不搖行其政使永固以保存教育者為殖國之根基乎曰教育流散充滿於環球一人不能據為己有一國不能竊為私有因其自然之序順其當然之勢以定教育之法政而已矣

君主之國家專制之君主固曰教育者我一人所有事我一國所有事設科舉興學校創八股焚詩書均惟我一人均惟我一國要之教育者非個人之所有非國家之所有彼得乎教育方法者為國家不得乎教育之方法者不謂國家故天下皆私物惟教育為公物病人之棄之也未有取而不就者也

國家取得此項教育能奉之弗失使之布置全國而以為金科玉律也者則國家昌盛乃無已時其或蹂躪此教育破裂此教育陽奉之而不實行皆亡陷之門也故國家對於教育法政最宜注意

教育既非一個人所有矣固不能以一箇人之主權定此項法政教育亦非國家所有矣又不能以國家人之主權定此項法政然則如何而定之曰是必承順教育之旨意而定之教育之旨意若何天地間之生而為人者何一不具知覺運動以為感受教育之資料乎具此資料而無教育之可受則不成其為人人必危教育而不及灌疏於人類亦不成其為教育教育亦殆人國不能須臾離教育教育亦不願須臾離人也強人以就教育人之幸亦即教育之素願提倡教育以培人教育之造化人亦獲福焉人與教育得國家法政以為之紹介聯絡維繫而後人之生遂教育之旨意盡矣故教育法政之唯一目的在於普及教育

必如何而使教育普及充滿於全國也政府之教育部總全國教育行政事宜而國幅廣漠不能責以普及教育之任於是分任於地方而以小學委之市鄉中學委之縣大學委之

人文 甲編 法政 八十三

省

教育而分配於地方矣國家宜盡保護之責任如關於經濟不敷國家補助之關於學事之障礙國家祛除之故地方皆得直接呈請於教育部以求達其擴張教育之目的

教育且不以國為其界矣更不以省界不以縣界不以市鄉界外國之來學者有同受教育之權利蓋教育之大公也推之此省人就學彼省此縣人就學彼縣此市鄉人就學彼市鄉均無等差惟年齡程度不能假藉於涉乎遲與不及之弊則皆失循序之道即非教育之旨趣矣

試述市鄉之教育行政市鄉亦國家一部分國家承教育之意而責以普及之任自應予以教育行政之權

市鄉任普及教育之責矣其行政亦至繁劇故得設置關於學務之職員使之規劃全市鄉之教育事宜

一分區設學　市鄉之面積不能無小大之殊其地勢亦各有不同應由各該市鄉之學務員就境内實地查察何者便於兒童之就學劃其學區建設若干小學校

二調查學童　本市鄉幾許兒童須設若干學校始能容其眾務詳切調查得其實數有一學童之失學市鄉即無以辭其咎調查時於年齡尤宜關心

三強迫就學　學童查悉矣學校設備矣當學齡之子女或自願投身肄習者負荷執畚之不

暇而暇從事學問哉然人生不可不知之學如算寫之有關日用之需者要可以數年習之而無損於生事若任其就職徒糜金錢設備學校而每校生徒半額則事倍功半又將奚若於是行强迫手段學齡兒童無教育觀念彼父若母非不知之則責其父母於子女就傳之年送之入校不從者罰之可也

小學校學規之制定校長之聘任亦均由市鄉自主之惟不得越出中央學制之範圍

次述縣教育行政縣亦國家之劃分集市鄉而成縣與市鄉有密切關係其教育行政尤多相資之處國家以中學委之於縣凡畢業於市鄉之小學者皆得肄業於縣立之中學縣之教育行政以輔助市鄉為原則教育科設置視學員挨次查察縣内市鄉之教育狀況每季并得徵集各市鄉學務員開教育行政會議力謀統一之方進行之策觀市鄉之瞻於教育職務者則督促之使進觀市鄉之薄於教育資力者則培養之使充故市鄉者負普及教育之責之主體而縣實其屏蔽也

縣之所以輔助市鄉者原為謀教育之普及也其自身所負之中學責任反不如其重蓋中學已非普通教育寒素之家勉力畢事於初高小學斯已足矣更無暇從事於中學縣之面積人口均不止十倍於市鄉而就縣中學之學子不敵一市鄉小學校之學童必也以貧者十而富者且無一焉中學無强迫之說矣恒任其自然就學也更無調查學童之手續矣恒準市鄉之呈報故僅就縣之籌備中學而言其教育行政事宜甚簡而以言其統括市鄉盡

輔助之責則亦繁矣縣於教育行政事務亦得直接呈請於中央教育部每年彙集全縣教育狀況呈報教育部併得坿以意見

再述省教育行政省為國家最大區域合市鄉亦極多其政務處之教育科總全省教育行政亦當注重於市鄉之普及教育蓋教育者人人所有事也國之所以組成為國而設有各項機關者為人人也國之所以分為地方而設有各級機關者為人人也教育者人人之所首事而寄以生者也不普及之非所以為人人不為人人奚以謂之國家奚以謂之地方故國家行政首重教育教育行政急先普及欲求普及必責諸各市鄉之行政矣市鄉者何在縣固分割於縣域而助理縣行政者也在省亦分割於省域而助理省行政者也其地圖非另具一所也特有時為行政便宜起見不得不析分之使之碎如普及教育之責責之省仍未免鞭長莫及之恐故分畀諸市鄉也分畀諸市鄉非謂省可卸責也以言闔省之市鄉固即省也以言闔省市鄉之教育固即省之教育也以言闔省之市鄉教育行政亦即省之教育行政也特市鄉主分而省主合必分者為普徧也必合者為統一也教育之不能統於一者終未達普及之旨也蓋雖人人就學而市鄉自為風氣此主孔孟彼主楊墨他又倡邪教此主誦讀彼主講解他又側重武藝之門統謂之教育也而駁雜不純斯教育無昌明之日矣故省教育行政首先為一省立教育之方針而以統一法策進市鄉之普及教育

省置視學職員查察各縣市鄉之教育狀況每三縣合一視學員以次查察各負責任事畢則歸報省教育科開教育行政會議謀統一之方進行之策

省除輔助市鄉教育行政之外并自負大學責任統籌全省中學卒業之學生須大學幾何而為之規劃學區建設大學校其學制則任中央教育部定之

省縣市鄉之所立大中小學非謂為省縣市鄉所有而與國無涉也由地方建設而不由國者就各地方之學子便易於普及一也全國幅員太廣散漫無歸分籌則易舉二也至所建學校固不得為地方所有亦不得為國家所有蓋教育界所有也奚以謂之教育界所有教育非國家之私產物承教育之旨意而建設學校亦不得為國家之所有物地方固不能以意思而任意更變之國家亦不得以主權改革之蓋規於教育上一定之方策而非法政所能侵犯也茲之所云法政不過順教育之旨意而極力發揮以擴充之耳非謂教育權為國家所占有而任其若何措施若何調遣阻遏提倡悉惟國家也

終述國家教育行政國家與教育常伴隨而不能離者也國家賴教育以存立教育賴國家以昌明而實賴法政以斡旋其間非法政國家無由昌明其教育教育更無由保存其國家教育法政非止關係於國家而已也關係於教育前途正復不淺必先求其關係於教育前途之害利而後始悉其關係於國家之真詮

國家之亡也教育先之教育之亡也教育法政先之教育法政之所以亡厥有由來古今中外何國無法政何國無教育法政何由而亡也蓋其視教育也甚卑嘗以國家範圍之嘗以

法政左右之操縱播弄不能以教育為之心盤藉有時出於君主之偶念欲借教育以護符國家為之建一般法政非真為教育也不過以一時激動其長治久安之思以為捨教育無門名為昌明教育實則託以擁護國權與政權耳所設之法政概强教育以就國家以就君主而所謂教育法政者已先亡矣何也主客之形異也以國家為主教育為客而定法政則教育必任國家之興廢以教育為主國家為客而定法政則務以擴張其教育權國家受其鎔化而已不能有加損也

教育者本國家之炭爐也國家而不治於教育未見其熟鍊也而世俗相沿以為教育者國家之一事國家亦恒自認為教育之主權者欲有求於教育則倡之修之一但相疑則廢棄之不遑吁教育而尚有生門哉

凡國家之立法行政無一非為國家之自身顧余以為教育法政必一意為教育不知有國家而後教育得立於獨不受國家之干涉而國家乃得蒙其福利非然者教育常伏壓於國體政體之下未見其能永久昌明也一遭屠毒而國隨之矣

故國家教育行政之目的在位置教育於不搖不奪之地步常使教育乳字國家不使國家子奪教育至於統一全國教育維繫保存之使不見侮於其他又教育法政之天職也

國家置國視學坿於教育部每省一人各自省察該省内省縣市鄉之教育狀況會議於部統籌全國教育而為之治諸一爐建議一定之方針不使輕易變更其傾向

國家教育行政以謀公國統一合致進行為標準學校雖分設於地方仍以國家總其成國家與地方皆為教育謀普及之方所建學校公諸教育界不以私諸地方所具教育法政公諸教育界不以私之國家故地方不能任意寧割其所設之學校國家不能任意改革其所立之教育法政

第十八章

經濟法政

國家一切事務動輒關於經濟不可無法政以為之準則

國家之目的在於助長人民之生活發達而以增進國力也國家因達此目的而應興創之事業無一不有藉於費用而所以充此費用之資則惟向國人是謀國家之事業無窮而國人之資力有限故關於經濟之法政一方務勿使其國人負擔過重致凋民生發達之源一方又必計量國家事業之輕重緩急擇其於助長人民之生活發達所最適當者以支銷國家之財用是二者皆必要件也

國家當制定憲章之初即在於欲嚴密監督政府之會計不使人民家無益之負擔世界最先發布之憲法如彼大憲章者其中關於會計之條文尤詳蓋賦課租稅必先經國會之議決而後由政府徵收乃立憲政體之要義英國議會因欲確保人民之租稅許諾權屢與國王衝突經幾多艱辛始克完其權利歐洲國民因防禦國家無厭之徵收特與政府立為約

束當國家賦課租稅之時必使政府證明其必要而經國民之承諾苟無承諾則不得為租稅此約束既定遂成為國憲之大則

雖然國家苟設為關於人民之生計必要事件非經濟不克此而國民不為之負擔其事即弛蓋其不利者仍屬國民蓋國家本由國人組成國家之不利亦即國民之不利國家者何國民者何本一個無二致也茲之所云經濟法政特為國家籌一收支之正當方法去無益之費用而挪為有用之資亦即國人公同謀一節用之道也

然則此項法政對於經濟宜如何措施得當使濫收溢支之弊及經蝕中飽之虞曰是必側重財政上之監督與會計之檢查

財政上監督之權憲章上予之國會會計檢查之權憲章上予之國家裁判所代表國家主權之作用者國會其一裁判所其二政府其三也涉於經濟一項由政府執行經理國會及裁判所皆無收入支出之權若任政府之意為之則出入無制限取用之途旁人無從問津以國民生命之寄之經濟問題而聽其隱於黑幕不能澈清揭曉必非憲章之所承認也於是有預算決算之制

國家每項行政應資之費用由政府各部自製預算表彙集於財政部由財政部以政府之名義提出此項預算表於國會而為豫算案國會為之逐一討論并得以理由增減其豫算經國會之可決豫算案乃為成立否則須由各部重行參酌其事務之輕重而損益之再提出於國會而聽其議決

國家以謀人民生活發達為唯一目的若因達此目的而使人民之負擔過重致妄敗其財力則是自相矛盾也租稅者人民現在之負擔也國債與歸於國庫負擔之契約則皆所以加重其將來之負擔者也各國憲法凡新課租稅或變更稅率必以法律為之起國債及立國庫負擔之契約亦必經國會之議決如普魯士憲法第百條曰租稅惟於豫算載之者或以特別法律所規定者始得課之其第百三條曰非由法律不得起國債為應歸國家負担之保證者亦同他國亦大同小異

昔時歐洲各國雖有稅法而依此稅法每年徵收國稅時仍必得國會同意即在今日猶有於憲法中存此規定者惟當政府與國會意見各異之時留此制度徒以供國會妨礙政府行動之便其有害民利也亦大故當於憲法特設專條以防之如普魯士憲法第百九條曰現行之租稅迄於以法律變更之前皆徵收之是也

國家之收入不論其為課於人民而得者與非課於人民而得者莫不儲於國庫財政部以其責任經國會之承諾而支出之否則雖一錢不許消費

國庫者財政部所管理之國家之金庫也財政部長就國庫出納負責任故非以財政長所發之收支狀不許收入亦不許支出財政長總製國家一年之收入支出豫算表求國會協贊決定後則公布於公報如有於決算之時發現有財政長對於未經國會承諾之金額逕

發支出狀者則其財政長即當任違反憲法之責

英國之例財務大臣概皆先就其支出之各科目指定其充用之財源順次以求國會之協贊最後乃通計全科目而報告之其他各國則取提出全通之豫算案通其全體以求協贊之制國家會計年度不必皆用曆年多因農產收穫之期定會計年度各國概以由四月初日至次年三月末日定一會計年度政府各部將其所管之事務一會計年度內所有支出額概算之以提出於財政部財政部更準於政治之方向酌其應取應捨以付之政府會議議定後乃通知於各部使之依此而作預定經費要求書更提出於財政部財政部即就此各部之經費分別科目作總豫算案以提出於國會經國會議決交由政府公布後財政部即能本此豫算法律而為收支狀實用其執行之權

案收入支出經濟上重要問題預算決算法律上必經手續依豫算而為收入因支出以立決算經濟法政之要素也政府執行而國會監督亦立憲政體分權之原則在經濟法政上固尤宜嚴格者矣

豫算不敷於用實際上究所難免故政府亦得臨時為追加豫算以求國會之贊同列國每有使政府得先支出而後求國會之協贊者蓋因遇有非常事故豫費不足應之之時又不及召集國會則許政府得為臨時處分不必限於法律

案國會議員藉非會期遇有重要事宜其假歸之數亦不得逾於全數之半即為一時緊急

動議計也故議員在任期之中不當輕易離其職位國家即有非常事故亦當先經國會之議決而後政府方能施行列國之變通辦法終有弊端

欲使政府恪遵憲法之原則而於一切支出必經國會承諾則不獨豫算當求國會同意也且必檢查其決算以察其所支出者果無一不經國會承諾者否乎苟豫算及決算雖皆已符合而國庫實際之金額若有不符則究不能收監督之效職此之故不可不更檢查國庫之事務此檢查之任責之裁判所一經查出其違憲時則通知國會合議處置之即統治會之大多數也

憲章上於國家經費既如上所述矣而又使地方自行處理其事務其事務所需之費用又由各該地方自定之而自課之地方之自賦其事務之經費也亦無非課於地方之居民同一人民而一方報國家稅一方又應地方稅雙方之負擔不形重乎故國家之籌集經費當知有地方稅必視民力之紓迫而酌取之若不揆民力濫增其經費其人民兩應之不遑必致產業衰頹阻礙社會經濟之發達在歐洲希臘葡萄牙西班牙伊大利等國大形財政上之困難正坐此病惟國家於民眾之生活有必要履行之任務其經費又萬不可缺乏若任其缺乏則事業不舉又妨害國家進步甚盛然則從斯二者之間籌一適中辦法當從何入手曰先酌定其事務何者必屬國家何者必屬地方何者能任個人自行處理何者能任社會措行任個人與社會者國家及地方皆不過問即略去此項費用其必需由國家辦理者

則由國家徵集其事務之經費其必需由地方辦理者則由地方徵集其事務之經費當國家議決豫算案時須先議定其事宜果必然屬之國家否乎既議之必然屬之國家矣仍須知人民有地方稅之負擔兩應之難究不能不緩其能緩者而急其當急者則事務輕重緩急之間又不容忽也地方之預算由地方會議決亦須先酌其事業果當然屬之地方否乎且不能不圖其緩急也夫地方與國家同一版圖非有二個分設其機關劃分其事務特為便宜設施起見有時國家遇緊急要務如開戰費亦得向地方費中徵取以濟其窮有時地方或遇有困難情形如教育經費支絀亦得向國家求補助資緣國家即地方全部地方為國家分子本屬一體自應抒其急困而後其所能緩也其劃分為地方也因國幅廣而難徧及也其劃分事務使各地自處理也因各地情俗不同其事務之應興應廢宜急宜緩頗難一致也其劃分經費使各地自徵集而自儲存也因各地以各地經費舉措各地事宜必不能混淆一處致或挹此注彼挪東補西以起不平也請更言地方稅則

地方稅務規則大概無殊於國家由政務處編製豫算案交由地方會議決議決後政務處即依此議決之預算案徵收地方稅一年度終了時政務處又編決算表公布地方且任地方裁判所檢查其決算如有濫收浩支等弊地方裁判所得會同地方會議決處治之且稅則既經議決必須公布地方政務處若不依法徵收人民亦得具報地方裁判所地方裁判所無論何時均得檢查政務處收支之總賬如果不依議決之豫算案時即以違法論

地方政務處一方又受政府之委託向人民徵收國稅而致之政府人民於法定期間投國稅於市鄉行政機關市鄉政長彙集此項稅款送交縣政務處由縣彙送諸省政務處各集解於中央政府

國家與地方分籌經費矣地方又有省縣市鄉之別市鄉之普通事務為小學教育其普通經費亦即小學經費間有特別事務亦不多故市鄉除教育須費外其需費少市鄉之經費得就該市鄉內課之惟關於教育經費倘有支絀時得求助於國家

縣事務多於市鄉其所需費亦浩大悉向該縣內自課之惟關於教育及其他關於國家事務者得向中央求補助費因國家之委任處理事務之經費得全向國家領取益事業既分國家有此項豫算而地方則無之

省更廣其公共事業益繁所需費用更多其自身之事務費均向該省內徵收惟教育費得請求國家補助其他由國家委任省代行之事務所需費用則全由國家支出

人系

乙編教育

第三册

人系乙編

中國黃　立仲憲述作

教育部

世之徒為紛說者曰保育與教育不同曰教育與教化不同不知教育本兩事育字含有保字之義教字含有化字之義其設此說者蓋謂教育之範圍大於保育而小於教化不知教育兩事合為一端相提并論以其如輔車之相依同時發生而不能一日判離蓋教而不育教無由施育而不教育無以遂由兒童之保育至於大人之教化無不以此教育二字賅之矣

教育腦

腦主腦也如人之頭腦主全體之知覺運動腦一顛僵神思恍惚周身之精力為之不振推之事務莫不有其主腦教育之道大其全部之精神亦全係乎其腦今人每縱談教育方針所謂實利主義道德主義武士主義皆非所謂教育之主腦特規規於人籟教育一隅之傾向耳蓋彼所謂教育僅吾所謂人籟教育而已將所謂天籟教育地籟教育概略焉不講教育恐不如是之狹小也余今述教育腦劃為天籟地籟人籟之說亦其固然而有耳非杜撰也缺其一教育之腦不充即失其全部之精神罔無或乎今日之教育也知有天籟即知教育自然之道其道一耳一則同世界之教育將不以國界也知有地籟則知教育當然之道其道本一而有時易地而樣者地之籟也知有人籟則知人為物之主宰能參天地之化育天籟地籟而外教育將亦有待於人為以人力巧奪天地之功用且以匡其不逮三籟之說人籟最淺亦易明人所共見誠確信而不疑然必謂無天籟之說初生之兒人籟教育無所加也其啼笑哺乳抑何所感太古之民人籟教育未昌明也其飲食操作又何所師此非其自然而然者耶教育之自然而然即天籟教育是將謂無地籟之說風俗言語以地而異生長於歐歐之風俗言語不教而習一旦涉亞欲其粗知亞之風俗言語使十傅傅之數月猶難此蓋其當然而然者也地籟教育當然而然也人籟教育備乎自然察乎當然而以三育為其的三育者體育德育知育是已其進化之階非止由此人籟教育也蓋天籟地籟同時參加相輔而進而後三育乃有進益故曰三籟備而三育化教育之腦在是而已

第十九章

天籟教育

人體有小大長短之殊男女之別心之不同如其面惟所禀之氣一也無俄有錯乎其間目之視耳之聽手足之動作皆出於自然則天之籟也莊子南郭子綦曰吹萬不同而使其自已謂之天籟植物之植動物之動天籟也而教育與焉受雨露而滋養遭霜雪而摧殘春生秋殺者自然之象天籟教育也混沌初開不知教育為何物鳥巢而獸穴卵孵而胚化生生之象不已誰為教之而誰為育之哉則天籟是已大教育家孔子嘗曰予欲無言曰天何言哉四時行焉百物生焉天何言哉蓋天不言而教育自明萬物自生物之生也自生之自生

之謂之自然自然即天然也故曰天生孔子之主乎天籟教育也如此天無其物籍萬物以形其形聲其聲孟子曰天視自我民視天聽自我民聽天者萬物之總名人為物之靈故其視聽由人亦惟人能得天之教育教育之道由天非人之所能創也故天籟教育者教育之母可不注重也哉

一

物之感受天籟教育

萬物並育而不相害天籟教育之主旨也禾莠同生人獸雜處天之於動植物也一體視之固無或不仁愛者也無他物皆有其自然者矣除金石之屬稱為無機體者概有生物既曰有生生生者誰哉人但見人之生也母生之母之母為何曰外祖母外祖母之母為何曰不能知也窮有生以來之第一外祖母史所不能傳續所不能解莫不曰天天無形體何能生人亦有其自然矣生生者自然也余則曰生生者天籟教育也

物既生矣具有完體時刻發現其自然之機能之作用不戕伐其自然之作用而後始能全其天戕伐其自然之作用即為失其天籟教育即不能全其天斯不能全其物故苟得其養無物不長苟失其養無物不消人之所以放其良心者亦猶斧斤之於木也旦旦而伐之可以為美乎

物生而能團結亦其感於天籟教育者也草之叢竹木之林蟲蟻鳥獸之團類聚而群分若

有使之然者其實皆出於自然所謂物之性也能盡物之性則可以贊天地之化育蓋物之自然而然皆其性也即皆其禀受天籟教育而然也觀物之自然而天籟教育之現形可見其效果亦於是乎彰

二

人之感受天籟教育

人亦動物之一屬天之部分賦性特明強自初生迄於老死無一息不感受天籟教育方其胎也伏於母腹而蠕蠕然動者旁人不解其有覺抑無覺也及其成人也亦不復記憶其胎動時也產出即哌哌而啼雖其母不能禁更不知其何所感而然也經日而飲乳矣旬日而舞蹈矣經月而知懷抱矣師傅之教育其進化不若是之神速常人視之皆謂此之感覺非教育之功用而吾則謂此純然感於天籟教育推之人體各器官之機能如骨主支持筋主運動腦主意思心主循環血液肺主呼吸空氣脾主生白血球肝主生膽汁胃主消化腎主生溺生殖器主蕃殖果受誰之教育而具有此種種機能乎蓋皆天之籟也尤顯見者人生三週之後能言語知視聽動作有時均非由於人之教育之也而言語已具有文字之根視聽已具有感覺之機動作已具有行為之概若所謂不待教育而自然者皆天籟教育是已上古之時人與物類漸次而有衣服之著宮室之居文字之興五穀之蓺人之所以得異於禽獸也說者固謂由於聖人之造作聖人又何以得異於常人哉孔子曰生知安行孟子曰

良知良能果若是歟亦其感受於天籟教育者神而明也詎得謂無因而有果乎蓋世界有自然之運人類亦循序而進化一二人創未有之事業首發明之殆得乎天籟教育之先所謂人類之進化自然之運也於是名此一二人為聖人其實聖人亦人也不過先得我心之所同然耳詎得謂聖人之知覺別有所感乎蓋亦與常人同受此天籟教育者也至若鳳凰居羽蟲之長麒麟居毛蟲之長神龜居甲蟲之長人靈於物聖人之出類拔萃者概皆自然之化生固無一非天籟教育之效果其班次亦若有自然之等差故曰大哉聖人之道洋洋乎發育萬物峻極於天蓋惟聖人受天籟教育能奉為金科玉律即準此以為教育之主旨人籟教育端於是矣

自混沌之天如毛飲血之世界遂漸至於文物聲紀之天下自不知不識之小兒迄於為賢為聖之地域其間設非天籟教育為之引導則地籟教育無由設施人籟教育無所參加其視文物聲紀之天下為聖為賢之地域將如天之不可階而升也而人每不之覺察以為天無形體並無聲臭何所施其教育不知生生之象萬物疊陳於吾人之眼簾觸於耳鼓如風霜雨露昆蟲草木之屬皆天之現形亦聲臭也不待人為而自能滋養各具形骸者皆其自然而來是即所謂天之籟也其化也其教也其生也其育也假無此自然之化生何以有世界何以有人類更何以明教育之旨趣教育者亦產出於自然者也

三

天籟教育與地籟教育之關係

地球之大天含蓋之地之所載何一非天之所覆故地有不同肥磽之異水旱之殊善惡之別而混然之天則無區別於其間譬之魚畜於水木樹於陸地之造就百物有水陸為之限而天無其界魚畜於水得乎天之滋養木樹於陸亦得乎天之滋養試以魚木易地則皆不育其不育也地限之非天為之此見天籟教育之主乎大同而地籟教育不與類也更近而取譬於人鈞是人也生長於文明之鄉則習於文明如入芝蘭之室久之而不知其香與俱化也域於鄙惡之俗則習為鄙惡如入鮑魚之市久之而不知其臭與俱化也夫固不得謂天籟教育之有偏私厚於彼而薄於此同一人物而兩樣造就也是其習於善與習於不善已非天籟教育之所能主張則地籟是已惟設非有此天籟教育人即無所感覺則聾者無與乎鐘鼓之聲瞽者無與乎文章之盛形骸之聾盲更何由感受其地籟教育雖有芝蘭之香鮑魚之臭將持何者與俱化乎則固地籟教育之有待於天籟教育者也

人惟感受天籟教育而有知覺矣而後其所居地址之風俗語言態度朝朝接觸自不容不與俱化其化也其得乎天籟教育也而有善惡之殊則地籟教育區以別之也凡人之感受地籟教育必先得乎天籟教育凡地籟教育之昌明必依附於天籟教育未有不得乎天籟教育而能染習地籟教育者即未有地籟教育能離天籟教育而獨立者

四

天籟教育與人籟教育之關係

人籟教育化生於天籟教育者也亦不能離天籟而獨立口能言語耳目視聽皆天籟也因言語而教之誦讀因視聽而教之察五色辨五音則人籟教育也夫言語視聽人皆有是機能所謂人之感於天籟教育者同也而人籟教育每由此言語視聽灌輸為之媒介則其依賴於天籟教育而措施耳至其造就之結果或善或不善乃人籟教育為之與天籟無涉姑不論其結果之善惡總之人籟教育終必有需於天籟教育天籟教育者循序而進以言乎知育由小兒之蠻談而言語而解說而造作德育由兒童之慕父母敬兄長而親親而仁民而愛物體育由胎兒之脆質而骨格而具完體發育層進化具見天籟教育之階級設非有此階級則人籟教育之層次且無所依據而定既無以定其層次則教育必不能準受教育者之程度而設施雖有教育受教育者將難收領悟之實效人籟教育之有待於天籟教育者此其一況乎人之感受人籟教育之種種器官及其知識均得諸天籟教育無天籟教育是無器官是無知識也人籟教育將如之何人籟教育之有待於天籟教育者此其二

人與人接雖禁其不互為學效也傅師之傳父兄之訓可見者也至人之觀感於人事而自法則之雖未明受乎教育其間固已攙有天籟人籟兩項教育矣夫其觀而感也其得乎天籟也感於人事則人籟教育矣設其觀而無感雖人事充塞於前亦不能取為法則也

五

格言

天籟教育立乎生生之前

天籟教育包含宇宙之大

天籟教育悠久無疆

天籟教育一息不停

天籟教育無為而成

天籟教育無聲無臭

天籟教育因材而篤栽培傾覆優勝劣敗

天籟教育恩威并濟

天籟教育不助不忘

天籟教育事物之母

第二十章

地籟教育

環球統以地名萬物載焉則皆寄是以生惟植物之營養蕃殖每因地之不同而現狀各異江南有枳移於江北則化為橘同是松柏植之廣莫之野十圍可期樹之石砌拱把猶難推之動物猛虎在深山百獸震恐及在欄拼之中搖尾求食推之人類村野兒童鄙性難除都會兒童倔強具見此其故不由天不由人一若隨地而化則地籟教育致之也

人之感受天籟教育而具成形骸各有其功用矣必有發生之一日從目覩而發生者曰觀感性從耳聽而發生者曰習聞性人之有此觀感性與此習聞性也實由於天籟教育而其因是性而濡染於家庭之動作而觸其倣效心濡染於學校之規則而生其遵守心濡染於社會之行為而具有公同和愛心非僅所謂天籟已孟子謂楚人習齊語一齊人傅之眾楚人咻之雖日撻而求其齊不可得也引而置之莊嶽之間數年雖日撻而求其楚亦不可得何哉則地籟教育之效驗也

都會為文明之中心人之知育易增偏邑野曠空氣清潔人之體育易發達且事實不近浮囂亦宜於人之德育都會兒童有敏捷轉快之機智無寬厚深沉之德量才辯多而德行少優於知育而短於德育尤不適於體育試觀德意志都市千人中歲死三十人村鎮千人中歲死十八人意大利都市千人中歲死三十二人村鎮千人中歲死二十八人英吉利都市千人中歲死二十四人村鎮死十九人蓋都市人家稠密空氣不潔黴菌亦多即為致病之由傳染亦易蔓延此則關於地籟教育之體育者也

人為天之分子所占之地亦得其一部耳生物之隨地而成莫不羣結以處人具知意更富於團結力故所在皆不離乎團體其在家庭六親同處其在學校師友同居在社會則與朋類俱由是而知人生無在非團團各有異其所受之鎔化亦自不同綜一生之所處不外家庭學校社會三者而已

一　家庭

人生受家庭之鎔鑄分三時期一幼稚時期家庭瑣屑兒童習見印於腦中即生知意農家之兒未解耕耘也學種瓜讀書之家兒童雖未能言亦恆持書蠻談者書房中編輯小兒存華時三歲常索筆戲搨同一無知之兒所稟之天籟教育亦無異點而發現有殊則地籟教育之歧其途也二入學時期人生六歲七歲以後雖入學校假時仍多在家庭在家庭時不免拋棄其校中所習之學業而專務其家內一切細巨蓋隨境而變也家庭主和學校主嚴飲食起居行止動作一隨家庭之風氣而不以一人之意思為變遷而後和之義盡飲食起居運動休息一準學校之規則而不以一人之便利為破壞而後嚴之義盡斯所謂隨遇作則當然而然也三成人時期人至成年之後脫離學校而入於社會矣惟暇時則仍在家庭向之服習於父母兄長之下不能自為風氣者成年後娶妻育子居家長地位在家庭必無所謂地籟教育矣而不然也環伺其側者子若孫苟一放蕩效尤隨之雖處私室難掩家人之不窺視也則時有自教育其身心之處無他所居地使之然也且家庭亦一團也有向來之慣例相沿成風習與安之一人固難革舊亦自不顧圖新地籟教育之化人豈一朝一夕也哉

二

學校

教師之在家庭自隨其家庭之主宰而服習之及其入校必不能以其家庭風氣移而處理其學校故必因乎學校而為當然之舉動時時以表率學生為主要時時以整理校規為己任決不稍涉放恣之行為唯以學校教師自處素位而行使生徒一望而儼然教師也蓋有不期然而然者則地籟教育為之也不然何以一離學校即隨地而變其態度學生由家庭入學校立即改脫其家庭之舉止而以學校為治爐入操場而觸發其運動之機入教室而感動其思念之概居自修室恒舉止自如詣教員室則矯正姿勢若隨地有教育在而當然受其鎔鑄也者皆所謂地之籟也

家庭與學校之地址均宜審慎選擇孟母女界中大教育家也所居近墓孟子時習掃墓之儀則遷於屠戶之旁孟子亦操刀學割乃遷於文廟之側於是孟子讀書為儒卒成大賢故人籟教育不如地籟教育之入人深也孟母知之其教子也首先擇良美完好之地籟教育故孟子之得母教豈止其人籟教育而已哉

三

社會

人當受學校教育之前雖未入於社會難保其不偶與社會相接觸也兒童時期入英國之

少年義勇團則皆樸而勞苦勇東而決斷入弗利比之兒童共和國即感威廉佐治之思體念其境遇之困苦而貫心毅力以自完成其公民之責入美國之兒童俱樂部即感於娛樂之趣味而於無拘無束之間自趨於善此皆兒童之染化於社會教育也故以言乎地籟教育實賴有以充塞於其地使浮現於兒童之眼界有不觀感而興者乎

人當脫於學校教育之後即廁身社會營業之心油然而生入農界而興起其種殖趣味入工界而觸發其製造之機能入商界而發生其交通感情入軍事社會而發達其尚武精神處地不同則其演論思想感懷宗旨行為方針亦隨之大變此感於地籟教育之顯見者也渴不飲盜泉水熱不息惡木陰急切時尚知謹慎況在平日里名勝母曾子不入邑號朝歌墨子回車成年者之擇地如此其慎也是以孟母擇鄰而處大賢蔚成互鄉難與言童子且以致惑未成年者之擇地尤當審慎哉惡社會之宜遠避也十八世紀教育家盧梭嘗言人性本善其習於不善者染社會之習耳非故意歸咎地籟教育其實然也孔子曰性相近習相遠性固感受於天籟教育者也習不然矣故人所稟受於天籟教育者無不相近而其究竟之結果有美惡之殊者人每訾人籟教育之不齊而不知地籟教育之造作因也

人生唯感化於學校教育者至少而與家庭社會相接觸者為多是真教育家必注重於家庭與社會而學校次之學校者地籟教育之一部也乃所願則與諸君子謀改良家庭教育完建社會教育不專以學校為教育爐而後造成天倫和協之家庭整齊嚴肅之學校文明

爭競之社會使後者之處此受地籟教育於不知不覺之間斯可耳不然者以少數時間之學校教育而當家庭遺傳陋習之融液社會腐敗風氣之滌蕩其能存者幾希

四

格言

地籟教育緊步天籟教育之後而發生

地籟教育依乎天籟教育

地籟教育應天籟教育之需要

地籟教育形天籟教育之現狀

地籟教育周於環宇無隙不有無微不感

地籟教育良莠殊途

地籟教育地為主體人物為客體

地籟教育之化人如其殖物不見種樹畜養之功有時長大

第二十一章

人籟教育

萬物同受天籟教育與地籟教育以滋養完成者也惟人獨得此兩項教育之真傳而有人籟之名焉故曰天籟教育之方針採高明主義教育萬物使各適其性而相需為用地籟教

育採博厚主義教育萬物各安其位而無相侵害人得天地之化育而後充其性能以為教育斯所謂人籟也天地之籟亦在是矣孟子曰飽食暖衣逸居無教則近於禽獸言人之所以別乎物者以能盡人類之性能發為人籟教育不負天地自然當然之化育也傳曰唯天下至誠為能盡其性能盡其性則能盡人之性能盡人之性則能盡物之性能盡物之性則可以贊天地之化育可以贊天地之化育則可以與天地參矣人者固當與天地並立為參也其所主教育亦當合天地之化育今之談教育者蓋以管窺之耳無世界之時無人無天地亦無教育自有天籟教育而地球產出地籟教育隨之世界亦形世界形而天籟教育者地籟教育亦顯故曰天地位焉萬物育焉惟時人類率皆穴居而野處生啖而裸體與禽獸雜處無區分也至天籟教育進化而人知炊爨縫衽建築樹藝矣地籟教育進化而人知遠禽獸聚族而居矣其最先得此兩項教育者謂之聖人即所謂贊天地之化育者也自聖人稟天地之化育為教育於是人物頓分而人籟教育以成及人籟教育進化人遂為庶物之主宰

一

人籟教育之方針

人籟教育與天籟教育地籟教育鼎立而各有世界主義國家當奉之為主體非若我國以教育為國有物使之懾伏於專制政體之下而思想束縛言論箝制人道大受影響殊失天

地自然當然教育之旨趣蓋人籟教育之意義為人類先導而指示其趨向之謂固世界人類公有之物也無所謂取與出納之吝故環球交通互換智識不當以國為界孔子以東魯一布衣為列國學者所宗仰當時若子游子輩強半來自異國而孔子主任教育固無國界即其所以教伯魚者亦無異於諸弟子實能以教育範圍全宇何況國家後世因有君師并重政教分行之說愚案政原於教不學而使為政孔子責子路曰賊夫人之子子產謂尹何曰是未能操刀而使割也從而師其範圍君善法政尤多仰給於教育也

故人籟教育之方針當從世界着想人道着想近之論教育者有所謂道德主義實利主義武士主義自然主義審美主義宗教主義個人主義社會主義為說紛歧各皆得其一體道德主義如德人康德言理性海爾巴特論五道孔云忠恕孟道仁義德育是也實利主義如英人洛克斯賓塞輩所主張我國商鞅李悝輩功利之說知育是也武士主義始於上世希臘斯巴達盛於歐洲中世期之武士教育日本亦有武士道我國間有武士輩出而未能發動充滿孟賁夏育之勇止於个人一身社會不蒙其利體育之不張故其以文弱見侮也自然主義盧梭與弟羅勃之所主張惟盧氏以自然為已定之標準為師者一當尊崇之純然任乎天籟教育弟氏則以自然為未定之模型為師者并當配製之此主乎天籟而參以人籟者也審美主義為希臘伯拉圖所主張我國古重六藝亦類之個人主義則如楊子之為我社會主義則如墨子之兼愛為今日中國之教育計者動曰普通教育當採道德主義

特殊專門之教育則如軍士宜採武士主義實業宜採實利主義夫何貴乎若輩之設為此計也所謂德育體育知育皆順天籟教育之序而進化自然而然也所謂軍士之重武士實業之重實利則感於地籟教育當然而然也然則為今日之教育計者奚不曰以三育為的循天籟教育之次第而加以人為輔助之功因地籟教育之區分而施以人為誘引之方

法蘭西實行自由主義即所以保全天籟教育也而每各好逞其私溢出範圍為所欲為不免失之放任極放任之弊甚者各相殘賊人道淪亡天籟教育亦於以不能保全而反遭破裂德意志實行國家主義蓋以國家大勢所趨而定教育方針日本亦然其初因地小物微全國大勢本苦於貧故教育方針注重實利旋以島民天性易落於自大自驕之與遂以道德方針防範之惟局促一隅不足競強於世界乃由道德方針變而為軍國民方針因國家地勢所趨隨為轉移即所以保全地籟教育也而每易偏回輕重恒失乎中道教育以國家為範圍不能以教育範圍國家教育隨國家為變遷不能以教育永奠國家於磐石之安泰山之固則反失地籟教育之旨矣英美實行功利主義專任知力知有人籟教育而盡滅天地之化育極其弊至於機巧變詐人道喪失人心隨去教育更安所保存哉是故見其一體而失其全部者未見其可也

教育者萌於一心而形乎四體基於個人而推乎團體兆於家庭成於學校而沛乎社會其方針之所向人心風俗之所趨也余嘗終日不食終夜不寢深思熟計為人籟教育確立千古不拔之方針曰一採高明主義本天籟教育之旨養成世界觀念孔子之所謂大同也主自由而不主放任蓋以教育普渡衆生國家不能為之畛界政治不能稍加干涉干戈不足以破壞之名利不足以移奪之使之巋然直界於兩大之間峻極於天一採博厚主義本地籟教育之旨統一世界之家庭學校社會各教育使之皆趨於完全美滿而無缺出彼入此皆不越乎人道範圍蓋無往而不適於義理雖非聖人亦隨遇而安譬諸植物欲強固其根蒂必先壯其地質自無瘦弱不競之虞

人籟教育人生終身繼續之教育凡人身腦力不廢之日即學業不輟之時蓋其受於天籟教育者未泯滅即不可一日脫離人籟教育凡人身出入於世界之日即學業搬運於腦筋之時蓋其受於地籟教育者未斷絕即不可一日脫離人籟教育

二

人籟教育之先務

人生兒童時期染習於教育者至深而切教育上所急宜注意者也六七歲時體中諸機能漸次發達是以活力充足而手舞足蹈有出於不自覺者此體育之得乎天籟教育者也惟生活甫經獨立筋骨柔脆不能與外力相抗此而責以劇動必致虧損其體質而戕伐天籟教育之功用非所謂人籟也

兒童初具意志薄弱不振其於外界之誘引不辨是非善惡迎機而導全恃有人籟教育當

攷兒童心理發達之順序大約由直觀而有知識由知識而生感情由感情而有意思其漸次自然發達之知育與德育固由於天籟教育而準是以循其途徑酌予以誘導栽成之方置之良美之處所使之受完好之地籟教育者則人籟教育之務也

知識現象　外界之事物或見於目或聞於耳或肌膚筋骨之有所觸其分布各部分諸腦系必傳其動機於中樞於是意識界中遂呈一現象漸引入於思攷之中在家庭其能修練兒童之知識者莫如語言蓋語言為表示意思之具果能層次不亂清晰可辨必其思路已通可期望其迎解理想在學校其足以修練兒童之知識者莫如國文蓋文字為語言媒介果能秩然有序必其既具想像作用然後可期其推理明確至圖畫手工諸科必具悉物之全體而後能因應無滯故亦為修練知識之一助

感情現象　兒童種種經驗漸以動於感情而生慾望於是因事之足以滿其慾望而生愉快之感因事之不滿慾望而生無聊之感是皆自然當然鎔化於天籟地籟教育而然人籟教育則在因其活動之慾望而予以適宜之運動因其知識之慾望而誘以美滿之興味以其好名譽而任其競爭以其樂羣而導以交際以其鑒別妍媸而發生審美的旨趣以其善善惡惡而修練其道德情操皆所謂人籟也

意思現象　兒童對於學業及其他各種操作一方面得興味之感一方面即生怠倦之心怠倦之心生則或震懾於教育者之威權而勉强服從或逾越於行動範圍而遽起抵抗此

種種意思現象教育者必須加意詳察當兒童有疑似之際應與以正確之判決以其經驗之淺應與以相當之助力誘以同情而袪其惡念德儒康德約分兒童氣質為四種曰多血質多輕快之舉謂之浮性曰膽汁質具剛毅之氣謂之熱性曰神經質謂之鬱性蓋偏於幽鬱者曰黏液質謂之冷性蓋偏於遲緩者是皆其性之已然陶鎔於天籟教育地籟教育而然也對於多血質之兒童則宜養成其忍耐堅卓之氣對於膽汁質之兒童則宜防閑其粗暴放慢之氣對於神經質之兒童則宜導以遊戲運動養成活潑精神對於黏液質之兒童則宜鼓舞其意志使能獨立自奮是皆賴人籟教育之矯揉造作也

三

人籟教育與天籟教育地籟教育之關係

人有心而能練所以獨貴於萬物練心之術始於天賦中於地域極於人為孟子曰心之官則思其有心而思也人之所同受天籟教育而出於自然不可見也其或思於正或思於邪也則囿於地染於人受地籟人籟教育而出於當然可見者也設其人生長完美之地點自其幼時受文明之家庭教育所與居者嚴父慈母友愛之兄弟純良姊妹前後左右皆正人也舉止必端自無由感觸其邪思及稍長入規律之學校受一種嚴肅之學校教育所與居者賢明之師直諒之友行止舉動皆正端也亦何由感觸其邪思推而至於社會人人皆受

完全正大之教育從未聞詭譎奇袤之事業則不良之風俗從何而插入反之如腐敗家庭所浮現於兒童之眼簾者無在非鄙陋之人即無在非誕妄之事此而印入腦中何由引導其正思從而周旋腐儒俗師之前同學皆拘迂鮮通之輩朝夕流塞於欺詐之途無一人指迷告津雖有正思且為之阻遏及入社會又遇種種惡怪現象終有流蕩忘返而不自知其為邪者故曰心萌惡念其四體莫不發現其蠢動之形色故曰以一個人敗壞團體甚易一橘爛羣橘皆爛以社會鎔鑄一個人亦易如孟子楚習齊語之喻也

人籟教育萬物之教育以愛人為主體愛物為客體取一視同仁之義

在人無間男女無間貧富同稟天籟教育以生同受地籟教育以成自無輕重大小之別即當平等視之著者於編甲言之矣統是組織國家之人也何分尊卑中國亘四千年惟孔孟所主之教育能出於國家範圍之外而不受專制政體之範制然猶有女子小人難養之說蓋女子之特性受之天籟小人之特性感於地籟以人力挽回天地之功用教育所有事亦教育之至難也夫惟受政體之範制即不能不隨國家之政令為上下從而有教育者謂之士無教育者為農工商兵而所謂教育者詩文詞章聊以寫幽思遣湮鬱或藉此以博取污朝榮身之典耳其特者或倡為議論別立學派互相排擠終不免清議之譏無濟實利也無武藝也蓋實利專出於農工商之途武藝則兵而已而所謂農工商兵者之無莫辨遑論教育之方針及國家之主宰政治之趨向乎於是士與農工商兵分歧其途致起不平天籟教育

蔑地籟教育弛則由人籟教育之失真也其結果之甚朝而聖君賢相鋭意求野而趾端碩士肆力探討充其量適成為一治一亂之局近者歐西已大反是國人莫不先有其普通教育使人人受其鎔冶而後各受專門教育以成專家其結果之善內而整軍經武抒理中邦外而通商惠工互換智識充其量可以長治久安而不亂為今日中國計必統括五種職業之人均謂之士使前之所謂士者皆須為兵兼任農工商之一所謂農工商兵者皆須經由學東換言之使通國之人學為農工商兵之士而不學為詞章詩賦之士其道維何曰是在教育

在物無間動植莫不有生而死覆載之間天所化生地所長養凡以應人生急切之需濟世界於無窮也孟子曰君子之於物也愛之而弗仁所謂愛者物各有性惟格物者能盡其性盡其性斯謂愛矣又曰牛山之木嘗美矣斧斤伐之可以為美乎是其日夜之所息雨露之所潤非無萌櫱之生焉牛羊又從而牧之是以若彼濯濯也豈山之性哉故戕賊物性不能培養而成其材者非所謂教育也蓋物之性即人之性亦即天地之性苟不欲全其性則十圍之木據其未生未形之先手可摧而拔之足可搔而絕之而天籟地籟之教育斷矣故種樹畜養不見其長有時而大磨礱砥礪不見其損有時而亡人為物之靈得乎天地之化育自不能不盡其性以接化育之真譬於動物牛馬人見其有用也飼之不得其道則頹敗羸弱而已馭之不得其術則野蠻放蕩而已烏覩其為有用也植物如菽粟人見其有用也

播種無方則苗而不秀者有矣夫栽培失當則秀而不實者有矣夫烏覩其為有用也惟人亦然孟子曰存乎人者豈無仁義之心哉其所以放其良心者亦猶斧斤之於木也旦旦而伐之可以為美乎故人籟教育者一以演成良美完好之地籟教育一以周全補備其天籟教育

四

格言

人籟教育產出於天籟教育

人籟教育樹於國家之前

人籟教育國家之主體

人籟教育世界公有超出國家不以國家為範圍

人籟教育採人道主義

人籟教育以人為主體物為客體

人籟教育循天籟教育之次第以為階級

人籟教育察地籟教育之良莠以為因革

人籟教育人生終身應有之事業

卯

教育史

教育史之性質與歷史同臚陳中國古昔教育之事實及世界各國教育進化之階以為今後主教育者之鑑鏡

第二十二章

中國教育史

大哉教育與天地俱來教育發達而後有歷史之紀有歷史而後教育始可稱述其未有歷史之先教育不知幾經進化矣特無可考見即無術備載故余今日述教育史亦僅就歷史之可考者自三皇始

一

三皇五帝時代

自三皇作居室教炊爨人類始知所謂飲食起居之說伏羲畫八卦文字開端神農藝五穀農學乃興辨藥性而醫學始著立市廛而商學始明黃帝繼出造六書制陳法作甲子定算數造律呂定分野製弓矢以威天下造舟車以通水陸課蠶桑以供衣服於是一切文學乃漸啟規模此實天籟教育之進化期而人籟教育之權輿也由混沌而草昧而游牧而漁獵而耕稼社會之變遷亦足徵地籟教育之進化

唐虞之時設官任人事務簡略比於今之市鄉一惟教育是務契為司徒布敷五教立後世人倫之本皋陶作士明五刑開後世民刑諸法垂作共工主工師藝術始興益為虞治山澤森林之學闢其源矣伯夷作秩宗典三禮夔典樂教胄子垂後世禮樂之化官各司教育之一部人籟教育之進化端倪漸露虞代創有學校教育米廩有虞氏之庠也大學為上庠小學為下庠學校之興地籟教育之又進化也

二

夏商周三代

夏商之際國務稍繁而仍以教育為前提因虞代學校之制夏改庠為序大學曰東序小學曰西序鄉學曰校殷學曰瞽宗大學為右學小學為左學鄉學曰序至周而教育燦然大備其學校有國學鄉學之別孟子曰夏曰校殷曰序周曰庠學則三代共之皆所以明人倫也此以見三代教育之方針

詩維天之命於穆不已蓋曰天之所以為天也於乎不顯文王之德之純蓋曰文王之所以文也純亦不已文化配乎天德本天籟教育之大綱詩文王有聲鎬京辟雍自西自東自南自北無思不服文王之教育也蓋文王之化起於宮闈推於家國由家庭而學校而社會教育備具所謂以教育鎔化地方立地籟教育之大防故周之教育文王啟之

周之國學 周人兼虞夏商三代之學修而備之虞庠在北夏序在東商校在西當代之學居中南面而三學環之命之曰膠曰成均曰澤宮又曰辟廱辟明也廱和也蓋所以明和天下其所教者有詩書禮樂以廣其見聞知育是已有干戈羽籥以和其血氣體育是已德育則所謂明人倫也

周之鄉學 二十五家為閭閭門之側有堂曰塾五百家為黨黨有庠二千五百家為州州有序萬二千五百家為鄉鄉有庠主任鄉庠之教育者有鄉師鄉大夫父師皆大夫之致仕者主任州序之教育者則有少師士之致仕者主任黨庠家塾之教育者則有州長黨正里正閭胥偏地學校人皆就學其道德教育在於明倫實利武士教育則在三時務農一時講武寓兵於農是也

家庭教育亦極注重在兒童未入學校之前如禮記所記子能食教以右手能言男唯女俞六歲教之數與方名八歲教以室家長幼洒掃應對之小節而入小學十五入大學擇其才之可教者聚之不肖者復之農畝可教者入大學至四十方仕中間有二十五年求學學而優則仕蓋古時實業在農經國在仕八歲至十五皆受普通教育自十五分途各習專門教育或為仕保護法政以經紀國家或為農維持經濟以阜厚民生無人不受教育

女子教育內則言之綦詳女子十歲不出門學婉順服從之婦德紃蠶絲紡織裁縫之女工又習酒漿籩豆菹醢祭祀之儀其教科之最重則在德容言工今日女學已極黑暗而恭溫謙讓之風猶有餘韻井臼紡績瑣屑之事猶相沿不絕則自周代基之矣

胚胎教育尤足與今日泰西諸家之論相表裏如婦人之娠者寢不側坐不邊立不蹕不食邪味不視惡色不聽淫聲夜則令瞽誦詩道正事其防閑之切如此故恒誕生佳兒

當時普通教育之科目可括以禮樂射御書數六端禮樂德育射御體育書數則知育也特別教育之科目有兵學農學工學卝學醫學射御列於普通科固已具有軍國民教育至大司馬之職仲春教振旅仲夏教茇舍仲秋教治兵仲冬教大閱此教授兵學之大略遂人以土宜教甿稼穡草人掌土化之法以物地相其宜而為之種稻人掌水利司稼掌巡邦野之稼而辨穜稑之種周知其名與其所宜地以為法而縣於邑閭此農學教育之大宗至於工學備載考工記其所云攻木之工七攻金之工六攻皮之工五設色之工五刮摩之工五摶埴之工二詳晰明備有書可考卝人掌金石錫玉之地以時取之早已發明今日礦學之旨醫學備於周禮疾醫今之內科瘍醫今之外科食醫則調和於無疾之時即今之衛生術也

附周末學術之流派

周之末造政權不在天子為專制政體破缺時期教育亦脫離政治而獨立於是思想自由言論自由著作自由聖賢英哲之士各抒所見發為文章以自成一家其間若道家祖述老聃蓋主旨在清淨無為墨主兼愛杜絕自私自利之蔽楊主為我知有己而不知有人法家如申不害韓非之徒倡和相隨謂詩書不如法律仁義不如耕戰當時雖不容於儒家而以孝悌禮樂廉恥諸虛說發為實狀開人民法律之思想國家學者之門徑今者實大受其裨益他若陰陽家出於羲和之官名家出於禮官縱橫家出於行人之官雜家出於議官諸子

百家蜂午蝟集極古今學術之盛各有所長而以儒家之孔仲尼孟子輿折衷之以適於至當

仲尼魯人孔姓丘名生於周靈王二十一年幼陳俎豆為戲習於禮儀年十五而志於學三十而立四十而不惑五十而知天命六十而耳順七十而從心所欲不踰矩痛夫國家以專制政體箝制教育不足以伸其志氣故終其身不屑枉道干主所主教育誠有如其孫子思之言者曰仲尼祖述堯舜憲章文武上律天時下襲水土蓋承堯舜禹湯文武一脈相傳之道本至誠無息之功用以參天地之化育政治不能干與之國家不能範圍之弟子三千餘人身通六藝者七十二士固不僅產於東魯雖蠻夷如吳納言偃而教育之亦無異於諸夏之子弟蓋將用夏變夷也教育之主旨在普偏不在狹隘在自由不在縛束以人籟教育鑄成地籟教育非若常人之域於地籟教育而不能脫也至因人而教如門弟子同一問仁問孝問行而所答各異則直與天之因材而篤侔矣後之知孔子者目為三千年來之教育巨子夫亦不過悉其教育之子目耳曰六藝曰四教綜合德育知育體育三者而一貫之至易見也而其所獨得之教育總綱曰博厚配地高明配天悠久無疆人固不得而知之矣知之者惟子思蓋子思師於曾子曾氏獨得孔傳以是知之後百餘年而有孟軻焉

孟軻鄒人字子輿幼得母教長師子思嘗曰予未得為孔子徒也予私淑諸人也遠紹孔教亦足以發其青陳相之言曰吾聞用夏變夷未聞變於夷也陳良楚產也悅周公仲尼之道北學於中國北方之學者未能或之先也彼所謂豪傑之士也按此可見其教育之旨亦不以國域殆欲以人籟教育演成地籟教育鎔化環宇使趨於一固無殊於孔子其告告子曰人性之善也猶水之就下也人無有不善水無有不下告公都子曰仁義禮智非由外鑠我也我固有之也引詩以證之曰天生蒸民有物有則民之秉彝也好是懿德又引孔子之言以釋之曰故有物必有則民之秉彝也故好是懿德蓋深明天籟教育之旨趣而傷乎戕賊之者也尤急急於以教育發為政治歷游齊梁說以王道之綱仁義之說藹藹乎倡自由平等之義以孔教復唐虞三代之盛蓋戰國之天下一趨利亡命之天下人皆國焉而不自覺感於地籟教育如此僅恃此區區人籟教育何足以挽回故孟子思以其教育造就政治由政治轉移地籟教育而後人之秉彝於天者庶幾完全無缺其言曰夫天未欲平治天下也如欲平治天下當今之世舍我其誰隱然以周全天籟教育為責任隱然以補救地籟教育為仔肩惜乎其終不遇也晚乃退而與萬章之徒述仲尼之意作孟子七篇故曰周之教育文王開端而孔孟結果

三

案有虞氏貴德夏后氏貴爵殷人貴富周人貴親貴德啟後世道德主義貴富啟今日實利主義貴親為博愛主義之開端惟貴爵開後代以學校為登進之門知有功名幾忘教育為何物甚哉其定家天下之局也固宜貴爵矣

秦漢

秦始皇以雄才大略吞并九荒其空前絕後之思想欲絕除教育之根至大知轉而為千古之大愚也焚詩書百家之語坑儒生四百六十餘人冀以無教育愚黔首不可謂非人籟教育之大厄雖然縱使專制達於極點究人力之量一時遏抑其人籟教育而所謂天籟教育與地籟教育固非人力之所能及也陳涉甕牖繩樞之子氓隸之人而遷徙之徒耳其倡革命首功誠非得之人籟教育而其所化於天籟強於地籟者始皇將如之何也且自有孔孟人籟教育之根蒂已牢固不拔參於天地縱一時如日月之蝕何損於明特遭茲淫虐之後所謂教育者悉沿秦代養成官吏之陋習而於周之人自為學之意蕩焉無存一若教育為君主私家所有物則秦皇階之厲也

漢承秦火之後又屠咸陽其學術幾無留者幸陸賈輩藏之有素得稍稍採取舊日詩書至武帝表章六經雖多所附會失其真旨而重用董仲舒之議興太學又令天下郡國皆立學校之官實為三代下開教育之門也光武起閭閻友嚴子陵推崇儒術立五經博士明帝臨辟雍與諸儒執經講問圜橋門而觀聽者億萬人焉

西漢文翁治蜀仁愛好教化見蜀地僻陋有蠻夷風欲誘進之因選郡縣之敏捷者張叔等十餘人使之就學京師學成還歸文翁授以職又大興學務繇是蜀中大化比於齊魯此以人籟教育轉移地籟教育者也武帝之立學校官實自文翁始

東漢學術昌盛太學至三萬餘人危言深論不隱強豪自公卿以下莫不畏其貶議是真能以教育感勵政治者惜乎無世界觀念囿於域中甲稍勝乙甲則雄長乙稍勝丙乙又雄長不能以教育鎔鑄政治徒使摧折之政治屢受其挫焉有能勝者而黨錮禍成矣

四

魏晉六朝隋唐

魏黃初時亦立太學於洛陽備博士之員有弟子數百人迨青龍中太學諸生雖增至千人而博士粗疏無以為教弟子亦無向學之志冬來春去徒具文耳

晉武大興學校有太學生三千漸增至七千之多當時士大夫清談專務虛名惠帝於太學之外別置國子監限五品官以上子弟得入就學意以人多猥雜欲辨涇渭實則以別貴賤耳天籟教育之扼矣虞溥為鄱陽內史大修庠序廣招生徒至七百餘人溥乃作訓辭有曰入學期月所聞彌博所習彌多日聞所不聞見所不見然後心開意朗敬業樂群忽然不覺大化之陶己故學之染人甚於丹青丹青吾見其久而渝矣未見學久而渝也又曰學者不患才不及而患志不立故曰希驥之馬亦驥之疇希顏之徒亦顏之倫此不專言人籟教育之功用也

宋高祖命何尚之立元學何承天立史學謝元立文學雷次宗立儒學徒事紛歧教育之實際去矣

梁武帝既釋奠於國學，給諸生餼廩，又分遣祭酒到州郡立學，惜乎有建學之名而無崇道之實。

隋文帝大滅國子學生，剩七十人，廢太學四門及州縣學，一時流之四方者幾以萬計。教育既遭亂火，漢以還本難與周頡頏，又經東西晉南北朝去其實際，隋文并去其名，幾何不絕滅殆盡。隋文建進士科，士人皆得投牒赴試，閱二千年科舉之陋習，致教育墮落於牢籠中，受大梏桎，言之可為痛心。

自魏迄隋，教育實無可述，惟其間主教育之人物，尚有一王通，字仲淹，私謚文中子，著書十卷，講學於河汾之間，弟子數千人，唐初名臣如房玄齡、杜如晦皆出其門，一當代之巨儒也。

唐初復國子四門郡縣等學，又開文學館，以杜如晦等十八人為學士，更大興學校，一時教育大盛，風被四海，高麗、百濟、新羅、高昌、吐蕃、日本等國皆遣其國人來學，國學之內生徒增至八千餘人，此以見其主意偏而出納之不吝也。惟國子學、太學、四門學入學學子猶以其父祖文武品級之高下為拒納，官階限人，教育仍不軼出政治之外。地方之學，在京都學生八十人，大中府及上州各六十人，下府及中州各五十人，京縣亦五十人，上縣四十人，中縣及中下縣三十五人，下縣二十人，凡地方官吏之子及庶民皆入焉。主其事者則以縣長官補長史任之，國家與地方之分界如此，不能統一教育致臻平等，雖亦其學制政體使然，然不可謂非教育上一大憾事。

中宗時又設修文館，元宗時又置廣文館，以領生徒之為進士者，未幾而官者領國子監矣。講堂鞠為蔬圃矣，博士不免啼飢，助教之職衹荷犂鋤。五代之際，干戈擾攘，人各如斷頭之蠅，無所適從，更何教育之可言。惟自唐文宗寫五經勒石太學，開雕刻之先聲，迨後唐明宗時馮道請校正九經刻板印賣，由是流布漸廣，始有刊印之術，其後畢昇又有活版之製，此則於教育普及之方不無小補云。

五

宋代

宋太祖鑒於唐季藩鎮之禍，重用文吏，盡削武臣之柄，咸令罷職讀書，於是開社會重文輕武之風。神宗時學派流行，演成黨爭，政治上大受影響，教育亦形狹隘。王安石痛詆科舉，謂官吏當皆由學校進身，於是定太學生員為三等，初入外舍，漸升內舍及上舍，各以其經從講官授學，依歲月稽其行實而遞升之，以學校鎔鑄官吏，雖不可謂政治純出於教育，然學校亦教育之一分，果能準此實行，當不致再有科舉之陋規。乃安石罷，其制亦旋廢。至高祐後，太學生黃愷伯等以諫用史嵩見逐，黃鏞、陳宜中等以論丁大全獲罪，而學校教育於以日隳。南渡後高宗雖亦曾立國子監，重修三舍舊法，然有形無實。繼有理學諸儒為之講學著書，以道學風世，而優柔不振之積習已深中於人心，演成一種社會教育矣。至太學生三百餘人伏闕搥鼓，請起李綱，學識獨超，毅力獨著，實得助於學校教育云。

學校科目及其宗旨　曰太學，初習五經，後習三經新義；曰律學，以古今刑書、朝廷新頒條令為教科，以斷案律令為課程；曰算學，以九章、周髀及假設疑數為算問，仍兼海島、孫子、五曹、張邱建、夏侯陽算法及歷算三式天文書為本科；曰書學，以篆隸草三體為教科，兼課說文、爾雅、方言及論孟經義；曰畫學，以佛道人物、山水、鳥獸、花竹、木屋為主科，以說文、爾雅、方言、釋名為別科；曰醫學，習方脈者以素問、難經、脈經為大經，病原、千金翼方為小經；又有武學，以諸家兵法、步騎射為教科，兼授歷代用兵之得失；有小學，以八歲至十二歲為學齡。更有州學、軍監學、縣學，皆名學校。

宋代以科舉雜於學校，而一般普通國人則爭務於科舉，以得第為榮，不復注意實學，影響及於社會，沿至清末，社會教育終莫能振，則科舉之毒之入人深也。

當代教育家首推胡瑗，字翼之，泰縣人。時方務虛文，而先生設教吳中，獨立經義、治事齋，明體用之學以授生徒，諸生有好明經者、好談兵者、好文藝者、好節義者，各因其材而教誨之。門中多秀彥，出而為政，皆適於用，學者稱為安定先生。後於泰城內泰山前建安定書院，清末因書院基本金就地改立學校，陶育學子，為泰縣科舉後之第一教育爐，著者亦曾鎔冶其中，則吾邑於今教育界上猶受先生之賜也，先生之垂化遠矣。

六

元明清三代

元未定天下，即設國子總教；既得天下，設國子監，立國學，監生俾蒙古、漢人一體受學，教育不以族界，元得之矣。武帝又立國子學積分試貢法，曰升齋等第，曰私試規矩，曰黜罰科條，其所以維持學校之法亦云密矣。特當代名臣巨儒，未聞有由學校出者，則其教育亦可概見。

明初亦詔天下府縣皆立學校，講道論學，以復先王之舊，高麗、日本等國皆遣人來學。而仍沿宋元科舉之制，使教育適成為採取虛名之媒介，且創八股格，牢困士夫，使天下學子皆入其彀中。又直以教育為縲絏，俾社會多趨於疏迂謬之風，說至四百年之久，而所謂德育、知育、體育皆置之不講，則朱元璋之咎也。雖然，當代教育家如王陽明先生，自能脫其牢縛，得斯人而教育界乃露一線生機。

陽明名守仁，字伯安，浙江餘姚人，創良知之說，以為聖人之道，吾性自足，不假外求，蓋明乎天賦教育之義也。其學以心即理為入道之門，以良知為明德之體，而歸結於知行合一。嘗曰：童家之情，樂嬉游而憚拘束，猶草木之萌芽，舒之則生長，撓之則衰痿。故教童家，務鼓舞其趨向，喜悅其中心，則日進而不已，譬猶草木之時雨春風，則萌動而長；剝落冰霜，則蕭索而枯焉。故誘之使歌詩者，不啻發其意志，亦所以伸鼓舞於詠歌，宣抑鬱於音節也；導之使習禮者，不啻慎其威儀，所以周旋而動血脈，屈伸而固筋骨也；勸之使讀書者，不啻開其知覺，所以沈潛其存心，諷詠而宣志也。讀所云云，可見其以人類教育引伸天賦教育，且能充

其童也蓋天賦教育本含有德知體三育之性質因是以發達之使則於完全圓滿則人籟教育之第一大職也又曰近世教童蒙者惟督以句讀課程責其檢束不知導之以禮束其聰明不知養之以善鞭撻求撻待囚人故童蒙之視學舍猶囹圄而不敢入焉是驅之於惡而奚望其善按此可見教育須先造成和藹完善之地點使人樂受其鎔冶而日進於無形則明乎地籟教育之義也先生歿後不百年而有黃宗羲者字太沖亦產於餘姚幼慣科舉之學錮人心志乃盡讀前家諸史勉為有用之學晚勤著述抒其志趣其論學校有曰必使治天下之具皆出於學校而後設學校之意始備蓋將使天下之人漸摩濡染莫不有詩書寬大之氣天子之所是未必是天子之所非未必非天子亦遂不敢自為非是而公其非是於學校又曰今之所謂學校者科舉囂爭富貴熏心士人亦遂以朝廷之勢利一變其本領又曰學校之法廢民蚩蚩而失教猶勢利以誘之是亦不仁之甚者矣觀其言則知先生極痛國家之無地教育且思轉以教育陶成國家也觀念亦宏遠矣棃洲陽明雖非同時而產於一地得姚江之教育昌明於前地與俱化黃且借助於地籟教育歟

顧寗人字炎武崇棃洲之學嘗曰博學於文行己有恥謂自一身以至天下國家皆學之事自孝弟以至出入取與之間皆有恥之事又曰有亡國有亡天下亡國與亡天下奚辨曰易姓改號謂之亡國仁義充塞而至於率獸食人人將相食謂之亡天下是故知保天下然後知保其國保其國者其君其臣肉食者謀之保天下者匹夫與有責焉

案仁義充塞率獸食人必教育之先亡也故曰亡天下教育先亡然則所謂保天下者捨教育更操何術教育非政治比也政治或可操於一國之君臣教育則必流散充滿於天下使匹夫匹婦莫不與被其澤國家之存亡繫於政治君若臣謀之天下之存亡端於教育匹夫匹婦皆有責焉所謂教育之方針當從世界着想人道着想者使人道主義因教育之紹介布滿於世界雖有暴君污吏施行不良之政治且不難以教育轉移之也

清仍明制一以科舉為進身之階以八股為教授之要科雖有學校之名其實不知教育為何事人自幼時大都肄業於私塾每日從事背誦扣以字義茫然不解稍長從事講說而所謂講說者大㮣照朱註宣讀而已間或作文以聯對入手務為帖括聲韻之根無他義也稍進則破題起講至於八股此種教育發現於社會尚何實利道德武士之可言余嘗謂此時期亦人籟教育大厄之時期迨晚葉海禁大開歐風東漸始有游學之說教育上稍稍化除國界開一線光明光緒甲午學風之變機隨動洎戊戌一時有識之士咸殷殷然有國家觀念不忍視教育永墮於專制政體之勢力範圍將起而拯救之也然學堂雖立科舉未廢政府之操縱如故社會之觀念如故腐敗思想深印腦中蓋積數百年迂腐頑固之教育久成錮疾欲一朝芟夷殆盡奚可得也庚子後科舉雖罷中材以下尚念念焉甚哉科舉之毒之入人深也時朝廷頒學堂教育之宗旨五端曰忠君尊孔尚公尚武尚實惟私塾仍前未更一切老宿腐儒出入社會迄於今國體雖革政體亦變而人心之趨向如故惡俗陋習自任

則教育之說也

案國史之可攷者學校教育與周為四代於古為隆而養士之職周官獨缺顧炎武謂當年周人所以重養士者在相深於性命而不在餼廩之間斯言蓋有物矣漢以降皆有餼廩之制金元迄清則更加豐廩餼相承不廢故周代乃人籟教育完全時期餼廩之說三代下創格也而教育亡於是矣

案吾國亘三千年國體政體未變故教育一事亦遭其苦痛而精神大殺間有一二巨儒亦終難以少數之抵抗力轉移社會之風氣今者歐美之風因教育為媒介東漸於亞我國人咸為之波動於是充實其思想發而改革其政體與國體以建亘古未有之民國并立憲法則雖謂民國建設憲政之行胥由教育可也今而後國家非一人之國家國家人之國家也政治非一人之政治國家人之政治也從而歷史上以教育為國家所有者乃為國家人所有矣歷史上以教育為政治所有者亦為國家人所有矣惟當以教育化道國家人即當以教育鎔鑄國家產出政治夫然而國家人又為教育所有矣所願今後之教育家以教育範圍國家以教育範圍政治俾國人無男女普受完全教育而後任斯人以組織國家則斯國家乃鎔鑄於教育者也任斯人以經綸政治則斯政治乃造端於教育者也將垂諸億兆京垓之年而莫或能攖

第二十三章

歐西教育史

西洋諸國希臘開化最早其地占歐洲南部山脉河流成天然之區劃居民稟受天籟教育性格快活而愛自由高尚而好美術惟諸邦政俗各異戰爭不已則又感於地籟教育而日進文明也故述西洋教育史以希臘為冠

一　上古時期

希臘諸小邦中惟斯巴達與雅典教育最著斯巴達尚武雅典尚文試分述之

斯巴達之教育　其俗強忍好戰生於其地受地籟教育之感化而當然尚武兒童七歲時入公共教育場受嚴刻之訓練惡衣菲食令習於貧困而不以為苦至十二歲僅許用衣一領日以跳躍競走互鬥投槍挽輪為練體之法十八歲編入兵籍練習韜畧非過六十不能出籍少時兼事讀書習字及壯又令與長者共游凡事必徵諸實驗以期習於世故漸識國家之政治且有音樂詩歌以涵養其德性而鼓其用武之氣慨凡全軍人之資格尤重女子教育以為兒得母體平時除習裁縫烹飪外必練體操兒生而尩弱者殺之此則背乎天籟教育矣女子之性格尤為明斷凡其夫及子臨陣時恒以壯詞送之決不作兒女態昔斯巴達有一婦人生八子悉死國難竟兒奏凱其母未墮一淚止語曰斯巴達乎斯巴達乎吾為汝褒吾所生八人此之性格一若其所稟於天者特殊其實則地籟教育與人籟教育有以

致之也
雅典之教育　導源於梭倫之憲法而以美術為目的更注意音樂雕刻建築之法詩文戲
曲各盡其妙男兒七歲時離保姆之手由師授教以讀書習字為初步稍進則算學文學其
詩歌音樂哲學神學等為高等科目所缺者體育不完全女子亦欠教育遜於斯巴達惟文
學之盛甲於歐西有教育家梭格拉底氏生於西歷紀元前四百六十九年一時提倡教育
生徒頗衆其教人每在稠人廣座中以問答法導人其法有二曰反語法能使自覺其無知
而恍然開悟曰產婆法使人自己知推測未知由事實想見真理循序以啓發人之固有知
能氏嘗語人曰予非能增人之知識予不過學產婆之術以扶助人之思想耳蓋以人各稟
天籟教育具有良知良能無待外求能誘引之斯足矣氏并未建學校蓋以地籟教育非學
校所能盡必隨地而施而後能充其範圍氏後孔子九生年終身盡瘁於學問所主教育與
孔若合符節并足以垂遠久縱橫萬餘里東西輝映史册之榮教育之光文化之母天地之
大造也又有亞里士多德師柏拉圖而柏又梭氏之門也亞嘗謂人之發育有三級第一為
植物的不過營養發達而已第二為動物的不過情慾與運動而已第三為人世的始有理
性與道德故教育家必因其發達之階級而循序以施完全教育也此說於天籟教育之階
級朗若列眉又言人籟教育必循是序也柏氏以兒童教育屬之國家亞氏則以兒童幼時
之教育必屬之家庭尤得地籟教育先後之序識見宏遠青出於藍而青於藍也

羅馬之上古無所謂學校教育兒童所受之知識幼時服習於父母之命令稍長則世故之
周旋國家祇有宗教教育與軍隊教育粗具規模耳迨征服希臘濡染雅典之風始漸有文
雅美術之觀念而學校亦具端倪其教育上人物有郭因透利安氏嘗謂教育兒童須注重
於其幼時毋使輕薄之惡習先入為主又謂教師當知兒童之心意與性質務使兒童視求
學如游戲萬不可驅以夏楚之威使之生懼惰心此蓋得天籟教育之真體矣又有蒲羅達
克氏平生以希臘教育家亞氏自許嘗謂兒童能力有限故教授兒童之科目不可過多尤
注重家庭教育謂女子養育子弟之責不減男子故女子亦應受相當之教育惟女子性格
與男子稍殊為教師者當量其性之所近以助其自然之柔和此實以補助天籟教育為人
籟教育之第一要義誠羅馬教育史之特色也

二

中古時期

自羅馬分為東西相繼滅亡其間千五十年干戈相尋學校荒廢歐洲全境幾盡蒙昧實人
籟教育大厄時期
耶穌猶太人所創基督教行於第二世紀之末既已傳播歐洲種種教育遂漸改良尚平等
主義謂神為萬物共同之父故普天之下莫非兄弟姊妹夫婦有同等之權利案所謂神者
實無其物而為化生有生物公共之天耳耶又謂兒童為神所賜故父母之於兒童當盡保

護之義務不得擅加生殺之權即推之國家亦為人羣組織而成人人皆有精神之自由國
家不能濫施以威力案所謂為神所賜者即余之謂人同受天籟教育而發育之說也人籟
教育固當以完備天籟教育為主旨何能妄加生殺致違天心仁愛之要義推而至於一國
之人皆由天所化生非國家所能予奪也耶又謂人生之愛惟對於神當用其最高之愛因
推其對神之愛而生對人之愛如父子相愛兄弟相愛夫婦相愛朋友相愛皆此愛神之一
念所擴而充也要其所謂愛神者愛天也愛天者愛其自然之教育也推此愛天之一念自不
得不力求所以保全天籟教育者擴充人籟教育而普渡蒼生等於天之發育物者則博
愛主義是也
耶云教師當知兒童之性質故教師之教授弟子無異牧羊一以慈愛心接之隨其性質而
異其教又云由苗而穗由穗而實教兒童者當循序漸進使之由不知不識之天以進於豁
然貫通之境耶穌所主教育首重天籟繼以人籟而演成地籟是也惟宗是教者不解其義
以為實有神在注意祈禱則失耶穌人道之旨矣
自耶教傳入世界教育學者誤於神說而僧侶教育以興其特色則在絕俗緣遠女色安貧
困服命令守戒獨嚴又不免全失天地自然之功用十一世紀以後僧侶教育漸衰而武士
教育起矣其特色則在重武功貴婦人尊君主尚國家主義凡童子自七歲至十三歲在母
膝下受讀書體操等教育自十四歲至二十歲習禮儀作法及詩歌藝文二十一歲為獨立

之武夫當舉世戰鬥之際而能力保其仁愛之德謙讓之道節義之風亦一時教育之盛色
也武士教育衰又有市民教育

三

新舊過渡時期

十二世紀中有惇德者意大利人以本國文言演作白話詩歌嗣後彼得拉克與保克西奧
相繼并起考求古典研究新理遂開歐西今日之文化
德人有馬丁路得者痛僧侶驕橫漸失耶教之本相乃作檄文斥駁之主張自由平等之說
且謂人欲保全自由之人格不得不有待於教育乃奮然力與學校編定學制孜孜日以興
學為己任
迨十六世紀卓識之儒先後崛起學術乃大進得歌白尼克氏之精於天文學而地球與日
月相關之理發明得伽里華氏製望遠鏡而諸行星之變態及地球旋轉之理乃可窺測里
西利氏發風雨鍼奈端氏證明攝力之理新理想登見發明而教育家乃恍然於天地之大
學問無窮境教育乃大增進化矣
案新理新法雖發明於諸大家而實則天之所造地之所設無一非化育之功用特程度
之優美者能循天籟地籟之端而造乎其極耳
瑪敦氏深慨當時教法之腐敗病其束縛自由教料之繁重病其棼亂腦力困力矯其弊一

以順其自然循序漸進為宗旨

美歇尼和氏夫教育之目的謂人當時時存道德心為天神所喜悅定教育之時期謂當以年少時為要人生三歲為嬰兒期入母親學校六歲至十二歲為幼兒期入小學校十二歲以後為少年期入中學校十八歲以後為成年期入大學校且謂學校教育所以補家庭之不足盡校生至衆因比較而生競爭心則易於進化氏與十八世紀盧騷氏并提自然之論惟盧氏在避人為之法則而還欲以自然之理教人一任天籟教育以為教育者也氏則在循自然指示之法則依其序以教人所謂因天籟教育之層次而漸施以人類之方也

盧騷氏生於法國其教育主旨在自然而力矯箝制之弊晚年著民約論謂人各有天賦之權利又著愛彌爾一書關係於教育不淺首卷叙愛彌爾初生以迄能言語之事專以放任自然為主純然天籟教育二卷叙愛彌爾十二歲以前事以防外染道內慾為主因天籟教育而補以人類教育一以防止一切不良之地籟教育浸灌而漸漬為的三卷四卷叙愛彌爾至十五歲則由書籍文字而進於實驗至二十歲則由個人而入於社會五卷叙其年長後所受之教育一以養成賢妻賢母為目的

裴司塔羅氏產於瑞士少時讀愛彌爾小說有所感觸思以教育補助貧民獨力設貧民學校一所收兒童五十餘人教之惟貧民不習於教育未幾學校廢而氏則於教育實驗大有進步所主教育一以求人類幸福為目的嘗謂惟教育能完全人生本有之能力欲保全此

教育之能力當以道德陶冶為入手合歌美尼和氏盧騷氏之自然主義而更為推拓之厥後教育家流皆不出自然主義之範圍而以英人斯賓塞爾氏為尤著氏之教育學說以德育知育體育三者並重德育以謀品行之完備氏嘗謂兒童當依自然之罰而生警戒蓋自然之罰係因其分量而止如兒童偶觸沸湯燈火而覺苦痛以後自不敢再犯之類此亦天籟之懲戒非若人為之罰一成不變且有時或出於教員之偏頗反不足以昭公允智育以謀學問之精切氏謂兒童能力有限當依其發達之順序而施補助萬不可躐等而進以繁重之學科生小兒之惡感轉足蔽塞其性靈蓋謂循天籟教育之步武為階進不能超乎其前也體育以謀身體之健康氏於體育尤重自然不稍抑制故衣服飲食游戲等皆當美滿其所需授課之時間不宜過長課程亦不宜過多蓋深恐因人籟教育而戕害天籟之自然也」西洋今日教育之盛實諸儒提倡於前有以致之歐美富強皆基之矣故人以得教育而後受天然之利益國以得教育而後享天然之安榮世界何一不鎔冶於教育二字哉

第二十四章

歐美教育近況

邇來歐美互競教育之發達有不可思議之概誠非亞洲所能及試畧以次述之

一　美國之教育

幼稚園　美國幼稚園之制根據德人弗羅比爾氏之學說當十六世紀時馬丁路得及洛克弗爾非爾嘗論及幼稚園惟寄諸理想自弗氏於千八百四十年在德國相蘭根堡設立幼稚園始見諸實行當弗氏前教授法主由外鑠內以地籟為主體謂教授法當由內及外首當知人類之自然公例以導其知覺良心之開發次當知子弟之特別性能以為因材施教之憑藉自兒童之初生悉天性感覺願望意志種種階級而創造力始成教師則當順其階級而指引之此弗氏之教育宗旨也

美國幼稚園以波士敦城為先導斯園乃碧璧德女士所設文距弗氏之設幼稚園九年顧不能奏弗氏之効力於是女士親赴歐考其制尤注意於弗氏之園實地經驗得其真際逾年反美一一更正期與弗氏合由是為人父母者念其志意之誠多送子弟入園千八七二年有韓詩女士創設模範幼稚園於紐約設保姆養成所以輔之特延德國布特爾女士來美主持其事布盡心教授一依弗氏之成規不爽累黍或以弗氏有「世界中能盡行其學而無阻碍者惟美國為適宜」云云故布特盡心力於美國歟

慈善家創設幼稚園始自布爾當千八七四年解私囊推行各地後四年嘗胡女士在波士敦城設一幼稚園以教養貧兒亦以慈善事業為主流風所被逐有各地慈善社會倣行其制為數逾百而舊金山之金門會尤稱完美幼稚園亦占勝利時有聯邦教育委員哈黎士謂當於公立小學中附設幼稚園俾自四歲至六歲之兒童得受教育自哈氏提此說而聖

路易之實驗幼稚園於千八七三年底得告成立嗣後推行益廣措辦得宜迨千八八年哈氏在職時斯園生徒已達七千八百二十八人成效既著攻擊者亦緘口矣

自幼稚園立美人咸知弗羅氏之學說為重要於是教育界上面目一新進步不已更與國立小學互相沖貫又糾母教為一切根本故家族觀念亦推而益進

弗羅比爾云幼稚園者在使未就學之兒童得相當之保護又在依自然之原則為充分的感化強其體魄開其知覺牖啟其靈明使與天然事物相漸摩與人生日用相漸摩乃至與生命大原造物真宰相漸摩而後幼稚園之功用盡

案弗氏此語可以覓教育之機能不僅幼稚園而已顧弗氏注意幼稚蓋人生終身教育之根基皆樹立於幼稚時期此時期實天籟教育發達而人籟教育入手之時期也攬人籟於天籟應如何使之相符如彌縫無跡以天籟為人籟教育之先聲以人籟策天籟教育之善後過接之力奚啻萬鈞此弗氏之所以注重幼稚教育歟

女子教育　美國女子教育較歐洲各國發達最早故今日之小學校教師全資女士彼都曾小學校十人之中九為女教員凡小學校長女學校長視學員多以女子充之故美國之普通教育實支配於女子之手

美國之對於女子教育有三說一主積極無論男女皆施行平等教育既施男子以教育女子亦猶是人類安可不施教育而反對此說者主消極謂男為男女為女各有當為之事故

敎育亦不能同等二說相爭不下於是調和說出謂女子敎育云者所以敎育女子也不必强同亦不必苟求立異惟其是耳其積極派所建之女子大學與男子大學之學科程度相同如咕奈爾大學許男女同習分科至消極派之男大學決不許女子入學肄習如芝加哥大學則男女異部不能共學社會間恆以有尊重女子之思想及習慣者為佳故美國之婦人初無二致要以積極派與調和派為易入耳至消極則多拒之不納此其社會敎育學校敎育之可概見者若家庭敎育則以養成女子為良妻賢母當育兒家政之大任為主要

通俗敎育　美人性好演講無論何事莫不以演講出之聽者亦趨之若鶩其講演約分四種(一)由大學或學會講演者(二)以營業性質由個人講演者(三)各種俱樂部以招待賓客故而講演者(四)臨時開講者第二種講演最足應社會之需而適合於通俗敎育之本旨美邦有霍穆士其人者以講演稱名每歲必外出遊覽挈技師戴猥氏與俱所至輒取其材料撮影以去比歸則以其地之歷史地理風俗人情為講題布告遍地擇期演講及期聽者蹕集每講必以戴猥氏形其活動影片動容與俱聽者目覩耳聞儼若身臨其境故有人為地竊敎育之功第三種俱樂部之講演亦足增長人之知識美國人之組織俱樂部久成一種風氣自小學生徒已有此舉等而上之更不必論俱樂部之招待演講月不下三四次所講皆有意義有價值至四種臨時開講者則不論何地不論何時譬如久居中國之敎士於歸國時演講中國之風俗之類上述者既知識一方而言其薰陶道德涵養心性之敎育則莫如敎會及青年會之星期演講彼都婦女出席於敎會者居過半數故其感化家庭之力尤深不得不歸功於基督敎也要之通俗講演之切要有益久為社會所公認近今各地方當事者莫不欲以講演一舉列諸行政組織中而盡力擴張之

社會敎育　(一)兒童共和國美國紐約之村落有弗利比者其地有兒童共和國之稱先是千八九○年有威廉佐治氏性仁慈惻然憫紐約兒童之失敎者以為罪在社會不在兒童之自身日處污穢狹闇之家庭安得不召身心之腐敗乃私念曰欲拯此不幸之兒童惟有暫遷其四周之惡因而處之於新潔之空氣中乎爰擇兒童數人商允其父母挈往弗利比鄉間居住初尚僅事游嬉並無進德威廉佐治乃為設兒童裁判所其裁判人即由兒童互選兒童有犯罪者由該所宣告處罰惟不用鞭撻之刑僅於其夜間移卧他室之板上翌日仍得嬉游如故蓋予以苦痛使之自怨自艾而遷於善也由此實效大著而威廉佐治乃益擴張其自治範圍千八八五年合全村兒童施行一種純粹共和制度稱之曰兒童共和國其間亦有行政有議會有總統及巡查監守一切職員備具皆由幼稚公民互選蓋全取法於華盛頓所手創之共和制也兒童無不實心實力完其公民之責即向之桀驁不馴者亦與俱化矣(二)兒童俱樂部美國之貧民日從事勞役不暇計及家庭敎育以致貧兒多習為惡事距今廿餘年前有脫摩斯栴尤者思以拯救之爰於霍爾利發地方創設一兒童俱樂部其主旨不獨在啟發知識且欲為幼民及少年輩遏其接近惡俗之緣使若輩於無拘無束之間自趨於善故專以娛樂趣味為主洵足為家庭敎育之補助今已成效大著據感化院統計表謂該地犯罪者僅有成人而無兒童蓋歸於兒童俱樂部故也(三)游戲場通都大邑每苦於不得空曠之地吸新鮮空氣鍛鍊體育美之都邑尤甚千九百零六年乃建全國游戲場聯合會一所主持斯會者謂必使合衆國及坎拿大各市均有適宜之遊戲場以便各地兒童之運動今亦頗著成效云

綜觀兒童於社會敎育實欲以社會敎育謀殖人世之根基其所操敎育之主義則足與不倭地籟敎育之說互相發明

二

德國之敎育

德意志敎育於歐稱最而彼都人士猶以為未慊往往力詆其精神蓋德國敎育內容之基礎築自裴司泰洛齊次則海爾巴德誤解二子之真詮迄於今日據福爾斯泰之攻擊中學文科曰以希臘拉丁之文學敎授德意志青年不啻褫其國魄而化之為外國人也……以塡塞主義壓制主義而造成强灌知識之習者徒使學子之精神惱於殘疾……敎育當顧慮個性今則以二十歲以下者同型而鑄同軌而步今之中學非復以人為一人而造就之特養成學究派或官僚派之人物耳噫果如所言何以異中國今日之敎育

又據格爾里德之言不惟攻擊中學敎育尤詆小學敎育謂兒童之在家庭向皆放任其個性莫或抑制一旦入校納諸一鑄型之中則家庭與學校之過渡期已不甚自然夫兒童活潑恣肆之舉動自成人視之必以為變格不知非變也其正也敎育者須確信兒童本來之性質而任其自然發育……方其未成熟時授以不能解之事終於無效……今之敎育者徒謀一己之便强以其政治之見或道德之見或宗敎之見灌輸於兒童是破壞其自然者也以今之敎員置諸實行人物中而較量之殆無一人可稱勝任者

案二子之言論實受波動於盧梭斯賓塞輩所主張之一種自然敎育其詆斥之處雖未免過當然亦可見德之敎育不重天籟矣

其有銳意改革而以操作為實行主義者則如凱沁司台奈是此人即實行操作學校者也凱亦謂一切敎授宜訴諸操作之樂其重視個人性而厭惡書籍上之知識與福格一派相同蓋在於以個人主義為基本而築造國家主義凱曰欲學校敎育之有效至少必使社會生活之小影縮現於學校中以操作為鍛鍊品性之用他日置身社會必長於思慮敏於決斷成一活潑有為之人物自凱說出而德之敎育方針乃趨於操作主義

通俗敎育　德國學校自初等小學中學師範大學已各完備惟全國敎育之盛衰不僅視乎學校社會實隱握其樞機德之通俗敎育甲於全歐而其制度則推普魯士為模範今僅述普之民育普及會以推其餘千八七一年有來賓克者與諸同志始創民育普及會其條文有曰本協會之目的在為已入小學校僅受基本敎育者更與以繼續敎育俾於對國家

與社會之責任益能理會明確且能躬踐實行為主該會於圖書館之設立推廣尤力選擇圖書亦謹柏林教育會之文學雜誌為之特設附錄一門又蒐集各種淫猥之文陳列一處而特開講演會說明此種書籍足為人心風俗之害宜設法杜絕且錄其講演之語為印刷品公諸全國

公開演講之舉亦逐年發達在千九〇一年僅開講演會一百七十九次後逐歲增加及千九一〇年則開會至三百次之多又於各地編設宣講員俾通國一致

三

法國之教育

國民普通教育可分母學校初等小學校高等小學校三種母學校與幼稚園相等以女子充任教師專收三歲至六歲之男女兒童施以合於身心發達之教育每日開校自午前七時至午後七時晨暮由父母或保護者攜同往返法國實業發達一般人民夫婦皆出作工兒童在家無人看管故母學校必徧地設立兒童滿六歲至十三歲為就學年齡入初高小學校

小學校之設修身科者實以法國為嚆矢近來以社會合同說為修身教授教育方針以造就適於法國政體之人民為目的所謂人權者乃其革命時代之產物專以人之權利為教所謂人生同等即應受同等之權利各語每張掛於各學校中且頗注重勤儉兒童時期即

養成貯蓄之精神亦重禮儀其教授修身則取適於社會而止其宗教家謂教育不當以社會為標準盖社會之狀態健全順從之不為失苟遇社會窳腐之風氣亦隨為轉移則永無文明之日矣

案法之學校一以地籍教育為主體而宗教家則視地籍教育為客體推此等學校教育亦何能造成勇往精進之人物哉

法國以中學校師範學校大學校為特別教育爐惟富家子弟方入肄業非若小學為國民教育人人皆入校也倘有稟質優異者必使之獲受高等教育期足為國家有益之人

法國社會學家狄莫氏詆法之教育偏於智育一方曾創一路休學校以為國人模範狄氏嘗曰法國學校專顧生徒各種精神力之發達於記憶力尤然至體育德育皆缺焉不講又曰欲使生徒之材幹能力自由發展以養成其自主獨立之精神此固當出以慎重而實則最要之義也今教師之於生徒惟立於監督地位專取禁止及平穩主義則自主獨立與尊重責任之精神何自養成之

案狄氏所指教育弊端恐不止法國為然今我國亦相沿學校無共和一語是真不解教育二字之意義者也積專制之陋習印入兒童腦髓他日置身社會經紀國家更何望其有獨立之精神非以其所受專制之感以施於他人即將永受專制之苦楚而不自知也教育者所以灌輸文明者也倒行逆施為此說者其教育界上之罪人也歟

路休學校設於諾爾曼德州之鄉間離巴黎稍遠蓋狄氏之意以為都會不宜教育且觀法之公立中學學校多建於都會中央環以高垣使生徒蜷伏其中與社會及自然界常相隔閡不若鄉野之空闊自由不羈足以怡情適性養成天然之活態也

案有完全之人籍教育尤必得良好之地籍教育而後始能保存其天籍教育之真故學校教育必自擇地點始

路休學校分五舍每舍容教師五人生徒二十五人多至三十五人飲食起居自習復習等事皆在此間每舍自為一社交團之單位洵自然之集合體居此舍內者便利等於家庭使人宛然有居家之感其男女教師一若家長與主婦然生徒視之比於父母自八句鐘至十二句半鐘悉集於中央校舍受課業午餐畢二句鐘後再集生徒於一地或習遊戲或讀書或弄音樂喁喁然有家庭和藹之象

案余嘗謂救今之世首先教育之普及其起點又在家庭未有家庭教育不完全而能推行教育至於無阻者今觀路休教育使余說有實行之一日家庭教育漸臻完備則由家而入此等學校自不難於過渡

路休教育以誠實二字立德育之基以強壯體質為主要且養成生徒至於公明正大深通世故富於自主獨立之精神克為社會中健全分子其目的蓋在是

四

英國之教育

英人極重保守主義能以古代遺制配合今日之風俗習尚他國所不能及故英國學校多半以私立為主而公立者副之自小學以至中等以上之學校皆如是

小學校分三部曰幼稚科曰男子小學部曰女子小學部三歲至七歲入幼稚科七歲至十四歲入小學部各設主任教師而以他教師輔助之中學校亦多私立間有受國課補助者

中學以上極重運動蓋其教育主旨在發展生徒之實力人人樂習之故能筋骨強健精神敏捷他日入社會中無疲軟迂緩之習者蓋其學校教育養之有素也

大學校義主嚴整與德之持放任主義者迥別惟學生一入大學即為身入交際會之預備不免以奢侈相尚則教育之缺點也

中學之訓練制度頗收成效蓋生徒常置身於團體中凡一舉一動皆置公共利益於眼底故其道德進步實由於社會勢力所化憑藉於地籍教育者也

邇來英人思振興農業採園藝實物教授鄉村經濟等科列入鄉村學校課程俾鄉村各學校及大學農科咸為輔助農業之機關其鄉村教育皆就實地試驗如編國文課以農村景況命題既可泉調文學亦可察鄉村之樂趣促發兒童天然之活性至於鄉村中學之教育尤在農事實習授以農業根本之知識一若寓農於教育教育普及而農業亦隨以發達矣

案我國天然農境自古恃農立國因農事而施以教育新理必多闡發於農業更有補助

故教育而以農為標準不棄其本必不致趨於文弱不振之途余他日嘗論中國當務之急在施教育於農民寓農事於教育

第二十五章

東洋教育史

日本借資漢學而後教育乃得昌明即明治維新後之教育亦多根據漢儒自德川氏設幕府學校即行孔子家語周易貞觀政要等書開漢學之先聲及後又有宋儒學派乃本程朱之所主張明儒學派本王陽明之所主張實藤原氏與中江藤樹開其首云迨維新以後頒布學制人民興學之精神始漸萌動亦知注意普通教育時有進步吸收西洋之文化鋭意教育穀氏以國粹主義定教育之方針保國家固有之良以與外界相和洽惟偏於保守而少進取反其說者遂有世界主義之倡蓋謂在世界共同之中行政進主義也首持是說者為西園寺公望侯

日地區區三島產物蓋微國勢本苦於貧故其初教育主義注重實利及維新後工商之業漸次發達收其効果惟島民易落於驕大之弊遂以道德方針防範國民之墮落後以武力不足難以制勝外邦因亟以軍國民主義為教育方針一戰勝我再戰勝俄效果亦見乃國人生計因以困難又仍操實利主義三者往復隨國勢為變遷

案日本小邦或可因國勢而定教育之傾向至如我國地土之廣非立一確乎不拔之旨

使國家永受其保護不可若因其弊之所至即隨變趨向以拯救之恐有鞭長莫及之虞沽遠水以救火未見其能熄也且教育主義固當包含國家不當隨國家為變遷而失其獨立之道

辰

教育階

行遠自邇登高自卑人之感受教育也由胎生以及老死有天然之層序莫能紊也蓋教育者孕與人俱生與人俱死與人俱人生所依隨畢世而不能離者也故人之於教育猶魚之於水無教育之殺人甚於刀鋸惡教育之害人甚於毒藥深山野犢任其放恣為害至巨收畜於家導以演劇且得因而利用之無他視教練之有無而已園丁同樹花木甲則審辨物性相土之宜以時灌溉乙則無顧土宜一暴而十寒之其所收結果良窳自分無他視育養之善與不善耳故惟天下有生之物莫不待育以生待教而成縱其不受人籟教育未有能脫天籟教育與地籟教育而以生以成者也人得天地造化之厚氣具有知覺運動當然受完全人籟教育偏一時偶失其教育即失覆載生成之功用教育之不完全人格亦因以不完全矣教育者生生之具有生所不可缺自人之胚胎生象已具教育早隨之矣既生而後苟一息尚存即不能離乎教育而獨自在余於是得教育之層次名之曰教育階

第二十六章

胚胎教育

人秉父之氣懷於母胎十月始脫此十月間謂胚胎時期直屬母之內體無二個也一依母之行止為行止不能自主母或時試運動精強筋骨兒自不能不隨以俱動母或疲倦而息終日坐臥因其體膚兒亦不能自為行動此關於體育者也母之行止兒既隨之其所向之善惡兒亦必隨之趨於善則感於善趨於惡則感於惡此關於德育者也母如精明思想高超兒亦大受影響以魯鈍之母而欲其產明快精巧之兒非加以後天教育不可此關於知育者也

教與育本兩事也今日相提并論合為一端蓋二者同時發生相依而不能離胚胎之際不見人之食之人之衣之也而或孕而小產或孕而大產產出有死活之別一若準飢寒飽暖以為生殺長養之機者育也不見人之誨之人之訓之也而或生而痴聾或生而伶俐品行亦有正邪之殊一若準規矩準繩以為方員平直者教也斯之教育無形無聲純然天籟教育而已植地籟人籟之基譬諸草木至無知也萌芽之時得雨露之膏而滋暢長霜雪摧之則朽腐不生天籟教育之現狀也植於膏腴之壤質美而肥曼立之沙漠生活猶難地籟教育之現狀也栽培之則殖芟夷之則絕人籟教育之現狀也胎兒之感覺雖無形聲豈遠不若草木耶陰陽之氣和則孕而育且具完全之良知良能陰陽之氣乖則孕而不育或育而殘疾病廢斯主乎天籟教育者也受胎於高爽之地空氣清潔隨其母之呼吸以呼吸母

體康健兒之胎病自少納於污穢之處日受濁氣縱能達生病必隨之至於險峻之地易致閃胎之患則皆地籟教育之故也胚胎之際以母為人籟教育之主任彼加意調護衛生有素不使肝旺失度胎氣固而兒乃完健若小產之胎多由母體殘弱或用力過劇或跌仆震動七月以內謂之早小產七月以後為遲小產早小產者不能養活遲小產者雖能養活其腦力已不完固矣

未生之前母體如有不適胎兒亦必蒙其影響此乃當然之理推之心神意志亦何獨不然凡孕母之見聞所及無論為善為惡或喜或悲苟有動於中胎兒即立時感應之而為氣稟世無不欲其子女性質優美身軀壯健者乃胚胎之際毫不注意南轅而北轍者何故吾願世界之為母者於懷胎十月之內日存一胚胎教育之念(一)輔助天籟教育漸次養全其形骸不致阻遏其生機(一)甄察地籟教育擇清空之處居之不使引觸卑溼濊濁之氣隔絕惡習之濡染不使感受不良之惡因而後此時期之人籟教育乃稱完備故曰胚胎教育即人籟教育之胚胎

第二十七章

嬰娩教育

人生而與母體分為二矣蠕動有時啼咏有時良知良能已發現其端倪惟仍未能脫出母之懷中教育之權仍自母操

第一年期　人當產出之第一年間發育著而飲食之關係至巨不足則有害發育與以腐敗物則吐瀉立即陷於重症哺乳之度尤宜適當約二時四時間一次若度數過多則必致釀消化之失常不免陷小兒於胸高氣塞目瞪手搐諸患俗曰驚風夫其飢則知啼病亦啼哌皆感於天籟教育而然也因其啼而哺以乳因其哌哌而看護之得天籟教育而後發動其良知良知發現而人籟教育且循其徑而有所設施矣

第二年期　人當產出之第二年間發育盛而精神亦漸發達消化障害之關係至大喉頭者以其狹小故稍有障害即致呼吸困難又易起鼻腔加答兒以致難於哺乳於急性病則發強熱又對於食物之抵抗力薄弱每易中毒苟不加意養護即易陷於死亡惟體質較從前漸富知識亦漸增其自然機能之發育益著尤宜順其自然之序而因勢利導耳

第三年期　人生三歲漸能移步漸能開口知覺漸有感觸足見天籟教育之進步人籟教育亦當依之而進凡其一舉一動雖本諸天性特已漸了人事即宜注意防護在體育則當任其行動不能率於不潔之地及高險之處節以飲食勿使失信準天氣之炎涼為衣衾之增減眠睡時間亦宜聽其自然不可加以威嚇使一種畏怖之感印於腦中在知育則宜任其所受之天籟教育為進化階或指授俗物教以名詞使之習於聞見漸次確實其觀念在德育尤宜保護其所受之天籟教育勿使行於敗壞之地點觸下流兒童之嬉戲漸以防閑其仿效之心

今之談教育者不察其端以為小兒時代為無知覺之時代於知育德育兩項無教育之可施更無秩序之可言殊不知智德二者與體俱進人但見形骸之漸次長大而不覺其知與德蓋已潛滋暗長於五官器中秩然若網之在綱未嘗稍紊故天籟教育之階級循乎自然而不假按步者也西儒謂人類三性靈魂體魄知識互相關係互相進步如一圜路旋轉無端旋轉不已進步亦不已諒哉斯言請以智育言初生之兒不能解人聲也逾兩月而漸解矣其證維何試觀其蠻啼之際聞人聲而頓止是其證也雖解人聲尚未能辨人容也迨一週間而辨乎人之容矣其證維何試以他人哺乳之必不肯食見其慈母而舞蹈以迎之矣不迨二週已能一一認識其家人覩一生面而熟視之矣二三年間知育之進化歷歷可數德育則小兒期純然天性至高無尚雖聖賢不過也三歲之兒見人皮破流血必皺面呼痛儼若在己身者然覩畜類之受傷害者且若解其苦楚引為己疚無他其天性之發現即其所稟受天籟教育之德育也人為之功略無所參加於此而不使不良之地籟教育污染之不使混濁之人籟教育誘觸之亦何致虧損其德育故由兒童之初生至三歲時為混元一氣時期不受外界之接觸雖其慈母且不能干涉之吾願世界之為母者於此時期善養其至大至剛之氣如萌動之蘆不假扶維任其發育自然格外加意於地址之良窳以充塞其天籟教育

康德氏有言人心之初含有無窮之萌芽教育者即所以導引之也亞利氏安洛特曰教育若非變更人之性質不過能使性質完善以日進於優勝而已觀此則知人籟教育係補助天籟教育而外更無他求

第二十八章

幼稚教育

人生三歲四歲之間已漸生傚效心惟不知甄別善惡特憑一時之感觸而效人之所為耳例如詩書之門其幼兒每持書籤談筆横捎耕稼之家其幼兒每執鋤假鐮之類不必待人之教育之也蓋一由於天籟教育而發生此傚效心一由於地籟教育而發現此傚效心惟其傚效之善與不善則視乎人籟教育為之指南弗雖氏有言欲究造化之定程莫如觀天生之野草為為根天實定之理至簡單至於人功既加而其理亦複雜矣故幼稚時期之教育非復胚胎嬰娩之簡單也

弗羅比爾曰兒童者成人之父余則曰兒童者兒童之父母亦成人之父母男女不相歧異當括而言之不應專指男兒故當幼稚時期亟宜施以教育在文化之國必有幼稚園前述歐西教育史嘗及之矣顧園必合羣策羣力而後成家則各有已成之局實天然之地點從而設施教育既得收幼稚園之實效又能養成家庭和藹之樂既無累費金錢難舉之弊又有普化幼稚兒童之利家庭乃天然幼稚園母亦天然保姆較幼稚園所延聘者倍能體恤兒童之趣念故以母為主教父與諸兄若姊皆為助教俾家庭井井有規兒童自毋虞越出

範圍小兒既獲沾幼稚園之利益舉家亦蒙其貺集此種家庭而成國國不亦大可觀乎萬彙之不同有公例焉曰進化進化之相繼有定程焉曰循自然之秩序教育無他亦本秩序之原理以助兒童之進化而已幼稚之兒體育既循自然之序而進化矣其知育與德育固亦由之而不能外也四歲至六歲雖統謂為幼稚期而其間程度之進化以時而異則教育上之順序亦當循其境而與之俱否則非過即不及過則兒童不能領悟必致虧損其腦力而厭惡之心生不及則碩固因循無以牖其新理或任其餘知染於惡感而習為野蠻不化之舉故按人生自然進化之程以為教育跬步者教育上之至難亦最重要者也蓋必細察天籟教育之旨趣而注重其自然之程序以因勢利導啓發兒童之靈機故人籟教育實天籟教育之助教故人籟教育必以天籟教育為主教故天籟教育既得地籟教育之輔助尤必以人籟教育為助教

今試以言乎天籟嬰娩之際足不能行此於廢疾人者四歲而用以彳亍矣五歲而彳亍者且跬步矣六歲而健跳矣口不能言僅用為飲食之資料者四歲而漸以語言矣五歲而問難矣六歲而辨給矣手之祇以搦指為戲者四五歲而弄物以盤桓或鼓掌以自鳴矣六歲而接遞什物具操作之根基矣耳不辨聲音目不察黑白者亦且漸次濡染於外物而感激入之矣此之諸端人見其體育之發達而不知德育知育均與俱進人見其當然若是而不知有無形之天籟教育在宇內萬物吾未見有不育而生不教而成者惟有時不見教育而

自能生成者蓋其所稟受於天者人不之覺耳大造造物物生之先先有生生之具而後萬物化萬物成形而後生生之氣乃著十圍之木形不成於一朝拱把之桐幹非樹於一時必經歷幾多年歲而後始克全其天賴萬物之狀態必依生日之多寡為發達之等差不相錯致者天賴教育之定程也

以言乎地賴四歲以後行黑暗而知怖遊公園而知樂處家庭則親狎引之生境則面覷而手足拘迂心身若隨地而異者人見其性成之而不知此實天賴教育交付地賴教育而地賴教育應接之時期也故此種種發現若爲於地而不自覺者皆地賴教育之現狀蓋天主大同其生生之目的無偏無倚決不致兩樣化物而物之結果有不同者則全憑乎地賴必非天心普愛生物之大公也

以言乎人賴四歲之孩因其口之功用及其耳目之聰明而課以識字著者四歲時質泰西之三歲受母教識字八百或率以遊戲發育其體部或接觸以自然事物增長其知能五歲六歲授以歌曲手工俾知敬業樂羣觸以家庭之實物經驗既富必能引誘其良知良知者本有為善之傾向故一經提示而善念即油然而生不可設空衍之辭強其所難解不可加嚴肅之令迫之以服從推而言之孝父母而友兄弟敬年長而和隣人此孩提所易解亦教育之先務也受恩則思報得賞則知感樂交際而納友朋習動作而務操勞此稍長之童所能知也亦教育之所不可忽更長則知禮遇賓客圖謀生計更長則知好好惡惡樂善不倦更長則知生命之所寄與宇宙之主宰更長則知善惡之趨向與品行之高下天賴教育之進步無已時斯人賴教育之功用亦無已時人賴教育之功用云者準天賴教育發達之順序以促進其良知也

人系 乙編教育 三十二

使有一兒天然稟賦質美而性良保育之方亦臻完善顧以生於寒素之家所與相處多非善類則其後來之成就當如何又使一兒生於殷富之門下流之習未嘗浸染然其父母尊務浮華不稍留意所雇乳媼亦不能盡保育之責則後來之成就將如何又使其兒生中産之家既得保育之道所處境亦適其中則後來之成就又如何以上三者其第一兒童感受地賴教育之惡因必無善果第二兒童缺人賴教育之誘引亦難收成效第三兒童為最佳然必謂其能完全發達其所受之天賴教育亦不易也蓋人生之境遇地賴是已所受之保育人賴是已均與天賴教育有密切之關係其境遇既未至完善之地步保育又未得完全之方法則稟賦之發達亦斷難臻美滿無缺之位置以是中才多而聖達鮮也

天心既大公無私教育主義亦無偏倚更何所求於天無所求於天即無所科索於主教而惟助教是賴助教者地賴與人賴是已

請言人賴首當知天賴教育之主旨則人類自然之公例自明以引導良知良能之發達為主要次當知兒童圈域於四圍之感觸因特異其趨向以為因地施教之根據夫知兒童之性能莫如婦女悉其素所感受之地賴教育者尤莫如其親生之母弟羅比爾之新教授法

即以與婦女協同為宗旨弟氏以為教育之發軔當與終局相貫通教育之終局在有創造力故各等教育中亦當以啓導創造力為事自兒童之初生既天性感覺願望意志種種階級而創造力始成教師則順其階級而指導之弟氏應用此旨於幼稚園者也余與弟氏所主張同而略有異弟氏之有取於婦女以其善於體察兒童能領會其真性余亦謂然惟兒童之通性易解而特性難知兒童既有通性即有其特性特性之根多由於接受其處地之感化而成兒童習處家庭保姆教師何能一一詳解其特殊之點而為之施適當之方法也匪特姆師不能解即其父兄亦有不能解者蓋男子生而志在四方不必株守家庭即不得習與其子弟共處更何由知其感受於地賴者之特性此時而欲求一切近了解兒童之特性者捨其親生母無由母也者實幼稚兒童之天然教師也

母既為天然教師矣必有其主教之宗旨與一切教授之方術今試以著者之母所立幼稚教育之規模及其實行教育之方編述以餉世界

母氏錢生男四女二著者居次余家本務農父獨以其創造力專事學業故諸兒值幼稚時父訓所不及者一惟母教是賴母體素健天未明即起身操勞永日精神倍健不稍疲困雖亦鍛鍊體育之方而一迫於農家之田務一迫於幼稚之教育身肩兩事自無片刻閒暇母嘗曰勤勞則食品易消化筋骨亦自無廢弛之虞早起受清空之氣於呼吸器尤有補益況乎昧旦丕顯古人垂訓母德尤高父叔同居時家之內政操諸余祖母母惟仰體其意勞而

人系 乙編教育 三十三

不怨一錢尺布不敢以自私爭勞役而讓利益尤為黨族稱嘆母嘗曰公心最難造就人家之析居多由婦人之偏私不可當吾世而使吾家各爨母卒之明年家乃分爨母之知育時為地方所稱道者則其教育幼稚之方術也早起為母之習慣當兒輩未醒時即已躬自洗濯以為小兒衛生幼稚教育之要端小兒之衣服因尿溺每易染濕潤故每日為交換而洗濯之及日出兒輩以次俱醒母一一躬親其穿着六歲者促其進書齋而就課於父父出則防閑其不規則之遊戲并令溫習其舊有課業不輕苛以辭色循循而善誘之兒念母之慈和至今猶能記憶四五歲者任其遊戲惟不肯私出家庭之外防水邊不測之虞且恐其與叔之子姑之子為兒戲之爭端致起家際交涉午後或授以字課（農家午飯最忙故午前無暇課兒）不強迫其記憶期與其性之盛衰為教授之緣始尤屬意沐浴其法於寒際因尿溺而屢致不潔每朝夕行腰湯一次（腰湯日本名詞謂僅浴腰部以下也）天稍熱每日加以浴全身一次五六歲之交不允與下流兒童相交際恐染成惡習慣更以身作則語言行為期以能表率兒童養護其和藹溫良之天性為度決不弁髦視之蓋將使兒童由外部之感觸養成內部之思想更由內部之思想發為外部之事實此余母教育上之旨趣也母以教育兒童終其身歿之日吾二妹方三歲亦染病而殤四弟起方五歲性厚而聰體質稍遜母歿淮寄教育於父九歲讀書經頗能領會天資敏捷不苦誦讀十二歲肄習學校科學大進亟稱於師所作文已有可觀另有專集實小學國文科之模範年十五以腫症喪時賢悼之詞

母者惟季與二妹最弱未得受母之完全教育亦俱不永今所存者固不敢謂教育已臻完備然各具普通之知識力籍資鄙之弊有之大妹勤學算文幽閑之德足為女界之型此之效果雖得力於父之領袖朝朝爐冶而鎔化然吾母幼稚教育之功實其根基云

請言比頹世之論幼稚教育者謂家庭無從事教育之餘暇為人母者無擔任教育之材能余始聞其言覺猶可聽及回憶余母生平而知此語之不確也惟今世女學未昌家庭教育世人忽忽焉而不加察有師心自用未合教法者有任其放蕩不加維護者有故示縱容養成惡習者故母為教育家所嘗論而亟亟焉以幼稚園為不可緩夫幼稚園誠完美矣誠為養育兒童之適當處所矣以數家公同組合創辦之誠能彌補家庭之缺憾然而費鉅難舉富者猶或可為而非所論於中產以下之戶庭為教育謀而不設普通計亦何致教育之普及尚安事教育余惟求其普及適用於今之世者與以幼稚園為彌補毋寧改良家庭教育以彌補之（一）體育家庭內皆兒童遊戲之地為母者務任其嬉戲自如以活潑發舒其筋骨節以飲食勿使失度果品餅餌之屬致滯塞胃腸尤以少購勿使目覩為妙勿蹂躪其志氣鞭撻而督責之余嘗謂教育小兒當防閑於未然之先勿使觸於不良之惡習及已染化一種陋規而發現成形欲袪除之則雖加以痛責猶恐難改（二）德育家庭內之親屬皆幼兒所當尊敬者每日實地訓練舉家皆循循於孝弟之道須　使親愛之事實感觸於兒童之耳目而印諸腦中啓發其仁人愛物之初念（三）智育欲求智識之進化首當自用其心思心思

愈用而愈靈每積視聽言動之微而各種官能自然發達觀察事實有其結果焉比較結果有其斷案焉至教若助教但為之誘掖引導而已不必加以命令也蓋知識之進化根於觀念漸於想像而終於意志惟自用其心思而後意志之進化不由外鑠而由於內如記憶力之練習非使兒童背誦功課强記字面也道在授之以實物授以方體而兒童知方體之為何物授以甕匙而兒童知甕匙之為何物玩弄撫摩而方體甕匙之影像自默識而不忘其勝於以口授空言也不啻相萬所謂人籟教育終不敵地籟教育之易入穀也斯賓塞爾曰凡教授名物而指點他物以為證者非引起兒童之觀察力也直以教師所觀察者強納於兒童耳此等方法其流弊所呈殆難覼述惰怠自己之能力一也滅少活潑之樂趣二也阻滿充接而得之知識三也然則安怪兒童之意趣索然而以讀書為桎梏者哉

幼稚教育人生所最側重者也蓋以此為入學校之紹介且植終身立身之根基其要點有二幼稚時期為人生感覺之進化期觸引一切外物已能得其影響其所處地位蓋不越乎家庭俾樂家規規有方紀律不紊不使有一切惡舉動觸於其不良之觀念演成一種完善之地籟教育其要一也幼稚時期無或離其母母能體察兒童之性能善保護而樂為之調劑惡念惻隱之心較他人之普通者尤為切近故以其母接遞天籟教育之傳以施保全兒童性靈之良方其要二也故幼稚教育之地點以家庭為天然境家庭教育之主教以母為天然師余述種種教育之方皆不越乎天籟地籟之範圍斷無專任人力者幼稚教育其尤也

第二十九章

小學教育

幼稚教育之畢即移其身置之小學校而寄教育於教師以小學校交換家庭以教師接任母教則師教為母教之繼續而小學校即家庭之脫胎也當必有以彌縫其交接過遞之跡使兒童出於不知不覺之間若登天然之階級勿使過高之梯使不能及斯最要之點也然則小學校與家庭尤必互為顧問不相隔膜而後始得其相當過接之程級故幼稚教育完全初等小學更易措手幼稚教育之目的即小學教育之目的同一練習經驗生活同一養成普通能力同一使之知自治而守秩序惟其所以達此目的之制度則不同從而教科之配製與管理之方法亦大異幼稚教育尚循自然科學初等小學則已設有文字須注重之幼稚教育尚天然遊戲初等小學則施以人工製作格謨博士嘗曰功作的遊戲與遊戲的工作實為兒童兩大時期之津梁亦須注重之

欲求教育皆之不紊亂必循天然之秩序以漸進母雖能體悉兒童之性能而七歲以後不能久留家庭即其母亦不勝教育之材能矣於是不得不入學校惟教師之觀察力是賴教師而男也其體會入微之處距其所受於母者必倍蓰相萬故必以女子充任初小學校之教師而後可以彌縫其跡蓋女子性柔而溫和適能領會兒童之意旨雖不及其母而較之

男師之粗略又遠過焉

兒童至七歲既已受幼稚教育之後其有待於教育者更殷所謂天籟地籟人籟尤須相輔而進稍縱其一即不得謂之完全小學教育小學學齡兒童本無一定之趨向其所成就一視其所受之教育其所受教育三之一由於天籟三之一由於地籟三之一由於人籟兒童受天籟教育而後其身心之發達有一定之恒軌惟或生特殊之點者則其所處地事物之接觸有不同耳教者集多數兒童於一室乃不一研究其性質而矯正之誘進之使趨於平則困難輒生其一兒童性質因其所觸各有所近不就其所近者誘掖獎勸之而徒膠守己見日貽於兒童之側事倍功半知育之進步難期此關於教授上者也其二兒童身體強弱不同每日所用心神要必有一定之限程課餘之暇尤必察其體質之厚薄而施適當之保育若漫焉施教不問其身心之能堪任與否則損害身體之潛滋戕賊人之子弟此關於養護上者也其三則兒童來自家庭來自社會其言動舉措均依其所接觸於四週者為緣若不辨察之而惟任一己之思慮聰明干涉與放任施之倒置何以收德育之效此關於訓練上者也觀於此而言教育非盡括天籟地籟人籟之功用而一貫之不能收其實效可斷言也

小學校址宜附近於家庭從而小學學齡兒童宜就學於最近之小學校蓋校去家庭不甚相遠即其四境所接觸者亦不甚相懸一也朝夕便於進退二也學校與家庭易於聯絡教

師或得就便偵查其家庭教育三也。

學校必合羣策羣力以圖成專任教育事宜。家庭則父祖之所建築為統理家務之機關教育其一部分母之教育其子。不期然而然。非以利誘之而以名哄之也。教師之任學校教育則無其必要。夫庭父祖所建築之家庭而以母為主教。不過得教育於一部。今以無其必要之教師而任學校教育專務無他則學子之對其師將必如何而後始得相當之報酬。曰尊師如父以崇其名。養師如母以利其生。其初不必責之兒童之自身。當責之兒童之父母。父母既將兒童之教育全移於學校矣。即不啻寄其身命於教師。尊之養之亦固其所。為教師者既受其付託矣。是不啻為兒童之父母。余恒痛夫貪利喪心之徒。執教育之柄以殺人之子弟也。蓋不啻自戕其兒童。故教師當引學童為己出。而施以教育之方。兒童受教師之教育。得其恩愛自能富於感情。尊養之心油然而生。夫而後學校教育得人為之天工乃達於完全地位。

小學教育。有初等高等之別。兒童自七歲至十歲為初等小學學齡。自十一歲自十三歲為高等小學學齡。差別其名者。為程度之不同也。躐等而進。必失教育之順序。傷兒童之腦力。為害匪淺。本篇嚴教育階所以順天然之步趨。為教育上一大要端。於初等高等之間。尤恐其混。故劃清言之。

七歲之兒初入學校。與在家庭不能無少歧異。教育者當一一迎合之。使不致相差太過。蓋

人系 乙編教育 三十六

兒童驟然離家。不免念憶父母及家庭種種樂事。教師於兒童當加意養護陶育其身心。使之對教師如對父母。對同學如處兄弟姊妹。雖在學校不失其家庭之樂趣。兒童亦何憚而不來。就知育上而言。功課不可過多。須逐年增加。以遊戲競技為教授之入門。漸授以文字算術。期與其天賴知育相依并進。課外則屬意訓練。絕不可失之過嚴。蓋此時期之兒童體育尚未臻完健。不能當嚴肅之規律。尤不可擅用壓制。致種兒童反抗力之原因。更無待於手段之多術。蓋此時期兒童之德育尚在天然界。教師苟不加以暴舉或因事觸其巧詐。自無虞有狡脫不服之變。為師者當接以至誠。無所厚薄。養成一混混噩噩之天。師生同化於教育爐而不之覺。斯可耳。

好游藝為兒童之天性。格羅士與盧梭力主放任。以游藝為活動兒童性靈之機。反之者謂兒童當養成其剛毅嚴厲之心。不當出之以游藝而庸愚導之也。折中者乃曰。游藝者人性所受。有生同具。苟湮沒之。則讀書論學必少興意。然脫韁之馬。不能操縱。欲利用兒童好游藝之生性。必善誘而防範之。兒童喜動。加以監督。始能由動生靜。兒童好佚。施以指導。始能束佚就範。此說蓋本天籟教育而參以人籟教育者也。小學教師宜注意之。

兒童當不在學校亦不在家庭之時。往往聚黨成群。提幼稚之精神為野蠻之舉動。都會閒尤甚。為父母及教師者皆不及見。若任其流蕩忘返。則習成頑鈍無恥之性根。兆他日殘忍部滿之行為。影響於社會風俗不淺。故此時間學校家庭並當注意防之於未發之前。勿弁

髦視之也。

兒童遊戲宜選擇適宜之地點。勿使流入下等社會或受污濊不潔之空氣。故列國大都有兒童遊戲場或附設公園。學生出校後往往聚集其際。既可促進於羣德。復可強固其身體。

兒童十一歲入高等小學。前事之發生。後事之預備。第二級之進步。第一級之結果。高等小學必以初等植其基。高等之第一年級。不能驟增許多學科。變更其方針。務循序漸進。科學須注重其文。培其普通國人之資料。蓋富家子弟可由小學而中學而大學。竟其學校教育。中產以下兒童至十四五歲時。即須出謀生計。事實上不能久事學業也。故所課教科務求適用於普通家庭及一般尋常社會。無暇涉及專科。

斯賓塞爾之言曰。社會現象即人人之現象。又曰。自主自治之英國童子。即自主自治之英國人之父也。無自主自治之英國童子。斯無自主自治之英國人。教育者欲使兒童為自主自治之人。非欲使兒童為主治於人之人。

案高等學齡兒童。亟應養成其獨立之精神。為文明國民美德。當管理之際。需抛棄學校無共和一語。生徒苟為不德。如可優容。尚宜周全其顏面。養成知恥之念。尤不得已而欲加以罰責。務先宣布其犯過之狀。使之自甘受罰。以為無可逃其法網。同學視之亦共恐犯過者之不厲。而不責教師之苛刻。且皆以為教師迫於校規。迫於責任。不得不爾。非仇之也。夫而後犯過者自怨自艾。其未犯過者亦惡惡而畏懼矣。遇生徒之有功

人系 乙編教育 三十七

者則賞之。亦須布告全校。使各生徒皆視為確有功績。非教師之偏愛。而後向善之觀念乃益雄。訓練之際須使生徒有羣心而無黨心。有愛心而無畏心。畏則恐怖法罰之集於其身。今日為委縮不伸之學子。他日即甘受壓制之國民。愛者推愛己以愛人。固愛人而愛己。人各愛人而已亦被愛矣。充於全校。校內一切之人莫不互為愛也。推諸社會。社會之人亦交相敬愛。推諸國家。全國之人亦各皆愛其所愛。被愛其所自愛。斯種種愛端莫不由此愛心擴而充之。黨者破其群而成也。學校生徒嘗集三五為黨而群之一念遂窒礙而不能極黨之弊。乃至於偏。兒童已植朋比之基。則他日置身社會。組成國家。又安望其擴然大公。一視同仁也。教授之際須選擇立人格愛國愛群之課文授之。其涉頑懦污濁之文則屏棄之。苟有觸動生徒立志立身之機。念無不徵引磅礴淋漓講授以誘引之。俾為社會之健全分子而不為爛搖也可。

孔子因材而教主義。尤適用於高等小學。(一)男女學童在高等小學期間以前皆可同校受業。故高等小學教育宜注意其女生將來為妻為母為家庭教育之主任。一切道德知識皆與男生迥別。教師當細察之。務以養成其切實有裨益於其將來之身家之材能為目的。(一)同為男生。而性各有近。境遇亦殊。任教育者須分別各個學生之家資性質材料。畢業後請就何等職業。或入何等專門學校。而一一應其將來之需要。俾得自身之實際。斷不能強合生徒以從教師之便。蓋高等小學以前為國民普通教育。以後分途歧路。不得不於此時開

莫先路而引以進行也

第三十章

中學教育

人生十四歲畢業於高等小學因人籟教育而增進其普通學識又受天籟教育而漸次發達其各種官能惟立志尚未堅定易爲外物所誘引故中學教師對於學子所受之地籟教育當格外注意中學校與社會不能無聯絡也中學生與社會尤不能無交涉也倘時與惡社會引近或漸漬以尚奢侈耽宴樂之害端則雖任何教育終不敵其實地染化之功效中學非小學比體魄漸次强健易染惡習尤倍於從前故關於德育者非前之僅保其天然者而已其接觸於地方之風氣者至博即當防範其所在之地而不能稍縱也當小學教育之先幼稚之初欲保全其天籟教育以任其自然而已足稍進而漸知感受地籟教育則當觀察地籟教育以爲保全天籟教育之資更進則以人籟教育維繫地籟教育者保全其天籟教育此亦教育上之程序也

體育者德育知育之根基也德育者體育知育之監守也知育者體育德育之精神也體育不完痼聾殘疾無以成其知而德亦虧德育不完淫蕩失操體隨之而痿流爲奸猾知亦失其眞相知育不完幾等瘖聾病廢身心無所形其利用體雖健猶之弱也苟不固聰明廢知何以達其天德德育亦因而失敗三者各增完極原屬至難然當人生發育之盛期不可不以是三者植其基故中學教育所極當注重者也雖人生終身之教育皆不能脫此三者而於此時期爲尤要

以言德育小學時期之兒童感覺尚在萌芽可極力以施保育之方不致爲外物所誘引及乎大學性根稍定又可極力以施扶植之方亦不致搖動其中堅惟值此中學時期保育之方既不可施扶植之方又不能加將如何而可曰是在教師是在學校

教師　(一)主教育者本身作則視聽言動不苟正其衣冠尊其瞻視儼然人望而畏之不比小學教師之活動周旋期適於兒童遊冶之天性(二)主教育者既弱操德行俾生徒日接觸於心目中咸誠信爲品端無疑而生觀感心不教自化期於無聲無色(三)主教育者使生徒畏敬而不隔閡使生徒愛慕而不侮狎德與俱化藉使偶觸惡感而其心常恐愧對於其師(四)中學學童易最發現欺詐之行爲或矇蔽其天良而不自覺教育者亦當提撕而警覺之

學校　(一)學校以法律嚴其內外校內之人自校長以至夫役皆遵守之校外之人亦不能觝觸任意出入(二)學校四圍不容有卑污齷齪之敗業不宜有傷風害俗之行爲(三)學生由家入校路中不當有不規則之人家惡習社會尤宜屏而遠之

以言體育筋骨肢體較從前强固而完健矣則鍛鍊之方法亦自應隨與俱進亟宜以操練爲主體以遊戲爲客體務養成軍國民之資格俾將來能應兵役之義務人人以强身者强國衛身者衛國集此强健之人以組織國家斯國家强健矣蓋組織國家之人均應擔任軍

士之責當筋骨完健之時卽宜按部鍛鍊其身體以爲成年後從軍之準備此中學體育上所當注意者也

以言知育中學學齡之際亦人生知識大發展之時期富於思想而精於實驗亟宜於此時種寔利之因俾將來收其效果惟實利之門不止一端生徒知識各有偏長必劃分農工商礦諸科以迎就學子之所近而後乃易成專家故小學教育爲普通教育中學則漸授以專門學術矣察其性能之所近而爲之誘進因其富於培植之機能而引以之農長於交通知識而引以之商性好製造而有機械之巧則引之於工擇其有耐性者歸礦量能授業其專不業其兼蓋自中學始甄別之矣

總而論之以言乎體人具形骸同當鍛鍊教育上務求一致等其體鍊無分畛界以期學子之整齊有律而後他年戮力同心所以鑄軍國民也以言乎德同賦性情皆當養護教育上務一其趨向以正心者修身而後性相近習亦不遠所以重道德也以言乎知人皆有所長亦各有所短捨其所短而造就其所長則事半功倍教育上必分科以應各學子之性習而後學有專門可收成效所以謀實利也故中學教育者統攝全體生徒以迎合體德之旨趣而又析實利之門以迎合生徒之性能使實利迎合學子則學子爲主而實利爲從故實利主分析使學子迎合體德則體德爲主而學子爲從故德育體育均主化而强實利以從學子而又强學子以從武士與道德則實利者學子之從而武士與道德又學子之主也故學子者實利之主而武士與道德之從也就知育言雖主專門而體與德則仍屬普通農工商礦而外有所謂醫學法學醫以濟衛生體育科也法以崇道德德育科也皆屬普通科農工商礦知育科也則主專門必使中學學子肄習農工商礦之一而兼醫與法

第三十一章

大學教育

人生十八歲而入大學中學畢業之後頗思效用於世特苦於學力不足遂有就大學之意大學各有專門法科醫科農工商礦諸科科目最繁須時亦最久自中學時已特別注重至大學則直以醫科爲体育之表現而特爲一科法科爲德育之表現而亦特爲一科以農工商礦諸科爲知育之表現而分設各科在中學不過寓醫理於體育寓法理於德育因知育分爲農工商礦而兼體與德及大學則爲行用之準備醫以濟擧世之體育所謂因已之所受而將發以爲人也法以濟擧世之德育所謂因已之所受而將發以爲國也大學之醫科中學體育之脫胎大學之法科中學德育之脫胎在中學爲普通而在大學則專門學矣故醫法農工商礦大學之科目學校教育之畢事也

孔門之分科曰德行顏淵閔子騫冉伯牛仲弓言語宰我子貢政事冉有季路文學子游子夏孔門弟子之程度超軼乎大學而上者皆分別專科教授之其不及大學程度者不與於專科論語一書乃孔氏校中日記孔子與門弟子之言行多紀録之孔門無小學生故所記

多闕於大學之治術及學術然亦可見孔子之教授法矣一貫之理於曾子則直接授之於子貢則婉曲諭之蓋相其人之程度而教育之非漫然也今乃執八九歲之童子而遽語以道千乘之國吾道一以貫之何其高視今日之童子直擬以孔門之高弟小學學齡而大學教授乎吁盍亦反其本矣

西儒所謂知育德育體育推而極之即孔子之所謂知仁勇是也造乎大學可語以孔子之知仁勇矣著者戊申日記有曰聖人並言知仁勇三字不可偏廢其一今僅留一知字而去仁與勇欲天下之不入詐欺之塗也難矣蓋知育必恃德育體育輔而進也

海魯巴脫氏五段教授法與孔子之憤悱啓發隅反不謀而合大學學齡知識既因天籟教育而增長歷經小中學校之陶育程度已達上等自能勉於用力以為受教之地故又適用孔子之教授

大學教育務為成人之預備以應社會之需要二十歲卒大學業二十一歲為成年期從事學校之時必無暇為成人之舉動亦無其資料故未成年者除受教育而外無他務也於是不得不嚴定成年之界以為脫學校而入社會之劃一期間亦準乎天籟教育之程序而限分者也蓋人生二十年而筋骨強健腦力充裕體育之得乎天籟者稱完全期思想發達交際精明知育之得乎天籟者亦正盛也辨善惡之趨向因榮辱為去取德育之得乎天籟者如斯亦足綜人之一生感受教育有三大交界曰脫母服而處家庭為第一界脫家庭而進學校為第二界脫學校而入社會為第三界畢事學校教育之後非謂能離乎教育也不過脫離學校教育耳至於脫離教育則必至氣絕迹滅之後蓋氣絕跡滅已斷絕天籟地籟之教育人籟教育且無所參加也惟大學為學校教育終了時期即一方面當為社會教育之準備一方面當預備一切成人之材料首事曰主任教育也(今曰師範)次曰主任法政也三曰關於經濟上如農工商礦種種實業之門徑也故大學分三科曰教育科曰法政科曰經濟科經濟科中又區別農工商礦各門所謂分科教授也

大學師範科以備主任教育者也今之言教育者動曰師範為今日之急務莫不亟亟焉言欲得教育之人非廣設師範學校以鎔鑄教師不可此則為一時迅雷掩耳之計耳夫與其累費金錢以設師範學校何如從根本着手遍設小學校乎彼固曰師範校者小學校之母校也小學教師不出於師範不得為完全教師余應之曰所貴乎師範者為其可以造就一班完全教育之教師也試問今日任師範教師者果曾受完全教育乎其所以鎔化其弟子俾為將來之教師者殆又何如如曰可以假藉也則何不即以任師範教師者任小學教師乎如曰小學教師必其受完全教育者則教師之教師獨可以不受完全教育乎況乎今之出身於師範者固未見其受完全教育也固未見其由小學而中學而師範也然則期望完全之教師非待二十年後不克今可不斤斤焉以師範校為務必經小學中學而後入大學之師範科庶幾富於經驗出而主任教育方為合格不然決不得謂之完全教師治標之計未見其得也

中學畢業普通知識已有根底普通教育亦有經驗從而入大學之師範科再加三年之研求得教師之根據且必放開眼界悉本天籟地籟人籟之旨趣籀人生一定之程序以世界主義人道主義為方針勿如今日之急求為教師者任小學教師即規規於小學一步任中學教師即規規於中學一步知有家庭教育即專其所謂學校教育社會教育知有學校教育即忽乎家庭教育與社會教育急於社會教育者即置家庭學校教育於不顧天籟地籟人籟之義各有偏重知育德育體育之方不能平準此所謂一隅之見安在其能主任教育也

大學法政科以備主任法政者也今之論國務者動曰法政學校不可缺也蓋以為立法行政之人非得一專門法政學校陶鑄之不可若視此法政學校為全國之法政爐受此學校教育者即確認其為法政家并可以國家托之者然吁亦過矣法政之系統造端教育起於胚胎備是而嬰娩而幼稚而小學而中學斷不能一日脫乎教育蓋教育者道德之保障物也道德云何赤子之心是已一日脫離教育即恐一日迷失其道德之傾向苟失其道德法政之真系即斷絕而不能存續若恃今日無根之法政教育人心鮮有不亡國家鮮有不破碎者教育而以人道為主義即法政上之生機故以言真法政非自教育起點不可以言法政上之真教育非自胚胎直至中學日日鎔化於教育中不可中學畢業普通知識既具道德亦有根據由是而入大學法政科經驗三年之久確得義理之真相自能了自由平等之義將來藉法政以保護人道實行之後仍不改變教育上人道主義更進而以理想發為實現則法政主宗教育之大功亦即教育傳授法政之効果也

大學經濟科以實利主義而發明經濟者也分農工商礦等科在中學已迎合學子之性能而為之區分若者就農若者就工若者就商若者就礦早已定其趨向大學則更就其已習之根基而為之闡發俾得造乎其極夫人生知育之進化亦依隨天籟教育未有生而能領悟者故必按其階級漸次起發其理想充實其機能及乎適學識優裕之後始稍稍指示以特別科目引入專科之門而後入大學受專門教育庶幾歷階而進不使致一蹴登巔則教育之層序有條不紊造就真正之人才將於是乎在

詮著者對於中國今日之學校規則絕對的不承認者有兩大端一假期太多學齡之光陰有限而有需於教育者急切諺云幼學如漆蓋人生未成年之前聚精會神於學業無雜感也既以此時期之教育全寄托於學校則學校對於此項教育應如何保貴光陰始克奏其全效假一日即個人少受一日之教育即全校學生少受一日之教育亦即全國學校之學子均少受一日之教育今我國既沿西洋暑假之例又仍中國之舊習放清明端午等陰歷節假既放陽歷年假又沿習慣放陰歷年假夫所謂年者不過地球公轉已滿周天為各人年歲之計算耳非若酷暑之際有碍於求學也且即以暑假言非通國

所能一例也北方之與南方東若西其炎熱已不同時即以一方言天時或溫或涼無定格也僅有暑日溫而不暴者僅有暑假前後或間熱最易妨害衛生者暑假所以避暑原為衛生起見今則強東西南北而一致準春夏秋冬以為例不予學校以各自準酌其地其時之氣候而為臨時定假之活動制學校之不自由即衛生之方亦大受影響此其大弊也況乎現所規定之暑假期至四五十日之久試問每年夏季果有四五十日之炎酷不能授課者乎(二)教員太曠余嘗謂教育為法政之母教員之職務視議員猶重各級議會之議員且當為任期之議員不僅為會期之議員則教員更應為在任之教員不僅為上課之教員學生縱可以假教員雖於假時不能全數出校盖教員者學生之母學生他日為社會材料為國家棟宇莫非脫胎於教員則任教員者當如何重其職業以負千鈞之擔荷猶可稍涉放任耶余他日曾自謝不勝教員之任矣承地方推重委以小學教育余初不敢應廹之而勉為之然以著述本編曠職多端頗覺汗愧謹以誌過

第三十二章

成年畢世教育

莊子曰吾生也有涯而知也無涯育與生隨而教與知偕教育者終身由之而不能外者也非謂畢事學校教育即已畢事人生終身之教育非謂人達成年教育亦達成林脫身學校即可脫身教育也余以為成年後之教育尤不可忽雖置身社會處無常師而我自信教育

二字不能離我之身則所接近今世之人皆我師也所感觸之言行隨在皆教育之資料雖父之於子師之於弟有父師所不能解而子弟能解者則子弟未嘗不能起發父師之志意父師之教育且有需於子弟者矣以師今世之人為未足則尚師古人誦其詩讀其書更效其行取為法則盖人止一身兩耳兩目所聞見必不能罄世界之學術故曰生有涯而知無涯更何暇擇人而師哉苟有稗益於吾身多取之而不為貪況教育二字依附生生二字生生者亦何能離教育而獨立哉請以我國大教育家孔子終身進德之階為世人懸一成年畢世教界之最高目的

孔子十五而志於學　古者年八歲入小學十五就大學而以十六歲為成年孔子年十七孟僖子病不能相禮乃講學之十五始志於學不三年已著成蹟故僖子即誡其嗣往學禮焉嘗曰我非生而知之者好古敏以求之者也世之祇知有天籟教育者盍亦思聖人之言哉

孔子三十而立　立者立身立志垂不朽也古有三不朽曰立德立功立言孔子之立無所不立盖立有根基雖千百世鞏固不搖今人縱不能擬於孔子而教育既為終身之事業即教育之目的不可一日或缺人生二十歲學校教育畢法律上予以成年即移其身置之社會為國家人物安可不求自立之道哉盖必能立而後可以為人如不能立雖已成年猶未成年也故二十至三十此十年間之教育目的當懸一立字

註者昔十九更名立二十而後深恐名不符實極力謀所以自立而無以立人而恨未能也遂日孳孳以立言為愧此書之立亦徒以其名歟

孔子四十而不惑　事理通達無惑可以動搖其中樞是謂不惑如孔子年三十七時在齊聞齊大夫欲害己而不遽去及景公辭以老不能用乃反魯性命攸關而處之泰然是真不惑之甚者亦足徵知育之進化人生三十至四十此十年間之教育目的當懸不惑二字

孔子五十而知天命　天命之謂性我之性人之性物之性凡天之所覆一毫一釐無不洞悉其微覆載之閒無一非稟受天命而生成天命者天籟教育是已惟聖者知之故可以贊天地之化育中庸云仲尼上律天時下襲水土辟如天地之無不持載無不覆幬辟如四時之錯行如日月之代明言聖人所主教育與天相合夫既與天相合即不負天之所以教育之也天之所以教育之者即天命是也知天命者知己為天所命非虛生也故以其所稟受之天籟教育而植人籟教育之大本斯謂代天宣化嘗曰五十學易可無大過則知天之所以生己所以命己與己之所以不愧乎天者故以知天命自任惟知天命故又言知我其天乎盖天之所命天能知之受命於天我能知之人生四十五十閒之教育目的當懸知天命三字

孔子六十而耳順　六十經驗富有耳與心通所聞如其所見孔子六十時在陳聞魯南宮敬叔救火曰災必於桓釐廟乎已而果然聞言無不迎刃而解耳之聰已達極點亦其經歷

教育致然也人生五十六十間之教育目的當懸耳順二字

孔子七十而從心所欲不踰矩　孔子晚年刪詩取古詩三千餘篇去其重從心所欲也而必擇可施於禮義者得三百五篇皆弦歌之以求合韶武雅頌之音者不踰矩也修春秋筆則筆削則削游夏之徒不能贊一辭從心所欲也而是非褒貶未嘗倒置不踰矩也孔子教育上之大旨主自由而不主放任自由而不束以界限則失之放任從心所欲謂之自由而以法律為其範圍則所謂不踰矩也人生季世教育目的當懸從心所欲不踰矩七字

詮或謂孔子大聖五十年實有其傳而以其進化之程級為世人模範毋亦失之迂闊歟余曰不然教育目的不患其高取法乎上僅得乎中取法乎中僅得乎下此不過為世人懸一終身教育目的耳至世人之能達此目的與否又一問題非所計也

成年畢世之教育目的既具有模型矣請更以我國大教育家孔子之教育訓誡為世人成年後立其大防

綜人生受教育之時期可分為三第一時期受家庭教育第二時期受學校教育第三時期受社會教育家庭教育又分三時期一胚胎之際二襁褓之際三幼稚之際學校教育亦分三時期曰小學學齡中學學齡大學學齡社會教育即成年畢世教育也亦應分為三時期一少年時期二精壯時期三老邁時期

孔子之第一訓誡曰少之時血氣未定戒之在色男女居室人之大倫亦天地陰陽之氣自

然之勢禁絕之既不可而當成年之際色慾正旺若任其淫蕩無度體育衛於早年不當殺其終身者乃本孔子之訓詞而立人生大防之一曰男女成年即當婚嫁

孔子之第二訓誡曰及其壯也血氣方剛戒之在鬥競勝占優恶居卑劣人情之常而當精壯之際倔强以倍若徒逞血氣之勇悍狠無謀尚力而不任智知育情於中年更何望有起色着者乃本孔子之訓詞而立人生大防之二曰男子三十而外四十而内當廁身軍界女子身肩教育戰爭亦非其長技故不與焉

孔子之第三訓誡曰及其老也血氣既衰戒之在得要謀私利亦屬人情而當老邁之際則更貪婪無厭若放利而忘義德育喪於晚年名敗垂成着者乃本孔子之訓詞而立人生大防之三曰六十而外任其營個人私利不必入株式社會

詮本三戒而立三防因勢利導也蓋防人之情甚於防川川壅而潰傷人必多欲遏而暴發流弊必甚血氣者人所禀賦於天籟教育者也因天籟教育之程級而立人生絕大三戒孔子之所以垂訓也特程度過高難幾彼亦僅就君子而論非常人之所能及着者本為普通教育計因準此義以求適用於世界一般中材之資色也鬥也得也人之所好戒色戒鬥戒得人之所難因好色難戒而正其婚姻使之樂而不淫所以遂生育也因好鬥難戒而歸之軍陣使之威而不猛所以資保護也因好得難戒而任謀私業使之得而不苟所以阜資財也成就其所好而不苦其所難因三防而收三戒之效着者之所以立言也

教育有個人主義有社會主義主張個人主義者曰社會者由各個人之集合而成個人之教育善則社會必有進步主張社會主義者曰一人不能孤立社會者所以保人羣之幸福也社會有進步個人之教育愈增着者以為成年前之教育當注重個人主義成年後之教育當注重社會主義李世教育又當注重個人主義

己

教育科

教育科目區分兩類一普通科一專門科語言、文字、道德、法律、衛生、醫術、體鍊、軍事、為普通科人人之所必修農、礦、工、商、法政、經濟為專門科每人祇肄習其一科每科祇甄陶一部分之人世界上無論何人不能偏缺普通科之一不能兼營專門科之二

第三十三章

語言……文字

人類之軼出動物者以其有語言應變無窮語言之所以能應變無窮者以有文字為之記載古語曰言者身之文也人之意思必藉語言以表示欲語言之歷久有效又必藉文字為資料語言為文字之母文字者語言之符號也此蓋言其關係於個人以言其關係於社會則語言者交換知識之機關聯絡感情之要具故欲煥發民族之精神必先謀語言之統一

詮中國文字衍形不衍聲以致國語不統一而國人之團結力因以大殺明末劉李莊著有新韻譜惜乎其不傳也

語言本諸天籟教育文字則由於人籟教育矣人之初生等人類之始有上古期人類有語言而無文字等於幼稚期人能語言而不能文字未有人生而能語言也則知乾坤始奠之語言有若嬰兒之鶯啼矣未有人而能語言即能文字也則知書契未造以前之文字有若幼兒之會話矣未有人之語言必待學而能者也則知上古之語言祇以受天籟教育而并未受人籟教育也未有人之文字不待學而能者也則知上古文字之興已先有人籟教育非僅恃此天籟教育也未有人籟教育不根諸天籟教育者也則知世界文字之創造與人生文字之發達莫不緣於其初之語言

蒼頡作書契蒼頡亦一人耳非具有特别之形骸與性能也蓋世人之語言愈演愈進比於兒童十歲時期已漸能造文字之階蒼頡乃乘其機本語言以造書契夫亦不過循自然進化之公例以次發明耳而文字與語言乃若劃然兩界

上古無文字書契既造文字興矣迨乎唐虞三代古意未漓文字尚未大張故尚書多當時俚語毛詩三百半出里巷之歌謠鄉曲小民仍其天籟亦習吟咏此以見文字之脫胎於語言及後人務為驚奇錦綉之文章使文字與語言愈離愈遠則文人之過也幸而雄辯者流長於白話而爭於演說每得與文字相輔而進文字根於語言之說未盡泯滅猶有可循之徑而一般村落鄙夫更無以為進習之階此所以愈演而語言文字愈難造就矣

嬰婗之孩不知語言為何物得天籟教育而漸次迎躡聞之久而習之熟始能成語十年以還於普通語言可無扞格之虞然非所論於高深圓潤之談初小學齡兒童授以字課教以讀文始開文字上之知識十年之久普通文字略有門徑而文體之浮實文法之清濁文詞之雅俗尚難與語於以知人生語言文字之進化其難實相等也不佞恒思有以補救之苦短於術耳

方言諺語隨地而殊中外通例亦今昔之所同以世界言洲與洲異以洲而言國與國不同以國家言地方與地方有別則地籟教育致之耳今我中國之謀國語統一者有所謂讀音統一會世界之謀世界語統一者有所謂世界語學校世人已漸知齊一地籟教育之義矣甲編所謂語言文字强能合一或於是乎在

天也者混元一氣之謂故人之所稟受於天籟教育者無二致今試以西洋人生長於中國必其操中音無疑使中國人生長於歐西亦自不得不操西音矣則知人生語言之不類者地籟非天籟也蓋天之所以與人一也非二也而其現形每各異者地域之也着者嘗思以人籟教育統合地籟教育者蓋本乎天籟教育之主旨耳

語言教育當注重於嬰婗以後幼稚之前家庭教育科也文字教育當注重於幼稚之後成年以前學校教育科也家庭學校教育前已述之特於語言文字未專提耳請論語言人類

之初宇內無完善之語言無可取法故其進化全憑天籟不知歷幾多年歲而始達完全地步人生之初家庭少長成具完全語言聽於耳而嫻習出諸口乃潤圓故其語言之進步因天籟而又參以人籟數年間已有可觀然則語言教育非不可加以人功也人功之加其要有二一曰審幾當就其將然未然之際而觸發其成音未著非幾已著亦非幾未形非幾已形亦非幾惟將著將形而令人忽不加察者是之謂幾孩提小兒方其操南蠻鴃舌之音也父母所不能解於是勉强以附會之謂其言固如是也究其實則聲雖成而音尚混不能辨也斯時之主任教育者因附會而時加指導漸有弄假成真之一日以其知能日進而又得人之指引也故小兒發音相似者一任成人之附會例如人盆音似牛頭音似口手音似音發於小兒之口成人附會之而認為人音則小兒所發之音亦即為人認為盆音則小兒所發之音亦即為盆認為牛則牛認為頭則頭認為手則手認為口則口推而至於其他種種相似之音莫不如是或其音尚在混沌之間疑似之際而成人則附會以為此小兒詈罵而訕人也甚或以獎其巧妙因而指導之習之久而成真則又從而痛戒之痛戒之不止甚或敲扑隨焉而兒童之靈魂體魄乃俱受其影響吾願家庭教育留意於小兒之語言當其未能成音也觸之亦無益及其已成清音也矯正之更為難惟值其發音而濁莫能辨之時須詳加審察其音或即為蠻野蠢頑之語意亦宜就是音之類於文明儒雅者從而誘進之期於兩可之間使之成為正大之語氣而不流入於邪僻故語意相反而語音或類則不認其

邪意之音而從其正意不認其癡愚之音而從其伶俐漸引漸導天籟教育進而又助以正明之人籟教育出口自可為光明磊落丈夫語而不為鄙俚粗俗之鄉愚語自可為方正梗直之矢言而不為諂諛附阿之弓言二曰擇地幼稚之際明捷者已能自發語言則任其應對賓客彼有所見不妨聽其表示慎勿謂生客在旁恐貽人羞而禁其發語蓋無知之童縱發為無意識之語言不足為嫌而適於此時間任其自然鍊習不相强制彼習於彬彬純雅之語氣亦自不雜以不堪入耳之言於是不得不甄察其所在之地而加意審擇絕不可使之限於四周無由觸發其善言故嬰娩之際當審幾而誘引之幼稚之際當擇地而放任之此實為家庭教育兒童語言之兩大津梁

再言文字人既畢業於家庭之語言科而入學校其語言已無蹇澀滯塞之弊導其語言於文字當必有迎刃而解之機棄其語言而授以文字徒為兒童病未見其有進益也蓋語言為母而文字乃其發生今試論學校教育之文字科一曰講解生徒之所讀者文字教師之講說則語言矣使教師之講說不緣生徒所讀之文字而一一以淺語解白之則生徒對於其所讀之文字必不能詳悉其義意私塾塾師恒責學生以讀經矣問其經解塾師且茫然縱或了於心中終莫能揭諸口頭其文字劣耶抑其語言鈍耶且勿論彼之生徒果能自明其文義乎雖大愚之人亦知其必不能也不能解釋文字之義而望其能擬撰文字則癡之甚者矣故語言又文字之媒介灌輸兒童文字之識力非藉資於語言不可二曰誦讀吾父

嘗言聽兒童之誦讀即知其了解文義與否彼隨口成誦於離合抑揚之際清濁高下之間均莫能辨而何望其了解故所誦讀者文字其出口成聲則莫不類於語言未有語言不清晰而能勝誦讀之任者三曰接談教師與生徒會話之際時留意之彼半吞半吐欲言而囁嚅伸伸縮縮者殆有語而不能發也彼支節為語沉晦不顯若殆有意而不能達也彼開口明顯稍談則支吾者達而不能盡也彼言如流水走而不守者放言也彼言大而夸不顧其行者侈言也彼言多而複令人生厭者冗言也彼言不由中脫口而出者浮言也具此種語言弊端欲昌明其文字奚可得也

教授文字當以教授語言為初步教授語言又當分為自語聽語會話三種自語者但使發自己之意思而止以明爽為主以順序為歸聽語者當聽人語言之時能理會其人之意思而止以敏捷為主以別擇為歸會話者互相語言之時能交換彼此之意思而止以問答為主以判斷為歸語言中以自語聽語會話為三體以明爽順序敏捷別擇問答判斷為六法文字中亦不能外是也

文字中之要點亦有兩端曰文法曰文體文體有白話文言兩種教授小學生當於語言與文字間施其作用蓋小學生雖不能文字未嘗不能語言就其所已能者導以入於未能乃自然之定程故小學校之教授作文首先白話體而後文言務使其互相翻譯貫通以期母子合一此所謂藉教授語言為文字之導線因教授文字而以語言為過渡然則語言教授

亦學校中所不可缺者也特與家庭不同家庭僅語言一方學校當兼顧其文字故學校教授文字以白話入手即其以教授語言為教授文字之地也其教文之法可略舉焉

口授之注意　教師按文次以演講第一勿為深高之論第二勿設含糊語第三務使學生聽其語言如家庭尋常之習話不以為講授國文自然易於了解

訓練之注意　教師聽學生互相語言或直接答問時當詳審其義意之精神及其口頭之形狀苟其語意未竟當迎會其意而為之補充或出音之未清晰者亦宜矯正之勿使言及不義及粗鄙不經之談

選文之注意　選文無論古文今文要期與兒童之程度不甚相遠俾能領會而不苦於思索不宜採史論蓋論各出於一箇人之意思偏而狹隘兒童時期宜養成其磅礴之氣概寬廓之思想不當導入隙中使囿於一隅而自擾亂其固有之思路苟讀文充足學力一富自不虞其無論說之理想此時決不可窺以管也

作文之注意　兒童初入文徑可令聯字由一字聯成二字漸次至四五字祇期以能講為主稍進則聯句聯字至四五之數已可成句則令其由一句聯成兩句漸至三五句命題較前稍深然仍以目前實物可指之名字為題乃適題字不必加多非由教師先撰一句而後令生徒接續也蓋將擴開其文句而漸引以能作題也著者曾教授六歲之童令其聯字七歲聯句八歲能作短文至六十字之數明潔清朗令人一目了然插吾鄉小學高等科此童余

姑王姪子五歲已受母教識字七八百之多六歲時余又授以識字課至千六百之多一一詳加解說并令復講故培植國文根本之法不在握筆為文之時而在初學識字之日小學識字課尤當注意

意思之發為語言與語言之發為文字相去一間階步緊接略有難易之不同初等生之文字必雜有許多語言此乃學文之佳處蓋初等生作文祇求詞能達意無事深曲繁衍倘於初等生之作文即示以深奧之文法高遠之體格是不啻引以入霧而桎梏其思想也

改筆之注意　改文宜仍生徒之意思而達之就其文字而調撥之勿輕雜以自己之意見勿去其全文而重作之蓋改筆不貴擬作而在拯救其深沉之文言使期於明顯梳理其雜亂之語氣使期於順適原本所存愈多改筆愈妙且不問生徒文字程度若何劣敗未必盡無可取或採其意或節其文務在因勢利導啟發之而非建築之也改筆尤貴神速不宜擱積

上所述皆家庭語言小學文字非所論於小學後及社會上之語言文字也請略述之

普通語言既有根底而後與人接談或演說或聞人語言無或阻隔普通文字既有根底而後看書聽講作信札理帳目均無滯塞則中學以上之教育也自中學而降直至成年其間所習語言文字皆當為成年入社會之準備蓋語言既以表示意思則凡有人格者無間法人自然人莫不各有其意思何一不藉資於語言議會上之語言尤當正直不阿清晰明通

速記員依其語意載記即成文字為永久之標誌著者曾任議會速記職聞於耳融會於心隨筆諸紙同時施其種種官能其語言之支節或複雜者頗不利於記錄故語言不完全所記之文字亦終不完全即其所具意思亦終不能完全表示則知文字終不能離語言而獨立意思亦必借語言以表示也社會上之語言文字乃實用的非演習的學校則演習的為實用之預備耳家庭之語言又演習之預備階級判然而分自學校之演習至社會之實用其語言文字皆當相輔相依而不能離

人達成年法律上即認為公民同負主宰國家之責任設被選為國家人代表或地方人代表則其語言即必能表示國家人或地方人之意思而後可且教育一端藉助於語言者尤夥其箇人藉語言以交際表示箇人之意思猶餘事也然則語言之關係於世用何如哉文字更有遠久之利益凡一切法律及著作物莫不藉此以圖永遠有效此成年後語言文字之實用的發現也然非家庭學校植其先基安可作實用之憑借所願教育界上以語言文字為前提

第三十四章

道德……法律

道德以範圍吾人內部之自由關於意志之動機而引導其方針法律以範圍吾人外部之自由關於行為之趨向而指示其方針道德根於良性法律又本諸道德未有失其良性而可與之言道德者即未有不依據道德而可憑空結撰法律者欲談法律必先講究道德欲講究道德又自人人保其赤子之心始說者每謂世界各國國體及其風俗歷史習慣不必相同即其所擬具法律不能不因之以異道德亦然故列國之道德法律皆難強合然是所謂道德者非真道德也特束縛於風習之中壓伏於政治之下而強其趨向耳其弊則在於教育上不知有天籟之說但為國家所域為政治所囿專制之國且為一私人所範圍欲得教育之真帝何可得也不得教育之真帝詎可以言道德詎可以言法律乎天之生人也本無私而自然之公例亦恆在既同為人即同其天甲國之人不能與乙國之人異其官體天即不致甲乙視之而殊其所賦故世界之人同稟天籟教育而具固有之心性蓋天籟教育抱世界主義無國家畛界抱人道主義無尊卑貧富之差乃適成其天天一大也無所不容即不致於同類而兩樣造之然則無古今中外之人固同具良心良性道德而果根據此良心性也亦何致以國異其趨而今之論者概謂一國有一國之道德不相一致者又何也則以其地籍教育故則以其人籍教育故果各國人籍教育一主乎天籟教育而以環球為教育地點俾所戴一如所履無有乎弗同無有乎或異更何致道德之殊耶我先賢嘗曰道二仁與不仁而已矣吾知甲乙二國之不相同者必其一涉及不仁矣夫烏得皆視為根具良心性之道德然則果有殊途必其一方失本然之良心性而隨其惡俗秕政之播吹非能公諸世界受天籟教育之鎔鑄者也何可統以道德之名乎之心性失其真道德隨之法律亦

烏得而自由平等苟其天籟吾幽望於世界教育家本天籟教育之義而闡發道德法律之旨趣

今之教育家同具一通病則囿於地籍教育是已蓋皆局於國界而各定教育方針不能於教育界中定國家之方針皆因國勢之困蹶變教育方針以補救之不能使國家立於教育範圍中而以教育鎔鑄之即不能使國家永安教育之蔭護俾歷久彌堅於是教育方針國有不同從而人之所習亦以國而異心性俱若隨以相遠道德準風俗為遷就而不能轉移風俗法律任強權者之操縱而不能縋尺強權之人則教育之咎也則任教育者之咎也

任教育者知有人籍教育不知有地籍教育等而上之并知有地籍教育而不知有天籟教育更上則知人籍教育必鎔鑄於地籍教育而不知人籍教育能轉移地籍教育最上者知以人籍教育造完美之地籍教育而不知悉本天籟教育造環球一致之完美地籍教育

人生各種機能皆萌芽於幼稚時期語言者口之機能得之天籟教育文字則任之人籍而必循天籟之徑以語言為標準道德者根之於心心之機能亦得之天籟教育而法律乃人所造就亦必循天籟之徑而以道德為標準欲世界之語言文字相類必本天籟教育之旨以統一地籍教育欲世界之道德法律一致亦必本天籟教育之旨而統一地籍教育吾知教育苟能採博愛主義包括全宇則凡關於人生一切學術事業何不可以齊同若夫教育隨風氣為轉移或因風氣而變其方針則失其化育之旨趣道德隨國情為變遷被風俗之

摧搯則失其固有之良心與良性法律而依一方人之所定或依一箇人之自定則失其公平法律而至於不公不平尚可以範圍人類乎彼專制之君主滅盡天良以殺人亦固曰我之法律然耳此之法律試問能適用於與天地為參之人乎道德而至於拋棄良心與良性尚可以引導人之意思乎彼得㬎國俗虞詐相交非不曰我國道德固如是也此之道德試問能迎合天所造就之人心乎至教育而不得化育之旨趣則凡百人事莫不失其眞態

人心造教育教育造人心教育不能革汚濁之人心則失其天籟而教育斬絕人心不能續天籟之教育則失其性眞而人心斲喪至於人心斲喪教育斬絕國雖存世界亡矣今之談教育者亟言注重道德主義矣顧所謂道德者國家道德而非世界道德也表面道德而非根本道德也造其極能應國家一時之變而拯救之吾所謂道德云者在保有天生之人心造成人類共同之道德俾永遠不變與地球相伴造其極萬國同隸於一爐而鎔治之無或一時有需於應救蓋彼所謂道德以國家為主道德為客國家不變道德亦不變國家苟無需於道德之應救即不尚道德主義吾之道德以國家為客道德為主道德不變國家亦不變國家雖無待道德之應救而崇奉道德如故彼強道德以應國家之急而我則納國家於道德之中使得受其鎔化而後稱道德國家不必謂國家道德也有心人即詢我以方法必如何而後能達此目的於是不得不臚陳以對

視彼禽獸亦能同類相愛可以推太初之民與幼稚之兒亦必有其自然和愛之情此自然和愛之情即道德之根基及至中古比兒童入學時期有教育家以其先知先覺培而養之以完成其道德之全體然則中古聖人與學校教師之對於中古常人學校兒童之道德也等之加人力以全天然之功者也可知上古之人民猶今世之孩提無中無外環球一致必無殘忍暴戾之居心準此以擴充俾塞於兩大之間何患不能造大同世界然每降而氣習愈遠不能統於一者又何以故曰即今人所崇拜之大英雄大豪傑致之也古之人無彼此之分爾我之界及知育日進而漸啟爭端如黃帝逐蚩尤涿鹿之野流血百里分裂地球各為風氣風俗乃成風俗者一二雄傑之所造非大聖人不能以其道德破出風俗之範圍故中才以下各以其風俗為道德之標準皆曰風俗造道德而未嘗以道德化風俗且各以是道德為法律之依據法律亦自然不同教育之破裂乃於此時期矣自是而後世界人心之相同者惟在全無知識之嬰娩時期過此則各隨其風俗之所染任教育者之所化而各異其趨今欲謀大同必始於教育教育實可以造齊一之道德而鑄成同型之法律以為大同之媒介然教育上欲一法律必自道德始欲一道德又必自保全良心始良心者一定之自然心也甲以為可悲可泣者乙亦以為可悲可泣甲以為可笑可樂者乙亦以為可笑可樂惻隱羞惡辭讓是非之心均同而無或歧異此一定之心謂之良心世界教育家各懸一保全良心之目的而不問社會之褒貶一以人人良心決其去就夫而後道德同據此以定法律法律亦同據此以造化風俗風俗亦無殊永遠合一斯則賴教育之功矣

孔子之告曾子曰吾道一以貫之孟子曰夫道一而已矣一者萬殊之本道之所由生也荀子曰道出乎一老子曰道生一書言惟一禮言太一故道者一也一者道也淮南原道謂道者一立而萬物生矣是故一之理施四海一之解際天地中庸言知仁勇三達德所以行之者一故惟天地之大惟道可以充之統於一也惟其能統於一故謂之道而世不察以為道德隨國家而異斯則局於一隅之見烏可與論道德中庸曰不貳所謂一也曰不測所謂一生二二生三三生萬物也道之在萬物者謂之天道道之專在人類一部者謂之人道孟子曰天下定於一惟不嗜殺人者能一之不嗜殺人人道主義也而能一天下則知人同此心天下雖大天下之人無非同具此良心世界道德之統一豈迂遠而夸大哉根據人生固有之良心而發為道德教育之唯一方針將不難於一也道德亦在此而不在彼矣

著者曰孳孳言教育本天籟而欲其包含宇宙者採求真教育耳著者曰孳孳言道德須謀統一而欲其推行世界者採求真道德耳微真教育不能成真道德微真道德不能成真教育是在先知覺後知先覺覺後覺得一二教育巨子提倡於前不患其不昌明於後也

道德教育與知育體育不同以言體育人愈長大愈壯健以言知育人愈閱歷愈富麗均惟其年為進化道德則不然人當幼稚以前知識蒙昧體質脆弱而道德則完全圓滿而無缺及知與體俱以次進化而道德乃準其進化之程為退化三歲之兒無人己之界如坐混沌之天使成人而亦如之世界之大同不期然而然矣三歲之兒隨意所欲自無大逆不道之

舉使成人而亦如之人類之自由不期然而然矣大同也自由也道德之真帝也而成人之後每日言大同而或詐或虞每日言自由而或放蕩或箝制皆不能全其三歲之天此道德之所以日進卑污而穿鑿之說出矣故曰以成人之體之知而具有其三歲之道德則完人也故道德教育自幼稚之際至人生之畢世當時時懸一保存三歲之天之目的人生莫不有三歲之時期也此三歲之時期即為人生終身道德之模範時期雖然此三歲時期知育尚在萌芽記憶力亦不強成年後不復記憶其三歲之時更何能取為模範然則奈何曰舉世界之家庭學校社會之主任教育者均當以三歲之童為道德教育之實質的標本舉世界之家庭學校社會之受教育者皆當視三歲之童為道德教師而取法之蓋三歲之時纔爛天真與物無界何況於人所謂天者實無其體以萬物為體實無其形以萬物為形萬物之聲臭即天之聲臭人占天之一分子故天道集其大成而人道則一部也或謂天心即人心人之所向天亦向之視聽皆由於人愚棄天心實即宇內萬象之心非但人心而已也不過人居最靈萬象之出類者故言天人而不言天物挈其領耳三歲之時實以天心為心萬物皆備焉惟體育知育均未發達不能踐大人之行為道德則雖至聖無以加也

造道德之極點亦不過如孟子之言曰大人者不失其赤子之心者也人人不失其赤子之心則人道主義必昌行於世界故曰道德達於極點法律僅可廢棄孔子之從心所欲不踰矩者即自由而不越乎法律範圍者也惟當時國家并未明定法律孔子亦未明言法律之

範圍則所謂矩者將以法律為準耶抑以道德為準耳故道德亦可範圍自由特道德根於良心範圍人之內部內部之動機難測惟操縱於一個人之意思苟自放失其良心則道德立斬而無由管束其自由則自由之美名必易為放蕩之惡名於是有法律之規定法律雖亦原於道德而範圍人之外部外部之行為易形故可操縱於億兆人之公心故必億兆人均喪其良心而後法律乃弛法律繫於大多數之人心道德則寄諸一個人之志念有時大多數之人心已亡而一個人之志念尚存則法律隨大多數之人心而去道德依一個人之志念而留所謂一髮千鈞之繫也如孔孟處周末不及以一個人之道德發為國家之法律故道德雖存而法律已亡惟恃有此道德法律之根未盡絕也相沿以迨於今人心之未盡斵喪者徒以此一脈相傳之道德耳居今世而欲言法律必先由一二主動者提倡人道主義以保全良心者維護道德洎道德普及而後由多數被動者本其所已得之道德發而為國家法律庶可以範圍人類之自由而不相背謬此其任吾無所責責之當代之教育巨子

第三十五章

衛生……醫術

衛生者所以慎護全身以防未然之疾病珍重平日以保自然之康健也凡生物之體皆由無數之極小原形質所組成此原形質謂之細胞其質如卵其狀如球人之所以能長大者

亦賴此細胞之自為生育由各種細胞相集合而構成體中之單一材料謂之組織二種以上之組織又相集合以構成吾人全體中之各部分曰機關即器官也如手足耳目心臟之類其器官固有之作用曰官能各機關更相集合遂成完全之人體謂之全體全體中分營養機關運動機關感覺機關蕃殖機關四大類總括之為二大系統曰動物性系統「知覺運動腦脊髓司之惟動物有此作用故此系統謂之動物性」曰植物性系統「營養蕃殖諸內臟司之即植物亦有此作用故此系統謂之植物性是也」

吾人之全體合言之既為動物性植物性二系統分言之則不外骨骼、軟骨、韌帶、筋肉、內臟、血管、淋巴管、血液、淋巴液、神經、五官器、皮膚、粘膜及結締織等互相連合始能達生缺一不可

全體器官各有功用如腦主意思「王勳臣曰小兒無記性者腦髓未滿高年無記性者腦髓漸空金正希曰人之記性皆在腦中」心主循環血流「素問曰心生血又曰心主身之血液」胃主消化食物腎主生溺生殖器主蕃殖之類

一　生理之略述

生理者即吾人生活之理曰知覺曰運動曰呼吸曰消化曰循環曰排泄曰生殖皆其現象試各說其原因與效力

知覺　知覺者腦中樞之所司也其機能極靈巧故其轉輸甚敏捷每因五官器之媒介而接外界諸感觸遂自機關傳命於官器官器則起諸般之運動以應之如目視物而即以手取之耳聽言而即以口答之物也言也必由耳目之視聽以報知於總機關其取之答之也則又由總機關之傳命令於手口故耳目手口外形之體其作用易見腦為總機關藏於內部其機能不可以目覩

運動　運動者乃骨與筋肉協同而起之效能也凡生活現象者皆不能離運動運動廢弛而生命絕矣

呼吸　呼者呼出肺內之濁空氣吸者吸收外界之清空氣肺臟為清濁變化之區呼吸筋是其原動力胸廓因呼吸筋之作用擴張收縮肺乃隨之擴張時肺因彈力性而膨脹則體外之血氣因氣壓而入肺收縮時肺被壓迫而縮小則肺中之空氣復竄出於體外一弛一縮血液得以變化於其間

消化　人若絕食每小時間必失五十瓦「一瓦當中國二分六釐三毫」之體重蓋因體質燃燒變其實力為動力久之實力匱乏遂覺饑渴醫此者惟有攝取滋養之食物於胃腸中消化之後被吸收於血管中遂成血液循環體內以配布於各組織之間一以助組織之成長修補一以營溫體及動力之發生

循環　循環器為生活中極妙品其器始於心臟滋蔓全身再集合以歸於一所無端而成

環狀血液因心臟之原動力自一所出復歸於一所無時靜止故曰循環或自食物及肺氣所得之營養外輸與各組織而滋養之或於各組織間攝取老廢物「炭酸及水等」送之於皮膚腎臟及肺以排泄於體外或因溫暖之血液以使全身溫度平均其有需此官能者實多

排泄　然燒石炭則忽分解以生水氣炭酸及灰分人體中之燒然作用其結果亦同每因化合體中食物與血中酸素以發體溫致生炭酸水氣及尿素等老廢物此物蓄積體中必釀危害故不可無排泄之機能爰有血管吸之而去或化為氣體使自肺臟呼出或化為液體使自尿道排泄至其所殘餘者則自皮膚為之蒸散及分泌

生殖　生殖器之構造在女子則有子宮子宮之旁有卵巢卵巢為無數細胞所成以生卵子在男子則有陰囊陰囊之內有睪丸睪丸為無數細管所成以輸精蟲男女交搆則精蟲入子宮與卵子合而成胎

二　空氣之關係

人之生育於空氣猶魚之棲息於水中身外皆氣氣積為天故身外即天吾人賴呼吸之以生存於世僅飲水以充飢尚可維持生命至四十日之久若與空氣斷絕則數分時間必絕息以死故空氣之關係生命環球一致得之則生弗得則死此天籟也處沙漠之地灰塵飛散於空中與空氣合人吸之易致肺症類如我國北帶諸省處清爽之交多吸新鮮之空氣

體亦鮮昂而腦甚清朗類如我國杭浙之間推之業漁與農者日處於藪澤廣野之間空氣爽潔業裁縫印刷者日處室中常苦空氣之不潔且如枯井廢垣及修鐵道之山洞藏酒之地窖每能殺人蓋炭酸過度或與空氣等或尤冷於空氣則必下沈與空氣合故也凡熱者上升冷者下降如煮水然其上雖熱而下方溫此皆地籟使空氣流通利於呼吸別空氣之清濁而去取之則有恃於人籟

屋內空氣因塵埃薪炭及燈燭然燒等致生炭酸又因煤烟人畜呼吸及物之腐敗蒸發等致生臭氣皆不潔之甚者宜避之空氣過於冷溼者不宜吸入以其易致呼吸器之病其自暖燥之處驟移於冷溼之所者尤宜慎之空氣過乾燥者亦不宜吸當以水撥之綠葉植物能使空氣清潔當過室旁栽之空氣中多塵埃小蟲之類宜以鼻腔主吸而口腔主呼或任鼻腔自然呼吸若遇身體運動之際有深大之呼吸則宜開口此皆人籟而非天地之所能主也

三

飲食物之關係

人之筋即靜脈管肉神經自腦脊髓發出之絲系散布全身以統全體器官之作用者曰神經賴數種原質化合而成者每一運動一思想則其原質所成之成分必漸漸分解變為不可再用之廢物以排泄於體外可知動作筋肉則筋肉之成分消耗動作神經則神經之成分消耗靜息時亦有動作之消耗如眠時而肺仍呼吸心仍搏動之類若無以補其損失則筋肉神經必不能永其作用故必賴飲食物中之種種滋養分以隨時充補之滋養分即滋養素亦曰滋養原質可區為二種曰有機性食素曰無機性食素有機性食素即動植物是無機性食素即水料是

動植物　動物中多含有蛋白質為發育身體之滋養品惟須擇新鮮者如蛋卵為人身之需料而陳腐者則易致病植物性之主成分為澱粉餘為蛋白質亦最要之食品也食時宜混合動植物不宜偏食其一蓋種種食品其含有之滋養料不能適合於人體之營養當蛋白質者則乏澱粉富澱粉者必乏蛋白質兼而食之而後營養支配適協乃得其當若僅食動物性食品久之則易發便秘煩渴多血等患僅食植物性食品久之易發消化障害及腹滿下利全身衰弱貧血等患故肉食之傍必列穀食菜食既久必須肉食者因是故也

水料　排泄循環新陳代謝種種運用皆賴水為之媒介故水能溶解滋養原質以輸送之於周身或溶解排泄物以排出之於體外惟飲時宜擇清潔者為主若含有腐敗有機物者甚為險惡亦不可多飲多飲則傷胃

食時不可頻繁一餐之後必俟胃之疲勞恢復方可再餐不然易致停滯胃中而害消化劇動後勿即食食後勿即劇動均消息三十分鐘而後可食時不可過速須咀嚼充分以齒代胃且使唾液分泌混於食物中而後乃易於消化食時不可笑語恐食物誤入氣管而害呼

吸食物不宜加飲料蓋唾液能潤乾固之品乃天然之規則加飲料則食物隨流而入必易整吞食時須有定期早餐於起身後一時半晚餐宜當臥前三時酒煙兩項有害於人體宜痛絕之

四

居室之關係

居室者所以防雨露寒熱燥溼及其他天然刺戟物者也故必擇高燥之處清潔之地使水溼流疏空氣新鮮而後適宜鄉閭野曠而達觀可以多植花木不比都市惟花木不可近於所居彼樹密陰濃日光難入亦甚不宜

吾人所居之室中每因肺臟皮膚之呼吸燈燭煤薪之燒然遂產出若干炭酸又因塵埃中含有有毒之有機質及其他有機成分故漸令空氣變惡今欲避除此毒惟恃有換氣法曰天然換氣法室內外空氣溫度之差愈大則換氣量愈大室外風力愈強則換氣量愈大室內外之空氣性狀大相懸隔時則氣體交流作用益強盛曰人為換氣法其法或焚爐以暖室內空氣使之遒散或假機器之力以使生風或開戶牖使內外之空氣交代或特設換氣窓於室內之上下各開一孔使室內濁氣得因輕熱而自上孔出室外清氣得因壓力而自下孔入

採光之法亦有天然人為二種日光為天然之光火光為人為之光光量宜大而不炸蓋不足則失之暗有勞目力過盛則失之爆反傷視官日光之功用一以激射植物使之吸炭吐酸一以使空氣溫漲磅礴流通一以助酸化之運用而後去溼氣生乾燥奮殺菌之力使土地水氣皆臻清潔故為人體及他動植物上必需之點且於人類保健上尤有絕大關係振興神經活潑精神并以旺盛新陳代謝之機能惟不宜使之直透於腦中而害腦筋亦不宜迎射目前而害目光故居室上之窓牖宜注意之火光之功用能助日光之不逮如夜暗之際非借火光不能明亮西人所發明之電燈尤為皎潔惟所製洋油雖明而使然亦有大害數端(一)煤炭甚多縱有罩光之罩而其煙不為稍減以致空氣不潔人恒吸於肺府每易生病(二)光亮炸而不純接觸目中頗覺漲光久之目覺乾燥而少潤澤視官隱受其殺(三)物如硫硝易於觸火偶有不慎火觸油內即焰熾不可撲滅以水救之則更張焰掩以草灰立可救止其不知用此法者每易遭火患居屋多以草木為之於火尤宜切慎

五

運動之關係

人生具有官體官體非能逸而不動也其動也又出於自然當然而非由勉強小兒自能行動除染病眠睡之時日無一息之停嬉戲動作自由而不覺其苦蓋運動乃身體之天職懶惰則精神廢弛操勞則筋力強健作之既久亦必遊散休息以發抒其體機息之既久又必操鍊動作以活潑其筋骨休憩與運動更相推代則逸勞不致過度血脈可以舒暢故朝作

于于夜瞑遂遂無懷無惟以寓于居衛生之一訣也

運動宜始終以漸劇動時不可卒然而止休息時亦不可卒然劇動且當有一定時期今學校脩業時刻往往有過多之弊父兄又責以放課後之脩業於兒童身心之發育實有妨礙家庭中宜急注意

運動宜注意個人之體質年齡職業及强弱之度以擇其種類定其時期食後宜為適當之運動不可劇烈讀書坐業之人雖伏一室運動不足有害康健每日宜行一時有力之運動或步行二里許郊外游散皆可勞逸之人食後休息片時而後就職為宜運動更當酌量氣候如值疾風捲沙之時則易感冒寒暑致呼吸器病及僂麻質斯諸患故宜擇空氣清潔之處及太陽照射之地為全體諸筋之運動尤宜均一身體之位置屢使變更如久坐者下體血脉不流易起皸瘃之苦他部亦反生充血之患

運動能發達筋骨乃直接之效果而能增加呼吸量使肺部充滿則為間接之效果且運動筋肉能使滋養之血液善於循環筋肉之運動愈劇烈斯血液之循環愈神速由是新陳代謝之機能亦緣是以盛故運動筋肉可助身體之全部發育者首在增進食慾運動盛斯全身之活動亦盛消化物遂因之而多不得不補給食物以資其營養此食量之所以加大也衛生之術畧述如上余以是為醫方之根據蓋醫以補救於已然衛生則防護於未然得乎衛生之道或可不求醫術未有不知衛生而能為良醫者也責盡人而能醫人教育上之難

事任各人以自衛則教育上之天職也所願世之醫家務從衛生入手卽非專門醫學者亦各以衛生為普通學術勿忽也可

第三十六章

體鍊　軍事

循衛生之道而進一步則體鍊是也體鍊者軍事之準備其目的在勇之一字今試以言拳藝人類之初既走不如獸飛不如禽目競於爪牙角逐之林不為毒蟲猛獸所制者幾希於是力求制勝之術相與運動其肢脉鍛鍊其手腕而拳藝興焉上古惟人物有界祇鍛鍊其身以禦禽獸造其究竟拳藝而已及後人與人界互相爭鬬鍛鍊其群以禦同類造其極軍事興焉

拳藝者軍事之造端軍事亦拳藝之究竟也軍事造端於拳藝矣拳藝又何自來歟雖由於人之思想材力而實得諸天籟教育者也至其後達完美時期如北宮黝之不膚撓不目逃其首開軍事之門徑經歷千百年積千百人之心思精力始克臻此則天籟教育之發展也上古如孟賁夏育史但傳其勇不傳其方中古如莊周之言作史馬簡將畢焉巳惟拳藝則否其原因蓋生於利己心太勝事之求一身之利益而不問其他故拳藝者個人教育術在一身軍事則團體教育術公一團攷上古拳藝至秦而漸後漢之郭頤專心壹志發明長手之術迄後唐而有司空陪上挑下拘之一手及近古期如宋太祖之三十六勢長拳六步拳

猴拳四拳明代之七十二行拳三十六合鎖二十四弃探馬李半天之腿鷹爪王之拿千跌張之跌張伯敬之打皆别開生面自成一家近世期之許氏祖長手而成上飛無下殺之一派并八字之馬檔操手之對操對打譚氏祖中手下殺為主上飛為附及屈膝水平八字步單踵舉起丁字步皆上下相應其操手有攜還攜打環打之名楊氏祖短手手面上不過眉下不過膝脚步視水平為尤低拳藝之沿革略如繼述雖其技敵不多人而亦個人鍛鍊體態之一術

日本襲此法以為擊劍柔術等事自戰勝强俄後其術名動歐西而日本全國亦更風靡一時學校中至欲以代西式體操議論紛如後經學校衛生會决謂不可卒從大學良師之主張以行各種競爭體操並取譬於釣與奕之理方其跽石持竿任意頻釣未始不合乎運動之自然比其返也筋骨疲憊蓋始也重在運動意取適體而止繼則重在於釣蹲伺而徐察聚精會神而試之得失亂其中而忘其初旨奕為精神上之運動然日中對局夢寐有黑白之爭蓋凝神以思失其常度與釣同弊故為劇烈逾分之競爭全失運動之旨趣卽非鍛鍊之良方

鍛鍊較運動稍進一層而其意旨初無背謬小學以前之教育無所謂鍛鍊蓋人生而有天然運動由家庭以至小學校皆循其體質自然之發育以施運動之方體弱而骨格柔脆鍛鍊之法不能强加也及中學學齡體差强健家庭操作較前稍重與學校體操亦較前為有力

卽凡行路舉動莫不有天然之進化於此漸授以鍛鍊之方術不致戕伐其體育故體鍊以收衛生之效果而開軍事之門徑

國家集億兆人以組成卽此億兆人所公有之物公有之物卽當公共保護之兵者所以保護國家者也國家既非一二人所私有卽不能任一二人之召募委任而偏令一等人當兵故共和國家人人有服從兵役之義務三十而後為兵齡自中學教育卽應注意體操一科柔軟游戲較小學為輕而漸重兵式大學則有海陸軍操典或實地以練習洎大學學齡以往體質完壯均無不適惟不能驟臻强盛必養之有素以鍛鍊為根本使之習於漸而不苦其劇而後不待强迫而樂於從事國人皆兵則兵皆主人非奴隸皆自役不役於人君主國體一人私國家為己有徵募兵隊以衛其私產兵蓋一姓之奴耳卽如立憲各國以總統掌握兵柄任一人之左右儼若總統之兵而非國家之兵而國人之公心仍絕夫與使為一姓私奴不如使為國家公僕與使其為人衛產不如使各為自己衛國蓋主權之所屬卽責任之所歸人各以為占有國家之一分其擔負責任之心卽油然而生蓋為公實以為私人情而或有忘私者乎若夫為他人保護私產則全恃感情全憑利害感情絕迹人孰樂為人役哉利害不相違人孰樂為家奴哉縱有時囿於所酬而一念及國家公有之利未有不倒戈相向者也且人類公同結一大團以成國非兵不能以圖存結此團之人皆平等也孰應為兵孰不為兵使皆不為兵國無以為衛使擇一等人當兵又失平等之義亦人情上之所難甘

必也人人皆兵其為兵也為國為己為組織國家之一分子卽有國家一分量出而服兵役以衛國者自為非為人也故國家應為人類公同所組合至理也卽應為所組合之人之公有物亦至情也公有之物責以公同保護至理也公同之物公同之樂為保護亦至情也由斯而人人當服兵役之義更確由斯而人人更樂於服兵役而無所辭由斯而募兵徵兵抽丁之說皆取消卽古時寓兵於農之意亦蕩焉泯廢更無所謂兵國人至三十而後四十而前者皆國家之兵也無間為農為工為商為國家人代表為地方代表方莫不經此兵役之階級教育界上軍事亦其一端惟非一二年之功所能竣事是在鍛鍊鍛鍊亦非一時間之事業請先言家庭家庭之養習兒童務不能養成文弱氣擇其力之能勝者任之路之近者不必舟車縱不如斯巴達之主嚴峻然僕役傭伙皆當一切裁汰人皆平等奚分主奴卽巨富之家亦不能以不平之法待平等之人一也恃有傭伙子弟易落於浮囂而體乃脆弱二也天賦以操作之資料如手如足自非殘疾何必借助其他一人自然能了一人之手續縱老者借力於子弟幼者資護於父母亦其循環互換之至理不必更待於外來之人三也特是病院伙夫不在此限再言學校學校距家不遠往來以步以體操為普通教科小學宜重遊戲稍進柔軟至中學則可漸授以兵式而於兵事上之要旨尤須剴切教訓校中夫役亦宜少雇一以養成勤儉之美風一以鍊成完固之健體豫逸亡身操勞強骨執浮官生徒驟語以體操之方雖柔軟且難支持蓋其腿部膀部骨格間皆少運動之力至兵式更難如令

而演鎗法戰術非能假藉使之身體而嘗試則胆破力怯所謂見虺蜴而却步談虎色變者皆慣養驕聲未經鍛鍊之浮囂子也終日高居深宮不出家門一步此而卽特設一軍事學校以操演而教鍊之徒見有萎敗不振之態度未見其能兵也故必家庭訓練有素寓兵事學於學校普通科使之平居遊散之時無不以鍛鍊身體為軍事之準備庶乎近之更言社會成年後厠身社會亦不能消涉浮華無論操何職業終不能一日忽乎鍛鍊之方凡一舉一動苟為力所能逮皆須盡力相從不可稍存畏縮之心三十以前當為從軍之預備及至三十入軍事實習所三年而後卽戎若必偏擇一等人使之服從兵役則絕對的不適用於共和國家將先激動其不平之氣而餒其心志兵亦殆矣

無論在家庭在學校在社會鍛鍊依身體而存在特家庭之動作社會之行為為各箇鍛鍊學校之訓練實習所之操演則合群之鍛鍊若以中國相沿之拳藝擊劍槍術弓法騎法等為各箇鍛鍊之標準以列國之遊戲柔軟兵式體操及戰術學等為合群鍛鍊之法門以強固體育為軍事之預備由此陶鑄國民軍必不減於練兵而況練兵之不敵國民軍歷史上彰彰可攷普佛之戰佛鍊兵盡矣甘必大起國民軍屢敗普軍為毛奇所不及料不敢出訶南一步古巴之革命也金密士以數十人渡海入古巴振臂一呼壯士雲集前後以四五萬人與西班牙兵二十萬人鏖兵連年而美西戰事起古巴遂獨立菲律賓之革命也壯士十人以桿槍六七枝刧西班牙五百兵營奪槍五百撲戰累歲西兵駐防於菲者以二萬計無如何卒賠款二百萬㕔後西政府失信戰事再興美西之役美提督載阿圭拏度再入菲律賓與美合兵阿圭拏度以兵數千人俘西班牙兵萬數卒立政府後美復失信菲人以所獲於西兵之鎗萬餘擇其可用者七千以與美精兵七萬敵數年始定英杜之戰杜與阿連治合兵三四萬人英兵四十萬前後三年乃罷如上所述以國民軍與練兵角無不一以當十蓋練兵奴也卽使其盡心竭謀忠於其主而為人謀者難保無一時之變心民兵則主倘驚鈍不競卽為不忠於己在人情不忠於人者有之未有不忠於己者故練兵為一私人用力民兵則為全國家保護為私人者為他之一私人己不與焉為國家者己亦國家一分子卽所以為己也使為國家兼以為己者與捨己以專為他人者較其勇怯不啻相萬余嘗曰以國家屬之皇帝保護此國家者僅一皇帝以國家屬之國人保護此國家者卽全國國人徵兵以保護國家兵之盡力於所徵之人而不必盡力於國家就民兵以保護國家卽各自保護其所組織之公有物而非盡力於一私人者比況共和主義自以人人當兵為原則募兵徵兵之制絕不適用於將來之國家余僅以國人皆兵四字定軍事之方針

第三十七章

農　　礦

世界百物無一非供吾人生活上之需要者也取之無盡用之不竭其取之之途何在則農與礦是農者非但耕田播種而已凡種樹畜養培殖有生物以應吾人之需者莫不有待於

農礦者非但掘金琢玉而已凡採採甄陶發明無生物以供吾人之求者莫不有待於礦農也礦也二者則皆資於土地而地質學興焉雖然二者之所資於土地者不同農取廣袤礦取窩窨礦為已成之局藏於地者有素全視乎人之鑑識力農居天然之天產於地者無定則視乎人之培養術彼多方畜牧厚積肥料以充墾者土性雖瘠可期肥腴惰性成之民羊豕不育栽培失時疏於灌溉田雖肥美而所獲乃不敵其磽至於礦則必先辨礦質之優劣礦床之厚薄非可以人功轉移變化卽不能半途施術是在入手之初明辨土質採尋礦脉不可忽也

二者又皆資於資本而後其業舉第礦業所需於母財者至鉅而農事則方之微也器用之費傭工之酬轉運之資差力均強故農之虧贏甚細而礦則出入頗大開礦之損失無算者恒見未見業農而困也其農民之坐貧者非農病之皆由於生齒繁而好逸惡勞者衆也

二者又皆須於勞力矣第勞力於農者平夷而有定時勞力於礦者險惡而無限期農之所待於勞力者足見盡一家八口之力不足而後始雇於外來礦之所需於勞力者不可算招徠四方沓至紛來合為一團至懸殊也

二者又皆賴工與商矣金銀玉石地之寶也礦所産出産出之形一巨塊耳鎔而化之彫而琢之則有待於工而後成器乃有裨於世用非工則礦之所産棄貨而已礦之賴工以善後也如此而又賴工以策先自調查礦産之初操斧斤入山澤開礦之後所攜器皿累累既出

金凡試金之所須如卓様之車挖様之挖試驗砂金之鐵管舉凡所用之具何一非工之製作非工則其業不舉此礦之有待於工也礦場一隅之地產出之礦非能自致於通都廣途以供世人之求也以世界之廣廓世人執業之繁劇必不暇遠千里而求其所需亦安得人人就礦場而取貨乎礦既不能自供於市世人亦不勞千里之跋涉矣則其間轉旋灌輸交易濟用者捨商何恃惟農亦然種殖之所穫畜牧之肥碩俱生貨也賴工以致之熟農場在野所穫之生產品賴商以運輸於市耙犁鋤耰之屬農之器具賴工以製成賴商以運售工商之夾輔農礦不待知者而知之矣第農商之資本輕而礦商之資本重農工之製造簡而礦工之鍛鍊繁輕而易舉簡而易就故從之者眾重則難圖繁則難精故從之者寡

是故農礦者類相似而細別之實有不同因之其教育上之趨步亦殊請言礦礦物學自有專書無待煩言今所述者礦事教育之途也礦既有須於土地資本勞力矣則教育上必不能捨是數者顧礦之於是數者資本為重勞力次之土地比之則又遜也數畝之地其值甚微有礦可獲不患不償故礦之花費於土地者有限而其得土地之所出方之農事之租且百倍焉以農產之價而購礦產人自優為特地中不必皆含有礦質所含礦質不必皆優美何由而知其地中有礦礦而為美質也於是不得不有待於教育教育對於礦事土地一項務採知識主義以地質學入手自地球之成形如星雲球分離變為液體液體變為固體地殼之構造如層狀構造塊狀構造水成巖為層狀構造火成巖為塊狀構造而推之礦脈礦

脉不論層狀巖或塊狀巖苟其巖石之間有罅裂存在則礦物之溶液入此罅裂中而順序沈澱其礦物之一部或全部自母巖而來其先沈澱者在罅裂之兩壁結晶漸次向內部沈澱後生礦物終至填塞此等礦脈有純為一種礦物所成者有為二種以上礦物所成者其產出有用之金屬者為金屬礦脈金屬礦脈中常有數種金屬相伴而生謂之共生如方鉛與方鋅礦共生孔雀石與赤銅礦共生黃銅礦與黃鐵礦共生錫石與黃鐵礦方鋅礦毒砂共生之類皆顯見者其無用之礦物亦常相伴而出是謂脉石脉石以石英方解石重晶石及螢石四種為主僅為此脉石所成之礦脈謂之死脈凡上所述尚屬礦學之粗淺者其深與之處尤難研究若短於學識誤入歧途損害必巨故礦事以別擇土地為首務礦學即以調查方術為前提教育上即以養成此種材料為先着夫地利無窮而資本有限以有限之資本營無窮之事業不得不擇此事業中之獲利最優者而先治之以為實業發達之根據苟不先調查全國之財源一一統計而比較之則又何從預測其何者享利厚何者享利微乎例如我國川有石油陝亦有石油石油之可獲利夫人而知之矣川人曰必積厚資於川而開川礦陝人曰必積厚資於陝而開陝礦而國家之經費應兩省又不足勢必去一就一此而非調查有素確知兩省油質之優劣開採之難易從何而先其便利者緩其不便利者於是不得不任之學識宏通經驗富麗之士探山澤之險從事於實地之測驗歸則出其所得於山野者窮年累月而研究之教育上對於此項人才宜如何開其知源啟發而觸進之以造就其成也故關於礦事土地上之教育知育先之

礦事必探險入危經年累歲而後成其間所需之勞力盈累萬千不可以紀勞動之劇費時之久工職之繁必待分功固無兼營之才亦無兼營之體體稍遜者藉營一事亦易致病病則半途以寢因一人之病虧而或影響於全體蓋此一人者已得門徑更易一人必重理端緒以致費時失事且礦學才料常苦於難得一諳習之士在礦界固不忍畀棄在此人亦斷難藏技以終兩方皆不暇計及體質之柔強勉強以從事者特為知識所動耳半途之廢大率此輩此而致病於箇人者猶淺而礦則大受其損矣其咎何歸歸之教育故教育對於礦事之勞力宜採體力主義當小學卒業過入中學之際必精詳試驗學子之身體氣質擇其最強健者許之礦稍遜者置之教育之時常留意其鍛鍊之方併起發其冒險精神俾畢業從實地從事之時優為之而不覺其苦至於衛生之術尤其必要觸礦中之毒而受傷者每多教育者急宜注意指示雖勞力之酬報恒逾於農屬然終不能任殘弱之軀使之一蹶不振也教育上之負責為何如乎故關於礦事勞力上之教育體育先之

礦事之教育於土地則知育先之於勞力則體育先之儘人而知之矣惟關於資本上之德育則見者不數數覯也礦務之倚有需於資本者甚厚屢觀東西各國開礦之費動輒以億萬計國家之病貧者每由私人集貲為之其勢固非一二人所能肩任必召集多股共圖之或可勉於成功不然鮮克有濟於是有株式會社之組織株式會社者公共之財團也人之

入公共財團皆有所希冀而後來況乎母財本以博贏利者也輸財於團使所得之贏利不及常率則必轉從其母財於他業亦人情之常無足怪者營業者之於母財猶嬰兒之繫於乳也非財則其業不舉而礦務為尤烈明知某礦金某礦銀某礦珠玉資本之不充則計末由施人有連阡接陌而坐無財不能治懇者矣而況開礦之費固百倍於闢荒然則資本之關係於礦不較勞力土地兩項為尤重乎將必如何使[illegible]濟充裕克致礦事於成功曰是在教育世之所貴於信用者為其可以通財帛也世之所貴於通財帛者為其可以共舉巨業也事固有一人斥財之不足集十人之財而可為者使無術以合十人之財則其事即廢財以濟世也曷為而為我有哉即為我有一人之財不足濟事是亦棄財已矣是故通而合之集十人之財以成事所獲贏利十人均之事成而其財為有用之財分而治之以一人之財不能一事贏利亦休事不成而其財為無用之財礦者非一人之財所能支也勢必有待於十人十人不足則增至百人仍不足則增至千人人數之多寡不等均之恃信用二字以聯絡股份共襄厥事者也信用何自來歟因發生於道德者也故教育對於礦事資本一項宜採道德主義今日之道德隳矣營私而遺公者衆見利而不能思義也澳洲產金最盛之地澳人嘗曰近五十年中澳洲所出之金可以築一凱旋門而有餘然資本金之消耗恐失數殆倍之所以然者澳洲昔極荒僻奸宄之徒往往藉採礦為名號召資本以為乘機攫利計而礦業乃大受影響前事之結果後事之原因資本家斥母財以圖謀事業原為贏也贏既

戲而又折其本誰樂為之後來者將不寒而慄矣於此而思杜其弊非自教育不為功教育而欲絕除此弊非注意道德不為功道德仍非所謂普通科之道德人固有因見利而一時斲喪其良心者故道德常為私利所破壞茲之所云道德非從私利中陶鑄而出不為功財源之在天地間猶水源之流行無在非水即無往而非財取而用之不能罄也人每苦用之之途廣而吾則幸取之之源深開闢以來歷萬年之久積億兆京垓之人數累貲資金無量數恒河沙數用之至今而不竭人類之賴是以生存者如故未一見其病則源之遠也則源之遠而流之長也今有人蓄積多金掘地而瘞之是不啻截其流也不遑等於未開之礦金耶夫財之用途雖廣而用以浚財源則最急之途也財源雖非一端而農礦者源之泉也農礦雖同為源泉而農費輕而易舉礦則累重難就以財源之泉而費累難闢財之匱乏固其宜矣抑礦之難舉非以其費大也不問其開礦若何艱劇用費若何浩大中產以上集資為之未有不能勝者所謂財源非利源也一私人生計之所存謂之利源世界上土地之所產謂之財源財源者財之源而財又利之源也公於世者謂之財分配於各箇人則謂之利因利而求財或苦於不足因財以求財鮮不克者然則礦費雖巨合而治之不慮故礦之難舉非以其費巨以財散而難集也財散難集之原因何在一由於守財虜輩積金累萬而不肯輸股以濟世用一由於詐欺奸宄之徒營私謀利藉公益以斂入私囊二者之弊不同其壅遏財流則一夫惟奸宄之謀私者眾而守財虜愈不敢出其藏金亦惟守財虜之蓄金甚固

而奸宄之徒則更視為鶩奇罕有而謀之益力二者互為因果而財源乃塞無惑乎礦業之艱於資本而不能舉也故欲從私利中鎔鑄道德心非確實其財之觀念不為功財為世界公有之物人固恃財以資其生而財亦待人以為活務使財為有用之財而勿致之死地務集利以發財源而勿竊財以為私利而後財之源鑿財之流疏循環無端乃無盡時人但見無財足以殺人而不見多藏貪利之夫之傷財也設非傷財者夥何以至於無財故非無財之為患而傷財為患教育上曷圖於是

再言農農之所需於土地勞力資本者與礦不同土地為重勞力次之資本較輕動植各物無一不載之於地地域廣則所種蓄者多即所收穫者富地域狹則所種畜者寡即所收穫者亦歉農利之厚薄多視乎其土地之廣狹匪廣狹也地之左便肥磽亦大有差異土壤之肥磽相若則視所居之便左負郭之田其名租也中下者等於鄙遠之上則蓋耰鋤之勞雖均而所產之入市求售僻左者不能不加費轉輸加費則秋收之入分以為庸者多此盈則彼虛而贏與租皆以少矣故磽不及肥左僻者不及坿近都會之田也

民生之初寥落晨星群擇最腴之壤處而耕之生齒益進而優美者罄盡矣勢必等而次之故民生日進斯所墾之地日下農者所以盡地力也莫不競耕膏腴而優厚之產日益貴矣更降而舉确墝疏之地皆有耕者人稠則地常苦於狹雖斥鹵者亦所必爭此土地之所以日貴僅以多寡為例而不及擇左便肥磽之差也此其故由於世人太半歸農所占農田十之八九住居之地其一分耳故土地之關係農業至鉅也

勞力亦非礦比農之勞力非止人功畜類與焉非但畜類乃至天地風日雨露膏澤之自然無待乎人畜之勞力及其成功利與勞民手足之所致者無以異也田事之大者非生也致也非益也導也一隴之田縱其自生蓬蒿荊棘靡不有今務去此而惟嘉木穀實是殖則真農之事也種播而類分耕種鋤耰之外其終之者皆自然之天功民何力之有焉取天功以副己力農之勞力較礦微矣

役財以致農業至有限也器用之費犁耙耜耒之屬而已酬傭之費耕作灌輸芟夷之庸而已捨是而外則購備肥料畜養牛馬之費而已無特別之巨款故農之資本比礦尤渺

夫惟土地之腴瘠不及擇農則恃肥料救其困而致之以資本土地之便左不及擇農則恃舟車以疏其重而加之以勞力故土地之左而瘠者其資本勞力必增其增也以土地之故則不得謂勞力資本固重而土地方之輕也故土地者農事之主體而資本與勞力乃其容體自有其土地則勞力資本非其所計然竟無其勞力與資本而土地亦廢其間實有相資之勢地天設也所以載物而并載人也所以使人物相生而演成世界無窮之至劇也人固占有天然之地界自無虞於氾濫即有其分所應耕之產出其勞力與資本而農事舉矣勞力亦人生自然而有也與土地之天然相等故農事之初有土地勞力而已資本乃其發生自有資本而農之事乃大進三事相資其發達遂至有今日是其進化由於天籟者大半而

人籟實居少數自歐西重工商之國彼都人士即有天生斯民意若使之治地以自養者故其好農出於天性之說蓋農事為耳目之所及無探深之險少變詐之虞其收利之可恃比之巨費劇力之開礦不可測度之數者相去遠矣有所治闢所費之財土壤受之不猝失也況夫田疇之景致心神之怡曠倉廩既盈百求無缺苟其國無摧科厲農之政則耕稼之事人生之樂無逾此者然則農事之教育無待乎空談理論之輩四體不勤五穀不分而為之設畫種種也則在乎順其自然之序而誘以進耳自農家之子之在家庭也得父老之垂訓朝暮所習與居者皆農人也演話接談多涉農事家庭教育務就其力所能勝者任之而以為其體鍊因其知所能領略者教之而藉以增其知識及入學校受普通教育國文或夾敘農事命題期與農田麥場收穫相關算術則授以乘除算題命以買賣價目斤兩之比例並授以農事尋常需要之學識

及小學畢業年已十四普通知識既具其筋骨亦差強中產之資更無栽培學業之力量則或以之實習農事先以操作為體鍊聽長者之指揮而佈置一切旋以操作為知練由自己籌畫而布置一切其有力量者由中學直入大學農科發明農事新理以利農業為之提攜誘倡促其進化而已

世界農學校足為模範者略舉一二以備參攷英國威爾士有一農學校廣凡四千埃楷絕不教育貴族子弟凡農事及各工業皆取求之此校二十五年前之霍爾總長即英蘭農家

子女農業教育於此者據稱此校有七十種商業及職業可實地適用之誠大觀矣
距巴爾提亞八哩有一農學校名馬克斧校地凡八百三十五埃楷有結堅果之森林林中鳥及栗鼠甚多有牧場有清溪土地肥沃花園蒲萄園果園等皆備為世所罕有之膏腴今其校極發達在學者自十歲至十六歲凡百五十人普通學科皆勤脩不懈又兼習田圃之工作凡園藝栽培與夫飼育畜獸保養蜜蜂之法皆盡力研究之並於木工及彫刻打圖樣等亦甚講求此外於陸軍音樂亦頗有貢獻蓋以男兒社會生活之初步為學校事業中堅也
南加利福尼亞山間有一農業場亦一特異之學校校中收容男學生三十人多來自東方準備入專門學校者各生既許其入學後每人與以馬一匹使保育之蓋此校半帶陸軍性質者也學生晨起即至農場任操作近午則作困難有益之研究午後號令一起即各乘馬跋涉山野及夕乃回校作從容有禮之社交事業然後振鈴告終學生習慣此田圃之耕作山野之遊獵而後從事專門學業不覺困難蓋體質已足以勝之也
此皆農事學校教育之規模及已成年而入社會教育之方針乃變蓋知識既具普通體質亦已堅確則惟德育是務農業便利易就從之者亦多地球之大可耕之地棄者甚少則凡以充實地界者農民必占優數而營礦與工商者不逮也而國為農國世界亦農之世界其勢力之磅礴將有不可思議之概世風之高下必隨其趨向為轉移故農事社會教育亟宜以道德為重其學校家庭則重體與知

詮世每謂耕種者農也畜養則牧而吾以為兩事相輔統謂之農牧固隸於農者也自農民以肥料補救瘠田之困而有待於牛羊豬狗之糞者至殷則以畜養積肥田之料者農之不得不牧也其一莠稗之粗稻粱之屑食之難咽棄之可惜則僅以飼畜類者農之不得不牧也其二世又多欣羡金銀珠玉之礦而於煤鐵也則鄙夷之顧金銀珠玉之礦雖至美極腴日出百千而世未嘗以之加富蓋彼之所以見珍者在罕有今既以日出而多則其所以為寶者喪矣而煤鐵之利用則無窮舉凡家居之什物農工之器皿莫不賴鐵為之煤以代薪燃者無不須也三餐之炊窑之治磚汽機之動力皆不能免於是矣

第三十八章

工　商

農產有生物礦產無生物二物皆生貨也待工而後致之熟生貨熟貨均待商以通其有無故凡製造生產品以供吾人之需者謂之工凡販售原料品及精製品以便吾人之求者謂之商
農礦既有待於工商矣然使農礦之業不修則地產不登民食物材舉以無有而工商之業必廢是工商又必有待於農礦工商固夾輔農礦矣然工之製造先求生貨製造既竣又供熟貨得商之懋遷而後工之供求乃便商之懋遷得工之製造而後始有熟貨可運是工商又交相為輔者也

吾人生活上之所需待於農礦者半待於工商者亦半農礦工商又對待相生不可偏廢而皆待教育而後舉農礦之教育既已略述於前請言工商
欲圖工商之發達其道固不一而足如資本之充裕天產物之豐富運輸之便利或確立工商政策以維繫資本勞力之調和皆發展之重要原因也而優良切適之技術家機知特達之商才則工商發達之主因
技術家商才非天縱使獨也必藉人力以養成之其養成之機關即工商教育是工商之教育目的即對於欲從事工商者當高小教育之際即授以嶄新確實之知能引而進之以成就其業務又自一方觀之所謂工商教育者對於已受普通教育之人經國民的陶冶者小學畢業後中學教育特授以工商界有用之知能以遂其完全之生活前之目的造就小工商之目的所以對待中產以下之家資無力殖學之子弟也後之目的造就大工商之目的所以對待中產以上之家資能由中學升入大學之工商科者也
工商之業自古有之特其規模狹小分門別戶各不相通其所需教育墨守舊法登匠賈之門肄業若干歲月斯已足矣蓋教育為精神職業所專有如官吏侶僧之類而於科學之知識全無屏棄工商輕而賤之至十八棋十九棋間機具器械之發明既多分功交易相資而工商界乃煥然一新
先言工（一）技術家宜謀其獨立也技術家包含學者工業家機械師製造家土木工等知識

而有之之稱非洞明原理不足以巧謀其應用而增進社會之幸福非見聞確廣不足為嶄新之發展而供世人之探求綦要之職處之頗難他人遇之當使能超越一班之範圍不與平常事務員作比例看而已當之尤必本其固有之才能盡力發揮於世業俾無遺憾於求茲如此雙方均標獨立之旗幟成功遂可立待顧技術家每不計其報酬是否正當但較量於月俸幾何者特多此雖由政府吸收此等人才之力過大然無刺戟無發奮泄沓以仕祿終其身亦大失其獨立之本能尚安望工業經營有優良之一日乎教育上茍不力求處理之道恐真才愈益式微（二）工業家宜課以專門也自分功之理發明莫不知學術務於專科蓋專科用志不紛雖事有至難及久習之皆若行所無事專科用意既精巧捷之術恍若來告與其得數事半可通者不如得精通一事之工業家精通一事之工業家既漸增多工業自不慮其滯塞在工業上分功之巧疾既見在學術上專門之技藝又易圖謀教育上曷早為之（三）小工業宜策其普興也分業之發達為大工業成立之要素歐美工業界所以隆盛者實由小規模之工業漸次發達由個人經營進而為合同營業工業教育之次序先以發達小工業為入手終以集合資財經營閎大模規之事業為究境
統括工業之全體有專司設計企畫之責者謂之技師其學識不可不高遠又立於技師之下補助其全部之計畫或分任一部之事務以對於種種之職工司監督指揮之責者謂之技手技手既通曉專門學藝且必具實地工作之手腕聽此二者之指揮勞手足以從事工

作者謂之職工職工尤須先時練習苟無相當之知識則指揮者之命令苦難了解其弊一機器具之效力減少其弊二破損缺陷之事較多其弊三故用機械之力而兼需手工者其工業之成否胥視職工之優劣以為準職工之教育顧可忽歟今則以大學工科養成技師設中等工業學校養成技手更以藝徒學校養成職工其科目如色染機織建築窯業漆器土木之類不一而足皆任各地自酌情形而定予教育上以自由處分不可以法令強制之

次言商自十九世紀以還商戰日烈德意志最稱優勝當德法戰爭之初德皇敗於營那嘗曰我國兵力既不足制人須注意養成國民知識以償我之所失自是注重教育而於商業尤盛論者謂德國地勢不佳海岸線短商港甚尠非商國也然其商務乃有蒸蒸日上之勢德商之堅忍不拔在英人亦自歎不如則教育為之也德之注重商業教育不獨對於專脩商學之學子為然即講習政治研究科學及專脩他種學術者亦必授以經商之要道每易其習希臘羅文字經籍之時間而代以商學其專脩商學者則於十三四歲初等小學卒業後有商業補習小學專為貧苦兒童而設其授課時間每星期約十小時均在清晨或晚間蓋其生徒晝間均須各營其業國人必十八歲畢業此補習學校後始得執業於商家各城市之補習小學有取學費者有免費者苟取學費則由僱用此生徒之商人供之設父兄能給其子弟之學費則十四五歲時可入商業中學學期凡三載商業中學民立居多其經費時國家之津貼富商之捐助及生徒之學費全國商業中學之數據一九零一年之調查已

達二百以上之多當發習克之商業中學其最著者也一八九七年始設高等商業學校是校目的有二一造就經營高等商業之人才一造就中等初等商業之教員其課程分二種一講義一實授如理想及實用之計學商品學商業技術商業地理計學歷史商業歷史法律商律破產律保險律萬國公法殖民政策及淺近之商學教授法均以講義教授如商務表冊統計學簿記德文尺牘及商業實踐理化實驗等均實授者也德京柏林亦有一商業高等學校課程約分六科一理財學二法律學三營商資料四實用商學五商學教授法六語言德國商業學校而外尚有商學會甚多蓋為商界所設以研究商學者也

案德意志商業教育誠為模範惟其偏重之處不足取法設補習商業學校最便於寒素無資之子弟既償其業商之素志又免其就中學大學之累費至於高等商業學校即吾所謂大學商科是已商學會尤為商業社會教育之急務蓋商取交通社會教育乃更重之點以商學會研究商學借謀交通之道商事教育所不可緩也

商業殊途為異者三(一)國中貿易(二)境外貿易(三)國中與境外貿易國中貿易者受貨之地與售貨之地均在商者之本國境外貿易者受貨售貨之地均在外國國中與境外貿易者受貨售貨一在本國一在外國商業殊致教育上之步趨亦自不同又不可不知也

斥母財以事國中貿易者其所易或耕牧之農貨或陶冶之礦貨或製造之工貨凡有一易必復二家之母而所復者皆在國中以為更始贍功之用蓋供貨者之所收雖至觳必如其母前也斥母食功以出貨矣後也售貨得價更以食功而其業以永此常道也譬如一商具資本收農功之貨於湖廣而致之川陝更易川陝之貨以反如是而湖廣與川陝二家之母皆復而不出中華國境

國中與境外為易所復者亦二家之母而其一在境外其一在國中其復母所贍之民功亦然此如致華貨於美易美貨以反華所復之本華一而已其他則美有矣故中外懋遷之事藉令母財之復與國中貿易之遲速正同其業之有益於本國民功者僅及乎半況其復也常不敵國中為易之速蓋途遙遠左便不同

國中與境外貿易有徑有紆紆者何其取境外之貨也不以國中之所產而以他國所產與之轉易故紆之終利愈益遠耳蓋其轉折繁矣自所鼓之國中人功而言之徑與紆之貿易用本同而利國紆不若徑

至於境外貿易所斥母財與本國人功為無所鼓其每番為易必復二本與前者同顧所復者皆在境外本國所得獨本商之贏利耳

西哲之講計學者謂三途商業自其鼓本國人功之多寡增本國物值之微鉅而言之將境外之貿易不如中外之貿易中外之貿易不若國中之自為貿易國家必不可設為政法使境外貿易加乎中外貿易之上尤不可使二者之貿易加乎國中貿易之上也此以論商業法政誠然顧茲之所云者商業教育耳法政國家所有教育則包含宇宙者也無論國中境

外貿易以世界言之均之互為交易以有博無耳利之所在人將自趨教育上當力養成其自由之道非如法政之加以繩墨也

不問何國物產各有其大宗如英之穀麥氈罽中華之米茶每歲自供而皆有餘使不致外以為易將餘者棄貨而國用之缺之必需者且無由購備也故必以所餘易不足而後所欲得者至又必有為之通者而後兩得其需商之道其可束縛而馳驟之乎故教育之於商則以不病商為原則國家之界非其所計以世界為範圍寧小商之資本狹隘無涉遠之力苟其有之決不能不充其境而力謀商事之發達所謂商業教育者世界商業教育而非一洲一國之商業教育者也

第三十九章

法政教育

法政與法律不同法律者含有普通性質一般箇人皆當知之法政則兼行政而言屬之國家者也

前者論法律根諸道德矣政治又依於法律者也故法政教育當採道德主義

法政教育者謂使法律原理及政治現象灌輸映射於吾人腦中而予吾人以感其興味促其進步之能力者也蓋法律原理政治現象之了解力非僅觀察事實因記憶而得之也吾人之能力必先有適當之脩養以鍛鍊之且必先得觀察與判斷之標準此標準與脩養即

法政教育之事也教育又必有一定不紊之秩序循序求之觀察點既真而後所學乃為精確非可泛務焉從事也

政治與法律相表裏者也各國大抵法律學發達早而政治學發達遲惟中國不然三代以來聲明文物號稱極盛政書政論精義備焉學於古訓時有弋獲然社會變遷之情狀斷非古訓所能賅考古以知新使法律政治融會而貫通之不得不有待於法政教育

立法行政在甲編已述論詳矣無待更設繁詞茲之所云僅及其教育一方耳人既生於世而組成國家矣自不能無相互間之交涉處理此項之交涉者在個人以法律而在國家則以政治政治於法律譬猶國家之於個人政治準法律以實行者也國家則因個人以組成均之二而一一而二也故法與政雖毗連分言之則兩事以言其教育不得拋棄二者之一亦不得混合二者為一

試先言法法卽法律卽前三十四章所論道德法律之法律茲更疊言者為政治故政治固不能離法律而獨立其教育亦卽不能撇却法律而自在且前所論不過明法律之脫胎與道德本有密切關係亦著者痛絕世人棄道德而言法律之通癖之意也得有前篇今之所欲論不待繁言而可解

法律以道德為根據人心乃有標準教育亦有憑藉若泛言法律而使之為政治之繫國家之寄個人生命之所託教育上固不敢漫應之苟為漫應日亟亟焉言教育而不知其所養成者為何等人物將見以殘忍之心行殘忍之政猶且曰法律固然教育固然其貽害實有不可知之數非其人之為害其法律耳非法律之為害法律教育之過也

法律乃教育上之一科與他之科學實有密切關係非可任其獨立教育上所尤當注意也試述其關係如左

法律為人類社會的生活之秩序至人類社會組織國家之時始為法律發生之現象國家者法律之源泉也且國家之所以異於單純之人類社會者實為由法律而組成之故國家必得法律而始能存在故無國家則無以成法律無法律國家亦不得生存此二者始終有不可離之關係國家之所以制定法律規律社會的生活之秩序者蓋必因是以統治其國民以行其政務也法律者特國民所以行其政策之手段方法耳故法律常因國家之性質如何國體政體之種類如何而異其趣甚且因其政策之如何而異其規定如君主專制政體行干涉主義之政策箝制個人自由之國家其法律又與行自由主義之政策放任個人自由之國家之法律不同教育上當先說明各種國體政體之利害得失闡發國家根本政的策之原理論定政治之要道是皆屬於政治學之科學故教育上法律學與政治學實有不可離之關係

法律者所以達維持增進國利民福之目的而存在之手段方法也吾人所以增進國利民福之社會的生活不外於經濟之關係故法律與經濟為目的與手段之關係法律以保護

經濟關係之故而存在經濟必俟法律之保護而始發達也今使吾人耕作之田圃收穫果實而不免於他人之掠奪則更誰肯胼胝以事生產乎於是有法律認私有財產之制度俾各個人得自由處分其因勞而獲之貨物而付與之以權利且以刑罰之裁制保障其安全俾無為他人之侵害民法刑法其所規定皆為保護經濟關係之必要因經濟之變遷而亦自變遷者也故法律教育上不可以不知經濟關係之原則然經濟關係與人類社會之沿革其起原雖同而以科學的究其原理以闡明貨物之生產分配交換消費之原則自十八稘之末亞丹斯密原富著述以來始有從事之者最近五十年間乃漸發達之新科學也吾人依此經濟學之原則而知土地私有權乃自材落共有制度漸進而為個人私有制度知地上權永小作權借地權等使用他人土地之權利有一定限期之必要知登記制度所以明誰為權利者之必要又因經濟學之原則得理解民法商法上賣買交換貸借雇傭等一切契約自由之法理知關於手形證券會社銀行等所以保護信用者有特別規定之必要且如婚姻之制夫婦財產之制相續之制亦皆因經濟關係之原則而始理解其根本的之法理現今經濟關係皆基於財產私有制度與自由競爭者現今之法律不特民法商法諸私法卽行政法刑法民事訴訟法刑事訴訟法諸公法皆成立於此基礎之上故卽謂為不能知得經濟學之原則非過論也將來私有財產制度將全廢而為共產制度歟或限制其一部分而可認土地國有制或鐵道國有制歟將以特種產業為公共團體之獨占事業以抑制自由競爭歟又將制定勞働者保護法制限勞務給付之自由歟自此等大問題以迄於百般立法問題皆將與經濟關係基礎之變動而共變更故欲批判現行法律之當否以為將來立法進步改良之導則經濟學之原則尤不可以不知況百般經濟政策必待現行法律改良而後乃能實行非可離法律之保護而得企圖經濟關係之發達者故法律教育非可拋棄經濟學經濟教育亦不可撇離法律學二者相互之關係不得而斷絕也

社會學者以研究人類社會之發達及社會各部之關係為目的之科學也近來伴生物學之進步而漸次發達蓋構成人類社會之各個人有男女長幼之別有士農工商之別有貧富之不同個人之集合則又有家有村有郡縣有國家之政治團體有商工業團體有學藝技術團體雖千差萬別而社會實為一活物有生命有精神從生物學原則而發達之機體也組織社會之各階級各部分與他之各部及社會全體有不可離之關係互因優勝劣敗之陶汰而生存而發達者也自此點言之政治國家法律皆社會的現象皆因此社會之原則而受其支配者也彼以社會進化論有名於世之斯賓塞爾氏所謂生存之恐怖為政治的團體之基礎死亡之恐怖為宗教的信仰之基礎者吾人卽因適者生存之法則而圖生存之故結婚成家聚為村落以立國家設為法律制度維持社會之秩序以達社會的生活之目的者也於是如婚姻制度相續制度私有財產制度始為民法上之根本問題如犯罪與刑罰之關係行政警察之權限宗教法寺院法等為公法上之大問題從而研究之或從

法律哲學上而研究法律最高之原理更溯其本原從社會學上研究社會的生活之實質本體以明其構成社會之各部之關係否則不能完其目的也故法律教育萬不能離社會學而獨立所謂社會學者又非若無法律素養之人之所謂社會學但視為哲學科之一部而研究之也蓋謂法律教育之真相不能不研究社會的生活之實質而闡明組織社會各部之相互關係之社會學也

又心理學所以研究心之現象與精神活動之法則者與關於社會的生活之法學似無密切之關係然法律本以規律社會的生活上之精神的活動者法律的現象無可以離意思之理故法律中有意思必俟研究本體之心理學之補助始得完其為法律者甚多刑法其尤彰彰者刑法以自由意思為犯罪責任論之基礎其說果正當歟抑吾人果有意思之自由歟又詐欺錯誤強迫等之及於法律行為與犯罪行為者其效果何如歟此根本問題皆必待心理學之研究結果而後始得解決故自此點言之可知法學之與心理學實有最密切之關係更由法律哲學方面而觀察之古代以法學為正義之學問與倫理道德相混同固無論矣即現今法律與道德相分化倫理學與法學相分離而獨立然苟欲明人性之本分研究所以批判人類行動善惡之標準倫理之與法學又有莫大關係焉又如近來漸發達之人類學以明人類進化之沿革當人種相互之關係闡發東西法律制度差異之所由來其與比較法學實深有關係且有以促刑法上應用之刑事人類學之發達焉

以上所述諸科學固為法律教育上所不可缺醫學係關於個人身體生命之自然的科學似與法學無甚關係者然法術家應用法學研究之結果於實際與醫學者應用醫學研究之結果於裁判鑑定之時則法律家不可無醫學上之知識醫學者亦不可無法律上之知識也例如甲某被殺人之告當其裁判之時裁判官自不能不判定甲某之果為毒殺乙某歟抑其為毆打而致之死歟或因過失而致之死歟又檢事豫審判事檢證此被告事件之時亦須考察其殺傷之果出於何種方法如何手段求專門醫學者鑑定而得其確情也於此等判斷必定有醫學知識之人知毒殺之常有如何現象知毆打創傷如何現象又知精神錯亂者之有如何徵候而後乃能定其判斷故為司法官者當應用法律於實地之時不可不有此等醫學之知識醫者當為此鑑定之時其有職務上所當默秘者不得陳述而同時不可不從醫學上而盡其公平正實之職責然則欲理解此職責其關於鑑定之結果之法律上知識為必要矣醫學者於此點不能不知得法學也如是則法學與醫學於學術應用上實有密切關係教育上亦不可忽也

試更言政政即政治政治學與法律學比較政治學發達法律亦因而發達如憲法公法近數十年專門著述汗牛充棟試加研究皆有裨益於人然而政治學則從正面觀察之法律學則從旁面觀察之者也法律非不足以達政治之目的法律學亦非不足以補助政治教育而從事於國家法律之研究者決不可少政治上完全之知識蓋立憲國之憲法其性質

為比較的形式學其目的但說明現存憲法之全部的統系是即法律的研究事實的也根本的活動的也政策的也試舉其例法律中之憲法學可以蒸汽機之構造說明之法律學上之憲法論可以其作用與其活動力之基礎說明之各國之憲法決非由法律學者隨意編成蓋特定之政治事情之產物也各種政治的勢力之安排之結果也蓋國民於政治上生活之歷史的結晶也故欲解憲法之真意者不可專從事於法律學之研究當合政治而會通之

夫政治現象固有不顯著於法律之表面者如政府組織其形式頗與實際相去甚遠羅馬之為帝制也尚久襲共和之外貌英國之法令中雖不見內閣之規定而內閣地步實占政治組織之中心北美合衆國之選舉大統領而大政黨極有勢力而研究美國憲法者則毫不之見故除去政治之成分而從事於國家之研究者及其結果僅知國家之骨骼決不能窺活動的國家之真相也

政治教育之要素有政治學應用的價值豈嘗限於政府之組織政權之範圍一切問題云爾哉縱觀時局近世國家方面各殊所謂法治國者同時為文化助長國國際競爭益烈同時諸國共同經營之事業亦愈繁昌一方於政治上促進各個人積極的協力有擴張參政權之趨勢同時又於他方組織政府以敏活之運動而有中央集權之狀況此等現象皆政治的也將欲增進此複雜之程度洞悉政治之現象盡心力於政治之進步者非擬從事於

政治教育胡可得乎政治教育者實近世文化國民普通所必要而身任政柄者尤宜注意彼僅恃慣例與常識以判斷政策之先導者此簡易時代之故智而非可行之於今與後也在古昔已有言不學而使為政是未能操刀而使割也政治居實行方面非徒空言從事教育上宜如何養成其形體以期能實行而無所擾害則真難言者矣無已必取法威廉佐治之兒童共和國乎將大學法政科中劃分法律政治而班使肄習政治者於課業休暇之時實力施行政策之手續不如法律之以理想而得之也其可

蓋法律根於道德政治準諸法律而道德又以人人良心決其是非特政治者國家所用以抒理自身之事務者也法律者個人所因以保護自身之權利者也道德者人同此心之義理也本此心之義理而立法律教育之方針因法律教育之方針而定政治教育之基礎則抒理國家之事務者政治也必不致妨害個人之權利保護個人之權利者法律也亦不致擾亂國家之事務兩者關係如藕絲之聯續其實一貫者也

第四十章

經濟教育

經濟教育之方針當然採實利主義

教育宗旨以養成人為第一義而人之能為人與否全視其自立力何如耳所謂自立者無他有生活之知識謀生之技能而可藉以自食其力不假他求是也欲求達此目的捨採實

利主義為經濟教育之方針不可

實利主義云者非但實業手工圖畫而已蓋此特其形式耳其精神之所在則勤儉也耐勞也自立自營也舉凡一切為人之德義實利主義之教育無不賅之人人能儉勤耐勞自立自營則民知民德日進而社會國家亦胥進矣夫人既以維持生活為第一要事教育上能使人人維持其生活或更從而進步之斯教育之目的達矣

經濟教育之定義簡言之卽所以研究人類供給與需用間所生之關係也學者有時亦謂為研究社會上經濟的現象之教育然與此義正同

何謂經濟的現象今吾人一身卽為社會一分子凡衣食起居之所需必有其所由致其所由致者謂之經濟的動作由動作而發出種種現象謂之經濟的現象舉例以証明之譬如農夫耕耘工人製造無一非為經濟之謀但其耕芸也製造也皆其所謂動作也由耕芸而收獲而糶賣由製造而成器而售價糶賣之多寡與夫售價之贏絀是卽所謂經濟的現象

經濟教育劃分兩科一理想的一實用的理想的之研究在考求經濟現象之本然例如物值利息何以時漲時落必有原因必有結果就結果攷其原因因原因究其結果宜用論理學之法研究之論理研究之法有二曰演繹法曰歸納法演繹法乃由一理以貫通萬事歸納法則由萬事以會歸一理歐洲古時誤認貨幣為致富之本故各國只知廣積貨幣一若捨貨幣卽無以致富者然殊不知人之富與不富固不繫乎貨幣之多少此殆前提之錯誤

今用演繹法以研究經濟學其前提有三(一)人之動作純然出於利己心其心皆為避困苦求安樂以至少之勞動謀至大之利益(二)萬物皆出乎地而地之大小肥瘠生物不能逾其量達其限量則雖過投資本不能得相當之報酬(三)人口繁殖非遇外來之障害如地震凶年戰亡疫死之類則食指有日倍之勢

以上前提抽象的也假設的也匪惟第一前提為然二三前提亦莫不如是夫事有真理原則往往就抽象假設之前提以求之而時有不相符合者何耶譬諸地球之引力物無大小從上墜下皆引力也然彈丸則直接觸地羽毛必扶搖飄揚而始下以地之引力與空氣相抵故也故經濟現象之或增或減亦必有其他之原因以相抵抗也試如丙之賣物同一物也售諸甲得二百元賣於乙則百五十元有時寧售與乙而不與甲豈個人之利己心應相差若是蓋或賣主曾受恩於乙抑別有他故耳此而求真理與原則必不能相符

依演繹法以研究經濟學固未失乎真理原則然欲於真理中發明新真理原則中發明真原則又非用歸納法不可夫講物理學者其歸納在乎實驗講化學者其歸納在乎試驗經濟學之歸納則於歷史及統計法不可不重加之意也

統計之法如計算全國人口之多寡無由知其死生之數則統年齡以比例之平均以五十歲為斷此卽統計學也

經濟教育上欲研究理財學必兼歸納演繹兩法近今英國學者專用演繹未免蹈空德國學者偏於歸納殊少理想實皆不能無弊云

實用的經濟教育在以長成社會全般之幸福為目的故與道德上之關係最重例如工場之中雇用十歲以上之幼孩其待遇極廉亦復易於驅遣是益在主人害在傭者是經濟之利而道德之弊也教育上又安能離道德而專事經濟況乎過勞身體有傷精神教育上所絕對不承認者觀之歐洲工場每星期必休假平時作工亦有一定時間英國工場規則為世界第一其最善者卽其優待工人之處也蓋深得經濟教育之要點故能側重體育也教育欲使經濟發達調和貧富間之衝突不可不研究實用的經濟學而經濟教育於是寓焉

教育對於社會欲研究實用的經濟學宜如何研究之是不可不徵驗諸歷史歐洲當十七祺十八祺間大都主張重商主義凡關於經濟之現象皆由國家干涉之監督之或設為種種方術保護以獎勵之使個人之理財不得自由如是者殆二百年

十八祺以後法國之重農學派起主張個人自由一七七六年斯密亞丹氏著原富一書亦主重農學派亞丹本英產於是個人權利自由之說盛行於英法兩大國之間而十九祺大著影響矣主張個人自由之說者曰凡個人於理財之利害其本人知之最精知之精則任其自然必能各得其便益世界理財之現象各任自然各得便益則理財社會自然進步此種進步是為天然進步無事國家干涉者也案此數語實經濟教育上不易之的論當斯密氏之初創自由說也正值重商主義盛行之時氏以為吾說雖不見用於時過此以

往必有用吾說者但不知始自何日耳殊不意此書一出英國首先主張法隨之德繼之而經濟社會翕然改革從前之主張學術尚風靡一時況教育之相沿遠久其可忽乎

十九祺之末又有一學說名社會主義謂個人自由則互相爭奪有害安寧其弊至於強凌弱衆暴寡富者擁萬貲而益富貧者無所措手而益貧如是則社會之上大有損失且為社會之公利者未必利個人而為個人私利者亦未必利於社會故國家欲保全社會之公利斷不能聽個人之自由

由此說推之必將打破舊有之社會而組織一新社會凡個人之資本土地皆取以歸之國家令全國人民通力合作然後以所得利益由國家分給個人必如是而後貧富始能均一然而無是國也

重商主義當十七八祺間歐洲用之頗有效力法國路易十四之宰相戈白亞行之最早德英隨之英國當時曾定一法律名航海條例凡英國之出產他國船舶不得裝載出口條例未定以前海上商船荷蘭最多自是以後荷蘭航海之業頓見衰落而英國大攬海上之權此重商主義之效果也

十八祺以後重商主義現出種種弊端名為保護其實工商不能獲保護之益而與政府有私誼之人反得藉保護之名以壟斷利權則貧富强弱之不均為尤甚匪獨工商受其害也時生產物不准出口以致貨物擁滯直價跌落至使農人所産之物不足以償其勞動資本

而受困更甚夫十七稘前之著有効力者以其時爲封建時代人民不知自求其利益必得政府干涉指導之故初用時能稱便利也

重商主義之後爲個人主義及社會主義勢力最盛之時二者之間亦各有利弊個人主義之弊端在過任其自然如斬伐森林自個人觀之但計舊林木以獲利遑計其他而自社會觀之則旦旦而伐濯濯其憂遂使林木有不能長大之患且林木既少必無吸炭氣生空氣之功用不足以養人又林木之益能吸水氣斬伐殆盡易生水災此皆利個人而不利社會者也

個人主義之弊既如上述矣而社會主義亦頗有難行者蓋社會之進步全由個人之私其產業私其財貨然後得竭盡其才能以謀其發達若個個平等貧富相均不得私有其產業私有其財貨則又誰肯出精神以供愚弱者之取求也如是則個人之進取減退而社會之進步亦必遲矣

社會主義之不可行如此而個人主義之弊端又彰彰可見故研究實用的經濟學者固當主張個人之自由特於有害社會公益之處加以限制可耳

由斯而經濟教育之傾向乃有標準極力擴張個人之自由而防止其妨害社會之公益教育非法政比也法政之設施在已然之後教育則陶鎔鑄錬於未然之先務使漆印於人人腦中如不能擴充自己之自由卽不能達經濟教育之目的如偶害他人之便利卽爲牴觸經濟教育之宗旨必也二者兩盡其美而後經濟教育乃稱完備經濟之發達可翹足待矣

人系

丙編經濟

第四册

丙編

經濟部

中國黃　立仲纂述作

欲說明經濟學之為何物必先解釋左之五名辭曰財曰生產曰分配曰交換曰積貯

財也者謂有價值之有形物而物之所以有價值者以具有「難取」與「有用」二資格故如空氣日光人生必要之點有用者也而取之至易用之不竭斯不生價值矣如水人生必要之點有時臨河而處水至易取不生價值若人烟稠密之所市城之中莫不以金錢相易而得自應認為有價值之物故物之為財與否又視其地位何如

生產也者殆即殖產興業之意將無用之物變而為有用之物其方法有二曰形狀變化如製造是已蓋變化其原料而成為有用之材耳曰位置變化如轉運是已甲地專有之物乙地所無則轉從甲地之物以致之乙地是謂轉運

分配也者由協力而產出之物品分配於各箇人之謂

交換即交易也以有餘易不足

積貯分母財消費二者母財所以規役利消費所以用享者也母財又有常住循環之別消費即使用財而充人欲之謂非母財無以致消費非消費無以充人欲財之積貯蓋為此矣

午

生產篇

生產決非創作出物之謂唯將現存之物自無用之地遷於有用之地或變化無益而為有益如農將現存之物品種子蒔於地上藉地力以變化之使為有用如商自此地販貨物以致之彼處使此地無物溢見棄之患而彼處無物罕難購之虞

第四十一章

生產之三事

生產之三事曰勞力曰天然曰資本凡有形之物莫不待人力以成惟雖有人力苟無天然以補助之產業終不能實行天然者即天然物與天然力二者是也天然物者由自然所供給之財之材料如石炭金銀銅鐵等天然力者為無生力之勞力即助人而共為勞力如風空氣水土地之產出等是也此二者當夫作財之時以天然物為基礎而措天然力於其上設非此天然之勢力農工業決不能成就至於資本則較勞力與天然二者為稍遜故彌勒氏祇以勞力與天然為必要件而不加資本一項蓋在上古人稀而地廣得自然之產賜物多無須資本至於今日捨此項又塞生財之途矣資本云者謂現在使用於生產之生產物及為裨益將來之生產而積蓄之財是也非限於金錢而已金錢雖貴饑不可以為粟寒不可以為衣不能以避風雨不能以代器物必待交換後始得為資本之用若然則雖其他苟可易為衣服器械等件者何一非資本而必黃金白銀乎資本之性質有數原則如下(一)資本者貯蓄之結果也若悉以所得充一身之浪費則資本無所出故資本之消長因於貯蓄(二)

貯畜之語非有不消費之意味特不消費於不生產之謂耳(三)物品之要需非勞力之要需也資本天然勞力之三要件既如上述則進而陳說增減土地勞力資本三者之產出力之原因三者之產出物品之力均各不同同是勞力者而小兒較大人其產出力必少女子較男子其產出力必纖況手人之伎倆知識各異即同是大人男人亦不能無差點資本亦然因其用法之不同而產出力有殊土地亦然有向不生毛之田加以改良而穫收衆者故其產出力以時區別

試先論勞力之產出力其原因有三(一)身體上之原因動物之身體一類蒸汽機關胃如釜產出力如蒸汽力食物如薪炭不消費薪炭則蒸汽力不起給不足之食物於農夫職工而望其盡充分之勞力決不可得豈唯飲食即居住與衣服凡有關人身體者何一不然(二)知識上之原因勞力者果有知識則舉業不難消費不多而所出且厚知識何自來歟曰來自教育因其所受教育之深淺多少而生產出力之差別故普通教育為勞力者所不可缺(三)意向上之原因人之趨於營業全視其意向之何若而或營是業或不營是業故其產出力亦緣是以異

勞力者之產出力略述於前而其影響之最大者則在「使勞力與報酬相伴而不相離」一語人之勞力為望報酬也勞力之增減報酬隨之而後始肯盡力從事反是誰樂出力以為之哉故使勞力與報酬相伴且使二者關係確實明瞭是亦增勞力者之產出力之一法也

自種之農不待他人監督而日孳孳以勤於操作者蓋田為私有兼土地勞力資本三項其產出者皆屬專享而無所分減其勞力斯所得之報酬隨之而減加其勞力斯所得之報酬亦即隨之而加其富於產出力自不足怪若法律上乏保護之力致使其財產權利常遭掠奪之虞或政府強加賦課徵以不當得之租稅則皆收縮農夫產出力之因也何則勞力與報酬不相伴即因以減人民之勤勉殆出於自然之情耳

案分功亦足以增加勞力者之產出力其說詳後

再論土地之出產力其重要原因有二(一)因於土地之饒腴與否地質之肥者產出力自多其瘠者產出力自少盡人知之(二)因於地位之便利與否假使以若干之資本與若干之勞力而種穫米粟若干若不運送之於市場則其無用直等海底之珊瑚若欲運送於市場則不能不因地位之便左而異其運費

三言資本之產出力其多少之原因(一)為固定資本之發明向之朽廢不便之工場今則創最新至便者而代之向之專以勞力運輸之機械今則新創汽力電力之機而代之改良舊有之機械而用之於生產則生產力之增加有斷然者(二)為原料品之發明向者教育未昌思想未甚發達物之原料品多未發明如糖之原料祇知有蔗今則更用甘藷馬鈴薯等彼甘藷與馬鈴薯較蔗為賤則生產力自富

第四十二章

三事之分量

增加勞力之分量　其原因莫大於增加人類力根於人則人口繁衍自必增多勞力之分量增加資本之分量第一在人之消用其所得若將所得之費施於奢華浪蕩之處自無由增加其分量若以儲為基本金使用於生業則資本之分量必增加第二視利息之高低人之積蓄其所得莫不因利率之高低而生積貯之多寡第三視蓄慾之厚薄甲富於蓄慾所得之財悉以儲蓄無一錢之浪費則資本之分量必增乙則圖目前之娛樂揮霍資料不惜則資本之增加未由其分量亦自應減少故儉乃國人美德計學家皆宗之土地之分量非人力所能增減惟有一重大原因即因人口繁殖之故從來荒僻不產之地今能利用之而經濟的土地自然增加是也且有所謂報酬漸減之說人類之加資本勞力於土地其資本勞力之厚者所獲報酬亦自應準以加增惟地力有限方其未至限點之時增加其資本與勞力所得之利於前無損若已逾限點而仍倍其資本與勞力則所得之報酬必減於其前譬之十畝之田資本百金工作二十人收穫三十石今假而倍其資本為二百金倍其工作為四十人則所收穫果能得六十石否乎就土地而言較前或有增加而就資本與勞力言則所得反不如初倘更加資本至三百金工作至六十人施於同地將所收穫為六十石乎九十石乎其實均不然不過較多於三十石耳則其報酬更減一層此則報酬漸減之法也今試舉抵抗此法則者如下「第一」農礦漁業之進步因種種勞力及器械之改良而有進步

則生產費減而土地之產出力增加故報酬漸減為所妨害「第二」運送業之進步如完善之道路橋梁及其他與運輸以便利者皆有裨益於殖產蓋運輸之途便則運費減運費減斯土地之報酬從而加增「第三」製造業之進步農礦漁業之進步直接如土地之報酬又直接牽掣報酬漸減之法則製造業雖為間接之牽掣而抵抗力不減於直接者蓋勞力者之所使用如衣服家屋器械及使用於生產的物品之類無一非製造品彼器械之發明勞力者之協力施之於原料事業之上難而適行於製造事業之上易故原料雖由報酬漸減法之力而日趨昂貴然以製造費之漸減則足以抵抗「第四」教育上之進步勞力者知識之進步或器械之發明皆與此法則相抵抗然其進步與發明皆原於教育之進化「第五」政治上之進步如佛蘭西當革命之前一國之生命財產悉蕩搖靡定當時其思苦與報酬之關係相離而不相伴因之產業上之改良不能實行倘政治善而國人得安固其生命財產則反對之現象必生由上觀之五者皆直接間接牽掣報酬漸減之法則而五者又皆文明之現象則文明即為增加此三必要件產出力之原因即可收牽掣此法則使不能獨逞其勢力之結果

未

分配篇

有此三要件之一者即得與受分配地主取其所產出之一部分謂之地代(租是也)資本家之所取得謂之利潤(贏是也)勞力者之所取得謂之給料(庸是也)惟地主資本家勞力者有

時同為一人則遂無所謂分配倘一人而具二要件則分配僅及於兩人英吉利及蘇格蘭之農業大抵三者咸殊其人故分配必行於三人間而北美合衆國之北部及法南西德意志伊大利日本諸國則多自耕種其所有之土地資本亦不假於他人是以一人而兼三必要件故無所謂分配其以一人而兼有二者則如歐洲大陸地主多以己之資本而傭勞力者是也故分配僅行於二者之間要之分配雖因地而異而經濟學上則假定分配為行於三者間而論之

三者各有專屬則顯而易見三者同歸一業則微而難分故其所稱往往相亂今如新占田地自墾自耕如是而收穫食之餘皆其所有此租與贏合也而人悉曰贏利忘其中之有租北美古已墾荒之人斥母財庀田器飼其僮奴牛馬以耕已所分地於其歲入皆計贏而止常農之於田事也督耕矣而扶犁播種耘穫之事皆與傭者共力作如是而收納租雇佃之餘息與庸合而彼悉曰利息忘其中之夾庸 故前事租與贏合後事庸與息混迺特農也工亦有之斥其母財以具其業之材料與器械方其力作資前儲之財以供日食如是成貨以售於市所得者息與庸合而通俗則謂之贏利是息與庸無辨也種果者治隙地以藝樹焉一人之身為園丁為藝者為果主人是其產兼有三者而其所得則通謂為吾傭之錢斯混三為一也

民之能以三物自養者謂之自立之民國之楨幹也奮手足耳目心思之烈食其報者統謂之庸其次則發貯蓄財以殖其貨則贏利矣治生者徒財不足以為贏也將必有其經營之勤與夫得失不齊之慮贏利之中所以報其勤慮者為庸所以報其廢居者為息耳民之獨以利息自養者則子錢家是已借財於人謂之貸貸者擁資而不自殖其貨貸者取以為殖貨之資而酬貸者以息故息者所以市用財之權者也而業之成敗利鈍貸者當之貸者不與焉民之以租自養者如今之以田宅僦人者是已討田自種之佃田不屬己所得贏利兼息與庸其討田也猶貴者之貨賄而報之以租租者所以市用地之權者也而歲之豐歉所穫多寡為差皆受田者當之名田者不與焉

業物本合三成價故物價之分析為三計學家之定論也然則業之合三以成者即業之分配實三耳業之分配為三物之分析為三則三者所得之報酬亦自不得不三矣豈容有所混哉

第四十三章

給料(庸)

力不可以終勞故授之以成貨成貨者所以報勞力者之庸錢而使之有所繼給料是已人之初羣也無私土亦無積蓄則成貨之實皆勞力者之所得無地主資本家與為分也故無所謂分配及人私其土乃有租賦租賦行而勞力之入減矣蓋斯時分配已行於傭與地主二者之間自扶犁破塊以至納稼登場其間數閱月勞力者未必自出其儲蓄以自食也則必有人焉為之主發其所積之糧以食之斯人也不能無所利而為之故勞力者之所登必有以酬償其主人之所發而益之以贏利贏利取而勞力者之所得又減矣蓋斯時分配已行於傭與地主資本家三者之間

贏利之所減不僅農食之事為然也凡施力成貨者莫不如此蓋貨之成必先有其人斥積蓄以庀物材贍餼廩而後可則斯人所斥之積蓄其贏利亦自出於所成之貨成貨之值增乎前則所增者皆贏利也即有時施力成貨之工能自庀其材自食其力而無待於外求迨其成貨售市得價全而有之要亦庸贏合一而已蓋以一人之身同時而兼二事則其所得亦同時而含有二物不得以一人受之即統謂為庸或統謂為贏祇知有一而不知有二也

庸之高下定於勞力者與資本家之約而受庸以勞力者常冀其高出庸以雇工者恒希其下故傭者常合羣挾主以求其增主者亦連約抑傭以為其減傭合挾主相率罷工主合抑傭相邀歇業此雖兩傷而主之需傭要不若傭之仰給於主也蓋傭無積蓄坐食數月餓莩隨之主則不然歇業虧贏而不虞饑寒以故二者之爭傭不敵主

雖然裁減工食亦不宜過減之而過必不能久蓋至微之庸非有以贍其口體固不可也僅贍其一身猶不可也將必於贍其一身之外兼有以畜其家室俾得娶妻育子夫而後勞力者之衆與有地有財者乃成相生相養之局

且主人之於奴隸猶牧夫之於牛羊彼此有唇齒之關係若以多分之給料與奴隸等之以上等之食飼牛羊其所增加仍屬資本家利益範圍之內而世往往顧目前而不計久遠給奴隸與飼牛羊輒以最少最薄之資料食不飽而力不增並天賦之能力亦不能充分發育殆不知牛馬為牧夫所有物奴隸為主人所有物增加其產出力實皆所以為己之利益也

今更進而論傭主相爭罷工歇業之害傭以勞力獲報酬其勢常不敵雇主苟雇主專橫已極或為不情理之大減價傭於此時亦不能隱忍而受之勢必罷工以抵抗於是資本家虧折其贏而勞力者更無所獲其庸兩有損害則生產社會因之受莫大影響要知資本家之資本置之若石不能自生贏利雇傭以經營資本所得報酬自不虞其缺庸之一分勞力者之力閒歇不施不能坐而得庸投主以操勞其力雖無資本不啻以無母而博有贏息故苟無傭則資本家無由以獲贏利而資本之有乃若無苟無主勞力者亦無從博得庸錢而力之不勞終歸廢棄故勞力與資本二者交相易以為利者也

庸之常率務使於贍口體之外更能養其家室矣然有時事會使然不待糾合求增而庸率大進者蓋由於國勢日恢工作歲廣則其需勞力者日以急今兹所雇方之曩昔湖長川增功多手寡相競求傭而廪優者附所謂主合抑傭之局不攻自破國中庸率舉以優矣

蓋力役之為物與百貨同體庸者力役之價也庸之消長亦視供求相劑之何如而求之多寡又視與事母財之盈虧無積蓄固不足以養人而滯財之衆猶無益於勞力之人必也鳩材庀工而後其財乃稱母財母財之益亦由二途焉一曰資生而有餘二曰資事而有餘資

生有餘者。如田主債主與凡有財者之家。自隱其歲入以贍一家之經費而有餘。則或全或分。將斥此財以益收值。殖其益之為事與餘之為數。有相待者焉。自然之勢也。資本有餘者。無待之工。自隱其歲入以贍材具食。有餘則將斥此餘以益雇傭。夥其益之為事與餘之為數。有相待者焉。又自然之勢也。故欲庸率之高。必俟求傭者多。欲求傭者多。必俟通國歲入積蓄之益進。而凡歲入積蓄進者。其國財概充而裕也。然則庸率之進退與國財之增減。猶響之應聲。影之隨形。

雖然。國財增矣。其治化不進。則小民力役之庸。不能望其厚也。當一七七三年。英方北美。富厚過之。而美庸乃遠過於英。紐約郡中。常庸日三先零六便士。在英則二先零而已。船匠日十先零六便士。益酒一升。值六便士。在英則六先零六便士耳。木作塼工日八先零。在英則四先零六便士。縫紉諸工日五先零。在英則二先零十便士。凡此之庸。皆過於英。且糧食諸物在美者亦方英為廉。即有荒歉。不過出口者減耳。國中之供。固恒足也。合兩者觀之。則庸價既高。而泉幣之易權又大。其庸率之優。非以其治化進歟。

案我國占五洲上腴。誠所謂天府之國。衆庶非不勤也。野廣非未闢也。特國內之政法風俗。遠在元代之前。富庶已極其量。而後則循常襲舊。略無增加。以故耕桑諸業。迄未改良進化。工匠之微薄。力役之低劣。方之歐洲極貧之國。殆有甚焉。則由於治化之未進耳。其國財薄弱。猶後因也。抑治化雖未進。尚未退也。試觀府縣之民。流亡他徙者尚少。已耕之地。仍歲而耕。則力役之事仍歲相若。而所斥以養此力役之財。亦仍歲相若。雖最賤之傭。極貧之工。亦必有以資其生而畜其妻子。不然。吾種將盡。安得如是之穰穰也。雖然。我國最盛稱三吳。其俗猶有好漢難養連房三口之諺語。可見平時庸率之劣。亦足徵工作之窳敗。實業之因循。學術鈍而教育之咎也。

迨十八稘間。言計學者斯密亞丹氏嘗言英國勞力之庸寬綽有餘。不僅贍其一身一家而已。今者工業迭見改良。治化亦進。庸率亦當準以更優。庸率優而資生之物富。斯小民孳生之界域日擴。蓋庸厚而家計充。所以撫育男女者周。而夭傷之數寡也。由此觀之。則此界之廣狹。亦視乎力役供求相劑之閒已耳。何以明之。今使求傭者多而供傭者少。則庸率必進。庸率進而小民之生計舒。生計舒而畜家者厚。畜家厚則子之長成者多。小民之長成者多。則力役之供數有以與其求之數相副矣。相副而不止。則供乃過求。供苟過求。庸率又減。庸率減而小民孳生之界又狹。平陂往復。皆莫之為而自己者也。故勞力之衆人也。而供求相劑之理寓於其中。與百貨無以異。民生彫盛。胥由此已。

中英常庸。冬夏不同。略皆夏貴而冬賤。而貧家之遇冬日。在中則以衣冠為巨費。在英則以薪炭為巨費。故生事所仰。皆冬逾於夏。乃勞力之所得。當其用省而轉優。由是知庸之贍工。不僅準其所費為定率矣。

庸率之增減。一視求傭者之多寡。一視饉食之貴賤。歲歉穰求傭多。歲豐歉求傭寡。由是而

庸乃進退焉。蓋歲驟穰。積貯盈足。以食多傭。逾於常數。而傭之數不能驟進也。則斥財之主相與出庸以徠之。所以進也。歲驟歉。傭者糊口而已。不望贏餘。而母財又減。求傭者鮮。則勞力之民相與減庸以供之。所以退也。故曰。庸率之厚薄。常與糧食之貴賤相反。

忍苦與報酬之關係。常相伴而不相背。故忍苦大者報酬亦大。給料高者忍苦必巨。因之庸之高低。恒視乎其職業之何如。請以亞當司密司氏之五例證明之。「第一」勞力者所從事之職業為大不愉快者。如不潔之襤褸商。為害康健者。如炭坑人夫。為卑賤者。如車船夫。危險者。如火藥製造人及開礦者。凡此諸業。皆人情之所不樂為。而深惡痛絕者也。則從事於此者。自然享有厚庸。「第二」因職業之熟練甚難者。如限於學習之事業。須時過久者。若鐘表工造船工。必去許多費用與勤勉。始克成一業。苟無相當之報酬。則為之者必少。故忍苦與報酬自然立於平等地位。「第三」因職業之不能接續進行而無間斷者。譬之木石工。當暴風疾雨之際。常不能從事。以是為其非常情形之辨償。不得不高厚其庸。「第四」因勞力者之職業不易得雇主之信任者。譬之銀行人員。修其道德。達於堅固。冀博總理之信任。一旦償其希冀。立於管理巨額金錢之地位。必須小心翼翼。勿萌他念。則當此正直盡心於勞務之時。必有相當之報酬。而後始能望其循乎道德。故其庸亦當較常人為優。「第五」因職業之難期成功者。如器械師鐘表工及其他高等之職工。其成功與否。不可預期。若果中途失敗。則其虧折多而無告。故危險至巨也。其所受之庸。必期其足以辨償其危險。而後可忍苦與報酬之比例。得此五大原因。乃更明瞭。

前論貨物合三而成。即物價合三而定。故庸長則物價不能不騰。然供者之價騰。則求者之數損。其損之程。恒視乎騰之度。乃相因必至之效也。雖然。庸之所以能長者。為斥以養力役者之母財多也。而母財既多。又將使出母者常欲大生財之能事。用之益巧。為之益疾。其所資之功力彌少。其收成之物產彌多。斥母既宏。雇傭既衆。主者得以部勒署置。或分功。或合力。用力等而收效多。且又將制為機巧。資以善事而節力。此不僅一家一業然也。風會所趨。通國如此。惟手足衆而分功乃易。亦惟心知會而創機不難。古之需人十。今則一之。古之待年成者。今乃日之。庸固長也。而成貨之需力微。二者相抵。所贏實多。故庸日長而物價日廉。其能日得。故不害奉生之優。其事日闢。乃能弭失業之嗟。化國之民。所以食豐用足而力不屈者。胥由此矣。

第四十四章

利潤（贏）

前論分配行於三者之間。出地者之得為租。地代是已。出力者之所得為庸。給料是已。出財者之所得為息。而不曰租庸息。常曰租庸贏。蓋息者僅母財中所生之子錢。而贏則兼括揔攬之報酬。冒險之辨償。監督管理之酬贈。三者而名之也。利潤是已。

(一)揔攬之報酬　凡人不徒自前之愉快。而斥其財以雇勞力者。與種種工業。亦不過欲以

博其資本之利息而已於此而苟無相當之報酬又誰肯出資以興業顧就實地觀之往往踴躍資於社會者日益多則以世之所謂投機報酬之業有所成立而誘起人人樂輸資本之興味也

(二)冒險之辨償　貸之之夫向人貸錢其子息必厚者以其無抵當貸金所執業又不能必操勝券苟其失敗則負欠無由償還貸者冒此危險貸以金錢必加厚其利息以償此危險而後貸者始有所希冀而貸之然此非所論於自出之資本以營業之危險也一人自出資本開礦因成功之不可豫期故損得亦難以先決或厥莫大資本不獲一塊金者有之又時博意外之利息者亦有之漁業亦然農事之危險分量較少然風雨水旱蝻蝗及其他不測之災往往妨害登場受大損失者有之凡此種種營業苟無相當之損益相償則資本家必至無一人肯亦資本以從事產業矣

(三)監督支配之酬贈　譬之增減勞力者之給料懲戒勞力者之怠惰準社會需要之大勢從以伸縮其產業及其他一切之調理裁斷悉監督者所當引為己任者也蓋勞力者對於此等事件無置喙之餘地一唯資本家之命令次第之然則資本家自其生產中分受此項酬贈豈不當哉

此三種忍苦不必兼於一人則此三種之報酬亦不必入於一手是故一資本家自一人成立者有之二人以上組成者亦有之從之利潤亦二人分取者有之二人以上瓜分者有之

贏之厚薄庸之高下皆消息於國財之盛衰顧二者之所因同而其所以因之者則常相反蓋功力之酬多乃有養必國財盛而後庸率高而母財之亦少則渴之故國財衰而後贏乃厚鉅商賄賈覦一業之有利則爭相趨之趨之者衆自然利減此在一業之事為然倘國財盛而凡業皆有競者則通國之贏率亦自減矣

案庸日升而贏日降皆母財日多故理公平之致民之日富其驗如此

贏率頗難悉其實惟即貸貸者之息利而求之可得其大較前言息者所以市用財之權者也然則使用之者之利優其所以市之者自厚用之者之利遜其所以市之者自殺故觀息可以測贏二者相為消長

廢居殖貨在都會則需母多在鄉鄙則需母少需母既多而多財者相與競於其業故贏得之厚都會不及鄉鄙也顧力役之庸則都會過於鄉鄙處輻輳之地積畜饒衍治生者求力作之傭不及則厚其餼廩以徠之庸之厚者贏之薄也至於鄙遠之鄉其勢反此見財無多而傭作者亦求雇若不及則劣其價以爭之庸之劣者贏之優也

母財所以養工故母財消則庸率減雖然庸率減矣贏率則轉以加增贏增息亦增矣蓋自庸率減而工價廉故成貨之本不鉅亦自母財消而供者少故入市之價以騰本輕價騰兼贏而利雖以重息貸母不折閱也故息率大焉

國富以其天時地利人事三者為量使其量既充而中立則庸與贏可以並薄蓋其於庸也則極其幅員之廣狹精畜之盈虛而戶口之眾寡與之相稱既極其量不可復加而後民競於工工競則庸之率終趨於至殺其於贏也則極其物產之耗穰交通之便左而母財之滯亦與之相謀安於守成不為維新而後富者競於業業競則贏之率亦趨於至微

間亦有如是之國乎曰無有也即論我國雖以富稱而未能充其量蓋我國之富充其人事之量云爾所不加進者民智與政治教俗固之也國處溫帶西北背山陸而東南襟海有長江大河為之灌通形勝之區也而富步不進者不知年數僅以其天時地利言之詎得謂充其量哉況復猶以商賈為汙賤立海禁醜與外國往來致懋遷不廣而貨棄於地者多故曰未充其量也且政法不平豪強倚勢以為并兼中賈以下為貪吏之所睥睨信義隳棄其契約不足恃赴想於理則所損愈巨以故國多滯財所亦為母者不副其懋遷之量然而大商巨賈之贏利自不薄弱者則徒以其勢力侵牟小民立韋權而罔市利故也觀於息率齊負子錢者歲百息十二為常方之歐西怯三四倍之其贏之厚可以類推顧其小民功力之庸則最下之率也較泰西諸國之劣者常不及十分之一故曰我國之不加富政治教俗固之也夫政法不均則其國之息率必重者不必國財之豐嗇為之蓋息率之所以廉平以假者無不歸也使政法不能保護契約之効力則富者以財貸人常有不復之慮約不足恃則稱息必重所謂冒險之辨償是也故曰政窳之群無輕息羅馬末葉日耳曼拂箖戎狄之族蹂躪其西北部當此之時契徵質劑之事悉聽民之自為渝者無罰其子錢之重今所罕見

法禁子錢則無益而反損蓋人自無財而必需財非貸不可貸又非息不舉而貸者於此既有亡財之慮復懷犯法之憂不有所償固不貸也償則於平息之餘必益以二者之冒險辨償而息愈不貲矣

廢居治生有得即有失使九得而一失則於其九者通之必有以償此一失者為保險費而猶有奇餘焉夫而後其業可為也此之奇餘謂之實贏贍之以十而與母相權百得幾分斯為贏率其一役之所贏或多或少皆為總贏總贏者兼所失而言之不分析也然使舉債以母以治生其子錢息率則當與實贏作比例不當與總贏作比例也

故最下之贏率必有以償虧折之失而有餘贏既如此息亦有然必有以補不歸之逋而猶有獲夫而曰贏曰息也使不然友朋推解之情緩急相周之誼而非國人貰貸之事矣

國之所病在多游惰而游惰之所以多坐食租衣稅仰子錢之家衆也今且無論租稅第言子錢之家則使國富充其量而不可加工商諸業之用母皆至足而不可復多如是則其贏率必至薄而子錢之率從之且子錢之率既微則仰此以贍其身家者非至富饒固不足也從而仰息之民寡而中產以降必舉其積畜以自經營冀以收兼庸之贏如此則風俗成而通國之人皆農工商賈矣曩磨世變增益不能而無逸居之人民此其群之所以日蒸也

息率與實贏為比例而此比例之率又與贏之厚薄為消長英賈常法以倍息之贏為平贏假如借貸為母實贏之率歲百得十中去息利五分其他五分即以酬經營者服賈之勤及其

役財之冒險顧此之爲率亦視其地通行贏率或過或不及之何如耳使甚不及則息家不必得半抑或甚過則所以酬息者固可從而多也

物之貴也多由斥母之家責贏過厚其由於傭工之責庸過優者至少也蓋庸之爲加加以加法者也贏之爲加加以乘法者也今試以竹布一貨言之假其中漚湅紡績諸工每日之庸加錢五十如是成貨每匹之價所長者不過計工作加至於贏率則不然設以值百贏五爲率今增三分使之值百贏八則出麻之農計其成本每百贏八而售於漚工漚者亦計其成本每百贏八而售於練工如是而紡而績始也僅計母爲贏率繼則併子入母以求其贏逐事遞增以視彼庸溯爲重乎故曰物價之貴因於增庸者小因於增贏者大而商賈製造之家斥母以冀贏者也斷不肯爲此直言亦人情耳

第四十五章

地代(租)

地之有租所以易用地之權者也故曰地代雖地有肥磽之不同租之數要皆極耕者之力以爲量田本地主之所有而以授耕者俾得耘穫其中則田主之所取償固將盡地力之所出而其所遺與耕者自衹以當其爲耕之費與勞而已若子種若佃庸若牛馬之豢芻勞援若田器耰鋤若耕資所應得通行之息利統是數者以酬之固耕者之所應得而至薄之分也若是則利不償費而農人不徠而其田以廢故租之有限田主之所不得已也總秋場之所穫去其所以酬佃者之所費彼將悉以名租故物之捨庸贏而外猶有餘者則租是已租與庸贏不相侵占蓋人情終不遺餘力以讓財設租占庸贏佃者不徠設庸贏占租地主不授故曰雖地有不齊要皆極耕者之力以爲量極其量者是謂經租

地之治也出於田主之力者少出於耕農之力至鉅方其未治田主亦固名租及其既墾前佃種期已滿田主以田授後佃則常視前佃治田之勞費爲己之勞費而於後佃加租緣地以墾耕而墾熟所謂地者天設加以人功則益美雖非田主之所自出力而要不得不歸之功也是則田主於租之外已博得無形之庸贏矣

田之有租亦與專權專利者同物專權之名價也不視供者之本值而以求者之喜厭爲乘除田之名租也不與所前費者相因而獨視佃田者之所有餘能出之力以爲差百貨之入市也必其價有以償其貨之前所費而又益之以通行之贏利而後貨通不然則貨棄於地斯價也經價也今使市價溢於經價則所溢者將所而爲沮使適如經價而止則租無由出而市價之溢否又恆視乎供求相劑之常例

物之合三成價也租與居一焉而其所以入價之情與庸贏大異物價之貴賤因於庸贏而租爲其果物價必有以償庸與贏矣故物價不准庸贏之厚薄爲高下租恒視物價之過經與否爲比例矣故租又準物價之溢不溢爲有無庸贏者價之因而租乃價之果也析而論之有常得租之地產有不常得租之地產此二產隨世升降有相待之勢焉

今試以論地產之常得租者地無論左使肥磽及其可耕則總其所登常大逾於所費天之酬庸比諸人之爲酬不啻倍蓰故地實告登之日不僅勞力者有以復其庸也即具母者亦有以滋其息二者猶有餘焉則地代出矣

那威蘇格蘭二國雖極荒之大澤廣場皆足以資游牧之需計其中湩酪孳乳之所出取以償牧擾之勞與種之費而有餘則地主乃有薄租地愈美租愈厚牧場美者延袤相若而所牧之畜多地狹畜多者其飼視收牧皆易功不煩而所產增故地主之租倍蓰

負郭之田雖磽而其名租則等於鄙遠之肥田蓋鋤耰之勞雖均而所產之入市求售僻左者不能不加費轉輸加費則秋收之入分以爲庸者多此盈則彼絀而租與贏皆以少矣贏則鄉鄙之率優於都會庸多而贏優則僻左之田雖耕其租必嗇

凡大道通衢與可漕之水皆所以利轉輸利之云者所費省也故使國中水陸大通鐵軌汽船盛興而遠近若一者致富之樞機也蓋遠服之地闢則耕者之幕漸廣邦畿處其環中而遠服外繞距中彌遠其環幂彌曠故也

耕之爲勞雖過於游牧而秋成之日所獲者除償子種贍力庸之外其餘實多使牧場之獲與五穀之登相較則耕者之所獲過於牧遠矣故農利優而禾田之租亦厚地爭墾治人樂耰鋤此游牧之所以變爲耕稼也

當地廣民寡之時國中無處皆牧場耳故湩肉多而嘉木少人視穀食爲艱而穀因以騰貴

洎治化稍進人烟漸密耕耨雲興則其勢反此肉少而穀多乃有非老不得食肉之政矣稻田日廣則牧場日狹肉價必騰設此時之可爲稻田者縱牧如故則牧利之所收必等於耕之利而後可屠肉入市其善地之所牧者與惡地無異而惡地之主常享大利緣惡地不利於耕種名以稻租實不敵縱牧名租之所得善地則便於耕種名以肉租又不如因穀名租之實數

都會近郊之地戶口繁闐轉輸輻輳其中人所飲之湩酪馬所食之莖芻皆不可一日缺又況圈肥驅堅之家日衆其勢有以使出草之利遠過於稻梁然此必其地之形勢使有以爲之反是如僻遠之地則不能也

事業繁興人口大進近郭之地所產芻穀皆供不遠求則其地以出芻爲最急而出穀次之何者穀貴而易輸芻粗而難轉也今之荷蘭古之羅馬芻供於近服而麥則濟於遠方職此之由

國大治久其中田野大致墾闢無處樹穀以養民生芻以飼畜無荒棄者也亦有時而他樹藝(如栽茶栽蔗栽菸葉之類)則其租與贏二者常視芻所收爲準繩無能遠過設或遠過而他樹藝者多多則其利若不及又將復其地爲牧復其地爲田此大較也

轉而爲他之樹藝其治地如浚墾之費或重於耕牧而猶爲之者必其租勝者也其歲所斥母如子種費或重於耕牧而猶爲之者必其贏勝者也然此二者之勝必適償其費而不能

甚有餘亦必然之勢也

若苦蘇(譯若松子能釀酒)若果實若菜蔬地之類此者。其租與贏常視耕牧為優矣。何則。園圃有樊渠之費。如是則租宜加。果菜之傭勤巧恒逾常佃。如是則贏宜厚。且果蔬之穫。天年不齊。雖植大異。難特倍於穀殺。故一收之利。必通數稔而畸其平。此所謂冒險辨價也。然則園圃優矣。顧數此者。往往十八九貧窶。即有善者。不過中貲。則知此曹計出為入。贏嘗甚有餘哉。況灌園種樹。足以怡情養性。富者樂此以為消遣閒玩之觀。則小民之博利益微。而仰以餬口贍身家。愈難言矣。

耕牧以外之樹藝所收。雖富而常以治鬪種植之費多。計其所得。每不大過於耕牧。取其利例之。常相若也。獨至地居最宜而區寡狹不常有者。則其產入市。常索高價。特此之饒衍常歸地主人

民食雜糧不同。設兩種之食。甲易而乙難。地之肥磽相若。而出甲倍乙。則甲之田租必優於乙。而與農佃之庸贏無與焉。當其收穫既償財息力庸之外。皆田主之穫也。微論其庸率高下。所餘既多。食功自廣。而田主之利權自進。故曰優。

試取稻麥而合觀之。同一區之地。種稻之所穫。常倍於種麥。雖種稻於麥為劬。而登場之利常綽有餘裕。酬農佃傭之外。皆歸田主。稻租之過麥。亦以此也。

今再以論地產之不常得租者。人生所必資之事。食之外莫若衣居。方一地之未墾。其洗諸

天而得者。食之材少。而衣居之材多。及其既墾。則所產常反是。夫民寡而衣居材多。則強半無所用之。莫與為易。斯無價值之可論。迨地之既墾。將衣居之材日以見少。而資之者又多。於是交易之事興。而價日以起。夫如是則地無棄財。求者甚殷。必輦以入市。其名價也。將有溢於運致輸轉之勞費。而後主其地者可以有租。

太初之民。大抵所衣毛革。所居木石。衣居之餘。匪所與易。則棄於地而已。租何由興。美洲北境畋獵之民。方其未通之時。事正如此。百年以來。則出其餘皮。易氈、罽、鳥鎗、菸、蘭提酒之屬。交通日恢。雖榛狉之域。第使其地有所產。則必有與通之國。取其產物自用之餘。出以與人為易。其得價溢於轉輸運致之勞費。而薄租以興。

田野日闢。民食日充。求食之徒乃愈益衆。於是分功局成。夫地之遺利日出。其物材之夥。有過於飭材之衆者矣。是故百產告登。民以滋侈。物或因利用而見收。或因飾觀而見設。自皮布帛以至鏐鏤瓊璣。出諸地府之深。登諸墀几之近。總是有形。終不外冠褐屋廬與夫宮中器械而已。由是而知稼穡者租稅之源。且不獨能自出租也。即他產之出租。亦必待田野既闢。稼穡饒衍之後。而始可。蓋百產之有租與否。必視供求相劑之如何。必其求之甚殷。使市價逾於經價。而後有租。非田疇之闢。食足民殷。又安望民之多求也。

今試即石炭一事說明之。石炭礦產也。必有地主。而發掘開采之後。或有租或無租。恒視二事焉。一曰礦藏之腴瘠。一曰所居之便左。夫較礦藏之腴瘠者。則在功同而所出有多寡之間。假使礦藏過瘠。治之者不能酬其勞費。則雖置之五都之侖。采之恒無所利。無所利則莫之開矣。之開則其地坐廢。設稍進而礦藏差腴。開采而入市。所收僅以酬勞與費。償其力庸復其本息。如是則其礦可開矣。然而不能有租。故此種礦產每由地主自具母財而為之。責租於人。鮮有承認者。設更進而礦藏較腴於前。開之勞費等於他礦。而所出甚富。此而不開。則又以其所居僻左。境礦之居民鮮少。所出者供過乎求。又無通渠大道與夫鐵軌汽船以致之遠。則雖腴仍瘠耳。故其礦亦廢也

煤礦之美惡不僅在出煤之多少難易。即銷場之遠近廣狹。開采之得利與否亦與焉。獨諸金之礦產則不然。其品彌貴。則所居之便左彌不計。蓋品貴者易於挾持。盈握之微。為值至鉅。雖以之梯山航海。運費之加於本值甚細。故銷場所被。不僅毗連之境。謂之流通宇內可也。如銅出日本。而登歐市。鐵出西班牙。而徙於秘魯智利。秘魯之銀則又由美而入歐。由歐而轉亞

五洲之礦。互相繫牽。設有一腴。羣瘠俱廢。此如日本之銅。秘魯之銀。其出產之多少。我國與歐西諸國二金之貴賤視之。所共見也

是故羣金之礦。其利視宇內所開最腴者為轉移。凡礦利取償勞費之餘。所長蓋薄。鮮能給重租。羣金之價。其中所以為庸息者多。所以為租者少。觕者(鉛鐵之屬)已然。珍者(金銀之類)尤甚。蓋鐵錫累重。金銀易挾。易挾則偷漏必多。故西班牙之銀。稅多漏卮。而戈安倭勒獨免

之鑛稅差豐。故知錫價之內含稅多。而銀價之中名租少。又知金品下則租稅易徵。金品愈珍則所以供租稅者將愈薄

夫田疇園囿之產。大反乎金銀玉石之礦。蓋田疇園囿之所登。以養人利用而寶者也。不必待他之肥瘠相方為比例。而其產與租之利自若。百頃之地。種稻幾許。收穀幾許。麻枲若干石。材木若干章。而所食所飼所衣所庇覆者幾人。恒定之數也。主其地者任土而征之。無問所取之幾何。是幾何者。常有其易貨取功之量。民之有待於衣食者亘萬禩而不變者也。則是田疇園囿將亦無弱與俱。且金玉之礦。有其沃者。則确者廢。而田疇不然。磽與肥者比。不獨無廢也。且將蒙其利焉。何則。壤沃而收多。收多而民衆。民衆則產之磽者亦有所銷。壤固各有所宜。有相資者而其利見矣。

今更以論常得租與不常得租二產。隨世升降相待之變率。田野治。農業精。則民食加多。而他產亦因以得利。或以其有用。或以其可悅。其得利不同。而待農業隆而後有利者則均。或常得租。或不常得租。治化日蒸。是二產者常有相待之率。然常得租之產。無待於不常得租者。而不常得租之產。則必依於常得租者以為其利之盈虛消長焉。百工之事日修。則凡衣裳宮室之材。與夫地中之寶藏。若渾金若璞石。必好而求之者日以多。求者日多而供者不過。則所具之易權必以日大。其相待之變率類如此矣。

宇內以銀為幣。其需銀日多者。交通國多而工商之業衆也。其事可分三際。一)假其商務日

悵而産銀之事不與之接武連衡而並進將見銀日以少而與穀食相待之率亦日以加銀數等而所易之穀見多乎前曰穀廣非穀之廣銀之貴也(二)使家礦雲興腴者日出而適商之事如故則銀之出地溢於所需其與穀價相待之率將日以少銀數等而所易較減則曰穀貴非穀之貴銀之賤也(三)使宇内之通商日廣矣而銀之出地與之相副如是則銀穀相待之率將歷久而不減不增者銀穀盛耗之間此其大較矣

銀者易中穀者百産之程準故求商業之盛衰校民力之蓄耗莫便乎此

土地之腴脊不同自山田犖确沙田墝疏澤田斥鹵之幾於無所收等而上之黄壚黑墳上腴之壤其性品之殊不可猝數雖在同田其産穀之多寡殊難預判譬如有田始收十石繼而倍之更進而三之其最初之十石易穫繼倍之十石難收更進之十石尤難求每進所收其勞費必加於其前故例曰同田增收後費深於前費

且以兩種土地投之以同一之資本施之以同一之勞力其産出之分量自然磽不敵腴特土地有報酬漸減之法則雖同等土地所産出之農産物或則靡百金而穫或靡百五十金而所穫亦不過是蓋土地出穀之分量各有其限過限求進勞費如前故田功用本之情可區為二曰大還曰小還大還利厚小還利薄

小還之由致之有二(一)施母財於新田而新田之土瘠於舊田(二)施母財於舊壤而舊壤之用母已充二者用母同而利皆趨於薄故曰小還民之斥財求利常較新舊之難易勞逸為歸假加母於舊壤僅添八石而用是母以另耕次腴可致九石則彼必舍舊而謀新

今設土地之腴瘠為上上上中上下中上諸等而同田先後所施之母降而收利愈薄者命之為初度次度三四等度自其初而溯之當一羣之始合一國之肇興也凡無有能生之田莫之或墾降而有墾者矣而田多民少所墾者必擇上上之田其未墾者無所出有欲墾之者皆可據其地名為己産當此之時田固無租蓋其經焚闢斬刈之勞費而或有所納亦不名租租者緣地而有此之所納實緣勞費而有也則等諸用人之力而酬之以庸用人之財而酬之以息謂之為庸與息可也而不得名租

洎羣合而生齒日繁所資於食者日殷上上之田轉瞬闢盡苟求足食不得不降而耕諸上中或其次度母財而施之舊有上上之田斯二者起乃入小還

假有人焉斥其母財以治上中之田歲收僅及八石而治上上者例得十石則治上上者之田主必訊上中少穫兩石之説以謂治田者曰此固我土地之腴也不然彼治上中者所勞力同所具母同及至收穫之時則差兩石者何故租之名物基於此矣

設其人以為具母而降耕上中不若以是母為次度母財而仍耕上上之為便顧其地受母之量已充大還之限已極故初度之母收十石者次度同母僅收八石則具母治田者之家勢必以八石者為贏利之通率以八石為通率則主上上者固可與具母治田者為約而得其浮於八石者以為租

循是以推設戶口愈蕃民食愈亟上上上中都已墾盡不得已而降耕上下其所收僅及六石如是則上中之壤必比而進之為率二石其上上者同時更進二而為四矣假其就舊地以加母冀求多收則為第三度母其效亦與斥母以別耕降地者同上中之主得二上上之主得四蓋國田降耕至上下之時則出八石之上中其租為二石出十石之上上其租為四石使不別耕降地而斥母財於上上則以初度之收十石次度之收八石與三度之收六石為較則初度之贏四次度之贏二合而征之得六石也

要而論之凡資本家從事於素生品事業於博相當之利潤償其必要之費用而外所有餘裕即謂之租何以見其為餘裕也則曰凡田地之産物出售於市莫不計其物之所費與其母財應得之贏利而為相當之價固不肯損其贏與庸而沽之也故其田之所産僅足以償其贏與庸而無餘則租無由出是田也最劣之田設所耕作較此劣田為優所費資本勞力等於劣田而所獲之報酬方諸劣田餘裕甚多則此餘裕不得不取而悉以名租蓋此餘裕既非由於斥母之多則不應歸贏又非由於勞力之巨亦不應歸庸不由於斥母與勞力則必其土地獨腴而後始穫此餘裕也租緣於地故應歸租

凡不能償其資本酬以相當之利潤者則其田不耕耕田者至少須博得勞力之庸與資本之息其僅得此庸與息而無他餘裕者斯謂耕作境界設甲為上上乙為上中丙為上下丁為耕境之所在若加以農業之改良甲乙丙丁同時增加其收穫於時丁田之所獲不僅酬其庸與贏而稍有餘裕矣則此丁田不為耕境耕境其降而為戊田為己田由是産業之改良愈進耕作之境愈下而所以名租之率愈升

農業改良田野治闢則所獲加多而租亦比例以進此易見者也且地産真值增多者田産治闢之第一效也而地産值增田野亦將以愈闢故始也地産值增為田野治闢之果而繼也地産值增為田野治闢之因矣夫田治彼地主之分租既多而産貴則所分者之真值又長是地主之利再進也且利之因價昂而進者其所産固無俟於加勞費也故發貯之農人勞力之佃者受其常贏而已足則農佃得其分少而田主享其大分又何疑焉

且自物産之充國中之熟貨乃賤蓋分功愈繁民增巧習而為之者獲故也夫云熟貨賤者資無以異於云地主易權日充田租加多也蓋分之於田而得租為一身一家之奉而有餘則出此以與他人為易其所易者十八九皆熟貨也而熟貨又適廉如此則地主之利又進而生事必需之外凡夫適意娛情炫耀玩好之事因之起矣且積貯盈豐生之者衆故其國無游民無游民則飭材者多積貯充則食功者衆物産滋而民得其依則租税雖深不病故田無所往而非有土者之大利也反是而觀則田野荒者必生貧日以賤熟貨日以昂積貯竭伙而民生皆窳其為有土之大害無疑是故善國租重而民樂窳國租輕而民煩

申

交易篇

交易者斯民之感受天籟教育而然也人各有能有不能以其所能易其所不能物或為我所有或為我所不有以其所有易其所不有物皆以適人之用也適於彼者未必適於此以其所不適用者易得其所適用者凡此皆雙方樂於為之不待媒介之強迫相從者則其自然之趨勢也

第四十六章

通功

欲論通功之義必先明分功之效計學家斯密氏謂分功之益有三曰事簡而人習曰業專而玩愒不生曰用意精而機巧出所謂事簡而人習者蓋用志不紛雖事有至難及其久之皆若行所無事故欲事之習必功之分分之益簡習之益至所謂業專而玩愒不生者人之勤於職務在無棄時棄時猶棄財也業不專而屢易其棄時必多所謂用意精而機巧出者蓋為之既久用意必精精則巧捷之術恍若來告嚴氏於此三益之外加四說焉一曰不異人而事辦令馳傳之人其持一緘與持百緘千緘勞力均也牧者之飼一牛與飼十牛為事相若功分則無費人二曰不異事而效收事固有飭材庀工之後惟恐求者之不多印書其一事也功之未分則人而鈔書也功分則無費事三曰人得各審其才之所當夫人互有所長互有所短使不分功則或強以其才之所不當而力糜事苦惟分功而後得各出其所長四曰地得各出其產之所宜夫粵鏄宋削產各有宜不分功則遷地而不良既分功則地收

其所美著者又嘗附以二說矣一曰因省力而分功者一夫運糧其力不及一石而僅能控扶一斗則欲輸一石之糧必經十次而後可然非此則其事不舉是在分功故分功有省力之效二曰因省時而分功者諺云一人挑水兩人擡水窮日之力兩人所取之水僅及一人所取之半使兩人分功而為之半日而已等於一人一日所取之水故分功有省時之效

功分而生財之能事益宏其事亦起於不得已自然之勢也夫人生而有羣天與之以有欲一羣之大所以供其欲者求之一人之身不能備則勢必有待於相資而交易之道生夫使以一人力作治生活而羣皆坐仰其食則其羣立渙使有一人遊手隋足終日無所事事而惟仰給於其羣則其羣亦渙前者之渙供不敷求人所共知後者之渙好逸惡勞人之常情羣見彼一人不勞而得食也乃相率效尤各自隋逸其肢體羣將焉保故人也者自食其力自食其力者非不與他人相往還也蓋將以其力交易以供食耳人各有其能即各有其不能以其所能者而易其所不能則互換知識而一羣之治化乃進交易器皿而一羣之材用乃周

人生之精力有限以之專攻一技而適足者以之兼營數業必不敷以之兼營數業而能敷者以之專攻一技則更充精力充則業易熟不敷則其業易窳與其業多而易窳孰若專而熟焉故著者之編教育部也於學齡之釐定甚切十四歲入中學即肄習專門科誠以專於一業則聚精會神易成良技各自專攻一門統其羣而農工商礦諸事俱備供一羣之需而

已足更得以其餘向他羣而易其意外之需要浸假而其人學商數年又轉而之工學工又數年轉而之農之礦終其身誠有幾許數年恐終無能業之一日且更一業棄其所熟習者而操生澀之作必經年累月而後始得其門徑此斯密氏所謂棄時者也營業者之最忌明乎分功之效斯不爾已

箇人祇以專營一業而羣之所有需於業者非止一也即箇人生事之所有需於業者亦非止一也乃人盡其耳目手足之所最宜各操一術焉以供其羣之需用努一人之心與力而各有所出自享不盡斥其餘以為易以給他人之求而已亦得其所欲故有貿劑(謂以約相易者有交易(謂以物相易者)有買賣(謂以財相易者)而生事以供而分功以著射臘游牧之民其中有善為弓者善為矢者以其弓矢易他人所禽獲之牛馬如是而得方之自臘自牧者為多則彼將終於弓矢之業而為弓人矢人矣又有善為屋廬韝幕者為他人作屋廬韝幕而他人酬以牛羊脯鮮方之自獵自牧者為多則彼將終於屋廬韝幕之業而為梓人幕工矣故交易者人生所不能外也今使人生而不易事不易事則不分功不分功則人之生事大致相若事相若則習同習同則人品一草昧之民其知若一邱之貉正生此耳

夫以人情樂相為用而有交易而有分功分功久而人品殊然數者相為首尾亦以樂相為用而後收殊品之利禽獸類同而品殊者衆矣不待教不由習生而可見者也獒以絕有力善齧盧以善走著龐以警牧狗以馴著真能品懸殊而極不相用何也不易則不通不通則雖

有殊能而皆立於獨爪牙口鼻各用其所受於天者以自為養而於同類則無利也至於人則或勞心或勞力皆有相資之益人生而能操一技則皆有以食於其羣即為其羣所不能廢故分功交易而人道尊

工者一歲之所食農人為復其糧農者摩磐之所損工人為復其器而從中轉徙貴旋於兩方者謂之商商之有待於農工與農工之有待於商及農與工之互相待等也設使無農工商之食工無由施其製造之能力商無由成其轉運之功用而通之事不成設使無工孰貸不就農無以資其耒耜商無所取販貨物而通之事不成使無商人農不能置其耕作而自致穀實於市與工為易工不能停其製造而自供器皿於野與農為易而通之事又窮農在野而工居市野之生產素生品也冀以通市市之生產製造品也冀以通野二者之相交易換物也而實謂之通功農工商三者各修其業而有交養之效焉野出其所產以求百貨於市捨其自供勞費之外悉以易貨故市之所貿而去者皆野之餘也市以其所製造易百穀於野穀乃市之需要而製造品又市所產出而待沽者也功分則有待於通商之販賣也人與其自營生業也而不謂其為工買貨為農銷穀商得農工其業以立農工得商其業乃專蓋有工之製造而後農之器皿不須自製而農乃得專其耕作有農之耕作而後工之食糧不須自種而工乃得專其製造故羣民交易之真道在通功通功以收分功之效者也

分功交易相為用則相為廣狹山城小市之民貿易所通其地甚狹無取於專產一貨專攻

一業。蓋自用而外多致餘。餽所與易故也。彼方舍其專而業其兼。毁其一業之有餘以補他業之不足。夫而後生事得粗具也。如蘇格蘭之山邑。歲用釘不過數千。而其中巧者日製千釘。使其專之。則三百六旬中一日食而餘日餓。烏乎可哉。故交易廣則分功繁。交易狹則或無待於分功。且務兼焉。當西歷四千年前。阿利安人種侵入印度。初無職業之别。及人口漸增。土地日廣。久之而各有專司

地勢之於人事也。川所以為通。山所以為阻。故舟車皆以通貨。而車不及舟。水之所通。市場必廣。而百工以興。故分功必自瀕海多江河之國始。而內地去水遠者。常貧陋僿野。而後時也。

歐洲治化。始於地中海。四周天下水入地深者。莫此海若。不通潮汐。舍風所鼓。别無巨浪。小大諸島。棋布星羅。故水活而多可泊。初民舟製不堅。不識慈鐵之用。於此海最宜。去岸過遠。目不見山。則憚而不敢試。芝伯羅塔者。地中海出大西洋之門戶也。大秦之人謂曰巨靈之峽。過此以西。動色相戒。涉者獨非尼加。加達幾尼亞二部之民。垂千餘年。他國之民莫有出者。

環地中海之濱十餘國。埃及最古。其民講求農工最先。埃及分上下國。溯尼祿以南為上埃及。皆並河為聚落。去岸不百里。則荒地矣。尼祿下流。播為十餘支。為下埃及。兩分脈結。在在可以通航。城邑林立。而其民皆媮佚富厚焉。北之荷蘭。蕞爾國也。其土與財以比例言。於他

國無所讓。亦以瀕海而有鄂林摩斯二河之故。是以海國多港汊。內地多江河。不淤不濫而常可漕者。國之至寶。致富之資也。

自我黃帝殖民於黃河兩岸。富庶漸滋。而國基乃奠。惜黃河支流甚少。氾濫難治。其便利遠不逮揚子江。故我國財賦之盛稱三吳。以其臨東海而扼揚子之吭。實通商之要衝。形勝之區也。至珠江南對菲律濱。澳洲東通日本。北美合衆國西控印度。亦通商之要地。所賴因而利用其交易之途。以廣市場。則百工興而生計資。中國三大流域。庶幾有其二哉。

五洲之地。阿非利加最混沌無襃。其民終古稱野蠻。而亞洲內地距水遠者。如斯吉地亞韃靼錫伯利亞。亦亘古未進化。由北溟泛凍。大河散處。不可漕通故耳。至如波羅特亞都里尼特黑海諸水之在歐。如亞拉伯灣波斯灣孟加拉灣暹羅灣渤澥諸水之在亞。皆斗入大地數百千里。使之批窾導款。以成互通之利。而非洲則未嘗有也。且國有小河而不據為小支。或踞其上游而入海下流為他族所割據。則其通商不盛。蓋無支流則不相匯通。失下游則出入多梗。達牛河雖長大。而其上游諸國匪受其利者。坐海口為土耳其所據也。俄爭君士但丁。將以收地中海之利權。乃英德諸國盡力保據之。致俄人終不能得志於歐西。豈與夫我國之黑龍瀾滄比哉。

第四十七章

物之價值

欲明交易之理。先辨物之價值。夫物有本值。與市價異。值从人从直。與直字通。直貿也。揚子太玄經云。直資而未有文也。註。直之言殖也。萬物甲始出。殖立未有枝葉也。則物之生成。有固有之真值。至其後交相為易。酬以金錢。則其價矣。讀从人从賈。與賈字通。賈賣也。又售賈也。既云賈賣而交易之道生矣。其價之高下。由於供求二者判決。非必始生固有之真值。孔子云。待價。人各有本然之值。聖人不屈身枉道者。不肯減值以賤售也。蓋價必待諸人。而值則本諸我。聖人之待價。即其值也。至於物。或則減其本來之值以售者有之。或則增其本直以售者有之。蓋物權在人。而不在物。其增值減值。均惟人。而市價成矣。市價視供求相劑之如何。值則物之固有者也。

物之造成。出以功力。故功力者。物相為易之真值也。而人未嘗準功力之多寡以定市價之高下者。則以較物所積之功力甚難也。今使執功力以為準則。將以勞力之人數定乎。抑以用力之久暫殊乎。而無如二者可以較同事之人功。而不可以齊異曲之能事。有勞逸焉。有巧拙焉。事固有一人之為難。舜於十人之為易。又有一舉手鑿舌之技。待十年數十年勤苦服習而後能。舍是之差率。又烏從而課乎。是故物之相易。其價悉取定於兩家當市之評。甲仰而乙俯。乙出而甲入之。商権抑揚。至於各得分願而從止。如是者謂之市價。市價不必皆真值也。而交易常法。必待是而後行。

定物之真值。不以金銀銅三品。而以功力者。三品之變化。其值悉類他物。有時易得。有時難

求。即有時而貴。有時而賤。總天下而課其盈虛。視其時礦産之多寡。肥磽而定貴賤。其不足以衡萬物較等差明矣。至於功力。無論何時。無論何地。自勞力以産物致貨言之一耳。縱其庸時有高下之差。然此乃庸之變。非其所施之功力變也。大校而言。費力多者其物貴。費力少者其物賤。惟功力有恒。乃可以為物值之準。雖然。力役亦有真值市價之區分。真值云何。為一日之工而一日之飲食與凡生事所不可缺者是已。市價云何。一日所得之錢是已。

人始為羣。無占田。亦無畜積。交易之事。舍功力則差率無由見。洎夫合羣稍久。物産登成。非勞力者所得全而有之。彼既有資於斥母財者之發貯食。功於是必有起而與之分利者焉。施力成貨者之所應得。謂之給料。庸是已。出母財者之所應得。謂之利潤。贏是已。於此而課物之值。不得獨以功力為差。而必益以資本。然猶未已也。合羣之先。地無所專屬。自草昧建侯。分民分土。而天下之土皆各歸之私有矣。於是有地主而有地代。地代者。租之謂也。故租庸息者。物價之原行也。市中諸物價。合三者。其常。合二者。其變。即無所合而止一者亦間有之。合二則無租。僅一則純庸。物皆不能去庸者也。三者雖非同物。而其始則皆功力之所出。故皆可以功力為權度。

貨物之名價。計其本量委以與是三者之常率相準。如是之價。謂之經價。亦曰平價。物以經價交易。則售者之所得適如其貨之真值。真值非他。所以致是貨入市之全費也。惟是市中當法售貨。稱及本者。多不賅售者之贏利而言。然使貨售僅得本價。而無常率通行之贏利

則其人固已折錢所得者非經價矣故經價者貨物可售最廉之價也當市所售者曰時價時價與經價其或等或過或不及視供與求相劑之閒使供之數不及求之數則力之能勝者寧出過經之價不肯顧虛供少而求多則求者競競而時價優於經價矣價如是者謂之騰騰之數視供者所少之幾何與競者願力之大小願乃等矣則視其情之緩急圍城之內饑饉之年生事所資仟佰往日以供者有限而求者至多故也

使供之數過乎求之數以經價相求者不多而急售者衆求少而供多則供者競競而時價劣於經價矣價如是者謂之跌跌之數視供者所過之幾何與競者渴財之甚否所儲之堅脆易腐敗否易失時否假其兼之跌尤無算適利析閱或至破產蕩然入抵生供過所求之故已耳

使供之數適如乎求之數則時價與經價平求者以貨之足供無待過經之價而後能得供者以銷之甚易亦無待劣經之價而後可售蓋有供之競則勢不能騰有求之競則勢不至跌此總處之最尤平允者也然是境為都市所絕無蓋有近之矣無少出入者則未嘗見也

物價之騰跌由於供求之多寡而不盡由供求多寡之故也有時供者相率聯盟結羣罷市公立條約以增物價而價乃騰矣如是而騰不必由於求多而競有時求者相約禁用某貨如數年前美禁華工華禁美貨斯時美貨之入華商者其價日跌如是之跌不必由於供多而競

物固有為常人所棄而不取者富翁一見而驚喜之謂奇貨可居也價雖過經購之不吝斯價之騰固不必由於求者之競與夫供之相要索價也敗家之子持若祖若父之遺寶產貨以出售於人價不及經三分之一斯價之跌固不由於供之多與夫求者之不力也故價之騰跌不由一端因乎時者也故曰時價

任物之自已供求二者常趨於平所謂供求相劑是也物價如懸擺然而經價者擺之中點擺之搖也時前時却而地心之吸力常使之終趨於中點而使靜物價之騰跌也時低時昂而供求之相劑常使之終趨於經價以為平觀於懸擺而物價之情可見矣

然有時而商秘市情工私方訣或工商有辜榷之特權則皆能使一時物價大過乎經歷數十百年而不變故夫辜榷專市之效與任物自已供求相競者正相反任物自競是謂自由生業自由生業則供求相劑物價不期自平而定於最廉之經價辜榷壟其所產常使供不副求乃能極於至昂之價而後售自由生業能竭供者之廉辜榷壟斷必盡求者之力過前則供者不繼過後則求者莫徠

時價之於經價時過時不及然過經者其勢可久不及經者勢不可久蓋虧折之事人所不能方其價不及經三物之中必有受敝之家受敝析閱勢必遷業遷之多寡亦與所不及之數為比例必待求足勸供其遷始止而求足勸供則時價必過經價明矣

物之含三成價觀於穀粟而最明其中必有田畝之租賦地代是已必有長年佃者之庸錢與牛馬田畜之所食凡皆庸也餘料是已二者之餘則為農人所斥母財之息利利潤是已總是三者而後穀粟之價成焉

麥轉為麵則價增乎前以磨者之庸與夫坊主之息利故麵轉為餅則價增前以餅師之庸與夫畜是轉運者之息利故前二之外又且有增焉而後可也食既如此衣亦有然麻之為物合三成價與麥等也而麻布之價則必增漚者湅者紡者織者之庸與夫各養其工者之息利是故其貨彌熟其積功彌多以積功之多也故其價之中庸與息常居大分而所謂租者相形渺矣

從而知素生品與製造品二價迥乎異矣素生品之積功少價中所含之租庸息相平製造品之積功多價中所含之庸息則大過於租請述文明進步之影響於製造素生兩品之經價如何

素生品事業種類雖多然大要不過別農業漁業鑛業牧業四種從事於此等職業者非不能準求以增供第以土地有上下優劣之差等有報酬漸減之法則自人口蕃殖需要從之而增加耕境即從之而下移耕境愈移於下田斯生產素生品之忍苦亦自然增加因不免致其價之騰貴故文明之進步愈速斯素生品之價愈不能下落製造品則反是文明進步機械發明勞力因之而大減故雖素生品之價增加有激騰製造品之價之勢而製造之忍苦因文明進步益有減殺之傾向斯製造品之價不得不自趨於下落之地惟製造品之事

業愈進化製造品之價愈益減而素生品之價則更因而益騰

自人口滋殖地以窄而見珍租乃大進而素生品之大宗在地其價含租多於庸息騰也以此自人口滋殖傭工益夥製造愈求精良忍苦乃大受減殺而製造品大宗在庸與息其價之含庸若息毋過於租跌也以此

雖然此論其常而非謂其變也素生品比於製造品成功既遲且難持以耐久又不便於運輸譬之米粟菽麥及其他蔬果之類非經朞年不得增加其供給之數卽彼牛羊馬豕之畜必非能以一二年育成之者且產出之結果亦難豫期或欲得牛三頭僅得二頭者有之或欲穫收百石之穀而倍之者有之半之者亦有之因此其市價之變動自不得不激烈

人之所資於食品有定量以人情而節制之甚難遇年稍凶歉食物之供給較平常減少遂不能充人人所食之定量人而至於不能充食品之定量情何能堪則相競而求得之甚急而價之騰貴乃臻於非常之高點反之年稍豐穰食物之供給較裕於平時販賣商人若舉此餘裕而貯藏之則其性質恐趨於腐敗朽腐供之於市而人又果腹勢非賤售不能而價乃大跌若夫製造品之性質則便於運輸致之遠方最宜又能耐久當急遽之際無競賣之之必要貯藏以待其時可也以故製造品之市價與經價大相逕庭者尟而素生品則方之多也

案本篇人論交易專就使用之器物而言今更以論勞力資本土地三者之交相為易勞

力者之所得為庸資本家之所得者為息地主之所得為租使資本家不願得息而欲得租則舉其資本悉以易地主之土地權更不欲得租而或舉其資本悉以酬庸易得勞力者之勞力以之治農以之為工以之經商易之道行而資本家之所得不必滯於息也富矣使勞力者不禁久於傭而以其勞力償息貸資本若干或為商賈或為農工易之道行而勞力者不必老於傭也富矣更使地主不願得租而以其土地易得資本家之資本更雇勞力之庸以自由貿易或操耕作製造之職易之道行而田主之所得不必專在租也又如是夫然而交易之道廣矣豈惟物也凡宇內之生事何一不可以其所有易其所無哉

酉

貨幣篇

分功之局定民皆待易而後足以資其生為易之始必有所窒甲居一貨而有餘乙於此貨有不足則甲願以易乙亦願易而得之然使乙之所以易非甲之所欲有則易之事窮屠夫鼓刀而宰全牛之肉非一人一家之所能盡而有也餅師釀者皆樂分之餅師之易必以餅釀者之易必以酒設屠已有餅酒而不欲多則易之事又窮如是屠夫苦於有餘餅釀苦於不足是不能相為用焉此大不便者也有智者起別儲一物使隨時隨地出以為易人皆樂之而不吾拒則生事得常給矣如是之物謂之易中古之時易中亦多物矣有以牛馬羊者

資產物價常以是計郝謨之詩謂諦阿默特之甲直九牛而格魯古之甲直百牛矣　考工云牛載牛亞伯斯尼亞之易以鹽印度以象貝紐方蘭以乾魚威占尼亞以菸葉中華以鹿皮以布以縑衛藏以茶磚蘇格蘭之民且有攜釘以入酒肆者皆易中也及治化漸開易中必捨他品而用諸金諸金之為物經久不朽析為至微於值無損且由散為合又易易也夫可析易合者易中最要之能事也而他品不能如寶石如珠大以豪釐值相倍蓰不得以輕重為比例也既析不能復合合之不能復原值也此其為易中不便明矣如牛如羊禾穀則不可析也已析則不可合也今有以羊易鹽豉者凡易必以全羊不可少也苟欲多易則必倍之必三之此其為易中不便又明矣至用諸金則可析可合而多少輕重皆可相準此其獨有之德也以是為易中最宜希臘之斯巴丹以鐵羅馬以銅印度以銀今歐洲各國則金銀並用中國漢元帝時貢禹欲罷鑄錢諸官而改用布帛及穀議者亦謂交易以錢稱便布帛不可尺寸分裂而禹議遂寢中國古時皮幣諸侯以聘享金有三等黃金為上白金次之赤金最下三金並用等於今日英法諸國及秦幣二等黃金以溢為名為上幣銅錢文曰半兩重如其文為下幣而以珠玉龜貝銀錫之屬為器飾之用寶藏之須不用為幣是金銅並用也漢以秦錢重難用乃更鑄莢錢降為五銖後代所用大抵損益五銖漢錢號為圜法而齊布秦刀諸品微矣黃白二金亦無範以為圜法者其最可笑而增人之惡者季世君臣逞無厭之欲加賦不足乃更制輕幣名符實減以陰斂其民而不知國緣是以空虛比其故始

於奢奢者致貧之原而貧乃貪之由也

第四十八章

國民經濟發達之順序

自古無問任何國家其國民之脫離草昧野蠻之境而入於文明開化之界也必經由種種階級經濟學家每將其所經歷之層序分由兩方面觀察之一曰與貨幣相關者交易方面是也一曰不與貨幣相關者生產方面是也其以生產為標準而溯及國民經營生活之本源以定國民經濟發達之時代者分為五期(一)漁獵時代(二)牧畜時代(三)農業時代(四)農工業時代(五)農工商業時代此扶利托利西利斯特之說也由交易方面觀察者亦有兩說一為希魯德布蘭扎以經濟單位間之交易形式及其條件為標準分為三期(一)自然經濟時代(或謂物物交換時代)(二)貨幣經濟時代(三)信用經濟時代一為比欲柏魯以經濟單位間之交通為本分為三期(一)孤立經濟時代(二)都市經濟時代(三)國民經濟時代各說皆足以見國民經濟發達之次第本章試先以生產為標準研究國民進富之自然次以交易為標準探求經濟發達之順序特交易者與貨幣相關而生產則否也

請自生產一方面言之斯密氏固有學說可取而按之也其言曰化國之民其邑野相通者自然之勢也淺者以物為市易進則泉幣鈔楮用而野之物材穀畜通邑邑之所製造轉運者通野夫邑非生物之地也故其食與材皆本諸野而後有雖然邑資於野矣不得謂野無

所利也蓋其事兩利而俱生猶之分功相用之一端也各修其業而交相養焉野以其所產之餘裕易得百貨於邑既可以銷其餘貨而又得孰貨以資其用故邑之戶口愈稠積蓄愈富則野之收利愈宏而其市亦愈廣背郭二三里之所出其得價與來者百里者同科而遠者轉輸加費使二者之贏率均則近者大進矣觀二者之異則知凡有近邑與之為通者皆野之厚利也論交易之短長得失者多矣從未聞邑野之互通有云其或損者也

民生之事有需有饒方其有求先需後饒自然之理野之所產多需者邑之所致多饒者故一國之進也必野實而後邑供而邑之所供必皆野之所餘衍而波及者然則邑之虛實視其野之所餘以為量矣顧有時不然則其邑之所取供必從他道遠方而不必盡由其野此古今諸國邑野進富之所以不同也

由此而知國之進富所以不齊者大抵生於人事而不出於自然使其悉出自然則其富之次第必野先而邑後野未盡闢邑無由實且民之擇業也使贏利維均將樂農業而次工商蓋農事收利之可恃比之遠通商旅冒風波之險常與不可知而難信之民伍者相去遠矣有所治闢所費之財土壤受之不猝失也況乎民之好農出自天性然耕矣而必有待於工否則其業頓而廢作輟若冶若梓若輪人若為耜若埴者若石工若瓷人若為屨皆農者之所仰而諸工又互相待焉故其處也自然為聚而市邑以立市既立矣斯屠釀餅師與他賈者附附則其邑日大故邑野者交相為養者也野之所之必求諸邑邑與野易得其食材其得之

數視所通於野者以為率。其通之數又視野之農功優劣以為率。使人事不儳於其間。凡一羣之生。市邑之繁庶。必以野之治否為高下者。殆不可得而易矣。如美洲之新闢地。餘於農。則其地有工賈而無商。大抵皆地著矣。諸工勤動經年。家有饒積。則相率治地。未嘗求恢其業廣其市也。故其民多由工而農。雖厚糈優利不顧也。彼之意以謂工利雖厚。然待售而後得食。終不免於儳。至農則業之即得食。實占主位。故相勸而樂為之如此。

國之民餘於地者則反是。地狹而欲得者多。則田價昂。故工之有積儲者。多務恢其業而廣其市。始於鐵工。終於大冶。始於手織。終於以機。一人為師。僮指仟佰。蓋比比矣。其分功也益密。其用器也益精。時至則樊然興。不待煩言也。

民之斥母而擇業也。農先而工次。地之既盡。則工先而商次。此其所以然之故蓋同。贏利既等。財用之於農工者。耳目可及。而察防易周。故常擇此而舍彼也。獨至地產充仞。民用有餘。則不得不通於遠方。以易其所欲得者矣。且國之商業既興。而餘衍者有所注而不棄。地則用本羣之母者固佳。即不然而用他羣之母者亦甚善也。蓋使民之積畜未充。而野有餘地。工有餘業。則藉他羣之母以通溢貨。而本羣之力得專用於農工二業之尤重者。固亦此羣之大利也。是以古者若中國若埃及若印度。皆國無通商。而其民大富。曰無通商者。非無通商也。他人為通。用者非其羣之母本耳。使北美西印之民。不專其財於地著之業。而分用於

轉輸。則其致富之機。恐不能如是之速也。

是故民羣既合。其進富必有自然之序。首曰農。次曰工。又次曰商賈。此國而如是者也。歐易而後爐冶張。金木攻而後舟車運。先本後末。大體然矣。

素斯密之論。實分三時期。曰農業時期。工業時期。商賈時期。國民進富之階。顯然可判。殆與扶利托利西利潛之說。互相發明而不悖者也。

再自交易一方面論之。則取西魯德布蘭托之說以為準則。太古之世。穴居野處。茹毛飲血。人類未結成為社會。其禦寒暑療饑渴。皆各任其自由。採取材料於外界。自生產而自消費之。在宗族或部落之中。則家長家族間或男女兩性間。雖亦有分業而行者。然生產消費悉限於同一經濟單位內。經濟單位相互之間。絕無交通。故此時代。無所謂社會之分業。學者或稱之為自然經濟。時代而物物交換之狀態。即浮現於此時期。及至人知開已進而結為社會。各各因其境遇之如何。技能之如何。分別職業。乃有有無相通之事。貿易稍見頻繁。因而為圖便交通之計。遂用貨幣。而入貨幣經濟時代。貨幣與普通之貨物。在今日雖得為明瞭之區別。而在上古則甚難辨。以牛羊穀粟奴隸等普通之貨物用為貨幣。尚與自然經濟時代之人民經濟之生活無大差別。其區別貨幣與其他貨物之標準。不在實質而在其經濟上之官能。蓋普通貨物。由國民經濟上觀之。純以消費為目的。貨幣則為交易之媒介耳。穀粟布帛之類。其最終之目的。雖在消費。然使其既有交易媒介之官能。即可稱之為貨幣。

則自然經濟與貨幣經濟之區別。即在對於一種或數種之貨物而生交易媒介等之官能與否焉耳。至於使用鑄造金屬貨幣。則經濟生活全然一變。西魯德布蘭托氏謂此時期之貨幣流通漸滋。經濟生活亦大發達。至進而有法律上之保證。凡貿易之大部。皆依賴信用而為之。藉以為貨幣之代用。故可稱為信用經濟時代。學者或謂信用之發達。其及於經濟之影響。終非貨幣可比。用之以與貨幣經濟時代相比濟時代。實為不當。然欲以明貨幣之起源為主眼。不得不從西魯俺布蘭托之說。試將三時期分述於下。

(一)自然經濟時代

自然經濟時代。亦稱曰物物交換時代。即交易者雙方相互交換其直接必需之物之時代也。例如獵夫以其所獵獲之物。交易矢人之矢。弓人之弓。或交易勞力者之勞務。此弓矢與勞務。皆為獵夫所直接必需者。此等交易。於社會人民間之經濟關係甚屬薄弱。不過互相交易其所需要者而止。為生產孤立時代所不可缺之現象耳。尚未特以一種貨物專為交易之媒介也。及社會稍稍進步。終不能特物物交易以為常。則此等交換直接必需物品之經濟狀況。亦不能久存矣。夫此等交易。交易之後。即可立刻滿足其欲望。與買賣之趣向不同。買賣者以貨幣之存在為前提。將所交換之交易媒介物。暫時保存於自己之手。俟他日再用此媒介物交換他之貨物。然後能足其欲望也。則買賣須經兩次手續。始得滿足欲望。較之物物交換之足以直接滿足欲望者。殆甚不便。然社會文明日進。其勢不能久容此物物

交換之狀況。可列舉必不便之端。(一)相互間之直接不需者不易投合。此為物物交換之第一困難點。夫貨財所有者。相互間各各需用他人之所有物。此不過偶合之事耳。熙熙攘攘。彼需用者雙方之意思。何從而得知之乎。即知之矣。而準以種種原因。亦有不便達其交易之目的者在也。故物物交換時代。每有此等困難。及交通稍涉頻繁。遂不能依賴此種方法以持久。乃選擇一種人人必需之第三貨物。藉之以為交易媒介。例如甲以此第三貨物交付於乙。而易得其所必需之品。乙知此第三貨物為人人之所需。因暫留之。他日則仍用此以易得已所需用之品。此第三貨物。名之曰貨幣。至貨幣之發生何自來歟。學者　爭論紛然。或有以為是乃由或種貨物。於無知無識之間。有多數人需要之。而欲以為私有財產。因攝以為投合自然需要供給之手段。而貨幣始發生耳。著者則謂此亦有社會自然進化之公例在。實物物交換之困難激成之。而發生於天籟教育者也。(二)無計算價格之尺度。貨財所有者。彼此相互間各與其必需貨物者遇。宜若可以直接遂其欲望矣。然以甲所有貨物之幾何。交易乙所有貨物之幾何。必權以何者而後使各適其當乎。是又生計算貨物價格之困難也。故日常交易漸見繁熾。即不可不擇一一定貨物。以為凡百貨物價格之標準。貨幣之起。即由計算價格之尺度之不可少而來者也。於此有宜注意者。貨幣既為計算價格之尺度。則貨幣之自身。亦不可不有價格。至貨幣所應有之價格。謂為真實價格乎。抑謂為假想的價格。亦與不可予學說紛爭。五十三章當詳論之。茲之宜注意者。即在「貨幣自身

亦有有價格一語耳。(三)不易將價格分為小部分。此之不便程度畧低。然不得謂非物物交換不便之一端也。夫交易之貨物如酒如麥等。猶可分割。至如書籍衣服之類。則不可以分。且有分割之後。各小部分之價格已不能如其原價格者。寶石之類是已。

物物交換以有上述三不便。遂不能永久存續於文化漸進之社會。貨幣之生。即出於補充此缺點之必需也。是以學者以貨幣之發明。儕於文字宗教之列。而合為世界三大發明云。顧不得謂貨幣既經發明。物物交換即絕迹於世界也。試舉最著之例以證明之。國際貿易其輸出輸入多以貨物交易。僅於相差之餘額。以金銀對付而已。蓋物物交換。猶行於國際貿易也。即吾人日常亦有物物交換之事。如雇用僕役。其雇傭關係之報酬。有不止於酬而並給衣食住者。細微之事。如以雞卵易豆腐針線之屬。概皆物物交換也。

(二)貨幣經濟時代

文化稍進。人民經濟上之關係。亦漸親密。欲避物物交換之不便。乃擇人人必需之物。為交易之媒介及價格之尺度標準蓄積等。而輾轉使用流通於世。此時代即謂貨幣經濟時代。夫吾人通常所稱之貨幣。殆僅指金屬貨幣而言。顧徵諸歷史。研究貨幣之沿革。則所謂貨幣者。固非但金屬而已也。奇育兒哥氏之言曰。「無論如何貨物。皆足供價格之尺度及移轉之用。必何種貨物。始適於貨幣之用乎。固全視社會文化程度之何若而區分之者也。在文化未開之社會。於經濟上取以供支拂之用者。必其物對於受支拂者直接有具形的之使用

價值而後可。洎文化漸進。交通之道途既廣。其直接有使用價值之貨幣。遂失效用。則咸以無直接使用價值之金銀銅鐵等。充支拂之用。蓋金屬具有充當貨幣之良性。當於五十一章詳述之也。依歷史之沿革。分別貨幣之種類。有非金屬貨幣時代。及金屬貨幣時代。或謂貨幣經濟時代。專指鑄造貨幣而言。義蓋狹矣。不如使鑄造貨幣僅屬於貨幣經濟時代中之一小部分之為當也。非金屬貨幣時代中。其所被用為貨幣之貨物甚多。最重要者為獸皮畜類穀物貝類等是。夫此等貨物在當時何以能為交易之媒介及價格之標準乎。原因有三。(一)一般社會消費之者甚多。(二)可將本地方之物產輸出於他地方。(三)可以供身體裝飾之用。總之直接有具形的之使用價值者。於經濟最初時代。最足供貨幣之用。及貨幣之用加多。而後鑄造金屬為貨幣而買賣之現象起矣。是故鑄造貨幣經濟者。與都市之成立同其紀元。漸次及於地方。其始起於一私人之經濟。終遂共而為公共經濟者也。前此國家之租稅官吏之俸給等。一切皆以米穀等自然貨物支拂之。及鑄造貨幣興。租稅俸給等及其他一切國庫地方官廳之收入支出。莫不用之。故硬貨幣經濟。乃工商業時代之特色也。

(三)信用經濟時代

自時間之遲速區別取引。即交易行為之意義之種類。可分為直接取引間接取引之二種。當國民經濟之尚未進步也。一切取引皆即時了結。及經濟關係既密接。凡貨物之交付與其對待之給付。有不可不經多少之時日而難於即時了結之者。於是所謂信用取引以起。信用經濟時代者。其取引之大部分皆憑信用。而以信用證券為貨幣之代用者也。既已給付貨物者。當其未受對待給付以前。由受貨物給付者給付信用證券。以為債務關係存在之保證。信用證券。如紙幣、銀行券、為替手形、約束手形、公債票、鈔票之類。皆是代用貨幣。比於硬貨幣尤為便利。既有法律擔保之制度。復有銀行立於其間以為貸借之媒介。故信用證券之作用。與貨幣毫無差異。此種經濟狀態浮現於現世紀。乃工業時代之特色也。特信用經濟之對於自然貨幣經濟。與貨幣經濟之對於自然經濟。其關係大不相同。在信用經濟時代。凡貨幣之流通及其所以為交換之媒介價格之標準等之作用。依然不變。彼為信用取引者。人人之心目中。皆有他日可受貨幣給付之預想。故使貨幣制度一旦瓦解。則信用亦將儼然墜地。而所謂恐慌等經濟之紛擾。不得而免之矣。是以必條分縷晰而論究貨幣及其制度之理由也。

第四十九章　貨幣之定義及其職分

由經濟上廣汎之意義解釋貨幣。則貨幣者人民普通所認為便於交易之媒介及價格之尺度標準蓄積者也。而就法律上論貨幣之定義。則與此稍異。蓋因國家法律之力而有強制通行力者也。故人民雖認為有種種便利。然使法律上不賦畀以通行力。則在法律上固非貨

幣。例如日本補助貨幣。法律上僅於一定之制限內賦與以通行力。若超過此一定之制限期。在經濟上雖不失為貨幣。而法律上則非貨幣矣。強制通行力云者。法律上不問相手方之意思何如。使之不得不受取之力也。

貨幣有兩種。(一)硬貨類。(二)紙幣類。紙幣類必得法律之承認。硬貨則人民習慣上所認為便於交易者也。硬貨如金銀銅鐵之製成者。紙幣如契約券據國家法律上所許為通行有效之有價證券之類。夫紙幣之屬。一片紙耳。與金屬之實質較其價值。相去天淵。第因法律上既予以強制通行力。則雖一紙片。固可與有價值之金幣為相當之交易。蓋金屬之為貨幣。亦不過藉為交易之媒介耳。甲以貨物貿得金錢於乙。乙得此貨物。直接以資實用矣。甲得此金錢。則將藉以為他日交換實物之地。固不能直接以金錢資實用也。金錢而不直接以資實用。等於紙幣。紙幣而能用為交易之媒介。等於金錢。然則甲之以貨物易金錢者。更無異於易紙幣也。特紙幣而不能如金錢之通用。則不謂貨幣矣。故紙幣之為貨幣與否。全視法律上之予以強制通行力何如耳。由斯而不特硬貨與紙幣可充貨幣也。凡其他貨物苟實際上足以充貨幣之職分者。皆貨幣也。茲更就貨幣之職分一詳言之。

第一　貨幣者媒介交換者也。

前章嘗言之矣。貨幣之趣。蓋由於物物交換之不便。故社會上認為必要也。然則貨幣之職分在媒介交換。不待言矣。顧亦有因此而生誤會者。若曰「貨幣者交換之媒介物也。凡交易

貨物物交換，貨幣不過單為其媒介物，故雖社會上無貨幣，而商業之取引仍無障礙。準此則貨幣制度即不幸而有紊亂之時，一國之生產並不因此而被其影響。是說也，殆其視貨幣過輕，與往昔重商主義盛行時視貨幣過重之說，同為達於極端之論耳。蓋一則曰一國之富全由貨幣而成，一則曰貨幣紊亂於生產毫無關係，皆非適中之說也。英儒利卡笛倡為貨幣數量說，謂一國之物價依其國現存貨幣而定，貨幣之增減立影響於其物價間也。蓋貨幣數盈，物價必騰，貨幣數虧，物價必跌，緣以貨幣者交換之媒介耳。一國現存貨幣縱即減殺，苟信用制度完備，以其他可代貨幣之物充其乏，亦不致於不便之甚。要之物價者，非必據其國現存金銀貨幣與所交易貨物之比例而定也，實據其與通貨之比例而是決耳。

若兩物交易必借重於貨幣者，以其可為媒介耳。然則凡可以充兩物交易之媒介者，皆有貨幣之實用，何必金銀？是貨幣不必借重於金銀，即交易之媒介不必借重於金銀貨幣矣。其影響於物價也蓋微，獨是金銀之充貨幣也久，成慣習法，金銀貨幣之任交換媒介，環球所公認為便之至，而莫與易者也。雖云紙幣信用，終不敵其關係於交易界上之重且密。蓋紙幣不過為硬貨之助，硬貨且不必借助於紙幣，而硬貨實為紙幣之主，紙幣失主，斷難獨立以持久。試以極易腐破之紙，與堅硬之金屬比較，其當暫斯得之矣。由是而金屬貨幣為交易界上所不能一時或缺者也。雖影響於物價也甚微，而影響於交易也則大。

第二　貨幣者價格之尺度也

貨物皆有價格，即貨物與貨物之割合也。凡吾人日常直接為取引時，其評定貨物之價格，不可無一的當尺度。英人以此為貨幣職分中之最重要者。若謂即交換之媒介而言，雖無貨幣猶可以為交換；就價格之尺度而言，貨幣蓋不能一日無也。蓋價格之尺度若不存在，則凡百貨物必須逐一各各評定其交易之割合，其煩雜殆不堪言矣。雖然，凡貨物之足供價格尺度之用者，不必其為交換之媒介。例如日本價格尺度之單位為圓，所謂圓者，不過為評定價格之尺度而已，其媒介交換則別有與圓相當之鑄造貨幣在也。又如評定小作料，往往云米穀若干石，其實納小作料時，並非米穀，不過依米穀之時價而以貨幣納之耳。此蓋以米穀為價格之尺度，而貨幣僅為交換之媒介也。

第三　貨幣者價格之標準也

凡經營商工業者，欲其營業之圓滿發達，則必其營業者間行信用取引。往者市場範圍狹隘之時代，生產者（即製造貨物者）必俟直接與消費者約定購買後，始從事於生產，其視信用取引未必甚要。及文化進步，商工業界之販路擴張，生產者豫知貨物之可暢銷，遂不待與消費者直接約定其購買，而預為巨額之生產，於是種種之信用取引因之增加。例如供給原料者預知生產者賣出貨物時必受支拂，則供給原料於生產者無所用其疑；生產者又

信用商人而供給之以生產品，彼此信用，則至其完結終了之時，必經多少時間，而貸借契約等之關係遂愈繁頻。當其為此等貸借契約之行為時，自不能不有一價格之標準明矣。夫此所謂價格之標準者，乃間接取引上之價格標準也。既為間接取引之價格標準，則其自身之價格亦須以無變動為必要。蓋凡取引者，其取引時之預想，皆以為受支拂時仍為立契約時之割合，設使為其標準者自身之價格因給付與收受之間經過許多時期之故，致有變動，則取引者間必有一方蒙其不測之損害。夫自身之價格變而減少，是受支拂者蒙損害也；自身之價格變而增多，是為支拂者蒙損害也。然則為間接取引價格之標準者，非擇其自身價格少有變動者而為之，不足以謀取引之安全也。今日之普通供間接取引價格標準之用者，為金銀貨幣矣。顧謂金銀貨幣無論經過幾多時日，其價格皆毫無變動，則又不然者也。金銀之價格於短期間中固無甚變動，經年既久，有種種之原因，致價格之變動，遂不能為完全之標準。故普通之間接取引，其期間不過自三月以至數年者，則以金銀貨幣為其價格之標準最為得當。若經時過久，至百年之遠者，則不必然矣。蓋金銀之質不易變者也，故雖輾轉流通於社會而無毀損變質之虞，因之每年之生額縱或減少，其於全體之價格無甚影響。又金銀貨幣於社會之流通額所需甚多，即使每年有多額之產出，比於其流通額仍屬不足，故每年之生產額藉或增加，仍不能使其全體價格致生變動。此金銀價格於短期間中不生變動之原因也。若夫經年既久，或因生產年額積久之差異，或因需用之變化，價格之變動遂生其反對之勢力，設非有以防遏之，則其變動愈甚。

第四　貨幣者所以備蓄積價格之用者也

吾人平常為取引，當給付貨財於他人而收受貨幣之時，其中心蓋有一預想，以為他日可用此貨幣而交易他之貨財也。試就此預想觀之，他日取所貯藏之貨幣以為交易，則在預想中之視此貨幣也，非以之為交換之媒介也，非以之為價格之尺度標準也，殆以之代表所欲交換貨財之一部而蓄積之耳。其蓄積此貨幣，即所以蓄積所欲交換貨財之一部之價格也。他如輸送貨幣於遠地之親朋，其輸送也，非必以其為貨幣而輸送之也，蓋因欲輸送他之貨財又不便，特藉之以蓄積所欲輸送貨財之價格而輸送之耳。夫此代表貨財之一部以備他日之用及輸送於遠地者，皆以便於搬運而無變質之虞為必要，故金銀貨幣於蓄積價格之點為最宜。古時商業之機關未完備，法律之保證未安全，一般社會以金銀之容積小而無腐敗變質也，常藉之以蓄積價格。徵諸歷史，證據頗多。例如雅典、羅馬等之諸都市，及世界君主國之君主，皆莫不貯藏金銀以待不時之需，皆其證也。不特古時為然也，即現今之社會亦然。吾人每因不時之需要而貯藏貨幣以為之備，或輸送貨幣於遠方，亦皆以為蓄積價格之用也。他若政府貯藏貨幣以為非常之準備，中央銀行準備正貨以應兌換之請願及外國貿易之需要，皆無往而不以貨幣備蓄積價格之需。

以上所舉貨幣之職分，學者間皆必就其理論而研究之。本論依研究之次第，暫措理論於

後章今故進而論究古來貨幣之歷史。

第五十章

非金屬貨幣

前言貨幣最初時代必以直接有具形的之使用價值者為之本章因略述古代之貨幣史。

第一節　漁獵國民時代

國民最初之產業不過狩獸而漁鱗介耳當時漁獵所獲之物皆足以供一般人民之需用故其價值為一般人民所共認不待言也然動物之肉腐敗最易不便於交換彼等乃取其皮革及貝殼之類而為通貨以皮革易於保存且足供服裳之料故也古時以皮革為貨幣之事今猶可攷羅馬卡兒塔哥最古所行之貨幣即為皮幣露國當彼得大帝御宇之時皮幣尚盛行而露國之皮幣尤具有所謂代表貨幣之性質彼以獸皮之不便於搬運也裂取其一片以代全皮流通於社會中殆無阻碍我國當漢武帝時數與匈奴構兵國庫缺乏因禁民間飼白鹿元狩四年剝白鹿皮作皮幣方一尺緣端施縫值價四十萬錢凡此者皆古時行皮幣之證據也又凡未開化人民均以貝殼裝飾身體故普通均以貝殼為貨幣而使用之北亞美利加印度以汪帕皮克為貨幣暹羅英領印度亞弗利加西海岸今日尚以貝為交換之媒介我國文字如賣買貨財貴賤等字皆從貝形亦可徵中國古代之以貝為通貨也。

第二節　牧畜國民時代

文化漸開國民之產業以牧畜為主遂用牛羊等畜類為貨幣其以牛羊等畜類為貨幣也其故有五。(一)人民之財產中以牛羊為重要(二)牛羊能自行動無搬運之勞(三)其品質之高下差別甚少(四)普通畜類中牛羊之壽較長(五)在共同牧場中各人於其所有之畜類自為標誌即可任意牧養有此五端故一般人民皆以牛羊為貨幣也古時以牛羊為貨幣其証據頗多如阿卡麥能最初之鑄造貨幣其表面上誌以牛。獨乙及北歐人種間亦皆以牛羊為貨幣若即特伯兒氏研究獨逸人族之通貨發見當時價格之單位乃斑文之健康壯牛也。

第三節　農業國民時代

古代人口尚未蕃殖人民僅依牧畜之業亦足以遂其生及人口加增僅恃土地之自然終不足以供人畜之養而利用土地之農業乃始發達農業國民時代所用以為貨幣者必為農產物不待言矣蓋農產物中如五穀之類所以供吾人之常食者必不致失却價格且保存之方法若得其宜又足以永久存留而無恙往昔希臘以穀類為貨幣至於近代歐洲僻遠之地亦尚以穀類為交易之媒介日本濱田氏所著日本古代通貨考中亦詳言古代以稻米為通貨他如亞美利加殖民地及西印度諸島硬貨甚稀不過用以定其割合而仍交付產物於債權者也凡此皆以穀屬充貨幣之証例。

第五十一章

金屬貨幣

由五穀貨幣時代一變而轉入金屬貨幣時代迄於今未革蓋金屬為貨幣材料之最適宜者也金屬何以最適宜於貨幣材料乎試先述貨幣材料之最適宜者所應具有之性質前人洛利斯氏嘗研究之矣其所謂貨幣適宜材料所當具之性質有七後學宗之今述如左

(一)有使用之價格。

(二)使於搬運

(三)性質不變更。

(四)品質無差異

(五)容易分合

(六)價格之變動少。

(七)易於識別

第一　使用之價格

貨幣者所以供價格尺度及價格標準之用故其自身亦不得不有價格然當貨幣流通最盛之時雖以毫無價值之紙片亦足以通用於社會由是學者乃謂貨幣之價格只須有理想的之價格而已足縱其自身無實質的使用之價值亦無不可彼以為金銀貨幣之有價格者蓋因其被用為貨幣之故非以金銀有使用價格之故也馬克勒俄特之言曰「貨幣者所以為負債之標誌無負債即無需乎有貨幣」意謂吾人自出勞力而計他人之利益若不直接受其報酬時社會即須對吾人而負擔債務貨幣之交付非直接受報酬也乃所以證社會之對於吾人而負債也烏俄卡氏之言曰「欲決定某種貨財之為貨幣與否須視社會多數人於取引之際欲授受該貨財與否至該貨財何以為社會所欲授受及不欲授受乃事實問題非經濟學者之所容置喙也」由此等學說推之貨幣之自身雖無使用價值但使社會多數之人承諾授受而藉以為負債之標誌即不失為貨幣雖然兌換券等與金屬貨幣大有區別兌換券等之通行於社會也乃所以為金銀貨幣之代用物一般社會皆以為他日若有必需時可準此而受取金銀貨幣不過為搬運之便利計因而通用此等代用物非代用物之自身能有此理想的之價格也或又謂金銀貨幣僅有貨幣之價格無所謂自身之價值是說於事實上大為悖謬夫金銀最初之被用為貨幣即因其有直接之使用價值也及已用為貨幣至於流通使用之結果乃由習慣之力而發生貨幣之使用價值是故金銀者在物理上之性質即有使用價值乃金銀貨幣價格之所自來也至其因習慣使用之力而生之貨幣價格則末矣夫金銀本以充人類裝飾身體造作器皿之用故雖不為貨幣有不失其固有之價格特既被用為貨幣後因其助吾人經濟生活之結果乃於其本來使用價值外又增加貨幣價值耳

第二　便於搬運

何以謂便於搬運也。蓋謂其為貨幣材料之價格，雖等於日常取引之價格，而容積重量則最輕最小，故易操挾而行也。夫貨幣之價格，若較取引之價格過高，則日常取引價格低微，每不易授受貨幣，勢不能不多藉他之貨財以補助之，始便取引。設不然，而使貨幣之價格較取引之價格過低時，則通常之取引，不可不授受容積大而重量多之貨幣，亦甚不便。故文明未進之時，取引未達於巨額，其貨幣遂以非貴金屬充之。及文明進化，取引之額達於極巨，則容量小而價格高之貴金屬乃最適宜於貨幣。徵諸事實，凡銀貨多通行於半開國，金貨多通行於文明國者，其理由蓋在此也。且謂便於搬運云者，非特就個人間取引為然，而已國際取引亦復如是。蓋容積既大，搬運之費用必多，由是而價格遂因隔地以懸殊，其有阻害於取引不小矣。例如石炭之價格，必以產出地距離之遠近為標準，即因其容量過大之故耳。

第三　性質不變更

貨幣須輾轉流通，而仍能永保其價格，故非物質堅牢無虞損毀，終不得為適於貨幣之材料。金屬即具有此要件者也。惟鐵易生鏽，鉛易磨損，用以為貨幣者恒少。

第四　品質無差異

凡可用以為貨幣之材料者，必其材料之品質任取一部分比較，皆無差異而後可。換言之，即凡重量同者，必常具同一之價格之謂也。如寶石等，其重量與價格輒相懸殊，故不能為貨幣。穀物則因產出地之不同，致品質亦異，皆非適用於貨幣之材料也。金屬乃化學上之元素，不以產出地而區別其品質，雖發掘之初，不必各地掘出之礦純雜相等，而用冶金法分解之，自能合一，故授受之際，不如他物須先審識樣本也。

第五　容易分合

容易分合云者，非僅得以機械細分其物質而已也，必其分割合併，而價格不因之稍有損失之謂也。金屬之分割合併，其價格亦非絕對毫無損失，不過比於他之貨財殊遠勝耳。故曰惟容易分合，即其分合之際所減之量與所需費用皆甚微也。

第六　價格之變動少

已詳於前

第七　易於識別

貨幣之真贋，須以容易識別為必要，否則授受貨幣時一一細察其真贋，必費時度，於日常取引甚為不便。且真贋惟專待經理貨幣之人而後知之，則一般人民必易蒙其欺詐。金銀之真贋，比於他貨財，較易識別，此亦其宜於貨幣之一原因也。

金屬被用為貨幣之始，不過就發掘所獲之金屬塊而流通之耳。故國人於授受此等金屬塊之際，必遵政府所定之度量衡制度，秤量分析，知其品位重量，而後可以定其價格。古時埃及之取引，於授受金銀塊之際，必須秤量試驗。羅馬法規定，為即時履行買賣者，須有秤

量金屬塊之人列席。中國現今雖有鑄造貨幣，而重量品位差異特甚，故取引者間授受貨幣，尚不免秤量試驗之勞。由此觀之，可見最初之金屬貨幣，乃金屬塊也。即今日貨幣制度不整之國，使用金屬塊者尚復不少。他如國際貿易，亦只視鑄造貨幣為金屬塊而授受之。夫授受金塊貨幣，必須一一秤量分析，至為煩難。故當貨幣制度進步之時代，國家預設為一定之品位重量，刻印於金屬塊，或鑄為柱形、環形而使用之。此金屬貨幣之第二階段也。至於此時，貨幣之品位重量已經劃定，無需於取引之際一一秤量，不過計算其數而已。其刻印也，蓋所以保證其品位重量。如埃及之繪畫，悉勤伯之練瓦石之類皆是。迨其後，埃及、小亞細亞間之貿易，又將貴金屬造為有一定重量及一定品位之形狀，以供取引間授受之用。希臘常紀元前八九五年時，阿兒哥斯王使一般人民皆通用有一定品位重量之銀貨幣，同時於利基雅地亦通用有一定重量品位之金貨幣。夫此等有一定重量品位之金銀貨幣，即可謂之鑄造貨幣否乎？據佛蘭西貨幣學者希巴利即氏之說觀之，似可為鑄造貨幣。彼其說曰：鑄造貨幣者，由政府表示其重量與品位之金屬塊也。然此說已為熱坡斯氏所斥駁，蓋以為鑄造貨幣必於其金屬之表面顯印圖章，以表示其重量品位，而防贋造與剝竊，故金銀貨幣不能即謂之為鑄造貨幣，蓋有別也。夫使貨幣之重量品位雖有一定，而其形狀大小無劃一之規定，則不良之徒難免不希圖贋造或剝竊其周圍，如是則取引之際，必不能單以計算貨幣之數而安心授受矣。貨幣制度發達之國，所以由政府規劃一定之大小形狀，並於其表裏周圍刻精巧密緻之圖章，以保證其重量品位。此等貨幣，即所謂鑄造貨幣是也。　今略舉鑄造貨幣之利益如左：

(一)　國家以法律取締貨幣之大小形狀品位重量等，故人民於取引之際，得以安心授受，而無秤量試驗之煩。

(二)　法律之保證，雖通常只及於國內，然亦往往有時越乎國境之外。蓋使貨幣制度不整之國與貨幣制度發達之國相接壤，則已發明之貨幣必流通於其間，因之而被促進化者不少。如日耳曼人種初侵略羅馬時，羅馬之比查辟貨幣流行於日耳曼人種之間。又如西班牙之皮阿斯打貨幣流行於支那東方亞細亞之類，皆其例也。

(三)　國際貿易輸入之貨物超過輸出時，則必輸出鑄造貨幣以填補其相差之額。通常對於他國填補差額而輸入之鑄造貨幣，皆視之為金屬塊而授受之，必經改鑄，始可通行。然文明諸國貨幣之鑄造術大進，故其品位重量之信用厚，可以不必鎔化改鑄，直儲於中央銀行倉庫中，備一旦與該外國之貿易有輸入超過之時，遂以此蓄藏之外國貨幣支拂於該國，以填補其差額，確可省改鑄之費用及勞力也。

(四)　荼世界文明達於極點，統度量衡幣而合一之，貨幣將無往而不適於用，更何必儲以待時。故曰文明愈進，手續愈簡單，即勞費均愈省也。

國家取締貨幣，必能統籌全國之經濟，應其狀態而定貨幣之額面，且得應全國取引

(五)之緩急計貨幣需用之多寡而鑄造發行是皆於取引上大有便利者也

一國之中若有數種貨幣雖然並行則取引之際大爲不便由國家以法律規定一定之通貨乃可期貨幣之統一

至於鑄造之專權則須歸之國家不可使一私人任意鑄造之蓋全國經濟之狀態非一私人所能周知必策國家之羣力始能合計全國取引之繁簡應其緩急而供其貨幣以定貨幣之額面價格等事故國家於鑄造貨幣應有相當之注意更無任一私人鑄造貨幣之理由列述如左

(一)貨幣既以供交換媒介與價格尺度之用矣則須使一般人民不致蒙其不測之損害國家者以公益爲目的者也由國家鑄造貨幣必能謀一般民之公共利益縱使國家有時畧受損失亦必供給良善之貨幣若使一私人得鑄造貨幣難保其不乘一般人民不通貨幣事情之機鑄造粗劣貨幣圖謀私利以貽害於一般經濟此不可使一私人鑄造貨幣之第一理由也

案從前君主國家有因君主一私人之意見改鑄輕幣通用國中者有因臣民一私人之意見得君主之許可改鑄輕幣通用國中者(如清當十銅幣之制)其實國家人已蒙不測之損害矣而國家亦間接受其影響經濟乃直接觸其波動

貨幣既爲供價格尺度之用則其額面所表章之價格務須與實際上流通於市場之價格無甚出入而後可設使粗惡之貨幣得流通於市場必至善良貨幣漸次滅迹市場之中無往而非粗劣之貨幣極其弊乃至於貨幣之價格減少而貨物之價值騰貴是經濟界上之最可憂慮者也使一私人苟得鑄造貨幣必務於粗劣賤惡者因以謀利則將使場市之中其善良之貨幣常爲其所驅逐此古勒霞之原則也此爲不可使一私人鑄造貨幣之第二理由

上二弊端若由國家嚴爲取締非不可以防惡貨幣之濫造似可以任一私人之鑄造貨幣然私人造幣之弊端非止此也一國若有數種貨幣流通於市場則取引之際必煩雜不便實足以障碍取引之進步也此不可使一私人鑄造貨幣之第三理由也

國家統一貨幣之形狀品位重量圖章而鑄造貨幣是謂國家之造幣權此造幣權宜歸國家掌握之不可任一私人濫用也故私人不得鑄造貨幣夫謂不得鑄造貨幣也非謂不許私人提出金屬塊於國家請求造幣也蓋造幣權與造幣請求權迥乎不同私人者無造幣權而有造幣請求權者也故雖認一私人有造幣請求權而其造幣權則仍歸國家一私人決不能自據機械鑄造貨幣也惟其提出金屬塊於政府請求造幣時政府得準金塊之價值與貨幣之額面授與以本位貨幣而已若認一私人有貨幣權則各個人皆得依據法律而隨意造出貨幣於國家統一之秩序殊難堪也

第五十二章

貨幣之製造

國民經濟發達貨幣之使用益盛造幣術即不可不因之而進步若造幣術不能達於精巧之地位則僞造變造之弊端將不可勝防政府任設有何種嚴峻刑律終難防遏之盧奇古氏有言「欲防遏贋造與其用嚴刑峻法不如改良造幣術以防於未然之爲愈也」當今社會欲製造最良之貨幣不可不注意左列諸事

(一)使其便於流通

(二)防僞造變造

(三)防止盜刪(盜刪云者於不法而竊取貨幣之質以輕其量數或易以他質而足其量數之類)

(四)防自然之磨損

第一　使其便於流通

欲使流通便利則須應乎該國家內之貿易狀況使其大小厚薄適宜於其流通之各社會階級欲使於大小各種之貿易則不可不先分爲本位貨幣與補助貨幣本位貨幣須參酌貿引時無金額交易不便之原則而定其額之大小補助貨幣不過代表本位貨幣者其不可不準乎交易之便宜而定其大小更不待言本位貨幣與補助貨幣更須使其厚薄大小各各差異免其於授受之際有所混同

第二　防僞造變造

欲防僞造變造之弊一則須使製造者用極精巧之機械(羅馬及其他古代諸國用模型而鑄貨幣故其僞造之巧妙者不少厥後造幣術發達附以圓章形狀遂用形打製造法始則用蒸汽力的精巧機械繼更發明精巧高價之機械非有非常之費用及勞力則不能鑄造貨幣)二則意匠不可不緻密並使其與他貨幣意匠不同且不可不使各種貨幣之大小厚薄各各差異以明其各種之價格(日本數種貨幣之形式雖其大小不同而意匠猶有同者)

第三　防止盜刪

行盜刪者每削去貨幣之周圍或將厚貨幣剖爲兩段剝取其內部或於其周圍以精妙之工具穿孔而取之欲防此等流弊則有四端(一)須使其厚薄大小勻稱適當(二)不使其周圍光滑(三)使周圍之圖章凸出例如佛國貨幣露出守護佛國之文字(四)設馬齒於貴金

第四　防自然之磨損

自然磨損之程度雖已經各國政府及學者確查之然其磨損或出於自然乎抑出於竊剝等不法之行爲更或出於鑄造術不完全之結果而使其無法定之量目乎是終有不能確知者也但自然磨損之多寡其原因有三(一)貨幣流通之遲速及社會階級(二)貨幣之大小形狀厚薄(三)合金之種類貨幣之流通最劇且其所授受之社會爲下級社會則磨損必甚貨幣之大且厚而平者磨損較少若論合金之種類必先說明合金之意義合金云者混合劣等金屬於優等金屬增貨幣之硬度以防自然之磨損或增其容積使便於流通之謂也其優等金屬稱爲純分劣等金屬稱爲雜分金貨之合金中有參加銅者有參加銀者有銀

銅混合者今文明諸國所行之金銅混合之層數有二種

(甲)十分中有純分九百。如拉典同盟諸國及日本未國獨逸、露國、當千八八六年以後。

(乙)千二百分中有純分千百分如英國土國露國當千八八六年以前

甲種本因佛國行十進法故有此結果莫國所行之乙種制度以千八〇三年之法律制定之

銀貨則僅以銀銅混合。諸國所行之混合層色有三種類而冶金術上無大差別

(甲)千分中純分九百。如拉典同盟獨逸日本及千八八六年以降之露西亞

(乙)千分中純分九百二十五。英國

(丙)千分中純分九百四十五勒查南得

白銀貨普通皆含有尼克兒二百五十分。酸加銅七百五十分日本亦如之是為白耳義所先採用之層分定數後則獨逸做效之最初為銀亞鉛之合金但雖混以銀而色澤仍不良。故改為前記之層分銅貨則銅九百五十錫四十亞鉛十瑞西先用此層分佛國做效之遂漸通行於諸國

國家既鑄造貨幣以充貿易之媒介則不可不力求通貨得保持其法定之品位量目。此當鑄造發行之初不可不注意及發行之後又須注意於因通貨磨損之故而生種種弊端無論何國其貨幣之價格均不免因金銀之動搖而生變動一旦金銀塊騰貴則貨幣之價格

必較其實質之價格為尤低當此之時。兩替商銀行及仲買人等通曉貨幣之情事者難免不選擇貨幣中之磨損最少者鎔解以弋利。如是則一國之通貨遂失其法定之品位重量矣國家雖發行新貨幣而貨幣之實價比於法律上所定之價格為尤多則此弊終不能挽回。是以古來諸國有屢因計較法定價格與其實際之權衡之故不得已而高下其法定之品位量目者也。若然果能望貿易之安全及經濟社會之健全發達否耶故欲矯此弊其法有三。

(一)以法律確定公差於發行新貨幣之先豫檢其品位量目之在公差之內與否。公差云者法律上所公認造幣之缺點也今之造幣術尚未至於完全地步國家以法律劃於一定限度內許造幣之不完全其發行之貨幣必使其在公差之內公差有二種曰量目公差曰品位公差量目公差。又有每片公差大數公差之別在技術不進之國公差必大若公差比於文明之程度為大時。政府往往利用公差鑄造公差以內之惡貨幣以圖得利益就中如於文化程度不同之國。間結有條約制定同一之貨幣法時。則此弊為尤甚

(二)國家須為通貨之監督。此事似若困難然使國家所監理之銀行撥置精妙之秤量器料量其所納之貨幣以檢查其磨損之如何無不可者。

(三)通貨之磨損下於一定重量時須禁止通用而改鑄之

因達此目的之故以法律定其磨損之限度。於此限度以上許其通此限度稱為通用最輕量目

關於防遏通用最輕量以下貨幣之流通法制有二(一)英國所行法法律上許一私人收有通用最輕量以下通貨時有任意破壞之之權。(二)德國斯堪第那維亞所行法。凡國庫郵政局官立銀行等在國家監督之下者收有最輕量以下之通貨時不再俾其流通於世以國家之經費改鑄之

茲之所當研究者人民以其所有貴金屬呈諸國家請求鑄造通貨此時國家應徵其鑄造費歟抑免費而應其求歟是即徵收鑄造費與否之問題也雖經濟學家屢屢言之至國家應於若何程度始得徵其費用又不可不作為先決問題而首論之何則使鑄造貨幣之價格比於地金毫無增加國家即欲徵其鑄費人民將靡敢執請求鑄造之勞徵之勢有不能據一國交易之狀況有通貨增加之必要限點使國內通貨不達乎限點則求逾於供通貨必騰最少亦加鑄造費於其地金者也故國內值增加通貨迫切之時。國家從而徵收實費以上之貨幣鑄造費庸獲財政上之利益反之國內通貨超越限點時將供過乎求恒減殺其價格而較地金銀價格低下者有之人民誰肯冒幾許煩勞呈地金於國家而請求鑄造蓋與其鑄為通貨而流通之毋寧仍地金銀而處分之之為愈也國內通貨之需要點固因

國而異然若交易紓緩與交易之繁昌影響於通貨之流通亦甚急切

故鑄新貨幣俾之流通於貴金屬實價以上之例。若涅查蘭一八七四年該國禁鑄銀貨祇許鑄造金貨一八七五年前三月內倫敦市場之金銀比價恰一與一五、一四五之比。而該國之金銀比價。僅一與一五、一二五之比以是通貨使用價值及諸其價格之影響可察也而不計通貨需要點之國家。恒欲挾其獨占鑄造權以謀財政之充裕徵諸歷史更僕難數然從無一奏其功效者。近代國家之施行無利用鑄造費為國家財政上歲入之彌補者。惟遵經濟之原則徵相當之鑄造費而已今更論徵收相當鑄造費之理由如左

(一)如前述金銀貨幣較地金銀之價格大時鑄造之際。對於國家所施勞力徵收手數料洵理之當然

(二)若國家不徵鑄造費時。猥鎔貨幣為地金銀而售之或供工藝之用者必多。因而國家虛擲費用。故徵相應之費。使該貨幣有常流通於地金銀價格以上之必要

(三)貨幣在今日之狀況。不惟充一國之需要。兼供國際間通商之用。故不宜以租稅鑄造之必徵收鑄造費以減輕稅之負擔

反其說者之論旨如下

(一)貨幣者因公益而存於社會。蓋以亘全般社會而輾轉流通為目的者也。處一人之囊中。終無濟於用故不如俾社會負擔其鑄造費之為平允也

(二)一人呈地金銀於國家而請求鑄幣。國家不能即時鑄而與之。勢不得不須多少時日。須
時既久。則其人對於該金額已損失其利息。又從而徵其鑄造費。不亦酷耶。

總之就理論而言。貨幣價格比地金銀價格稍大時。俾呈地金銀者負擔徵額之費用。亦不謂苛。設貨幣價格不及地金銀。徵之人亦不來。茲更徵諸近來列國法制以為事實之証。

英國一六六六年以來。雖已廢徵手數料。而英國人民虛擲幾許時日。費多方煩難。輸納硬金於造幣局請求鑄幣。不如諸英蘭銀行即刻兌換金貨之為便也。蓋英蘭銀行。一翁斯兩鑄造三磅十七先零十便士有半。兌換三磅十七先零九便士。其兌換費即一便士有半也。英蘭銀行自外國貿易上有藏置地金銀之必要。又得對於該地金銀發行兌換券。故樂應貨幣之兌換。美國又倣效英例。一七九二年四月二日製定法律。採用無手數料制度。然至一八五三年徵收手數料二百分之一。一八七三年減至五分之一銖。至一八七五年遂廢之。

德國當一八七三年。內閣總理大臣經聯邦參事會之協贊。以法律定純金一磅得徵收七馬克以下之手數料。一八七五年發布法律。定德意志帝國銀行有以千三百九十二馬克之貨幣或兌換券兌換純金一磅(換千三百九十五馬克)之義務。

法國則金塊一幾洛加且(換三千一百弗郎)徵九弗郎。銀塊一幾洛加且(換二百弗郎)徵三弗郎之手數料。一八三五年減至金六弗郎銀二弗郎。一八五〇年銀減至一弗郎五零三。

一八五四年。金增為六弗郎一三。鑄造費之應否徵收。雖為人所聚訟。然如上所述。在今日已無辨論價值。僅述其梗概而已。

茲更叙貨幣價格之變動影響於經濟界上之重要現象。

貨幣價格之跌落。無問其原因何在。要能致物價之騰貴。於此場合。債務者以償前約之金額綽有餘裕。則授者以少額之價。了解其當盡之義務。致有獲利之結果。而債權者所受之金額。不能得如前價。其結局不得不蒙損失。反是貨幣價格騰貴物價跌落時。有全與反對之勢。

貨幣價格變動及於債權者暨債務者之影響。得以汎用諸商工業。即貨幣價格至漸次下跌之結果。生產者不勞而得意外之利益。售其生產物於豫定價格之上。則生產者益欲進謀多利。或擴張其生產事業。或新掀事業。使經濟社會生氣勃勃。且生產者擴張舊業或掀興新事。恒仰給必需資本於銀行。因而企業者於償利息而外。猶有餘贏。決不敢為。故銀行曠觀經濟社會之趨勢。倘一不拂意。徒高其利息。而貸之。俾無謀不實之事業駢興。遂不無招恐慌損害之虞。反之貨幣價格騰貴。致物價跌落時。生產者之所售不獲如預期之價格。則遏抑企業。俾生產雍萎。蒙莫大之損失矣。故經濟界恒忌價格疾激變動。苟貨幣價格徐徐跌落。正經濟界上最歡迎之現象也。

第五十三章

金銀供給

首述金銀生產。生產之沿革。及其影響。

金銀之生產。在貨幣篇不第為解決最重要本位問題之基礎。且為解決貨幣之價格問題所必需。故學者於此不可不注意也。古代生產額。悉脫伯爾氏之所計算者最足徵信。近世則以美國造幣局長之調查報告書為正確。學者多徵引之。而就金銀生產第一應當研究者。則金銀之地質學上之生產關係是。其詳載在地質學上。茲惟援引鳩斯氏之說而已。氏分含有金銀地質為三。第一。貴金屬散在含有鎂質多量之巖石間者。及今無遂當研究之必要。第二。層有貴金屬甚多。近今社會所存金屬。大抵採自此層。更細別之為三。(一)其礦脈為古時噴火石所化成者。此種礦多產銀。美國墨西哥智利等之銀礦屬之。(二)附著於古時代噴出巖石者。含銀雖少。含金實多。(三)為石英脈。純金存在者有之。與硫黃水晶等結合而存在者亦有之。採金每由此層。彼脫蘭寺克爾澳洲之金礦。概屬此類。九十年來金之產出累年增加。故金銀比價不甚懸隔也。第三層。金屬之母石粉碎。隨水而流布四方。聚積於水勢紓緩之所。採取之甚易。然又不免極不規則。從而應用冶金術。以多量採集之殊難。此等地質學上之說明。無大差謬。可知九十年來銀比金之生產更進者。實由礦冶金術之大進步。與生產地方交通機關大發達相伴而致。反之金之採取不多者。金礦之發見實屬偶然。

即偶有金礦之發見。其生產終不可以永續。故金之價格比於銀。直不與其生產費相當。且金之生產。非如銀之可按步就規而行也。蓋銀之採礦。所投資本。多依收穫遞減之法則。其收穫雖不免有多少制限。然至總收穫。則漸有增加之勢。金之採取方法甚粗略。且以少許資本投之。非宏大其規模而經營之也。然自石英層採金之法漸發明。金之產出愈見增加。與從來之觀察。遂異其趣。關於金銀未來界之問題。學者為說紛歧。或謂金之未來比於銀殊無望也。或云從採礦冶金術之進步。乃有望焉。總之遼遠未至之事。終難憶斷。惟據現在經濟狀況之何若。果適當產出。殊無慮其不足也。欲述金銀生產之歷史。始就自亞美利加發見至近代之沿革言之。分為二期。古代可置之弗論也。

自亞美利加發見至一八四八年舊金山及澳洲金礦之發見。為第一期。洎此以降。為第二期。

當亞美利加之發見時。西班牙人之趣向。決非以為金銀之生產地。惟逞武力奪土住人之所貯蓄而送之歐洲。當時歐洲國民經濟既臻發達。各國競期生產要素於蓄衍。因資本與貨幣相混。欲謀增資本。乃圖集收貨幣。偶覬自新領土輸入之金。益企其發見。於是適美者漸多。西班牙政府特因金礦發見之目的。獎勵赴美者。其獎勵方法。則給與以渡美川費及一年費用。往其地者愈益衆。就中冒險者橫畧四維。侵墨西哥征秘魯。掠奪莫大金額。一五四五年發見波脫貿之銀礦。又有麥寄納氏混汞法之發明。遂驟增金銀之生產額焉此等生

產額之增加急劇波動於歐洲物價疾暴紊亂經濟社會食定額俸薪者及債權者至陷於異常困難之地位加以貧富之懸殊甚遠勞動問題遂兆端於茲自彼布那幾爾金鑛之發見至十七世紀之末留計未來之事惟頻事採掘其產出殊巨至十八世紀中葉亞美利加內亂肇興因大減殺十九世紀那破崙戰爭興而亞美利加及西班牙人數減少僅附近貧民為謀生計從事採鑛事業而已逮一八二三年烏那爾山鑛一八三〇年西伯利亞金鑛發見以來金之產出始漸增多

一八四八年舊金山及澳大利亞諸洲亦有金鑛發見金之生產額遽增一八五〇年至一八七四年二十年間所生產金額凡四百萬幾洛加目其價格約達五十五億萬元實較現今英法德三國所流通者遠巨從而歐洲文明諸國金之流通頓熾經濟社會摩大變動而銀之輸入亞洲者實富以致增加銀之需要此雖由印度築建鐵路募集巨額公債及因鐵鏜而被吸收並印度貨物之輸出種種原因而其最重要者實原於當時美洲內亂棉花之輸出停止至求之印度其時銀之需要急劇增加有如此因而從來之金銀比價遂大生變動蓋從來銀價有疊年下落之傾向至是頓然回復逮一八五〇年之末金銀比價遂為一與一五一九之比此金銀比價之變動影響於經濟社會者不尠也其最著者即法國流通貨幣之一變法國原來採用金銀複本位制銀價之疊年下落流通貨幣殆惟銀貨耳金貨則欲覩不能及此時金銀比價之變動遂一變而國內流通者惟金貨銀貨皆流出國外而

法人覩此金貨之流通乃大悅蓋法國當時國民經濟既經發達其程度即採用金本位制亦無不可法國因採用複本位制雖不免有此現象然採用此複本位制得於或程度抑制金銀比價之變動洵無可疑之事實也

如上所述金特一時生產旺耳非能永遠繼續也暫時間其生產遂漸減殺銀則於同時伴採鑛冶金銀術之發達增加其生產金銀比價得再復舊觀乃至金價騰貴銀價跌落其結果當一八七一年獨逸帝國之建設貨幣制統一之急要值自法國得賠款五十億弗郎之好機決用金本位制鑄二十及十又五馬之金貨同時離允從來脫列洛之銀貨流通而廢止其自由鑄造遂覩金單本位制之成立持複本位論者覩德國採用此金單本位制謂為紊亂世界經濟諸國覩德用金單本位制致使金頓騰貴知維持固守銀單本位制及複本位制終屬維艱墺大利匈亞利諸國遂漸次亦改用金單本位制法南西與拉丁同盟諸國亦不能反抗其勢而持複本位論者猶不欲棄其主張屢開萬國貨幣會議冀恢復銀價商同諸國聯合採用複本位制惜遇英德二國之反對其議案迄未成立

次述貴金屬之價格因地而異

貴金屬之價格因時與地而有不同在金銀生產之國其價格專據生產費而定固不待言不生產之國冀得此金銀勢必以他之貨物與之交換然非據貴金屬之生產費並此與交換貨物之關係而行其交換不可何則相隔兩地間其物價之差力必大非扣除貨幣並此交換之貨物之搬運費而尚有餘各國不能依貿易法平均貴金屬之價格也苟此理無誤或輸出貨物之容積大而價格小或其國距世界市場遼遠又或缺交通之便利不能自世界市場直接覓取金銀須經過二三國而間接得之者在此種國家金銀之價高終至一般物價低廉易言之在距世界市場之中心甚遠商工業幼稚輸出素生品之農業國其貨幣之價格高反是在接近世界市場而輸出製造品或直接自世界市場向金銀生產國受其供給者貴金屬之價格低而一般物價常高更概括以言之此等國家金銀價格高低之原因一依其國之國際貸借即其國對於外國應支付之額較其應收入之額巨時不得不以其國貨幣購買外國貨幣勢不能不使外國貨幣高其聲價若其國債權較其應支付金額大時生與前反對之現象是等事在進步經濟社會常頻為替匯兌而行之我國自外輸入貨物時不可不以金銀貨幣支付之故生購入外國貨幣之必要然當今信用制度發達之社會殊無購買金銀貨幣之必要買入表示對於外國貨幣之權利之證券即外國為替手形送諸債權者時債權者於其必要時得以之交易金銀貨幣

我國交易為替手形之價格即為替行情在經濟普通之狀態為替行情不生　輸送金銀貨幣費用以上之變動者謂之正貨輸送點

外國為替行情若在我國市場外國貨幣價格之高低必依我國國際貸借之平均而定之蓋我國之債務超過債權時我國對於外國不可不多買外國貨幣以事其支付從而外國

貨幣之價格高反是我國之債權超過債務時我國對於外國無支付之必要在外國市場我國貨幣之價格高而在我國則覩外國貨幣之價格跌落而國際貸借關係之變動原因亦甚複雜

(一)貨物輸出入之平均是即貨幣之輸入超過其輸出時我國遂立於債務者之地位古時惟以此決定國際貸借之關係輸出超過輸入時外國貿易樂稱其順反是則憂其逆焉然貨物輸出輸入之關係非變動國際貸借關係之惟一原因特其主要原因在斯耳前述與金銀產出國貿易時我國之金銀價格係對於此輸出貨物之價格而定然不外基於此項理由也

(二)我國約投資於外國事業方其未履行債務間我國債務國也若我國資本家既經投資惟處於收有利息之地位時則我國自債務國之境遇一變而進為債權國

(三)在外國事業又公債所生利潤之多少

(四)其他在我國自外國收入貨幣諸原因是譬如彼殖利海外者每年寄金本國是俾我國立於地權者地位至若外國留學生及游歷國外者自我國滙金外國則正與相反要之一是債權債務之平均動搖外國貨幣在我國之行情從而今外國為替行情生變動此雖經濟社會在普通之狀態情形然外國為替手形較其他原因尚有多少變化要不可忽例如銀行欲獲利益特投資於外國為替手情又或貨幣價格有差異之類皆必影響於

行情也。

以上雖僅就外國貨幣在我國價格變動之原因略述之。然若我國不生產貴金屬而以我國貨幣購買外國貨幣時。其理由無殊。於是即當此情形。我國金銀之價格非依其生產費而定。蓋自我國可與金銀相交易之貨物之生產費而定也。故極端情形因輸出入之關係而攫獲金銀有反較金銀生產國之價廉平者。要之即在不生產金銀之國金銀貨幣之行情。亦非依其金銀生產費而定。殆自國際貸借關係而決定之也。金銀價格以地懸殊。乃可斷言。

第五十四章

世界幣制

世界各國幣制各殊。不便實多。於是有倡貨幣制度同一之論者。列國亦皆各表同情。派遣委員協議者數次。自一八五五年巴黎之會。擬依十進法統一貨幣之制。一八六〇年及一八六三年當會議於倫敦柏林。卒無成效。逮一八六五年法國為首。比利時意大利西班牙等國欲共同統一幣制。締結條約。所謂拉丁同盟是也。雖以少數國家達其會議之目的。而由是而英而德次及我亞諸國。世界幣制將不難定也。詎彼英德徒執己見。因一時之不便而遺永遠之利益。竟以其抵抗力破壞共同幣制。使不能成立矣。若夫萬國貨幣制度統一議題。果爾成立。於國際交易上有大利益。固不容疑。茲畧舉於左。

(一)國際貿易上之利益。 今以貨幣為一金銀塊而交易國外。若欲外國貨幣圜流於國內。必須改鑄之。設萬國貨幣制度統一而成立一世界幣制。則不惟省改鑄之煩襍手數。及其費用。且獲祛除在外國貿易自滙兌行情之變動所生種種交易之障害。俾彼此之交易圓滑美滿。

(二)減輕旅客之損失及其困難。 因國際間交通頻繁。自然增加旅客之數。列國於此輩旅客。務祛除其不便之處。設幣制共同。則其因幣制不同而蒙之損害自必減少。乃令國際交通益臻親密。而不虞隔閡。

(三)計算便利。 物價及其他種種之統計等。得以同一貨幣而計算之。如今日換算及比較之煩勞若費用。皆可省除。

(四)獲促半開國經濟上之發達。 半開國多無獨立貨幣。他國貨行於其間。其交易之不便實甚。若世界幣制既定。不惟祛除其不便。且獲促進半開經濟上之發達。

案前列四項。皆從便利之小者而言。著者則以幣制統一為世界謀大同之一端。貨幣交易界上之媒介物也。國於世界。謀所以往來交通。必以經濟界上之交易為中堅。蓋經濟者人類之必需而交易乃人類所公同稟受於天賴教育者也。假幣制不能統一。貨幣即不適於兩國交易媒介之用。經濟而生滯澀。交通之感情即因以大殺。設非然者。世界立唯一之幣制。使貨幣流通於環球。去此適彼。無往而不合於用。為交易界上擴張之原因。即經濟上發達之現象。而世各國之團結力。得此亦愈益牢固。譬之箇人相互間之交際。必其可以共財帛而後感情乃堅不可破。理則然也。

顧執今日萬國貨幣會議往事觀之。英法諸國於該會議各自贊揚其己國之幣制。爭以其制為將來共同貨幣制度。議論紛爭而難期實行。法國稱揚其弗郎曰。法國貨幣本諸十進法而成。極為便利。故拉丁同盟諸國採用之。與大利亦從其說。以為法之弗郎用為共通貨幣制度。極其便當。英國又曰。磅以下之小泉。雖甚不便。而磅則較他國貨幣為優。從經濟之進步。大價格之幣。在所必需。故磅為大價格之標準。莫適於斯。加以英幣暢行於與大利亞亞弗利加及其他英屬地。且航海貿易盛興。世界各國多與英為交易。故共通幣制之採用。不可捨英而求諸他。美亦曰。弗郎亦本諸十進法而成者。不惟便於分割。夙已流通東洋諸國。宜以為共通幣制而採用之。以故議論百出。罔知所歸。而迄無成效。

案經濟之發達。未臻極點。各國尚不免偏於私見而遺公同之利益。皆非所以謀經濟也。然已由閉守隔絕時代。進而為通商交易時代。再進而知交易以貨幣為媒介矣。又進而知貨幣不相同之不便。胥謀幣制之統一矣。使由是而更知以世界經濟為前提。囿於一隅之見。終不足以擴充經濟之容量而盡其官能。則將了然於國家不能為經濟界區域。經濟更不受國家範圍之義。遂使經濟勃勃然有生氣流行於世界間。為人類生活的之憑依。而後經濟乃稱完全發育時期。斯直謂人類經濟。非但云國民經濟也。洎此時期。列國自然不持異同。和衷共濟。議決一確乎不易之貨幣制度。以為經濟界上一大關鍵。此蓋期以百年後者也。閱者將詰我以致此之原因何在。則答以惟天賴教育是。

戊

度支篇

度支專以人類生活上所應支之費用而言。與國家財賦之聚積儲者迥別。太初之世。穴居而野處。茹毛而飲血。竭其力以易生活足矣。無所謂箇人之度支。更無所謂國家之度支。及民知日進。而發明衣服之制。飲食之具。宮室之作。箇人生活上必需之費用出矣。更進而組成國家。一切事務之舉。公共生活上必需之費用出矣。迄於今日。費用日張。而度支之源不容不闢。是以人系書中必列有經濟部也。

第五十五章

衣食住費

人生三大必要。曰衣。曰食。曰住。缺其一不足以資生活。三者之性質及其成就之手續雖異。而費用則無二致。試列言之。

一 衣費

自有衣服之制。而赤身裸體乃為羞事。加以沍寒逼身。衣也而能一日缺乎。

衣為護身之物。既不可一日缺。即人類對於此項消費。不能一日免也。從而推求衣之原料及其組成之種種手續。為之鑿其源而濬其用焉。衣之原料。以棉花為大宗。經植棉、紡紗、織布、縫紉諸手續。乃成護體之衣。僅就勞力上計其價值。已有可觀。況益以土地資本兩項乎。誠人生費用之一大端也。試先述世界棉花供給衣料之概況。

衣服材料。大半採用棉花。歷來已久。而現代推用益廣者。蓋取其纖維也。用以製造衣服。雖源於東印度、墨西哥及亞非利加等地。然發明纖維法使之普及於世界者。則獨由東印度也。中世之棉布銷用最盛者。首推中國。次則東印度以西。東印度以西之所以盛者。則由亞剌比亞人自東部歐羅巴移轉於亞弗利加之東北部而來。又因回教之傳布。蔓延於蘇丹地方。自近世之初。至十七稘之秋。日本朝鮮亦入於棉服普及圈內。此時期歐羅巴棉布普及之行度頗遲。自十八稘末至十九稘間。形勢大變。棉花工場勃然興旺。需用程度。漸次發達。羊毛、亞麻及其他衣服原料。均被壓抑。而亞麻布一項。尤受影響。據斯克若報告。十九稘初。除絹以外重要衣服原料世年之消費額如左表。

亞麻	二八五、〇〇〇、〇〇〇基羅
大麻	二三六、〇〇〇、〇〇〇
羊毛	二二二、〇〇〇、〇〇〇
棉花	一〇八、〇〇〇、〇〇〇

此時黃麻不過印度之鄉里需用。至一八八〇年。棉花之消費額。竟超出各原料之上。如左表。

棉花	二〇〇〇、〇〇〇、〇〇〇基羅
羊毛	八五〇、〇〇〇、〇〇〇
亞麻	六四〇、〇〇〇、〇〇〇
大麻	四五〇、〇〇〇、〇〇〇
黃麻	四〇〇、〇〇〇、〇〇〇

在一八八〇年。假定世界人口倍加。而羊毛隨之亦增二倍。棉花須增至十倍。亞麻大麻等消費額之增率暫略。自一八八〇年至今。棉花消費額之增率。較諸他纖維更著。進步每年計算世界消費額。至少亦在四十俵以上（每俵約五十磅以下）。羊毛及亞麻不過增加三四成。可知將來棉花需用增加之勢力。率皆相依於世界人口之增加及文化之普及。更有不可思議之發達也。據美國農務部推算。世界總人口十五億。其中純粹用棉花衣服者五億。棉花與他種原料夾雜之衣服七億五千萬。不用棉花之衣服二億五千萬。如世界總人口之衣服盡用棉花。則棉花之需額。至少亦須產至四千二百萬俵。始足敷用。嗣後文明區域勢必因氣候上關係。不得不注重棉花。為保護生命惟一之方針。以其價廉而能禦寒也。中

國久以棉花為衣服原料之主要品。如日後生活程度漸高。其需用額可逆料增加無量。據比腎荷不甚云。如中國四億三千萬人口盡著棉花衣服。則其應用棉花額。即以世界所產之全數悉行供給。尚若不足。又云。如中國人之消費棉花程度與美國人相等。每人之衣襖衹須延長一寸。則美國南部所產之棉花盡輸入中國。僅足敷用。

如上所述。衣服為人生不可缺乏之物件。棉花又為衣服所不可缺乏之材料。然則欲消費衣服。必先消費棉花。追本窮源。為衣服久遠計。必推廣植棉區域。研究植棉方法。不使供不敷求。因生活上之要點。抑亦經濟上之所不可緩也。

次述紡棉織紗縫紉之機器。發達可以省工減時。影響於衣服消費者至切。自分功之效著。而紡織縫紉諸工。乃各有專門。自機械之發明益疾。而紡織縫紉諸事。乃愈見精緻。而費力不巨。顧用力雖微。而資本則稍重。蓋機械之發明須費。機械之製造須費。以機械易傭工之勞。以資本換機械之巧。故雖機械發達。而機械之所生產者。不緣以為跌價之階。特自機製售貨所獲之報酬言之。贏固優於庸耳。雖然自文明愈進。生活上之程度愈高。論之勞力則貴於資本者也。蓋自文明進步。生活上之事業日劇。人之所需要者。不比從前之簡略。事業劇而有待於功力者必多。以此勞力貴也。亦自文明進步。生財之能事益宏。獲利必厚。財之棄於地也日以少。而資本優矣。以此資本賤也。資本優而資於勞力者更多。以此勞力較貴於資本也。以較賤之資本。而易較貴之勞力。故自機械發明。而紗與布之值

不致騰貴。假非然者。以今世衣服之需要。而仍昔日之紡績織縫。吾恐日不暇給。迫迫以求。終不得供者之門。即以最高之價。且無從購備也。雖欲不大騰。其可得乎。然則今日之衣服。消費雖未緣機械以減。而未至於驟增者。實即機械之功也。實即分功之效也。合上而觀之。衣必有待於土地、資本、勞力三者。缺一不成。而人之所以得有章身之衣者。亦每以是三者為易耳。

二

食費

自脫離茹毛飲血之世界。折入於飢饉救食之世界。而充饑解渴之料。在在需費。非謂治化進而費用多。未開之境。反易謀生也。蓋惟人類進化而後資生之具繁。資生之具繁。則所以謀生者。自不能以直率了事。用費之多。正以見人類之進化也。人生之初。比於鳥獸。自啄食而嚙之。不待炊以熟也。故食無所費。惟恃其勞力以易得耳。自人之知識隨天籟教育而進化。知有炊爨烹飪。而樹藝稼穡之事與俱發明。惟人口增而後生事繁。亦惟人口增而後供生事者夥。食料非但憑勞力而已。更有需於土地與資本也。而人之所恃以易食者。或則土地。或則勞力。或則資本。亦非若其初之逕捷自食其力易耳。於是食事之消費乃可見。自食事之消費可見。人則更知儲以待需。口食之飯。或積以備饑饉。比於其初之時。得時食。祇以供一餐之飽者。又頗繁矣。治化愈進。費項愈多。所幸者。供此費項之需要事業。先已次第發

明故終不虞於缺乏耳。

孟子與曰文王之世無凍餒之民。余則曰世界間無凍餒之動物。人靈於物者也。而不能自養以終其身乎。蓋天賦以形骸。皆養生之資料。其所憑借於身外之物者。惟土地耳。至言資本。乃形骸與土地所自發生。前固言之矣。土地之先。未必墾治也。穀粟非自生產。斬伐芟刈墾闢之勞。播種耘穫之力。誰則任之。獨非人乎。人之所以異於禽獸之食物者。以其能異於禽獸之操作也。耕稼時代之民。捨謀口食之外無他事。及人口增而膏腴墾盡。穀食已足供世人之需求。而後工商各業始漸次發達。工商亦以易食為歸耳。既生而為人。自有其易食充飢之資料。不必農也。因其形骸而躬操作之勞。皆所謂食之費也。至於易中貨幣。特用以為交易媒介之憑記。取其便耳。非實其質可以易取食物也。故以言食費。還以取之各人之自身之勞力焉耳。固無他道。顧淺夫俗子。則直視金錢可以交易食物。詐欺以取貨幣貲生活。不用力於事務。所謂竊他人之財以為己力者也。而亦稱人。斯人也。視禽獸有愧。彼只知食之須費。不可一時或缺。而不知食之根於力。食之費亦根於力。自置其力於不用。徒徼倖以苟得。匪惟不仁。是亦自棄其材。甘列於廢敗之流耳。又何必貪人之名。醜然於世也。吾願世人以食事之費作勞力之力看。其不能自出其力以博食者。非動物也。而謂人乎。捨力而外。欲求一相當值食費者。實難尋覓。抑茲之所云力者。非單指勇力而言。五官各有其力。盡五官之力以供生事之需。稗益於人類者。皆勞力也。皆可以易得其他生活上必需之物也。

故交易之道行。不必耕而後食。凡人皆可以竭其耳目手足心思之力。以交易而得食。匪惟經濟界中之具有生事材能之一端者為然。即法政界人教育界人。何一非持其心部之力以易食乎。子與又有言曰。以一人之身。而百工之所為備。如必自為而後用之。是率天下而路也。故曰或勞心。或勞力。勞心者治人。勞力者治於人。治於人者食人。治人者食於人。（蓋此亦交易之義也。勞心者不暇勞力。恐妨其治人之職務。故以勞心而易得食也。勞力者不暇治人。恐妨其勞力上之職務。故分其食以食勞心者也。著者茲之所云勞力兼孟子勞心之意）交易之道行。而生事之具備。而人類生活上乃圓轉矣。人也以勞力而易得食耳。而必儲一斗之糧。而必積一種之費乎。故食之費。與生俱而與身隨者也。藉彼乞丐之子。沿門仰給。縱一時以無恥為易。未見其能久也。況冒風雨而受羞辱。不得謂不勞心力也。特所用之異耳。率其勞力於正務。所賴教育化於未然之先。法政懲於已然之後。經濟界上之有資於教育與法政者如此。安得不出所生產者以食其人乎。吾今以人身五官之力為經濟界上飲食之費用。人更不必他求。而反求諸己而已。

三

住費

住費亦合三而成。場基資於土地。建築資於勞力。食工購料。則有待於資本。自古之穿穴為居。累無所費。至於飛檐串閣。高閈層樓。極居屋之華美。費巨無量。其間不知幾經進步也。宮室之制發明始也。構木為巢。住居進化之初步耳。藉有所費。不過伐木架椽之工食而已。及窯磚既出。陶冶之業大興。住居之又進步也。其費用乃逐漸增加。迄於今世。宮室之美者。動輒以億萬計。顧世未嘗以此窮困。生人之初。此費可直接以勞力換之。至簡單也。不聞另有他費。而世亦未聞以此加富。若費用愈巨。世人之生財愈阜。其安享尊榮富厚。有過之無遜色也者。抑又何故。蓋古之所以穴居野處。與鹿豕俱者。正坐無智力以營造居室故耳。及文化進而築居室。別住所。不與物伍。此以見經濟界上進步之現象。殆其所以經營而濟用者。比於從前超而進矣。經濟之謂何。經營而以濟用也。居室經營濟用有三。「第一」庇天生之物材以護體避害。畜妻子。組織家庭。充實吾國。「第二」措物材於有用之地。不致老朽廢敗。暴殄天物。「第三」木匠瓦工。亦吾人資生之事業。職業之門多。而游惰之民乃少。工匠之費。適以所抵得之材木價值償之。二三相消。實得第一之愉樂。故居室華麗。而世不以此病貧。反見治化之進者。正生此耳。

利固多出於土地也。假耕者之所獲。已足供世人飲食之需。此而再加耕種之人數。將穀出愈多。供過乎求。反有久積朽腐之虞。而他事不生。不若使一部之人伐木治屋。則耕者不致因建造而荒廢其職業。僅出其種作之所收。以易居室可也。故住之費。可以耕而易也。亦可以織而易。蓋衣亦彼一部伐木治屋者之所必須也。故治化日進。民不能偏向於一種營業。生事之繁。費用之多。不慮也。總營是業而不知分。是為大慮。業分而後交易之事起。交易之事起。而後人之資生之具備。不致甲有而乙無。此多而彼不足。若然。則諸種之費。出於分功而已。出於生事之日闢而已。出於為之者疾而已。因宮室為生活上之所必需。而業工匠者可以其建築之勞力易衣易食。得衣食而自謀其住不難。因飲食為生活上之所必需。而耕者可以其播穫之勞力易衣易住。得衣住而自謀其食至易。因衣服為生活上所之必需。而紡織者又以其縫綴之勞力易食易住。得食住而自謀其衣。亦無不可。故曰必需之費。出自必需之事業中。人各營生活上必要之一事。衣食住費。誠不足計。抑有進者。木工田夫縫紉之家。皆有待於教育。而以端其發達。故教育者流。亦得以其教育易得衣食住費。田夫工木縫紉之家。亦皆有待於法政。而以扞其轇轕。故法政界人。亦得以其法政易得衣食住費。其他一技一能。足供生活上之採取。而稗益於羣治之進者。莫不為其羣之所仰。亦即可以其羣之所仰者。易得衣食住費。質而言之。三者之費。根於各人自己之勞力。而不假於他也。

第五十六章

法政經濟

法政經濟者。人類公同組合之大團體中（即國家）之立法行政上所必需之經常費也。古時人口稀少。其相互間之交涉有限。法政因而簡單。所須費用亦極渺而足。見及人口增而治化進。一切法律政治。漸次浮現於世界。載在歷史。其所需之經費。亦自不得不緣以增加。無間如何國家。皆不能不儲備此項經濟。列國古今法政上之用費。徵之史傳。不難洞悉其徵。

第今日所云法政載甲編與往昔既殊。即與現今立憲各國亦不必盡同。茲述法政經濟自應以甲編所載之法政概況為標準。

一

法政經濟之觀念及其擴張之原因

(一)法政經濟者國家人立法行政必需之費用也。　一私人之必需費於衣食住外無他。蓋私人生活上之目的飽煖二字而已。三者之費所以謀達此飽煖二字之目的者也。國家人之必需費惟法與政。國家人生活上之目的在維持治安四字。二者之費即所以求達此目的也。故法政經濟宜視為國家人之經濟。以其為國家人謀安寧也

(二)法政上之經濟通常限一年會計一次者也。　一私人之費用尚宜依年度　計算出入。乃不虞於紊亂。法政經濟既為國家人公共之經濟。其收入支出更必立一定會計年度。而於其年度之始預算一年內應用之費額以為之制限。更於每年度終決算之。宣告通國。防濫支私染之弊。

(三)法政經濟通常以貨幣計算者也。　當貨幣經濟未發達時代國家之收支率以實物。如我國古時之制每云米若干石某物品若干觔是也。今貨幣制度久經發明通行無礙。則法政上之支消亦僅可概以貨幣計之。凡預算決算皆以是為標準至便也。

(四)法政經濟必經一定機關支出　納於何地收以何人法定而明揭之。所以免出賦之民為催科索賦者之所把蹋操持。而私人之經濟不致受無窮之害。何地支出責以何人法定而明揭之。所以俾經濟支消之負擔有歸。而國家之經濟不致漏溢。

上言經濟觀念更述其擴張之原因

國家之法政既隨時運之變遷與文明之進步而日形繁雜。則關於法政上之經濟亦必緣以增加。此原因之一。戶口愈增法政愈繁。其經濟亦必增加。此原因之二。近世鑛業甚盛。金銀之產出日富。金銀者物價之母也。貨幣多而購買之力減。致促物價之騰貴。於是需要品之價格因之益昂。而國家法政上之經濟亦緣以增加。此原因之三。

二

法政經濟之原則

關於法律上之原則(一)法政經濟必經國會之議決。國會雖占統治機關之一部。而其組織之員額最多。凡組織國家各機關(如統治機關及國會政府裁判所等)之必要費。費額必經國會通過。組織各機關之各個人之旅費公費亦經國會通過(二)法政經濟之支出必經由政府。國家一切經濟固皆存儲政府。別設國庫。由財政部負責任而支出之(三)法政經濟之決算必經裁判所之檢查。檢查會計年度終了之決算案果否正當。有無濫支浪費之弊。

關於政治上之原則(一)法政經濟以充國家之任務者應先籌正當與否。必私人所不能為不欲為之事。或不可使私人為之之事。而後乃當為國家事務。而應支出其費用(二)法政經

濟宜比例事務緩急之情況而公正分配之。不可有偏重倚輕之弊。用財宜急於重要政事。稍輕者從緩。則經濟不虞支絀(三)法政經濟每徵收於全國土地之租資本之贏勞力之庸。必準酌租庸贏之多寡以定賦率之高下。其屬於嗜好品消耗品之事業宜苛徵之。通國土地資本勞力莫不受法政之保護。自應各輸貲以濟其需用。但獲利優渥者輸貲即多。不虞支絀。獲利劣者設以巨額徵之。其業或因而虧折不舉。至於嗜好消耗之品。如烟如酒無益於人生而有害經濟者。雖徵之至於廢業他徙亦無損於經濟而反有益者也

三

法政經濟之類別

法政經濟從其觀察點之異趣而得為種種分類。列舉於下。(一)依需要之目的物而分類(二)依支出物之形體而分類(三)依永續與否而分類(四)依經費之效果而分類(五)依經費之目的而分類(六)依法政上之性質而分類

(一)依於需要之目的物而分類者。　法政上之需要不出貨物與勤勞二者。對於貨物而支出。謂之對物經濟。對於勤勞而支出。謂之對人經濟。對物經濟有二種。例如礮兵工廠及印刷局為充政府直接之需要。製造所及鐵道為人民共同之需要是也。對人經濟者。凡對於人之勤勞而報酬之之謂。如組織各機關之自然人及服兵役之義務者之給與是也

(二)依於支出物之形狀而分類者。　曰實物經濟曰貨幣經濟。實物經濟者。如軍人之被服靴帽及一切食物是也。貨幣經濟謂以貨幣直接支付者也。近時法政上以貨幣支出其經濟為原則。但有時行政上視為必要者則仍以實物支出。即如纔述軍服之類是

(三)依於永續與否而分類者。　依此標準而區別經濟。有經常與臨時二種。經常費者。通每會計年度而所籌永續支出之費用也。如國家各法定機關之支費及國債利子等是。臨時費者。謂僅一次或限數年間所繼續之經費也。如建築鐵道及臨時宣戰之費用是。

(四)依於經濟之效果而分類者。　依此標準而分經濟之類。有生產的及不生產的二種。生產的經費有二。於財政上及個人經濟上直接生利者。如鐵道商船郵傳電信之經費是。其足增進一般之福利者。如農事試驗場之經費是。此雖不能直接收效。而實為將來發達之源。故謂之間接生產的經費。不生產的經濟。謂於國家財政上與國家人經濟上皆無利益。愈多則愈害。如戰爭之賠款是。

(五)依於經費之目的而分類者。　依此標準而分經費之類。有徵收費及一般財政費二種。關於徵收之費用又分二項。曰法定徵收費。如每年因徵收國家稅而支出之費用是。曰隨時徵收費。如一時調查國內發生有害生活之營業(如鴉片館酒坊)臨時派員徵其附稅之費是。一般財政費者。現今交通日盛。即事務日繁。一般行費既增。則關於財政上之費用亦必隨之而增。今略舉於下。(一)租稅制度簡單則費用自少。若複雜則費用必多(二)財政部人員於租稅制度甚有關係。苟能組織專一則費簡。若人多而權無專屬。則費巨。著者於政府

職權劃分甚晰可取甲編而按也(三)地方機關代徵國稅得人則事理而費少不得人則費多而難舉(四)國民無公德心則隱匿抵抗而派員查驗之費多若有公德心自無隱匿抵抗之事而費亦省矣(五)交通便利貨幣制度又發達滙兌之費少若交通不便貨幣制度未發明之先數千里搬運實物費蓋不知凡幾矣

(六)依於法政上之性質而分類者　從法政上之性質而區別經濟則有憲章上之經濟法律上之經濟政治上之經濟三種憲章上之經濟者謂因定憲章保護憲章而支出之一切費用也分別為二(一)統治機關費(二)統領費兼副統領而言統治機關費又有組織費會議費之別統領費又有公費私費之別何謂統治機關之組織費如因組織統治機關之選舉開票補闕選舉及其他關於組織上之種種費用是何謂統治機關之會議費如因召集統治會議之飲食發召集狀及其他關於召集上會議上之種種費用是何謂統領之私費即統領之衣食住費是也箇人出其勞力不以營生而代國家統領統治機關則國家固應為相當之報酬而給與以衣食住費況乎箇人既任統領之職務其任期內必不暇兼營其私捨受國家之報酬外將無以謀生何謂統領之公費統領因行種種職務而雇用書記或夫役所支之一切費用是也難者將曰組織統治機關之各議員非猶是統領之勞力獨不予以衣食住費乎曰此固專就憲章上之經濟而言也統治機關之議員除統領副統領而外皆兼任立法司法行政三機關之職務其勞力於法律政治者尤多非若統領之專務憲章也則其所領受之俸給當然由法律與政治上支出之不得謂憲章費也故述於下法律上之經濟亦分為二(一)立法經濟(二)司法經濟何謂立法經濟即國會地方會中所支之一切費用如議員俸給飲食夫役金種種支用之類何謂司法經濟即裁判所及地方裁判所中所支之一切費用如裁判長判事檢事等之俸給及其他關於裁判手續上所支之類政治上之經濟即政府各部與政務處各科所支之一切政事上之費用是也如府長各部長部員省縣市鄉長各科長科員之薪金及其他關於通國行政上必支之費用之類試就軍事一項言之

軍事費用非僅軍事行政費蓋兼訓練費養育費器械費戰爭費而言也(一)訓練費上古合群之始民自為練以備不虞故其費省後世以簡練軍實為國家之務所費乃以無窮著者之編教育部也已寓軍事於教育科寓實練於教育階此之費用歸於教育經濟而不與於軍事訓練費自人生三十入軍事實習所其中所支費用乃為訓練費(二)養育費國人三十至四十十年間皆削身軍界則此十年間其人即不能自謀生業國家必給以衣食住費是之謂養育費(三)器械費自火器興而槍礮用器械之費倍蓰於前一火槍之價浮於弓弩戈矛者既數倍矣而槍彈之所費又鉅於矢石火藥既炸隨風散颺不若箭括之用廣賤而可復收兵艦田雜諸礮不獨貴於古彊弩飛石衝車諸械且重腱過之其轉運之勞費尤鉅況重以海軍兵艦動輒萬億器械之費乃無限量(三)戰爭費火器日精則戰費日重非民物殷賑

人系　丙編經濟　五十

之國不足以當之故富厚之國常强而貧陋者常弱使古羅馬而備火器將不傾於峨特日耳曼之種人使古印度而備火器將不制於蒙古韃靼使我中國古時而得火器將不困於諸胡古富厚文明之國求所以禦貧乏草昧之國難今貧乏草昧之國亦求所以抗富厚文明之國難何者攻守之勢異器械儲胥之費日張故也至攷歐西各國守圉之費尤足駭人耳聞普法之戰統計一千九百一十三兆鎊光緒六年各國防費合共一百六十一兆又自同治乙丑至光緒己卯歐洲國債所增一千六百九十七兆八億五萬鎊此以歲息百四計之則各國所以與民者歲六十七兆九億一萬四千鎊也比至於今廿年耳其費之大進更有不可思議者今者歐戰尚未停休費用之浩恐不能以億兆計矣

第五十七章

教育經濟

部首釋財嘗論之矣空氣日光雖為人生有用之點而不生價值不謂之財夫類教育與地類教育亦空氣日光之類耳人之取之也毫無所費即不得認為有價值之物故茲述教育經濟專就人類教育而言

人類教育者人類共有之教育也國家不得而私之政治不得而干之其所需之經濟則直曰教育經濟非國家與政治所得而有也於是有獨立之性質而與教育行政之費自別何謂教育行政自政府之教育部政務處之教育科以及視學員學務員等項皆所以備國家教育行政之需屬於國家者也屬於國家政治之一部者也其間支出之費用謂為政治費可謂為教育費不可奚以言之人類賴教育以資生其所以組成國家者謀生活也國家則必首先謀擴張其教育蓋教化不隆不別於禽獸保育無方乃多夭亡國家將安所哉則國家之立即謂專為教育而立亦無不可

國家為教育而立矣則教育洵國家之主體國家乃因教育而發生耳譬國家如司事仰承教育之旨趣極力謀所以保護發達之道而教育行政於是乎備是教育行政者國家盡力於教育之手續順序耳世界人類不止一國家教育即不止一司事故教育行政之經濟特教育上一部分間接之費用已經支配於國家者也與其他法政經濟之隸屬國家者同等而不類於教育經濟教育經濟者世界人類經濟也衣食住費箇人經濟法政費國家經濟教育費則世界人類共公之經濟也何言之治化未進個人生活上之需者衣食住耳及進而組合國家於是乃有法政費則法政費當然為國家所有衣食住費當然為個人所有至於教育生事之母為人之憑藉鎔鑄國家而造化個人產出衣食住而闡發法政者也人類之所以軼出他物者賴有此耳非一人之所有非一國之所有世界人類公而共之也其所須費用當然認為世界人類經濟

設教育而不在箇人是謂箇人棄教育教育而不在國家是謂國家無教育教育而不在世界則謂教育絕滅箇人棄教育箇人亡國家無教育國家亡至於教育滅絕則人類亡矣故

人系　丙編經濟　五十一

無教育經濟是無教育也無教育斯無人類矣教育經濟之關係於人類而為經濟界上最急切之消費有如此則保護而調劑之責亦將不止於一人一國任之凡生而為世之人者皆不得免焉是以箇人僅可節省其衣食住費而不能減其自身及其子弟之教育費匪但自身與子弟之教育費不能減也猶將節省其衣食住費以償鄰人之子之學費也飽食煖衣者無論矣胼手胝足之民三餐不繼遑問教育則無恒產而無恒心者日以多放僻邪侈之事益滋而風俗為之轉移於頑污地獨教育之攸關匪淺使富者之處此藉有其自身培植子弟之費而難保其不染於下流也教育而僅在一家孰若遍於閭里況鄰里有相周之誼贊助人之教育費成人之美德而莫大之恩也箇人之對於教育經濟固當如此至國家僅可裁汰法政經濟而不可減少教育經費匪但不能減少教育經費猶且挪地款以補助其不足貧乏之家一任子弟之負荷者盖育之已閔斯而大難教之更有不贍顧是民既號為文明國民矣教育之加雖不比於富家多賴之子弟至人生不可不知之學如算寫等事何能不備國家費有限之財而於貧人有無窮之益故於貧者之就學補助其學費可也國家對於箇人之教育費有補助之必要緣以失學者多國民必蒙昧而不化野蠻鄙頑之俗成國家之受害無窮富者不待補助而教育之經費自充赤貧寒畯之子不助以經費學業不舉國家苟能補其缺乏自拔不容坐荒雖然贊助國人之教育經濟國家當然之義務猶屬淺近易知之事何也國人與國家本屬個體而有密切之關係國民而無教育必直接影響

於國家亡國之端也然則國家贊助國人之教育費即所以為自身謀教育保永遠實無足異余玆之所謂國家對於教育經濟非但若是而已兩國相爭甲勝而乙負勝者足以殄滅負者而有餘破其國虜其民碎裂其山河均惟權力是視獨有教育費不任干涉也何者人與人類耳同類相戕鷹之逐雀犬之獲兔是已人非禽獸必不忍制同類於死命槍炮之加特因國為其介一時氣忿激動競為雄長致之變境非常情也人情孰不樂人之生而悲夫死者之不復能生教育者生生之具經濟其憑借也保護而維持之人心之常道甲滅其國而并取消其教育經濟甲之亡亦翹足待蓋甲不能確實教育經濟之觀念誤認教育經濟為國有不知為人類保全教育經濟即不知教育為人類公有之物憑凌而摧蹂之悉惟私意譬之兄弟相爭棄其弟并棄其母以為是吾弟之母而非吾之母而不知己之身亦產出於斯母之腹此類也不亡何待吾他日嘗云國家苟不保貴教育經濟將不容於人類故世界各項經濟皆不敵教育經濟之急良以教育者產出人類之具經濟者擴張教育之資衣食住費人生最切之經濟也而住費稍疏請以衣食費為例食費缺則飢衣費缺則寒窮飢寒之極至於殺生人類亡教育費缺則設學養蒙宣化演講諸端俱廢極其弊至於瞶聾盲昧爪牙又不足以供嗜欲趨走不足以避害人類亦亡雖然有教育在自不虞衣食之缺之若無教育雖豐衣足食終亦必亡而已矣其輕重緩急之情判然可見何待煩言

上述教育經濟之性質及其觀念玆更言教育經濟之分類

第一家庭教育費　胚胎之際一無所費逮娩而達生乳哺鞠育之費俱備幼稚而保護調劑訓誨之費備雖曰兒童之母主任家庭教育無館穀束脩之費而母之向任針黹烹飪者自主任教育而無暇兼顧必更雇工傭任之此工傭之庸與食獨非費乎若進而例以泰西之幼稚園所費益無窮境玆畧而不述者非謂幼稚園不當設立蓋恐經濟之困難偏重幼稚教育而忽於少壯成人之時偏重富家子弟而遺貧素無貲之童非所以重平等而期普及也故以家庭教育括泰西之幼稚園雖不敢云完備而於平等普及之處尚無缺憾著者之意如斯而已

第二學校教育費　學校教育之費人自出貲治之不必仰給於國家盖國家賦税之所以收與其財之所由用皆行政部之所有事而學校則主於教育非行政所宜越俎者也是以歐洲諸國學校經濟藉助於國賦者蓋微大抵由所在鄉邑集貲以各養其地之堂塾或立田產地業以歲責其貸租或畀專款鉅貲以月收其貸息而皆有經紀之人

案此見教育經濟之獨立也

學校有大中小之別而學校教育費亦各不同十七章言之悉矣小學任之市鄉中學任之縣大學任之省特未詳其經濟方法耳(一)小學教育費小學由市鄉任之所以企教育之普及也此項費用最急者也而亦甚鉅蓋非小學校之林立何由責其普及而校舍校具教員之館穀束脩在在需費矣使學童自備之貧者或苦於不濟而因噎廢食之病在所難免於

是任各市鄉自集貲財另置管理專員市鄉之集貲若何視租庸息三者之贏餘多寡以為輸貲之準率雖然租方庸贏為厚則學款之出於租者最多殷實富戶占地方之田產特廣其所雇耕種之農亦甚夥小民力田者每無償學之資則失學之子多出於富翁之佃攘其所得租之幾分輸為小學學款富者不致以此坐貧貧農受賸實多且教育興而野蠻橫暴之風弭富者亦蒙其利巨商殷賈尤慮奸詐日與失學無知愚而難信之民為貿易損失無算故其望教育之興也亦甚渴少出其所得之贏息以濟學款亦所優為勞力之庸至觳者也輸貲蓋微(二)中學教育費小學普通教育也中學則漸入於專門實業之家力不能逮大抵卒業於小學而已出句謀生中學教育責之縣縣市鄉之集體也所設中學不過約每市鄉之小學數已足敷全縣學子之肄習蓋卒業於小學者非殷富或才知特達之生徒不更入中學也故中學學童之額比於小學之童相形見絀矣於是所需之經濟亦稍遜雖然學校少而就學之途長往來行李寄宿餼飲之費則更多學生肄業中學必倍於肄業小學之費用以此貧者之入中學也頗鮮勉强以就者亦有之矣必具數衍足用而後能況加以束脩之資貧民愈苦其不貲然則奚不仿小學集貲方法以補助之乎曰是不能不能之原因何在縣之面積劃為市鄉其間所居住之地主資本家已負擔小學經費更無力再任中學經費此原因之一　且學費由生徒自備而後教育乃競為文明而不落於腐敗使束脩之涯微視就學之衆寡就學之衆寡視名問之美惡名問之美惡視課則之良窳與課功之勤惰如是

則師不待勗而孟晉中學學齡十四五矣已能自擇其善者而從之不比小學時也若再合縣境集貲以歸學塾使教師月廩之所入者有定率勤而優不為之增怠而劣不為之損則為師者將何所急而誨人不倦乎毋寧任生徒自出資金擇校而從使學者之所學一切必歸於有用教者之所教必其學者之所欲能而願知世蓋決無有消資耗費於無用之學亦無有索賄求償於不諳之術者也中學學科非比小學之粗淺寧任其艱於經濟而不學必不致使己學者徒負其名而不切於世用此原因之又一也雖然學子之旅費膳費宿費學費自備之矣學校之設一切校具費用則仍由縣內居民集貲治之蓋縣幅廣民叢多學校有數輕而易舉(三)大學教育費大學費之省每省大校之數不及一縣中學校之多特校址廣袤遠過中學蓋大學而含有法政師範工商農礦醫諸科必其可以容衆可以分班是一學校而合今日之各項專門校也其費用之巨無待瑣言教師之束脩館穀必供以學生之學費而不虞支絀校舍器皿則集合全省之經費而支之使公款公產皆歸大學校費無所謂省有國有縣市鄉有蓋無主之款產概為大學校所有款則存儲於銀行而收其生息產之荒者雇貧勞力者墾治之而輕其租熟者少墾治之費而納租自重其經營管理之人不隸屬於法政部而由教育社會中公舉之其職凡三曰理事曰調查曰會計理事總理其中一切事務調查清查省內公款公產會計掌收支之責依年度此年度與國家會計年度不同報告通省印刷其公款若干生息若干田產畝數詳以圖繪租出之總數某校給領若干

全省大學校之支消若干集成一冊彙報地方居人知悉省內無論何人皆得清查此項款產之多寡支項有無弊竇倘得其浸蝕之情則宜告教育社會查實後撤銷其職追其浸蝕之款雖然教育界最清高之地位諒不至有此污濁之人藉使有之教育上之敗類而此人亦非復教育界所有矣教育界亦不復容有此人矣則其人蓋比於犯罪受刑者尤加一等犯罪受刑之人苟不至死皆可以教育界轉移之而期其復為善類若為教育所屏棄者捨其自新之力特強無由引之於正也將為人類所不齒較之受死刑者多口氣耳故曰滑蝕教育款產者罪大惡極準受死刑

第三社會教育費　本章首述地籍教育無所須費今又述社會教育之費用驟目之似相反其實有辨所謂無所須費者就地籍教育之化人與人之感受地籍教育而言至社會教育則將以造成良美之地籍教育建設於未然之先而非坐享於既然之後仍所謂人籍教育也其須費亦頗巨如圖書館報館印刷局教育會宣講演說皆為社會教育之資料而皆不能無所費所費之多寡視社會文明程度之高下惟社會日進於文明教育費愈多亦惟教育費多而社會愈進於文明反之如社會日趨於腐敗則教育費少教育費少而社會乃愈趨於腐敗蓋圖書報章教育研究等項事業多見於文明社會而社會之所以文明者亦多由於圖書報章教育研究等事之充備塞茂也腐敗之社會無此等費用而社會乃無由臻於文明推此則知社會教育之用費愈多經濟愈充裕用費愈少經濟愈困難蓋費用多

而後教育由宏德育增而烟花浮冒之浪費自減一也知育增而機械生利之事業乃精二也體育增而奔走經營之競力倍健三也故曰教育經費不慮其多愈多愈有補於經濟

第五十八章

國家度支之源

人之所以必組織國家者以一人一家不足以圖存而遂生合為一羣使各任生事之一端而勞心勞力之功分職異事專各得其便費用乃省人類之由羣而進以組合國家者如此則國家一切費用若守圉戰爭訟獄凡關於國家公共事務所必支者概皆遂以取之組織此國家之各個人可耳個人非生而備有此項資金能供國家之需用者必藉其勞力以產出之勞力之所憑借者土地也土地勞力相資而產出有價值之貲財因此貲財舉辦事業而生贏利名此貲財曰資本前已言之悉矣勞力土地資本三者備而國家度支之源斯鑿

顧計學家斯密亞丹之論國家度支之源也除取於民而為稅者外猶有所謂不賦於民者竊嘗取而歷按之矣彼蓋認國財為君主個人所獨有篇中載有事之必不可以一身兼治者莫若治國與經商矣往者吾英印度大東公司即以經商而欲兼治民者也既以逐利之配而為汙君又以臨民之尊而為隋賈則交相失之道也云云蓋所謂不賦於民者國君自役其財以收利贏一也舉以出貸而收利息二也私其土壤號寬旗地歲取其租三也是視

國家為君主之私有物君主自經營以濟其國用則謂為不賦於民吁吾讀斯密亞丹氏原富全書略無異議并採取其說不少而獨於國財不賦於民之說不能無疑請先釋國財二字之義與其不得不賦於民及其不當不賦於民者

國財之謂何出於一個人經營而得者雖儲為國家公用不得謂之國財總通國而課得之者任為一人私用又不得謂之國財即以斯密氏所云最初之羣粗具君主政制者韃靼如亞拉伯之酋長其所收財賦大抵皆贏屬擾畜牛羊售其歲出之羔犢湩酪已則為羣之牧長牧其畜而治其民而言以一酋長所畜而售得者儲為公賦供一羣治事之所需必其羣毫無所事而後可蓋酋長即極儉嗇其一身供養舟車不能無所費一人畜牧而得者去其傭庸與其工食贏利能有幾何苟數其一身一家之支消已為多矣而謂能濟其國用將誰信之夫使個人經營之財名為為一羣支出實則供個人之所需者即謂為國家之財則國家之財與個人之財將奚辨藉曰君主之國家而謂為皇室經費可終不得謂為國家經濟故即僅以其個人治民之消費言之猶不得謂國財況兼牧畜之費用乎若因其時未定賦民之制即謂牧長自身營得之私利為國財尤不可也

國財之在法律上固有定義即在經濟上亦必有當然之規則以法律言國家集個人而組成者也一人不能成國一人即不得謂國家從而一人之財不能成國財一人之財即不得謂國家之財以經濟言個人經營而得者謂之贏利個人田產之所出謂之租穀稅通國人

之贏利租穀而儲為國用。不使有傷於個人之經濟。政事舉而財用自足。故國財者。取於國人而支以國事者也。何謂國事。通國之人合而有之之事務也。一人之事不謂國事。其所需之經費更非一人之力所能營獲。勢不得不取於全國之人。何也。試觀今之一家猶古之一國。今人不得以一身之力而充家用。古人又何能以一人之精力而贍國用。故國財而出於通國之民。必然之勢也。國家凡百事務。既為通國國民而設。非僅為一箇國民矣。使多數之人出貲治之。而少數坐而事理。受公庇而營私利。猶屬不平。況使一個人出精力治生活。供一羣公事之所需。世寧有此公理乎。國財而賦於通國之民。亦當然之道。是故國家之用費。當然課於國民。國民經營之所餘。當然供於國家。是之謂賦。賦者不待國家强制徵之。而國民不得不供。賦者不待國民捧以奉之。而國家不得不徵。國家與國民無爾我之疆界。其所區別者特一公一私耳。國財者國民之公財。猶人之財則私利也。設國家而不賦於民。則百事莫舉。徒具形觀。安有實際。雖不謂之國家可也。國民而不供國賦。各自謀私蓄為己有。名為合羣治事。則各立於獨。雖不謂之國民亦可。故就國財不賦於民六字觀之。國必非國。民亦非民。夫苟無民。何有國。苟不賦民。國何有財。國傳於民。國財出於賦民。不易之常論。斯密氏何昧乎此。蓋必有由。

斯密氏處歐洲君主時代。囿於君主私有國家之制。以為國財亦君主個人所獨有。君主箇人之私財。亦即國家之經費。蓋當時國家本為君有。國事即君之家事。因其事而用其財。故

國財即君之私財。君箇人也。國屬於個人。國事屬於個人。國財安得不屬於個人。斯密氏述舊之意可概見已

著者今日推闡國家二字之真詮。確實其觀念。而判然於個人私利國家公財之別。棄其舊而開其新也

斯密氏亦謂「文明治進之國。欲國安而政舉者。舍征民之財貨力役。其道無由。民各出賦稅徭役以供公家者。化國之通義也」云云。言之略也。著者則窮其理而立言稍瑣。斯密之意亦可共白。特其認封禁土地之所登者為國財。未免人云亦云。附和於世俗之論。而未力闢其隘耳。彼謂封禁土地之所取。有損於政體。而不知其有傷國體也。固宜。

然則國家度支之源果何在乎。曰如斯密氏之論賦於通國人之租庸贏而為稅者是已。顧著者今日之所述。與斯密氏之持論。大同而小有異。試歷言之。

國家為人民所組成。而不僅凴依於人民。尚有土地一項在也。蓋人民者。所以實國家也。土地則所以載國家。而國家之貲財亦產出於是二者而已。二者產出之貲財儲之以為利母。而生息餘贏。亦足供國家之賦。故吾今日論國財之源。首曰人民之勞力。次曰土地之租穀。三曰因勞力土地而發生之利母。利母即資本也。

顧是三者發明之次第既有差等。主賓之勢又懸。必先述其等差懸殊之略。而後其輕重緩急之情乃可見。

國家之初。羣事游牧而已。無所謂國事。所以供生事遂其羣者。捨勞力無他。無所謂國財。進而為耕稼。資於土地。而國事漸備。既攙勞力於土地。而闢以穫租。又資土地於勞力。而勤以得庸。租庸合而國財出矣。

耕稼之先。地無所專屬。凡其羣之所占據者。即認為其羣之土地。游牧之境。一任各人之勞力所及。而以為其範圍。然則土地本非個人所有。其役之分土而私者。亦凴視其勞力之大小墾治而得其多寡耳。非必有一定之制限也。既非有當然一定之例。則土地者溯其原始公諸一羣之物也。國家者羣之所擴張。亦即應為國家公有之物。土地之所產者。悉以供國家之需用。乃當然之則。惟人之所以組合國家者。非必斯須小事一切皆托之國家。國家之所以作事使民者。僅治其統合之事一部分耳。人之生事既不一一委之國家。則其不委於國家者。必不能無所費。國家僅治其有限數事。則因其事而支其費。僅敷其足用而不必求餘。是以個人除其一身一家必支之費用外。皆應供國家之需。供國家應支之費用而猶有餘。則任民之自儲。而資本利母之說出矣。資本利母出而能生利。於是亦屬國財之一端。此述國財發達之順序。及其主客之大勢。更分而論其稅賦。

第一勞力者之庸稅(給料稅)

勞力者之庸。國家不可以直接稅之也。人民之勞力。生財之源也。計學家謂財生於勞力土地資本三項。顧單產於勞力者有之。未有土地資本之所產而不兼勞力者也。羣之始合。土

地與資本未發明。一羣之事任之勞力而已足。及稍降而土地發明。力役之征仍所不免。中國井田之制。井九百畝。外八皆私田。其中為公田。八家同養公田。公田之所產。以供國用。而不另征私田之租。是國用資於勞力之証。雖然。粟米之征。是而出矣。更降而資本又發明。有所謂關市之征。自關市之征粟米之征出。而力役之征乃免。雖然。關市粟米非不資於勞力者也。征之固含有勞力一項在。特非直接稅其庸耳。

故治化既進。無直接稅庸之國。何者。庸率有限。所稅無幾。況為出財之源。賦之將以病財。而經濟因以受困。

然則論今日國財之源。可去勞力一項矣。曰何可去也。征於租與贏者。既含有勞力之庸矣。去其勞力。將無租可產。無贏可獲。遑論國家之賦稅乎。

是故國未嘗不賦庸也。特是庸之賦。非勞力者之自備。而有人代而備之耳。亦非國家直接加之賦。而有人代賦之耳。何人代國家而賦庸。代傭而出賦。設其人勞力於製造而為工傭。則代國家征之賦者廠主人也。代此傭以出賦者。必銷貨之諸民。設其人勞力於田畝而為農傭。則代國家征之賦者農主與田主。代此傭而出賦者。獨田主人也。

穀粟與製造品之生產。既捨傭而無由。則勞力與土地同為穀粟之原料。勞力與素生品同為製造品之原料。傭出其勞力而成租獲贏。則國家之征租與贏。名為租贏。實則括有勞力之庸。雖曰不征庸。而勞力於租者。農主償之以庸。勞力於租中之稅者。未見國家償之以庸

也是即謂國家之稅庸勞力於贏者屬主償之以庸勞力於贏中之稅者未見國家之償以庸也是即謂國家之稅庸

雖然勞力於租贏之稅者國家雖未償之以庸而農主與廠主固已償之矣農主廠主償之者自出資金以為庸乎曰固也自出資金而無所取償乎曰非也農主取償於田主廠主取償於行商取償於田主與行商者非謂某項庸幾何而直接納其資金也蓋農於討田編租之時固已計及此項庸稅而少認其租田主亦認其有此項庸稅而減收其租以預償之矣廠主則寓庸稅於貨物中而售之行商然而行商不出此庸稅也是必銷貨之諸家是故國家未嘗直接加稅於傭特由傭主直接間接彙集而納諸國家耳傭亦未嘗自供國家之賦蓋有代而出賦者矣「四十三章嘗言至微之庸非有以贍其口體養其家室不可」

國家僅於租贏二者之外而直接賦庸則傷財害國之道也蓋直接賦庸而勞力者受傷而生財之源於塞而國亦坐困何也業之專任勞力者必貧民無資產之家而加以直接稅彼欲競增其庸率勢有不能(四十三章言之)必至於衣食不敷無以資生勞力者無以資生租贏乃見遜色(四十三章言之)將國家之賦於租贏者亦大受影響若法國之泰理賦雜作布布美亞之加賦於執工之民皆未洞悉其中利害耳

雖然國家亦有時直接勞民之力矣如國民三十至四十之服從兵役非所謂直接以勞力保護國家歟顧征其力耳未賦其庸也國家於酬償兵士衣食住費外且應其必需之支用

是國家勞民之力未嘗不酬以庸也蓋人民者國家之元素人民之勞力國家之元氣也元氣傷而國亡無曰國家之不可以直稅庸利害有如此夫

第二地主人之租稅(地代稅)

斯密氏論賦之征於租者劃分三段(一)賦取於田以租為比例(二)賦取於田以田之歲收為比例(三)賦取於民屋以賃租為比例賦租之例雖不能出是三者而著者茲之所欲言儆有變更賦租之制自有立法機關議定之無特煩言今特論國財大宗源於租賦稅之豐嗇與租為進退租之多寡準田之墾治與歲之富凶為比例

國課以征租為大宗人所共知特知其然而未知其所以然耳於何見之於世人相傳之語見之矣語曰官出於民民出於土又曰 天子玉食萬方黎民食毛踐土上知之士猶未免惑於其說況其下焉者乎

蓋彼所謂官與天子者皆吾所謂國家是也國家者黎民之集合體民者國家之分子也言之悉矣國家賦稅出於萬方黎民則據其一部耳所謂官出於民民出於土者即吾昨日所述國財出於勞力與土地之說也

土地有需於人民之勞力是故勞力優而後土地墾土地墾而後財之出於地者日以多租之說出矣開墾之初人稀而地闊勞力甚微不足供土地之需所產之穀食止以供勞力者之日常必需費用而已庸也而不能名租自人口增勞力者衆而上上之田墾盡降而耕諸上中因比較而得租租之名自此始國稅乃有粟米之征然而甚薄往往租什而賦一耳及青腴墾盡人民籍積貯以營工賈生利贏而租率乃大進以墾治者多而田可貴租亦比例以進特是賦猶不出什一之例也賦雖不出什一之例賦以租為比例租增賦自不得不隨之而增

雖曰青腴墾盡猶有其卑劣而磽者加以資本勞力未嘗不可以名租而租之率又進矣比至人口日增勞力日富土地將不敷於勞力者之求則租必達於極點賦亦臻於增無可增之地夫勞力與土地二者亦有供求相劑之例人民稀罕土地未闢則勞力之供不敷土地之求是以田賤而民貴民貴則勞力者之庸厚而租輕故古者有力役之征而稅不賦租人民增多土地闢盡則土地之供又不敷勞力之求是以田貴而民賤田貴則租重而勞力者之庸相形減矣今而後租日重而庸不可賦賦則多出於租此至淺而易見者也

此以墾治之數比例而得之率也至云歲之富凶亦隨影響於租與賦者歲之富也雨水以時灌輸農傭之力減省秋場所穫用以償租與庸而猶有餘歲之歉也所穫既不擬於富年又加灌輸鋤耰之庸必不足以償租農民力田之家能饒餘而不能受歉蓋稍歉則無力養生而勞力者大傷經濟上不能不加以保護於是減租除稅而賦以少矣況乎每遭凶歲即減租除稅窮困之家且難以遂其生則國家對於此等人民將賑恤之不暇遑計及其租中之稅乎

然則一遇凶年國家無所加賦將停滯事務以待富收乎曰非也以國家幅圓之衆廓其土地之收穫歲不必皆富亦不必皆凶人類之所貴乎組成國家者為其可以挪東補西挹豐收而補不給也甲地歲歉乙地或富收而有餘則國家於甲地免稅而於乙地酌量以臨時加增其額次年不以為例國家之政事不至停滯而乙地之人民亦獲其福其或甲地有年而乙地遇凶則國家於乙地免稅而酌量以增收甲地之稅國家之政事不至停滯而甲地人民又受乙地之賜必如是而後稱為國家若地方隔閡而不能相通則所謂地方而非謂國家國家之所貴乎幅寡廣袤者為租賦不至於無出而事務可以接續進行也

夫土地雖屬人民私有集之則為國家公物田主征租於農夫田主有權國家征賦於田主國家之權平者斯密氏賦稅四例之一設賦於民之租庸贏三者或取或不取誠難言平矣顧吾謂民主國體賦行於租之中不慮其不平而亦不能不平試先言其不能不平者

平者統通國田租而籌其平也田之肥磽有比例歲之豐歉有比例設賦於磽者亦如其賦肥賦於歉者亦如其賦豐則不平滋甚而有損國體

土地既屬公有則任一箇人私主之田產不均致貧富相差過甚已屬人類之不平然其初原於勞力而分占習慣相沿久成定例且土地公也勞力則私勞力有強弱等差或惰怠而甘居劣敗或競爭而務求優勝若均其貧富人將皆趨於宴安廢弛之鄉孰肯勞困其心力以營謀事業哉是則土地之占有或緣於其自身若其祖宗之勞力均之誠有不可若夫國

家之租稅凡以謀通國事務之進行其賦於地之租者國家自有主權究非箇人之勞力可比國家之主權屬國家人甲編言之詳矣果由國家人從良心上着想租賦之輕重得不因土地肥磽年歲豐歉為差率乎是故歷史上縱有租賦不平之弊概皆由於任之一部人之私意而未嘗畀國權於國家人故也

國權而不屬國家人也蓋以滋賦租之不平今世國家且有不納租賦之地方蓋強悍成俗國家之權力不足以制之積久乃成慣例後者亦無如之何此其故不怪國家之放縱不怪地方之強占夫國家之權力本遍於全國者也何以獨不及某地方地方本屬國家範圍何以不受其支配推求其原蓋國權偏集於一部人而不與之國家人於是視其一部人之毅力何若苟毅力稍遜強有力者得不供其需要彼雖欲強致之甚難於理夫不與以權而征其稅出稅者事不關己設各箇人皆有國權之一分不供國稅即不欲己之行使其一分之國權也徒吝此區區租賦而自剝奪其公權不愚者所不為況繩以土地國有之公例與以蒙享保護之私利有不供其租賦者乎故曰租賦不平致傷國體國體失而租賦愈難言平此所謂不能不平者也更述其不慮不平之故

使國權而為國家人所有土地之租稅亦國家人主之偶有不平國人孰不能指其弊端田果肥腴主田者即欲隱匿其租自有附近居人之調查田果卑劣征賦者即欲科以不相當之稅率附近居民亦能為具報推之歲之豐歉歉者失收之數遠近皆有耳目遠近之耳目即國家耳目之所屬豐者亦自不得藏其所得而偽報荒年何者國家之主權即國人之主權也國人之耳目皆國家之耳目彼強悍之俗不納國稅者通國人亦不能公認矣夫平生於公使國人皆有公國家之心何致於不平苟去公道藉施以君主國家之權力而私心究難除滅貪私利而忘公義不平之端乃起況乎國為公有國人之納賦於國家者不啻納於自己國為私有國人之納賦於國家即納賦於箇人不啻集國家全數人舉以供一箇人之使役不平孰有過此者故吾謂賦稅而欲求其平先自平國人對於國家之權利始賦稅不難平也

屋租與田租困果大異田常有所生田租者以市用地之權用之於生利之物者也屋之間架基址舉無所生屋租者以市居處之安用之於無所生者也是以田租即出於其地而租屋必以他事所生之財償之其租之稅亦必出於他事所生之財或庸或贏或租舍是三者無從出也故屋之未有居人者宜免賦賦之則屋主人以無能生利之物而被征非平政也稅基址較稅間架為平蓋基址之租與夫尋常之地租皆歲入之無待於勞力役財者也雖加之賦稅生業不緣是以見阻一國土壤之所登成民力之所營繕凡一群之財力未出是賦之前與既出是賦之後無以異也雖然稅基址之租比於稅尋常田畝之租為尤宜緣夫田畝之租有時亦以地主人之勞力役財加溝澮鋤耰而其租以優然使責賦過重地主人或因而阻其培溉之情至於墓地之租其取以過常額者正國家政平民康生息理極之效也以國家通商惠工設法政以資保護致身家殷實之民多而地之租率以進益賃地者之所償過於地主人之所應得者遠矣伊誰之力歟夫其利之進也既由國家之法政加保護而致之矣則使之多出以供法政上之需固天下至公之道也誰曰不宜

第三資本家之贏稅(利潤稅)

斯密氏曰財生於贏可析為二母財之息一也餘於母財之息之外者二也欲加賦於贏前者可賦而後者不可賦後者所以酬役財者之勞勛與其危失之數且其數往往至微設無此數則役財者勢不可久故使運以全贏比例出賦彼勢必轉而求諸贏率使之加多抑取諸財息之中出之益少舍二者其道無由設彼於贏率增多則所征之賦雖出於役財之家而賦之歸宿乃在二種之民何以言之如彼用其財以為樹畜農牧之資將於所收之穀麥牛羊留其多數以自補如此則區以為租者必嗇租嗇是賦之歸宿為田主也又使彼用其財以為懋遷製造之資將於物價騰躍以為厚利價騰是賦之歸宿為銷貨之家也使彼於贏率無所增多則必責全賦於財息有所齎貸其息皆不逮夫其初如此則出賦者以財貸人之主也總之責稅於贏其勢必有所出不出於彼必出於此使皆不能則其業廢矣財息之宜賦可賦驟觀之若與田租之賦無異而實則有別其別之原因有二凡田積寡之大小所值之鉅微必不能為隱幽難察之端而常可以計量至於甚悉而商賈所具以經營之母則恒扃秘而不令人知欲測而悉殆亦難矣且多寡屢遷不獨以年為虛盈亦以月日異焉使國家之稅息旦暮而衡之若津吏之朝潮而夕汐者必非人情之所能堪任也

雖然此乃斯密氏就君主國家而言之爾美國行業產之稅一切聽民自占不設法令以待逃隱然上下廓然無欺匿國無逆詐可見國苟公有國人必不吝區區息利之稅而自甘剝奪其主權足証吾昨日之論非虛語也

然則贏稅與國體亦有攸關與租稅等欲求其平必先使之無隱無隱之端係於民德而民德之進退根於良心國家之設立苟不從良心上平其權而公諸國民則將相率而為私各私其所私民德何由以進扃秘其母財以冀免其息稅固當然之則雖百術以察其微不能悉也

總之吾茲之謂國家度支也概以就國人公有之國家而言不必贅述第所以對於國家之贏稅有不得不說者則「母財不能直接加之稅」一語也母財即資本也資本之初生於土地勞力之相資自資本之說發明而布縷之征始見孟子與曰布縷之征力役之征粟米之征君子用其一緩其二用其二而父子離用其三而民有莩然則今之論國賦兼庸贏租三者不大反乎孟氏之說乎曰非也吾固曰國家不可以直接稅庸也茲又謂不可以直接稅母財稅庸之說見於前至於母財土地勞力之所產出而供箇人與國家需用之餘也前已言之悉矣設再從而征之即謂加賦於租與庸庸又不能

直接加稅是即謂加賦於田租者也此之加賦必致箇人於供國稅及私用之外無所饒餘而資本不生將商賈之業不舉民之生事日艱贏稅必新是絶國稅三端之一而國民於人滿地闢之時無以從業謀生影響於國計民生者非淺鮮也征之勢有不能

然則何謂贏稅曰必母財所生之利供箇人生事必需之外而猶有贏餘然後可以加之賦而謂為贏稅設非然者賦或微有浸入其資本則生事之費不敷民業將絶安得商賈之盈國也贏利息利舉以不生稅將焉出故母財之不可稅等於勞力皆所以為國家闢財源而濟度支也

亥

積貯篇

積貯者先事而事分功交易所待而後行者也人之初羣所欲蓋微日用之需仰於一己之力而已足無事於交易無待於分功則亦無所用於積貯故曰羣初無積貯

降而生事漸繁人之資於一己者至寡而有需於朋儕之力甚多而通功易事之俗興以其所有易其所無所有者非無因而致之必有其業之治也必有以養其身力者不有前積焉以養乎凡業之未卒物之未售皆有待於積貯之時也故非積貯無以為分功亦自有分功而積貯愈厚

第五十九章

母財

度支之餘儲蓄以規後利者是曰母財蓋發貯食功治業求贏之謂也母財區之而為二物曰常住母財曰循環母財循環母財者主於變易流轉也由財殖貨由貨發財財復成貨周流無滯而後利生方財之在橐貨之在庾也既常為其一物斯無利之可言故必資於循環

常住母財者主於便事益力者也出財治田濬溝導卤而所收倍前講設機器建立行店居以倉廥行以舟車有者利便無者利絀以其利在保持享用而不即毀也故曰常住

生業不齊而二本相待之率因以大異行貨之商其倉廥舟車非已有也其母財皆循環也若夫居肆之百工其母財則多常住者然其多寡之差則恒視乎其業縫紉之工所擅以售業者不逾鍼剪斗尺至微約也履屨之匠其器差精而所多有限至於織工則大過矣大匠工師役雇傭夥常住而外循環亦多其傭工之廩餼所業之物材皆循環所用之以畜材鳩工而收利於成貨者常住母財之最多者莫若大冶卝人陶冶之爐韛辟灌之碓擂破山之鑽屏水之機其值動以鉅萬自縫者之鍼至於大冶卝人之機器其間所需常住母財之多寡不計相差之數矣

其在農功則倉廩田器為常住田傭廩倉為循環夫常住循環皆以規後利而所以得之之道不同常住者以宿留而得利麗於主人也循環者以蠲施而得利離夫主人者也譬之用兵循環者所以為戰而常住者所以為守是故田畜馬牛以其值言則為常住以其食言則為循環前以宿留後以蠲施而後利出也等田畜也養之不以力田而以入市盡循環矣不以力田不以入市而以其毛酪孳乳為利資又為常住而其芻豆莝萁之屬則循環也至於穀種由倉而隴由隴復倉似可謂循環之母矣而非然也其為物未易主也未蠲施也農之所售非其種也售者其種之所孳生則亦常住而已矣蓋二者之分如此

一國之中所可指為常住母財有四屬焉一曰機器之屬凡善事之器益力之機生財事均以得其物而生之益疾者皆此類也二曰倉廩之屬其為物與消費所屬之居室屋廬物同而用異倉廠屯棧列肆行店其儲貨之費與居室屋廬同等而用者有生財之效三曰積功則凡綢繆脩治之費是已譬如民有土田斥其積財以芟薙蘊崇濬治培殖使其地美有加乎前又如國家平治道塗削險填塹開瀹河漕用利舟車凡此亦費用於一時利收於他日而其利用之永久方之機器為有加四曰能事凡從師服習之費是已夫民非生而巧習者也固必先有其勞費在而工巧便習被乎耳目手足心思之間生財之功於以益瘉其為物與前三者雖有虛實精粗之殊而理無以異故同為常住母財也

一國之中所可指為循環母財者亦有四屬曰泉幣一國一時之見財所資之以為易中者也泉幣自為流轉矣而百貨亦待之以周流俵散於國中使民各得其所用享各收其所分有故泉幣者循環母財之魁首也曰食穀之在農肉之在屠牛羊鴨豬之在牧畜者酒漿之在釀製者之家皆必待售而後利出曰材若布帛若金若木凡工之所資者是矣即如工之

所致若絺綌若屋廬使其猶在織者築者之家不以服處而以售沽則皆此屬矣曰貨凡民生之所仰其物既成而未以用享離乎工而入於商或在通轉或在屯聚必待售而後利生者皆是物也是故循環母財首泉幣泉幣者國家之圜法懋貴之易中而其三則農工商三者之所分致

民生之日進也是三物者時時由循環而化為常住抑化為消費繼繼繩繩相資不匱一羣之常住母財其未立也待循環而後立既立之後尤必賴循環者為之維持補苴而後乃能持久一機器之庀立一倉廠之建造將以善生財之業其始也無不仰於農商工之所生其繼也非食與材貨且無以為繕完葺治其廢可立而俟矣故常住之母不能自生雖有至精極巧之機器其所為使者人其所有事者物苟非循環之食與材貨烏能效乎疏瀹土壤溉鹵為腴所費常住母也使非得食為之廩耕夫飼田畜稼穡數倍之利將孰從而播穫之

第六十章

消費

消費者即享即用以足吾今日之所欲而不以規他日之利者也類而言之若積倉餱糧若衣裳冠屨若器械供張若陳設玩好雖為使用之物而不能生利則別乎母財者矣卽國中之居室屋廬亦此屬也疑者則因居室居廬者國財之一端而指為消費殆謂民之營築以自居者是已獨至營室以賃人其歲月所收之僦費固明明後利而猶不得謂為母財者也

故曰是有辯所謂宮室者非箇人所私之宮室乃通國而有之宮室也故雖綿以貨人自主者之私言之則為母財自一國而觀之則猶即享即用之消費耳且即自主者之私言之彼僦屋之所歲納者其財必由他道若土地之租若勞力之庸若資本之息出之於彼用之於此耳非自屋生也蓋曰母財則有所生既無所生斯不稱母況乎自通國而觀之雖閎闊壯侈閎觀崇隆於其母財不加毫末之影響也消費之屬宮室臺觀最久數百年者有之降而械器之數十百年衣裳車馬之僅以年月有饌酒食之盡於一餐久暫懸殊要為同物

消費所以養也常住循環二母之為用皆以求消費之不匱而加豐故欲覘一國貧富之實必視母財所致消費之饒儉致之雖遠享之則近致之雖勤享之則逸

消費皆仰給於母財矣而常住又賴循環者為之維持補苴則循環之母財其勢有尾閭之洩是非有歸墟之注其物之不可以久明矣歸墟烏乎在曰地地之所以益母財者三曰田曰礦曰澤三者之所登生貨也被之人功為熟貨農工商得此而後不匱故積貯仰於地而無窮淺之雖會而注之者亦富帛幣之所恃以持其空乏者礦也今夫一國之泉幣其由盈趣虛固不若食材貨三者之易索爾然而摩毀銷湛與散而之外國者歲不足而紀有餘使不得礦之所產者以持之經數百千年將所謂圜法者必掃地以盡抑泯泯大亂矣則其有待於地產之供雖未若三者之亟亟而亦不可緩也

田礦澤三者之所興又皆待母財而後殖至於課其所收則不僅復其母財益以羸利而已

一羣之民皆有利焉是故工者一歲之所食農者為復其糧農者摩礱之所損工者為復其器此羣民交易之道猶淺顯也將見田之所出有以復礦澤所耗之母財菽粟之登有以出魚於海牛羊之利有以采金於山展轉相生有不可以數計者大抵田礦川澤之利其肥磽相若者所產視斥母之廣狹母財之廣狹等者所產以肥磽為差是則可知者也

國家治化既進無我詐爾虞之風則民有固志而貨殖利興積貯之家或出之以厚今日之奉或役之以冀他日之羸為其前歟則即享即用之消費也為其後歟則循環常住之母財也循環渙以求羸者也常住萃以求羸者也是三者有財所莫能外也

案本部多錄東西計學家之成說雖間亦攙以己意而心得有限不敢妄置末議特所錄者皆著者研究有素極表同情之論說也

總案

吾不敢謂吾說必行吾敢謂吾說不行世界人類終無望永寧也

中華民國四年三月老莊逍遙齋第一次全書出版

每部大洋壹元四角

述作者中國　黄立

校者　黄啟東

黄競

關樾

發行者上海各大書局

代售者各埠各大書坊

泰州文獻

第四輯

舊業堂集

論語實測

國學研究社詩文選

鳳凰出版社

ISBN 978-7-5506-2230-2

9 787550 622302 >

圖書在版編目（C I P）數據

舊業堂集、論語實測、國學研究社詩文選 / (明) 凌儒, (清) 徐天璋, 夏兆麐撰. -- 南京 : 鳳凰出版社, 2015.10
（泰州文獻）
ISBN 978-7-5506-2230-2

Ⅰ. ①舊… Ⅱ. ①凌… ②徐… ③夏… Ⅲ. ①古籍－彙編－泰州市 Ⅳ. ①Z422

中國版本圖書館CIP數據核字(2015)第246913號

責任編輯　王愛榮
裝幀設計　姜　嵩
出版發行　鳳凰出版傳媒股份有限公司
　　　　　鳳凰出版社(原江蘇古籍出版社)
　　　　　發行部電話025－83223462
出版社地址　南京市中央路165號　郵編:210009
出版社網址　http://www.fhcbs.com
印　　刷　揚州文津閣古籍印務有限公司
　　　　　揚州市開發區鴻揚路22-2號(6幢)　郵編:225009
開　　本　889毫米×1194毫米　1/16
印　　張　40.5
版　　次　2015年10月第1版　2015年10月第1次印刷
標準書號　ISBN 978-7-5506-2230-2
定　　價　580.00圓

《泰州文獻》工作委員會

主　　任

藍紹敏　陸志鵬

常務副主任

盧佩民

副 主 任

戴勝利　王學鋒　張培成　佘江涛

委　　員（按姓氏筆畫为序）

丁少華　方標軍　成愛君　季春芳　周興安
查學斌　姜小青　奚愛國　陳士宏　黄林華
曹茂良　曹學賦　許大才　張國祥　萬永良
程榮穩　鄒祥龍　費振鐘　劉　玲　劉仁前
劉宏鳴　潘時常　薛金林　顧維中

《泰州文獻》編纂委員會

《泰州文獻》學術指導委員會

（按姓氏筆畫为序）

江慶柏　金良年　茅家琦　華學誠　徐　雁　畢飛宇

程章燦　楊九俊　魯國堯　劉玉才　顧　農

總序

泰州古稱海陵，漢初（公元前一一七年）置縣，晋末（公元四一一年）設郡，南唐（公元九三七年）建州，始稱泰州。

泰州濱江近海，物阜民豐。漢唐以來，糧鹽並舉，商貿繁榮，爲溝通南北的重要港口城市。

泰州素爲文教昌明之邦。唐初立州學，北宋建貢院，明清開學政試院，産出大批科舉優秀人才。泰州自古人文薈萃。走進泰州的，從范仲淹、富弼、陸佃，到孔尚任、吴讓之、蔣春霖，都留下深遠影響。走出泰州的，從張懷瓘、胡瑗、施耐庵、王艮，到李清、吴嘉紀、柳敬亭、黄龍士、李鱓、鄭燮、劉熙載、李詳、梅蘭芳、高二適，都在各自領域爲中國文化作出巨大貢獻。

泰州遺存的文獻也很豐富。僅據《江蘇藝文志》所載，便有二千七百餘種，涵蓋經、史、子、集的方方面面。其中，尤以明清時期爲夥，占到百分之九十九以上。這當中不排除由於種種原因，致使元以前的一些著述湮没無聞，但明清兩代，確是泰州文化的繁盛期。在這些文獻中，如《書斷》（張懷瓘）、《水滸傳》（施耐庵）、《王心齋先生遺集》（王艮）、《宗子相集》（宗臣）、《陋軒詩集》（吴嘉紀）、《板橋全集》（鄭燮）、《藝概》（劉熙載）、《李審言文集》（李詳）、《黄龍士先生棋譜》等，在中國文化史上都有重要地位和深遠影響。

與此同時，對鄉邦文獻進行整理的也代不乏人。自宋至清，周氏（周麟之等）、宫氏（宫偉鏐等）、陳氏（陳應芳等）、徐氏（徐鳴柯等）等都曾致力其事，爲泰州留下了許多寶貴的文化財富。清嘉道間，鄉人夏荃編輯《海陵文徵》二十卷、附録十二卷，《海陵詩徵》十卷。民國初年，曾任江蘇省省長的鄉人韓國鈞歷經十餘年編成《海陵叢刻》計二十三種六十六册。

二〇一一年九月召開的中共泰州市第四次代表大會，提出了建設文化名城的任務。爲此，中共泰州市委、泰州市人民政府決定編纂《泰州文獻》。這是泰州有史以來對本土文獻最大規模的整理和彙編。它對於保存、利用、研究和開發泰州的歷史文化，尋繹泰州獨特的地方文化價值，爲泰州文化建設提供歷史人文資源，意義重大。

爲了保證編纂工作的順利進行，市委、市政府專門成立了工作委員會、編纂委員會和學術指導委員會。工作委員會由市委、市政府領導和相關部門負責同志組成，負責對編纂工作的領導和協調。編纂委員會由相關專家、學者組成，具體負責《泰州文獻》的編纂出版工作。學術指導委員會由江慶柏、魯國堯、程章燦、茅家琦、華學誠、徐雁、金良年等國内知名文史專家組成，負責對編纂工作的指導和把關。

編纂工作按如下幾個步驟進行：（一）進行文獻調查，建立文獻檔案；（二）精選有代表性、有學術價值的作品影印出版，選目由編纂委員會和學術指導委員會共同審議確定；（三）編輯出版《泰州文獻總目》。

《泰州文獻》分爲四輯：

第一輯『官修舊志』，收録泰州地區現存所有官修地方志。

第二輯『地方史料文獻』，收録泰州地區歷代重要的筆記和史料。按内容又可分爲史地類：收録有關泰州歷史地理方面的著作，包括小志、專志、雜志等；政情類：收録有關泰州政治、經濟等方面的著作；文教類：收録有關文化、教育、圖書館等方面的著作。

第三輯『家族文獻』，收録泰州地區重要的家譜、家傳、家集與名人年譜。按内容又可分爲家乘傳記類：擇要收録泰州家族譜牒中的譜序、家規、家訓、箴言、族約、族記、祠田記、塋田記、雜記、著述等資料；家族總集類：以家族姓氏筆畫爲序。

第四輯『泰州文存』，收録泰州地區作者的詩文著作及其他代表性著作。按内容又可分爲學術論著類：收録泰州作者的經史雜著；文集類：收録泰州作者的詩文集；地方總集類：收録泰州作者的詩文合集。

考慮到《水滸傳》、《封神演義》（《辭海》云『一説陸西星作』）、《檮杌閑評》（學界多謂李清所作）等小説流傳甚廣，版本豐富，故不再收録。其他如堪輿、術數類著作，泰州人撰泰州地區以外的地方志、地理志類著作，一般性的彙編、摘鈔類著作，亦不予收録。

《泰州文獻》原則上收録現轄區内的作家作品。但從尊重歷史出發，泰州學派創派人物、明代思想家、哲學家王艮，平民詩人吴嘉紀等人，歷史上均屬於泰州地區，對泰州地區具有深遠的文化影響，他們的作品亦予收録。

前人給我們留下了豐厚的文化遺産，我們既要加以珍視和傳承，更要在前人的基礎上，創造出無愧於今天這個偉大時代的新篇章。這是我們更重要的使命，讓我們爲之努力。

《泰州文獻》編纂委員會

二〇一三年十月十八日

凡例

一、《泰州文獻》（以下簡稱《文獻》）分爲《官修舊志》、《地方史料文獻》、《家族文獻》和《泰州文存》四輯。

二、《文獻》收録範圍原則上爲現行政轄區内作者的著述和與泰州有關的重要著述，但考慮到歷史上曾屬於泰州地區的人物，如泰州學派的代表人物王艮、平民詩人吴嘉紀等對泰州文化深具影響，對他們的作品亦予收録。

三、所收著作成書年代限於一九四九年以前。

四、《文獻》所收著作，以學術價值、使用價值較高爲原則，適當兼顧版本價值。

五、《文獻》以影印方式出版。如有蠹損、殘缺、漫漶不清處，原則上以相同版本予以補配，以保證完整、清晰。

六、《文獻》對所收每種著作均撰寫提要，置於該著作前面，以方便讀者瞭解作者生平、主要内容、學術價值等。

七、《文獻》除保留所收著作原有頁碼外，均新編頁碼，每册頁碼自爲起訖。

八、《文獻》最後一册編有書名索引和作者索引，以方便讀者使用。

目録

舊業堂集

（明）凌　儒　撰

《舊業堂集》十卷，明凌儒撰，據上海圖書館藏明天啓四年（一六二四）刻本影印。

凌儒，字真卿，號海樓。明泰州人。登嘉靖三十二年（一五五三）進士，初爲永豐令，多惠政，擢御史，以直言除名。穆宗嗣位復官，官至右僉都御史。

此書爲凌儒卒後，其孫凌似祖等多人編纂，卷首天啓間倪啓祚等序，詩集五卷，主要爲七言律詩，及少數古詩、絶句等，文集五卷，亦按疏、序、記、書、祭文等各體排列。詩集中，七言律詩共八百八十餘篇，題材廣泛，如往來應和、遊歷紀行、詠物懷人等等，寫景抒情各篇，篇幅較多，常常在自然美景的描繪中，表露其内心世界，如《晨起登樓見泰山之作》：『風烟不斷曉山青，樹色嵐光入眼明。湖接邗江春自緑，日沈滄海夜還生。岧嶢百里懸孤嶂，錯落千家抱一城。回首長安雲物外，倚欄惆悵舊臣情。』此詩當是其奪官或致仕後所作，報國之情、效忠之意不落痕迹，自然流露。凌儒爲官不計利害，勇于言事，以直聲聞。文集中的奏疏八篇，涉及明代嘉靖前後社會政治各方面，如《條陳五事疏》中地方官員的暴行：『括取常規舊例，火耗秤頭，與夫因事受臓，指公科斂，甚至假借軍餉名色，罰大家富户動輒至幾百幾千，椎髓剥膚，民不堪命，至是極矣。』《劾薊鎮邊功疏》《劾某大學士疏》等篇則直指權臣高官，揭露政治黑暗等，具有重要的史料價值。

（周　忠）

吴陵大中丞海樓先生文集

本衙藏板

淩海樓先生文集

余方髫齔即知吾郡有淩中丞先生也先生在江陵當國之際抗稜正色天下想聞丰采一時負義敢言之臣彬彬濟濟退而語其私靡不心服先生至相謂曰舉朝千言不如淩公一語是詎非格心定國之人豪耶及余起家詞林值遼陽淪陷奚啻猛虒豺狼鼾睡於卧榻之側齊魯騷動尚餘烏喙巴戟遊伏於腸胃之中杞人有憂徒勤扼捥而

拾遺補闕何至無鑿然石畫也
安得起先生於九原一商獻納
哉今年余卧痾里中會先生之
孫無念以先生文集見示且曰
寧惜一言以弁之乎余斂容正
襟受而卒業益信言爲心聲不
叙　二
可誣也夫詩自雅頌既微僅存
屈宋六朝浮麗作者寥寥至唐
以詩鳴蓋本業也開元大曆而
後亦強弩之末矣明興李獻吉
何仲默崛起草昧至七君子出
實揭赤幟於詞壇人爭望而趨

焉然或相持而如敵國或相犄
以爲名高訖與先生之獨攄性
靈若天籟徐鳴萬竅合響哉試
按茲集而概論之莊而爽涵而
益徹七言律詩博而整練而不
迫絶句則青蓮齊芳書議則昌
叙　三
黎媲美見其所爲諷咏者矣是
和風之拂而晴月之輝也見其
所爲感慨者矣是霜雪之肅而
烈日之炤也大抵其蓄之也厚
故其涼之也長其存之也正故
其發之也炳曩聞先生之風每

恨不獲親炙今見先生之文殆可想見其人斯集也真堪與先生並垂不朽哉嗟乎立言立功人生大業然有功業之功業有道德之功業有文章之文章有道德之文章先生功業文章彪炳宇宙而一稟於道悳大雅未見庶幾在茲歟是在有道君子自得之耳謹序

旹

天啓甲子春正月

賜進士第翰林院檢討前已未

館元里中後學倪啓祚頓首

拜撰

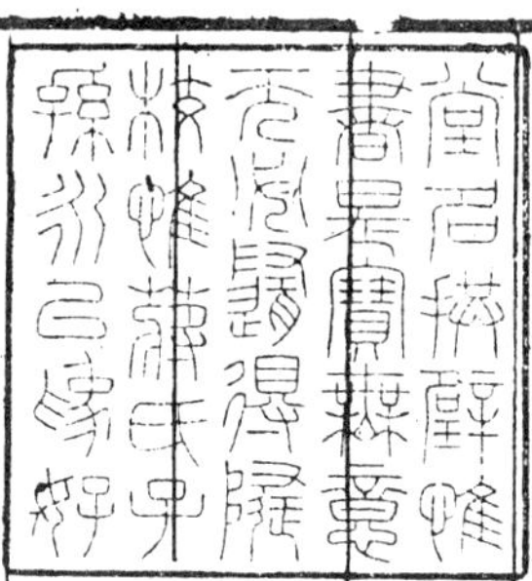

刻舊業堂藁叙

世廟時
天子以威靈在御一時
交戰之臣多以言得
辠重則誅竄輕亦杖
謫士氣鬱結者多而
年尋用
嗣皇登極恩召還
先朝遺直貴翹車之使
醒滄江之夢士氣鬱

叙　乙

結者稍以伸我郡
凌海樓先生其最著
者也先生以一進顯
然之氣冠惠文事嚴
主權貴不畏雷霆不
避竟以斥
乘輿批逆鱗幾瀕九死
以俟河清迫再立
朝端剛心叡識毅于棟
植天下方想望手采

叙　二

希先生大用而栖遲
尼之閭閻九重幽鄙
雖以盡通此亦古今
之至藝也先生歸也
廼居西墅絶不齒公
府事而宅心忠厚此
必裁之正直為鄉閭
所倚重有大臣風節
先好延攬士人相与
揚扢風雅嘯吟詠甚

富今讀其集中諸詩
或以婉約或以鉅麗
或旨勁直或以宕蕩
凡盛唐諸法靡不兼
之昔人稱二謝詩獨
謂池塘澄江之句匪
復學問中来蓋其妙
處在於臭無聲目無
膜爾臭無聲斤將易
運目無膜箆將安施

非所謂天機駿逸絕
不落人世蹊逕者歟
蘇文忠公言天下
之所少者非才也氣
也夫古今才人其虎

敘 五

變猷搏龍見鳥瀾益
亦不可量數矣若其
補天浴日旋乾轉坤
皆氣為之士而無氣
以曹餘李志氣息厭之

直上當於此數耳詩
文小技寶覘大用吾
於先生亡云爾
冲上鑽服依採
廷臣議將肇峰易名之

敘 六

典吾郡例有請謚一
揭叅接簡以屬不佞
不佞亟引先生大義
以贊之而名領有制
吾州自心齋東城兩

君子而外不能鼎峙
而三無從表章先生
也及再出一揭則先
生歸骸首列而蔽以
忠肝義烈之一言以
聽嘗事採焉乃說者
以先生沒世久尚未
易名與祠鄉爲憾嗚
呼先朝是媢權奄寵
顯榮畢世之大惡而

獨以身後謚法爲憂
至得文正一語遂伏
床頓首以謝亦胥變
法亂國恩不究於名
教而覬覦配享欲割
孔林片席以血食焉
敖氏之餒魂比夫欲
義而彌章與於頑鈍
之甚者也是烏足爲
先生憾乎適聞公孫

無念將刻遺詩命諫
草問世因以不朽
先生者余彩淵先生
而猶收王峯之需至
今日也遂削數語附
書郵歸以趣劂之
天啓甲子三月同郡
後學司馬大夫劉萬
春頓首拜題

叙 一 九

序
品文生云天下文章謂人豪
傾出爭曜射光霄漢垂岩
岳盤鬱咸被霧而覩青天非
覓句驚人花鳥生愁之謂
也吳陵名流雲煌者種種越
僑文懿公後翰爲詞壇首
海樓淩公蓋稱最公骨礧砢
峰朗鬱氣昂藏英靈蓮
籍公早翰以掾自命從
花封而擢西臺雄飛應擊
有觥法者不憚權後彈文
龍陽金虎慄强讐摺抗顏
肅皇啓闢霹靂喘息且幾

序 一

指矣遠
詔收直賜環
蒞皇進接鉄而旋罷公曰主
家歸骨他日侈直、枕徽
平泉觀魚鳥弄山月煙石雲
三台之句疊和岩扉許為佳
天下者不以潛是極梓里觀

序　二

雜英蹤河導海脩豐宦戢
餞發大計皆贊犀指掌陳
策要津不以山人教香遠庇逢
甫横碑在口諸凡著作洵天下
有用之文章豈一觴一咏效
鴻都之麗、者哉遺言契諫
草不市直聲亦曰為之自

我先君與是甫齊稱雙鵠惜
鸞騫鯨首以推寫其家孫也
馳譽南雍擬名題月克振繩
武什襲留中璣草不思況
盈且孫、蔚起雖賦高軒垂
玄佑公厥有烱鑒余晚採鉛
槧叨公陶冶今阿冝屬業渠

序　三

曾孫庠彥建中占鳳於余、
緘情私淺也熟玩珍函呈傳
不朽爰領心極之請悉心校
讐付之剞劂並述萬限以颺
業餘　　皆
天啓三年郡中姻晚生劉弘學
拜撰書於汁柳堂

原書缺頁

七言律詩九十九首

卷之二

七言律詩二百一首

舊業堂集　目録　三二

舊業堂集　目録　三三

卷之四

過袁仲子再東　秋日對客
薄意奉奎老侑以口號
雪霽早登山懷澄之丈
晚齋獨坐　再題古檜
同諸客賞牡丹　首夏朔日柬子厚
山亭秋夜同幼度任甫子厚對月
七月九日池上召客有二客不至賦此嘲之
早春鎮江陳隆石枉顧西園賦此贈别
首夏薄携過袁仲子　西園與奎老對酒

雨後山亭晚坐　暮春雨中西園對客
新正二日邀錢商卿諸君小坐
暮雨中與李惺蘧園門惜别
送李惺蘧歸金陵　别李惺蘧歸金陵
歲殘時雨分曆　歲盡憶梅花即事
晚過灣頭望州城　月下書懷
新秋園上與子厚諸君晚坐
初冬客舟中辱文樓昆仲携酌爲鈔關阻遊
初冬陳后泉招飲高園時聞邊報

初冬日晚放舟還泰　挽宋見湖令尹
冬日西園邀凌二洲邑宰小飲
又挽　寄常熟沈星吾大尹
誕日自述　誕日西園速客
贈王文泉學博兼懷乃兄九難年丈
西園登臺東望　謝艮齋徐小洲
韓伴松邀飲時大雨生涼喜而賦謝
送張順田還揚州　至後與劉子厚夜話
西園避客讀老子　初搆田廬辱知親枉賀

冬月邀譚太守　九月望日西園宴客
花前攀楊文學輩　元旦有作
西園與子厚幼名任甫歡飲
春日西園候程齋諸君子
臘月望前一夜與君仁子厚對酒
和劉子厚春城晚眺　秋晚過西園閒眺
往來看移秧　季冬朔日大雪
西園書懷因赴儲幼度席
十月朔日登臺奉呈王近老

偶同儲幼度幼君集丁任甫宅
沈園歸早卽事　山房有感
中春望日同奎老諸君過沈園
雪融　南莊偶賦
中秋對月嘲戴維新諸公早歸
沈園同戴維新小坐嘲蘇後坡不別而歸
儲幼度幼名丁任甫枉顧南莊
十四夜無月　初春過舊業堂
對客小酌忽大雪　戴維新丈

冬日西園酌戴維新丁任甫夜歸
戲呈戴奎老　登山望雪期友人
假山成期儲幼安　苦寒懷戴維新
題園山　夜酌戴維新丁任甫賦
歲晚對鄭澄之戴維新二丈
懷西園東儲幼度
題郡齋清玩卷　病後有感二首
謝沈君仁文學邀賞架花
南莊邀王師董黃子薦二姻丈卽事

月夜留杜君實儲幼名小飲未醉而歸
雪中同儲幼安幼名丁任甫登山
山房詠梅因憶儲幼安老弟
春日同儲幼度幼安張懷愼泛舟
梅花　杏花
桃花　梨花
桂花　玉蘭
牡丹　薔薇
寒日與儲幼安偶談　寒宵對局

寒夜儲幼安劉子厚　和儲幼度寒夜獨坐二首
西園雪中晚別諸君　和儲幼度雪後登山韻
自題海樓書屋　元旦
元旦後一日西園　新正三日西園對客
新正戲贈蘇後故　新正十日西園遊覽
春日邀錢商卿諸君　登狼山四首
過白蒲二首　題小西湖
雨後西園與劉子厚　春日登狼山偶有所感
畣徐星樓詩翰　晩春過南莊

西園首夏對潘恒山晚酌
冬至後閒述　偶賦
戊子元旦作　病小愈憶荒園
冬晚西園看紅梅　和題茶中杏鴈
再和前韻　過西園遇雨
杪秋邀袁應舉諸君　新年三日招客
首夏過西園二首　擬花前對客
秋日山莊用韻奉酬懷竹丈
送沈大司馬鳳翁遷荎用舊韻

代友人題王學博遺像兼送輿櫬北歸
自述呈友人　病鶴
新晴出郊漫述　十六日飲明遠樓
丁卯秋同邢後坡陳青田執役文場即事
恭遇　聖駕幸學和青田道長韻
戲筆奉惺庵　夢山莊用舊韻
中秋山莊對月　喜晴泛舟
水入臥室舟居夜值風雨
山莊漫興因呈澄之　對菊懷戴廣文

和韻　泊梁莊驛有感
鄭州道中述懷　寓報國寺
南莊速客晚歸來朝漸川有約時三月晦日
小園奉邀龔憲使　望天目山
遊鳳山　覓菊因懷奎老
連陰不得過南莊聊共劉子厚坐
秋晚過南莊獨見白菊
強上舍惠菊時袁孝廉應舉劉茂才子厚在坐
秋深期劉子厚劉華峰遊南莊

兒輩讀書城南感子厚屢過
辱子厚諸君屢顧城南又作
再疊前韻柬宋唐　柬國醫梅詩人
俚句屢呈唐丈不荷一答賦此嘲之
季秋有感口號　看楚儲四文軒
秋日同叠軒鳳臺小酌
杪秋二十三日飲懷竹奎泉鳳岐仍期再過
送奎老還莊二首前首用舊韻
九月三日同鄭澄之諸丈自城南晚歸

五言古詩十首

七言古詩七首

五言排律四首

五言絕句十五首

曾氏烏　粲洲鵲
右軍鵞　茅君鶴
壽苔犢　寇恂車
謝易鳳山國醫
七言絕句三十七首
題杏林春燕圖　戲呈戴廣文
對鏡　呈鄭樂軒三首
過懷慎公宅　呈戴奎老廣文
春日書屋爲儲幼安文學賦四首

遣興　嘲友人
題儲太學扇面　題扇
漫述　秋夜聞窓二首
揚州友人送菊　出謁後留友人小酌
笑呈奎老　有感
失題　早醒
東儲雉麓　次濟寧州
夜雨損麥　送人新曆
元夕　對牡丹花

與友人賞芍藥　秋雨
聞盜　元夕王將軍邀飲時大雪
喜晴　送客歸廣陵
卷之六
疏八首
條陳五事疏　裁費芟奸疏
科場疏　科場條議疏
舉刺人才疏　劾薊鎮邊功疏
條議五事疏　劾某大學士疏

卷之七
序二十二首
贈大叅春所龔公擢河南方伯序
送憲使後川傅公擢順天丞序
贈郡伯虞紹東公入覲序
蕭抑堂公善俗錄序
贈都轉運皐渠楊公入覲奏績序
餞大夫人九十壽序
贈鄭思亭父母入覲序

與湖廣孫方伯　與孫按臺
與馬按臺　與溫中丞
復董太僕右海　與朱民部
與楊憲副彬菴　與朱中丞龍岡
與洪芳洲　與陳巡撫
與姜撫臺蒙泉　與梁鳴泉年丈
與鄭樂軒　與唐龍渠
戴奎泉　與劉平湖妹丈
與溫少谷中丞　與羅斗塘年丈

與韓月川　與同年劉應谷
與李目山　與兩淮李

卷之九

書五十三首

與潘雨田　與梅翁胡先生
與徐臺石中丞　與李克翁公祖
與蔡可翁老師　與金對峰中丞
與凌雙橋中丞　與　海橋中丞
與慎山泉年丈　與胡梅林中丞
與周際岩中丞　與陸湖翁書
與徐台翁中丞　與龐惺庵中丞
與周觀所文宗　與龐惺庵中丞
上棊河道　上潘江院
上王太府年丈　上江公祖
上師相李石翁　與戴奎泉
上凌公祖　上程道尊
與孫中丞　上兵道小蒲程公
上蕭郡侯　復周明宇道尊

復周明宇道尊　上道尊災傷
與譚州尊　上劉三府
上郡父母　與尹明府
與徐岩泉年丈　上褚麥所撫院治水
上虞詔東公祖　送楊府尊入覲
與王近山　上譚郡侯議時事
上胥道尊河工　上譚見吾郡侯
與徐五台中丞　與伊三守
上王太府　上楊府尊水道

舊業堂集　目錄　十二

舊業堂集　目錄　十三

舊業堂集卷之一

吳陵凌儒眞卿甫著　梁谿沈　沈淵淵甫選

壻　袁世科應舉甫訂

詩五言律九十六首　七言律九十九首

過西園

暫將塵事歇且結碧山緣寂寞開三逕逍遙續一篇

館松行處鶴河柳坐中蟬耳目都無擾清風夢葛天

對雨

鳴雨久不歇陰森起暮寒水深人到罕雲濕鳥飛難

百口城南麥寸心溪上竿衡泥未得往天外幾回看

冬曉往馮店即事口占二首

種樹東山去郊圻十里過馬前寒色薄原上曙烟多

海氣連孤嶼江聲隔兩河百年松栢下還似舊岩阿

其二

辛苦爲歸計勞生豈逵觀隴頭千萬樹歲晚幾回看

荷揷遊非漫懸棺臥亦安倚梧還自哂雪鬢點霜寒

冬晚登園閣東王德仲

緣嶺投輕策逍遙悅微盧紫烟浮澗碧白月映沙虛

本習孤生懶翻成靜者居論文邁流俗開徑候應徐

西園閒眺

竹杖綠筠間孤雲看往還水邊行白鳥天末隱青山

萬籟境俱寂百年人自閒滄浪歌斷續遙在碧湖灣

新春大雪與錢文學輩論歲

聚玉更飛沙春城壓萬家從風還歷亂帶雨亦交加

簷溜不成凍園條漫作花占年共愁水何計是生涯

寒日晨起西園候戴維新

辯博楊雄老才徵賦懶題雲來猶覩鳳日出未聞鷄

白水雙溝合清霜萬瓦齊冒寒之子過攢火待風蹄

題竹夫人

湘江同世系號國並微名性直眞難奪心虛妬不生

初盟提挈好中道棄捐情雲雨巫山夕襄王夢欲成

期戴維新儲幼度過西園

塢裏看花放紅梅間白梅春從林杪過人向寺前來

好句千年賞枯棋二月開江城滿晴色莫負一登臺

春分

仲月當三五芳春一半過獨憑詩報答都着酒消磨

已去時應少方來日不多况兼風與雨遊騎莫蹉跎

傷逝

仙馭乘雲遠龍髯不可攀日臨丹旐白霜奪綵衣斑
獨立鶴無與孤飛鸞未還風簷雜清聽猶似解鳴環

飲張總戎宅遇雪

佳讌逢初雪懽聲一座生隨風纔集霰帶雨忽飛英
瑞應春前日光添几上清林珂散銀燭醉眼更分明

晨起拂衣

晚市行經宿纖塵尚戀衣忙來詩思廢老去故人稀

朝霧陰能散寒雲凍不飛白頭仍歲暮奔走寸心違

代海山作

縹緲神仙宅烟虹隔幾重風傳玄羽徤露泫紫芝穠
玉舄祥雲護丹砂候火封子明如可見長跪乞相從

挽鳳洲公

久辱忘年好招尋不復來捐金佩高誼倚玉瀉餘哀
鳳去雛應長春歸花自開悲風生里巷共惜馬卿才

賀近翁七十壽

記得馳驅日相看兩白頭君懷誠可卷吾志復何求
道在天應護名高望自收一尊淮海上還作百年遊

原上即事

睡起澹無營高原策杖行孤雲天際没獨鳥水邊明
寒動春春急烟浮夕棹輕寂寥歸思逼明日上吳城

期戴奎老郊外尋春

芳郊探早春握手兩烏巾風月懷人舊鶯花覓句新
杖頭泥不滑壺裏味堪親豈待繁華滿香塵逐市輪

西園暮歸

青春一白袷湖海自稱豪杖步江沙軟棋彈山月高

迴塘新水漫囀柳早鶯嬌取樂人間世何須問二毛

春盡西園偶述

客到輙飛觴山厨雞黍忙春留三日少人減百年狂
對竹裳衣薄穿花杖履香平生萬里興歲晚竟茫茫

春盡逢雨

孤山偶倦遊高枕小書樓雨落林花晩雷鳴隴麥秋
兩岐青藹合三徑碧泉流春去經年別持杯欲暫留

春晚周戶侯敬所攜酒過西園

赤電干城將移尊看小山花開三月好犬睡四郊閒

江海新青綬乾坤舊白綸撫時愁百結對爾暫開顔

暮春王磐石攜酒邀近翁過西園

池上春晴好華筵卜日開波搖山色動風遞鳥聲來
擁蓋高齊柳臨觴近傍梅殘紅銀燭外點點落蒼苔

代東友人

微雨春歸後門開芳草深蒼茫看客眼沾濕惜花心
問酒餘三斗懷人隔一林何當張蓋過談笑豁幽襟

謝海防公祖賜書時築堤初成

細雨江天暮魚書下海陽露將雙手盥錦自一函光
平地波濤息荒山粳稻香莫熬功不小歌頌滿滄浪

寓南莊

避俗郊居過新秋爽氣多墟光澹孤里江色亘長河
慣學陶潛醉翻嫌甯戚歌百年天地内還守舊山阿

題潘司馬讀書臺

草玄揚子宅百尺見高臺水遶雙峰落花香萬卷開
燃藜齋下過吐鳳夢中來呵護精靈在文芒逼上台

寒夜對客四首

霜白映江城寒宵邀友生酒闌人未醉花落燭逾明
庭樹棲烏影山更刻漏聲平生高興在歳晚復爲盟

其二

日醉楚雲東相看歳欲窮髮隨霜落白面對火然紅
囂俗人難合文章力易工悠悠百年内爾我總成翁

其三

白雲從始願繚繞日荊扉間境高人過空齋寒雀飛
明珠按劍衆流水識琴稀相逢但醉倒勿論里中非

其四

厭俗還談俗擔勞不覺勞舉杯忘揖讓讀句見蕭騷

爐火鳴泉細霜空叫鴈高澄江忽波湧愁緒亂吾曹

新秋郊居八首

閒愁不可遣秋色亦堪憐暑薄涼飈動陰輕澹日懸
吾生滄海上天放碧山前散帙尋奇字非關學草玄

其二

樂至還誰共愁來祇自知山光堪對酒秋色好題詩
短劍何須舞長竿每愛持空齋無事事眠食度清時

其三

蕭瑟氣悲哉羈心不自裁青梧寒色起白鴈早昔來

固是悲秋客還非作賦才何人東海上搖筆日登臺

其四

一榻故山阿蕭騷野意多涼颸度萑葦落日下松蘿
隔市無車轍臨溪有棹歌懷人望不至倚樹獨婆娑

其五

蕭索空山裏絲絲兩鬓斑地偏關不閉客少主長閒
短榻書誰把荒庭草自刪清秋池館淨無處不堪攀

其六

詎謂西風早輕衫作意涼白雲籠日薄清漏滴宵長

薜荔應無恙芙蓉還自芳故園秋水上回首思茫茫

其七

艱虞氣故增高寵忝憑陵暇日懷王粲清秋憶季鷹
禮寬從放浪志在任騫騰淮海論詩學浸淫到上乘

其八

不必悲搖落寒暄有代除人生元過鳥世態總前魚
月宇涵秋冷風窓動夜虛鷄鳴發深省從此願無餘

挽戴奎老四首

金氣悲搖落西風哭故人百年交有態一旦德無鄰
歐冶劍初黜陳蕃榻欲塵山中思石友何日不酸辛

其二

困羽風纔便微光日漸曦談經成白首辭祿遂初衣
夢去一生畢人還萬事非忘機好心地月旦里評歸

其三

異物君應化浮生我固嘆鸞花長醉罷泉石舊盟寒
短杖行猶徙扁舟興總闌茫茫山下路何處覓袁安

其四

垂老空山伴朝朝曳屐來形骸兩俱放笑語百無猜

竹在鳳何處亭新花復開子期今不是流水罷琴臺

漫興因招丁前輩

憂來懷谷口老去厭塵氛濁酒酬清世閒書伴白雲
花香時自嗅鳥語日相聞更喜春風坐孤琴每候君

苦雨

底事春愁苦重陰暗雨城蜀山無犬吠晉竇有魚行
入夜渾忘寐當春已罷耕海門遂可接吾欲到蓬瀛

雨後見餘花

積雨銷春盡殘花曲逕中泥深鳩杖懶囊嗇蟻尊空

冶態辭芳歲深心托老翁百年風韻遠還放五湖東

花前晏坐

何處丹丘近端居澹寡營花香襲裙薄水色動簾明地僻人稀到山深鳥不驚塵根銷却盡冉冉在蓬瀛

和黃員外過南莊之作

長日臥淮東津梁久不通愛山同謝朓埋谷似愚公薄地生涯足浮生世事空等閒仙侶集恍惚醉瓊宮

其二

雲居碧海東城轉路方通綠水應無競青山亦自公入多魚網重飲滿蟻樽空瀟洒林泉酌清虛似梵宮

劉子厚自莊來城

谷口帶經耕開來亦入城苦辛生事足澹泊道心驚野老暫相語水禽時一鳴郊墟秋可攬買棹躡君行

約親朋看菊先小集

溪容似若耶秋色滿山家欲挈一壺酒來看三徑花早芳殘日氣晚節待霜華自覺佳期緩先邀醉海涯

杪秋館中漫賦

蓬蒿日剪除檢點九冬書舊業已云暮浮生真覺虛溪光逼亭淨秋色入林疎病起論交態依然只故廬

暮春獨坐

春歸應幾日花尚滿園紅有酒送芳景無言問化工鑑空雲度水簾動燕驚風濃綠閒看柳低垂三徑中

挽顧夫人詩

曾作牛衣伴因分杜史封白頭垂壺範清晝罷鄰春門外來雙鶴庭前見一龍烏棲明月冷啼向五更鍾

病愈謝宮克昌

世事看來破人情病裏真每勞青眼客頻顧白頭人暮齒逢奇數餘生待好春夢回還自喜色色覺俱新

秋日作

長淮通邑里新水竹邊生烟護蘆花黯霜沾桐葉明清時惜芳景爽氣薄高城蕭瑟悲秋客還應病骨輕

秋園晨起

爲嫌人世溷因結水亭閒春鋪侵晨起馳驅及暮還夜涼含露白秋色點雲斑對酒負良景黃花空傍山

元日雪晴

靈雪霏元夜朝晴喜萬家猶然合臘氣未可作春花

新旭凌虹出纖埃積素遮群風占物候豐樂應年華

爲奎老拂塵

開燕及江春山花照酒新幾年鳴鐸客此日掛冠人
津路寧妨老烟波不棄貧平生稱石友衰暮更相親

正月十四日晚登山

落日春園夕凭高獨倚欄歸雲橫嶺斷宿鳥擇枝安
徑轉梅花細山空月色寒城東盛燈火吾欲杖藜看

初春西園對客

流光難自擲日醉小園春歌舞堪留客鶯花不負人

矜名才本拙娛老事方新白首滄江釣無心獵渭濱

暮春與儲幼虔錢商卿諸君夜坐

寂寞傷春晚談交共短檠詼諧該至理疎放任真情
日入樓臺色風傳鼓角聲年華吾欲惜偶坐亦移更

初春盧海川移酒過西園時有歌者

微雪林塘霽尊移江上開紅顏行綠酒白髮對青山
地煖春先到宵寒客未還寧知洛浦女宛出海陵間

九月晦日作

遊興四時適最佳春與秋綠波青雀舫紅蓼白鷗洲
交道飄塵變年光逝水流鐘鳴金節換呼酒爲淹留

西園即景

爲愛溪山靜朝朝來避喧對花人共笑倚樹鳥頻言
歲歛郭中稼時開湖上樽悠然身世棄此意與誰論

漫賦

湖海清時臥澹然塵想虛百年詩酒事十畝水雲居
身病交游寡心違筆札疎獨憑風與月日日伴吾廬

中秋山莊與袁壻對月

相對中秋月蒼茫一水中濕雲難度漢狂浪易生風

衣薄秋容淡杯浮夜色空乘龍佳客在聊爾慰飄蓬

晚別

竟日來山郭秋高興轉深江流喧暮鼓霜葉落寒砧
白首黃花約孤舟萬里心行行岐路別燈火出前林

雨中過園亭期章豐峰晚酌

朝雨晴滄溟蕭蕭一水亭花兼秋共淡山對眼偏青
短日催人苦長風掠鬢醒陶然忘共醉倚杖待明經

寄謝湯醫士

家住五湖東名聞一郡人買藥閑肆自談空

杖挂蒼龍瘦身騎白鹿雄長桑兩手澤應與傅霖同

春旱祈雨

百卉成焦卷桃花春雨稀疊錢荷水淺翻浪麥風微
渡口絕遊舸漁梁空釣磯靈壇郎有薦皜日自炎暉

西園客話

微雨淨塵氛春園正夕曛地寬墟帶郭天潤水連雲
嶺上樹千點沙邊鳥一羣散襟聊對客時事不堪聞

訪賓谷館中不遇

連床書不捲叢菊傍簷阿高士山中去閒人花下過

酒狂緣病減詩債爲秋多何日爭雄地看君自倒戈

春殘期友人過西園

酌酒留春住江城春不留花飛三月暮人老百年愁
柳色碧於染池光翠欲流山前風物好倚杖候同遊

讀儲幼安農夫嘆

憶昔收江夏蓬門十丈高青藍呈絕色鴻鵠負奇毛
有夢吞丹篆無媒售寶刀新詩誦清夜星斗耀江皐

初春文臺席上觀妓

秉燭開宵燕高門具五辛半非燕市客總是董家親
細舞翻紅袖清歌啓絳唇不須花共柳自有一般春

積陰損禾

水困望秋陽無端風雨狂濕流紅稻淚熟上白芒霜
野哭孤航滿人扶危岸忙備嘗秋作苦何敢怨蒼蒼

臨河懷鄭澄之

波蕩疑天動光搖似鏡湖浦帆看去沒汀鴈聽來無
晴日消三尺秋風瀉一壺蒹葭猶在眼隔水兩成孤

山居知王侍御枉顧

聞道黃華使猶尋白髮翁乘驄霜落後倚杖月明中

世事空流水人生信轉蓬返朝應覲省龍劍過關東

倒湖塘

迸力扶危岸顛風東西來浸淫防忽破填塞缺仍開
瀑布終難擬馮河不自裁籲天聲四起入耳亦心摧

田上觀秧

辛苦事南畝窮日不知歸水上春田足秧分早稻肥
墟烟生暮壠夕鳥下山扉生事此中盡初心幸不違

臥病懷西園

耽玩忘寒燠況逢春色滋夜來偶抱疾花發空滿枝

雲渡徑不掃香飛蝶獨知艷陽三月候應是杖藜時

新建書屋

窈窕事幽築依然面雪山海桐霜後綠天竹雨中斑路僻時尋徑雲深不閉關冥搜六經裏底事出人寰

謝平湖枉顧

斗酒荷君攜慇勤醉欲迷菜盤堆紫蟹江水煑黃鷄落子風初動呼盧日已西相看頭盡白此會未應稀

九月晦日草亭小酌

秋盡孤亭坐籬邊幾種新花開邗水色酒對海陵人

惜景茲辰晚迎冬明日春論文入幽夜字字逼清眞

且樂橋

北郭臨關處虹飛十丈餘避驄桓典里賣藥伯休居境逼難容市途平可渡車千年歌舞地賸有草玄廬

大寧橋

鎖鑰聲聞近通津第二橋坊臨官閣直路入泰山遙閬閬門相倚秦淮水不朝當關誰爲訴烽警日來銷

天寧橋

百尺臨淮秀邗流自竹西水深龍臥穩松暝鶴飛低梵宇隣鐘磬轅門接鼓鼙獨憐愚士女祈禱往來迷

稅務橋

歲課垂名舊中城路不賒總戎司馬第簪筆夕郎家東海迎朝日西山送晚霞從來冠蓋里時過七香車

大和橋

鰲首見文昌橫波落影長草深沙徑沒苔暗石碑藏題柱人頻過行春路半荒橋梁繫王政回首思茫茫

八字橋

孔道當南北橋回左右分地形橫似字梁勢擬如雲

隔市人烟靜連營鼓角聞觀風問民俗蕭艾化蘭芬

登仙橋

名擅江城勝崢嶸高插天仙人何處去遺跡尚依然七日笙猶響千年鶴未旋監司隣守禦時得祭官賢

伏龍橋

苔深小徑封片石擬三容城郭曾仍舊干戈定幾逢運移悲渡馬事往識潛龍此日荒祠外空餘叱犢蹤

客有攜酒過西園偶失陪奉謝

龍性本無繫那堪薄俗譏筵開鹿車去客到鷫冠歸

竹葉滿不飲桃花空自飛朋遊還一醉莫謂主人非

其二

尊酒赴佳期空園任所之青山一片削碧柳五枝垂顏闔風難繼王猷興可知進憐歸去晚花夢月明時

晚眺

湖水西來過月塘邗溝東接海門長晚風不斷孤雲色芳樹猶含落日香老惜年光悽白谷病逢秋事臥清漳蒹葭滿眼人伊邇咫尺相思各一方

懷西園

登高作賦媿非才載筆還恩一覽臺萬井風烟孤策往五湖秋色片帆來金城北峙秦關險紫氣東昇閬苑開欲付篇章歸未得中城車馬正如雷

子厚劉丈應舉袁脊攜酒南莊有作

容易荒郊二妙過慇勤提挈小山阿衰顏對玉輝光滿末路投膠意氣多明滅江村看野火縱橫烟浦聽漁歌草堂別後成孤寂獨有清風掃薜蘿

懷鄭澄之

露白楓黄紫艷新懷人此日北山岑那堪自隔吳天

遠復欲相從楚水深十里蒹葭明月夢百年尊酒故園心茱萸佳節期同賞高閣憑虛醉裡吟

失迎上客

客到柴門總不聞野夫袒跣坐花陰謀身絕似嵇康懶避俗曾如顏闔深冲舉鵷鷄元有類苦吟蟋蟀亦何心盧胡一笑楓林晚墜葉紛紛下紫岑

南莊別澄之丈口占相期

野性逢秋發興新川原到處費登臨天高露氣悽林重江湧潮聲落澗深十畝自營終歲計一枰相對百年心夕陽渡口扁舟約來日重遊不待尋

對菊懷戴廣文

秋盡籬花喜未殘西亭帶雨倚欄杆採英細嚼黄金嫩呼酒高擎白玉寒歲月有知烏几杖江山無恙竹皮冠懷人此日東沙上心賞同誰醉裏看

送友人還姑蘇

歸心計日闔閭城送客江亭無限情把袂北門寒雨濕挂帆南浦暮雲平香飄別酒梅千點書寄懷人鴈一聲回首維揚幾程路可能雪夜與還生

雨中懷西園因留丁任甫數君小坐

雨送新雷過小湖迸憐新水長新蒲青山原上鮮於染白鳥池邊喜自呼柳帶絲絲含濕重花光點點破烟疎羈棲未得攜尊往入幕聊傾酒一壺

往返道側見桃花盛開漫賦

樹樹桃花出短墻誰家紅粉試春粧無媒對酒愁難破未語尋詩思已狂艷質不隨人共老閒情如笑我空忙籃輿路下重經過嬴得東風滿面香

苦春雨上蕭抑堂使君

江城十日桃花雨樹杪淋漓似太多積水未消三尺在沈陰又見數番過青青麥隴雲翻濕白白桑田雪湧波爲語漁陽張太守回天佇聽兩岐歌

喜晴期任甫郊行有作

積雨俄晴自喜人瞻妍添得十分春樓開宿霧山全見臺近初陽花倍新上下沙堤堪荷鍤淺深溪水好垂綸安排杖履尋遊侶暫拂寰區半日塵

久雨約劉鳳阿李文光相過

雲暗吳城鎖積陰郊原空負踏青心江花含態愁將老岸柳攢眉恨不禁何處晴光金可買誰家春色酒堪尋孤山好客還應到新水成渠總未深

中春小搆暫歇西園

忙裏閒園二月過春光拋擲疾如梭梅粧落盡紅應少柳帶攢齊綠已多一顧主人翻作客半生愁思欲成歌臨池自照盧胡態底事霜飛兩鬢皤

自知

牢落鈞關枕寂寥當年意氣亦干霄赤心久許青天監華髮紛從白日凋入世浮名悲過鳥林泉清聽雜

鳴蜩自知辨博楊雄老放浪時惟酒一瓢

苦雨

一雨不休愁欲癲把酒問天天茫然南畝罷歸逢梅水北山躬耕荒秫田樹杪重泉鳴未已樓頭癡雲飛滿前傷春五斗且自遣何事百口空焦煎

春殘大雨中邀客

載酒留春春不留況逢淋雨過山頭飄零短架紅英泣凌亂空階白浪浮水漫桑田愁罷犢陰凝茅屋怨鳴鳩還憑遠眺舒長嘯醉倚吳陵第一樓

雨餘客散再疊前韻

更闌雨歇正堪留候火熒熒照水頭人影亂從芳徑轉烟光逐接晴雲浮醉酣滑道猶騎馬老怯香泥欲杖鳩爲惜餘春定來約一壺重瀉仲宣樓

暫晴復雨呈蕭太守

齋心艮牧軫時憂百拜空壇禱未休天外眼開晴日出風前眉綰濕雲浮提壺不喚三春醉布穀空催四野愁閒閣琴堂思正苦管絃何處動吟謳

久約任甫鳳阿文光郊遊喜晴得踐

強半春過始一遊未緣塵事苦淹留無情風雨頻相負有約江山漫自謀綠樹烟和啼好鳥滄波雲暖漾輕舟高才喜對青霄客不惜芳尊日唱酬

兩兒邀客陪賞牡丹

最憐名占百花先垂老臨觴意惘然錦帳生春還歲歲草堂開宴自年年雲林漫道同金谷塵世須知有洞天笑飲綵衣今日酒秋風猶待桂香傳

晨起登樓見泰山之作

風烟不斷曉山青樹色嵐光入眼明湖接邗江春自綠日沈滄海夜還生岧嶤百里懸孤嶂錯落千家抱一城回首長安雲物外倚闌惆悵舊臣情

薄携就飲鄭澄之幕歸道中即事

軟紅塵外踏春歸布襪青鞋白袷衣日落江城山色暝路迷花徑鳥稀聲旌旗掩映人馳道鐘鼓微茫客扣扉分手河橋明日約更攜尊酒莫相違

飲王近翁園

畫檻雕欄錦帳陰獨藏春色十分深花開自慣迎人面鳥下多應識客心白髮芳筵供燕喜朱旛高閣悉

登臨百年清世眞希遇欲倒尊罍興不禁

立夏前一日惜春之作

馬首臨岐欲向東迢迢歸路隔千峰柳垂密翠來無影花落疎紅去有蹤宜爾白雲堪獨卧知吾青鏡得重逢相留且伴黃昏醉愁聽樓頭向曉鐘

邀奎泉漫賦 時兩兒與坐

文采何人似仲宣草堂深處得攀懽輕烟不斷浮湘竹香雨頻飛長砌蘭與盡春殘宵燭短寒生庭敞客衣單重來敢惜床頭費白首相知一醉難

濟化邀賞牡丹奉呈鄙句

芳時招飲媿君先花思人情兩豁然絕色籠霞初照眼孤根盤玉幾經年春留海上頻來客酒對青山最好天滿耳管絃豪貴賞蕭騷曾有句堪傳

春歸

江亭尊酒送夫君百歲良緣手暫分短劍有懷邀落日長繩無計挽歸雲花飛行色千山滿鳥囀離情幾樹聞此去歲闌應返旆好傳梅信慰慇懃

送近翁江魚和韻

倚閣烹鮮醉夕天長安回首望幽燕萬年寢廟開春薦千里帆檣送使船玉筯不緣天上舉雪鮮那得世間傳野人一味賓筵獻看取高懷中聖賢

讀此庵詩用近翁韻

冀北淮南共一天塞鴻何事欲歸燕凭闌酒滿花飄席倚棹江清月載船十里芙蓉留我採百年鷗鷺對君傳北窓又好羲皇夢步武高風有後賢

春盡同澄之維新飲懷愼內兄宅

看山每到白雲深花落春殘一醉心老去訂盟尋谷口興來招隱憶山陰古槐覆院清留戶鳴鶴窺人響過林愛客總戎全脫俗不妨袒跣縱狂吟

小園晚坐思有所往

滉瀁湖光落照斜暝烟歸盡樹頭鴉緣堤日醉餘春酒隔水風吹別院花碧柳濃遮雙鶴徑青山遙對一人家採芝何處投吾杖滿路驚塵掠鬢華

看營龍渠塋地

江臯談笑覓佳城回首那期判死生緩步尚留沙上跡前知翻得路傍名玄堂水遶龍蟠穩華表風高鶴

夢清此日芳洲重指點淒其淚滿故人纓

同維新漫遊一首

惜春無計挽春歸日日看山歷翠微笑我登臨非謝傳許君觴咏是玄暉花枝對酒香堪摘月色當筵淨不飛往復流光應便轉何妨分手暫相違

春歸

江城何處問春歸浙瀝空庭花亂飛樹上提壺頻喚酒風前飄絮故沾衣羈人旅館晨聽角愁婦粧樓暮倚扉底事乾坤易銷歇欲從眞宰叩玄機

春歸再和前韻

三月盤桓一旦歸冷風踈雨暮天飛攀留無計空投轄悵望多情已拂衣别淚定應添海水離魂猶自繞花扉箇中不向時人説造物生機是息機

苦晚雨登樓懷鄭澄之

玄雲飛雨下青冥帶濕蒼藤挂草亭玉液那堪供卒歲丹砂未許返頹齡危樓落日滄海遠樹浮烟隔翠屏此際懷人倍惆悵一杯成醉復成醒

偶留鄭澄之諸君對飲

漫飲危樓對夕暉盤飧只有北山薇閒心尚欲論成敗浮世無勞問是非獨眺目隨天共遠易銷年與日俱飛草堂闕後堪留客尊酒時時願莫違

有感漫賦

塊然一室五湖東四海何心入夢重簪筆昔曾干袞冕薜衣今已謝章縫長松偃蹇風前鶴短袖蜿蜒雨後龍自識出門還有礙深山長倩白雲封

小築初成

誅茅漫搆數椽新對鏡羞窺兩鬢銀卜日檳題長帶雨看山杖履總生塵天高獨夢銅龍遠風暖雙飛海燕頻從此身閒復何事渚花潭月伴垂綸

送黃几山歸江西

春木凋榮秋草枯相逢何用詠蘼蕪曾恭玉殿名俱毀漢武金莖事已誣拂袖清風江上滿引杯長劒匣中孤扁舟楚水安流去白鷺洲前酒易沽

聞撫院放水築堤

百里鴻流平地收勞心民牧尚深憂回天有力消三尺濟世無能獻一籌燕雀穩棲應自喜魚龍高臥不相謀懸知萬鼓鳴秋賽卒歲先銷十口愁

送張南淮教授東昌

桃花飛雨過東昌泗水分流别恨將十載一官空苜蓿萬年五教只綱常儀刑里閈推陳寔問辯門墻識季長莫道此行氈尚冷秋陽親覿聖人鄉

偶作

白雲何事去青山旁午征車不自閒夕嶂獨浮蒼靄合春城空抱碧湖灣江花照席時能醉霜桂依人日可攀從此寘心塵埳外一溪新水臥柴關

西園雨後閒步

忽漫桃花雨過林輕雷不斷小湖陰樹頭風動紅英亂池面波翻翠帶沈殘日巳銜山徑滑孤雲猶護鳥巢深杖藜階下尋芳去一踏香泥一賞心

見新荷呈奎老

萬點新荷港碧前漣漪池面見澄鮮雨餘瑟瑟珠仍碎日上團團盖欲圓摘去不成鋤下笠挑來難作杖頭錢會須十丈邀君醉笑捲香風瀉玉泉

園中對牡丹戲呈内兄張懷慎

別館逢君三月中白頭應識主人翁深心以惜經年別嬌態猶粧舊日容頻倚畫欄看國色漫開錦席醉春風侳偬未辦邀懽費笑向元戎索小東

邀客看花

花前大雅總風騷容易招尋十二豪文采欲成梁苑會幽棲不學鹿門逃佳辰尊酒空雙眼浮世功名薄一毛飲罷深林轉殘燭如雲飛盖德星高

西園對花

坐對粧容百媚生花王應得稱斯名情深不語空飛蝶思嬾無媒獨聽鶯忭典敝裘充酒費坐邀嘉客趂春明風流不愛高唐夢聊伴寒松百歲盟

雨中邀客賞花

權開綺席醉花王風雨多情爲洗粧玉貌絕塵偏着色翠裾含潤更生香陰沈總覺春光好沾濕翻令客興狂滿繫青絲沽酒在早過山麓動飛觴

賀張此庵七十

錦筵春酒祝華封繞户氛氳紫氣重香譽滿城喧鼓吹酡顏初日照芙蓉官清故匣空留劒典遠高齋獨種松攜手百年滄海願孤筇短棹歲相從

同戴儲諸君子看園中芍藥

竹裏看花是舊臣逢時日醉故園春蓬蒿自隱成孤侶松桂相攀得數君老眼偏開青簡舊芳樽長照白頭新風塵滿地鷗眠處烟水蒼茫自可親

懷城南小搆

隔水誅茅古寺東旋移棲息爲明農一階天上簪纓客百畝城南田舍翁揷柳近門陶令似種瓜留圃邵平同他年江海談吾者多在庵居社飲中

讀屈平九歌

齋心淨室讀湘君欲弔忠魂隔楚雲明月九淵沈素彩幽蘭千古播清芬遲回白日空相照悵望青天杳不聞去矣那須冠佩異短蓑堪伴海鷗羣

陪遠客看田

老向人間已澹營不將高臥閉春城片帆海上成孤往百畝淮南畢此生蒼杖似龍行地穩白頭如雪照江清買山客子皆年少底事來尋谷口耕

看田晚歸

晚棹歸來一葉輕望中繚繞是山城熒熒漁火浮川動颯颯江風拍岸生野色烟光人自醉酒懷棋興客俱清深山尚可羣麋鹿混俗何妨學偶耕

晚眺即事

晴山晚眺鬱嵯峨歷歷雲中萬樹過繞徑落花飛不散定巢新燕語偏多臺前春色翻紅藥湖上晴光漾碧波世事糾紛憑一笑等閒天地柰予何

月夜懷碭尹吳筆山

帝里分符是勝遊行春應漾木蘭舟登臺沛上雄風起拔劍芒中赤電浮桃李在門人自去雲霄有路客難留月明今夜清如洗遼渺相思倚庾樓

獨出南郊歸途作

寂寥江上暮春遊竟日緣堤看水流老去獨憑孤杖徙閒來不掛一絲愁驛樓天際遙如點山寺波間漾若浮自笑五湖東下客年年散髮弄扁舟

代東邀奎泉懷宇二丈

與盡方書幾百篇平臺徙倚看青天空園戲蝶紛飛雪淺水新荷翠疊錢滄海有人閒盛世丹丘何處覓真仙玉壺花下多春酒一醉還期聽解玄

題舊業堂

投珮歸來不記年草堂猶自檢殘編閒看白日西飛景靜結青山老去緣問字錯疑楊子宅撫琴空對伯牙絃午窗寂寂無人語一榻松風夢葛天

同鄭澄之戴維新諸君對芍藥

紅藥花前鄭子真閉門不識海陵春偶緣短札過山麓遂得孤笻照水濱懸榻翻爲湖上客買舟親見越中人紫芝歌罷乾坤老共臥商山作漢臣

小疏自陳謾述

清世何當乂濫竽一封天上乞歸歟羣龍騰躍清冥遠獨鶴昂藏白露踈馳驚老羞千里足寂寥閒燮一床書還將餘力耕南畝莜賦官家十石儲

賀王近翁七十詩

金屆卮浮綠萼長嵩高賦獻聚星堂通津尚注郎官澤列郡猶傳太守芳玉杖翠袍便露寫錦筵紅燭引天槃弓裘繼世多龍種應有昂霄聳壑郎

園亭晚坐

爽入涼秋日日晴暮山孤迴小湖平一聲新鴈橫空度幾點殘花傍水明鍊藥欲尋壺裏訣為農恥受里中名虛亭月上清吟[illegible]罷琵風來萬樹鳴

上許侍御史閱操

柳營晴日縱觀兵動地旄旗擁鳳城鹵海霜威新駐節武林風采舊知名月明千里狐應伏雨過三山草自生回望西臺蒼翠處白頭猶自壯心驚

夜坐偶述

萬刼勞生兩鬓絲閒心猶似少年時彈棋夜半頻開卷縱酒人前漫賦詩齋下蓬蒿長不剪山中風月浩無私踈狂何意名當世黃葉秋深祗自知

秋日南庄邀吳筆山諸學博

廣文高興寄晴郊盡日相羊倚畫橋笑對野花同濟泊坐臨秋水自逍遙草堂月照初來客葦岸風迴欲退潮烟散空江何所有浮沈幾點白鷗飄

其二

古槐踈柳匝芳郊別墅攀懽水壓橋薦美尚嫌魚網小選幽何惜馬蹄遙百年鹵海秋開宴十里晴江晚

聽潮入耳清言渾忘老寧知短髮逐風飄

秋日同幼名幼曦任甫分田晚歸

返棹廻流夕有聲乘潮十里小舠輕鴈橫遠漢孤雲沒星帶殘河一水明清世閒人安野隱浮生老計辦春耕同心共結沙鷗伴百歲懸知不渝盟

重陽日辱海防程公小蒲邀飲皷樓席上作

危樓山立碧嵯峨廉鎮邀懽九日過低壓層霄高鳥度周環萬井衆星羅青天有月人皆醉滄海無風水不波徙倚欄干重回首從龍西北五雲多

季秋同丁任甫諸君南郊踏田

秋原萬木正蕭森墟里朝烟上遠村豐露似珠明草際長河如練接江門飛騰雲路看千里寄傲霜林破一尊涸俗漫營糊口計高風未許衆人論

再和張總戎被薦

提兵東海試師雄每見旌旄拂彩虹風靜馬閒無改服草枯鷹疾有彎弓幕中幾卷留侯書淮上千年召虎功從此勳名霄漢遠尺書知不忘愚公

看楚直齋顧侍御

孤舟帶雨曉寒過十里悲風送挽歌落日西飛無反照長河東逝少迴波虬盤短栢瓊枝小馬鬣新岡紫氣多何事歸人重含恨乾坤終古亦消磨

同海防程公飲顧直齋宅因簡王近翁

慇懃再接使君懽杜史門庭十丈寬椿色儘留西日照劍光空閉曉霜寒登筵作客愁聞笛覓句逢人笑貰冠底事白頭相見少春風獨向醉中看

偶述

老去營營底事忙不將愣散恣清狂懶龍自合藏溟海良馬猶知惜錦障霜白攢鑪開酒甕月明抛卷弄琴牀閒來剩有山中樂肯向人間問短長

見梅花期儲幼安一醉

凍雨霏微黯未開折梅何處送春來香清不帶芝蘭氣骨老猶堪鼎鼐才攬勝昔聞橫月觀凌虛今見繞風臺相期一醉尊前與共撲瑶花入酒杯

月夜有懷筆山

傾蓋風期早已投芙蓉江上喜同遊窺雲君似瑶臺鶴浮海吾猶雪浪鷗細荇芳春懷璧水美人良夜夢

青樓慇勤更有東籬約一醉黃花送好秋

賀劉子材六袠

攜手師門昔記曾月明霜白對寒燈風塵浮世中相悞烟水名山晚共登盎盎歲開金甕酒熒熒時照玉壺氷心期欲上高筵頌小阮青霄第一層

贈筆山吳學博之任碭山

一點帆檣芒碭高洪流搖曳近青霄鳴琴坐令清風滿題筆閒將白晝銷江海壺觴催別棹門墻巾舄擁征軺他年虎竹分良牧明月樓頭聽玉簫

過瀛溪翁近園時儲幼安讀書其中有感

慇懃尊酒故園情，潦倒重來百感并。簪弁已非當日客，松蘿還是舊山盟。經傳十世青璮在，劍倚層霄紫霧生。花鳥春明觴咏處，伊吾猶似管絃聲。

西園接東村遠客

一枕松風夢未醒，忽聞戶外屐綦聲。逢迎坐上迷鄉井，談笑山前道姓名。投釣老尋烟水伴，開尊閒遣歲時情。深心不欲逢人說，只向春田問早耕。

同戴維新過懷愼公宅

莽莽區中榛棘多，高齋疏豁最宜過。月明老樹雙棲鳥，風細危墻獨掛蘿。萬里烟銷龍劍暗，百年人合鳳簫和。知君跌宕能容我，祖跣臨觴發浩歌。

書近翁扇面二首

投珮曾懷採蕨謀，白雲黃綬臥滄洲。名山靜闢千花塢，長日閒開萬卷樓。僻性老安衡泌隱，雄文高占石渠留。心期共買西湖棹，歲歲垂竿碧水頭。

其二

空園長與靜爲謀，緬想清風勝十洲。問字日過楊子宅，銷夏時眺仲宣樓。閒來綵筆花邊立，興到金樽月下留。不向塵寰縈萬刦，時聽笙鶴北山頭。

挽顧先生

百里棠陰長未齊，閒庭芳草暗萋萋。青天月犯星宵隕，玉樹風鳴烏夜啼。浪跡不留窮海北，清魂應返大江西。攀號空谷臨流水，一路哀聲咽鼓鼙。

代王近翁輓

錦囊無驗術虛聞，愛日空悲孝子心。月照郡齋松影寂，雲留官閣鶴聲沈。棠華正倚温風長，椿色何孤苦雨侵。惆悵暮帆江上去，恩波猶自五湖深。

又代林孝廉輓

月滿江天濁霧生，熒煌無復少微明。訟庭寂寂松風咽，官舍蕭蕭草露盈。機杼不鳴山犬吠，關城空守野狐營。離亭更有迷途恨，長醉何人爲解酲。

又代丁孝廉輓

桑梓長懸故國思，况逢游子哭親時。朱旛鹵海來何暮，白馬邗江去未遲。雨露萬家遺澤在，氷霜六月故人知。相看淚落西流水，准過螺川驛下祠。

又代翼兒作

韡下空懷剪拂心長鳴誰是舊知音擔囊有分庭猶遠浴藻無情水自深顧盼幾人稱白璧飛騰何日識青衿麻衣獨伴高堂去哭向門墻幾度尋

挽余學博先生

青芹碧藻別成春伯起芳聲滿士林和氣堪憐玄圃玉冷官能却益州金魂歸千里越山遠澤被三年楚水深每哭浮生不下淚爲君今日重沾襟

浣園與維新對局連勝因期鄭老爲次日之遊

風流未許學文儒一笑高陽舊酒徒落日迷花蓬鬓短清時談劍壯心孤興酣搖筆山應動戰勝驕人鳥欲呼不醉空令負知己青絲十丈更提壺

舍間留澄之丈小坐用前韻

高冠山澤舊臞儒幾歲烟波作釣徒身寄白雲心未悔名留滄海道何孤臨橋酒薄猶堪醉隔舍談高不敢呼却笑風塵數椽在曾如携手入懸壺

西園漫興

依舊龍泉紫電光風塵無事伴滄浪釣磯平拂隋堤

柳吟几虛焚漢苑香落筆興酣三峽倒杖藜遊遍百花忙行將故物還兒輩凌厲秋風動夜芒

中春西園邀翼齋十君子時風雨驟至

二月池塘楊柳新凭欄多少惜花人壺觴盡日不成醉風雨滿山都是春清世共看攻射策滄波誰問老垂綸繞梁喚得韓娥在宛轉燈前啟絳唇

夏日過翼齋鴻所書室三首 共一

丹穴奇毛長漸成齊飛行見廣陵城蜿蜒大海雙龍卧蹀躞長途兩驥鳴劍到延津神自合花開京兆樹還明彩衣堂上長春酒應許芳鄰日共傾

再賀翼齋書屋

遐幽何借買山錢寂寞揚雄自太玄春到不窺園上草坐深猶覩杖頭烟龍泉日淬清霜色象管時操白雪篇漫向高軒題短句要因名字識青蓮

飲翼齋館中

地主蕭騷客興豪恣談鋒起廣陵濤泉流海上銀罌滿雲擁庭前玉樹高明月不期徘綺席涼風有意動綈袍分宵戀別碧天爽紫氣如虹射寶刀

寺巷口晨起遠眺有感

烟雲南望兩山高海日東升宿霧消隱隱人過樂堡僻迢迢樹接廟灣遙堂開别墅初移榻帆落孤洲數問潮爲語風塵江上客鏡中華髮欲全凋

寄謝韓醫

折肱吾亦卧滄浪雲海從誰乞異方濟世囊中思療鶴逢人江上識騎羊青衿半帶龍門氣金匱全流橘井芳垂老倍深兒女感欲將功德訴蒼蒼

春雪夜與商卿翼齋對酒

滿地瑶華把酒看客來初試五辛盤光添山郭那知夜氣借江春不畏寒策蹇寅搜懷鄭綮閉門僵卧問袁安園林百卉皆生色更是梅花相對歡

賀近翁得孫

天送蘭蓀特厚公掌文應與鄭玄同試奇聲徹重闈外辯異香聞一里中槐飽露華垂穗綠桂迎秋氣發花紅喜君七十逢重慶欲賦華嵩媿不工

壽劉樂翁八十

山城八十隱君子不杖翩然徙似仙蚕歲禔身知愛土晚年學佛喜論禪觴飛三月桃花雨標插高秋桂子天欲祝長生無可贈卽中聊和紫芝篇

南莊雨霽懷竹岡黃民部

日長無柰欝蒸何好雨南山幾陣過暑氣廻塘侵座少涼颸當户快人多平田色淨苗如洗匝樹聲喧鳥似歌新水正添投釣處思君咫尺隔烟波

初春西園偶述

百花爲主鳥爲賓風日空園漸好新點點殘雲山麓雪戎戎細草澗邊春自知玉粒難飱鳳誰道金羈可

縶麟白幘短袍青竹杖太平江上一閒人

舊業堂集卷之二

吳陵凌儒眞卿甫著　甥　袁懋貞居易甫選

孫　凌似祖無念甫訂

詩十言律二百一首

題湛碧亭

百尺長虹俯畫橋，綠波偃臥兩龍高。虛亭湛湛涵孤影，芳沚泠泠鑑一毛。月上似看秦嶺雪，風來不作廣陵濤。凭闌盡日清如洗，水氣翻憐濕短袍。

丁孝廉張揮使枉顧西園

花殘猶有客攜壺，春去園林興不孤。俠士文章堪倚馬，將軍膽氣欲吞胡。夢中早授江郎筆，囊裏多藏玄女符。爲笑少陵心未老，醉狂清夜舞昆吾。

立春日與客小坐復有所期

香撲梅花春氣浮，酒闌徐步碧池頭。林端纖月參差見，江上輕雲次第收。鸚鵡盃容人數醉，鳳凰城許客頻遊。明朝更有芳郊約，倚劒憑陵望海樓。

翼兒生辰漫興

不作閒愁老却人，危樓高臥楚江濱。檢書悟盡平生事，縱酒銷殘百歲春。早譽已從名字舊，堅盟肯逐世情新。四方有志看弧矢，遮莫書成上紫宸。

贈宗國醫

滿耳人稱九折公，一囊春散萬家同。刀圭漫試神仙術，湯液平分造化功。跨鹿山中形半古，懸壺市上眼全空。良醫未學慙良相，濟世無緣拜下風。

秋夕對庭樹感懷擬奎老一醉不得

長風騷屑葉初黃，白髮飄零早自霜。天地獎人偏棄老，乾坤嫌我獨憐狂。可知仙桂秋堪折，謾道靈椿晚更芳。欲把一尊聊共醉，竹林何處覓嵇康。

短句戲呈奎老

避地黃村十里灣，偶來城市不知還。錦囊何用腹長飽，瓶粟未儲心自閒。浮蟻百盃鸚鵡淥，持螯兩袖鷓鴣斑。對君我亦風襟好，中聖觸時學景山。景山徐邈字

新鴈

霜飛木落鴈初來，橫影迢迢過玉臺。幾陣長河江月白，數聲層漢楚雲哀。機窗織婦縈千縷，旅館羈人酒一杯。憐爾稻粱何處覓，淮南滿地盡汙萊。

戲呈奎老不至

分攜重惜各蹉跎萬語叮嚀曉徑過短盖虛疑來近市小舟空令候長河誰家歌舞留人久何處烟花醉客多騷屑滿山風月在可令芳景擲如梭

訪奎老姜堰道中即事

扁舟東下路漫漫海色晴連雪後看千里波涵春水濶一村烟動午風寒懷人落日山陰往避地清時谷口槃薄暮停橈還悵望白雲深鎖子陵灘

姜堰訪奎老途中先書促會

十里長河望不窮蒼茫孤嶼海陵東瑤華兩岸春在野白日半江寒䑔空頻轉輕橈隨過烏早傳短札付征鴻乎臯曙色催來騎莫畏清霜點鬢蓬

海陵春榜未得報二首

聖代搜才羅網寬龍從佳氣滿長安曲江宴喜從人醉上苑花繁任馬看海上驚飈多落羽淮南新水足垂竿誰能佩有龍泉在拂拭還衡星斗寒

其二

九萬扶搖雲路寬摶風延頸望長安崢嶸事又三年過冷落春將千里看題柱有人乘駟馬掣鰲無處問漁竿翻飛回首青霄近誰道清時盟竟寒

上太父母劉公詩一首

百里分符出建章車行雙鹿引循良渾河地勝來騏驥滷海時和下鳳凰寂寂訟庭長日靜陰陰臥閤好花香泰堂明月千年在霧斂雲銷夜夜光

辱龔公祖寵顧兼惠教條議諸篇奉呈二首

洪流海上歲妨農保障長淮屬鉅公膏澤浸淫饒澍雨炎蒸披拂待清風五湖春落高原白千里秋登沃野紅垂老自憐耕舜畝敢云諸葛臥隆中

其二

綠鬢清時漫許身白頭窮海作閒人每看雲鶚摩天遠獨對江花照水新鼎業夔龍波自潤石交稽呂味堪親忻逢廉鎮憂民瘼暇日單車訪舊臣

見吾諱父母入　覲回出迎三首

陛領宸章出御河春風二月廣陵過懷人海上三刀夢報政天邊五袴歌擁盖川原生色相風車雷雨發蕩和欲知借冠人心喜彩仗街頭竹馬多

其二

片帆春曉落長河彩掛城頭五馬過委巷停梭機女看中流鼓枻榜人歌山晴倍覺鶯花麗風暖增聞鼓角和環望東南三百郡懽迎似此恐無多

其三

翩翩征旆駐城河父老爭迎扶杖過旅爲擁途商罷市花因含笑鳥能歌衙排曉日門庭肅家散春風里閭和從此泰堂明月滿清光分照伏龍多

暮春邀譚父母拂塵時小雨二首

朝天歸馬帶車塵披拂江城萬彙新樽俎小堂邀上客鶯花長日醉芳春褰帷疎雨沾衣細入座清風吹酒頻最是福星臨海嶠循良留得漢廷臣

其二

回枯好雨應時來會有蕪盤江上開吏道共推黄霸政文名原擬賈生才寒沙照見吳陵月大國香分庾嶺梅多暇葛疆堪御馬不妨長醉習池回

小園邀魯老公祖頻辱佳什惠教倚韻奉謝

丰姿玉映絶纖埃三徑攀懽小隊來明月一庭涵翠篠清霜五夜點蒼苔山光故向芳筵落春色俄從寒谷回莪苑何人稱倚馬連翩珠玉美題才

其二

半畝宫無一點埃鶩塵車馬擁門來掃開空谷山前霧踏破寒亭松下苔舞罷歌殘人未醉月明霜白客初回清時老合淮南臥萬里雲霄看楚才

小園邀徐公祖更定始至

青幨黄盖繞荆扉五馬行春寒谷暉日短巳拚燒燭待月明猶擬看山歸罏頭竹葉聲浮動塢裏梅花香暗飛莫道野人供具少盤飧還有渚魚肥

小園邀徐公祖諸公飲罷又赴他席

遠塵開徑隔長河詎意能來長者過山瘦不禁霜色重庭虚還受月明多追懽愛客勞車轍避俗盟心戀薜蘿客散青天寒氣薄繞梁猶聽隔筵歌

冬月西園邀九岳張春元二首

采石江頭挂席來開尊南斗對高才寒威犯席霜華落春色窺人柳眼開攬勝特過棲鳳地探奇誤訪釣魚臺上林回首花枝滿丞馬先看庾嶺梅

其二

餘月邗溝夜泛槎文星先映草堂斜百年道義人千里四海交游天一涯何事倚牛懷甯戚且從提劒識張華搵翻莫負門墻望欲把孤經問絳紗

三月牡丹亭邀王德仲諸君共賞

三月湖山春正賒臨池有客醉看花詞鋒崒嵂揮長劒文綺聯翩振落霞閒借林塘窺物色老憑觴咏度年華廣陵多少名園在似此風流得幾家

西園牡丹和王德仲韻

草堂逢落清淮水灌得名花壓衆芳舞態臨風嬌欲語粧容迎日細生香物華三月私青帝春色千年傲洛陽最是佳人愛才子懸知含笑向槐王

西莊落成九日對客三首

卜築平皐攬素秋賓筵初敞郡城頭月塘東注清流合天目西飛紫氣浮皷枻不妨漁浦遠捲簾自愛鹿門幽勝遊此地成高會方外何須問十洲

其二

招尋鎮日共徘徊半畒宮成數頃開山色空濛當檻落水聲淡疊抱城來佩萸歲歲淮南酒吹帽人人鄴下才高興憑陵殊未已環城步屧晚登臺

其三

悠悠欲學子眞耕避俗南山不用名歲熟社前秋賽早月明江上暮潮平坐逢雅客頻呼酒臥近譙樓數聽更邊鎮只今憂聖主誰人萬里作長城

冬日家兄席上口占陪飲

錦堂月白帶寒星銀燭金尊照畫屏笑指故山呼一老喜逢良夜對羣英聲飛壺箭笙鏞歇香散梅花几

杖清雅興燈前還不盡一樽明日過西城

呈李應魁翰林姻丈

酒醒虛堂霜月明撫時忽動故園情碧湖芳草年年綠絕壁孤雲日日生物色最憐天共久人心那得水如平知君獨抱松筠性好結梅花百歲盟

園亭酒後夜坐寫懷

雙鶴依然共此亭夕陽雲路鳥冥冥月明竹塢千竿碧霜白松林幾樹青身絆浮名人易老飲逢狂客酒難醒閒心最好深山臥割席還期過管寧

樂軒奎泉懷竹偶集笑比四皓遂賦之

去秦携手入山深歲月淹留老共侵含露紫芝聊可採摩天黃鵠杳難尋偶同異代棲岩色不似當年避世心更喜漢朝無缺事白雲華髮臥長林

首春盡小挈同澄之維新過沇園

共戴柴桑處士巾空園短杖踏青春呼鄰蒸酒眞遊客開閣看山郎主人細草浮烟空自碧長風吹鬢總如銀懸知心賞重來日花鳥權迎醉眼新

席間贈友人

窮交海上白頭新老去春來相見頻我向風塵成倦客君於天地作閒人烟波處處鷗堪狎氷雪年年石不磷壁立空山詞賦在黃金誰贈馬卿貧

曉起期儲幼度

蔓回蟲響送閒愁蕭瑟西風欲滿樓月色疎簾江郭曉露華深院海門秋孤吟漫向清霄動萬事多因白髮休最是琴尊堪歲晚不妨終日碧池頭

秋日小園留幼度任甫諸丈

對局閒尊坐傍山瀟然物色異人間清風幾樹蟬聲少落葉一庭秋意閒好客自宜過勝地仙源疑不隔塵寰相逢未遇林中伴雲水重重只閉關

臨池對客

霜降楓林葉半蒼芙蓉無數照池塘飄颻亂點秋江色澹泊孤舍晚歲芳題筆幾人凌泰岳濯纓千載詠滄浪相逢總是清狂客醉倒尊前也不妨

秋晴期王明陽踐宿約

雲斂高空爽氣清百年今日值秋晴溪光倒映一天碧山色遙看萬里明江海波澄烽火靜樓臺露冷月

華生閒門正好延三益況復籬花有舊盟

壽待封徐老夫人七十詩用近翁韻

百歲華筵海上開北堂香篆繞庭槐光浮白玉月當席花散黃金秋在臺賓從四方籠鶴至神仙萬里躍龍來臨山不斷長淮水添入年年壽酒杯

題仙子爲徐母祝壽

環珮長居十二樓飄然覓伴下瀛洲步虛忽到中丞府按節剛逢少昊秋華髮玉容形酷似人間天上壽相伴綵衣愛日懽親酒明月黃花共勸酬

代題仙子壽徐母

不騎鸞鶴獨乘風萬里飄然過海東解珮何曾逢鄭甫生毛還自詑秦宮因餐玉屑頭難白爲飲天漿面易紅信是夙緣來傍母長留踪跡畫屏中

又代

爲莁壺天日月閒手持仙籙到人間緱山駕駐鶴先往秦館簫終鳳未還珠絡繞身生紫氣丹砂入口換朱顏高堂母氏堪爲侶應共長生第一班

代戴博士壽徐母

懷舊來登壽母堂當年顧盻借輝光一經自對秋花老百甕猶沾春酒香舞袖影翻江月亂歌鐘聲徹海天長仙媛定有延齡藥願向氷壺乞玉漿

正月二日雨中作

一雨爲佳再雨多可堪遊與暗消磨滿城着屐春何在每日開尊客未過塢裏疎梅含濕放簷前好鳥待晴歌沈陰縱令新陽閉已有東風扇薜蘿

元日呈近老

幸際昇平六十春錦衣華髮舊朝臣五雲日下瞻天遠萬象人間獻歲新杖屨自宜淸世徙鶯花不棄故園貧蔬盤閒擬尋王粲歲歲晴江理釣綸

新歲初酌維新歸早漫述

小簇辛盤試早筵春風依舊故山前滿斟酒對猶寒日半醉人歸未暮天家住寰中無事擾身耕海上有詩傳追懽共取淸時樂花鳥相隨到百年

却友人請

坂上兒童日暮時長鞭驅我欲何之不知壠上元龍傲只詑江東王椽癡老去何堪牛馬走饑來未敢稻粱思從今願把柴扉閉高閣淸風但詠詩

過潒潼觀鎭居蕭條感而賦此

躊躇湖上欲何之古鎭經過亦片時東觀逢迎無地主碧山名姓少人知寥寥墟里風烟斷寂寂陰廊壁薜滋舊詑潒潼最佳勝壯遊應恠我來遲

秋日懷西園因憶戴奎老

歸心終日鳳城頭蕭瑟山堂景色幽柳脆新霜千樹瞑菊團香露一籬秋邑盧何事風烟隔野服偏憐鶴鶴遊遙憶玉人淸興在夕陽回首蓼花洲

莊居期澄之鄭丈用前韻

搖落西風碧水頭菰蒲猶帶小塘幽閉門白日孤村晚倚杖高原萬里秋楚畹椒蘭還自佩吳門烟月復誰遊茂林多病箕山老早晚輕舟傍釣洲

久陰

欲從眞宰訴秋陰九萬玄宮帝里深雨泣積禾疑吐玉水眠短穗訝埋金掃門黃葉封丹井隔浦蒼烟鎖碧岑宜有西風披宿霧早晴一慰老農心

重九荒莊對客

九日重逢洛水濱高原攜手共登臨囊萸舊俗新衣佩落帽長風短髮侵千里夢回孤棹遠百年緣結一枰深庭中有客清狂甚醉後懽歌起越吟

九日二子來莊飲西隣家漫致期待

老景留連北海濱片雲漁父日相親香生桂宇風飄席影落柴門月近人楓葉亂翻金井冷蓼花開映碧溪新明年此日輕飈起遮莫雙鴻上九垠

守歲

殘歲人間幾刻留懸知春氣暗中浮吾生又是一年邁世事都從百役休問酒品多元亮宅檢詩類瀟仲宣樓椒盤守歲還同俗繞膝兒孫戀白頭

迎春日一首

青郊擁仗入城闉萬戶千門綵燕新黃道已頒周曆日銀幡還賜漢宮春留連歲酒招無客管領東風別有人今夜陽和天上轉懸知雷雨四時均

新年二日作初三日立春

兩日晴光照海涯輕寒江郭見霜華和風已煽先春酒臘氣猶含隔歲花海上舊人留我輩席前明月照

誰家行吟伴鶴山中去爭食爭飛任亂鴉

立春日招飲諸公

春色相將到草廬清尊帶雨興應餘鶴鳴欲報靑霄爽雲起爭開綺閣疎門祚愁銷三臘後賓筵喜薦五辛初獨憑文字留連飲不使年華半日虛

送戴廣文赴選

折柳長亭春送君新鶯宛轉數聲聞江頭人別期三月馬首天開見五雲不憚風塵馳末路總緣世教屬斯文稻粱應滿南飛願飲啄懸知憶舊羣

季春同恒山諸君登荒園小山

短栢孤亭江上山城隅西下隔塵寰逡巡酒滿呼棋過窈窕峯高倚杖攀三月春當今日好百年人得此身閒招尋莫厭蔬盤數相對尊前鬓總斑

恒山有詩和登山再疊前韻謝之

乘春挈榼一看山爲愛香塵匝翠寰海上浮雲門獨掩淮南叢桂手同攀詩成徙筆雷霆鬬身退清朝日月閒莫遣韶華負尊酒東風囘首落紅斑

壽香亭

誰家亭子壽香題古桂靈椿雲與齊身倚露臺千歲久手攀天闕幾枝低真人鶴駐山應北仙子花開日未西倘許門闌時爲啓春風秋日酒長攜

睡起倚門遣懷時里中餞亂甫定

啼鳥聲中春夢銷靜來翻覺向來勞枝頭紅杏花空好江上青峰山自高九節暫抛王烈杖一揮漫試呂虔刀柴門此日驚塵定獨立長風吹鬓毛

張將軍攜酒小園紉安諸友咸集

還將春興對花銷不惜移尊使者勞日暖柳塘風色好夜深山閣月華高酒徒跌宕麾儒服義士憑陵鼓市刀容易滿堂文武備筆毫含彩劒吹毛

迎春阻雪期奎老諸君

安排綵仗迎春至捲地無如積雪何士女不喧車馬少樓臺空對管絃多人閒樂事圓中缺天上陽春暗裏過莫遣佳辰成寂寞草堂尊酒共高歌

立春日西園期奎老

東風爲報好春來小塢梅花一夜開綵帖萬家新日月辛盤五菜舊亭臺漢宮天上憐齊剪楚俗寰中鼓

亂催對酒不辭呼博士一分岐路幾時囘

奎老赴選有期期之一醉

攜手交遊四十年何堪垂老各風烟君將天上分符往我自山中對酒眠千里好花迎疋馬滿園明月照殘編相逢不盡尊前興別後相思空惘然

元夕後一日王父母二守攜酒過小園席間作

問柳尋花興不禁逢開錦席向荒林滿山燈火孤亭逈五夜笙歌別院深喜氣[illegible]梅月色懽聲猶應竹風吟習池莫作山翁醉總[illegible]行春露寬心

贈余國醫

濟代公來江上頻鶯花相對白頭新九還已授千年訣一褁猶生四海春青鹿擔囊長作客玉壺懸市幾逢人柳條折代黄金贈莫向雲霄話隱淪

奉　命南還小建書屋一首

暫緩王程理故園草堂移向梵宫前湖光暮帶秋山雨柳色晴涵野墅烟藜火夜明高鳥下緇塵市遠緑蘿妍盤桓何日來投老閒課兒孫三百篇

西園即事

徙倚青山一草廬參差烟樹夕陽餘池通曲水秋容澹門對高原夜色虚習定有僧堪結社驚塵無客漫停車閒心日苦簪纓縛小坐孤亭賦燕居

聞唐龍渠移館泰山與小園逼近喜而賦此

森森萬木草亭孤地僻林深人到無流水抱城龍欲卧虚簷依樹鳥堪呼滄溟東下天連海翠巘西開日射湖聞道故人爲洞主好乘良夜一携壺

小園移竹和龍渠

瀟湘帶雨手親栽滿目扶疎一徑開礙日琅玕霄漢上冒霜蒼翠歲寒來輕塵不染孤君節高詠還推七逸材待取長竿三百尺西湖同上釣魚臺

園屋初成勉毛翼二子

一枝低結故園新歲晚寧知卜築心十畝細耕春雨足百篇幽討夜燈深紫荆韡韡田眞宅緑竹青青衛武林珍重過庭雙驥子好將短句日長吟

冬日即事因呈戴奎老

海上星軺歲暮還馳驅暫歇草堂安山鐘晚渡孤城遠野樹烟籠十月寒性僻苦吟霜夜短身閒高酌海

天寛比隣况有江淹在瑶草春回擬共看

潘雨田郡守擢刑部郎却贈

蒼旻夜色動星芒五馬朝看紫綬光官拜西曹唐律令政成東海漢循良風烟江上連天静花蕚城南帶雨香欲借寇恂無計挽心隨流水到錢塘

小園留酌潘郡守

天寧橋畔駐旌旄款飲山亭夜月高臨戸清光侵綺席傍簷蒼翠上霜袍扑車裝薄鳴孤鶴恂轍恩深卧二毛披豁欲圖違日醉東風回首别江皐

南莊留戴博士沈上舍小坐時八月朔

野外乾坤屬我曹憑陵尊酒任麤豪風廻露葉懸蒼鬓秋帶溪光上白袍八月鴈過秦塞早百年人醉楚天高看山欲盡重遊興萬柳陰中一小舠

仲秋爲澄之丈覓田不成四山莊小憩

看山元爲買山過一棹秋風鴨子河潮長大江溝水足雲垂平野壠陰多謀生計拙天何意出世緣慳我自歌暫歇郊居談塞馬夕陽沽酒對松蘿

望江南

回首天南是太湖遠遊今夕客星孤河流日挂帆來往山色晴看霧有無白水垂竿生事在青霜飛劍歲華徂秋風千里鱸魚美欲訪松江滯一隅

攜酒慰懷愼丈

空園懷舊一攜壺爲問將軍愁有無暑氣鬱蒸燎客鬓夜涼淒切刴人膚天高不聽孤臣哭日黷空令萬口呼我醉未醒南浦去閉門聊自著潛夫

沈園奉慰懷愼因開美酒相留

畫檻凭虛午閣涼淹留長日醉清狂花開只有庭前紫楓落全無井上黃臣節未明孤劎泣客懷猶壯一瓶嘗獨愁跨鶴東歸去門掩秋風舊草堂

南莊辱戴儲二丈枉顧不獲欵留

多病郊居學養生誰知病裡費逢迎白雲不蔽青山色空谷猶聞好鳥聲未擬掛冠吳市去漫勞買棹剡溪行淹留野外無兼味一飯胡麻對客情

維揚奚戶侯以新詩過褒倚韻奉答

假仰危樓逼太虛白雲長自護山居逢時不折梅花嗅得句還憑柿葉書皎皎谷中逋客騎轔轔門外故

人車廣陵曲是陽春調容易聯翩下斗墟

早晴懷城南別墅期鄭丈對局

郊墅新晴朝日曛綠陰門戶覆輕雲清湘帶雨看移竹碧澗臨風笑采芹野色空濛三逕合潮聲馺沓一江分何時戰勝西齋夜滿酌鸕鷀瀲醉君

午節過荒園邀劉子瞻唐弘業諸丈

山青雲白海天高病後逢時興轉豪斗酒悲歌酬楚節瓣香孤憤讀離騷傍簷烏雀喧厨粟當路藤蘿冒野袍此日池亭須酩酊滿山風月屬吾曹

小亭讀文選

疎箔沈沈晝不開，徘徊仍待好風來。青峯天外孤雲往，綠樹池邊一鳥迴。烟水有緣歸海曲，塵寰無事臥江隈。閒評兩漢推高手，多病相如是賦才。

立春日遇雪

霏霏春雪帶春來，淑氣凝寒曉不開。定有豐年需潤澤，可無新句答涓埃。影翻綵燕明簾幕，花撲屠蘇入酒杯。笑擁敝裘拈凍筆，何如歌舞醉樓臺。

夜夢丘月林掌科因呈何主簿

拾遺千里喜神交，嶽立孤標入夢勞。話舊前朝同慷慨，論詩清夜獨風騷。絢衣林下攻人短，白幘塵中引已高。語及掛冠何掌簿，清風端可激吾曹。

芝林卷

高臺百尺倚山巔，瑞草繽紛色色鮮。靈物由來天上種，珍符今向畫中傳。雲霞影動雙溪（雲溪、苕溪）外，日月光浮八座（山名）前。況是先生多雅韻，偏教歌頌滿瑤編。

秋日同鄭澄之戴維新飲懷慎丈宅

碧空鮮綺暮霞紅，大火初流鹵海東。半日笑談肝膽盡，百年提挈卷舒同。棊殘客散青天月，酒罷人披白露風。更喜中郎全不俗，每逢囊澁典雕弓。

小酌別西臺韓醫

微雨新涼送好秋，角巾相對似南州。百年客到還成醉，小院風來不待謀。轅下馬蹄三日絆，囊中藥褁幾家留。知君懷舊重相訪，掃榻頻開萬卷樓。

竹翁席上陪西臺公一首

秋夕郎官錦帳開，長桑遥自斗南來。高談披拂風生席，晏坐徘徊月到臺。壺引三漿翻玉井，鼎調六膳對蓬萊。瑤階露下星躔聚，瑞彩分明接上台。

雪後懷西園東近老之作

積素山城凍未消，病思扶杖過虹橋。乾坤又覺三年老，霄漢空瞻萬里遥。詩句無緣題小閣，梅花有夢人清宵。平生對酒多朋侶，此日何人慰寂寥。

雪融晚霽

雪銷江郭淨塵氛，溜瀉虛簷鎮日聞。點地聲聲晴閣雨，揭天片片晚堂雲。屏開不減青山色，泉落應添碧水文。餘月却疑春令早，滿城和氣覺氤氳。

暮雪獨坐

飛瓊着樹漸成氷冷壓梅花與不勝奩裡子寒棋欲凍甕頭香暖酒如澠攀叢招隱舟堪買策蹇尋詩橋可登遊興邇來蕭索盡獨將華髮對踈燈

雪後擬過西園

三白先春報有年南山好辦早春田克厨定過柴桑粟發甕應辭司業錢天霽樓臺浮爽氣風停市里斂寒烟依然池上孤亭在東郭何妨傚屐穿

雪中送王近翁郡伯皮酒

瓊花片片帶曦光瑞氣氤氛五馬堂頭上總輪階下白腰間不讓鼎中黃華筵正好先春賞醽酒還堪對客嘗釀法自知非白墮聊從陶逕獻槐王

歲殘雨夜開卷有感

擁衾猶自檢書寒細雨青燈入夜闌寶鼎風迴香篆冷石池氷合墨花乾歲華儘許閒人度世事寧容老眼看一卷未終渾欲睡銅龍聲徹小欄杆

冬日與劉了瞻宫克昌對酌抵暮别歸

身世渾忘兩鬢凋孤懷對客興偏饒拂枰陣就風雲合洗盞光浮日月搖江郭歲殘人擾擾草堂市遠逕蕭蕭分攜獨恨嚴城禁斷簡踈燈照寂寥

拜曆分贈樂軒諸君

山中歲事欲成塵玉曆重頒眼一新殘臘總爲三日客好春還送百年人紫宸共祝岡陵固黃道行看雷雨均兩用分君將令節安時耕鑿作堯民

過江遠訪七月朔日返棹途中漫述

卜年遁跡蓬蒿地一日尋師到潤州瓜步過來還是夏海陵歸去忽爲秋梯航潮落空江滿網罟風生近

渚收試問畏途名利客何如高臥碧山頭

東梅紹溪

寥寥淮海覓詩名梅福幽棲古鳳城市上懸壺人不識山中拾草藥還成清風索句推先達白首論交托後生欲調陽春愁寡和幾回巴曲引同聲

贈蔣少津

傲世真成海上豪聊將虹劍繫青袍身遊市里登陳榻門掩蓬蒿讀楚騷把酒夜高天月月談詩風動廣陵濤忘年我欲投膠漆莫向洸淪棄二毛

閒眺

盤梯躡磴倚山樓，四顧風烟萬里收。楚嶺接天來蜀道，淮流歸海過邗溝。松筠恍性開三徑，泉石盟心臥一丘。回首鶯花江上滿，買舟南北及春遊。

探梅

徙倚欄杆探早梅，兎園欲占百花開。含英不畏清霜墜，流影還期明月來。帶雪遠尋三楚興，繞臺高咏六朝才。時清何用臨風嘆，笑對疎枝日百杯。

謝客

老惜芳時與太豪，圍棋搏簺日分曹。朝傳書札江城遍，夜倒尊罍山月高。照席不堪膏燭費，燃爐真覺僕夫勞。慇懃暫謝頻來客，握手春遊醉小舠。

六月晦過廣陵辱禹翁留未竟席告别

烟花老去夢揚州，乘興西來作勝遊。風物自憐江上渡，人情共詡署中留。新聲曲盡梨園妙，旨酒香翻玉斝流。何事歸心催别棹，半餘歌舞在粧樓。

喜晴登西園樓

好雨高原卜歲收，還思瓠子塞河流。龍門故道無人覔，滄水玄符有夢求。開霽萬家迎瑞日，淒涼一夕報新秋。凭虛漫欲呼鄰父，終古愁銷海上樓。

立秋後一日南莊期澄之丈

閒愁日日似悲秋，況復西風欲滿樓。色澹槐宮知火斂，氣高桐井見金浮。驚塵匝地迷青眼，急節催人早白頭。薄酒尚堪荒歲醉，故山良夜好相求。

澄之丈過南莊晚别

為憐秋色到柴關，蕭瑟空江短棹還。落日散金搖一水，暮雲横紫疊千山。縱觀天地恢幽興，大笑人寰破

苦顔。莫畏西風催老鬓，疎簾好對奕棋閒。

南莊晨起喜得翼兒書

野墅西風起細埃，涼扉寂寂向田開。河通南浦江流至，雲擁東山海日來。病客自尋湖上草，懷人同眺月中臺。倚閭正切平安望，京口書從一鴈回。

山莊獨坐戲呈鄭丈

郭外青山對箨冠，柴門終日坐臨湍。五湖雲水秋何處，萬里風烟客自看。準擬竹邊開蔣詡，虛疑雪裏臥袁安。分甘舊誼吾曹在，彈鋏馮驩好自寬。

懷奎老

倚杖高原秋思深蒹葭隔水望伊人丹楓露下數團冷白雁霜前幾陣新蕭瑟西風悲老大滄浪東海笑沈淪佳期莫忘籬邊約九日香開甕面春

秋夕與張懷慎儲紉庚諸君泛舟二首

一尊江上看芙蓉山水無心處處逢東下滄溟經古渡南開青嶂見孤峰物華總覺年華晚秋色翻疑春色濃百口未須憂歲計清朝康濟有夔龍

其二

水花眞愛木芙蓉四顧滄茫何處逢萬柳江頭廻短棹片雲天際出奇峰蔬盤不負秋光好斗酒應添詩興濃曾爾林泉同笑傲風雷討日起蟠龍

邀懷宇內丈

木榻幽眠枕簟清夢回西日下蕪城鳥音匝樹涼颸起水氣浮花晚霧生沽酒客嘗新市味搗衣人聽舊砧聲相逢不盡尊前興折柬重邀阮步兵

挽奎老

江城何處復聞鶯垂老年年哭友生一病俄成長別恨萬言難寫故交情春花秋月誰相對古道今人獨自評籍有王猷舊高興山陰留得戴逵名

再挽

平生最惜浮生淚此日臨床洒淚看五十年來憂樂共百千人裏始終難篝燈無復琴還鼓醉月何由杯再乾即使扁舟興猶在山陰空自路漫漫

其二

童穉論交一片心不移今昔與浮沈謳吟每向幽懷好契慕偏從古道深傲世尚過高士宅厚人長贈令

官金小山秋色堪攀折招隱還誰到桂林

定約

倒屣猶能不杖扶草堂三日客來無愁心海上鷗時晚衰鬢燈前吊影孤近郭假山堪徙倚小槽新酒足招呼分飛共有離羣嘆五日過從醉百壺

邀錢商卿諸君觀菊有感

三徑秋芳手自栽黃花無數拂霜開風流欲盡籬邊興文雅能招海上才身臥水雲塵事遠寒生樓閣月明來那堪澤國年荒後畫角城南夜夜哀

贈奎老廷試歸

裘馬風塵客帝京賦成三禮獻承明關西官注天曹選冀北文高翰苑名輿寄白雲歸暫隱愁窺青鏡事長生人間正好山中住況有當年百歲盟

過南莊

城南挂席出遊頻路熟無勞更問津平野荳苗青覆隴淺沙鷗伴白憐人江光混漾看山遠秋色蕭騷覓句新獨恠經過老堤樹短衫斜帽識吾眞

送醫士黃中調還揚州

賣藥成都韓伯休片帆東向海陵遊行歌客裏彈長鋏坐隱燈前戀敝裘老去不妨時涸俗倦來自愛日尋幽春明欲跨揚州鶴攜爾還登江上樓

挽雲樓長兄

攜手論心六十年忽驚仙逝淚潸然三都賦就推兄蚤千佛經成愧弟先匣裏青萍猶照雪階前綠竹巳籠烟平生辛苦俱雲散留得清風外史編

喜天欲晴過西園

薄霧回風雨乍稀花前不使賞心違雲開海色生紅暈日放江光到翠微一旦春愁全爲滅百年生事半成非招尋早發床頭甕拼取山亭爛醉歸

孟冬朔日山亭對客

暫歇清霜露滿臺晴和偏以小春回短簷日向珠簾入虛閣風從別院來白髮不知涼節改黃花還傍故人開酒闌客散江城暮畫角聲連去鴈哀

酒後折花贈南淮諸君子

摘花聊慰惜花心自剪江城一片春臺下解粧香不斷風前臨別色逾新攜歸欲比楊妃醉折去元非韓

令嗔此日東風暫別手明年來伴白頭人

壽韓醫賦得庭下松

偃盖重重幾歲寒百年蒼翠帶霜看露垂秋葉鶴應舞雨過春林龍奮蟠勁節祇堪尋衛友高風不欲拜秦官還將花實醫人國種得陰功天並寬

謝戴醫賦得齋中竹

映水干霄翠欲流蘇耽軒外萬竿稠拂窓日日清風至繞檻枝枝紫氣浮春雨籜龍依砌長曉烟雛鳳隔花遊保嬰名滿江南北不獨香泉潤一州

元宵飲雲樓壽酒賦堂中百老圖

氤氛紫氣繞筵長拜舞來登百老堂閱歲總逢周甲子童身同着漢衣裳磻溪若箇歸西伯商嶺何人識子房一幅長春仙液滿年年燈月醉霞觴

雨中留金鳳岐諸君小飲因憶西園

江春不爲愁人住山雨頻來沾酒家今日喜逢前日客百年空負一年花洗粧郤盡風塵色洒淚沾殘粉黛華好語東皇仍愛護餘芳亭畔碧雲遮

自賦

歸向滄洲二十年息機閒傍白鷗眠空濛山氣朝看雨滴瀝溪聲夜聽泉對客題詩留草閣得錢沽酒醉江天餐霞自試無靈骨聊作人間一謫仙

寒日客携尊西園喜蘇後坡亦在

空園歲晚臥松筠錦席無端照眼新幾樹梅花春欲破滿庭月色夜堪親燭經三換還留客酒過千巡不醉人獨喜詼諧方朔在短袍高帽髮如銀

題王氏避塵館二首

清時贏得此身閒塊石株松隔世寰不向三旌持七節獨將五斗駐親顔紅塵不到日開卷瑶草相期春入山轉眼麟麒紛遶膝還因婚嫁溷人間

其二

爲愛幽棲別舘開洞虛小洞亦蓬萊琴書帶有烟霞色門徑封無市井埃明月半簾花影動清風一枕烏聲來盤桓客共平生好日看春筍長豹胎

初冬小園邀徐民上諸君夜坐

山夕蒼茫開草堂細穿叢竹引清狂漁梁水落釣絲短菊院花殘秋色荒四海舊遊寒對酒一庭明月夜飛霜攢眉且聽官常論千載蒲鞭名姓香

冬霽過新莊閒坐再柬民上小飲

高原開霽見園山晴日蒸雲萬片斑悽慨自忘今夕老劬勤翻覺此身閒抱城一曲寒流遶巢樹雙飛暮鳥還乘興復邀燈下客好將烟水款柴關

荒園奉邀民上賦此代柬

孺子才華海内聞慣遊川陸會平分詩神處處傾三斗草聖時時染一裙傲世自能翻白眼致身故不羨青雲相看意氣相逢晚蘿逕孤琴日候君

新莊西下水勢如海時聞山東苦旱

黯黯羅浮生暮烟唐灣西下白波連雲雷不斷楚山雨林壑仍飛滷海泉望歲只留雙眼在回天空有片心懸何人爲導淮南水分灌齊州久旱田

日暮登山忽然雨至

湖外斜陽照石樓片雲俄起北山頭雷聲將雨橫城過泉響浮花湧地流老樹深崖還避鶴空山暴水亦驚鷗閒心怕作高唐夢倚杖含愁直到秋

謝湯竹窓

懸壺市上寄仙踪歲度雲山幾百重藥就丹砂飛白鶴杖扶蒼竹挾青龍春風駘蕩囊中滿造化生全指下逢陰德似君何可報三槐庭畔露華穠

其二

上醫聲價楚江邊負笈懸壺到處仙金鼎歲燃丹候火銀床時噴橘香泉補天赤日山前過醉月清風松下眠療鶴媿無珠可報投詩聊向海濱傳

和春日海防龔公與金生泛黃河之作

孝廉同載淮陰渡對酒如吟秋水篇萬里河流滄海接片帆春曉碧空連楚材已見珠明夜越嶲還看劍倚天賓館不同門下客高譚應羨陸雲玄

山莊秋日晚坐懷奎老

雨勢西來看復徵依然殘暑弄斜暉橋通遠市行人渡山落明霞歸鳥飛江上歲華空自老里中時事漸俱非此時對酒懷張翰蓴菜鱸魚秋正肥

冬日邀沈君仁劉子厚諸君

興到寒宵呼所親草堂懽笑氣如春山前霜月一庭白燈下棋枰幾局新此日乾坤成小飲百年湖海作閒人盈樽有酒時方晚莫厭西園折簡頻

送譚父母入覲

邗江東下海門深咫尺離亭萬里心自分寒叢依蔓野每驚春色到幽林五雲曙闕看鳴玉一日彤庭捧賜金台鼎位高應念舊佇看霖雨洒棠陰

晚秋同奎泉輩歸自南莊戲呈一首

照水蒼顏不自閒招尋郊外日看山清江頻落尊前色紫蟹長留領上斑世有高材多跋扈坐無生客少防閑蕭蕭兩岸風鳴葉秋在城南一里灣

誕日孱徐民上佳什倚韻奉和

欲向青蓮慕謫仙倦遊早已賦歸田形骸盡寄雲山處甲子虛過犬馬年搔鬓自慙江總黑擬經還草子雲玄飛觴借得高吟寵美酒新豐醉十千

沈園望雨時鹽法公按臨

殘暑城頭一陣過微涼醒酒盼庭柯雲垂欲掛南山脚雷動思翻北海波石燕不飛風亦定潭龍當臥雨無多理寃誰訴霜臺客惆悵東齋對薛蘿

冬日懷西園兼邀民上

山下高齋倚暮天望中蒼翠鎖寒烟遶門淮泗流堪濯入眼鶯花春可憐歲次欲移陽月令客遊將上廣陵船攀懽莫厭過從數別後相思空惘然

謝沈君仁賤辰招飲

司馬風流舊海濱翩翩公子錦筵新慇懃古道推先達綺麗高文躡後塵銀燭夜燒花似晝金罇冬瀉酒如春招攜雅託東隣好懽笑渾忘兩鬓銀

九日西園雨中陪客

爲酬佳節共登臺憂患經時强自裁風雨一天秋已暮松筠三徑客還來虛亭短日流年過白髮黃花綠酒開欲賦淮南眼前事含情無限小山哀

卜居

避地維揚擬卜居崇岡聊欲振輕裾夢思詎可傷吾老詞藻猶堪賦子居何處蓬蒿淹仲蔚誰家門徑駐應璩年來已下元龍傲倒屣長迎過客車

賦吳陵

百里魚鹽號富饒賦多十郡貢天朝中逼日市喧江郭西下雲帆礙浦橋弦誦隔隣聞月夜笙歌到處醉

花朝杞人四顧傷今日底事繁華滿眼凋

春日張總戎紹容攜酒小園因呈樂老

枉從荒徑列華筵澹澹春雲午霽天麾下牙旗閒日月島中桴鼓絕風烟梅含笑臉迎山路柳破愁眉拂澗泉莫道園亭成寂寞忘機翻得一頹然

贈別吳筆山擢碭山尹

桃李花開春滿城河梁分手重含情雲飛去節雙凫遠風送征帆一鷁輕每愛芙蓉臨水照獨憐騏驥向人鳴行行好放長途足萬里遥聞茂宰聲

送虞太府公入覲詩

明堂日上頒周典方岳雲來擁漢宮萬國合符銅虎重　九天垂衮玉龍寒恩流海角春陽遍寵壓朝班聖澤寬前席淮南問遺老莫云烟水一漁竿

冬宵對客論倭警因懷伊亭

不向霜前惜鬓毛還從島外問弓刀客愁銷借青尊倒世事談令明月高蕭蕭寒城嚴夜警悠悠滄海傲吾曹交權欲盡蔬盤與絕調猶思白雪操

冬夜與伊亭小坐聞將跨鶴賦此止之

意氣何勞折柬呼清言分漏對冰壺壁間短鋏應彈未袖裏明珠好在無寒問梅花銷白墮夜挑燈蕋著潛夫吳陵幾許堪乘興掛席寧須去五湖

題文樓館

寰中山館似蓬萊萬樹陰森紫霧開烏府近臨狐兎伏龍江曲抱鳳凰廻雲光斐亹垂青壁海色蒼茫落玉臺搖筆題詩在高閣何人知是謫仙來

寓泰園再賦

嘉樹蘢葱倚杖過雨餘蒼翠滿庭柯龍蟠勁節霜松古鳳舞長竿水竹多勝地主人方繾綣故山秋色巳蹉跎新權且盡相逢樂書罷棋殘對酒歌

首夏一日邀諸學博賞牡丹

花開還滿故園春莫道春歸不待人筵啓洛陽初召客譜翻金谷總稱臣塵容見我一番老國色逢君百歲新最是廣文風韻好笑將紅粉對青巾

邀樂軒懷竹蕚樓諸文丈賞花

孤芳聊占鳳城春未必穠華勝里人文采分番招國上風流接席醉波臣輕飈拂袖香逾酷淡日籠帷色轉新雅會最憐簪弁少滿堂都着白綸巾

晚與近翁登山小坐

一尊長夏片峰巔晚徑蒼茫黛色連紫閣九重雲捧日滄江千里水連天共憐散地堪投杖獨取清風不賣錢歌罷凭欄發長嘯池光籠月樹籠烟

東莊

閒居搆得雉城邊樓閣東西隔市廛百畝石田供上賦數椽茅屋厰賓筵曙雲會送孤峰色春雨能飛百道泉白日羲皇高枕夢一聞啼鳥更幽然

西園與澄之子瞻登山

日日看山看未休此生還作百年遊花香不斷四時景水氣長涵六月秋酷愛烟波頻濯足共憐人世却回頭慇懃莫負林中約酒在尊罍月在樓

西園晚候濟生不至戲柬一首

何事堪消此日閒手持桃竹自登山清風不逐孤雲往白鳥空隨落照還堅壁定非愁百戰扣門應是畏重關蹉跎歲月吾將老君亦頭顱一半斑

九日同宫克昌諸君西園登山

江上清秋清可憐招呼客滿翠微巔筵開紫蟹全肥日人醉黄花半放天高閣捲簾虛受月寒塘依樹靜聽泉不羞短髮悲搖落吹帽風流自百年

雨後邀金鳳岐諸君過北莊

塔杪雲開放午晴一篙新水漾舟輕山多好雨城頭過世有幽人河上行鬱鬱傍堤高柳色泠泠歸壑細泉聲興闌還剩瓶中酒却笑當筵無步兵

西園漫興

萬柳沿溪雲與齊行吟只在小湖西江花故向幽人笑林鳥如聽好句啼巖谷夢回天地老風塵眼轉市途迷相憐獨有壺公杖冷暖悲懽日共携

題雲樓

蓬島仙人十二樓數椽飛到鳳城頭元龍清世還高臥司馬多才且倦遊曉日自憐開闔爽暮山不對捲簾愁盤桓信是長生地紫氣紅光夜夜浮

秋晦日西園登覽

清霜脆柳老蒹葭獨對孤山一水斜短杖自能隨白髮芳樽應不負黄花未須得失論時事且聽寒暄換歲華

午日邀諸親小集

竟句今宵秋興盡小春明日入詩家

楚節邀懽客滿堂菖蒲香泛紫霞光衣冠不借清時俊車馬何勞委巷忙欲吊忠魂問湘水且持高節臥柴桑尊前契合無他在話盡平生也不妨

夜坐

山亭送客夜歸人獨對江城月色新一徑風清涼不動滿天雲白細成鱗生逢堯舜憂何事道在詩書寄此身歌罷更闌渾欲寐乳花猶煑建溪春

西園睡起邀鄭丈嘗鱘

緇塵遠避白頭翁日臥空園柳下風吟罷靜聽鶯[illegible]轉夢回高步石淙龍山花故喜客長滿徑草何嫌路不通三尺江鱘初入市嘗新還與故人同

芍藥開戲柬丁任甫孝廉

好春歸去復尋芳紅藥翻階萬朵香清興不隨鶯共老賞心還與蝶俱狂昇平海上人高臥酩酊花前客自觴幾度投桃眞不惜瓊瑤有意望君償

對屏花

誰云春去便飄零紅白花開香滿庭粉重蝶過飛不見砂明鶴睡夢長醒自憐林下初盟合未許人間俗眼經把酒臨風何所語百年心事對山靈

新晴對花漫筆

雲收雨止見林光覔徑看花鐵杖忙一片沾泥姿乍冷數圍藏葉魄猶香笑迎淡日慵容放舞向微風醉態狂客至偶無沾酒費石鎗聊煑建芽嘗

葺理荒園成戲呈友人一首

晉擲閒心理釣綸樓臺池館一時新盤桓散地宜初服收拾殘花待好春日月無私人自老琴書有伴客皆貧庭前歲任蓬蒿長車馬休驚戶外塵

西園月夜歸偶述

霜月娟娟萬里明片山孤迥對江城庭前緩步鶴先舞樹下平吟鳥自驚梅氣傍簷春意满水光墮地夜寒輕晚歸不畏金吾禁市裏猶聞喚酒聲

西園邀客看花三首

不因風雨妬花頻日日花前作主人坐上山青雲自白里中交舊誼猶新一尊落照留佳客百歲浮生醉

好春香夢半銷芳恨滿休將成敗問洪鈞

其二

一代鉛華憂絕塵年年勾引好詩新凭欄獨愛風流客醉酒都沾富貴春午坐濕蒸狂欲叫晚粧香氣暗相親桃源烟火臨淮近何用探奇遠問津

其三

海國春陰花事減小亭春色倍常年枝繁已荷東君厚色重猶堪上客憐自惜晨昏時倚杖不妨風雨日開筵賞心久辦山前醉沽酒寧論十萬錢

題鶴亭卷

狂態于今尚故吾眼看軒冕似泥塗短袍出入龍爲友瘦杖行吟鶴是徒筆底花生詩立就墻頭客至酒長呼鳳巢深處堪同老回首春風醉玉壺

代二杜作

絕島迢遙雲與居蓬萊日日望安期清風只在瑶臺曲紫氣紛遮鹵海湄杖臥蒼龍空自拄庭閒白鹿竟何之人間會有青禽至翠盖翩翩慰所思

望霽因呈劉子瞻

欲晴不晴天弄陰城南江邊愁殺人黑風遶樹烟還起白日吐山雲復屯何處可謀終歲計此時空老乞閒身星源欲訪乘槎客一水茫茫詎有津

西園邀舒憲使錫崖席罷漫述

壁削芙蓉兩接天紫霞飛傍野人筵小盤聊薦初平叱短箸先嘗羊續懸火借春風曛酒暖燭兼明月照花鮮草堂一醉氷霜後依舊松筠鎖寺前

春杪過新壟

莫春乘興五湖東新水浮天漾碧空曉日衣沾垂柳露晚烟帆飽落花風炊黍海邊窺玉女拋梭江上聽黃公人生只合尊前醉萬事從來一夢中

西園邀王近翁黃竹翁呈此道意

寂寥誰與伴滄浪柳自蕭疎楓自黃高誼只應來竹老多聞每欲對槐王川原莫笑輪蹄擁天地還容詩酒狂玄髮論交今白首好因歲晚惜餘光

思樂軒丈

玉匣瑶琴香半薰高山流水忽思君芙蓉江上秋先老薜荔園中日未曛白馬素車瞻范式有才無命哭劉蕡何時化作遼城鶴飛向臨淮使我聞

月下寫懷

月明今夕草堂前隱約星河没九天光遍高堂逢見兎涼生疎柳寂無蟬懷人江上方千里作客山中巳十年烏鵲不飛秋宇靜玉琴相對夜深眠

冬日西園邀唐别駕王郡守諸公

輕寒十月小筵開鸚鵡籬邊紫艷堆總是掛冠神武客誰非題柱馬卿才艮宵莫畏霜飛席濁酒還留月上臺淮海清時吾輩老安車初服好頻來

雪中泛舟城南

探春一棹來南浦十里漫空雪正飛寒勒梅花遙對酒風廻柳絮亂沾衣接天白浪江流急隔岸孤烟渚樹微興似王猷還未盡漏聲進促畫船歸

登望海樓

飛樓縹緲廣陵東海色蒼茫一望中左翼膠庠鱗藪滿西肩泰岳鳳城雄濤淮水遠天連碧仙島雲來日射紅獨取微名從所好憑虛時自舞霜虹

臨流有感

永嘆嘗聞棠棣詩白頭今日悔應遲雲霄騰踏論心日風雨飄飖掉臂時何處脊鴒朝可慕誰人氷雪晚難移無情門外東流水相對忘言祇自知

迎春日未能速客漫筆識感

綵仗懽迎化國春招尋無客罷歸貧樓臺自擁千門色車馬空驚九陌塵白簡夢廻霄漢遠青山吟老鬢毛新東風海上西園轉依舊鶯花送酒頻

舊業堂集卷之二終

舊業堂集卷之三

吳陵凌儒真卿甫著　同郡劉弘學醇伯甫選
姪孫凌榮祖彥先甫訂

詩七言律二百三十二首

咏八月九日夜月

碧天秋爽淨烟霏千里清光照鎖闈太液池邊蟾欲滿廣寒宮裏兎應肥溶溶水鑑涼初起點點星毬靜不飛努力兒曹知戰勝晚潮看載一船歸

過山亭

三日臨淮偶未過辟疆春色欲如何寶珠亭下荼花少綠蕚山前梅子多海氣蒼茫孤島嶼林光掩映萬松蘿悅心最是虹飛處風靜池塘水不波

西園睡起獨坐呈劉子厚

長日亭亭欲午天閒雲片片小山前沙明鳥篆千廻轉槐落蟲絲一丈懸滄海自應尋法侶丹丘何用訪神仙半床袒跣松風臥未夢羲皇更窅然

同奎老諸君過南莊因遊寺中暮雨作

十里迢遙到化城謀生還欲學無生山前繫纜雲初

起樹裏尋僧鳥不驚一笛晩風偏脱俗半蓑春雨最
關情狂雷無賴催歸與頭上轟轟早有聲

午日友人邀飲

早擬江頭看泛舟病來高枕仲宣樓新懽忽枉東鄰
召舊約空期上客遊九辯有人酬楚節獨惺何處弔
湘流庭陰覆坐堪沈飲欲折榴花作酒籌

冬夜西園酌子厚諸君

懶慢高陽舊酒徒結交狂客日呼盧坐中清論酬今
古世上浮名任有無燭盡香殘人自醉霜飛木落歲
將徂相看又是梅花發莫令疎林月色孤

奉和元日後坡同紹容對雪試筆

瑶花侵座故沾衣不是漫空柳絮飛欵索草堂新歲
句直凌烏府舊霜威何妨玉帳駝紅暈自愛青山擁
翠微老興蘇端眞不淺洞庭春宴幾時歸

謝君實攜酒過西園

孤峰高與泰山齊石蹬盤廻十二梯滄海暮雲人獨
眺玉壺春酒客長攜林鶯恰恰歌聲應湖草青青醉
眼迷繾綣百年佳讌日牡丹花放郡城西

西園邀林孝廉諸君賞花

庭下花開歲舉觴風流今日勝尋常清尊猶帶山人
氣紅袖爭爲國士粧臨鑑波光搖劍珮隔籬松韻奏
笙簧曲江躍馬他年事踏遍春城十里香

苦雨

風雨蕭蕭正暮春積陰傷麥苦愁人乾坤有恨懷千
古歲月無情寄一身鞭石回天推郡伯叫閽瞻日泣
波臣何時直指來題牘爲布甘霖七井新

初冬邀客東遊

日上樓船曉霧開淮流十里抱城廻月塘水落漁人
浦天目峰高鹿女臺荏苒年華將老去蕭條寒色送
愁來客懷雅在形骸外滿飲鸕鷀到百杯

其二

虚白堂前日未斜客來槐蔭滿庭遮好詩坐上應難
就薄酒橋邊儘可賒莫以閒心悲世事自將衰鬢惜
年華抱琴獨恨南歸早目斷飛鴻天一涯

題鶴亭手卷和韻

蒼藤七尺日枝梧大隱何妨入市塗水月已從方外

侶鶯花還作酒中徒長貧司馬猶能賦高臥元龍不受呼搓草春深應滿地相期寧用訪蓬壺

輓此菴先生詩

剛腸羞作兒女啼登堂懷德重含悽清風一往故山北明月還懸舊徑西塵榻蕭蕭孤劍在曉鶯寂寂暮蟬嘶不堪仲蔚盤桓地三尺蓬蒿舊路迷

醉後和蘇後坡韻

百甕先將五斗嘗老狂客過少年狂霜毛面帶臙脂色星眼神搖琥珀光杖底挑錢桃竹徤池邊割錦墨花香看君遺落人間事洗我憂時一段腸

西園與王明陽丁任甫閒坐

花邊蛺蝶柳邊鶯海蛤江魚續舊盟坐對好山看不厭飲逢佳客醉難醒留人明月披雲出驅暑清風傍竹生共向浮生論得失一盃眞勝百年名

夏日西園有友枉顧愧不及留

崇臺一曲抱晴川雨後看山色自鮮黃雀風高應扇暑紅榴花滿欲燃天客來問字慚書簏人去探囊覓酒錢曾似風流前輩好水晶盤具便開筵

十三月雪中留幼度諸君夜坐

節候年來不可知梅花開早雪花遲晴香臘月全浮樹積素春風半上枝雨濕不宜燈市日天寒正是酒家時殘更細酌留深坐笑對瑤華喜氣滋

首夏西園雨中感落花

風雨飄零四月花玉臺紅錦裂輕霞啄殘不待窺園鳥踏碎非關入室騶看去人情渾似妬覺來天道未應嗟辟彊春色爭流轉回首依然滿麗華

正月三日雨中作

春來底事雨連綿我欲乘槎上闕天三日江城思見日十年水國欲逢年青鶴不廢佳辰酒寶篆長燒永夜烟敢恨老夫扶杖滑喜流膏澤到龍田

侍御姜公閱操

霜飛白簡重臺端閱武江城春正闌細雨洗兵鯨海靖暖風吹角柳營寒豺狼幾路廻驄馬鸛鶴孤山識鐵冠聞說激揚先鼐烟花市裏萬人歡

讀王弇州雜刻

一代鉛華滿耳香卷中佳句見清狂才高本欲凌鷃

鵲箑徒猶堪咏鳳凰入世從來生睥睨山川隨處有輝光吳中自古饒詞賦獨步應兼二陸長

立春後一日即事

非關躭酒學迂辛雀啄寒梅落已頻春色隨看一刻減世情爭得百年新無私花鳥閒成伴不妬詩書老結隣衡泌優游身徙在逢人且諱舊臺臣

正月三日晚登一覽臺

高閣凌空四望遥振衣獨上近青霄雲飛北闕風初定日落西山雪未消明滅暮烟縈遍野縱橫寒鳥集疎條懽當令節人人醉自笑梅花興也饒

正月三日西園大風

不待春來風已顛殘雲亂起小山前赤團日氣雲全掃青薄林聲樹半眠柳眼嗅殘渾欲醉梅粧噓遍更成妍飄搖總是陽回候莫道封姨解妬年

西園晚步

冲融日脚四天開抱碧紅光一帶廻七尺短筇將我去滿山明月為誰來影搖雙樹寒棲鵲香拂重簷冷嗅梅乘興憑高還遠眺海門東下是蓬萊

拜老母壽

白髮青氈拜舞低安親更作老萊啼香傳春甕邠人蟻美薦朝厨茅氏雞未報寸心天罔極且呼百歲岳爭齊團圞佳慶蘭蓀滿霄路還看文第蹄

感懷

門掩寒流事總虛翟家冠蓋日全無驚心節序歸長往刺眼交情付短吁恩斷驪珠淵客泣愛成燕石宋人愚春風琴酒西湖曲避世嵇康且自娛

過登仙橋晚題

仙真輕舉信耶非父老都傳此地飛青壁不留回日路白雲猶似去時衣蜿蜒楚水龍長臥悵望緱山鶴未歸題柱登關懷駟馬少因搖筆駐斜暉

壽竹翁八十詩

却杖堂前八十翁鐵冠霜髮氣還雄彩衣進酒千年綠銀燭開筵五夜紅舊德盡收天路裏閒心都歷歲華中翟公門下人俱老半似當年半不同

鳳凰墩

威鳳曾棲江上州一堆空見古高丘碧梧樹老枝還

長玉液池平水自流繚繞經聲連峻閣滄茫海色接
危樓昌期五百當今日早晚重來此地遊

羅浮山在郡治之北相傳爲僞吳張士誠故壘

浮山滄海自蓬萊誰爲分移此一坏岸草有靈波不
没渚花無恙鳥頻來空潭月出魚龍臥舊里風生虎
豹哀一葉年年秋水上滄浪幾曲棹歌回

南莊擬邀諸公一春未暇書此道懷

別墅江邊春滿林馳驅市上廢招尋烟含綠樹空啼
鳥日照青囊獨抱琴浪擲眞成三月夢佳遊虛負百

年心馬蹄踏碎紅塵隔佇目芳叢一院深

對月懷友

袒跣空庭看月明四山無復片雲生乾坤萬里中天
色湖海千年此夜情日落不逢騏驥哭人和猶覩鳳
凰鳴南樓正有庾公興誰與登臨對一杯

西園登臺東眺

長松高閣倚青霄彷彿蓬萊弄玉簫紫氣東昇滄海
日白波西落廣陵潮樓臺照耀金銀湧島嶼參差烟
霧饒老惜人間骨難換漫從雲水自逍遥

過西園有感

嬾慢眞非狎世人東風自領故園春青山樓閣湖邊
好綠水池塘雪後新鳥下獨憐經几杖雲來未許染
衣巾知音冢落孤琴廢只傍漁舠理釣綸

暮春感懷

幾陣輕雷散積陰著頭雨點不成霖烟開柳色濃于
染風送花香爽欲侵天地忽收江海濕樓臺旋動古
今吟行看落日澄湖色好惜傷春一段心

誕日召客

日暖風晴簇小筵南山遥對草堂前杯拈鸚鵡傳仙
液香熱麒麟裊瑞烟倚席籬花寒馥馥捲簾霜月淨
娟娟百年上客清樽宴強飲罏頭一醉眠

冬至後開述

山廓冬晴寒氣輕初陽動處覺春生花枝冉冉紅窺
塢梅蕊星星玉綴屏時序等閒青眼轉乾坤容易白
頭成塵緣謝却同心在日日空林聽鳥聲

花燭詩贈顧小侯所建

良緣天合事非常花似佳人玉似郎月照寢樓春入

菱雲開粧閣曉焚香禰衡只解題鸚鵡司馬猶能賦鳳凰衡霍勛名誇閥閱早投雙燕慰高堂

十月朔日西園賦

起看曙色思徬徨庭院紛紛落木黃蓄酒床頭辦留客移花齋內避沾霜寒塘不作芙蓉夢殘草還尋薜荔香短景又將催歲盡鼎中何藥駐年芳

春日同澄之維新飲懷慎內兄宅

看山每到白雲深花落春殘一醉心老去訂盟尋谷口興來招隱憶山陰古槐覆院清留戶鳴鶴窺人響過林愛客總戎全脫俗不妨袒跣縱狂吟

王文泉學博有贈席上倚韻奉酬

霜毰浙浙散春温鳴鐸聲高動遠村太雅文章全入彀東風桃李半盈門獨憐冷澹山中味共沐昇平天上恩一醉習池饒笑語澄波明月雨無痕

西園代東奎老用李于鱗韻

幾日炎蒸不見君清風芳沼惜離羣吟邊杖履空蒼蘚望處樓臺漫白雲浮世人情疑寡合小湖秋色欲平分銷憂多暇期王粲短劄頻煩使者聞

荒園邀竹翁小坐

垂柳池邊白鳥過清風亭下送雲和奕殘倚仗閒聽鶴酒半凭闌笑卷荷塵事漸於浮世遠賞心偏向故人多月明歸路芙蓉滿何處滄浪發棹歌

仲秋作東幼安

浮生無計挽廻波蕭瑟池塘八月過白鴈海天飛到少清砧江郭聽來多露華空自滋蒲柳風色偏能老芰荷荏苒秋光看又半一尊山閣慰蹉跎

沈園晚坐

虛亭聳並太山椒司馬當年興亦饒丙閣層巒孤削壁手栽嘉樹上干霄鳳毛日絢庭前色蘭氣時廻海上飈霄霧月明風竹響依稀猶似玉人簫

、早春西園為奎老拂塵

無奈鄉心戀舊何琴書歸向小山阿浮榮自信簪纓薄春色應知杖履多白髮青天呼月飲滄江短棹扣舷歌風塵洗後過從數日日初衣掛薜蘿

候幼度園棊抵暮不至

酒冷香銷白晝閒棊枰寂寂對愁顏美人何處尋芳

賀游父母公得薦一首

投閒長想白雲峰借寇還應叩九重清比胡威行處見寬如黃霸曠時逢當官自笑鷹鸇志媚俗羞爲桃李容更喜風流巡省暇習池騎馬日過從

謝譚侯見吾禱雨有應二首

延頸南圖江上天客雲將雨鳳城前千頭並洒花間濕百道分飛樹杪泉榆莢一春愁寂寂梅林幾路喜翩翩知君不學欒巴術借得商霖潤九川

其二

等閒枯壤荷君休汪濊堪銷萬戶愁改火一朝纔報夏分秧四月已占秋山前蟄戶殷雷奮郭裏高齋新水流造物何功歸牧伯待晴雙鹿夾轅遊

荒吟

千里緘書問故人雙魚何事滯江濱歲華別後全非舊交態看來半是新丹鼎藥成應耐老青毡道在莫嫌貧門墻不獨侯芭在句裏閒情可重陳

西園眺望有感東幼安

世事難論借酒酬醉來扶策看晴嵐春花雲路羞尋草春色無端負好山新水一泓遲日落孤雲幾片恭禽還空園叢桂堪招隱攜手東風莫厭攀

和詠瘦馬

騰驤曾說五花驄此日顛奇骨擁峰風警有懷垂涕淚月明無力顧形蹤錦障水滿從誰渡苜蓿花開空自濃老去壯心渾不死草長猶待好春逢

看新筍

亭畔山南竹幾竿森森叢發小龍蟠籜含勁節梢方破籬護虛心挿自安鳳下層霄新旭曉鶴眠深塢早

霜寒將君十尺爲扶老歲歲樓臺月裏看

晨起微雨

江上纔看一日晴陰雲又覆海陵城青春都自枕中過白髮紛從鏡裏生杖履尋幽空訂約鶯花沾濕重含情何人爲向東皇道粧束遊車上巳行

秋莊睡後偶述

新涼高枕白雲團燕雀無聲午夢安雨過石潭龍正臥風廻天漢鶴初盤橋帆日帶楓江色篋匣秋侵玉露寒未試黃金頭已白閒心猶把道書看

徑秋草霜林暮結庵泗水入邦流海曲吳山開楚對江南朝紳滿眼風塵色靜裡玄言好恣談

冬宵對客論倭警因懷伊亭

不向窓前惜鬓毛還從島外問弓刀客愁銷借清尊倒世事談令明月高肅肅寒城嚴夜警悠悠滄海傲吾曹交懽欲盡蔬盤興絕調猶思白雪操

冬雨後過山亭柬伊亭一首

北風吹雨曉來殘新霽孤山倚杖看冷石一團雲尚濕懸崖千仞展初乾潭源水濶臥龍穩木落林疎棲鳥寒悵望江天城闕盡閉門何處覓袁安

春杪登臺候鄭丈不至

望入燕城十萬家歌筵處處醉烟花林光墮地春將老海色涵山日正華卻立懸崖蒼磴穩俯臨長檻碧天斜鹿門不見龐公杖雲脚空飛玉碾茶

題望海樓三首

百尺樓高睥睨前吳陵形勝似當年東溟下見滄波盡北斗遥瞻紫極懸江上圖山青不斷門前邗水碧相連拱文地接雲霄近應有神龍奮九天

其二

巍然崇搆傍層臺雄鎮東南王氣開泰岳一峰當檻落河流千里抱城來倚天寒色看歐劍盤地高標識楚材最是登臨宜作賦操觚終乏馬卿才

其三

海色蒼茫見十洲乾坤此地一登樓邗溝水落清流合天目峯來紫氣浮寺逼何妨龍虎會臺高應得鳳凰遊憑闌不獨覘形勝瀠瀁澄江好狎鷗

題壽圖

東帛升堂拜母時翩翩仙子下瑤池分甘自笑桃三顆獻頌遥將酒一卮翔並青鸞雲路遠舞同丹鶴歲華遲不須結伴雙成去好共慈闈日茹芝

鳳洲公柩回予一病不能吊再詩挽之

輿櫬君歸我病時死生歧路不勝悲王程已戒燕山道使節空傳遼水期三徑竹留人獨坐五樓書滿俗相疑庭前蕙草依然長不向春風應向誰

其二

對酒探玄亦有年禪機曾許法門先無生淨界那期

早脫障紅塵肯受憐知我獨超淪落外論心不復笑談前舍悽尚有人寰累辭去應歸幾洞天

其三

交游風誼自髫年論長惟爭一日先抱璞共君同不售埋珠單我獨堪憐高談雄辨清風裏綠酒紅燈白髮前幾度登堂渾寂寞傷心放淚夕陽天

二月九日邀眞定校士行次涿州

旌旆高捲塞雲開颭颭春風涿鹿來八郡英雄爭入彀百年陶冶媿非才孤城日落星軺疾古驛更寒畫

角哀回首長安剛百里幾番歸夢到西臺

次眞定喜接涵野公因報以同臺總督之薦

庭院森沉戶自開好風為送月明來攤衾忽訝淮南叟傾蓋偏逢洛下才拈筆句成山鬼泣扣弦聲動野猿哀知君素有封侯志況復威名重栢臺

恭遇　聖駕親詣山陵喜是日午晴時寓定州閱卷

羽騎森森擁六軍金輿丹旆度山陰昇平兩歲園陵夢悵望三春雨露心龍去猶看雲氣濕鳳來偏得日華臨遙瞻馳道塵消處扈蹕無因思轉深

三月定州公署偶述

古堞齊雲對栢臺巍然平入望中來鐸聲遠近門關肅樹影高低烟霧開階下草青春有色天邊鴈杳信難裁茂陵多病無人問擁膝長吟祇自哀

和韻

百里烟雲臥海涯日憑詩酒度年華輪蹄市上原非侶風月山前別是家躡履多緣明世喜扣門還為旅人嗟揮毫我欲成佳句自媿江淹筆有花

和雙泉諸君題徐氏樓子菊

老圃秋光久破籬風前奇萼見應稀傳來天上疑無種開向人間信有機一斗肯容彭澤醉五車定解碧山圍顧題錦字求青女莫散銀花滿露幃

重修望梅樓成和袁堉應舉韻四首

畫檻朱欄百尺雄巃嵸平地拔高空霞蒸西嶽暮山紫霧捲東溟曉日紅春雨流膏牽水荇秋風翻錦墜江楓天開形勝興豪傑煉石何裨造化功

其二

干霄樓接楚天雄一望滄溟萬里空蜃市龍烟迷島
黑龍宮含日漾波紅依依蔭合門前柳瑟瑟聲搖江
上楓覽勝憑高思無限開先還說大夫功

其三

傍郭當門小洞開拱文佳麗即蓬萊青雲已見應期
起明月還看乘興來採藥千年曾泛海觀濤八月正
登臺廣川舊有玄虛賦高詠眞稱玉壻才

其四

危堞層軒一代開鼎新今復闢蒿萊鵬搏遠向滄溟

去鳳至遙從丹穴來白璧故宜稱趙寶黃金何用築
燕臺懸知王氣東南合名世紛紛起儁才

冬夜席上聽妓歌二首

閒情偶憶晉風流喚得新聲滿宅樓禮法暫寬吾放
達鉛華聊借客綢繆花濃屏內芙蓉掩酒盡罇前鸚
鵡愁自愛清歌堪悅耳不妨多費錦纏頭

其二

不將清賞醉秦娥聲色其如絕代何勝錦桃花含日
少轉枝黃鳥弄春多何辭歡闋銷銀燭自許詩成驕
綺羅坐客慇懃他日約角巾攜手小山過

喜再舉子

蓬弧又見華門懸何幸添丁在暮年敢道雙珠生老
蚌定知羣玉種藍田凋零第宅中霄起冷落弓裘繼
世傳從此閒愁消百種日開尊酒醉江天

壽竹翁黃長兄六十詩五首

六十初逢嶽降辰鶯花正滿郡城春四朝天上歸來
客萬卷床頭老去人霄路尚看黃鵠舉烟波且對白
鷗親石交投分江顏日再拜尊前髮總銀

其二

錦席乘春閬苑開賦題鸚鵡客還來江藩風節千年
色海國文章一代才起草鍾山郎署在投簪南斗使
車回吳陵萬樹紅香滿飄落君家壽酒盃

其三

南極南山入望高地靈天象對人豪一城喜氣來珠
履二月晴光照錦袍漉酒柴桑多種秫謫星金馬幾
偷桃百年攜手風流遠湖海何人獨我曹

其四

蘭珮霞裾雪鬢香，里中初杖護廷郎。江花早映雙鳧色，海岱今垂列宿光。雲護石潭龍暫臥，日臨丹閣鳳高翔。醍醐共醉笙歌歇，雅調平吟春晝長。

其五

弱冠科名早美君，馮唐老去播清芬。八千洞裏椿爲壽，六十人間鶴不羣。修竹蟠龍生細竹，白雲垂練接青雲。携提花下年年醉，蘭氣薰人日夕聞。

贈崇川范君

楚璞還須待價沽，遨遊聊欲叢川途。名山到處尋詩好，老眼經時得士無。扣笙聲非鳴玉似，蝶蝶形豈大鵬如。衰遲笑我甘頭白，擊劍燈前看爾呼。

小園即事兼送范君

楓落江城霜葉稀，暮烟墟里楚雲低。黃花對酒孤亭上，白鶴依人古寺西。月照松林山犬吠，風鳴葦岸水禽啼。倦遊淮海東歸客，歲晚依依惜解携。

賀丁若岡七十

舞衣初試小春天，紫氣東來接壽筵。綠酒臨風金笋錯，黃花零露翠裾鮮。曙樓靜聽雞鳴早，雲路遙看鶚薦先。最是六街奔走日，烏紗白髮看神仙。

西園盖茅屋成

銅柱曾期漢界標，閒園今葺數椽茅。匝溪燈火連花徑，擁樹雲烟護鳥巢。寺近霜風朝聽梵，山深寒雨夜鳴鐃。一經窓下兒能讀，舊業何妨老去拋。

謝文泉王學博穀日招飲

廣文張館簇春筵，駘蕩春風薄海天。香繞畫屏烟裊裊，暖烘苔逕草芊芊。梨園盡日高談歇，栢葉分宵雅令傳。歸路一川明月滿，清光還似對君前。

自述

偃蹇迷途二十年，江湖有分得歸田。囊空十口身爲累，性懶平生衆所捐。放浪形骸天地小，棲遲畎畝姓名全。還將餘歲酬微尚，高閉柴門學草玄。

宿鎮江城隍廟晨起

一宿玄宮境外幽，虛堂午夜月光浮。山鐘杳藹碧雲際，漏鼓喧闐紫殿頭。曉色總憑林鳥報，江聲長傍旅人愁。六街依舊乘驄地，回首風塵二十秋。

對山

隔江千里見闔山愛此幽人不閉關倚杖雲來蒼靄接開軒日上翠屏環巖深洞好盧敖臥壁峭巔宜謝眺攀安得壺公來縮地依然移注月塘灣

贈韓醫國西臺

懸壺市上貯瓊漿南斗波流七井香百卷葛洪方獨異一針郭玉技偏長參花作蜜爭相啖松葉成醪許共嘗欲贈宋清空券在慇懃聊爾句爲將

近莊邀西臺諸君小飲用前韻

城南乳酒玉爲漿愛客沽來滿甕香紫蕨獨燒桑火短白魚雙掛網絲長生涯百畝開精討世味千般老備嘗此日放歌須一醉片帆分手又相將

病目懷幼安

鬓毛零落眼模糊山色遙看似有無花塢幾宵春夢杳命宮三日酒星孤却憐塵世埋荆璧翻恠波光照鏡湖青白看人懷阮籍一尊還向竹林沽

歲晚雨中辱道尊招飲

古寺溪邊列管絃使君高會雨連天氷霜並帶隨車澤江海全銷遠戍烟覔草蕙生山北郭看花梅在水南田梨園一曲歸來後尚憶罏頭酒似泉

喜春晴

朝曦帶雪映吳城望裏搖光素彩生九陌香輪迎細草孤山藜杖問新鶯芳含白玉梅花冷色弄黃金柳葉輕莫恨惱人風雨惡年年春日半陰晴

早春懷澄之丈

山亭寂寂曉陰陰咫尺懷人萬里心風雨正堪恭客過壺觴不向酒徒尋鶯啼谷口琴書靜雲擁柴桑里巷深若道郊晴方策杖春光拋擲幾千金

春陰懷南莊

早擬春遊過月塘風雲繚繞積陰長錦囊不貯江山秀白髮空生湖海狂草色芳郊千頃緑梨花別墅幾枝香晴川蕩漾何時好一片輕帆帶夕陽

暮春雨中西園對酒

杖履新亭日日過遣愁時借莫愁歌春歸不厭壺觴滿花落偏逢風雨多江上歲華空老大山中生事易蹉跎一犂早辨城南畢對客依然醉緑蘿

獨出南郊歸途作

寂寥江上暮春遊竟日緣堤看水流老去獨憑孤杖
健閒來不挂一絲愁驛樓天際遥如點山寺波間漾
若浮為笑五湖塵外客年年散髮弄扁舟

和王元美紅梅吐蕚之作

幽姿同冒歲寒霜為染東風獨擅揚瑤島月明流絳
縧玉臺春色醉紅粧客遊吳下驚心早詩過淮南引
興狂欲寄相思無別曲山陽笛裏舊西羌

其二

芳容耀日性含霜品列寒花第幾塲梁苑霏霙仍瘦
影蜀江拖錦獨濃粧香生夢裏春先醉點入吟邊句
更狂我欲臨風橫短笛隔江何處聽吹羌

其三

洗盡玄冬五夜霜冶容淨入少年塲橫搖醉態非關
酒細點脂痕不用粧海上干將人已老江南鸚鵡客
猶狂難將嘯咏酬清世雄畧還看早破羌

小園期龔公祖枉集

辟疆三畝枕巖阿函檻遥分泗水多地接霜林朝梵
響山連墟里暮烟和城頭明月臨丹竈池上清風拂

綠蘿小隊何時來小徑一彎聊和白雲歌

謝龔公祖惠教新刻

漫將巴曲引瑤篇白雪繽紛落九天江上芙蓉渾不
染匣中琬琰最堪憐兩淮經畧三山動七澤文章一
代傳我亦苦吟慙調短臨風空對伯牙絃

夢中得句枕上續成口號

太液池邊金粟黄年年片斧伐吳剛一枝含氣生瓊
宇三種題名上玉堂遥趂天風飛旖旎飽經秋露發
芬芳（夢中句）雲梯爭躡人多少折得歸來是二郎

雨中過北門友人奎老不至賦此柬之

帶雨尋盟興亦豪衝泥不惜短筇勞棋枰星布臨溪
靜酒旆風搖隔岸高浮世逢人成白眼締交當席問
綈袍醉來笑拂腰間佩猶自霜飛一寶刀

壽潘内丈六十詩

博帶褒衣雅稱身太平江海一閒人不將名字聞清
世獨向鶯花占好春傲俗寰中青眼轉論交門下白
頭新登筵笑問如相許嬌客年年作上賓

頫風中懷澄之維新二丈、

底事封姨怒未休號呼日夜萬楊頭擁門落葉寒無色護野陰雲亂不收暑去空持文質扇愛來好上仲宣樓白頭聚會何妨數轉眼黃花又送秋

曉望

海日初升宿霧開樓臺隱約見蓬萊雲蒸五色山前出樹破千林水上來點地露多棲勁草到門風自掃陳荄曉涼正好閒人臥近水瑒邊杖幾囘

杪秋十四夜喜月皎甚因懷筆山吳學博

碧天如洗淨纖塵出海氷輪自古今蟾滿欲圓瞻兎盡簾疎無碍到床深盈盈墮地寒浮水歷歷棲烏影在林此際相思隔談笑清光猶喜照君心

奎老授職初歸過飲荒園時值午日天且雨

天上歸來捧檄新翩翩丰采照江濱山靈欲向衣冠笑沙鳥還容几杖親風雨佳辰邀楚客乾坤終古吊湘臣悲懽併屬浮生事一醉何愁兩鬢銀

夏雨王磐石諸公携酒小園時有別約

積雨當筵苦濕蒸清風驅暑過山亭晴光照客憂成喜爽氣宜人醉欲醒瓏竹含烟長裊裊石池分水細泠泠壺觴不盡邀遊興更看羅浮一項青

雨中歸自新莊因懷樂老

烟郭沈陰黯未開滿天愁色北門來管寧海上身空老庾信江南賦可哀日晚人稀江市路山閒鳥下石池臺乘風谷口揚帆便知愛幽眠喚不囘

餞儲兩生枉顧南莊

城南烟水似滄浪細雨囘風度月塘有客高懷來笑語無人閒處問行藏井梧覆院垂陰靜河柳沿堤落影長照地不勞雙白馬角巾丘壑倍輝光

再疊前韻期其再過

輕橈乘興泛滄浪未晚歸帆下柳塘東海雲行龍乍起南山霧繞豹深藏郊原自愛秧將徧風雨偏令酒不長舉網白魚新水滿好携明月醉池光

五月久雨俄見新月時禾苗渰没過半

江郭連陰日日愁晚看新月碧湖頭疎星暫伴輪全仄濁霧旋遮影半流縱減炎蒸終苦水未逢搖落已悲秋塵凡安得神仙術絕粒餐霞臥一丘

西園睡起偶述

疎簾高枕草堂西午夢初醒亂鳥啼院靜風迴知市遠樹高雲接覺天低雙松歷歲蒼虬古萬竹干霄紫鳳齊蹊外桃花潭水滿世人應恠武陵迷

夏雨移秧

霄雨聲聲伏枕鳴一犁晨督故山耕短秧新水分田早乳鴨廻波逗浦輕海上清時諜歲事人間白眼看勳名秋登酒熟香秔滿取醉何勞問步兵

元日雨中賦

閭里方惟元旦春霏微寒雨及佳辰纔添草木回陽色更洗乾坤隔歲塵詩酒百年逢盛世鶯花三月屬閒人青皇早放川原霽山閣廻看面面新

磐石丈留飲戲呈奎泉

戎府秋高偶一過追懽無奈故人何白頭樹下簪花短清興尊前對月多向夕一枰敲膽破臨風三斗染顏酡相逢豈用頻防面金石論交誼不磨

苦雨

纔見秋光兩月晴惱人風雨又江城清朝黯黯山前色長夜蕭蕭枕上聲柏府幾年明滯獄天河八月洗罷兵叫闘登為途窮哭鹵海蛟螭市里行

喜雪期劉子厚王德仲過西園

一白占年望眼開祥風今日海門來老憑耕作供千畝閒借謳吟瀉百盃醉裏江山看不盡畫中樓閣思難裁風流雅慕梁園事倒屣懽迎作賦才

閏八月望前一夕客席散後獨坐對月

酒罷棋殘夜色浮滿山明月又中秋重瞻白兎光逾皎更倒清樽人不留萬井初寒多臥閣百年孤興獨登樓擣衣遠近砧聲起何似蕭然客潤州

雨後承張南淮儲幼安枉顧新莊

雲山不斷路漫漫雨後蒹葭四月寒臨水客來移艇遠當風人立怯衣單交游海內百年在意氣尊前五斗寬青雀更期他日舫好從江上弄漁竿

對竹

夢斷嬋娟老懶生蕭蕭無那隔窓鳴蟠龍細籜瓌江宇棲鳳高枝跨海城開徑清風懷蔣翊夾池佳句媿陰鏗扶疎自笑春容澹終古堅貞保令名

贈皐尹禱天有應

川原不隔頌聲來鞭石回天動九垓葵韻午槐當案起酒香秋社向山開郡齋獨許清風過公事都憑好句裁媿我蓬蒿深處隱知賢無路達霜臺

其二

東來萬口説循良百拜登壇禮上蒼誅蜈卽看收宿雨迎龍旋獲覩驕陽五株門外春花滿雙舄城邊秋穀香眼見廉明堪怙恃不須青史羙龔黄

和韻贈金師席

淮陰共載孝廉船對酒高吟秋水篇萬里河流滄海

接片帆春曉碧空連楚材已見珠明夜越雋還看鏘倚天賓館不同門下客高談應長陸雲玄

秋日王磐石携酒北莊因呈楊廣文

何處能來激楚歌總戎開席向巖阿乾坤合放閒人醉山水寧嫌好客過空谷笙鏞鷩里閈疎林燈火耀松蘿草玄況有楊雄在占得秋光分外多

南莊同樂老諸君夜歸

江上烟波不禁人高秋乘興放舟頻望中雲樹青峰合勢外交遊白首新霜露自憐侵竹杖風塵何意傍紗巾半嚲落日歸來晚一點孤燈照水濱

春雨日辱近翁橋梓携酒相餉兼及内人

蓬蒿門掩楚天長客有移尊過草堂海上餘寒春翦韭雨中清興夜飛觴駝蹄山壓金盤薦鷄舌烟燒石鼎香況是韋賢同燕喜廻波沾酒徧恩光

孟春晦前雨後留戴維新宿時戴將北行

疎燈啜茗夜闌時徐穉連床豁所思春色消磨江郭雨客懷勾引草堂詩閒心懶問人間事僻性應逢物外知不醉小槽新壓酒短長亭畔悔應遲

偶述

十二因緣總未除那能蓬鬓不蕭疎古今已作終宵夢天地還成一宿廬白浪看人爭競渡青林待我獨逃虚關門令尹何從識滅跡先藏薄板車

友人邀至沈園開酌更有所期

客子招尋過草堂命宫今日酒星光傾壺色淨清風滿落子聲高白晝長湖海無人生睥睨乾坤有地著疎狂明朝北郭乘春去東道懸知倒屣忙

枯樹寒鴉

森沉寒樹集昏鴉雲冷疎枝墨未遮隱隱林稍千點小蕭蕭風外數株斜霜毛欲借峪陽色凍眼思窺上苑花暫止不隨籠鳥繫羣飛自啄海邊沙

過西園

不惜青鞋海上遊春光多在郡西頭水聲遠郭長橋接黛色連雲小閣浮萬里風烟雙過鳥百年天地一登樓人寰何處非容我獨伴詩書老故丘

小園絳桃盛開同禹翁岳丈暨懷竹諸兄小坐

把酒臨風興不窮絳桃花放滿園紅霞綃一片看難盡雲錦千重畫未工喜氣總緣佳客別賞心還與衆人同盤桓更愛孤芳好偃蓋青青澗底松

過懷宇丈對局

雨陰日日熟梅秋雨後林光黯不收去怯杖前蒼徑滑病憎衣上濕雲流散愁車過層軒敞決勝枰開小洞幽何意主人頻敗北一尊重約習池遊

其二

清世間人一局棋草堂僮僕鎮相隨浮名不掛青山色好客還生白玉姿歌動香飄爐氣遠算多枰落子聲遲忘年懽笑蔬盤外長日淹留暑不知

夏日留客

小排朱夏續餘懽送酒南鄰十斗寬赤日照盤空苜蓿清風飄席滿琅玕百年意氣爭看劍五月炎蒸欲卸冠安得金盂深貯水白龍皮散一堂寒

十三日雨雪中飲劉中橋宅上

點點紅梅春雨香六街車馬爲燈忙臺池獨映蓮花色烟火還生明月光捲地風雲飛亂雪拂天簫鼓動清觴閒門㨂取良宵醉縱犯金吾也不妨

對雪

隨風旋舞上欄干片片疎簾帶笑看瘦骨正宜新鶴氅閒心還憶舊漁竿爐頭酒熟香初暖坐上詩成筆未寒百里豈無僵卧在何人車馬問袁安

山園幼曦幼度攜酒過集

名園不厭客頻過斗酒還攜馬伏波雜樹鳥聲啼宛轉平臺石勢立嵯峨臨風欲學花前舞見月思成醉後歌高誼平生推二仲綢繆猶覺歲寒多

和擒賊詩

指揮幕下出神兵不戰奇功計自成嚴警霄中魚鳥陣凱歌江上鼓鞞聲行春小隊懽生色報德豐碑老著名佇看玉墀親授鉞劒鋒遙拂塞塵清

題避塵館

避喧長傍小岩阿車馬從教里巷多一味自甘閒是計萬緣都識妄爲魔風簾晝靜罏香細花塢春明樽酒多我欲山前分半席老狂高咏紫芝歌

寒夜與儲十二輩小坐

擁罏相對草堂幽話到人間事事愁客裏黑貂逢季裘尊前縞帶見王褒驅車半是窮途哭秉燭全非永夜遊笑負杜康還一醉共邀山月過南樓

冬日枉近翁諸老及任甫幼度小坐

梅花纔放小山阿折柬相邀少長過紫氣帶來藜杖滿青雲還傍角巾多攻文席上逢開府破虜燈前見伏波業在行藏須及早人間歲月易蹉跎

喜晴過西園再柬唐別駕

雨色冥冥破曉烟舉杯江上問青天應憐河決經三載詎使花開空一年虛閣捲簾看霽日曲池倚杖聽

鳴泉頻過莫厭山厨瘦細筝新茶勝玳筵

夜坐有懷因寄鄭東泉

明河清淺照江皐爽氣空庭薄紵袍雲淨新秋淮野濶星疎深夜楚天高兩朝臺寺名猶在十載江湖夢亦勞老向山人問眞訣欲求大藥伐吾毛

西園新啓南扉

城南佳麗望中收水遶長淮入徑流玉閣青霞朝日擁碧湖芳草暮烟浮落花一片春將晩啼鳥數聲山更幽攬勝詠茅寧獨樂祇應未許俗人遊

壽幽翁李姨丈夫婦七十步韻

歌鐘餘月動寒鄉偕老筵開客滿堂松偃霜枝依竹祖梅傳春信報花王瓊漿久潄瑶臺侶彩服長趨青瑣郎爭美芙蓉元並蔕百年同醉紫霞觴

偶同客登玉皇閣

瑞雲香霧繞珠庭高閣開凭萬柳青短杖石壇過福地疎簾玉座禮神明益州未花沙邊鶴太史還占海上星興盡棋殘歸路暝山花寂寂水泠泠

久雨約劉鳳阿李春園相過

雲暗吳城鎖積陰郊原空負踏青心江花含態愁將老岸柳攢眉恨不禁何處晴光金可買誰家春色酒堪尋孤山好客還應到新水成渠總未深

寄丁少鶴鄉丈

飛鳧早向越中知跨鶴令看獨立時腰下何曾纏朽貫人間每自播新詩月鳴久擅青田價霄舉遙憐白雪姿顧盼深情難可報秋江雙鯉寄相思

俚句辱竹翁相和復此答之

照眼冰壺日對君驚人險句復空羣波翻碧浪鳴千壑色映瑶天護五雲郎署勳名才獨擅漢廷詞賦價

全分鼓琴莫道知音少流水高山失第聞

夏日過南莊

鶯花市里競春杯隴麥逢秋別墅開繞室仙風天目近隔江山色海陵來烟含榆柳清留戶日照蓬蒿鬱滿臺去此爲誰開釣艇一竿垂地長莓苔

夏日對花遙賦

洪碧池前花滿臺參差猶向望中開懶呼扶老看將去笑遣奚奴折得來赤日到門書總廢清風當戶句還裁閒庭漫興微吟起白鳥雙雙下綠槐

夏日小樓讀李于鱗白雪樓刻

燕寢凭虛也自幽午天長日片雲浮入窓塵外清風閣一卷寰中白雪樓丰骨曼隨東嶽立波瀾廻向大江流高才陵替堪成嘯宇宙鴻名總爲收

登一覽臺懷澄之鄭丈

高眺危樓倚白雲青天搔首問離羣西來山色乎岡見東去潮聲薄海聞露下霏微蘭氣合風前咫尺鴈行分層樓剩有盤桓地細爇爐香日待君

近翁和韻過望小兒隨年奉謝

桂枝曾接子猷攀三十年來擬再還明月艮宵通好夢清風佳句破愁顏蠶池作繭當三起豹管窺文得一斑顧盼敢忘轅下惠成名歸拜法筵間

夜雨早凉期友人一坐

一雨虛堂夜爽生陰雲朝起護前楹凉颸萬井回炎海清夢三更到赤城簾捲烟光看去薄衫含秋氣着來輕殷勤莫負佳辰約酒在尊罍棋在枰

過南莊

數椽疎豁月塘灣乘興來尋半日閒湖落暮江沙帶碧霞生秋樹錦成斑園圃宅蔭陶潛柳面面窗開謝眺山安得此中長煉藥帳前雙鶴見丹還

送杜漸川之任南昌因寄萬思默

宦跡因君憶舊遊豫章樓閣似瀛洲湖南高士方清望海上閒人已白頭辛苦十年名省佐炎蒸五月大江流微官籍有提携在極目松蘿喜氣浮

過西園

杖履秋晴到草堂殘荷猶泛一池香籬花識主還應語山犬迎人故欲狂亭轉竹陰林日淨閣連湖色海天長行行獨立風前笑蕎蔬丹舵照眼黃

省斂

萬木蕭森別業邊晚秋覩稼到南田馬迎山色掀征蓋棹轉蘆花沒釣船層漢風高黃鵠舉晴江波靜白鷗眠囊中檢點防來客沽酒剛餘阮氏錢

盛夏去南壩新莊與東橋偕往途中作

帆下長河七里灣青天不動白雲閒中霄日赤郊墟淨高樹風清鸛鶴還潮入壩南通楚水屏開江北見吳山相逢正値平生契一路軒渠破苦顏

對蠟梅

倚杖看梅江郭清日蒸山氣晴香生萬英細綴枝非弱一葉不留花更清喜對嶺毛飛雪色愁聞羌笛出林聲風流亦有羅浮客月冷霜寒夢未成

歲暮西園對客

馳驅不似世人忙挈客冬遊過草堂千里河山寒映月一園蒼翠靜飛霜探梅共問春何在對局從知日漸長水遶溪深歸路黑隔橋殘雪帶林光

春日辱徐太學渭野招飲

公子風流愛客過筵開畫閣景偏多月明如水臨朱箔春色隨烟上綠蘿別院徑寬容駐馬高門日落待揮戈梁園况是羣才會吾老何妨倚醉歌

沈園同後蘇戴諸公對局晚歸

烟薄風微霽日生中春一月一朝晴閒庭鳥下迎人喜別院花開隔竹明沽酒媿無東道主彈棋幸有北山盟相逢共笑出門去空爾慇勤惜別情

陪郡父母飲有作

錦筵初泛紫霞杯一郡循良擁蓋來海上臥龍隨雨
起飛頭浮蟻及春開碧雲搖曳歌聲繞珠斗蒼茫劍
氣廻潦倒却慚賓從末醉中猶自諱霜臺

寄敷翁詩伯

斗南虹氣劍川開血汗神駒海上來白雪人傳三謝
句青雲庭鏡兩處材滕王閣近連淮水楊子江空望
楚臺早晚法門官裏過百篇搔首待刪裁

其二

日照芙蓉霧眼開五湖秋水豫章來從今淮海無名

筆自古山林有大材濟代總歸新皂蓋識途空老舊
烏臺清芬進揖曾遊地千里緘書句漫裁

萬曆二載中秋同澄之維新作

開筵對月中秋夜四十年來笑語親圓魄徧懸愁樂
地清光長照古今人壯心如昨忽俱老舊好逾時翻
更新安得海濱逢樂歲優游湖上共垂綸

近翁招飲唐雲翁別駕不至詩以促之

作客西隣月滿天娥將袁齒壓瓊筵不逢笑共梅花
語空使香焚寶鴨烟誼重朱陳人已老交深管鮑世
應傳忘形久拜高風下底事良宵負酒泉

王近翁惠棣棠花奉答

刺史名園棣萼新數莖移插到西隣翩翻忽動連枝
咏荒落俄添二月春色借祥花金掌露香分瑞葉玉
堦塵他時上客來催賞五馬雙旛舊主人

謝竹窓先生詩

九折芳名海上香無勞問姓識韓康神功舉指憑雙
眼春色隨節載一囊藥會補天蹄華扁酒能中聖到
羲皇銜恩不獨孫枝感濟世因君願總償

送王紫源父母陞任安慶

班馬朱纓紫玉珂離亭尊酒對悲歌名收白簡羅才
盡政佐清風入頌多天柱有峯飛羽蓋海陵無月照
烟蘿皖城一泒長江水流作邗溝去後波

見邸報論高寶河防時堤完善雨

長堤築後來風雨人事難回天怒號青草日埋江岸
短白波時捲雪山高漁陽空覩盈疇麥淮海翻驚四
月濤珍重河防周柱史更題板築兩崖操

秋日同友人往沈氏莊居

望望蒹葭秋水深漫遊不似少年心持觴話盡田家
苦倚棹聽殘漁父吟此日伏龍成懶慢當年司馬悵
招尋片帆歸路看新月露濕輕衫風雨襟

同杜君實東行晚歸

孤帆歲暮泛江津不惜霜華兩鬢侵山氣拖雲橫曳
練水光浮日碎搖金相憐病後論交久自笑生前慮
事深無酒可供河上醉疎星明月夜歸心

賀雉皐太尹祈禱有應

百里懽騰擁雉皐神明茂宰為民勞陰陽縱閉三時

苦天地平成五稼高化洽自生芹藻色政和應覩鳳
凰毛白頭扶杖瞻鄰壤欲向餘波濡一毫

寄謝華明經連泉

交情生死海如深尺素聊緘一片心搦管當年期化
玉披裘此日見辭金鳳凰臺迥江流遠薜荔園空霜
月侵懷德思君倍惆悵白門寒色正蕭森

正月三日雨酌座中時有八客

傳柑滿座客飛觴風雨年年舊草堂燭帶夜光花倍
爛酒沾春氣甕逾香締交自可輕寒暑混俗何須問
短長待霽郭南開別墅扁舟乘月咏滄浪

謝懷慎丈留飲

太平江海剩閒心攜手逢君感興深款曲每開花下
宴風流長發醉中吟堅珉慨擬荊山璞良産空懷越
地金為語春殘尋樂者鬢毛全被曉霜侵

送奎老分教江浦

劍氣衝星老未銷冷官初拜近重霄青芹碧水春飛
雨明月空江夜聽潮一代聲華推重地千年禮樂翊
清朝獨憐得句知音少觴咏何人慰寂寥

西園晚穫

撲面湖光風色輕高原閒倚碧雲生插天獨立青巒
戞背日雙飛白鳥明清世應無江漢夢浮生還有歲
時情月明墟里人烟少蘆荻蕭蕭戍鼓聲

人日邀鄭澄之諸君觀春二首

芳郊緑仗簇花新雲擁勾芒到海濱天上正逢開霽
日人間同領太平春樓臺色映千門曉士女香飄九
陌塵東道短筵誰是主綈袍蓬鬢舊臺臣

其二

剪勝縷金處處新最靈辰喜宴江濱半天寒日留殘臘五夜温風送好春浮世有人惟白眼香街何地不紅塵漢宮此際開長樂歌舞千年祝遠臣

冬夜携室人過岳翁宅即事感懷

重門深院不聞更到枕寒鷄三兩聲海日未生東閣曉風燈猶照北窗明酒闌與盡懽初合衾冷香銷夢不成還喜十年投珮後同車依舊過蕪城

仲冬十二日阻氷維揚

計日安流速去程無端覊思滯蕪城霜飛永夜千林肅凍合長河十里平勝里烟花聊寄興故園風竹重

含情陽和好射蛟氷斷早送歸帆月下行

留竹亭張翁小飲

偕老盟成燕喜開翩然仲蔚草堂來五絲不用全憑卜雙璧何須別選才爐氣氤氳人自醉歌聲繚繞向還裁賽帷遠送霜天月列炬干霄見上台

冬夜順泉張丈招飲芳園賦此以謝

勝里名園壓辟疆崇山疊壘樹蒼蒼庭空覽盡中天月閣煖銷殘永夜霜青瑣夢回雙闕曙白雲身臥萬花香憑陵一眺風塵外未醉華筵興已狂

山莊六首

雜遝囂塵騁馬中何如溪上一帆風百年浮世元如寄萬刼勞生總是空水暖鴨頭翻藻綠江晴魚眼射波紅早春贍有湖山興翠黛青瀾看未窮

其二

盡日春衫藹漾中輕寒猶怯夕陽風霜皐遊弋深藏渚野鶴盤雲半入空新水一篙萍葉綠疎林幾樹槿花紅孤帆推遍天南北不向人間泣路窮

其三

荏苒年華六十中嗤愁江草又春風久知塵世千般累且對雲窗一隙空白髮難將仙液黑赭顏易借市沽紅幾回欲傍天台老迢遞雲深去路窮

其四

金縷初黃二月中暝烟飛散柳塘風杖藜自笑耆藤健對酒惟愁鸚鵡空羅綺晴嬌春水綠詩篇夜剪燭花紅百年老眼長途路獨笑疎狂阮籍窮

其五

駘蕩乾坤百歲中若耶溪上舊春風亭亭茂水新漪長落落疎林宿鳥空進日滿山嵐氣紫芳郊二月草茅紅白雲天際入千里岐路東西望眼窮

其六

浮生計就五湖中瞬息歸帆半日風四野雪消春水長滿船月上蕪江空霜飛掩映梨園白霞散參差杏塢紅詩思芳郊千萬狀錦囊收拾未應窮

艤舟廣陵王將軍邀飲未晚別去

秋光不為隱淪銷問水尋山興轉豪已買百年瀛海

棹還觀八月大江濤芳筵對客風流滿落日懷人俠氣高乘夜放舟明月去淒淒白露點征袍

寓郝園

園開三里傍芙蓉不在烟花市里中湖海清時來郢客乾坤閒處醉山翁一庭寒色梧桐老百里秋聲蟋蟀同漫倚壺觴懷地主笑談曾此面春風

郝園漫賦

邗藩南下此長河乘興高秋掛席過地接霜林天謳近路連客館使星多蜀岡山色浮青靄揚子潮聲湧白波不遣西風吹旅鬓滿園蒼翠日婆娑

去郝園

宦遊曾此醉岩阿懷舊猶思桄薜蘿三日主人還未識百年浪跡亦空過垂簷樹密清風少倚檻花殘亂石多避地漫攜孤劍去好山深處任狂歌

借居卞園未果

悮疑車馬訪沈淪金石何人不易心漫道稽康從俗懶也知顏闔臥雲深燕關楚塞猶同舍明月清風只隔林半面靈山曾識我好聽秋夜白頭吟

寓泰園

為憐筠館傍山清忘却譙樓接郡城五夜鼓聲鳴不歇一床蟲響夢難成乾坤何處容歌嘯塵世無人問姓名風雨通宵更愁絕曉看霜雪滿頭生

寓文樓園

窈窕林深不染塵辟疆高臥白綸巾羊蹄草碧驚心舊龍爪花紅入眼新地闢名山留勝蹟天開[illegible]景待閒人客遊不必悲秋晚握手論交處處春

懷歸

海上依然一畝宮數竿修竹引清風旅遊無地容棲鶴歸思何緣欲借鴻彈鋏肯干公子貴題詩應任老夫雄幽棲自是臨淮好龍劒西風馬首東

定居

漫遊不帶買山錢偶欲移家水石邊登愛花明猶錦里惟憐鶴喚似青田五湖客對孤舟月三月人懷一井烟自採囊中惟短句笑留空券作履纏

偶感

江鄉正憶蟹初肥旅食邗城幾日歸梧葉風高天目墜葦花秋老月塘飛故園物色逢時好浮世人情到處非此去盤桓從所欲南山豐草北山薇

讀南華

鄉思縈廻一水分客堂終日見流雲長松覆院生孤色好鳥投林下幾羣涼氣霏微山閣入雨聲蕭颯夜窗聞閒中漫讀莊生語物外逍遥正似君

苦雨

夜雨連綿曉不休聲聲滴入客眉頭授衣未辦霜前冷穫稻應添水後愁八月秋光空過閏千山詩興久妨遊蒼藤何日扶新霽題徧蕪城十二樓

舟行遇雨

長河風雨夜蕭蕭涼思孤舟攪黑貂驚枕數聲秋夢短打蓬千點客愁饒雲棲遠樹寒孤鳥水長平津沒小橋安得陽烏高萬丈滿江晴色送歸潮

舟行遇雨懷宇文限韻陽字

不鞭陰石欲鞭陽落落歸舟客路長兩岸樹聲風歷亂一江秋色雨微茫夜床朋舊何人在晚歲馳驅底事忙坐惜壯心成白首幾回青鏡卜行藏

將到吳陵先遣歸報

五兩風回細浪平雙飛仙鵲指吳城丹楓楚岸驚秋老白日岡山送午晴喜氣懸知簷鵲報好音先付塞鴻征閒愁盡遣頻沽酒滿篋搜詩對友生

懷鴈

朔鴈常年此日過汀洲寂寂思如何稻粱豈識淮南少羅網應防海上多悵望孤雲江漢影遲回落木洞庭波南來早送關山信香閣人停月下梭

晚步

容膝行廻曲徑盤亦分明月到闌干清留瘦杖生秋徤爽入輕衫起暮寒白髮日於浮世遠青天夜向小齋寬還携孤興邀諸少蘋蓼江頭理釣竿

近翁有詩謝送江魚爰和來韻

白髮滄江欲暮天西臺猶憶舊時燕夢中久失江淹筆湖上同歸范蠡船老佩吳鈎還自哂醉吟巴曲豈堪傳留連不厭頻來客最是孤山風月仙

懷西園期樂軒鄭丈

咫尺山谿阻嘯歌虛亭長日綠陰多門開芳草鳥還下池滿清風客未過雲起藥爐封几杖月臨書幌伴藤蘿相看更有虹橋約一片香泉浸芰荷

又東幼安

買田洲上傍羅山一葉隨風自往還塔影孤懸江國路潮聲深落海門關黃魚紫蕨秋應熟濁酒新詩日正閒地僻無勞車馬過獨栽叢桂待君攀

題新城古墻

峻塔巍然一木東擧頭塵世半天中紫霞東海長迎曉白鶴西山遠下空地自何年開勝蹟人於此弖振

高風月明露白清秋夜滿酌孤吟興不窮

北郭看田一首

東風一棹下江天夾岸飄颻酒旆懸市舶瀕河人磑磑漁歌向午鼓闐闐清時滷海棲岩谷白首青山種石田浮世榮名我何有憑棋爲日酒爲年

雨中對羅浮

塔下新城四水環中央突兀小羅山洲隨芳草年年長鳥共孤雲日日還塵世人多雙眼在滄浪客自一身閒冥冥暮雨烟波夕隔岸籃輿邈未攀

對芍藥期韓伴松

紅藥初開曜景長暖烘花氣逼人香鶯窺芳艷啼先老蝶趂輕風舞倍狂時去尚留春色在身閒還爲俗緣忙年年辜負清尊賞此日期君入醉鄉

十三日夜獨坐

六街今夜試燈初邑里蕭條只晏如山郭未昏鳴禁鼓市塵何處逐遊車樓臺暗鎖歌鐘歇羅綺空嬌舞閣虛獨有江城明月好清光還照案頭書

十五夜邀友人小坐

依然湖海兩綈袍把酒相看月色高千里昔時皆駿足百年今日總霜毛青萍醉欲當筵舞白雪狂多對客操佳節不妨隨俗賞擁門烟火集兒曹

十八日觀張中軍牡丹屏風燈

市罷還張白下燈畫屏國色欲傾城丹葩爛放霞橫捲翠葉輕搖風乍生寒箔不鈎飛紫燕春山待雨聽黃鶯淹留未盡東君興漏鼓催人轉二更

陳如岡中丞北上過荒園賦此贈別

三徑春深長綠苔青雲忽擁白雲開雀銜片片梅花

去人踏重重山翠來江海烟波容釣叟風塵岐路識題才孤帆明日天邊客夜夜思君望上台

小軒閒對

別業營成處處幽翛然境逼萬峰秋隔簾臥見庭中樹扶杖行看水上鷗竹葉獨憐彭澤醉桃花不羨武陵遊人間多少尋眞地何事蓬萊十二樓

舊業堂集卷之三終

舊業堂集卷之四

吳陵凌儒眞卿甫著　同邑劉希周思燕甫選

曾孫凌國靖建中甫訂

詩七言律二百二十八首

春雨連綿憶西園

何處春開錦繡場海邊風雨日林塘梅粧洗遍渾成白柳帶吹殘半欲黃杖屨看山空自老壺觴邀月共誰狂晴光若許遊人買買盡黃金也不妨

讀劉道長封事

春江閒伴白鷗眠偶讀遼陽疏一篇國是欲明黃閣下天恩還賜紫宸前片帆川上清風滿匹馬城頭皎日懸十載疎狂霄夢斷對君猶自淚潸然

夏日西園對雨

颩沓涼生五月秋送梅黃雨過山頭冥冥樹黯林中色脉脉池通檻外流書潤一床楊子宅塵銷百尺庾公樓淋漓喜足分秧水不住還添漂麥愁

答崇川曹于野公遣令器遺以佳刻佳織

雙魚遙見故人情寂寞孤山喜氣生照眼百篇秋水

色發函千縷錦江明鶴巢海上松華老鳳起庭前雲路輕攬勝東來霜降後滄波定訪白鷗盟

送吳學博還臨川

彭蠡清風短棹過倦遊歸與向巖阿去偕苜蓿盤前客來放滄浪江上歌秋色園林朱橘好春流杖屨玉泉多懸知子弟掘趍暇遙對芙蓉醉綠蘿

賤誕辱袁壻邀飲詩以謝之

短袍白幘戴堯天草木山中又一年時以採薇呼石友日因沽酒檢囊錢身閒不問人間事行徙還疑地上仙歲歲慇懃煩玉壻錦筵紅燭瀉新泉

張龍門遠訪賦此奉寄

半畝宮開雲水中山人孤興落淮東帆檣百里客初到風雨一天秋正中司馬自憐遊宦倦虞卿何事著青窮樊櫳不及沽杯酒悵望江樓明月空

再挽磐石

向平婚嫁初完日長嘯仙遊歸洞天覆水不收眞偶爾落花無語竟悽然死綏壠上同荆杞斷織堂中共几筵總爲終天傷子壻白頭淚盡寢門前

挽士登蔣大叅

安邊無命答新恩千里河流送旅魂交道已傷今日盡師模猶仰昔年尊百城斧鉞留南服三輔旌旗在北門耳聽江鄉身後論殘脊衫袖濕啼痕

謝幼度誕日招飲

德星高並壽星光錦席初開五世堂畫檻朱簾寒不捲玉缸春酒美堪嘗宗花壓盡江城盛蘿蔓牽將海日長談笑滿筵諸少客獨叅垂白一疎狂

久雪喜晴和從坡韻

幾番淅瀝引詩狂曉霽尤憐積素光清逼日華搓筆冷暖烘風色上衣香玉壺殘雪開江閣鐵杖先春過野塘乘興不妨沽酒盡市橋還典紫羅囊

登山東鄭澄之

片石凝華凍未消冒寒扶杖過虹橋新移雙柘平臨頂亂揷孤峰半在腰泗水西環江郭近蓬壺東接海天遙蹣攀筋力君猶健步履時過醉一瓢

過袁件子再束

齋居咫尺小山阿客裏花前日放歌文似楊雄甞寂

寔涯逢袁紹魁蹉跎枊邊校獵雙鵰落林下尋師二
虎過爲借高才兼絕技老懷聞向少年多

秋日對客

愁劇凭高且放歌錦林黃葉滿烟蘿詩成不負秋山
好客到何妨市酒多風竹搖青疎可對霜松含翠老
堪摩人生底事空勞瘁一去無情江上波

薄意奉奎老甪以口號

窮達無心一任天詩懷酒興過年年給錢歲倚蘇司
業聯句時攀李謫仙短髮數莖還自染長軀七尺更

誰憐也知安石東山日意氣相隨有阿玄

雪霽早登山懷澄之丈

映天晴雪照江城望裏朝烟片片明帶凍成花留樹
久隨風飛絮點衣輕千林淡日光逾淨一徑寒山爽
自生逢想如雲封谷口高眠此際夢魂清

晚齋獨坐

悵望寒山空翠屏江城風色晚冥冥呼盧暫廢千場
戲劇蠹聊酬半日醒鬓着開愁渾是白眼逢薄俗不
成青黃昏佇立無來客指點梅花香在瓶

再題古塔

高標十丈揷青天住世長留塔影懸鈴鐸無聞僧語
少艣航不斷市聲闐星分七井開雄鎮雲臥孤洲買
瘠田最喜結茅棲止近水光山色共年年

同諸客賞牡丹

妖姿雅稱百花王獨擅風流第一場侭映醉容春酒
滿日烘香氣午烟長閒情不作巫山夢好句還傳御
苑芳題筆忻逢諸少在臨觴一往老夫狂

首夏朔日東子厚

青陽律轉是朱明已見荷錢水面生海日當空槐蔭
薄池風入院柳花輕人閒自取千場醉鶯老猶聞百
囀聲寄語東鄰劉越石天長虛閣好談兵

山亭秋夜同紉度任甫子厚對月

懶慢山中一事無獨憐秋色日携壺扶笻絕壁星堪
摘對酒青天月可呼排漢薄雲紛吐葉點荷香露細
垂珠庾公雅興南樓後千載風流好屬吾

七月九日池上召客有二客不至賦此嘲之

臨山把酒醉新秋蓮浦無風香自浮笑問青天月何

在喜看滄海客長留上方隔水時聞梵絕壁侵雲暮倚樓却惟高飛雙白鶴不棲珠樹欲何求

早春鎮江陳隆石枉顧西園賦此贈別

臨淮有客訪幽棲細草春山長木齋寶瑟遠遊滄海上角巾相對小湖西片帆風雨成來往一路烟花入品題他日過從秋色裏滿江明月共君攜

首夏薄攜過袁仲子

顧盼誰能雙眼青一杯山館慰飄零坐談交態氷生席行傍花陰月在庭喜遇晝長還夜短恐看人醉獨

吾醒泥蟠歲久天飛近雷雨潛虬起北溟

西園與查老對酒

滿山紅紫鬬芳菲對景開尊蛤巳肥人老但知身退是興豪寧恤酒狂非烏來對客當堦下花落隨風隔院飛相送柴門更定後月明堪伴杖藜歸

雨後山亭晚坐

細竹高松接翠屏百年今日對孤亭湖光久受山雲白草色初經江雨青忙向風塵何日了醉從人世幾時醒欲彈流水間中調只恐魚龍靜夜聽

暮春雨中西園對酒

杖履新亭日日過遣愁時借莫愁歌春歸不厭壺觴滿花落偏逢風雨多江上歲華空老大山中生事易蹉跎一犂早辦城南畢對客依然醉綠蘿

新正二日邀錢商卿諸君小坐

懽笑初開第一筵春風依舊草堂前金樽滿酌正元酒銀燭高燒子夜烟獨倚締交銷老景相期買卜問豐年里中今夕聊成聚不必星官奏九天

暮雨中與李惺邁園門惜別

悵望平園十畝寬清言開對楚江干雲含客雨千林暁風動疎枝獨鳥寒蕭寺北來山寂寂蜀岡西去水漫漫買舟又指金陵路明月相思兩地看

送李惺邁歸金陵

鍾陵雲樹望中明酌酒送君南浦行千里東歸悤孺子一身孤劍識先生白門潮落寒江小采石烟開曉日晴攜手何時傍山閣春風二月早聞鶯

別李惺邁歸金陵後一日作

更定霜空聞鴈聲月明今夜照蕪城解鞍落日沙邊

宿挂席長風江上行六代衣冠傷故壘九天宮殿夢神京重來已訂臨淮約坐看春湖新水生

歲殘時雨分曆

山城雨洗六街塵送舊還迎歲月新帶濕數聲雲鴈曉銜寒幾點塢梅春黃金未熟鑪中火華髮爭垂領上銀玉曆頒恩分滿里太平同作帝堯民

歲盡憶梅花即事柬劉子厚

塢裏寒梅紛破英相期對酒話平生馳驅又了一年債慷慨空懷萬古情領髮漸非丰骨在人心不改歲

時更小山回首春無限還與鶯花踐舊盟

晚過灣頭望州城之作

南北馳驅空自忙逢人不欲說行藏鶯花夢杳孤懷黯桑梓愁深兩鬓蒼風順鼓聲來岸遠日斜帆影落河長東歸好取春園醉簾燕雙飛問字堂

月下書懷

嬋娟皎皎白于霜緩步中庭漏鼓長數九天如三月暖就衰人似少年狂青藜到處乾坤小彩筆題時山水忙清世林中多少樂採薇何用姓名香

新秋園上與子厚諸君晚坐

晚涼虛閣坐從容隔竹遙聞寺裏鐘溝水一泓拖似練雲山幾片削如峰驚心蟋蟀吟秋早醉眼芙蕖綴露濃咫尺人間仙侶滿何須天路復相逢

初冬客舟中厚文樓昆仲攜酌爲鈔關阻遊

邗城孤興寄扁舟聯璧攜尊江上遊當徑有花人未採出關無路月空留清霜欲傍蒹葭落短燭還催鸚鵡浮送別官亭更漏靜玉簫遙聽在青樓

初冬陳后泉招飲高園時聞邊報

傍竹筵開江上亭小春重得對山靈日斜偏映千林碧霜落猶看萬樹青湖海久淹人易老烟花長醉客難醒疆圉欲靖收名將雷雨潛虬起北溟

初冬日晚放舟還泰

役畢東還挽夜航同行有月伴淒涼江空倒映一天碧日落斜飛千樹黃秉燭舉觴淮酒美爇香開卷杜詩狂馳驅歲暮成何事歸臥城西舊草堂

冬日西園邀凌二洲邑宰小飲

習池佳勝傍巖阿山簡風流不厭過滿地寒花萋露

草一天明月掛烟蘿雲籠旭日鳳凰起霜擊高空鷹
隼多欲從䏌陽就君住水清時得濯纓歌

挽朱見湖令尹

謾辭塵世作仙遊咫尺憑虛到十洲萬事總於今日
了百年眞是此生浮門前流水空添淚隴上停雲暗
結愁欲傍蒹葭訪踪跡湖邊飛盡舊時鷗

又挽

珠沈璧毀惜高才百里悲風海上來鳧舃不飛雙翼
冷玉琴空在七絃哀淒涼素幔霜侵戶掩映丹旌月

上臺　聖代循良堪入傳他年太史爲君裁

寄常熟沈星吾大尹

江南江北幾重山茂宰神明不可攀流水有聲官舍
靜落花無語訟庭閒五雲天上看鳧去千載人間見
鳳還從此台垣沛霖雨細分膏澤到柴關

誕日自述

犬馬虛過又一年當筵稽首對堯天斑衣歲獻堂前
酒白髮春耕海上田招隱共扶攀桂杖好遊長畜買
山錢青山未了詩書債短日催人理舊編

誕日西園速客

臨淮歌舞映長庚杖履雲從見客情歌遏彩雲飛不
散舞迴銀燭煖初生孤松曉秀南山色一水寒流北
海聲正是新亭落成日欲將扁額乞嘉名

贈王文泉學博兼懷乃兄九難年丈

邗溝疎柳夾河流綠鷁雙飛曉霧收官拜新恩滄海
去人懷舊侶曲江遊春風鶴立桃花塢明月鴻歸芳
草洲相對夜床休戀別洪都山斗倚旄頭

西園登臺東望

長松高閣倚青霄彷彿蓬萊弄玉簫紫氣東昇滄海
日白波西落廣陵潮樓臺滉漾金銀湧島嶼參差烟
霧饒老惜人間骨難換漫從雲水自逍遙

韓伴松邀飲時大雨生凉喜而賦謝

對酒松陰日未斜龍鱗香散半天花水泉長伴神仙
座風雨俄來杜史家滉漾瓶開姑射露廉纖標舉赤
城霞還丹疑得韓康訣七十相將鬓始華

謝良醫徐小洲

臥病滄江舊業堂迎醫海上遇長桑囊中盡貯仙人

草壺裏多盧玉女櫱煉藥不求匂漏令舉針能用華
佗方感君厚誼投詩贈泉水應添一倍香

送張順田還揚州

興盡山陰夜返舟片心隨水逐君流扶搖空有孤生
在笑語何能十日留氷雪共憐殘臘別烟花重約好
春遊黃金散盡還應聚莫遺閒愁早白頭

至後與劉子厚夜話

疎燈子夜獨堪親細雨清言對故人啜粥氣蒸銀盌
滿飲茶香泛玉甌新一番世事尊前盡幾點寒更漏
下頻此日微陽葭管動東風回首草堂春

西園避客讀老子

客來照話到人間借得清言暫討閒風暖有時行鶴
徑雲深無路扣柴關新松峻嶺培三尺流水孤城抱
一灣讀罷五千文欲倦自斟春酒破愁顏

初搆田廬辱知親枉賀

不惜經營海上勞數椽臨水繫漁舠摩天鶴老巢珠
樹行雨龍開卧碧濤山落北窓江勢湧塔懸東閣日
華高何當賀厦賓筵頌丹穴長生五色毛

冬月邀譚太守

錦筵紅燭草堂開白馬朱轓照地來威鳳下儀黃霸
政神羊高拔漢廷材霜天月午槎初泊海水春銷歲
欲回獨愧主人情未劇貪聞經濟數停杯

九月望日西園宴客

蕭瑟城西秋色偏凭軒共醉沆瀣天山開場圃清時
稼日照壺觴上客筵馴鵲繞林閒渡水垂楊拖地靜
含烟移尊幾處權方洽庭院無風月正圓

花前擧楊文學輩

草堂尊酒殿殘春朝對粧臺花氣新總爲風來長學
舞不緣雨過暫含顰酡顏偏媚雲霄客雅思還親江
海人一攬鉛華應盡興何須更踏軟紅塵

元旦有作

曉沐彈冠對鏡時滿頭添得髮如絲已知歲曆今朝
換尚討春光五日遲客到試嘗新上酒花開且看向
南枝心期逐節酬高咏彩筆先題元旦詩

西園與子厚幼名任甫懽飲

風鳴萬樹作秋聲坐對西湖一片明酒映花光香共

烈衣沾荷氣味偏清談諧絕似東方朔禮法難拘阮步兵總是山中舊知己相逢不用話平生

春日西園候程齋諸君子

春光駘蕩滿江城楊柳風狂過午輕幾種籬花猶辨色數聲山鳥不知名逢人自愛清尊倒傍我何妨白髮生却惟鴟夷湖上棹遲回烟水待功成

臘月望前一夜與君仁子厚對酒

寒宵客至促飛觴殘臘無多秉燭忙江郭更籌催漏箭草堂明月帶清霜嫌將美服招人指笑取新詩換酒嘗回首西園春事動又陪花鳥競年光

和劉子厚春城晚眺韻

芳菲欲盡覺春還閉戶空令杖履閒遠覽可能窺物外勝遊偏欲出人間花隨流水經雙壑鳥帶歸雲落半山痛飲傷春衫袖濕酒痕不管淚痕斑

秋晚過西園閒眺

萬樹蕭森古寺西振衣臺榭獨攀躋東林砧杵秋風急西嶺雲霞落日低徹盖不驚山鳥下憑欄還許水禽啼盈場粳稻多宜酒歲晚朋簪日日攜往來看移秧

三里唐灣蕩小舟短蒲新水獨遨遊江聲曉聽山前櫓海色晴看塔下樓市井何妨行處隘乾坤真覺此生浮看雲倚杖銷長日不為人間十口憂

季冬朔日大雪

江城蜡月散瑤華臘氣含春滿萬家旋舞黃昏入簾幕厚鋪清曉映窗紗種成瀛海田田玉開徧寒林樹樹花不獨孤吟堪對酒風流還煮建溪茶

西園書懷因赴儲幼度席

孤城落日對寒花惆悵西風思未涯白髮漸添塵世

事青雲猶隔野人家不堪砧杵催秋老漫有詩篇答歲華最喜東鄰新酒熟一瓢今得醉侯芭

十月朔日登臺奉呈王近老

危樓朝倚碧天寬曾眼流光過鳥看秋爽早收千里淨冬晴初散萬家懽長風吹鬢蒼藤健短日依人白紵寒山水泠泠七絃在相逢不惜為君彈

初夏西園戲邀奎老

招隱無人與未窮自攀叢桂小山中盈庭苔綠多因

雨滿院花飛不待風妨俗敢辭呼是馬諱名何意夢非熊開亭欲捲疎簾爽易敵還邀避世翁

冬月久雨懷西園

妒人天不遣山晴歲莫時時風雨鳴柳帶正垂蜂骨瘦梅花空夢月魂清寒添五尺門前水濕壓三旬海上城郎使登臨將繼日先期已曠負平生

暑中辱南淮先生枉顧西園

避俗柴門向水開清風忽枉故人來看山不用安期杖對竹聊傾袁紹盃歸路何妨微雨滑去程惟畏暝鐘催衣冠老去稱耆舊桃李曾收三省材

舊業堂集　卷之四　十六

和袁仲子春城晚眺韻

當年題柱笑吾曾此日林泉興獨乘抛卷自甘空谷臥振衣時借好山登楚江細雨成邦水蜀地平岡接海陵望裏川原堪一醉欲傾鸚鵡恐難勝

沈君仁以尊堂壽日邀飲

愛日頻飛壽母觴春風入戶綺羅香昔稱司馬三公第今作孤鸞百歲堂庭花盡是仙人草甕酒多疑玉女漿燕喜不辭深夜醉梨園引興發清狂

新竹苦風

淺土蟠根力不禁狂風挾雨鎮相尋猗猗影亂鈞翻鳥摵摵聲高葉墜林響徹石床僧夢斷動連山閣客愁深東園桃李花無語應笑孤吟亦苦心

南莊曉對期樂軒丈

面對蓬萊徑不斜到門初月樹全遮雲來小洞石林氣香度輕裾稉稻花野色淒清秋可掬交遊疎濶老堪嗟南山一醉佳期在倚杖河橋望小車

夜坐有懷因寄鄭東泉

明河清淺照江皋爽氣空庭薄紵袍雲淨新秋淮野濶星疎深夜楚天高兩朝臺寺名猶在十載江湖夢亦勞老向山人問真訣有無大藥代吾毛

舊業堂集　卷之四　十七

漫興

高齋東下鶴城隈窈窕林深晝不開霜落小松龍木起日臨修竹鳳還來孤標塵外閒投老往事燈前重惜才短榻在縣香在室春明猶欲臥蒿萊

臘月舟行晨起見雪

長河一夜放歸船瑞葉平明飛滿天野寺沈沈開賭

披郝爐潢潢見朝烟曉迷山徑人踪滅寒逼蓬窓公臥堅正喜西園侮戔樹破香合笑竹籬前

初九苦寒晩坐懷李老

至後新寒晩薄膚添綿欲向酒家胡囊空笑拂床頭杖灰冷怅噓竈下爐中聖百年心賞在爭雄一夜手談孤滿庭霜月明如晝四顧應無隣可呼

唐龍渠習靜泰山

高山遥望一重重顛閡今來第幾峰窈窕林深無櫪馬崢嶸地勝有蟠龍朝登絶壁青雲遠曉揭晴窓紫

氣封君去人寰纔咫尺翻疑天上杳難從

迎春先一日小雨期李老對局

江城細雨洒春前漠漠烟雲點點天來許陽和回白屋已看膏澤過青田西山莫負池邊杖東道須開海上筵老去何心問人世枯棊三百白年年

山房自述

滄海清府只漫過角巾相對小岩阿天憐花事輕陰散鳥悦山光好語多白髮何孤閒歲月綠尊不負舊烟蘿東風故有吟邊約日暮松聲起細哦

晩歸自郭外登樓寓目

紺宇纖埃淨不流暮烟墟里望中收晴嵐絶巘孤城繞夕鳥平林萬樹投天送爽風蘇病骨月臨高閣動歌喉憑虛回首金陵近遥見文昌映斗牛

壽張母八十詩

翠幌金翹十二樓青鸞雕輦降瑶洲櫂聲競逐簫聲起喜氣遥連婺氣浮玉樹光生庭下彩紫芝香動郡中謳班聯子壻長春祝更住人間八百秋

對幼安談里中著姓有感

空山寒色重飄零尊酒逢君醉不醒伏櫪非時悲駿足冲霄有日美修翎人中自許寸心赤世上誰憐雙眼青共惜洪支盡彫落西園賣到翠微亭

夢龍渠有感

依然尊酒笑談親寒夜青燈入夢頻岐路幽明三歲隔世情凉燠幾番新巨卿不負生前好到溉何孤没後貧欲語深心重含淚田園今盡屬他人

登樓見積雪

積素城頭凍未銷憑高望入海天遥樓臺半帶吳山

色凋壑平添楚水潮扶策欲穿方朔屐探詩何俟郢
公橋紅塵壓盡千林爽不醉壺觴興也饒

冬日過劉平湖

籃輿郭外訪幽人近市深居不染塵當戶好山迴夕
照遶門流水對寒津枕書獨臥庭前雪投轄頻開甕
底春我有橋中孤興在無緣縮地結爲隣

酬周兩橋用韻

草堂雲臥拂衣人短褐山中卸六塵老向醉鄉尋樂
地閒從文海問通津清朝搖珮應無夢寒谷吹灰自
有春開閤敢當門下客願將詩句作比隣

同儲幼安諸友小坐因期賀幼度生辰

邀儺歲晚客還來文采翩翩鄴下才對燭呼盧香篆
裊過橋沽酒草堂開窮物態悲難合老去年華喜
復廻猶幸百錢囊底在錦筵堪獻紫霞杯

蜡月九日殘雪在山同奎老諸君過王磐石

積素蒹遮海上城江天日落暮寒生含香冷伴梅花
笑流影清添月色明遠訪自攜沽酒賞勝遊同結看
山盟淹留地主情何厚夜半猶聞落子聲

冬日登樓眺望

壁立危樓四望中晴雲縹緲碧天空鍾山王氣千年
合環海仙槎萬里通寒色遮陰殘雪白暗香堂背早
梅紅凭虛半醉清狂發倚劍長謠老更雄

寒夜留幼度幼名任甫小坐

陰森寒色動茅堂客到盤殘醉一觴攢火滿爐屏半
掩圍棊三局酒初香歲荒供給山中少誼合提攜海
上長回首分宵歸路黯數聲清漏入微茫

冬霽曉過西園眺望

雪後新晴朝日曛寒光殘氣忽平分陽和傍曉霜全
霽春色臨風酒半醺楚甸歲前沽帝澤漢宮天上擁
卿雲最憐萬樹蕭疎候香蔦梅花獨不羣

却雪有感漫筆

三白還驚亂雪飛瑞多翻使賞心違愁來獨倚年華
好老去那堪世事非何處天高開霽色幾時臘盡斂
寒威吟窗忽送梅風入知是春從歲底歸

雪中喜戴劉二丈見枉

醒手銜寒二妙來華門忻向雪中開蕭騷不帶人間

新甕潑堪言海上才酒盡呼茶凭几坐局終扶杖望
山回新晴更擬登臨去萬樹簷邊一覽臺

歲底連陰戲呈奎泉丈

寒城歲暮積陰連暝色沈沈白晝前登姤高懷淹好
景似催短鬢换新年枰開竹葉長春地雪照梅花不
夜天底事幽人負清賞擁衾江上抱愁眠

晨起見雪因呈王近翁

春前頻雪也應知落向人間乞好詩五夜明生江閣
早萬山寒壓臈烟遲青萍顧我渾成鐵白髮逢君總
是絲好隱墻東王應仲擁爐斟酒定相思

贈張將軍紹容

虎旅將軍策戰勳也因文藝識山人五雲書法牙前
肅七步題才閫外新幕府風清鳴嘯少海門波靜和
歌頻還看獨立空邊塞一劍功成早畫麟

其二

淮海氛銷仗鉞勲日高江閣臥閒人霜零草木朱旛
秋雪霽湖山綠酒新白馬平原垂佩綬玉簫明月倚
樓頻更看文采弓裘舊步武庭前有石麟

端陽登金山二首

片峰高揷翠雲顛峻塔凌空鳥外懸漠漠帆檣通島
嶼溟溟烟雨塒江天鍾山王氣千年在淮海風流一
代傳況是登臨逢楚節招魂還欲吊湘川

其二

壁削芙蓉面面開乾坤此日一登臺烟波萬里客長
到樓閣中霄月自來流水無情天地老浮雲不住古
今哀聊將佳節酬清世共取峰霞照酒杯

春園奉枉周明宇公祖時公已報轉河南學憲

才子風流舊水曹品題隨處馬蹄勞孤標拔俗人猶
古彩筆凌雲氣自高笑對梅花飛玉蝶行逢秋水跨
金鰲芳菲倍覺春林滿文采翩翩照錦袍

其二

小隊來看西郭山籠光添得百花顏水涵高柳池光
淨吏散空園人語閒三月湘潭人欲去千年風雅道
初還慇懃預惜離亭酒黃盖朱旛征馬斑

其三

遐憘二月小湖來郭裏憑高望眼開落日川原狎侖

鳥春風花柳醉樓臺淹留暫作淮南客麗藻真稱鄴
下才傾蓋逢君那忍別想思從此望三台

其四

廉鎮旌旄擁地來草堂今日白雲開風前披拂柳垂
地樹杪徘徊月上臺七校指揮初耀武六經商確早
掄才逢看綉錯中原地已有文芒獨上台

諱見吾父母德政詩

秋風桂殿醉瓊筵雙舄飛凫到海邊馳嶺兒童迎竹
馬鳳城人吏候蒲鞭真心自許仁爲種古道還看直
似絃野史爲裁良牧傳衍歐堂上繼前賢 右淮海仁天

其二

漢家仙令愛相如今代何人虛左車冀北材多煩剪
拂泗東賦好借吹噓不妨晝靜花迷鶴且喜堂空雀
化魚但取涓塵裨海嶽肯因八斗失劉徐 右禮重儒生

其三

信是文章被折磨有才無命奈如何履從東郭階前
破粟藏柴桑瓶裏多老馬未收燕市骨神蛟從奮乘
門波解推轂有明庭在彈鋏寧須發浩歌 右作成人士

其四

從來艷說海陵紅災後徵輸萬室空政拙任教官長
怒刑輕忍見細民窮懸知陰德歸王賀更有清操並
趙公早晚司農蠲大賑天恩良牧一時逢 右寛徵民賦

其五

讞獄誰稱第一流使君庭下鬼神愁明懸淮海中天
日威讋吳陵六月秋獨抱爰書投栢府肯留幽怨泣
梧丘鸞凰鵰鶚恩相濟會看弓旌出鳳樓 右斷獄明允

其六

鳳凰城畔闢蒿萊高閣文昌亦壯哉冠蓋日迎賢使
者笑談時對老都臺糈分紅粟官中出鮮解鮭魚江
上來雅意直將回氣運風流還美嶺南材 右分助學工

其七

風塵傲吏躭經史長日開軒我輩過利器每思身負
笈飲醇却聽口懸河高齋雨歇琴書潤花徑春明桃
李多自是文翁能化俗吳陵閭巷盡絃歌 右敷教温良

其八

琴堂三載美氷清共道淮南有福星賸錢盡剗無枉

獄胥靡不罰自明刑靜看秋水搖官舍漸數林烏入訟庭屈指關西今有幾皎然日白與天青 右捐除贖鍰

其九

千里辭家虎竹分孤琴獨鶴笑離羣寥寥官舍如僧舍澹澹吳雲隔楚雲心遠向平無俗累政同單父有清芬知公世訓懃温飽薄祿何曾問細君 右不攜眷屬

其十

孤清莫謂太迂疎供應寬民總革除有鶴避烟堪瀹茗無人溉釜可懸魚閒時束帶了公事盡日焚香理道書眞是大賢成吏隱不煩騶從擁潘輿 右禁革茶廚

其十一

萬方養濟自天朝欲訴民艱紫極高岐下顛連貧徹骨桑間賑卹澤如膏旌倪望幸千鍾盡覆載同仁一日遭滿眼餓夫難遍活寒風獨立首重搔 右賑卹孤貧

其十二

春風掛席射陽西半塔朦朧烟霧迷海色浮空天遠近河流拍岸樹高低六鰲已借任公釣雙璧應逢使者題處處沮洳成沃壤千年明德在黔黎 右北濬河流

其十三

春明小隊扣蓬扉郭裏山林與世違古道欲窺書萬卷閒心偏愛竹雙圍岩花對客渾如笑庭鳥依人故不飛更上層臺南北望孤城一水欲沾衣 右西園感時

其十四

臨淮橋下白雲扉避世仙翁此息機雪澗倒流龍臥穩石門重扃客來稀驅車每共評青史載酒何嫌歷翠微坐久不知身是吏疎林細數落花飛 右西園論文

其十五

歸來天上老中丞經世籌邊記昔曾一水杳然開綠

野百花深處倚蒼藤神翁地近眞堪隱元禮門高喜獨登不是尋常揮玉麈迷津時獲渡金繩 右縉紳知遇

其十六

斗南劍氣亘天橫雙檄朝飛入鳳城漢室循良推卓魯明時仙侶謫蓬瀛青雲不信無知己白璧還應有定名豈爲旌書便懽極祇緣直道快平生 右名臺交薦

周明宇兵憲詩贈小園倚韻奉謝

披雲梯石共高盤傾蓋初攀海上驩龍躍此府驚化

劍鶴飛何日驗還丹神遊嵩洛英雄致夢遶漁陽老
將壇伏櫪年來無遠想枕書日臥草堂安

其二

春借平湖寵借君啼鶯幾樹座中聞風流才子不辭
醉疎莽山人亦好文日煖林香花作主竹深溪靜鹿
爲羣投桃博得瓊瑤報浣手開緘見五雲

中秋玩月嘲奎老先歸

獨憂嬋娟水上頭凭高不用庾公樓天空寒色千山
動野曠清輝萬里浮人老自憐今夜月客歸空負一
年秋勝遊咫尺還抛棄安得山陰更買舟

中秋代東邀奎老

不將搓落對悲哉佳節芳樽郭外開天濶海涯人自
臥月明江上客還來水花含笑迎飛蓋山鳥成歌待
舉杯莫遣巾車滯行色嫦娥早已望多才

田隣聞寺僧吹笙漫筆

短日空山有梵聲淒清坐使俗緣輕桓伊高韻風中
切子晉孤吟揞下明假榻即看成小隱卜隣何止學
躬耕月明花落無人處寶筏金繩話舊盟

懷慎索書扇隨以泛湖題之

十里波光泛碧湖半天西落小山孤短蒲出水青如
洗好鳥依人白可呼放棹舟航尋窈窕捲簾樓閣對
虛無倥偬三月韶華暮欲趁餘春酒滿沽

雨後召客

辟疆花竹倍精神雨後生風曼絕塵病樹自留將墜
葉涸池堪轉欲枯鱗乾坤萬里明雙眼江海孤峰寄
一身對月莫愁尊滌盡床頭幾甕未全貧

雨中陪孫公飲竹岡丈宅

照地銀光五馬來翩翩燕喜錦筵開山前甘雨隨車

至座上清風拂袖廻三徑久淹投珮客五湖初試濟
川才江天回首看霄霽列宿煌煌逼上台

夜雨晨起過西園

傷春無計挽春行半夜風雷促去程宿雨含烟迷曙
色落花隨水帶溪聲柳絲夾岸千條弱山翠當亭一
片明莫道飄零紅紫盡天香還見滿江城

南莊小構述懷

隔水誅茅古寺東旋移棲息爲明農一階天上簪纓

客百畝城南田舍翁插柳近門陶令似種瓜留圃邵平同他年江海談余者多在菴居社飲中

西園睡起即事

春晴十日鎖茅堂遊興舟中到處狂捲幔頻生欹枕懶開函翻作檢書忙幽禽樹杪一雙小芳草門前幾寸長何處梅花飛短笛晚風吹落小池塘

荒園餞別陸誠菴孝廉是夜爲得佳夢

惜別空山敞別筵疎枝殘黛暮江天雲開曉閣鳳應起雨過寒潭龍自眠秉燭夜談傾綠酒買舟春訪辦

青錢分明夢報南宮捷多少籠燈彩仗前

扶病過西園却詠

西郭重遊日未斜祥雲片片落晴沙一池紅錦魚浮水三頃黃金菜放花南斗邀臨高士榻東風只在舊人家春光駘蕩真堪攬巴辦壺觴醉海涯

冬夜閱逸民傳有感

到窓幾點漏聲忙散帙篝燈坐夜長疎柳拂開簷下月寒鴉棲定樹頭霜江湖有願心空赤龍虎無成鬓總蒼咫尺上論千載事從來吾道屬滄浪

燈夜同近翁集王磐石宅

燒燈張樂列瓊筵憶昔風流已十年顧我巔毛全老矣見君庭柱尚森然銜盃欲問山中月吹角能銷海上烟取醉不須愁夜禁四門鎖鑰在牙前

爲奎老代挽徐師

横經七井似關西披拂春風壁藻齊龍去曉潭雲忽散鶴飛珠樹月空低三年模範留淮海千里銘旌指會稽他日徵官仙里近淒風衰草數行啼

題杜氏水雲精舍

萬柳陰森抱一灣瀟然精舍隔塵寰邗溝遙注淮南水天目晴瞻江上山燈影夜航漁宿浦酒香秋舍客開關藏修况得飛騰地異日青雲令子攀

同潘恒山閒步過張南溪

握手高原擲杖行角巾風動晚山晴白雲湖上青天色綠樹村中黃鳥聲菰米軟炊鄰飯熟棊枰閒拂手談清十年投佩歸來客此日真成漉酒生

四月二日召客作

江城節序已更新留得人間六日春架上好花多未

放壺中濁酒正堪親無錢偏愛開懷客有扇何愁撲面塵從此虛亭是長夏清風來往屬閒人

春分西園再作

去來春日正稱平佳麗應知向後生池草已成千里夢柴桑又辦一年耕無私歲月山中往有約鶯花郭外行底事勝遊天亦忌釀陰不放四郊晴

後坡過西園留坐

江城十月小春來與客探梅信未回著述虞卿今欲老詼諧方朔世稱才嘲時句博千人笑體物吟成百

鳥哀潦倒空山儔侶少逢君那得不銜杯

初春過近翁園亭時聞州二守攜酒至

春色將予汗漫遊鹿車鳩杖到林丘屏開絕壁青霄接盖偃長松紫霧浮堂上主人眞國老囊中勝地即瀛洲清風忽報軒車過欲醉梅花月滿樓

夜雨書懷

雨聲一夜枕邊來嗚咽淒風漏鼓哀魚鱉幾年傷百里雲霄此日望三台客緣輿劇衝寒過花爲春深帶慫開我欲憑高訴青帝仙槎猶自隔蓬萊

挽學博徐先生

三年化雨洽青衿四月門墻洒淚心西日照盤留苜蓿東風鳴匣臥瑤琴道高共惜眞埋玉祿薄猶能屢却金千里一官歸去晚旅䰟空渡越江深

冬夜獨坐因念劉子厚

冬晴朝暖暮寒生不待西風颯有聲沽酒探囊雙劍在拋書擁褐一燈明霜鐘冷度山邊寺月壁孤懸海上城遙想夢炊劉越石淒其此夜定含情

荒館驟風詠以自遣

山風飄忽起青蘋掠地翻憐淨軟塵白日赤霄渾欲墮紫囊丹篆故堪親長松偃盖龍全伏短髮摧殘雪半新多少梅花寒塢裡等閒吹破楚江春

荒園夜步長春塢詠景

策杖長春永夜涼小山寒色半青蒼檀欒叢竹高撐月偃蹇虬松瘦帶霜萬鳥林棲孤鶴立百花塵委早梅香清平海上歸來客獨抱遺經臥草堂

偶同儲幼度幼君集丁任甫宅

山閣人閒一事無玉壺提挈過潛夫雲涵雨色昬連

海河遶城陰曲抱湖翠釜峰高織手作洞庭春滿畫
橋沽形骸盡付忘年外幾局憑陵任叫呼

沈園歸早即事

九十春光今半過百年能彀幾消磨燈前遠客忽然
到花下遊人可奈何笑把千金抛一刻羞將巴曲换
吳歌纏綿總是東風力松柏無心附蔦蘿

中春望日同奎老諸君過沈園

江上分春自可憐况多照眼好花然浮塵著我渾無
地高閣留人別有天鳥度綠楊雙翼下山開青壁一
峰懸百年狂客逢今日沽酒寧論費萬錢

山房有感

新旭颺暉破曉林凭闌忽動歲寒心黃金臺畔乾坤
老白雪樓中日月深地僻絕無人問訊山高時有客
登臨衝泥何處堪投足坐對梅花只苦吟

雪融

黯黯陰雲積雪消東風送暖到山椒玉容破臘排梅
蕚青眼窺春綴柳條過澗無泉看脉脉飛簷不雨聽
蕭蕭冰霜忽見陽和轉黃閣誰將玉燭調

中秋對月嘲戴維新諸公早歸

一片孤光碧水頭臨臯絕勝夜登樓高浮空翠江相
映晴捲雲綃海自收客散獨留城外月吾衰不負病
中秋人寰何事催歸急未醉飄然蓮葉舟

南莊偶賦

風送空齋午簟涼脩然一夢到羲皇送書門外人驚
犬慕道山中石化羊老咏詩篇還不厭病遺身世復
何恨五湖欲寄元龍傲白眼從他笑我狂

沈園同戴維新小坐嘲蘇後坡不别而歸

載酒名園北海濱清時堪伴兩閒人雲棲皎皎身俱

鶴雪點斑斑鬢總銀扶杖看山逢雨好拂枰移席向
風新誰知南斗清狂客老怯先逃軟脚春

儲幼度幼名丁任甫杜顧南莊

別墅翩翩降列仙高懷人帶杖頭錢青沽市酒千巡
徧白煮江魚一味鮮浮世總消荒野外驚塵不落好
山前還期共醉中秋日月色波光載滿船

十四夜無月

百年能得幾元宵月色燈光兩寂寥火樹無花人影

膌香塵不踏馬蹄驕漁陽麥秀山輝映合浦珠還海富饒早晚鳳城風日轉夜看遊女度三橋

初春過舊業堂

雲臥堂開白日高春風依舊長蓬蒿山飛翠靄遥侵筆柳拂黃金澹上袍身退誰知湖海傲詩成自擬古今豪清時長晝開披卷垂領何妨有二毛

對客小酌忽大雪滿庭

東皇破格散瑤華萬壑千山樹樹花對酒喜生豪客坐占年愁入野人家路迷易失橋邊句風緊難烹鼎內茶早晚樓頭送新霽春光隨日到窓紗

東戴維新丈

倚闌無客漫登樓遥見城南紫氣浮笑語隔君纔一日風流遙我忽三秋白雲洞裏家堪住青壁峰頭杖可遊世路升沈元不定莫教心事愧沙鷗

冬日酉園酌戴維新丁任甫夜歸

身閒自覺海天寬老興空園儘耐寒濁酒正須佳客醉好山不借俗人看風鳴古木鴉千點日落疎林竹幾竿攜手夜歸松際月緩行眞勝御雕鞍

戲呈戴奎老

不厭清狂與日增草堂時許客憑陵憂時意氣同元亮覓句風流似季鷹三爵不醒猶詭量一枰屢北更爭能忘形老去眞吾伴握手寒山百歲登

登山望雪期友人

倚闌高閣望瑤華冷壓吳城十萬家繚繞香烟浮曙色飄飄著玉落寒花樓臺橫自孤山出杖履深從遠樹遮爲問高陽興何似東鄰正有酒堪賒

假山成期儲幼安

片石磷磷東海濱青峰初對白頭人百年欲傍孤山老十月能生小洞春黛色含烟浮杖薄鳥聲調管入筵新最憐客有玄暉興載酒登臨不厭頻

苦寒懷戴維新

寒色侵凌老不禁高齋白日到簷深擁爐暫歇登山脚倒屣空懷夌客心漫倚清尊消短景回看白髮起孤吟綈袍忽憶城南麓雲護霜封未可尋

題園山

八九峰高面面新海陵形勝屬閒人湖邊夕照留餘

景屏裏寒花待好春一日不教無客到四時惟麥有雲屯緇塵欲盡孤亭遠客與池塘白鳥親

夜酌戴維新丁任甫賦此再期

城闕沈沈漏鼓高态談尊酒見雄豪也知叔夜妨人世未許元龍傲我曹十載風塵空劍鋏一生江海只綈袍不嫌山閣饒風色來聽松聲月下號

歲晚對鄭澄之戴維新二丈

開度韶華又一年笑將眠食戴堯天衣冠鄉里成三老歲月壺觴費幾錢碁罷酒闌人未醉星飛霜落火

猶然貂裘典破黃金盡誰識風流是謫仙

登山亭南望

曲徑盤廻到草亭遠山江上坐中青江從吳楚連滄海山自雲霄落翠屏六代舊宮收王氣十年孤劍拂殘星鳳凰臺上題詩後冷落青蓮夢不醒

懷西園東偕幼度

江郭新晴好探春街頭殘雪故留人空瞻柳色千門黯遥對梅花一樹新翠竹青山迎杖早白雲芳草夢詩頻喧喧最怕車聲過泉石相宜是角巾

題郡齋清玩卷

絕島迢遥雲與居蓬萊日日望安期清風只在瑤臺曲紫氣紛連鹵水湄杖臥蒼龍空自住庭閒白鹿竟何之入門會有青鸞至翠盖翩翩慰所思

病後有感二首

一夢初醒倍自傷幾回搔首問蒼蒼萇弘欲化千年碧鄒衍將飛六月霜江上貫星空自黯天邊解釋會能長五原獄辨來甘雨杜史名垂萬載芳

其二

殺氣橫生慘淡風憑高徙倚思何窮鳳凰不見朝鳴閣鷹隼正當秋擊空三木苦加黃霸後一床老徒管寧東何時酒血平蕪淨大笑持螯明月中

謝沈君仁文學邀賞架花

最憐公子能留客花下開尊對畫屏繞室縈縈芳樹滿連山滴滴小峰清錦筵銀燭催更漏玉署瑤編憶典刑莫以蹉跎虛壯齒弓裘不改在遺經

南莊邀王師董黃子薦二姻丈即事

大火扁舟到草廬清風南浦縱觀魚綠垂高柳陰成

蓋翠拂良苗香襲裙舉網亂翻三尺滿引盃長醉百年餘選幽更愛月塘好歲晚同盟此卜居

月夜留杜君實儲幼名小飲未醉而歸

雪月當樓映草堂絲絲獨照鬢毛蒼清光墮地瑩如水寒氣侵人冽似霜身世半成終古夢憂勞全減十年狂市沽不醉千鍾客好待壚頭賸酒香

雪中同儲幼安幼名丁任甫登山

停舟江上雪霏霏帶雪看山願不違積素擁門高躡展飛花撲酒亂沾衣從龍一片孤峰迥瀰漫千重遠

樹微對景正堪人共醉山陰何事夜空歸

山房詠梅因憶儲幼安老弟

羣芳雪後總凋殘雨樹梅花獨耐寒不避繁霜飛院宇長留明月照欄杆幽姿故許詩人詠瘦骨翻嫌肉相看何日東風開爛熳一枝先折寄潘安

春日同儲幼度幼安張慺愼泛舟

新綠半篙南浦濱飄飄一棹過春林青山有約盟難毀白雪無情鬢易侵沙勢抱城橫疊帶水光浮日碎搖金高談秉燭留髡久酒罷更闌興轉深

梅花

點綴寒英泗水濱六花飛處倍精神橫斜影臥羅浮月南北枝分大庾春千里夢回窗外發一枝人寄隴頭新據床三弄桓伊笛高調惟堪伴隱淪

杏花

峥嶸三月上林花開向臨淮處士家紅粉勻成粧鏡酒錦衣裁就舞樓霞笑喧隣女窺春色香襲遊人染露華猶記曲江遊宴日一枝歸插鬢邊斜

桃花

任教蜂蝶樹頭喧伴李成蹊故不言灼灼春花明海日纍纍秋實落江村重遊尚憶玄都觀三摘曾過金馬門一自河陽淩亂後每思潘岳為消魂

梨花

素容亦自引蜂狂張谷花開散異香月上晴窗來好夢雲臨曉鏡試新粧千林布暖春飛雪萬樹生寒夜隕霜飄落不教空爛熳高秋垂實薦瓊漿

桂花

黃金為粟玉為荄為耐冰霜手自裁香處九天秋色

重花時滿院月明來王孫只合山中隱法侶疑從雁
上回自昔廣寒攜手後年年凝露數株開

玉蘭

春城紅紫正爭妍縞素爲裳獨可憐色借崑山仍琬
琰香分楚畹未芊綿初含曉露簪如筆若傍秋江白
似蓮窈窕月明風靜夜倚欄還看鬬嬋娟

牡丹

錦囊綠幄匝芳塵百寶欄杆處處新三月東皇仍作
主萬花北面總稱臣沾殘天上君王寵占斷人間富
貴春此日尊前聞笑語風流應識白頭人

薔薇

淺深幾架刺紅花春色依然石氏家香細欲浮鸚鵡
滿枝柔不捕鵁鶄斜竹籬風動千重翠錦障雲生一
片霞閒向乾坤探至妙凭欄回首思無涯

寒日與儲幼安山前偶談

奕殘杖策眺寒山白石蒼松照客顏兩樹梅花春未
醒百年塵世役初閒淮南歲月從吾往鄴下文章見
子還尊酒相逢惟痛飲不須長話到人間

寒宵對局

凡上提兵歲欲闌龍膏長夜照欄杆弓刀不動威三
楚鼓角無聲過六盤子落雷霆江郭鬬局殘風雨草
堂寒功成聊用酬清興日戀東山學謝安

寒夜儲幼安劉子厚對雪

對雪談詩興亦豪百年南斗見吾曹乾坤一笑開新
酒風雨相看戀舊袍雲薄暗籠江月白庭空倒映海
天高獨憐皎皎明雙眼不畏寒光欺二毛

和儲幼度寒夜獨坐二首

萬古閒愁烱不消疎燈自照思無聊草堂對雪披裘
薄山徑衝泥沽酒遥宿草驚心惟是蕙寒花媚眼獨
憐椒冰霜歷盡陽和轉依舊氛氲春氣饒

其二

子夜長檠燼欲消平吟寡和亦無聊寒江雪色孤城
近高閣鐘聲十里遥彈鋏無魚歌海曲掛錢有杖醉
山椒清時莫抱途窮恨花鳥林塘歲月饒

西園雪中晚別諸君子

飲罷躊躇下雪峰迴看石磴一重重傍林幾點江村

火隔水數聲山寺鐘顧影只堪青竹伴逃名何用白雲封再遊莫畏寒侵骨春酒銀缸綠正濃

和儲幼度雪後登山韻

極目南淮雪後山迷茫殊不似人間浮光萬里長江合元氣中天此日還鳥篆自平金谷路馬蹄應凍玉門關不愁潦倒風流後手把蒼崖處處攀

自題海樓書屋

萬卷牙籤插棟齊草堂開向小湖西且拚歲月閒中了獨許川原醉裡題一片晴雲當檻落數聲好鳥隔花啼小山不是桃源處市遠林深路亦迷

元旦

高閣晨鐘報早春剪幡遺勝一城新九天佳氣浮滄海萬國懽聲頌紫宸添歲又驚霜鬓改逢時自覺酒杯新陽回律變澄江綠十尺長竿理釣綸

元旦後一日西園對客

斗酒初春續舊懽新陽不散草堂寒愁來世上風塵惡老去山中歲月寬几列奇兵邀客賞庭留殘雪帶梅看生憎車馬排門俗相對尊前總鶡冠

新正三日西園對客

幾株松栢舊巖阿改歲依然有客過濁酒已成三日醉好風初散一庭和春回鳥語聽猶澁寒勒梅花開未多不把枯棋閒自遣浮生無奈白頭何

新正戲贈蘇後坡

坐臥清時老一丘美君終歲五湖遊閒中歲月金難買醉後詩篇人易求春入草堂花夢醒雪留山閣夜光浮人生莫取離鄉賤傲世元龍不下樓

新正十日西園遊覽

東風山閣往來頻十萬黃金買一旬氷片未消千澗

玉柳絲先破一園春濁醪自許林中醉短褐何妨世上塵好語百花開次第從容輪日入詩新

春日邀錢商卿諸君小酌

高陽狂客日攜壺共上春山興不孤池面錦鱗依碧藻湖邊白鳥傍青蒲林深忽見燈明滅雲薄時看星有無但飲莫論身外事古來賢聖幾凋枯

登狼山四首

乾坤雙眼望中開千里看山一棹來虎豹關當江路

黿鼉浪逐海門來客從方外遊初到僧在人間夢
幾囘此日登高思作賦臨風誰揖大夫才

其二

平原盡處數峰懸擲杖憑淩最上巔春色到山青滿
野江流入海碧連天角巾雅稱孤山月桴鼓閒銷萬
里烟一醉凭欄愜心賞不須勒石在燕然

其三

層崖千丈片雲留海色江聲共一樓初旭籠烟山靄
合長風吹雪浪花浮摩天有路看黃鵠泛渚無心狎
白鷗琴酒近隨多地主慇懃分日作遨遊

其四

宿寐名山五十年齋心作禮梵宮前橫江水潤疑無
地護洞雲深別有天滄海將軍醉花鳥中流漁父釣
風烟登臨已盡平生興莫道空囘雪後船

過白蒲

一葉春風下白蒲東還餘興未全孤雲來山色晴開
合日上波光乍有無彩筆不停紈扇草蘭橈長聽榜
人呼殘棋奕罷斜陽外野蕨江魚對玉壺

其二

臨淮春色未凋零逋客還山不用銘鹵海西來隋柳
綠大江南下蔣山青故園歸與疾於馬塵世行蹤泛
若萍依舊枯棋三百在疏簾閒對翠微亭

題小西湖

半頃波光落鏡湖春風歲歲長菰蒲雲雷不動龍常
臥簫鼓無聲鳥自呼柳色遙添山閣碧月明深映草
亭孤乾坤閒地誰爭得留與詩人醉一壺

雨後西園與劉子厚閒步

澍雨隨風幾陣斜晚涼先到野人家雲山半挂青天
色臺榭全開錦樹花身際昇平思帝力老從歌咏閱
年華扶攜踏向青苔徧新溜緣堦走細沙

春日登狼山偶有所感

探奇春早白狼遊烟霧蒼茫望十洲萬里河源江海
合片峰天柱古今浮振衣自許高人上搖筆還將好
景收不用崆峒倚長劍數奇無意欲封侯

答徐星樓詩簡

慇懃海上故人裁初日芙蓉照眼來白雪紛從紈扇

初秋登臺東邨安老弟

虛閣無風亦自涼高原山色帶溪光洒塵清露明花徑覆院輕雲暗柳塘禾穗半黃三伏雨鬓絲先白九秋霜從容讀罷安仁賦對酒期君話草堂

秋曉聽雞東邨安老弟

四十年前句曲秋曉雞曾送客中愁一聲忽爾開孤寢百感依然憶舊遊日月如流空老大江河不改漫沈浮新涼雨後西園好還擬銷憂醉石樓

同戴維新張懷宇過南莊舟中手談

百口長懷生事艱郊墟數爲冒春寒柳條滿著黃金縷菰飯空攜白玉盤一水分流扶舸進兩山如畫隔江看不緣兎死爲農去何得枯棋半日彈

秋燕二首

庭梧一葉報秋黃江燕歸心在畫梁飛嬾已知愁聚散語頻還似問行藏長風送客朱簾爽短日辭人白紵涼屆指來期是春社杏花開落井泥香

其二

搓落西風暑欲收雙棲梁燕動新愁穿殘簾幙千家落錦雲爛向綺窗開論交尚憶鍾山舊覓句眞慚下里才高誼懷君筐篚外月明良夜獨徘徊

新正四日對雨有懷迎春尚在七日後

柏酒新年四日開江城全未見春回寒深故欲摧華髮雨細猶能長綠苔天上笙歌臨太液海邊宮闕望蓬萊青皇不負林塘約早送春風谷口來

晚春過南莊

四載風烟入市塵鹿車今始到平泉門前日映沿堤柳江上潮生負郭田身退自宜閒散地春殘猶遇艷

陽天小舟蕩槳能迎客細網撈魚不費錢

小園往來觀者日衆漫賦識感

選勝開山塊石嶙幽棲聊自籍盤桓江頭[illegible]巳年年到海上遊人日日看豈有穠華成錦綉獨留芳節長琅玕滿城繚亂催科急何得餘閒問考槃

辱錢商卿儲邨安遠枉新莊賦此謝

步履來過十里遙墟烟漠漠水迢迢雲深窈窕山頭路泥滑沾濡市口橋巢許逋逃還種秫求羊尋訪不乘軺蹤林落日空分手短句孤吟慰寂寥

雨剪破池塘七月秋入世往來雲忽散年華代謝水空流烟花回首春明日還傍元龍舊臥樓

賦小園五月榴花

翠蕚丹葩五月花枝枝爛熳吐山家栽從西海仙娞宅移上黃河使者槎醉眼有人仍物色賞心無客自年華朱門此日矜粧束妬殺紅裙在絳紗

賦小池荷花開

新荷出水數花開拂面香從太液迴不月珠圓知露綴無風萍躍覺魚來波搖菡萏懸氷鏡壁削芙蓉倚

玉臺不獨習池成一醉碧筩書盡見題才

對牡丹

乾坤原自厚山靈依舊名花開滿庭想見主人頭更白應憐客子眼終青麒麟半睡香愈酷鸚鵡雙飛瀉未停對此老懷難料理幾番沈醉幾番醒

兩日不過西園忽見玉蘭開謝賦此一笑

載酒看花對客遲玉蘭臺榭巳離披春風嘘咈猶憐汝明月徘徊欲待誰豈厭繁華供俗眼不因衰謝廢吾詩綢繆好訂來年約早辨凭欄金屈巵

詠牡丹和倪湛川韻二首

憐君花裏獨稱王幾度攜壺入醉鄉風動翠裙呈妙舞日臨鸞鏡試新粧臙脂半染坎宮錦粉素輕勻薄曉霜縱是無情周柱史也應撓亂鐵心腸

其二

春山新旭上芳姿紫翠遙連碧草滋青蒻帳前歌越女沈香亭畔舞燕姬酣容不待金壘倒妖態還從玉露披疑是陽臺逢宋玉孤唫千首結心知

見青梅紅梅早開

皎皎芳肌白易緇別塗紅粉混妍媸新枝獨冒氷霜早踈性爭嫌桃李遲漫指春華舒老眼細看風骨識幽姿孤清仍是松筠伴開遍園林蝶未知

和王師董見贈元韻

愚谷依然山寺西武陵何事世多迷潭碧秋水涵天盡翠竹春雲拂地低道直有人呼北海境偏無客過東籬獨憐王翰幽居近時送清風到石溪

舊業堂集卷之四終

舊業堂集卷之五

吳陵凌儒眞卿甫著

同邑劉萬春延之甫選

曾孫凌國鼎正中甫訂

詩七言律一百二十二首 古詩十七首 五言排律四首 絕句五十二首

劉子瞻宫克昌諸丈杪春偶過小山登望

萬樹依稀一樹紅桃花如錦綠楊中好春自弄山前色虛閣長吹江上風賓從幾人頭半白乾坤此地眼全空五雲回首丹心在日落無因托塞鴻

王世守將軍四十詩

甲子纔逢強仕年錦堂開宴集羣仙花枝日照長春酒香篆風飄半午天萬載山河盟帶礪三江鼓角靜烽烟昇平爲報轅門壽醉裏題詩綵筆傳

看河堤西行

翩翩飛蓋下江洲短棹長風恣遠遊赤日移舟纔報午黄雲翻隴欲成秋兩河經畧扶三極千里隄防助一籌却笑辨途離舊路海邊驚散數羣鷗

寄戴維新

目別羊求隔楚雲平生肝膽向誰論相思兩地空成夢一字三年不到門江郭春風開白晝草堂明月然黄昏何時得踐歸山約依舊花前倒玉罇

再題望海樓

東下滄溟是十洲乾坤此地建危樓邗江水落清流合天目峰來紫氣浮寺近不妨龍虎會臺高應得鳳凰遊懸知花滿春明日先發天香占好秋

秋盡西園偶坐因懷我

秋水池邊閱歲華芙蓉開徧野人家樓臺影合雲初起砧杵聲高日未斜閒對琴書羞白髮病拋杯斝負黄花數枝留醉山中伴何事羈棲天一涯

午日懷三閭大夫

續命從來繫五絲白頭今日憶兒時忌醒沽酒呼隣父懷古焚香讀楚詞遺俗滿城人醉早孤忠千載我生遲招魂本欲投詩贈一水茫茫恐不知

傷大水

幽棲長愛野亭過一片誰知總是河鹵海沒天還沒地滄浪聞哭不聞歌破岸三年隆慶水觀濤八月廣陵波懸崖縱有鰲堪釣狂浪柔絲得下麽

南莊樹底閲憲章錄卽事

柳陰抛卷聽蟬鳴入耳還成一段清天濶海雲飛不歇潮廻江路浸皆平輕塵拂袖纖無跡芳餌投竿靜有聲揮汗研硃評國史老羞經濟學儒生

和竹翁飲懷愼隣園元韻

虎劍鵰弓六月閒柳營長送好風還筵開八詠池亭上車過三宜水石間澍雨洗兵醒醉眼油雲垂蓋護衰顏主人愛客情何極落日移尊傍小山

再和

杯酒淹留老自閒名園長日不知還遠追河朔千年上高臥江淮一舸間入耳共呼憐鳥語舉頭相對媚花顏招尋咫尺荒亭在百萬何人贈買山

小園辱懷竹奎泉鳳溪枉顧詩以謝之

烟含萬柳小山阿遲日西亭不厭過啼鳥樹頭春正暮落花池上雨偏多蕭條生事培墟隴寂歷閒心長薜蘿獨有高情來衆妙一尊時得慰蹉跎

壽儲老夫人七袠詩爲幼安茂才作

瑶池曉日薦金盤朱實纍纍歲幾千綉幙春明雙燕舞玳筵風暖百花然鄉評海上徽音重家慶堂前子姓賢更喜阿玄能壽母乞余爲寫報恩篇

荒園辱李應魁給諫枉臨賦此以謝

寂歷空山守舊廬綠蘿深巷枉高車玉堂文藻青雲上蘭省風裁白簡餘倚樹論心山鳥狎臨軒對酒水亭虛安親莫戀庭闈樂　聖主開誠待諫書

荒園辱奎泉雉麓枉過

爲愛看山歷翠微探奇有客到柴扉風前對酒雲依席月下談棋露濕衣世事漫徒朝槿落道心閒共海鷗飛秋風江上鱸魚美十丈長竿坐釣磯

閒述

赤日中天客到稀凭欄一笑薜蘿垂空庭鳥下竹無語深院花開蝶不知露湛邵園瓜實早水分鄭谷稻秧遲清平海上風烟淨正是閒人獨樂時

過徐園分花因懷石翁一首

珍重名園幾樹花短枝移插野人家酒春洞鎖蒼苔淨玩世亭飛紫燕斜幽意漸添隣舍色芳容定減鬢絲華殷勤獨憶中丞老對局常呼夜半茶

自笑

三月春風吹鬓絲白雲搓筆日題詩江山賦徧渾無語花鳥吟殘總不知市馬價高逢伯樂鼓琴聲斷失鍾期延津未到猶孤劍文彩風流重異時

雨後過小莊

一雨初晴出近郊片帆江上小漁舠中流放棹青天動平野看雲白日高萬里長風吹短鬢半篙秋水濺輕袍勝遊慣愛滄浪遠五月炎蒸不憚勞

病中聞山莊割麥

春深一臥草堂幽忽報山中已麥秋白浪接天空艤艇黃雲連野好登樓經營不作千年計貧病惟寬十口憂獨慕范公風誼遠東吳能問故人愁

貽鄭雙泉麥佈以短句

丹陽留滯欲何依爲問東吳世已非流水調高人未遇長楊賦就願多違一瓢海上清風遠十畝山中生事微好語袁安暫偃臥使車行且按郊扉

夏日同樂軒夆泉諸丈過南城新莊二首

經營未了百年緣歸向南山買薄田一水遶門江漲合孤城臨野市聲偏衰遲漫倚盧敖杖飄泊同登范蠡船知已眼前君輩少交情垂老尚依然

其二

長河千里帶南臯東接滄溟一派遙五月漫遊臨古渡百年生事問歸樵傍城孤寺中天起對酒殘棋永日銷薄暮分攜興不盡平疇清曉更聯鑣

西園對客

草堂尊酒對山開何處紅粧樹裏來歌扇半隨明月掩舞衣輕逐好風廻疎林日晚驚飛鳥小洞春深鎖

落梅避俗已看塵世遠何須東海訪蓬萊

茅亭移菊

誅茅小結晚芳亭手植黃花滿地星不事春華爭艷冶且分秋色慰凋零殘英可却乾坤老把酒寧知人世醒多少市喧驅逐盡棋聲隔竹靜堪聽

夆老致仕還鄉喜而賦此

彭澤先生邈未攀高風今在海陵間幽居門外青山近舊業堂前白晝閒問字侯芭仍自至銜魚楊震竟空還鹿車早向蓬蒿過已辦清尊爲破顏

初春過南莊逢僧問歲用學博韻

春氣薰蒸四野温扁舟蕩漾入江村野橋一水人爭渡山郭孤亭犬吠門弟子坐前聞説法老人石上笑迎恩東風早染郊原色佇目菁葱着屐痕

十月朔日西園賦

起看曙色思徬徨庭院紛紛落木黄蓄酒床頭辦留客移花齋内避沾霜寒塘不作芙蓉夢殘草還尋薛荔香短景又將催歲盡鼎中何藥駐年芳

荒吟一册呈劉父母

何慙白髮戀青氊伏讀毛公三百篇敢道楚弓能自拾不知秦鏡倚誰懸滔滔江漢流難廢靡靡風雲態易憐才似左思名位薄賦成還借孟陽傳

秋盡日西園作

江城明日是玄冬衰柳淒其霜露濃已見寒光回北陸尚留秋色在芙蓉九天闕下晨須曆萬井樓頭曉聽鐘衰白不須傷歲晚早攜尊酒上高峯

過鳳凰橋

何時鳳至橋空在此日潮平客重過春水漸高芳草沒江風陡起亂帆多秦淮百里津難渡再噴千年事已磨一到滄浪垂釣處幾回聞哭不聞歌

過邵伯

湖上長隄似蜿蜒通漕入貢幾經年淮流滉瀁遥連海泗水騰凌近接天夢裏何人傳玉字眼前隨處覓桑田蓬窗對酒聊歌嘯五兩南風送客船

八十自述

犬馬虚過八十年自慙淺薄占人先盤桓久戀鶯花地偃仰長依水月天伏櫪不衰當日志得閒還檢舊

時篇過庭喜有孫枝好一任笙歌狎舞筵

秋苦積陰西園喜晴一首

秋盡江城快乍晴西風蕭瑟暮寒生年光又逼黄花放霜信先催白鴈鳴囊裏覓錢沽濁酒瓶中出粟擣香秔閒憑醉飽酬清世何事營營身外名

杪秋夢入朝紀事

喜氣秋宵接上台龍顔咫尺夢中來江湖何意風雲會宫闕無端日月開香傍袞衣浮御座寵承天語到仙臺海濱不是磻溪釣鷗鳥沙邊莫謾猜

新莊偶述東儲文學

畵鼓分秧雨後青雙飛白鷺落沙汀玄經海上駝楊子皂帽風前憶管寧半畝閒心平若水百年短髮爛如星開尊此日期君醉不爲人間忌獨醒

送門人儲幼安應試二首

談經函丈早知名賦就明光獻二京百戰逢看橫劍戟兩魁兼得繼簪纓雲垂東海蒼虬起霧濯南山赤豹成去去扶搖應九萬草堂何日問先生

其二

弓裘久擬舊科名此日擔簦謁帝京丹篆囊中攜綵筆青萍馬上拂塵纓月明瓜步秋濤壯槐覆邗江曉霧輕足下雲程風力健怒飛看取憫平生

王文泉學博有贈倚韻奉酬

霜毡漸漸散春温鳴鐸聲高動遠村大雅文章全入彀東風桃李半盈門獨憐懶慢山中味共沐昇平天上恩一醉習池饒笑語澄波明月兩無痕

山莊小酌因懷鄭澄之稷稻未歸

漫酌郊居醉不醒市沽園摘兩三行花前潦倒經年病海上辛勤逐歲耕獨樹吟風還振響亂禽啼野不知名蒹葭零落滄波冷北向飛鴻蚤寄聲

新正二日候客作

令司青皡屬佳辰兩日晴光照海濱淑氣凝寒猶似臘條風扇暖已如春光浮玉蘸陳三醴香摘青蔬薦五辛掃徑不知何客到料應不是傲盃人

元夕邀劉子厚諸君燈前小飲遇雪二首

令節攀懽未盡懽傳觴空負玉釭寬蕭條歌管無人和寂寞樓臺少月看客輿正濃燈市罷春風無賴草堂寒遙思內苑當今夕萬點星毬處處安

其二

逢時縱飲慶交懽任誕原憑天地寬徑窄敢攀高駕過市窮聊掛舊燈看嚴更促漏飛觴急密雪妨春落子寒滷海　皇慈徧饑戶何人行部問袁安

西園首夏對潘恒山晚酌

老去無能與世違逢迎終日敞柴扉洞雲來往當三徑籬樹高低抱一圍戲蝶翩翩風葉舞浴鳧搖漾水花飛新晴共得酬心賞纖月城頭伴醉歸

重細蕋能分錦色齊葉墜空庭寒雀噪烟生孤里午鷄啼荒林歲晚過從少獨把幽姿醉裏題

和題茶中杏鴈

曾聞呼侶泛江洲詎謂孤飛下玉甌影動水容疑刷羽聲涵松韻似鳴秋漫誇中婦工粧點應笑詩人入品流何似瀟湘明月夜滄波幾點伴沙鷗

再和前韻

便欲長鳴向十洲偶經纖手落輕甌烹成丹井千年水剪破瀟湘八月秋玉骨粼粼香核軟霜毛熠熠乳花流飲餘頓覺塵機息一笑渾如對海鷗

過西園遇雨

漫剪蓬蒿過辟疆白雲深鎖一園荒篔簹客翠妨花逕菡萏疎紅暗柳塘吾道自甘生理拙此身空逐世人忙開軒正有清風想片雨山前送晚涼

杪秋邀袁應舉諸君

萬樹蕭森秋野清開軒共對晚山晴淮南丘壑千年勝江北文章一代名自愛黃花盈把采不嫌白髮滿巔生凭高爽氣薄天盡點點排空有鴈聲

冬至後閒述

山郭冬晴寒氣輕初陽動處覺春生花枝冉冉紅窺塢梅蕋星星玉綴屏時序等閒青眼轉乾坤容易白頭成塵緣謝却同心在日日空林聽鳥聲

偶賦

身隱何須更買名草堂終日閉江城閒來對客頻開卷興到呼童漫拂枰鸚鵡滿浮春色動龍泉橫拂夜寒生逍遙信是山人事歌咏年年紀太平

戊子元旦作

正元歲屬文明會晴霽人逢最好春瑞靄半天輕護日祥風千里不驚塵懷中未奪江淹錦頭上還栽陶令巾娛老自爲詩酒計百年花鳥趁時新

病小愈憶荒園

故園此日違心賞十月紅梅幾點春寒雀啄英繞庭滿早花含蕚傍簷新躋攀久絕看山客步徙空懷策杖人郎日舊遊來地主寄聲先掃草堂塵

冬晚西園看紅梅

閒伴梅花夢水西扶筇日日過橫溪高枝不壓霜華

新年三日招客

山城春色勝蓬萊對客盤飧接日開宇宙有人襄盛世江湖無夢繞西臺生涯自許犁頭足物態何須筆底裁荏苒歲華眞過隙定應秉燭夜銜盃

首夏過西園二首

振策看花願已違繞屏無復落紅飛白雲一榻日初午綠樹滿園風正微病起人情還似舊夢回世事總成非投閒爲報山中侶散髮行歌好採薇

其二

江上閒心日日遊平泉占盡古風流綠槐蔭合宜長夏紅蓼花開自好秋雲破中霄人見塔月明孤嶂客登樓澧陂東下天連水白髮逢時幾種愁

擬花前對客

十月清霜凋錦林葳蕤百卉半蕭森輕華細薄柳枝脆黯色邃凝山蘚深五斗鑪邊飛白玉一叢籬下散黃金相逢好取佳辰醉雪點頭顱總見侵

秋日山莊用韻奉酬懷竹丈

草堂臨市俯長流十里蘆花接葦洲帆影亂飛江岸雨砧聲遙送海門秋閒心欲語臨風鶴羈思應懸泛渚鷗蕭瑟西園明月夜還期王粲一登樓

送沈大司馬鳳翁遷楚用舊韻

野宿潺湲一夜流雨中看楚到江洲新阡短草孤雲幕華表淸風一壑秋掛劒我來山寂寂返魂君去水悠悠高懷此日相思處綠酒黃花月滿樓

代友人題王學博遺像兼送輿櫬北歸

三年鳴鐸徧吳陵旅病何期判死生揮淚忍看風骨瘦撫膺空惜笑談淸箕場東海心千里扶櫬恒陽路

幾程椒醑臨岐將一奠滿城春雨濕行旌

自述呈友人

十年海上事春農烟水無心處處逢藜杖日隨孤棹往蓬窗時啓亂雲封逍遙悞學莊生傲老病非關叔夜慵細向平生數知已青青岩畔歲寒松

病鶴

長鳴冲舉早知名此日昂藏太瘦生白雪漸看翎欲墮丹砂未許頂能成影涵烟水秋江老夢落松林曉露清回首風前還起舞依然雲路九霄輕

新晴出郊漫述

西風朝日送初晴跨馬衝寒出禁城驛路亂帆依岸轉秋江新水帶潮生馳驅世上忙何事流落人間故有情閒對高原成獨眺圍山千里望中明

丁卯秋同邢後坡陳青田執役文塲郎事

十載長淮臥草萊鎖闈今日看掄才文光直射蛟螭遠泰運重開麟鳳來拂樹星河朝拜闕燭天燈火夜登臺憑虛共對中秋月瑞彩分明接上台

十六日飲明遠樓

宵登高閣倚蓬萊題壁深慚作賦才寶劒光騰多士集紫霞香泛二仙來月明清印中丞府霜落寒生御史臺別後相思欲相見碧空雲際望三台

、恭遇　聖駕幸學和青田道長韻

泮池秋曉度疎鐘清蹕凌高下辟廱日傍翠華瞻瑞鳳雲開仙仗識飛龍百年禮樂流風遠五夜精禋秩祀恭逢想司成天上坐講筵何語答遭逢

戲筆奉惺庵

幾年烟水寄行蹤霄漢岩嶢隔萬重跨鶴雲中人漸遠折梅隴上使難逢灰寒豈料還燃火幹老應知欲化龍良夜清燈堪話舊草堂今在柏臺東

夢山莊用舊韻

八月吳陵憶舊遊蒹葭深處古溪頭白魚靜釣長江晚紅稻多收沃野秋隔水棹歌衝鴈起當樓汀月帶星流五湖一夜揚州夢應是閒心戀敝裘

中秋山莊對月

幾年不共中秋月寂寞今宵月又孤水浸柴門時自渡舟聯漁父夜相呼峯頭雲起還明滅草際螢飛忽有無却笑此身滄海上真同范蠡老歸湖

喜晴泛舟

山色初開宿雨收好風吹日碧雲頭登場粒粒營來歲拂水刀刀了暮秋浦潤挂帆迷舊路梁深垂釣向高丘洞庭湖水如天上蕩漾扁舟五月遊

水入臥室舟居夜值風雨

水壓胡床上小舟掃門風雨更添愁聲聲到枕鳴孤寢陣陣飄蓬過短裯四野蒼茫嚴警夜萬山搖落倍傷秋憑高欲慰汪洋嘆須住城南百尺樓

裊吹笳聲落戍樓前衰同老馬懷千里媿比香芹獻九天檢點行裝無長物昆吾三尺舊龍泉

寓報國寺

院深風靜鳥聲清幾樹繁陰到廣庭解錑暫尋高寺宿團蒲聊結老僧盟薜蘿不上紅塵色簪笏難忘白髮情萬死一君恩無可報還期寸簡答昇平

南莊速客晚歸來朝漸川有約時三月晦日

沙頭潮落暮江平浪靜孤舟送客行細雨月塘催渡早微風山郭拂塵輕酒沽郊外難成醉花放溪邊好訂盟莫道曉鐘春去盡西湖烟柳尚啼鶯

小園奉邀龔憲使

草堂尊酒錦屏開廉鎮行春小隊來靈鹿夾轅窺露冕好花迎綬識霜臺桃源未必迷秦客麟閣還須借楚材早晚徵書天上去五雲空自望三台

望天目山

隴麥生風爽似秋望中天目紫烟浮百年好句酬清世四月扁舟作勝遊鹿女不還山自迴壁文何在水空流滄江隨處堪乘興豈必蓬萊十二樓

山莊漫興因呈鄭澄之丈

新搆田廬半畝寬老身平世一盤桓烟含露草江天暮木落楓林秋井寒山鳥下庭閒對酒水花明岸獨持竿還栽十丈瀟湘竹歲晚期君雨後看

對菊懷戴廣文

秋盡籬花喜未殘西亭帶雨倚欄干採英細嚼黃金嫩呼酒高擎白玉寒歲月有知媿玉杖江山無恙竹皮冠懷人此日東沙上幽賞同誰醉裏看

和韻

縹緲祥雲擁上京依稀仙樂倚空鳴中天北斗瞻宸極十日南風送客程聲動玉珂宵攬轡香殘金甲曉歸營西臺欲獻昇平策白簡臨封夜幾更

泊梁莊驛有感

顛危曾記五年前舟過梁莊倍愴然野渡夕陽人影外驛樓春夢雨聲邊偷生自料終無地赦死誰知復有天却向江南問枯骨可能攘臂起黃泉

鄭州道中述懷

蒼茫暮色上墟烟攬轡空城思黯然飛蓋影搖官樹

遊鳳山

十載神遊古鳳山東行今始得躋攀石橋開徑盤三級野廟分流抱一灣碧玉天垂金闕迥綠槐亭倚白雲閒蘇州遺跡千年在絕學何時海上還

連陰不得過南莊聊共劉子厚坐

簷外西風日送秋蕭蕭鈴索起新愁物華又報玄冬節雨色還羈白晝遊自顧清霜三尺鬢誰憐滄海一絲浮忘年隨處堪爲樂何必城南月滿樓

覓菊因懷奎老

何處黃花香滿林吳城十里杳難尋青衫日辦攜壺興白髮朝懸倚杖心沙浦月高鷗夢遠海天雲冷雁書沈南山數甕香醪熟早晚疎籬次第斟

秋晚過南莊獨見白菊

不向人間嘆陸沈秋山乘興晚登臨紅花短短疎垂岸白水泠泠曲遶林暝色風含烟樹靜斜光日射暮江深籬邊欲醉陶潛菊滿目瑤華未見金

強上舍惠菊時袁孝廉應舉劉茂才子厚在坐

紫艷黃花拂面開無端秋色草堂來孤芳獨占吳陵秀佳種遙分甘谷栽盈把自須拚酩酊飡英終不委塵埃相看正値高懷過明月空江未擬回

秋深期劉子厚劉華峰遊南莊

壽舫城南不厭遊葦花楓葉滿汀洲閒吟清世依雲谷斜月平沙對海鷗溫玉一雙堪伴老枯棋三百可銷憂古琴況在藤蘿逕山水來聽別墅秋

兒輩讀書城南感子厚屢過

野外新寒思不禁孤琴閒伴到荒林吳鉤霜月侵衣冷江筆秋花入夢深連璧風清人似玉同袍歲晚誼

如金飛騰他日雙黃鵠莫忘青燈對榻心

孱子厚諸君屢顧城南又作

蓬蒿不剪白雲閒招隱淮南自小山挾策幾年多浪跡投竿此日各衰顏崎嶇路險輪應折窈窕林深桂可攀一話平生殊未盡擁門燈火逼人還

再疊前韻柬宋唐二丈

投佩初尋海上閒倦飛千里鳥歸山碧湖水滿堪垂釣瑤草春深好駐顏清世百年容我老故園孤嶼待君攀風塵岐路紛紛在宜共沙鷗日往還

俚句屢呈唐丈不荷一答賦此嘲之
下里謳吟百不酬高才鄉國舊風流驪珠耀彩龍宮闕白璧含光寶匣收敢謂宋人空自許恢令周客誤相求西園好載江淹筆水滿芳塘月滿樓

東國醫梅詩人
十年淮海覓知音長日空山倚閣心寶劍塵中逢郭振青囊市上得陳琳龍吟秋水蹄横笛鶴舞松風夜鼓琴笑問騷壇梅國手法門今見幾重深

季秋有感口號呈丁前輩

老懶無心逐世謀貧身聊足薄田收萬鍾計日纔三碗百堵歸來秖一丘短咏長歌酬盛世買魚沽酒送清秋對君每悟浮生理獨恨無緣作醉侯

看蓳儲四文軒
白馬翩翩度曉津荒原短邱哭劉蕡灞陵秋色留殘草蒿里歌聲入斷雲千載松梧人獨臥滿山風[illegible]爲羣哀吟寫罷楓江晚一水潺湲隔隴聞

秋日同叅軒鳳臺小酌
涓滴平生總未勝清秋欲醉酒如澠鑪頭蟹熟逢韓滉江上魚肥憶季鷹發甕滿浮愁不繼張拳大嚼老還能風流日對孤標客賥眼熒熒玉井氷

杪秋二十三日飲懷竹奎泉鳳岐仍期再過
畢景還悲七日秋攀懽一醉鳳城頭黃金庭畔花誰待白玉尊前乳漫流彈鋏空懷千古事典衣聊破此生愁風烟回首孤舟別三徑重來秉燭遊

送奎老還莊二首前首用舊韻
爲愛青山敞夕扉短筵高燭對玄暉拂枰笑許鴻溝割開匣驚看紫電飛白髮人間留我在黃花江上待

君歸慇懃何物遺城市啄黍場頭鷄漸肥

其二
冥冥一葉荻蘆深風雨孤舟悵別心帆帶櫓聲搖細浪酒浮杯色映疎林白雲欲住青山暮老鶴能棲古樹陰隱矣黃村猶在眼思君那用鑿坏尋

九月三日同鄭澄之諸丈自城南晚歸
一葉長河渡杪秋乘昏纖月掛樓頭風來波動鱗初起日落光廻錦未收流影鏡中人似畫忘機江上客如鷗百年鄉國交遊少不惜琴尊秉燭遊

謝儲幼度惠大橘十二枚

五湖初隕洞庭霜正憶名園一樹芳瑞擬漢宮傳異種寵頒陸氏獻高堂開函色映黃金嫩拆甲漿流玉乳香珍重主人勤愛護百年分得老夫嘗

有感西園約奎老一過

荒園蒼翠鬱臨淮無限秋光落小齋社燕何緣辭故壘晴花空自照幽崖凭闌十丈樓堪眺倚檻千竿竹可懷杖底笑談誰不俗風流端合屬吾儕

約奎老過南莊

蕭瑟西風送早涼放舟無那少年狂心灰老覺千般淡髮白朝看一丈長野性人間閒不住勝遊江上數何妨南津佇立期君渡共把平泉作醉鄉

同奎老過南莊

郭外招尋握手頻相看氷雪晚逾親解鞍天上初歸客投珮林中久臥人落日暮雲秋一色野花山鳥物皆春追懽莫道時能待垂領紛紛髮總銀

秋夜同壻袁應舉泛舟南城兩兒咸與

十里輕橈郭外遊雨餘霞色暮天浮雲開平送寒山出江滿逢分曲澗流雛鳳翔高雙闕曉老龍眠穩一潭秋斷金對玉重來日花在東籬月在樓

不寐

倚枕鷄鳴數問天寸心垂老百憂煎蟲聲悞作雨聲響曉色虛疑月色懸水後何曾旬日霽秋來能得幾宵眠乘槎我欲訴真宰仰視高旻有暮烟

懷南莊呈奎老

極目郊居未擬回故山閒倚郡城隈潮平淺碧江空湛風靜疎紅蓼自開秋色百年聊暫擲客遊三日定重來緘詩爲寄封姨道好護霜枝在月臺

雨中期奎老過南莊

天妬南城十日遊無端風雨傍行舟龍潭空對蓮花色鳧渚孤吟楓葉秋漠漠暝烟帆不斷淙淙新水釣堪浮清狂未饜看山興沾濕何妨遠杖鳩

南莊獨坐候奎老不至

蕭森烟樹隔塵寰臨水柴門晝不關秋接海門三百里雲開江路萬重山丹楓照眼孤吟細白鳥依人相對閒底事劉安幽興減滿園叢桂倦躋攀

泰堂明月

徘徊銀漢燭幽涯歷歷吳城十萬家影落琴臺生夜響光含庭樹發春花青天不動輪長轉玄霧空飛璧未遮多少親民堂下客氷壺心事照無差

駝嶺清風

守禦堂開玄武高巍然駝嶺殿南壕人鍾猛氣提龍劒地接文明覩鳳毛危堞金湯千里固重關鎖鑰萬年牢逍遙海上無嚴警獨有清風蔭爾曹

鳳池筆影

霜林古塔幾經秋卓筆高標泮水頭倒影入池銀鳳舞懸梯躋漢白虹流千年禮樂分槐市一代人文聚海樓陶冶宮墻忠孝滿科名未數許查周

貢院奎光

城隅天馬聳孤峰闢地掄材院幾重千古芬芳留月桂兩朝攀折見人龍熒煌夜矚星芒動崒嵂朝看霧彩封此日英雄爭入彀風雲多少慶遭逢

范堤烟柳

横烟一望范堤青捍海功高卓有聲萬頃白波春水足兩行綠樹暮雲平年登處處謳歌起俗長人人禮讓生憂樂空懷千載後獨沾明惠日躬耕

董井寒泉

欲將寸草報三春不惜寥名斃此身自分傭人安坎壈何期仙子共悲辛吳綠機上春雲薄楚水溪邊夜月新井幹荒涼今莫問綱常千古未沈淪

西湖春雨

邊城山麓小澄湖滉沆開成一鏡圖日日夕陽涵錦繡年年春雨長菰蒲雲綃鳥篆頻來往水態嵐光乍

有無祠守近隣安定在六經刪述未應孤

天目晴嵐

石城東下水通吳平地崇岡洵美都天上何曾開隻眼人間猶自說仙姑鹿遊不見嵐光在壁去空傳野色孤四海封堤元混一懷人落日聽松梧

冬日登山閣因懷錢商卿

朝登高閣恣遊盤石壁蕭森木落寒東逝水聲全入海西飛山色半臨湍藏身自喜巢初定對客何愁酒欲乾巖竹館松無數在不凋蒼翠正宜看

草創新莊宮克昌見枉

野色荒荒來奕秋橋中何處可淹留桐花未老難棲鳳江勢初平好狎鷗滿笱白魚無酒飲一床清話有詩投滄洲總屬閒人地紅蓼秋風日夕遊

龔公祖書許築隄賦謝

欲嫁翻疑隣母心誰知倚柱抱憂深歸田最苦唐堯水養老空懷疏受金設以鹿車廵鹵海不將魚鑰守雲林相憐獨有觀風使千里緘書寄好音

龔公祖修完沿海河工賦此謝

煉石空聞欲補天坤靈親鎮帝堯年掣鼇東海任公釣授簡滄江使者傳水國稻花香浥露沙隄柳色欝生烟功成不獨關氏瘼財賦東南倚濟川

晚對澄之丈

江洲孤月向人明涼氣蕭蕭晚坐生強飯光凝雲子臼舉杯香瀉玉壺清玄言能解五千字黑髮空餘三兩莖幾度逢君看漸老十年憔悴望西成

堂前紅芍植十五歲始花是歲癸酉兩兒應舉漫致期待

藥欄春色手親栽歲歲花時獨見猜珍重靈根蟠熙壤等閒奇萼發瑤臺日華高映芙蓉秀霧彩逢分菡萏開玄籥喜隨文運啓馬頭秋早好音來

借潤宇廿一史書目口號

元凱二癡應巳謬六經文字本無私侵凌獨惜鼠牙姤呵護還憑鬼惟司千乘塵封人靜處五車光發月明時好開秘閣容來往聊檢標題豁所思

病起過小園望澄之不至

荒園耽日陟一病契濶久別去楊始華到來荷巳藕

清池照容髮頹然真老叟好鳥下庭柯餘花窺戶牖天地本不羇疢生亦何有沈痾笑不起重過諒非偶應門顧五尺開甕嘗三斗延頸待懷人長橋共攜手佳話可娛心道義我所厚嘵嘵耳中聞達人哂此否水木景孤清雲烟入濵洩清風日夕邈佇立空騷首

冬夜與幼名德仲少坐

歲晚役車休秉閒柱高躅俱爲勢外交共瀉尊中淥良讌薦嘉魚清言秉華燭冬遊興不淺看山及新旭

新晴踏青

積陰浹旬乂幽獨傷懷抱新旭升林端企首向晴昊
水泉足溪澗滉瀁添浩浩輕翼矯高漢潛鱗浮短藻
乗興遊好春去踏江城草爾爾任所適攜手綠楊道
遠心人代空相忘天地老

晝臥偶書

首夏六日晴陰雲復鬱蒸驅烟散遙野賴有南風生
無客晝倦臥北窓幽禽鳴入耳聲喧喧羲皇夢正成
人間遺世遠思谿逐塵輕焚香讀道書悠然物外情
滄浪在何處去去濯吾纓

小樓與平湖諸公漫飲中有新客

長日疲逢迎意適趣還足泛愛有新故攀懽忘雅俗
高樓颯清風披襟谿煩溽彈棋與不淺朝飯及秉燭
人生日初升坐看下川谷市酒橋邊沽野蔌厨中熟
孤琴候重來流水鼓一曲

登樓偶書呈張懷慎內丈

行坐殊無聊得閒不對客參差頁長日冉冉山將多
暝烟浮郭青歸雲過樓白欄干獨徙倚何似笑彈奕
算勝廣埏收數奇孤徑逼營營思未苦謝謝天全適
挾技懷所之何處投吾策岩嶤吳山東槐下重門闢
嬋娟月初上滿目瀟湘碧地絕主人賢無乃虎臣宅

苦雨

懊惱一春陰入夏稍開霽江城幾日晴鳴飈復旋曀
曉雨猛如注愁野空門閉辛苦纍塍高波蕩失涯際
舉趾時已晚況乃耕無計人言雨如膏我道流成涕
吁嗟北山歸南畝故非細何當良牧來翻令逢無歲
欲假津梁槎上訴玄元帝茫茫但一氣烟霧杳無濟
孤舟攜斗酒故山招舊契鼓枻放歌行且解匏瓜繫

午日留任甫懷宇二丈作

百年四海內幾見菖蒲生役役摧鬓斑愁多懽不成
日宜丘中賞況乃妨經營絲管間鐘鏞芳香鬱吳城
草堂構未畢佳宴空復情言笑思招攜蓬蒿厥將迎
赤日當停午清風來軒楹里俗競娛樂愴予心未平
湘水湛忠肝千載傷精英山妻顧我語斗酒貯磁甖
割肉且登俎聊可以解酲遽起邀比隣道誼夙所盟
鸕鷀共斟酌相得如弟兄良辰逢締交天合人亦并
呼盧快一擲彈棋縱五兵過庭雙鳳翔蹁躚毛羽輕

開襟期痛飲數過巳沈冥纖月雲際露清光澹盈盈
華燭照層樓青熒思轉清主人與正劇客子醉辭行
攜手戀出門長河天上明反室正襟坐閒寂無人聲
因了聚散緣兼之賤與榮一笑輕五侯功成薄韓彭
世事固如此照耀亦空名

西園留遠客

壯齒懷衰早看花當半開廣陵有佳客爲賞春花來
次第換歌席參差登吹臺星羅萬井小帶遶孤川廻
遲日緩畢景霽空澄纖埃酒狂杯不歇詩老句堪裁

短笛横古寺因風驚落梅烟雲世代裡恍惚到蓬萊
不倦遠遊費歲過漲海隈

重陽前四日同幼度叠峰幼安任甫四丈夜坐

新月掛杪秋清風颯茅屋薄我鷄黍筵淋漓短銀燭
飄然西南來門關轉僮僕俄頃熱氣團開軒遣煩溽
四妙梁苑賓霞標閃電矚窮辨眇今古唾落懷中玉
夜深渾不醉一似仍縛束平生雷陳交况托蔦蘿屬
老大誠放浪大笑吳山曲廣宇素天青宿霿新酴綠
朱鳳刷冲羽白駒遯空谷升沈日月代俛仰年華促
潛菊滿東籬采采黄金縟佳期九日近還倒尊中淥

除歲歌

歲將除歲將除去日疾矣來日舒昏曉之間割新舊
午夜春回天地初年華一去還堪惜長繩難挽西山
夕人生百歲此中消醉欲狂歌楚天碧少小逢年喜
記曾于今老大百憂增一身蹇拙差可解萬室消條
秋不登青皇十日司其職幾分春色來江北晉領東
風殺少人撫綏百里蒼穹力指點家人獻歲新綵幡
剪貼漢宫春椒花自擬燈前頌栢葉頻傾案上尊一

笑江城六十老氷霜轉後陽和好太平盛日照千門
安時吉祥歌覆幬吾兒耕讀及居諸高堂善事百年
餘眼中俗物都抛擲長晝仍開萬卷書

定州閲卷

清光一片來高堂滿屋虚明生夜凉然燈提筆點殘
卷雄文錯落呈圭璋從來燕趙多奇士况復鎔鑄逢
陶唐詞源滚滚倒滄海筆陣凛凛凌秋霜塵中白璧
獨琬琰選内青錢時頡頏得材不媿明時器敢云桃
李都門墻淮海山人復一笑丈夫志氣何堂堂胡乃

縮首鉛槧下猶作書生尋墨行拂衣拔劒忙起舞龍泉四顧流精光願請長纓砂塞去親繫單于慰聖皇

沈陰行

罷官歸來靠年足往歲不登來歲熟浣目齋心日望天陰陽受律時寒燠誰知風雨入春多沈陰自鷄還過穀方言地利賴天時人事斡旋應反覆于今三者一者無白頭老子廵簷哭古來司牧何其賢鞭石反風窮虎服蜀羣漁陽處處歌箱有帛兮廩有粟蕭條

此日復春陰何處君平堪問卜萬室呼天雲不飛豈有輝光照逃屋魚遊晉竇巳自憐烏墮魚淵復誰逐分明江北泰州窮催科鞭撻生靈促君門萬里那得知慘淡悲風倚枯竹

蟄龍行贈友人應試

天生神物潛九淵蟄形藏精何多年一朝噓氣成烟霧奮然直上青冥巔繞身黑雲千萬片惟見金虵飛紫電須臾隱約露真踪昂然頭角分明見崢嶸之勢高難攀驍驅咫尺蒼茫間上下變態杳無極霹靂數聲驚人寰俯首下吸大江水長練掛空如曳尾俄頃一飲滄溟乾萬丈風波平地起神鞭鬼馭雷推車銀河忽落天之涯翻盆倒海九垓遍勃然枯稿生萌芽惟哉神物真不測泥蟠天飛惟一息也知曾過禹門來劍耶杖耶令不識誰將蒼壁付揮毫一上齊紈價日高爪牙未出晶光耀只恐乘風駕海濤展而美君堪作對森森鱗甲生來備自從墮地臥深潭蜿蜒暫與蛟螭類方今赤地龜文生炎帝命爾事廵行袖中小物多可遺濟世由來屬老成勿謂嫦娥愛年少夢

熊昔載渭濱釣先萎還爲灼灼花開時誤把寒松笑勸君勿伏五花池勸君勿食五花枝努力從雲萬里去一日聲名天下知

古風

颶風吹雨本南來恍惚海倒兼山排百重樹杪泉應足豁然使我開心懷天時物候如有在造化無心誰爲猜長淮水後夔室鈌泣向真宰空淒切須臾樹澤起枯焦雹逐雷轟互明滅蓑笠城頭價頓高桔槔堤上機空設停午未餉心怡然厨中濕柔炊暮烟中有

一老懽有年細語婦子以帝力相戒日出耘公田

初春西園歌

蒸霞佳氣山之隈陽春十日天上來東風蕩漾園林曉紅梅白梅參差開幽意向人渾不語暗香飄花凌風臺手攀鼻嗅低枝遍廵簷索笑相徘徊造化瞬息回滄海空翠蒼莁顏色改垂柳千條萬眼青枯桃夾岸標新彩鴨綠一池苔面平腥紅滿地草痕生開函國色瑪瑙碎抽簪近待珊瑚明樹頭欣欣下雙鳥動息飛鳴如有營一物天機何所有乾坤是處呈精靈

仰首前楹向晴昊西園主人心似擣歲工百代往仍復人生白駒空衰老虛名世上成底事四時獨見春光好富貴于我眞浮雲笑我掛冠苦不早散髮垂綸淸溪濱左右圖書置此身此身綠蘿無泥滓安知朱紱有埃塵

頌濬公治河有徵五十韻

淸寧司閫闢否泰屬虧盈淮泗頻年決隄防幾處傾坐看田變海愁使困如酲捧土勞空積窮源事未成狂瀾沒危石奔浪駭長鯨瀺灂魚遊竇憑陵虎入城

流離民救死鞭撻士吞聲無室堪懸磬何門可觸楹獨遺桑上飼敢避釜中鳴天顧災應退星臨福自幷帝堯咨四岳神禹怙羣生選衆才難匹持危力易擎濟川思利涉題牘志澄清不使形過鏡能將物稱衡分疆蟻荷鍤申令馬鳴旌奮激行投璧明禋靡愛牲天津抵京口捍禦帶經營爲國家寧恤憂時淚輙橫冗删資用省夢叶致齋誠金簡玄衣薦瑤函玉女迎鬼工驅六甲人役動千甍馬峽收濤怒龍宮散海晴回天風渚靜計日雪山平鳥鵲毛何用蛟螭窟不爭

垂形虹外現由道地中行桑土千年固桃花五色榮門關眞砥柱襟帶卽蓬瀛造化騈嘉瑞神明應至精神靈蒼極奠水性蚌珠明居緇蟠泥出崢嶸化劒驚天門張翼遠霄路舉頭輕不向靈湫躍還隨震鼓轟葉公空好畫石氏自休兵詎把河圖負逢連渭水縈休明歸上聖勳烈豎鴻名炳燿書麟閣委蛇折玉行紫宸恩浩蕩白屋頌鏗鍧水府深知姓漕渠卓有程人人安樂土歲歲擣香秔絡禁巖魚籥懽歌響鳳笙陽回新柳插業復舊茅更昔來臺中侶今爲海上氓

年華翻寶籙秋色望金莖調高人寡和品絕俗難評
授簡慙搖筆流膏喜潤荆滄洲寄吾道白首及春耕
露冕懷南國徵輪謁上京灰心收棄馬側耳聽遷鶯
疏鑿朝宗願慇勤獻縣情分流歸有路高枕北山盟

新正七日同奎泉過樂軒郎事

北山開歲月東郭問松筠卓爾宫連舍蕭然壁滿塵
籬開三徑小幡剪百年新詩卷酬清世壺瓶寄此身
自憐心似石相對髮如銀謫向懽前少言從悔後真
乾坤堪作客鷄黍慣留人生事勤逾拙交情老更親

舊業堂集　卷之五　三七

愧君青玉案傲世白綸巾勳業兒曹立文章我輩論
祇應安蹇劣無復嘆沈淪倚杜非悲甯尋源豈避秦
青鞋踏宜偏華髮會須頻擊筑千年壯披裘五月貧
霏霏粱苑雪點點漢宫春寒色當罏聚雲陰傍屋屯
飲多朋好喜歸晚僕夫嗔把袂看天地扶輿役鬼神
望橋穿窈窕對嶽走嶙峋事易同流水人難比壽椿
自持躭碧玉何用怨青蘋曠野偏移杖高門不駐輪
鶯花延畢景燈月待芳辰共醉吳陵曲長歌泗水濱
安時耕舜畝忘力頌堯民　萬歲春秋富三時雨露
均御樓鳴鳳鳥天路送麒麟拜舞迎新詔恩波到舊
臣

過近翁壽香亭奉贈

不採山中藥來遊江上亭瑞烟籠檻紫嘉樹匝池青
桂飽秋風色椿占歲氣靈醅香飄八月上壽度千齡
逕轉虛簷逼泉涵霽日停自然迯雨露何事避雷霆
投珮憐同老開尊忌獨醒春雲生別館明月墮前庭
銅虎長爲伴神羊偶共經誼膠綢似漆髮鬢白如星
扶漢羞隨皓歸遼懶學寧乾坤雙過鳥身世一浮萍

舊業堂集　卷之五　三八

顧盼留孤劍翺飛看弱翎婆娑恣偃仰攀折醉沈溟
行矣氷霜厲蕭然耳目惺宜休高匾在誰勒北山銘

西園偶賦

造化睛兼雨年華瘁復榮從來丈夫輩了無兒女情
秋雲看世態朝槿等人生咄咄殊可怪喧喧空浪驚
蒼藤杖自穩青雀舫還輕躡磴山嵐薄臨流溪水清
胡爲遼海老好事富春耕郤怯忘人我涵虛化讓爭
悠然信吾道雙眼待春明

題王將軍磐石庭中雙古柱

雙桂參差雲與齊芬芳幾代石橋西新叢紅吐春風
滿故葉青留午月低樹老皮成蒼黛色枝甲手接廣
寒梯狂蜂不敢牙前釆驕馬長容丈外嘶心厭繁桃
時獨守節凌苦栢晚相攜三秋旖旎分蟾窟十里飄
飄散麝臍嚼咏歲過賓從賞攀援世許子孫躋百年
招隱來詞客彩筆含香醉裏題

禱雨

蘋藻晨昏薦齋心百里聞如何頭上雨只作片時雲

種菊

幾種秋來好東籬手自栽陶潛輿無限還待白衣來

歲寒松

桃李爭妍日蒼蒼信少姿霜無迹如掃始是識君時

幽澗竹

虛心抱孤直鳳宿復龍吟梟梟橫波瘦蕭蕭出塢深

雪裡梅

冷蕊窺春早江南破一枝瑶華故飄落點點綴幽姿

霜後菊

盈把香堪摘一尊誰為遺斯人邈千載高輿落東籬

巴人橘

俯仰乾坤大端居一斗中仙真有詭激神理入無窮

謝庭蘭

綠艷生庭陰香風散滿林疎簾嗅不厭憐取歲寒心

曾氏烏

徵禽有至性棲樹不棲冠三足忽歸飛至孝人爭看

梁洲鵲

塊石須更化飛飛何處來居然忠孝感春蚓篆文開

右軍鵝

容與泛秋水毰毸逗浦雲清言書旣罷一舉笑空群

茅君鶴

窺雲孤思逼搴帳忽相過人去丹初轉空留父老歌

壽春犢

周棠遺愛遠房馬戀恩深千載人如見慇懃一寸心

冠恂車

孔邇瞻依切驪車動別愁緘情陳萬里聊借一年留

謝易鳳山國醫

賣藥海陵城鐘山故有名長騎雙鶴過自挾兩龍行

題杏林春燕圖

錦袍象笏玉爲人，十里花枝照眼新。宴罷瓊林歸去晩，馬頭收盡曲江春。

戲呈戴廣文

待詔明光暫褐衣，草堂深處白雲飛。秫田百畝無錢買，每日鄰家一醉歸。

對鏡

鏡裡春風白髮多，蹉跎世事竟如何。黃金不駐朱顏色，薄酒逢人且放歌。

呈鄭樂軒三首

高齋隱約見孤松，只隔長橋路一重。春色滿城蹤跡少，門關知爲白雲封。

其二

角巾長日臥南山，雲自孤飛鳥自還。乘興短笻山下過，清風騷屑爲開關。

其三

春光多在酒家胡，谷口新晴正好沽。鬧道壚頭歌笑滿，倚門斜日不相呼。

過懷愼公宅

莽莽區中榛棘多，高齋疏豁最宜過。月明老樹雙棲鳥，風細危墻獨掛蘿。

呈戴奎老廣文

湖海何人白眼高，相看意氣見吾曹。春寒日日平原醉，不當貂裘當寶刀。

春日書屋爲儲幼安文學賦

門掩蓬蒿北郭深，半床書卷半床琴。清風滿院三家隔，料峭春寒不可尋。

其二

孤桐不蔽曉堂雲，十載晴光日伴君。此際春風吹細草，茸茸香氣坐中聞。

其三

芳園春入菜畦青，虛牖寥帷日在庭。儘有斜光侵彩筆，案頭不草太玄經。

其四

不避元規陌上塵，風流才子自乘春。微言秀句兼相采，滿注奚囊授老人。

遣興

一畝爲宫一片茆山人茶竈野人袍狂吟放浪乾坤外不似塵寰苦繫匏

嘲友人

落落塵寰蹤跡孤春風花柳費招呼酒錢幾日床頭掛啜茗清齋一客無

題儲太學扇面

蒼茫一水萬重山樹裏雲居隔世寰隱隱亂帆天上過長風不斷棹應閒

題扇

十里波光一鑑平微風不動浪花生停橈回首青山近蕩漾中流待月明

漫述

日日春晴春不多如何風雨逓相過清尊負盡芳郊約獨立花前漫一歌

秋夜閨窓二首

樓頭畫角送秋聲瑟瑟風吹孔雀屏半夜青燈人未寢滿床明月夢難成

其二

商飈颯沓冷流黄鴈帶秋聲過未央錦帳香銷金鴨冷青燈花落玉階涼

揚州友人送菊

廣陵秋色海陵來冷落疎籬望眼開傳與故人多費酒相攜輪日笑登臺

出謁後留友人小酌

朝隨匹馬走南川夜對羣龍敝北筵忙處昏昏閒處醒疎簾高捲看青天

笑呈奎老

投轄千般總不如淹留佳客計全疎那知天意隨人意風雨平明滿去車

有感

偶簇春盤眺小樓邀人不過水西頭自知不及王孫富寶馬紛從日日遊

失題

暫病春深江上眠勞生百計總冥然誰知愁處都成喜得作塵中兩日仙

早醒

疏燈隱隱聽殘更輾轉床頭百慮生信是老人眠不着屢呼童子問天明

東儲雉麓

獨倚棋枰銷白髮更將詩句答青春琴尊落落無知巳杖履翩翩有故人

次濟寧州

古槐高柳似揚州百雉方城枕濟流十里黃雲翻麥浪半船明月上簾鈎

夜雨損麥

漫言平地欲成河隴麥波翻一夜過痛徹吳城人十萬哭聲還似雨聲多

送人新曆

餽歲紛紛苦不勝更分新曆感年增人生都向此中滅世事還從何處憑

元夕

元宵舊俗競紛華九市喧闐逐鈿車燈月不教虛此夜管絃互發屬誰家

對牡丹花

麒麟半睡傍疏爐鸚鵡雙飛繞畫屏對此老懷難料理幾番沈醉幾番醒

與友人賞芍藥

花開名種擅揚州客至聊為金谷遊未許芙蓉照秋水巳拚鸚鵡醉瀛洲

秋雨

三尺洪波落水曹稻粱深處盡嗷嗷無情風雨來何用日夜徒增米價高

聞盜

秋宵河上不堪行獨閉柴門一拊髀露濕村尾空警夜月明山鬼慣吹燈

元夕王將軍邀飲時大雪

錦綉筵開虎將家燈前醉眼看梨花春浮杯斝渾成綠雪點頭顱倍有華

喜晴

芳郊風色散新晴多少遊人江上行老恨積陰銷髮短一壺今日出春城

送客歸廣陵

搖落方悲宋玉秋追懽連日醉青州玉簫此別吹何處斜倚烟花十二樓

舊業堂集卷之五終

舊業堂集卷之六

吳陵凌儒眞卿甫著
同郡陳王謨嘉父甫選
曾孫凌國楨維中甫訂

文

疏八首

條陳五事疏

題爲敷陳愚見以裨

聖治事臣謂人臣生値

昌明之時復遘可言之會乃不能殫心畢智以裨時

政之萬一不可謂忠臣愚無知待罪言責久矣

兹者伏遇

聖明夙夜孜孜以求治理而大臣亦多精白以承

休德臣偶有所見敢復避忌而不一吐納於

君父之前哉臣竊見

今日近臣清肅矣而外臣之貪墨者未見回風遐將

公明矣而操軍之虛冒者未聞改轍奸慝屏除

矣而賢哲之伏處者未遂登崇譽髦嚮用矣而

忠直之沈錮者未蒙昭雪此皆海內日盼盼焉

延頸企踵以俟而不容不亟慰其心者也臣謹

據事條列如左伏望
聖明俯賜採擇施行臣不勝冒昧悚息之至爲此開
坐除具
題請
旨
計開
一曰重貪墨之罰以勵頹風蓋
國家建立在外大小臣工凡以爲潤澤生民保安
地方之計而其最切且要者則在布政

與知府知州知縣等官苟此輩不貪即
貪不甚則保釐司牧咸得其人民瘼庶
幾其有瘳矣奈何此輩提方寸之印任
私意以伸縮錢糧執敲朴以鞭笞百姓
其所以括取常規舊例火耗秤頭與夫
因事受贓指公科斂甚至假借軍餉名
色動罰大家富戶輒至幾百幾千椎髓
剝膚民不堪命至是極矣然其所以肆
無忌憚者亦以贓吏之罰太輕蓋曰縱

或敗露彰聞重不過爲民矣亦不失冠
帶以去此外更無憂矣則其所以嗜利
殉財惟日不足又何所顧而不爲哉臣
謂
今日在內臣工率相重名檢而遠苞苴而
明旨屢頒復諄諄乎私餽是禁乃日聽外官之貪墨
如故不爲破格一處如吾民之倒懸何
合無
勅下該部通行撫按將屬內貪贓異常者不得優以

藩司官尊甲科可惜不得待以朝
覲罷斥差完論劾即不時指實奏
聞仍令該部今後遇有指名特參者不得槩擬閒住
爲民務須重擬以憑拏解來京追贓治
罪其事情稍輕應行提問者該部仍酌
量地方遠近限以具
奏之期不許歲月遷延使在網者復以倖免其有
先經論劾見行提問久而未報者通行
切責爲何姑息長奸如此則禁例之申

飭益嚴風聲之感召自別而懲一警百之餘庶貪黷者稍知改絃易轍矣伏乞

聖裁

一曰革虛冒之兵以求實用蓋

國家設置春秋操軍凡以護衛都城即古所謂釆薇之戍其初未嘗不善也奈何法久弊滋有空名而無實用除河南山東二省尚依限赴營積弊頗少者姑不論外獨江北直隸臣自束髮以來未聞每次有一軍上班每年有一批廻附卷者雖邇來立法稽查甚嚴而領操官參提降罰殆盡卒不能使一人來京何也蓋中軍留守都司所轄凡操軍共四萬四千有奇通計行糧銀共一十四萬餘兩每年各在州府關給百計留難如該班應給銀一千止先給與三百即三百之内又皆加一扣除領操官得此止帶一二管事人役逡廵赴京隱姓諱名上下打點

于以東支西吾萬一稽查即便棄營而逐矣其所以頂名代役者又多在京積猾之徒專一用強包占而營官則以納賄爲便該吏則以得財爲常左右通同剋減責放者且十之八九矣此其行無所資勢不能來而奸有所售且不必來其爲弊豈一朝一夕之故哉夫

朝廷外則歲費銀十萬餘兩以給軍内則歲費米數萬石以養軍乃竟無分毫之用而或者猶謂法不可以卒變是徒知愛禮存羊而不知採華忘實者也合無

勅下該部再加議擬將江北操軍免其赴京止將原額行糧銀兩如數徵解仍於應操各軍名下每名量追銀一兩謂之免班責令衛所掌印官依限徵收批差領操官一併解部則内外所積歲可得銀十八萬兩有奇然後付工部以十分之三以爲各營夫役之費貯兵部以十分之七以

備緩急召募之需蓋所謂一舉而兩得
之矣其在山東河南附近常來者則服
行清查一如該部所議如此則實既覈
而名亦存財不斂而用自足酌權通變
之餘而官軍公私兩利俱存矣伏乞
聖裁
曰拔隱逸之材以振士氣蓋
人主遠奸爲其妨治籲俊將以維風固有並行而不
容偏廢者也我

皇上臨御四十二年以來
壽考作人凡布列在位者固濟濟多譽髦之士然其
砥礪名節伏處山林者求之海內可謂
盡無其人哉舉臣所知則尤養純粹與
論久孚有所謂吉水羅洪先其人者行
藝優長鄉評推重有所謂華亭林樹聲
莫如忠臨川徐良傅其人者廉正自守
終始弗渝有所謂汝士吳嶽其人者彊
毅有爲盤錯不變有所謂金谿吳悌其

人者此數臣者或懲創已深而行能可
用或沈痾久起而年力方強即今身處
畎畝之中非不忻忻然幸有昇平之遇
而思欲一置身於
聖明之朝也苟失今不爲錄用而使少者日以壯
壯者日以老焉則沒世而風釆不表見
於後固若輩之所甘心者而野有遺賢
其謂之何臣謂頃者既多罷斥匪人而
將來復考黜不肖人材亦幾於乏矣於

此而舉隱逸以接續之誠
今日之所不容緩者合無
勅下該部再加採訪果臣所舉或非謬妄將羅洪先
等隨材器使及時登庸既不使臣冒知
而不舉之嫌復不使臣抱舉而不用之
嘆若夫限於耳目未周聞見未悉許地
方撫按各拔其尤疏其名以
聞如濫舉以樹私恩若三十七年借邊材以希進用
者連坐所舉如此則江漢鮮垂綸之士

四方集千里之材而扶茅連茹之餘庶
在列者咸知所觀感興起矣伏乞
聖裁
一日寬挂誤之罪以埀曠恩葢
王者操威福以馭天下如天之雷霆雨露之以義
而濟之以仁故議罰之典常申而宥過
之恩間一行之無不可者我
皇上自御極至今刑罰悉中凡封疆議論之臣以事
而目罹於法者固咸伏其辜矣然事久
論定中間豈無一二尚在矜疑可憫者
乎故功多過少人以爲冤則巡撫曹邦
輔是也罪重情輕人猶可錄則巡撫郭
宗臯是也心是迹非偶被繫逮則給事
中沈束是也冒嫌觸禁誤入網羅則御
史黃正色桑維喬是也此數臣者或年
垂白首而望斷鄉關或忠抱赤心而魂
驚邊塞俱宜惻然傷之而不忍使之禁
錮終身者也苟當此伊呂之

朝再不獲霑逋之澤則此輩生還之望以孤臣謂
聖明曠蕩之恩遠近沾濡而獨此有遺焉非所以燭
幽情而啓蟄戶也合無
勑下該部再加議擬如果臣言不盡乎外將曹邦輔
等寬其戍守出之囹圄悉令還鄉以廣
聖明欽恤之德矧內如邦輔宗臯已經撫按薦用而
沈束者又經伊妻具情哀懇臣非漫無
所據市恩沾直冒眛以聞誠有以寬之
則光復生於腐草之餘心未熄於寒灰
之後而凡懷狗馬之忠者皆知感恩圖
報矣伏乞
聖裁

裁費芟奸疏

題爲及時裁糜費芟積奸以甦兩浙久安事臣愚
無知嘗聞之先正曰琴瑟不調甚者必解而更
張之葢謂議治之臣必求更乎往轍之弊然後
功業可從而新也兩浙地方爲
陛下東南財賦之區事勢之在今日正所謂更張之

會不容一日蹈常襲故者頃者伏覩
皇上軫念地方簡任賢能撫廵其地臣惟稽首懽忭
日全浙之民自是有更生之幸矣復又何言獨
念兩浙自敝壞以來民財日入於空虛人心日
流於矯僞治兵無紀與無兵同及今改觀易聽
之時正士民延頸企踵之日苟不即其往轍一
掃而更之臣猶懼財竭而斂不休奸深而黨益
固無兵不可爲守有警其誰與敵是其人雖去
而所以流毒地方者且日深也其何以使塗炭
之民一朝登袵席之安哉臣是以蚤夜思一

得之愚有此二者一曰裁糜費以重民膏一曰
芟積奸以杜近習凡以示前車之監求故轍之
新且庶幾乎桑榆之收者也臣敢不爲
陛下詳言之夫曰裁糜費者何也兩浙用兵之初軍
餉不給
題取全浙之田計畝納銀上下有差復窮及山林
川澤之稅槩不爲免歲得銀四十七萬兩有奇
可謂剝削盡閭閻矣乃有吳布政者復搜軍衛

有司額設工役等項多方刻減歲得銀一十萬
兩有奇可謂漁獵及僚屬矣繼又有陳布政者
指稱借用役動該司所貯大工銀一十六萬兩
有奇可謂專擅及帑藏矣是通計該省兵費歲
不下七十餘萬較之淮浙每歲濟邊額課數已
相當如是而不謂之糜費不可也蓋前此侵盜
之途百出冒破之孔日開故其費出不經制用
無節如此臣知今日私門久杜矣獨不可於歲
額爲之量減乎况邇來海波稍靜閭閻復空苟
失今不爲裁省不惟以空存之兵耗實在之費

且懼兩浙之民將肉盡而毛無所附矣合無行
令撫臣加意生靈悉心計處該省應裁冗兵若
干應辦兵餉若干原議四十七萬應省若干續
增十萬應存若干何者徑行何者具奏縱使原
題四十七萬或不可少卽以續取於官之數抵補
原派於民之數則應減在民且當有十萬也况
四十七萬中復多當減者乎近日淮揚無警淫
雨爲災撫臣憫之固嘗量免隨糧軍餉以寬民

夷之實矣此其積奸在水兵者如此夫兩浙歲
慣習不但彎弓持挺之不能且併棄其船爲鳥
大半名存實亡及至有警出洋人力鮮少復非
百餘人少者七八十人乃領船哨官任情賣放
十人不可況衝風破浪非可力挽纜牽故多者
冒實海上艑船大者如山只平時撑駕非三四
何人此其積奸在陸兵者如此至於水軍尤爲
日三分暫應一名者不知此等軍餉數年侵入
臨點查則傭顧於代替故有用銀五分暫應一

都萬不滿千十不滿百當調遣則竄取於沿途
此其積奸在冒功者如此然其所籍諸路兵大
之間寃死之魂呌鄉關而號風雨者何可勝計
不報一甚者掩敗爲功殺漢人爲夷人故八年
閑先後踵以成風寇至則十指爲千人然則千
曰是積奸者何也兩浙用兵以來上下通同欺
謂兩浙弊之更在理財者不可一日緩也夫
賦解倒懸之民兩浙行之又胡爲乎不可臣故
力知興化賓應泰州等處是也然則蘇人困之

撓焉臣故謂兩浙弊轍之更在用人者不可一
清根蔕之奸洗汚穢之習行之兩浙又胡得而
掄黑黍將於獄竄劉指揮之賊之類是也然則
如兩浙撫臣繼至固嘗悉釐厥蠹以正官邪如
官苟且復如疇昔者哉往者准揚任以匪人弊
以復售則風裁所示耳目翻然一新矣尚何虛
以果處之以漸縱不使冗兇得以漏網奸得
宜參提其徑間縱使不能一朝盡去而斷之
心爲宦應革與否其也爪牙爲宦應罪與否其

何虛冒幾何其也領船幾何賣放幾何其也履
無行令撫臣勿避嫌疑盡法查處其也領兵幾
其根能保其不株連枝蔓將益不可收拾乎合
膚者尚多竊恐於左右前後也譬之伐木不自
矢今不蚤爲芟除臣恐去者一人而爲者人之
矣顧城狐社鼠嘗肯不待驅而自離其窟哉苟
難回黨與已成奸貪益肆臣知今日作法必涼
苟且緩急無用如兵荒益熾民之不正故末流之
費六七十萬凡以養兵衛民而所養之兵虛冒

日緩也蓋臣嘗祗奉
欽命有事地方熟覩冗費無兵每爲扼腕嘆息既而
奉
旨在告不得一言故當此革故鼎新之時爲是更化
善治之説無非仰體
聖明不忘遠之意以效臣惓惓兩浙之心非所謂振
落英而縛窮兎也伏乞
皇上勅下該部再加議擬如果臣言不謬移咨該省
巡撫蚤與見諸施行則財用節而惠澤益流積

習除而兼威遠振庶海上飄風之寇廓清有期
而東南膏腴之地安枕可待矣臣不勝願望感
激之至緣係及時裁糜費芟積奸以甦兩浙久
安事理未敢擅便謹
題請
旨

科場疏

題爲科舉事奉都察院劄付該本院題差御史二
員前往順天府監試等因奉
聖旨是科場事重近年奸弊多端着凌儒陳聯芳悉
心綜理嚴行禁革以副
朝廷求才之意欽此欽遵劄仰臣等依奉查照施行
奉此除應行事宜應革奸弊容臣等次第綜理
嚴行釐革中有應該奏
請施行者另行具題外謹先以選用外簾官員一節
爲
陛下陳之竊謂求才以釐弊爲急釐弊以任人爲先
任非其人事將焉濟訪得近年科場奸弊在外

則雇替傳遞懷挾三大弊俱係應試生儒所自
爲之在内則彌封等五所供役執事之人受賄
朋奸通同作弊而五所之中謄録爲最對讀次
之推原其弊盖因各所委官取自吏部皆外省
聽調聽降官員據其遷改既乏素長之才委以
所司復無相轄之勢一經列名進場不以爲榮
反以爲耻又何望其恪勤乃事察法外之遺奸
而各所積書生員不惟約束不能反或被其窘
辱又何望其盡法清查袪該所之夙弊且監試

御史與各官原無統屬不得全以屬吏相臨故上下苟且因仍遂致弊孔百出挾讐者暗行改換字面致使文義不通受財者潛爲較正差訛希圖僥倖見錄甚至揀選絕好文字截其前面腳色一幅那與買囑之人將甲作乙或密爲私記通將此卷謄與彼卷或選於各卷每摘一篇湊成七篇對讀人員通同不舉及中式開卷人是文非遂令膏梁巧計成名豪傑抱惋喪氣凡此皆由任用不得其人所致也查得應天及各

省此弊誠少委因各所執事皆係甲科選擇而使故役使有必遵之勢稽察盡精敏之才往往事不廢而弊能清如此臣等欲比照應天府事例將附近京輔不係防秋地方府州縣官中有素稱才識精明卓有風力者行取到京派以各所執事如期迫入少方於吏部選擇前項官員以充其數務令盡心約束不至苟簡疎虞其有如前怠玩縱容許臣等指名參
奏究治庶旌拔振勵之下人心改觀防範覺察之司責成有在而奸猾通天之弊可清
朝廷求才之意不負矣伏乞
勑下都察院即便劄行提學御史作速選委訂日嚴限前來深爲便益

科場條議疏

題爲懇乞
聖明加意掄才重地更陋制創弘規以隆賓興大典事臣謂惟天立君所以建極於上以端宰制之本惟國求才所以共理於下以充任使之司然

掄才之地莫重於科場首善之區尤先於
畿輔所以羅四方之士辨千里之材而公卿大夫百執事皆於是乎出制弘則美備陋去則奸釐其所關於賓興之盛誠非小也臣等奉
命監試科場其於綜理釐革固已勉竭微勤亦既竣事矣竊方□餘復嘗巡視垣壁周遭登高瞭遠以至堂房廚廁凡足力所到靡不目窮而心計始知夙蠧難除衆美未備皆由創建簡陋闕節易通其在今日所宜亟爲鼎建以成潤色之猷

者也敬請爲
陛下陳之嘗聞之先哲曰琴瑟不調甚者必從而更
張之乃可鼓也蓋謂法久必窮勢窮必變惟變
後通斯利存而害去則夫變棘闈之圮陋開
昭代之文明能無待於
陛下一作而新之哉臣等謂貢院之地基廣則形勝
有餘量地經營結構弘厰周廬森列廨所闕失
然後經制備而百慮可消今地方湫隘窘迫民
居東西僅百有六步南北僅百有十三步度以
準繩纔四十五丈許耳雖經前歲開拓南面一
方而四至終難展布此在基址所宜增廣者也
庭宇軒豁堂室爽塏然後居處得所而校閱精
明嫌疑隔別今體制卑淺至公堂幽晦狹窄不
獲仰視日光内簾各房小同厠厦實以箱笥旋
足不能坐致縛束執事各所鱗比星密鑽隙可
窺而謄錄一處納以書吏七百餘名人多地少
每接趾摩肩縮手操筆且陰沈卑濕一過亭午
黑白不分此在堂室所宜崇高者也室宇四壁

磚石爲堅不但可遠穿舍鑿壁之嫌且可袪風
雨鳥鼠之患修築既省粉飾不煩所謂一勞永
逸者也今徧索諸壁更無塊石片磚壘以土坯
墁以汚泥而薄塗之以粉羊質虎皮殊可嗤詬
每震風凌雨漂搖爲患莫不凜凜懷顛覆之憂
又何能行坐委蛇安心所事此在室壁所宜堅
固者也東西席舍必寛大疏朗方住止稱便身
安意舒且勢隔則風燭無虞坐遠則傳遞未便
每舍置格三扇用則陳列畢則收藏一年有數
十年之用是計之最善者也今則比密如茨一
板而兩生共之不惟聲可相呼而面面俱坐照且
中空五尺坐板高低有影而居側身而立生儒
困頓往往嘆息吞嗟此在席舍所宜寛厰者也
供給一所飲食攸關每場士子及軍役數滿萬
人應給粳飯湯餅率以三四萬計必廣建厨竈
多設庖胥令其宵作晝用庶食俱新美人不苦
饑今則房止十間百需塡塞不獲增置錡釜取
辦臨時其勢不得不越宿先爲之備夫以越宿

之咏當辛苦之餘即便給何能適口故諸生携
然一腹經歷晝夜遂至困病相枕不及終場此
在厨舍所宜更置者也周圍棘垣舊垂爲固然
必石爲底塼爲中近巔稍用土坯數級覆以杉
架加以茨針特高丈五方可峻出入之防革接
遞之弊以及臨場揭曉踰垣飄瓦之凶今則高
僅及肩可跨而越也雖該會試增設層墻要亦
環築以土其土又皆取之墻下日挑月塹夾道
成河土軟址虛一遇淋雨塌卸幾盡故每歲再

築再覆不稱觀視之美難保防範之疎此在墻
垣所宜高堅者也夫以各省舉場規模宏遠綜
理精詳每歲修葺先期無所容奸足稱盛典乃
京闈爲四方之極鄉會兩試皆在焉而二百餘
年苟簡若是豈朴畧之風踵襲未變抑經理之
臣疎濶未講歟固宜積弊成奸致有今日屢壓
聖明特旨注意關防　臣等謂創制立法者難因舊爲
新者易今場中室廬雖壞尚多可用之材地方
雖褊復有可闢之勢因丘陵以爲高　臣等開創

其事之易辦也失此凌遲之漸不欲早爲之所
聽其頹壞日甚方且歲歲樂爲補塞罅漏之圖
何其計之左乎合無明春會試之後鳩工聚材
次第修建以待來科之用甚便　臣等查得每歲
修理順天府該十之四用銀八百有奇工部該
十之六所費殆倍其半大都兩處用銀二千是
額辦者也再查得順天府庫內見貯銀二千餘
兩係工部發修貢院錢糧其銀原出之提學屯
馬三差贓罰是已辦者也再行省直三十差御

史取什百於千萬之中各解贖金三百兩以助
工費是可辦者也通計內外可得銀一萬三千
有奇此其財用不患其不充矣預行十三省及
南京各將貢院規制縱橫向背命工繪圖上之
禮工二部再爲斟酌損益使體勢弘敞室宇輝
映經緯如式巨細靡遺此其制度不患其不精
矣督理營務不必以咫尺之地自生藩籬專任
工部主事一員素有心計幹才皭然不染者悉
心經理而禮部該司官時爲秉公協謀細加商

確不得如每歲部司府屬各據所分處所較量尺寸之間彼此推調以致曠時悞事此其責成不患其不專矣所需木植塼瓦及油灰顏料之類悉平市價招商估買躬率匠作人等寅集酉散計日程工不得如今歲信用奸商一槩包攬致使壁灰青白揮筞以底腐板爲門應手可碎此其破冒不患其不清矣選用委官廉訪勤慎派以執事責令夙夜在公時加檢點各行領銀務要如期給以足數嚴禁該吏毋染指其間重分例之罰杜請託之門遠包賠之累不得如今

歲委官朝至暮往此去彼來甚則假公營私以致百物苟且無裨實用此其督率不患其不嚴矣夫以鼎新兼乎用舊謀國一如營家則費減於前功倍於昔觀美可備奸弊可清蓋一舉而百廢俱興者也臣等固知其事之易辦也或者曰先朝舊制焉用改爲是欲工之成事而不貽以居肆之安者也拘攣之固見也或又曰苟可掄才安取壯麗是居之以破屋而責其有禦寇之能者也循習之疏謀也當琴瑟不調之甚而不肯改絃移柱以求更張之便焉謂之審音知變也可乎哉伏乞

聖明軫念斯文垂情盛典

勑下禮工二部詳加擬議如臣等言有可採蚤賜施行庶百年陋制一旦改觀禮樂文章煥然都會之彝典旬宣寅亮斐然名世之良材文明之治盛而可傳垂拱之化邈而有成矣臣等不勝願

望待命之至

舉刺人才疏

題爲舉刺人才以備邊防以安內地以紓

聖懷事臣等伏覩

皇上御極以來外而邊疆事務內而地方災傷罔不

夙夜憂勞致廑

宵旰之慮近以東西虜報重大遠邇騷然屢荷兩啓

玉音咨詢輔臣欲令詳處無非爲

社稷生靈至計臣等謂

人君欲天下內寧外謐以成順治威嚴之功要在選

擇人才以備經畧撫綏之計之人失□而欲求
內外治安不可得已臣等謹以逸才□備邊防
庸品不堪內地者爲
皇上陳之茲者
聖神撫運國固多賢但俎豆之士有餘而軍旅之材
不足則夫早爲錄用以補失事應罷之臣以求
破格禦戎之策誠有不容于或緩者也臣等訪
得原任三邊總督陳其學原任陝西巡撫戴才
原任大同巡撫朱笈原任福建巡撫汪道昆原

任延綏巡撫王輪原任兵部侍郎喻時吳嘉會
凡此諸臣或偶因兵力寡弱遂致地方疎虞或
小以檢束未嚴輒遭言官指摘或循常未聞炫
赫而倉卒綽有紆謀或年力未見衰頹而調度
儘多奇策責以全才備德未必兼能而各負所
長容有不可以一眚棄者况閱歷歲久懲創日
深當
聖明御極之初孰不攘臂思奮以圖報効且今邊事
日就頹壞矣不爲取長棄短錄用此輩以救將
來是以貳卵而棄干城以寸朽而捐梁棟求之
於新進之輩不逮繩之以拘方之器非宜邊防
復何所賴以振哉臣等共謂諸臣之當用者此
也頃者老成嚮用吏治更新然材質之振作終
難職守之陵遲日甚則夫亟爲更置以謹帷幄
運籌之地以收江藩底定之功誠有不容于不
早者也臣等訪得見任兵部尚書某見任江西
巡撫某見任鄖陽巡撫某以上三臣或操守未
污苦寸長之莫展或根本既壞復一割之無能

或備奸污之狀而張施久壞於湖湘或負聾瞶
之材而舉措大乖於江右責之投大遺艱皆非
所據而輿情未恊誠有不可一朝居者况本兵
任重巡撫官尊茲當內外多故之秋豈宜坐視
因循狼狽以防賢路且
開讀自陳既久矣不爲隨材授任甄別黜斥以厭
衆心是使蚊虻負泰山之重燕石溷荊玉之良
上之非所以爲
國謀下之非所以爲民計內地復何所恃以安哉

臣等共謂諸臣之當處者此也伏乞
勑下吏部詳加議擬儻臣等言有可採將陳其學等
遇缺推補其等調用罷斥則邊材勸於甄錄之
公而致身之義愈切庸品安於離別之當而官
人之効自臻邊防有備内地無虞而
聖明宵旰之慮可以少釋矣臣等無任懇切祈禱之
至

劾勦鎮邊功疏

題爲邊臣欺忽荼毒地方復割平民頭顱冒充虜

人首級避罪邀賞懇乞
聖明亟加
宸斷以除積姦以紓人心共憤事臣謂人臣之罪莫
重於欺
君而誤
國殃民擒敗爲功皆欺
君之大者邊臣有此罪固當誅苟查勘之法不嚴殺
人之姦得售臣見無辜遊魂含嗔怒冤頭顱叫
鄉關呼風雨死者銜冤生者太息民怨日積
國體日傷欲邊事稍振其陵夷生民得免於荼毒
不可得已矧當
聖皇御極之初正外夷窺伺強弱之際不大加
威斷使擒敗爲功者明正刑章臣懼不知其所終也
頃者東虜内侵劫掠撫寧昌黎樂亭叁縣牛馬
積畜百捌拾里之間蕭然一空殺戮男婦以數
萬計身屍横野其子女被虜而去者羊驅出境
哭聲震天近拾年來邊疆受害未有如此狠狽
之甚者也臣于地方失事人員姑于小者不論

外總督某巡撫某總兵某等律以明例罪復何
辭當此之時正宜下罪已之令扶瘡痍之民待
罪行郊慰諭孑遺收屍原野恭聽
朝廷分别罪狀或議死或遣戍庶法紀尚在人心稍
安盖曰事已無可奈何所可爲者此而已矣乃
計不出此復擒敗爲功指漢人爲夷人避重罰
以邀厚賞將平民被殺者盡割其頭顱捉報斬
獲首級捌百餘顆夫民不幸生長近邊又不幸
遇督撫非人無可怙恃今皆父不得顧其子妻

不得有其夫僵屍數萬枕籍郊墟見者寒心聞
者酸鼻兹又割其頭而去之彼諸臣亦何忍
至是極耶
國家制刑斬罪加絞罪壹等盖以身首異處不復
完人罪大惡極者則加是以重懲云耳今無辜
立就死地矣又皆不保首領與棠顯戮服上刑
者同科使含寃之鬼日號鳴於白草黃雲之下
是誠何心耶前始聞提音舉
朝之臣疑信相半旣而盡疑之今則悉知其僞狀
矣詢之公差見各衙門者則曰伏屍田内者皆

無頭之人也詢之鄉民至都下者則曰僵臥溝
中者皆半段之軀也又聞總督某張筵置几邀
武御史以待紀功未及登筵而號天乞頭于劉
嶽因哀鳴于御史者則羅跪滿前矣夫有身屍
則有頭顱不待辨而章章明甚今身在而頭亡
豈虜人者亦以所獲頭顱多寡爲功次盡囊之
而去耶可駭也可恨也然則捌百顆中吾民之
頭固拾居其玖矣眞耶僞耶功耶罪耶臣伏見
先帝之時刑罰章明邊臣用命故其時韃圍嘗失
事矣未聞如此之慘邊臣間有假功矣未至如
此之欺今盡割在野平民之頭公然詐稱捌百
功于
闕下豈以地方去
都城遼遠聲聞難達而僞狀易行耶抑豈以
聖明寬仁
天覆卽知其姦亦姑從輕典耶赫赫
朝廷慶賞明威紀法森然具在數百里之内尚敢欺
罔若此則千里之外如山西石州一帶者生靈

之魚肉邊臣之欺玩又當何如耶臣連日聞之
大臣曰此事可恨也又聞之小臣曰此事可恨
也又聞里巷之人曰此事可恨也此事者指督
撫總兵割人頭充巳功之事也知其可恨矣不
聞之
九重之高治其罪以泄人心之憤豈言官之職
朝廷之法哉夫有功不賞有罪不罰雖堯舜不能以
治天下况當邊方積衰不振夙姦未除而復欲

假之以寬臣恐玩愒陵遲日甚一日後將有不
可收拾者矣且總督素負姦貪屢經言官論列
臣姑不復揁陳但據某平日高談雄辯自謂籌
邊綽有勝算若可以繫單于之頸而犂其庭臣
又聞諸臣中亦頗稱某有小才薊鎮可恃罷去
則代者或難其人謂其有小才者亦據某紙上
鋪張揚厲之言悻悻不能下人之氣耳今東虜
大舉入寇得報日久竟無一策捍禦於先復無
一籌挫辱于後乃左右觀望聽其飽掠以去復

所爲若此猶謂某有才乎居薊四年一卒不練
一矢未操其無事者幸耳某非有勝算也總兵
某身居主將固守無能巡撫某職任撫綏調度
失策欺罔之罪又與某等如某曰剳頭冒功非
彼之罪則統馭節制者何人揑功妄奏者何人
是猶分同盜之贓而曰我未上盜也其將能免
耶臣謂宜將某等失事情由嚴行御史查勘而
此一節尤宜多方研究盡發其姦但某等在鎮
則左右奔走皆某故吏下僚或畏其威或啖其
賄左牽右掣襲故蹈常縱有神明之吏亦無能
出某之手者矣伏乞
聖明早賜
宸斷將總督巡撫總兵比照山西事體先令回籍仍
勑下都察院劄行巡按巡關御史嚴加查勘若總督
等僞狀果盡如人言當明正其罪以爲邊臣欺
罔者之戒則遊魂蘇息殘喘可望以更生夙蠹
湔除將來猶幸其改轍內治旣修外患自殄矣
再照九邊諸臣情罪俱同四夷內侵爲患日甚

失今不爲破格以求長策任其廢弛欺玩而本
兵者復眈眈而居飽祿以嬉焉譬之病者因循
勿藥至形銷骨立方倉卒以求良醫即倉公扁
鵲望之而驚且走矣合無併
勑輔臣及九卿科道大小文武官員協謀殫思各攄
所見數大臣者從中酌擬取其經權並用常變
兩利者條列
上請見之施行則戰守之鴻圖允賴安攘之駿烈可
收矣臣無任瞻越待

命之至緣係邊臣欺怠荼毒地方復割平民頭顱冒
充虜人首級避罪邀賞懇乞
聖明亟加
宸斷以除積姦以紓人心共憤事理未敢擅便謹題
請
旨

條議五事疏

題爲敷陳末議以備採擇以裨
新政事臣庸劣待罪言官曩事

先皇以罪杖歸田里伏蒙
新命
錄用期竭狗馬之報少効獻芹炙背之私有所見而
不言有言而不切於理皆臣所不敢也是以濫
竽以來思惟末議稍有切於
新政之施行者凡得五事皆關於風化慶賀之大宮
箴民命之重養士理財之宜秖陳一得聊以裨
萬分之一耳
陛下試垂仁採納焉則天下幸甚臣愚幸甚爲此具
本開坐謹題請
旨
計開
一曰清
宮禁以肅化原臣謂閨門關王教之端放釋本寬仁
之政故古者天子之宮后妃嬪御凡百
有三十人以陰禮教六宮以婦職教九
御不得濫設多置充塞後宮其簡而進
之也不敢以爲易其汰而黜之也未嘗

以爲難凡以嚴嬿溺之防達和悒之氣
故房闥有形史之化內助有雞鳴之風
帷簿肅清率由於此
國朝以來宮人之多至我
先帝極矣蓋以當陽四十五載選取太勤有入無出
故今所積不下數千餘人臣謂遠慮如
先帝當必首載
遺詔悉令歸宗矣豈大漸倉皇獨不及此乎伏聞
皇上登極以來兩放宮人數百餘名中外莫不仰見

聖明體悉人情
至意但潛從中出復多老病未嘗議下該部稽之典
禮措諸施行以致事未早圖尚多失所
之嘆恩未博大不免向隅之悲是以號
呼道傍者固漫無所歸矣其幽在深
宮者尚屬數多臣恐淒風苦雨長夜孤燈其永嘆悲
鳴皆足以薄陰陽傷和氣自昔賢君有
因淫雨放宮人者有夜出宮女三千人
者蓋有見於匹夫匹婦一有含冤則震
風殞霜恒雨恒暘災害並至故不使

清朝有長門之怨後宮蒙後盛之譏也合無
勅下該部遵照先朝事體通將在內宮人姓名籍貫
照冊稽查預行父母兄弟之家先期以
待仍差各該衙門逐一揀選除衰老無
依者咸與收留其餘悉皆放出願歸鄉
井者聽願有室家者聽明白正大使天
下曉然知
皇上哀矜幽怨之心則

宮禁清化原肅而浩蕩之恩波均沾於怨曠矣
二曰查冒濫以慎
恩蔭臣聞爵賞所以待有功名器所以防僭濫是以
聖人謹繁纓之惜
明主愛嚬笑之微夫固公予奪以勵人心慎慶賞以
垂法典者也我
國家內而錦衣外而衛所指揮千百戶皆
朝廷甲冑之士爪牙之司非有臨城野戰斬將搴旗
之功難以輕授所以使貪冒之屬不得
坐享軒冕之榮寵賂之臣宜自寢其淩

逼之漸甚至重也近年屢因海上飄風
之寇師老費財塞外羈縻之虜匪茹深
入議懸賞格外論首級厚錄以官內論
運籌叙勞以蔭要之責在實有勳勞焉
耳豈徒日寄空名於操弓執矢之籍駕
虛聲於戮力死綏之生而已耶臣聞用
兵以來中間親冒矢石斬獲首級以得
官者固多然借他人首級爲巳功以冀

人爲夷人因而冒爵賞者亦不爲少慮
誠毋虞委身臨戎或旁午馳驅或經營
夙夜以得蔭者固有然虛張聲勢揜敗
爲功輙以小捷微勞重官累蔭者豈謂
必無甚者以孩提之童不識弓矢爲何
物乃捏稱隨陣斬獲因而冒外衛五品
之官旋以賄賂陞遷遂抗居三司之列
夫抽取軍餉剝削民膏多者三四十萬
兩可謂貪黷之極又甚及小豎子使擔

爵分祿以爲親戚交游光寵若勳臣世
胄然斯誠貴與富兼矣臣見天下外衛
指揮等官通以公私罪名揭黃降級挫
[illegible]殺盡乃使市井無賴并佻佻公
[illegible]奴隸箕裘之臣莫敢誰何內而錦
衣清肅之地昔以官少尊榮今使朝飧
宵臥之夫冒假功充要處遂與元勳紈
胄共列斑行至雜然而無所居不亦輕
重倒懸眞爲淆亂也哉合無

勑下該部通行天下將用兵以來陞級授官凡係有
功云者逐一查勘明白是何月日功次
獲功之日年歲幾何有無詐冒并將納
級指揮等官查果家貲素厚抑或禦人
得貨因而買官今果有何才能遂以鑽
求冒居薦剡在內行該衙門在外行巡
按御史嚴行覈實具
奏勿得姑息長奸如此則蔭襲清名器重而貪冒
之徒將有所懲創矣

三日懲酷吏以奠民生臣聞守令本親民
之官而変人則居上之道故刑成不可
與變死者難以復生爲民父母者正宜
垂召杜之恩戒張嚴之暴使當時倚戴
去後遺思他年俎豆固其分也苟居民
牧者滅德作威烈于猛火而使無罪者
立就死地將不以牧人者而殺人也哉
我
國家於郡縣設有知府知州知縣等官凡以牧養

元元使塗炭者登衽席之安頑冥者開聾瞶之蔽而又多甲科以充其位其廉察者非不詳責望者非不勤也夫何邇年以來貪墨之風似已少熄矣而酷暴之習未除幹濟之才似有微長矣而子惠之仁未足不問事情輕重而輒加以難受之刑即夾棍毛板等刑以至人所不忍聞所不忍見者一切混衣冠盜賊而並施之俾無辜之民輒斃于鞭敲之

下曾謂其有人心哉蓋曰我不要錢人其如我何不知貪止破人之家酷則戕人之命其所以孤人之子寡人之妻以至六月飛霜三年不雨者職此之由也夫古有甘棠之愛揮涕之碑彼既不知立德立功慨然有所慕於昔矣然見奉

新詔今後無按劾到官員但有犯該贓私人命者務

要提問追贓償命不許槩擬爲民則

明命固凜然在目也獨不恐而畏乎

詔令不嚴姑息是事而欲酷吏之少懲臣見其難也

合無

勅下該部通行天下問刑衙門不許深文舞智故勘

平民逐一查照明例將峻刑苛法悉爲裁革其有無故殺人者審得情罪允當

明正刑章仍將

新詔通行所屬地方再爲申飭不得視爲虛文以黨護兇殘如此則酷吏懲民生奠而橫肆之徒庶知所永鑒矣

四曰嚴考覈以疏選法臣謂天下之治理係人才人才之鎔鑄在學校然所以操鎔鑄之柄樹表儀之觀者莫重於教官是教官者有父師之尊關桐梓之命者也我

國家養士以學校而菁莪棫樸之化則每屬之衰邅庸鄙之夫欲其聚生儒于庭而申之以孝弟忠信禮義廉恥之說即歲終任滿曾無一言何也志有在學無本也其

所以喋喋於齒頰鞭朴間者非束修之多寡則歲餽之有無甚則覺校鞫爲蔬圃稱貸同於壟斷若是則又安能使符聘之輩由禮義易覲聽修之於家而措之于
天子之庭哉夫以風俗教化極重之責付之斯流而萬無一人能勝其任者雖其日暮途窮伏櫪無千里之志則又以待之恕罷之緩耳有司則撫按不欠論劾故曰兢兢

懋樹賢聲教官惟三載黜陟之期間或罷其老耄汚穢之甚者外此則姑容之矣不知此爲何地而可以匪人久居耶近該提學御史麗尚鵬申明考貢之法正所以謹之於衰朽未進之先臣欲吏部考覆之嚴乃所以察之於衰朽既進之後合無
勑下該部通行天下提學官每年終各將所屬教官明白分別賢否去留書冊到部該部據其名實查訪相同即罷斥之每一歲一舉不得指以年淺姑息不必陰那其缺而陽借以王府之陞又不必專俟
朝覲罷斥如此則桑榆之景心有所慕不敢自恣待次之人缺無所妨不至坐困再行巡按
御史每差完日各將境内山林巖穴之士果文學優長志行方正素爲士心所推服者疏名以聞該部鑒採得眞間授以學正教諭之職假以歲月之久觀其

德教之成則遴法既通人心益奮而天下之風教庶幾可轉移矣

五曰免班軍以助邊乏臣聞治兵莫先根本之慮斂財貴達通變之權故與其名存而實亾孰若棄此以取彼苟不能越拘攣之見濟倉卒之艱是猶羊已亾而猶欲空守其牢者也我
國家設兵衛内凡春秋兩班軍近則山東河南遠則江北直隸凡以捍衛京輔拱護

宸居卽成周釆薇之役意甚善也然法久弊生有名無實其在山東河南者利弊相等要之亦緩急無濟獨江北直隸一帶留守都司所轄凡操軍共四萬有奇通計行糧銀一十四萬餘兩到京又該關支月米一萬餘石費旣浩大慮似周詳而因循玩愒之餘遂成弊政雖邇來設法稽查管操官降級且十之七卒未能使一人抱孔棘之憂懷靡盬之慮以至都下者蓋應給行糧不獲領充路費至賣鬻子女匍匐赴京而又百孔千瘡上下公私費用窘縮遂至狼狽不堪纔一點名卽便棄營以走是不謂以無用之役耗有用之財乎夫操軍既不赴京應給者將歸何用識者每欲去名以存實而謊者猶欲愛禮以存羊不知兵果有濟則費雖大而留之何傷事旣成虛則制雖久而改之何害況邇來營建旣止役使不煩而

詔書蠲免數多邊需甚急當此而不爲蚤爲經畫一變通之是欲救同室方揚之火而不欲借鄰人可汲之水者其爲計不亦至左也哉合無

勅下該部轉行江北御史將春秋二班軍止責令該府解銀不必將人解部仍於各軍名下量追銀一兩謂之免班通計歲可得銀一十八萬兩山東河南暫免來歲春秋班諒所括銀可與江北相等大約明歲折銀并在京月糧可得銀四十萬兩庶稍濟燃眉之急然在山東河南則暫爲停止江北直隸則永以爲例凡以示因革變通之宜再將降級操官遵奉

詔書准與復職令其更新凡以示寛恤優容之意如此則虛名革實用充而邊需之匱將亦有小補矣

劾某大學士疏

題爲輔臣義當終養托病求歸遷延日久希圖徑
出懇乞
聖明早賜
俞允以全大節以勵薄俗事臣聞事親孝故忠可移
於君遺其親而能急其君臣未之前聞也矧大
臣爲治之表表弗端則寡恩之風興而子道壞
子道壞則臣節衰其所關於綱常風化之故誠
非眇小臣竊見大學士郭某昨因言官論其當
罷遂稱病乞歸

陛下屢降温旨勉留若不忍其一朝解組以去臣仰
見
陛下重惜
先朝大臣之心德至渥也臣伏思之眷然慰留者
君之仁毅然謀歸者臣之義使人臣於君不以情之
最切者求去而托事之非實者求容則輕重倒
懸進退迷謬其爲計似巧而實拙矣臣請以某
可去不可留者爲
陛下陳之某先是爲吏部尚書不攜二親於京邸以

承朝夕之懽一旦厥考訃音至某內不自安每
對人爲終天之語似見本心之良不可磨滅及
服未闋
先帝聽左右之說復徵爲吏部尚書比報抵其家某
之服尚四十九日未滿某于此時既非以金革
之故迫之於前又非有奪情之
旨驅之於後乃義不自裁遂忻然縞素就道此其心
豈紹裾捧檄之心歟夫奪情起復古今違禮者
猶譁然攻之即

先朝起用李賢修撰羅倫執奏以爲不可其詳今見
扶植綱常疏中某起家翰林必嘗讀其書知其
人矣豈獨無人子之心而忍於犯古今之公議
如此哉當犖犖在疚之日爲遑遑在道之行臣
不知某之心何以自安也及至都門服猶一日
未闋輒欲遂
朝賴戚里之言姑且止臣不知某之說又何以爲
解也今某母老且病歷年八十有二兩目雙瞽
孤單另居起止孰與扶水漿孰與進試使某當

婢妾懽娛之夕孫子笑語之時一捫心思之且
有泫然涕下者也某正宜顯然以將母之情如
四牡詩人哀鳴於
陛下朝上書而夕束裝則某雖不知有父而猶幸知
有母矣今不以是求歸顧因人言稱疾假遷延
之拙計煩
聖明之勉留濡滯三月日盻盻然竊言者之暫寢矚
門生故吏左右探聽徐爲再出之圖致爲舉
朝識者所卑鄙不誠輕重倒懸去就迷謬也哉且
一去不復返者親之年也今某母當朝露之年
某不肯稍圖一日之養臣見某終天之恨將又
無解於其母矣終喪之制無所奪而弗遵終養
之情有所貪而弗吐是某怙恃俱失嚴慈兩負
天下謂某爲何如哉先臣李密曰臣報劉之日
短事陛下之日長斯言也千載而下讀者罔不
愴然與懷臣且不論某貪穢庸瑣輔弼非材終
不能翊事
陛下即使能之尚且日長而其報母則日短矣顧不
肯鑒東隅之失以圖桑榆之收其謂之何況邇
來人心競進子職不修重靡鹽之歌輕罔極之
詠於古人所謂一日養不以三公換者盖芺啗
黜以爲灰塵而相詬病矣矧又大臣如某者倡
之欲頹風之不煽俗薄俗之不薰人其將能哉
伏望
聖明察大臣之去留不在細行之不矜惟在大節之
少玷俟某再本陳乞即
賜放歸俾某母得終其天年因以爲狗祿忘親者之
戒則救某之失者
陛下也風動天下使人人知有親知養之當終者亦
陛下也其於世教將不大有裨哉

□堂集卷之六終

舊業堂集卷之七

吳陵凌儒眞卿甫著　甥　袁懋貞居易甫選
曾孫凌國均用中甫訂

文序二十二首　記八首

贈大叅春所龔公擢河南方伯序

人有恒言監司民牧殊體寬嚴異用民牧以恩勝監司以法勝斯父母神明之説也似也余觀之天噓而温風洒而甘雨人咸狎而愛之乃如烈日爍空轟雷擊石人將惴惴焉走而避之不暇何也仁可親義難比也天道且然況人哉故使監司者操一切之法倣

然人上競爲鉤距恣爾憑陵吾見胡越起於衽席咫尺隔而千里糾之愈急文之益堅惡能訢訢然使吏與民披腹心攄情素一體相成哉然太剛則折太柔則廢參和謂中狥拘攣之見者必棄此崇彼抱一曲之能者又執巳非人凡夫海内擔人之爵析人之圭其持衡者亦鮮矣嗟夫誠不足而才難古道寖衰洪猷未𢌿無恠也春所龔公以藩叅兵備吾海上其人盖居然長者三年間島夷屏熄桴鼓不鳴五兵胥飭之效可見於茲矣而其不妄取不妄費齏冗食齏冗兵是猶曰百善中介然一節云爾乃其大者宫府不設聑睨不立推赤心置人腹中俾賢愚畢效其用諸所措注一意撫民是故辨疑獄以雪民冤禁僞錢以銷民變謹河防以蕃民稼乞賑貸以療民饑太抵以父母之心行神明之政謂公剛不折而柔不廢也豈不可哉余聞之仲尼曰吾見老子其猶龍乎謂變幻不可窮也今觀老氏亦曰柔能制剛弱能制强齒敝舌存迺其立教之義是伯陽所垂世不朽非大巧若拙一以柔道勝耶春所公性貎寛和爲温風爲甘雨

叩其中則均若平衡洞若懸鑑閒嘗聞論吏曰某某賢聞論民曰某某良即閭閻纖悉細微不事吹求毛髮無所爽失人亦不謂非烈日轟雷媟而玩之譬之抵鵲在璞不顯晶英而瑩然之光莫掩龍泉在匣涵其芒刃而凛然之色難犯夫抒其渾厚發之精明斯所謂章章卓犖若是余固竊嘆曰春所公亦伯陽哉其爲龍可伏而窺矣俗吏所嘗習不能破觚故所張施亦戔戔凡陋孰與公天覆地載日照月臨　庇之

爲得哉古之馭吏少廣漢多次公戢兵樂子儀憚光弼觀史冊取與較然論治者可繹思矣雖然余有慨焉匹夫匹婦弗忍有傷公心也頃者錢法不行大都白晝愚民標奪致陷重辟者數十人公且無可奈何眚災蠲賦捄一方倒懸公心也頃者撫臣重　國儲申章停閣致　主恩浩蕩魚鱉之鄉獨不被沾濡公且無可奈何高寶河隄金湯勿壞公心也頃者霪雨浹旬諸隄四潰致與泰數百里良苗一望巨津所至哭聲撼野公且無可奈何然亦不遑寧處而其心已

士附民戴之矣今以碩望偉暨擢河南右轄行且開府重鎮爲　朝廷巡撫大臣所謂無可奈何胥得伸縮由巳懸知不委於天豐澤湛恩將必大闡綏猷獲如所願余且日盱而望之矣余懶慢妨俗辱公不以爲不肖眷然優禮余於衆中德公最厚知公最深故因州大夫吳君之乞言而樂爲之揚摧也於是乎書

送憲使後川傳公擢順天丞序

聖天子御宇之五年治屬休明位先表則時少京兆缺銓衡簡其人以我公名上之　天子曰俞命下淮揚徒御黎氓蹌然奔走鄉大夫士則喜愕交集喜者慶登仙之選愕者惜保障之一旦撤吾海上也公將治裝以行州師生倪晋明暨劉岩唐洪慶輩謀以謝數年鎔鑄之雅乞言于予予素不能工古文詞然卒不獲辭也乃作而言曰京兆古内史之職畿甸之事中都之訟獄皆受而聽焉少京兆則尤任之要且劇者選皆人望垂示四方明興叙望叙資擢多臺諫間以藩臬補者百之二三耳公以數千里于城之臣遠在遐方輙膺輦轂具瞻之命豈以黃霸嘗守淮陰治行爲天下第一所以簡在　帝心者固有日歟抑京

師根本重地必得山望如公者以彈壓之而後可也夫騄驥行千里不可以服鹽車牛鼎函千鈞不足以賁饔飧之用何則其所挾者大小固有不能焉耳孰如大靡不勝小罔弗宜一舉而兼之者尤爲無憾耶公其人也公由進士起家縣令展轉郎署間出補剌史秩滿遷憲臬因以兵備淮揚本末有餘謀訏鑒遠所歷善狀予不能各各殫述獨三年間耳目之所覩記簡賦治財五兵咸戢壯猷先聲能使長江巨海烟

熄波溼趫悍摅谿之徒根蟠橫截於墟里川塗者驅除殆盡其於武備傍然振舉矣他如蘇里甲均傜役清虛糧釐浮費散穀賑饑開堤注水廢憂纏結乎眉睫而湛恩汪濊於肌髓者橫被無窮又其大者排徐邳泛漲之衝流通南北貨財之孔道斬木樹本畚土固防義秉任丹身先衆旅凡四越月而事竣環水居民獲免爲魚然苦辛備嘗玄髮頹然一變成白矣此其勤勞楙著之績百世且有賴焉公之蒞政大都能巨能細之綱之紀卽勛勦盤錯應之從容而愉愉小心則日周巡於几席之地至守身別嫌明微介如處子雖有吹毛之智安所指其一疵方且視爲尋常無毫髮矜矜自鳴之色公之大體植立衆長必張世固鮮儷也卽騄騠牛鼎所不能兼者公其有之亦何施之不宜耶夫利如龍淵斯於斷割乃可與議公自此揚巳試之廉威宣芳猷之洪吧將見神明摘發桴皷稀鳴赫然流聲當與趙張爭榮青史矣雖然千里之足期遠騁千鈞之任匪虛受以公素所蓄積一少京兆固不足以展其底蘊安知非籍是爲階將開府於

鉅鎮而剸繁治劇有十倍於此者乎又安知不以剸治之聲所至輒成自京兆而擢以爲相因以膏澤遠潤於江淮者乎是公之事而予子民之望也亦師生繾綣拜別之情也

贈郡伯虞紹東公入覲序

萬曆　御宇之七年爲天下入覲之期　聖天子將坐明堂朝諸侯大計羣吏術古黜陟幽明之典期保艾黎元寧謐疆徼垂豐鎬之治於億萬載勿使失墜制甚楙矣吾維揚使君紹東虞公按禁例方歌驪駒垂橐而行同寅月川韓君中山丘君湯溪王君龍南范君相與謀所以贈而郭君順菴者造予廬乞一言以華其行予重諸公祖之委弗獲辭乃颺言曰今之太守古之諸侯秩居二千石民風吏治咸有所隸貪廉汚隆之準繫焉身先之則從且理維揚財貨甲他省郡津當南北星使如雲所需少弗稱輒眦睢長短其所隸州縣相距千里編氓馴頑何啻數十萬屬吏之工者拙者又趣尚各懷其心于此欲塞睥睨之私奏奠安之績蓋亦難矣予嘗竊記往者下之染指濡

首幾自墮落上之矜矜飾廉隅武健嚴酷曰匪是惡能勝其任而愉快乎言道德者溺其職巳夫在昔稱循良漢爲盛而太史公傳循吏則叔敖而下數人而止令概其中又寔以一二事不相兼能焉非夫吏道之難歟公以　天子黄門遴蒞茲土守非出於一麾材早成乎百鍊其振衣崇岡濯足清流勿論巳而其破宫府降巉絶居上臨下悉撫以寛和即勵勤叢遝中未嘗見乖嫛倨驁之色所謂盖之如天容之如地暖之如春古稱長者公之謂矣予讀班氏書見論漢

黄霸之治潁川一任寛和以禮義條教爲諭無所事搏擊霸固一代之良也方之公齊軌哉齊軌哉然火烈人畏水懦人玩相濟不偏者盖鮮公寛而有制和而罔狎即聲色不動而隨所注措若振槁然自簿書筦庫以至治兵疏河靡不日就綱紀尤雅意造士建塔以崇風水修祠以禮文昌凡爲右文計者特至且商賈輻輳紛奢多盜之地三載間四境晏然墟有寍大關無暴客百廢舉而度貞公殆渾厚精明兼之耶予嘗濫竽直指行部金華金華公之鄉也沿溪入境遂登山涉川觀其窮宼者曲折峻拔者陵厲因知士生其間圓多辯慧方多峭直固地産宜然若公者秉中履和鄮雕敦朴則又胤毓於山川之靈非風氣可得而囿者公聞秩滿薦揚膏澤洽旬宣忠信孚交際立德不啚茹美而章君子曰斌斌乎紹東品中仝才也直良二千石云爾哉　明朝計吏懿典不獨窮詠不肖尤於卓犖者立異等有　欽宴之寵焉盖旌賢也公之此行揚州治行且居第一裒然專城之先爲淮海生色天漿醉飽寵冠一時二三同寅載錫之光

矣顧滷海之濵千里士民相覷駭愕重以惜瞻依之去復懼留中能無借寇之思乎甘棠之蔭長而方齊五袴之謠兩岐之歌入耳未饜露冕行春野人懷惠在仁人自眷然不捨去也矧久任之令象魏方新即其地增顯秩焉固近事可睹者此一方之私也天下之公也儒也日盱而望之矣

蕭抑堂公善俗錄序

化不易更也習成之謂俗鼓舞之謂風範圍之謂約是故俗有善惡政有沿革長民者必掃而更之風也

約也凡以牖民之良也民心本然之良以無物我無崇卑無古今感之卽通扇之卽動標立而帖然以趨是故法不可易申之可也善有可師廣之可也嗟夫自吏道壞民俗訛斯義不講也久矣蕭侯守泰之八月加意善俗梓錄以行斯錄也述而不作者也侯鄉之先達羅公念菴傳世有譜譜中約族有訓侯得讀而藏之玆出其所訓族者準以善俗前有作後有述訓族之心與善俗之心一而已矣羅公以昭代文人日講聖賢之學駸駸乎已造於醇儒家陽田乃合族人環居而星處懼其曠禮逸度思以防之也遂以其用世之志施之於家首揭　太祖高皇帝教民榜文解釋其義聖謨洋洋精蘊闡矣因次第其說廣十有二條義正詞嚴森然法語具載凡以移羣向爲皇極之歸羅公之施於有政如此公盖本其得之身心爲族閭表正風之有自非徒然者於是明期會備章程俾遠邇親疎拱手一就約束登顧強之哉孝弟禮讓勸善懲惡與夫相恤相保咸人心所自生非其性之良乎各有之良導之使從斯不令而行不言而信故今洪都而上談聚族之美必以吉之羅氏爲門閥首稱焉推公之心由一族而一鄉而國而天下庶三代之風有興乎公於羅公爲後學來牧玆土慨斯文之影響撫薄習之沈淪御吏有嚴誨士有體然其欲民爲善一念如水之必寒而火之必熱也其軫民而爲之驅也猶饑之於食寒之於衣也其約民而範之自身也猶規陳不能欺以圓矩陳不能欺以方也乃題其訓族一卷更名善俗錄將覃布滷海之墟習而行之樹之風聲回其俗尚嗟夫我公淑人之心可撫卷而窺矣化不易民教匪狥類良心所秉四海萬世固有同然安知約立風行海隅之俗不有如陽田之美者耶又安知觀法相師海內之俗不有如海陵之美者耶訓族善俗良法美意先後同符吾知化益弘心益遠矣刻成鄉之長老奉公命委予爲序曩予筮仕承豐厚羅公收爲門下士師長之義也今反初服齒爲公編氓子弟之分也服義則宜推廣先師遺教以示不倍循分則宜仰承父母德意爲鄉人倡又何靳於一言也乎

贈都轉運臯渠楊公入覲奏績序

長人者之視寓內元元其心宜無以異也所以軫念元元而生全之其計亦宜無以異也然心無異而職或異世遂以其職異其心任司牧則右民理鹽筴則右竈一切利弊介若秦越然甚則怯縮者拘其故思深者虞其他支吾掣肘天下事夫誰任之慶曆間河淮破漕捍築無遺策矣獨以分流尾注輿泰諸郡邑渟弗輿洩民無所耕議者求入海故道於丁白二渠或謂其逼竈也中持之更數歲不決旣臯渠楊公來

爲都運長蒿目時艱奮然曰害不祛利不興且職守有二凡元元皆吾赤子有二哉合刺史蔣公道海上炎熇中徧歷諸垺場規圖永利請於臺使者濬車軨諸河十餘所以殺其流復丁溪白駒二渠閘以導其歸諸凡石畫盡出兩公曆注而公任之尤力昔時肆溢倒灌没廬浸畝者咸底平成人人尸而祝之矣不佞家東海正溺中人也故德公爲益深使公一或偏於視聽則事偵拘彼成說則議阻虞及後言則功隳舉諸郡邑之地猶然沮洳諸郡邑之氓猶然魚鱉也然則臯渠公獨南北兩淮三十餘場之保障已哉公起家名進士初試令關中爲良墨綬以高第郎司空部部長二賢重之進郡太守爲良二千石比轉運兩淮爲　國家計臣提衡利權修潔不染節浮費以裕商竈搜伏匿以清出納不爲嚴聲色以厲其屬而屬之貪墨者必黜以故見之者盛夏若負霜雪旣就之又如勁寒暴春陽也而其宅心之仁持已之廉蒞政之公任事之勇有諸薦剡所不能盡述者今年秋九月秩滿三載制用奏績適當天下大計戒輿垂槖入

覲　帝庭羣四方藩臬郡邑小大之吏敷陳論述稟受　明天子訓敕宴勞退而以三年之課上考功令裕邊足國異政殊勲當稱天下最行且非次顯擢不得長淹兩淮矣副使聶君某重公之行也丞不佞山中丏一言以爲祖帳先不佞素德公之深又兼以聶君之故似不能已者蓋聶君不佞令永豐時佳士也有一日交雅遂不辭而叙之

錢太夫人九十壽序

莊生言冥靈以五百歲爲春五百歲爲秋而又有大

椿者以八千歲爲春八千歲爲秋夫彼皆所謂大年也而有大而益大者焉盖登東岱者駐足天門而知其有日觀也登西華者瞪目杉檜而知其有蓮華也彼其磅礴蜿蜒紆迤盤曲則必有崔巍峻絕薄雲霓而干霄漢不可丈尺者矣余小子見大司寇景翁先生而知其有太夫人也先生當　今上之七年旣以大老八十膺　存問之眷今又六年年八十有五矣而先生之太夫人則年九十並以極貴篤老皤然相與貢於堂皇之上一以爲王母一以爲嬰兒一以爲

明月一以爲長庚裨海之內衿佩之家無兩焉盖余小子與先生之子虞佐共年籍嘗客先生所見虞佐事先生朝而問起晝而問膳夕而問寢几杖匕豆無所不親旣乃闚先生之就子舍而事太夫人猶虞佐之事先生也又見先生臨虞佐言無疾色無遽訢如閩如其家訓一稟於義方而常有愉穆之象旣乃聞太夫人之就慈闈而臨先生猶先生之臨虞佐也夫福澤壽考其淺者猶可偶而受焉若乃仁孝雖洽泰和之氣鬱於閨帷而格於冥漠者至矣故天祚之以

無疆之[illegible]難老之年旣於其身又於其子旣於其親又於其身卽雲仍而下至於所不知者何人皆若可延而觀斿而饗也由斯以譚大德大年合若左券先生以德壽母而太夫人以德壽先生交相壽歟盖鉅公名卿之在寓內繫　國脉而其壽命祉福往往與　朝廷家相應　今上方尊養　兩宮承綏純嘏於萬斯年則其下寧詎無耆耉之臣長奉其親於春臺化日之境迓天休而介景貺相爲無極者乎余小子受易益之六二臣道也曰或益之十朋之龜弗克

違先生是已晉之六二母道也曰受茲介福於其王母太夫人是已人言世當有道之長則白鹿在郊白龜在沼彼毛介之屬猶然矜跂而以爲希有奉以爲祥至君臣動色作爲聲歌薦之郊廟錯采績畫而以夸諸其士庶物瑞乃爾況人瑞也乎哉然則震澤之區一氏而有兩瑞焉將熙洽之徵永命之符於是乎在是惡可以無著余小子故不揣其不佞而序之夫且爲天下賀不獨先生太夫人也

贈鄭思亭父母入覲序

三代基隆之時諸侯之入覲也蓋非徒筐篚玄黃輸方物充貢獻巳也亦非飾僞崇私賚金帛邀結左右苟爲聲譽冒榮寵巳也要必有所以自信者挈以效於天子之庭何也曰吾無所覬覦竭乃心盡乃職而巳矣爲天子布德意惠養元元守其生平而不壞朝覲宗遇執此以往是以上孚其忠下吮其澤出守藩服入爲卿士股肱王室冠冕百僚而勛庸塞天地書旂常勒鼎彝蜚聲後世殆無窮殫也巳豈不盛哉三代以還侯封裂而郡縣之制剏矣於是則有廉能之

吏慈惠之長明善之師如黃次公魯仲康輩咸奮自郡守歷敘崇階而勞著當時聲施後世雖不能媲美古昔抑亦可以爲次矣是豈有術以獵取之耶良由積其行能不壞於巳有以效之天子之庭致茲盛焉耳我　國家立綱陳紀設官分職其於維持內外之制至爲纖悉外官率三年一朝銓司者察其功課殿最而加黜陟焉凡郎官諫議臺察之屬往往於課最者取足異日果有以自信不壞於巳則遍轉高華致身樞要所謂名公碩輔亦往往輩出於斯嗟乎幅員至廣官屬眾多庸猥鄙瑣者或有之而涵光霽之化炳炳烺烺卓然自信挈以效之天子之庭者豈乏其人哉明年春旦天下吏咸萃　京師遵制也余郡太父母鄭侯嘗偕計以行噫嘻如侯者其有以自信矣可以往見天子矣侯之政奉德意而布之郡中也若慈母之於子隨喜怒饑寒而爲之足其欲不可一二舉而其大致則內盟諸心外恪其職苞苴不入貨賂不行堅貞潔白皭然浮於塵埃之表斯則侯之所以自信者乎斯則侯之所信挈以效於天子者乎　聖

天子賢宰相虛巳以待吾知侯必有所合矣合則從從則遍高華登樞要易易耳勛庸之盛不豫卜於今日哉往歲侯以御史旌異余嘗爲文頌之侯之心余知之久述之備矣茲於是行也鄉之薦紳復以贈言囑余不獲辭則信侯之心有以自信而爲是言或亦信余言之可信信其爲不妄也

賀中陽舒老先生榮封序

國家張設彝典推本所生每敘子勞視秩覃恩爰錫寵命斯因忠以隆孝者也人臣稽首自天兢兢皇皇

榮與懼並益用楙樹勳業薦致尊人登之巍階斯固孝以作忠者也然制以例妨事緣時偶內臣易外臣難由上横被易由下累勞難以所難得一旦寶軸金函赫然天奬下九重走千里俾吾親鐵冠繡衣星燿日華翩翩里閈間爲親戚交游光寵猗歟休哉人子得此其心宜何如懽忭者全州中陽舒君與予同官南服淬義和衷殊方兄弟也君之翁以君三載奏滿封如君官吾輩各相矢一言賀之程子曰欽厥職之謂忠顯厥宗之謂孝理無二致事非兩岐　明王御

寓欲百司庶府雷動景從輸忠宣猷匪取震耀之權曷以鼓舞一世人子式酬昊德欲霑優渥芳馨風烈匪厚積勞勩比協成憲亦曷以望上稱明試釐茲洪休二者蓋交相待也中陽君韞櫝六經服膺道術俯鑑深於重淵仰窺高乎玄極是故以迅踔之氣琬琰之材奉　勅兵備徐州祗以展事惠以綏衆詰戎治河百度犂舉其持衡握鑑尤偉然有古廉鎮之風職勞備矣銓部列其狀上之　天子天子嘉之推厥所自敷時新命豈不曰獲若經營勤在彊服茂哉惟汝子獲若啓佑功在庭闈茂哉惟汝父褒之榮之奚斯也夫臣賢而賚之自君上有異禮子賢而逌之自父下靡遺善洵所謂使臣以禮則士之報禮重語交也吾知中陽君沐此湛恩忠愛之心油然生矣殫竭股肱庶幾夙夜何也思恍其親自致恪其君矧乎其忠素著也翁佩此湛恩忠愛之心亦油然生矣拂示鞭影要之大賢何也思報其君自致勞其子矧乎其教素章也嗣是騰茂實永鴻名鏤玄珪閼紫閭忠日以顯孝日以崇是中陽君於父能子於君能臣斐然罔

斁大倫在茲舉矣豈世俗冒焉虛銜進秩云爾哉拜命幾何時將卜日齋心發鸞龍之文對揚休命行且易春官舊服介春酒簇賓筵曳赤横金與彩衣炳錯婆娑堂上予謂絲竹鍾鏞則市里喧闐者爾無以異也爲短歌三章獻而侑觴焉首爲中嵩之歌歌曰山之靈兮雲蒙其峰朝浮鮮紫暮射殷紅生申有始祝漢無終翁服爾登安貞與同再爲長松之歌歌曰松之稹兮下有虬龍掩映烟月凌厲霜風蒼顏黛色偃蓋重重翁服爾盤相羊無窮又爲豐水之歌歌曰水

之泓兮載地涵空潤枯而華湃北而東揚光清令灔滑沖溶翁服爾臨澡浴厥躬歌闋中陽君輾然蹈舞再拜請授之遂書以代琅玕之贈

發藻堂集序

詩不易作亦不易言蓋自三百篇後遐哉邈矣代有作者言人人殊漢去古未遠獨超玄乘魏開曠神全晉緣情述景漸近靡縟下迨六朝排偶盛渾朴衰風雅之遺漓愈遠矣唐興諸君子力制頹波體格既備風致攸存雅韻洋洋悦心怡耳故作者必舉初唐盛

唐爲稱首云夫詩者性術之形風氣之所漸也唐一變六朝猶能近古雖諸君子才識邁往力能必至毋亦時之所尚有固然歟故今觀其冲夷者涵清曠於溫醇麗藻者發濃纖於色澤排巧之習黜渾厚之氣完要於性術均有所得焉耳世之論詩者往往各隨其性之所近高明脫略之士雅尚清虛一味宗陶韋友王孟而博學洽聞呈能競藝者又或委四子於岑寂至同枯澁之孟郊噫是各執其一偏者也濃淡兼染人之積備清濁合樂工之技全取淡去濃有遺色矣喜清厭濁有遺音矣故清池之水澄江之月瑩徹融朗達者愛之苟持此而穢金玉鄙玄黃是又以山澤之癯而嗤巨商大賈之所有者也其不知類孰甚焉湛川倪學博先生平生負豪傑之氣文章字學各擅其長尤以詩鳴齊魯教成風變之餘諸弟子乃請吾泰暨項城鄴下所爲詩校而刻焉刻成章文斗李呈華來索予序予曰讀發藻堂詩乃知倪君之所藏富矣非所謂淡而不去濃者耶非所謂清而不厭濁耶固宜其色靡不備音罔弗全美則愛愛則傳也已

雖然有飄然遐舉奔軼不覊之態李之詩所以神有山林旅寓慷慨悲歌之懷杜之詩所以聖以倪君之才廓而大之綸而不息將濬乎河漢殊未有涯其詩之放逸與沈鬱也宜與李杜並驅矣予辱湛川之愛深故于二子之請因以所以論詩者求質焉

郡齋清玩叙

人心所向恒輕重相爲低昂此重則彼輕是故嘗去彼取此躭岑寂則厭繁華志山林必忘朝市夫人之心亦惡能兩勝而並用之哉故清修之士取足山水

之間斯俗所深嗜而競趨者舉不足以掛其胸臆矣蕭侯尊甫翁江藩清修士也平生志躭山水當居鄉時往往翱翔青螺白鷺之上恣以爲快今侯迎養玆土屏處一室視向所躭慕不獲靑鞋布襪片帆短棹躡足而登以遊焉至世之所嗜而趨者又非其心之所欲環觀竆宇一無以當乎其心能不悵然以思乎予既爲淮海崇源手册推本翁恩俾翁散帙自嬉乃上舍儲子櫱葦人爭賡詠復強予倡而詞予知翁素所躭慕獨在乎岑寂山水他不與也遂令繪爲禽鳥

草木凡可以識感怡情者彙以娛翁之目而快乎其心嗟夫翁也得攬而觀焉巍巍乎若陟山之巓洋洋乎若泳水之涯青螺白鷺之樂一卷舒而宛然如昨已因搖筆各題短句見鄙志之所存翁有味乎予言其去彼而取此也哉

贈郡侯鄭父母榮膺嘉獎序

州治編海處陋非通都大賈交集之地民生其間者率椎魯鮮識不事巧利愛實而惡華易駭而難馴以故蒞斯任者亦簡朴不自逞薄威多寬則得之矣老子曰其政悶悶其民醇醇又曰治國若烹小鮮何者貴不擾也治道何常擾之則亂順之則理天下古今自然之大勢也雖然未易言也爲治猶爲學然先定其志而已矣志之定者無動於聲華不惕於利害非浮議游辭所能牽惑吾中有主矣故學可以適道而治可以登理不然擾擾焉日營吾聲且利見害則怵惟議是從吾不能自爲主亦何所爲而可成乎然眞實爲學之士與好名之人潔長量短較日以計聲譽恣進取之謀殊不若矣然久之未有不著明而道德

宏碩者也眞實爲治之吏與近世一切苟且之政較計目前釣聲譽圖進取亦弗若之矣然久之懋弘愷之猷樹光大之烈而勛業充塞於無窮其心若曰吾因其俗順其民盡吾心焉而已矣至違背民俗苟以具文書瞿瞿奔走而因得一言之譽吾不忍爲也吾以之决去就焉耳嗚呼此古之知道之士而後能之豈漢唐以下循吏可幾及哉吾父母鄭君受銓寄以蒞吾泰也始見恂恂若儒生學士不妄出一語而有成績者余心恍曰是吾泰之父母也既而勤瘁民瘼

撫字有方潤畧於繩削而游心於簡便民有所納完租則已不復苛也州有所用稱事則已不復濫也余又心悅曰是真吾泰之父母也嘗語余曰吾恪吾職殫吾慮而人不我知吾不為之動也不然吾有去而已噫其定志而適治知道而從政者乎歲春閒督河都御史潘公移文褒獎備述其善而州倅某東幕某徵余言以諗之余則自謂少知父母者見其蒞吾泰也無近名無嗜利不惕害不牵議以儒生學士之心盡愛人節用之道朞月政成矣而褒獎適至郎使與

世之一切苟且者絜量其所獲亦不過如此之速而已而積久彌彰勛業克塞又豈彼之所敢望哉吾父母亦堅定其志而已矣吾不能以導諛也是為序

贈大叅春所龔公擢河南右轄序

春所公之被　命赴河南也將臥轅江沚垂橐驪駒鄉大夫與屬吏贈之行郎累千百言猶若不足以揚其光發其憤余曰鄉大夫則相與也東南美哉屬吏則相臨也上下交哉美合則契深交形斯義起是故情之不可以已也乃郡博士及弟子員亦嗣嗣謂余願告一言為譽余逌爾而笑曰異哉監司之行屬吏有言已非古矣矧最疎逖如博士弟子員者乎春所公以藩叅奉　天子簡書監制一方於所屬賢不肖咸得廉察博士則能糾之衆弟子員則能簡之詘之其所宜施於黌校亦曰導之禮義試之文詞爾已討勢與分則廉遠堂高者也春所公以治兵治河日夕不給鉠然二者若體具不相屬然顧師生獨眷眷于其行咨嗟旁皇乞言至再何也豈亦曰故事宜爾哉是往昔之所無也博士吳朝翰等揖而進曰夫人之

惠有萬鍾不為重一飯不為輕者此無他緩急殊求與辨也施以萬鍾緩後其期必待其求而後與受者可懷而與者不謂之惠一飯之恩乘人之困先其未發慨然許之則廉耻之所由生也與者弗德受者則弗可忘此孟軻氏之所以卒澤於道而伍員韓信厚嬰於胸者也邑居諸生凡百有五十餘人自河決來併日而食易衣而出者殆十之五捐糧膳先稱貸為一朝一夕計者殆十之八貧至諸生極矣此猶居常然也今年春二月圜法不通市肆如洗諸生多有枵

腹啼饑數日不舉火者親戚交游莫相聞問上之所宜軫念宜有加於山澤閭閻之氓者獨一等哉然所謂簾遠堂高欲陳之而未有路龔公遽出贖金八十斤易青錢買民間盜鑄一朝底定遂搜括帑藏遍請之諸部院大舉賑濟首下其牘於有司曰士民之表也阨茲時艱得無有困於薪米者乎亟發贖金人錢之如其數越餘月然後部院題允賑典始行此與矯詔發倉小同而異夫無俟請求則廉恥全當其危急則拯溺濟首先衆庶則禮待隆此在龔公視之亦一

飯之德耳乃諸生得此則何啻萬鍾視之朝翰輩極不肖忝諸生之父兄師長也愛其子弟榮及其父兄師長寧能有胸無心哉此請之所以益堅也余聞之嘆息曰水患魚民錢法變亂賑濟者二難之一解也春所公毅然行之先之俊秀次之鰥寡孤獨又次之種種編氓可謂施恩有次第矣然其可略而詞者猶有詵焉國家養士建設學校輔弼司牧咸取於斯上人者茲地之所出也又烏得以弁髦輕之彼廣厦之內數百人之中所謂污鱥禮義蕩棄法典者容有之矣其間希聖賢多識國朝典章開口談當時之務動以豪傑自負者豈無其人乎一人焉亦可謂得士矧其人多慕古好義超然上達則下之人固不得以魚目溷美珠上之人又安得因稂莠棄嘉穀也嘗見監司挾簾遠堂高之勢巍然峻絕視其師與生誠若弁髦然間有取於談性命攻文字偶獵時名者幾人待以高等收爲門下士收者悦弗與收者固弗怳之矣此士心之所以不附也春所公之遇學校也不詭言導之禮義相率以空談不越職試之文詞俾取其薄

伎獨以提調之責付之博士吾惟日長之養之優之容之其休其休時與逼之其人之賢不賢也才不才也勿論也其所謂涵之如海援之如春者非耶今夫草木蕃敷造化不擇故雷雨均禽鳥孕育川澤並容故生息備天地之大蓋可見矣春所公以並包爲心斯以兼濟爲量知其施恩之有次第不知其無所擇者不知天地之大者也語曰周之士也貴秦之士也賤士固宜有以自貴乃其墮落不振將不齒於流俗奇毋亦上之人有以賤之歟春所公平居容士臨患

恤士謂之能貴士也可朔翰等起而再拜曰不肖輩久知龔公養士今始知龔公貴士請以先生之言贈龔公行俾後來繼公者聞公之風不以疎逖賤之龔公之惠將益休暢矣余曰然遂授之

陳衡野郡侯禱雨有應序

聖天子簡闔郡衡野陳侯蒞泰之三年時驕陽爲祟早禾幾枯侯慮吾民之失所惻然憂之率僚屬諏吉舉典徧禱于山川城隍之神泉日晴空一時陰靄四塞微雨飄忽越兩日輒至滂沱斥鹵之墟膏液流布

而環野編氓舉忻忻然擊壤相慶矣寅僚少山南泉諸君子謁余謀紀其盛余作而曰不經巫峽者罔知蜀道之艱未涉龍門者烏覩禹功之大余灌園東皋日臨阡陌因知疲農望雨爲甚亟而德侯爲甚深也敢以不嫺辭遜焉吾觀爲子者饑寒疾苦則必號呼父母之前爲父母者見其饑寒疾苦則必衣之食之多方崇護之其情至也民有患而望捍于州司長與州司長之當爲民捍患也何以異此彼耽耽而居飽飫以嬉視民艱若秦越人者重拂民望我侯念民穿渠灌禾閔閔焉待哺于天不待號呼而爲民請命有弗協恭齋心者則指天呼神詬詈之即父母宏仁曷加焉吾又觀殘忍者蠱天飾誕者誣天此而不蒙厚譴亦幸矣我侯旦夕縞衣十里徒步一言之善天且鑒之遂使焦土淤渠汪濊潤澤國賦民生均于是乎取贍此非天之公其報乎者侯至仁所以感乎天者可知天至公所以應乎人者可知感應通天人協然則甘澍淋漓夫豈偶然之故哉于時野人歌頌侯德萬甿一心余野人中之一人也遂爲之歌曰雨冥冥

兮山側千金難買兮一滴沾濡優渥兮闔澤徵吾侯兮吾且無食又爲之歌曰水淼淼兮天低一勺萬斛兮珠璣玄旻粒我兮蒸黎徵吾侯兮吾且無衣卒爲之歌曰稻青青兮將花倉箱慰望兮誰嗟萬民安堵兮海涯徵吾侯兮吾且無家歌成俚語亢全同鳴風之淮南足爲海陵一大奇矣我侯建鴻業流清風恢一割之才收三善之譽其爲吏治景爍者豈片語所能揄揚者哉余特志禱雨一事以塞諸君之命如其他則俟史筆書之余不贅

贈見吾譚父母入覲序

萬曆己丑歲當天下朝覲之期　天子將坐明堂大計羣吏之治行黜陟幽明之典先期戊子冬十一月州大夫譚侯十日從羣長王大夫行而其治裝則寂乎未有聞也蓋往大夫歲當入覲日坐堂皇營營然謀以治其槖裝甚悉無論其鉅細而陸之車與水之舟航也者靡不物物華而新之下至吏胥廚人辦所以從行資日喧喧里中蓋十室而九且未寧也以是爲故常毋怪譚侯行逼旦夕矣而里閈市肆猶然若

罔聞知詢之曰吾侯焉耳再詢之曰吾守吾常聽之焉耳嗟夫自吾不及見此蓋五十年乃今得之譚侯非空谷足音耶夫人內有所不足然後籍其外有餘瘠乎下斯得腴乎上譚侯無是故洒然其行嗟夫侯之天定矣侯褆身謹宅心仁義居然長者其爲政不務小辨事至哲甚毋假提衡尺寸炯然遂其施而行之則一意用厚牛法而止民有犯原而減之吏有過朴而容之終不以暴怒移天性爲已甚至其簡訟薄罰捐俸賑饑繕城垣以保障一方思貽百世之利開濬海口凡所資用金恒出私濟公亡入公成私蓋士民嘵然論矣侯善狀非一而其大都則取數廉乎數約修其實不修其名故所轄院司知侯賢咸目之曰循吏然侯自持則恒曰世巧寧拙世利寧鈍吾赫赫躡吾聲矣如民弗堪何自臨蒞迄今三載其政之寬然與履之觴然如一日嗟夫其爲內有餘而不瘠乎下也侯之天定矣復何所藉乎外以腴乎上哉余誠不解昔時之考績者挾持大典魚肉其民而其謬相語曰是行非重攜不可夫方今　聖天子軫念黎氓

歲詔書蠲賑至再而其重貪墨之罰屢下銓部長德意至勤自宰輔至百僚人人精白承休共臻熙治而山林長老扶杖需之私切謂必不藉此毫毛致苦天下吏爲也即交際有不可廢者亦百金而饒余嘗試爲令其狀乃今倍八九焉毋亦陽借公以文之而陰以益其私耶余重爲世道慨矣語曰士有百善惟廉爲最士有百惡惟貪爲最侯服善而能擇其最也既皎皎爲廉以肖海內賢者矣兹復垂槖以往一須知方冊外無加焉侯於予衷蓋有深契哉行當趨走玉

階發舒其氣免冠復有闡考功吏首上其名　天子嘉之待爲異等賜宴大官知非他人必譚侯也鄉中於大夫贈言之典久廢余老辱侯知復重侯遂不諱不文爲俚言一卷納之行李嗟夫侯囊固輕也載予言不亦僞重乎哉

壽江怡泉七十序

夫草木禽鳥之微含生遈態光澤充盈則必托豐林濆衍壤孕厚毓深有以成羽毛膚格之美蓋所畜者異而所産自奇物固然爾矧長江淵海崇山浚川晶靈溶洩不啻一水一石之詭激則其磅礴浩蕩森沈清淑之氣所以鍾乎人而發其奇者豈徒然哉是故上必有瑰瑋之材陳之宗廟明堂于以蕃宣丞弼不負明時次必有山澤之癯褁足投跡於鹿豕閒蹈理義而談詩書復以延攬之懷播之聲詩使名山大川籍其吟嘯爲不朽二者雖顯晦殊途身世異致要其所得與所失可互用也崇川隸廣陵稱鉅郡襟江帶海連壤三吳有白狼山峷嵂層霄南面屹立當風恬水止天朗氣清則素波澄濤江自如練海青如碧環拱馴伏猶髦士執俎豆而揖讓雍容及烟霏四起風警泓鳴則雪浪浮空狂吽怒號江失其平海失其寧孤峭生寒又猶武人持矛戟而横制莫敵夫自淮歷揚千里平洋卽拳石片峰曾不可得迥至是山川融結介乎江海之衝一突成奇噫東南之偉觀備矣非坤靈奠軸地祇效靈有是哉士生其閒所以鍾磅礴浩蕩森沈清淑之氣以發其奇者吾知其大有助已是宜清廟明堂之器薦致通顯如梧岡陳公震耀後先肩趾摩接而懷材抱藝伏處巖穴操翰墨爲山水重者復有其人江君怡泉是已怡泉隱君子也湛道德咀英華攻古文詞屢試明經不第居常則文以禮樂飾以儒服有揖讓雍容之節可以言仁遇事則飛揚倜儻毅然必先有横制莫敵之能可以言義蓋山水之所畜者既異斯所産者自奇且性所躭嗜尤喜苦吟文采翩翩累詩成帙闡原川之至奥通幽渺之玄思讀怡泉詩知狼山之勝矣然則崇川名山所籍以增勝者其在怡泉哉是故鹿門擬土也德公隱焉流風斯遠愚谷之鄉泱漭之野也愚公以爲廬嘉名

旋錫地之以人重也久矣以怡泉之才使早獲致身成名其所潤色鋪張宜與顯者相伯仲卒以歲薦援例虛銜放浪一丘一壑以攄其長嘯浩歌之懷爲名山垂不朽則其所得豈出所失下也哉儒進無所建立於清朝仰慙先達退又不能麗藻品題名山大川爲邑里光寵均有所失而兩無所得視怡泉何如也怡泉今壽躋七十同鄉侍御黃公索予言爲祝予遂爲道其所失與所得以歸之

贈周道尊榮陟河南文宗序

古昔稱篤棐勤施明光上下者迹其多才大美度越今古維都之鼎可奠東土之兵可觀禮樂教化之權可因時注厝而佐億萬年太平之業隨施輒效蓋世爲天下烈已寧獨借才前代今亦有之我明宇周公祖起家進士秀鍾楚澤學有本源剔歷中外績問崑赫乃以程功司空署者出視兵淮海間不數月而文恬武熙修攘具飭天吳不波長城屹如聲光獵獵起部使者上聞維　聖天子簡注文名有年仍令開府試盤錯乃文事武備則又兼之遂晉秩爲河南學副

當宁嘉與天下還淳風而洛陽固天下之中也風聲所自柢諸藩泉此爲尤先一朝舉提衡斯文之柄授公委任責成之意豈微哉淮南屬下十郡邑相率重公之行而吾郡譚父母先期紹介問言不穀不穀撲樕山棲言胡足重第自承下風以來得與聞諸所表豎如濬川塗典試事精覈軍政品隲士類種種不一未嘗不拊掌稱快又伏覩所爲古文辭提槧登壇千軍辟易文陣雄帥罕與爲儔且時投明月之珠錫煕烟蘿之境誠厚幸已又安能以無文辭夫當代黼多才大美疇如我公公蓋屢試屢效文武惟其所用矧輿學真修厚自挾持所爲譽髦斯士者寧獨以其才哉蓋爲國樹人用弘薪槱懸氷輪掄真才而遠覽於牝牡驪黃外者非才曷克勝之乃幸先矩矱象指意趣昭揭乎倫紀之途而黙乎以蕩平純白之雅道則又非徒才所能辦已故必有以感動之而后有以化成之明天子廣厲功令以還淳世道意其謂是歟我公固誠與才合者今其往也必有合矣海濱之華輙難掩而河洛之閭閻型范中者不知其幾千百輩

矣信千載一時哉卽造士維風倡之河洛天下將喁喁嚮風禮樂教化之猷行且輝映古昔而遠繩明光上下之勛烈以此報酬主知仰副其委任責成之意誠無負已算計見效寧獨與經營水部建牙淮濆者並數哉十郡邑守令訏同聲頌之不穀將扶杖觀焉

憲使胥公議疏淮揚水患稿序

淮揚稱域中沃壤自隆慶初河潰夾淮破漕治水使者追欲因隄轉粟廼沿隄鑿斗門殺流卽灌山鹽高寶興泰數郡邑弗暇恤已復歲決黃浦范家口諸要

害滔天浸地良田匯為巨浸便國計不便民生為淮揚大患前院道題濬丁溪白駒二海口宣洩不廣水患猶故今胥公奉璽書飭兵治河於淮揚首問民疾苦得縉紳士及民竈所訴詞憂切痌瘝咨求利害檄鹽場訪詢農耆心計目睞其在下流則東濬三場穿范隄達苦水洋牛灣河入海北疏兩河從葫蘆港戛糧河達新豐市入海上流湖水泛溢則闢惠政橋引趨芒稻河南注於江僉謀議定遂請撫按鹾三臺咸嘉石晝會奏蒙允卽受期興役次第舉工譚守錄前後凡牘疏狀刻之乞言弁首余曰遠矣公之晳於利害也惘其患亟圖其利幸其成復虞其害亡論行水故道洩水支河出海捷徑宏綱巨目厝注精審卽畚鍤間纖悉蠹孔靡不燭照豈非百世永利哉條畫臚列法令斧嚴不獨異議者息喙凡濫冒因襲一訖釐革讀是帙而國計民患與官箴之要且悉矣公之明德鴻猷被淮海並天壤永永無斁至其神鑒冲度人有未盡識者以儒杞憂梓念喋喋偲偲無當經濟萬

一乃推信容納并採兼收是公之虛心大不可及也為吏與民者方謀專祠俎豆礱石銘鐫報功頌德垂世不朽茲刻其前茅哉然余猶有憾焉百利斯興一害宜祛公之遠晳利害其興其祛有不可一日緩者舉其半則偏而不全輟其一則勞而罔績前事可鏡也奈何東工未畢天不庇民廟廊擢公參藩需代而行雖明肯憲令無敢變易而公不克觀厥成矣儒以譚守為地方計慮有初鮮終剞劂成帙以永公之惠遂畧序其槩異日麗牲之碑當執筆大書細書有不敢辭者

巡撫兩廣疏議序

是編也兩廣督府自湖吳公疏議刻以傳焉者也公閎精神心術之蘊以達濟艱應變之才明冲澹憂勤之志以植開誠布公之體際昌時同德之會以成經畧底定之勲可以傳矣公負文武重望　上用廷議授以節鉞來殿茲土屬時倭奴縱橫海堧爲潮患八年往矣踵而至者復以萬計而砦崗負固不逞之夫流毒惠境慘不忍聞公奉　命蒞楮甫二旬即移鎭嶺東會柘林餉卒脫巾嘯號突至省外上下震訌茲蓋岌岌矣公授諸將方畧遣邏後先其有成畫諸將奉命惟謹匪茹倭夷殲馘殆盡汎木金錫之捷尤爲矃睹而伍端葉茂諸酋相繼撲滅逾月戰成兵於海上數年醜點一旦蕩平千里烽氛同時銷息吾民得出湯火以就衽席伊誰之賜時即表置南頭重將以控島夷築省南外城以固根本惓惓爲廣人慮者甚備廣土僻在南服生民疾苦往往未得即達達未必即行行未必可績蓋天下事變多起於疎逖間隔之跡而狃之以疑忌沮撓之私人心憤恚每生於猜嫌彼此之形以蹶夫事機倏忽之會是以迄難有成公自參藩已悉心嶺海形勢要害而熟籌之今茲之至夙夜靡靡出所素定者發謀憲慮動中機宜如執左券不爽毫髮凡所建置所調度所儲備莫不攄誠[illegible]馳陳懇用是克當　上心而　廟謨裁決如響斯荅中外同心無少齟齬其敷條於下又皆根心之言注意甄拔表賢獎能汲汲然惟恐不及以故將佐莫敢不激奮戮力且雅尚澹泊供需百省往昔至勵士卒則超格而時賚倏臨事機頃刻立斷井井然辨而理繩繩然而莫之窮詰乃中則冲冲然而不盈隨在擘采容受恢恢乎而不可涯涘是以蘊展而才達志定而體弘會適而勲立丈人中吉元老壯猷具在編中故曰是編也可以傳矣雖然式遏亂虐功重當時訏謨定命澤垂後世惟公載懷永圖以終惠吾人吾廣夙稱樂土然蕃亘涯浸易爲盜藪即如遂巖巨澤蛇虺所窟安不復滋惟豫圖而謹禦之使不爲害耳說者謂屯禦似爲得策今膏壤曠野隨在而是誠度要害相沃衍以一二年征調之費爲之區畛隄防爲之

室廬種具廣募強壯忞其壟闢樹蓺俟居食稍定比其什伍時其簡敎隸之郡而統之兵海二道使屯卽兵兵卽農而謂之民屯小大遠邇聲勢聯絡相爲犄角以捍蔽出没之衝是内省供億之需外杜侵軼之患設或小警則合鄰郡之屯大警則合各道之屯足以坐制策勝而免目兵調度之煩如疏中所慮鈔掠之苦者盖無之矣漢時罷師事寧之後率表置良牧故吏治精核民獲安全乃後不然至於今葢索然敝矣窮陬下邑令長牧佐大半曠缺卽有亦多告遠調

謫垂暮之人夫受人牛羊而使戕牛羊者爲之牧安望孳息疏中所論劾者已屢太息而况復不止此誠於州邑之長表其缺而愼選之久其任而責成之作其標的以風勵之俾得專志治理修其政刑殛兇保良以綏境内境内既治何外變之敢生是豫未然之防與既動而後圖者功力難易何啻什伯公受知主上見重　廟廊言聽計從及是時廣采衷訂凡可以終惠吾人者懇請而敎行之以善後貽遠則鴻功駿烈備增編載傳之不朽惟公圖之

送東武朱郡公歸山陰序

歲甲寅余始官永豐今泰州朱公時知彭澤彭澤土瘠而民貧又舊政多務朘剝公至一洗其弊飲水而治之民遂用舒又治豪貴刻轢一二姓豪貴人伏其公亦不聞出一怨語於是當道知之旌奬日至公聲名遂大震於彭蠡匡廬間乃益務直道不他計而不知已爲據要津胏附者所陰中矣然尚以素望擢守吾泰泰方苦兵革歲備東夷凋瘵甚於彭澤而公與吏民日所從事皆秉鄣增壁之務器仗芻糧之具建

牙使節文武大吏供餽之需高城深池浚河徙廪校材官按地形備戰守之計其難盖百倍於彭澤而公獨以身任之且一毫不取之操尤數十年來所僅見我州人方日依依然保障是賴乃卒壞於前所謂胏附者之一言遂以考去時無貴賤少長相率而哭於庭日以千計余亦數入致慰問則見公之語言動止自若也東帶曳履几几然若不知有去留事余始而疑既而嘆曰謬哉余之知公也吾挾策爲舉子時聞東武山中有樂道著書聚生徒以百數家不給饘粥

而歌詩若出金石者非公也耶今其仕也用則行其道不用則歸而其道固自在也一州官何足撼公哉固宜其不知有去留事而何以疑爲然余又聞今世司聽者之常曰三人言則從二人君歷仕凡兩地耳其舉者奬者幸其遷而補者合衆論之公豈直三人言之哉而卒惟一人言是信豈數有適然而事固拂其常耶余方以使命過鄉里親直公之行而重有所悼遂次序其言以贈之史遷叙述孫叔敖有言三得相而不喜知其材自得之也三失相而不悔知非己之罪也殆公之謂矣

賀倪湛川學博榮奬序

國家之需才至急而養才之計至周是故内而公卿輔弼外而藩服司牧胥於學校乎出然其淬礪之鎔鑄之使之浮英華湛道德則學校之官在焉蓋千里之馬蹄齧未馴羈絏弗庸奔軼莫制學校之官馭士之羈絏也軏物具縛束勤卽士之稍弗裁於繩墨者且循循然罔或肆然敗轍矣是謂官卑而道尊乃若人之賢不肖惟天子得而黜陟之而風勵之權則假之御史御史者代天子以彰癉百官爲養才計者也故賢者有薦有奬不肖者有戒飭有革職持其權衡激揚著焉夫安可漫視之奈何途窮者毁方爲易力倦者奮翼斯難上之所操責之詳未始不取之恕是以得一官焉亟而稱之凡以昭勸也嗟夫三代之學彛倫叙道術明師之所以爲師士之所以爲士今蔑以聞矣所謂得一官焉亟而稱之可以奬而勸之者其人豈多見也哉湛川倪君振鐸海上曾不幾時諸侍御公廉其賢注語褒嘉且三至焉噫是亦難已同

官賀近江諸君暨諸生劉岩輩乞予言以張之予曰湛川君齊魯豪士兩分縣教擢吳陵吳陵東海一隅也士專務制科不習爲詩爲字倪君至輒以二者日諄諄乎指而誨之予方識荆卽開口吐其胸中懷抱依然論説有當予心已知倪君爲淑儻非常人矣徐以兩兒叨居門下士日相往來接杯酒慇勤之懽數聞談詩則稱唐子美而上談字則稱晉二王而上極其形容不啻口出因知倪君詩與字固有本源殆非蟲鳴蝸潤竊窺門戶者比其訓廸諸生也涵之如海

暖之如春繩墨不施咸歸調習口不道諸生短長家之貧富弗問也倪君學無所遺詞無所假武庫珍藏叩其端者莫測其藴諸生執經辯難雜沓叢頡戶屨常滿而君亹亹終日無怠惰心譬之羣飲於河各充其量其渾麗博大逼隘區宇復能得諸生日近日親爲諸生者如草木之蕃山林魚鳥之毓川澤忻忻自私不知豢天地以施化者固有在也下如捐棄廉恥欺僚寀啖左右營營請託束修向背多寡凡前人所爲不肖悉喳而更之試使以倪君之賢官當三代宜

必勑彝倫崇道術必不止今之所以爲學者矣予嘗謂倪君有凌邁超越之氣不淪於狂有矜矜負俗之行不涉於矯有天空水月之懷不流於蕩每以質之諸生謂予知言是宜賢能畢張褎嘉薦臻非偶也嗟夫倪君今人而行古道者也俗降風流即不獲爲三代之學然其軌物縛束與俗吏殊科㑹直今人上巳耶諸生翕然長養之中浸仁沐義昭景飲醴淬礪鎔鑄日精日深將通籍 天朝樹勳揚休内外任使不負我 國家養才至意當必有叙其家門薦其師如李氏德裕者矣何但諸公一獎而止也於是乎書

賀王近翁郡伯七十詩序

日月照曜吾不知幾經歲年爲物舊矣然光景長新萬古不厭何也象而非象其精玄矣故前人以靈物歸之璞玉渾然澹無澤色天也人者爲之文以翠羽飾以珠英美質既雕良者隨壞尚論者不與何也失其眞也詩道亦然不超乎象而新不完其本不琢奚取也秋七月予爲律二章將以登公之堂爲公祝比屆期發函伸紙則熏然烟火也風人之吉如是嚼蠟

哉因亟擲去之噫嘻子高之龍塗抹點綴精力殫矣眞龍下而窺之被子高却之弗喜子高之畫龍逼眞者也識者猶笑其好假龍予前所作不逮子高之龍遠矣能免後世之嗤予耶詩人云早知不入詩人眼多買臙脂畫牡丹予誦此謂非知言夫詩言志吾志則吾言之又安恤夫時眼之入不入也牡丹之畫徒臙脂之費耳予故易爲五言祝公與公評之雖然里之祝公年者鶴也鹿也安期盧敖之杖屨也王母氏之桃也胡商越賈之玄黄青碧也殆斐然克庭子獨

持尺幅題四十字欲畀時好而高之何哉物有盡言無窮果予詩非染非盡將庶乎與長新不雕者並傳公之壽且因以不朽矣

淮海崇源錄序

夫言心聲也有心焉不能自達於是乎言言也者言乎其所以爲心者也是故文也詩也長篇短詠也皆言之成章宣乎心之所以爲愛者也無是心則無是言是故言之美刺心之是非將然辨焉強之弗能私之弗得君子曰可以考德矣可以觀政矣淮海崇源之作斐然言且盈帙矣鄉之爲茲舉也何美蕭侯政成因思其自心弗能已言弗能靳者也蕭侯以高第高才來守吳陵撫士與民油然眞愛未朞治臻於理郎古良牧何加焉百里中德之頌之因懷思之曰美哉蕭侯曠世鮮儷矣仰山之高顚其趾者遠也矚木之巓摩其根者深也侯美矣篤生有自非賢哉父賢哉母曷以生之成之於是曰環公宮願得一晤接一言少酬其生成之德乃門闕則儼然肅也父母孔邇欲見末由如瞻依之心何哉遂相與作爲文章詩歌

假之言以宣洩其所懷思嗟夫是心也三代之民之心也本公達順非所謂自鳴其天者歟因題之曰淮海崇源盖謂清淮之湥瀚海之涯汪濊瀰漫沛然四達矣河非其源乎是故崑崙之墟岳瀆之宗也天所自生者也觀淮海則窮其源是故崇之弗能已也觀抑堂公則本其賢父母是故推尊之弗能已也繪圖束冊因以進於虎豹藩屏之間俾侯父母把帙而游焉觀焉懽然曰政若茲吾閫内之教不虛矣得人心若茲吾遠大之期可副矣一文一詩一長篇一短詠郎言知心郎士知民吾意二尊人必開顔大喜謂抑堂公爲善養非祿養矣郎鄉山阻絕官舍拘攣有不忻然自得者耶吾大夫士雖不獲侍左右展懇勤發所懷思寄之篇什殆宛然與若翁周旋一堂不啻口喁而指擧矣是淮海崇源之作弗能已也夫感生愛愛生言言宣心然心之所存又連篇累牘殫述未盡嗟夫吾黨之德抑堂公也淵乎深矣予不佞爰書其首俾上下遠邇考德觀政者將有徵焉是爲序

重修泰州儒學記

明王弘建庠序以毓材賢要在翊經明道惇倫庸禮爲厚俗輿理計而盛衰完毀則士習升降世道汙隆繫焉盖崇尚之意薄斯振厲之氣衰上所往下所嚮若盂水然隨爲方圓無爽圭撮故古之學齒危髮秀之老含經味道之生咸于是在然長幼相齒愛敬相生其倡有自其化易行也師儒之官曾不獲肩其責殫其力俾居肄者永有歸依上之人又往往忽其肄而傳舍置之視風俗治理之關如越人之髭肓者之鑑無適于用嗟夫習衰教微豈獨身範陵遲即文具榮觀且未稱矣是其責不在士也予慨然升降汙隆之際佇目津途久之會小蒲程公以淮揚兵備駐節海陵廉以宣威圪然一方保障鳴桴稀于江介茂草鞠于圜扉武備飭矣乃治兵之餘注意文事孔廟外環覩頹堂危閣圮祠壞垣愀然若置躬無寧宇遂蠲贖金若于董成于知州蕭景訓氏鳩工庀材凡三越月事竣所謂頹者危者圮者壞者雲翔鴻騫煇煇煌煌士遊于斯猶之歸有家止有肆衣被公惠咸願有言將詔不忘盖三百士惟一心矣署州事同知王法

祖既爲乞記諸士以事不與聞心不能已皇皇然日謀師長欲予廣其説以傳予屢難之孫守樾繼至增繕御製碑亭者三制與地宜咸正罔缺遂復俾判官樊祈教授徐克純訓導王良棟昝鶴鳴劉廷育生員田有秋王好古儲棨繆宗堯韓守仁等來徵予文予曰衣冠禮樂盡在是矣予何言哉士修之家倫爲重倫明則百行修而六經也者倫之橐籥也尊之固所以明之然服厥王言即罔斁臣倫矧 聖謨洋洋澤于道德不離闡經弼倫者近是故堂曰明倫閣曰尊經亭曰御製其理一也學之爲義三者最先缺一焉弗修不得號爲完典程公司在五兵乃心在學校再止再舉竟使百年墜緒犂然一新且解任須鈌揚舲而南挂服捐駒倥偬不自爲計獨眷眷焉以葺所未完丁寧至再此其雅意在士誠勤是宜諸士懷德益滋請予益急也予于是有説焉崇尚薄振厲衰責不在下鵠設衡縣術業有所而職鮮行竊責不在上何也上之以文具飾榮觀者既整飭一時其深心厚望于師若弟子者端必有在沐其休庇其美能不撫然

思之今夫千將莫邪良劒也砥礪不加利同一割曷由陸剸犀兕水斷蛟龍纖離騄耳逸足也必前有銜轡之制後有鞭策之威加以良樂之知巳然后一日致千里故砥礪學也在弟子者也御轡鞭策教也在師者也語曰尊嚴而憚可以爲師耆艾而信可以爲師誦說不淩可以爲師知微而論可以爲師是四術也非教耶語曰達師之教安焉樂焉休焉游焉肅焉嚴焉則邪辟之道塞矣是六者非學耶世之爲師與弟子云者稽升散課文詞呻吟佔僤聚書而誦之非

不勤也顧于所謂倫與經未知尊之明之宜何如至臥碑且弁髦士苴之矣況製文哉是教與學兩虛也吾泰之學如師秉四術以馭千里之良弟子由六者以收利器之用要底于經明倫叙毋軼聖訓斯鼎丹霄之價宏青冥之期將鎔鑄追琢日蓄日深璵璠之美跨越海內彼周寶鄭璞不得以其似厠乎其閒吾見根植華敷其所豎立勳猷允有光大不然教失則賢罔興學非則養弗豫夫士有修于家尚或壞于
天子之庭者今併其所修無之亦奚以厚俗興理哉卽學之修也輪轅飾人弗庸名存實亡失其所業雖謂之文具榮觀也可且重爲嬴舉累矣予故于茲請爲道崇尚者之深心而重有望焉程公氏里德政詳列他記不細載孫守豐城人號肖泉發跡賢科由邵陵茂宰擢守吾泰初政雅意造士後績可臻矣于例得備書云

代巡姚公開丁溪白駒海口碑記

國家東南歲運倚重漕河而廣陵迤北自邵伯迄寶應五湖之間俱係漕河要害大隄蜿蜒其上綿亘數

百里隄外最下勢若建瓴而高寶興泰數十萬糧田與室廬咸在內行水支河無慮數十凡以串場達海道相絡也而丁溪白駒兩港其諸水從出之門哉是今之所謂海口也歲久日堙故道阨阻卽通如白駒厘厘一線若丁溪陵阜矣是以沿隄減閘與伏秋霪潦諸水橫灌四州縣之間匯爲巨浸興泰尤甚蓋興泰地形窪下環視四方若釜底然十二年來所謂良田一望沮洳春且不獲舉趾何望有秋遊竇下而納溝中者所在呼父母垂涕泣未聞有司舉海口故吉

當津者夫自黃淮兩河衝決濁沙隨水由通濟入湖湖身墊高湖高水高非崇隄莫捍又非多建閘以減水則長隄孤懸顛風挾濤旁齧上騰隄必不固故印川潘公謂宜建閘壩殺水保隄然後慮分流太多與鹽難受欲免建二座諄諄乎不必多建且再致意焉今則裔相比矣語具先後疏中皆可謂先見至海口宣洩巳嘗因科臣李公題上便宜勘覆僝工旋議罷由此言之海口與減閘其重蓋相等也不然停畜中央不潰不止此海道舒公謂皆以高寶與泰爲壑讀

其言可爲寒心哉夫上流不截下流宜通易知也全河既障一支未完易辦也乃或不然何以故時固有待焉耳公攬轡至泰時鹺院任公並至語及此惻然傷之遂題尺牘問疏通計此其軫念民艱必一朝去巳斯稱快哉既以民竈詢謀未同乃會撫院凌公及鹺院公徧搜沿場諸河應濬應隄苟可減水先圖一筴而兩海口則俟利便再請然苦水之民蒿目陳乞以望永利者未嘗一日不在公公蒿目陳乞欲垂永利者未嘗一日不在民也乃六支河一東隄告成事矣郎畝畝盈溢稍稍分受其十三而停畜中央者尚宛如昨公於是慨然謀諸海道曰理身者疏其腸胃能不利其咽喉居室者繕其寢堂能無闢其門戶導黃淮旁入之水而海口不開則環隄三十六閘之所分流于下滔滔然不舍晝夜者安受耶安歸耶矧各地方伏秋霪潦更無算也古今稱治水者莫如禹禹嘗十有三年於外蹈毳乘樺排中國之水使有所歸則亦曰注江注海孟軻氏之讚禹也日以四海爲壑如公所謂以高寶與泰爲壑非計矣復與繼至撫院

傳公鹺院孫公會題畢前議民竈始異者闔之終同者捄之一疏累千百言罔非石畫疏上報可公奉命方鳩工庀事忽以丁外艱去海道公受公指開兩海口濬二支河建閘置椿以畜以洩一如議越四月工竣以成功告之　天子因語泰守李與化尹凌徵予言爲公勒石予何能言哉嘗取公疏伏而讀之仰見經世鴻猷與折衷至論矣大都破鹹水傷禾淡水傷鹽之說破海潮倒灌運河鎖涸之說破鹽徒與販與倭夷出沒之說無非謂兩海口之必當開萬有所

利一無所妨盖確然不易者至疏終諷若不及時亟舉恐民罹昬墊之苦終無蘇息之期即歲報災傷日望蠲賑非人臣體國爲民之義斯語也何但愉快人心眞可以動天地泣鬼神矣夫公以深識遠覽直吐胸中計無反顧且以直指使者觸暑折節馳驅沙塵數百里中躬自辨地形詢方言以成其獨斷其勤勞豈在禹下哉今觀興泰及諸場沮洳成田壅塞成河耕者煎者商者旅者懽然就業罔不稱利便入耳口碑洋洋乎東海上矣公殆庶幾哉體國爲民之義殫

乎予溺中人也甞曰人臣建衆與之功易而獨斷者難成未壞之功易而已壞者難暨勤始之功易而怠終者難是役也當議論未定之時出勘覆停止之後舉於大工竣事既久公不謂難竟成之易豈不偉然一大丈夫事哉古稱三不朽者曰立德立功立言公以執咎盈庭慨然發論皆根極理要切中肯綮足以雪往詔來將使百世而下循其言可以祛惑足稱立言巳以公復海上故道助大工益弘多若治室令龍曰通溝渠然後堂搆計畢將使百世而下四郡邑數十萬生靈免爲魚足稱立功巳以公不激不亢委曲調停本之一誠要期于必濟將使百世而下被豐澤揚仁風足稱立德巳兼茲三者以當名世是宜托之貞珉章示庥烈用垂永久予不佞備述始末復海道舒公之請爲之記公姓姚名士觀登進士第巡按江北兼督學廣信之貴溪人

兵使者錫崖舒公開海口碑記

今皇上御極之七年黃淮潰決沙停河塞妨漕長淮南北水行由陸漸漬疆宇妨民臺臣以狀聞　聖天

子乃眷南顧簡今大司寇印川潘公經畧之越三載底有成績然高寶興泰受湖隄減閘與伏秋霪霖諸水停蓄未有所歸而四州縣生民猶魚也儒因手大工錄三復之見上上之所咨諏與大臣之所登對往往以國計民艱並舉互言盖兩重之矣漕利而民病有司不以報聞即報聞亦規規蠲免賑貸莫知長計所由嗟嗟彼昬墊者將待命於天乎盖高寶興泰居五湖下流水國也注水用河不深則蓄淺而無所容東水用隄不高則障微而橫潰四溢然海口不濬則

宣洩未有路而分流者無所爲壑也三工俱要害而兩海口其襟喉乎不然河隄二工胥糜無益是地方至計所宜亟講者顧淮揚當南北孔道所轄院使與宦遊人臨蒞茲土日月無虛東距海南横江山寇島夷出没無時莫可禁戢先時兵備公稍得治兵禮使郵車勿失於江介桴鼓不鳴於海壖足矣至四野沮洳廢耕失業民間嗟嘆愁苦不獨耳目不及抑且時日不給蓋其勢使然哉公被淮揚兵備命初入境即悵然興懷乃先敕五兵振刷營中諸弊百廢具舉已指水患謀之按院姚公將以援四州縣於溺中而登之平陸因得其所移一尺檄多方咨之當是時竈與民二心也執異說百口撓之公勿聽持之愈堅復念人情謀始之難勿迫之使敗也姑以一東隄六支河先請撫院凌公按院任公與姚公會題而兩海口則紓徐待便既乃危言激論篩別其有利無害者復請之後至撫院傅公按院孫公與姚公會題夫傷之至斯計之周蓄謀既深斯發謀益果於戲公之所以廻賜㕲心圖此艱大萬分費力覙挽巨航逆衡流而上之也難且百倍焉夫人臣矢心矢力興利一方隨所願欲易如發蒙何施不可獨惟乎左有所絷右有所牽成謂喜功不成召怨於此周旋其間卒令合謀民竈兩利良工心獨苦已且二工終始一經一畫罔不受成公算而其破羣疑諸解說具姚院疏中大抵不外公指非所謂燭照而數計哉故前工寶應串場兩河瓦店泰山兩閘劉家堡射洋湖則議挑濬凡爲注水計高興東隄計百二十里内決二十七口減水四座則議築塞凡爲束水計檄知州邵夢弼李裕知縣凌登瀛韓介楊瑞魯錦分理之後工丁溪姚家口止馮家壩則議修復建閘二白駒牛灣河止馮家橋則議疏導建閘一而海溝車軬兩河舊址則議挑濬深廣遠接丁溪凡爲海口洩水計檄李裕凌登瀛專理之其工費則議取諸備賑備儲銀粟罔以斂民夫役則辦諸召募無以勞民乃公則恪勤祗事往來畚鍤間躬拮据行勸懲致如期役畢四州縣數十萬生靈昬墊既去懽然樂生人皆曰茂哉五院功也予曰茂哉舒公功也五院功在地方公功在五院謂五院之

功爲公之功豈不可哉知州李裕知縣凌登瀛來問記以彰鉅美予曰天地無爲風日雨雷宣力而成化也是故暄之皷之潤之動之贊兩儀阜萬物蓋至萬物成神用章矣然則風日雨雷之於天地有功哉予觀公翊贊五院殆造化之風日雨雷也行不爽令至亡後期使跂足延頸苦水望援之民一無所憾是宜荷生成者戴同天地荷栟幪者感並五公假令公當時亢激則謀敗事僨瞻顧則氣沮事罷舉前功弁髦之安在其謂事無遺策聲施後世哉故今滷海間覩巍然長虹延袤百里曰是舒公隄也坐安流上下載重浮輕曰是舒公河也跨龍從石塹宣濡導淫曰是舒公海口也計自今以迄百年敝壞則修皆自公始將與捍海范隄名垂永世夫公舉事凡千慮無一失所至成功公何以獲此養由基善射者也去楊葉百步百發百中焉何也所操者熟也公攄素所蓄積修廢舉墜殆提忘歸於厝注之間且萬發而萬中之矣比於由基彼尚未知張弓執矢哉予故次第其說鐫之貞珉俾後來知所考也公名大猷號錫崖通城人

王心齋先生祠堂記

孔孟之學堯舜禹湯文武相傳心法之精其與廢繫治道隆汙至要矣漢唐影響支離不絕如綫宋室伊洛間師友淵源得窺堂奧明興經術論士本衰華盛是故繪章句妙悟難徇口耳實蹟難去道遠矣即學士大夫專門名家談之終身猶毫釐千里矧海濱無傳未嘗學問乃能超然默契確然允蹈直與孔孟曠千載而流光也嗚呼難哉吾鄉心齋王先生本農家子生長竈間年二十纔可識字一旦見論語孟子伏而讀之恍然曰是孔孟之學耶何舊說與吾心相馳也時時出新得與塾師商之遂勇於荷擔慨然如孟軻氏願學孔子隨言隨悟隨悟隨蹟由是義理日融踐履日篤乃游南贛謁陽明王公辯難所謂良知之學始不拜後執弟子禮因悟萬物一體仁人之心一夫弗向於善過在我也思以其道易之制輕車往京師冀風動四方啓其聾聵道路觀者輙開誠誨之諄諄每日爲臣宜忠爲子宜孝如呼寐者使之醒聞者罔不泫然涕下既去益去矜持就渾化灑然日新嘗

自謂居仁三月不違庶幾顔子夫學難於妙悟實蹟若先生蓋兼之矣海内士大夫慕先生日輻輳造廬請焉先生各因問指點字字句句皆吐自胸中不事虚説一時神氣令人毛骨竦然去故即新不遑焉其開發所得則虚往實歸譬之飲江河者人人充其量也語曰默而識之學而不厭誨人不倦先生有焉先生不喜文詞所爲樂學説大成歌與勉仁方具載語録雖先生所心得不盡是要亦發之一人可垂之千古者予嘗評諸里中曰好善人心之靈也古與今一

也儒不學何能窺見心齋先生第自先生觀之其爲善也欲爲人善也斯一念如水之必寒火之必熱天下後世且無疑況里閈耶然則鄉先生歿而可祀於里者非先生而誰也當先生存時撫院梅谷劉公節按院疎山吴公悌交疏薦之朝部寢不報迨先生之歿學院午山馮公天馭象岡胡公植初泉吴公遵先後追崇勅祠其遺遺場官行如有司禮然泰山之祀德意自學院楚侗耿公定向舉之旋議中罷夫用舍行藏惟命與時無論已獨一祀事且不終先生之不遇益如此嘗慨之世有徒以口耳章句獵一第博一官跡其平生在朝在鄉無毛髮豎立苟其人稍在許可或布衣子孫顯貴殁後皆得占籍鄉賢有司者不問賢不肖春秋俎豆罔敢墜失視先生越俗之識亞聖之資妙悟實蹟有功孔孟奚啻什百與千萬也迺懿典舉矣卒以忌者之説罷之何心哉萬曆四年憲副小蒲程公學博來兵備海上修舉廢墜推楚侗公雅意特建祠州之西而知州蕭景訓氏祗承惟謹凡兩月工竣扁其祠曰崇儒屬祀事於州大夫主時獻享屬祠於王氏子孫主時修葺於以風示鄉人撫臺王公宗沐自湖吴公桂芳相繼移文申重復蠲贖金

置祭田使不費有司永無紛張蓋至是天乃定矣嗟乎豈人心之良終不可泯先生之學久而益信也歟邇來俗變風移海内多不論學而里閈中亦漸陵遲獨先生之子東厓壁能意氣不摧世其家學時聚同志講明祠中人心稍稍復振厲異時標轉輓換安知不有聞風興起大能闡明孔孟之學如先生者出乎是祠也固斯學之餼羊何可少也予故因小蒲公乞

言垂石爲述先生宜祀不宜廢爲後來者告焉

憲使顧川胥公修泰州城垣記

吳陵隸維揚爲劇郡東距百二十里帶海襟江島夷鹽徒飄忽出没至險也據勝而控四方故有城隍廣厚不薄足當捍禦歲久守軍利所生荆杞可採而薪不從稱捲日聽其長且大故根連株蔓穿其壁孔多是以垣爲場已軍販私鹽以昏宵出入而上下置鋪階之爲梯其爲鑿攀援處復不數是以闢爲暴巳守禦者既不禁又從而利之歲以爲常加以風雨浸淫

故屢壞屢修然其夫庸財用辦之官者什一剗之民者什九是故郡富人往往苦之名領帑金實役竣仍歸之帑蓋陽與陰奪之矣監督省試復加橫索民之困憊與城俱壞其怨讟亦與隍俱深哉非監司惻然父母撫之又赫然神明臨之其能衛民而去所以害民稱兩利也萬曆丙戌歲夏秋霪雨浹旬郡垣墻脾睨周遭崩塌踰強半大家者風聞懼役相扶攜挐舟而走當其時居者無衛行者無歸含啼望我胥公行部還奚啻嬰兒暫離襁褓呼慈母意徬徨篤至公始得指揮王惟賢申地方援狀切責僉報大家森森數法語嚴若斧鉞然遠邇人心稍定予聞之撫掌曰里中一役興於民爲害端於官爲利孔孔不塞奪不饜端不去毒無窮是在上人耳語曰衆心成城倘是役罷地方安即無城民心附將不險而固矣非便計耶公歸堅主前議不欲割民遂庭諭同知謝庭菊從官估計始估得銀貳千伍百有奇公度虛冒數多復令知州譚默再估得減原估之五比用訖得減再估三之一公之料蓋一一奇中矣夫役取之召募銀粟取

之公帑公庚六越月告成凡爲墻五百五十五丈爲雉堞稱是爲脾睨八百六十有三爲樓一爲鋪十有九用故埴少新埴多堊以丹鉛粉素崪若斷岸矗似長雲其巍然金湯之雄乎巳念督察員役無錄横索取帑羨勞之有差人人喜復省令署所事千戸責守軍斬艾其所謂根株及盛夏焦卷而莚一事而巨細注念至勤譚守甫至襄事悉受公指與有勞焉士民咸舉手曰茂哉胥公海上鉅功也予謂保障功易衛民而去所以害民功難里多富人郡得稱雄緩急可

備周官論安富之政蓋燦然王道也獨奈何長民者以民爲魚以役爲餌坐令家痛楚而戶乜羸治兵使者急在餉五兵無暇民瘼即有之鮮有如痌瘝切身思以旦夕去者公且爲父母且爲神明無事予來畢茲重役不令閭閻間有一夫一錢擾討省富人金凡五千蓋官用一而足民用五而始足爲漁之者衆也公復取修船完賦胖衣諸額外差罷去大家官自爲辦上其議各御史臺俱報可隨著爲令昭示所轄郡邑永永行之凡利孔害端一切釐革此與王政安富

並稱烈矣嗟夫恤民比仁餉吏比義兼之爲難有恤民之政而爲不孚誠未至也有餉吏之政而令不行才未稱也公重違細民不重違彊吏輒舉其弊政去之不謂之誠與才合可乎然其用惠沛然雨露也豈有意乎沾沾市恩其用威轟然雷霆也又何嘗皦皦矜名致訕叢怨亡論公冰操鑑識諸治水惠政如日如春即是公蓋允乎稱立教首矣使繼今監司有司心公之心不毀公法即垂之百世可也然則受成先哲以貽地方安其在後人哉其在後人哉鄉大夫士輿耆老謀所以記公功併以詔後予爲倡始復何惜不敏之言且庶幾異日者不得擅役以罷吾民民亦得指而訴之曰有石在則公之庇吾吳陵賜且不朽矣然往勤監司善狀類多有司循故事先期礱石徵文茲不煩紹介自交相勸而樂爲又曠典矣是故可以觀上可以觀下遂記之

頌德記

人生有父子君臣夫婦朋友而無兄弟不可謂之全倫猶人身有膚毛腹心耳目口鼻而無手足不可謂

之全體是手足之關乎身者至要而兄弟之屬乎倫者至戚也至戚則顯晦死生殊途異時而休戚貧富視之如一夫然後義篤而倫敦自棠棣廢角弓鳴友愛之風寖以銷薄然今觀棠棣詩人所以咨嗟悼息於兄弟間者亦以坎壈相恤事往遠殊以難易而發人深省試使安樂與共患難死亡遂捐棄焉則所以來詩人咨嗟悼息者宜復何如哉吾鄉沈鳳岡公以乙未登第起家庶吉士薦歷兵部左侍郎服官凡三十餘年平生名節自矜鮮所蓄積同胞共居兄良士

憑藉展拓累家至數萬金據法則一瓦一木一錢一毫皆所宜均分者鳳岡公居常友愛口絕不言亦恃其兄固不相負是以臨捐館與諸子永訣更不及此無何長子際可次子試可相繼以歿獨王夫人與少子成可孑然獨存所謂藐爾諸孤朝不謀夕可爲寒心矣良士獨環視其所積以爲拮据之勞得之恡不一發遂塞竇異烱柰越種種方鳳岡公歸田抱病相與已不及炫赫時况身去勢隨復何能希望其一盼宜其疇昔懽然几席者淒然灰冷矣夫無羊舌下泣

之仁郈成分宅之德朋友道壞昔人尚欲裂裳裹足棄之而走况可施於兄弟哉筆山陳兵憲至曾不幾時懲薄振頹廉得其事召之庭詰以富饒所從來將置于法懼其他有緣請曰沈氏財不入沈氏室無補也遂遲不越宿輙斷以五千金畀之諸孤復截其十分之一爲王夫人終老具嗟夫陳君之用愛深矣復謂少婦幼孤據財難守隨屬州吏目綜理各如數窖諸孤室内封識宛然鎖匙一付公帑隨給判狀爲將來左券劍筆森然按法根理且使覬覦不得私竊爲奸嗟夫陳君之致慮遠矣人情於士大夫生存或少垂情及至寂寥無復顧問况其人遠矣卽告不遽理卽理不輙獲卽獲未全卽全不暇謀所以處陳君乃生視鳳岡公理其事如家撫其孤猶子周旋曲折仁至義盡眞難哉眞難哉成可感恩乞予言以記其事將詔不忘予嘗思之不待訟而卽與爲理伯任之分不傷憐其老竊其罰以慰鳳岡之靈兄弟之情猶在不深計于生前幸有處于身後父子之恩獲全一事而三物備焉誠不可以無記遂次第其說授成可勒

石以頌陳君

凌氏贍族義田碑記

大丈夫厠名登朝必有所建明以鳴得意大則爲德於國次則爲德於鄉於家而族人者又吾身與家之所並重不可遺焉者君子修此數者故全也其自癸丑叨中旋領花封備員西臺旣按浙江清理鹽政常斥憸人擧名賢劾貪官奬廉吏建言放宫人遠奄宦劾馬政免操軍至廷杖放回於國家少有毫毛之益是爲德于國矣及放逐家居遠公府絕請托未嘗囑

一事名一錢抑酷吏救良民議開海口銷錢法大變起學校之廢墜建鐘樓之久闕振海樓之傾頽創政事之殘鈌於鄉黨少有絲毫之補是嘗爲德於鄉矣至於家也朝夕力稼明農貽厥孫謀治薄田數千畝房祖歲百計非瑣瑣無爲者是嘗爲德於家矣獨族人曾無一滴之澤使貧而無以爲殮者有之貧而男無以爲室女無以爲歸者有之是使吾耳目口鼻之不相任使疾痛痾癢之不相關涉豈真一體之否塞哉心有餘而力不逮也吾族人祖宗之所遺也其初一人也分而數十百人亦一身也又分而千萬其家亦一家也若使之有不得其所而以路人視之非所以重祖宗敦根本也彼力不逮者不能爲之所心不廣者不肯爲之所吾忝慕前賢之風不敢委力之不逮心之不廣而忍族人之失所哉今吾老矣可以爲矣志當就矣吾有西門水旱田百畝計其直約銀一百四十兩有奇歲可得稻三百秤麥三十石欲出與族人公用之自今貧而無以爲殮者取于斯貧而無以爲生者取於斯貧而男無以爲室女無以爲歸者取於斯取爲生意並取種目者免其利收其本積之每取以五兩爲率付之族長收管次族長司其出入庶睦族之恩無所壅一體之仁有所達且族人蓋嘗有德于我也有役則肩之有疾則問之有不平則爭之蓋常有德於我也我無以報之豈忍也哉故必效丈夫之所爲非矯情以立意者凡我族人守爲定規子孫不得爭競豪强之人不得占奪有則合族人爭之誅之我本枝子孫不得攘爲已業庶吾之所以爲德於族者也行將刻石立碑名之曰凌氏贍族義田

泰州儒學新設義田記

天下郡縣皆有學學則不皆有田士之遊於學亨養於國家者惟廩膳日有給月有需餘則無所資籍若我州則地瀕江海且磽以鹵諸生尤號於貧幾二百年而學田未設每觀風者至輒相率籲鳴於庭甚則不惜貶損將庶幾升斗之惠有志之士亦或自困不獲表見於時會儒奉　敕南巡祈予以故事爲言當道乃白川劉公整飭淮揚海防慨然思爲之所隨以剿倭久居外至仲秋凱還乃命學正樊君城暨訓導

兩周君濂希朱簡君籍粫覓郭内外田凡後先五百四十有四畝歲入夏秋之賦以俟贍發掌典以入輸納以時稽覈以畫圖而造冊則以待致在上不虛惠可謂曰仁所施得其宜可謂曰義諸生免屈膝之辱可謂曰禮一事興而羣美集白川之功將無有足多者與咸以弗鐫於珉以紀其事則無以取信後將曷徵曩嘗謂泰我梓里也請言於予予時以田未多辭有待茲按浙至嘉禾樊君等於鄞簡再請義不可復辭是舉也作興自劉按察用財出官帑任勞在樊君

等而予也則相而成之後之君子倘以田多而惠徵仰衆施約廣其計益崇於鼎來壽謂不從今日始耶維石乃鏤取徵者兢據焉足以貽百禩與春秋弗刓詞雖縟應不讓其諛也

舊業堂集卷之八

吳陵凌儒眞卿甫著　梁谿沈　沇淵淵甫選

甥孫袁爾㒚太函甫訂

文　書四十二首

與龎惺菴道長書

伏讀手教語多激烈意氣慷慨有翛然不染世俗之思而中毅然不撓者已可槩見弟從役執事之後久矣自信知兄深矣以爲可方可圓者也以爲圓少方多者也又以爲方可見而圓不可見者也乃今於來

狀盡覩其素藏因媿向之知兄尚未窺其涯也豈眞有感於嚴陵之風而大發其未盡之蘊俾弟得以見吾兄之全哉眞大幸也弟本凡近每墮樊籠中不能即超然爲脫去之計雖憤俗之感間與吾兄偶同而力薄氣衰旋見偃仆然其不敢自玷一節則又時時振厲不欲少後於高明茲承大教又一番然動念也伏思吾輩處今之時既已置身於韁鎖豈能鴻冥鳳舉高出雲霄之上如子陵者乎然子陵猶有烟水茫茫之笑他可數矣弟意以爲方可也方而不底於戾

不可也圓不可也圓而不失其正可也即如往來啓謝一事多者謂之圓矣少者謂之方矣少而不能無是欲方而猶落於圓者也蓋必絕無於上下之交始謂之方然而不能亦無是理也故時套有害於義者違之不以爲異時套無損於正者循之不以爲同至若利鈍大關是非迺徑則人皆曉然將張目待之其能不爲方耶弟恃素愛於兄敢爲一言之獻如啓劄相通之類以爲於義無害也請圓之不謂之刓方也如利害相徇之類以爲於正有損也請方之不謂之

病圓也庶於人已之間兩無失矣雖然此特就方圓之義而漫言之耳要之世路多險時軌難就以弟之庸懦如此尚多落落不偶於人況獨負豪傑之氣不肯俛然爲流俗如兄者哉弟亦知徇俗之非不能遽爲絕俗之事似負同俗之行而時亦有戾俗之非反之本心自多搖惋今欲思截然爲方而不爲圓要亦有去焉似洒然無少沾帶也昨於蘭谿之濱得奉欸語此意姑寢乃於蓬萊役畢復動歸歟今已決然但俟兄命而遂行耳不知肯奚然一披肝膽明示以去就遲速之義俾弟得稍分扐方之美焉弟有至願也

上虞公祖詔東書

辱仁人眷注地方惓惓欲採見聞爲海上圖千百年利甚盛惠也某既老且迂久懷漆室女之私憂無鄰母可告祗承德意敢不勉效驅使夫海上之患莫重於河防既已仰藉經畧鴻猷日就平成千里長隄巍然在望厥績楙矣顧抔土之區一寸有漏不可謂之完隄乃今百里內上河徑通下河洪流奔決患與高寶同者凡十有四處腹心之疾浸淫且六年蓋奸豪罔利弗恤其他官府居尊未聞其害即閭閻細民少

有知者亦委曰高寶長隄版築未完縱早塞此無益也故置焉不講邇聞巨防則已題奏萬無一失矣而深入處所水患尚洶洶若此是糧與鹽二運道之河水既泄漏莫爲收與與泰十餘萬之稅糧復災傷無可辦其所關係殊非眇小夫工力欲全當舉偏人情狃近故忽遠要水處乃使之不足患水處反使之有餘不謂之倒置不可失今不爲之處是使高低河勢不必分而泰州東西兩壩汀無設矣是使洪流衝決

復如故而高寶長隄尚未完矣其以仁臺顧聞一得之愚惟此爲最吋同里中二三知識併舍親王指揮徧歷沿河一帶西至宜陵東抵海安計百五十里不徒耳聞必欲目擊因識利害本源分爲緩急别列條欵一一上陳倘高明不以鄙說爲迂採而擇之見諸行事細者責之居民增修自守大者付之能吏堅築預防又財力不斂於窮鄉而委用必求其確當斯一勞永佚金城之固何啻范堤邇悅遠安甘棠之懷允孚召澤不但立朝耕野出途之有頌而於河臺廵鹽海防且有裨矣擅越樽俎輒瀆廉明不任悚仄

上譚郡侯書

公自臨滋來僕不敢一事干瀆豈無親戚休咎相關而獨固守其愚者以大政自能秉日月之明何庸置喙且念平生微尚期歿齒不渝故公則喋喋多言私則默默寡語諒公鑒之久矣兹不得已輒有所干瀆乃有係于人心士習激勸非小公能信而行之乎則今者試取童生是已往歲之事壞風傷俗穢不可言公今以神明御之萬無是弊但連日聞投名字遁手本於臺下者不少此亦恒情徼惠父母罔非進取之意何傷乎但諸生中有素以正率其子弟固執不肯干瀆者懼人情太多反致頗知爲文者遺漏不取將欲隨衆媿非本心若仍株守恨無進步皇皇惴惴謏持兩端嗟夫俗而至此卽使文翁提調烏能輒革其沿習哉以僕論之人情故難盡却也公道何可盡去也以百四十名爲率先以文字取定八十名立爲草案後將書札並手本所開者續之其所許與必其子與任與弟委出至公方得列名如僞稱門生子壻與親識等項名色者倘文字成篇偶在落卷量姑取之

數足而止否則一切擯斥若係方外宦遊旅寓既無骨肉之戚又非平生之交是誠賄也卽嚴拒之何怨焉如此則文有一日之長者得以上進而父兄之數不孤情有一誂之通者亦非全私而銅臭之囑可免況以文先取者豈無士夫朋友子弟一名在中乎以六十名之人情續於八十名公道之後是亦足矣取者既無慙色不取者復無怨言所以正士風省巷議端在乎此不然置之前列若或多曳白而素稱能作

者或無賄可通或無親可托卒不得厠名其間如之何不忩且謗也公文章名家品題不爽鑑衡取士嚴釐夙著何俟僕言聊以效區區之一念耳希台慈亮之

上楊撫臺水道書

儒不肖竄首海濱伏聞仁臺自下車迄今惓惓爲地方誅鋤水患一爲高郵湖西田計一爲山鹽高寶興泰下河田計芻蕘必詢葑菲不遺長慮虛懷蓋曠于載而一見者士民何幸復聞專任敝府節推李公身

經五百里田水之間求開海口疏河道既得其地復得其入海上傳喧所以疏導下流計無遺策鑿鑿可見之行矣士民又何幸儒因念減水之法既疏導其下流又分洩其上流然後稱萬全也分洩上流之計在隄內開河南引之入江北引之入海而已隄長河故長倂處未辦先其要害萬無不可姑舉邵伯九閘言之所減湖水無處歸着盡注之江都與泰田閒汪洋三百餘里橫無際涯田不得耕與高郵湖西田僅千而三州縣則十萬餘頃也高郵湖西糧僅千而三州縣則十萬餘石也即多寡爲緩急相去較然玆聞臺下開越河減湖水令高郵田可耕開之誠是爲江都與泰寧無雲霓之望乎借令就隄內開十丈越河從三溝出仙女廟包九閘在內即土築岸巍然成隄導其水由芒稻河入江不獨高郵滿堂燕笑而三州縣且無向隅之泣矣今之談者有曰從露觔至仙女廟濶四十丈長四十八里開此一河九閘可包湖水可減似矣不知河太濶則水寬而勢復洶太長則道遠而費必重大湖內增一小湖兩湖夾一漕隄漕隄可懼已況三溝至露觔計道十八里迤北止露觔二

閘獨柰何以二閘之故開十八里之遠哉惟俟三溝河成移此二閘置之三溝斯閘不必費不多矣有曰開河從八臺舖起有曰從東西灣起毋論東灣較八臺已遠七里許要之皆閘盡處閘不包水仍東挽而之南則強弩之末耳必從東落盡從近洩盡然後遠而南行南行者不過餘瀝其爲無益八臺舖與東西灣等也有曰再開芒稻河受水寬行水速豈曰非計哉不知水出仙女廟一南洩芒稻故河一東洩泰州

故道一東南洩白塔下江一水而分流者三矣再開將焉用之夫由八臺開出芒稻河計程三十里也塗之人曰費非八萬不可由三溝開出仙女廟計程亦三十里也不肖儒曰計二萬五千而足由八臺者僅洩高邵湖西水一利焉由三溝者截江都與泰滅水而高邵兼之兩利焉費有多寡事應從違利有大小計宜棄取此盈庭之議在斷道傍之說難成固有然哉儒以暮春中旬挐舟躬從邵伯抵高郵目覩河形心揆河理遂據衆論就而折中不敢以出位爲嫌惜

伸一喙且以仁臺拾取方言故僭以一得之愚就明泰鏡此亦開越河處邵伯九閘云耳至開東隄處高郵四閘尚有別幅倘蒙俯採末議早賜施行害去利興淮南百萬生靈世世沾溉美哉禹功明德遠矣

上張道尊治水書

儒嘗謂士夫居鄉利在身家則義所不容害關桑梓則言所不諱矧上之人虛懷以訪民瘼而爲鄉之長老者值天災歲厄目覩里中愁苦之狀不列以聞是憂民者不獲見其災見災者不肯陳其說盖兩相負矣安所取於士夫哉儒故反復思之茲歲災傷不敢自同寒蟬安於緘默請一一爲臺下陳之揚州府所屬十州縣歲該額糧二十一萬有奇與泰獨居強半歲輸六萬七千者是泰州也而州形地勢南北高下頓殊壩以南謂之上河則上鄉也壩以北謂之下河則下鄉也上鄉高阜與如臯隣者田少糧惟七千餘石下鄉低下與興化隣者田多糧乃五萬餘石是民之所恃以奉公足私者上鄉輕而下鄉重也柰何下鄉土雖沃而水深心願耕而力薄俗謂之板荒久廢

其田盖不知幾千百頃矣二十年來開減閘以保湖隄四十八閘之水日下注興泰田間是以興泰之田爲運湖之壑此積水之所以未消患固不在天也加以霪雨異常十五年間田無疆畔蕩爲巨津方春當耕田在水下曾不得施以耒耜者大較已十之五僅僅有岸可培而土疎底漏曾不得施以桔槔者大較又十之三四野之農惟指地坐觀臨流浩嘆何田可耕何種可佈何苗可視謂之不必踏勘而災傷已覩其十之八也顧不然歟乃負郭微高之田萬苦千辛

努力耕種期過分秧實不過十之二耳而二者五月間苦雨不休浸淫渰没復壞其二之一所幸僅存者特一分而已俚之言曰草青之處皆舊荒之田水白之區盡新秧之地數語形容盡之環視通高江儀如皐泰興海門等處曾何有一畝不耕之田視泰州則天淵矣此被災泰州獨重而告災獨先也聞踏災申報八分而止豈嘗盡至其地歷覩其可憐狀耶亦據道路之言少加軫恤之意猶懼上人姑然之而未以爲信也然民知德意有終稍稍有甦生之望不意七月廿三四日頗風癡雨捲地傾盆一晝夜間水深三

尺將此些須待割粳稻塌倒飄蕩埋之水底所謂波漂雲黑豈誣哉且拔樹毀屋倒壩潰圍百里之間天翻地覆何但民無所居而鷄犬牛羊頓棲息失所賤鬻城市舉場圃田塍盡瀰漫成湖觀憲臺中民間可知已觀城郭中鄉村可知已社捲田沈如燎如淵士嘆于邑農號于野即鄭俠流民圖誠不能彷彿其萬一嗟嗟吾民何辜於天而天若是之不仁耶嘗聞人言曰滷海没天還没地滄浪聞哭不聞歌以今驗之信非虚語然否奉者天行之數而捍禦盡力斯歲不爲災言補造化在經綸也伏惟仁臺負拯溺之任具拯溺之才畜拯溺之心七載淮陰百計爲民美哉明德世世永賴儒盖耳聞之稔躬逢之盛矣固知仁人於此惻然動心即不全災當在九分之上不獨折之又從蠲之夫以仁人素所軫念何俟儒喋喋多言第不言受鄉人之怨咨言之則尸祝代庖不免出位雖然是亦申明老人之亭訴耳非無當也察之允之恃有仁臺天地神明在無任懇祈之至

上府尊議海口書

海濱何幸得借仁臺舉萬鈞之力畫萬全之策開萬世之功僕即不肖無以見信於鄉人已起而與鄉人共謀之圖所以報之矣匪虚也第今日下手分工慎之首事不知仍如初議否原椿與冊合原冊具在將用以爲準乎夫謀事貴虚成心固不可有然任事在斷定慮復何可易以僕計之豈獨原議地方更無可疑即丈尺之間其長短淺深皆尺尺而量之寸寸而度之非苟且塞責者失此不據乃使彼此殊見先後

異謀何但錢糧不合措注乖方且令嫉利者得因之上下其手矣嗟夫做事者之不如法將歸咎於謀事者之不精寧不寃哉僕用是爲懼亟有所請於仁臺他處不敢發口也前道尊立法稽查申文僕與一得之見間增一二語至借重仁臺敢曰是僕之意實獲僕之心蓋得明公僕一切之憂釋將安枕而臥拱手待成矣得報之日即挐舟期躬以謝聞旌車西指旋府中試士如雲不敢忝謁以滋多口遂成蹉跎即後時伏叩仁臺百頓其首亦旣晚矣秪此先布區區一

念之誠別幅字字皆眞統希台慈垂鑒

與譚郡侯議海口書

修學事昨荷仁臺捐助今幸完工非任代庖極知僭越然念事在明公未任之前重違合庠之請故身肩之觀過知仁諒不深譴娓娓海上議將舉事工雖仁臺與他邑分任而地方利病非公身痛癢乎主持事關心切尤重有望也以明公神明兼照包舉何難顧簿書廹督時日劻勷誠不可以形用近道尊亦言之矣數日聞明公背面虛心欲分委之僕僕一割才耳何能當一臂之用哉伏思天下事智者謀之不智者嘗敗之往往如此做事者之不如法將歸咎創事者計或未深僕將何能爲解乎况桑梓情真辱明公知已故不惜掃室布席欲與仁人建必利之策俾淪胥之民永永賴之當復何辭因論工有先後失次遺利委有小大非人長奸募夫遠近匪招致人不齊食指繁多不厚儲工難繼至買米宜於何地付其事於何人堆積何所支銷何法此皆首事當經營者乃若下手動工目應度水勢之淺深察地形之高下臨機應

變務求河流歸海駛如建瓴蓋又一時不能轉目一步難委拙工者明公能安坐其處心計手指遥之數月之久乎吾知其不能也道尊所謂掌印官只好神用可謂知言由斯以談則明公之幇手當必有人僕亦不能株守而匏繫也偶聞清暇謾陳一得聊答雅意勤惓何時坐春風借箸按圖一一細論取裁可否期以殫竭未盡未盡

上李推府海口議

非晤胥老先生始知議開海口者以興泰下河積水

不消欲多開出水之路爲宣洩計此拯溺之上策士民之渴望也懽忭可言然來水之源與洊没之故一則以湖堤減閘之水分流灌注於下河者太多一則以上河奸豪之家私開壩港直通下河者不少一則以伏暑之間大雨時行下河水加上河水騰湧交作在天雨者無可柰何矣在減閘者漕運所關保堤爲重毋容别議矣其在私開壩港諸處惟借胥老先生威令嚴行築塞之亦一舉手之力無難者也獨開海口一節爲工頗費要較之曩時二工不過十分之二

耳以三院主持於上列位公祖經畫贊襄其間其一吹毛之力乎兹舉近訪幷素所飫聞應該開濬者凡數處呈上電覽一曰河垜場北三竈茅墩港一曰草偃場鴨兒港一曰丁溪場馮家壩由范港濬至合洋港此三處有道里近而勢下應開有道雖遠而路直應開俱可洩水極稱利便至途次之遠邇河身之深淺工力之難易必須覆勘方有證據始獲精詳是爲目前禦災捍患之至計早行一日二州縣十萬生靈早沾一日之恩若夫欲閉減水諸閘圖塞來源是不

知國家大計以蜉蝤而撼泰山者也必不能矣欲強開邵伯四十里新河引水從白塔河下江是不審遠近大勢忘几席而求千里者也必不可矣議事之初最嫌此等誖話因無益害有益智愚之辨難易之等少不諳地形者將不爲之一惑耶欲破羣疑復有膚説夫曰開海口者非謂就海邊上開一口也乃爲水之下海有故道或凸凹湮塞或原開淺窄今日之議從而挑濬深廣之或中間少有不通量開幾十丈相接引導其水使之由近及遠去高就卑長流不住直

送之下海耳然水行之中有要害之處就地建閘以防畜洩以時啓閉計此處去海近則二三十里遠且七八十里許因即其處强名之海口焉實爲行水放水之處耳豈如就湖堤鑿一口謂之減閘哉豈閘口外卽爲海洋勢相聯絡哉非然也非然也昔者所疑已盡載姚院一疏與鄙文二篇不復贅區區山人今日之見亦管窺一斑聊以答下問萬一惟仁人更加研審的確見之施行庶詢謀僉同議皆石畫自無當時遠引至龍開河之錯悞勢既便工易完二州縣匝

地可耕錢糧可辦仁人鴻澤當垂及百世矣

上胥道尊修學書

昨修學小啓輙冐尊威以朔日通學諸生倉忙至舍曰今日胥太宗師問呈諸生無以應因出袖中呈稿賜觀予讀之曰風水壞處呈中不應說盡予當用呈中之意具啓通之蓋感我翁兩次面允之誠爲學校百年永利之舉且念前建立原無成心今改修復何避忌遂以謬說取裁哲人然其所指摘幾事堪輿言之諸生言之國人言之鄉士夫言之儒特博採代陳

之耳非敢用巳見求勝人也荷蒙臺下嘉惠學校批呈到州查議且面諭諸生以愼重求昔何由盛今何由衰夫即愼重二言巳得改作要領矣使當時愼重如我翁下訪輿論稍待詢謀僉同而后舉之則何至有今日紛紛哉數日來諸生方在講求繪圖帖說以仰承德意復聞識者曰輙拆修恐於建立者有碍一說也又曰春闈報將近稍待如何一說也聞此二說遂令儒勇往之念轉爲疑懼之心他勿論只錫崖舒老先生在此四年惠政太多衆中與儒最相知相愛今去此幾何時也儒以其建立者倡言毀之豈厚道乎今故願我翁姑少緩復又思之學校之設苟理無所悖即不中乃宜相因若制有所妨即多中猶宜遷改況建立者原無意必今屢科鄉試不舉設使舒老先生在任亦應動心獨恨當時猶相知不深重違其意不能一吐其胸中請渠自爲更化也頃者蔡院公祖鹽法未便得陳院公祖更張商竈始有甦蘇之心即陳之心陳之美即蔡之美也何嫌哉何嫌哉儒之前啓敢謂至虛至公實乍見孺子入井之意儒之

此議不免畏首畏尾欲圖存甘棠去後之思翁天日也儒之心思知能垂鑑儒之二議知能擇採其行其止其緩其急儒無毛髮膠固之私一惟台教是聽不任唐突媿悚之至

上李推府書

揚州府所屬歲該錢糧二十一萬有零而泰州興化獨居強半然二州縣歲所輸納出自下河田地者又十之九其地勢最低其田最下而高寶湖堤三十餘座減閘之水盡注二州縣田地之中晝夜長流汪洋

瀰漫一遇天雨新水夾舊水如海連天若不多開海口則出水無門田地安能耕錢糧何所辦故海口之開萬有所利一無所害姚院一疏言之詳矣獨惜當時事多掣肘勘議未詳應開者未及詢謀止開丁溪白駒二舊口又各河挑濬苟且誠非一勞永逸之計蓋來水處既多出水處安得復少以此田地淹沒年復一年萬姓嗷嗷正望今日惟仁人留神地方加意博訪不惜鼎力早成海上百世之功萬民瞻仰

上李推府海口議書

昨見道尊始聞欲開海口之説此敝州數萬生靈所深願不可得者一方甦生應有望矣里人省宰奉德意詢訪海上僕昨獲覩其大端似不負承委但其間應開處尚有遺其所議開上河復工力煩難道里迂遠至欲閉減水閘一節尤不知此國運所關干係爲重萬萬難從據此槩申不獨事體不宜恐以難行者將廢其易行者失萬民仰望之意矣前辱下問惓惓少有見聞不敢不告

上李司理水道書

數日舉州士民聞仁臺疏水之意喜極生悲始而涕流既而鼓舞咸有甦生之望儒亦悲喜中一人也少有見聞敢不敷陳以備採擇切念消積水以疏下流爲急疏下流以審地勢爲先地勢高則洩水難而爲力亦不易地勢下則洩水易而成功亦無難此二端蓋較然明著者本州地勢西南高爲上河凡五十三里東北下爲下河凡一百零七里該六萬五千錢糧內五萬取辦於下河田地其田地正當減閘下流四面俱高中央獨下若釜形然減水一入屯聚其中所恃以宣洩入海僅僅白駒丁溪二路每遇霖雨下水

加上水一望成湖更無別處宣洩故欲消積水以救民困舍多開海口他無奇謀然必先審勘沿場地勢低下利便處所或疏濬或增開方費少功多足稱永利伏蒙憲臺上重國賦下軫民艱詢開海口務求形勢低下誠石畫之計也茲據近訪并先時習聞凡數處一河垛場茅墩港一草偃場鴨兒港一丁溪場沙河合洋港俱係低下俱可開濬者試先舉其大都本州下河凡三路水亦三路會歸入海　路由窰頭

寧鄉至興化長堤出白駒口此爲最近最下稱利便者西一路由江門野營樊汊會歸興化長堤出白駒口此則稍近稍下稱利便者東一路由孫家垛淤溪秦潼西溪丁溪至馮家壩出龍開港此則稍遠稍高亦稱利便者總計本州之水從白駒口入海者乃十之七從丁溪口入海者特十之三今日欲疏之道察地形求近丁溪者宜少求近白駒者宜多何也近白駒地形漸下且近近丁溪地形漸高且遠故也欲開海口興化宜多泰州宜少何也興化爲泰水之下流

舊業堂集　卷之八　二十

爲興化開卽所以爲泰州開也據所訪三處茅墩港出河垛場而入海地勢最下爲本州東路至近應開無疑但近場多係富竈田地恐其沮格須斷在必行少酬田價自然無梗鴨兒港出草偃場而入海地勢亦下爲本州中路并西路至近應開無疑且在本地方人情亦願從槩開復何費力獨合洋港一路則出丁溪場道里旣遠且形勢亦漸高而此處較稍下欲避龍開港之盤旋曲折故取道於此引丁溪馮壩之水從此宣洩乃以近就近不得已之計也使當時由丁溪之上於河垛場茅墩大加工力則丁溪且不必開矣況越四十里至馮家壩之遠乎出龍開港之難乎土人之言或有的據可信乃若河身長短寬窄工力遠近難易其間或故道可疏用或新路應接續與夫河身淺深脉絡向背必委官踏勘畫圖帖說方得其詳也儒於此復有懼焉曩開丁白二口費謀費力不止一端夫此猶數百年來舊口耳談者卽舊處談之開者卽舊處開之尚反覆稱難迄今馮家壩一處且有遺論今乎白欲查議數處據一時之見成百世

舊業堂集　卷之八　二十一

之功脫或非宜誰任其責儒謂任人不可不擇計慮不可不詳而創始一議尤爲要緊要在熟講緩行方無後悔然事在求可謀貴虛心所委人員切勿膠固務多方博採期於有萬利無一害如三處俱稱利便可行併三處而用之可也如他處更簡易此有礙難行併三處而棄之亦可也烏可執已見拂輿情哉再照本州中西二路之水取興化長堤爲出路從白駒口入海當時該縣無此長堤泰水消落甚速後因河工肇起乘機圖便大費官銀高築長堤直抵高郵計

一百餘里期囤民田遂使本州積水屯聚去海不利不知一經安一臟損矣此與痌瘝之意相同合無行令該縣將長堤近縣一截多開數十餘口使泰水長流無阻方爲兩利其本州地方海安牙橋等處江都地方宜陵赤蓮港等處俱係上河爲來水之源此等處所盜開私通即疏下流無用容另行申請嚴令築塞夫下流既開上源復塞即使天雨閘水難保必無而宣洩有門會歸有路水患可消田地可耕錢糧可辦本州數萬生靈永永無魚鱉之患矣

上姜鹽院災傷書

海濱下郡昨得直指經過草木光華狐鼠竄伏地方幸厚至矣儒靡服病軀未遂登龍之願猥蒙枉駕又不獲道左逢迎憾也罪也傾聞憲臺眷然雅意在儒復論敝州災傷惻然矜憐不一言而足夫儒衰憊之年遭燮子之戚跧伏林莽禽覗鳥息何足以辱大人記存乃蓬蒿中得借一溫言百感生悲矣更念敝州災傷由慢成殘仰荷台慈破觚越俗慨然軫恤其當感且悲也奚啻一室云爾哉敝州苦水不登患且三年與興寶誠何異蓋疆相比耕相偶患相連宜司命奏討同熈朝覃降同初夏里中喧喧曰獨逋之恩何無點滴餘膏霑洒及泰吁嗟乎一隅泣矣下不報上不知籲天無從往者勿論已以今歲論之方春時積水深丈未消雪浪如山望之如海其田得耕佈者僅十之三四五六月間浹旬霖雨晝夜不休復將所種三分者渰没過半居廬蕩析矣即室且無何言懸罄疆埸顛覆矣即野且無何言青草閭閻苦狀如此固宜典守者動心早聞之上斡旋康濟因以勝天茲聞

高阜如泰興稱災而敝州反不與吁嗟乎何泰民無緣又爾哉其故有難深言者猶未也敝州田地下河十居九每歲陸萬稅糧稱是春夏渰没茲八月十一等日注雨幾日夜平地三尺瀰漫成河蕎屬絕望即禾穗僅存者又死在水中央矣夫存一得於萬失之中已不堪其苦乃一得者又不保其終惟天惠民何故至是姑不計民間養生送死只常賦將安辦嗷嗷萬口不知哭向何路倚向何人乃獨壓法臺之憂泰民甦生有幸哉敝州舊有殷富名數年無秋有稅公

私病徵鞭捷之聲不徹於耳所謂心頭肉剜却殆盡據此獨歸咎天地不仁又寃矣寃矣所仗法臺抗九鼎之力解一絲之懸措舉手之勞垂立命之澤福星照臨災沴無不消矣嘉祐云只有同時驄馬客偏題尺牘問窮愁豈虛語耶惟不以儒言爲越俎代庖遥委廉能將檄州下河一帶通行踏看不必細辯禾穗稀稠只以有無爲證有者作熟無者作災一望之間晣然難掩儒且願充一亭下老人爲之導引左右又望多方採訪百里所以蕭條其飲恨吞聲近何在則

抛荒之數與致貧之故可坐收萬里之明海上百萬生靈衽席有地矣儒生平宦拙罷廢來不敢通一字當津愛一毛于一事惟桑梓痛苦愀然不能置懷遂瞿瞿然日抱漆室女之私憂因蕽薄田得早題亦可稍蠲升斗且欲長林茂樹親知坐談間無拊心之語慼額之事汚穢清化塡塞不寬之胸卽老死牖下固太平之編氓也快之至也願之至也是用哀鳴仁人之前以仰答勤懇之問冒瀆霜嚴臨紙伏悚

與陳學師書

人情不平之爭猶兵家之於敵量可而進否則姑讓而退以收後功不求必勝以自取覆師失將是善料敵者也君子之爭也亦然外度乎人內反乎已因而審幾斯忿銷而辱遠矣彼一味求進不知少退者其將何恃耶恃已之財財不勝義必困恃人之助理不直而助之者將解其卒何所恃耶今日某某之爭正此之謂也非某一以理勝而無所屈也以某之爭勝里中非一端矣其歲歲招尤取辱非一事矣卽某坐弱之一失較某用強之屢失則鄉評月旦寧不有向

背輕重耶僕昨以通學枉顧寒茅曰將陳師之命故不揣均其失於二家併深望於師長兩全之誠發謀於乃心兼採乎公論非偏聽而謾爲漆室女之倚柱也乃某者謂僕本無是意聽信一生嗟夫寃矣此事外別有施交手本僕謂傷風敗化之甚遂以西園士人之故委曲處之期以扶世教正人倫於某不爲不厚私謂某之父與兄必且知感乃其兄又曰本無是事造謀一人嗟夫又寃矣借令聽信造謀之事有之則一生者固訟師耶僕固私畜訟師而爲逋逃主耶

何其更不一思眼底無人若是毋乃不自料復不料人必欲爲有進無退之師耶僕雖老猶能明目張膽臨敵一陣如其不然銜璧面縛且自甘心不肯歸其咎於一人令朱亥殺侯生也先生章教海邦猶孫吳坐將壇指揮十萬之衆誰不服熠請獨立牙旗之下喚其與之言曰此宜進此宜退宜進而不進無功宜退而不退無功不獨於某獲師貞之吉且於僕有恤鄰之仁矣一言勝萬乘師先生非收其全功者哉臨楮惓切

上總院江年兄災傷書

當憲節始莅淮陰弟喜二天之庇矢心不欲以私囑獨念儆州頻年災傷閭閻蕭條十分愁苦欲爲仁人一面陳鄙心極切隨以次見不救郎一家且不保又何暇顧桑梓中萬姓也兹襄事甫畢重以時艱日增歲益杞人之憂有屢欲鉗口不能自禁者敢冒昧爲法臺陳之儆州方輿百六十里每歲額糧六萬七千有零盖已占該府三分之一一州田地下河居多而額糧下河則居十之九是下者上關國計下係民生至重且急也自隆慶三年河決寶應因循不治將及至萬曆二年來由邵伯而下不分疆理高下幾萬良田盡成湖海而儆州較他且加數倍焉何也盖鹽城之水有興化可注興化之水有儆州可注儆州之水則由北抵城瀰漫停蓄更無疏通處所雖返流歸海而道遠行遲其所謂海口者亦望洋中一針孔耳此儆州連年田疇禾稼緣水成災眞在興寶山鹽之上固神明可鑒者也宜熈朝蠲逋之恩首及吾泰乃夏初見邸報但云某處某年停徵某處某年全免儆州

則兩無焉致使奉法之吏旦夕鞭敲剝膚搥髓籲天無路夫上澤壅下政拙勢也柰何於時弟駭聆伏思窮其故不得乃長吁曰豈百姓之莫告有司之不聞因致曠蕩之仁有遺歟不然儆州與興化比疆而耕同年受害一在衽席之上一不免溝壑之中苦樂若此懸殊何也弟故嘗解諸里中曰患自下達斯惠從上流其責不在下哉夫事在既往勿論已迨今年隄堰雖築積水未銷加以五六月間霖雨浹旬總計一州田地種者不及十之三而渰者又過三之一衣裝

爲田典賣且竭矣而度日卒歲謀竟無成室廬爲水漂蕩且屢矣而變産輸官計將安出方臨流浩嘆間忽聞查災官至百里士民且悲且喜謂仁人垂手欲援將顛連有告矣何期委官入境官吏遲違接乏其人處非其地自失迎賓之禮遂乖恤憐之仁以此身未經眼未到更不開具踏看分數坐落地方漫然回文卒使痛苦如敝州不得預題請之數嗟乎天雨地水歲事交傷所恃者總臺之覆載也公聽並觀幽隱畢達所恃者遣官之巡省也今委官以迎接之故致

令一方之苦鬱而不伸悲夫泰民何數奇遇窮往往如此先時道路傳宣云泰州災傷撫院不信不肯入疏豈敝州生靈非撫綏中赤子歟目有所不見耳有所不聞宜翁國計是先斯亦未見羊之義也弟故又解諸里中曰恩將上覃乃不主聞其責不在下哉此其害在剝牀可恨也且茲八月中秋前後注雨三日夜不休平皐蕎麥荳穀盡行浥爛下河水添三尺復將禾穗絕無僅有者渰沒入水百不一存夫夏雨損方揷之苗天既奪吾民入釜之粟矣秋雨傷已成之稼天又奪吾民到口之食矣嗟乎耕不盡其地斂又無其禾即今大水淼茫無天無地蓋不但曰一片揚州五湖白而已可不謂之災傷也且拋荒渰沒二者成災姑不論細民試舉鄉官一二有力者故侍郎沈某一家計田五十頃以水不得種者四十有二矣其八頃已熟盡渰不收知府王某一家計田十五頃以水不得種者十有一矣其四頃方種盡渰不收知縣陳某一家計田五十頃以水不得種者四十有五矣其五頃已熟盡渰不收不肖如儒一家計田四十頃

以水不得種者三十有三矣其七頃已熟盡渰不收夫鄉官郎窮在里中猶稱有力人也亦且如此其他可知矣然則敝州在今歲謂之全災也亦宜乃以下不報上不知遂不得與高皐之泰與並窮哉窮哉昨蒙鹽院姜公祖慨然矜憐復弟書曰貴州災傷誠不減興寶水連一派是生所親見而痛心者夫姜老先生所見特客歲積水渰沒者爾猶且痛心使見六月雨之渰沒又見八月雨之渰沒其痛心又何如耶姜老先生之所痛心特以所見十中之一二爾使翁盡

見新與舊之拋荒水與雨之淤沒其爲痛心又何如耶語曰失之東隅收之桑榆蓋言圖不早望在晚也敝州災傷雖偶遺於報災題請之日尚有徼於勘明奏覆之時以人勝天秉鈞爲國使敝州百萬之衆絕紐得續死灰復燃特在翁一秉筆間耳不知我翁肯賜相信掛名疏內否乎天下事特患不眞事苟眞矣即前題無此一方後以此一方附入在理與法似不相違何也災有後先蠲無彼此也况以翁碩德鉅望實心爲民抑何言不荷聖明之俞允哉弟賤且疎一

山中人耳何當爲不恤緯之事干冒尊嚴自取罪戾然又念之出位干政雖非山人所宜而隨例告災則人人可得而行之者弟之爲是也非干政也乃告災也處一廛爲氓之地値萬姓倒懸之時倚兄弟之舊盟希公祖之新澤災傷不言復何言也弟如不言又誰言也免鄉人之交責冀薄田之必[illegible]伎頹齡垂盡之人得安枕飽飯於海上均係茲一舉惟台慈採而見之施行不任懇禱

上王太府書

敝州下河田地歲該稅糧五萬八千西北與高寶連疆東北與興化接壤地勢同被水何異而拯溺覃恩宜均之也乃題請承折敝州不及豈謂敝州去促稍遠先從其近者而後圖其遠者耶又豈謂加敝州累高寶先嘗以急者而後徐售以緩者耶不知水來傷稼不分近遠被水成災何言緩急此海濱十萬生靈引領仁臺願手足腹心一體視之而已敝州糧重災頻竊聞達觀者未肯深信豈得於目所覩而失於目所未覩耶自揚之灣頭至敝州長亘百里乃沿河歲

熟田江都已占八十有五里從斗門界至州南門始爲本州地僅十五里有奇使者舟行河上見春苗被野秋穀盈疇往往爲民歡喜然扯江都八十五里常熟之地指爲泰田是買虛名而受實禍據十五里頗熟之地遂謂下河水中六萬糧田皆熟是謂以其小者信其大者夫目所得覩者且徒冒其名則身所未[illegible]負何覈其實是宜告災致疑施仁不與斥滷之[illegible]苦非一日矣蓋士夫塞耳不聞地方縮頸此悵不遇仁人何敢垂涕泣而道之耶今

徵得其詳在一踏勘合毋委官沿丘履畝逐一清查則收獲多寡渰沒輕重與壞同患同虛實自燭照而數計矣歲時稔而謬稱荒圖免起運謂之上欺朝廷不忠水有等而詭言同輙作連壞謂之下欺官府不實不忠不實甘爲叛悖之民不祥卽少有知者且不敢况安田里知分義如吾輩者肯吠形吠聲漫然談之自奸王化耶惟仁臺精心委曲殫力扶持卽永折祈請不能並舉於今尚可補偏於後斯覆盆之照徹向隅之泣收頌德頌功七井之民無異三州縣之民

矣如謂吾輩之多言也爲杞國人之憂天爲漆室女之倚柱則不肖儒者非門下之罪人哉

上王太府災傷書

明臺積勞不䘏至玉體違和所謂貌瘦而天下肥者固應隨愈以慰十萬家祈禱之勤佇俟佇俟頃聞明臺懼水至決隄鄰近隄州縣題請永折患未至而圖之早覃恩渥矣第敝州與三州縣接境壤土鱗次受水不異覃恩頓殊將爲敝州有隄能阻水耶夫滿則溢流則通敝州六萬稅糧田土無一葦高岸與三州縣限隔而水性不平不止謂三方田可沒一方可全恐無是事何也地勢同而水無擇也卽今歲被災敝州較三州縣爲甚可睹巳萬姓洶洶謂吾輩不出一言坐視不知尸祝代庖出位有咎也雖然爲魚之患行將與里閈共之又烏能嘿然巳耶如泗水果來湖隄果決將千里之地一槩無禾恩且當歲歲錫之有不止永折而巳者盖養生送死民間所藉恃有田在田被水沈則野無青草室如懸磬資用安出卽折亦不能辦矣况敝州折且不及何能不呼天訴之僕故

謂厚築長隄多開水口令水北入海南入江不以田爲壑四州縣歲熟年登治本之說也上也倘修築未完時或一決暫行改折必四州縣同之治標之說也不得巳也不然屢決屢折終至瘠國得此遺彼不免向隅伏惟仁臺收萬全於桑榆慰一方倒懸切望

與薊遼曹撫臺書

儒後進也景行先達久願依歸茲並荷新恩得待同朝夙心良慰何期東方保障暫假干城威懾德綏固知疆圉日就寧謐而典刑漸遠矩矱難追如小子顧

瞻何哉儒斥逐海濱淪汻陌即舊業放失無存矧云新聞新見乃欲巍然爲畿輔師陋矣陋矣覩太山而漸蚊負將無同乎恃在知已門墻何以開示俾免曠鰥萬一也

與兩淮孫鹽臺書

考察冊借重霜臺鑑識衡評淑慝允稱所以定國是而啓愚蒙者裨益何有涯也再奉教言足仞虛懷朗見蘇窮簡以餘潤厲俗吏以堅操㒵獨不肯儒受知已之愛已耶感恍何能有已儒長淮山澤之夫久縻

文墨輙承乏得代役惺菴公眞形過鏡而照窮物勝權而衡殆矣恃子民昆弟之誼何以開示俾免曠鰥臨風顒仰

與江西蘇按臺書

伏覩旌别江藩文冊不但鑑衡無爽而且詞彩煥發披閲爛然公可謂百里爲瞻三長獨擅矣吏治文學西臺將兩讓焉儒鄙人海上明農消磨歲月非道書爲把則豐草爲席蓋瞽者無與乎文章之觀今且十載矣矧時眉日新又烏能以老眼辨之兹者督學之人儒以贅當代雖伏櫪之焉尚不忘千里之懷而聽吹之詳將未免南郭之逃矣自知蚊負終懼憤憂特在纜纏故墟肯一洒餘潤以慰炎蒸之渴否

與湖廣孫方伯書

十載分襟回首猶昔世途險易宦轍升沈蓋不知翻覆幾遭矣無緣聚首一劇言之夢寐爲勞瞻企耿耿忽辱手翰飛錫開函伸紙依然面談人品才猷朋輩中如兒指不多屈乃冲然自退情見乎詞則謙尊而光又宜當路挽留之專也弟明農長淮竄首伏處永

與市朝隔絶寵荷新命再獲濫竽西臺自度綿才于世教何補頊以賚暫代惺菴之役冷心堅卧舊業麾擲奚啻芻狗復欲借朦瞽辨華袞之觀不稱甚矣桑梓之情昆季之誼仰止開示兩有厚望焉

與孫按臺書

茶城暫侍春風即荷披拂促膝數語遠占蘊藉之深令人歛衽不及乃者伏讀考察文冊不惟妍媸如見即美如西子亦不稍貸其不潔之蒙如公則見可謂直數秋毫者矣且文彩翩翩不爲時俗套語美詞過

冠玉勁筆凌鍘芒公所貯蓄何富施措何雄矣哉把帙臺中每對青田兄嘖嘖不置則又恨茶城邂逅何不挽舟信宿以盡窺公之底也悔無及矣南使北來復辱武試大錄見教時閱冊疲冗之劇寢食幾廢常姑不敢發函紳紙以覩宗廟百官之富惟謹藏笥中以俟竣事展玩且私料吐詞垂訓勒之梓人應必有鳴鳳鸞躍龍虎者錯落其間異日覩之其所嘖嘖恐又不止文冊一斑已耳

與馬按臺書

儒長淮耕叟也自甘山澤之癯與世隔絕即戚里不相聞知荏苒五載況望附雲霄之路再叅清斑貽辱臺之恥哉乃者濫荷新恩復得厠名桓典之後攜分踰淮日惟惶悚茲承乏復代役惺菴公以朽株摧木雖陽春融液不復光榮即生意僅存識者且棄爲凡材弗顧矣豈期出星火於寒灰覩螢光於腐草仍濫竽文柄之司焉人將謂何矧時製日新畿輔多材非老眼所能窺測當伏櫪之日爲千里之懷直可啞然一嘆已耳

與溫中丞書

别來兩奉手狀眷然顧盼知非泛愛可同感戢曷其有已弟山澤庸夫忘情當時之務久矣頃者再叅西臺力旣疲於監試之勤心復瘁於閱冊之苦兩役甫畢行將檢點考校諸生譬之駑馬原非千里之材當軸者不察顧委以重任弗憫其勞不至皮銷骨立不止也弟計翁秉政在初注措訏猷當必度越常格耳聞不如目見之眞爲是出趨首事眞定盍冀覩休光而賚大教云耳擬來月初旬可伏聽撫臺之下忻忭何如

復董太僕右海書

伏讀佳刻模寫物態商確人情而詞釆爾爾所謂曜景春華爛然盈帙眞把玩不能釋手儒嘗於三吳作者雅尚荆川今閱茲編根極要領不相伯仲至鎔意鑄詞出斬截於鋪張揚厲之間殆又過之矣叙謂德業氣節文章三者先生兼之豈誣我耶小恙扃門不能躬詣大教專此代面

與朱民部書

儒本以逐臣兼多遣行永宜奉首竄伏丘墟顧冒新恩復叨舊職自入都城廨質疲於奔走綿才窮於服役監試督冊相繼苟完旣倖免僨轅之恥茲緣歲考即日出巡先趨眞定大以長淮耕叟年邁始衰而跱局日新乃欲假老眼物色將未免掛一漏萬混瓊瑰於碔砆之中剏躬行未能口耳爲贅其何能風動八郡爲都士人先哉有南威之容乃可以論於淑媛有龍淵之利始可以議於斷割今以匹夫之思而求應風雅謬矣悖矣竊又念美盛相須以傳後進之士未

舊業堂集　卷之八　三十八

嘗不仰籍先達以爲標準而先達者亦或引後進以發攄其所不盡之藏是八閩風猷成憲具在所恃開矇瞽之明以與文章之觀者有翁在也況夔欲爲助如儒者久在甄陶下耶不恡垂示俾無後艱則希沃而每竭者兩無懼矣

與楊紫南書

弟竄伏清淮之濱永與人世相棄頃者叨蒙曠庇再列西臺眞朽株復榮宜何如竭駑駘以圖稱塞顧自抵京廨質漸疲綿才益薄五湖短棹則又憪然往與

矣何期考察在役督學旋膺王事一坪病苦兼之立見頹然蓮蹇自知叅負不免犢憂正念知己如明公不獲朝夕依歸以幸無過忽于教珍錫遠自天來懷高誼之如新恍締交之在目捌思道義素愛不克先施媿與感並刻下出巡首事眞定彬彬人士希世璠璵乃欲以庸眼辨之懼相顧錯愕者趾相接也況瓊瑰爲碔砆猜狼券爲嘉穀其能逃老馬爲駒之誚耶相知何以開示

與朱中丞龍岡書

舊業堂集　卷之八　三十九

奉違溫儼不記何年世路升沈宦途通塞維弟與兄固不料枯榮並遭翻覆乃爾頃者再濫西臺每媿入都之遲不獲蚤爲國家首推吾老丈旣以東西失事天子思材遂奮然力舉海内名賢特借高明增光短疏此雖區區懷舊之勤要之公聽並觀弟固不得而私之也遠辱書問高誼眷然增愧增感弟刻下有眞定之役行李載門老馬爲駒不顧其後弟之謂矣

與洪芳洲書

儒伏處蓬蒿知有所謂芳洲洪翁者懸辨物之朗識

操約已之孤標緑析羣嫌鑑空一世每降心讋服舊矣比台駕去南都輙荷膴儀騈及垂優澤於僕與畜編氓於縉紳若有取於不肖儒者非左右爲之先容何慢蒙奬進如此哉倍深感戢恨未由一接教語因以附殹勤企慕之私自分此生不復一吐積素於知巳矣乃者寵承新命濫吹西臺翹首旌車內移庶得披下風飽清聽盻盻然日夕延佇以瞻溫儼監試役畢蘋邸報始知翁借重留都愕然以駭豈謂天下財力竭矣將柄用於北姑試之南如鍾陽馬翁者耶第

十五夢想暫又南北支離淺薄無緣如此正爾徘徊忽辱錦裁珍錫發函伸紙莊閱數過何文彩之鉅麗而德意之綢繆也神交千里猶得假以言通又望外之殊幸矣國家窮縮知必遠有訏猷想一籌各綽有餘裕白下山青水秀情境翛如且彬彬多嚮往之士如翁者又斯文之指南也率心得以興起一方非翁之任而誰任歟振鐸之芳聲餘潤所敷將汪洋斥滷之墟矣

明公負海內清望邊陲多警特借紆猷自榮任迄今凡幾閱月剛沿習之蠹振揚厲之新聲布德宣威俾秋防不肅而靖因知翁之汲開濟預有籌各辱燮如儒久盱而望之矣忽拜錦裁珍錫媿與感兼且中獎進之詞不一而足豈燮在園櫃罔知維摶之爲不可耶儒實棄材冒恩復出考察役畢即校士恒陽方擬竭綿力挽頹風期不負我知巳詎意席未及暖新命再下庸劣無可比數如儒者乃巍然忝入班行眞惶措無地自此冷局閒心恐無以效尺寸於明時矣惟

是扃戶自守間與一二相知探性求心稍尋本來面目雖上乘之事不敢闖其門墻庶幾爲攝伏心身之一助耳燮我如翁更祈有以教之

與姜撫臺蒙泉書

儒被廢窮棲山谷竄伏丘隴以畢此生詎意新恩波及斥鹵醜焉就列期效尺寸於明時而綿薄之才他無樹立惟是樂道人善罔避親讐即喋喋不自厭止豈眞誠一念得之天性然耶翁以凝毅之操汪濊之澤神明可質陬壤不遺儒日切傍窺諗知有據廼坐

視清修奇節經世長才不售於時將能安乎用是每發不平之懷肆爲多口之辨不欲白璧毛髮蒙塵盖曰此心不負卽利害當共之矣何期任事者素有鑒採兼是狂愚遂令薦賢之明誤歸小子儒瞿瞿山澤人也烏能爲天下薦賢哉矧海内芳聲巍然屬翁舊矣翁何過聽人言德儒之左也其亦久要不忘之義遂信儒終不負翁也歟盖增悚赧儒年近衰遲行能無可比數固翁所知自抵都奔走不給颯然摧靡回視曩時意氣消磨殆盡近荷台庇僥倖轉官自媿濫吹殊同南郭且懼冷局灰心無以副門下國士之期

矣便間更祈有以教之

與梁鳴泉年丈書

弟嘗聞稀世之寶人所共珍不論知與不知卽有聞焉鮮不躍然誇詡喜動顏色盖高價齊乎衆品芳譽協之輿情素所取信者然也矧人材關諸治忽不啻明月夜光爲世所寶此其章美隱見直日一物之售與不售已耶邇者邊陲不備烽火時聞當宁者方博搜海内長駕遠馭之材馳驅疆圉爲西北屏衛得一士焉罔不嗎然視如拱璧以爲是足以稱稀世而信人人矣明公以瓊瑰之器璀璨之英曠然寡儔爲海内博搜者所鑒別卽欲斂釆自秘識者且多方羅致加意夔護陳之王庭復何假于工人哉明公過聽德儒盖亦悞矣

與鄭樂軒書

奉別踰年詹佇笑言忽忽如昨以兄道誼至雯白首如新盖交遊中誠所謂知己者卽一日且不可遠矧川原伊阻歲月云邁矣乎夢想爲勞無由縮地爲恨

儒本窮棲山谷絕意市朝冒沾新恩擬一觀光上都卽返故廬爲五湖烟水計冗緣賤役馳逐未休考察甫完遂校士恒陽將事竣短疏求去何期閱卷幾半復叨薄轉卽欲浩然南往無以爲辭公餘清夜捫心思之世味猶濃醴然飲之而甘雖心却之手不能歇非酩酊爲歸弗止也弟也將何時樊籠之逸丘園之逃耶兄固知儒必不以儒言爲僞也昨聞門下陪貢金陵喜歲薦有待南畝生事應不厭督率之勞吾輩家食惟此於義命爲安否則辭受取予之關蕩然矣

去訐倘得蚤賜俞允歸以侍老親課幼兒暇則二三知己徜徉烟水之濱於以消磨歲月即此終療無需於時不慫也惟明公相而成之

與周際岩中丞

昨報歸省之期當於九日後者冀欲徘徊江上追躡仙蹤兼擬登嚴陵之臺爲之挹清芬而淨塵染耳先後奉手書知愼重衢嚴之間尚得數日譬之奕者局將終勝負辯矣乃於收功一著遲回却顧左索右思不輕發焉老將之所以決勝用是道也弟遲出疾歸

潦草塞責其諸滿勺之水一瀉而竭無復餘溢者乎較是輸君一着矣姑論其他仰服仰服連因跡涉之苦每抵暮洒洒戰栗忽熱忽寒至華溪偷安再夕茲將取道出蘭谿之濱計月之六日得奉晬面因念積緒如棼不知登龍之時從何啓口復念傳食以來不能仰承休美裨益地方惴惴焉狗尾之續是愧昔人所謂羞見先生面黃昏過釣臺者弟將躬蹈之矣何如何

與郭青螺太史

給箸乎內必須乎外恒情皆然甚至臨取予而沾濡通名字以請託皆足以毀名覆節自潰其禮義之防要其然勢非獲已由此言之耕殖鄙事也其所關於官箴者似亦非細吾丈今以鴻漸之翼困於燕雀然英詞潤金石高義薄雲天綺合星稠畜養深矣行將一舉千里登庸于時家食之謀應有預待不審謀道之暇能一究心否弟謂義無所詘分所可求商也賈也工也猶之農也兼通其藝先立乎大可謂士矣兄將以爲然乎自子貢貨殖而後世儒者始以治生爲

諱彼自以不治生爲高不知饑寒至而力不禁鄙亦甚矣弟固爲斯人發一噱也家僮回正與舍親晝經商什一之事是弟也則仕而農而商焉者也可鄙也高明何以教之種種兒女子之私不能多譚希鑒察

戴奎泉書

弟自幼至壯行能無可比數垂老欲稍聞道術以逭往愆蓋以王林二師導清源於前韓王諸公振芳塵於後兄復以明粹果毅與龍渠諸君子潤色盛美嗣響徽音即遲慕如儒不敢操戈于有道之室與世人

同聲嗤鄙謂學爲利囿蓋曰將終身焉可也比入都城初志益鋭隨以風塵奔走卽茹食啜飲狼狽失常況瞑目靜坐使心息相依爲太公順應地哉此猶窘於時未暇也旣聞之君子長者曰某學以誅利某學以誅官閧然嚣然視吾黨如鬼魅難狀怵惕反側恐影響不幽此猶聞諸人未覩也徐以其所指者察之果然又以其所未指者察之亦然弟遂以未究之識不根之力搖動於嘵嘵閧私謂學之壞人如此因灰心絕口惟公餘取文清公粹言讀之見其切近有味

種種皆對癥藥石以祈免尤悔於遠邇所指某某者不能日遣諸胸中近復怳然曰千古聖賢相傳惟此一脉學何嘗壞人乃人壞其學耳可憾也試使力學之士有如吾鄉上之而王焉林焉下之而韓焉王焉則與起振拔人已兩益所以綿延絕緒有德於斯文亦宏遠矣卽議者且將降心而伏焉況不肖如儒復何所容其喙哉儒之暫開復蔽方信忽疑蓋亦不能自信吾心因人疑而遂疑之焉耳近轉官棘寺就此冷局每有開心行且從事舊業以求所謂心息相依將以措諸綱常倫理辭受取與之實根又不得明粹果毅如兄與龍渠諸君子日周旋焉以破弟有種之疑北望長淮益深悵惘何時解綬南下開扁舟之虛敞依故山以盤桓相與夙夜探玄微窮味斯道以畢此生幸莫大矣臨楮詹馳

與劉平湖妹丈

十年繾綣一歲分攜回首停雲詹言千里論文對酒相知語笑之夕得毋伊人之感乎儒以孤棲窠身豁壠再披天日遂濫簪裾本擬望闕致詞委綬而去何

期樊籠一入翻飛爲難清夜捫心應不免海鷗之疑孤山鹿之伴況相親如吾平湖者哉儒昨以臺臣獲叨勅命洪恩下及先君於重泉贈如儒官望巴踰涯矣乃今復以棘寺之秩冒祟典於東宮一歲之間兩荷寵賚乘以綿薄兢兢弗禁卽欲歸拜慈闈而國恩未報並深惶恐相知如平湖何以教我俾上不負恩於朝廷下不違養於桑梓仰想與切茲賫勅命南歸以彰君賜其焚黄儀節二家兄及小兒子俱未知悉之高明曲垂指示蓋禮義由之賢者況又親在骨肉

問也臨楮惓惓

與温少谷中丞

罪聚首都城倥偬間未獲細語論心别去緬懷耿耿何蓋恭惟老丈風裁峻烈巍然衆先弟也疎庸每降心媿服舊矣邇聞駐節姑蘇歩全陝之徽猷沃三吳之膏澤百年釐革坐見成功定知餘潤遠延當不限長江一帶水矣儒托庇校藝伊始薄轉旋膺擩分捫心何勝慚懼雖灰然冷局僥焉南郭之安而夢落清淮則依然五湖之想有不可解者矣知愛如兄何以

救之免進退狼狽不任厚望

與羅斗塘年丈書

十年濶别夢想爲勞都門一晤擬再面承傾倒廼遂以職事校藝恒陽倥偬而去欲如西臺辦事之暇與仙里欵叙之勤握手論心渺不可得矣何人生聚會之難分攜之易乃爾耶弟綿才薄力兄所素知再荷新恩本宜一瞻天顔輙求遠引今不即自止復承乏肩轉官階譬之蚊虻負山累且日重矣相知如吾老丈何以開示仰道後艱臨風不任仰想

與韓月川

儒極不肖辱侍臺中朝夕祗奉步趨開示觀省之深有不待言而喻者無何别去悵惘可言初擬校士恒陽旌節相過正可面承稍展鄙念乃遽歸神速舉住無緣益深惶悚計此時駐武林渡錢塘遶巡金處風聲所至膏澤弘敷不但海波不揚已耳弟叨轉冷局無能効尺寸稍裨明時清夜捫心何勝慚赧

與同年劉應谷書

儒自分逐臣將淪落長□不復光覩人世久矣昨以

新恩復還舊職懼顛躓之未暨思放逸之難羈擬一觀光投珮而返廼承人乏遂忝班行何期校士恒陽曾不浹旬再叨薄轉虛冠冒西臺之辱濫吹懷南郭之逃方切悚赧輙荷瑤函下賁錦帙先施而中獎借之詞德意綢繆文采鉅麗蓋昔人所謂一言之譽東陵可俾于西山者也弟何能當之洪都人來備聞惠政訏猷高邁流俗匪以歲月殆經緯翩然成章復念弟識晩才疎不能早爲此方更置其人使枯槁之民速沾潤澤恐台座不能久虛内召旦夕且至則緬仰

事又曠焉茲緘之差矣

與李目山書

備昨迷方淪誤伐木清溪之湄辱我知己顧盼勤渠無一市里寒䏶態既測高明襟量卓越鮮伍復跡安貧守義之素坦坦瞿瞿心切嚮往焉倏邇分襟語笑隔絶旅寓清暇每廻首長橋之西則宛然晤對也弟駮劣永宜擯斥清朝詎意新命猥膺一歲之中不惟薄轉官階復獲兩叨恩錫俾臣子區區之忱得戴知天即蠲糜何能稱塞用是五湖素性雖未遽忘烟水

之蹤而致身未效則返棹尚未有期矣顧𢤱蚊負深懷犢憂相愛中何以昭垂俾免曠鰥於一萬臨楮依依

與兩淮李

世道紆回人情反覆每接槎客劇談時事見人人殊世道之難可知矣高者抗而自峻無補於時下者又淪而爲同不克表見吾丈周旋津地堅白自樹而復不忤以協羣心此弟之所難而將不免焉者也

舊業堂集卷之八　終

舊業堂集卷之九

吳陵凌儒眞卿甫著　壻　袁世科應舉甫選
孫　凌似祖無念甫訂

文　書五十三首

與潘雨田書

昨旌車入覲時禁方嚴儒復以供役遠嫌不獲朝夕溫儼兼申菽水之敬比竣事輒校士恒陽匆卒告行百不一展別後自悔明徵太過遂致孔邇之㥶孤聨不通豈内省不足故引而避之不得不然如此方馳

驅東路席未及煖即僥倖轉官且過東宮覃恩再獲以今官光賁存歿具仗休庇冒踰分涯誠感激莫知所爲措也口傳使節還州斥鹵之墟暫得借寇三年有成固知扶杖往觀喜色相告者殆百六十里矣豈但竹馬懽迎已哉儒近就冷局稍有閒心將扃戶公餘以求習靜京塵碌碌夢寐其中殊不自知今幸暇而寤焉方局郎乎新不敢悅乎故矣辱愛如明公有尊親之誼何以開示俾稍逭罪愆不勝注想茲緣小僮賫登極勅命南歸舉焚黃之典肅此奉候盛典出

之君上而成禮假之明公委曲以光重泉儒蓋有厚望矣

與梅翁胡先生書

屢詢宦游過武林者知道體清嘉日向平復竊爲兩浙三吳地方深怵海上多事非天爲生民計默眷吾翁於栽培中江南未可一夕安枕也溫台餘孽蕩平廟灣零賊遁伏即今遠邇晏然吾翁勦算有成同事地方者叨籍休庇多矣人知吾翁臥收全勝之功而不知神運心遊於東西南北之區未能終夜帖席豈

非所謂良工心獨苦者耶弟昨得淮揚之報知入夏後旱魃相仍斗米一錢人心嗷嗷莫知生計所出大軍之後加以凶年天於吾民何乃重困如此撫綏安全拯救焚溺將無邀惠於翁哉蓋桑梓之望也某傳食將趨蓬萊以際岩公霜節臨溫而某即踵其後懼師旅方解供給不堪姑欲由寧紹而台溫庸以少緩地方之奔走耳某庸劣循襲是事了此常規濫竽之憂深切自訟其有過謬得聞清聽者望我翁一一摘而教之

與徐臺石中丞書

都城匆卒別去濶懷日積不任瞻馳正擬渡江專遣稍布所私忽得抵報驚聞僊帆將下錦江矣宦轍風萍上下浮沈跡本無定又何足以掛高明之胸次耶顧聞年伯母背世苦節盛年正宜遐受乃遽有此不獲少須以膺吾丈大祿大養惟此爲愛日之心有所傷耳雖然命也天也當柰之何昨奉吾台翁書知歸途必經武林方在整束以迎高駕辱手教忽至即欲匍匐未能數年愛雅值此離合死生乃不獲將一束

之敬罪何可言謹用命遣官爲從者過山討當不煩尊念矣弟碌碌玆方日恥傳食兼以江鄉倭患旱魃天人交傷即日夜謀歸不得且宦中滋味亦只如斯此時不去將不免爲故園風月所笑矣兄之事弟之事也以是鬱鬱公署惟時仰天一浩嘆焉萬一役完決意放情烟水之濱惟其所適又何不可此意惟可與兄道之兄夙負奇材況多雅致當不營營是官惟豁然於得喪之故歸以襄大故而課幼兒閉門空山自爲養生之計此外無可顧慮也恃愛縷縷

清操懿政爲諸郡邑先門生亦竊嘆有弗及渠處茲行取懼寡援無以自進賴先輩特達者吹嘘薦肯俯賜一言之惠蓋亦恃明公愛惜人才夙心兼以桑梓之誼故敢爲先容如此

與金對峰中丞書

會城奉教無何輒成違去瞻言睟面每起遐思伏惟吾丈暫爾歸與朝對親筵夕課兒讀俛仰自得兼覽物外之遊知逸豫高懷當與湖山並盛也矧區區之恙將不能脫然以去耶弟素抱野心復罹多病欲爲吳門之隱久矣且江鄉倭奴旱魃春夏相遭天人交傷無復甦生之望每於公署念之沾裳翻思吾丈暫解朝簪逍遥樂土何但雲霄以此傳食多方頗無意與諸所舉措悉成潦草不知何以教我庶幾承臧臨楮不任惓惓

與凌雙橋中丞書

弟無似奉命名藩素心無他獨以獲覲清光庶幾朝夕爲慰顧兄以在告閉門戶而弟亦拘常襲故不能數數披對高懷旋懼廵期輒成違去登邂逅固自有

原書缺第四頁

數存焉迺爾哉深惜抵報之晚也邇來想日逢迎勢賾出御賓筵乘興湖山之間故園風月當復遺品題一番必矣人生貴適意行藏顯晦是非榮辱係之孰與吾兄暫解樊籠徜徉烟水之爲快也弟本疎庸復罹多病久矣懷物外之心迺爲俗例相牽不能蚤上書而晚掛冠爲桐江山靈嘲笑回視吾兄境界登異鴻冥雲霄之上邈焉不可爲覊耶以此兀然公餘對景太息加之炎蒸燻灼旅途相侵事本違心復坐湯火即不能一泠清風濯煩襟因以質去就而仰叩所以念之懆熱其如之何傳食巳抵四明不欲變故諸事草草且自審綿薄縱涓埃何裨誠公私兩失進退交傷慚負同宗之愛多矣何以爲教萬一桑榆之收焉

與[redacted]海橋中丞書

武林奉教傾見肺肝日月無何輒成違去公餘每念笑語宛如叅對清風屢擬荒裁代面而冗病遄作兼之炎蒸覊思如坐湯火興意蕭然每拈筆輒罷用是缺然興居知罪不可爲逭矣湖山風月邇來想盡收

游覽中旌節所之動經題詠知佳句當與盛跡並傳也弟傳食多方媿於吏民無毫毛之益顧所舉措謬罔誠多當必有聡然於清聽之下者何以指摘庶幾桑榆之收焉遥望關河登勝惓切

與慎山泉年丈書

久别風裁荏苒光陰凡幾越歲每懷與意宛若忝承春間兩辱手書兼拜德意即擬過苕溪晤對笑語故遲爾丞候且念時事更翻積債滿膺非筆舌所能罩草用是輾轉輒罷漸成蹉跎自笑俗吏拘常不獲越

次蚤圖登龍之幸抱媿多矣恭惟吾丈才擅兩浙之名望重一榜之光海内相知行且以伊周拭目門下乃輒以桓典之筆遂掛梅福之冠語云道直去官早兄之謂矣人或以不究厥施爲吾兄惜不知行藏顯晦是非榮辱係之身退而名與之俱自是吾輩一好結果耳况山水風月自足披襟左右圖書可以娱目俛仰之間真隨適有自得者又何事營營于韁鎖如兄輩之奔走塵寰者哉邇來想結麋鹿之盟耽烟霞意所到即經品題知湖山又一番生色矣弟素性庸劣兼以多病相尋久欲超然脱去塵網顧時執相牽不能一朝飄然爲扁舟之計公餘自省所可太息者殊多縱得役滿告歸决意盤桓故園以終高卧較君已後當輸一着矣其如之何

與胡梅林中丞書

祇别台顔忽踰長夏寥寥旅署每切遐思計回省有期奉教不遠良慰良慰其實無似傳食所至仰奉德威每於閱武輒揚休美以鼓三軍之氣莫不振勵期以報效於翁第至台而軍食告匱之急頗同季春登

我翁精神念慮顧爾遐遺柰地方傷殘軍餉征求一時不給頗於我翁撫恤之心若有傷耳據該道呈稱亦復云云誠欲邀曠蕩之恩於臺下倘歲額不繼其仍當爲我翁分憂即行運司先借給商諸銀伍千兩解充台軍之需不敢愆也特在鄉晚并杞人之私輒爾瑣瀆

與周際岩中丞書

奉違風采歷夏經秋蕭瑟西風應多宋玉之感况復羈旅懷人能無悲乎雅曠如兄想同情也頃以二三

承俱往會城公幹之遐祇候彌月缺如兼以抱疴[illegible]海避倭黄巖動遭坎坷輙成濡滯竊念高明襟度廣至罄然伏讀桐嶺大作而興意飄然不掛塵綱因可覩矣拘蹇若弟將媿省而敬讓焉匪過金嚴事無法程故動多不典抵寧紹諸郡研訪故轍一一則而行之雖云準繩之施明巧弗迨而步趨不失將太過其庶幾矣感宜如何高駕返省當在何日弟望後應至栝蒼討竣事歸武林在重陽後一日也良晤伊邇有懷更切

與陸湖翁書

承諭建祠一節伏讀來翰忠孝藹然豈正直立朝友愛傳家固有發之山川之靈更百世而愈光者廼知積厚流長前作後述非偶然也秉彝好德心所同然矧濫竽地方兼有激揚之責如儒者耶廼不能倡義首事爲先哲萬年血食之圖至發明公君賚之餘抱媿多矣敢不稍俟公暇敬攄一得用襄萬分于以闡成明公盛美之傳且冀忝司風紀如不肖輩者亦得以附名於不朽也

與徐台翁中丞書

客歲行邊囘短啓布私敬申左右未嘗相示知臺下坐監臨之冗或以不才有外差之行耳數年不奉晬面不接手書馳想丰神恍然夢寐緬惟昔者叨厠屬僚猥蒙采葑不遺溝勺進之相知之列披瀝肝膽信然不疑儒亦罄竭愚衷效奔走以報知已斯時也自度誠不才竊念萬一風紀之司猶可倖然一步矩矱縱不爾或昔之自試於有司者人將同之庶幾寡昧一助云耳何也盖惟以臺下之所以譽儒者自信自

忘其爲不肖之身以已之所以爲人作僕者如此因以屬意於奇偉不羈之士然今則已矣在人者既不可必反求諸已其才格識量相去之遠大有逕庭儒非退然爲無情者之虛避也盖天下中材最多在上者操得其柄則鼓舞振厲人皆斐然向風思自樹立此明公昨在江藩屬吏傾心盖感之以誠動之有機故耳儒也非其人也才隘而不通術疎而弗遠役人則不足爲人役則有餘由此言之豈惟不可以望明公之藩較以短長殆不止三舍之讓而已故儒嘗自

考云即一事一物合以規矩究其始終非不塊然成器也以之施於事事物物則得此失彼破壞殊多譬之爝火然置之暗室豈不瑩然光明更之大庭通衢則其光也微矣求其燭上下照四方必不可得何也明有所限故也儒何以異此是惟早夜以思無以追濫竽之咎又不得脫然以去徒以累明公知人之明不知明公何以教之

與龐惺菴中丞書

都城一別積緒如緐茹苦含辛無可與道客歲深秋

承乏江藩之役他非所論獨念與吾又邂逅有緣豈人生知已不數造物者固有默鑒焉俾弟與兄得復相遭如此即擬渡江祇奉晬顔爲十日傾倒之計顧數年奔丞疎曠罪深膝下之歡輒難輕別濵行復以次兒種痘濡滯三月方獲解纜而南日盼仙踪邈不可即舟次乎望始知憲節出四明計抵武林宜必返駕息肩之初得有典刑相示因以步趨即可收入境觀聽之心不但便可叙契濶之好而已至則霜旌尚遠令人手足莫措因悔南發不早遂使景行無從悚歎何似然竊聞纜轡之暇當再入會城又不幸中之大幸也亟擬專遣奉迎若人事公移紛莫爲解夙夜念之殊爲未安忽辱手教遥臨如覩言笑違慢如弟得不厚譴既感相知莊讀錦裁復承奬譽乃知盛德包容高才謙退每每若此昨見遣牌知朔日新昌發軔想在朝夕獲奉台慈饑渴之懷自幸飽飫有日矣

與周觀所文宗書

久傾斗望未獲登龍伏覩風猷瞻馳日切乃者叨命名省便過荒廬燕語家庭首及明公高誼霜旌一顧

尚被餘輝蓋文章司命所至輒有遺榮自與尋常車馬迥別也復辱多儀仰承寵錫即擬申謝兼布夙懷乃歲月蹉跎虛成瘝瘰負兹德意罪與感增方謀息肩之餘專遣祇候顧公移人事紛莫可解耿耿在念又落因循忽辱手翰遥臨啓函莊誦再三感戢奠切顧某無似何當明公採錄之誤淬厲之勤也兹具荒葺先附使者聊展中臆他如地方沿革大故并一切報答之私恭俟積誠次第以請

與龐惺菴中丞書

弟息肩彌月矣奔趍市城甚則日凡三四過豈特爲小兒輩竊笑雖面貌之肥瘠冠裳之新故巳家記而戸見之縱更道間行其取趨避之嫌貿易之妨者在彼猶在此也霜威數降則寒氣漸輕人將玩而忽之矣乃知旌節不促歸會城良有見也但弟渴仰樂就之心與市兒頗異何丰采令渠厭見而不令弟一快覩耶日來整束敝差事宜無大建白循襲舊規只書吏數人足矣孰與升牧黌之堂朝舉念而夕受澤如曩者作令時哉以此兀然轉思頗無興味兼之桑梓多寃井邑爲墟長晝清愁鬒毛欲白迴念洪都雅會

徜徉一是堂中與臺石兒鎮日歡語巳若隔世因知盛會不常事故多變轉眼光陰輒成今古矣懷如之何奉教開示諸條卽據鄙見報答另啓斟酌同異俾合時中在高明當有朗識也

上某河道書

讀所賜大工錄見河工經畧巨細始末攄胸臆於筆札間各入精詳乃知一代偉功足紹禹績使民生國計兩利具存皆諸老先生極力苦心致然信非偶也儒叨在歌舞中莫知所自其眞忘天地之功哉再讀至未盡事宜一欵始知加厚河堤與開海口宣洩減水二說在仁臺巳有先見之明復何俟山人喋喋獨惜白駒丁溪等場海口當開以便興泰減水疏通當時無人聞之左右也數年前興化民人韓禎等告開此二場海口巳荷鹽法公祖發銀二萬兩到該縣縣有申於仁臺隨荷溫詞嘉奬成案見在然工作中止以致敝州二年水患未息緣撫臺不知儒故不避小嫌輒欲徼惠各當津計利桑梓也未議欲塵電覽覩大錄隨覺山人詞多支蔓無當於實用譬之覩西施

而無鹽自知其醜媿縮不暇彼何敢以顏面示人且知山人千萬其言不及諸老先生要緊一言故一切塗抹而丙丁之矣况大要只在開各場海口五處以疏減水開邵伯支河一段接之入江又安用喋喋伏乞諸老先生終初議廣新恩主張其事力贊其成使敝州與高下河積水頓消田可耕種則海濱數十萬生靈家祝而人頌之矣至寳應則有錄中朦朧偷口疏通宿害巳除無庸言也

上浙江院書

江防於南服最爲要衝得借長才握重地展訏猷萬里澄波晏及海門弟之逍遥丘壑者亦獲饜嚼餘沫安枕以臥矣而公論在天下勳名在鉅公姑勿論焉鉦鼓臨江遥指旌旗方慕威惠乃荷錦裁珍錫發函伸紙揮汗數過是何德意之綢繆文采之炫麗也刑賞三軍南申信義遂辱眷然故人之思仁人高誼可謂不遐遺矣祗此短緘南望頓首以謝安野人之分不敢通尺帛寸楮於縉紳相知間是弟之隘也陋也

惟台慈有以憐之

上王太府年丈書

弟伏處巖阿日彈棋賦詩之暇每憶當年杏園走馬凡四百人今委棄重泉者幾人擯斥尚存人世者幾人巍然致通顯者幾人遲迴仕轍位不逮乎通顯而峻節高風返東逝之長流攬西飛之白日赫然繫望一時者幾人則直氣吐雲霓清聲震宇宙眼前榜中獨吾老丈一人而已是老丈者蓋四百人之脫穎者也幸借重海濱寄邇芳馨日宜親炙乃枉顧一面之外不敢遠謁拜在下風知老丈峻絕凌厲令人可仰難親而弟亦欲自據平生之愚無毛髮希求于世且不欲聞人間烟火語故遂致睽携嗟夫榮達之尊已貧賤之驕人其失一而已矣自分三年不欲通一字於門下頃聞老丈與海防陳公祖一以朝廷紀綱一以衙門體面各是相持因致意氣乖違動駭覩聽老丈且日求去高臥治齋夫朝廷有紀綱衙門有體面此非山人所與聞獨念老丈以生平辛勤中外屬望一旦以閒爭自墮而歸惜也惜也古之豪傑寧爲強項不爲折腰老丈高蹈百世既與二賢齊名連璧爲

人所不能爲矣又不聞天下事非一家上殿相爭如虎下殿不失和氣斯其人尤休有烈光哉弟兩接陳公祖從中解什渠已豁然氷銷且許待門下以揖客矣此意蓋眞夫相干不以理遣自處太高處人已甚仲尼時中不爲已甚此雖腐儒之常談或亦處世之通論也且聞老丈考績有期內召在即以高明生平泥塗軒冕塵視金玉此何足以掛有道之胸中但恐求去不能高臥不出如各院眷眷借寇之意何大丈

夫勵世矯俗不爲庸流之所甘心亦當表表然明去就愼出處反初服還故鄉不爲里閈所疑斯去爲有名處非無據乃今以閒氣拂衣高蹈東海其誰有許吾者耶況久不視事各院有聞言之不忍處之無術爲之奈何人之所不可堪即已之所不可堪心無二也惟吾老丈繹思鄙勤早出視篆如故則於萬夫不謊之勇百折不回之氣何損哉至道之見不見禮之揖不揖從容議之已無如前過責者矣弟荒談縷縷自知出位誠以老丈同榜同臺雅辱知愛故僭申一喙不欲老丈以完璧自毀如此野人無文言多不避忌亦恃大丈夫之前不欲煦煦然爲兒女子美語甘言祈一傾聽如不以爲然弟當買舟西下面相爲勸發一大噱

上江公祖書

不奉光儀幾何年矣岐路雲泥末由走紹介通慇勤訢以地方所疾苦頃桑梓重地獲借我翁開府竊有二天之喜焉喜者非以年誼欲邀靈寵於法臺私庇故人也盖敝州濵海計國賦居一府十之三連年洪

水衝決高寶河防致今三歲不登懸磬青草之傷嗟郎山中人耳聞酸鼻卒無有惻然圖其狀態陳之崇伯子者幸天不遺一方簡在保障屬之下執事以我翁與才合一援手而興泰數十萬生靈將免爲魚是用攘臂喜之匪私也弟自竄伏來不敢一通名字於百里外盖野人之分則固然耳偶小塔袁世科晋謁臺下並以同榜舊好候以蕪裁且冀翁軫念一方積困出塗炭登諸袵席之安因以餘波濡及衰朽幸厚大矣

上師相李石翁書

鄉邦水患已踰堯年漆室女之私憂每欲借平津康濟餘休免一方魚鱉而遇非其時與其人亦仰天太息而止今也年復一年澤國遺黎將皮盡而毛無所附知老先生顧盼桑梓日且動心時對交游竊以所願借於門下者將齋心殫誠奉聞記室徼萬鈞之力解一絲之懸刻下厝亡兒尚待秋杪乃老先生猶憶售盟不計鄙陋輒以手諭先之豈獨下賤之虛懷哉天下爲庋厚施於家德意良且勤矣銜戢無量顧要

害之處措注之方只尋常尺素懼一解不如一解[illegible]意谿於初冬周遭河上摭拾先臣經畧之跡與今日屢決之故稍有次第然後奉謁齋居備領尊教爲翁揉筆一效前驅期耳目旣眞舉事有當庶乎其可也

與戴奎泉書

城南一別冉冉歲華不覺鬓毛摧改矣每對戚友逢節序無一日不談兄無一事不思兄自弟得交於兄今經五十年冷暖悲懽未嘗不共而一旦踪跡離去卽有可疑可議之事與誰一吐其胸中故或永夜清燈或空園白晝或感今追往或遇醜思姸何嘗不憮

然太息夫蘭交石友古今爲難邇來弟之所以益重兄益思兄者又不在文章商確尊酒笑談也士君子卓爾不羣只在取與一節弟與兄平生把臂已入忘形相恤相憐卽鮑子知我何足方也乃兄臨取與毅然澟然未嘗以弟之故愛人毫毛亦未嘗以毫毛之故使弟見疑於鄉黨據今觀之豈獨天壤之判故弟每對人曰交游中外和內剛森然義利之間若奎老者五十年來一人而已契濶經年高風可懷使弟如之何不時而思時而嘆自兄別去弟復得一子夫悲者已失少者方來旣可悲復自解爲之奈何老母托庇日康强三襁褓日漸能言笑亡兒事畢塋焉店新攏費踰五百餘金百歲爲期父子同堂弟之爲願如此而已鄉中水患屢歲不登時俗人情去昔復遠何時得與兄握手小山之巔歷數離索之苦與談世道與交態哉問候已遲知能亮我川原有待杖劍能持把酒臨江捉筆題詩弟之興固未衰也兄能作東道主人否耶

上凌公祖書

歲月冉冉奉違台範不知寒暑幾更緬想舊遊恍如隔世中間遭遇之苦樂歧路之升沈姑勿論已只洪水爲淮揚大患俾歸田之人俯仰失策籲天無從今已八年卽當陽南顧之勤守津東注之力此堅彼潰千里良苗夏秋間又一望巨津矣百口爲憂日顧盼禹績平成二天垂庇乃伏處林莽中忽傳漕河兩臺并以借重遂撫掌太息開口大噱曰天其不久困澤國遺黎哉琴瑟不調甚則更張玆有深藉矣二天之

幸不足言也因念當年弟兄今日孫祖而疇昔交情殊不爲薄遂破山人之例走此蕪牘少申賀私乃若桑梓洗疴所願望於天人一噓拂者種種何限并獲面承不能盡殫伏紙引端何勝瞻戀

上程道尊書

昨辱高駕枉賁寒廬偶出遠郊不獲倒屣相迎再欲披對以謝而憲節又南指矣悵然悵然祠工告完是舉係我翁表揚先賢將與起後學百年曠典一旦遭逢眞盛事也即途之人且懽懽趨事喁喁向風將以

樂觀厥成况少知理義曾側縉紳之後者乎感恍無量聞以月之廿又五日安主爼豆有儀燕雀爲賀合郡士民將無小無大于邁相從變魯鶚爲虞獸當在兹矣豈直曰江漢風流可垂萬古已耶然鄙意謂壇址鋪蓋未訖楹柱油漆尚進即勉強速成而凍雨淡旬人力不給將完欲妥其靈孰如全完之爲愈也來春二月正是佳期丁時安之即當丁祭况計此際文宗已過耳目無譁天時人事盖兩有妙處也何如何如[illegible]華莫須自高裁生何敢僭第祠工生辱一匠之委他日冠盖登獻上下聳觀乃壯麗未能少有殘缺不但匠氏無光且有過矣一笑一笑

與孫中丞書

邂逅相遭三奉教言一出眞愛淺薄何緣乃當遲暮之年獲聆至論若此舟中耳目無交朝夕慇勤時加拈弄若見所謂不覩不聞者懼其無所安頓覔一方便門令其稍有所依則又不緊不慢聽其自然想久之自熟今未敢輕擬也吾丈向上一路又未審與弟岐逕同歟異歟舟次彭城南望台顏懸注眞切何時

披對盡種種欲言

上兵道小蒲程公

蚑息蠕動凡含生之屬皆天地一物之仁故即無知但有慾者莫不各以蚑蠑之靈取給高厚何也性有所趣也頑見何知極荷奬進自惟南塲後羽鎩尾頓罔所奮厲遹稍稍振策期以舍故即新然品局既定復之黠引卒未能窺玄境登彼岸往往捉筆茫然儒也溺愛固不敢效牛馬之勞竊未能忘弓裘之想夫輪囷離奇不就斧斤何得爲萬乘品錠鐵荒頑不假

鎔鑄亦奚以收白虹赤電之良惟翁文章宗匠在道則師於恩爲祖分有同尊情無遐棄寧敢自置甄陶之外不以纖纖嗜慾仰而窺大造之仁哉負鹽車歷長坂伯樂所知毀馳驅從詭遇王良弗貫頑兒庸品也非良馬之儔而小乘之羞也實有剪拂至願將庶幾如破之奇能焉謹錄文稿懇祈仁慈斤正倘枯木朽株材有尺寸當剪揉斲削攢而爲題斷而爲棋不然宋人所寶竟不免周客所嗤則亦委而棄之不後矣夫自衒自媒者士女之醜行也干時求進者道家

之明忌也儒非敢觸忌冒醜誠不自度妄有所希以求一是萬萬臺下字字斤之句句斤之啓儒之瞽破儒之惑俾衡不殆而照不窮則於衰薄門祚有弘造矣

上蕭郡侯書

臺下巖明清正終始不渝不獨同心者讋服景行即異腸者且詞屈而怨釋矣茲舉也心跡愈明聲聞益大豈非公論之不泯實勝之難掩耶第邇來數旬日月不照狐鼠橫行戀衙之輩誨官肥已小民受害無可鳴訴寒門墻帖每夜不止數張每張不止數事此雖風俗薄惡而民怨亦稍稍可覩已正賴神明政成之後大爲掃除奈簡命有在徙而之他百里生靈何言積水難耕而回天待命去危就安眞復永永無窮矣借寇未能攀轅不獲懷如之何傷如之何

復周明宇道尊

仰止山斗盖靡日不瞻企中州聞與諸生論絕代政事文章獨推歸門下而孤標仙氣允係衰老永憂遐思縮地未能停雲如見眞切眞切南樓之修葺北河

之疏濬民艱士氣賴藉良不淺矣感有勝之屬意慨繼舉之非人遂令明德不終美功成棄未嘗不俯首恨窮海之緣薄也僕自南浦拜送後遂發痰火舊疾張公祖惟下車一見今不相聞問且踰年郎交際絕之久矣况地方利病斯文興替與誰接膝而談哉緣是懷慕益用未已忽承翰惠展緘伏讀數過沈痾輙起故人千里深心佳意何若是勤惓耶五內銜戢已河洛化成稱雄寓內自當開府名藩恐嗣是宦益高望益重欲如今日不惜記存不可得已所私願者總

司漕計駐節淮陰庶幾哉山人猶得扶杖一見則南北廢役不當於斯時奏厥功哉拭目拭目

復周明宇道尊

嘗謂提柄授人者往往非其才處非其地是宜高世越俗之士飄然去之門下翩翩仙才也中州歲滿望宜內召卽不亦宜善地乃投之衝疲隨俗吏下走將毋當耶門下屢疏陳乞非抗世也雖然大任固自苦心明經終有高位門下抱經濟勝具聖世需材願姑受事河道新公蓋嘗試之其勳名則可倚而俟也

如何如何儆州濵海瀕年水患萬姓爲魚不肖仰承門下別後德意屢達之當津茲將舉事非召伯甘棠之仁哉南樓辱注念不肖自捐百金言之張公祖獲助少半又躬自督率登枝不忘本悉用寸長今已巍然煥然鼎而新之擴而大之矣作興之雅不肖已具草牘之如岡陳舍親特借名筆爲二公祖鋪張其事而嘉惠後學功首歸翁蓋令後來知所自爾客歲得南徐邸報卽圖遣賀乃遷延至翰惠逢臨不肖負故人矣然每於時事艱大地方疾苦未嘗不時時對感友慨焉思翁談翁望翁弟伏竄山人境外之問殊不易易亮翁矜而恕之矣

上道尊災傷書

初春辱款燮後緣衰老遂抱軟脚疾非杖不行屢欲坐侍春風竊念法臺非扶策之地所謂足將進而趑趄誠難之也邇者耳目見聞感懷何限不敢多談其所以觸目而悲拊胸而痛者非霖雨哉高寶湖隄伏經濟不傾地方大幸乃昊天不仁復災以霪霖一雨低田殁再雨高田陷三雨廬舍洗一望巨津野無青

草不知該州六萬税糧何所出辦仁臺聞而憐之乎人能勝天百萬生靈全仰籍門下今之計惟早報各臺破例蠲賑此外無策矣在仁臺發自盛心胡庸僕贅然桑梓之憂不容已已敢具漆室女之嘆以聞

與譚州尊書

昨仙帆將發僕不能餞及遠送水滸無他避嫌秖緣小海河工一旦輙止僕無顔色因念翁既陞相知者去矣何處可進一言卽再言之台翁知台翁以陞故亦難強人必行遂托病不見人者四月矣夫以地方

細故獨抱漆室女倚柱之嘆不獲謝四年雅愛於離劉間可謂太認眞矣此僕所以迄今抱歉也客歲冬月中撫臺鹽臺復究心於此盖以台翁去後四處書東中惓惓留意僕亦以台翁去後爲地方盛心言之上下閒遂各亟謀舉事然其指揮方畧一委之僕僕仰體門下德意遂不敢辭蜡月廿一日躬至小海場經理廿五日開工其分工監工查工買米收米放米較先頗一一有法故令行工緊夫役歡趍計三月中可竣事矣此俱遵照台翁原議河工冊不敢增損毫

釐夫成案具在委而棄之冒昧以行此前工所以長奸而叢弊也今勿論已台翁功在地方屈指無算其至鉅而最久者在河工三場告成倘北兩河更得全舉美哉禹功誠永賴百世今方與新道尊及李四府公圖之鹽臺或可愈允生祠以報德僕終不忘其財用處之亦稍稍有次第不知竟如鄙願否凡役免點大户翁台良法美意勒有碑銘離任幾何時即僉有十六家頼新道尊覩鄙文而罷其役然則台翁之惠將無際涯而僕之言頗有微驗矣地方士民有感時事因思台翁服台翁事且塡胸言且滿耳何由縮地與台翁一一對談之僕平生不能諛人紙上之言字字俱實惟翁台照

上劉三府書

儒自奉教後舊疾痰火偶舉每舉半年今且歷八月即時下少痲勿藥尚未能櫛沐以見尊者懷仰可言輙啓敝州五月水災周遭凡六十里早秧俱没一雨後亢旱百有餘日所僅存者復稿以死十日前又陡一雨三尺上之早穀下之晚禾腐爛且徧天之困吾

泰民何憯哉此其爲災當不止客歲無秋而已萬里緘情無可控訴今幸假臺下踏看出之萬死措之一生特在仁臺一援手耳夫膏澤回枯乃數萬生靈之福儒忝爲編氓長不能力疾率衆叩首車前抱恨奈何然仁人垂念之切見聞自眞定知彈仁心於惠筆何俟儒之置喙也

上郡父母書

士夫居鄉無所事事故於鄉無功惟在上人者念其曾叨一第忝繼衣冠一州里老諸生舉監中亦備一

起人數因而祟獎優厚庶幽谷獲睎陽朽株沾潤澤斯得少別於途之人耳是曠恩也若夫無功於鄉又從而重累之則豈可哉如不肖者進無所建明退無能表正蓋編氓也乃於鄉無功坐受轎夫之逸重有所累於鄉之貧民致鄉頭歲歲鉢斂於脚夫八百名中爲轎夫工食誠冒濫甚矣是鄉之蠹也茲蒙仁臺節省裁革而不肖者獨留夫復何辭第不肖衰老矣不能與里閈周旋出入殊簡甚有數月無一次入市者在不肖爲虛受在轎夫爲空食蓋名實具爽焉合

無於五名内請收回三名留二名少便塵車役使則曠恩不廢不肖亦得以循分自安鄉民之費歲減九之六矣是不肖之心也而仁臺節省作興兩得之矣伏乞台諒

與尹明府書

青瑣需才正直忠厚尤才之良者簡公立之朝端自當燁然出色從此株四方休戚入告聖天子使元氣日培其爲裨益恐不在繩愆糾謬下也即海内識者聞之且喜況素辱通家之愛如不肖者哉前掖遐後手書靚公秉氣愈下執禮愈恭乃知高才又本之盛德公固度越尋常萬萬矣去任後興民致思昨過滄浪亭仰見遺愛蓋慨然離別之感欲再一接春風如疇昔笑談那可復得所謂別後相思復何益今驗之矣客歲臘朔苟完先母大事暇前又以嫁女縈懷甚苦水後上下河不登百費不給老景加此歉歲情興蕭然以閭閻較之儒猶在衽席上也垂情過化之地者得無傷之乎南來當道屬意淮揚願公念與兼泰庶餘波所及令垂盡之人沾一日之恩曷勝翹首

與徐岩泉年丈

昔人謂一言之興東陵可侔於西山蓋謂其言之足重如此儒固不類辱兄獎借文過其情然易盎曉而爲伯夷兄之所以振厲小子者可想見巳增感增愧伏讀諸大製精金美玉鏘然作者之堂而長生太和二奇方尤養德養身第一義於山人最爲要緊蓋自投塵網動即乖方抱疣疴以庶幾良醫歲月漸深竟無一遇乃今呼吸幾絕忽遺盧扁賜我不儻真再生之幸也但諸品彙之性與夫炮製之節皆試之時雖

指掌可知非心授不盡其妙即欲匍匐以謁臺下緣亡妻歸土有日方在倥偬哀思中且當闔門省躬未敢輕出跨鶴有心而佳期則成虛矣無已則白駒之末語乎因所惓惓於知己也

上褚慶所撫院治水書

不肖儒伏處海濱無所比數猥蒙錦裁珍賜遠自天來浣讀數過藹然曠恩之篤而惓惓地方下問尤近世所無銘勒何已南服士習昔借文衡崇雅還眞迄今山斗之仰不替大造之鎔鑄深矣茲者漕運鉅任

復寄之經濟鴻猷轉餉繕兵將倉庾大盈閭閻不困知利國利民又計日可待也然虛懷所及詢之芻蕘豈以縣大之責未殫永久之利未垂乎揆今之計所急者治水而已從實應至揚之灣頭綿亘數百里一帶湖隄乃山鹽高寶興泰六州縣下河萬萬生靈室廬田土所寄三十餘萬稅糧所出百萬兩鹽課所產四百萬石糧運所關常時水漲隄決破漕路淤下河極稱地方大害蓋修隄無法守隄無人苟且目前十年之間衝決不止過半每歲伏秋雨水大發民間恐恐晝夜愁嘆不遑間或不傾亦倖然耳夫琴瑟不調甚者必從而更張之故加築弱隄以防水湧令水停之南行不旁落下河一由江順注則今日第一事也又揚泰之間多開出江水口此最爲要乎倘湖隄堅厚固如金湯即開周家橋放泗水過湖無不可者何也障水隄牢導水口多也不然周橋雖不開弱隄亦屢敗欲六州縣不爲魚鱉何可得哉況加以泗水大越高堰奔騰東注其爲數事患無疑矣管窺之見如此謂因桑梓而籌之熟何敢焉若多開江口速令湖

水下江儒尚歷歷有說俟之俟之

上虞詔東公祖

海濱客歲得接五馬之光寵顧腆儀榮生里邑嗣是無緣再覩黄丞相每値民艱吏弊深抱願見之私然百里棠陰即不獲日就瞻依而惠政芳聲往往因口碑作林泉清聽此山人屢遇年災得安枕高眠者此也懽忭可言昨晤春所翁談及貴城添兵實目前防奸長策其委管哨又得武才不獨廉鎮使過之仁抑因前在將使之伸誠可爲地方稱幸矣春風[illegible]

歲有期得便一接新陽殊慰積悃先此申候不一

送楊府尊入覲書

恭惟臺下一麾出守五馬朝天自此歷崇階躋華要膏潤所及萬里泫流凡露冕所經且盱而望之矣獨念甘霖豐露十郡均霑吾泰過之編氓庤髦萬類均霑吾輩又過之遺愛一年垂思百代不知肖翹蠕蚑之微何以獲此於大造也豈春風無私暘谷幽都徧噓覃被而蕃毓之物自若厥天者遂欣欣自以爲私耶感戢無量伏聞驪駒在門即擬擁臥恂車首先百萬生靈爲遮留計而三年之覲制屬大典復何能臨

岐牽裾爲兒女子眷眷之私至歌頌風猷載之尺幅情既見乎詞矣衣被鴻休自頂至踵罔知爲報謹用獻芹疏意聊申秣馬微勤伏惟台鑒

與王近山書

歲入不豐不獲招尋嘉客市里宴遊又非吾輩可數往老閒無事左提右攜則圖史而已然少有得非假之柔翰無以發揮胸中古人寄興必歷名山浚川足跡遍天下盖亦有以僕塊然一室無與爲揚推茲于溫故知新欲陶冶性靈日課一首而苦無題不能強索把帙茫然吁嗟何已惟公提筆之餘必有所遺未緣一二成誦在心借書於紙者請命題數十俟僕體物平吟以備華屋几筵間一笑談語完則更命次第聞之不亦可乎輙念逮此眞老閒也殊自一笑

上譚郡侯議府事書

明公仁人君子也撫凋敝之鄉一切煦之如春暖之如日其於民之痛楚惻然傷之即催科勢急如焚一鎮之以靜百里之間相忘無擾使上焉者盡如仁人斯貧與富咸獲所天矣拯溺之力易辦所難者拯溺

之心有其心從容應之卒臻厥效何有於海口哉事如無成無可奈何已倘天不遺吾民當道諸公俯念地方不惜重費其下手則在明公殫竭精力力革從前虛糜足垂久大之功所有事宜少容山人一一請教竊効共濟之義但今交充一節開倉閘堙閘之甚恐生意外惟假尊威彈壓之加之善處其所未完糧作何通融計策不偏累數家斯事濟變消上下攸賴他可圖矣漆室女之深憂恐貽識者大笑南方珍異

忽滿文房拜明公之賜腆矣附此先謝

上胥道尊河工書

儒老矣他絕無所望獨夙夜身家在念桑梓爲憂即願有所達所以謀銷水患者杞人之慮猶未能已刻下欲去揚過淮懇訴海口之當開併細陳南河之得失萬一微言獲採庶仁人之惠有終乎萬鈞之力舉羽何難頤衆言朋興恐高議有撓之者觀聽撫臺手札中尤愈字面豈不於兩工有低昂哉此本府之先見對儒言之儒是用爲懼而有茲行也倘高明度前議之必題後議之無礙何事於儒儒惟閉門高枕耳

聽好消息已夫客皆善竿而南郭之徒強參其間嘶孰甚焉伏惟明臺一一詳教以便行止不盡

上譚見吾郡侯

丁溪人素稱狡猾昔已慫道尊舒公今復倡河垛之說使主議者專致力於二十里之間且不欲河垛分流至茅墩港令渠別開一港寔欲自專其利也界河指引之人即其詭計馮逮者又見係開河侵銀經訪之人其言尤不可憑準今乃謬言曰僕不欲開河垛到處流言夫僕何嘗不欲開此場哉少開勝不開多開勝少開微有識者皆知之也僕何獨昧乎是除一方之害興百世之利取裁仁人僕何敢云不開某場斂怨於衆也惟台慈鑒之其中人情反覆陽謀陰謀統俟面殫

與徐五台中丞

秋夏之間兩接手書感翁教思無已之意而中愛惜人材以爲頹波立障尤見我翁公天下之心所以開示不才使知頑懦之夫尚可廉立惠甚渥也顧自濫竿以來整頓舊章事多瑣細而感時自奮志將有在

者權不與焉因念士之遭時可爲不爲與欲爲而不得爲其爲無裨於世一而已矣每對兩浙諸司贊述我翁江藩之政能使敗類貪人寒心銷志而矜名飭行者復慷慨磨礪願自效於門墻真足以跨先烈而空海內矣某不自度量即小小舉措輒欲效顰於步趨而賢不肖之相遠往往不循彀率由此言之豈誠所謂不與焉者之故哉蓋志有所安而才不適於用耳公餘自訟不獲再執役於左右于以竊窺我翁所

以動合機宜之妙爲之悵然伏念我翁以經綸康濟之心具長駕遠馭之材乃暫托清署優游固將遵養有待然圖惟治理旌別人物於靜觀之中則俗態敝風何足以當執事之一哂他日握樞一方所以損之益之進之退之者宜百倍於時流又不止洪都之振刷而已也某素辱相知日就淪落討瓜期當在轉眼媿泯然一、無聞於時豈惟負此官抑亦負明公多矣執事者得無憐之而推所餘以援之乎臨楮不勝瞻注

舊業堂集　卷之九　三七

與伊三守

昨賓筵不獲趍赴領片言於杯斝間緣在制之禮則然非計其他也敝州客歲被水無秋國賦民生艱難萬狀今幸徼諸君之惠下河田地稍稍耕佈十之二三禾且秀且垂實矣浹旬霪霖晝夜淋淋淙淙在田者波洸如雲登場者芽茁如雪萬姓惴惴籲天無從因念禱雨禱晴亦往年事例不知公宴後得禁屠一舉行乎且上鄉五十一三里菽麥諸旱穀前遭顛風惟雨摧敗殆盡而下河忽復若此即早晴已未免損折少半況天意尚未可測哉州司申災里老告災恐一刻不容緩者僕豈不知絨恐上訴徒增口舌紙筆之勞如上年然設常賦不蠲他賦或可減免設不減免猶可少遲是亦往年事例庖人杞人將無同是憂乎急欲具陳貴堂尊以向來所聒噪頗多懼取言輕聽厭公勵精在初當必視時與懷懼然爲地方亟圖拯援者特藉一轉達之力耳且以見區區不徑白之情也

舊業堂集　卷之九　三八

上王太府

恭聞玉體平復眠食勝常海上數十萬生靈之禱應矣桑梓何幸焉每擬升次公之堂瞻對顏色而狗馬舊疾時作一念發輒止懷歉可言山中覩邸報方擬天下災荒處所正官免朝竊伏稽首對揚聖君賢相所以爲國家勤根本之慮者非淺也目前環視淮南郡邑十年苦水歲值重災閔閔焉瞻戀慈母不欲一日離其襁褓者孰有如敝州之急者乎坐明堂以臨萬方三年大典濵海之區何可以災廢第百里間良田一望成海閭閈空虛入春五月來饑疫侵凌十室

而九錐設粥發賑賴良牧多方撫綏而嗚鼓叩關竊發輒止者日凡幾起所在死傷朝夕無算誠所謂目擊傷心耳聞酸鼻者即頃聞米市如洗墟里無烟萬民嗷嗷復賴良牧易慈而定由斯而觀則賢如譚守者可一日去待哺之民哉縱渠行有所貪毫毛不于里甲而瘡痍之衆誰與撫之況歷任以來清白自持絕寡顧慮垂橐而行知渠固能但恐借寇無門怙恃罔藉繼以徵收鞭敲之摧殘或致災民生亂遠邇震驚此本州士民欲援例乞哀留免朝覲蓋謂地方計

非爲本官計也倘仁慈俯念久困地方委宜暫寬常典申請撫按兩臺少慰攀臥則七井中無一夫一役之擾貼席之恩弘被萬姓桑梓又何幸焉

上楊府尊水道書

昨具上緒言匪曰獻諛實下私忻喜歡躍之極發之由衷萬不能罄一耳夫當祝哽祝咽之年躬所希覯希聞之政至士民胥恍遐邇同聲翁得之不自知之不有野人之頌口碑何由入耳此非僞也山人無知曾識先任公祖於揚人驩虞之日蓋深不以爲然則不肖儒者豈漫然而一味甘言事人者乎地方極大應行之事每難遇非常勝任之才茲才識如翁復本之一誠何利不興何弊不革不肖所至願而欲言者又何算何諱也他姑不論只高寶一帶湖隄爲六州縣百萬生靈大患拯之何人破例更張令琴瑟復調在今日誠千載一時也堅築固隄俾水不旁落多開出江之口俾水有歸路何言泗水不可通周橋不可開哉聖人開物成務智者通變趨時衰老山人固斯夕望之矣辱虛懷詢愚地方幸甚倘不厭煩瀆謹當

手錄修隄之法導江之處累千百言一一陳之備採擇焉

上傅中丞後翁公祖

翁之駐節淮陰爲東南保障淮海之間不獨仰藉拯溺扶傷疏濬海口數事日盼盼焉冀以肅百僚貞百度將一方積習掃而更之令山人扶杖少覩德化茲忽聞簡命內召佐大司農爲理財先是山人無緣生民無福又見仁人旌旄北指矣夫以東南假重之才置之養望之地而一日不可去東南者一旦奪而去

之地方何賴焉儒每坐荒園與鄉人曉事者撫掌太息曰傳老先生之轉也與府城兩蔣公之歸也皆淮揚之民不幸也不但人事即天意亦無意於茲土俾我翁不竟厥施謂之何哉期與近山諸公遠赴長淮一覲清光以抒積愫盖曰庶幾哉鐵面生春垂白之夫復得再覩山斗此生至幸乃逡廵十月卒不獲脱然塵網中思之深言之陋矣謹違願將不腆之儀爲仁臺賀而臥轍有懷攀轅不及則重爲地方惜也伏聽驪駒何勝瞻戀

與王三父母書

腓辱枉奠先母哀感之至不任下誠麤服不敢輒入泰堂已於公門外再拜稽顙謝矣伏念明公佐郡以來遠苞苴卻分例約以自奉齋舍蕭然乃於亡親眷注慇勤士林曲折又親洒潘安之誄豐縟奇邁遂使修詞之士俛首降心眞情至而文亦至矣夫一豆一羮辦之私帑一句一言攄之胸臆高誼隆重何但束芻公盖無媿南州孺子矣顧孤非林宗何能堪之五內銘勒誓與此生等也因思士有百善惟廉爲最士有百惡惟貪爲最世之宦遊者既不能廉以持已復能倨以傲物提方寸之印受一方之寄不知淬厲日事誅求而左右之人欲厚利自肥計不得不諆利以啖其上曰某一役可得銀若干某一賦可得銀若干某一訟可得銀若干開示多方因而過信在上者一爲其所餌遂盡委其官聽指揮焉不知此輩奸人多見利少見害者官箴民瘼彼烏知之人非鬼責彼烏恤之始猶掩耳偷鈴共爲鼠竊既乃明目張膽大肆狼貪是大都白晝而盜賊公行其間矣可畏也甚則

濟以嚴刑剝其膚搥其髓而其尤甲者不俟假手於人無論原被與多寡一槩親自接受及兩詞在庭併其姓名忘之倒行逆施所謂會要錢不會問事者此其寡廉鮮恥叢謗招怨民實不堪地方將焉賴之豈思憲典昭然卒難漏網先任鄭父母可爲明鑑公今持法以馭下在衙左右亦守法以奉公只眼前秋稅厥催各役得省銀千兩清苦如此而猶下交之禮不廢以此視彼其爲人賢不肖何如耶固宜誦聲滿耳士民胥服然公顧不得專其任行其志豈斯民之無

福耶抑駝嶺之清風未播泰堂之明月未照耶嗟夫崇廉黜貪權在上也山中人不得而與也是是非非理在下也山中人可得而論也偶陳謝言遂致漫及伏惟亮詧

與徐五翁

門生分薄忽失糟糠孽匪自天夫復何怨但念高堂垂白矣人子者不能朝夕三至稍將愛日之誠罪既莫贖乃更以伶仃兒女累之怨艾公餘情曷能已矧昔洪都役畢神魄已罄竭於吉之恩江纔負暑征途

一疾幾不可救幸不即殞滅叨冒今官猶自謂於生平或可展布故黽勉從時期以報知已也今且踰年一無表樹而無時憤俗往往目與心驚蓋既不能爲而又欲爲二者交戰胸中故眞假二病日相遞作扁舟之計鄙心蓋自許久矣乃者家難相仍造物者將擯我於林壑之外乎不去何待也且某爲人外若和易可同内實乖忤自悖俛仰人下自卑求伸非特心所未安而言亦蹇拙此怏怏於中惟一朝遠引之爲快也明公者亦稍以爲然否乎是以夙夜圖惟獨有

頃見號爲衣冠者流箕視乎此卽其貪穢市井不爲夫旣不能樹綱常之大節矣廼復小義利之辨蚩蚩然冒昧爲之若以爲當然嗟夫是可以爲當然乎哉服兄高致動準古人漫爾縷縷請正臨風百不盡一

與唐龍渠

古所謂豪傑之士進罔移於榮寵處不羞乎鄙賤凡以勤其業率其常至凌邁超等師表百世固自有在迹不得而囿焉是故渭濱之釣歷山之耕魚鹽之鬻市肆之利古人各以其身嘗試其間蓋曰製衣無寒

再食不饑所以養吾禮義廉恥之心而發吾經綸康濟之猷者俱於是在不如是則叩門無辭捫腹自甆士之垂榮名樹休德巍然屹然於羣類者寧獨遠於人情也哉弟放逐五年交遊取與之間汚穢與否何能逃兄朗鑒獨明農一節卽日夕胼胝不以爲非亦以事育之常旣不能折膝仰面於人而朝饔夕飧又不能如蚓食壤飲泉相忘乎世遂不自惜躬稼南畝每與風雨相親亦庶幾窮也可自立已耳比再占宦籍竊見於官常亦稍有裨益官卑秩末崇祿薄用難

激莚揚阿至妙之容觀者乃知爲奇飛兔騕褭絕足奔放遇者深識其器何也品材卓躒鷄羣野鶴自當超然衆中不能不駭心奪目如此公蚤歲貿江夏之姿其因動褚淵之慕二十年來馳想如昨邇得文房佳刻四方嚮往僉曰郭青螺先生時亦不審爲誰何也抑堂公守敝州偶譚及始知明月夜光吐晶曜景其曩所謂江夏者乎緣五湖大江相隔一水未能令頑兒鳳翼者執經門墻於以聞所未聞爲恨猥辱厚遺不遺朽劣錦條珍襲飛渡吳陵慇勤之雅宛然白

鷺青源之日高材盛德公蓋兼之矣夫材識問學功業人品異用同源包舉難全屈指易盡伏聞明公優游郎署都人上下罔不挹清風欽峻節不獨文藝雄長一時而人品高明學問淵徹尤爲衆所讋服他日鼎業旂勳不占有乎矣豈非丘中知己所抵掌而俟頫者哉匪佞匪佞頑兒有志上進雖章句麤陋每爲柄文所知而僻在遐方局以凡近竟未能闚奧旨名大家南隔落羽將圖翻飛即有下帷之勤實乏入彀之授邇來毀故轍礲新型稍知向方亦未知終能入法眼與否夫剪拂使之長鳴顧盼增其價直伯樂於騏驥獨昭其能乃爾頑兒何知較駿足遠矣敢覬覦乎是特以木爭繩墨公輸削之厥材以之孔良繪假丹青揚素塗之物色因而稱絕公固文苑高手也問道山下而不於獨步明時清㬉九皐者試取裁焉能免擿杖尋途之惑哉謹錄客冬會文十六篇奉塵電覽幸仁慈細加窾易苟質非頑鐵俯賜還丹大藥點而成金郎一躍不致終悞如仙材靈氣本非其人而白髮不變黃金難成甚當擲爲碔砆不敢寶同燕石

矣夫櫝中之玉辯而知之者精乎其視者也水中之鹽嘗而知之者深乎其味者也某老矣以金爲路燮而益昏不俟秋毫之明祛宋人之惑無庸水性之識超佛氏之傳其在明公哉明公哉其也易慮洗心盱而望之矣肅具荒牘祗候興居申以縷縷不勝瞻戀

與曹公祖書

鄰壤得借蒲鞭公山中聞遅失賀爲歉敝城今歲水災蓋儒平生所未覩者二麥未收萬竈無烟國計何需民生誰倚方遠邇呼天罔所控籲比來聽猜災拯

溺致壓台慮數百里内歎聲動地儒承譚父母之命及諸生里老人等之請即攘臂欲面不惜未同而言誠與桑梓同憂他不暇計矣因不獲一接台顔遂放棹前驅謂耳聞不如目見何期果一望瀰漫不辨疆畦草叢之處皆舊荒之田水盪之區正新秧之地茹苦者已驚散䰟傍觀者竊恐傷神誠不謂天之芻狗萬物如此然即執事之所歷所覩者觀之近如戚家舍魏家垜一禾不留則生村江門等處可知矣遠如淤溪時堰一禾不留則野營寧鄉等處可知矣盖敝

州地形去城愈北則愈遠愈遠則愈下地愈下水愈深本海上煮鹽之場爲江淮朝宗之壑就便爲田每苦者在水耳只尋常且不支況非常之變乃爾哉計敝州歲賦通都該六萬五千石有餘今明公所勘災地在下鄉則應納賦約五萬石餘而禾苗盡沈水底秋稅難矣在上鄉則應納賦約一萬石餘而豆麥盡遭腐壞夏稅難矣當此兩難不早爲豁免則上惟有鞭敲下惟有流離流離不能惟有死耳恐非　聖世所宜有也即近覩遠舉一見百知明公必惻然傷之灼然不疑矣不知肯不吝子厚筆力盡言鋪張如鄭公之所以上流民圖者乎數萬生靈之倒懸係仁人一顧盼而解首踏父母不諱於言繼勘諸公必奉行不二所謂萬代瞻仰在此一舉伏惟仁人長者以好生爲心博施爲惠則不獨有回天之力而實有補天之功矣仰希尊慈切爲地方至計萬萬台照

上兵道龔春所公祖

高寶一帶河堤關係國計民生殊非細故其在今日最宜亟圖而深講者何也地勢西高東下河勢自北

趨南非此河堤則黄河之水自西北盡注東南汚下之地而高寶與泰幾百萬頃良田一望成滄海矣隆慶之三年萬曆之五年是也夫自河勢變遷水壅沙漲在邳以上勿論已寶應湖西惟高家堰爲泗水之障水小堰高則湖水不潵湖堤可恃而高寶與泰可保無虞此在往時則然今非其時矣河水入泗直犯高家一堰每水長過堰且高三尺即見湖水泛漲與湖堤等而堤復不固則高寶與泰百萬生靈烏得而不爲魚耶去年堤決邵伯要鋪主者擢新建石堤勁

搓崩卸無以杜往來之口姑置要鋪堤不塞將以殺
水勢保新堤也不知洪水無情朝發夕至坐觀彌月
卒使與泰巨萬良苗一粒不收冤哉冤哉然興化猶
得題請全災而泰州則坐以全徵矣此係地方官未
肯早聞而非主者之過也乃春時則膚椎髓逼完常
賦致令閭閻賣鬻子女啼號萬狀籲天無從諺云
鹵海沒天還沒地滄浪閧哭不聞歌此之謂也迄今
田低者宛在水中勢不能種稍高者乏牛缺種力不
能種見在佈谷者亦千萬中之百十耳畝澮在望歷

歷可稽非如物在袖中可掩而飾者試一省踏則種
與不種無所遁逃矣不知將來作爲全種否耶作爲
全收否耶未能全種未可全收矣仍照舊全徵否耶
甞細究之湖堤之所以屢決者何也全河之勢日逼
東南水泛踰常一也保新堤置舊堤不問二也歲月
旣久浸淫日甚舊土銷而新土無一撮之加三也湖
西奸豪利已病人每水發懼滄巳田盜而決之所謂
以鄰國爲壑四也邇聞水利公廉訪獲實姑寬前豪
之罪責令於要鋪築月堤一所此眞能發奸擿伏究

弊之源籍籍口碑已載道矣然自寶應而下一帶河
堤俱係下河門戶又安知無圮壞將決如要鋪口者
乎前年決高郵矣去年決要鋪矣今年又不知水發
將決何所也鄙云千丈牢一丈不牢千丈無用蓋物
久則弊有孔則穿東固矣則潰西南堅矣則犯北勢
也譬之人身元氣虛耗一患癰疽左愈右生上愈下
生其所當防者蓋非一處所矣爲今之計石堤旣堅
守之固可也月堤令築促之早可也舊堤加土先倍
其根勿齊其末可也如不固其本卽日令加土上縱

堅本且搓水到一決前功盡躪矣未可也然又日廵
視高郵邵伯一帶河堤何者在所可恃何者在所將
決何者低薄何者高厚何者狹而弱何者濶而堅保
一丈以收千丈之功毋忽一丈致隳千丈之業又任
事者不惜財力視公如私樁木蘆葦凡河工所須預
置其處一遭小小水決卽時修完斯用力省而成功
倍矣使必待其大決而後爲之則襄陵之勢迅不可
留當其方衝則急難圖待其少紓則緩不採往歲之
事固可監者此猶人之張口待哺乃徐謂之曰吾且

爲爾樹五谷嗟夫其不致餓而死者幾希然此不特
下河不登數州縣民生日蹙國賦日損卽漕儲大計
且有賴焉且如今年瓜眞抵揚一帶運船阻塞商旅
不行何也水涸故也水涸之故何也以堤決宿水盡
屯於下河故也河堤之設正以防水下注運道不通
故近有堤遠無閘使水聚中路春冬糧運掛帆如流
先臣經世遠猷國如此今瓜州開有三閘矣高寶河
防往往衝決矣防決則水注而東以入於海閘開則
水折而南以入於江如之何運道不立而枯也書生

常談曰瓜眞二壩係漕運咽喉萬一奸細之人決之
則淮以北坐困而大事去矣今乃建閘瀉水與決壩
同此姑不敢重論若復小視湖堤漫不存省其將輕
國家之大計以爲無賴此爲耶議者曰多開海口則
水有所歸此亦一說又曰傍堤多建減水閘水湧則
放之下河以免決堤此又一說不知海口去水之委
也勢緩而遠水閘過水之門也勢逼而洶遠則去遲
必犯所經之路洶則竅便必穿傍引之門勢所必至
者也與其導流遠趨於海孰若塞源毋多開其門之
爲便哉且建水閘亦費開海口亦費兩費俱在不免
盡不移此兩費高固其堤一舉兩省哉此殆猶恃有
治病之方而不知無病之尤良也况其方又非可使
病卽瘳者如之何弗細而思也一得之愚冒陳其說
希採而行之

舊業堂集卷之九

舊業堂集卷之十

吳陵凌儒真卿甫著　甥　袁懋貞居易甫選
孫　凌似祖無念甫訂

文表一首　祭文十四首　啓九首　雜文五首

賀聖誕表　時獻白鹿

伏以聖壽齊天海嶽獻千齡之稀瑞　皇心恊帝禎符應萬歲之昌期玄穹介祉以長生仙御迎祥於再見懽騰寰宇喜溢臣工恭惟　皇上心涵太乙道合元神秉一敬以格天推餘恩而愛物洪仁覃被常凝天地之和景貺靈承屢發山川之祕丹芝毓長年之奇品嘉禾兆永世之休徵草木通靈見玄修之顯應羽毛呈瑞信至德之旁敷茲者壽域天開神物應期而誕降嘉禎玄錫仙麥迎喜以來同陰陽呈合德之祥作配真却有待牝牡後迭興之盛紀年渾若同庚瑞再出而愈奇數相須其不爽舜山誕育分明應運而生文囿來遊恍忽自天而降正色映瑤光之彩皎皎霜凝素毫湛碧海之波紛紛玉映雙懸丹角觸邪適仁獸之孤標滿綴斑花通天並文犀之勁節儀虞

庭而率舞食周野以和鳴玉輦雙迎時識　天顔之喜瓊宮並育日承景命之華盖　聖壽之無疆斯太平之有象稽之圖牒非卓爾而弗經備之史官則耀然其並美者也臣等職忝鵷行歡同虎拜識仙源之有自占年不假於龜齡覩上壽之明徵卜數奚誇乎鶴算伏願康禧申錫純嘏彌增海潤星輝上瑞雲仍於義世天長地久億齡日邁乎堯年

祭閔午翁文

惟靈高門蘭玉蒼下元精傳芳蓮閣脫穎菰城始慶琳琅凝馨謝庭旋榮鵲起豹谷雲明秋實垂珠春宮蜚聲槐堂映雪翰苑横經天下桃李植公兩楹九霄鴻鵠歸公一評蔚蔚文宗天南斗星德懋懋官　帝命丕承錫之太常贊襄銓衡氷壺露湛秋江夜清晝日三接華風四行鳳毛五色龍池繼升尚書畫省後先同登世職絲綸表表詞臣　天子曰俞老成惟能邦典汝司王國爲楨建禮仙門鍾山用寧文昌應列紫宮懸銘爲王喉舌爲世法程巍巍秩宗泰稷惟馨上禋　聖治幽格玄穹鯨海無波泰階永平敬乎一

德祓息五兵允矣樸茂昭哉典刑羽儀天朝釆釆三旌時方倚重公慮持盈白雲東國黄鳥西陵碧湖詩社綠野棋秤菊晚池芳桂子秋晴芝田種玉蕉境飛瓊香山高會僉期百齡胡爲一朝遽焉長征嗚呼哀哉白楊蕭蕭風木凄凄月暗瑤琴塵空絳帷公返自然士則興悲某受知門下一經見奇青雲會合玉筍班齊銜恩未報領鍚遺思永負湘墳敬陳楚辭寂寞吳西羣虛碧鷄黄鶴清宵江表來歸魂其至止鑒我誠私

祭瞿太母文

嗚呼太母氣禀清淑德冠羣倫秩秩令儀克宜家室侃侃慈訓聿啓鳳麟蓋爲婦維婦爲母維母能不愧虞堂之休風而遠紹孟氏之芳隣者哉赫赫令子如玉如金楊五文於桂苑敷八釆於杏林方探聖賢之腹會天地之春以參贊大造以化育羣生使斯世斯民見雍熙太和之治而母也亦與有姙太姒並垂令名云胡悲風慘淡白雲悽清忽見瑤光殞墮寶婺霾[illegible]箕而上升嗚呼封章赫奕鼎養維新母皆視爲餘幸而何以嬰其情惟道明千古澤被生民庭階蘭桂先後楊芬庶可以顯積善之徵某與令子在癸卯忝與年未在癸丑又出門下知太母之賢稔矣茲當來蘇敬祈瞻拜以望清塵何志未及酬遽聞訃音濯濯琴氷峨峨虞岑聊奠谿毛用表微忱

祭許封君文

嗚呼禮稱君子強學力行期耄弗怠而行誼足以範俗貽謀足以裕後則東西過者必問道焉而況有事於土地者耶某叨與令子年末知先生之德之學稔矣奉命過蘇方期度婁江登崑山摳趨堂下以挹大雅之光華沐君子之德馨不意至則先生已乘白雲游於無何有之鄉而禮教風俗果何所考德國政民事果何所問業東西行者且倀倀然莫知所適從而其也能無觖所望哉茲當覿風之暇過先生故廬瞻遺形若聞謦咳焉睹鳳雛若薰道德焉嗚呼九京莫作而流風餘韻其感人猶若是則平日所親炙而與起者又可知矣其何不幸而不得親挹其盛也又何幸而得游先生之鄉與鳳雛盤旋領餘教也

奠潘孺人文

海樓凌儒妻潘氏孺人以己未十一月十三日病病十有六日卒卒之明年正月五日海樓適按松江舟次得郵筒訃音遂以病請告留郵東歸歸之日正毋病疫在危先期戒以勿哭且勿奠既而海樓亦病病亦瀕危智困神昏不能措一詞爲奠聞強執筆即腸碎心酸輒已乃八月中秋節命家人具牲帛庶羞以奠復自叙哀撫棺而哭曰嗚呼自子歸予十有七年矣中間吾以應試歷官與子間隔獲與聚首者不過數年方期與子偕老胡然而遽有此耶嗚呼子之治家勤勞處身儉約賢狀種種姑且不述獨念子生六月失父伶仃孤苦賴母吳孺人覆育長成歸吾未及數年母即臥病子日夜戚戚供藥餌勤禱祀殫心畢力每欲以身代之及卒哀毀過節寢食時廢若欲與之俱往者丙辰寇至倉卒葬淺土子恒惘禮有未成言及墮淚戊午年予奉命過家始獲與子襄事共見子母成禮而葬子之心稍安討子卒日與子母葬日方一年耳而子輒有此豈子事毋之心既盡遂一朝長辭而不予顧耶嗚呼痛哉子嘗語予曰吾兄每卜吾壽數俱云不長言畢嗚咽予素不信命隨慰以術者言多謬不足聽也豈謂今日遂果爾耶嗚呼痛哉予去浙之日與子以年爲期以子姑舅兒女諄諄爲托子謂予曰茲不待言但子去家千里子然一身飲食寢興誰與爲侶獨是縈吾懷耳在家者自安當無慮也豈謂千里一身者復得苟延而安處寢堂間者顧忽摧折也耶嗚呼痛哉子素多病又南北奔走精力日向衰意者必在子前所賴以承雙白撫諸孤幸

有子在焉耳豈謂子反先吾遂使上下具失所恃耶嗚呼痛哉予薄宦今且七年即世俗所謂妻妾之奉一無有于子以子能諒吾之心成吾之志即使窮終身得見子女有成亦幸矣是子與予夙心也豈謂今日子未見其婚女未見其嫁耶豈謂徒有十七年爲婦之勤而不能享一朝爲姑之逸耶嗚呼痛哉子卒予不知何疾病不知迎以何醫醫不知飲以何藥天耶人耶使予疑焉憾焉可悲也予忝行役之臣不能與子朝夕予不吾憾仕學甘苦獨與子同予不吾憾

今也歿不聞其語殮不執其手子女在側無一言之囑以遺子子其有憾於子否耶可悲也子卒之日予按姑蘇一夕神魂怳然卽記子將產爲之動念亦不虞卒以是爲醫所悞至此可悲也予以子卒卽病病卽疏告奉旨卽歸將以撫諸兒女慰子之靈且留卽日一痛哭也乃奉子姑之禁特時時背爲涕泣含悲茹苦遂使鬱病大作因循百日不能一寫哀悰數耶命耶可悲也予官之貪廉知予者惟子助予者亦子予今往矣知予助予者寡矣予之仕不仕固不可知

獨出而反顧莫爲之主入而獨處莫爲之語將何以爲情耶可悲也前歲今日與子依然在京無恙也去歲今日與子判然兩地固猶可期也今日死生契濶矣子卽憫我尚可親呼之復能至耶可悲也夫吾與子有百歲之期未及期年竟成千歲之別顧瞻服飾器具宛然如昨僮僕子女宛然如昨姑舅妯娌宛然如昨而音容杳然獨子遼渺可悲也歸窆未卜旌柩在堂觸目感衷所以縈吾之思者方永永也子也有知將亦重自悲傷也耶嗚呼

祭徐母某安人文

嗟呼芳樹含滋霜零自隕行人入市日夕終歸物理人情固有然者復何憾於夫人耶內閣之孫司空之婦中丞之妻都事之母聲華備矣享年八十壼壽蔚然諸子既賢諸孫滿前祚胤昌矣復何憾於夫人耶獨念榮瘁頓殊幽明夐隔當夫人之存也發穠花於春日迨夫人之歿也飛墜葉於寒飈固孝子之所崩摧而仁人之所傷者也閭里寒暄瞬息變態人生如寄昔是今非豈明晦之靡常抑施報之難憑耶嗟

乎其故可知也已越鳥南枝胡馬北風富貴而始富貴而終其在夫人行將拱木是依玄鶴與飛皎日同穴怡然夜臺永永無憾矣傷逝波之不返悼覆水之難收睇宿莽於新阡緬旋流於洄澤家聲復振顧盼依然某等之於夫人寧無結腸以思盱日以待耶芳羞載俎清酌盈尊庭無他人我輩同心凡以攄專誠寫幽思挽流風而敦宿好也惟尊靈鑒之

祭王母文

緬蒼旻之代謝兮標節序於溫涼愴人生之旦暮兮

頓榮瘁其何常邇雲擣之臭起兮酌燕賀之清觴耙酒漿於蚴澤兮流瓊液而椒芳周遭深入乎闉闍兮響鳴珮之鏘鏘北堂敞而南山峙兮將百歲乎星霜奄婺彩沈以翳障兮歘菱花落而鑑亡攬貞順之芬馥兮紉玄理而琳琅宜福善以不化兮混一氣之茫茫陰雲黯而涼飇衝兮寒月墜而霜夜央檢倩頌之猶存兮覩孟機之空張豈古是而未非兮亦人從而天難量嗟貽厥之純孝兮每哀至而顛僵綿幹蠱之新譽兮走夙夜以徬徨寒暑忽其不淹兮卜日月而

獲良啓祖載於寢門兮行埋玉於西岡之陽鬱佳城之嵯峨兮照皎日於玄堂匹老鶴以雙棲兮故虎踞而龍驤藹封樹之陰森兮殆地久與天長某等既識荆於令子兮復締交乎東牀悼長夜之冥冥兮睠逝水之湯湯顧車馬以宵征兮結夙好之中腸聊俎豆之肅將兮酒老淚之浪浪冀精靈之髣髴兮捐永懷而升蒼

祭顧母文

嗚呼天道虧盈人道死生猶形與影迤邐而行靈將載祖某等復何拔涕而吞聲清風播乎壼範榮名重以鄉評不誣親而列狀將信史以鐫銘傷歌塞巷觀禮闐城一奠別千言成老鶴喚慈烏鳴重有悲兮奚訢更何詵兮緘情白日上兮照丹旌風颯颯兮雲冥冥北堂空兮虛織霜月晴兮殘㮣新阡起兮龍明稚栢森兮泉清睠有歸兮神妥傷不返兮魂驚薦椒鳴咽臨觴淚傾蕪詞告虔幽鑒精英

祭儲母劉老夫人文

嗟嗟夫人復何憾於造化者耶德非衆有齒踰古稀

今爲曾母昔稱萊妻白壁清霜行與歸齊豊不服浣健不杖藜鳳子麟孫玉立山躋榮祿從夫以宦遊繁枝猶子相因依留惠可思遺烈堪題人生至願母備之矣復何憾於造化者耶顧百年未足孝子之心一日三公罔極恩深倚門不見風樹蕭森悼閫儀之日遠悲里巷之無人誠言絕寢門之夢紉衣寒秋夜之砧酒漿歲乏乎通家機絲月落乎空林虞淵不返白日幽沈儒等姻戚之情不能不悵西風而生憾也仰懷素澤涕淚徬徨聊具椒醑是獻是將願言嘗之爼

豆之光

祭潘孺人文

生人之壽何常貴有所以不亡孝子之心未量在有所以爲之顯揚世之目烱烱髮星星麗眉皓首以壽稱者不可勝紀其生其死曾奚有於姓著而名香寸不爲短尺不爲長珠沈而輝耿蘭折而魂芳苟不泯者既存則不存者何傷嗟夫人之仙逝痛游子之顛僵上遡瓊源父潘母王擅幽房之婉娩毓高門之鏘鏘順德嗣孟徽音繼姜既相夫以龍化復舉子於鳳

翔始扶天以櫬歸秉如鐵之剛腸斷機再續編簡破鏡幾歷星霜襄述作於濟美開甲第其重光亳有美之罕儷宜卜算之無疆胡九天之弗吊致四牡之無將淚灑麻衣四境彷徨心懸丹旐千里淒涼祿乎弗竟賢哉是歿萎陶侃之萱草凋召伯之甘棠噫吁蓋棺事定作善允臧母儀厥成子孝妻道揭立夫綱鷄羣野鶴驤首昂昂丈夫或未完其禀洵士行皎皎乎與堂堂刻孝廉敦篤貽厥用昌跡雲霄於不極策勲業之方張將玄堂與夜臺累紫誥而金章又豈惜

乎曾母之弗壽而庸美乎謝母之獨彊其等親知屠葭莩之列年誼忝子孫之行想登堂之冠帔憶發甕之氷檗指故山兮白雲繞舍跡南浦兮碧草空塘訃聞惻惻哀至浪浪覩繐帷悲縞素仰玄蓋顧青蒼三爵後期寸心是皇爲奠則薄侑詞廼詳神其有知啜此一觴

祭母太宜人文

傷哉母氏何一旦終堂棄吾三子耶傷哉母氏何一旦即土永棄吾三子耶念母氏之歸凌門也凡七十

又二年初年當家頗裕盛年遭家中落晚年幸家稍豐其爲婦儀母道與更歷賢勞狀態且萬縷縷往事記憶在心今一事一淚勿論矣獨傷母氏育吾三子一女拮据之苦顧復之恩眞與天無極寸草之心欲報春暉即百有千歲猶未慊也倘進一日三公何損豈意遽止此耶傷哉傷哉豈無窮者在人而有限者天耶豈無窮者在子而有限者母耶母之育吾子在仁儀既殫厥心而其教觽弟讀書尤苦心費力當弟讀書時功有勤惰考有上下少忤父意母以身庇翼

之不怨不悔恐儒弟無成每終夜憂思與父私語兒輩竊聽皆一悲一喜之言今幸畢志歸田而三子日俱在側乃不獲修德令母少延以承百歲懽卽死且莫贖矣不知吾母復何所憾於三子耶自母棄吾三子踰歲不聞升堂笑語矣而三家則門庭不改三子旣老而康諸孫與曾孫無恙三媳婦與諸孫婦俱盡厥職而孫鳳羽再舉一子妹一姐雖所處稍不足而月米日費供給如常亦平安無他事此皆足瞑母之目懟母之靈者不知吾母復何所憾於三子耶嗚呼

傷哉日月不居山城今利謹卜十二月朔日厝母柩於城東與父合葬兹俾一奠與父共享嗚呼子母至情生死異路慟仙遊之不返傷泉室之恒幽欲代何從五内崩裂在吾三子何以爲生耶嗚呼有殽在案有酒在尊惟母之靈來格來歆

合祭新鄉諭某公文

維靈江淮之秀海嶽之精弱冠授書黌校蜚聲詩禮過庭長夜短檠文擬班揚論準向衡毫芒研析波瀾老成心羞淟涊性尚純誠直哉爲魚剛也非棖卓犖

然法程橫經分席暗者求明太山北斗望江誠屢蹶霜蹄翻愧羣英晚年窺學務去心育提挈孳孳晝與宵并故吾幾化新得將盈僉謂厚積終應一鳴李數屬奇劭論未平挾策薄試賓興于京振鐸新鄉兩河皆驚昭然發蒙呼寐解醒寒毡自娛園無蕪菁義命相安訃返柴荆北山結廬西湖濯纓沙鷗與羣斯文爲盟云胡東壁霧黯其晶一疾仙遊倏然長征千里訃聞淚至如傾白馬素車憯澹郊迎丹旌在目惻惻心怦天乎人也埋玉懷瓊林風號猿野日

啼猩鳥呼春山爲誰嚶嚶伐木于滸疇與丁丁魂遊故里悽其含情澤等誼忝戚友分屬師生凭仗安依梁壞奚撑籌杳今昔崩迫如攖宜豐而嗇竟困未亨日月不淹寒暑陰晴達人鑒之此重彼輕世謂先生室宇未營廣居潭潭不少數楹世謂先生負郭無坪庭桂陰森遺經可耕世謂先生一命未更片言垂訓金石琤琤世謂先生壽不逮名名存壽存孰死孰生咫尺人情而誰與爭百代千秋姑辨枯榮締交漸遠心期愈貞束芻爲將聊示景行明齊維芬絜酒維清

侑以短詞豈曰旦評神也有知歆此犧牲

奠唐龍渠文

吁嗟浮生爰寄自天數錫有常公胡不然江夏之奕渥洼之産弱冠蜚聲羣書一覽讀禮學易下帷閉關隱抉冥搜天人之間二陸齊名風流儒雅作爲文章荀楊班馬藝包衆有敵稱萬人衆足雲霄凌跨烟塵璵璠莫售信非珷玞諱俗吞聲仰天長呼驥伸一蹶玉明三獻猶擬晚成而卒偃蹇壯心炯炯白首一經多才自娛待薦明廷五雲體絶六代音靡右軍少陵

登壇得髓棲禪尚玄了辯如泉煉形服氣期以永年據理應壽悟訣宜久欻然委化山頹木朽白璧疇毁青萍自傷少微有犯奎璧無光賈鵬入室公昔固猜詎謂踰年謝樹忽摧禍善或妄殲良叵測已矣乘黃凡馬何色青蓮不作瓦缶騰踏伯英失眞野鶩繚繞文不師古滿眼新型惡方競圓謂醉爲醒山水空彈曾無知者高才陵替天乎人也丈夫不泯豈在顯赫行能如公士林愛惜盖棺事定輿論歸焉乎迋降心翻有腴言散帙未終掛劍故早門闕弓裘胡云草草化者儼然存者徒哀萬語千聲一往不來芳蘭自馨風清依賓錦堂日上霜白如畫胡麻炊飯五加釀酒笑語若生空杯落手朋簪未攺棣萼恁新冢器團圞次復術術閭門獲所公可無慮獨傷元龍閒寂誰語一朝終古弔影泉臺素幔丹旐霧隱不開短日飛過奄届六七返魂無驗修文有述不甞家食里俗相傳展茲奠席用作離筵交親幾人椒漿滿甕方笑遽悲相對如夢返眞爲樂桑扈得之泣路哀絃吾黨之私

奠次兒鳳翼文

嗟乎傷心哉人生大不幸在喪子尤大不幸在暮年喪愛子予薄德而乃遭此每一念之輒不欲生自汝捨予而去也予坐臥飲食何時不思何事不思一年之內一日之間所以感事生悲飲恨吞聲者盖不知幾千百狀惟予自銜之予自知之玆當幽明死生異路矣欲多道汝平生與予愛汝惜汝傷汝之意然一字一淚苦不忍言惟有悲鳴涕泣而已且招汝汝不來呼汝汝不應哭汝汝不聞復何忍言耶嗟乎汝之事畢矣予之望孤矣天與汝以才不與汝壽使予抱

無窮之戚於有限之年復何忍言耶予痛汝無成早亡幾欲自絕獨念汝祖母在堂汝幼女在膝汝母汝兄汝嫂汝姊在庭汝幼弟汝幼侄尚在襁褓誠恨不能與汝一旦俱死也復何忍多言耶卜是月十一日塟汝於城東新塋與汝妻儲氏同穴薄奠告汝以期嗟乎幽明死生永自此隔矣予之思何時可巳予之恨何日可銷耶

奠長兒鳳毛文

嗚呼傷心哉汝何爲遽至是耶吾何爲使汝遽至是耶前年汝弟鳳翼没予悲苦萬狀幾欲自絕復爾強存者藉有汝在也汝今復捨我去矣蒼天蒼天何爲兩年間遽奪吾兩兒耶人生當垂盡之年壯子俱失去復何情意苟延於世予當死矣然不卽死者以汝八十七歲祖母在汝四歲孤長孫在汝三歲一歲十郎十一郎兩小弟在倘予一旦捐棄上事下撫屬之何人其無所取憐於世又不止今日矣是以割愛忍痛不爲西河之哭止爲延陵之號杜門絕交涕唯努力餐飯然毋一哀至輒心裂肝摧不能自禁其所以觸目感中可恨可思者終日間不知凡幾起幾滅曰不忍言心暗傷之悠悠蒼天孰知予之心也嗚呼汝之事巳矣苟天不絕吾他年三襁褓皆長大或成立則予之事與汝之事又未可知獨恨昔見汝之生今見汝之死汝創立有志未獲有終卽今門徑瀟條骨肉疏遠一家事紛有萬端皆看吾白頭老子每日中一薪一米一瓦一石一絲一縷吾意念不及皆隳敗無成勞極則感愈深悲愈切吾誠不意暮年遭此大不幸如此嗚呼予之命苦更復何言汝没巳經年汝塟巳後期茲卜馮店新地在州之東築土開山豎石建坊予立爲祖是月十九日塟汝昭位百歲之後予居其中固宛然父子同堂也嗚呼以父子之情死生之別若敘說平生與可恨可思卽屢千萬言何能殫竭予誠不忍把筆蔓爲文詞語汝而語汝止此嗚呼傷心哉傷心哉有殽在俎有酒在尊汝而有知尚其來歆

送郡伯黃我山入覲帳詞

伏以天祐下民有脚陽春來斥鹵帝咨羣后無私氷

月照藩方百年隆周禮之規三載奏虞廷之績來王
來享萬國以貞爲龍爲光一人有慶誠明時之盛事
屬東土之賢侯恭惟台臺南服奇才莆陽右族蚤登
科第八閩家學遡淵源嗣守荆襄三輔高風爭頡頏
雪堂發翰林之蘊籍妙覺追太史之游觀方膺五命
之榮輒尚二疏之節從好倦勤乎六事養志徜徉者
七年惟帝念功謂人求舊緣虎符之重綰遺鶴轡以
遙臨海宇蒼生幸來蘇之有望彈丸黑子宜臥治以
無難車轉新轅天地即看霄兩洽琴調古操虛堂常

對月華清吏以畏而民以懷恩威並著刑日清而訟
日簡遠邇胥安悃愊無華允守陽城之拙循良可紀
載與廉范之歌誠吾輩之師資斯民之父母也歲維
黑帝序近黃鍾曾滁篆之幾何忽輯瑞之攸届暫去
親民之地爰修述職之儀祖道戒嚴剛辰恊吉綢繆
無討黃花隨路遂行旌離合有期白鷺乘風先去節
發淮南之遙駕取薊北之長途周道其旋五馬騁馹
騏驥足長安在望雙鳧飛上鳳凰臺待漏金門覲堯
天之人五數言至陛劾嵩呼之再三第恐淮陽治[illegible]

不容長孺之遲留河内數奇難遂雍奴之更借[illegible]
萃陽關之餞笑談期都邑之逢聊致短詞用揚行色
詞曰寒令中分見柳欲回青梅將吐白萬里車舟四
方集輳都是觀光上國元來苦海編氓獨寄老成司
牧却不道三載黃州坡翁舊軸　期迫計春來三月
鶯花聖天子明堂執玉宫殿風微旌旗日暖班綴千
官整肅忽聞勅使傳宣異數恩波新沐留内輔左右
調元不須枚卜　右調喜遷鶯

送思亭鄭父母老先生入覲帳詞

伏以五馬行春玄澤應車流海嶠雙鳧依日丹精隨
帝曜天門爰述職以登仙遂戒辰而祖餞寅僚悵別
黎庶遮留恭惟台臺南海明珠東藩彩翰青雲發軔
錦標登蘇軾之科翠藻含芳璧水倚文翁之化八閩
聯鷺羽遠扇仁風二楚接花封均沾惠露早知名于
北闕輒移檄于西臺賜服加恩紫綬遺先朝之車駟
虎符出守彤襜分異代之麟魚聰惟鹵海之墟單布
甘棠之政鼓春陽而宣滯秉霜節以居貞去殺寧失
不經蒲鞭示辱止辟非爲故出肺石平寃約費縮浮

雅素茹羔羊之美輕徭薄賦神明發狐鼠之奸譏洪
期於變通近民本諸平易治成三善花村月白犬無
聲守慎四知槐院風清蟬有韻且強項深懲流俗而
開心每憶長林行鹿夾淮陰台相預占於他日產珠
還合浦廉聲曼異乎當年循良江北無雙捐介淮南
第一當民物康阜之日正幽明黜陟之期指玉京而
琴鶴自隨清攜兩袖搜瑋材而鵷鸞遠別望壓重班
飛旆馳驅滿路風雲生晝戟鳴環舞蹈一天雨露下
瑤墀課功將上考於平衡賜燕定需恩於異數某等

猥叨佐席幸與賓筵蔓草疎螢點點竊太陽之照廣
潭芳沚汪汪納潢潦之污分屬綴旒感深鈞鑄臨風
把袂小春紅日映江干沸澍旋旌長夏青天回海上
鳳詔寵頒於借寇駟車喜見於迎朱是用綢繆代申
繾綣既成短引兼致俚詞詞曰長安路風送征輪飛
度金舄覲天逢拜舞曈曨照宮樹　課最九重留住
表上吳民愁苦一道敕還清海霧懽聲千萬戶　右
調謁金門

募緣辭

伏以幽而不可欺者神之靈顯而所[illegible]長者神之[illegible]
州有光孝寺久矣寺有天王殿亦久矣而殿中所塑
則風調雨順四像是也茲地也呼嵩祝聖爲萬年臣
子拜禱之場祈福禳災爲一方民庶瞻依之地趾連
郭北肩接湖西歲久而風雨飄搖僧懶而人民踐
遂至梁摧棟折如燬形銷神散爲泥瓦落宮墻四顧
野蒿迷目穢當門徑一朝淨土成墟餘木尚存頹垣
如故感廢興每動黍離之嘆志光復常懷輪奐之思
願及稔年共成盛舉蓋天下之事無徵不信而神明

之用有感必通作善作惡殊科降祥降災如響儻得
及時修舉庶幾改舊爲新煥乎巨觀依然古刹殿成
而干霄冲宇諸天喜悅神不怒而人亦安像塑而繪
紛塗丹事序和平年屢登而郡自富化民厚俗爲有
助祈天保命永無疆矣如或付托非人致生破觜之
弊精誠不白少存乾沒之私不獨國人非之神明且
棄之矣萬萬所不敢也

與徐存翁老師啓

伏以昌運天開五雲煥台階之彩康禧神錫八[illegible]

聖域之新喜溢縉紳懽均中外恭惟恩師文章華國經濟匡時道逢堯舜之知武接夔龍之盛三壽作朋於紫禁恒依日月之光孤忠獨立於清朝允並松喬之茂茲者商飈肅令昴宿儲精降嶽應期陽德開先於九日蟠桃呈瑞玄功斂實於三秋錦堂接鳳閣之崢嶸綺席絢龍章之璀璨圖開函谷秘藏發不老之祥鶴進紫霞瓊液映長春之色將昇平之久閱因耄耋之駢臻此誠明良有道之徵而社稷無彊之慶也某也分厠門墻之後恩沾化育之深恭遇弧辰忻逢

菊月一天珠露遙知寵錫湛新恩滿地黃華獨喜清芬宜晚節顧門生頌禱心希乎寵鴿升遐望阻於登龍北極時瞻恍忽九霄之遠南山遙祝依稀萬歲之同情聊寄於短章私實慙乎寸草伏惟榮名久著垂百官表正之休福履永綏慰四海儀刑之望調鼎日新乎傳沃呼嵩歲獻以堯年

與羅一山麗惺菴二年丈啓

共客江藩相逢楚節心驚時序之轉道喜陽德之亨思採艾而未能擬泛蒲其有待佇翁旌斷望而雲樹合情進申炊黍之私兼致折梅之意庶幾一醉聊迓佳辰

修儒學南坊啓

易制興賢本欲應期而接武忘年任事實慙踰分以代庖始慮未詳終工不繼且顛風折木殆將毀舊爲新而柱石當門肯使既成復敗鼎革有數顧盼無人勉將田舍之多收再捐十兩用裨黌校之少助另建一坊盖誠實獲我心豈曰自貽伊戚第大材須尋之瓜渚之地而典手務托之宮墻之人願擇具眼二公

敢煩移步一買庶出納清而名實之辨不爽取裁當而棟梁之用有成

請州守祭魁文啓

泰運天開桃啓賓興之典文魁星動丕彰神佑之靈謹諏日以告虔將届期而助顧爰備樽俎借届軒車壁水藻芹沾溉久需乎時雨門墻桃李吹噓猶待乎春風仰祈一顧之榮用俾三捷之勝庶天人協慶未戢而士氣先增上下交歡有儀而科名倍出

壽李養翁總漕啓

而轡回屏典重恤孤窮獨早同潤轍金錯立稽査之法奸斁允釐青衿謹出入之防士風不變綱既舉乎朞月化何待乎三年恩波輒被丘園德意遂加衰老枉臨徐孺取以虛聲誤訪孟嘉容其狂態籍荒庭以設醴賓主交懽佐綵幣以加金情文兼渥夔竹動王猷之興臨池帶山簡之懷酷暑去林塘柳色湛成淮酒綠清風來樹杪榴花倒映建茶紅自停午抵夕陽言言肯綮由開筵至洗盞事事安詳禮成有終德將無醉感恩思報深慙瓊玖之將懷敬欲伸聊憑芹藻

之薦謹瀏望後一日之吉幸賜案頭半晌之閒代爽塵以行春川原增色假登龍而覩玉几杖生涼敬展酬酢之私期盡東南之美百年齏糲鏧腐儒子弟之情盡日淹留挹嘉客龍光之德銀鞍照地前驅開路天橋錦旆飛空小隊清塵仁里掃門以俟倒屣相迎肅此豫伸願言賜允

代胥道尊上許元宰啓

伏以三台位而握天樞斗杓運氣八紘紀而旋地軸海嶽通靈德業贊參兩儀神觀具瞻百辟華夷係重代以真才名世覃膺嵩嶽之祥景福介期允協台垣之望天篤其祜人壽而康門庭深切摳趨紹介造仰頌禱恭惟臺下材出豫章孕毓西江之水位居列栢振揚總憲之風始仕鳴琴經畧悉兩河之疏鑿既當簪筆綱常正三事之愆違高名逾顯於一麾訏策倍彰於歷試寵膺遴選國計司之鄭侯忠竭轉輸心籌邁乎劉晏薦舸乘流趨極遠看飛鷁渡清淮百城問俗行春坐見畫熊巡釆石疆宇長供不匱鍾山王氣益增時屆清秋露彩盈盈逢降節令稔朱夏霞光燦

燦靄生朝喜溢長筵重稱元老陪都府部趨蹌松栢之呼外服彖僚欣第岡陵之祝某幸叨鎔鑄之末未伸恭敬之將先達爲依舉足敢忘型範後塵在望捧心自覺聯攜聊薦蕪牘之勤竊效遐齡之獻伏願上壽日新佳禎歲長開祥應昴扶漢日於清朝呈瑞騎箕作商霖於昭代

請張樂衞郡伯啓

材借豫章斥鹵仰匡廬之勝秩分太學文明發天目之祥良翰喜動境中甘澤潤隨車下致先清獄幽縶

朝野稱榮恭惟師相箕昴精英乾坤間氣綴珠華於七曜文章蚤奪元魁潤玉度於五才經綸久著館掄金甌捧詔嶺海仰山斗之光玉鉉疇咨楓陛聳岩廊之望贊天地理陰陽調元康化安邦家定社稷宰物承君雖玄功默運而難名惟機務平章之可述三年奏績忠誠荷大誥褒嘉四世推恩綸綍耀金箋寵渥授留青殿工代紫宸王文正秉衡一十八年歲月甫當其始郭汾陽歷書二十四考勛庸實邁乎前一德簡在帝心萬類均陶大造某推梟遠吏門墻下陳望

司馬相公於元台去天尺五想龍圖學士於上柱稽夢惟三鏡聽星辰衰瞻日月敢謂曲江江上曾鞭鷥骨於後塵惟願鳳沼沼中微挹餘波於涸鮒引領魏闕叩首黃扉敬陳燕賀之私悚切烏依之至

請錫翁舒道尊啓

錫製雲裁寵賚高堂之慶金相玉映榮生奕世之光愛上花鳥芳春欲展壺觴鄰帽門楣驕馬朱旛接黃傘以交飛庭儷畫熊斑服望綉衣而忭舞未敢邀十日之飲庶幾承一夕之懽具期以閒來月維朔

上呂道尊修學啓

伏以道未墜地百年禮樂待人興代不乏才一郡文章由教變遭逢不偶昌熾有時竊念本州儒學昔當全盛人文獨冠乎淮揚茲値重修科第遂衰於鄉會此雖人事未盡抑亦風水有乖姑舉大端取裁玄覽泮宮之區首居文廟之西則體統失尊雲程之坊獨對聖人之前則名義不正龍強最嫌族主聚奎樓何爲者乃以近逼乎東而眇小卑微無異鼠囊蝸殼虎豚切忌昂頭聯璧軒又何爲者乃以近居乎右而欹

斜蹋促曾無鳥革翬飛甚者儒星門外橫置長墻既隔泮水使文脈不通眞是面墻將聖訓有悖月池何地也浴沂亭寒乎中央致令天光不臨而碧藻漣漪祇爲遊觀之所官舍有址也尊經閣借爲居處致令講學無所而靑緗殘缺遂爲閫壺之堂東方空而坑塹太多理宜塡補南關閉而淮水不入利在疏通舊帝道義之教寂乎無聞功名富貴之謀紛然滿眼規模既不正大光明制度復多瑣屑破碎皆昔日所原無而今日所增有者必借經綸之手方回氣運之衰

恭遇臺下肴山毓秀錦文遠邁三蘇渾水滋源[illegible]
高翔萬里江清乆著鏡照初臨欲諸生禮義自開履
示宮墻吾道準繩歸大匠覺近習苞苴爲患先清城
社憲臺風裁自元奸夙欽楊震之名竊望文翁之化
調不和之實瑟瑤在牙聰葺巳壞之雲梯定賚班巧
屯蒙轉之豐泰鼎革補乎乾坤還舊有之成規財不
過費去新增之陋制工不爲勞真人願而天從委事
半而功倍矧士民之樂助何人牧之爲嫌特借雲霧
之披用稗風雷之奮龍虎不逼斯豁然心目之洞開
金水相生則信乎后先之具美斯文得所古道還淳
伏乞大廉鎮留神賢士之闕亟從諸生之請俯垂青
眼回天地而面面指揮暫駐朱旛察參商而重重遷
改俾藏修獲吉而典常不悖忠臣孝子輩出於斯將
否塞重開而科目益光省元殿魁棄征乎此彼子弟
之幸克謹須父兄之教在先麟鳳龜龍敢謂人人能
瑞世鳥獸草木庶幾歲歲可生春尤望不謂儒等越
樽俎以代庖言多出位亮儒等幸詩書之啓後事頗
關心則永逸得之一勞前輩與後輩並感而更新不
離仍舊教化與造化同功學校幸甚地方幸甚

蕭簡肅公謚議

古社稷之臣没其子必請於君曰君之先臣某薨且
有日爾所以易名者若貞惠文子之謚是也載考之
私謚後人表其鄉先生與誄功德者雖無封爵得著
稱謂若薛收之謚王文中宋濂之謚聞人凝熙是也
仁人孝子之心豈相遠哉泰和抑堂蕭先生守吾郡
迎尊甫君直齋公養於官未再朞而没闔郡縉紳士
民奔柩臨哭念淵源之澤既無能贖而令德懿行不
忍遽泯無傳乃共圖所以謚公者予昔遊永豐聞直
齋公素矣公性方嚴端靖風裁峻整六行禔身不激
不隨脩然之志清夷恬曠焚香展卷正襟危坐無暴
厲忿嫉之容而俯仰千古傲睨一世中更有毅然者
教家固嚴課抑堂諸君步趨必準繩桀言動必師古
人即才賢榮進不少假辭色觀抑堂德器政績可知
公矣官舍嚴扃屏絕私交僕無外窺隸庭立雖郡士
大不得覿顔面間延見一二醫士道疾病飲啖外無
他語梧幹修髯手恭容肅見者悚息蓋篤於天禀修

之不倦而官箴內範加意尤切也夫天地有正氣[illegible]縕回薄鍾之於人必有博厚純正剛介嚴毅之士以齊家導俗惇薄還淳爲邦家之華者不細也如公者稽之諡法一德不懈非簡而何威以攝下剛德克就非肅而何謹用私諡曰簡肅亦跡公所固有而諡其似者耳諛佞云乎哉議不敢專詢謀吾黨及博士弟子員合詞曰然爰題於旌用質諸公之鄉人併徵之於百世

災傷呈

呈爲拯溺廣恩急救重災地方事切照本州田稱瘠土地屬釜形西北與高寶連疆東北則興化接壤四無出路宛在中央每過天雨淋漓千里良苗俱潦數被漕隄崩郵一時平地皆湖久矣爲魚何論高低遠近居然是穽不分南北東西誠天地之不仁倍拯援之無策況本州額糧獨重六萬有奇而各需歲派徭多三萬而上論起運併有三方之數訴凋敝首苦千邑之窮是宜施仁爲先胡乃議折不及日月不照伊人太息者幾千萬家雨露偏施向隅垂泣者百六十邑黎庶哉之不免傷俯仰之無資我有田疇耕之不給不禱道彼樂土棄之無室無家蒿目拊心剝膚刳髓者陳苦狀難以名言伏乞仁臺大展經綸弘敷康濟先修堤役議折深懷根本之圖既拯弊復補偏暫治權宜之計親環疆皆吾赤子大道爲公謂尺地宜沐皇恩博施不匱東隅雖失桑榆可收庶七井遺黎不至飄零去國百年善政坐看鍾鼎銘勳四封幸甚民生幸甚爲此具呈須至呈者

舊業堂集卷之十終

論語實測

（清）徐天璋　撰

《論語實測》二十卷，清徐天璋撰，據南京圖書館藏民國八年（一九一九）鉛印本影印。

徐天璋（約一八五二—一九三六），字睿川，號曦伯。清泰州人。諸生。年八十餘卒。葬於揚州平山堂。湛深經學，於十三經均有著作。主要著作有《禹貢傳注圖考》《尚書句解考正》《毛詩傳箋考正》等。

書前有徐天璋《自序》，以爲《論語》一書爲孔門弟子記孔子之言行，考其年月悉在司寇去官之日，自衛返魯之時，定哀間居多，意各有指。徐天璋認爲孔子生當春秋，或因政治感言，或爲君相託諷，質之《史記·世家》《年表》《年譜》《弟子列傳》《春秋三傳》《管子》《晏子》諸子、大小《戴記》《家語》等書。蛛絲馬迹，皆可尋繹，因著此書。所謂『實』者，指經史子集顯有明徵；所謂『測』者，指比例參觀若合符節。『實』以爲注，『測』以爲按。其書開篇首章謂古者學校皆爲官師，大夫七十致仕，老其鄉里。大夫爲父師，士爲少師。孔子返魯不肯從政，故任以國學之老，教於杏壇。《學而》三節，蓋孔子涖國學，哀公行釋菜之禮，因乞言而勉多士也。次章記有子之言，謂有子魯之國士，學校之少師。有若少孔子十三歲，孔子殁，弟子思慕，有若狀似孔子，相與共立爲師，如孔子也，皆可言之成理。又謂『顔淵』章記在哀公十四年後，非專指二年四年，凡孔子在陳、去陳、遷蔡，數年之中，皆是從者，亦非指十四人。四科之分亦非在此時。所推勘確當不易，其它尚多類此者。唯二十篇中必一一證以事實，因而難免有臆度懸揣而牽强附會之説。然開此途徑，亦治四書者所不可少也。

（王　柳）

論語實測

甲子八月韓國鈞題簽

序

論語一書門弟子記孔子言行者也攷其年月悉在司寇去官之日自衛返魯之時定哀閒居多意各有指非若後儒憑諸理想託空言以垂教也蓋孔子生當春秋或因政治感言或爲君卿託諷質之史記世家年表年譜弟子列傳春秋三傳管晏諸子大戴記禮記家語等書馬跡蛛絲皆可尋繹予因著論語實測所謂實者經史子集顯有明徵所謂測者比例參觀若合符節實以爲詁測以爲按想見當日弟子所錄存其言不指其事者其言有益世道人心其事恐干公卿忌諱也或曰論語是孔子杏壇設教羣弟子相答問者何嘗僅在定哀之世予曰古之學校主自官師卿大夫致仕以及閒居則爲父師即上老國老士閒居則爲少師即庶老等職以教導民襄公之末孔子髫齡昭公之初孔子志學昭公中年孔子強立正爲季氏委吏乘田昭公二十五年孔子適齊二十六年返魯因孟僖子屬說與何忌於夫子學禮是以爲魯塾師其職比於中士耳說與何忌時甫垂髫孔子所教者不過小學程度何嘗爲大學程度論及治道也與斯時顏子曾子子游子夏子張陳亢武伯康子均未出世惟樊遲甫生而論語卷首即載諸弟子姓氏與字其非在昭公世明焉秦火燃熾漢絕師承守闕抱殘展轉滋僞何晏集解朱子集注字義固多發明事實反加隱晦以致毛奇齡閻若璩宋翔鳳翟灝焦循沈濤潘維城俞樾箋攷辨釋所由成焉今閱諸本得失互參信疑難決予迺反求經史實測事時如郭守敬之考天文一一必

躬求而推驗也時閱五年稿凡七削其疑既祛其信益著不啻置身杏壇親炙洙泗豈非一大快事歟己未夏曦伯自識

論語實測卷一

泰州 徐天璋睿川 註

學而

子曰學而時習之不亦說乎

子師稱子曰門人記孔子之言也學國學禮云家塾黨庠州序國學習講習當其可之謂時內則云六年教之數日十年學書計十三年學樂誦詩舞勺十五年成童舞象王制云春夏學詩樂秋冬學書禮爾雅云士朝受業晝而講貫夕而習復夜而計過此皆爲時習者也士升國學之中樂正所教者禮樂詩書藏息修游及時貫通其德心與理融其說自不能已也

有朋自遠方來不亦樂乎

朋同師門者方類也有朋自遠方來正謂四方之士並升國學切磋成德也樂樂羣

人不知而不慍不亦君子乎

人指卿大夫言劉寶楠論語正義人不知者謂當世君卿大夫不知己學有成舉用之也慍悶也君子成德之稱學至九年大成莫不欲司馬辨論其材而授以官見王制不知不慍蓋司馬辨論未當不見是而无悶也若非成德之君子其孰能與於斯

(按)孔子杏壇設教非若今日私塾也古者學校皆爲官師尙書大傅大夫七十而致仕老其鄉里大夫爲父師士爲少師想見孔子反魯不肯從政故任以國學之老教士於杏壇也哀十一年左傳子爲國老學而三節說即說其講習樂即樂其得羣不慍即不患無位首尾一義相承蓋子涖國學哀公行釋菜之禮因乞言而勉多士也特記之以冠篇首

有子曰其爲人也孝弟而好犯上者鮮矣不好犯上而好作亂者未之有也

有子名若潛夫論志氏姓篇有歸姓魯人孔子弟子稱有子者有子魯之國士哀八年左傳學校

之少師也爲人猶言治人明堂教孝太學教弟有子之言即王者以孝弟治天下也犯謂犯顏諫諍鮮善也玉篇鮮調善 反德爲亂宣十五年左傳 周書曰勇則害上不登於明堂孝弟之化既與則犯上者善大學上老老而民興孝上長長而民興弟 而作亂者絕陶成於學者義皆不悖明堂也

君子務本本立而道生孝弟也者其爲仁之本與

君子德成而臨民者本謂王化所基孝經云夫孝德之本也教之所由生也堯舜師天下以仁堯舜之道孝弟而已矣上下相親謂之仁禮記經解 孝弟爲仁之本人人親其親長其長而天下平焉

(按)稱有子者孟子曰他日子夏子張子游以有若似聖人欲以所事孔子事之史記弟子列傳有若少孔子十三歲正義家語云少孔子三十三歲予玩諸子既欲以所事孔子事之當從史記 孔子既沒弟子思慕有若狀似孔子相與共立爲師師之如夫子時也困學紀

聞論語次章即述有子之言而有子曾子獨以子稱何也程子謂此書成於曾子有子之門人也故記者尊爲有子予玩孔子卒日有若年已六十稱子者蓋繼孔子爲魯官師觀學之日因乞言而爲君上臨民者勉兼爲多士進德勗也

子曰巧言令色鮮矣仁

言工曰巧色善曰令誠僞在人仁不仁所由分也先進篇論篤是與君子者乎色莊者乎同指 鮮善也亦曰少也聖人心存忠厚曰鮮矣仁不遽絕人於不仁正深冀人於仁勉人去僞而存誠也劉氏正義禮表記子曰情欲信辭欲巧詩雨無正巧言如流俾躬處休左傳載師曠善諫叔向引巧言如流以美之烝民詩令儀令色彼文言巧令皆是美辭僞書皋陶謨云巧言令色孔壬公治篇云巧言令色足恭皆是惡辭是徵美惡之分即誠僞之辨也

(按)誠僞在心幾微難測春秋之世陳僖子問齊君陽生巽器之說不對而泣曰君舉不信羣臣乎以齊國之困困又有憂少君不可以訪是以求長君庶亦能容羣臣乎不然夫孺子何罪哀六年左傳 晉執魯叔孫韓宣子欲惠免之謂叔向曰子能歸季孫乎對曰不能乃使叔魚叔魚見季孫曰昔鮒也得罪於晉君自歸於魯君微武子之賜不至於今雖獲歸骨於晉猶子則肉之敢不盡情歸子而不歸鮒也聞諸吏將爲子除館於西河其若之何且泣平子懼先歸昭十三年左傳 兩泣皆同僖子心憎陽生言色雖誠而實僞叔魚心歸季孫言色雖僞而實誠陽生被害季孫獲安仁不仁所由分也

曾子曰吾日三省吾身爲人謀而不忠乎與朋友交而不信乎傳不習乎

曾子名參字子輿魯人孔子弟子稱曾子者嘗爲武城之賓師也視察曰省三省皆毋自欺身躬也人謂卿大夫在位者事吝難易曰謀忠忠告也同門爲朋同志爲友志同道合爲交不疑曰信傳謂承先聖之訓以教後之學者習躬行也

(按)曾子居武城孟子曰曾子師也是曾子嘗爲武城官師故記者稱之爲子三者之省如檀弓云哀公使弔蕢尙遇道辟路畫宮受弔曰蕢尙不如杞梁之妻知禮是爲謀無不忠也襲裘裼裘之弔始疑子游非禮繼知子游合禮引爲己過曰夫夫是也是交友無不信也己居母喪水漿不入口者七日樂正子春學於曾子水漿不入口者五日哀雖過情是所傳無不習也

子曰道千乘之國敬事而信節用而愛人使民以時

道治也千乘公侯之國以賦法言十井一乘千乘爲國百里也包咸曰古者井田方里爲井十井爲乘百里之國適千乘也 以軍制言六十四井爲乘千乘其國方三百一十六里有奇也馬融曰司馬法六尺爲步步百爲畝畝百爲夫夫三爲屋屋三爲井井十爲通通十爲成成出革車一乘然則千乘之賦其地千成居地方三百一十六里有畸正義云千乘之賦成出一乘居地方三百一十六里有畸者以方百里者一爲方十里者百方三百里者三三而九則爲方百里者九合成方十里者九百得九百乘也計千乘猶少百乘方百里者一也又以此方百里者一六分剖之每分得廣十六里長百里引而接之則長六百里廣十六里也半折之各長三

百里將埤前三百里南西兩邊是方三百一十六里也然西南角猶缺方十六里者一也故曰有畸孟子曰諸侯之封公侯百里周官曰公地方五百里侯四百里蓋百里之封諸侯之實賦也五百里四百里之封卿大夫士之賦名山大澤捌田悉在封國之内也凡起徒役甸出乘者周官小司徒注甸六十四井也有戎馬四匹兵車一乘牛十二頭甲士三人卒七十二人干戈備具是謂乘馬之法蓋合諸侯卿大夫士賦乘之中節用民力故不至於疲勞也敬事其事上也敬諸侯事天子小國事大國卿大夫事君並同信誠實也節謂九式祭祀賓客喪荒羞服工事幣帛芻秣匠頒好用詳見太宰以均財用愛人體羣臣也民庶民使時四時講武春蒐夏苗秋獮冬狩以及龍見火見雨畢除道水涸成梁昏正栽日至畢皆謂使時三時不害也

(按)魯哀七年康子秉國之政謀欲伐邾子服景伯曰小所以事大信也大所以字小仁也康子不聽秋八月師師伐邾邾遂導吳伐魯既失敬信又不愛人八月非時周之八月夏令六月勞民傷財孔子時正居魯見年譜故託道國以諷康子魯頌曰公車千乘其國指魯明焉

子曰弟子入則孝出則弟謹而信汎愛衆而親仁行有餘力則以學文

此小學之教也稱弟子者民多聚族而處家塾黨庠師傅不外父兄也入謂至於其家出謂行於其路則法也古者十年出就外傅居宿於外見内則故以孝教入以弟教出也謹者行之有常信者言之有實汎廣也衆謂庠塾學者親近也仁謂優於己者行有餘力實謂農功已畢學文保氏教以六書也六書字之六義象形指事會意轉注諧聲假借

(按)學記古之教者家有塾黨有庠尙書大傳大夫七十而致仕老其鄉里大夫爲父師士爲少師歲事已畢餘子皆入學距冬至四十五日而出學修農事焉可謂是行有餘力則以學文鐵板註脚家塾掌自族師月吉則屬民而讀邦灋書其孝弟婣睦有學者黨庠掌自鄉大夫正月之吉受教灋于司徒退而頒之于其鄉吏使各以教其所治以攷其德行察其道藝入孝出弟家塾之教也謹信愛親黨庠之教也所謂塾者合四閭而教於里所謂庠者合五黨而教於鄉也

子夏曰賢賢易色事父母能竭其力事君能致其身與朋友交言而有信雖曰未學吾必謂之學矣

子夏孔子弟子姓卜名商衛溫邑人設教西河魏文侯奉以爲師者也易和易賢賢易色尊重其賢變生敬德之容也顧齋經說易色竭力致身有信義悉遞承者云易其好色之心則首句賢色之義即爲平列章法欠合易色之易正即郊特牲云示易以敬也竭力者服勞奉養盡捽不辭致身者奔走禦侮以死衛國也信謂誠意交孚不僭不賊四者皆時人之所難也學則從容合禮近於聖人之道不學則迫切害義成爲匹夫之行雖曰未學吾必謂學言有生質之美者徑情自行雖未盡合於理然終異於不學愚野者也

(按)此子夏隱以子路而託言也聞過則喜賢賢易色也百里負米事親竭力也赴難結纓事君致身也不留宿諾交友有信也然生平不能純心於學故夫子有六言六蔽之問子夏謂其爲學者即由也升堂未入於室之意也顧齋經說子張篇抑末也釋文末或作未此言未學未字當通作末子夏篤信謹守以此四者立教人皆可勉而能必有如子游所譏以爲本之則無者故子夏引爲自解也

子曰君子不重則不威學則不固

君子謂在位臨民者重莊重威威儀動作不由於禮故無威儀可觀學講習固鄙陋訓見哀公問注學則不固言能學即達於禮不至仍鄙陋也

主忠信無友不如己者

主親也鄭注玄同志曰友不如己謂非己所說服者無毋通無友即周公曰曾子制言篇不如己者吾不與處損我者也焦循論語補疏云親忠信之人無友不如己之人兩相呼應皇侃解作忠信爲心百事之主失鄭義兪樾羣經平議主與友對大戴記曾子制言篇曰曾子門弟子或將之晉曰吾無知焉曾子曰何必然往矣有知焉謂之友無知焉謂之主此文主

字與彼同孔子主顏讎由主司城貞子即是主忠信之謂顧齋經說孟子曰吾聞觀近臣以其所爲主觀遠臣以其所主主衆人己而言也

(按)左傳昭七年云公至自楚孟僖子病不能相禮乃講學之苟能禮者從之及其將死也僖子卒於昭公二十四年屬說與何忌說南宮敬叔何忌孟懿子於夫子使事之而學禮焉以定其位故孟懿子與南宮敬叔師事仲尼仲尼曰能補過者君子也詩曰君子是則是效孟僖子可則效已矣此章蓋隱以孟僖子事爲懿子敬叔垂訓也不重不威不能相禮也學則不固乃講學之以定位也主忠信無友不如己者忠信之人可以學禮說見禮器苟能禮者從之也過勿憚改孔子善孟氏能補過也

曾子曰愼終追遠民德歸厚矣

敬謹曰愼親死曰終愼終者喪之殯葬凡附於身必誠必信勿使有悔也檀弓上曾子曰喪三日而殯凡附於身者必誠必信勿之有悔焉耳矣三月而葬凡附於棺者必誠必信勿之有悔焉耳矣遠謂宗廟之祖去子孫疏遠者追則祫禘已往祭盡其誠故詩曰聿追來孝也坊記云修宗廟敬祭祀教民追孝也民德歸厚君子篤於親則民興於仁也

(按)曾子此言蓋聞定十五年哀公之母定姒卒不稱夫人不赴且不祔也葬定姒不稱小君不成喪也又見哀十二年昭夫人孟子卒死不赴不稱夫人不反哭故不言葬小君蓋不赴不反哭不成喪不愼終也不祔則廟無祀主不追遠也下觀上化民德何能歸於厚與

子禽問於子貢曰夫子至於是邦也必聞其政求之與抑與之與

子貢姓端木名賜衛人孔子弟子子禽姓陳名亢是此也政國政求謂子求與謂君與故子禽疑而問焉

子貢曰夫子溫良恭儉讓以得之夫子之求之也其諸異乎人之求之與

溫和厚也良易直也恭莊敬也儉節制也讓謙遜也五者夫子之盛德光輝接於人者也朱子集注禮身經爲大夫者曰夫子孔子爲魯大夫故弟子呼之爲夫子也皇侃論語疏其諸語詞言夫子德容如是故邦君樂與謀政非若他人必求而後得也論語述何禮經解引夫子曰入其國其政可知也溫詩教也良樂教也恭儉讓禮教也與於詩立於禮成於樂易書春秋之旨已賅之矣反是則其政亂可知也顧齋經說諸指五者之德都異人之求也

(按)讀書叢錄洪頤煊著歷引公羊傳其諸是齊魯間語足證子禽爲齊國陳子車弟是邦指在齊也孔子年譜辨正定公十五年孔子再適齊國尼谿欲封季孟間待正在此時故子禽疑而有問也不然邦家大政非見施行絕不外漏豈有羇旅之臣至即樂與謀與是字古訓此不訓列必聞其政言齊侯必用子從政也

子曰父在觀其志父沒觀其行三年無改於父之道可謂孝矣

在心爲志於事爲行其志其行子之心志行事遵親者也三年謂在親喪三年之中改易也坊記子云君子弛鄭注弛猶棄忘也其親之過而敬其美三年無改於父之道可謂孝矣大戴記孝子之使人也不敢肆行不敢自專也父死三年不敢改父之道三年無改古今之通義也道謂治道顧齋經說父有亂命則宜急改之焉

(按)子張篇曾子曰吾聞諸夫子孟莊子之孝其他可能也其不改父之臣與父之政是難能也此言父在觀志父沒觀行蓋見孟武伯圉馬於成以及孟懿子卒成人奔喪武伯弗納見哀十四年左傳故言莊子之孝隱爲武伯諷也

有子曰禮之用和爲貴先王之道斯爲美

施行曰用用亦作以儒行篇禮之以和爲貴和樂也皇疏邢疏並訓和爲樂古者庶民喪祭無樂故禮以樂爲貴也不言樂而言和者禮致中樂致和互文也先王先世有天下者道治也斯指禮樂而言美謂聲容之盛也

小大由之有所不行

禮器云禮有以大爲貴者有以小爲貴者小者不可益大者不可損由用也若謂小大皆可同用則無尊卑等殺之分故曰有所不行

知和句而和不以禮節之句亦不可行也

禮勝則離樂勝則流樂節以禮和而不流道始合乎中也不節以禮事必流蕩忘反故亦不可行也

（按）魯哀公十有七年公會齊侯盟于蒙孟武伯相齊侯稽首公拜齊人怒武伯曰非天子寡君無所稽首以及諸侯卿大夫士贄見之執各別饗燕之品攸分此禮不可小大並由也樂以禮節天子奏王夏諸侯奏肆夏大夫奏陔夏兩君相見入門而金作升堂而樂闋不以禮節穆叔如晉襄四年左傳晉侯享之金奏肆夏之三不拜工歌文王之三又不拜曰三夏天子享元侯也文王兩君相見之樂也衛甯武子來聘文四年公與之宴爲賦湛露及彤弓不辭又不答曰湛露天子當陽諸侯用命也彤弓諸侯敵愾天子覺報也故曰亦不可行也有子此言蓋爲當時失用禮樂者警也

有子曰信近於義言可復也恭近於禮遠恥辱也因不失其親亦可宗也

信約信義義理復踐言也致敬曰恭節文曰禮恥愧於中辱屈於外也因與姻同俞正燮癸巳存稿南史王元規云姻不失親張說碑姻不失親親親愛宗仰屬也言以結信近義則言自不爽恭以遠恥近禮則恭自不辱姻以爲親不失人必仰望爲主實可以宗諸侯也

（按）此有子見哀公及齊盟顧臧石復師魯師會晉伐齊而言也魯哀十有七年公會齊侯盟蒙二十年齊來徵會夏會於廩邱爲鄭故謀伐晉二十四年魯會晉師取齊廩邱是盟信之言不能近於義也前盟於蒙齊人怒哀公拜繼盟於顧齊人復責稽首是致恭之道不能近於禮也因與姻同齊魯婚姻之親也宗謂諸侯宗之僖十二年穀梁傳云若伐而不能救則無以宗諸侯矣范注宗諸侯謂諸侯宗之齊時與魯並未失好而魯忽從晉請命臧石帥師會晉取齊廩邱不宗於齊而宗於晉因不失親亦可宗者蓋存疑意於其間也

子曰君子食無求飽居無求安敏於事而慎於言就有道而正焉可謂好學也矣

君子謂在位者食飲食飽饜飽居居處安宴安無求如文王不遑暇食孔子席不暇煖之類不以此爲志也敏審也僖二十三年左傳辟不敏也杜注敏猶審也慎謹也有道有德之人就即也正謂考其所學之得失好則日孜孜也

（按）孔子此言勗在位者效周公也周公吐握求士見韓詩外傳無逸戒君坐思待旦緘口著銘家語金人緘口有銘而又博聞強記守之以淺韓詩外傳周公戒伯禽故言此勉在位者以周公爲則效也

子貢曰皇侃本作問曰貧而無諂富而無驕何如子曰可也未若貧而樂皇本孔注高麗本史記弟子傳後漢東平王論文選幽憤詩李善注皆作樂道坊記作好樂樂音岳富而好禮者也

諂求媚驕矜肆也無財曰貧有祿曰富可者僅可之辭雖能自守實未能超守貧富之外也樂道則心逸日休而忘其貧好禮則身淑益善而安其富視無驕諂者更有進也

子貢曰詩云如切如磋如琢如磨其斯之謂與

詩衛風淇澳篇治骨曰切象曰磋玉曰琢石曰磨朱注治骨角者既切復磋治玉石者既琢復磨爾雅釋器骨謂之切象謂之磋玉謂之琢石謂之磨切磋琢磨皆治加密之功刀鋸錐鑿鑢鐋沙石各施其用故以切磋喻道

學琢磨喩自修無諂無驕其守易樂道好禮其安難子貢聞夫子之言益知進德遂引美武公之詩以取譬也斯此也（俞樾右注擇從蓋無諂無驕子貢所已及皆猶骨象玉石已成之質也孔子進之以樂道好禮譬猶骨象玉石加以切磋琢磨之功而成器矣）

子曰賜也始可與言詩已矣告諸往而知來者

往者已言來者未言因貧富而悟及詩知武公自修之進益則子貢之敏可知焉

（按）此子貢聞夫子曰商日益賜日損（見家語）故設問也子夏嘗曰義勝而肥（見闕里志）雖家貧衣鶉不肯有諂於世子貢接駟連騎日與公卿接見貧富之境不同所志各異故以何如爲問意夫子必有軒輊於其間也子貢子夏皆衛人夫子時正適衛故賜引者亦爲衛詩

子曰不患人之不己知患不知人也（釋文古本患不知也皇侃本患己不知人也邢昺本）

己知謂人知己知人謂己知人患憂也能知人則賢不肖者分而已可以無失矣（患不知人也）

（按）此孔子適衛彌子瑕欲孔子主己孔子獨主顏讐由蘧伯玉家故言此隱告門人也

論語實測卷二　　　　秦州　徐天璋睿川　註

爲政第二

子曰爲政以德譬如北辰居其所而衆星共之

北辰北極天之樞也爲其居天之中故列宿環繞皆拱向而會其極以序四時者焉（爾雅釋天北極謂之北辰漢書天文志曰中宮太極星其一明者泰一之常居也旁三星三公環之匡衛十二星藩臣皆曰紫宮北斗七星所謂璇璣玉衡以齊七政斗爲帝居運於中央臨制四海分陰陽建四時均五行移節度定諸紀皆繫於斗是衆星共之也）明堂之治王中無爲以守至正故孔子以王居譬北辰焉

（按）此爲周敬王譬也敬王之立子朝亂周諸侯勤戍不遑啓處及魯定元年（敬王十一年）晉魏舒合諸侯之大夫于狄泉以城成周四年（敬王十四年）定公會劉子晉侯宋公蔡侯衛侯陳子鄭伯許男曹伯莒子邾子頓子胡子滕子薛伯杞伯小邾子齊國夏于召陵謀伐楚以定周亂（王子朝奔楚楚人納之故合十六國之師伐楚）六年（敬王十六年）子

朝復亂敬王奔晉越年周單子劉子逆王於慶氏晉籍秦送王王入王城館於公族黨氏朝於莊宮北辰衆拱孔子之言隱指諸侯卿大夫士無不慕敬王之德而翼戴也（魯昭二十四年左傳三月庚戌晉侯使士景伯涖周問故士伯立於乾祭而問於介衆晉人乃辭王子朝不納其使想見介衆之言）（莫不王爲德子以敬朝不德也）

子曰詩三百一言以蔽之曰思無邪

詩三百十一篇言三百者舉大數也蔽猶蓋也思無邪魯頌駉篇之辭（朱子集注）此祭馬祖之樂歌（顧齋經說詩序云季孫行父請命于周而史克作是頌今玩其辭此頌爲祭馬祖樂歌）謂能範我馳驅也孔子明此一言可蔽全詩之旨者蓋以御馬通於御民思得其正則百度皆貞不言而喩自能遵道遵行也

（按）此孔子因删詩言也孔子世家詩三千餘篇及至孔子去其重取可施於禮義上采契后稷中述殷周之盛至於幽厲之缺三百五篇孔子皆絃歌以求

合韶武雅頌之音此言三百實從删詩告成之數總括其義理也

子曰道之以政齊之以刑民免而無恥道之以德齊之以禮有恥且格

道引導齊濟也政謂法制禁令刑刑章免而無恥謂民迫於政刑身雖不敢爲惡心未知爲惡爲羞愧也德即司徒教養之典禮謂尊親敬長威儀容止也格感格有恥且格言民皆無邪辟之思而有肅敬之意也

（按）此孔子在衛言也孔叢子孔子答衛將軍文子曰齊之以禮則民恥刑以止刑則民懼矣文子曰今齊之以刑刑猶弗勝何禮之有孔子曰以禮齊民譬之于御則轡也以刑齊民譬之于御則鞭也執轡於此而動於彼御之良也無轡而用策則馬失道矣文子曰以御言之左手執轡右手運策不亦速乎若徒轡無策馬何懼哉孔子曰吾聞之古之善御者執轡如組兩驂如舞非策之助也是以先王盛於禮而薄於刑故民從命今也廢禮而尙刑故民彌暴弟子所記蓋即對將軍文子之言而約其旨也（孔叢子刑論與家語孔子答仲弓之問略同）

子曰吾十有五而志於學

學國學心慕曰志志學謂志於禮樂詩書樂正之所教也（王制樂正順先王詩書禮樂以造士）

三十而立

立强立學至大成知類通達故毅然中有守也（學記九年知類通達强立而不反謂之大成）

四十而不惑

四十强仕道明德立故不爲事物所搖奪也（與孟子云我四十不動心同旨）

五十而知天命

天命天道也自天賦人爲命自人承天爲性不言性而言命者孔子五十學易窮理盡性以至於命故於天人之間默契盈虛消息已獨順守其正怡然而心

樂也

六十而耳順

耳聽也心能以虛受人所聽者道言自無違逆也

七十而從心（句）所欲不踰矩（柳宗元與楊誨之書俞樾羣經平議皆以七十而從心讀句）

順隨曰從從心者因應咸宜存神過化範圍天地而不過曲成萬物而不遺也

（按）孔子生於襄公二十二年（周靈王二十一年）至哀公十四年時方七十此言當在西狩獲麟之後有感而言故回溯自幼至老修德進益之功也

孟懿子問孝子曰無違樊遲御子告之曰孟孫問孝於我我對曰無違

懿子（孟僖子之子）仲孫氏（一作孟孫）名何忌魯大夫也無違非第先意承志就養無方實貴動容周旋率履不越也樊遲名須字子遲魯人孔子弟子御御車（呂氏春秋尊師篇視輿馬慎駕馭弟子事師古禮如是）對答也

樊遲曰何謂也子曰生事之以禮死葬之以禮祭之以禮

樊遲未達無違之理故以爲問夫子言以禮者蓋見三家事不從命（如武伯圉馬於成之類）葬視桓楹（見檀弓）祭歌雍徹顯違其禮實非卿大夫移孝作忠之旨也

（按）左傳（昭七年）孟僖子病不能相禮屬說與何忌於夫子使事之而學禮以定其位懿子問孝必非因事僖子也僖子卒於昭公二十四年（二月丙戌經書仲孫貜卒）樊遲生於昭公二十六年（史記弟子列傳少孔子三十六歲家語少孔子四十六歲）遲既能御此章又次七十從心之後其問必在哀公十四年武伯圉馬於成時也蓋懿子見武伯違己之命近於不孝適孔子來武伯在側懿子因以孝問子曰無違意與己合故不復再問也子必語樊遲者無違意包者廣故於道途之間揭明生事葬祭無一不關於孝親之宗旨也（方觀旭論語偶記懿子之父仲孫貜春秋書其卒在昭二十四年史記弟子傳樊遲少孔子三十六歲是貜卒時子遲尙）

未生今懿子問孝時有樊遲御而夫子備告以生事葬祭者懿子或尚有母在歟檀弓云南宮縚之妻之姑之喪夫子誨之髽南宮縚即敬叔與懿子俱泉路人所生

孟武伯問孝子曰父母惟其疾之憂

武伯懿子之子名彘孝經云孝子之事親也病則致其憂惟獨也曲禮云父母有疾冠者不櫛行不翔言不惰琴瑟不御食肉不至變味飲酒不至變貌笑不至矧怒不至詈疾止復故皆以人子憂父母疾爲孝言子平日事親皆爲和氣愉色婉容獨親有疾必自以爲憂也

(按)武伯之問蓋在懿子病時也哀公十有四年武伯將圉馬於成成宰曰孟孫懿子爲成之病不圉馬焉武伯襲成秋八月辛丑孟懿子卒成人奔喪弗納悉見左傳懿子之卒由於武伯而病孔子之答隱譏武伯不知自反也兩問故連類而誌

子游問孝子曰今之孝者是謂能養至於犬馬皆能有養不敬何以別乎

子游姓言名偃吳人常熟虞山有子游墓孔子弟子今指時俗之孝者夫子之言通於禮經內則云父母之所愛亦愛之父母之所敬亦敬之至於犬馬盡然而況於人乎坊記云小人皆能養其親君子不敬何以辨也辨別也

(按)包咸曰犬以守禦馬以代勞皆養人者一曰人之所養乃至於犬馬不敬則無以別頤齋經說犬馬言賤役也猶史記太史公云牛馬走予玩信註不如信經內則云至於犬馬盡然言推親愛以養其畜而不失芻豆飼秣是謂善承親志矣顧今之孝者皆以是爲能不知君子所以別於世俗者不在養志而在敬承也子游聖門高弟絕非不知先意承志子所告者即大戴云養可能也敬爲難曾子大孝章敬則翼翼小心無時不恪恭將事也

子夏問孝子曰色難有事弟子服其勞有酒食先生饌曾是以爲孝乎

色謂承親之色以養其志並已婉容愉色以敬其親皆自中心達於面目也弟子子之幼者先生子之長者包咸注先生成人也皇侃疏先生者謂先己之生也劉台拱論語駢枝年幼者謂弟子年長者謂先生者謂人子也禮內則云男女未冠笄者昧爽而朝問何食飲矣若已食則退若未食則佐長者視具饌謂飲食具陳勞在弟子饌讓先生者弟子佐其飲食必讓長兄進於父母也服勞視饌人子常儀惟色性天之所發見家庭問相接以誠絕無毫忽能僞者焉色難包咸馬融訓爲父母顏色鄭玄訓爲人子顏色予玩必兼兩訓爲允

(按)子夏與子游同居文學內則諸禮絕無不能行者故夫子於子游勉之以敬於子夏勗之以誠家語一則曰商甚恡財再則曰商性不宏想見飲食饌具養親間皆有勉强之意也先生饌者儀禮獻酬時長兄弟酬賓則必兄弟之弟子先舉觶而後長兄弟以弟子所奠之觶酬賓故家庭酒食之具弟子服勞亦讓先生者進於父母也

子曰吾與回言終日武億經讀考異一讀至言字絕句一讀至日字絕句論語正義讀吾與回言終日句不違如愚退而省其私亦足以發回也不愚

回顏回顏路子字子淵魯人孔子弟子終日竟日也不違者有聽受而無問難如愚默識沉思大智若愚也退回退省私謂回省己而復於善動靜語默觸處洞然藏息修游無適而非天理也發謂發明所言之義足發者推闡靡有遺也蓋顏子好學深思其聞夫子之言形似冥鈍門人常以爲疑惟夫子獨知之深回也不愚言此正以解門人之惑也

(按)語類云吾與回言終日不知是說其麼惜乎其不傳也予玩易繫辭下子曰顏氏之子其殆庶幾乎有不善未嘗不知知之未嘗復行也易曰不遠復无祇悔元吉退省足發實即復卦之旨終日之言正夫子與回講易見天地之心

內聖道傳要非羣弟子所能領會者焉顏齊經說不違如愚子教顏回心不違仁恭默思道也

子曰視其所以觀其所由察其所安人焉廋哉人焉廋哉

此言官人之法也望見曰視以爲學習才能審視曰觀由謂動靜語默復審曰察安謂心氣性天隱匿曰廋重言焉廋蓋以人之德行終難隱匿如見其肺肝然也

(按)大戴記文王官人曰考其所爲觀其所由察其所安孔子因述其言以爲三年考績黜陟幽明法也

子曰溫故而知新可以爲師矣

效法曰師論衡謝短篇云知古不知今謂之陸沉知今不知古謂之盲瞽溫故知新可以爲師謂考前代之典章參以今時之得失資爲效法者也

(按)易雜卦云革去故也鼎取新也三代之禮夏造殷因溫故知新正謂時王損益得中著爲典禮俾天下爲效法也孟子曰人之患在好爲人師孔子此言絕非矜其尋繹穎悟遂以師道自居也

子曰君子不器

君子謂在上臨民者學記曰大道不器蓋君子因時制宜隨俗成化不爲物所囿也

(按)學記曰君子大德不官大道不器大信不約大時不齊鄭玄注大道不器謂聖人之道不如器施於一物 察於此四者可以有志於本矣君子不器蓋舉四者之一端而言也

子貢問君子子曰先行句其言而後從之

大戴記曾子立事篇曰君子微言而篤行之行必先人言必後人從隨也夫子以此告子貢者蓋見賜華於言故勉篤行爲先務也

(按)禮緇衣篇子曰言從而行之則言不可飾也行從而言之則行不可飾也孔穎達曰此明言行之事言在於先而後隨以行之則言須實行在於前言隨於後則行須實言行皆不可虛飾也 故君子寡言而行以成其信子貢有口才者也孔子嘗詘其辯見家語 故因問君子時告以先行後言與曾子制言篇見大戴記云君子先行後言同旨

子曰君子周而不比小人比而不周

周比鄭玄注忠信爲周阿黨爲比 皆親密意惟有義利誠僞之分故有君子小人之別也

(按)左傳文十八年云頑嚚不友是謂比周彼以周比言小人也晉語吾聞事君者比而不黨夫周以舉義比也舉以其私黨也彼以周比言君子也此節分君子小人爲周比者詩曰行歸於周毛傳周忠信也 萬民所望周有在上庇下之義故爲君子易曰比輔也下順從也比有在下附上之意故爲小人所分在德位也春秋之世必求其人以實之祁奚舉善襄三年左傳云稱其讎不爲諂立其子不爲比舉其偏不爲黨商書曰無偏無黨王道蕩蕩其祁奚之謂矣 周也陽處父易中軍文六年左傳云晉蒐于夷舍二軍使狐射姑將中軍趙盾佐之陽處父至自溫改蒐于董易中軍陽子成季之屬也故黨於趙氏且謂趙盾能曰使能國之利也是以上之 比也魯三家不均不和黨同伐異實爲比而不周之尤者也

子曰學而不思則罔思而不學則殆

罔惘也殆怠也何晏讀殆爲怠謂精神疲怠趙岐注孟子心之官云官精神所在是思屬心心之能思即精神也然過思則損脾故精神易致疲殆殆與怠同 學由古獲思從心求必內外交相爲用斯無二者之弊焉

(按)形上爲道形下爲器君子學以致道百工學以成器學而不思舉一隅不以三隅反也思而不學終日不食終夜不寢以思無益也學記云或失則易或失則止孔穎達疏易是學而不思則罔止是思而不學則殆孔子之言本之禮經子夏曰博學而篤志切問而近思信能得孔子心傳者也

子曰攻乎異端斯害也已

攻治也異端歧念之萌蘖端倪者治之使歸於正其害可立止也

(按)孟子曰惻隱之心仁之端也羞惡之心義之端也恭敬之心禮之端也是非之心智之端也所謂異端者說文耑物生之題也端直也邪辟之心歧出於仁義禮智也家語金人銘曰焰焰不滅炎炎若何涓涓不壅終爲江河綿綿不絕或成網羅毫末不札將尋斧柯攻乎異端正謂絕惡方萌無論在己在人必使不得作於其心害於其事也

子曰由誨女知之乎知之爲知之不知爲不知是知也

由仲由字子路魯人卞邑孔子弟子誨曉教也逸論曰由志之貢於言者華故君子知之曰知之不知曰不知言之要也言要則志荀子曰知之曰知之內不以誣不知曰不知外不以欺儒效篇是知也猶言以是爲志也

(按)荀子子道篇載子路盛服見孔子孔子曰云云子路趨而出改服而入蓋猶若也孔子曰志之吾語女奮於言者華奮於行者伐色知而有能者小人也故君子知之曰知之不知曰不知言之要也能之曰能之不能曰不能行之至也言要則知行至則仁既知且仁夫惡有不足哉據荀子所云是此章所言在子路初見時也較此所記尤詳韓詩外傳家語互同論語正義引此亦云在子路初見夫子時其云言要則知知即智字此文是知也知音智

子張學干祿子曰多聞闕疑愼言其餘則寡尤多見闕殆愼行其餘則寡悔言寡尤行寡悔祿在其中矣

子張姓顓孫名師陳人論語古注集箋史記弟子傳子張陳人篇目弟子云陽城人呂氏春秋云子張爲之鄙家也學於孔子論語後錄曰漢書地理志陽城屬陳留郡即陳地子張爲陳公子顓孫之後顓孫自齊來奔故爲魯人而亦得指爲陳人也孔子弟子干求也祿善也古者官學事師干祿者學求政治之善安身取譽也疑爲未信殆謂有危尤咎尤悔愼悔尤自外見悔自內生愼則守約勿失也祿在其中蓋政治不外言行言行既愼則政治無不善焉

(按)此因子張問入官而記之也大戴記有子張問入官曰安身取譽如何云云仲尼弟子列傳學干祿作問干祿干祿非求仕俸祿養實求政治盡善宜民宜人以逆天麻所謂行道有福也詩大雅旱麓云干祿豈弟假樂云干祿百福廣雅釋詁祿善也子張問干祿正與先進篇子張問善人之道同旨故夫子勗之以言行也

哀公問曰何爲則民服孔子對曰舉直錯諸枉則民服舉枉錯諸直則民不服

哀公魯君名蔣哀諡也周公十六世孫直謂正者枉謂邪者王制爵人於朝與士共之刑人於市與衆棄之孔子之對蓋欲舉錯得宜以慰四民仰望之心也舉錯猶言用舍服畏從也

(按)哀公與三桓釁隙已深心畏三桓而欲以越伐魯誠恐民志不從故以何爲則民服爲問荀子王制篇云賢能不待次而舉能平聲不能不待須而廢大禹謨曰任賢勿貳去邪勿疑孔子之對實帝王御世之典法周官八柄之權衡也公如遵行勿失不獨民悉畏從即三桓亦無不畏服也

季康子問使民敬忠以勸如之何子曰臨之以莊則敬孝慈則忠舉善而教不能則勸

康子康諡也季孫肥也肥桓子悼子孫平子曾孫季孫專魯蔡室孟孫叔孫等族及民皆不樂盡其力康子遂有此問涖位曰臨臨莊則敬上有威莊下自儆戒也祭義曰先王之所以治天下者貴老爲其近於親也慈幼爲其近於子也孝慈則忠謂使民有父之尊有母之親也詳見表記曰舉曰教嘉善而矜不能則民益相勸也論語古注集箋風俗通義過譽篇歐陽歙曰舉善以教則不能者勸魏志徐邈傳舉善而教仲尼所美漢魏人多於教字絕句

(按)左傳哀十一年云齊師在淸季孫告二子叔孫孟孫二子不可求曰冉求二子之不欲

戰也宜政在季氏當子之身齊人伐魯而不能戰大不列於諸侯矣又爲郊戰故公會吳子伐齊陳僖子謂其弟書曰爾死我必得志注欲發死事之功宗子陽與閭邱明相厲也相勸勵致死桑掩胥御國子公孫夏曰二子必死亦勸勉之將戰公孫夏命其徒歌虞殯虞殯送葬歌曲示必死陳子行命其徒具含玉具含玉亦示必死以及公孫揮東郭書陳書凡屬齊士無不盡忠於國勸死王事而魯則上不能謀士不能死戰郊之日師不踰溝林不狃之伍曰走乎孟孺子曰我不欲戰而能默郕洩曰驅之言驅馬欲奔士卒離心不敬不忠不勸康子不能使民明甚此如何之問所由來焉而孔子以臨莊孝慈舉善對者蓋見朝服以縞不莊甚殺南孺子男不孝慈甚伐邾而逆子服景伯之言不樂善甚皆即康子之病而藥之也服縞見玉藻

或謂孔子曰子奚不爲政子曰書云孝乎乎石經作于惟孝包咸注讀孝乎惟孝句孔廣森經學卮言呂氏愼聽覽然則先生聖于高誘注于乎也古字通用包氏以孝乎惟孝美大之辭與記言禮乎禮史言時乎時文義相類友于兄弟書君陳曰惟孝友于兄弟克施有政朱子從君陳讀孝友于兄弟句初學記引尙書君陳曰友于兄弟克施有政無惟孝二字施於有政是亦爲政奚其爲爲政

康子幣迎孔子歸魯見哀十一年左傳將大用之而孔子不仕故或人疑而問焉蓋孔子不仕者鬬康子殺南孺子之子君臣之間又多嫌隙故託書云以諷是以不欲助爲政也

（按）左傳哀二年云季孫有疾桓子命正常季氏家臣曰無死南孺子桓子妻之子男也則以告而立女也則肥康子名也可季孫卒康子卽位既葬康子在朝南氏生男正常載以如朝告曰夫子有遺言命其圉臣曰南氏生男則以告於君與諸大夫而立之今生矣男也敢告遂奔衛康子退朝公使公劉視之則或殺之矣孝友兄弟云云顧齋經說友愛也于和也孔子不仕其因康子殺南孺子子明甚故婉其詞以告或也

子曰人而無信不知其可也大車無輗小車無軏其何以行之哉

大車謂平地任載之車輗轅端橫木縛軛以駕牛者小車謂田車兵車乘車軏轅端上曲鉤衡以駕馬者車無此二者則不可以行朱子集注人而無信不知其可蓋言人必將信爲本循而行之昭元年左傳趙文子曰武將信以爲本循而行之若其無信舉世不能相親則百事何以能行之與呂氏春秋貴信篇允哉允哉以言非信則百事不滿也又曰君臣不信則百姓誹謗社稷不寧處官不信則少不畏長貴賤相輕賞罰不信則民易犯法不可使令交友不信則離散鬱怨不能相親百工不信則器械苦僞丹漆染色不貞皆言不信則不可行之失也

（按）左傳哀十四年云小邾射以句繹來奔曰使子路要我吾無盟矣使子路子路辭季康子使冉有謂之曰千乘之國不信其盟而信子之言子何辱焉對曰彼不臣而濟其言是義之也由弗能據是而觀人而無信不知其可實隱爲季康子諷也

子張問十世可知也子曰殷因於夏禮所損益可知也周因於殷禮所損益可知也其或繼周者雖百世可知也董仲舒鄭玄皆讀殷因於夏周因於殷爲句

王者易姓受命爲一世朱子集注殷子姓夏姒姓湯禹有天下之國號也周姬姓謂武王代商而有天下者馬融曰所因謂三綱君爲臣綱父爲子綱夫爲妻綱五常仁義禮智信所損益謂文質夏尙忠殷尙質周尙文三統夏正建寅爲人統商正建丑爲地統周正建子爲天統說文三十年爲一世十世百世其間受命而興者無不改正朔易服色殊徽號異器械惟綱常不能變易者也

（按）此因陳乞戰勝國高齊國夏及高張奔魯詳見哀六年左傳而設問也子張陳公子顓孫之後陳自敬仲奔齊齊懿氏卜妻敬仲占曰五世其昌並于正卿八世

之後莫之與京詳見莊二十二年左傳周史筮之曰代陳有國必姜姓也又昭三年左傳晏子曰齊其爲陳氏矣箕伯直柄虞遂伯戲四人舜後其相胡公大姬已在齊矣又昭八年左傳史趙對齊侯問陳亡曰臣聞盛德必百世祀虞之世數未也繼守將在齊其兆既存矣至八世陳常得政於齊常即乞之子子張之問蓋以至十世陳氏必有齊國也孔子若爲不知問意而以常理推之三代之禮遞相損益雖至百世皆不能變其綱常法制也

子曰非其鬼而祭之諂也

祭祀也諸侯五廟去祖爲壇去壇爲墠去墠爲鬼鬼非當祭者也見祭法不當祭而祭是諂鬼以求福也

見義不爲無勇也

義禮義勇果決言見義固當勇爲若其不爲是[illegible]決之志也

（按）定公元年左傳云秋七月癸巳葬昭公於墓道南孔子之爲司寇也溝而合諸墓昭公出季平子禱於煬公煬公名熙伯禽子考公弟九月立煬宮其廟已毀季氏禱於煬公昭公死外季氏以爲獲福故立其宮煬公去墠已久諸侯五廟定公周公十五世孫煬公周公孫距定公已十二世久已去墠今立煬宮是非其鬼而祭之諂也葬昭公於墓道南非義也溝昭公之墓合諸公墓義也他人不爲而孔子獨爲故曰見義不爲無勇也立煬宮事在定公元年爲司寇溝昭公墓事在定十二年故記非鬼祭諂於前見義勇爲於後二事顯然可證者也

論語實測卷三

泰州　徐天璋睿川　注

八佾

孔子謂季氏八佾舞於庭是可忍也孰不可忍也

季氏意如也左傳昭二十五年云將禘于襄公萬者二人當爲二八其衆萬萬舞樂也於季氏臧孫昭伯曰此之謂不能庸先君之廟九月公伐季氏叔孫婼孟孫仲孫何忌助季孫以伐公徒公昭公孫于齊次于陽州是可忍孰不可忍隱斥其逐公也佾舞列天子八諸侯六大夫四士二服虔左傳解誼天子八八諸侯六八大夫四八士二八何休公羊傳注諸侯六六三十六人大夫四四十六人與服注異吳仁傑兩漢刊誤補遺舞必以八人成列故鄭路晉以女樂二八當從服注爲允庭廟廷八佾舞庭是大夫而僭天子之樂者安於不仁曰忍孰不可忍甚言其僭竊之罪也

（按）郊特牲曰公廟設於私家非禮也由三桓始也禮諸侯不祖天子大夫不祖諸侯惟諸侯封國之始得立所出之親以爲祖廟左傳文公二年云宋祖帝乙鄭祖厲王猶上祖也若其封國之君已薨即立其廟以爲祖廟如宋以微子爲祖廟鄭以桓公爲祖廟親廟遂闕若卿大夫爲諸侯所出者同在一國助祭於公不得立所出親爲廟必待已卒子孫請諭於君大夫始有廟也若非諸侯出者父爲大夫當承先世之廟以爲祖廟父爲士當奉士爲祖廟既卒則改立已廟爲大夫祖廟若別受采地封邑得立所出之親爲廟既卒則親爲祧廟已爲祖廟魯自季友執政武子城費取卞作三軍分公室迨及平子遂俗然立公廟於私家矣大夫佾舞禮用三十二人呂氏春秋秦穆公遺戎王以女樂二八宋玉招魂云二八侍宿王逸注二八二列也後漢書祭祀志舞用童男女十六人佾列古皆以八不獨八佾爲八八六十四人也季氏用八佾者推原僭樂之故成王以周公有大勳勞賜周公祭古者葬用死者之爵祭用生者之禮舞用八佾爲成王賜祭之樂非謂羣公之廟皆得用也後世遂僭樂於羣廟季氏並僭樂於私家三家僭禮佾舞獨在季氏之庭者孟氏叔氏皆桓公庶子惟季氏係莊公嫡弟故三桓子孫以

季氏爲宗子之家其舞故在季氏之庭也斯時季氏執政孔子遂獨坐其僭佾之罪於平子焉（呂氏春秋察微篇高誘注亦作平子）

三家者以雍徹子曰相維辟公天子穆穆奚取於三家之堂

三家魯大夫季平子孟懿子叔孫昭子也諸侯有國大夫有家大夫不祖諸侯然自公廟設於私家故三家悉奉桓公爲出祖也孟孫叔孫雖不僭用天子樂舞而於祭日之宴徹以賓尸則各帥以歌雍辟公天子皆三家所無故孔子譏其爲奚取焉雍周頌篇名相維辟公助祭之諸侯天子主祭者也

（按）三家孟孫（一作仲孫）慶父（桓公庶長子）叔牙（桓公庶子）季友（桓公嫡次）之後諸侯之廟有堂有庭卿大夫廟有堂無庭三家合立桓公之廟以爲出祖惟季孫爲三家宗子故舞佾歌雍悉在季氏廟庭耳郊特牲曰歌者在上（白虎通曰歌者在堂上）貴人聲也孔子言三家以雍徹者非僅徹祭桓公之俎即徹共仲（慶父）僖叔（叔牙）成季（季友）之俎而亦歌雍故於舞佾言庭而於歌雍言堂並在一時之樂也（毛詩序雝禘太祖也鄭箋徹僎時所歌詩周官樂師及徹率學士而歌徹注徹者歌雍是天子祭宗廟歌之以徹祭也烈文詩烈文辟公鄭箋以辟爲百辟卿士公爲天下諸侯相爲助也爾雅釋詁穆穆美也釋訓穆穆敬也集註穆穆深遠之意曲禮曰天子穆穆是穆穆爲天子之容貌也）

子曰人而不仁如禮何人而不仁如樂何

儒行云禮節者仁之貌也歌樂者仁之和也禮樂所以飾仁故惟仁者能行禮樂今季氏舞佾三家歌雍則人心已亡不仁甚矣其如禮樂何哉

（按）左傳（昭三十年）荀躒謂季孫曰君怒未怠子姑歸祭想見昭公出孫魯之宗廟皆季氏攝祭也仲尼燕居子曰制度在禮文爲在禮行之其在人乎又曰言而履之禮也行而樂之樂也人而不仁其言實隱指季平子也

林放問禮之本子曰大哉問禮與其奢也寧儉喪與其易也寧戚

林姓放名字子印魯人（輯要殷比干子堅逃難長林山因以林爲氏獨禮殿圖爲孔子弟子通志謂平王世子林開之後論語古注集箋爲林雍林楚之族）孔子弟子本謂先王制禮之原義理所從出也大哉問贊其所問有關於世道人心非時俗之逐末者焉易坦易戚迫蹙奢儉易戚皆失禮中寧儉寧戚言二者雖失其中尙能守其約也

（按）左傳（昭十一年）五月齊歸（昭公母）薨大蒐于比蒲（魯地名）非禮也九月葬齊歸公不戚史趙曰必爲魯郊（言昭公必出在郊野不能有國）叔向（晉卿）曰君有大喪國不廢蒐君無戚容殆其失國孔子見林放問禮之本因戚昭公出亡由於不儉不戚遂有寧儉寧戚之謂也蓋禮貴不豐不殺（分見禮運禮器）朱子曰奢易則過於文儉戚則不及而質二者皆未合禮然凡物之禮必先有質而後有文則質乃禮之本也

子曰夷狄之有君不如諸夏之亡也

昭公出孫平子執政孔子故感言也夷狄且有君長而昭公獨不容於季氏不言魯國而言諸夏者諱也公薨乾侯（地名）平子不立公子（昭公二子公衍公爲）而立公弟（定公名宋）則無君之心爲尤甚焉

（按）楚蠻夷也左傳（昭二十六年）楚平王卒令尹子常欲立子西子西怒曰王有適嗣不可亂也亂嗣不祥我受其名賂吾以天下吾滋不從也必殺令尹令尹懼乃立昭王據是而觀是夷狄之有君也又（昭三十二年）云政在季氏於此君也四公矣民不知君何以得國是魯久爲無君也無亡同言諸夏者夏禹弼成五服故中國之地悉稱諸夏說文夏中國之人也

季氏旅於泰山子謂冉有曰女弗能救與對曰不能子曰嗚呼曾謂泰山不如林放乎

泰山岱宗魯望也旅非常祭國有大故然後旅其羣神而祭之平子旅於泰山

蓋欲自祈其福也救匡救冉有名求魯人孔子弟子嗚呼歎辭言神不享非禮絕無聰明正直之神而反不如林放知問禮也鄭注大宗伯云旅陳也陳其祭祀以祈焉

(按)左傳定五年季平子行東野還未至卒于房地名陽虎將以璵璠斂美玉君所佩仲梁懷弗與曰改玉改步昭公之出季孫行君事佩璵璠祭宗廟定公立復臣位改君步則亦當去璵璠今季氏旅於泰山實在此時蓋以行多疾病旅神以求其福所以璵璠帶之行也若非因旅泰山何以卒房之時陽虎向仲梁懷索璵璠與冉求生於昭公十有九年至定公五年年十有九位望尚輕孔子謂求曰女弗能救者非以求爲季氏宰必以求與季氏相親近也魯有公冉務人冉豎冉會冉猛以及冉耕冉雍冉氏實爲魯之望族夫子之謂當在是年夏日也春秋書六月丙申六月十八季孫意如卒于房東野與房防通作皆在自魯適泰山道路左傳不言平子之旅泰山祇云行東野還卒于房意者道途病亟旅山不成是以立還誰謂泰山之無神耶

子曰君子無所爭必也射乎揖讓而升下而飲其爭也君子陸德明釋文揖讓而升下句鄭箋賓筵詩朱注揖讓而升句下而飲句論語古注集箋讀七字爲句

大射之禮耦而進揖讓鄉飲酒注推手曰揖聘記注讓謂舉手平衡也而升堂既射揖讓而下勝者乃揖不勝者飲君子謂射者爲卿大夫士也

(按)射義言天子諸侯卿大夫士之射而後記孔子射於矍相之圃弟子國人咸在篇末亦記曰君子無所爭云云論語此言正發於射矍相圃時也凡射其容體比於禮其節比於樂其人皆稱道不亂焉得不爲君子正己而後發發而不中失諸正鵠反求諸身不怨勝己者故曰君子無所爭射中得與於祭不中不得與於祭雍容進退大夫士外絕無民庶厠於其間故曰其爭也君子

子夏問曰巧笑倩兮美目盼兮素以爲絢兮何謂也

巧笑美目詩衛風碩人篇詞素以句逸詩也倩口輔盼目睛鄭園札記巧笑微笑而口輔有靨美盼者目流顧而生姿素白色絢采色以用也爲治也禮器曰白受采素以爲絢非白受采采反受白故子夏疑而問焉

子曰繪事後素

考工記曰凡繪畫之事後素功後素功者五色既成再施素於其間勾勒以分文采也

曰禮後乎子曰起予者商也始可與言詩已矣

禮文也忠信質也禮後者忠信之人可以學禮禮爲五常節文猶素爲五采勾勒也商子夏名起予言能起發我之志意可與言者因詩通禮不凝滯於問答也

(按)詩有子夏小序此子夏初習詩於夫子研析疑義而問之也鄭園札記巧笑三句詩本形容碩人之美素以爲絢蓋女以膏沐爲容先施脂黛後勻鉛華

子夏習詩本有此句迨及反魯正樂孔子始刪之也禮器曰甘受和白受采忠信之人可以學禮子夏因此悟彼故夫子許其可與言詩

子曰夏禮吾能言之杞不足徵也殷禮吾能言之宋不足徵也文獻不足故也足則吾能徵之矣

杞夏之後武王克殷封東樓公於杞以奉夏祀宋殷之後武庚畔周封微子啓於宋作賓王家文典策獻謂秉禮之賢士大夫徵證也中庸云吾學夏禮杞不足徵也吾學殷禮有宋存焉今乃並言不足則文獻之喪爲益甚焉

(按)禮運言偃復問曰夫子之極言禮也可得而聞與孔子曰我欲觀夏道是故之杞而不足徵也吾得夏時焉我欲觀殷道是故之宋而不足徵也吾得坤乾焉坤乾之義夏時之等吾是以觀之此章因子游之問而記其言之半也家語問禮篇同左傳僖二十七年杞桓公朝用夷禮故經書子以貶之想見獻已無人宋自微

子至戴公凡十君其間禮樂廢壞正考父爲孔子七世祖得商頌十二篇於周之太師至删詩時僅存五篇益見文多遺佚足則能徵蓋孔子删詩訂禮之外凡杞宋苟有存者如連山歸藏今亡並夏小正今存之類無不保殘守闕搜括靡遺也

子曰禘自既灌而往者吾不欲觀之矣或問禘之說子曰不知也知其說者之於天下也其如示諸斯乎指其掌

禘祭有三曰大禘禮不王不禘王者禘其祖之所自出以其祖配之祭法云周人禘嚳而郊稷也曰吉禘三年喪畢春秋閔二年吉禘於莊公文二年大事於太廟躋僖公也杜預何休並皆以爲合羣廟之祖升食於太廟吉禘與祫禘名異而禮同曰時禘王制云夏禘也皆祭之盛者灌用玉瓚大圭鬱尊用黃目尸入祭者以圭瓚酌酒獻於尸前尸取傾於鬱尊之內以降神也灌爲祭禮之始故祭統云獻之屬莫重於祼祼即灌酒也既灌樂尸君則朱干設錫冕舞大武自此以往凡有肅敬之心者悉倦跛倚以臨

故孔子不欲觀也或問禘說子曰不知者蓋天子諸侯時禘吉禘皆得行於祖廟惟郊禘爲王者之所獨也成王以周公有大勳勞特賜其祭禮非用死者之爵祭用生者之樂成王不能祭周公於魯宗廟故賜祭於魯明堂在國南郊代王祭者是以朱干設錫而舞大武也成王命魯惟郊禘周公魯則僭用於羣廟者實自惠公之後呂氏春秋魯惠公使宰讓如周請郊廟之禮桓王使史角往止之據此非成康時賜魯至惠公時猶未敢僭也予玩魯惠公時桓王尚未爲君惠公桓王二人必有一誤僖公始也詳見魯頌閟宮詩篇禘者審諦昭穆也魯則逆祀躋僖公於閔公之上禮運云魯之郊禘非禮也周公其衰矣禘祭之盛者也以親疏遠近測之通典引左氏說古者先王日祭於祖考月享於高曾時享及二祧歲祫於壇墠禘及郊宗石室曾子問國君祫祭於祖則祝迎四廟之主出廟蹕入廟蹕時禘惟合羣廟三年之禘當合祧廟五年之禘遂合壇墠終王之禘始合郊宗石室以尊卑等差言之天子歲有夏禘諸侯則一犆一祫間歲行之天子三年大禘五年殷禘法大三年一間五年再間也諸侯殺於天子故爲五年

大禘而無殷禘顧齋經說殷禘功臣附享天子終王禘合郊石諸侯終侯禘合壇墠諸掌眾職所掌之禮也司徒奉牛其屬官有牛人宗伯奉雞其屬官有雞人司馬奉羊其屬官有羊人司寇奉犬其屬官有犬人司空奉豕冬官亡其屬官宜有豕人太宰視滌濯其屬官有膳夫庖人酒正諸職悉奉天道而序時物者也牛土雞木羊火犬金豕水故曰知其說者之於天下也其如示諸斯乎指其掌

（按）左傳定八年冬十月順祀先公而祈焉文二年大禘躋僖公於閔公上逆祀也今退僖公主於閔公下順祀也辛卯禘于僖公壬辰將享季氏于蒲圃而殺之陽虎欲去三桓戒都車都邑之兵車曰癸已至孔子之觀蓋在此時既爲順祀先公而祈灌時必有誠敬之心既灌之後將殺季氏令戒都車匆遽之色不言而喻宜孔子不欲觀也或人不知其義祇見禘禮之盛而又順祀先公故疑而問焉孔子實難言其順祀隱意又難明其當年逆祀之失惟據諸職之掌舉以相示言凡在廟供職掌者莫不知其禘義何必獨問吾與

祭如在祭神如神在子曰吾不與句祭如不祭

祭謂祭其先祖神謂羣神與許也此承上文言祭必致如在之誠若其祭如不祭皆夫子所不許也

（按）中庸云齊明盛服以承祭祀洋洋乎如在其上如在其左右言祭必以精誠貫接也韓昌黎集讀墨子云孔子祭如在譏祭如不祭者洪注引語云吾不與祭如不祭言祭如不祭者吾所不與與許也武億經讀攷異僞讀以吾不與祭爲句若以與字斷句祭如不祭義自然矣上言吾不欲觀此言吾不與者正不許其祭如不祭也宮文煥曰吾不與非孔子命人祭實孔子見祭如不代祭者不欲預其事也

王孫賈問曰與其媚於奧甯媚於竈何謂也

賈周靈王孫廣韶引世本通志世族略並以爲頃王之後梁玉繩古今人表考引春秋分記以爲康叔子王孫牟後皇侃義疏賈宗王孫敬王同祖昆弟也敬王之世子朝爭周公卿各有阿比賈見孔子適周故託奧竈

爲問意以奧比敬王竈比子朝也（祭竈則設主於竈陘祭畢而更設僎於奧以迎竈尸喩子朝昔尸王位猶之竈尸昔居於奧者也）

子曰不然獲罪於天無所禱也

王者稱天獲罪於天無所禱免顯斥不當叛王而附子朝其詞嚴其義正焉

(按)史記周本紀敬王元年（魯昭公二十三年）子朝爭立晉人入（納也）敬王子朝自立敬王不得入居澤（地名）四年（昭公二十六年）晉侯率諸侯入敬王于周子朝爲臣十四年（魯定公四年）孔子從南宮敬叔適周（辨見孔子年譜）斯時子朝之黨將謀作亂（敬王十六年子朝之黨復作亂）賈託媚奧媚竈問者隱以親愛敬王親愛子朝爾孰爲宜也孔子據禮而斥明奧究尊於竈豈可逆天媚竈徒爲自獲其罪與（或問王孫賈爲衛大夫四書箋疑云祭竈老婦事也媚奧媚竈賈譏孔子與其結好衛君不如阿附南子情事宛合今云以比敬王子朝何與答曰鄭玄注王孫賈自周出仕於衛也下章記周監二代子入太廟射不主皮皆適周事故知賈設此問隱知子朝將叛敬王其黨預爲謀擇所仕也）

子曰周監於二代郁郁乎文哉吾從周

二代夏商也郁郁文盛貌孔子觀禮於周而歎其美見文武之政布在方策與夏商典策悉守藏於柱下也

(按)定公四年孔子從敬叔如周儀禮聘記云歸大禮之日既受饔餼請觀（鄭玄注聘於是國欲見宗廟之好百官之富李如圭注吳季札聘魯請觀周樂晉韓起聘魯觀書於太史是其類例）故孔子得見文謨武烈之典策也家語孔子觀周歷郊社之所考明堂之則察廟朝之度於是喟然歎曰吾今乃知周公之聖與周之所以王也郁郁文盛實兼制度言也

子入太廟每事問或曰孰謂鄹人之子知禮乎入太廟每事問子聞之曰是禮也

太廟周太祖后稷廟也問即問禮老聃稱曰鄹人之子者孔子父叔梁紇嘗爲鄹邑大夫周人夙聞孔子知禮今則每事必問若似不知禮然孔子明是禮者言其請觀審愼不敢自以爲是也

(按)家語觀周篇孔子觀周遂入大祖后稷之廟堂右階之前有金人焉三緘其口而銘其背曰古之愼言人也又曰問禮於老聃訪樂於萇弘又曰孔子見老聃而問焉曰甚哉道之難行也云云是皆入太廟每事問之明徵也子云是禮者呂氏春秋曰無醜不能無惡不知高誘注孔子入太廟每事問是不醜不能不惡不知也（附考孔子適周水經注渭水篇引皇甫士安高士傳云孔子年十七適周見老聃是在昭公七年史記孔子世家魯南宮敬叔言魯君曰請與孔子適周魯君與之一乘車兩馬一豎子俱適周問禮蓋見老子云是在昭公二十年索隱引莊子云孔子年五十一南見老聃是在定公七年四書釋地孔子年譜並據曾子問篇孔子曰昔者吾從老聃助葬於巷黨及堩日有食之斷在昭公二十四年夏五月乙未朔日有食時史地學編據公羊傳疏引按命篇云云證以曾子問云云斷在哀公十四年夏五月庚申朔日有食時予曰皆非也若從水經注云孔子時年未冠南宮敬叔未生縱無適周見老子之理若從世家云證以左傳昭十一年云孟僖子會邾莊公盟于祲祥泉邱人有女夢以其帷幕孟氏之廟遂奔僖子反自祲祥宿於薳氏生懿子及南宮敬叔計時敬叔方六七歲何能請於魯君與孔子適周問禮若從索隱引莊子所云是年無日食事與曾子問不合若從釋地年譜所斷是年周室大亂王居狄

泉敬叔年甫十一二歲何得適周從容問禮若從史地學編所斷孔子於哀十一年反魯至十四年孔子閒居刪詩書訂禮樂贊周易修春秋冉有田賦之訪季孫多盜之問昭夫人之弔哭向之慟西狩獲麟之歎陳恒弑君請討射皆在魯絕非適周明焉且子路子貢時皆仕魯傳有明徵顏回先期已卒何以云從孔子往見老子與然則孔子適周當以何年爲斷乎曰定公四年春及五年春也春秋於四年五年皆書春王春秋明義曰王者春朝諸侯而歸天下之事諸侯若不親朝必藏首爲壇國門之外望王而朝拜送行人使貢祀物如親朝於天子故曰春王孔子因春秋奉若天道魯朝貢焉則書春王不朝貢焉則不書春王朝聘之禮君行卿介卿行大夫介大夫行士介魯修朝貢於周例行之禮故使敬叔往也不書使臣姓氏者敬叔非卿其名不登於天子之策時爲大夫故請孔子爲士介也四年春王孔子從敬叔如周萇宏因語孔子聖德於劉文公說見家語五年春王孔子又從敬叔如周時値劉文公卒魯旣使人會葬孔子從老聃助葬巷黨適葬劉文公焉右者諸侯五月而葬劉子爲王朝卿士卒於定四年秋計其時日葬必在五年春經書三月辛巳朔日食與曾子問及堩日有食之若合符節洵可補史記世家之闕載訂諸家異說之舛識焉或據太平御覧卷九百十五引莊子云老子見孔子從弟子五人問對之言子路勇子貢習曾子孝顏回仁子張武因引仲尼弟子列傳以考歲斷在哀公十有四年不知顏子於哀十三年已卒也莊子之言多寓言傳聞之辭殊難徵信如孔子見盜跖云云孔子與盜跖時代懸殊何得晤見以彼例此豈能據以爲典要哉）

子曰射不主皮爲力不同科古之道也

孔子適周觀大射於澤宮也大射之禮王虎侯諸侯熊侯卿大夫豹侯鄉射一侯大射則設三侯大侯陳祥道注諸侯三侯熊爲上故爲大侯九十敖繼公注侯道去物之步數也參七十敖繼公注參謂介於二者之間也大侯者以其大於二侯名之參侯者以其參於二侯名之也此大侯熊侯也則參侯其豹侯與千五十鄭玄注干讀爲豻按周官諸職止言虎侯熊侯豹侯麋侯豻侯則自天子至于士備矣蓋天子大射射中與祭者是諸侯卿大夫設三侯王虎諸侯熊卿大夫豹以虎侯爲大侯諸侯大射射中與祭者卿大夫士設三侯諸侯熊卿大夫豹士豻以熊侯爲大侯卿大夫射射中與祭者士故卿大夫自射麋士射豻陳祥道曰諸侯大侯九十參七十干五十則天子虎亦九十熊七十豹五十可知君至尊而侯道反遠者蓋位尊則威及者遠位卑則威及者近也科等也射分三侯故力不同等也

（按）孔子觀射於周當在魯定公四年周敬王十四年五年周敬王十五年春也周本紀敬王十六年子朝之徒方再作亂十四十五兩年周室未亂故行大射之禮先期選與祭者於澤宮也鄉射魯國行之孔子嘗見惟王射孔子初見於周侯分三等力非一致是以歎爲古之道也

論語實測 卷三 十

子貢欲去告朔之餼羊子曰賜也爾愛其羊我愛其禮

魯自昭公出亡君不視朔定公繼立盟會侵伐時頻在外故亦不行告朔之禮有司猶設此羊於廟以備人君視朔頒行天子歷朔於象魏也子貢惜其無實妄費而欲去之孔子言愛禮者宗廟之禮有其舉之莫敢廢也羊存禮猶可復若併去此羊則此禮遂自亡焉

（按）書大傳云夏以平旦爲朔殷以雞鳴爲朔周以夜半爲朔夏用寅殷用丑周子也周禮太史頒告朔於邦國鄭注天子頒朔於諸侯諸侯藏之祖廟至每月朔必朝於廟告而受行之玉藻天子玄端而朝日東門之外聽朔於南門之外諸侯皮弁聽朔於太廟春秋文公六年書閏月不告月猶朝於廟十六年書夏五月公四不視朔左傳云疾也足徵文公無疾在位之年皆視朔也集注自文公始不視朔若由文公歷宣成襄昭定哀六世豈有百數十年猶供此羊之理魯不視朔實自昭公出亡及定公即位如晉三年會召陵盟皐鼬四年三月公出七月方返侵鄭六年侵齊會瓦八年頻年曠外視朔之典必多闕如子貢欲去之者當在定公九年孔子爲中都宰時中都魯中城也月設此羊是宰之職子貢時年二十有一已冠而字必佐孔子司理其事是以發爲此論孔子言愛禮者正自重其職掌也劉台拱論語駢枝獨謂告朔是天子頒朔餼羊所以待王使也諸家或辯或駁子玩天子頒告朔於邦國告爲自上行下之詞諸侯視朔祖廟請而行之頒於都鄙亦是自上告下也謂之視朔可謂之告朔亦可

子曰事君盡禮人以爲諂也

禮所以定上下安民人也事君盡禮人以爲諂蓋孔子譏人不能敬謹於禮而反謂已爲求容悅者也顧齋經說此譏季平子之見昭公也昭公三十一年季孫意如會晉荀躒於適歷練冠麻衣跣行伏而對曰事君臣之所不得也敢逃死刑若得從君而歸則固臣之願也敢有異心孔子言此陽爲盡禮陰實濟奸故人以諂譏之也

（按）諂有二義一爲佞言一爲希意春秋之世固位恃寵相率效尤賢如王孫賈尙有媚奧媚竈之問而皆不知事君盡禮也孔子盡禮如入門過位升堂拜下屛氣鞠躬色戰足躩此謹於儀容者也恂恂便便侃侃誾誾此謹於言語者也使擯揖立趨進復命此謹於將事者也時人不察而陳司敗反謂黨君微生畝直譏爲佞人以爲諂孔子所以歎感之也此言當在爲中都宰後升小司空薦升司寇時人見其驟遷是以反脣相譏也

論語實測 卷三 十一

定公問君使臣臣事君如之何孔子對曰君使臣以禮臣事君以忠

定公魯君名宋昭公弟也時三家用事公問之者孔子爲魯司寇隱相商度冀其有以斡濟之也率道曰禮無私曰忠二者皆理之當然孔子之對道在上下各盡之焉

（按）定公此問蓋見陽虎囚季桓子及公父文伯逐仲梁懷殺公何藐盟桓子于稷門之內又盟公及三桓于周社盟國人于亳社詛于五父之衢及陽虎奔

齊侯犯又殺公若既克侯犯並見定公時左傳三家復强君臣之間全失其道是以公問治法於孔子焉

子曰關雎樂而不淫哀而不傷

關雎求賢之詩也淫者樂之過傷者哀之過古者君臣譬諸夫婦漢魏古詩託棄婦以詠逐臣悉古意也必使哀樂得中不淫不傷道在遠色而親賢也

(按)孔子爲政於魯治化方興齊人忽歸女樂魯因受之君臣荒怠三日不朝故假關雎以爲諷焉詩詠君臣譬諸夫婦者淑女荇菜正美人芳草之思曹風云薈蔚季女邶風云榛苓美人是皆類證樂者樂也關雎徵調律協甤賓徵火主禮甤賓主敬國語四曰類賓所以安靖神人獻酬交錯也象有敬義故曰樂而不淫竹濫絲哀關雎搏拊琴瑟絲奏也琴禁也禁止於邪以正人心瑟閉也懲忿窒慾以正人德故曰哀而不傷今齊以女樂來歸樂記曰齊音敖辟驕志淫乎色而害于德異於關雎合於韶武之音而能養中和之性也

哀公問社於宰我宰我對曰夏后氏以松殷人以柏周人以栗曰使民戰栗

魯亳社災哀公四年公欲新之故以社問古者立社各樹其宜松公也柏迫也栗慄也五社之樹東社唯柏魯國亳社在東西社唯栗國社在西大社唯松白虎通云南社唯梓北社唯槐亳社陰社也詳見社廟考亡國之社以殷爲鑒其樹宜柏柏陰木也今公不知樹柏之義而反以興國之栗樹之第知使民戰栗其失甚焉

子聞之曰成事不說遂事不諫既往不咎

夫子時在陳蔡及聞其事社樹已成故曰不說不諫不咎也說者說其樹社之義諫謂諫公咎責宰我之失對也

(按)哀公三年五年辛卯桓宮僖宮災左傳孔子在陳聞火曰其桓僖乎四年六月辛丑亳社災六年孔子阨於陳蔡先進篇從我於陳蔡者及門四科中有宰我想見哀公問社必在四年因亳災而重新也六年楚聘孔子宰我冉求並皆去魯追隨相見之日因述公問社事時樹已成故子云不說不諫不咎也

子曰管仲之器小哉或曰管仲儉乎曰管氏有三歸官事不攝焉得儉

管仲齊大夫名夷吾謚曰敬器小蓋言氣量矜滿以霸自封不能治近於王休休有容益求美善也三歸采邑古者諸侯之卿大夫受邑各有其制下大夫采地方一成其稅三百家一成九百夫宮室涂巷山澤三分去一餘有六百夫地又不易再易通於一家而受二夫之地是定稅三百家也管氏采邑桓公賞狐與穀見晏子春秋復與伯氏駢邑三百故曰三歸歸居處也三歸者桓公遺管仲之邑三也邑必有室室必有官官必治事官事不攝家室之具皆備明管仲之非儉也

然則管仲知禮乎曰邦君樹塞門管氏亦樹塞門邦君爲兩君之好有反坫管氏亦有反坫管氏而知禮孰不知禮

屏謂之樹樹塞門者蓋當門庭道行之間設屏以蔽內外也反板同反坫形似坫而以板爲之凡邦君之有燕會則設板坫於尊之南奠觚於上俟賓降盥然後酌獻進於賓筵者也管仲明知君禮而僭爲之故夫子特斥之也

(按)此孔子因施伯論管仲而辨之也管子小匡施伯謂魯侯曰管仲者天下之賢人也大器也孔子言器小者正見管仲功烈之盛而惜之也得君既專行政又久若非狃於驩虞小補必能使天下之民皡皡如也詎甫九合一匡君即震矜而失諸侯春秋說齊桓一震矜而失九國臣即亳門旅樹泰侈逼上氣量不宏從可想見春秋傳云莊三十二年城小穀今東阿縣賞管仲憲問篇云奪伯氏駢邑三百今臨朐縣晏子雜下篇云晏子相景公老辭邑公曰先君與管仲狐與穀以爲賞邑昔吾先君桓公

有管仲恤勞齊國身老賞之以三歸澤及子孫今夫子亦相寡人欲爲夫子三歸澤及子孫韓非子外儲說左並見難篇說曰管仲相齊曰臣貴矣然而臣貧桓公曰使子有三歸之家是三歸者賞三邑也郊特牲云臺門顧齊經說臺門卽邑中宮室之門其上有臺其下如城闕者旅樹鄭玄注天子外屏諸侯內屏大夫以簾士以帷管仲大夫也蔽內外當以簾不當以屏以屏則擬於君焉反坫大夫之僭禮也自管仲始也予玩三歸或曰三娶包咸注史記禮書漢書地理志戰國東周策並以爲三娶女或曰臺名說苑朱子集注或曰地名翟灝云證之管子輕重篇蓋其地以歸三不歸而名之也不知三歸實桓公賞以三邑也見晏子韓非子既有三邑即有家室臺門左傳季平子登臺以請迫孔悝盟厠逡尉登臺皆仿管仲爲臺門也娶妻妾於其中也爾雅釋宮屏謂之樹星經云太微垣屏四星在端門內帝座南所以擁蔽帝庭也此云樹塞門者正在臺門以內中庭之前樹屏以蔽內外者也金鶚求古錄力辨鄭注之誤其說甚詳反坫阮逸三禮圖謂坫以木爲之高八寸孔晁逸周書注以爲外向室謝山以爲屏牆之向外者鄭園札記以爲坂坫朱子集注坫在兩楹之間獻酬飲畢則反爵於其上不知士庶人家室宇狹隘惟有堂隅之坫及東夾室庋物之坫燕飲則尊於房戶之間賓主共之天子諸侯宮室宏廠饗燕廟宮故有奠爵之坫兩君酌獻若在堂隅則失之遠故臨時設坫楹前曰反坫者反通作板詩大雅云上帝板板釋文作反反猶今几桌之類若非邦君則奠觚取觚仍就堂隅也後人不知反即板字解爲飲畢反爵燕饗諸禮絕無飲畢反爵於楹間之坫者惟奠觚取觚酌獻之時則在東楹之西設尊之處禮云反坫出尊又云崇坫康圭此皆即天子廟宮言之說文出進也進尊之坫正指東楹之西設尊處之南也臺門在外旅樹在門庭道中反坫在廟宮楹間三事惟天子與諸侯有之管仲大夫也皆僭其制焉得爲知禮乎

子語魯太師樂曰樂其可知也始作翕如也從之純如也皦如也繹如也以成

太師魯樂官長名摯始作翕如賓入金奏也從之純如賓升工歌也從綏也工歌之瑟其晉疏以越皦如堂下笙奏其音清也繹如工歌笙歌迭相間也以成歌合鄉樂二南正歌備也詳見儀禮饗燕

(按)此齊論語也故記太師加魯以別之孔子世家云孔子適齊與齊太師語樂聞韶學至三月不知肉味此云魯太師者太師摯本魯樂官昭公出孫太師摯適齊復爲齊之樂官曰齊曰魯實一人也夫子所言即儀禮饗燕時所奏樂也入門金奏三夏升歌鹿鳴之三笙歌白華之三間歌魚麗之三合歌周南關雎之三召南鵲巢之三然後賓出復奏夏以送之也

儀封人請見曰君子之至於斯也吾未嘗不得見也從者見之出曰二三子何患於喪乎天下之無道也久矣天將以夫子爲木鐸

郡國志浚儀注引晉地道記儀封人此縣也水經注引西征記亦以儀封人即浚儀鄭氏非之浚儀在開封蘭陽縣西北儀夷儀齊聊城地界界齊西南魯西北邑也封人掌封疆之官定公末年孔子適齊辨見年譜景公欲以季孟間待而有吾老之言孔子因去齊而復歸陬道出夷儀故封人請見之也喪謂道大失位天下无邦稱夫子者孔子嘗爲魯之大夫木鐸金口木舌鄭玄注文事奮木鐸武事奮金鐸小宰云古者將有新令必奮木鐸以警衆使明聽也

(按)孔子世家孔子自齊返魯在昭公末年今據年譜辨正返魯之後定公末年再至齊國禮爲大夫者方稱夫子若在昭末時爲委吏乘田下士之職何得稱爲夫子及適齊爲高昭子家臣官不尊於封人何必請見家臣在士之類何得從行有二三子喪謂失位去國昭公之末孔子無位於朝何得云喪合微子篇齊景公待孔子章觀之其在定公之末爲無疑焉書胤征云每歲孟春遒人以木鐸徇于路月令云仲春奮木鐸以令兆民木鐸之喻正閧定公已薨哀公

繼立夫子遡征返魯必將贊佐新猷也春秋說曰聖人不空生必有所制以顯天心某爲木鐸制天下法則論語述何口封人以夫子不有天下知將受命制作春秋垂數萬世也

子謂韶盡美矣又盡善也謂武盡美矣未盡善也

韶舜樂武武王樂美謂聲容之盛善謂聲容之德感人於神化者也未當作末子張篇抑末也釋文末本作未言武樂至末始盡善也

（按）左傳襄二十九年云季札見舞象箾音朔南籥者杜預注象箾舞所執南籥以籥舞也皆文王之樂鄭玄注南籥文舞象箾武舞也是曰美哉猶有憾文王恨不及己致太平見舞大武者武王樂曰美哉周之盛也其若此乎見舞韶箾音簫者曰德至矣哉大矣如天之無不幬也如地之無不載也雖其盛德其蔑以加於此矣觀止矣若有他樂吾弗敢請矣說苑修文篇孔子至齊郭門之外遇一嬰兒挈一壺相與俱行其視精其心正其行端孔子謂御曰趣驅之趣驅之韶音方作韶樂美善盡人能知惟武樂至末盡善世鮮有能知者非季札孔子不能知其德也周合文武德化制爲聲容故季札觀舞象箾南籥曰美猶有憾見舞大武遂獨歎其盛焉樂記賓牟賈侍坐於孔子孔子與之言及樂曰夫武之備戒之已久何也對曰病不得其衆也咏歎淫液之何也對曰恐不逮事也發揚蹈厲之已蚤何也對曰及時事也武坐致右憲左何也對曰非武坐也聲淫及商何也對曰非武音也子曰若非武音則何音也對曰有司失其傳也若非有司失其傳則武王之志荒矣子曰唯丘之聞諸萇宏亦若吾子之言是也賓牟賈起免席而請曰夫武之備戒之已久則既聞命矣敢問遲之遲而又久何也子曰居吾語女夫樂者象成者也總干而山立武王之事也發揚蹈厲太公之志也武亂皆坐周召之治也且夫武始而北出再成而滅商三成而南四成而南國是疆五成而分周公左召公右六成復綴以崇天子夾振之而駟伐盛威於中國也分夾而進事蚤濟也久立於綴以待諸侯之至

也且女獨未聞牧野之語乎武王克殷反商未及下車而封黃帝之後於薊封帝堯之後於祝封帝舜之後於陳下車而封夏后氏之後於杞投殷之後於宋封王子比干之墓釋箕子之囚使之行商容而復其位庶民弛政庶士倍祿濟河而西馬散之華山之陽而弗復乘牛散之桃林之野而弗復服車甲衅而藏之府庫而弗復用倒載干戈包之以虎皮將帥之士使爲諸侯名之曰建櫜然後天下知武王之不復用兵也散軍而郊射左射貍首右射騶虞而貫革之射息矣裨冕搢笏而虎賁之士說劍也祀乎明堂而民知孝朝覲然後諸侯知所以臣耕藉然後諸侯知所以敬五者天下之大教也食三老五更於太學天子袒而割牲執醬而饋執爵而酳冕而總干所以教諸侯之弟也若則此周道四達禮樂交通則夫武之遲久不亦宜乎據樂記以證此節則未爲末之譌明焉武樂初未盡善文王時恨不及致太平故季札曰美猶有憾武王初戒備已久咏歎淫液故賓牟賈曰病不得衆恐不逮事及至發揚蹈厲爲太公之志致右憲左爲周召之志雖見武樂之美猶未見武德之善遲之久遲之又久及至六成之終諸侯大至始見武容之盛德化之隆故季札曰美哉周之盛也孔子曰盡美矣未盡善也惟後儒不知未爲末字之譌遂論武以征誅故不若舜以揖讓爲知征誅揖讓其義一與若讀未爲末證以左傳樂記節節融通而皆到而武樂聲容盛德昭著於千萬世矣廣雅釋詁二未續也若訓未盡善也爲續盡善也其解亦通

子曰居上不寬爲禮不敬臨喪不哀吾何以觀之哉

寬則得衆故居上以寬爲本曲禮曰毋不敬故君子以敬爲心臨喪必有哀色故喪紀之制必有擗踊哭泣之容觀禮也

（按）此孔子自齊反魯因見哀公而諷言也城漆不以其時非寬也日下昃乃

克葬定公非敬也（穀梁傳丁巳葬我君定公雨不克葬葬既有日不爲雨止禮也雨不克葬喪不以制也戊午日下稷乃克葬乃急辭也不足乎日之辭也）定姒卒不赴不祔不成喪無哀心也 二者皆見定公十有五年傳說孔

子反魯正哀公嗣位候也

論語實測卷四

泰州　徐天璋睿川　注

里仁

子曰里仁爲美擇（古文作宅）**不處仁焉得知**

里仁善俗之地擇宅也處止也擇善俗而不居止其愚孰甚多見其不智也（釋名曰宅擇也兀訓擇即爲宅）

(按)此孔子見蔡遷吳州來而託言也魯哀公元年楚人圍蔡命蔡徙國於江汝之間楚師既還蔡請遷吳二年吳洩庸如蔡納聘而稍納師師畢入衆知之蔡侯告大夫殺公子駟以說哭而遷墓冬蔡遷于州來四年孔子見葉公於蔡故感言此明蔡遷吳爲不智也

子曰不仁者不可以久處約不可以長處樂仁者安仁知者利仁

不仁謂非愛人利物者久約必濫久樂必淫惟仁者敬以直內約樂自適其天知者以義方外約樂不變其守也（冊府元龜品藻部鍾繇傳對魏文帝曰仁者安仁性善者也智者利仁力行者也）

(按)處約處樂指吳夫差言也處約猶言處屈（王逸楚辭招魂注約屈也）久屈必修怨於人故左傳曰吳使陳修舊怨也（哀六年）處樂猶言處盛久盛必侈其欲故子西曰今聞夫差次有臺榭陂池焉宿有妃嬙嬪御焉一日之行所欲必成玩好必從珍異是聚觀樂是務視民如讎而用之日新夫先自敗也已安能敗我（哀元年左傳）夫差既非仁者又非知者直爲不仁不知耳故孔子逆覩其敗而言不可久長也

子曰唯仁者能好人能惡人

緇衣云惟君子能好其正其惡有方故仁者心無所私好惡當理絕無偏意於其間也

（按）左傳哀五年云初范氏晉大夫之臣王生惡張柳朔言諸昭子范氏使爲柏人宰昭子曰夫非而讎乎對曰私讎不及公好不廢過惡不去善義之經也故孔子聞而言其唯仁者能也

子曰苟志於仁矣無惡去聲也

此爲畏罪强仁者言也惡悔也人能幡然悔心誠進於仁即無有再惡者也

（按）表記子曰仁者安仁知者利仁畏罪者强仁此章上言仁者安仁知者利仁又言惟仁者能好人能惡人再言此者正指畏罪者强仁也楚令尹子常信讒鄢將師與費無極譖郤宛焉子常殺之並殺陽令終與其弟完及佗與晉陳及其子弟國言未已進胙者莫不謗令尹沈尹戌言於子常曰仁者殺人以掩謗猶弗爲也今吾子殺人以興謗而弗圖不亦異乎楚有大事子其危哉子常曰是瓦子常名之罪敢不良圖子常殺費無極與鄢將師盡滅其族以說於國謗言乃止俱見昭二十七年左傳孔子因適楚聞其遺事言苟畏罪强仁國人即無惡於己也

子曰富與貴是人之所欲也不以其道句得之不處也貧與賤是人之所惡也不以其道句得之不去也君子去仁惡平聲乎成名君子無終食之間違仁造次必於是顛沛必於是畢沅校本讀不以其道爲句

君子遵道而行者也以理制欲所欲有甚於富貴者仁是也以義制惡所惡有甚於貧賤者不仁是也不處不去坊記云君子辭貴不辭賤辭富不辭貧名令名仁統天下之善以成其名者終食一飯之頃造次顛沛急遽傾覆之間必於是者念兹在兹也

（按）孔子所言春秋之君子能不愧此者其惟曹子臧吳季札魯叔肸衛子鮮乎富貴不處子臧辭曹魯成公十五年曹子臧辭諸侯立己爲曹君季札讓吳也貧賤不去叔肸不受宣公之財織屨而食魯宣公十七年穀梁傳其曰公弟叔肸卒賢之也何也宣弒而非之也非之則胡爲不去也曰兄弟也何去而之與之財則曰我足矣織屨而食終身不食宣公之食子鮮奔晉託於木門地名織絇爲食也見魯襄公二十七年左穀兩傳君子去仁惡乎成名正言季札守節子鮮不仕不去仁以成名也闔廬公子光弒其王僚而季札復命哭於墓見魯昭公二十七年左傳衛殺其大夫甯喜而子鮮出奔不嚮衛國而坐見左傳可謂終食無違造次顛沛必於是焉終食常境也造次顛沛變境也大戴記曾子制言篇云是故君子思仁晝則忘食夜則忘寐日旦就業夕自自省以歿其身曾子所言最足發明此節之旨孔子言此當在魯哀公六年目見子西讓楚陽生爭齊讓則不肯非道而處富貴爭則何能樂道而甘貧賤未幾陽生復爲齊人所弒轉不如貧賤之不去也

子曰我未見好仁者惡不仁者好仁者無以尙之惡不仁者其爲仁矣不使不仁者加乎其身有能一日用其力於仁矣乎我未見力不足者蓋有之矣我未之見也

好惡人有同心聖人歎其未見者不在好仁惡不仁實在好仁者知仁獨尊惡不仁者不使不仁浼己也蓋爲仁在己我欲仁斯仁至矣非爲用力之難有之未見終言人莫用力於仁故反覆歎息之也

（按）哀公十有四年小邾射以句繹來奔季氏康子使子路要射子路辭孔子因思文公之世莒僕以寶玉來奔季文子使司寇出之於境故感其事而歎之也好仁惡不仁即文子云見有禮於其君者事之如孝子之養父母也所以無尙見無禮於其君者誅之如鷹鸇之逐鳥雀也所以不使加身一日用力即季文子出莒僕曰今日必出諸境也蓋有未見季文子在文公之世詳見文十八年左傳孔子生襄公之末所以歎其未見也

子曰人之過也各於其黨觀過斯知仁矣

表記曰與仁同過然後其仁可知也仁者安仁知者利仁畏罪者强仁黨類也觀過知仁正知三者之分也程子曰人之過也各於其類君子常失於厚小人常失於薄君子過於愛小人過於忍吳械曰後漢吳祐謂掾以親故受汙辱之名所謂觀過知仁是也四書箋疑過超越也能有超越於黨類者即知其人爲仁也

（按）禮表記注御案云與仁同過其仁可知所謂觀過知仁也若周公之使管叔孔子之稱君知禮俱是天理人情之至不得以司敗陳賈語貢以過目之予玩左傳哀十四年向魋亂宋公命其徒攻桓氏其父兄故臣曰不可其新臣曰從吾君之命遂攻之子頎騁而告魋子車止之向巢奔魯司馬牛致其邑與珪而適齊雖皆因魋獲過然皆可以見仁司馬牛仁者安仁也向巢知者利仁也子車畏罪者强仁也孔子此言蓋見牛先適齊繼又適吳吳人惡之而反趙簡子晉大夫召之陳成子齊大夫亦召之遂有感而云之也

子曰朝聞道夕死可矣

朝夕旦暮也道謂聖王之道合於義理所當行者朝聞夕死夫子言其可者蓋聞道必能順守其正死可不害於義理也

（按）聖賢所云聞道死可者非若二氏悟道豁然心覺遂輕生死於旦夕也左傳哀六年云楚昭王不榮赤雲夾日弗祭卜河爲祟遂死城父孔子曰知大道矣邾文公卜遷于繹魯文公十三年左傳史曰利於民而不利於君邾子曰苟利於民孤之利也命在養民死之短長時也民苟利焉遷也吉莫如之邾文公卒君子曰知命以及張柳朔死節柏人邑名曰王生授我矣哀五年左傳杜注授我死節子路死衛孔悝之難哀十五年左傳曰君子死冠不免不使冠在地是皆順守其正死而無憾者也若齊簡公死于舒州曰吾早從鞅之言不及此昧於聞道其悔不已晚與

子曰士志於道而恥惡衣惡食者未足與議也

志道之士不顧膏粱之味文繡之榮若其欣羨口體之奉職趣之卑陋已甚矣能與進於道與議語也

（按）此夫子嘉及門諸賢以勉當時之士也惡衣如曾子縕袍無表子夏衣若懸鶉惡食如顏回簞食瓢食子路藜藿養親以及原思褐衣蔬食而皆處之怡然聲樂絃誦以視志在鐘鼎軒冕者誠不可同日語也

子曰君子之於天下也無適也無莫也義之與比

適謂適嗣莫謂貪慕鄭注莫音慕言君當無適嗣之日而已獨無貪慕之心能以天下比度於義者斯眞爲君子也

（按）惠棟九經古義鄭本適作敵莫音慕無所貪慕也予玩左傳昭二十六年云楚平王卒令尹子常欲立子西曰太子壬弱其母非適也子西怒曰王有適嗣不可亂也賂吾以天下吾滋不從也又哀二年云初衛侯遊于郊子南僕公曰予無子將立女不對他日又謂之對曰郢子南名不足以辱社稷君其改圖君夫人在堂三揖在下君命祗辱夏衛靈公卒夫人曰命公子郢爲太子君命也對曰郢異於他子且君沒於吾手若有之郢必聞之且亡人之子輒在乃立輒足證子云君子正指公子郢也無適嗣謂出亡公無適子無莫子南讓立己無貪私義比即所對云三揖在下亡人之子輒在也不曰君子之於事曰君子之於天下正如子西曰賂吾以天下天下指爲君也莫讀音慕鄭玄之注宜從

子曰君子懷德小人懷土君子懷刑小人懷惠

懷思念也君子在位小人在野懷德懷刑猶言明德慎罰見康誥親上有善養之政大禹謨德惟善政政在養民則下樂耕其野上有欽恤舜典欽哉欽哉惟刑之恤哉之心則民咸頌其天矣

（按）此見齊魯而感言也魯用田賦哀十二年頻歲螽饑民有去國而適樂土者如孟武伯不能以德撫成成叛于齊之類哀十五年左傳齊則踊貴屨賤昭三年左傳景公繫刑民日歸于陳氏見昭二十六年左傳故悉不懷其君也書曰皋陶邁種德德乃降黎民

懷之設大禹又曰安民則惠黎民懷之設皐陶上有懷德懷刑之君子下必有懷土懷惠之小人焉

子曰放於利而行多怨

放逐也怨恚恨放利而行多怨即芮良夫曰利或專之其害多也所怨甚多而不備大難也周語芮良夫曰夫利百物之所生也天地之所載也而或專之其害多矣天地百物皆將取焉胡可專也所怨甚多而不備大難

(按)先進篇季氏富於周公而求也爲之聚斂而附益之以至齊師及清地名不欲戰哀十一年左傳公叔務人見保者而泣曰事充政繁上不能謀士不能死何以治民是皆放利多怨之徵也餘若陳轅頗爲司徒賦封田以嫁女有餘以爲己大器國人逐之故出並見哀十一年左傳尤爲顯著

子曰能以禮句**讓爲國乎**句**何有**句**不能以禮**句**讓爲國**句**如禮何**毛奇齡四書賸言班昭上疏云論語曰能以禮讓爲國於從政乎何有賈逵上書亦云孔子稱能以禮讓爲國於從政乎何有宋翔鳳論語說義讀能以禮讓句頤齋經說讀能以禮句讓爲國句禮讓句何有句不能以禮句讓爲國句

讓責也說文相責讓也小爾雅詁責以辭謂之讓爲國猶言治國有謂禮所有者何有言其無也如禮何者謂所責爲失禮也

(按)左傳哀七年云曾吳於鄫吳徵百牢子服景伯對曰先王未之有也吳人曰宋百牢我且魯牢晉大夫過十景伯曰范鞅貪而棄禮君若以禮命於諸侯則有數矣周禮大行人上公九牢諸侯七牢子男五牢若亦棄禮則有淫過也者矣又太宰嚭曰國君道長而大夫不出門此何禮也子貢對曰豈以爲禮畏大國也大國不以禮命於諸侯苟不以禮豈可量也夫子此言正指公會吳於鄫也

子曰不患無位患所以立不患莫己知求爲可知也

患立謂患德難稱位求知言未實能副名也

(按)魯昭公二十八年晉魏獻子爲政所舉皆賢賈辛將適縣見於魏子魏子

曰辛來昔叔向適鄭鬷蔑即然明惡一言而善叔向聞曰分鬷明也昔賈大夫惡御以如皐射雉獲之其妻笑言賈大夫曰才之不可以已今女指賈辛有力於王室是以舉女行乎敬之哉毋墮乃力仲尼聞魏子之舉也以爲義又以爲忠以上節錄左傳在魏可謂能立於位在賈辛可謂不患莫知也至有位而不能立者鄭駟秦富侈鄭惡去聲殺之子思子產之子國參也曰詩曰不懈于位民之攸塈息也不守其位而能久者鮮矣哀五年左傳可以互證其義焉

子曰參乎吾道一以貫之曾子曰唯子出門人問曰何謂也曾子曰夫子之道忠恕而已矣

一貫之道孝經也孝經屬參鉤命訣曰孝經屬參唯恭應也門人與曾子同學於孔子者孔子傳以孝經曾子答言忠恕者忠爲立孝之用大戴記立孝篇曾子曰忠者其孝之本與恕即移孝作忠推事親以事君由己以及人也

(按)搜神記孔子修春秋孝經既成向北辰告備於天鉤命訣曰春秋屬商孝經屬參足徵一貫之傳爲孝經也春秋成於哀公十有四年曾子時年二十有六門人是孔子門人同時在坐者也顏子已卒陳蔡從者皆不及門一貫之道舍參其誰屬與或問夫子刪詩書訂禮樂贊周易修春秋道大且廣何啻僅在孝經答曰六經皆前聖之書非孔子自作者也惟孝經爲夫子自著故曰吾道況治天下莫大於孝其道爲尤備與

子曰君子喻於義小人喻於利

喻曉也義者天理之公利者人欲之私君子見利而思義小人昧義而趨利也

(按)左傳昭十五年晉荀吳帥師伐鮮虞圍鼓鼓人或請以城叛穆子荀吳弗許左右曰師徒不勤而可以獲城何故不爲穆子曰好惡不愆民知所適吾不可以欲城而邇姦使鼓人殺叛人而繕守備軍吏曰獲城而弗取勤民而頓兵何以事君穆子曰吾以事君也率義不爽好惡不愆城可得而民知義所有死命而無

二心不亦可乎荀吳君子也其言喻義左右軍吏小人也其見喻利以及大學引孟獻子曰百乘之家不畜聚斂之臣與其有聚斂之臣寧有盜臣此眞君子以義爲利非若小人務財用者見利忘義也斯言隱指康子納小邾射以句繹來奔並用田賦而諷之也

子曰見賢思齊焉見不賢而内自省也

賢有德者心有所志謂之思齊等齊内省返己以省察也

(按)子貢常說不若己者家語孔子曰吾死之後商日益賜日損商好與賢己者處賜說不若己者與善人居如入芝蘭之室久而不聞其香即與之俱化矣與不善人居如入鮑魚之肆久而不聞其臭亦與之俱化矣見賢思齊化於善也不賢内省懼化不善也荀子修身云見善修然必以自存也見不善愀然必以自省也語本孔子言齊言省而微異其詞也

子曰事父母幾諫見志不從又敬不違勞而不怨

幾諫乘幾微諫也事親有隱而無犯故不欲顯拂其親之欲見志不從又敬不違坊記云微諫不倦内則曰父母有過下氣怡色柔聲以諫諫若不入起敬起孝祭曰父母有過諫而不逆也勞憂也憂己之不得其親故終不以怨父母也

(按)祭義公明儀問於曾子曰夫子可以爲孝乎曾子曰是何言與君子之所謂孝者先意承志諭父母於道又曰父母有過諫而勿逆證以家語曾子芸瓜誤斷其根曾皙擊曾子仆地久之乃蘇孔子聞之怒曰參來勿納也小捶則待過大杖則逃走委身以待暴怒陷父於不義不孝孰大焉足證此章勞當訓憂若云撻之流血不敢疾怨孔子何云委身待怒陷父不義而教以大杖則逃乎（頤煊曰經說孝經云父有諍子則身不陷於不義是父母有過人子當諫止也惟諫親與諫君不同君臣以義合諫之不從可以他去父子以恩合諫雖不從無他去之理故貴幾諫不貴強諫以全恩也又敬再諫也曲禮曰三諫而不聽則號泣隨之勞而不怨三諫不聽也古之人有行之者其惟舜耕歷山號泣于天怨己之不得親乎）或問撻之流血不敢疾怨起敬起孝禮有明文焉見勞非撻乎答曰勞有憂訓絕無撻訓此云見志不從在父母實非顯拂其言何至遽加鞭撻與内則云不說與其得罪於鄉黨州閭寧孰諫（孰諫者至三至四而猶未已如火之熟物必期變化）孰諫與幾諫勢異不說與見志情殊究不得訓勞即爲撻也

子曰父母在不遠遊遊必有方

在存也遊行也若非爲君之使必不去親遠者恐親念我不忘也方即所遊之地有方則親知己所在欲召而無憂也

(按)曲禮曰所遊必有常玉藻曰親老出不易方陳蔡之從四科十哲皆列門牆而曾子獨不與者以年考之曾子時未及冠必曾皙未命其子從遊也陳蔡距魯甚遠孔子行踪靡定此言當爲曾子安慰勸止故援禮經以規戒也

子曰三年無改於父之道可謂孝矣

三年親喪三年也

(按)韓詩外傳曾子每讀喪禮泣下沾襟曰往而不可還者親也樹欲靜而風不息子欲養而親不待是故椎牛而祭不如雞豚之逮親存也檀弓子羔之執親之喪也泣血三年未嘗見齒君子以爲難是皆能三年無改父道者也

子曰父母之年不可不知也一則以喜一則以懼

年衰年也養則致其樂病則致其憂能知親年之衰則知喜懼之交迫也

(按)家語丘吾子云夫樹欲靜而風不停子欲養而親不待往而不來者年也不可再見者親也孔子曰小子識之斯足爲戒矣自是弟子辭歸養親者十有三此章正因丘吾子說而云然也

子曰古者言之不出恥躬之不逮也

言古者以見今之不然逮及也集注非言之艱行之惟艱言過其實君子返己爲

甚恥焉

(按)此爲華於言者規之若宰我子貢之類(並見史記弟子列傳)禮緇衣篇子曰言從而行之則言不可飾也行從而言之則行不可飾也故君子寡言而行以成其信則民不可大其美而小其惡也顏齋經說此即子路有聞未之能行唯恐有聞也

子曰以約(句)失之者鮮矣(武億經讀考異一讀以約句失之者鮮矣句一讀以約失之者句鮮矣句)

以約守約也守約則不侈然自放故所行鮮有失焉

(按)坊記君子約言孟子(公孫丑上)曾子守約謂簡要不煩也曲禮曰傲不可長欲不可從志不可滿樂不可極能約即無長從滿極之失焉約本兼言行而論此章上承言之不出下接欲訥於言以約當指約言也金人銘曰戒之哉毋多言多言多敗先進篇南容三復白圭失之者鮮即邦有道不廢邦無道免於刑戮也

子曰君子欲訥於言而敏於行

訥忍默敏審也

(按)檀弓云文子(晉趙武)退然如不勝衣其言吶吶如不出諸其口訥言之君子也蘧伯玉行年六十而六十化(莊子)敏行之君子也列子仲尼篇賜能辯而不能訥此章當爲子貢戒也

子曰德不孤必有鄰

君子敬以直內義以方外敬義立而德不孤(易文言)鄰比也(詩曰洽比其鄰)必有鄰者方以類聚物以羣分他山攻錯必有切磋以成其德者也

(按)此因子賤之治單父得父事三人兄事五人友事十有二人師事一人以佐治言也(詳後公冶長篇)金樓曰臣哉鄰哉鄰哉臣哉韓詩外傳齊桓公過麥邱封人

謂曰至德不孤善言不再均同斯旨

子曰事君數斯辱矣朋友數斯疏矣

數責也儒行曰其過失可微辨而不可面數也事君之禮爲人臣者不顯諫(見曲禮)朋友忠告善道不可則止若至面數其過則君臣朋友之間勢必取其疏辱者焉

(按)吳將伐齊子胥諫曰得志於齊猶獲石田也無所用之越不爲沼吳其泯矣使醫除疾而曰必遺類焉未之有也反役王使賜之屬鏤(劍名)以死(哀十一年左傳)吳季札聘於晉說叔向將行謂之曰吾子好直必思自免於難(襄二十九年左傳)合兩傳以觀則知君友之過不容面數者焉孔子此言當在哀十一年吳王愎子胥之諫使賜屬鏤以死也(釋文鄭玄注數世主反皇侃義疏孔安國曰數色角反吳嘉賓說數與疏對記曰祭不欲數是也子玩並有理解鄭注較允)(校)

論語實測卷五　泰州　徐天璋睿川　注

公治長

子謂公治長可妻也雖在縲絏之中非其罪也以其子妻之

公治長字子芝釋文一名芝字子長魯公族公治之孫王夫之四書稗疏王父之字爲氏也以孔子弟子縲黑色三股徽也縲係也非其罪者長從衛返以淸溪死兒告嫗嫗告村司村官曰長不殺人何由知之皇侃疏論釋云公冶長從衛還魯行至二界上聞鳥相呼往淸溪食死人肉須臾見一老嫗當道而哭曰兒前日出行於今不返當是已死亡不知所在長曰向聞鳥相呼往淸溪食肉恐是嫗兒也嫗往即得其兒已死遂告村司村司問嫗何緣知之嫗曰見長說如此村官曰長不殺人何緣知之因錄公冶長付獄云云因繫於獄納女於人曰妻以其子妻者孔子以女爲長妻也

(按)昭靑日札云長貧無以自給問鳥語食羊繫獄信如斯言何云無罪宜邢疏斥其不經皇侃疏引論釋語尙近理劉寶楠正義周官夷隸掌與鳥言貉隸掌與獸言公冶能解鳥語容或有

之仲尼弟子列傳長爲齊人集解張華曰公冶長墓在城陽姑幕城東南五里所墓極高孔注王肅家語並以爲魯人范甯杜預以爲魯公族王夫之四書稗疏春秋傳襄二十九年季氏取卞使公冶以告長蓋其孫而以王父之字爲氏也予沉襄公與公冶冕服冕服卿大夫服也長爲公冶之孫實魯貴冑計其年世當在定公之時長値弱冠孔子以女妻之必自爲中都宰候見其繫獄非罪所以爲雪其寃也長墓在姑幕城東南或者長後仕齊卒葬其地故弟子傳目爲齊人也

子謂南容邦有道不廢邦無道免於刑戮以其兄之子妻之

南容南宮縚也名容孔子弟子家語縚能以智自持世淸不廢世濁不汚獨居思仁公言思義故孔子於有道美其不廢無道能免刑戮是以妻以兄女也褻辱也世本南宮縚仲孫玃所生引此以其兄之子妻之爲證李惇羣經識小南宮縚字子容又名适此一人也南宮敬叔即仲孫閱又一人也四書賸言與南宮縚或是一人容若南宮适不知何人

(按)孟僖子卒屬何忌與說學禮於夫子以定其位時在昭公二十四年越年昭公孫齊孔子亦適於齊爲高昭子家臣敬叔斯時甫十二三歲未必娶孟皮之女及孔子自齊返魯敬叔已爲大夫世祿之家必有與之聯姻者又未必取孟皮之女檀弓云南宮縚之妻之姑之喪夫子誨之髽若縚即敬叔卿大夫家必有家臣保姆治喪服者何待夫子誨髽檀弓又云南宮敬叔反必載寶而朝孔子曰喪不如速貧之愈也其人必非能謹言行者憲問篇南宮适問羿奡禹稷子曰君子哉若人尙德哉若人察其語氣書法似非在弟子姻親之列惟檀弓家語南宮縚是爲南容與論語意合若南宮敬叔名說一名閱及南宮适顯然相別者也魯有南遺南蒯南遺之子南孺子季桓子妻南容必其族姓故論語以南爲氏以容爲名其後既娶孔子兄子別居南宮古者父子異宮是以稱爲南宮縚也

子謂子賤君子哉若人魯無君子者斯焉取斯

子賤姓宓名不齊魯人孔子弟子若人猶言此人也魯之君子即子賤之宰單父所得父事兄事友事師事者斯焉取斯言魯若無君子則子賤安所取法以成其德乎

(按)子言子賤而必言魯君子者韓詩外傳子賤治單父其民附孔子曰告吾所以治之者對曰所父事者三人所兄事者五人所友事者十有二人所師事者一人孔子曰所父事者三人足以教孝矣所兄事者五人足以教弟矣所友者十二人足以祛壅蔽矣所師者一人足以慮無失策舉無敗功矣惜也不齊爲之小不齊爲之大功乃與堯舜參矣說苑政理篇略同子賤生於定公七年爲宰當在哀公十四五年間與上章子謂公冶長子謂南容知非並在一時惟記者因論及門諸子故類次焉家語子賤仕魯孔子問曰何得何亡對曰自來仕者無所亡其有所得者三好誦之今得而行之是學益明也俸祿所供被及親戚是骨肉益親也雖有公事而兼以弔死問疾是朋友益篤也孔子喟然謂子賤曰君子哉若人魯無君子者則子賤焉取此

子貢問曰賜也何如子曰女器也曰何器也曰瑚璉也

子貢以何如問者成德達材蓋欲審己之所造也瑚璉宗廟盛黍稷之器其受一升商曰瑚夏曰璉明堂位曰夏后氏之四璉殷之六瑚朱子集注夏曰瑚商曰璉飾有瓦木竹漆金玉之異四書彙纂諸家論說互有不同器雖微而用至重故夫子爲子貢許焉附考瑚璉簠簋諸家之說紛紜有謂瓦者引史記始皇紀太史公自序飯土簋周官旅人爲簋爲證有謂木者引說文璉字潛夫論讚學云胡簋之器其始也乃山野之木爲證有謂瑚爲玉簋爲竹者引陳祥道禮書云瑚以玉簋以竹爲之爲證有謂漆者據禮圖云漆赤中爲證有謂金者據朱子闕曰銅簠簋並蓋及簋之重斤兩爲證謂簠爲方簋爲圓鄭玄周官舍人注也謂簠爲黍稷圓器簋爲黍稷方器許愼說文也謂內方外圓曰簋外方內圓曰簠聶崇義禮圖也謂夏曰璉殷曰瑚禮記明堂位也謂夏曰瑚商曰璉賈逵服虔杜預左傳注包咸鄭玄論語注也自予論之瓦豆爲登木豆爲豆竹豆爲籩上古質樸用瓦三代兼用竹木瑚璉簠簋亦猶是也至周尙文故於簠簋用木內髹赤漆外飾金漆上嵌以玉也瑚璉古字本作胡連春秋傳曰胡簋之事明堂位曰夏后氏之四連皆不從玉後見器飾金玉胡連偏旁遂改從玉也兼有鑄銅爲簠簋者夏曰璉殷曰瑚周曰簠簋簠即瑚制簋即璉制瑚方而璉圓何以證之爾雅釋邱邱形四方者曰胡邱瑚字從胡故知胡爲方器說文連員連也璉字從連故知璉爲圓器尤有證者夏易曰連山連山者兼山艮也璉即爲簋故簋字中從艮璉當爲夏器也儀禮聘禮夫人使下大夫勞以二竹簋方員者法天方者法地商建丑正瑚當爲商器也周兼二代之制名曰簠簋並法天地之象合以爲禰內方外圓者曰簋外方內圓者曰簠顧名思義諸家之紛紜可定古今之制虞可知也簠簋蓋上鍍総者飾殷背貝法天腹方法地服氣生當義取鬼神來饗黍稷歆其氣也

(按)大戴記家語並載子貢對衛將軍文子歷評聖門諸弟云云末又載夫子云云此必因夫子語畢故賜以己爲問也夫子以瑚璉許者賜時結駟連騎往來列國齊吳魯衛莫不尊重其品題其名望而寶貴也

或曰雍也仁而不佞子曰焉用佞禦人以口給屢憎於人不知其仁焉用佞

雍名也姓冉字仲弓魯人孔子弟子佞口才仲弓重厚簡默行必先人言必後人二句見劉氏正義故或人疑其不佞也禦拒也給捷也屢數也憎惡也言佞者徒以口取辯而無情實屢爲人所厭惡因惜或人不知仁者之不用佞也

(按)仲弓爲季氏宰掌政令訟獄時以折獄之才全在口給雍則居敬行簡故或人以仁而不佞惜之夫子之言即呂刑曰非佞折獄惟良折獄不知其仁焉用佞當合讀句魯語寡君不佞成十六年左傳諸臣不佞或人之惜不佞惜仲弓之無口才非惜仲弓不善爲訟也

子使漆雕開仕對曰吾斯之未能信子說

漆雕氏名启字子開魯人家語云蔡人一字子若以開爲名啓字避漢景帝諱也孔子弟子時子爲魯司寇故使開仕於魯也斯指政治而言開未能信言無治民之才故夫子說其篤志

(按)家語開少孔子十一歲習尙書不樂仕漢藝文志儒家有漆雕子十二篇韓非子顯學篇云有漆雕氏之儒論衡本性篇世子作養書一篇宓子賤漆雕開公孫尼子之徒亦論性情與世子之相出入據諸說而觀則開志在著述不在治功當日之對必有明言其著述之意者故夫子說其篤於學焉

子曰道不行乘桴浮於海從我者其由與子路聞之喜子曰由也好勇過我無所取材

定公十有二年圍成不克孔子知道不行而欲與由去魯託言乘桴浮海蓋不勝悲憫之思也桴筏也材用也周語識文之材也韋注材用也呂覽異用篇故聖人於物也無不材高注材用也方許從我轉言無所取材者三都之隳由預其謀隳郈隳費今則圍成不克子路不知再貴其勇助公伐成而反喜從浮海則是其氣已餒聊爲好勇過我者今知無所取用也

(按)漢書地理志東海顏師古注論乘桴浮於海言欲乘桴筏而適東夷以其國有仁賢之化可以行道也四書稗疏夫子居魯沂費之東即海也傷中國之無賢君欲自適吳越耳俗傳夫子章甫鳴琴而見越王句踐雖無其事亦自浮海之言起之予玩定公十二年冬圍成不克十三年孔子適衛子路偕往浮海

之歎當在十三年春也此時本欲南適吳越繼聞吳越構兵（詳見吳越春秋）是以改適衛國世家云孔子遂適衛主於子路妻兄顏濁鄒家此章因閣成不克而感又何疑與（附考甲午秋予赴粵東道經香港遊於博物院中見筏制其形似浸船式惟中船不用木底即船半腰平嵌竹數十莖為底蓋海外風浪甚大全有木底之船易於沉沒惟嵌竹船腰為底者水浪入船立即漏洩於海反不致沉沒也）

孟武伯問子路仁乎子曰不知也又問子曰由也千乘之國可使治其賦也不知其仁也

仁謂有字惠心也任井以授曰田任地以供曰賦賦者山林川麓之征及邱乘牛馬之供也千乘百里之國（詳見學而篇）言子路之才可見者如此也

求也何如子曰求也千室之邑百乘之家可使為之宰也不知其仁也

邑謂卿大夫采邑地有一同民有千家者宰牧民之官也（百里為同諸侯之大國百里出車千乘卿

夫一同出車百乘者諸侯之地開方四面積算卿大夫地祇取一面通長積算數得十分之一也）

赤也何如子曰赤也束帶立於朝可使與賓客言也不知其仁也

赤孔子弟子姓公西字子華魯人帶縈帶朝朝廷客之賓者曰賓大戴記（將軍文子篇家語同）曰齊莊而能肅志通而好禮擯相兩君之事篤雅而有節是公西之行也

（按）此問當在哀公十有四年孟懿子卒武伯嗣位之日也時見小邾射以句繹來奔欲以子路之言為要故武伯疑子路為仁也嘗聞子言由求之藝又聞子謂門人曰二三子欲學賓客之禮其於赤也且求赤並有名譽於時故因連類問之仁在性天德之藏於內者治賦為宰與賓客言皆在才能德之著於外者著外易知藏內難知故曰不知也

子謂子貢曰女與回也孰愈對曰賜也何敢望回回也聞一以知十賜也聞一以知二子曰弗如也吾與女弗如也

愈賢也時稱子貢賢於仲尼故夫子以回為問欲子貢知其自反而知進德之地也達視曰望知十知二明言智識懸殊曰弗如也言賜有自知之明再曰弗如也微獨賜弗如回即子自明言其亦弗如回故曰吾與女弗如也

（按）子貢使吳而還（哀十二年）聲名籍盛所至國君無不分庭抗禮（見史記）故叔孫武叔語大夫於朝曰子貢賢於仲尼陳子禽謂子貢曰子為恭也仲尼豈賢於子乎孔子引一顏回畀賜自為比方正謂抑進於道德也古本吾與女下有俱字經典稽疑引論衡孔問篇曰吾與女俱弗如也魏志夏侯淵字妙才曹公下令曰淵虎步關右所向無前仲尼有言吾與女俱弗如也後漢書曹操祭橋玄文仲尼稱不如顏淵注引論語吾與女俱弗如也足證與非許辭也（鄭玄別傳玄從馬融

學季子謂盧子幹曰吾與女俱不如也包咸注亦有俱字）

宰予晝（晝當作書）**寢**

晝蓋書字譌也古者書戶書牖（周武王書箴銘戶牖）名寓箴規之旨故宰予書夫子之言於寢取以自警也（韓昌黎評筆作晝寢李匡義資暇錄梁武帝讀為寢室之寢晝作胡卦反且為當為畫字言其繪畫寢室周密齊東野語皆見侯白所註論語謂晝當作書字侯白隋人）

子曰朽木不可雕也糞土之牆不可杇也於予與何誅

木腐曰朽土散曰糞（爾雅釋水瀵疏灑散也以瀵為糞糞亦散土）朽不可雕糞不可杇言其本質既虧故難加以刻塓也因取予所言者書寢自警與類也誅責也

子曰始吾於人也聽其言而信其行今吾於人也聽其言而觀其行於予與改是

與類也宰予之言予嘗取其近類故曰賜之華不如予之實也改是宰予問五帝之德子曰吾欲以言取人於予邪改之也

（按）古詩源有書車（一作銘）書戶書履書硯書鋒書杖書井諸篇以彼例此書寢當作書寢不作晝寢也弟子列傳記朽木二句於宰我問三年喪後蓋仁爲天地立心人既不仁則本性有虧猶之木朽土糞終於棄材而已此必因問喪而言食稻衣錦爲安既責不仁而又言此也大戴記宰我問五帝之德子曰予也非其人也宰我曰予也不足誠也敬承命矣他日宰我以語人有爲道諸夫子之所孔子曰吾欲以語言取人於予邪改之兩節本爲兩事故各有子曰冠上若其因書寢一事責之何必記兩子曰也宰予實即夫子之言書寢自警猶之湯之銘盤子張書紳可云勇於補過焉（崔氏座右箴張子東西二銘皆與此同指）

子曰吾未見剛者或對曰申棖子曰棖也慾焉得剛

申棖（史記弟子列傳作申黨亦作申堂字周家語作申續亦作申績又作申繚字子周）魯人孔子弟子剛者天性淸健不爲萬物之所撓奪故夫子歎其未見或對棖者見棖氣質堅强也夫氣質堅强者必爲義理所屈君子懲忿窒慾戒求勝也棖有求勝之心焉得以爲剛與

（按）易曰乾剛坤柔剛爲天德爲君德左傳（昭六年）云斷之以剛謂昔先王議事以制也子曰吾未見剛者正以哀十四年陳恆弒其君孔子請討公不能斷命告三子也或人不知其旨而以申棖爲對孔子言棖慾者就棖言棖實非己歎未見者之意也

子貢曰我不欲人之加諸我也吾亦欲無加諸人子曰賜也非爾所及也

施諸己而不願亦勿施於人絜矩之道也安然者謂之仁勉然者謂之恕子貢蓋能勉然而未安然故子曰非賜所及也加陵也（馬融注）誣也（說文言部誣加也）子貢不欲者在人勿先施己夫子之言在己勿先施人也

（按）弟子列傳子貢利口巧辭喜揚人之美不能匿人之過家語賜說不若己者不能匿人之過說不若己不匿人過是皆欲加人也縱此時能近取譬學有進益終是勉而致實非安而行焉故子曰非爾所及也

子貢曰夫子之文章可得而聞也夫子之言性與天道不可得而聞也

文章禮樂詩書也子所雅言以教人故皆可得而聞性與天道渾然於義理之中仁者見仁智者見智夫子雖或言之不見化工之迹故子貢無得而名其所聞者焉

（按）漢書李尋傳贊曰幽贊神明通合天人之道者莫著乎易春秋然子貢猶云夫子之文章可得而聞夫子之言性與天道不可得而聞已矣班氏以性與天道爲易與春秋也孔子世家孔子以詩書禮樂教弟子蓋三千焉身通六藝者七十有二人此文章得聞之明徵也性與天道夫子於易象文言繫辭小象雖屢詳言但此時簡策未傳且係夫子晚年之學惟顏子庶幾及此正非羣弟子可得聞也性天之眞樂處惟顏子能樂孔子之樂子貢雖得一貫之傳樂天之境豈賜所能與哉春秋游夏莫贊一辭隱以天道寓於人事子貢聞一知二感發嘗在言語子欲無言賜即憂其何述子曰天何言哉是其不可得聞之明徵也

子路有聞未之能行唯恐有聞（上聞字平聲下去聲）

聞謂將其所知即事所求行者未之能行唯恐有聞恥其躬有不逮而聲聞先過其情也（聞謂聲聞韓愈名箴昔者子路唯恐有聞赫然千載德譽愈尊）

（按）家語辯政篇子路治蒲三年孔子過之入其境曰善哉由也恭敬以信矣入其邑曰善哉由也忠信而寬矣至庭曰善哉由也明察以斷矣此皆能行有聞之明徵也又好生篇孔子曰君子有三患未之聞也患不得聞既得聞之患

弗得學既得學之患弗能行此說次於孔子謂子路兩章之後想見未之能行

唯恐有聞正子路奉孔子之教恐其躬行未逮而虛譽已傳於道路也

子貢問曰孔文子何以謂之文也子曰敏而好學不恥下問是以謂之文也

孔文子衛大夫名圉（孔悝之父）敏達也下問先民有言詢于芻蕘文子以虛受人不恥問於在下者也勤學好問謚法有以爲文者孔圉以此故得引爲飾名之典也

（按）魯哀公十有五年衛仲叔圉卒子貢之問蓋以孔文子使太叔疾出其妻（宋子朝女）而妻之（孔文子女孔姞）因疾嬖於妻娣（子朝女娣）遂奪其妻（孔文子女孔姞）疾出奔宋衛立疾之弟遺使室孔姞其謬特甚（詳哀十一年左傳）今衛獨謚爲文與謚法經天緯地道德博聞皆不相稱孔子舉勤學好問爲解者錄其善而諱其惡忠厚待人之意也

子謂子產有君子之道四焉其行己也恭其事上也敬其養民也惠其使民也義

子產名僑（子國之子穆公孫故曰公孫）公孫成子（謚成見晉語注）也道即恭敬惠義四者之道恭故能息大夫之爭敬故能任社稷之寄惠故記稱衆人之母義故國與誰嗣之歌宜孔子稱其爲君子也（息大夫爭任社稷寄見備考及左傳稱衆母見仲尼燕居與家語歌誰嗣見左傳與人誦）

（按）左傳（昭二十年）鄭子產有疾謂子太叔曰我死子必爲政唯有德者能以寬服民其次莫如猛夫火烈民望而畏之故鮮死焉水懦弱民狎而玩之則多死故寬難及子產卒仲尼聞之出涕曰古之遺愛也此章謂有君子道四當在斯時稱子產不稱成子者甫卒未葬尙未聞有謚也

子曰晏平仲善與人交久而敬之

平謚也平仲齊大夫姓晏名嬰交交友善交久敬孔子嘗兄事之見其擇善而友白首如新也

（按）晏子於魯襄公十七年繼晏桓子爲政於襄二十九年聞吳季札言因陳桓子納政與邑是以免於欒高之難（魯昭八年）定公十年會景公（齊君）於夾谷史記齊世家云是歲晏嬰卒孔子生襄公二十一年晏子時已爲卿二十九年晏子納政與邑急流勇退絕非與人爭名利者也魯昭二十五年孔子適齊晏子致政已久豈有齊景欲用孔子將封尼谿晏子反讒阻之與晏子卒於夾谷會歲定十二年孔子爲魯司寇政化大行豈有已死之晏子能見齊景以女樂歸魯與齊景欲用孔子實在魯定末年非在昭公出孫孔子適齊也（辨見年及微子篇待孔子章）尼谿之阻稱晏子者當爲平仲子侄或爲族姓必非晏子本身也如其本身孔子猶稱善交久敬是失之誣家語（辯政篇）云晏子於君爲忠臣於行爲恭敬孔子以兄事之而加愛敬無是理也且論語稱晏子之謚孔子此言實在蓋棺論定之日也

子曰臧文仲居蔡山節藻梲何如其知也

文謚也文仲魯大夫臧孫氏名辰蔡元龜名（長尺有二寸）居猶藏也柱頭斗栱曰節梁上短柱曰梲山節刻欂櫨以爲山藻梲畫侏儒以爲藻文（鄭注節一名欂櫨梲一名侏儒）也禮器云家不寶龜言有稱也明堂位云山節藻梲天子之廟飾也文仲皆僭爲之如從也何如其知蓋當時以文仲爲知夫子言此兩事適累賢者之所行何從以爲知與

（按）家語（好生篇）孔子問漆雕憑（一作平）曰子事臧文仲武仲及孺子容此三大夫孰賢對曰臧氏家有守龜焉名曰蔡文仲三年而爲一兆武仲三年而爲二兆孺子容三年而爲三兆憑從此見若問三人之賢與不賢所未敢識也漢食貨志云元龜名蔡非四民所得居禮器云管仲鏤簋朱紘山節藻梲君子以爲濫

矣漢貨殖傳序諸侯刻桷丹楹大夫山節藻棁後漢輿服志云禮制之壞諸侯陪臣皆山節藻棁朱子集註并兩事爲一事朱芹論語札記力辨其爲二事予玩自天子至於士皆得藏龜於廟以爲卜筮惟蔡爲大龜一名元龜非天子不得寶守文仲若眞爲智得蔡宜貢天子今乃藏於私家直至武仲出奔始致大蔡以請（見襄二十三年左傳）其爲不知一也龜有龜室悉在廟宮（活龜畜室攻龜藏櫝）惟是天子諸侯卿大夫士廟宮異制文仲以蔡爲天子寶龜遂於廟中龜室山節藻棁示若代天子畜守之意而又作貢龜之器虛懸待用春秋傳譏曰作虛器其爲不知二也分言則爲二事合言實爲一事自孔子言之皆譏文仲爲不智也

子張問曰令尹子文三仕爲令尹無喜色三已之無慍色舊令尹之政必以告新令尹何如子曰忠矣曰仁矣乎曰未知焉得仁

令尹楚上卿執政者也子文姓鬬名穀於菟（左傳楚人謂乳穀謂虎於菟）楚成王時人（莊王時有孫叔敖字子文亦爲令尹）楚語觀射父曰昔鬬子文三舍令尹無一日之積恤民之故也（潛夫論遏利篇楚鬬子文三爲令尹而有飢色妻子凍餒朝不及夕）三仕三已（全祖望經史答問子文於魯莊公三十年代子元爲政於楚至魯僖二十三年授政子玉三仕三已當在此二十八年之間也）能以舊政必告新尹其忠國也明焉而子張疑其爲仁故夫子答以未知再言焉得仁者以事理觀得謂之忠不得謂之仁也（楚語潛夫論皆言子文三仕三已與論語合以子文爲鬬穀於菟也者荀子堯問莊子田子方呂氏春秋知分淮南子道應史記鄒陽傳循吏列傳皆以三仕三已爲孫叔敖之事）

（按）子文忠楚既能潔己並能愛民楚語所載其言甚仁夫子獨言未知焉得仁者楚成王與隨襲弑杜敖代立斯時子文與謀不與謀不得而知惟春秋與史記載楚成滅弦滅黃滅六英皆在子文執政之年春秋大義滅國大惡也至不仁也夫子曰未知焉得仁者正以此也李充曰子玉之敗子文之舉舉以敗國不可謂智也賊夫人之子不可謂仁也頤齋經說以舊告新據事論事正謂之忠不得稱爲仁也

崔子弑齊君陳文子有馬十乘棄而違之至於他邦則曰猶吾大夫崔子也違之之一邦則又曰猶吾大夫崔子也違之何如子曰清矣曰仁矣乎曰未知焉得仁

崔子名杼陳文子名須無皆齊大夫齊君莊公名光弑下殺上也十乘馬四十匹賦地方一里者百違去也猶疑也言所適之國皆以崔子爲疑不敢遽納是以再去之也文子非眞能潔身避亂夫子因問而曰清者忠厚待人之意也子張疑其爲仁故夫子答以未知而言焉得仁者以事迹論棄違爲清不得謂之仁也

（按）魯襄公二十五年崔杼弑齊君莊公（潘維城論語古注集箋齊崔杼弑其君光杜預左傳注襄公二十五年崔杼弑齊君是時陳文子出奔二十六年不經見至二十七年文子在齊有弭兵之說則文子自出奔復反於齊凡二年）釋文崔子鄭注云魯論讀崔爲高論衡別通篇猶吾大夫高子也（包慎言溫故錄高氏爲齊命卿與文子同朝者高止也崔杼弑君而魯論書高子者責其不討賊也與趙盾同義文子去齊而之他邦其間或欲請師討賊而見其執國命者皆與惡人爲黨故曰猶吾大夫高子也陳立句溪雜著曰以左傳崔杼事證之則魯論信爲訛字然文子所至各國亦何至皆如崔子而文子亦何至輒疑人以弑君之賊則下兩言猶吾大夫崔子似以魯論作高子爲長俞樾羣經平議崔子讀爲高子甚有義理高子謂高厚也襄十九年左傳秋八月齊崔杼殺高厚於灑藍而兼其室書曰齊殺其大夫從君於昏也於是崔杼始專國政文子推原禍本每至一國見執政者尸位無有遠識故輒發猶吾大夫之歎陸德明誤謂經文崔子魯皆讀爲高子遂於首句出之失之甚矣）近儒皆宗魯論然春秋三傳皆爲崔子齊世家亦爲崔子太史秉筆直書亦非如董狐坐罪趙盾不書崔子而書高子也仍當讀爲崔子崔子弑君左傳未言文子去國惟魯襄二十八年陳文子謂桓子曰禍將作矣吾其何得對曰得慶氏之百木於莊（地名）文子曰可愼守也矣即此設想則莊公之弑崔慶之亂文子正陰懷其私而利其有幸災樂禍不仁孰甚焉子張爲文子族人以此爲問必非無去國之事者但文子去國一則曰猶吾大夫崔子再則曰猶吾大夫崔子至而不留詭託人疑崔子爲詞正爲反齊餘地也夫子嘗至齊國反魯適

作春秋文子之心昭然如見惟因張問而曰淸者據彼所言棄違之表而以答忠厚待人之意也曰未知焉得仁雖非顯訐其非而不仁之意已在喉下矣

季文子三思而後行子聞之曰再斯可矣

文謚也季孫氏名行父魯大夫三思則審愼周詳故適晉而求遭喪之禮也見文公六年左傳杜注然有不合於禮者文子若全未思如取櫬琴之類子曰再斯可者非譏其三思實言其繼此再宜思也三思皇侃疏引季彪曰君子之行謀其始思其中慮其終然後允合事機算無遺策

（按）文公六年文子使晉求遭喪之禮以行聞晉侯疾故其人曰將焉用之文子曰備豫不虞古之善教也求而無之實難過求何害十八年出莒僕成公四年言齊不可叛此皆思合於禮者宣公十八年逐東門氏成公六年立武宮襄公二年取穆姜櫬琴以葬齊姜四年定姒薨不成小君喪禮君子皆譏非禮文子若全未之思者故夫子於修春秋之日綜前後事跡論之似惜文子前能思後不能思故曰再思可矣

子曰甯武子邦有道則知邦無道則愚其知可及也其愚不可及也

武謚也甯子名俞衛成公時大夫有道無道以治亂言知才智愚即才智所竭盡者不避艱險有似蒙昧以蹈其危而能卒保其身以濟其君實非智巧之士預計成敗而肯爲者故曰不可及也

（按）左傳魯文公四年甯武子來聘公與之宴爲賦湛露及彤弓不辭又不答賦杜預注魯人失所賦甯武子佯不知此其愚不可及劉氏論語正義如請改祀命僖三十一年請衛成公改祀夏相之命不答彤弓等事皆所謂有道則知也俞樾古注擇從不答湛露彤弓觀其對行人之言深明古典與叔孫穆子不拜肆夏文王同義正是其知非是其愚程子曰邦無道能沈晦以免患故曰不可及也亦有不當愚者比干是也頤齋經說沉晦免患明哲保身是知比干愚忠不避利害正世不可及也予玩衛成公世有治有亂失國復國既入又出是其明徵甯武子才有智無愚孔子謂其愚者正嘉其大智若愚也職納橐饘僖公二十八年貨醫薄酖僖三十年武子知也在智謀士必有能及其不可及者蓋衛侯與元咺訟時甯武子爲輔鍼莊子爲坐士榮爲大士士榮鍼莊子必代成公力與咺辯武子獨能持平以己先入公子歂犬華仲前驅射殺叔武引爲己罪禍害莫測斯時必有謂其愚者及治獄者以爲忠而免之人因歎其不可及也孔子時修春秋求得各國寶書歎其愚不可及必親見武子獄辭若非武子甘死代過治獄者何得以爲忠而免與集注文公有道成公武子未仕文公無道辨見毛奇齡稽求篇

子在陳曰歸與歸與吾黨之小子狂簡斐然成章不知所以裁之

陳國名虞舜之後吾黨指門牆也小子學於孔子者狂簡猶言狂猥斐文貌斐然成章言才德皆蔚然可觀裁斷也不知所以裁之言吾祇知才德之美不知斷其於世小用之大用之也

（按）孔子世家孔子在陳桓子卒康子代立於是使使召冉求冉求將行孔子曰魯人召求非小用之將大用之也是日孔子曰歸乎歸乎吾黨之小子狂簡斐然成章吾不知所以裁之夫子見召冉求而思及吾黨之小子狂簡者蓋冉求既用於魯小子中必有連茹拔進者擇材而用不能遽以爲斷也頤齋經說裁古通材材用也不知所裁正言不知大用小用也

子曰伯夷叔齊不念舊惡怨是用希

念思也不念舊惡謂人有惡而能改者事過情忘不再爲追念也怨謂人怨恨己希少也伯夷叔齊孤竹君之子兄弟讓國殷周之賢人也皇侃疏孤竹之國是殷湯正月三日

丙寅曰所封其子孫相傳至夷齊之父也父姓墨胎名初字子朝伯夷名允字公信叔齊名致字公達伯夷大而庶叔齊小而正父薨兄弟相讓不復立也○釋文致作智

（按）大戴記衛將軍文子篇孔子曰不克不忌不念舊惡也蓋伯夷叔齊之行也此章是孔子語子貢之言今次於子在陳後者時孔子聞齊國夏衛石曼姑帥師圍戚因見父子爭國遂託夷齊不念舊惡以婉諷也事當在魯哀三年

子曰孰謂微生高直或乞醯焉乞諸其鄰而與之

微生古今人表作尾生姓高名魯人乞求也醯醋也比戶而居曰鄰因乞醯而明非直者譏其曲意徇物掠美市恩也醯即酢關東謂酢曰酸一名醋

（按）莊子盜跖篇尾生與女子期於梁下梁即陝西西安府藍橋女子不來水至不去抱柱而死太史公書蘇秦列傳說同高蓋矯情飾行以詐取名者或稱其信或稱其直夫子因即乞醯斷其非直以破世人受其詐也予玩不直之人必多不信高本魯人梁在陝西古人每有同名曾參子夏子西子張顯有同者尾生高未必即微生高也通志氏族畧云微生畝魯武城人高必畝之族黨乞醯尙巧市直豈肯守死以成信與

子曰巧言令色足恭左丘明恥之丘亦恥之匿怨而友其人左丘明恥之丘亦恥之

表記孔子曰君子不失足於人不失色於人不失口於人失足謂便辟其足以爲恭也左姓丘明魯之良史其人質直而有恥者匿隱也匿怨友人心憎而貌親也三者引以爲恥孔子自明其意與丘明有同情也

（按）大戴記曾子立事篇足恭而口聖而無常位者君子弗與也巧言佞色能小行而篤難於仁矣彼分四層以足與口聖比對此分三層即爾雅釋訓云籧篨口柔也戚施面柔也夸毗體柔也集注左丘明古之聞人漢藝文志以丘明爲魯

太史司馬遷傳孔子因魯史作春秋而左丘明論輯其本事以爲之傳劉向杜預皆言丘明與孔子親魯史而作春秋劉歆曰左丘明好惡與聖人同親見夫子是丘明與夫子同時人也自唐啖助趙匡陸德明輩乃曰論語所引丘明乃史佚遲任之類明季本引宋儒說謂左氏立言已雜秦制如臘者秦之祭名也酎者秦之飮名也庶長者秦之官名也而傳語皆及之類非戰國以前文字而謂丘明受經於仲尼豈不謬哉吳繼仕云左傳中記韓魏智伯之事又舉趙襄子之諡自獲麟至襄子卒已八十年矣若丘明與孔子同時不應孔子既沒七十有八年之後丘明猶能著書若此毛奇齡論語稽求篇逐條駁辯予玩左傳終於悼公哀公子十四年國語亦終於悼公十四年見晉語九丘明絕筆距孔子卒時二十有五年耳其與孔子同時顯然可見虞曰不臘晉鄭曰嘗酎何見獨爲秦制哉若云庶長爲春之官此在魯襄公十一年傳春秋中葉秦制已然亦非戰國時始有也丘明之卒當在悼公十四年冬季趙襄子諡必爲後人追改無疑論語之丘明實即作左傳之丘明爲魯太史者也若據襄子之諡在七十有八年之後何以左傳國語著至悼公十四年即止豈十四年之後列國絕無事實可紀述與夫子此論蓋在哀公十有一年返魯作春秋日明其好惡與丘明有同志也

顏淵季路侍子曰盍各言爾志子路曰願車馬衣裘何晏本衣下有輕字唐石經無輕字後人妄增皇侃義疏言車馬衣裘共乘服而無憾恨也邢昺疏義同張載論語說云仲由樂善故車馬衣服與賢友共敝北齊書唐邕傳顯祖云服意在車馬衣裘與朋友共敝所引皆無輕字與朋友共敝之而無憾顏淵曰願無伐善無施勞

承側曰侍盍何不也願者有志而未逮之辭車馬衣裘人所乘服者共公也物壞曰敝憾恨也伐善矜己之善施勞弛己之勞也孔安國曰不以勞事置施於人朱子集註施亦張大之意勞謂有功論語古注集箋無伐善無施勞誠也易繫辭傳勞謙君子有終吉子曰勞而不伐有功而不德即此意也俞樾績論語駢枝伐敗也施與同毀也頤子齋經說施弛解也一息尚存此志不容少懈子路問政子曰先之勞之請益曰無倦家語子貢欲息聞夫子云云始知惟死方息顏子願無施勞正即之天行健

君子以自強不息之義

子路曰願聞子之志子曰老者安之朋友信之少者懷之

夫子之言大同之化也安則老樂其天信則友感其誠懷則少悅其教三者曠然而天地苞萬物也韓詩外傳六過長老則修弟子之義過等夷則修朋友之義過少而賤者則修告道寬裕之義故無不愛也無不敬也無與人爭也曠然而天地苞萬物也如是則老者安之朋友信之少者懷之蓋子路之志公物也顏淵之志進德也夫子之志位育也聖賢氣量所言不同如此

（按）家語云子路南遊於楚累茵而坐列鼎而食哀公十有一年孔子返魯斯時季路仕於季氏富有車馬衣裘與朋友共要非徒步負米衣敝縕袍時空言自豪也顏淵卒於哀公十有三年樂道終身見其進不見其止同時侍側故志趣互有殊焉孔子身爲國老杏壇設教諸侯乞言上老老而民興孝上長長而民興弟上恤孤而民不倍三言與之相輔內聖外王一以貫焉

子曰已矣乎吾未能見其過而內自訟者也

已矣乎哉歎其意止於此過失也訟爭也內謂身心心者身之官也內訟則爭曲直於心猶爭曲直於官夫子之言即周語云士晝而講貫夜而計過無過而後即安也

（按）見過內訟即大學云所謂誠其意者毋自欺也中庸云是故君子戒慎乎其所不睹恐懼乎其所不聞莫見乎隱莫顯乎微故君子慎其獨也能內自訟蓋指顏回言也易繫辭云顏氏之子其殆庶幾乎有不善未嘗不知知之未嘗復行也今歎已矣乎吾未能見者當在回死之後傷感而言之也

子曰十室之邑必有忠信如丘者句焉不如丘之好學也

四井爲邑夫三爲屋邑十二家言十室者舉成數也大戴記曾子制言篇云是故昔者禹見耕者五耦而式過十室之邑必下爲秉德之士存焉夫子此言蓋喻顏子居於陋巷也

（按）哀公問弟子孰爲好學孔子對曰有顏回者季康子問弟子孰爲好學孔子對曰有顏回者此云焉不如丘之好學也舍顏回正無人焉釋文焉字衛瓘音於虔反爲下句首王荊公答王景山書引孔子曰十室之邑必有忠信如丘者是從衛瓘讀句也皇侃義疏邢昺疏皆以衛讀爲是武億經讀考異從之

論語實測卷六

泰州　徐天璋睿川　注

雍也

子曰雍也可使南面

南面臨民主治之官也大戴記（子張問入官篇）云君子南面臨官樗里子傳（史記）請必言子於衛君使子爲南面是卿大夫士有臨民之權凡在己治都邑無不南面而涖事也

（按）子路篇仲弓爲季氏宰此必季氏將欲官雍而先謀之夫子宜授何職故夫子言雍可以南面臨民也（論語古注集箋少牢饋食禮爲祭期主人門東南面宗人朝服北面又明日主人朝服即位於廟門之外東方南面檀弓司寇惠子之喪文子退扶適子南面而立此卿大夫之南面也士冠禮初加再加三加皆云出房南面三加如初加皮弁之儀賓醴冠者筵於戶西南面特牲饋食禮夙興主人立於門外東方南面視側殺此士之南面也凡有地有爵者皆得南面臨事而治人也）

仲弓問子桑伯子子曰可也簡仲弓曰居敬而行簡以臨其民

不亦可乎居簡而行簡無乃太簡乎子曰雍之言然

子桑伯子魯人子桑戶（戶一作雩）也（鄭玄注子桑秦大夫公孫枝漢書古今人表列於周顯王之世莊子大宗師篇言桑戶與孟之反琴張友楚辭涉江篇以接輿與桑扈並舉通志氏族略以爲魯大夫集注曰魯人）習於老氏之學以簡爲道者可也僅而有未盡之意仲弓默契其旨推至臨民居敬則有禮文居簡則爲易野居敬行簡恭己者無爲而治居簡行簡脫畧者過於疏慢也故夫子然其說焉

（按）此與雍也章分爲兩事說苑（修文篇）孔子見子桑伯子伯子不衣冠而處弟子曰夫子何爲見此人乎子曰其質美而無文吾欲說而文之孔子去子桑伯子門人不說曰何爲見孔子乎曰其質美而文繁吾欲說而去其文仲弓之問正因孔子見子桑伯子也居敬行簡惜孔子欲說伯子文也居簡行簡惜伯子欲同人道于牛馬也（家語）子桑伯子既有門人同處必以師道得民故稱曰子桑伯子不衣冠而處猶今便服見客客具衣冠已則不具衣冠非必袒裼裸裎

也雍聞夫子言欲說文因悟居敬居簡之旨而又不敢遽以爲決故曰不亦可乎無乃太簡乎誰謂仲弓短於口才與宜孔子聞而然其說也

哀公問弟子孰爲好學孔子對曰有顏回者好學不遷怒不貳過不幸短命死矣今也則亡未聞好學者也

公問弟子好學者蓋欲得士而授以官也顏子時卒故曰不幸短命死焉好學謂專志於學遷移也貳復也怒起旋平何遷之有過能內省何貳之叢回日克己而復於善聖敬日躋有非等弟子所能及者短命古人五十杖家四十不得謂之老也亡無同

（按）史記仲尼弟子傳顏回少孔子三十歲年二十九髮盡白蚤死（未若卒之歲年）家語七十弟子解顏回少孔子三十歲年二十九髮盡白三十一而死（據王肅注校其年時）（顏回死時孔子年六十一）予玩三字當爲三（古文四字）譌也若云三十一卒孔子時年六十一歲

方如蔡見葉公距魯千有餘里顏淵之死顏路何得而請孔子之車以爲之椁即云顏淵顏路皆從如蔡伯魚尚在孔子何得云鯉也死有棺而無椁陳蔡之阨時在哀公六年孔子年已六十有三若回三十一已卒何能尚列德行之科家語三字必爲三字之譌也孔子年譜顏淵死在伯魚之後適值哀公十有三年此時公問孰爲好學故孔子對之有餘痛也哀十四年公羊傳顏子死子曰噫天喪予子路死子曰噫天祝予西狩獲麟孔子曰吾道窮矣（何休注天生顏子子路爲夫子輔佐皆死者天將亡夫子之證時得麟而死亦天告夫子將沒之徵）孔子世家魯哀公十四年春狩大野叔孫氏車子鉏商獲麟以爲不祥仲尼視之曰麟也取之曰河不出圖洛不出書吾已矣夫顏淵死孔子曰天喪予及西狩獲麟曰吾道窮矣合公羊傳世家而觀顏子之沒正與獲麟時近故劉寶楠正義歷引諸家辨說以明顏子享年四十有一也古者上壽百二十歲中壽百歲下壽八十歲（說見養生經及左傳僖公三十二年正義）書洪範

云凶短折孔傳短未六十折未三十顏子四十一而卒其云不幸短命也宜焉（丙辰春季予應曲阜講經大會經師之聘恭謁聖廟敬瞻復聖遺像鬚髯甚長其容貌絕非三十一歲其為四十一歲又何疑與）

子華使於齊冉子為其母請粟子曰與之釜請益曰與之庾冉子與之粟五秉

子華公西氏名赤孔子弟子子華使齊蓋從景伯如齊隨子貢為介而往也釜六斗四升庾二斗四升（考工記陶人庾實二觳觳受一斗二升庾實二斗四升也）秉二石（徐氏鼒會秉為二石）五秉十石也下士與上農同祿旬給一釜（周官廩人云食者人四鬴以一年計之每人二十五斗六升也以上農食九人計之共得粟二百三十斗零四升下士與上農夫同祿以十二月分之每月下士派一石九斗二升每旬派一釜）中士倍下士旬給二釜（當得祿四百六十斗零八升每月派三石八斗四升每旬派一石二斗八升）釜與以庾（合釜得八斗八升）祿介中士下士之間五秉之與實合使齊月日而總給其母也冉子時為季氏賦粟必掌頒祿之事子華時無職位於朝以士偕使故冉有請於夫子酌定其數然後告於季氏而頒給也（戴東原云二斗四升曰庾十六斗曰籔庾與籔音聲相邇傳注往往譌溷聘禮記云十六斗曰籔鄭注云今文籔或為逾康成但言其音同庾非謂籔即庾也包咸注直云十六斗為庾始混籔為庾矣皇侃義疏庾二斗四升也包氏曰十六斗為〇即是聘禮之籔也是疏亦知包注之非）

子曰赤之適齊也乘肥馬衣輕裘吾聞之也君子周急不繼富

適往也肥馬輕裘皆言其美周賙也急窮迫繼富續有餘也

（按）哀公十有五年冬及齊平左傳云子服景伯如齊子贛為介赤之適齊必隨景伯子貢為士介也時在冬日故衣輕裘若在孔子為司寇時公西年甫十二（公西生昭公三十二年）何能出使惟在哀十五年赤年三十所以能為士介也公西志於禮樂願為小相景伯使齊必先謀於夫子而後公西隨往也古者卿大夫士祿有常經赤時甫仕故冉有頒粟特請夫子酌定其數然後告於季氏耳五秉之與總計使齊行期以給其母非為冉求私惠子言周急不繼富者始仕當從下士之祿不當介於中下之間以公祿為濫與也

原思為之宰與之粟九百辭子曰毋以與爾鄰里鄉黨乎

原思名憲宋人孔子弟子為宰不言邑名蓋夫子時為司寇原為家宰也九百（孔安國注九百斗）上士之子祿歲給其粟九百二十一斗六升言九百者舉大數也辭謂不受毋禁止辭五家為鄰二十五家為里萬二千五百家為鄉五百家為黨周禮凡貧乏者皆有相賙之誼故夫子禁其辭而轉命其與也

（按）仲尼弟子列傳原憲字子思索隱少孔子三十六歲夫子為魯司寇一在定公十二年一在哀公元年（詳見孔子年譜）此為之宰當在哀公元年也若在定十二年原思時尚未冠何能為宰惟在哀公元年原思年已逾冠故夫子使為之也且原思秉性廉介孔子卒後原憲亡在草澤隱居於衛若非為孔子家宰豈肯為魯三家宰乎

子謂仲弓曰犁牛之子騂且角雖欲勿用山川其舍諸

王制祭天地之牛角繭栗宗廟之牛角握祭法祭天地用騂犢犁牛耕牛子犢也古者天子必有養獸之官犧牷祭牲必於是取之民間耕牛非能以供祭祀然有時公牛不足則耕牛之犢亦在所取曲禮所謂索牛是也騂謂毛赤角謂繭栗周人尚赤犁牛之子騂且角即騂犢也山川望祀之神索牛中祭雖不用於郊天亦必用於望祀也

（按）史記弟子列傳冉雍字仲弓（集解鄭玄曰魯人家語云伯牛之宗族少孔子二十九歲）仲弓父賤人孔子曰犁牛之子騂且角雖欲勿用山川其舍諸（集解何晏曰言父雖不善不害於子之美）王充論衡謂母犁犢騂無害犧牲祖濁裔清不妨奇人鯀惡禹聖瞍頑舜神伯牛寢疾仲弓潔全直以犁牛指伯牛以仲弓指為伯牛之子殊為可怪予玩伯牛與仲弓並列四科絕非父子即云父子伯牛既列德行豈為賤人豈云不善而行惡（朱註）若眞行惡仲弓之父絕非為伯牛也對人子嘲訕其父殊失聖人立言之體

廣韻犁耕也說文耕犁也耕梨互訓犁牛實即耕牛犁牛之子實即宗牛中之騂犢周禮用騂牲者三事祭天南郊一也宗廟二也望祀南方以及望祀山川三也魯人郊天必爲三望春秋宣四年云郊牛之口傷改卜牛牛死乃不郊猶三望（三望淮海岱也）成七年云鼷鼠食郊牛角改卜牛鼷鼠又食其角乃免牛不郊猶三望三望祀山川也孔子此言蓋在定十五年（是年定薨）鼷鼠食郊牛牛死改卜牛夏五月辛亥郊哀元年鼷鼠食郊牛改卜牛夏四月辛巳郊凡祭司徒奉牛季氏爲魯司徒（詳見昭四年傳云吾子爲司徒實書名吾子謂季孫也）平子卒桓子嗣位仲弓爲季氏宰時郊牛爲鼷鼠所食乃改卜牛仲弓必有議論以爲牛死可以免牛不郊孔子謂曰不郊猶當三望含廢也豈可因郊牛既傷而廢山川之祀乎況有耕牛騂犢可以改卜於是魯改卜牛定十五年五月辛亥哀元年四月辛巳兩書魯郊足證此言爲改卜牛說非爲父賤行惡仲弓行美說也（周禮牛人屬於司徒）

子曰回也其心三月不違仁其餘則日月至焉而已矣

天道四時成化三月具一時之氣仁者善之長也三月不違言顏子涵養純粹已具天德之一時也若假之年德益日進必能參天地之化育以成生物之功其餘則積日成月至月即止私累或生不能如回德之純也

（按）聖門之言心學惟見於此易繫辭下子曰顏氏之子其殆庶幾乎有不善未嘗不知知之未嘗復行也易曰不遠復无祇悔元吉張栻曰易三百八十四爻未嘗言仁獨於復之二曰下仁克己復禮仁也三月不違顏子內聖之功進於純亦不已完其爲天德也其餘日月至者養心之功深淺不同非從事聖學者不能默察而領悟也憶（瑋）幼時侍　先君子頤齋老人之側講及此章問心不違仁是何景象老人曰涵養太和藹然如春生氣化絕無纖毫害物之機潛萌於內書曰作德心逸日休也

季康子問仲由可使從政也與子曰由也果於從政乎何有曰賜也可使從政也與曰賜也達於從政乎何有曰求也可使從政也與曰求也藝於從政乎何有

從政謂爲大夫果有決斷達通事理藝多才能（集註）何有言非世所易有也

（按）康子執政使召冉求求歸仕於季氏尚未薦升公也至哀公十一年冬孔子返魯由賜偕來並仕季氏哀十四年小邾射以句繹來奔曰使子路要我十五年子貢從景伯使齊齊歸魯成（邑名）以及十一年戰清求功居多三子皆康子所深信者至是欲薦諸公故以從政爲問曰可使也與疑而莫定之辭子曰何有言三子才各有長非世易有故直爲康子決斷也

季氏使閔子騫爲費宰閔子騫曰善爲我辭焉如有復我者則吾必在汶上矣

季氏康子也閔子騫名損魯人孔子弟子致仕之後明於去就之義益自切磋於道德故不欲出爲費宰也費季氏邑在魯東南善辭婉謝意復謂再來召已汶水名在魯西北汶上齊境也

（按）家語（執轡篇）閔子騫爲費宰問政於孔子公羊傳（宣元年）閔子要經而服事既而曰若此乎古之道不即人心退而致仕孔子蓋善之也（宣公元年孔子閔子時皆未生公羊引此說者明古者臣有大喪則君三年不呼其門非謂閔子事即在此年也）據傳說而觀閔子嘗爲費宰惟因要經服事不近人心是以致仕此時季氏復使宰費故託使善辭而欲避之汶上也魯有兩汶皆與齊境相接今汶上縣在魯西北水以南爲陰北爲陽既在汶上是言屬齊境也（尚書地理今釋汶水出今山東濟南府萊蕪縣其源非一合流於泰安州之靜安鎮謂之大汶又有小汶出新泰縣宮山之下汪徂萊山南入大汶汶水由安民亭合濟水東北入海明永樂九州於東平州東六十里築戴村壩遏汶水出南旺南北分流南流達濟寧州會沂泗諸水入淮者十之四北流達於臨清州會漳衛諸水入海者十之六矣）

伯牛有疾子問之自牖執其手曰亡之命矣夫斯人也而有斯疾也斯人也而有斯疾也

堂室有戹所以間內外也釋宮曰牖戶之間謂之戹戹左曰戶戶通出入戹西曰牖支木爲之猶今窗欞自室言之則牖在南自堂言之則牖在北人無疾居恆在奧臥恆在妻女則在居恆在室人有疾居恆在室爲其家人便於服事疾病則臥室南牖下寢必東嚮有視疾者親族則至室內賓客則至堂中隔牖可以接談疾革則遷於堂北牖下屬纊俟絕伯牛姓冉名耕魯人孔子弟子有疾癩也時猶疾未至革故伯牛尚臥於室孔子問之遂自牖而執手焉視其疾不可治所以有斯人斯疾之歎再言之者痛甚也

（按）淮南子精神訓云冉伯牛爲厲厲癩也論衡命義篇云伯牛空居而遭惡疾白虎通精神篇云冉伯牛危言正行而遭惡疾劉峻辨命論冉耕歌其芣苢也予玩癩疾不至於死其癩不可治者南方之人大痲瘋也斯人斯疾蓋伯牛本無此疾其罹此疾者明非意料所及陳蔡之從伯牛列於四科之首若其素有此疾必不能追隨函丈也意者南多瘴癘牛體氣弱因爲傳染死時當在哀十二年孔子返魯之後顏子未死之前也

論語實測 卷六 七

子曰賢哉回也一簞食一瓢飲在陋巷人不堪其憂回也不改其樂賢哉回也

簞竹器瓢瓠也陋巷僻陋之處憂謂憂貧樂謂樂道回能不以人事爲憂而以天爵爲樂故夫子再言其賢以歎美也

（按）古者士民宮室田里皆君上之所授也顏子學成未仕其授爲下士之田近郊周官載師云以近郊之田授士其居爲一畝之宮環堵之室儒行云一畝之宮見儒行農夫之授宅二畝半長一畝餘畝種桑麻也其巷必在僻靜之地也陋巷在今曲阜城內孔廟東北人不堪憂謂憂貧欲仕回不改樂正以士有授田郭外五十畝足以給饘粥郭內四十畝足以爲絲麻鼓琴足以自娛所學於夫子者足以自樂回不願仕孔子所以再美其賢也郭外六句見韓詩外傳顧齋經說人不堪其憂是人代回爲憂惜其抱道未仕而無明君良相以求之也

冉求曰非不說子之道力不足也子曰力不足者中道而廢今女畫

道言也田賦之訪求聞夫子之言曰非不說也力不足也子因責曰力不足者必其言而不從中道廢止今女實畫其策是以不欲諫也

（按）左傳哀十一年季孫欲以田賦使冉有訪諸仲尼仲尼不對而私於冉有曰君子之行也度於禮施取其厚事舉其中斂從其薄如是則以丘足矣若不度於禮而貪冒無厭則雖以田賦將又不足且子季孫若欲行而法則周公之典在若欲苟而行又何訪焉弗聽此必因其弗聽子有責求之言求遂諉曰非不說子之道吾力實難匡救也猶之泰山之旅對曰不能顓臾之伐言其不欲耳子曰力不足者中道而廢即周任言曰陳力就列不能者止之義今女畫實以冉求畫策謀爲聚斂也

子謂子夏曰女爲君子儒無爲小人儒

周禮太宰曰儒以道得民君子天人皆通法言通天地人曰儒小人硜硜信果也子貢問士章云

子夏篤信謹守故夫子勉其任重致遠不可以弘毅也

（按）闕里志子夏曰吾入見先王之義則榮之出見富貴又榮之兩者未知勝負故癯今先王之義勝故肥蓋古人修天爵而忘人爵爲君子儒全以義理勝也今人修天爵以要人爵爲小人儒全以名節矜也家語云子夏爲人性不宏其教人者則曰可者與之不可者拒故夫子勉其進於道義而不可徒矜名節也顧齋經說小人儒即今鄉黨自好之士

論語實測 卷六 八

子游爲武城宰子曰女得人焉耳乎曰有澹臺滅明者行不由徑非公事未嘗至於偃之室也

武城南武城也子游爲宰蓋在哀公十有一年孔子返魯之日也耳聞也女得人焉耳乎問其得賢才於耳聞與澹臺姓滅明名孔子弟子徑路之斜趨者公事飲射讀灋及士在公言事之類室宰居内庭也

（按）下章記孟子反事子游爲宰當在哀公十有一年偃時二十三歲也武城有四左馮翊泰山清河定襄皆以名縣子游所宰爲南武城水經注引京相璠曰今泰山南武城有澹臺子羽冢縣人也其證一左傳哀八年鄫人道吳師伐武城克東陽舍於庚宗方輿紀要南武城故城在今費縣西南九十里通志云八十里日志錄南武城在今費縣西南八十里石門山下以今輿地攷之鄫即繹縣在費縣南鄫人道伐武城其證二後漢志南武城有東陽城與左傳云克東陽合其證三昭

四年左傳初穆子去叔孫氏及庚宗杜注成十六年辟僑如之難奔齊庚宗魯地與哀八年云吳伐魯由東陽舍庚宗次泗上路合其證四襄十九年經云城武城傳云穆叔歸曰齊猶未也不可以不懼乃城武城其證五孟子曰曾子居武城有越寇新序云魯人攻鄪曾子辭於鄪君戰國策甘茂亦云曾子處費蓋費實季氏邑武城即費西南邑也孟子云越寇新序云魯人攻費哀公以越伐魯三桓曰越寇曰魯攻一也其證六宋程大昌澹臺祠友教堂記曰清河特曰東武城者以其與定襄皆隸趙且定襄在西故也若子游之所宰其實魯邑而東武城者魯之北也故漢又加以南別之其證七後漢王符潛夫論云鄗畢之山南城之衆章懷太子注南城曾子父所葬在今沂州費縣西南其證八仲尼弟子列傳曾參南武城人正義括地志云南武城在兖州子游爲宰者其證九日知錄云弟子列傳曾參南武城人澹臺滅明武城人爲同一武城子羽傳次曾子省文其證十澹臺少孔子三十九歲時年三十狄氏孔子年譜澹臺少四十九歲時年二十狀貌甚惡孔子以爲材薄既而受業列傳所云既而受業者必因子游之言而孔子因受子羽列於門牆也

子曰孟之反不伐奔而殿將入門策其馬曰非敢後也馬不進也

孟之反魯大夫名側伐矜功奔敗北也軍前曰啓軍後曰殿戰則衛前爲勇敗則御後爲功反奔而殿事在戰淸之役門雩門策鞭也不進馬不前貌反言此者自揜其功不欲以殿爲矜能也

（按）左傳哀公十有一年春齊爲鄎故國書高無平帥師伐我及淸地名孟孺子洩帥右師顏羽御邴洩爲右冉求帥左師管周父御樊遲爲右次于雩門之外師及齊師戰於郊齊師自稷曲左師入齊軍右師奔齊人從之逐右師陳瓘陳莊

涉泗二陳齊大夫孟之側後入以爲殿孟氏之側族也字反抽矢策其馬曰馬不進也林不狃徐步而死冉求師獲甲首八十齊人不能師據左傳云魯師二師戰齊右師實敗左師實勝孟之反所殿者孟孺子洩所帥之右師也顏羽欲戰邴洩欲奔孺子遂信邴洩之奔以致敗北孟之反策馬數言正爲孺子分過也

子曰不有祝鮀之佞而有宋朝之美難乎免於今之世矣

祝宗廟之官鮀衛大夫字子魚宋朝宋公子朝仕衛亦爲大夫佞色皆孔子所惡然鮀雖佞盟衛長蔡善事鬼神猶能益於衛之社稷若朝則徒恃色以擅權也今則祝鮀已死宋朝尚存難免於世知衛亂之必作也

（按）左傳定四年劉文公合諸侯于召陵祝鮀私於萇宏曰若聞蔡將先衛信乎萇宏曰信子魚曰昔文公爲踐土之盟衛成公不在夷叔其母弟也猶先蔡吾子欲復文武之略而不正其德將如之何萇宏說告劉子與范獻子謀之乃長

衛侯於盟從左傳晉錄又定十四年衛侯爲夫人南子召宋朝南子宋女也朝宋公子通於南子會於洮太子蒯聵獻盂于齊過宋野野人歌之曰既定爾婁豬盍歸吾艾豭婁豬求子豬以喻南子艾豭喻宋朝艾美也太子羞之謂戲陽速曰從我而朝少君少君見我我顧乃殺之速曰諾乃朝夫人夫人見太子太子三顧速不進夫人見其色啼而走曰蒯聵將殺余公執其手以登臺太子奔宋其後衛亂直至蒯聵主衛禍猶未已夫子此言蓋因太叔疾言也此章次孟之反奔殿之後時在魯哀公十有一年傳云衛太叔疾出奔宋初疾娶于宋子朝子朝之女其娣嬖子朝女之娣子朝出出奔孔文子使疾出其妻而妻之足徵宋朝雖免並其女及女娣亦難免遂釀至孔悝之亂作也

子曰誰能出不由戶何莫由斯道也

雙戶曰門單門曰戶戶爲堂室出入之處由從也道即禮義所在言自室出者不能不由於戶何人舍禮義而不由與

（按）禮器云故經禮三百曲禮三千其致一也未有入室而不由戶者孟子萬章篇云義路也禮門也惟君子能由斯路出入是門予玩此孔子因聞衛亂而感言也故與上章連類以誌誰能出不由戶隱指良夫與太子入舍孔氏之外圃昏二人蒙衣而乘宦者羅御如孔氏孔氏之老欒甯問之稱姻妾以告遂入何莫由斯道也正指渾良夫美好孔文子卒良夫通於悝母太子在宿悝母使良夫於太子太子與良夫言曰苟能入我國報子以乘軒免子三死毋所與與之盟許以悝母爲妻也詳見哀十五左傳孔文子娶衛太子蒯聵之姊生孔悝詳見史記衛康叔世家

子曰質勝文則野文勝質則史文質彬彬然後君子

表記子曰虞夏之質殷周之文至矣虞夏之文不勝其質殷周之質不勝其文夫子言此蓋欲文質互用濟之以中酌四代以爲治也彬彬文質相均之貌然後君子言必如此始稱德位者也

論語實測 卷六 十一

（按）禮器云先王之立禮也有本有文忠信禮之本也義理禮之文也無本不立無文不行合表記禮器而觀內聖外王之道不外忠信義禮而已質家自有子桑伯子者流不衣冠而處質則失於野矣文家自有左邱明輩記言記動詞尚浮誇文則失於史焉此皆衰周之弊豈表記禮器所云文質者與宜夫子感而言也

子曰人之生也直罔之生也幸而免

直正也罔曲也生則天地生物之理直者遂焉罔者撓焉物撓必不能生幸而免者言雖斬徼其幸終不可以常恃者也劉恭冕論語述何公羊傳僖二十六年公以楚師伐齊取穀公至自伐齊解詁云魯內虛而外乞師以犯強齊會齊侯昭卒晉文行霸幸而得免孔子曰人之生也直罔之生也幸而免故雖得意猶至伐也

（按）頤齋經說柳下惠直道而行仕遭三黜盜跖暴戾殺人竟以壽終世遂有去直而效罔者不知直者之生在百世罔者之免在一時然能免者寡不免者多若盜跖壽終洵所謂幸不足以爲法也予玩左傳昭二十五年昭子自闞歸見平子平子稽顙曰子若我何昭子曰人誰不死子以逐君成名子孫不忘不亦傷乎將若子何平子曰苟使意如得改事君所謂生死而肉骨也昭子從公于齊與公言平子有異冬十月辛酉昭子齊於其寢使祝宗祈死戊辰卒孔子此言蓋以昭子直也而反死平子罔也而反生故太息而感言也

子曰知之者不如好之者好之者不如樂之者

知謂明其理好謂致其功樂謂得於心而契於天也

（按）此夫子爲及門言也知之者私淑答問若陳亢孺悲好之者成德達材若由賜商偃樂之者化得時雨如顏子境樂簞瓢曾子曳縰而歌商頌聲若出金石也見莊子餘若閔子出見羽蓋龍旂裘旃相隨視若塵土矣見韓詩外傳學有淺深道有次第必能深造自得始不知手之舞之足之蹈之也

論語實測 卷六 十二

子曰中人以上可以語上也中人以下不可以語上也

中人謂中材也上上智下下愚以上以下可語不可語者介於才不才之間故因區別而敎也

（按）此子敎人因材而篤也中近於上如子夏問詩悟禮子貢因禮晤詩曾子立唯一貫之類中近於下如樊遲不達舉錯使直之旨宰予以食稻衣錦爲安也可語上如予欲無言因賜云何述而告以時行物生默參天道因子夏問三王之德而語曰奉三無私（天無私覆地無私載日月無私照）不可語上如南宮适問羿奡禹稷夫子不答宰予問五帝之德夫子告之旣而曰予非其人也（見大戴記）孔門上智惟顏子一人默契性與天道餘則成德達材雖皆中智而七十二子之內仍有上下之分也

樊遲問知子曰務民之義敬鬼神而遠之可謂知矣問仁曰仁者先難而後獲可謂仁矣

義謂治民之義（禮運曰何謂人義父慈子孝兄良弟弟夫義婦聽長惠幼順君仁臣忠十者謂之人義）務猶事也知者能明鬼神之故敬謂祭祀之誠遠謂不諂瀆也先難後獲猶言先事後食（解見春秋繁露仁義法篇）仁者之道以恕爲心正其誼不謀其利明其道不計其功也（四書攷異樊遲凡三問仁兩象問知夫子答之不同大約遲之問仁猶有餘辭而其辭有別夫子乃各就問辭答之）

（按）左傳（桓六年）季梁曰夫民神之主也是以聖王先成民而後致力於神表記子曰夏道尊命事鬼敬神而遠之近人而忠焉殷人尊神率民以事神先鬼而後禮周人尊禮尙施事鬼敬神而遠之近人而忠焉（鄭玄注遠鬼神近人謂外宗廟內朝廷）劉氏論語正義尊命尊禮尙施皆近人之事周道與夏道畧相似也近人而忠即是務民之義於鬼稱事神稱敬者禮數故言事禮疏故言遠也皇侃義疏獲得也言臣必先歷爲難事而後乃可得祿受報故范甯曰艱難之事則爲物先獲功之事而處物後則爲仁矣予玩淸之役（哀十一年）樊遲爲右佐冉求帥其左師及戰郊遲請三刻踰溝卄誓云用命賞于祖不用命戮于社遲來問知問仁蓋在戰郊之後祀于軍社行其賞罰時也故夫子酌三代之制告遲尊禮尙施也尊禮則務民義尙施則先難後獲此誠知仁之極至也

子曰知者樂水仁者樂山知者動仁者靜知者樂仁者壽

此因子貢問水子張問山約其事而類誌也山水知仁之體樂水樂山知仁之性動靜知仁之用樂壽知仁之功知者明涵有似於水仁者厚載有似於山知者之心樂天仁者之心壽物也（如謂仁者必壽則顏淵何以短命所云壽者蓋仁者有壽世壽民之心也）

（按）說苑（雜言篇）子貢問曰君子見大水必觀何也孔子曰夫水者君子比德焉淺者流行深者不測似智尙書大傳子張曰仁者何樂於山也孔子曰夫山者出雲雨以通乎天地之間陰陽和合雨露之澤萬物以成此仁之樂於山者也

韓詩外傳三問者曰夫智者何以樂於水也曰夫水者緣理而行不遺小間似有智者云云問者曰夫仁者何以樂於山也曰夫山者萬民之所瞻仰也云云足徵此章是門人約孔子之言而記之也

子曰齊一變至於魯魯一變至於道

太公（姜姓呂氏名尙）封齊周公（姬姓名旦）封魯治國各有其道齊變至魯魯變至道言其政治强弱所變各有不同者蓋由封國之初齊治近霸魯治近王也

（按）說苑（政理篇）伯禽與太公俱受封而各之國三年太公來朝周公問曰何治之疾也對曰尊賢先疏後親先義後仁也此霸者之跡也周公曰太公之澤及五世五年伯禽來朝周公問曰何治之難對曰親親先內後外先仁後義也此王者之跡也周公曰魯之澤及十世故魯有王迹者仁厚也齊有霸迹者武政也齊之所以不如魯者太公之賢不如伯禽也夫子言此者蓋以齊桓公世管

仲相君治近於霸及景公時晏嬰輔君治近於王然猶非純近於王也魯雖三家專政然季文子命出莒僕文十八年孟獻子曰與其有聚斂之臣甯有盜臣叔孫昭子不肯行貨於晋以求自免昭二十三年是皆仗義秉禮能合於道者也迨及孔子攝相三月治化大行若能充而盛之何患不變衰魯爲東周與

子曰觚不觚觚哉觚哉

觚木簡太史操之據實以書事者不觚之歎言今史失其職不能操觚直書也馬融注觚禮器也一升曰爵三升曰觚也

(按)史游急就章急就奇觚與衆異顔師古注觚哉學書之牘或以記事削木爲之蓋簡屬也孔子歎觚即此之謂說文通釋觚八稜木於其上學書西京雜記傳介子好學書寄棄觚而歎史記破觚爲圜應劭曰觚八稜有隅者崔豹廣川書跋秘閣有觚其制無四廉僕素不文或定以爲商觚據諸家註說觚皆爲木簡非爲酒器也不觚之歎蓋以晋董狐書趙盾弑君宣二年左傳齊太史書崔杼弑君死者二人其弟嗣書南史聞太史盡死執簡以往聞既書矣乃還襄二十五年傳是皆不畏强禦者今陳恆弑君史書告以諸侯者於悼公曰齊侯陽生卒哀十年不書爲弑於簡公曰齊人弑其君壬于舒州哀十四年不書陳恆弑君魯則孟子卒不書夫人吳姬卒哀十二年是信史皆存曲筆故孔子歎曰觚不觚也再言觚哉觚哉甚言何以信後世也

宰我問曰仁者雖告之曰井有仁焉其從之也子曰何爲其然也君子可逝也不可陷也可欺也不可罔也

井瀆也廣雅釋詁易記井爲刑瀆有仁殺身成仁也從之如君死社稷大夫死君齊南史見太史及二子死而猶執簡以往之類然有不爲之死者從與不從宰我未知孰是故設此以爲問也逝遠去陷深蹈欺謂人誑諸己罔謂自昧其機也

(按)宰我之問蓋聞崔杼弑君莊公賈舉等皆從君死祝佗父祭於高唐至復命不說弁而死於崔氏晏子獨不死難詳見襄二十五年左傳又衛孔悝之難哀十五年孔子聞亂曰柴也其來由也死矣因疑國有變亂或以從難爲殺身成仁或以不從爲無害於仁未知孰是遂託井有仁焉以問也四書箋疑井阱也井有仁者如茅焦諫秦帝衣就烹之類

子曰君子博學於文約之以禮亦可以弗畔矣夫

文典籍禮禮義博廣也約要也畔與叛同謂背越也君子有德位之稱言能博通典籍並克納於禮義所行自使人合於道也

(按)顧炎武日知錄君子博學於文自身而至於家國天下制之爲度數發之爲音容莫非文也品節斯斯之謂禮孔子曰伯母叔母疏衰踊不絕地姑姊妹之大功踊絕於地如此者由文矣哉由文矣哉記曰三年之喪人道之至文者也參以哀公十有五年左傳云冬及齊平子服景伯如齊子贛爲介見公孫成成宰公孫宿也曰人皆臣人而有背人之心況齊人雖爲子役其有不貳乎子周公之孫也多饗大利猶思不義利不可得而喪宗國將焉用之成曰善哉吾不早聞命足證君子指孟武伯也畔指公孫宿以成叛博文約禮謂成人奔喪袒免哭衛聽共僭武伯弗內弗許以致成叛入齊若武伯能知博文約禮內其奔喪許其袒免哭衛聽共公孫宿何至懼不歸成致其叛入於齊與

子見南子子路不說夫子矢之八字讀句曰予所否俗鄙切音齊者天厭之天厭之

南子之見子路方說子將用衛故不說夫子急去之也矢去也莊子田子方之適矢復咨注矢去也夏鴟萬云矢急去也予言吾道否而不通者實天厭棄衛德也否塞也厭棄也故重言之子見南子詳見史記孔子世家

(按)孟子萬章上云彌子之妻與子路之妻兄弟也彌子謂子路曰孔子主我衛卿可得也子路以告足證子見南子子路未必不說也其不說者既見之後靈公與夫人同車使孔子爲次乘招搖過市孔子於是去衛不能得行其道此不

說所由來也當合讀子路不說夫子矢之爲句左傳隱十一年鄭莊公曰天而既猒周德矣以彼例此重言天猒之者正指天猒衞德也

子曰中庸之爲德也其至矣乎民鮮久矣

中庸以中和爲用也德至即致中和之德位天地育萬物者鮮善也民鮮能久猶言斯民也三代之所以直道而行也蓋言倫常之理民無不知無不曉也而究之皆莫能盡也

（按）周官師氏以三德教國子一曰至德以爲道本注曰至德中和之德覆幬持載含宏者也孔子曰中庸之爲德其至矣乎詳見論語古注集箋大司徒以五禮教萬民之中以六樂教萬民之和中和即禮樂也不言禮樂而言中庸者庸常也禮爲常用所以範圍人身養成中和之德也鮮善也民善久者夫婦之愚不肖可以與知能行也此言蓋在哀公初年孔子治魯教化大行辨見年譜齊人未歸女樂

日也

子貢曰如有博施於民而能濟衆何如可謂仁乎子曰何事於仁必也聖乎

博施濟衆天下之民舉安堯唐帝舜虞帝堯舜猶病言尚以不能爲己憂也仁謂生物之心聖造其極之德也

夫仁者己欲立而立人己欲達而達人能近取譬可謂仁之方也已

立立於禮達行其道己立立人己達達人上老老而民興孝上長長而民興弟上恤孤而民不倍此之謂挈矩之道也以己及人仁者之心譬喻也方義也近譬爲仁之方充之即胞與之量易曰益卦九五有孚惠心勿問元吉有孚惠我德也

（按）此子貢因子游從夫子蜡賓事畢出遊觀上聞大同小康之言故以此問

者時已用事於魯意在欲使魯衆舉安上下皆得其道田賦不加聚斂不事萬民熙熙然如樂春臺也子曰堯舜猶病者堯有九年水患舜有苗民逆命雖聖尚且不能何況仁者夫仁之方惟有挈矩之道己欲立而立人己欲達而達人能近取譬而已

論語實測卷七

泰州 徐天璋睿川 注

述而

子曰述而不作信而好古竊比於我老彭

作者之謂聖述者之謂明述傳舊作創始也信篤信好深好古謂先王禮樂典則以遺後者竊比願同之意老彭商賢大夫享世大年者也顧頡剛說老老聃彭彭咸皆楚之好古者

（按）大戴記虞戴德篇引孔子言曰昔商老彭及仲傀政之教大夫官之教士技之教庶人揚則抑抑則揚綴之德行不任以言也呂氏春秋執一篇老彭在商為守藏史在周為柱下史年八百歲恬靜好古籍餘云同大戴記子玩老彭鄭玄王弼並注老為老子彭為彭祖包咸注老彭殷賢大夫彭大祖今考子史記五帝紀楚世家世本楚辭天問等說彭祖祖姓錢名鏗顓頊玄孫陸終子封於彭城以國為氏故曰彭祖當堯之時已見舉用至殷末世國滅久矣即云八百餘歲惟能至商為守藏史豈能至周為柱下史乎且彭鏗既用於堯時並於夏商為諸侯則守藏之職必非為錢鏗也以老彭為彭祖者其說不攻自破老子見於史記及韓非列傳楚苦縣厲鄉曲仁里人也姓李名耳字伯陽謚曰聃周守藏之史也其生在彭祖之後今言老彭不言老聃而大戴記顯有老彭之名與仲虺並列漢書古今人表亦列老彭於仲虺下是老彭為殷初人也以老彭為老聃彭祖兩人者其說亦不攻自破大戴記為最可信之書述而之老彭為殷守藏史又何疑與此蓋夫子去曹適宋與弟子習禮之暇道經彭城而感言也彭城古大彭氏國即今徐州春秋時屬宋宋微子世家云平公三年楚共王拔宋之彭城以封宋左師魚石四年諸侯共誅魚石而歸彭城於宋彭城界於曹宋間也述而不作信而好古二語本彭祖賦詩馮登府經詁答問引漢博陵太守孔彪碑則老彭為彭祖之明證也

子曰默而識之學而不厭誨人不倦何有於我哉

默記謂存諸心不厭不倦言其功無間斷有取也廣雅釋詁一何有於我謂三者人皆能及何必獨取於我也

（按）孟子云孔子不悅於魯衛遭宋桓司馬將要而殺之微服而過宋宋微子世家景公二十五年孔子過宋宋司馬桓魋惡之欲殺孔子孔子微服去是時孔子當阨主司城貞子為陳侯周臣夫子此言蓋在去宋適陳十二諸侯年表宋景公二十五年値魯哀公三年左傳是年夏五月辛卯司鐸火火踰公宮桓僖災孔子在陳聞火曰其桓僖乎是證孔子去宋適陳陳侯用孔子為官師教於國學也夫子在陳四科皆從子為官師明甚不厭不倦公西歎為弟子不能子貢以為夫子既聖子曰何有於我其在己則為謙詞其對人則為勉詞言人皆可以能也

子曰德之不修學之不講聞義不能徙不善不能改是吾憂也

修治勉講研求徙崇效改變更四者為學日新之要不修不講不徙不改則是志氣昏惰不能造成於德也夫子猶以為憂況學者乎

（按）繫辭曰作易者其有憂患乎夫子因即易象為言乾三曰君子終日乾乾夕惕若厲無咎此修德也兌象曰君子以朋友講習此講學也益象曰君子以見善則遷有過則改此徙義改不善也自勉勉人想見聖人日新其德無一不自憂勤惕厲中來陳蔡之從成德達材聞夫子之言熏其德而善良者多也

子之燕居申申如也夭夭如也

燕居廟宮燕息之室肅敬可以稍舒者申申夭夭子恭而安故其容色整飭而舒和也

（按）禮記有仲尼燕居孔子閒居孔疏引鄭目錄云退朝而處曰燕居退燕避人曰閒居今觀燕居子與子張子貢言游論者皆郊社饗獻之禮想見燕居非私室閒暇正在廟宮行禮之日暫時休息於旁室也猶今殿庭朝房宗廟齋宮諸侯入覲之賜舍在外朝近於宗廟地子之燕居蓋在廟宮退息室也

子曰甚矣吾衰也久矣吾不復夢見周公武億經讀考異近讀吾衰也句久矣吾不復夢見周公句古人多讀吾衰也久矣句吾不復夢見周公句歷引呂氏春秋博志篇注黃山谷答王彥周書李絳論朋黨李審言注西征賦為證

劇過曰甚衰謂年衰久矣言非一日也夢者精誠所感孔子盛時嘗欲行周公之道故其精誠之感時或見之至老而知不用於世則無有是心而亦無是夢故因自歎其衰也

(按)呂氏春秋博志篇蓋聞孔子墨翟晝日諷誦習業夜親見文王周公旦而問焉用心如此其精也何事而不達何爲而不成故曰精而熟之鬼將告之非鬼告之也精而熟之也孔子言此蓋追念學易之時韋編三絕見其易象與官禮相輔而治己嘗欲與周道於東方故精誠夢與公接也及其治魯不成去而周流栖遑道路年日衰邁晚知道終不行遂歎不復夢見其盛也

子曰志於道據於德依於仁游於藝

思慕曰志執持曰據親附曰依暇行曰游道即倫常所當盡者德即善行所自積者仁謂心性所存藝謂才能所造存於天志道據德依仁玩於物禮樂射御書數也

(按)學而篇弟子章入孝出弟終以學文家塾之教也禮記少儀士依於德游於藝黨庠之教也黨正書其德行道藝此云志道據德依仁游藝國學之教也教有次第學有淺深同一德也依則附人據則守己同一藝也家塾惟習六書黨庠兼學禮樂射御國學則以道德爲本以仁爲施行以藝爲玩物適情也

子曰自行束脩以上吾未嘗無誨焉

束脩以上謂能約束修飾敦品勵行材近中人以上者誨教誨未嘗無誨以其近於成德也

(按)互鄉童子見子曰與進與潔彼未列於門牆必不執贄也孺悲爲孔子弟子欲見而辭以疾夫子有時不屑誨也此云束脩以上未嘗無誨者韓詩外傳八冉有對哀公曰子貢衛之賈人也學問於孔子遂爲天下顯士史記弟子列傳子路性鄙好勇力志伉直冠雄雞佩豭豚陵暴孔子孔子設禮稍誘子路子路後儒服委質凡若子貢爲賈子路爲武一旦敦品勵行束脩來見夫子無不循循善誘博文約禮勉進於道德也若因脩脯而誨鄙夫空空來問子何兩端叩竭小子皆列門牆子何反云予欲無言與頤齋經說束脩兩字有謂脩脯者禮臘脯五職凡作脯之法若以脯條肉中屈之五臟則爲朐者五爲脡者十故謂之束取其與束帛十端而五不足者同義北史儒林傳謁僞門徒五束脩一毫不受隋書劉炫傳後進負疑受業不遠千里然齋於財不行束脩者未嘗有所教誨是束脩爲贄禮也有謂年齡者鄭玄注束脩謂年十五以上也漢延篤傳曰且吾自束脩以來馬援杜詩二傳並以束脩爲年十五也有謂約束修飾者後漢和帝紀束修良吏鄧后紀故能束脩不擢綱羅鄭均傳束脩安貧邁術傳束修其心劉般傳束修至行胡廣傳束脩守善行所勸仰古雖三解義實一貫束脩本古者執以見師之禮董子則委贄而退成章則奉發而見自行束修以上蓋成童以上宦學事師能自束脩勵節執贄以爲禮者也

子曰不憤不啓不悱不發舉一隅不以三隅反則不復也史記孔子世家

引此節文無不悱不發句皇本高麗本唐石經一隅下有而示之三字

憤者心求通而未得之意悱者口欲言而未能之貌啓謂開其意發謂達其辭物角曰隅一隅之製四隅同焉如既示以一隅之法彼猶未達三隅之理其人昏愚可見故不屑復教之也集注

(按)上節中人以上可以語上也此節中人以下不可以語上也陳蔡弟子有狂有簡冉求說道曰力不足此不憤也葉公問孔子於子路子路不對此不悱也子貢因禮悟詩子夏因詩悟禮此舉隅能反者也樊遲問仁問知子曰愛人知人而遲未達知仁之理宰予問三年之喪而不知三年然後免於父母之懷此舉隅不能反者也憤而後啓如素以爲絢告曰繪事後素悱而後發如子張問達子曰何哉爾所謂達然後歷辨其理也學記云時觀而弗語存其心也注曰使之悱悱憤憤而後啓發也荀子大略篇云有法者以法行無法者以類舉以其本知其末以其左知其右凡百事異理而相守也是皆子言之義也

子食於有喪者之側未嘗飽也子於是日句**哭則不歌**

喪者哀戚飽食於其側是無惻隱之心也何晏集解哭謂弔哭歌謂人聲與樂齊作禮弔於人是日不樂哭則不歌以明是日既往哭人已即不復爲歌詠也

（按）檀弓上云食於喪者之側未嘗飽也下云弔於人是日不樂曲禮曰哭日不歌孔子所行皆先王之禮經也門人所記正與檀弓曲禮吻合（邢昺疏謂孔子助非時也爲應執事故必執事必有哀也故不飽也故禮云飢而廢事非禮也飽而忘哀亦非禮也范甯曰是日即弔赴之日也禮歌哭不同日也）

子謂顏淵曰用之則行舍之則藏惟我與爾有是夫

隱居以求其志行義以達其道惟顏子獨能有是故夫子特許之也

子路曰子行三軍則誰與子曰暴虎馮河死而無悔者吾不與也必也臨事而懼好謀而成者也

萬二千五百人爲軍（五百人爲旅二千五百人爲師）大國三軍子路自負其勇言此非顏子所能意夫子必許己也故以爲問暴虎徒搏（不操兵器）馮河徒涉（不待舟楫）悔懊悔與許也死而無悔吾不與者譏其徒爲血氣之勇也當任曰事慮難曰謀懼慎也（鄭記札闓）（懼謹慎也）成定也（焦循論語補疏成猶定也定即決也）必期必不與在彼所與在此正勉子路於義理也

（按）陳蔡弟子顏淵居四科之首爲邦之問夫子告以四代經綸行藏用舍顏淵外其誰能得志共由與禹稷同道不得志獨善簞瓢之樂與夫子疏食水飲同甘哉子路見不與己因以三軍爲問意即農山言志願得白羽若月赤羽若日鐘鼓之音上震於天旖旗繽紛下蟠於地（見家語致思篇）夫子嘗嘉其勇也今子必曰臨懼謀成是與者蓋以子路陋鄙不成因而去魯浮海是喜好勇無謀絕非能肩大任者可與共圖厥功也且古者行師必鑿凶門而出詩小雅出車篇云憂心悄悄古人臨事未有不慎防者逸周書武紀解云謀有不足者三仁廢則文謀不足武廢則勇謀不足備廢則事謀不足是行軍宜預謀也好猶善也成猶定也孔子曰我戰則克故抑子路血氣之強而進之於德義也

子曰富而可求也雖執鞭之士吾亦爲之如不可求從吾所好

論語實測 卷七 五

祿以馭富求富謂求仕也執鞭君之御士吾亦爲之蓋言爲貧而仕得之以其道者如不可求從吾所好謂不以道得之則當安於義理以疏食飲水爲自樂也

（按）周官條狼氏（司寇屬官）云掌執鞭以趨辟王出入（下士八人夾道公六人侯伯四人子男二人此一義也地官司市凡市入則執鞭度守門此又一義予玩條狼氏士爲之司市胥爲之此言執鞭之士當爲君之御士條狼氏也）孔子嘗爲委吏乘田今不曰委吏乘田獨曰執鞭者蓋孔子居衛月餘靈公與夫人同車宦者雍渠參乘出使孔子爲次乘招搖市過之孔子於是醜之去衛過曹（見孔子世家）想見云欲執鞭因靈公使己次乘而託感也從吾所好去衛之志決焉

子之所慎齊戰疾

慎謹也齊祭時敬齊之色慮必以道動必以禮將與神明相接也戰則衆之死生國之存亡所繫疾則陰陽風雨晦明淫氣害於人身人弗能勝則死者也

（按）禮器子曰我戰則克祭則受福蓋得其道此之謂也鄉黨篇康子饋藥拜而受之曰丘未達不敢嘗足證三事孔子慎之有素也宮文煒曰慎齊則防其邪思訖其嗜欲慎戰則臨事而懼好謀而成慎疾則寒暑不爭飲食必潔也

子在齊聞韶三月不知肉味曰不圖爲樂之至於斯也（史記三月上有學之二字釋文爲一作嫣）

定公末年孔子學韶於齊（辨見年譜）至於三月之久不知肉味蓋心慕聲容之盛盡美盡善精專於一而不及於他也不圖爲樂之至於斯者神明默契之時心可得而喻意可得而會言不可得而盡妙不可得而傳也（四書箋疑云周公制禮作樂惟宮懸之美尊大備季札請觀見舞韶箾曰至矣大矣觀止矣魯自昭公之亂太師摯適於齊孔子至齊正值其亂斯指在齊而言聞韶者蓋聞太師之奏不圖爲樂之至於斯深傷於亂而歎之也子言至斯者正如儀封人曰君子之至於斯也）

（按）說苑（修文篇）孔子至齊郭門之外遇一嬰兒挈一壺相與俱行其視精其心

論語實測 卷七 六

正其行端孔子謂御曰趣驅之趣驅之韶音方作史記孔子世家魯亂孔子適齊與齊太師語樂聞韶音學之三月不知肉味齊人稱之漢書禮樂志春秋時陳公子完奔齊陳舜之後韶樂存焉故孔子適齊聞韶予玩襄公之世（二十九年）季札來聘請觀樂舞是魯備列代之宮懸也孔子宜學於魯何必遠學於齊其學於齊者魯自昭公出孫諸伶去國太師摯適齊曹部一空韶樂不聞久矣迨及定公五年孔子從敬叔如周（辨見年譜）聞禮老聃訪樂萇宏之外語樂無人故於定公末年息轍還陬志將審定禮樂因適齊商訂於太師摯焉

冉有曰夫子爲衛君乎子貢曰諾吾將問之

爲猶助也衛君名輒（即出公）靈公之孫國人立以爲君者衛以蒯聵（靈公子）得罪於父而輒嫡孫當立於是晉納蒯聵於戚衛命石曼姑帥師圍之義各有說故冉有疑而問之諾應辭也

入曰伯夷叔齊何人也曰古之賢人也曰怨乎曰求仁而得仁又何怨出曰夫子不爲也

夷齊孤竹君之子兄弟讓國者也子貢不敢明以衛君爲問故借夷齊爲問讓者是則爭者非讓者非則爭者是賢人幾於聖者怨猶悔也求仁得仁合乎天理之正而即乎人心之安固無遺憾於其中也何怨之有孔子之言如是不爲衛君可知矣而衛輒據國拒父之失亦可見矣

（按）魯哀公二年衛靈公卒斯時孔子在衛正見輒與蒯聵爭國平心而論輒非不肯讓蒯聵也卿大夫士亦非堅奉輒也祇以靈公夫人南子在堂深憎蒯聵遂命石曼姑帥師圍戚輒甫髫齡（俾敬先賢仲子廟立石文曰衛靈公生於魯昭公二年卒年四十有七而蒯聵爲子出公爲其子之子蒯聵先有子衛姬度出公之即位也內外十歲耳二年蒯聵入戚三年春圍戚衛之臣石曼姑等爲之非出公也夏斯衛出公輒論蒯聵有殺母之罪斯時南子在堂其不容入明矣顧齊經說孔悝之亂蒯聵甫入輒立出奔時輒二十餘歲若真據國拒父此時必不出奔耳足證之髫年圍戚其權實操於南子等也）何嘗知其事與惟即揆理言之蒯聵得罪南子既爲靈公所逐晉人納之非義也其納之者利用蒯聵以伐衛也蒯聵居戚衛人帥師圍之非禮也其圍之者實從齊與晉爭也春秋書法魯哀公二年夏四月丙子衛侯元卒晉趙鞅帥師納衛世子蒯聵於戚其書世子者明蒯聵非絕於衛也三年春齊國夏衛石曼姑帥師圍戚其圍戚書齊國夏主師者明非衛君輒之意也書法大公夫子固非黨於衛君亦不坐罪於衛君也（顧齊經說魯定公七年衛靈公叛晉從齊晉納蒯聵隱以蒯聵入國衛人即從晉也齊國夏帥師圍戚正以蒯聵入國衛人終必叛齊齊晉帥師各爲其利實非晉爲蒯聵當立齊爲蒯聵不當立也）

子曰飯疏食飲水曲肱而枕之樂亦在其中矣不義而富且貴於我如浮雲

疏食粗飯也藜藿脫粟之類夫子在衛衆養六萬其貧非如此者惟視不義之富貴若浮雲漠然無與故託疏食飲水以明其志言樂自有在也

（按）鄉黨一篇子於飲食居處審慎精詳去魯周流列國皆致祿養陳蔡之阨絕糧暫時何嘗日樂疏食飲水與惟承衛事況其富貴不義推而至於貧賤之極性天安適恰有至樂在中然後方能視不義之富貴如浮雲耳子貢之問夷齊正爲輒與蒯聵寫照夫子之論不義薄富貴而樂疏食飲水立言之妙正如項莊舞劍志獨注於沛公令人目想而神喻也

子曰加我數年（句）五十以學易可以無大過矣

加假也假我數年猶言寬容我數年也（假訓寬容見後漢安帝紀注）五十天地生成之數大衍之數五十以之學易則參伍錯綜縱橫變化吉凶盈虛究極萬物範圍天地而不過也

（按）史記孔子世家云孔子年六十八贊易又曰孔子晚而喜易序彖繫象說卦文言讀易韋絕三絕曰假我數年（風俗通義窮通篇引論語亦作假）若是我於易則彬彬矣

易乾鑿度云孔子占易得旅息志停讀五十究作十翼坤鑿度云仲尼魯人偶筮其命請益於商瞿氏曰子有聖智而無位孔子泣曰天也命也歎訖而後息志停讀五十究易作十翼（據易緯言五十學易實推五十之數究河洛大衍之理也）孫淮海近語曰非以五十之年學易是以五十之理數學易也大衍之數五十河圖之所虛也惟五與十參天兩地而倚數合參與兩成五衍之成十五者十其五十者五其十參伍錯綜而易之理數盡於此矣予合史記易緯近語以觀蓋孔子贊易之時其年六十有八去日苦多來日苦少從大衍悟出五十理數時猶贊易未成因欲天再寬假數年以竟其功究極萬物變化範圍天地而不過也五十之義繫辭云天一地二天三地四天五地六天七地八天九地十五爲生數十爲成數五位相得而各有合此所以成變化而行鬼神也大衍之數五十其用四十有九分而爲二以象兩掛一以象三揲之以四以象四時歸奇於扐以象閏五歲再閏故再扐而後掛乾之策二百一十有六坤之策百四十有四凡三百有六十當期之日二篇之策萬有一千五百二十縱橫變化此所以當萬物之數也陽以順往陰以逆來河圖順生洛書逆克河洛中宮皆以五十爲用此所以數往知來也想見繫辭所云皆從五十發揮其理推極其數顯道神德行者也（俞樾論語駢枝朱注謂劉聘君見元城劉忠定公自言讀他論加作假五十作卒不知所謂他論者果是何本加字作假史記固然風俗通窮通篇亦引作假是果可信若五十作卒則無所據依自陸德明作釋文不見有作卒之本劉忠定在北宋時何處見之耶鄒園札記此凡四讀集註讀加我數年句邢昺疏以五十絕句釋文魯讀易爲亦是以五十以學讀句亦可以無大過矣讀句近儒宮泰來云曲禮云假爾泰筮有常假爾泰龜有常陽貨篇子曰年四十而見惡焉以此比例當讀假我數句年五十以學易句按世家云假我數年易緯云五十究易作十翼此當讀假我數年句五十以學易句）

子所雅言詩書執禮皆雅言也

雅正也雅言言之聲音合於正者夫子教人凡於詩書以及詔相其禮無不皆雅言也

（按）荀卿（榮辱篇）云越人安越楚人安楚君子安雅言越楚之人各安越楚之俗惟君子必安於雅雅訓爲正雅言即周代書同文也古之聖王撫邦國諸侯者七歲屬象胥諭言語協辭命九歲屬瞽史諭書名聲音正於王朝達於諸侯之國是謂雅言文王世子秋學禮執禮者詔之因知夫子雅化作人所言皆爲正音以及誦詩讀書詔相其禮無一非雅言也先進篇從我於陳蔡者皆不及門也此章次衛輒立後葉公問前想見孔子在陳三年正爲陳國學校之官師也陳鄭吳楚音近南蠻鴃舌孔子悉以雅言教之其所言者詩書執禮無一不用正音此爾雅有釋詁釋言釋訓之傳也

葉公問孔子於子路子路不對子曰女奚不曰其爲人也（史記孔子世家有學道不倦誨人不厭八字）**發憤忘食樂以忘憂不知老之將至云爾**

葉公楚葉縣尹稱公者四命之孤卿也姓沈名諸梁字子高憤懣也樂樂道憂憂貧發憤忘食樂以忘憂猶言謀道不謀食憂道不憂貧也暮年曰老不知老之將至自强不息也

（按）孔子世家言齊景公卒之明年（魯哀公六年）孔子自蔡如葉（葉楚地即今南陽葉縣其故城距今縣城二十里）葉公問政他日問孔子於子路孔子時年六十有三故自言不知老至也（古人五十稱老）古者六十不親學子猶發憤於學不以爲憂反以爲樂其篤行爲可知焉稱葉公者大國四命孤卿（鄉飲酒禮注大國有孤四命謂之公士喪禮注公大國之孤四命也故左傳有邢公棠公商城公白公皆是）非僭也如其僭稱記者必削之焉子路不對非己不能知聖惟聞楚昭欲聘孔子葉公爲楚賢臣尊言之恐失之過謙言之恐失不及措詞甚覺其難故不如不對爲宜也

子曰我非生而知之者好古敏以求之者也

生知者明能燭物不待學而知也敏審也夫子不敢以生知自居而言好古敏

求者蓋欲勉人於學也

(按)孔子自陳如蔡如葉適楚人見孔子辨楛矢對萍實莫不以生知稱聖也敏當訓審好古敏求孔子自明己所知者皆從博學審問來也

子不語怪力亂神

語敎也詭異曰怪競强曰力反德曰亂宰幽曰神夫子言致中和凡此四者未嘗以敎人也張栻曰語怪則亂常語力則妨德語亂則損志語神則惑聽

(按)孔子世家對季桓子曰丘聞之木石之怪夔罔閬水之怪龍罔象土之怪墳羊對吳使曰山川之神足以綱紀天下其守爲神汪罔氏之君守封禺之山易繫辭曰力小而任重禮運云大道之行力惡其不出於身也又云亂之所生也四事孔子何嘗不語哉其不語者監於萇宏明鬼神事設射貍首貍首者諸侯之不來者依怪物欲以致諸侯諸侯不從晉人執殺萇宏見封禪書神降于莘賜虢土田虢因之亡穎考叔挾輈以走取蝥弧以登卒致子都之射羿善射奡盪舟俱不得其死然故中庸明曰弗爲南宮适問時不答大戴記曾子立事篇曰君子亂言而弗殖神言弗致也弟子因記曰子不語怪力亂神

子曰三人行必有我師焉擇其善者而從之其不善者而改之

人三爲衆行言行志趣各有不同凡與我相接者善不善必有彼此之分師效法也或從或改在我貴自擇焉

(按)左傳襄三十一年子產曰其所善者吾則行之其所惡者吾則改之是吾師也晉語下有直言臣之行也據此而觀行爲言行非爲同行道路耳孔子此言適因問禮老聃訪樂萇宏以及與項槖相晤也擇善而從是爲問禮訪樂不善而改老聃索隱萇宏行怪子曰吾弗爲之矣

子曰天生德於予桓魋其如予何

德謂敎化訓見禮月令布德和令注荀子富國篇不以德爲政注言天生予使敷敎化也桓魋宋司馬向氏名魋稱桓魋者出於桓公其奈我何言必不能違天害己也

(按)孔子世家云是歲魯定公卒孔子去曹適宋與弟子習禮大樹下宋司馬桓魋欲殺孔子拔其樹孔子去弟子曰可以速矣孔子曰天生德於予桓魋其如予何又云孔子遂至陳主於司城貞子家予玩宋世家則以孔子過宋在宋景公二十五年當魯哀公三年陳世家及十二諸侯年表又以孔子至陳在湣公六年當魯定公十四年今此章前有葉公問章當以哀公三年爲斷云

子曰二三子以我爲隱乎吾無隱乎爾吾無行而不與二三子者是丘也

避藏曰隱孔子微服過宋從夫子者皆以子爲舍己及其相見故夫子自明隱者非舍二三子爲逃匿也

(按)宋微子世家孔子過宋宋司馬桓魋惡之欲殺孔子孔子微服去孟子萬章上篇云孔子不悅於魯衛遭宋桓司馬將要而殺之微服而過宋足徵以我爲隱正孔子微服去宋與二三子相失二三子遂疑夫子避己而藏匿也孔子因辨明曰我行實避桓非避乎爾且吾之行無往不與二三子同也故與上章連類誌焉隱字林微行也

子以四教文行忠信

四敎猶言四科文文章行言行忠正直信誠實也

(按)此子去宋適陳設敎於陳蔡也世家云孔子居陳三歲先進篇從我於陳蔡者又曰德行言語政事文學子以四教即四科也文文學行德行忠政事信言語政事以忠爲心言語以信爲主也

子曰聖人吾不得而見之矣得見君子者斯可矣

聖人神化之極至君子有德位之通稱也

(按)世家云孔子居陳三年衛靈公篇無爲而治者其舜也與夫何爲者恭己正南面而已矣聖人不見當指虞舜君子得見隱指司城貞子也孔子嘗主其家易傳(易彖傳 子夏傳)貞正也諡法解清白守節曰貞司城既諡貞子其爲君子明焉

子曰善人吾不得而見之矣得見有恆者斯可矣亡而爲有虛而爲盈約而爲泰難乎有恆矣

善人積德之士存心仁恕者也有恆者篤行不倦亡謂智識全無虛謂才力未充約謂德量有限爲有爲盈爲泰皆言其矜誇也凡若此者必不能守其常焉

(按)左傳(襄三十年)云楚公子圍殺大司馬蔿掩而取其室申無宇曰善人國之主也將善是封殖而虐之是禍國也又(昭二十六年)楚平王卒令尹子常欲立子西曰子西長而好善立長則順建善則治子西怒曰亂嗣不祥賂吾以天下吾滋不從也乃立昭王又(定六年)子西改紀其政以定楚國及楚昭欲用孔子子西沮之昭王既卒惠王二年子西召建子勝於吳不聽葉公之諫斯皆爲善無恆之明徵也既不得見善人又難得見有恆此章之記當在自陳適楚之日亡有虛盈約泰隱見子西靡克有終也

子釣而不綱弋不射宿

釣者以竿繫絲垂餌於水綱以大繩屬網絕流而漁也弋以生絲繫矢而射宿棲鳥也

(按)魯語古者大寒降土蟄發水虞於是乎講罛罶取名魚登川禽而嘗之寢廟行諸國人助宣氣也鳥獸孕水蟲成獸虞於是乎禁罝羅矠魚鱉以爲夏犒助生阜也鳥獸成水蟲孕水虞於是乎禁罝䍡設穽鄂以實廟庖畜功用也左傳(隱五年)鳥獸之肉不登於俎骨角毛羽不登於器則君不射孟子曰數罟不入

洿池魚鼈不可勝食也子釣而不綱弋不射宿悉遵典禮者也然夫子既遵典禮禽魚之肉何必躬自釣射曰爲祭豆之供以將其敬也易曰王用三驅王制天子不合圍諸侯不掩羣均是殺不盡物之義體天地生成之德以爲心也

子曰蓋有不知而作之者我無是也多聞擇其善者而從之多見而識之知之次也

不知而作空語而無徵信也多聞擇善多見而識聖人之所述者易書詩禮春秋繼往開來垂訓於後以益人之才智者也

(按)史記老莊列傳莊子老蒙人也著書十餘萬言大抵率寓言也又曰畏累虛亢桑子之屬皆空語無事實(畏累鄒氏亢桑楚人皆老子弟子)想見孔子言此者蓋見老子弟子空言立論已開莊子談玄理以爲道也老子苦縣厲鄉曲仁里人也苦本陳邑後屬於楚此子居陳時語弟子也

互鄉難(去聲)與言童子見門人惑

互鄉陳地(互鄉有三一在滕縣東嶧縣西北地名合鄉故城即互鄉一在亳州鹿邑一在陳州項城西北一里商水縣南據諸家之說參以古今地志求之論語上下章次此章在桓魋其如予何之後陳司敗問知禮之先當在哀公三年過宋四年如蔡見葉公道經陳地適過見童辯日即列子所栽事也)(互鄉必在陳地)難辯難童子卽辯日者故門人以爲惑焉

子曰與其進也不與其退也唯何甚人潔己以進與其潔也不保其往也

與許也其指童子進退以志言吾許之見童子志必有進不許之見童子志必有退君子不爲已甚豈可因其辯難而遂阻其求進與再言人潔已進見童子嚮慕之誠也往謂前日之非保持也不保其往猶言不念舊惡此蓋辯難之後童子復來請見門人因以爲惑故孔子申解之也

(按)列子(湯問篇)孔子東遊見兩小兒辯鬭問其故一兒曰我以日始出時去人

近而日中遠也一兒曰日初出遠而日中時近也一兒曰日初出大如車蓋及日中則如盤盂此不爲遠者小而近者大乎一兒曰日初出滄滄涼涼及其日中如探湯此不爲近者熱而遠者涼乎孔子不能決也兩小兒笑曰孰謂汝多智乎列子所引雖不可考然當年若無此事必不爲之流傳也且互鄉在陳州項城西北一里古云項橐七歲爲孔子師者正生此地意者童子辯日之言或即聞於項橐乎

子曰仁遠乎哉我欲仁斯仁至矣漢書列女傳班昭女誡潛夫論德化篇均作仁斯至矣

仁者愛人之德也欲仁仁至求則得之何遠之有與

（按）春秋繁露仁義法仁者愛人之名也自爲近則善其所恤遠也兵已加矣乃往救之則弗美未致豫備之則美之善其救害之先也據繁露說仁孔子此言正指楚昭王見吳伐陳師次城父以救之也仁遠乎哉言楚距陳不遠也我欲仁斯仁至矣言我望楚來救而楚師即次城父也不言陳而言我者孔子時正居陳與之同休戚也斯言當在魯哀公六年秋七月聞楚來救時也

陳司敗問昭公知禮乎孔子曰知禮

司敗官名陳大夫司寇也昭公魯君名稠襄公子定公兄習於威儀之節當時以爲知禮司敗疑而問之故孔子答曰知禮鄭玄注司敗人名齊大夫陳氏也

孔子退揖巫馬期而進之曰吾聞君子不黨君子亦黨乎君娶於吳爲同姓謂之吳孟子君而知禮孰不知禮

巫馬姓期名亦作巫馬施字子旗魯人孔子弟子時爲子介隨見司敗者也夫子既退期當從行司敗因欲與語故復揖而進之禮坊記曰娶妻不娶同姓以厚別也吳魯皆姬姓昭公知娶同姓爲非禮故諱吳姬爲吳孟子孟長也子宋姓君若以此爲禮天下之失禮者無不以爲禮也

（按）左傳昭五年公如晉自郊勞至於贈賄無失禮晉侯謂女叔齊曰魯侯不亦善於禮乎又昭二十五年齊侯唁公於野井昭公曰喪人不佞失守魯之社稷云云孔子曰其禮與其辭足觀矣是昭公嫺於禮儀人無不稱之者司敗官名楚子西曰請歸罪於司敗左氏文十一年傳陳司寇名司敗者諱避陳宣公太子禦寇之名也或因陳復封之於楚楚有司敗之官故從楚稱司敗焉宮秦來四書附巫馬期以官爲氏者也劉氏正義巫馬者以官爲氏周官有巫馬掌養疾馬而乘治之是也魯哀公十有二年春秋書夏五月甲辰孟子卒公羊傳曰昭公之夫人也稱孟子諱娶同姓蓋吳女也大傳曰繫之以姓而弗別綴之以食而弗殊雖百世而昏姻不通者周道然也是周禮同姓皆不昏也雜記云夫人之不命於天子自魯昭公始也坊記云魯春秋去夫人之姓曰吳其死曰孟子卒注吳魯同姓也昭公娶吳失禮朝野無不知之使司敗直以此問夫子必善其辭以答絕不曰知禮也惟司敗先問知禮孔子答曰知禮實非爲黨及司敗揖巫馬期云云孔子引爲己過坊記云善則稱君過則稱己想見聖人氣象雍容無往不合於禮經也此問當在孔子居陳論桓僖廟災之日故司敗問及昭公也

子與人歌而善必使反之而後和之

聲比琴瑟謂之歌反復也教人絃歌已至於善必使復自歌者畀學者曲盡其妙也兩兩絃歌謂之和既反而後和者盡美盡善韶武雅頌之音庶無毫忽之差也

（按）孔子世家云吾自衛反魯然後樂正雅頌各得其所又云三百五篇孔子皆弦歌之以求合韶武雅頌之音又云使人歌善則使復之然後和之子與人歌正歌詩三百五篇比聲於琴瑟也人即及門弟子

子曰文莫吾猶人也躬行君子則吾未之有得

此夫子教人於禮也文儀文莫勉也文莫猶人禮之容躬行君子禮之實未之

有得自謙不敢謂成德也

(按)樂記云禮由外作故文賈子容經有儀而可象謂之文說文忞强也懱勉也(文莫即忞懱假借字)楊愼丹鉛錄引晉欒肇論語駁曰燕齊謂勉强爲文莫予玩文爲儀文莫爲勉强上章教人樂此章教人禮也文莫猶人即家語(弟子行篇)子曰禮經三百可勉能也(淮南繆稱篇猶未之莫與高誘注莫勉也)

子曰若聖與仁則吾豈敢抑爲之不厭誨人不倦則可爲云爾已矣公西華曰正唯弟子不能學也

聖者神化之名仁者愛人之德豈敢夫子謙不自居也不厭不倦言其功無閒斷可謂云爾謂己言其能也(見荀子非十二子無能而云能也注)公西曰不能學者蓋知不厭不倦即夫子法天行健純亦不已之德也

(按)家語子曰禮經三百可勉能也威儀三千則難也公西赤問曰何謂也子

曰貌以儐禮禮以儐辭是謂難也據是求之公西華正因禮經三百子可勉能故稱夫子爲仁聖也夫子謙不敢居自明云能者不厭不倦孟子公孫丑篇子貢曰學不厭知也教不倦仁也仁且知夫子既聖矣不厭不倦豈公西所能學哉

子疾病子路請禱子曰有諸子路對曰有之誄曰禱爾于上下神祇子曰丘之禱久矣

急病曰疾疾甚曰病周禮太祝五曰禱六曰誄禱謂請命鬼神誄謂述其德行而乞天祐也天曰神地曰祇夫子自言丘禱久者蓋平時敬以直內息息與天相契也

(按)太平御覽引莊子曰孔子病子貢出卜孔子曰子待也吾坐席不敢先居處若齋飲食若祭子路請禱猶之子貢出卜請求也(廣雅釋詁)時已求禱鬼神矣非先請命於子而後再禱也有諸非問禱有此理實問由行此事否蓋孔子疾病少間也對曰有之由因述誄詞以告子曰丘禱久者正即莊子云告子貢之意見己平時無慚德也

子曰奢則不孫儉則固與其不孫也寧固

奢侈也儉約也孫順也固陋也奢儉皆失禮中不孫尤害於理不如因陋以就簡也

(按)禮檀弓篇子路曰吾聞諸夫子喪禮與其哀不足而禮有餘也不若禮不足而哀有餘也論語八佾篇禮與其奢也寧儉喪與其易也寧戚參觀子罕篇子路欲以家臣治喪夫子病間曰欺天此章次子疾病後蓋孔子當寢疾之日而告門人治喪之道者也

子曰君子坦蕩蕩小人長戚戚

坦平也蕩蕩寬廣貌戚戚憂懼而蹙縮也君子循理故樂天小人循欲故役物也

(按)張橫渠西銘云存吾順事沒吾寧也君子於死生之際處以豁達大度小人則貪生畏死一遇疾病遂瑟縮而不自安子獨坦然無憂故言此以示及門也

子溫而厲威而不猛恭而安

溫和厚厲嚴肅也威威儀猛迅烈也恭謂敬德之容著見於外安謂動容周旋自然合禮處之裕如者也

(按)子張篇子夏曰君子有三變望之儼然即之也溫聽其言也厲堯曰篇儼然人望而畏之斯不亦威而不猛乎詩曰溫溫恭人維德之基想見時中之聖德容顯著正如太和氣象合雨露雷霆以爲化也此章當爲子張子夏之所言形容夫子之盛德者也

論語實測卷八

泰州　徐天璋睿川　注

泰伯

子曰泰伯其可謂至德也已矣三以天下讓民無得而稱焉

泰伯周太王長子讓國於其弟者三讓讓再讓三也泰伯讓國民皆能見惟身有王天下之德不肯代周取商採藥荊蠻其德潛隱非民能得而稱也釋文民本無得亦作德

(按)周本紀古公有長子曰泰伯次曰虞仲太姜生少子季歷季歷生昌有聖瑞古公曰我世當興有者其在昌乎長子泰伯及虞仲知古公欲立季歷以傳昌乃二人亡如荊蠻文身斷髮以讓季歷古公卒季歷立吳越春秋王季以太王之命致位於泰伯三致而三讓予玩孔子論泰伯之德民無得稱者不曰三以國讓獨曰三以天下讓正如集注云夫以泰伯之德當商周之際固足以朝諸侯有天下矣乃棄不取而又泯其迹焉則其德之至極爲何如哉蓋其心即夷齊叩馬之心而事之難處有甚焉者宜夫子歎息而贊美也此蓋返魯之日孔子因題吳季札墓碑而尚論也江蘇江陰縣申浦南有孔子題吳季子碑曰嗚乎有吳延陵季子之墓季札於魯哀公十年尚見左傳其卒必在其後也

子曰恭而無禮則勞愼而無禮則葸勇而無禮則亂直而無禮則絞

罷苦曰勞畏懼曰葸失紀曰亂急切曰絞恭愼者德之柔勇直者德之剛近於禮則無四者之弊焉

君子篤於親則民興於仁故舊不遺則民不偷

君子有德位之稱篤厚也興起也遺棄也偷薄也

(按)仲尼燕居夫子語子貢曰敬而不中禮謂之野恭而不中禮謂之給勇而不中禮謂之逆陽貨篇子語由曰好直不好學其蔽也絞好勇不好學其蔽也亂此章並有君子篤親云者蓋於哀公十有四年見桓魋寵害宋公君臣之間胥失其禮以致景公欲討魋時若司馬牛過於勞也向巢過於葸也左傳云公告之故拜不能起子頎過於亂也騁而告桓司馬子車止之皇野過於絞也恭愼勇直皆非合禮以致喪其家族也魋入巢叛巢民叛魋景公輕棄故舊上行下效君子不能篤親故民所以多涼德也

曾子有疾召門弟子曰啓予足啓予手詩云戰戰兢兢如臨深淵如履薄冰而今而後吾知免夫小子

召門弟子謂召及門弟子也啓手啓足喪大紀云小臣爪手爪足既卒而啓剪之也戰戰恐懼兢兢戒謹臨淵恐墜履冰恐陷也四句集注詩小旻篇曾子借以自況蓋言守身之難若此也今後吾知免者一息尚存此志不容少懈言既死而知免此恐懼戒謹不得不爲小子勉也

(按)曾子得承一貫之道者孝經也有疾時勉弟子者即孝經云身體髮膚受於父母不敢毀傷也大戴記曾子疾病云與君子遊如長日加益而不自知也與小人遊如履薄冰每履而下幾何而不陷乎哉彼引詩以戒其子曾元曾華此引詩以戒門人語各有詳略也曾子弟子其可考者樂正子春公明高公明儀沈猶行單居離之類此曾子將死豫言以詔小子也

曾子有疾孟敬子問之曾子言曰鳥之將死其鳴也哀人之將死其言也善君子所貴乎道者三動容貌斯遠暴慢矣正顏色斯近信矣出辭氣斯遠鄙倍矣籩豆之事則有司存

敬子孟武伯子名捷魯大夫仲孫氏也仲孫即孟氏問之使人來問其疾言曰因使

者傳達其辭也鳥畏死故鳴哀人窮反本故言善動作也正振也出達也容貌恭著於禮者顏色敬現於面者辭氣誠達於口者暴粗厲慢放肆也信誠實鄙凡陋倍與背同謂背理也籩竹豆豆木豆有司主司籩豆藏儲物者則有司存言其瑣屑之事非君子所宜親也此必因敬子之失而規戒也

(按)禮冠義云禮義之始在於正容體齊顏色順辭令容體正顏色齊辭令順而後禮義備曾子所言悉本於禮者也本於禮則君子貌足畏也色足憚也言足信也何有暴慢不信鄙背之患與說苑(修文篇)曾子有疾孟儀往問之曾子曰鳥之將死必有悲聲君子集大辟必有順辭禮有三儀知之乎對曰不識也曾子曰來吾語女君子修禮以立志則貪欲之心不來思禮以修身則怠惰慢易之節不至修禮以仁義則忿爭暴亂之辭遠若夫置尊俎列籩豆此有司之事也君子雖不能可也與此記間互異讀書叢錄蕭山徐鯤云後漢書崔琦傳百官外內各有司存文選頭陀寺碑文庀徒揆日各有司存玩其文義皆當以司存二字連讀故晉書職官志序云咸樹司存桓沖傳云臣司存閫外輒隨宜處分北齊書儒林傳云齊氏司存或失其守益可以證矣予玩爾雅釋訓存在也則有司存言有司在也籩豆之事掌於天官籩人醢人魯無太宰時孟敬子或爲少宰(中大夫職)事必躬親故曾子言此以戒也

曾子曰以能問於不能以多問於寡有若無實若虛犯而不校昔者吾友嘗從事於斯矣

能才能多衆多有謂得於已者實謂充於中者犯干犯校計校昔者吾友言非今日之友蓋顏淵也斯指四者言之

(按)馬融注友謂顏淵也公治篇顏淵曰願無伐善無施勞韓詩外傳顏子曰人不善我亦善之若無若虛斯皆不校之明證也

曾子曰可以託六尺之孤可以寄百里之命臨大節而不可奪也君子人與君子人也

六尺幼君百里大國託孤寄命謂輔幼君而攝國政也大節死生之節奪謂移其志也君子有德位之稱與疑詞也決詞言死生既不可奪是以決其爲君子也(鄭玄注六尺之孤年十五以下)

(按)曾子此言指魯山氏而歎其爲君子也魯周公世家公欲以越伐三桓八月(哀二十七年)哀公如陘氏(即有山氏)三桓攻公公奔於衛去如鄒遂如越國人迎哀公復歸卒於有山氏子寧立是謂悼公悼公立三十七年卒曾子終生居魯託孤寄命想見哀公必授權於有山氏也

曾子曰士不可以不弘毅任重而道遠仁以爲己任不亦重乎死而後已不亦遠乎

寬廣曰弘堅果曰毅非弘不能勝其重非毅無以致其遠仁者元善長人之德也物胞民與擔當宇宙可謂重矣進德修業自强不息可謂遠矣士爲四民之首能希賢聖與天者也故曾子特勉之焉

(按)表記子曰仁之爲器重其爲道遠舉者莫能勝也行者莫能致也取數多者仁也夫勉於仁者不亦難乎又曰中心安仁者天下一人而已矣大雅曰德輶如毛民鮮克舉之小雅曰高山仰止景行行之子曰詩之好仁如此鄉道而行中道而廢忘身之老也不知年數之不足也俛焉日有孳孳斃而後已曾子此言正述孔子之教以勉人也

子曰興於詩立於禮成於樂

志作曰興行定曰立功畢曰成詩歌詩禮禮儀樂樂律也

(按)王制樂正崇四術立四教順先王禮樂詩書以造士夫子此言正即先王

之教也不學詩無以言不學禮無以立古者十五入學誦詩二十而冠始學禮循年齒以為教序故曰興於詩立於禮也詩必誦之歌之絃之舞之（詩子衿毛傳）誦之者學詩也歌之絃之舞之者學樂也禮合身律身度玉藻云周還中規折還中矩又曰趨以采齊行以肆夏荀子云步中武象趨中韶濩學詩學禮必至合樂其學方成要皆不可躐等為教也

子曰民可使由之不可使知之

此承詩禮樂立教言也民庶民其才識下於士者可使由不可使知猶孟子云行之而不著習矣而不察終身由之而不知其道者衆也

（按）劉寶楠云上章是夫子教弟子之法此民亦指弟子孔子世家言孔子以詩書禮樂教弟子蓋三千焉身通六藝者七十有二人身通六藝則能興能立能成者也其能興能立能成是由夫子教之故大戴禮言其事云說之以義而視諸體也此則可使知之者也自七十二人之外凡未能通六藝者夫子亦以詩書禮樂教之則此所謂可使由之不可使知之之民也謂之民者荀子王制篇雖王公士大夫之子孫不能屬於禮義則歸之庶人庶人即民也予玩民可使由如飲蜡吹豳郊野之民皆能從事不可使知禮樂之原通於天地非教者能使即明其義也上蹶竭其教化之誠其如中人以下者冥然罔覺終不能了然於心也

子曰好勇疾貧亂也人而不仁疾之已甚亂也

好勇謂矜血氣之强疾貧是失義理之守不仁言比匪者疾嫉也已甚太甚反德為亂二者皆因有所激而成之也

（按）好勇如齊莊公鄭公叔段之類疾貧鄭許瑕之請外取（左傳哀九年）陳轅頗之賦封田也（哀十一年）其後皆致禍亂不仁疾甚昭公為嫉季氏而出孫於外今哀公

又嫉三桓而欲以越伐之孔子預知必亂託此以諷正謂不患貧而患不安也大戴記（曾子立事篇）云君子惡人為不善而弗疾也正以疾必亂也

子曰如有周公之才之美使驕且吝其餘不足觀也已

周公聖人也多才多藝不敢自以為驕者驕則必近於吝餘不足觀蓋假周公以概其餘凡恃材藝而驕者皆不足以示人也

（按）書金縢云不若旦多材多藝逸周書（寤儆篇）周公曰不驕不恡時乃無敵韓詩外傳三成王封伯禽於魯周公戒之曰往矣子無以魯國驕士想見周公之德正在不驕故不見近吝也孔子因述其言為後世有位者儆漢書季布傳使酒難近索隱因酒縱性謂之使酒灌夫傳夫為人剛直使酒注使酒因酒而使氣也使驕且吝如周公大權在握明堂負扆以朝諸侯遂致三叔流言二公欲去若非避居於東復辟孺子幾於四國至叛也餘若齊桓為五伯之首葵邱之會一震矜而叛者九國豈非不足觀也之明證乎

子曰三年學不至（句）於穀不易得也

三年大比而貢士也至善也穀祿也年及大比而學弗善故於祿不易得也

（按）坊記以此坊民婦猶有不至者考工記工人覆之而角至註皆訓至為善此言三年不至者正以比及三年學猶不善必不易得朝廷之祿也頤齋經說不至即王制云不率教者凡不帥教之人移左移右移郊移遂屏之遠方終身不齒司馬必不辨論官材而用之也焉得僥倖以有穀與周禮鄉大夫職三年則大比考其德行道藝而興賢者能者州長三年則大攷州里遂長三歲則帥其吏而興甿古者三歲賓興賢能用而不賢能者黜穀不易得其義甚著明也

子曰篤信好學守死善道危邦不入亂邦不居天下有道則見無道則隱邦有道貧且賤焉恥也邦無道富且貴焉恥也

篤惇也守恃也篤信好學意無所分守死善道志無能奪危殆也亂變也不入不往不居不處也有道無道言治亂也見謂用時隱謂避世有道之世野無遺賢而已無可行之道無道之時朝多倖位而己無能守之操斯皆庸俗者流正賢者所甚恥也此爲抱道欲仕者區別言之

（按）公羊傳宣公之弟叔肸卒十七年冬十一月壬午何休注宣公簒立叔肸不仕其朝不食其祿終身於貧賤故孔子曰篤信好學守死善道危邦不入亂邦不居天下有道則見無道則隱此之謂也列女傳賢明篇柳下惠妻曰君子有二恥國無道而貴恥也國有道而賤恥也夫子此言正爲子路宰予而感之也子路死衛孔悝之難見哀十五年左傳宰予死齊田常之亂見史記弟子列傳是皆昧於危邦不入亂邦不居有道則見無道則隱之義者也

子曰不在其位不謀其政

位謂官守之職政謂官守之事不在不謀明其不越俎也

（按）艮象曰君子思不出其位中庸曰君子素其位而行不願乎其外哀公十一年左傳云孔文子將攻太叔也訪於仲尼仲尼曰胡簋之事則嘗學之矣甲兵之事未之聞也退命駕而行季孫欲以田賦使冉有訪於仲尼仲尼曰丘不識也是皆不在位不謀政之明徵焉

子曰師摯之始關雎之亂洋洋乎盈耳哉

師摯魯太師摯也始始作亂終也始作金奏之樂關雎合歌之樂堂上堂下並奏故其聲洋溢而盈耳也

（按）晉語叔孫穆子不拜肆夏曰夫先樂金奏肆夏繁遏渠天子所以饗元侯也非使臣之所敢聞也八佾篇始作翕如也鄭玄注始作金奏也論語駢枝始者樂之始亂者樂之終樂記始奏以文復亂以舞又曰再始以著往復亂以飭

歸皆以始亂兩字對舉也凡樂之歌節有升有笙有間有合是爲一成始於升歌終於合樂是故升歌謂之始合樂謂之亂周禮太師職大祭祀帥瞽登歌儀禮燕饗大射皆太師升歌摯爲太師是以云師摯之始關雎之亂蓋奏關雎之時堂上堂下之聲合作其音爲盈耳也

子曰狂而不直侗而不愿悾悾而不信吾不知之矣

狂近於直侗近於愿悾悾近於信不直不愿不信三者皆相近而相反也狂肆志侗無志悾悾誠慤直坦易愿謹厚信誠實吾不知之意似疑而實屏棄之也

（按）素問病能篇注怒不慮禍故謂之狂莊子山木篇侗乎其無識釋文侗無知貌後漢書劉瑜傳悾悾推情李賢注悾悾誠慤之貌狂而不直如御叔之傲使人見襄二十二年左傳侗而不愿如衛公孟縶狎齊豹奪之司寇與鄄有役則反之無則取之昭二十年左傳悾悾而不信如臧爲納龜自請襄二十三年左傳之類也

子曰學如不及猶恐失之

成湯曰檢身若不及學如不及爲山九仞功虧一簣也猶恐失之言學未及其成非徒虧其一虧且恐九仞之功亦並廢棄而失也不進則退勉學者之意深焉

（按）詩云高山仰止景行行止學如不及猶恐失之蓋見賢思齊有急起直追之意稍自畏難即一落千丈也此當爲冉求中道自晝宰予志氣昏惰者勉之

子曰巍巍乎舜禹之有天下也而不與焉

巍巍高大貌舜虞帝禹夏王不古作丕不與丕與也言舜禹受禪爲君天與人歸天下無不丕應之也

（按）頤齋經說與豫也孟子曰舜之飯糗茹草也若將終身焉及其爲天子也被袗衣鼓琴二女果若固有之書大禹謨帝將讓位禹曰朕德罔克民不依又

曰枚卜功臣惟吉之從又曰禹拜稽首固辭是皆不豫存有天下之心也予玩不古通丕（詩作不顯不承 書作丕顯丕承）丕與即孟子萬章上言薦之於天而天受之暴之於民而民受之百神享百姓安天與之人與之也

子曰大哉堯之爲君也巍巍乎唯天爲大唯堯則之蕩蕩乎民無能名焉巍巍乎其有成功也煥乎其有文章

堯唐帝名唯語辭則準也蕩蕩廣遠之象美堯法天爲治布化廣遠非民能測其極而可名其稷嶠之德也成功謂地平天成文章星辰之文日月之章至堯曆相日月星辰敬授民時也

（按）易繫辭曰易與天地準故能彌綸天地之道唯天爲大唯堯則之言堯能範圍天地之化而不過也成功則懷襄皆消九州厎定光被四表協和萬邦黎民於變時雍也文章即欽若昊天曆象日月星辰敬授人時易曰仰以觀於天文（繫辭上）詩曰倬彼雲漢爲章于天（大雅棫樸）堯際中天而治德化之盛爲亘古之極至也

論語實測 卷八 九

舜有臣五人而天下治武王曰予有亂臣十人孔子曰才難不其然亂唐虞之際於斯爲盛有婦人焉九人而已

五人禹稷契皋陶伯益也亂治也十人謂周公旦召公奭太公望畢公高榮公（陶潛羣輔錄十亂有毛公無榮公與馬融注異）太顚閎夭南宮适散宜生婦人謂邑姜也唐虞之際於斯爲盛言唐虞之盛至斯再見之也

（按）虞書舜咨臣二十二人（見舜典）此言五人者其最著也禹平水土稷教稼穡契作司徒皋陶爲士（治刑）伯益作虞十人中有婦人馬融曰文母劉原父七經小傳以爲子無臣母之義改爲邑姜予玩易文言曰妻道也臣道也古者立國前朝後市君理陽道后理陰道邑姜佐武王治理天下叙入十亂之中故孔子特區別爲婦人也（任啓運四書約指謂漢石經作有殷人焉以爲殷人即韓退之指爲膠鬲兪樾經課據史記秦本紀云申侯言於孝王曰昔我先酈山之女爲戎胥軒妻生仲潏以親故歸周保西陲西陲以其故和睦婦人當爲戎胥軒妻姜氏也予玩秦紀仲衍太戊時臣仲衍之後遂世有功以佐殷國故嬴姓多顯遂爲諸侯其玄孫曰仲潏在西戎保西陲生蜚廉蜚廉生惡來蜚廉惡來用事於紂仲潏之死久矣仲潏之母酈山氏女其死更久矣計其時曰仲潏在西戎保西陲以親故歸周必當古公王季之世非在武王世也況仲潏之母戎胥軒妻其年之高更在王季文王之上豈能爲武王之亂臣乎惡來爲紂用事其年必當強仕上溯曾祖戎胥軒及曾祖妣酈山氏其年必在百歲外矣仲潏既保西陲親周何以移其功歸之於母姐胥軒妻乎史無明文兪氏數而出之以爲千古一大快事予不敢爲附和焉）

三分天下有其二以服事殷周之德其可謂至德也已矣

三分有二蓋文王旣爲方伯德化行於江漢汝潁故荆梁雍楊諸國其心悉悦服於周也即冀豫之間亦有嚮文王之化者而文王獨執臣節以服事殷故周德稱爲至也不曰文王之德而曰周德者文王旣沒武王嗣立即可代商而猶不敢遽至十有三年觀兵孟津之後所以爲至德也

論語實測 卷八 十

（按）四書稗疏集注謂荆梁雍豫徐揚熊氏謂徐揚無考然文王時質成虞芮虞芮國在河中今平陽府境西伯戡黎今潞安府黎城縣皆冀州之域而孟津牧野固屬豫州至武王時猶爲殷有則文王已兼有冀土而豫州尚多屬紂則三分者約略言之非專指六州明矣四書釋地奄東方之國助紂爲虐者奄在曲阜正徐州之域鄭氏詩譜曰紂命文王典治南國江漢汝旁之諸侯於時三分天下有其二以服事殷故雍梁荆豫徐揚之人咸被其德而從之活潑地矣問辨錄三分有二是言人心皆歸文王非眞畫地而分也紂時尚爲天子荆梁雍豫徐揚周紂之土宇版章豈皆不屬於紂文王聖德靑兗冀之人豈遂無一人歸文王乎要之天下皆紂之天下而人心則大半歸文王也故曰三分天下有其二予玩逸周書武王克商征服熊盈諸國韓非子（說林下）周公旦將攻商蓋辛公甲曰不如服衆小以刼大乃攻九夷而商蓋服矣以今輿圖考之熊盈

九夷悉屬荆豫之境想見文王時猶未盡歸周也孔子稱爲至德者卽表記云雖有庇民之大德不敢有君民之心仁之厚也

子曰禹吾無間然矣菲飲食而致孝乎鬼神惡衣服而致美乎黻冕卑宮室而盡力乎溝洫禹吾無間然矣

間罅隙也禹吾無間然者言大禹所爲在吾無罅隙之可議也飲以養陽食以養陰鬼神壇墠郊廟之所祭者衣服常服黻蔽膝以韋爲之朝服謂之韠祭服謂之黻冕冠之有旒者宮室居處也溝洫田間水道九夫爲井井間有溝十里爲成成間有洫洫深廣皆八尺溝半之(深廣皆四尺)禹則豐儉各適其宜致盡皆合其道蓋無毫髮之遺憾也故再言以深美之

(按)史記夏本紀禹爲人敏給克勤其德不違其仁可親其言可信聲爲律身爲度乃勞身焦思居外十三年過家門不敢入薄衣食致孝于鬼神卑宮室致費於溝減列子(楊朱篇)禹卑宮室美黻冕予玩書益稷(篇名)禹曰曁益奏庶鮮食曁稷播奏庶艱食鮮食禹深知食力爲艱故不敢自爲豐厚也禹貢曰島夷皮服島夷卉服禹治水土儕於齊民故不敢自爲華美也五子之歌峻宇彫牆懼亡垂訓禹見黑居土階茅茨故不敢自爲壯麗也然於祭祀之禮龍勺雞彝著尊楬豆(具見明堂位)牲尙黑祭先心禘黃帝而郊鯀無不致孝於鬼神也黃帝堯舜垂衣裳而天下治至舜禹都俞觀象日月星辰山龍華蟲作會宗彝藻火粉米黼黻絺繡以五采彰施於五色作服會於塗山執玉帛者萬國冠首蔽膝無不致美於黻(黻制上廣一尺下廣二尺長三尺其頸五寸肩革帶博二寸)冕(夏名曰收冠上覆板衣之以布前垂四寸後垂三寸上玄下纁前俛後仰制長尺有六寸廣八寸前後有垂旒也)也井田制始黃帝至禹山川奠定九賦告成先決九川之水使各適於海次濬畎澮之水使各通於川旱則蓄之澇則洩之無不盡力於溝洫也兩兩比擬想見聖王經營天下者要非爲身家之安適也尙論夏后宜子無間然焉

論語實測卷九

泰州　徐天璋睿川　注

子罕

子罕言利與命與仁

罕希也利者義之和也利物足以和義夫子未嘗不言惟利有公私之分猶之命有順逆之行仁有安勉之致也若言利而不言義徇於私而害於公命仁反失其守子罕言者正其誼不謀其利無適而非天理之流行也

(按)子曰不知命無以爲君子也曰命矣夫曰得之不得曰有命曰道之將行也命與道之將廢也命與曰五十而知天命命爲夫子自信亦爲夫子常言曰我欲仁斯仁至矣曰好仁者無以尙之曰克己復禮天下歸仁曰求仁而得仁仁亦爲夫子恒言今曰罕言者義可與命與仁並言如言義命言仁義也利不可與命與仁並言並言則有逆命而求假仁而行卽不能順守其正宅心兼愛也顚齊經說古所謂利皆以及物言今所謂利多從便已言及物者公利卽義也便已者私義卽利也孔子時生春秋人皆知利而不知義所以罕言利也若以利與命與仁並言時人愈爲假行仁義與命爭權也

達巷黨人曰大哉孔子博學而無所成名

黨人卽項橐也所居位博學無所成名言有其德而無其位故不能如帝王聖佐之成功也

子聞之謂門弟子曰吾何執執御乎執射乎吾執御矣

孔子默契黨人之旨恐門人聞之有惑若曰古者十五學射御二十博學三十博學無方吾旣博學難成惟仍反求於射御耳射御志猶有分執御則志專壹範吾馳驅不爲詭遇庶幾能名於世也

(按)大戴記(曾子問篇)孔子曰昔者吾從老聃助葬於巷黨及堩日有食之春秋定

公五年三月朔日有食之年譜辨正孔子適周見老聃問禮以及助葬巷黨正在此際史記云老子者楚苦縣厲鄉曲仁里人也索隱苦縣本屬陳春秋時楚滅陳而苦又屬楚（括地志苦縣在亳州谷陽縣界有老子宅及廟厲音賴 晉太康地理志苦縣城東有瀨鄉祠老子所生地也）漢董仲舒傳此亡異於達巷黨人不學而自知也孟康注人項橐也皇甫士高士傳達巷黨人姓項名橐（新序雜事篇齊閭邱卬曰秦項橐七歲爲聖人師以項橐爲秦人此當由甘羅嘗言之故以爲秦人）予玩地圖陳州項城在亳州西南相距不遠論語所記達巷黨人正孔子從老聃助葬巷黨之時與項橐相晤者也孔子時年四十有七尚未得位行道（孔子五十一爲中都宰五十二爲小司空五十四爲司寇）故項橐歎其博學無所成名也御非賤者之事諸侯之車則大夫爲御卿大夫車則上士爲御尊長以子弟爲御抑有同等爲御者古者射以觀德御以觀禮孔子謙言執御不敢以成德自居也

子曰麻冕禮也今也純儉吾從衆拜下禮也今拜乎上泰也雖違衆吾從下

麻冕喪服之制即冕加麻絰也今也純儉吾從衆蓋言孟子之卒不成喪也古禮喪紀拜各有位惟賓則升西階而上孟子既不成爲夫人之喪故魯臣之拜亦有隨賓而升者孔子不然故獨拜於堂下也

（按）哀公十有二年昭公夫人孟子卒孔子與弔適季氏（季康子）季氏不絻孔子放絰而拜古者冕服惟喪祭與覲禮用之冕各有制非聽人可以爲儉者祭覲用純冕喪用麻冕周禮弁師掌王之五冕（袞冕鷩冕毳冕希冕玄冕）皆玄冕純（鄭注讀緇玄冕即純冕也）書顧命王麻冕黼裳卿士邦君麻冕蟻裳太保太史太宗皆麻冕彤裳此麻冕用於喪時之明徵也豈有吉祭而用麻冕乎若非祭覲（覲禮侯氏裨冕鄭注衣裨衣而冠冕也上公袞冕無升龍侯伯鷩冕子男毳冕孤希冕卿大夫玄冕冕制各有等差）雖朝會亦不用冕絕無常時而服冕者孔子言今也純儉吾從衆蓋見魯人於孟子之卒季氏不絻故皆服玄冕而不服麻冕取其省約耳孔子時已去位閒居在魯無執行喪禮之權祇合隨衆服之然猶云麻冕禮也其以純冕爲非禮可想見焉至於拜下拜上喪祭朝覲皆有常經當時卿大夫士豈皆越次而拜上乎所謂拜上者正以孟子之卒不稱夫人不赴不祔不稱小君不成喪故臣工皆得如賓升堂拜也孔子獨拜堂下是仍以夫人之禮待之也

子絕四毋意毋必毋固毋我

意逆測必豫期固執滯我私己也毋無同

（按）顏齋經說毋意忘機毋必比義毋固因時毋我公善四者之絕見聖人之合時中也予玩微子篇孔子曰我則異於是無可無不可孟子曰（萬章下）可以速而速可以久而久可以處而處可以仕而仕孔子也是皆毋意必固我之明徵也

子畏於匡

匡衛西南邑鄭人取爲魯爲晉討於鄭遂復取匡（詳見定公八年左傳）孔子過匡顏剋爲僕以其策指之曰昔吾入此由彼缺也匡人聞之以爲魯之陽虎遂止孔子畏戒懼也

曰文王既沒文不在茲乎天之將喪斯文也後死者不得與於斯文也天之未喪斯文也匡人其如予何

文易象也易象在魯孔子爲魯司寇始得讀見其文及其去魯將爲十翼遂書於策載以自隨故曰文王既沒文不在茲乎若文爲禮樂詩書樂正教於國學盡人皆與者也孔子何必曰天未欲喪匡人其如予何

（按）述而篇加我數年五十以學易想見夫子作宰中都已即有志於易也年五十四爲魯司寇隳成不克遂於五十有五去魯適衛繼又去衛畏匡正定公

十有四年也史記世家孔子年六十八贊易讀至韋編三絕知非一時之功此章云文王既沒文不在茲者周易本文王所演周公繼之公沒文王之道無傳至孔子始書策栽隨日爲玩索也斯文曰天喪天未喪者易象觀文於天天既欲興其道必不肯喪其文畀予不能贊成十翼也

太宰問於子貢曰夫子聖者與何其多能也

太宰吳太宰嚭也哀公之世子貢兩見太宰故太宰以孔子問焉聖以德言能以才言何其多能蓋美其德之盛而又有其才也

子貢曰固天縱之將聖又多能也

縱放也猶言不爲限量也將助也將聖又多能者謂多能適所以助聖也（全祖望經史問答引漢應仲遠風俗通將聖又多能也讀句）

子聞之曰太宰知我乎吾少也賤故多能鄙事君子多乎哉不多也

少賤謂爲季氏委吏乘田鄙事會計當牛羊茁長也多乎不多蓋君子重在德行非重藝能所多在彼不多在此也

（按）太宰有四一商太宰蕩見列子（列子仲尼篇商太宰見孔子曰丘聖者歟孔子曰聖則丘何敢然則丘博學多識者也）一陳太宰嚭見檀弓一吳太宰嚭見左傳一越太宰嚭即吳太宰嚭後仕於越者未幾即爲越王所殺方觀旭偶記鄭注以爲吳太宰嚭以夫子雖兩居宋但一則年十九娶于亓官氏之女時子貢猶未生一則年五十六去衛後過曹適宋於時有桓魋拔樹之難宜無冢卿向子貢私論夫子之聖惟吳太宰則左氏傳哀七年公會吳于鄫時與子貢語十二年公會吳于橐皐時與子貢語其秋公會衛侯宋皇瑗于鄖時又與子貢語故定爲吳太宰也史記孔子世家孔子貧且賤及長常爲季氏（平子）史料量平嘗爲司職吏而畜蕃息又吳客問夫子防風氏骨節專車及僬僥氏三尺之語於是曰善哉聖人是前此固有以夫子多能爲聖者亦吳人也太宰之問當在哀公七年會鄫也

牢曰子云吾不試故藝

牢琴牢也孔子弟子試用也聞夫子不以多能自居因述平日聞於子者以證其說故門人並記之也

（按）劉氏論語正義家語弟子篇云琴牢衛人也字子開一字張集注牢孔子弟子姓琴字子開一字子張（賈逵鄭衆皆以爲子張即顓孫師服虔云七十子傳云子張少孔子四十餘歲孔子是時四十知未有子張顓齋經說家語云孔子弟子琴張與宗魯友宗魯之死在魯昭公二十年斯死孔子年甫三十）左傳（昭二十年）云琴張聞宗魯死杜預注琴張孔子弟子字子開名牢孟子盡心下篇琴張曾皙牧皮趙岐注琴張子張也集註琴張名牢字子張予玩莊子大宗師篇云子桑戶孟子反子琴張三人相與爲友子琴張當爲魯人左傳云聞宗魯死將往弔孟子云琴張曾皙牧皮放其年齒情性正一人也莊子則陽篇云長梧封人問子牢與此章牢曰鄭注牢弟子子牢又一人也漢白水碑琴張琴牢判爲二人漢書古今人表以子張與曾皙相次列於第三而以琴牢列於第四似亦以子張即琴張而琴牢別爲牢曰子云之牢也後漢佞幸傳僕射牢粱廣漢孔子弟子琴牢之後古者命族多以王父字爲氏牢爲字非爲名也故曰子牢稱子牢者亦從字行也吳棫曰弟子記夫子此言之時子牢因言昔之所聞有如此者

子曰吾有知乎哉無知也有鄙夫問於我空空如也我叩其兩端而竭焉

空與悾同空空誠愨貌（沈濤孔注辨僞釋文空空鄭或作悾悾同音空則空空乃悾悾之省泰伯篇悾悾而不信鄭注誠愨也則此空空知亦誠愨之意）叩反問也言吾本無所知惟有鄙夫誠愨來問彼持兩端之疑者吾則反叩所疑之理語其利害兩端畀彼用執其中也

（按）空空沈濤引釋文云鄭作悾悾注誠愨也鄭園札記兩端言其利害予玩鄙夫指季康子言子路篇子貢問今之從政者子曰噫斗筲之人何足算也集註斗筲言鄙細也斯時魯用田賦主自康子左傳（哀十一年）云季孫欲以田賦使冉有訪於仲尼仲尼曰丘不識也三發子因私於冉有曰君子之行也度於禮施取其厚事舉其中斂從其薄且子季孫若欲行而法則周公之典在若欲苟而行又何訪焉欲用田賦鄙夫之行也問使三發誠愨之求也行法苟行兩端之叩也施厚事中斂薄其告已竭盡而無餘也

子曰鳳鳥不至河不出圖吾已矣乎

鳳鳥河圖皆孔子爲政於魯時曾見者也今則不至不出蓋知道終不行故自歎其已也

（按）拾遺記孔子相魯神鳳游集受命讖（論語緯素王篇）曰河授圖（河授圖見文選魏武帝短歌行注）天下歸心蓋孔子盛時嘗見是瑞及至暮年筮命得旅（易乾鑿度）商瞿氏曰子有聖智而無位孔子泣而曰天也命也鳳鳥不來河無圖至嗚乎天命之也歎息而後息志焉

子見齊衰者冕衣裳者與瞽者見之雖少必作過之必趨

齊衰喪服齊衣下縫也不緝曰斬衰緝之曰齊衰期功之喪服之冕麻冕冕與絻同（說文或作絻先儒以爲絻象冠一寸用麻布爲之）齊衰服之重者絻服之輕者瞽無目者少年少見謂來見過謂往過作興起趨嚮就也

（按）禮齊衰有三年杖期不杖期三月之異所謂四齊也江永鄉黨圖考五服一斬四衰劉氏論語正義云雜記大夫冕而祭於公士弁而祭於公禮運云冕弁兵革藏於私家非禮也是冕弁皆藏公所大夫士行禮時於公所取服之予玩此云見齊衰冕衣裳瞽者蓋昭公之喪至自乾侯羣臣同赴殯宮也齊衰魯宗親服冕衣裳卿大夫服瞽謂師冕諸人在列周官大司樂大喪涖廞樂器也三者故連類而記不言見斬衰者斬衰孝子之服居於倚廬寢苫枕塊不與人接見也見之謂其人見於夫子過之謂夫子過其人前卿大夫士同時顚集見作過趨孔子時正爲士各盡禮所當然而已

顏淵喟然歎曰仰之彌高鑽之彌堅瞻之在前忽然在後夫子循循然善誘人博我以文約我以禮

喟歎美聲高堅前後夫子之道仰鑽瞻忽顏子之功非其好學深思不能知其無窮盡無方體也循循猶言恂恂誘教也文文章禮禮義博文約禮言夫子道雖高妙而教人有典有則悉納之於禮義也

欲罷不能既竭吾才如有所立卓爾雖欲從之末由也已

罷休也竭盡也立顏子所造之地卓夫子所示之方欲從末由蓋夫子道如化

工雖欲追隨而無由造其極境也

（按）孔子之道下學上達達之愈上仰之彌高即子貢云如天之不可階而升也自强不息防意如城守之愈固鑽之彌堅即孟子云其爲氣也至大至剛顏子之學日有所進孔子之學更日有所進瞻前忽後聖敬日躋此顏子所以苦孔卓也（後世學者每有苦於蓋數者自造其極不復求進也若孔子發憤忘食樂以忘憂不知老之將至所以無窮境也）篇中揭出博文約禮博文即爲邦之法四代約禮即克復天下歸仁如立卓爾欲從末由非迷離怳惚之境正希聖希天急起直追之境若曰稍縱即逝也

子疾病子路使門人爲臣病間曰久矣哉由之行詐也無臣而爲有臣吾誰欺欺天乎

病疾加也臣家臣夫子時已去位無家臣故子路使門人爲之病間少差也王制大夫廢其事終身不仕死以士禮葬之孔子雖非廢事而去魯居陳恰非在

位者可比而子路慮其病革猶欲以家臣治喪故夫子歎其爲欺天也

且予與其死於臣之手也無寧死於二三子之手乎且予縱不得大葬予死於道路乎

古者卿大夫卒皆家臣治其喪事師死門人治其喪事大葬謂君臣禮葬禮公館復私館不復死於道路謂非奉君命使者不能遂反其國正行喪禮也孔子時當適陳仕爲陳侯周臣言雖不能如在魯葬以司寇之禮而身既仕於其國亦非道路之死棄而不葬也

（按）此章下記子貢問有美玉子欲居九夷子自衞反魯美玉之問喻楚昭來聘孔子九夷欲居即楚昭將封書社是未反魯自衞之前正孔子仕爲陳侯周臣也其仕陳者非秉國政適爲官師證以先進篇云從我於陳蔡者以及四科之分想見孔子時爲師氏也故當疾革之餘以門人治喪可以家治喪不可若必以門人易爲家臣則是仍如爲司寇也故夫子歎其欺天其後反魯孔子之喪公西赤掌殯葬焉兼用三王禮所以尊師且備古也（見家語終記解）蓋孔子返魯雖未得位行政其返也是奉君命召也故得仍用三代葬大夫之典禮也

子貢曰有美玉於斯韞匵而藏諸求善賈而沽諸子曰沽之哉沽之哉我待賈者也

美玉良玉韜藏曰韞匵櫝也賈賈人沽賣也子貢見孔子有道不仕故設詞相問以美玉喻孔子善賈喻賢君也

（按）儒行云儒有席上之珍以待聘正以君子比德於玉也孔子居陳楚昭來聘子貢設詞探問者昭王楚之賢君孔子時之聖者猶美玉之遇善賈得時則未知子意如何也周禮有賈師聘禮云賈人致玉左傳（昭十六年）云宣子有環其一在鄭商韓子買諸賈人善賈指識玉者待賈謂待良賈也

子欲居九夷或曰陋如之何子曰君子居之何陋之有

九夷楚地昭王書社將封孔子故孔子欲居之也

（按）秦策楚包九夷魏策楚破南陽九夷內沛許鄢陵危史記李斯傳惠王用張儀之計南取漢中包九夷制鄢郢韓非子（說林下）周公旦將攻商蓋辛公甲曰不如服衆小以劫大乃攻九夷而商蓋服矣以今輿圖考之九夷適在湖北鄖河南南陽之間孔子世家楚昭王救陳軍於城父聞孔子在陳蔡之間使聘孔子孔子至將以書社地七百里封孔子秋昭王卒於城父城父正與九夷接壤足辨孔子欲居九夷是因昭王將以書社五百里封己也廣雅釋言君羣也白虎通號君之言爲羣也詩楚茨篇君婦莫莫韓詩外傳訓君婦爲羣婦君子居之何陋之有猶言羣子居此俗必日化文明也羣子正指及門諸子令尹子西謂楚昭曰王之使使諸侯有如子貢者乎曰無有王之輔相有如顏回者乎曰無有王之將帥有如子路者乎曰無有王之官尹有如宰予者乎曰無有從夫子阨於陳蔡者四科十哲斯時皆隨適楚故夫子曰羣子居之何陋之有

子曰吾自衞反魯然後樂正雅頌各得其所

哀公十一年冬孔子自衞反魯言正樂兼言雅頌者三百五篇孔子皆弦歌之以求合韶武雅頌之音也

（按）孔子世家古者詩三千餘篇及至孔子去其重取可施於禮義上采契后稷中述殷周之盛至幽厲之缺始於衽席故曰關雎之亂以爲風始鹿鳴爲小雅始文王爲大雅始清廟爲頌始三百五篇（詩三百十一篇笙詩六篇無詞）皆弦歌之以求合韶武雅頌之音故爲樂正雅頌得所也

子曰出則事公卿入則事父兄喪事不敢不勉不爲酒困何有於我哉

公卿猶言君卿父兄諸父伯仲也出事入事分言在公在私喪事言勉期功緦麻之屬也酒亂曰困何有於我言人皆可勉爲不獨於我能行也

（按）鄉黨篇出事入事記孔子於宗廟朝廷寢居之事備詳以及見齊衰必變飲酒不及亂人遂歎爲聖人之極致也不知古者官學事師朝覲聘會內則少儀喪禮喪服鄉飲諸典莫不載於禮經盡人皆可效法孔子言此正爲當時越禮者儆兼爲門弟子勗也（禮檀弓篇悼公之喪季昭子問於孟敬子曰爲君何食敬子曰食粥天下之達禮也吾三臣者之不能居公室也四方莫不聞矣勉而爲瘠則吾能毋乃使人疑夫不以情居瘠者乎哉吾則食食沚曰存時不盡忠喪又不能盡禮非也）以孔子論出事公卿在魯爲季氏吏適齊爲高昭子家臣入事父兄叔梁紇雖死孟皮尚在惟孝友於兄弟也喪勉如哭則不歌喪食不飽不爲酒困惟酒無量不及亂也曰何有於我正見及門諸子仲弓大賢爲季氏宰閔子純孝無閒人言子羔居喪三年泣血顏子樂道瓢飲自甘四事不獨夫子能盡之也列國之中若齊之鮑文子奔魯爲隸於施氏出能事公卿也子產爲政於鄭協和宗族入能事父兄也平仲服桓子之喪上服喪事能勉也趙孟賦瓠葉穆叔知用之一獻謂不爲酒困也故子曰何有於我哉（鮑文子等皆孔子同時大夫事詳左傳）

子在川上曰逝者如斯夫不舍晝夜

川泗水也今陪尾山發源處即子所在之地逝往也往者過而不來來者續而立往天地之化無一息之停夫子言此蓋欲人及時省察惕厲於晝夜也

（按）四書釋地續子在川上相傳即泗水發源處今之泉林寺在泗水縣東五十里陪尾山下四源並發寺之左右大泉十數泓渟澄澈互相灌輪會而成溪是爲泗水茂樹深樾蔽虧曦景余曾往遊惟有詠郭景純詩林無靜樹川無停流覺神超形越猶未足以況爾時矣

子曰吾未見好德如好色者也

德謂賢才色謂女色春秋之世人君不能遠色而尊賢故無特好其德者是以夫子歎其未見蓋因魯之君臣受齊女樂而感言也

（按）孔子世家齊人聞而懼曰孔子爲政必霸霸則吾地近焉我之爲先幷矣盍致地焉犁鉏曰請先嘗沮之沮之而不可則致地庸遲乎於是選齊國中女子好者八十人皆衣文衣而舞康樂文馬三十駟遺魯君陳女樂文馬於魯城南高門外季桓子微服往觀再三將受乃語魯君爲周道遊往觀終日怠於政事衛靈公篇吾未見好德如好色指靈公與南子招搖過市言此章未見好德如好色指魯君臣受女樂而怠政治言也

子曰譬如爲山未成一簣止吾止也譬如平地雖覆一簣進吾往也

譬取喻也簣織竹爲器所以盛土者書曰（旅獒篇）不矜細行終累大德爲山九仞功虧一簣夫子之言因儆其止而勉其進也

（按）孔子世家哀公三年秋季桓子病輦而見魯城喟然歎曰昔此國幾興矣以吾獲罪於孔子故不興也顧謂其嗣康子曰我即死若必相魯相魯必召仲尼足徵一簣之止喻魯幾興而不興也一簣之進喻桓子勉康子召已以治魯也惜爲公之魚所阻是一簣未覆而即止吾之進此魯所以不治也夫（荀子宥坐篇孔子曰如垤而進吾與之如邱而止吾已矣即此章異文）

子曰語之而不惰者其回也與

語者相應答也惰謂心有懈怠語之不惰教者殷然聽者欣然觸處洞然有非羣弟子所能及者故夫子獨美回也

（按）說文語論也徐曰言者直言語者相應答爲政篇吾與回言終日不違如愚是夫子直言而顏子未言也此云語之不惰當如問仁篇顏淵曰回雖不敏

請事斯語之類想見受教之時翼翼承命之象絕非稍有不敬於心也（說文惰不敬也）

子謂顏淵曰惜乎吾見其進也未見其止也

痛惜曰惜進謂進德見其進未見其止蓋顏子自强不息至死而靡懈也

（按）皇侃義疏顏淵死後孔子有此歎也予玩中庸引詩云維天之命於穆不已蓋曰天之所以爲天也於乎不顯文王之德之純蓋曰文王之所以爲文也純亦不已見其進未見其止顏子純於天道也

子曰苗而不秀者有矣夫秀而不實者有矣夫

穀之始萌曰苗吐華曰秀成穀曰實不秀不實雨露之不時旱澇之所敗也顏子之學優入於聖時未能底大成故夫子興言不實歎其爲天所阨也

（按）牟融理惑論顏淵有不幸短命之記苗而不秀之喻禰衡顏子碑亞聖德蹈高蹤秀不實振芳風李軌法言注仲尼悼顏回苗而不秀皆以夫子此言爲顏淵惜也

子曰後生可畏焉知來者之不如今也四十五十而無聞焉斯亦不足畏也已

懼憚曰畏後生言年少穎秀者來謂學業之成今謂進德之地無聞謂終於暴棄也四十五十不足畏者老冉冉將至即志學亦勤苦而難成矣

（按）大戴記（曾子立事篇）三十四十之間而無藝即無藝矣五十而不以善聞則無聞矣王制五十始衰又曰六十不親學後生可畏正以十五入學七年小成九年大成內則云二十博學不教三十博學無方年至四十五十學成而仕進德修業必辟聞於朝野矣若猶未成則是終無表著長與鄉人沒世也顏淵既死繼起無人夫子言此正爲游夏諸賢勉也

子曰法語之言能無從乎改之爲貴巽與之言能無說乎繹之爲貴說而不繹從而不改吾末如之何也已矣

法語政刑之禁令巽與教學之詩書從謂服從說爲說慕改更也繹𧗃繹改謂去惡遷善繹謂溫故知新不繹舉一隅不以三隅反不改民免而無恥也吾末如何言其不可救藥也

（按）周官冢宰等職月朔讀灋懸書法語是法令之告戒也書說命惟學遜志易序卦云巽者入也入而後說故受之以兌巽爲申命行事兌爲朋友講習巽與之言正朋友相講習也法語不得不從其貴在改巽與無有不說其貴在繹不繹不改則是面從而已頤齋經說冉求仕於季氏聚斂附益詔小子鳴鼓而攻終不能改於其德是法語不從也田賦之訪夫子以施厚斂薄相告而卒用田賦是巽與不繹也故曰吾末如之何也已矣（武億經讀考異吾末如之何也已矣舊讀多從一句故此以也字斷句已矣別爲句已止也言止於斯而不可復挽也與不曰如之何章同）

子曰主忠信毋友不如已者過則勿憚改

主兼人己而言（詳學而篇君子不重章）同志曰友惟以忠信爲主見善則遷有過則改實能自取其益者也

（按）此因謀伐顓臾孔子責求之後因爲子路勉也子路不肯成小邾射之要（哀十四年左傳）是時主忠信也與求並仕季氏顓臾之謀夫子獨責求曰毋乃爾過故勉子路以求爲戒也上章法語巽與頤齋經說指冉求言下兩章三軍衣敝指子路言此章令子路以冉求爲戒明甚

子曰三軍可奪帥也匹夫不可奪志也

强取曰奪三軍之勇在人匹夫之志在已在人者其勇難恃在已者至死不撓也

（按）此夫子聞衛亂言也帥謂孔悝爲人迫厠强盟劫以登臺匹夫實指子路

食不避難故獨結纓而死也見哀十五年左傳

子曰衣敝縕袍與衣狐貉者立而不恥者其由也與

縕袍士服敝壞也狐貉卿大夫裘立樹立言由䖏立於義理之間以視卿大夫不稱其服已獨無愧於心者惟由爲能之也

(按)孔悝之難時在哀公十五年冬狐貉之衣正指孔悝裘也子路曰食焉不辟其難又曰由不然利其祿必救其患想見子路樹立與孔悝公孫有天壤之殊也其曰衣敝縕袍與衣狐者立而不恥者蓋子路爲亂兵所蹙袍服敝壞無疑然其毅立之志爲不可奪以視卿大夫之偷生者實無愧焉此聖人褒貶之微言也

不忮不求何用不臧子路終身誦之子曰是道也何足以臧

忮害也求貪也臧善也此二句詩邶風雄雉之詞以聲節之曰誦終身誦者蓋愛其言而嘗誦之以自勵也夫子因言是雖爲道然道貴能權祇無忮求未足以盡其善也

(按)南容三復白圭曾子身日三省顏子得善服膺子張問言書紳古之學者恆取一二事爲自儆也不忮不求終身是誦實欲强制其心以進於道子言何足臧者蓋未能擴然大公忮求自泯也子路今權孔悝之難既不若公孫求利而逃又不若莊公害故政欲蓋去之並見哀十五年左傳而獨結纓就義子故卽由素所誦儆者深惜昧於經權常變不得其死於是道無裨益也經學叢書此當別爲一章舊釋舊注絕不爲與上衣敝縕袍相蒙作疏者始以引詩爲美子路又以終身誦之爲罪是重誣賢者且夫子先既取詩詞何用不臧而後頓抑之謂何足以臧是自異其說殆而不可通也集注本子罕篇三十章注疏本唐棣之華合於未可與權而牢曰自爲一章故亦三十章釋文則云三十一章竊疑陸氏所見古本各一章者正分不忮不求以下矣

子曰歲寒然後知松柏之後彫也

此孔子阨於陳蔡子路愠見夫子因藉松柏爲喩明歲寒始見其節操也

(按)莊子讓王篇天寒既至霜露既降吾是知松柏之茂也陳蔡之隘於丘其幸乎是子阨陳蔡時謂子路言故與下章連類而誌

子曰知者不惑仁者不憂勇者不懼

此誌孔子阨於陳蔡召子貢顏回子路入見三問之三對不同子因知賜之智回之仁由之勇也故曰不惑不憂不懼

(按)孔子世家絕糧陳蔡孔子知弟子有慍心乃召子路而問曰詩云匪兕匪虎率彼曠野吾道非耶吾何爲於此子路曰意者吾未仁耶人之不我信也意者吾未知耶人之不我行也孔子曰有是乎譬使仁者而必信安有伯夷叔齊使知者而必行安有王子比干又問子貢顏淵云云足徵此云不惑不憂不懼正阨陳蔡時言此以慰門人也

子曰可與共學未可與適道可與適道未可與立可與立未可與權

學者道之文道者學之體立謂貞固幹事權謂因應咸宜四者之序非質美不能共學非深造不能適道非賢不能立非聖不能權也

(按)此子言及門諸子學力各有淺深也可與共學未可適道如冉求中道而畫諉之於力不足宰我問喪而以食稻衣錦爲安也可與適道未可與立如子夏之度量不宏子張難與並仁之類可與立未可與權如曾子祇知盡孝不知小杖則受大杖則走子貢祇知盟以齊信不知子與蒲盟要盟不信也李習之筆解謂正文傳寫錯倒當云可與共學未可與立可與適道未可與權詩緇正義引論語曰可與適道未可與權臧琳經義雜記淮南氾論可以共學矣而未可與適道也可與適道未可以立也可以立未可與權與集注本合李習之說可不必從

唐棣之華偏其反而豈不爾思室是遠而子曰未之思也夫何

遠之有

唐棣移也其華初開反背終乃合并故曰偏其反而此逸詩也藉以興其室遠之思未之思也夫蓋聖人釋詩至此詠歎而淫泆也

（按）曾子居武城有越寇曾子去曰無寓人於我室毀傷其薪木孔子在陳思歸及其去陳弟子各還鄉里中有詠逸詩以寄感者即曾子眷戀寓室之意也子因即詩解義曰人苟相思天涯千里猶一室焉古人所謂神契也何云遠與

附考唐棣二節舊本與可與共學節合作一章今本分作二章古詩以反經合道爲權其又加子曰者別詩詞也武億經讀致異未之思也絕句釋文一讀未之思也夫古人釋詩之詞多以夫字處句末左傳昭二十四年詩曰彼己之子不稱其服子臧之服不稱也夫宣十二年亂離瘼矣爰其適歸歸于怙亂者也夫成八年詩曰豈弟君子遐不作人求善也夫襄二十四年詩云樂只君子邦家之基有德也夫上帝臨女無貳爾心有令名也夫中庸詩曰神之格思不可度思矧可射思夫微之顯誠之不可掩如此夫法言昔在周公征于東方四國是王召伯述職蔽芾甘棠其思矣夫此皆釋文以夫字昭上讀之明證也

論語實測卷十

泰州 徐天璋睿川 注

鄉黨

孔子於鄉黨恂恂如也似不能言者

孔子生於魯長於宋鄉黨父兄宗族之所在也恂恂恭謹貌似不能言謙卑遜順不以賢智先人也

（按）孔子世家孔子生魯昌平鄉陬邑其先宋人也儒行篇孔子少居魯衣逢掖之衣長居宋冠章甫之冠鄉黨兼魯宋言也左傳昭七年考父鼎銘云一命而僂再命而傴三命而俯恂恂二句是孔子本之於祖訓也

其在宗廟朝廷便便言唯謹爾

宗廟祭祀之地朝廷政事之處皆禮法之所繫也便便閑雅貌言謂己所當告者唯謹慎所行也

（按）白虎通宗廟云宗者尊也廟者貌也象先祖之尊貌也顧齊經說君有三朝曰外朝曰治朝曰燕朝即內朝名射朝一外朝植有三槐九棘非議訟獄詢國危國遷立君則公卿大夫皆不在此治朝君臣揖見聽治之所燕朝宗族嘉事燕見之所外朝治朝外悉爲平地廷即高平之地既寬且廣方橫當朝前者故曰朝廷今衙署廟宮殿堂之前皆有高平方地即廷制也燕朝之前亦有廷地惟朝前有階廷上有屋故曰朝庭子所在者爲廟朝也便便閑雅貌見韓詩左右釋文便便斯時君將涖於廟朝孔子服官於魯與卿大夫士先至其地互相議論出之以閑雅雖詳辯而無急遽之容加之以審慎故行之而無陽越之失也

朝與下大夫言侃侃如也與上大夫言誾誾如也

朝謂路門之外卿大夫治事之處侃侃和樂也孔安國注和樂接下下故得盡其言誾誾中正也孔注中正對上上故樂聞其道王制上大夫卿下大夫五人卿有上

卿中卿下卿之分五人之中亦有上下之區別也

(按)此記孔子爲魯司寇也小司寇與下大夫同列大司寇與上大夫同列爲小司寇時與上大夫言誾誾之象上交不諂也爲大司寇時與下大夫言侃侃之象下交不瀆也不與士言者朝爲議政之所非從政之大夫不得與於其列也

君在踧踖如也與與如也

君在視朝也踧踖踧敬貌與與安舒也君既在朝儀容之肅人或急遽失序孔子則周旋中禮形彌恭心彌適也

(按)說文踖長脛行也廣雅釋訓踧踖敬畏也班固漢書叙傳曰長倩懊懊蘇林注懊懊安舒也蓋長脛即踧然之象踧踖正謂見君而踧敬也與與當爲懊懊省文言夫子恭而安也 以上記子在鄉黨朝廷言貌各盡其體也

君召使擯色勃如也足躩如也

召特召擯君相出接賓者古者國君朝會上公七介侯伯五介子男三介此蓋定公之時會齊侯于夾谷又會齊侯盟于黃特召夫子爲擯相也勃矜嚴貌躩盤辟容

揖所與立左右手衣前後襜如也

朝會之典卿爲上擯大夫承擯士紹賓夫子爲魯大夫承擯也故列於上紹之間揖所與立左爲紹賓右爲上賓也襜整貌

趨進翼如也

賓升西階致命擯者趨進相公當楣再拜翼如兩手端垂如鳥舒翼也

賓退必復命曰賓不顧矣

賓退禮畢而退公送賓於大門之內擯相者送賓於大門之外斯時公端立於廟中顧謂回視賓既出門不敢當公立送之禮故登車而往不復回視也於是擯者復命於君請紓其敬公始反路寢焉

(按)晁氏謂孔子仕魯時絕無朝聘往來之事疑使擯執圭兩條孔子嘗言其禮也集注江永羣經補義凡卿有事出境及他國之卿來則書於春秋大夫則不書晏子嘗聘魯而春秋不書未爲卿也孔子爲司寇亦是大夫故出聘不書君召使擯正是有賓客來重孔子知禮特使爲擯而兼相事大夫當爲承擯何待於召所以特召者承擯而兼攝上賓之事也揖所與立擯事也趨進及賓退復命攝相事也趨進謂廟中相禮時非迎賓入門時入門不謂之進進者行步向前左傳所謂公孫傁趨進王孫賈趨進是也劉台拱論語駢枝君召使擯舊說或以爲朝或以爲聘此通論擯相之事何分朝聘哉周禮有交賓有旅賓諸侯來朝主國以交賓接之卿大夫來聘以旅賓接之鄭氏謂交賓傳辭旅賓不傳辭聘義曰介紹而傳命君子於其所尊弗敢以質敬之至也又曰三讓而后傳命安在其不傳辭哉予玩定公十年夏公會齊侯於夾谷十二年冬公會齊侯盟于黃會盟猶之朝聘兩君皆有擯相君召使擯正夾谷之會召孔子攝行相事也鄭謂交賓傳辭旅賓不傳辭夾谷之會交賓也孔子使茲無還揖對哀十五年魯及齊平旅賓也景伯揖子贛進對何嘗旅賓不傳辭乎金鶚鄉黨正義揖所與立左右手是承擯之事趨進送賓是上擯之事孔子既爲承擯何得復爲上擯頤齋經說齊侯朝晉將授玉郤克趨進晉侯享齊侯韓厥登舉爵是承擯亦趨進也鄭六卿餞韓宣子於郊六卿不皆上擯是承擯亦送賓也孔子爲魯司寇班在承擯與立之時班在承擯因攝相事詔禮傳辭故自出班獨從君側也賓退不獨上擯送賓即承擯紹擯亦必隨送賓介復命不顧是又相禮者之職也如其泛言朝聘有禮經在何必爲孔子記於鄉黨篇與 以上記子擯相之禮

入公門鞠躬如也如不容

此記聘問之禮公門大門鞠躬曲身公門高大而若不容者公皮弁迎賓於大門之內故賓敬公而鞠躬以入也

(按)聘禮云公皮弁迎賓於大門內大夫納賓賓入門左此記入門正賓入大門也

立不中門行不履閾

中門廟門之中也賓及廟門公揖先入立於中庭故賓立接門外西塾閾門下限履踐也

(按)玉藻賓入不中門不履閾此統言大門廟門也聘禮厥明訝賓於館賓皮弁聘至于朝賓入于次及大夫納賓賓由次出鞠躬而入大門此時賓行而未立也及至廟門公揖而入立于中庭斯時賓立門外西塾故云立不中門擯出請賓賓偕擯入跨閾而過不以足踐閾上故云行不履閾鄭園札記閾大門活限賓至脫去猶今衙署儀門之限也至若廟門之限惟迎神時脫去賓至不脫故賓不履踐上

過位色勃如也足躩如也其言似不足者

位主君之位廟門內中庭地也言即請命辭玉與擯相所答之辭不足不敢肆也勃躩見前

(按)聘禮公入立中庭賓立門外西塾几筵既設擯者出請命賓襲執圭擯者入告出辭玉納賓賓入門左三揖敖繼公曰賓入門左而揖參分庭一在南而揖又皆行至參分庭一在北而揖是三揖也至于階三讓過位正賓入門至階行過庭中賓至西方之中庭公乃與之偕行鄭園札記賓三揖時過庭中君位君立之位也

攝齊升堂鞠躬如也屏氣似不息者

攝整也齊衣下縫升堂至階時公升二等賓升西楹西東面致君命也鞠躬屏氣蓋見擯者進公當楣再拜故賓三退而負於序鞠躬致敬也息呼息屏氣不息靜無聲息也

(按)玉藻云執圭玉舉前曳踵論語騈枝攝斂也整也戰國策攝衽抱几弟子職攝衣共盥管晏列傳晏子攫攝衣冠攝皆訓整攝齊升堂正謂自階升堂直躬端行前進不邪故衣下縫整齊也聘禮至于階三讓公升二等賓升西楹西東面此時賓正升堂也升堂之後擯者退中庭賓致命公左旋北鄉擯者進公當楣再拜賓三退負序斯時賓方鞠躬屏氣也非自階升堂時即鞠躬屏氣賓所以鞠躬屏氣者正因執圭在手不能答君再拜惟有三退負序曲身以致敬焉

出降一等逞顏色怡怡如也沒階趨進翼如也復其位踧踖如也

出賓出降下也等堂階之級將升則主人先登一級將出則賓先降一級逞解也怡怡和悅貌沒階降盡階也賓既降階衆介逆出故賓沒階急趨介前兩手端垂如鳥舒翼位廟門外西塾之位賓出復至其位也踧踖竦敬貌既復位而仍竦敬者賓將行享禮也

(按)聘禮賓既致玉於公公側襲受玉於中堂東楹之間擯者退負東塾而立斯時賓降介逆出賓出此言出降一等逞顏色怡怡如者蓋賓出時公不與賓行禮故賓始逞顏色得其怡怡之象也介見賓降一級即行逆出俟賓賓降沒階必趨進者介出行緩賓出行急及至廟門賓仍在前介仍在後各復西塾之位也既復位而又踧踖者旋欲入廟致皮幣也羣經平議爾雅釋詁翼敬也釋訓翼翼恭也翼如之象蓋亦此義也

執圭鞠躬如也如不勝上如揖下如授勃如戰色足蹜蹜如有

循此節宜在出降一等之前次於出降後者爲君使卿還玉於館賓受圭退負東房而立之禮也聘禮最敬重者執圭玆故詳記其禮

圭瑑圭卿大夫代君執以行聘者鞠躬曲身也勝任也如不勝執主器執輕如執重敬謹至也上圭首下圭本上如揖執者圭首微推向外如揖之容下如授執者屈繅並持如授之禮勃矜嚴貌戰色加懼也蹜蹜有循君行一臣行二行循君武而步縮也

（按）聘禮記上介執圭如重授賓賓入門皇皇自莊盛也升堂讓將授志趨志猶念也念趨謂當行步也將授志趨謂賓執玉向擯將授之時授如爭承下如送君還而后退下階發氣怡焉再三舉足又趨爭承如與人爭接取物恐失墜也下如送謂聘享每訖君實不送而賓之敬如君送然及門正焉容色復故右記聘容○又曰執圭入門鞠躬焉如恐失之聘禮還玉云君使卿皮弁還玉於館賓皮弁襲迎於門外不拜帥大夫以入大夫升自西階楹賓自碑內聽命升自西階自左南面受圭退負右房而立大夫降中庭賓降自碑內東面授上介於阼階東曲禮執玉不趨圭藻執圭玉舉前曳踵蹜蹜如也合觀參攷執圭之禮於入廟門則鞠躬者斯時君立庭中賓致敬也於升堂則鞠躬者斯時賓退負序敬君拜也如不勝卽曲禮云執輕如不克上如揖所聘侯國庶姓異姓同姓各別故有土揖時揖天揖之分圭首微推向外如其揖形也下如授執圭之時圭下屈繅並持悉如授圭之象也勃如戰色授時如爭承也足蹜蹜如有循曲禮云行不舉足車輪曳踵也

享（何）禮（何）有容色

享君用束帛加璧享夫人加琮既聘乃享既享乃禮享爲賓獻君物禮爲君禮賓儀有容色聘禮記及享發氣焉盈容也

（按）享禮賓獻奉束帛加璧享擯者入告出許賓入門左揖如初升致命張皮公再拜受幣此享禮也又曰請禮賓賓禮辭聽命擯者入告宰夫徹几改筵公出迎賓以入讓如初公升側受幾於序端云云此禮享也聘禮記及享發氣焉盈容鄉黨享禮有容色實合二事言也

私覿愉愉如也

私覿既聘享賓以私禮見君愉愉貌和悅也

（按）賓覿奉束錦總乘馬二人贊入門右北面奠幣再拜稽首此私覿也以上兩節皆記孔子聘禮也顧齋經說晁氏以孔子在位魯無朝聘之事按定公十年春及齊平若非先有聘問何以能及齊平夏會齊侯夾谷若無左傳人即不知孔子攝行相禮既會之後齊人來歸鄆讙龜陰田齊既歸田魯絕無不報聘者家語記孔子適齊過泰山之側聞婦人之哭甚哀使子貢往問檀弓云使子路後儒以爲時在昭公出孫之日不知子貢生於昭公二十一年斯時甫五歲耳何能從大子適齊賜從孔子適齊當在定十年春及齊平也禮卿使大夫爲介大命使士介孔子時由中都宰爲小司空魯下大夫也非爲命卿且爲尋常聘問名字不合書於簡策昔敬叔適周請命魯君與孔子偕往春秋不書其事是其明證春及齊平夏會夾谷齊來歸田叔孫州仇如齊十有一年冬及鄭平叔還如鄭涖盟十二年冬公會齊侯盟黃孔子在位魯何嘗無朝聘之事與或爲專使或爲介使專使攝相夾谷介使從南宮敬叔適周史策不書孔丘者時非命卿也鄉黨所記入公門諸節當爲孔子奉使及齊平也論語正義郊特牲云朝聘大夫之私覿非禮也大夫執圭而使所以申信也不敢私覿所以致敬也而庭實私覿何爲乎諸侯之庭爲人臣者無外交不敢貳君也鄭玄注其君親來其臣不敢私見於主國君也以君命則有私見是鄭據周禮以臣聘得行私覿未爲非禮也玉藻公事自闑西公事謂聘享私事自闑東私事謂私覿也禮經釋例曰覿禮享後無覿者諸侯覿見於天子享時已申其敬無緣復有私覿也聘禮享後有覿者享是聘賓致其君之命至覿時聘賓始得自申其敬蓋聘賓代君行禮故享後別有私覿與覿不同也郊特牲云朝覿大夫之私覿非禮也此言朝覿之禮大夫從君而行無私覿也又云大夫執圭而使所以申信也鄭注以君命聘則有私見此言大夫奉使出聘則有私覿也又云不敢私覿所以致敬也孔疏覆明從君而行不敢行私覿所以致敬於己君也此中言朝覲大夫私覿非禮之義非謂大夫執圭而使不敢私覿也潘維城引據

君子不以紺緅飾紅紫不以爲褻服

禮經釋例此辨甚詳江永鄉黨圖考私覿之幣東錦乘馬亦是公家之幣但對享禮爲私耳〇自君召下至私覿十二節悉記擯相朝聘享覿禮容也

君子孔子也不言孔子而言君子者孔子時爲大夫深衣之制必合於禮非若士庶之服之可忽也紺緅皆赤黑間色紺深青揚赤色緅又黑於紺者飾領緣也紅紫亦赤色之間赤淺帶白曰紅赤深帶黑曰紫褻服私居服也

(按)考工記鍾氏染羽以朱湛丹秫三月而熾之淳而漬之三入爲纁五入爲緅鄭注三入再染以黑爲緅今禮俗文作爵言如爵頭色也論語正義三入之纁入赤汁則爲朱若不入赤而入黑汁則爲紺更以此紺緅黑則爲緅羣經補義玄冠紫緌自魯桓公始也尚紫之漸齊桓公有敗紫欲賣之先自服之國人爭買其價十倍春秋末衛良夫紫衣狐裘太子數其罪而殺之注紫衣君服予玩朝祭之服正色玄端赤黻紺緅亂玄紅紫奪朱朱近赤色故孔子不以爲飾不以爲褻服也禮書云大夫祿衣緣以赤婦人祿衣緣以纁紺由纁加黑汁四染緅由纁加黑汁五染以之爲緣則近於婦人紫爲時君所尚紅淺於朱赤者法言吾子或問蒼蠅紅紫注紅即朱也史記司馬相如傳紅杳渺以眩湣晉灼注紅赤色貌紅紫雖爲間色然皆當時所貴以爲褻服則近於瀆矣故記者區別以明其不以也纁淺絳色

當暑袗絺綌必表而出之

夏季曰暑袗單衣也葛之精者曰絺粗者曰綌君子居則絺綌內有衵衣出則絺綌外有表衣表單衣著於絺綌上者出之謂見賓客於外也

(按)玉藻云非列采不入公門振絺綌不入公門表裘不入公門襲裘不入公門予玩月令孟夏天子始絺服絺是王朝大典何以玉藻云振絺綌不入公門鄭玄注振讀爲袗襌也袗絺綌猶今單服葛袍而無外裼也表裘皮毛之外不裼類於天子大裘此云表而出者說文表上衣也正指服單葛衣外加上衣也出謂出見賓客以及出宮室門外而有所適也孟夏即服絺綌必云當暑者暑時酷熱人或單葛以出夫子必表而出所以昭其禮也吳澄曰裼裘者裼衣外之上服直其領而露出裼衣也襲裘者裼衣之上服曲其領而掩蔽裼衣也予玩檀弓云曾子襲裘而弔子游裼裘而弔主人既小斂袒括髮子游趨而出襲裘帶絰而入襲裘近於弔服故亦不入公門

緇衣羔裘素衣麑裘黃衣狐裘

羔羊子色黑故衣用緇麑鹿子色白故衣用素狐色黃衣取相稱故各從其類也玄冕緇衣皮弁素衣即爵弁黃衣朝祭喪蜡各有所衣言衣裘不言冕弁者爲其便於公私服也

(按)頤齋經說緇衣用於朝祭素衣用於覲聘黃衣用於大蜡息民以此類推緇衣並可用於養老王制云玄衣而養老素衣並可用於喪紀黃衣並可用於軍事春秋傳云臧之狐裘敗我於狐駘公私之間要非專泥爲服也予玩玉藻云君衣狐白裘錦衣以裼之君之右虎裘厥左狼裘士不衣狐白君子狐青裘豹褎玄綃衣以裼之麑裘青豻褎絞衣以裼之羔裘豹飾緇衣以裼之狐裘黃衣以裼之錦衣狐裘諸侯之服也犬羊之裘不裼不文飾也服之襲也充美也是故尸襲執玉龜襲無事則裼弗敢充也鄉黨僅記羔裘麑裘狐裘者狐白裘君服狐青裘卿服虎狼裘武士之服犬羊裘賤者之服惟羔裘麑裘狐黃裘爲公卿大夫士上下之通服也禮五通考裼襲之義從來未明爲注疏家沿之耳今以經文證之檀弓云練練衣黃裏縓緣鹿裘衡長袪袪裼之可也是裼專以袪言而非別有裼衣襲承也玉藻君子狐青裘豹褎玄綃衣以裼之羔裘豹飾緇衣以裼之綃衣緇衣禮服也裘上加禮服而裼則微捲其袪以見裘之美也又曰大裘不裼犬羊之裘不裼弔則襲尸襲執玉龜襲君在則裼無事則裼是裘以裼爲當而當致哀致敬之時則襲蓋一衣而可裼可襲非裼爲一衣襲又一衣也又曰裘之裼也見美也服之襲也充美也服者裘上之服裘即服中之衣互文以見義襲其袪則美充於內裼其袪則美見於外故行禮之時當裼則裼當襲則襲頃刻變易而不相因也禮書但而見裘曰裼徐而充裘曰襲詩云衣錦尚絅蓋惟錦加絅以惡文著餘衣固不然也昔衛侯戒渾良夫食良夫紫衣狐裘至袒裘而食則所袒者紫衣耳未聞紫衣之外復有衣者也予玩衣裘有裼有襲所謂裼者衣裘之而文美者也襲承也重也所謂襲者古人衣袂寬大無事時衣袂無取反捲有事時

衣袂必欲反捲至及反捲則文美掩蔽不見故於製衣之先預於衣袂之內垂矛文采反捲時仍見其美也褐褻衣裘有直領者有斜領者斜領恆服在內猶今袍襖直領恆加在外猶今大褂外掛無論袍襖褂掛悉有表裏衣袂表面文美著見曰褐衣袂文美著見曰襲合觀禮書五禮通考與淩注說褐襲之義甚然大明者也

褻裘長短右袂必有寢衣長一身有半

褻裘深衣也卿大夫士皆能服之深衣之制連裳故較褐裘爲長右助也袂謂當旁回肘之處褐裘侈袂深衣不侈袂故較褐裘之袂爲短寢衣袒服也凡人自頸至股爲身褻裘長短以袂爲準其長必有寢衣一身有半蓋垂袂及膝者也褻裘即交領深衣

(按)玉藻云朝玄端夕深衣深衣三袪鄭玄注三袪者謂要中之數也袪尺二寸圍之爲二尺四寸三之七尺二寸孔穎達疏幅十有二以計之幅廣二尺二寸邊各去縫一寸餘有一尺八寸裳每幅交解之闊頭廣尺二寸之狹頭廣六寸此寬頭嚮下狹頭嚮上要中十二幅廣各六寸故爲七尺二寸縫齊音咨倍要音腰鄭注縫紩也紩下齊倍要中齊丈四尺四寸孔疏下齊十二幅各廣尺二寸故爲一丈四尺四寸孔安國注衣下曰齊衽當旁鄭注衽謂裳幅所交裂也凡衽者或殺而下或殺而上孔疏喪服之衽廣頭在上狹頭在下深衣之衽寬頭在下狹頭在上袂可以回肘鄭注二尺二寸之節孔疏肘長尺二寸故可以回肘也長中繼揜尺鄭注其爲長衣中衣則繼袂揜一尺若今褎矣孔疏長衣中衣制同有表謂之中衣若露著則曰長衣幅廣二尺二寸長衣中衣以半幅繼續袂口故揜餘一尺也長衣揜必用素中衣揜或布或素隨其衣而然陸佃曰長衣練冠長衣是也中衣纁黼丹朱中衣是也袷二寸鄭注袷曲領也袪尺二寸鄭注袪袂口也緣廣寸半鄭注緣飾邊也深衣云古者深衣皆有制度以應規矩繩權衡短毋見膚長毋被土續衽鉤邊要縫半下袼之高下可以運肘袂之長短反詘之及肘呂大臨曰古者衣裳殊制惟深衣之制衣連裳而不殊蓋私燕之服尙簡便也方愨曰深衣則自天子至庶人皆服之也陳澔曰朝服祭服喪服皆衣與裳殊惟深衣不殊則其被於體也深邃故名深衣制同而名異者有四焉純之以采曰深衣純之以素曰長衣純之以布曰麻衣著在祭服朝服之內曰中衣合觀參考褻裘爲深衣又何疑與鄭閎札記云褻裘實交領之深衣也

狐貉之厚以居

居坐也狐貉毛深溫厚故冬爲坐蓐也

(按)易林秦井之云貉狐裁剝徙溫厚蓐古人加席於地而坐其上大夫再重故夫子冬所居處以狐貉毛厚者爲之藉也

去喪無所不佩

玉藻云凡帶必有佩玉惟喪否去除也所盡也期而小祥再而大祥中月而禫若去喪而禫未盡君子則不佩也

(按)廣雅釋詁一所盡也間傳禮記篇名云期而大祥素縞麻衣中月而禫禫而纖無所不佩足徵喪盡然後佩玉也顏齋經說去去國喪衰喪無所失位也故孔子失位去猶佩象環五寸玉藻君子無故玉不去身君子於玉比德焉若無位則爲有故矣

非帷裳必殺之

朝祭之服裳用正幅如帷要有襞積而旁無殺縫其餘若深衣要半下齊倍要則無襞積而有殺縫矣集注帷裳朝祭服也殺謂上小下大幅縫之斜者襞積縫當腰處聯綴摺以爲結也

(按)江永鄉黨圖考帷裳七幅皆用正幅前三後四喪服每幅三襞積朝祭幅襞積無數李惇羣經識小禮服取其方正故裳用正幅而人之腰身爲小故旁爲襞積即今衣褶也縫在褶中至深衣之類則斜裁之三分之一在上三分之二在下則腰半而齊倍所謂省所當省也

羔裘玄冠不以弔

羔裘玄冠吉服也既死而弔衣玄而往者至行弔禮之時必變其服視主人以爲節也玄冠委貌之冠

(按)檀弓上子曰始死羔裘玄冠者易之而已羔裘玄冠夫子不以弔家語子夏

問篇　季桓子死魯大夫朝服而弔子游問於孔子曰禮乎夫子不答他日又問夫子曰始死羔裘玄冠者易之而已汝何疑焉

吉月必朝服而朝

吉月月朔也人君告月於廟服皮弁服視朔既畢適朝於朝冠委貌衣玄端也

(按)春秋文公六年閏月不告月猶朝於廟謂不告朔太廟猶朝羣廟也玉藻皮弁以聽朔於太廟朝服以日視朝於內朝告朔服皮弁服視朝服朝服也視朔在廟朝朔在朝周以夜半視朔畢東方甫明時君正視朝焉自君子不以紺緅飾至此皆記夫子衣服之制相宜也

齊必有明衣布

明衣神明之衣陳列也必有者當齊之際設其裳衣如見其祖考也

(按)既夕記御者設明衣足徵明衣非生者之服也士喪禮明衣裳用布明衣裳亦非生者之服中庸云設其裳衣此云齊必有明衣布正云陳列先祖之衣裳也

齊必變食居必遷坐

變食易其常食食其精潔無邪味者遷坐自燕寢移宿齊宮也

(按)周禮膳夫職云王日一舉齊日三舉鄭司農云齊必變食論語後錄曰古者一日之中三時食朝日中夕也日一舉者謂朝也設牲盛饌曰舉朝舉則日中及夕餕其餘矣惟齋日三舉改常饌更而新之齊者潔清之義也所謂變食國語大夫舉以特牲士食魚炙頤齋經說齊日三舉非三舉皆殺特牲惟三食之膳必新烹調無餕餘者也祭義曰致齊於內散齊於外內者適寢外者外寢儀禮既夕注適寢者不齊不居其室也

食不厭精膾不厭細

厭平聲

厭厭足穀舂純曰精肉聶切曰細皆食膾之美者不厭言不以精細者而遂屬厭也

食饐而餲魚餒而肉敗不食色惡不食臭惡不食失飪不食不時不食

饐氣變餲味變餒腹潰敗氣臭也色惡言其形臭惡言其味大熟曰飪失飪烹調未大熟者不時時序失其宜果實未熟之類也

割不正不食不得其醬不食

正簿正古人食有常經不食不食言食品失其四時之序也醬兼醯醢之屬不得其醬水陸之品調滑失宜故夫子不食之也

(按)食醫周禮冢宰庖官六穀牛宜稌羊宜黍豕宜稷犬宜粱雁宜麥魚宜苽月令春食麥羊夏食菽雞季夏食稷牛秋食麻犬冬食黍彘內則春宜羔豚膳膏薌夏宜腒鱐膳膏臊秋宜犢麑膳膏腥冬宜鮮羽膳膏羶以及春膾用葱韭秋膾用芥蓼煎熬擣捶諸法必備悉時食之精細也周官內饔辨腥臊羶香之不可食者牛夜鳴則庮羊冷毛而毳羶犬赤股而躁臊鳥皫色而沙鳴貍豕盲眡而交睫腥馬黑脊而般臂螻此皆食惡臭惡者雛鱉狼去腸狗去腎狸去正脊兔去尻狐去首豚去腦魚去乙鱉去醜此皆割不正不食者醢醬卵醬各有所宜不得則失其調滑之味也予玩厭則食傷饐餲餒敗食惡臭惡皆有害於衛生不獨夫子不食即士大夫亦不食也若失飪不時割不以正食不得醬是皆小節夫子可以食矣而亦不食者正為致齊散齊記也齊所以交神明飲食養氣陰陽故不可斯須不謹也或問集注云割肉不方正者不食引陸續之母切肉未嘗不方為證今何云失其四時之序也答曰孟子云孔子先簿正祭器不以四方之食供簿正不經有明文不時之戒禮有明訓非予一人之臆斷也且曲禮云濡肉齒決乾肉不齒決食時不以齒以手不以刀割也內則云炮豚濯手以摩之去其皾擣珍取牛羊麋鹿麕之肉必脄每物與牛者一種反側之去其餌孰出之去其皾柔其肉曰擣曰捶曰反側必不能正也況割肉烹調有封者有剝者有細切者為膾有大切者為軒有薄切之必絕其理者牛羊麋鹿之外又有雉鷄雞類魚鱉諸品豈能割時皆出於正與所謂正

者言其割合正經無邪味也

肉雖多不使勝食氣惟酒無量不及亂

當祭之日大夫特殺鼎俎之肉甚多不使勝食氣者猶之尸食告飽三飯不在肉也古言酒皆以量名無量言隨飲之多寡爲節能不爲酒困也凌廷堪校禮堂文集肉雖多不使勝食氣爲食禮言之也唯酒無量不及亂爲燕禮言之也胡培翬研六室文鈔以公食禮考之初設正饌次設加饌正饌有牛俎羊俎豕俎魚俎臘俎腸胃俎膚俎醓醢麋臡鹿臡三者盛于豆此下大夫六豆也加饌有牛膷牛炙牛胾牛鮨羊臐羊炙羊胾豕膮豕炙豕胾魚膾肉可不謂多與然而黍稷六簋宰夫設之稻粱二簋公親設之賓初食稻粱三飯即止卒食黍稷不以醬湆是所謂以殺爲主不使肉勝食氣也又以燕禮考之尊於堂上東楹之西者兩方壺尊於堂下門西者兩圓壺初時獻賓賓酢主人主人自酢主人酬賓二大夫媵爵於公公取媵爵酬賓禮亦盛矣而獻卿獻大夫後復作樂以樂賓立司正以安賓脫屨升堂安坐盡獻至於爵行無數在所謂無量矣然而君曰無不醉有命徹幕則必降階下拜明雖醉正臣禮也賓醉而出鐘人爲之奏陔則所以執脯賜鐘人明雖醉不忘禮也此非所以謂醉爲節而不及亂乎

(按)論語古注集箋引羣經義證曰呂氏春秋去尤篇味衆珍則胃充胃充則

中大鞔高誘注鞔讀曰懣不勝食氣爲懣病也惟酒無亂者論語後錄云古言酒皆以量名故鄭氏注禮言酒受三升四升又史記淳于髡曰一斗亦醉一石亦醉升斗石皆量也故曰惟酒無量不及亂猶前篇云不爲酒困也予玩此既屬於齊必變食諸節之後當爲齊祭時言也肉雖多不使勝食氣即少牢饋食禮云佐食有羊豕鉶俎諸品及尸食舉三飯又食告飽未聞遍食肉也唯酒無量不及亂即有司徹云主人獻尸獻侑主婦獻尸獻侑上賓獻尸以及主人酬尸諸禮未聞飲及亂也孔子爲魯大夫齊祭之日必有特殺食飲之時豫以尸食尸飲爲法故門人從而記於鄉黨篇焉

沽酒市脯不食

沽酒惡酒市脯宿肉齊時食取精潔沽市不食正夫子敬愼爲心也

(按)梁玉繩瞥記酒正鄭玄注作酒有功沽之巧賈疏功沽謂善惡因思論語沽酒當是酒之惡者江永鄉黨圖考周禮臘人屬冢宰掌乾肉凡田獸之脯臘膴胖之事注大物肆解乾之謂之乾肉薄析曰脯捶之而施薑桂曰腶修臘小物全乾據是合考沽酒當爲惡酒市脯實爲乾肉肉既乾久當買於市其爲陳宿不潔明焉

不撤薑食不多食

古人佐食之品每用葱蒜韭芥齊時禁葷惟薑雖辛而氣味不烈且能通神明去穢惡故夜膳不撤之焉雖不撤亦不多食孔子謹齊之意無時不致其誠也

(按)玉藻云膳於君有葷注葷薑及辛菜也辛菜葱芥蓼蘇之類士相見禮夜侍坐問夜膳葷請退可也注葷辛物葱薤之屬食之以止臥此節上言齊食下言祭公必因齊祭之時食畢飯羹醯醢之屬皆撤而薑之在豆者獨留倦則食之以郤眠也附考齊必變食諸家聚訟紛紜一據周官膳夫云王日一舉註日食少牢也齊日三舉鄭玄注曰齊必變食賈公彥曰王日一舉謂一日一太牢齊必變食故加至三一據莊子人間世云齊者不飲酒不茹葷荀子哀公篇云夫端衣玄裳絻而乘路者志不在於食葷遂謂不茹葷不食葷即云不食牲肉也不知

王日一舉王齊三舉非殺一少牢及殺三太牢也王制諸侯無故不殺牛大夫無故不殺羊士無故不殺犬豕王日一舉所殺或羊或豕或犬耳惟朔月始殺太牢其殺太牢亦因視朔而殺也諸侯告朔用羊天子視朔用牛倅卑之等也且玉藻明言天子日食少牢朔月太牢則是天子常食不殺牛也賈公彥之說誤甚顧齋經說齋曰三舉非三舉皆殺特牲惟三食之膳必新烹調無饐餘者說極不允常謂葱薤辛菜經注最明而葱蒜等物氣味濁烈北方之人尤喜食之葷字從草從軍明謂草木滋味濁氣薰人豈謂牲體之肉哉周語云耕籍前五日王入齋宮飲醴玉篇醴甜酒也詩話酒之甘濁而不清者酒正云凡祭祀以灋共五齊三酒以實八尊酒人云掌爲五齊三酒祭祀則共奉之又云凡祭祀共酒以往是齊時無不用酒也惟齊飲甜酒不飲烈酒彼云不飲酒不茹葷者絕非茹素可知也

祭於公不宿肉祭肉不出三日出三日不食之矣

卿大夫士助祭於公繹賓尸後膰肉立即頒賜不留神惠之義也若其不預助祭胙肉之頒亦必不出三日出則歷時既久其肉必敗雖有歸賜拜而受之已則不食之焉

(按)祭有熟肉有生肉熟肉爲膰生肉爲脤魯僖公九年左傳云王使宰孔賜

齊侯胙(胙祭肉時齊侯合諸侯于葵邱)二十四年傳云宋於周爲客天子有事膰焉定公十四年春秋書天王使石尚來歸脤無論生肉熟肉祭肉無不出三日者惟有拜受不食而已或者臘人有晞肉之法遠道相賜必經臘人以法晞之也

食不語寢不言

答述曰語發端曰言食語寢言肺氣既有所傷心思亦恆爲亂故夫子齊時必謹之焉

(按)集註楊時曰肺爲氣主而聲出焉寢食則氣窒而不通言語恐傷之也予玩養老乞言食非無語寤僻作解(見逸周書)寢豈無言夫子不語不言者正以身在齊宮也

雖疏食菜羹瓜祭必齊如也

時食有祭子祭必盡其誠也(武億經考異此凡兩讀魯論瓜作必則以羹字絕句必祭爲句何晏集解孔安國曰三物雖薄祭之必敬則以瓜字上屬爲三物絕句祭字連下讀爲句玉藻瓜祭上環則瓜祭亦可斷句必齊如也又是一讀頤齋經說雖疏食菜羹瓜讀句祭字讀句必齊如也讀句)

(按)中庸云春秋薦其時食公羊襄二十九年傳云飲食必祝(何休注因祭祀祝也)雜記孔子曰少施氏食我以禮吾祭作而辭曰疏食不足祭也菜羹即內則云芼羹菫荁葵薇之類呂覽(慎人篇)云孔子窮於陳蔡之閒藜羹不糝以及豳詩言祭韭楚茨言剝菹也玉藻云瓜祭上環三物雖微祭必昭其誠敬此夫子所以異於常人也(自齊必有明衣布至此十一節皆記夫子謹齊之事)

席不正不坐鄉人飲酒杖者出斯出矣

席正謂正賓主之席於鄉飲也杖者鄉飲之六老速以爲正賓者出謂飲畢而出杖出斯出未出不敢先既出必隨後也

(按)說文席藉也謂以席藉之於地也凡先迫地者爲筵後加者爲席禮器云諸侯三重大夫再重據司几筵云天子亦三重則天子諸侯制同天子諸侯同是三重則士大夫亦同是再重黨正云國索鬼神而祭祀則以禮屬民而飲酒於序以正齒位足辨席不正不坐是坐時必先待正齒位也王制五十杖於家六十杖於鄉七十杖於國八十杖於朝此云杖者必八十以上杖於朝者也鄉飲酒義六十者坐五十者立侍以聽政役所以明尊長也六十者三豆七十者四豆八十者五豆九十者六豆所以明養老也孔子預於鄉飲坐席蓋在司寇去位之後還陬居魯時也

鄉人儺朝服而立於阼階

月令季冬命有司大儺孔子時宰中都故於鄉人儺日朝服立於阼階(阼階主階)以待驅疫者也

(按)郊特牲云鄉人裼孔子朝服立於阼存室神也予玩鄉人儺何與孔子之

事孔子朝服立於阼者正以身宰中都時當季冬奉國君之命儺送寒氣故朝服立於公堂阼階非立於祖廟阼階也

問人於他邦再拜而送之

問遺也拜釃拜孔子返魯以物遺人而致其辭再拜送者如親見之敬也

(按)古者問人必有物以遺之左傳成十六年楚子使工尹襄問之以弓(問郤至)哀十一年齊國書使問弦多以琴二十年吳王與之一簞珠使問趙孟二十六年衛出公使以弓問子貢凡問必遺以物非僅致其空言也詩鄭風(雞鳴篇)雜佩以問之毛傳問遺也

康子饋藥拜而受之曰丘未達不敢嘗

康子季孫肥也藥蓋丸散之類拜釃拜孔子未達其性故不敢遽嘗之也

(按)集注范祖禹曰凡賜食必嘗以拜藥未達則不敢嘗受而不飲則虛人之

賜故告之如此楊時曰大夫有賜拜而受之禮也未達不敢嘗謹疾也必告之直也予玩藥有酸辛鹹苦甘滑之分瘍醫云凡藥以酸養骨以辛養筋以鹹養脉以苦養氣以甘養肉以滑養竅康子之饋蓋在孔子返魯有疾時也未達藥品所養故不敢遽受嘗焉

廄焚子退朝曰傷人乎不問馬

廄焚孔子家廄也問傷人者問其救焚之人有無傷否不問馬非不愛馬馬隨駕車而出知廄本無馬也

(按)家語子貢篇孔子爲大司寇國廄焚鹽鐵論刑德篇魯廄焚孔子能朝問人不問馬賤畜而重人也予玩雜記云廄焚孔子拜鄉人爲火來者士壹大夫再亦相弔之道也若爲國廄魯廄鄉人何獨來弔孔子其爲家廄明焉此節上記康子饋藥康子爲政孔子致仕久矣所謂朝者當爲吉月而朝其馬已駕車出知廄無馬故問傷人而不問馬非聖人不愛馬也或問大夫爲百乘之家問大夫之富數馬以對陳文子有馬十乘今云馬隨車出焉見子廄無餘馬與答曰百乘之家有采地者也陳文子齊執政者也孔子去位之後一車兩馬周流列國及其返魯旣未從政又無采地故知馬隨車出其廄無餘者也

君賜食必正席先嘗之君賜腥必熟而薦之君賜生必畜之

正席先嘗如君賜牢鼎之食則席於西階君賜豆實之食則席於阼階嘗時食置於左羹置於右腥如胙肉之頒生如賜鯉之類昭公賜鯉孔子時方爲士非君有特命也蓋薦鮮之日循例而爲頒賜孔子故得預焉

(按)鄭園札記云凌廷堪禮經釋例君賜食即聘禮所謂飪也君賜腥即聘禮所謂腥也賜生即聘禮所謂餼也並據聘禮分別設於西階阼階王鋈正義云凌君似精而未核聘禮記賜饔牲殺曰饔生曰餼惟羹飪筮一尸如饋食之禮假器於大夫注腥餼不祭明與此篇賜腥異矣蓋彼爲大禮三者一時俱致故獨薦飪耳意者此爲尋常小賜之禮在歸饔餼後所謂燕與時賜無數也然以君賜屬聘禮第爲鄰國君之所賜其義未晐若本國之君有所賜與亦當準此以孔子受賜鯉事及穆公饋子思鼎肉事例之則國君有賜外君有賜禮無不同者焉

侍食於君君祭先飯

陪側曰侍侍食君賜食也君命之祭則必先飯如爲君嘗食然不敢當客禮也

(按)周禮膳夫授祭品嘗食王乃食玉藻若賜之食而君客之則命之祭然後祭先飯飯食也祭畢君未食而臣先食偏嘗者膳示行臣禮爲先嘗食之義也辯辯與偏通嘗羞飲而俟若有嘗羞者則俟君之食然後食飯飲而俟士相見禮若君賜之食則君祭先飯徧嘗膳飲而俟君命之食然後食合觀古禮臣侍君側君賜之食以客禮待則命之祭臣先嘗食不以客禮待雖不命祭亦先嘗食無不以臣禮自居也此云君祭先飯蓋孔子反魯之後哀公屢有召問頻侍君食公雖不以客禮待子而子必以臣禮待君也

疾君視之東首加朝服拖紳

君視臣疾升堂則居於奧入室則居屋漏東首示面君也朝服玄端紳大帶加謂覆掩衣衾之上拖曳也鄭園札記東首當爲東首

(按)論語稽求篇云玉藻君子居恆當戶寢恆東首是平時臥寢無不東首者惟大禮易衽如昏禮御衽於奧則北趾而南首是也老者更臥如曲禮少事長請衽何趾內則子婦事舅姑亦請衽何趾是也若君來視疾則論語與儀禮及喪大記皆云寢東首是不問遷臥與否必令東首者以室制尊西君苟入室則必在奧與屋漏之間負西而嚮東故當東首以示面君之意並非受生氣也論語正義云此說是也但禮言寢恆東首則亦有不東首者故請趾之文見於曲禮內則非必爲老者之更臥也病者惟意所適亦無定鄉惟君來視疾必正東

首之禮且可面君故論語特著其文若既夕記喪大記所云寢東首則兼取諸終之義也予玩此節上言康子饋藥此言疾君視之君必爲魯哀公孔子之疾正即檀弓云子貢聞歌泰山梁木寢疾七日時也喪大記君於大夫疾三問之士一問之雜記卿大夫疾君問之無算士一問之孔子大夫也哀十六年夏四月己丑孔子卒左傳公誄之曰旻天不弔不慭遺一老俾屏予一人以在位煢煢余在疚嗚乎哀哉尼父毋自律死既有誄疾必來視明焉

君命召不俟駕行矣

駕以馬駕車也急趨君命不待駕而即行者玉藻曰凡君召以三節二節以走一節以趨在官不俟屨在外不俟車蓋行出然後僕人駕車隨焉

（按）孟子（公孫丑篇）禮曰君命召不俟駕又（萬章篇）萬章曰孔子君命召不俟駕而行然則孔子非與曰孔子當仕有官職而以其官召之也荀子（大略篇）云諸侯召其臣臣不俟駕顛倒衣裳而走禮也說文駕馬在軛中也（以上見論語正義）大夫不可徒行既行而後僕人以馬駕車追從以示臣疾趨承君命也

入太廟每事問

太廟魯周公廟事祭品物也

（按）定公九年孔子爲中都宰十一年爲小司空十二年爲司寇魯祭太廟司空司寇皆有職掌每事敬謹不得不詳問也

朋友死無所歸曰於我殯

檀弓曰賓客至無所館夫子曰生於我乎館死於我乎殯殯之爲言賓也

（按）朋友有通財之義凡有自他國來者既與我道同志合相輔爲仁其死也彼無親族在側我宜代爲殯厝焉殯異於葬殯坎淺葬坎深殯便於遷葬不便於改也左傳（哀十四年）司馬牛卒於魯郭門外阬氏葬諸丘輿彼亦朋友之誼也

朋友之饋雖車馬非祭肉不拜

朋友有親車馬不相爲饋饋及車馬必其有職位者也非祭肉不拜重其爲祭祖考致福於己故必再拜而稽首也

（按）坊記云父母在饋獻不及車馬（注車馬家物之重者）少儀云爲人祭曰致福爲己祭而致獻於君子曰膳祔練曰告凡膳告於君子主人展之以授使者於阼階之南南面再拜稽首送反命主人又再拜稽首鄉黨圖考曰膳尊者再拜稽首平敵當再拜不稽首夫子之受當亦再拜不稽首予玩孔子問人於他邦再拜而送之不稽首也此饋祭肉既敬朋友祖考同於己親必再拜而稽首也

寢不尸居不容

直陳曰尸趨翔曰容不尸不容時雖寢居予無不合於禮也

（按）馮登府經詁答問尸當如弟爲尸之尸君子坐如尸寢則假安適體不必如尸之非敬矣釋文容本或作客（唐石經容作客）臧玉琳云居不客言居家不以客禮自處（孔安國注爲室家之敬難久謂因一家之人難久以客禮敬己也）予玩曲禮云在牀曰尸白虎通云尸之爲言陳也失氣亡神形體獨存寢不尸實如皇侃疏曰人臥當欹而小屈（小屈謂足小屈也）今養生家亦如此說淮南子（覽冥訓）云臥倨倨倨倨即微曲也（禮樂記倨中矩注倨微曲也）子曰曲肱而枕之想見子當寢臥身側而手足皆曲絕非仰橫而直陳也後漢書周燮傳注引謝承書云燮家居清處非法不言兄弟父子室家相待如賓左傳（僖三十三年）冀缺夫妻相敬如賓若云不客恐非身修家齊之道也儀禮士相見禮庶人見于君不爲容進退走鄭玄注容謂趨翔（賈疏行而張足曰趨行而張拱曰翔）曲禮云堂上不趨室中不翔子居在室不爲容者正不趨不翔無不準禮而行也寢當宿寐不尸則神氣常惺居在室庭不容則手足惟謹（堂室之間爲地迫狹恒居故不趨翔）此聖人飭躬異於常人無時可舒懈也

見齊衰者雖狎必變見冕者與瞽者雖褻必以貌

狎素習近也變變容貌禮貌

(按)子罕篇所記係孔子臨昭公殯宮此篇所記是孔子涖定公殯宮昭公薨時孔子在魯爲士故見之必作過之必趨定公薨時孔子爲司寇後去魯周遊適自息帳還陬也曰狎曰褻身爲大夫與魯卿大夫素所習近非若爲士時班列不同曰變曰以貌蓋服齊衰者宗親也日居於內服總裘者臣工也日居於外朝夕哭奠始見齊衰涖位故必變容以見爲其哀也昕夕涖事日與冕衣裳太師瞽魯樂官長名同列必以貌者動容周旋不苟訾笑也狎雖習近而褻尤暱近記者分別而言見聖人之行無適而不合於禮也

凶服者式之式負版者

小俯致敬曰式之往也凶服喪服式之致敬以俟往也負版喪服之製麻布長尺二寸廣四寸負之於背其服視凶服齊衰者殺輕式負版者言小俯微致其敬不必俟其往也

(按)儀禮士喪禮君視大斂君式之鄭玄注式謂小俯以禮主人也禮記曾子問尸必式注小俯禮之廣韻式敬也詩傳之往也阮元車制圖解輿前橫木謂之式江永鄉黨圖考式是揉木作三曲之形在前可憑式者因是式左右曲向後接兩輢左人可憑左手右人可憑右手亦是式式又作軾說文軾車前也釋名釋車軾式也所伏以式所敬也朱芹云雜記大夫之喪有司麻衣布衰皇氏云布衰三升布爲衰長六尺廣四寸綴麻衰當胸又有負版長一尺二寸廣四寸當背此負版疑指此凶服之式從車前而來負版之式從車後而來也參合諸說凶服視負版服重子見之俯首微致其敬必俟其人行過也負版視凶服服輕子見之俯首小爲致禮而已不必俟其人行過也此亦致禮輕重之殺也孔安

國曰負版持國之圖籍者也朱彬經傳考證曰負版當讀如雖負販者必有尊也之販恐非經旨

有盛饌必變色而作

敬主人之親饋也

(按)盛饌左傳宣十六年云王享有體薦享則半解其體而薦之所以示其儉宴有折俎體解折節升之於俎物皆可食所以示慈惠公當享卿當宴王室之禮也公食大夫禮云上大夫八豆八簋六鉶九俎庶羞西東毋過四列上大夫庶羞二十加於下大夫以雉兔鶉鴽大夫庶羞十六上大夫加四孔子魯大夫也上記侍食於君此云有盛饌蓋爲敵體筵請也大夫相食親戒速迎賓于門外拜至皆如饗拜既如饗拜主必親饋宜夫子容色異於常食也曲禮主人親饋則拜而食主人不親饋則不拜而食坊記主人親饋則客祭主人不親饋則客不祭所謂盛饌不在物品之多實在親饋之敬也玉藻孔子食於季氏不辭不食肉而飧注云以其待己及饌非禮也雜記吾食於少施氏而飽少施氏食我以食吾祭作而辭曰疏食不足祭也吾飧作而辭曰疏食不敢以傷吾子主既作辭故子必變色作而致敬也

迅雷風烈必變

迅疾也烈猛也必變者容色易莊所以敬天之怒也

(按)玉藻云若有疾風迅雷甚雨則必變雖夜必興衣冠而坐爾雅釋天疾雷爲霆注雷之急疾者爲霹靂日出而風爲暴風烈則風暴也詩邶風終風且暴疏引孫炎云陰雲不興而大風暴起也夏令時恆有之釋詁迅疾也方言烈暴也

升車必正立執綏車中不內顧魯論內顧上無不字不疾言不親指

綏挽以上車之索自僕手授己而執者也內顧還視不疾言不親指曲禮云車上不廣欬不妄指也君子莊敬無所不在正立則誠意肅恭動容無不中禮也

（按）少儀君車二綏大夫士一綏曲禮立視五巂（巂猶規也車輪轉一周爲一規）式視馬尾顧不過轂玉篇顧瞻也回首曰顧不內顧正以身在車中式黃妥下鄉位下宗廟式齊牛其視在前若首回顧恐於視有所忽也（足徵內顧無不字者是脫文也）疾言則人驚親指則下或鄉黨所記升車之容皆夫子本禮而行者也

色斯舉矣翔而後集

色驚駭貌翔直飛貌（淮南淑眞訓不動曰翔）集棲止也言鳥驚見其人而翔既知無害遂翩然下止集也

曰山梁雌雉時哉時哉子路共之三嗅而作

曰夫子言也山梁山之橋梁雌雉牝雉時哉時哉謂其集得時宜共向也嗅張翼鳴作飛起也

（按）定十四年左傳夫人見其色啼而走（見太子色知其欲殺己）哀公六年公羊傳曰諸

大夫見之皆色然而駭何休注色然驚駭貌呂氏春秋（審應篇）曰蓋聞君子猶鳥也駭則舉說文翔回飛也爾雅釋鳥鳶烏醜其飛也翔（謂翔直展不動）雉飛直往絕無回翔之勢此言色斯舉矣翔而後集蓋古語也泛言鳥之知幾今因雉集山梁孔子有時哉之歎是以先引古語以證子路共之三嗅而作也雉即山野之雞羽毛五色其類十有四種釋見爾雅（釋鳥）又釋獸云獸曰釁（自奮釁）人曰撟（頻伸夭撟）魚曰須（鼓鰓須息）鳥曰臭（張兩翅者氣體所須）說文無嗅字荀子禮論云三臭之不食也（臭通作嗅）想見三嗅而作正雉張兩翅登目直視飛鳴而起也

論語實測卷十一

泰州　徐天璋睿川　註

先進

子曰先進於禮樂野人也後進於禮樂君子也

進引進也先進後進言次第也先進禮樂爲野人者引民於飲蜡吹豳後進禮樂爲君子者動容周旋內外節和侔天地達神明也循序而進要非一蹴能幾先後之分下學而上達也

如用之則吾從先進

用之謂用禮樂於世吾從先進蓋大同之化始於擊鼓吹豳歲時既畢（言農功畢）必令餘子皆入學而肄業也

（按）釋名（釋言語）進引也人知玉帛鐘鼓爲禮樂不知洒掃應對進退含哺鼓腹皆禮樂也上古之世渾噩無爲故禮樂之興始於汙尊抔飲土鼓蕢桴漸進於

擊鼓吹豳舞勺舞象終進於同和同節與天地相昭宣也春秋之世惟士大夫習知禮樂在野之人皆不知禮樂之爲何義反視吹豳飲蜡爲具文也孔子因與蜡賓慨慕大同之化從殷周之文反求虞夏之質必使野人同納軌物之中君子知稼穡之本合豳風無逸以爲治也

子曰從我於陳蔡者皆不及門也

陳陳國蔡故蔡孔子適陳如蔡弟子多從之者門門牆皆不及門言今離居而散處也

德行顏淵閔子騫冉伯牛仲弓言語宰我子貢政事冉有季路文學子游子夏（舊本德行上有子曰二字鄭玄以爲此節與前節不連爲一章皇甫侃亦云各爲一章）

弟子因夫子之言故述其從於陳蔡者成德達材蓋有十人見聖門之多賢也古者十五而入大學樂正教以禮樂詩書斯爲文學學成而仕宦學事師斯爲

政事政事雖諳而聘問盟會邦之安危繫焉非博學明敏不能折衝樽俎故重言語若德行者非具內聖外王之道參贊天地之化育者不能當也

（按）此記蓋在哀公十四年後也陳蔡之從據孔子世家所考非專指二年四年凡孔子在陳去陳遷蔡數年之中皆是也從者亦非祇有十人四科之分亦非即在此時古者必冠而字若在二年四年子游子夏時尙未冠何以書字子張陳亢陳人漆雕開蔡人家語弟子解何以不列從者蓋孔子返魯之後陳蔡弟子皆已出學或仕或處悉離門牆其學業之成若顏閔二冉則爲德行宰我子貢則爲言語冉有季路則爲政事子游子夏則爲文學成德達材各有表見是以追記之也或曰冉求仕魯時非從阨於陳蔡者予玩檀弓云夫子至楚先之以子夏申之以冉有孔子世家季桓子卒康子代立已葬欲召孔子公之魚曰必召冉求於是使使召冉求斯時冉求正在陳也子曰皆不及門者哀十四年後

子路子貢仕衛顏淵伯牛已死子游返吳子曰吾道南矣子夏退居西河仲弓仕爲季氏宰冉有爲季氏用事閔子騫退居家庭亢倉子順道篇宰我爲臨淄大夫仲尼弟子列傳風流雲散函丈一空也

子曰回也非助我者也於吾言無所不說

古者教學相長顏子於夫子之言有聽受而無問難故夫子云然助佐助說解也

（按）學記云相說而解大戴記曾子立事篇雖不說亦不彊爭也不說猶言不解徐幹中論智行篇仲尼亦奇顏淵之有盛才也故曰回也非助我者也於吾言無所不說顏淵達於聖人之情故無窮難之辭是以能獨獲亹亹之譽爲七十子之冠蓋夫子嘗言子夏啓予正以質疑辨難義益相明顏子默識心通無所疑問故夫子反不能因疑問而發揮盡致左右逢源也

子曰孝哉閔子騫人不間於其父母昆弟之言

閔子之孝能感格於父母昆兄也弟父母昆弟信之故人言無能間也

（按）亢倉子順道篇閔子騫問孝於仲尼退而事之於家三年人無間於父母昆弟之言藝文類聚孝部引說苑太平御覽引論衡略同閔子騫兄弟二人母死其父更娶復有二子子騫爲其父御車失轡父持其手衣甚單父則歸呼其後母兒持其手衣甚溫厚即謂其婦曰吾所以娶汝乃謂吾子今汝欺我去無留子騫曰母在一子單母去四子寒其父默然故曰孝哉閔子騫一言其母還再言三子溫韓詩外傳母悔改之後至均平遂成慈母焦循補疏後母之酷可間二子獨綿纊可間父不能察後妻可間一諫而全家感化父母不失其慈二子不失其悌使可間化而爲無可間閔子之孝不啻大舜之乂不格姦也不字作無字解自明人無非間之言不是無非間閔子之言乃無非間其父母昆弟之言也與集

注胡氏曰父母兄弟稱其孝友人皆信之無異詞者殊焉

南容三復白圭孔子以其兄之子妻之

詩大雅抑篇云白圭之玷尙可磨也斯言之玷不可爲也三復白圭謂反復思此詩旨蓋心深於謹言也兄子孟皮之女妻之以女爲容婦也

（按）家語弟子行篇獨居思仁公言思義其於詩也則一日三復白圭之玷南宮縚之行也大戴記衛將軍文子篇同夫子信其仁以爲異姓感辯注謂兄子妻之以南宮縚即南容也詳辯公冶篇南容章

季康子問弟子孰爲好學孔子對曰有顏回者好學不幸短命死矣今也則亡

時值顏子甫卒故子因問而感歎也

（按）顏子卒於哀公十有三年詳辯公冶篇哀公問章康子與哀公問同而對有詳略者

大戴記虞戴德篇子曰丘於君惟無言言必盡於他人則否

顔淵死顔路請子之車以爲之椁子曰才不才亦各言其子也鯉也死有棺而無椁吾不徒行以爲之椁以吾從大夫之後不可徒行也

顔路名無繇少孔子六歲顔淵父也孔子始教而受學者士死葬用國車夫子之車命車大車也顔路請之葬載淵柩而覆其幬以爲椁形榮死之意也故夫子止其非禮不可徒用之耳檀弓下顔柳曰天子龍輴而椁幬諸侯輴而設幬爲榆沈故設撥三家僭輴而設撥竊禮之不中者也夫子言不徒行正止爲竊禮也行謂行其葬禮左傳襄十九年鄭公孫蠆卒晉侯請於王王追賜之大路使以行杜注以行非禮禮也孔子不從路請者止以大夫之車用行葬士喪禮也

（按）喪大紀云君松椁大夫伯椁士雜木椁椁自天子諸侯卿大夫士庶人六等庶人椁五寸檀弓上夫子制於中都四寸之棺五寸之椁顔淵之死棺必有椁明爲顔路請子之車以爲椁者非因葬棺無椁實請子車爲載棺之椁幬也顔柳曰天子龍輴而椁幬諸侯輴而設幬即以車爲椁也註見檀弓下篇古者治喪衣周於身棺周於衣至葬棺外加之以椁自天子至於庶人各分等次顔淵厚葬棺必有椁明爲惟送喪之車亦有制度士用國車不能設爲椁幬大夫之車始能用爲椁幬顔路之請正以門人厚葬送喪時用子車爲椁幬也鯉死有棺無椁非葬時無椁實送葬時車無椁幬夫子制於中都庶人之葬尚用五寸之椁豈有司寇之子葬反不逮庶人與請車爲椁絕非賣車買椁若賣車買椁何妨請子助賻不可徒行亦亦非自恐徒步不肯賵車孔子於舊館人之喪脫驂賵之孟子云徒法不能以自行徒訓爲虛實言禮不容行也參觀檀弓孔子之喪公西赤爲識飾棺牆置翣設披即知以車爲椁也

顔淵死子曰噫天喪予天喪予

噫傷痛聲天喪予者顔淵既死悼道無傳猶天喪己也

（按）喪予之歎人皆知悼道無傳不知夫子之道備在六經子貢問樂子游問禮宰予問五帝之德尚書大傳子夏讀書畢見夫子曰書之論事昭昭如日月之代明離離如星辰之錯行以及韓詩外傳云子夏讀詩已畢子曰商也始可與言詩已矣春秋雖游夏莫贊一辭而左邱明能爲之傳孝經傳之曾參無一非傳子道者也獨於顔淵有喪予之歎者悼道無傳實在易也夫子晚而好易繫辭曰顔氏之子其殆庶幾乎庶幾僅辭也言非他人所及子畏於匡有文王既沒斯文云云予嘗辨文爲易象而顔子時正追隨下云子畏於匡顔淵後今言喪予正以顔子既死無有能傳易者也仲尼弟子列傳孔子傳易於商瞿商瞿所傳者易之文辭占卜實非先天而天弗違後天而奉天時之道也故孔子沒後易道無有能窺其奧者焉

顔淵死子哭之慟從者曰子慟矣曰有句慟乎非夫人之爲慟而誰爲皇侃本曰有慟乎曰上有子字而誰爲下有慟字

慟哀過也馬融注論衡吾非斯人之慟而誰爲蓋孔子往哭顔氏之家也

（按）陋齋經說有字絕句慟謂大哭內動其心外變其容從者見子哭變其容因曰子心必傷痛矣答言曰有再言慟乎將止而復哀慟正感傷爲尤摯也譬之今人哭泣至極痛處經人解慰略一答語轉又慟哭其情適合慟謂哭之心痛也

顔淵死門人欲厚葬之子曰不可

厚葬謂棺椁之美邱封之大皆踰於士禮者子曰不可蓋止之也

門人厚葬之子曰回也視予猶父也予不得視猶子也非我也夫二三子也

晉語欒共子曰民生於三事之如一父生之師教之君食之故孔子視回有父

子之喻也二三子指代顏氏之治喪者

(按)厚葬之禮不獨於顏淵行之即他日於孔子亦行之也家語終記解孔子之喪公西赤掌殯葬焉唅以疏米三具襲衣十有一稱加朝服一冠章甫之冠珮象環徑五寸而璂組綬桐棺四寸柏棺五寸飭棺牆置翣設披周也設崇殷也綢練設旐夏也兼用三王禮所以尊師且備古也葬於魯城北泗水上藏入地不及泉而封爲偃斧之形高四尺樹松柏爲志焉檀弓上孔子之喪門人疑所服子貢曰昔者夫子之喪顏淵若喪子而無服喪子路亦然請喪夫子若喪父而無服家語於是弟子皆弔服而加麻出有所之則由經子夏曰入宜經可也出則不經子游曰吾聞諸夫子喪朋友居則經出則否喪所尊雖經而出可也據是言之師弟所以有父子之喻也

季路問事鬼神子曰未能事人焉能事鬼敢問死曰未知生焉知死

事奉也家事曰鬼國事曰神神即生有功德於民死列祀典者也子路之問蓋求所以誠祀之理未能事人焉能事鬼夫子之言仁人饗帝孝子饗親未能爲仁人孝子即不能事帝與親也子路見鬼神之德爲盛而死者魂氣歸天形魄歸地洋洋在上何以體物而不可遺曰未知生焉知死蓋言致齊之日能知生者取精用弘始知死者魂魄强厲不知生者笑語志意樂嗜焉知死者之情狀也幽明始終初無二理詩曰神之格思不可度思誠之不可揜如此夫

(按)禮器云子路爲季氏宰季氏祭逮闇而祭日不足繼之以燭雖有强力之容肅敬之心皆倦怠矣他日祭子路與室事交乎戶堂事交乎階質明而始行事晏朝而退孔子聞之曰誰謂由也而不知禮乎子路之問必因夫子許已知禮也子曰未能事人焉能事鬼蓋謂事死如事生事亡如事存也子路進問死者正以死有重於泰山輕於鴻毛或爲精爽式憑或爲人死氣散其言不一而究之精氣爲物游魂爲變其理安在孔子仍於人事徵之未知生焉知死即祭義云致齊之日思其笑語思其志意思其所樂思其所嗜齊三日乃見其所爲齊者也

閔子侍側誾誾如也子路行行如也冉有子貢侃侃古本作衎衎如也子樂

誾誾忠正貌行行剛健意侃侃和樂容樂喜說也

(按)後漢書袁安傳誾誾衎衎得禮之容注誾誾忠正貌張酺傳誾誾惻惻出於誠心注誾誾忠正也漢書班固叙傳上固行行其必凶兮注行行剛强貌韻會行行剛健貌鄉黨篇侃侃如也皇侃疏侃侃和樂也集解孔安國注侃侃和樂也予玩誾誾侃侃是孔子與上大夫言與下大夫言氣象行行訓爲剛健易大畜曰剛健篤實輝光文言曰剛健中正是行行亦爲美德宜夫子顧而樂焉

若由也不得其死然古本若由上有子曰

若由也不得馬援戒兄子書曰效伯高不得效季良不得正以剛者必折懼由不得其志也死非代由爲憂正爲代由能信知由勇於赴義視死如歸非人所能及也

(按)哀公十有四年子路仕魯四賢侍側當在此時夫子既顧而樂忽曰由也不得其死然蓋見由將去魯而仕衛也子路剛健不撓其長在此其短亦在此兩不容掩衛國之亂子聞難曰柴也其來由也其死矣於此時已逆覩矣家語顏回篇顏回問子路問子路於夫子曰夫子云力猛於德而得其死者鮮矣此節實因顏回問由而類誌也與侍側本不同時洪頤煊讀書叢錄云此別爲一章文選班固幽通賦崔子玉座右銘李善注皆作子曰若由也不得其死然

魯人爲長府閔子騫曰仍舊貫如之何何必改作

長府府之大者泉布造作之處魯人改作哀公之世國用不足益思變其泉布

便已而厲民也貫謂緡貫故閔子婉言以救止焉

子曰夫人不言言必有中

夫人指閔子閔子時仕於魯見家語執轡篇故得婉言以阻其事夫子因美其言合於理焉

(按)周官凡名府者皆藏財物之所太公爲九府府者泉布金刀之統名也鄭玄曰長府藏名藏貨財曰府左傳昭二十五年公居於長府伐季氏遂入其門蓋公將伐季氏故先據藏貨財之府且以兆當公宮達季氏之宅中要也今爲長府必非因昭公之故當在哀公十四年時魯用田賦而猶以爲不足遂思變易泉布大興造作也閔子言仍舊貫何必改作前漢書食貨志京師之錢累百鉅萬貫朽而不可校古詩腰纏十萬貫金史貞元通寶凡一貫當貞祐寶劵千貫蓋古之泉布爲貫各有制度今爲改作勢必輕重變易利於公不利於氏閔子因婉言匡救故夫子嘉其中理也

子曰由之瑟奚爲於丘之門

說苑修文篇子路鼓瑟有北鄙之聲孔子曰先王之制音也奏中聲爲中節流入于南不歸於北南者生育之鄉北者殺伐之域故君子執中以爲本務生以爲基也奚爲於丘之門言其聲之不和非與己同志也

門人不敬子路子曰由也升堂矣未入於室也

不敬言輕忽也升堂入室由聞夫子之言深悔其失遂反求其中正之音故夫子復嘉許也

(按)說苑冉有以告子路子路曰由之罪也小人不能耳陷而入於斯宜矣夫子之言也遂自悔不食七日而骨立焉孔子曰由之改過也家語辨樂篇作子路鼓琴夫曰過而能改其進矣乎想見升堂入室解門人之惑者止指子路鼓瑟

自悔之後改合中音日進於德但未精義入神造乎韶武之雅奏也

子貢問師與商也孰賢子曰師也過商也不及曰然則師愈與

子曰過猶不及

過超越也不及則未至愈勝也此因子張子夏除喪而見彈琴以爲問也

(按)檀弓上子夏既除喪而見予之琴和之而不和彈之而不成聲作而曰哀未忘也先王制禮而弗敢過也弗敢過即爲不及子張既除喪而見予之琴和之而和彈之而成聲作而曰先王制禮不敢不至焉不敢不至即爲過仲尼燕居子曰師也過而商也不及子貢越席而對曰敢問將何以爲此中者也子曰禮乎禮夫禮所以制中也據是求之燕居云師也過而商也不及原於檀弓除喪而見孔子予之琴也此記子貢之問原於燕居子貢越席而問也其實過與不及原於二子自言非夫子有褒貶也迨子貢有師愈之問夫子迺折中曰過猶不及故記此章於由之瑟後明其均失中也

季氏富於周公而求也爲之句**聚斂而附益之**

富謂田祿季氏欲加田賦使冉有訪於孔子孔子告以周公之法冉有不能匡救其失而卒助季氏以用田賦故孔子獨責之焉爲助也依從曰附聚斂者凡里居桑麻園囿皆斂其財賄也

子曰非吾徒也小子鳴鼓而攻之

鼓所以警衆也摘人過失曰攻子言求非吾徒惡其黨惡害民故詔小子鳴鼓以攻失也

(按)古者祿以馭富君十卿祿諸侯百里大夫一成周公封魯地方百里春秋時魯方百里者五四分公室季氏取二孟孫叔孫各取其一故曰富於周公今又變用田賦損下益上弱公室以肥私家過於周公典法悉求爲之謀也左傳季氏欲以田賦使冉有訪

諸仲尼曰君子之行也度於禮施取其厚事取其中斂從其薄若不度於禮而貪冒無厭則雖以田賦將又不足又何訪焉學記入學鼓篋孫其業也文王世子天子入學大昕鼓徵所以警衆也蜀志諸葛亮傳勤攻吾闕攻謂摘其過失也聚斂附益指加田賦明甚鳴鼓攻惡獨詔小子者鼓以警衆本弟子服勞之職事也

柴也愚參也魯師也辟由也喭集註吳棫曰此章之首脫子曰二字

柴孔子弟子姓高字子羔鄭玄曰衛人家語曰齊人愚近於慤魯近於誠辟近於明喭近於剛四者學焉則造成其德不學即爲氣質之累焉荀子不苟篇慤則端慤集注魯誠篤而已王制辟雍注辟明也喭諺古通增韻諺剛也

(按)衛孔悝難子曰柴也其來由也其死明哲保身柴非愚者然當避難之時執守不徑不竇之禮見家語可與經未可與權此柴所以爲愚誠篤與魯相近而殊戰戰兢兢臨深履薄此保身之誠篤也芸瓜受杖委身以待暴怒不思避逃此參所以爲魯家語顓孫師爲人有容貌資質寬冲師非爲辟然曾子曰堂堂張也難與並仁此正師之辟處剛爲天德然太剛則折行行之容外露此正由之喭處裁成輔相道在養心性於中和也

子曰回也其庶乎屢空

庶幾也空謂心無所攖陋巷簞瓢不改其樂故常處約而心泰然非他人所能及也顧寧經說空虛中也即君子以虛受人

(按)繫辭云顏氏之子其殆庶幾乎史記伯夷傳回也屢空糟糠不厭易林衡門屢空漢鮑宣傳唐尊衣敝屢空後漢賈逵傳帝謂馬防曰逵無人事於外屢空將從孤竹之子於首陽山矣北堂書鈔卷三十八會稽典錄徐宏爲右扶風都尉衣敝屢空屢空皆指空乏也予玩韓詩外傳回有郭外之田五十畝足以給饘粥郭內之田四十畝足以爲線麻鼓琴足以自娛所學於夫子者足以自樂回不願仕也衣食既饒要非境處空乏者比其言屢空正即安貧樂道其心三月不違仁其學則有若無實若虛也他人暫時可以勉能回則安行不改常度資質所以遠勝四子也

賜不受命而貨殖焉億則屢中

受命一命受職再命受服賜仕爲宰者也賜不受命而貨殖者蓋爲退仕閒居貨財生殖史記貨殖傳云於衛廢著集解著猶居也鬻財於曹魯之間也億憶度則準則億則屢中貿遷有無善居貨而屢獲也

(按)韓詩外傳八冉有對哀公曰子貢衛之賈人也學問於孔子遂爲天下顯士史記子貢既學於仲尼通而仕於衛廢著廢著閒居也鬻財於曹魯之間七十子之徒賜最爲饒益仲尼弟子列傳子貢好廢舉與時轉貨貲集解廢舉謂停貯也與時謂逐時也夫物賤則買而停貯值貴即逐時轉易貨貲取貲利也蓋子貢初爲賈人學於孔子遂仕爲宰及其致仕雖非爲賈而猶假財商賈居積貨物待價而沽也古者既仕不爭商賈之利若其致仕始聽自爲貨殖范蠡既雪會稽之恥適用計然之策治產積居與時逐利三致千金子貢貨殖實效范蠡用計然之策也凡計然所云歲在金穰水毀木饑火旱諸說無不了然於心焉有不獲其利者與命非天命亦非教命更非司市質人所掌之命若如諸家訓解不受天命不受教命子貢何得爲聖門高弟列於四科與若謂不受司市質人之命昔則絳之富商韋藩木楗以過於朝見晉語鄭則商人一環必以告君大夫昭十六年左傳商賈無不受命於官子貢曾爲顯仕豈肯自我奸法也與賜不命受致仕不爲官也

論語實測 卷十一 十一

子曰問善人之道子曰不踐迹亦不入於室

善人以善及人者詩云豈弟君子民之父母也子張因問其道踐迹猶言循途守轍禮樂刑政若非率由舊章遵先王之法必不能造乎三代之隆盛焉

（按）夫子嘗有善人不得見之歎又有善人爲邦善人教民云云蓋善人遜於聖人一等忠信之質持未陶淑於禮樂耳左傳（襄三十年）善人國之主也凡云善人實即豈弟慈祥君子子張務外志在名譽著聞善人之問卽大戴記問入官安身取譽也迹道也子曰踐迹書云學于古訓（說命）紹聞衣德言（康誥）詩云不愆不忘率由舊章（假樂篇）孟子云遵先王之道而過者未之有也室即升堂入室造乎聖王之道扶綱植紀敬以直內義以方外能立能權要非一味豈弟慈祥爲民父母也

子曰論篤是與君子者乎色莊者乎

論篤者情意懇摯鄭重而語其事也本於中者爲君子飾於外者爲色莊乎疑而未定之辭蓋聽者未易察其誠僞也

（按）史記（弟子列傳）宰予利口辯辭陽貨篇問三年喪夫子斥予不仁家語宰予問五帝之德及黃帝之年夫子告之既而曰予非其人也又曰吾欲以言語取人於予邪改之吾欲以容貌取人於師邪改之宰我聞之不敢見焉此章與子張連類而誌色莊隱指宰予也

子路問聞斯行諸子曰有父兄在如之何其聞斯行之冉有問聞斯行諸子曰聞斯行之公西華曰由也問聞斯行諸子曰有父兄在求也問聞斯行諸子曰聞斯行之赤也惑敢問子曰求也退故進之由也兼人故退之

父兄宗族諸父昆弟也曲禮父母在不許友以死不有私財檀弓上未仕者不敢稅人如稅人則以父兄之命子路冉有非不知也其問聞斯行者蓋以其身已仕有非盡待父兄之命者或可專而行之抑必執而守之與夫子之答一進一退各因其質而裁之以中公西赤未達其旨故必待請而始祛其惑焉

（按）由也兼人有聞未行惟恐有聞片言折獄無宿諾也求也退季氏旅佁子語其救對曰不能說子之道誘力不足中道畫也由寡兄弟（見檀弓）曰有父兄者諸父諸昆也爲郈令以私粟餐民使費宰命子羔徑往此皆不禀命於父兄也（爲郈令見韓非子外儲說右篇）若求於田賦之加顓臾之伐將順爲心無能改於其德夫子一進一退正謂約於義理之中而免其無過不及也

子畏於匡顏淵後子曰吾以女爲死矣曰子在回何敢死

畏匡匡人拘圍孔子也後謂行道在後匡圍既解顏淵蹤至孔子逆探其意而問之曰吾以女亦必度吾死矣在察也顏淵曰子察回何敢死蓋明已知夫子之深必不以畏爲疑而逆億其死也

（按）孔子世家載孔子過匡之事（詳前子罕篇）家語子路彈劍而歌孔子和之曲三終匡人解圍而去琴操孔子和琴而歌曲甚哀有暴風擊軍士僵仆於是匡人自解韓李筆解死當先字之誤也上云顏淵後下云何敢先其義自明無死理也（俞樾云對後字言似先字爲長封任字書終以死字爲是也）予玩道途從行車乘必有先後前者被圍後者未入圍中夫子明知顏淵無恙也何遽以淵爲死曰吾以女爲死矣非問顏淵爲死正問顏淵料己爲死也曰子在回何敢死在察也檀弓云畏厭溺死而不弔夫子素知禮者回何敢如愚昧之人遂疑夫子爲死也與

季子然問仲由冉求可謂大臣與

子然平子之子桓子弟也冉有季路時仕於魯尤爲康子用事滿之糧求師左師小邾之來欲由要信是皆能爲大臣之徵故以此疑而問焉

子曰吾以子爲異之問曾由與求之問所謂大臣者以道事君不可則止今由與求也可謂具臣矣

異非常也曾猶乃也輕二子以抑季然也以道事君不從君之欲不可則止必

行己之志（集注）顓臾之伐由求不能匡救是非大臣以道事君者具臣猶言備員言僅能供其職守也

曰然則從之者與子曰弑父與君亦不從也

子然之意具臣者供其職守必從其主之欲絕無可否於其間也然則之問蓋疑二子有不從焉夫子之言隱見哀公欲去三家而三家又與陳恆聲勢相倚陳恆遂弑悼公簡公弑逆不從明二子必不助亂正陰折季氏不臣之心也

（按）論語擿輔象曰子然公順多略是子然亦弟子之一包慎言溫故錄韓詩外傳云大夫有諍臣三人雖無道不失其家季氏爲無道僭天子舞八佾旅泰山以雍徹然而不亡者以有有季路爲宰臣也故季子然以大臣許之而夫子斥之者以其不能以去就爭也予玩孔子世家季桓子卒康子代立欲召仲尼公之魚曰必召冉求於是冉求返魯爲季氏用事時在哀公三年季路尙從

夫子在陳至十一年冉有言於季孫告哀公幣召孔子故仲由隨孔子返魯復仕季氏季氏爲康子非爲平子也舞佾歌雍旅岱是平子事今子然有大臣之問者因康子欲薦二子從政也（雍也篇季康子問仲由冉求可使從政）夫子言非大臣者蓋大臣以道事君必能格君非心顓臾之伐田賦之加由求不能竭力諫止適自類於具臣而已子然復有從之之問夫子特言弑父與君不從者季氏與陳氏聲勢相倚君臣之間互生嫌隙時陳恆正弑齊君舒州故深明二子不肯黨惡而又以陰折季氏不臣之心也

子路使子羔爲費宰子曰賊夫人之子

費季氏邑子路以費墮之後治無良宰故使子羔爲之夫子惜其學猶未充譬如製錦未能操刀而遽使割傷人必轉自傷故曰賊夫人子也

子路曰有民人焉有社稷焉何必讀書然後爲學

民謂庶人在官人謂有司衆職皆佐宰治事者也社土神稷穀神春祈秋報皆有常經凡爲政事者即所以爲學也

子曰是故惡夫佞者

是指以人民社稷爲學者佞謂才辯之士言以質厚而無才智者治邑彼有才辯者故多側目而深惡也

（按）仲尼弟子列傳子路使子羔爲費郈宰（括地志鄆州宿縣三十三里郈亭）論衡（藝增篇）子路使子羔爲郈宰檀弓下子羔爲郕宰此云使爲費宰地志鄆在魯國西南費在魯國東南子羔必不能兼宰兩邑也費爲魯巖邑治煩理劇非才學優長者不能勝任子羔質厚有餘才智不足子曰賊夫人之子是猶子皮使尹何爲邑子產曰人之愛人求利之也子之愛人傷之而已（襄三十一年左傳）子路欲以民人社稷爲學者是即子皮曰使夫往而學焉夫亦愈知治矣子曰是故惡夫佞者即

子產曰僑聞學而後入政未聞以政學者也若果行此必有所害勢必爲有才辯者側目而深惡也時在哀公十有四年雖有此使子羔實未爲也如其爲之孔悝之難子羔何以自衛來與（洪頤煊讀書叢錄以爲在定公十有二年顧齋經說以爲在哀公時予玩墮費之後孔子子路因郈未墮立即去魯使羔宰費當在孔子返魯季路復仕季氏日也蓋聞子言亦未宰費季路因公伯寮之愬旋即去魯子羔因隨同適衛也）

子路曾皙冉有公西華侍坐子曰以吾一日長乎爾毋吾以也居則曰不吾知也如或知爾則何以哉

皙曾點也侍坐四子侍於夫子之側一日之長謙辭也蓋欲各言其才毋勿以吾在坐而勿語也不吾知者世莫予宗諸子平居皆言夫子不爲時用也如或知爾設言有用四子者則四子操何術以酬知哉

子路率爾而對曰千乘之國攝乎大國之間加之以師旅因之以饑饉由也爲之比及三年可使有勇且知方也夫子哂之

率爾輕遽之貌交迫曰攝穀不熟曰饑菜不熟曰饉明禮曰知方哂笑也由言隱指魯介齊吳之間師旅饑饉悉當哀公之世也

求爾何如對曰方六七十如五六十求也爲之比及三年可使足民如其禮樂以俟君子

伯七十里子男五十里方六七十如五六十中小之國也足謂富足如其禮樂以俟君子謙言自能養民不能教民也

赤爾何如對曰非曰能之願學焉宗廟之事如會同端章甫願爲小相焉

公西華之所言者諸侯朝魯相見宗廟之禮也宗廟之祭諸侯大夫冕服士弁服會同之禮必築壇位惟諸侯相朝兩君行禮於廟中者衣冠端玄章甫也哀公二年滕子來朝公西志於禮樂之事因見行禮於宗廟之中相見如會同之典玄端章甫皆爲朝服小相在士之列故其言志自明如此非指諸侯時見曰會衆頫曰同也（定公十有四年邾子會公于魯十有五年邾子來朝公西華時尚未冠未必容在宗廟與士同列此言願爲小相必在哀公二年之後）

點爾何如鼓瑟希鏗爾舍瑟而作對曰異乎三子者之撰子曰何傷乎亦各言其志也曰莫春者春服既成冠者五六人童子六七人浴乎沂風乎舞雩詠而歸夫子喟然歎曰吾與點也

希謂瑟絃疏越也鏗撰同撰爾鼓瑟將畢兩手扼瑟之狀既扼而遂舍瑟作也撰事也異乎三子者之撰言已不如三子之善子曰何傷明不害也莫春三月之時春服單袷之衣豳風曰七月流火九月授衣古人製服冠豫爲之點言春服既成而興言浴沂風雩者蓋服成春季衣時必仲夏也（周時仲夏夏令莫春）哀公十有二年之後頻歲螽饑因之大雩故曾皙興言浴沂舞雩與童冠共助詠歌也與

偕伴也夫子不爲時用其心未嘗不在民時故樂與點遊也

三子者出曾皙後曾皙曰夫三子者之言何如子曰亦各言其志也已矣

皙出獨後者正以夫子與己欲問三子何如也

曰夫子何哂由也曰爲國以禮其言不讓是故哂之

點以子路之志乃所優爲而夫子獨哂之者必有其說子故言其不讓非所合於禮也

唯求則非邦也與安見方六七十如五六十而非邦也者唯赤則非邦也與宗廟會同非諸侯而何赤也爲之小孰能爲之大

此皆夫子之言申明哂由之故也（皇侃疏潘維城古注集箋劉寶楠正義朱彬經義攷證悉云此皆孔子之言所以申明子路見哂之故非曾皙問而夫子答也）蓋先設爲之疑而後明辨其是見求赤能以禮讓非若由之疾言不顧望而即對也

（按）公西華生於昭公三十二年哀公十一年孔子返魯時甫二十有七四子侍坐故公西華居其末焉曾皙年雖無考然以曾參之年則之其生當在昭公之初弱於仲由長於冉有也千乘魯也魯頌曰公車千乘大國齊吳也哀八年吳師伐魯十年公會吳伐齊十有一年春齊國書帥師伐魯及齊師戰清五月公會吳師伐齊戰於艾陵十二年冬螽十三年九月螽十有二月螽十四年冬饑加以師旅因以饑饉由之言志急欲有爲者正在哀十一年從孔子返魯後也冉求政策素在損下益上田賦聚斂是其明徵今見子路見哂故言彌謙耳小相士爲介也公西華時居士列願爲小相非謙詞實冀詞也（顧齊經說鄭注宗廟之事謂祭祀也諸侯時見曰會衆頫曰同端玄端也衣玄端冠章甫諸侯日視朝之服小相謂相君之禮宗廟一事會同一事視朝一事按雜記云大夫冕而祭於公士弁而祭於公章甫非祭冠玄端非祭服也周禮大行人時會以發四方之禁殷同以施天下之政凡會同必築壇行禮天子立四傳擯諸侯之擯相不與）

(其事公西何由能爲小相即云諸侯相遇隙地曰會並非行禮在宗廟也若諸侯日朝此常禮也又何取於公西爲相春秋會同之禮極盛莫如夾谷踐土不獨公西不能日見即孔子亦未日見願爲小相安見惜行裕如惟諸侯來朝於魯定十四年邾子來會公十五年邾子來朝哀二年滕子來朝公西志於禮樂之事而又躬見揖讓周旋行禮之地則宗廟也兩君相遇如會同也文端章甫爲朝服也小相願爲在上列也視不時祭祀卿大夫聘爲盛此所以明其志也)

曾晳素務農圃云異撰者既非高尚亦非矯情浴沂風雩正爲田家樂境說文浴洒也儒行云澡身而浴德夏小正十月黑鳥浴(黑鳥鳥也浴謂年上年下也)足徵浴非必以身入水也不必改浴字以爲沿字(王充韓愈並云浴作沿)古者上巳民皆祓潔水濱祓潔亦非入水浴身不過以手潑水作爲湔洗不潔之意浴沂之說其義實欲洒水爲祓潔也舞節八風周官舞師教皐舞帥而舞旱乾之事凡野舞則皆教之哀十三年九月書螽(周九月夏令七月)其在春夏之際魯旱明甚冠者五六童子六七點正因旱乾帥往雩壇習野舞也雩壇在魯南門外沂水之南以今村俗例之每遇旱乾鄉農祈雨恆率子弟折柳栽旂迎神抬龍沿途呼唱詠歸之象想有

同情不然曾晳雖狂何能放乎禮法與童冠相詠道路孔子不加阻止反而欲與點同樂歟三子言志泥於政治點所言者雖非政治而實與民大同故夫子獨與之焉求赤不問哂由點獨問者求赤知由率爾非禮曾點學術不及求赤故必待問而明也孔子猶恐再問故並求赤之對而明辨焉

論語實測卷十二　　泰州　徐天璋睿川　注

顔淵

顔淵問仁子曰克己復禮爲仁一日克己復禮天下歸仁焉爲仁由己而由人乎哉

克己約身也(馬融注)猶言淑躬復反也克己復禮爲仁言能治躬以禮即能淑必爲仁也一日克己復禮天下歸仁蓋王者坐治明堂以身作則己爲枯冒於上人皆式化於下放而至於四海莫不歸心夫子嘗言古也有志克己復禮仁也(說見昭十二年左傳)

顔淵曰請問其目子曰非禮勿視非禮勿聽非禮勿言非禮勿動顔淵曰回雖不敏請事斯語矣

目條件也所謂禮者視正無邪聽端無側言誠無僞動安無妄也請事斯語淵

聞夫子之言直知勉成其德也

(按)顔淵於仁三月不違無適而非天理豈有私欲猶待克與夫子之言克己復禮爲仁實欲以身作則視聽言動爲人之儀表也其曰一日克己天下歸仁正即王者坐治明堂天下式化氣象若非指王者言我夫子德盛禮恭至老周流何以不聞天下歸仁豈一日行之而即有斯速效與仁有內聖亦有外王洗心藏密內聖也舉世皆不能識垂旒塞一外王也四海莫不傾心顔淵問仁夫子告以禮者郊社之禮所以仁鬼神也禘嘗之禮所以仁昭穆也饋奠之禮所以仁死喪也射饗之禮所以仁鄉黨也食饗之禮所以仁賓客也顔子嘗悟所言是爲外王故直請其目者正問着手行法夫子戒以非禮不外曲禮少儀內則玉藻之所詳說也周語單子論晉侯事曰步(即動)言視聽必皆無謫則可以知德矣視遠日絕其義足高日棄其德言爽日反其信聽淫日離其名夫目以處

義足以踐德口以庇信耳以聽名文不可不愼也與孔子四勿同旨左傳（昭十一年）會朝之言必聞於表著之位所以昭事序也視不過結襘之間所以道容貌也禮曰國君綏視大夫衡視士視五步想見古人視聽言動皆從禮出者也

仲弓問仁子曰出門如見大賓使民如承大祭己所不欲勿施於人在邦無怨在家無怨仲弓曰雍雖不敏請事斯語矣

子爲仲弓告者皆古語也左傳（僖三十三年）臼季曰臣聞之出門如賓承事如祭仁之則也管子（小問篇）語曰非其所欲勿施於人仁也邦謂諸侯之國家謂卿大夫家在謂己所仕處無怨則我愛人而人亦愛我也

（按）卿大夫聘見曰賓大賓則國君相見也宗廟曰祭大祭則禘祀明堂也仲弓問仁夫子告以出門如見使民如承者仲弓爲季氏宰時在卿大夫家天子不仁不保四海諸侯不仁不保社稷卿大夫不仁不保宗廟如見如承無往不

居敬而臨下也不欲勿施仁之恕邦家無怨仁之愛敬爲仁之體恕爲仁之用愛爲仁之效夫子之言仁盡於此故仲弓不待問而直請事斯也史記弟子列傳作仲弓問政馮登府異文考證前後章皆是問仁不應此爲問政也論語後錄顔淵仲弓皆言請事斯語語者古語也是非夫子言也

司馬牛問仁子曰仁者其言也訒曰其言也訒斯謂之仁矣乎子曰爲之難言之得無訒乎

司馬牛孔子弟子名耕（或名犂）宋司馬向魋之弟訒堅韌也其言也訒言似柔而實剛決故能斬人之邪慝也牛不能達轉疑言韌何以爲仁子曰爲之難者蓋事遇盤根錯節既難委曲周旋故必有銛利之言徑情而盡忠告也

（按）仲尼弟子列傳牛多言而躁問仁於孔子孔子曰其言也訒說文訒頓也（玉篇鈍也博雅難也六書故言難出也）予玩說文刃字云刀堅也莊子（養生主）臣之刀十九年矣所

解數千牛而刀刃若新發於硎刃正刀之鋒芒也訒从言从刃夫子答仁而云言訒者正以牛多憂懼不能以銛利之辭爲魋忠告垂涕泣而道之也左傳（昭十二年）析父謂子革曰吾子楚國之望也今與王言如響其若之何子革曰摩厲以須王出吾刃將斬矣刀斬二字斯眞言訒的解牛問言訒何即謂仁子曰爲之難者言遇盤錯之事不得不以鋒利之言盡其忠告豈可優柔寡斷隱忍而不言乎牛與向魋兄弟向魋作亂牛若能如鄖公辛之止弟懷曰滅宗廢祀非孝也動無令名非知也（左傳定四年）若曰陳辭魋未嘗不能悔禍也若其不能悔禍何以欲入伐公閭子車（魋弟）曰不能事君而又伐國民不與也祇取死焉遂入于曹巢（魋兄向巢）取曹質（切曹人子弟而質之欲以自固）魋曰不可既不能事君又得罪於民將若之何乃舍之奔衛（哀十四年左傳）子曰言訒正冀牛以銛利之言匡魋於道者也惟恨解訒爲忍反信史云牛多言而躁不知牛因魋亂日日憂懼天下絶無深知憂懼者而反爲躁言也

司馬牛問君子子曰君子不憂不懼曰不憂不懼斯謂之君子矣乎子曰內省不疚夫何憂何懼

君子有德位者懼心憂而加畏也疚病也中庸曰內省不疚無惡於志夫子之言蓋欲寬牛之憂也

（按）桓魋謀亂有覆宗絶世之禍牛爲魋弟豈得淡然無動於心夫子告以不憂不懼殊非垂涕泣而道之義也不知前章問仁當在魯哀十有三年牛正自宋適齊過魯而問子知桓魋已經禍宋惜牛憂懼過甚畏首畏尾不能以鋒利之言力斬魋欲也此問當在魯哀十有四年牛既適齊轉又適吳吳人惡之牛遂嬖嬖𪍜馳憂形於色不得不言此以寬慰也夫子教合時中道無方體讀書論世後儒不可不深思焉

司馬牛憂曰人皆有兄弟我獨亡

牛有兄弟行皆不與己類身丁其亂故自以爲憂也亡無同

子夏曰商聞之矣死生有命富貴在天君子敬而無失與人恭而有禮四海之內皆兄弟也君子何患乎無兄弟也

聞之聞於夫子也命稟有生之初賦得天地之氣者氣存則生氣亡則死富貴爲天所宰富得其厚貴得其淸也敬主乎中恭著於外四海之內皆兄弟也此本夫子之言說苑雜言篇夫子曰敬其行修其禮千里之外親如兄弟曰何患者子夏解牛之憂也

（按）左傳哀十四年向魋之亂司馬牛致其邑與珪焉而適齊向魋出於衛地公文氏攻之求夏后氏之璜焉與之他玉而奔齊陳文子使爲次卿司馬牛又致其邑焉而適吳吳人惡之而反趙簡子召之陳成子亦召之卒於魯郭門之外阬氏葬諸丘輿想見牛有兄弟而憂曰獨亡者因魋之亂棲身無所辭情悲慘令人不忍卒聞也故子夏引聞夫子之言藉以解牛憂焉

子張問明子曰浸潤之譖膚受之愬不行焉可謂明也已矣浸潤之譖膚受之愬不行焉可謂遠也已矣

浸潤漸譖而不驟膚受迫愬而切身不行者君子敬以直內義以方外靜以默動默以觀變也知賢謂之明退惡謂之遠夫子因問明而告以遠者言浸潤膚受之人在我旣知之明在彼即遁而自遠也

（按）干祿章夫子告以闕愼尤悔問士章夫子語以察觀下人堂堂章曾子言難並仁想見子張才高意廣每於事理必有急遽不察之處浸潤之譖當如驪姬之讒申生見莊閔僖時左傳膚受之愬實即季姒使妾抶己昭二十五年左傳苟非視明聽聰絕無不受欺蔽者也不行則沉機徐察聲色不形明目達聰魑魅技倆彼即窮於所施也

子貢問政子曰足食足兵民信之矣

食者米粟之賦兵者車甲之供信謂號令施之於民平日之所教者食以富兵以强信以立也

子貢曰必不得已而去於斯三者何先曰去兵必不得已而去於斯二者何先曰去食自古皆有死民無信不立

必不得已謂國有凶荒災告也去兵除其車甲之供去食蠲其米粟之賦周書糴匡云年饑則兵制不備是去兵也大匡曰農廩分鄉鄉命受糧鄉正保貸成年不償是凶災去食也晉語晉饑公問於箕鄭曰救饑何以對曰信夫子之言皆先王之政典也

（按）哀十二年魯用田賦十三年螽十四年饑斯時子貢仕魯問政所由來也足食足兵民信爲謀其常去兵去食信立因言其變古者寓兵於農兵之器械賦自民而藏之庫兵之徒卒籍自上而散之郊周禮大司徒以荒政十有二聚萬民二曰薄征四曰弛力弛力息徭役也即去兵薄征輕租稅也即去食非謂國有之兵旣經訓練遇荒而悉裁除亦非國儲之食已入廩倉逢災而悉蠲賑古制耕九餘三以備荒歉民有民之倉廩國有國之倉廩也去兵去食皆因當年凶災即不征取於民也去兵而兵在郊去食而食裕野以信相維民焉有不爲國家效死力與絕非國已無兵倉已無粟而眞能以信結民使彼皆爲我死也

棘子成曰君子質而已矣何以文爲

棘子成漢書古今人表三國志秦宓傳作革子成衛大夫質則野文則史文質彬彬然後君子棘子之言疾文爲太甚也

子貢曰惜乎夫子之說君子也句駟不及舌

子成之說君子子貢深惜失言駟不及舌即鄧析子鄭人左傳定九年鄭駟歂殺鄧析而用其竹刑曰

一聲而非駟馬難追一言而急駟馬不及也（見鄧析子轉辭篇）

文猶質也質猶文也虎豹之鞟猶犬羊之鞟

易曰（革卦上六）大人虎豹其文炳也君子豹變其文蔚也虎豹異於犬羊者文也君子異於小人者亦文也若去文而存其質無異虎豹之皮其文將盡而與犬羊之鞟相類甚言其說爲不可也

（按）魯哀公十二年會吳于橐皋吳人藩衛侯之舍子服景伯謂子貢曰今吳不行禮於衛而藩其君舍以難之子盍見太宰乃請束錦以行子成之問蓋以忠信禮之質也幣帛禮之文也見當以誠感吳不在以錦賂吳也故子貢力闢其說爲不可焉

哀公問於有若曰年饑用不足如之何

年饑之問哀公十有四年春秋書饑是也

論語實測 卷十二 六

有若曰盍徹乎

詩曰徹田爲糧魯自宣公稅畝成公作邱甲哀公用田賦稅法有加無已有若對以盍徹者言專任井授田俾民盡力於農畝征取粟粟不復任地以賦雜取絲麻材用也

曰二吾猶不足如之何其徹也

二即哀公十有二年春用田賦公以有若不喻其旨故言不足以闢用徹也

對曰百姓足君孰與不足百姓不足君孰與足

有若之對深言君民一體孟子云樂民之樂民亦樂其樂憂民之憂民亦憂其憂其義與此相成孰誰也與予也（予上聲）

（按）鄭玄注徹通也爲天下通法王夫之云（四書稗疏）論語曰同溝共井之人通力合作計畝均收孟子曰都鄙用助鄉遂用貢故謂之徹集注自相牴牾因歷引周官治典辯無通力合作之事毛奇齡云（四書賸言）貢即是稅助即是藉故周制徹法但通貢助大抵鄉遂用稅法都鄙用助法總是什一（升一亦不等如載師稱近郊十一遠郊二十而三園廛二十而一漆林二十而五然總以十一爲斷）金鶚（求古錄）引汪琬庵云貢助通用因言助徹皆從八家同井起義但借其力以助耕公田是謂之助通八家之力以共治公田是謂之徹予玩禹貢田賦合任農民所數歲中制爲貢法一成不變也商則分地爲賦分田爲助賦則歲有常征助則隨時多寡所謂助者八家同井田畫九區夫授一區爲私田中餘一區爲公田私田各事耕耘公田通力合作私田以供夫家之食公田以供粟米之征故龍子曰治地莫善於助莫不善於貢也周自后稷發興教民稼穡公劉之世徹田爲糧通命農服畎畝專征粟米爲軍食也武王代商貢助兼用鄉遂用貢都鄙用助鄉遂外郊林木衆多田治者少都鄙畿內人煙稠密田治者多商曰助周曰徹者商時助耕公田即不再稅私畝周則

論語實測 卷十二 七

九夫爲井八夫在野一夫在官在官代在野之役在野代在官之耕粟米之征通於九百畝中十取其一受田視商雖多征取視商亦重故曰徹者徹也助者藉也其實皆什一也哀十二年魯用田賦（徵法祗征農田粟米凡阡陌罾揭溝漁雖有林木不加地稅用田賦則林木悉加征稅矣）十四年魯饑公問不足志在國用有若曰徹志在民食民見田賦既加勢必棄本逐末競以萊田等地改爲畜牧漆林以致倉廩告罄也百姓四句有若深言君民一體上下交相爲養也

子張問崇德辨惑

積善曰崇德祛疑曰辨惑問之者欲己有所遵守也

子曰主忠信徙義崇德也

主適也徙從也文言曰忠信所以進德也又曰敬義立而德不孤主忠信則本立徙義則日新也

愛之欲其生惡之欲其死既欲其生又欲其死是惑也誠不以富亦祇以異

愛惡非惑既愛轉惡則惑矣愛則加諸膝惡則墜諸淵富厚也愛惡靡定言誠不以愛之爲厚適以惡之爲異也故引詩云以明其惑甚焉

(按)誠不以富亦祇以異詩小雅行野篇詞上云不思舊姻求爾新特明明言其愛惡故夫子引此以釋愛惡非錯簡也 程子曰此錯簡當在第十六篇齊景公有馬千駟之上 孟子云愛之欲其富也又曰王無異於百姓之以王爲愛也足徵富異二字皆因既愛復惡言也上章問明子言譖愬不行此問崇德辨惑子言既愛又惡者蓋見時人愛惡靡定覆雨翻雲愛而不知其惡憎而不知其善以致輕聽輕信與錯任倩子張嘗問入官故語此密行信令以制死生也

齊景公問政於孔子孔子對曰君君臣臣父父子子公曰善哉信如君不君臣不臣父不父子不子雖有粟吾得而食諸

景公齊君名杵臼定公末年孔子適齊 辨見年譜 景公欲用孔子故先以政問焉孔子曰君君臣臣父父子子者景公之世陳乞專政陰施於民公弗能禁君不君臣不臣也寵公子荼而逐陽生爲孺子牛而折其齒 左傳哀六年 父不父子不子也公雖知言而不知悟以致齊爲陳氏所竊宗廟之鬼餒而雖有粟又誰食與景公曰信如者蓋述管子之言也 管子形勢篇君不君則臣不臣父不父則子不子

(按)魯昭公二十五年孔子適齊爲高昭子家臣其位甚卑景公未必問政於孔子也斯時柄國者爲高昭子晏平仲陳武子 子名開字子彊 公爲顯君臣爲令相不得云非君君臣臣燕姬嫡子未死茜姬子荼未生不得云非父父子子其對景公問政者當在魯定公末年景公五十三年也晏子已死陳乞日專子荼已生太子未立不待陳恆執政而知齊必有亂者孔子之對正與晏子路寢之對 昭二

十六年左傳 君令臣共父慈子孝其義正同惜景公知之雖明而行之仍昧也

子曰片言可以折獄者其由也與

此爲子路治蒲言也家語 辨政篇 子至庭曰善哉由也明察以斷矣片言折獄即書曰明清於單辭確實人罪之情僞也

子路無宿諾

宿止也子路之言諾下用命有諾即行蓋人皆明察故無有羈留其事而不立從者也

(按)說文片判木也毛奇齡云 四書改錯 古折民獄必用兩辭故周官司寇以兩劑禁民獄先取兩券而合之使兩造獄辭各書其半即今告牒與訴牒也及聽獄後復具一書契而兩分之使各錄其辯答之詞於其中即今兩造口供也是折獄之法前券後契必得兩具券不兩具卽謂之單詞單詞不治如司寇禁凡不齎券即自坐不直不俟上於朝而遽斥之是也契不兩具則謂之不能舉契亦不治如春秋晉聽王訟王叔氏不能舉其契王叔奔晉是也是半券半契總無折理惟子路明決單辭可斷在他人豈能之歟予玩定十三年由從夫子適衛仕爲蒲宰十四年夫子過蒲善由明察以斷片言折獄正指其治蒲也

子曰聽訟吾猶人也必也使無訟乎

聽訟猶人周禮小司寇云以五聲聽獄訟求民情一曰辭聽二曰色聽三曰氣聽四曰耳聽五曰目聽使無訟者大畏民志無情者不得盡其辭也

(按)大戴記 禮察篇 禮者禁將然之前法者禁已然之後禮云禮云貴絕惡於未萌而起敬於微渺使人日遷善遠罪而不自知也孔子曰聽訟吾猶人也必也使無訟乎此之謂也潛夫論 德化篇 是故上聖不務治民事而務治民心故曰聽訟吾猶人也必也使無訟乎家語 子路初見 孔子爲魯司寇魯人聞之曰聖人將治

何不先自遠刑罰自此之後國無爭者合三說以觀夫子言此非專自爲期許

實因子路治蒲之善而再勉進於德化也

子張問政子曰居之無倦行之以忠

居以體言行以用言無倦以忠敬以直內義以方外始終表裏如一也

（按）家語弟子解子張有容貌資質寬沖博治從容自務居不務立於仁義之行故夫子因問政而以無倦以忠勉之仲尼燕居子張子貢言游侍縱言至於禮子曰居女三人者吾語女禮使女以禮周流無不稱也子貢言游問後子張問政子曰師乎前吾語女乎君子明於禮樂舉而錯之而已無倦以忠夫子之言實即以禮淑躬也

子曰博學於文約之以禮亦可以弗畔矣夫

此言夫子爲子張勉也注見雍也篇

（按）邢昺疏云此章及注與雍也篇同當是弟子各記所聞予玩仲尼燕居子張問政子曰師乎前吾語女乎君子明於禮樂舉而錯之而已子張復問子曰禮之所興衆之所治也禮之所廢衆之所亂也目巧之室則有奧阼席則有上下車則有左右行則有隨立則有序古之義也室而無奧阼則亂於堂室矣席而無上下則亂於席上也車而無左右則亂於車也行而無隨則亂於塗也立而無序則亂於位也昔聖帝明王諸侯辨貴賤長幼遠近男女外內莫敢相踰越皆由此塗出也此章與上連類而記足徵亦爲子張告也故與燕居語相表裏

子曰君子成人之美不成人之惡

美善也成者誘掖獎勸以成其事惡不善也不成則多方開導以止其非君子小人邪正既殊故其用心亦異也

（按）此孔子對哀公問也說苑君道篇哀公曰善哉君子成人之美不成人之惡微孔子吾焉得聞斯言哉家語五儀篇同穀梁傳隱元年曰春秋成人之美不成人之惡又僖十七年君子惡之疾其始善之樂其終此因孔子之言而明春秋之義也

季康子問政於孔子孔子對曰政者正也子帥以正孰敢不正

帥導率也康子爲魯上卿百寮之率萬民之表也表正則景正表邪則景邪未有表正而景獨邪者也孰誰也

（按）大戴記哀公問篇公曰敢問何謂爲政孔子對曰政者正也君爲正則百姓從政矣君之所爲百姓之所從也君所不爲百姓何從今對康子曰子帥以正孰敢不正者蓋見康子殺南孺子之子謀伐邾謀伐顓臾用田賦納小邾射以句繹來奔無一合於正道者也故因問政而以正帥勖焉

季康子患盜問於孔子孔子對曰苟子之不欲雖賞之不竊

竊賄曰盜患憂也康子爲政魯國多盜問之者正求治盜之方也欲貪欲賞賜予言上苟無貪欲之心則雖以賄賜之於下下亦審義而不私取之也

（按）左傳哀七年季康欲伐邾乃饗大夫以謀之秋伐邾師遂入邾處其公宮衆師晝掠邾師保于繹師宵掠盜即康子卒徒爲掠者汲冢瑣語魯國多盜季康子治獲一人焉詰之曰汝何以盜對曰子大夫爲政不能不盜何以詰吾盜今子以不欲對者正以師處公宮無異大盜竊國又何能禁宵晝衆掠耶

季康子問政於孔子曰如殺無道以就有道何如孔子對曰子爲政焉用殺子欲善而民善矣君子之德風小人之德草草上之風必偃

刑戮曰殺無道謂暴德之人就從也有道言有德者孔子之對蓋以爲政者民所視效欲善則善樹之風聲民無不嚮其化者尚加也偃仆也君子德風小人

德草風加草上其勢披靡必隨吹拂爲向背也

（按）韓詩外傳云魯有父子訟者康子欲殺之孔子曰未可殺也夫民爲不善則是上失其道上陳之而先服之則百姓從風矣康子問政而欲殺者蓋即指此也（荀子宥坐篇以爲孔子爲司寇時事今考子爲司寇季孫是桓子非爲康子康子尚幼時未從政何能欲殺無道以就有道與）予玩左傳（哀三年）云南孺子生男正常載以告君康子退朝公使公劉視之則或殺之矣是康子於父子兄弟之間已有慚德故不能殺父子之訟者也

子張問士何如斯可謂之達矣子曰何哉爾所謂達者子張對曰在邦必聞在家必聞

達者德孚於人謙尊而彌光也子張問達夫子逆知師非此意故反使其自言邦謂諸侯之國家謂大夫之家在邦在家言其仕也師曰聞者意在才德日顯名譽著聞也

子曰是聞也非達也

聞與達相似聞者務名達者務實故子明辨之焉

夫達也者質直而好義察言而觀色慮以下人在邦必達在家必達

質直好義秉性中正而能集思以廣益觀察下人接物審愼而能退讓以明禮卑以自牧君子之道闇然而日章也

夫聞也者色取仁而行違居之不疑在邦必聞在家必聞

色取行違居之不疑王制云行僞而堅言僞而辯也謂不務實而專務名雖致邦家之譽小人之道的然者也

（按）大戴記（曾子制言止）弟子問於曾子曰夫士何如則可以爲達矣曾子曰不能則學疑則問欲行則比賢雖有險道循行達矣今之弟子病下人不知事賢恥不知而又不問欲作則其知不足是以闇惑終其世而已矣是謂窮民也曾子論達與子略同者必聞子告子張而拳拳爲服膺也子張務外不務立於仁義之行其問達者蓋聞夫子攝相於魯政行七日有誅少正卯事少正卯魯之聞人也已意有所慕向而夫子反誅其人因以士何如謂達爲問夫子逆知其意故先反詰而後再明辨焉

樊遲從遊於舞雩之下曰敢問崇德修慝辨惑

此因雩禱之詞而有問也哀公十有五年秋八月大雩崇德修慝辨惑蓋即雩時所禱而請悔者如成湯禱於桑林以六事爲自責也論衡（明雩篇）樊遲從遊感雩而問刺魯不能崇德而徒雩也

子曰善哉問先事後得非崇德與攻其惡無攻人之惡非修慝與一朝之忿忘其身以及其親非惑與

先事後得正其義不謀其利明其道不計其功則德日崇攻其惡無攻人惡躬自厚而薄責於人則慝日修一朝之忿忘其身以及其親一慚之不忍終身是慚則惑日甚三者皆切己之修夫子將告其義故先善遲之問也

（按）昭公二十五年公羊傳云秋七月上辛大雩季辛又雩又雩者何又雩者非雩也聚衆以逐季氏也諸家遂云賢如子家羈而不能用非崇德也子家羈曰諸侯僭於天子大夫僭於諸侯公曰吾何僭乎哉是攻人之惡不知攻其惡也公伐季氏不克出孫於齊宗廟不饗是逞一朝之忿忘其身以及親也惟人君爲能下士故師事友事必自以身先之所以崇德也禹拜善言成湯檢身不及所以修慝也左傳（僖二十四年）云不忍小忿以棄鄭親所以明惑也如能知其崇德修慝辨惑則魯之君臣嫌隙自消勝於雩禱引以爲自責也（說見宋翔鳳戴望劉寶楠潘維城李書城諸家）予玩昭公二十五年再雩斯時樊遲未生（仲尼弟子列傳遲少孔子三十六歲生於昭公二十六年）

何能從遊雩下其從遊時當在哀公十有五年秋八月大雩也崇德脩慝辨惑必爲雩禱之詞如成湯以六事自責夫子特贊其善哉蓋見哀公欲去三桓將蹈昭公覆轍遂即三事而明辨焉

樊遲問仁子曰愛人問知子曰知人

仁爲體而知爲用愛人仁之體知人仁之用也

樊遲未達子曰舉直錯諸枉能使枉者直

遲意愛欲其周知有所擇夫子察遲之意若自有疑故以舉直錯枉告之舉直錯枉知也使枉者直則仁矣知人則哲安民則惠二者交相爲輔也

樊遲退見子夏曰鄉也吾見於夫子而問知子曰舉直錯諸枉能使枉者直何謂也

遲非忘其問仁蓋以舉直錯枉使枉者直夫子專爲問知言之未達仁知體用

之理故復疑而問也

子夏曰富哉言乎舜有天下選於衆舉皋陶不仁者遠矣湯有天下選於衆舉伊尹不仁者遠矣

皋陶字庭堅舜時命以爲士伊尹名摯湯時任爲阿衡選於衆立賢無方也不仁者遠天下皆知皋陶之明伊尹之功舜湯之舉無私朔無幸位故不仁自然而遠去也

（按）雍也篇樊遲問知問仁夫子之言遲皆能達此獨未達者愛之欲其富也周官八柄祿以馭富書曰知人則哲能官人時至春秋世卿專國仁者雖愛而不能富知者雖知而不能官意故有所躊躇也子曰舉直錯枉使枉者直蓋見遲仕季氏帥右師（哀十一年左傳）雖不能富人官人恰能舉人也既有舉人之權則直者薦之枉者置之薦即是仁之愛置即是知之知枉者既見直者皆舉彼必服從而交相勸矣遲猶退問子夏者紐於魯國之治舉錯君尙無權何況使枉者直及聞子夏所言曰舜曰湯曰有天下曰選衆始知夫子所語者帝王遠大之化非拘拘爲治魯言也而治魯之理要不外於斯焉

子貢問友子曰忠告而善道之不可則止毋自辱焉

同志曰友盡心以告曰忠弼正曰善不可勢不行也不行則止若以數而見疏則是自取其羞也

（按）仲尼弟子列傳子貢喜揚人之美不能匿人之過方人之下必多愛憎其問子故因問友而告以免辱之道也

曾子曰君子以文會友以友輔仁

文謂禮樂詩書會謂講學以明道也君子有德位者以友輔仁蓋賢才相勵弼成其德化也

（按）此曾子居於武城沈猶氏奉以爲師從者有七十人故自以爲言也以文會友聖門中如子游子夏以友輔仁有若無實若虛犯而不校昔者之友惟顏子一人而已

論語實測卷十三

泰州　徐天璋睿川　注

子路

子路問政子曰先之勞之請益曰無倦

導引曰先勸勉曰勞益謂政有進於此者無倦勉其始終如一久道化成也

（按）月令云以道敎民必躬親之大戴記子張問入官篇故躬行者政之始也君子欲政之速行也莫若以身先之也欲民之速服也莫若以道御之也先謂樹之則勞謂勉其成迨由請益夫子告曰無倦者子路具兼人之勇有聞未行惟恐有聞不患無其始患難有其終也

仲弓爲季氏宰問政子曰先有司赦小過舉賢才曰焉知賢才而舉之曰舉爾所知爾所不知人其舍諸

宰家臣季氏康子也有司衆職胥吏之屬先有司者躬爲導率之也小過微疵

赦釋也賢有德者才有能者舉謂薦於季氏而升庸也焉知者意謂不能盡知舉爾所知盡其在己爾所不知讓舉於人也

（按）仲弓少孔子二十九歲弟子傳索隱引家語陳蔡之從仲弓科列德行哀公六年之前雍未爲季氏宰也七年孔子自陳返魯辨見年譜十年自魯適衛證以下章仲弓爲季氏宰當在哀公八年九年間也故知季氏是爲康子漢書章帝紀詔曰昔仲弓季氏之家臣子游武城之小宰孔子猶誨以賢才問以得人明政無大小以得人爲本也家宰實有司之表率衆士之領袖孔子所言皆應盡之職分也

子路曰衛君待子而爲政子將奚先子曰必也正名乎

衛君出公輒也出公既立將用孔子爲政故子路因有問焉正名謂正百事之名而名分尤其要者即衛事言蒯聵在戚衛當稱爲世子不當目爲亡人公當禮爲君父不當視若寇讐孔子欲正名者適所以靖衛亂而平內外之爭也

子路曰有是哉子之迂也奚其正

迂謂遠於事情言非治衛之急務也子路之意衛君立已八年若欲以名爲正勢必反其政令之所爲也

子曰野哉由也君子於其所不知蓋闕如也名不正則言不順言不順則事不成事不成則禮樂不興禮樂不興則刑罰不中刑罰不中則民無所措手足故君子名之必可言也君子言之必可行也君子於其言無所苟而已矣讀書脞錄刑罰不中中讀平聲

敬不中禮謂之野君子指衛爲政者惟其不知正名所以不合於禮而失之也闕失也闕如言其所失蓋如此也名正則言順事成禮樂興刑罰中不正則背失其道而民蹋蹐其間莫知其適從也名副其實則正言當其理則順事考其實則成禮樂合其治則興刑罰得其平則中故君子之於言行必審愼而敬將

也漢書刑法志禮以治人樂以易俗二者不興則刑罰濫矣

（按）魯哀公二年衛靈公卒出公輒立晉趙鞅納衛太子蒯聵於戚三年春齊國夏衛石曼姑帥師圍戚五年夏晉趙鞅帥師伐衛七年春晉魏曼多帥師侵衛春秋所書名實彰著而衛輒與蒯聵爭國說各偏持孔子欲以正名爲先者蓋以輒主靈公之喪立已八年上告天子下告方伯統承久定必當正其爲君也蒯聵在戚衛人不當帥師圍之稱之不當爲亡人必當正其爲衛君之父也其名既正則言順事成上下相安內外和輯禮樂興刑罰中民何至蹋蹐其間手足無所措與史記十二諸侯年表衛出公八年魯哀公十年孔子來衛待子爲政適在是年惜子路未達其旨目以爲迂衛之君臣終不能用以致孔悝亂作卒攖其難此衞所以終於不治也夫

樊遲請學稼子曰吾不如老農請學爲圃曰吾不如老圃樊遲

出子曰小人哉樊須也上好禮則民莫敢不敬上好義則民莫敢不服上好信則民莫敢不用情夫如是則四方之民襁負其子而至矣焉用稼

種五穀曰稼種蔬菜曰圃時魯困於財用遲請學稼圃者將以萊田教民樹藝也小人田野之民孔子言此實爲小人之業非大人所宜勤也曰禮曰義曰信三者既修民各以其類應敬服用情何患田野不治而無財用也與襁褓褓所以約小兒於背者也

(按)魯哀公時頻歲螽饑樊遲請學稼圃正欲盡以萊田爲種植也夫子斥爲小人者蓋有大人之事有小人之事守先王之道以待後之學者大人之事也遲既學於夫子宜以禮義信爲治輔佐家國使民敬服用情不當以田賦爲不足用而思與野人爭利也坊記云仕則不稼史記云公儀休相魯食茹而美拔其園葵而棄之是皆在位者不爲稼圃之明徵也

子曰誦詩三百授之以政使於四方不能專對雖多亦奚以爲

誦詩者口誦而尋其義抑揚高下其聲曲體作者性情之邪正也專對應對無方公羊傳(莊十九年)云聘禮大夫受命不受辭出境有可以安社稷利國家者則專之可也不能專對謂賦詩不知相答也

(按)墨子(公孟篇)云誦詩三百弦詩三百歌詩三百舞詩三百是學詩有誦絃歌舞之法此但及誦詩者主於口讀尋繹其義恉也(劉氏正義)誦詩而能專對如左傳(僖二十三年)公子(晉重耳)賦河水公(秦穆公)賦六月趙衰曰重耳拜賜之類不能專對如晉侯與諸侯宴(襄十六年)使大夫舞曰歌詩必類齊高厚之詩不類也此蓋爲子貢而言也夫子嘗曰賜也始可與言詩已矣又曰使於四方不辱君命云三百者哀十一年孔子反魯正樂雅頌得所刪詩已成之數也十二年公使子貢對吳尋盟子服景伯謂子貢見吳太宰言釋衛侯是皆得於誦詩之力故能專對者也

子曰其身正不令而行其身不正雖令不從

身正謂躬行合於禮法者令命也

(按)大學云堯舜帥天下以仁而民從之桀紂帥天下以暴而民從之其所令反其所好而民不從(漢書公孫弘傳上古堯舜之時不貴爵賞而民觀善不重刑罰而民不犯躬率以正而遇民信也末世貴爵厚賞而民不勸深刑重罰而姦不止其上不正遇民不信也)家語(觀思篇)武王正其身以正其國正其國以正天下伐無道刑有罪一動而天下正其事成矣此指戰淸之時(哀十一年)季孫告二子(孟氏叔氏)二子不可求(冉求)曰二子之不欲戰也宜政在季氏足徵身不正令不從焉

子曰魯衛之政兄弟也

周公封魯康叔封衛康叔睦於周公(定五年左傳公叔文子曰太姒之子惟周公康叔爲相睦也)故其政治之美兄弟略同及其衰弱不能自强而文獻猶有存者孔子是以有兄弟之歎也

(按)魯哀公十年孔子適衛以爲衛君既待爲政勢必大用詎適衛後見其道不能行十一年魯人以幣召之乃歸及其返魯見其道仍不行衛政專自孔氏(文子)魯政專自季氏因有兄弟之喻者歎其不能變魯至道用衛有成也

子謂衛公子荊善居室始有曰苟合矣少有曰苟完矣富有曰苟美矣

公子荊字南楚(詳見輯要)獻公子也吳季札聘衛說公子荊曰衛多君子未有害也其人蓋儉約而知禮者古者祿以馭富始有少有富有謂國授以職位因仕得祿皆能如分而安之也且鑑公叔戍以富爲靈公所惡(定十三年左傳)故荊深知戒抑如此孔子因歎美焉

(按)魯有公子荆(見哀二十五年左傳)故加衛字以爲區別古者田祿里居授自君上非若世卿采邑能有一定之家室焉荆爲獻公之子始有當指初命爲士少有再命爲大夫富有三命爲卿也

子適衛冉有僕子曰庶矣哉冉有曰既庶矣又何加焉曰富之曰既富矣又何加焉曰教之

魯哀公十年孔子適衛(見十二諸侯年表)因衛君待子爲政也御車曰僕冉有方仕於魯而得爲夫子僕者蓋自請命於季氏而送之也庶謂民衆富財用足教禮義明也

(按)論語後錄孔子年譜均云適衛在魯哀元年史記云在魯哀三年予玩適衛在待子爲政之後當在魯哀十年也孔子於魯定十有三年適衛十四年去衛適陳返衛十五年遐陬如於哀元年三年適衛甫隔一二年間不應有庶矣

哉之歎也惟於哀十年適衛(十二諸侯年表衛出公八年孔子來衛)離衛已有九年之久此庶矣哉之歎所由來也曰富曰教荀子大略篇云不富無以養民情不教無以理民性故家百畝宅五畝田務其業而勿奪其時所以富之也立大學設庠序修六禮明十義所以教之也詩曰飲之食之教之誨之王事具矣

子曰苟有用我者期月而已可也三年有成

苟誠也孔子適衛見其人民繁息朝野翕然因思周公之治天下期月而變三年而化(周公之治見漢書公孫宏列傳)言此自況蓋在出公待子爲政時也

(按)孔子世家靈公老怠於政不用孔子孔子喟然歎曰苟有用我者期月而已三年有成予玩靈公既怠於政孔子方且去衛必不出有此言其言此者正在出公之時夫子適衛道途之間見其民物繁庶師弟問答富教時也

子曰善人爲邦百年可以勝殘去殺矣誠哉是言也

善人存心仁恕者勝克也暴謂殘暴勝殘去殺言以是心能化殘暴者不用刑殺也

(按)哀公十年楚子期伐陳吳延州來季子救陳謂子期曰二君不務德而力爭諸侯民何罪焉我請退以爲子名務德而安民乃還故夫子因聞是言而歎美也

子曰如有王者必世而後仁

王者謂聖人受命而有天下者三十年爲一世仁爲教化洽也必世後仁衣食足而後禮樂興大同之化要非期月三年之可幾也

(按)魯哀之世吳正勃興且僭王號黃池爭長儼有君臨天下氣象惜吳暴用其民不能綏諸侯以德故左傳(哀元年)子西論曰闔廬恤民夫差自敗也夫子逆知吳非王者故因聞季札之言而有感焉

子曰苟正其身矣於從政乎何有不能正其身如正人何

正身謂身律身度能爲民表率者何有言不難也不能律已以德何能正人之不正與

(按)左傳(定九年)子明(樂祁子溷)謂桐門右師出(右師樂大心子明族父也)曰吾猶衰絰(子明丁父樂祁憂)而子擊鍾何也右師曰喪不在此故也既而告人曰己衰絰而生子余何故舍鍾此正爲不能正身如正人何明證若魯則季康子詰盜轉爲盜詰欲殺父子訟者孔子曰未可殺也想見當時從政者皆不能先正其身也

冉子退朝子曰何晏也對曰有政子曰其事也如有政雖不吾以吾其與聞之

朝季康子家朝也魯語天子及諸侯合民事於外朝合神事於內朝自卿以下合官職於外朝合家事於內朝外朝合者爲政凡致仕者雖不與謀無不知焉

時季氏專政於魯不與同列謀於外朝而獨與家臣謀於私室故夫子斥其爲事所以正名分抑冉子也

（按）集解周生烈曰謂罷朝於魯君鄭玄注朝於季氏之私朝韋昭國語注外朝君之公朝內朝家朝也毛奇齡稽求篇卿大夫家有內外朝予玩卿大夫二朝一在私家一在公朝左傳襄三十年鄭伯有嗜酒朝至未已朝者曰公焉在其人曰吾公在壑谷皆自朝布路而能魯語公父文伯之母如季氏康子在其朝與之言弗應康子辭於朝而入此卿大夫朝在私家也攷工記匠人營國朝堂之制內有九室九嬪居之外有九室九卿朝焉鄭玄注內路寢之裏也外路門之表也九室如今朝堂諸曹治事處頤齋經說此天子制也諸侯之國祇有三卿朝室哀十一年齊師在清季孫使冉有從於朝俟於黨氏之溝此卿大夫朝在公朝也在私家者家臣朝之在公朝者屬官朝之故魯語云合官職於外朝合家事於內朝又曰夫外朝子將業君之官職焉內朝子將

庀季氏之政焉內朝在家庭闈門之外外朝在公朝路門外左右內朝亦名私朝外朝亦名公朝玉藻云揖私朝煇如也登車則有光矣又云朝辨色始入此言卿大夫自家朝而適公朝也冉子退朝是退私朝非退公朝如在公朝凡有政事魯臣無不知焉子雖致仕不與其謀未嘗不有聞見私朝家臣常事也夫子本不顧問惟其退晏是以有問議事大夫恆情也夫子何必詰辯惟其云政是以有辯鄭注云君之教令爲政臣之教令爲事也魏書高閭傳政者君上之所施行合於法度經國治民之屬皆謂之政臣下奉教承旨作而行之謂之事也頤齋經說大而公者爲政小而私者爲事合事於朝議久不決意者其謀伐顓臾乎他日見於孔子曰季氏將有事於顓臾又曰吾二臣者皆不欲也是明徵焉

定公問一言而可以興邦有諸孔子對曰言不可以若是其幾也人之言曰爲君難爲臣不易如知爲君之難也不幾乎一言而興邦乎王若虛論語辨惑孟夢恂四書辨疑並讀其幾也三字爲句

一言興邦蓋古有是言者有諸問有此理否幾近也人之言者書曰后克艱厥后臣克艱厥臣詩曰天難諶斯不易惟王夫子遂即此義對焉

曰一言而可以喪邦有諸孔子對曰言不可以若是其幾也人之言曰予無樂乎爲君唯其言而莫予違也如其善而莫之違也不亦善乎如不善而莫之違也不幾乎一言而喪邦乎

人之言者晉平公曰莫樂爲君惟其言而莫之違韓非子外儲說晉平公與羣臣飲飲酣乃喟然歎曰莫樂爲人君惟其言而莫之違師曠坐於前援琴撞之曰啞是非君人者之言也申胥云比謀曰予令而不違夫不違乃違也不違亡之階也吳語如善則善不善則喪夫子兩明其義俾公自審之也

（按）左傳定元年叔孫成子逆昭公之喪於乾侯使告子家羈曰公衍公爲實使羣臣不得事君若公子宋主社稷則羣臣之願也定公問一言興邦意正指此

又昭三十一年季孫從智伯如乾侯子家子曰君與之歸一慙之不忍而終身慙乎公曰諾衆曰在一言矣君必逐之荀躒以晉侯之命唁公公曰君惠顧先君之好施及亡人將使歸糞除宗祧以事君則不能見夫人已所能見夫人者有如河荀躒掩耳而走退而謂季孫曰君怒未怠子姑歸祭定公問一言喪邦意又指此孔子明知公意於問興邦對以爲君難爲臣不易冀公寅畏小心懋膺大命也於問喪邦對以言善不善冀公兩端審度擇善而愼思也曰人言者引古訓以勗定公不自著其論說也

葉公問政子曰近者說遠者來

近者境內遠者境外說謂得其心來謂嚮其化也

（按）家語辨政篇葉公問政於夫子夫子曰政在悅近而來遠子貢問之孔子曰夫荊之地廣而都狹民有離心莫安其居故曰悅近而來遠書大傳韓非子難篇說同

子夏爲莒父宰問政子曰無欲速無見小利欲速則不達見小利則大事不成

莒父魯邑名定公十四年城見春秋子夏爲宰蓋在哀公世也欲速則急遽無序見小利則度量不宏夫子之言勉以聖王之治欲其久道化成宅中無外也荀子致仕篇寬裕而多容大戴記四氏篇好見小利妨於政與此同旨

（按）李兆棻云定公既城莒父故使子夏爲宰予玩弟子列傳子夏少孔子四十四歲斯時年甫十三何能命宰莒父哀公四年子夏從遊陳蔡列於四科其問政時當在哀公十二三年間也莒父魯東北邑山東通志莒始封在萊州府高密縣東南乃莒子之都而子夏所宰之莒父也今莒州西南有子夏祠

葉公語孔子曰吾黨有直躬者其父攘羊而子證之孔子曰吾黨之直者異於是父爲子隱子爲父隱直在其中矣

直躬楚人名弓因其行直故曰直躬其後遂以直爲氏焉有因而竊曰攘謂羊自來而陰匿之證告也孔子言父子相隱天理人情兩不相悖雖不求直而亦無害於直也

（按）呂氏春秋當務篇楚有直躬者其父竊羊而謁之上上執而將誅之直躬者請代之將誅矣告吏曰父竊羊而謁之不亦信乎誅而代之不亦孝乎信且孝而誅之國將有不誅者乎荊王聞之乃不誅也孔子聞之曰異哉直弓之爲信也一父而載再也取名焉故直弓之信不如無信韓非子五蠹篇淮南氾論訓同釋文鄭玄本躬作弓廣韻直姓出楚人之後俞樾羣經平議躬是其人之名直非其人之姓也顧齋經說漢書直不疑南陽人南陽即葉公所治處蓋因稱弓爲直其子孫遂以直爲氏焉稱吾黨者直躬葉人也

樊遲問仁子曰居處恭執事敬與人忠雖之夷狄不可棄也

恭主容敬主心恭見乎外敬主乎中忠則盡己爲人謀也雖之夷狄不可棄者表裏如一放之四海皆準勉其執守而勿失也

（按）顧齋經說恭以處己敬以事君忠以交友家語賢君篇顏子將西遊於宋問於孔子曰何以爲身子曰恭敬忠信而已矣恭則遠於患敬則人愛之忠則和於衆信則人任之勤斯四者可以政國豈特一身哉所教皆同予玩樊遲數爲問仁而夫子言各不同此告居處恭執事敬與人忠者哀十一年求帥左師樊遲爲右魯會吳師伐齊夫子之言與吳子賜叔孫劍鈹曰奉爾君事敬無廢命之意同也吳夷國也雖之夷狄指帥師以從吳也槖皐之會衛侯歸效夷言是其明證

子貢問曰何如斯可謂之士矣子曰行己有恥使於四方不辱君命可謂士矣

士仕於國者聘義云使者聘而誤主君弗親饗食也所以愧厲之也時子貢從

公會吳槖皐故夫子告之以此

曰敢問其次曰宗族稱孝焉鄉黨稱弟焉曰敢問其次曰言必信行必果硜硜然小人哉抑亦可以爲次矣

次等次稱道也稱孝稱弟謂族黨稱其孝弟而舉揚者也硜硜果勁貌言不必信行不必果惟義所在大人之事也若小人雖無職位能於言行必其信果並可列於士焉抑亦者僅許之義也

曰今之從政者何如子曰噫斗筲之人何足算也

從政謂爲大夫噫歎息聲斗量名容十升筲飯筥斗筲之人言無經濟遠謀徒事聚斂日逐逐於斗量也算數也何足算者言何足比方其優劣也

（按）哀公十有二年會吳槖皐子貢從焉問士當在將會之先故夫子告以使不辱命毛詩序云皇皇者華言臣出使能揚君之美延其譽於四方則爲不辱

命也白虎通云宗者尊也族者聚也周官有鄉師有黨正宗族稱孝鄉黨稱弟正謂德行道藝列於事舉言揚者小人既可爲士知非賤下之人言信行果硜硜之義當如公爲汪錡者流詩戰郊戰齊魯之士赴義而死無職位者多也斗筲說文斗十升筲飯筥也受五升何足算也算通作選漢書公孫賀傳贊斗筲之徒何足選也鹽鐵論雜論作何足選哉蓋指魯用田賦三家苛斂於民惟計較於米粟也

子曰不得中行而與之必也狂狷乎狂者進取狷者有所不爲也

此孔子在陳言也狂者志大言大行不能掩狷者不屑不潔志不能宏皆遜於中行者也

（按）孔子世家孔子居陳三歲會晉楚爭彊更伐陳及吳侵陳陳常被寇孔子曰歸與歸與吾黨之小子狂簡進取不忘其初此言當在居陳之初也與公冶

篇所記狂簡斐然成章爲魯召冉求而思歸者不同故世家兩載其言也孟子盡心篇萬章問曰夫子在陳何思魯之狂士孟子曰孔子不得中道而與之必也狂獧乎狂者進取獧者有所不爲也孔子豈不欲中道哉不可必得故思其次也敢問何如斯可謂狂矣曰如琴張曾晳牧皮者孔子之所謂狂矣何以謂志之狂也曰其嘐嘐然曰古之人古之人夷考其行而不掩焉者也狂者又不可得欲得不屑不潔之士而與之是獧也是又其次也

子曰南人有言曰人而無恆不可以作巫醫善夫

南人荊楚之人也巫所以事鬼神掌卜筮者巫醫謂禱祀鬼神能爲病者以祈其福而祛疫癘者也無恆之人爲術不靈故曰不可以作巫醫孔子聞其言而歎其善見雖小道猶不可以無恆況其大道者乎

不恆其德或承之羞

不恆承羞此易恆卦九三文辭或常也詩曰無不爾或承鄭箋或常也老子湛兮似或存河上公注或常也承進也羞辱也言不恆其德者故常進於辱也

（按）周官司醫司巫皆士職也楚辭九折臂而成醫兮余至今乃其信然左傳定十三年三折肱知爲良醫曲禮醫不三世不服其藥是皆貴有恆也古者巫彭初作醫惠氏禮說古者巫彭初作醫故有祝由術楚中多以巫治病公羊傳隱四年於鍾巫之祭焉何休注巫者事鬼神禱解以治病請福者也緇衣篇人而無恆不可以爲卜筮此章次狂狷之後蓋夫子自陳適楚聞言而善其說也易恆卦象曰君子以立不易方九三體巽進退不果變坎狐疑首鼠兩端中互離赤色赧爲羞故有承羞之象也表記子曰南人有言曰人而無恆不可以爲卜筮古之遺言與龜筮猶不能知也而況於人乎詩云我龜既厭不我告猶兌命曰爵無及惡德民立而正事純純或爲煩而祭祀是爲不敬事煩則亂事神則難易曰不恆其德或承之羞恆其德偵婦人吉夫子凶表記詳而論語略也

子曰不占而已矣

占卜也已止也有恆者自强不息無恆者蓋不待占而即知其止也

（按）詩小旻云我龜既厭不我告猶左傳昭十二年云易不可以占險是皆無恆不占之證頤齋經說記此於巫醫後者書金縢周公爲王卜疾左傳昭元年晉侯有疾卜人曰實沈臺駘爲祟又哀六年楚王有疾卜河爲祟古者醫疾未有不先占也易曰君子居則觀其象而玩其辭動則觀其變而玩其占此云不恆承羞蓋不待玩其占而已知貞吝也

子曰君子和而不同小人同而不和

以可濟否曰和好惡不殊曰同也

（按）左傳昭二十年齊侯景公論子猶云惟據梁邱據字子猶與我和夫晏子平仲對曰據亦同也焉得爲和公曰和與同異乎對曰異和如羹焉水火醯醢鹽梅以烹魚肉燀之以薪宰夫和之濟其不及以洩其過君子食之以平其心君臣亦然君所謂

可而有否焉臣獻其否以成其可君所謂否而有可焉臣獻其可以去其否今據不然君所謂可據亦曰可君所謂否據亦曰否若以水濟水誰能食之若琴瑟之專一誰能聽之同之不可也如是鄭語史伯曰今王去和而取同夫和實生物同則不繼以他平他謂之和故能豐長而物生之若以同裨同盡乃棄矣據是而論夫子忽言和同而區別君子小人者隱指冉有爲季氏用事田賦之加無能改於其德顓臾之伐又不能匡救之也

子貢問曰鄉人皆好之何如子曰未可也鄉人皆惡之何如子曰未可也不如鄉人之善者好之其不善者惡之

鄉人里邑之人好悅也惡憎也皆好皆惡絕無區別於其間子曰未可言其無審擇也善者好不善者惡君子小人各分其類是非明而人之眞品見焉此蓋子貢宰信陽時問此以求得人之法也

(按)家語(辯政篇)子貢爲信陽宰(今汝寧府信陽州)孔子曰匿人之善斯謂蔽賢揚人之惡斯爲小人內不相訓而外相謗非親睦也言人之善若已有之言人之惡若己受之故君子無所不愼也足徵此問是宰信陽之時聞夫子之言而進求知人之法也

子曰君子易事而難說也說之不以道不說也及其使人也器之小人難使而易說也說之雖不以道說也及其使人也求備焉

君子小人以品言也易事行之敏難說言之愼不以其道不說君子非禮勿言也器謂隨其材能而任之難事行之艱易說言之忽說不以道小人之言無稽其命諸人備多苛察以求之也(毛奇齡稽求篇舊注以說字作悅字解特讀僞復有一解謂說如字即言說也)

(按)先行其言而後從之此爲君子注脚非知之艱行之惟艱此爲小人病根易事難說難事易說實即君子小人本性言之及其使人器之求備始爲用人言之器之明君子知人難易求備見小人不知人之難易也禮曰動不虛說凡說人之德則爵之說人之寒則衣之若無爵無衣前爲妄說此君子所以難說也若小人則煦煦爲仁孑孑爲義言過其實而非眞心此小人所以易說也史記(弟子列傳)子貢喜揚人之美不能匿人之過喜揚人美即是易說不能匿過即是難事此必因宰信陽承上章而語以用人之道也

子曰君子泰而不驕小人驕而不泰

君子胞與爲心而無敢慢故曰泰而不驕小人矜肆爲志而吝告人故曰驕而不泰泰安舒驕傲慢也

(按)大學云忠信以得之驕泰以失之泰與驕相似古訓泰驕也(子罕篇今拜乎上泰也)(侃疏泰驕泰也)驕泰也(呂覽貴生篇多以富貴驕得道之人高誘注驕泰也)驕泰又並訓大惟泰大而安舒故爲

君子驕則大而傲慢故爲小人驕泰相似而實相分猶之周比和同而有君子小人之別也子貢說不若己者(家語)既說不若己者其心即有驕泰之意故三章連類而記並爲子貢規其失也

子曰剛毅木訥近仁

剛淸健毅果決木質樸訥遲鈍四者質之近乎仁也

(按)頤齋經說剛毅高明近仁木訥沉潛近仁鄭園札記剛謂天性毅謂魄力木無虛驕訥有涵養故近仁予玩儒行云儒有可親而不可刼也可近而不可迫也可殺而不可辱也其剛毅有如此者漢書周勃傳爲人木强敦厚(論語後錄古注)檀弓云趙文子其言吶吶然如不出諸其口子蓋見由侍側能剛毅(集箋劉氏正義並引)而不能木訥故語此勉近仁也下章遂記子路問士

子路問曰何如斯可謂之士矣子曰切切偲偲怡怡如也可謂

士矣朋友切切偲偲兄弟怡怡皇本兄弟怡怡句末有如也二字

切切切磋儆戒偲偲責善詳勉怡怡和悅也子恐混於所施故又區別言之

（按）大戴記曾子立事篇云兄弟僖僖朋友切切遠者以貌近者以情詩常棣篇毛傳兄弟尚恩怡怡然朋友以義切切然正義兄弟熙熙然朋友切切節節然足徵夫子之告子路者大都引爲古訓也方觀旭論語偶記朱注以朋友切切偲偲兄弟怡怡爲子路所不足檀弓篇子路去魯顏淵謂子路曰何以處我子路曰吾聞之也過墓則式過祀則下不可謂不切切偲偲又子路曰吾寡兄弟而弗忍也子路無兄弟更何處見有不足

子曰善人教民七年亦可以卽戎矣

七年卽戎以學校小成爲率也教民者教之以孝弟忠信步伐止齊之義卽就也戎兵也務農講武必以善人教者兵不得已而用王者之師神武不殺也

（按）有勇知方由言三年此言七年者古者將士陶成學校易師曰君子以容民畜衆容禮容容民謂教之步伐止齊畜養也畜衆謂養衆周官大司馬仲春教振旅仲夏教茇舍仲秋教治兵仲冬教大閲學記曰七年小成故善人不求近功疾徐疏數之節必七年而始用也夫子言此蓋見魯勝齊後季氏命修守備哀十一年左傳因之有感言也

子曰以不教民戰是謂棄之

不教民而用之謂之殃民孟子以其不教民戰則是棄其師也，二十二年穀梁傳

（按）左傳哀元年云吳日敝于兵暴骨如莽又哀九年宋取鄭師于雍丘又哀十一年公會吳伐齊戰于艾陵齊師敗績獲齊國書等及革車八百乘甲首三千若鄭若齊是皆不教師棄民也吳魯互有喪亡故孔子發此歎焉

論語實測卷十四

泰州 徐天璋睿川 注

憲問

憲問恥子曰邦有道穀邦無道穀恥也

憲原思名原思辭宰之祿故夫子因其問恥而別言之穀祿也世治而食其祿非以爲恥世亂而食其祿恥也

（按）泰伯篇子曰邦有道貧且賤焉恥也邦無道富且貴焉恥也家語三恕篇子曰國無道隱之可也國有道則袞冕而執玉原思爲宰辭粟隱居爲樂是以食祿爲恥而未知有道無道之分故孔子告曰邦有道穀言其有道可食祿也邦無道穀恥也言於無道之世若貪祿不去適足以貽羞也

克伐怨欲不行焉可以爲仁矣史記弟子列傳克伐上有子思曰三字吳志子雖牧傳注引此章之文章首有原憲之問於孔子曰字可以爲仁矣作可以爲仁乎

此亦原憲問也克求勝伐自矜怨懷恨欲私貪四者使不得行原憲用力於仁故能有以制之也然猶不敢自是遂以問於孔子焉顏齋經說儒行云溫良者仁之本也敬慎者仁之地也寬裕者仁之作也分散者仁之施也溫良自不求勝敬慎絕非自矜寬裕必無懷恨分散何有私貪是以仁存心者本無克伐怨欲之累也

子曰可以爲難矣仁則吾不知也

子言難者蓋不行爲勉强之功非若仁者渾然天理自無四者之累也四書匯參胡氏

（按）史記季次原憲閭巷人也讀書懷獨行君子之德義不苟合當世懷獨行口分言則四事對擧五言則克伐者因己所有而生氣盈也怨欲者因己所無而生氣歉也不苟合即克伐不行也弟子列傳憲攝敝衣冠見子貢子貢恥之曰夫子豈病乎原憲曰吾聞之無財者謂之貧學道而不能行者謂之病若憲貧也非病也以貧非爲病即怨欲不行也而夫子許爲難不許爲仁者克伐不行是勉能非安行也怨欲不行是强義非樂天也憲蓋苦心潔身之士要非超然履空擴然

大公之心志也

子曰士而懷居不足以爲士矣

懷居者士耽隱居自無四方之志也

(按)內則云子生男予設弧於門左射義云天地四方者男子之所有事左傳（僖二十三年）云懷與安實敗名此孔子見原憲苦心潔身異於聖賢之志日在行道於天下也警曰懷居不足爲士想見聖人栖皇皇路絕不屑如原憲安藜藿居窮閭也

子曰邦有道危言危行邦無道危行言孫

危獨正也（廣雅釋詁危正也莊子繕性篇危然處其所注危然獨正之貌予玩危單訓正子何不曰正言正行惟其獨正是以有危象焉）謙順曰孫有道無道以國治亂言也

(按)史記晏子列傳其在朝君語及之卽危言語不及之卽危行國有道卽順命國無道卽衡命夫子此言實指晏子也左傳晏子諫訥欒盈（襄二十二年）知憂及君（襄二十三年）以及與景公言論和同（昭二十年）止禳彗（昭二十六年）諫誅祝史（昭二十年）論古無死（昭二十年）皆人不肯言而已獨言之也故曰危言崔杼旣弒齊君晏子枕尸而哭（襄二十五年）欒高陳鮑之伐晏子端委立於虎門（昭十年）皆所云危行也史記曰晏子長不滿六尺身相齊國名顯諸侯今者妾觀其出志念深矣常有以自下者其於無道時爲言孫可知孔子嘗兄事晏嬰此說必追念平仲而取以勵世也

子曰有德者必有言有言者不必有德仁者必有勇勇者不必有仁

有德者和順積中英華發外能言者或便佞口給而已仁者心無私累見義必爲勇者或血氣之彊而已（集注）蓋本於中者必形於外飾於外者未必卽根於中也

(按)此因農山言志子貢以辯子路以勇顏子獨以其德兼有仁物之心故夫子發爲此論也何以徵之子貢以辯其見行事者存魯亂齊破吳彊晉而霸越所言不必有德也子路以勇其見行事者仕衛遇亂曰太子焉用孔悝雖殺之必或繼之且曰太子無勇若燔臺半必舍孔叔其勇不必有仁也若顏子功養純粹其言則爲德音其勇本諸義理也

南宮适問於孔子曰羿善射奡盪舟俱不得其死然禹稷躬稼而有天下夫子不答南宮适出子曰君子哉若人尙德哉若人

羿有窮之君善射夏時諸侯滅夏后相而據其位奡又殺羿代之奡羿臣寒浞子也盪舟謂戰斟鄩於濰推盪而覆其舟遂滅其國轉爲夏后少康殺之禹大禹稷后稷舜時同平水土教民稼穡者其後皆有天下适之問蓋以羿奡比當時之有權力簒竊其國者而以禹稷比聖人也夫子不答實以天道難言之必爲時忌故俟其出而贊美焉

(按)史記夏后帝啓崩子帝太康立帝太康失國昆弟五人須于洛汭作五子之歌太康崩帝仲康立是爲帝仲康竹書紀年帝太康元年癸未帝卽位居於斟鄩畋于洛表羿入居斟鄩四年陟帝仲康元年己丑帝卽位居斟鄩五年命胤侯帥師征羲和六年錫昆吾命作伯七年陟世子相出居商邱依邳侯帝相元年戊戌帝卽位居商邱征淮夷三年征風夷及黃夷七年于夷來賓八年寒浞殺羿（見襄四年左傳）使其子澆居過九年相居于斟灌遂遷于商邱二十年寒浞滅戈二十六年寒浞使其子澆帥師滅斟灌二十七年澆伐斟灌大戰于濰覆其舟滅之二十八年寒浞使其子澆弒帝伯靡出奔鬲夏世子少康自有仍奔虞伯靡自鬲帥斟鄩斟灌之師以伐浞世子少康使汝艾伐過殺澆伯靡殺寒浞稽之古史羿初因民弗忍太康之虐入居斟鄩非惡意也實如周厲王時共和

乘政故伯靡諸賢樂於用命立帝仲康及羿信用寒浞於是棄武羅伯英熊髡尨圉四賢帝相是以出居商邱往依邳侯寒浞得行其諂媚賂内外遂自殺羿而專夏政繼而戰滅斟灌斟鄩使子弒帝伯靡遂出奔鬲羿之過在用人不明耳致殺其身浞澆負弒帝大惡死不旋踵若禹稷功德在民宜其永膺天命也适之問此實以夫子道大莫容感激而言故夫子不肯答焉（王夫之四書稗疏以奡盪舟謂能乘舟以水戰也古有陸兵無水師黃帝阪泉后啓甘扈皆平地決戰也奡始作水戰以澆過戈困斟灌盪舟之義甚爲明著顧齋經說或云奡即澆也羿做並堯時人故列禹稷之前不知淮南子云羿有功於天下死爲宗師人皆祀之非不得其死者若适所問羿是夏時仲康少康時人）

子曰君子而不仁者有矣夫未有小人而仁者也

君子志於仁矣然毫忽之間心不在焉則未免爲不仁也（集注謝良佐傳）若小人便利營私絕無毫忽之志於仁未有者蓋深絕之詞也

（按）君子謂卿大夫此爲季康子伐邾而感言也子服景伯曰伐小國不仁（哀七年左傳）康子既以不仁伐邾故不能禁師宵掠昔掠孔子言此實爲小人恕而爲君子警也

子曰愛之能勿勞乎忠焉能勿誨乎

勞憂也誨告也能勿者猶言不能不憂深慮遠盡其必於忠愛也

（按）近儒僉云愛爲愛子忠爲忠君予玩愛君愛父愛友愛人皆愛也此承上章而言隱謂眞愛季孫者必當代憂伐邾之禍盡其忠謀以道之也哀七年季孫伐邾不從子服景伯之言景伯曰小所以事大信也大所以保小仁也背大國不信伐小國不仁民保於城城保於德失二德危將焉保季孫不聽八年吳爲邾故伐魯懿子謂景伯曰若之何對曰吳師來斯與之戰何患焉將盟景伯曰楚人圍宋易子而食析骸而爨猶無城下之盟我未及虧而有城下之盟是棄國也吳輕而遠不能久將歸矣請少待之弗從愛勞在先忠誨在後其意實指景伯之言憂深慮遠盡忠愛於季孫也

子曰爲命裨諶草創之世叔討論之行人子羽修飾之東里子產潤色之

此孔子適鄭聞其遺事歸而追論之也裨諶善謀世叔游吉也（即子太叔）識於事理行人掌使之官子羽公孫揮也子產公孫僑東里子產所居地名（皇侃疏居鄭之東里因爲氏姓俞樾茶香室經說轉瑞傳有南陽太守東里昆當是子產之裔）四子皆鄭大夫賢而有才能者其爲辭命各盡其長詳審精密故其應對諸侯鮮有敗事者也

（按）左傳（襄三十一年）子產之從政也擇能而使之馮簡子能斷大事子太叔美秀而文公孫揮能知四國之爲而辨於其大夫之族姓班位貴賤能否而又善爲辭令裨諶能謀謀於野則獲謀於邑則否鄭國將有諸侯之事子產乃問四國之爲於子羽且使多爲辭令與裨諶乘以適野使謀可否而告馮簡子使斷之事成乃授子太叔使行之以應對賓客是以鮮有敗事北宮文子（衛北宮佗）所謂有禮也此因魯哀七年會吳於鄫子服景伯子貢皆善辭命故引鄭之爲命以相勗勉欲其和衷共濟也

或問子產子曰惠人也

書曰安民則惠惠人謂子產能安民也

問子西曰彼哉彼哉

子西楚公子申彼加也（說文彼往有所加也）彼哉彼哉言子西行有所加能讓楚國其行爲可知也（顧齋經說彼者對此之辭因問子產又問子西曰彼哉彼哉言子西猶之子產也）

問管仲曰人也奪伯氏駢邑三百飯疏食沒齒無怨言

禮表記曰仁者人也釋名人仁也人也猶言仁人也伯氏名偃駢與邢同齊東南邑三百采地方一成也伯氏心服管子之功而能窮約以終其身蓋亦廉潔

自守者也

（按）家語辯政篇子貢問子產孔子曰夫子產於民爲惠主於學爲博物又楚王將遊荊臺子西善諫孔子聞之曰至哉之諫也入之於千里之上抑之於百世之後者也又觀思篇子路問於孔子曰管仲之爲人何如子曰仁也夫子三言皆與辭不得謂於子產管仲有褒而於子西獨貶也顧齋經說荀子仲尼篇齊桓公主管仲爲仲父與之書社三百古者二十五家爲里里各立社書社三百乃七千五百家也鄭玄論語注三百家孔安國從之案書社三百蓋以管仲功高總計之邑也駢邑三百當爲下大夫采地方一成定稅三百家也

子曰貧而無怨難富而無驕易

怨悔恨也人有絲毫不平則怨心起貧尤易怨者也故夫子特言其難自矜曰驕富者持盈保泰恆多不敢自肆故夫子言其易也

（按）習鑿齒漢晉春秋昔管仲奪伯氏駢邑三百沒齒而無怨言聖人以爲難

據是而觀夫子此言以無怨美伯氏以無驕謂管仲也管仲嘗辭上卿之饗而受下卿禮還定十三年左傳是無驕之一證焉

子曰孟公綽爲趙魏老則優不可以爲滕薛大夫

公綽魯大夫襄昭時人孔子嚴事者也見弟子列傳趙魏晉卿之家趙衰魏畢之後老家臣之長滕薛二國名滕姬姓文王子叔繡之後薛任姓奚仲之後大夫任國政者優有餘也公綽廉靜寡欲而樂清閑故不願泛應於諸侯也

（按）左傳襄二十五年齊崔杼帥師伐我北鄙公患之孟公綽曰崔子將有大志不在病我何患焉其來也不寇使民不嚴異於他日齊師徒歸公綽料齊師甚智夫子論其不可爲滕薛大夫者非短才也蓋好廉靜而不肯任煩理劇也

子路問成人子曰若臧武仲之知公綽之不欲卞莊子之勇冉求之藝文之以禮樂亦可以爲成人矣

武仲魯大夫臧孫氏名紇莊子魯卞邑大夫名速即孟莊子也二子皆襄公時人集注言兼此四子之長則智足以窮理廉足以養心勇足以力行藝足以泛應而又節之以理和之以樂使德成於內而文見乎外則材全德備渾然不見一善成名之迹中正和樂粹然無復偏倚駁雜之蔽而其爲人也亦成矣

曰今之成人者何必然見利思義見危授命久要不忘平生之言亦可以爲成人矣

曰子路言也要約也見利思義見危授命曲禮云臨財毋苟得臨難毋苟免也

（按）武仲之知若知陳亡襄四年知衛君入襄十四年論詰盜襄二十一年具見左傳公綽事見前章春秋後語載莊子刺兩虎事韓詩外傳載莊子殺三甲首事荀子大略篇齊人欲伐魯忌莊子不敢過卞左傳襄十六年齊侯圍郕孟莊子速徼之齊侯曰是好勇去之以爲之名速遂塞海陘而還卞今泗水縣郕今甯陽縣兩境接壤

卞在郕東孟莊子速徼之此齊君所以不敢過卞也孟莊子即卞莊子明焉冉求之藝子嘗稱曰從政何有論語疏皇侃邢昺悉以曰爲夫子語文選曹植責躬詩沈約別范安成詩註引此文曰止並有子字蓋夫子移時復語也集注引胡仁仲曰今之成人以下乃子路之言劉氏正義以胡說於義較長也

子問公叔文子於公明賈曰信乎夫子不言不笑不取乎

公叔文子名拔一名發衛獻公孫公明姓賈名亦衛人觀其對問賈蓋文子家臣

公明賈對曰以告者過也夫子時然後言人不厭其言樂然後笑人不厭其笑義然後取人不厭其取子曰其然豈其然乎論衡儒增篇知失篇引此並作豈其然乎豈其然乎

過失中也當其可之謂時厭惡也其然謂公明賈之說是豈其然悟人所告之

言非也（左傳襄二十三年申豐對季武子曰其然杜預注其然猶必爾）

（按）世本獻公生成子當當生文子拔（作枝者技字形譌也）檀弓下公叔文子謚貞惠文子曰昔者衛國凶饑夫子爲粥與國之饑者是不亦惠乎昔者衛國有難夫子以其死衛寡人不亦貞乎夫子聽衛國之政修其班制以與四鄰交衛國之社稷不辱不亦文乎今止稱文不言貞惠者文足以該之也文子爲獻公之孫卒於魯定公十二年前時在衛靈公世其稱公叔者必因成子當爲靈公之叔當卒因以公叔爲氏族也皇侃疏其然者然如此也言今汝說者當如此也豈其然乎謂人所傳不言不笑不取豈容如此乎其問蓋在魯會齊侯夾谷晉趙鞅帥師圍衛衛使人告圍於會時也

子曰臧武仲以防求爲後於魯雖曰不要君吾不信也

防邑名在費東北臧氏之食采也孝經曰要君無上表記曰事君三違而不出境則利祿也臧氏得罪奔邾自邾如防使求立後於魯是明據邑以相要挾己雖欲爲之解故夫子弗能信也

（按）臧武仲如防據左傳（襄二十三年）云非得罪君也得罪於爲季氏立悼子也當時逞其智能其後雖悔無及美疢藥石其言可見惟自防請君立後則是有挾而求故夫子責其要君此蓋夫子從公會齊夾谷過防而感言也

子曰晉文公譎而不正齊桓公正而不譎

譎權也正經也晉文公名重耳齊桓公名小白皆霸諸侯者文公用權多於用經桓公用經多於用權當時皆以文公爲詭桓公爲法故夫子從而言焉（宋翔鳳發微云鄭陽傳作齊桓公法而不譎法古文作佱是班書所引法而不譎爲魯論今作正者蓋古論語本作佱後人習見佱字就佱有正義遂改佱爲正）

（按）齊桓晉文功績悉詳春秋楊愼丹鉛錄曰桓公啻不得鄭不納子華懼其獎臣抑君不可以訓文公爲元咺執衛侯則三綱五常於是廢矣此實正譎分

處予玩夫子論桓文正譎者非褒桓而貶文也春秋繁露（玉英篇）諸侯大德無踰閑者謂正經小德出入權詐也尙歸之以奉鉅經耳古者經權常變應事各有所宜文公善於用權桓公善於守經盟會征伐見於傳（左傳公羊穀梁）記（史記）者不難指數此皆從定公會齊景夾谷因盟會而尙論桓文明經權不可偏廢也故劉寶楠正義云譎權也正經也

子路曰桓公殺公子糾召忽死之管仲不死曰未仁乎

桓公子糾僖公子襄公弟也襄公無道鮑叔牙奉公子小白奔莒及無知弑襄公管夷吾召忽奉公子糾奔魯奔莒智也襄公之世其亂已形故去齊以避其禍奔魯非智也襄公既弑管召在齊宜奉糾戡定其亂而撫其民反去其國是明以齊讓人也使糾在齊能有其國小白爭之不義也糾既去國小白入定其亂齊人立之義也子糾自魯爭之不義也小白主齊魯殺子糾管仲從糾義爲可死糾未爲君非死社稷義可無死桓公爲糾之仇管仲既不死糾亦不當輔桓也故子路疑而問之

子曰桓公九合諸侯不以兵車管仲之力也如其仁如其仁

九合兵車之會六（魯莊十五年春齊合諸侯于鄄伐宋宋服一也十六年冬齊合諸侯于幽代鄭鄭成二也魯僖元年齊合諸侯于檉謀救鄭三也四年齊合諸侯伐楚次陘盟召陵四也六年齊合諸侯伐鄭七年盟甯母鄭人聽命五也十三年齊合諸侯于鹹淮夷病杞爲戎難戍周六也）乘車之會三也（魯莊二十七年齊合諸侯盟幽陳鄭服從一也魯僖五年齊合諸侯首止謀寧周室二也八年齊會王人合諸侯于洮以謀王室九年齊會宰周公合諸侯于葵邱以修禮好三也）曰不以兵車者雖有兵車之徵皆不待戰而諸侯即受命聽成服威懾義也力功也再言如其仁者蓋言管仲之功可比召忽之義不失其爲仁也（除若會北杏柯貫陽穀皆諸侯之卿大夫與齊宋之盟好非諸侯之聚集也牡邱之會淮之會管氏以卒不得云管仲力也）

（按）家語（觀思篇）子路問於孔子曰管仲之爲人如何子曰仁也子路曰昔管仲說襄公公不受是不辨也欲立公子糾而不能是不智也家殘於齊而無憂色

是不慈也桎梏而居檻車無慚心是無醜也事所射之君是不貞也召忽死之管仲不死是不忠也孔子曰管仲說襄公襄公不受公之闇也欲立子糾而不能不過時也家殘於齊而無憂色是知權命也桎梏而無慚心自裁審也事所射之君通於變也不死子糾量輕重也夫子糾未成君而管仲未成臣管仲才度義管仲不死束縛而立功名未可非也召忽雖死過於取仁未足多也論語言略不若家語說詳九合諸侯管子小匡云兵車之會六乘車之會三（國語與管子同）史記兵車之會三乘車之會六文異證以左傳當爲兵車六乘車三也子路此問當在定公十年公會齊侯夾谷弱從孔子行過堂阜也（左傳杜注堂阜齊地東蒙陰縣西北有夷吾亭或曰鮑叔解夷吾縛於此因以爲名）

子貢曰管仲非仁者與桓公殺公子糾不能死又相之

子貢疑不死猶可相之則已甚矣（集注）管仲天下才也志在有爲於世非拘拘於小節者子貢雖智實未能深明其意也

子曰管仲相桓公霸諸侯一匡天下民到於今受其賜微管仲吾其被髮左衽矣

一匡天下謂合諸侯于洮能謀王室之難繼會諸侯於蔡邱襄王之位定而天下服也若非管仲能平戎難子帶之亂勢必胥天下而爲左衽爲禍直至於今也故夫子言民受而賜焉

豈若匹夫匹婦之爲諒也自經於溝　而莫之知也

管仲志在有爲故不求諒於世夫子深明其心知非信小節而昧大義者莫之知言雖死義人無能知者也

（按）管子大匡云召忽曰百歲之後犯吾君命而廢吾所立奪吾糾也雖得天下吾不生也凡與我齊國之政也受君令而不改奉所立而不濟是吾義也管仲曰夷吾之爲君臣也將承君命奉社稷以持宗廟豈死一糾哉夷吾之所死者社稷破宗廟滅祭祀絕則死之非此三者則夷吾生夷吾生則齊國利夷吾死則齊國不利觀此則二子死與不死各自有見左傳（莊九年）乃殺子糾於生竇史記作笙瀆賈逵曰句瀆也索隱論語作溝瀆自經溝瀆實隱指召忽死子糾難也過泰山側聞婦人哭檀弓云使子路家語云使子貢此章以子貢所言次子路後想見二子並從夫子適齊由防嚮蒙陰由蒙陰堂阜過泰山其事並在定公十年會齊侯於夾谷後也

公叔文子之臣大夫僎與文子同升諸公子聞之曰可以爲文矣

僎（漢書古今人表作大夫選今經典音撰又音遵）文子家臣之長爲大夫者（檀弓陳子車死於衛其妻與家大夫謀以殉葬家大夫即宰也）同升諸公文子不肯蔽賢故薦僎於公朝也謚法解云錫民爵位曰文故

夫子引此明焉

（按）左傳（哀十六年）云子伯季子初爲孔氏臣新登於公古時家臣之長每有薦升於公者文子謚文檀弓云公叔文子卒其子戌請謚於君君謚爲貞惠文子（詳前問公叔文子於公明賈章）稽諸謚法無有如衛君之言者惟薦僎升於公朝合於錫民爵位謚文之典故孔子引爲謚法解焉左傳（定六年）云公叔文子老矣又（定十三年）云初文子朝而請享靈公退見史鰌而告之曰子必禍矣子富而君貪罪及其子乎戌（文子子）必與焉文子卒戌即奔魯據傳所言文子賜謚當在魯定公十三年前也

子言衛靈公之無道也康子曰夫如是奚而不喪孔子曰仲叔圉治賓客祝鮀治宗廟王孫賈治軍旅夫如是奚其喪

靈公衛君名元（獻公子）康子魯季氏也夫指靈公仲叔圉即孔文子祝宗廟之官鮀名也王孫賈周靈王孫後仕於衛爲大夫主軍旅者也

（按）衛靈公卒於魯哀公二年夏四月丙子至冬十月方葬康子立於哀公三年秋七月孔子此言必在七年返魯見晉魏曼多帥師侵衛由於靈公從齊伐晉以致衛受晉伐無已時也家語（賢君篇）哀公問於孔子曰當今之君孰爲賢孔子對曰抑有衛靈公乎遂歷言其能用公子渠牟林國慶足史鰌爲賢之事今忽言無道者實因貽謀不善結怨於晉以致軏難安位於國也

子曰其言之不怍則爲之也難

大言不慙隱謂吳王言不顧行雖欲有爲必無功也

（按）左傳（哀七年）云公會吳於鄫吳來徵百牢曰宋百牢我魯不可以後宋且魯牢晉大夫過十吳王百牢不亦可乎景伯曰吳將亡矣棄天而背本反自鄫以吳爲無能爲也國語（吳語）吳王夫差乃告諸大夫曰孤將有大志于齊吾將許越成而無拂吾慮若越既改吾又何求若其不改反行吾振旅焉申胥諫曰不可

許也夫越非實忠心好吳也又非懾畏吾甲兵之彊也大夫種勇而善謀將還玩吳國於股掌之上以得其志夫固知君王之蓋威以好勝也故婉約其辭以縱逸王志使淫樂于諸夏之國以自傷也然後安受吾燼吳王曰大夫奚隆於越越曾足以爲大虞乎若無越則吾何以春秋曜吾軍士足徵吳之君臣皆大言之不慚者逆知其欲有爲也難焉

陳成子弑簡公孔子沐浴而朝告於哀公曰陳恆弑其君請討之公曰告夫三子

成子陳子常也名恆簡公齊君名壬魯哀公十有四年陳恆弑簡公於舒州故孔子請討之也三子季康子孟懿子叔孫武叔告語也

孔子曰以吾從大夫之後不敢不告也君曰告夫三子者

左傳（哀十四年）孔子辭退而告人曰吾以從大夫之後也故不敢不言今君命告三子者蓋深異之辭也

之三子告不可孔子曰以吾從夫之後不敢不告也

孔子往見三子自明義所當告三子不可其與陳氏聲勢相倚明焉

（按）左傳齊陳恆弑其君壬于舒州孔丘三日齊而請伐齊三公曰魯爲齊弱久矣子之伐之將若之何對曰陳恆弑其君民之不與者半以魯之衆加齊之半可克也公曰子告季孫予玩哀公方惡三家專魯陳恆弑君豈不欲討惟外懼齊强內爲三家所制命子往告未始非謀出萬全不知先發制人後伐人制陳恆弑君孔子請討設哀公立命討之孔子亦必往告三家奉君命令其出師孟懿子孔子弟子也季康子叔孫武叔孔子後進也兼之子路冉求子貢有子仲弓樊須皆爲三家信用責以大義三家雖欲不可勢必有不能焉惟其先命往告君權自主而反授權三家爲主三家既云不可孔子遂無可如何也論語

稽求云左傳與魯論所載相爲表裏魯爲齊弱一段論語無之者朝廷諸算私記所畧也之三子告一段魯史無之者退有後言史官未聞也其兩兩相得如此

子路問事君子曰勿欺也而犯之

事君有犯而無隱然必誠意正心信而後諫始能喻君於道也子路時將適衛仕於出公故以事君問焉

（按）魯哀公十有四年春小邾繹以句繹來奔欲得季路要之子路曰彼不臣而濟其言是義之也由弗能勿欺是爲子路素能也而顓臾謀伐由不能犯顏相爭今由將去魯至衛仕於出公（哀十四年仲由在魯十五年秋齊陳瓘如楚過衛仲由見之冬死衛難知問事君仕衛也）故以事君爲問也子曰勿欺而犯者見衛父子爭國臣下之言各有偏欺之意不能犯顏直諫也

子曰君子上達小人下達

形上謂道形下謂器欲知道與器之分君子德成而上小人藝成而下也

（按）此章隱爲子貢子夏勉也家語孔子曰吾死之後商日益賜日損商好與賢已者處賜說不若己者與善人居如入芝蘭之室久而不聞其香即與之俱化矣與不善人居如入鮑魚之肆久而不聞其臭亦與之俱化矣丹之所藏者赤漆之所藏者黑是以君子必愼其所與處者焉何晏註本謂上末爲下也皇侃疏上達者達於仁義也下達謂達於財利予玩子貢貨殖子夏義勝而肥見闕里志合之家語所云是皆上達下達之證也

子曰古之學者爲己今之學者爲人

爲己反身而誠虛心以求道爲人得善自喜炫世以沽名此古今學者所以異焉

（按）荀子勸學篇入乎耳者著乎心爲己也入乎耳出乎口爲人也又曰古之學者爲己今之學者爲人君子之學也以美其身小人之學也以爲禽犢楊倞注禽犢饋獻之物也新序齊王問墨子曰古之學者爲己今之學者爲人何如對曰古之學者得一善言以附其身今之學者得一善言務以悅人予玩孔子嘗謂子夏曰女爲君子儒無爲小人儒荀卿之學淵源子夏史記墨子或曰並孔子時或曰在其後索隱別錄云墨子書有文子文子子夏之弟子據是而攷此言當爲孔子之勉子夏其後門人互相傳述也

蘧伯玉使人於孔子孔子與之坐而問焉曰夫子何爲對曰夫子欲寡其過而未能也使者出子曰使乎使乎

伯玉蘧成子諡曰成也名瑗莊子無咎之子孔子過蒲伯玉使人來致其意故孔子至衛即主其家寡過書云檢身不及也再言使乎善許之辭言使得其人也

論語實測　卷十四　十四

（按）孔子世家畏匡後去即過蒲集解徐廣曰長垣縣有匡城蒲鄉正義括地志故蒲城在滑州匡城縣北十五里匡城本漢長垣縣月餘返乎衛主蘧伯玉家陳留風俗傳長垣縣有蘧伯鄉有蘧伯玉家一曰新鄉有蘧亭蓋伯玉時已致仕毛奇齡稽求篇伯玉見於春秋在魯襄公十四年衛孫林父甯殖將逐君問於遽伯玉伯玉不對而出此時伯玉已爲大夫且爲逆臣所敬憚如此必在强壯之年可知矣後此九年夫子始生又六十餘年當魯定公十四年夫子去魯之後再三適衛始主伯玉家則此時伯玉已及期頤矣所謂主於其家正長垣縣之蘧伯鄉耳鄉距蒲邑不遠伯玉夙聞孔子之名故使使者至蒲要請孔子素聞伯玉之賢特未親見其人故因使者之來與坐而先相問及聞其對遂不禁爲贊美也時在定公十有四年非在孔子返魯後也長垣在衛境南適陳必由之路

子曰不在其位不謀其政曾子曰君子思不出其位

位職位政國政思不出位君子素位而行不願乎其外也

（按）泰伯篇孔子嘗言不在其位不謀其政彼有所指者是爲己而感言也此言不在其位不謀其政是尙論蘧伯玉也左傳襄二十六年衛獻公使與甯喜言苟反政由甯氏祭則寡人甯喜告蘧伯玉伯玉曰瑗不得聞君之出敢聞其入遂從近關出曾子聞夫子之言引伸其義並以艮卦象辭爲證故記者連類而誌思不出位美伯有道則仕無道卷懷合於艮象云時行則行時止則止不失其爲君子也

子曰君子恥其言而過其行

言不顧行君子所深恥也

（按）雜記有其言而無其行君子恥之表記君子恥有其辭而無其德有其德而無其行均同斯指予玩爲政篇子貢問君子子曰先行其言而後從之仲尼弟子列傳子貢利口巧辭孔子嘗黜其辯此章下皆誌子貢之事恥言過行其爲子貢勉也明焉

論語實測　卷十四　十五

子曰君子道者三我無能焉仁者不憂知者不惑勇者不懼

道言也君子之所言者知仁勇爲三達道我無能者正夫子之謙辭也

子貢曰夫子自道也

自道云其自言不能者實皆自能行之也

（按）家語致思篇孔子北遊於農山子路子貢顔淵侍子曰各言爾志吾將擇焉子路進而言志子曰勇哉子貢進而言志子曰辯哉即智也顔淵進而言志子曰美哉德也即仁子路曰夫子何道焉曰不傷財不害民不繁詞則顔氏之子有矣此言三子之所道有爲仁者有爲知者有爲勇者皆不失爲君子也我無能焉正夫子深許三子之意子貢曰夫子自道是即孟子言具體也

子貢方人子曰賜也賢乎哉夫我則不暇

方比也比方人物如問師與商也孰賢及觀邾子朝魯兩君執玉而知皆有死

亡之類定十四年左傳以賜爲賢轉曰我不暇者蓋深警其多言也

（按）大戴記衛將軍文子衛卿彌牟名問孔子弟子孰賢於子貢子貢遂歷歷詳對家語並同既告孔子聞之笑曰賜汝偉爲知人賜言爲知人之次子貢對曰賜也焉能知人此賜之所親覩也此云方人正指對衛將軍文子之問也詳見大戴記六

子曰不患人之不己知患其不能也此章凡四見條辨云患不知人章重在知人求爲可知章與患立分說單對于學此與病無能章語有倒順而意亦少異彼是表君子之心病無能而不病莫知此言凡學者不當患人不己知而當患不能

患憂也人知者名己能者實不患不知而患不能憂不在名而在實也

（按）此亦因子貢對將軍文子之問孔子遂歷述伯夷諸人之行至終言此者人有才德不患無知所患者己無才德不能見賢思齊與之相頡頏耳管子小稱篇云身不善之患毋患人莫己知語同此旨

子曰不逆詐不億不信抑亦先覺者是賢乎

未至而迎曰逆未見而意曰億賢者正心誠意見理明決故凡詐與不信不待逆億而自覺焉抑反語辭抑亦先覺者蓋自誠而明無所假於推測也

（按）大戴記曾子立事篇曰君子不先人以惡不疑人以不信荀子非相篇云聖人何以不欺曰聖人者以己度者也故以人度人以情度情以類度類以說度功古今一度也類不悖雖久同理故鄉乎邪曲而不迷觀於雜物而不惑以此揆之賢者所以能先覺也予玩孔子所稱之賢者蓋正常也左傳哀三年云季孫有疾命正常季桓子臣曰無死南孺子之子男也則以告而立之女也則肥康子名也可南氏生男正常載以如朝告曰今生矣男也敢告遂奔衛康子請退辟位也公使公劉視之則或殺之矣乃討之召正常正常不反詐不信指康子言先覺指正常言告遂奔衛灼見康子肺肝正常能不謂賢乎

微生畝謂孔子曰丘何爲是栖栖者與無乃爲佞乎

微生姓畝名魯人佞諂佞也言孔子皇皇於世而不用者毋乃爲佞阿乎

孔子曰非敢爲佞也疾固也

孔子言己非敢怨佞所阿但自固執不肯枉道以求也

（按）據孔子世家而觀如齊景公欲用孔子將封尼谿而爲晏氏阻之楚昭王欲用孔子將封書社而爲子西阻之季康子初欲召孔子而爲公之魚阻之衛出公輒欲用孔子而爲孔文子欲攻太叔以致孔子歎曰鳥能擇木木豈能擇鳥乎退而命載而行栖遑道路是皆畝謂爲佞之意也爲讀去聲非讀平聲孔子言非爲佞爲疾固者自疚而不疚人想見聖人德量異於悻悻之丈夫也畝言當在哀十一年反魯時焉

子曰驥不稱其力稱其德也

驥良馬也能行千里是其力能合五御謂其德也周官保氏職五御鄭司農注鳴和鸞逐水曲過君表舞交

衞逐焉左

（按）此因郊戰而感言也左傳哀十一年爲郊戰故公會吳子伐齊歷戒齊魯將士各以勇力相勉以及齊莊公曾設勇爵見襄二十一年左傳蓋知以力勝人不務以德勝人故夫子假驥以取譬焉

或曰以德報怨何如子曰何以報德以直報怨以德報德

或問本於老子之言報怨以德也表記子曰以德報怨則寬身之仁也以怨報德則刑戮之民也又曰以德報德則民有所勸以怨報怨則民有所懲此又酌於二者之間言也四書攷異論語二十篇無及老聃一事惟或人舉此論以相問而夫子深不謂然即此可破學於老聃之浮說矣

（按）或見春秋之世楚衞之亂有以德報怨者而問之也左傳定五年云王之奔隨也將涉於成臼藍尹亹涉其帑不與王舟及寧王欲殺之子西曰子常唯思舊怨以敗君何效焉王曰善使復其所王賞鬬辛鬬懷子西曰請舍懷也以懷初謀欲弑王也因闞辛言止之詳四年傳王曰大德滅小怨道也終從其兄免王大難是大德家語觀思篇子羔爲衞之士師刖人之足蒯聵之亂季羔逃之走郭門刖者守門焉三免子羔於難既而追者能羔將去謂刖者曰吾不能虧主之法而親刖子之足今吾在難此正子報怨之時而逃我者三何故哉刖者曰斷足固我之罪無可奈何曩者罪定論刑見君顏色愀然不樂此臣所以脫君也自或之意見爲以德報怨自夫子論斷正謂以直報怨以德報德也

子曰莫我知也夫子貢曰何爲其莫知子也子曰不怨天不尤人下學而上達知我者其天乎

莫知謂世人不能知己也達通也時修春秋既成而能感通於天有麟至之瑞及麟見獲已知道不能行故夫子有知我其天之歎也

（按）孔子世家西狩見麟曰吾道窮矣喟然歎曰莫知我夫子貢曰何爲莫知子子曰不怨天不尤人下學而上達知我者其天乎說苑至公篇論語撰考讖所言義同頤齋經說下學上達言在下之學能上感通於天也搜神記孔子修春秋製孝經既成齋戒問北辰而拜告備於天忽有赤虹自上而下化爲黃玉長三尺上有刻文孔子受之知我其天實指此也

公伯寮愬子路於季孫子服景伯以告曰夫子固有惑志於公伯寮吾力猶能肆諸市朝

公伯寮字子周魯人季孫季康子也寮愬之者蓋以子路不肯要盟小邾且在定公之世隳三都之謀也景伯孟昭伯子哀公之初始爲從政於魯固堅也言季孫之惑不堅景伯於寮猶可以恕季孫之惑如堅景伯於寮必誅之焉尸陳尸市市衢朝即市師聽獄處也左傳云殺三郤皆尸諸朝又苹安子縊而死趙孟尸諸市也古者刑人於市尸故陳市若大夫則刑於市朝尸故在市朝

子曰道之將行也與命也道之將廢也與命也公伯寮其如命何

道謂治道自寮愬後子路即去季孫而仕於衞遂死衞孔悝之難其爲命也可知焉

（按）春秋魯大夫世族孟獻子生孝伯孝伯生魚伯魚伯生昭伯昭伯生景伯即子服何也弟子列傳公伯寮亦孔子弟子寮愬子路於季孫於季孫它因政見不合非爲私憾也如爲私憾孔子何必言道之將行道之將廢與其愬當在哀十一年返魯之後若在定公之世子服何尚未從政其年甚幼必不能以力誅寮也

子曰賢者辟世其次辟地其次辟色其次辟言

辟去也辟與避同辟世絕人逃世辟地去亂國適治邦也辟色或作辟人禮貌衰而

去辟言有違言而行也

（按）呂氏春秋（先識覽）凡國之亡也有道者必先去古今一也（高誘注引此文辟色作辟人）子華子（神氣篇）亦云違世違地違人予玩孔子世家昭公出孫孔子適齊辟地也衛靈仰視蜚鴻孔子遂行辟色也齊景公有吾老之言孔子行辟言也孔文子將攻太叔孔子命駕而行辟人也孔子志在有爲所不欲辟者世耳而此云賢者辟世蓋自傷道大莫容卽乘桴浮海之意也（顏齋經說子路因公伯寮之愬知難容魯商諸夫子子遂語此俾自寬焉）

子曰作者七人矣

七人微子篇云逸民伯夷叔齊虞仲夷逸朱張柳下惠少連作起也謂起而隱去也

（按）孔子世家知我者其天乎下卽曰不降其志不辱其身伯夷叔齊乎謂柳下惠少連降志辱身矣謂虞仲夷逸隱居放言行中淸廢中權我則異於是無可無不可此章上言知我其天中間公伯寮愬子路於季孫章而有道之將行將廢之歎下言賢者辟世辟地辟色辟言卽言作者七人則七人必爲辟世辟地辟色辟言者明甚求諸七人伯夷叔齊辟世也虞仲辟地也夷逸隱居不仕輕身肆志辟人也柳下惠不肯枉道勢必有遠言而去也少連朱張既列逸民其必能守禮義不肯閹然媚於世也風俗通義（十反篇）孔子嘉虞仲夷逸作者七人也（漢書黃瓊傳處士黃錯任棠云年皆耄耋有作者七人之論後漢逸民傳絕塵不反同夫作者孟子盡心篇古之賢士注作者七人隱各有方）皇侃義疏邢昺疏並引王弼云七人謂伯夷叔齊虞仲夷逸朱張柳下惠少連勝於鄭玄注（鄭云伯夷叔齊虞仲辟世者荷蓧長沮桀溺辟地者柳下惠少連辟色者荷蕢楚狂接輿辟言者七當爲十字之誤）包咸注（長沮桀溺丈人石門荷蕢儀封人楚狂接輿）多矣

子路宿於石門晨門曰奚自子路曰自孔氏曰是知其不可而爲之

者與

石門魯地西南郊外門也子路從魯適衛行次石門宿於其館故晨門因問之焉晨門掌晨夜司門之官自從也聞子路言從孔氏晨門遂言天下久不可爲而孔子明知不可猶欲爲之是以疑而歎焉

（按）左傳（隱三年）齊鄭盟于石門杜預注石門齊地（或曰濟北盧縣故城西南濟水之門予玩盧縣故城在今山東濟南府長淸縣西南二十五里）水經洙水注洙水北流逕孔里又西南枝津出焉又西南逕瑕邱城（今兗州滋陽縣治）東而南入石門門右結石爲水門跨於水上閻若璩四書釋地謂此卽子路宿處也鄭玄注石門魯城外門晨門主晨夜開閉也太平寰宇記古魯城凡有七門次南第二門石門予玩子路所宿石門非齊地恰魯地非宿於石門之外晨起而入恰宿於石門之內晨起而出也年譜哀公七年孔子反魯八年九年居魯十年適衛子路云自孔氏者蓋衛君待孔子爲政遂命子路來致其意既致意轉返衛而復命也晨門知孔子又將適衛故曰是知其不可而爲之者也

子擊磬於衛有荷蕢而過孔氏之門者曰有心哉擊磬乎既而曰鄙哉硜硜乎莫己知也斯已而已矣深則厲淺則揭

荷蕢亦隱士也蕢草器荷負也不知隱者姓名故以荷蕢稱之過行也磬樂器以石爲之聖人憂世之心形之於磬荷蕢聞其聲而知之則亦非常人矣鄙陋硜硜石聲蓋歎鄙陋之人莫有能知己心者在己何不隱止也厲危也水深易溺濟者故以爲危非若淺者可以揭裳涉也此衛風匏葉之詩荷蕢因託以諷孔子

子曰果哉末之難矣

末末世之適也果哉歎其果如荷蕢之言末世之人雖知其心所以不能有爲

也末之難者道大莫容蹩躠靡所適也

(按)孔子世家載此章於佛肸召子欲往下今以南蒯叛費證之左傳昭十二年曰從我者子乎去我者鄙乎倍其鄰者恥乎已乎已乎苟莒之言正爲佛肸召子欲往時闘磬聲而諷之也肸來召子當在衛出八年魯哀十年佛肸以中牟叛也其叛晉者實爲范氏守邑與南蒯以費叛有別故孔子應其召焉所云孔氏門者蓋旅舍也孔子擊磬在內荷蕢故得於門外聽之若非旅舍居室宏深豈有人行門外即能聽室內之擊磬耶夫子憂世之心顯然呈露蕢因以聲語子從者歎爲有心轉言佛肸鄙陋非眞能爲知己勸子能已則已不必往罹其危也故引匏葉之詩相諷子因備闘其說適有果哉之歎深信道大莫容往亦無益彼佛肸召章末云吾豈匏瓜也哉與此正鍼鋒相對也

子張曰書云高宗諒陰三年不言何謂也子曰何必高宗古之人皆然君薨百官總己以聽於冢宰三年

書說命篇高宗商王武丁也諒陰禮讀梁闇天子居喪倚廬也楣謂之梁廬謂之闇梁闇者一梁支脊而無楣柱覆茅垂於地從旁出入也書作亮陰亮信也陰默也爲聽於冢宰信默而不言也天子居喪之名蓋人君既居倚廬之中必守信默之禮惟高宗能盡其善是以書獨稱之冢宰太宰也

(按)高宗居喪詳見說命說命王宅憂亮陰三祀既免喪其惟弗言尙書大傳毋逸篇書曰高宗梁闇三年不言何謂梁闇也坊記高宗云三年其惟不言言乃讙喪服四制書曰高宗諒闇三年不言善之也諸儒各有傳註予玩弟子列傳子張少孔子四十八歲其問此者當在魯哀公六年楚昭王卒於城父也楚既稱王必僭王禮斯時惠王爲子西迎立楚世家迎越女之子章立之國政悉聽子西之命故引高宗居喪爲問子張之問並見檀弓下時孔子正反陳也

子曰上好禮則民易使也

禮達分定則民莫不用情故易使其從令也

(按)此言高宗能盡喪禮所以天下大治也書說命上曰以康兆民中曰惟民從乂下曰永綏民是皆易使之明證也宋翔鳳論語說義王者莫不行居諒闇之禮而獨善高宗由默以思道名稱其情也夫君臣父子之道見於事是謂禮君臣父子本於誠是爲好不本於誠以行禮亦具文而已何足以使民乎故爲上而好禮必自行三年之喪好

子路問君子子曰修己以敬曰如斯而已乎曰修己以安人曰如斯而已乎曰修己以安百姓修己以安百姓堯舜其猶病諸

曲禮曰毋不敬君子敬以直內聖德所以日躋也夫子之言至矣盡矣子路猶以爲問故夫子以安人安百姓推而至於堯舜猶病也人謂家室朝廷之衆百姓指世族大學世族既安則天下之民舉安堯舜不偏愛仁恢居一夫不得其所故引以爲病也

(按)君子有德位者也子路時將仕衛列於大夫之班故以君子爲問夫子告以修己以敬者正冀子路輔相衛君翼翼小心罔不祗畏也太甲曰皇天無親

克敬惟親衛國父子爭立不親甚矣不親由於不敬而欲國治得乎修己安人安百姓必言堯舜猶病者堯典敬授人時而猶有洪水懷襄之害舜典敬敷五教而仍有四凶流竄之文想見古人之道欲爲端冕而治也難矣問時當在魯哀十有四年冬也

原壤夷俟子曰幼而不孫弟長而無述焉老而不死是爲賊以杖叩其脛

原壤魯人原憲原亢之族也自放於禮法之外者夷蹲踞俟待也述傳述謂則古昔而稱先王長而無述自甘於暴棄明焉賊者敗常亂俗害人之名脛足骨叩微擊也

(按)檀弓下孔子之故人曰原壤其母死夫子助之沐椁原壤登木曰久矣予之不託於音也歌曰貍首之斑然執女手之卷然夫子爲弗聞也者而過之從

者曰子未可以已乎夫子曰丘聞之親者毋失其爲親也故者毋失其爲故也檀弓所記歌詞風韻壤非笨俗者比其蹲踞以見孔子者蓋老莊之流恥拘拘以禮法爲束縛也猶子桑伯子不衣冠而見孔子之義故孔子樂與之交學者愼勿過爲看壞原壤也

闕黨童子將命或問之曰益者與子曰吾見其居於位也見其與先生並行也非求益者也欲速成者也

闕黨黨名（二十五家爲里五百家爲黨）在魯鄒邑昌平之地孔子所生之里也童子年未冠者將命父兄命傳其言達之於孔子也或人適見其來因而疑問益進也孔子云觀其容止童子隅坐今則列位而居童子隨行今則先生與並似非求益實自欲速比於成人也

（按）禮士冠而後容童子走而不趨不爲容也在其家無事則立主人之右南面見先生從人而入不爲賓也（借抱軒九經說）曲禮爲人子者行不中道王制父之齒隨行兄之齒雁行今則居於其位并行於道儼以成人自比踰禮爲實甚焉闕黨有二一在聊邑昌平一在曲阜今書爲闕黨童子將命其自昌平而來傳父兄之言達於孔子者也或人目爲益者祇見童子言詞淸白舉止官方夫子言非求益者求益則必撝謙下人今則所所居所行皆非自禮不失適自急欲比於成德也

論語實測卷十五　泰州　徐天璋睿川　注

衛靈公

衛靈公問陳於孔子孔子對曰俎豆之事則嘗聞之矣軍旅之事未之學也明日遂行

靈公問陳時將與齊伐晉也孔子嘗曰我戰則克今曰未學蓋以師出有名伐晉非正靈公不度於德是以不對而行也俎載牲體豆盛醯醬及諸濡物皆禮器也萬二千五百人爲軍五百人爲旅陳行列也

（按）孔子世家他日靈公問兵陳孔子曰俎豆之事則嘗聞之軍旅之事未之學也明日與孔子語見蜚雁仰視之色不在孔子孔子遂行復如陳衛靈公問陳事在魯哀公元年冬也春秋哀元年秋齊侯衛侯伐晉左傳云伐晉取棘蒲想見靈公問陳必以伐晉得志將欲再出師也子知伐晉衛必取禍對曰未學其辭婉明日遂行其志決聖人見幾而作不俟終日者也

在陳絕糧從者病莫能興子路慍見曰君子亦有窮乎子曰君子固窮小人窮斯濫矣

糧餱糧也吳人伐陳陳境市門皆閉夫子時將適楚道行之間藜藿不糝弟子皆有饑色故子路慍見之也固謂堅守其志濫則放溢其行君子小人處窮各有異焉

（按）孔子世家吳伐陳楚救陳（集解徐廣曰哀公四年也）軍於城父（左傳哀公六年）聞孔子在陳蔡之間楚人聘孔子陳蔡乃相與發徒役圍孔子於野不得行絕糧從者病莫能興孔子講誦絃歌不衰子路慍見曰君子亦有窮乎孔子曰君子固窮小人窮斯濫矣荀子（宥坐篇）孔子南適楚阨於陳蔡之間七日不火食藜羹不糝弟子皆有饑色呂氏春秋（愼人篇）孔子窮於陳蔡之間七日不嘗藜羹不糝宰予曰憊矣

(莊子讓王韓詩外傳說苑雜言家語在厄義同)予玩孔子阨於陳蔡之間無上下之交是在魯哀元二年也斯時吳師侵陳蔡俟畏楚將遷州來故孔子徘徊其地靡所適從在陳絕糧是在魯哀六年也春秋書春吳伐陳斯時孔子設教陳蔡(蔡時已遷州來故地悉爲楚有也)楚子軍於城父聞孔子在陳蔡間使人來聘孔子將往拜禮陳境因有吳師邊鄙入保市門皆閉遂無糧食之可買也(顧齋經說楚子救陳陳方感楚之德豈有楚聘孔子而陳蔡大夫敢謀以兵圍孔子之理況蔡已遷州來地爲楚有故此章祇云在陳絕糧)其云發徒役圍孔子者蓋陳蔡之人企慕孔子之德共阻其行猶之臥轍攀轅使子不能去也在陳與問陳本分兩章而後儒以明日遂行連接在陳絕糧之上殊不知孔子去衛過曹過宋如蔡至葉然後在陳絕糧非去衛即在陳也子路慍見據荀子所云甚多論語祇云固窮窮濫猶略也其時當以魯哀公六年爲斷云

子曰賜也女以予爲多學而識之者與對曰然非與曰非也予一以貫之

學之爲言覺也多學猶言多所覺悟識知也時人皆言聖無不知故夫子詔賜而問之也子貢之悟敏捷因問而有所疑對曰然非與猶云然則非與故夫子明揭其非也貫習也一以貫之言所知者無一不本於習正勉子貢及時求知不可恃其質敏而不習也

(按)家語楚王渡江有物大如斗圓而赤觸王舟王使問孔子子曰此所謂萍實者也昔過陳之野聞童謠曰楚王渡江得萍實大如斗赤如日剖而食之甜如蜜是以知之此章亦在陳之後必因楚問萍實陳對楛矢人皆稱夫子爲生知之聖也子貢嘗言夫子天縱多能故夫子特言其非明自無一不從於習也

子曰由知德者鮮矣

孔子阨陳因由慍見而曉之曰古今一轍鮮有能知其德者也

(按)家語(在厄篇)云且由也昔者聞諸夫子爲善者天報之以福爲不善者天報之以禍今夫子積德懷義行之久矣奚居之窮也子曰由未之識也吾語汝汝以仁者爲必信也則伯夷叔齊不餓死首陽汝以智者爲必用也則王子比干不見剖心汝以爲忠者爲必報也則關龍逢不見刑汝以爲諫者爲必聽也則伍子胥不見殺夫遇不遇者時也賢不肖者才也君子博學深謀而不遇時者衆矣何獨丘哉(荀子宥坐篇同)予玩孔子世家子路慍問夫子祇云譬使仁者而必信安有伯夷叔齊使智者而必行安有王子比干家語及荀子皆有子胥句子胥至哀十一年夏方死見於左傳斯時在阨何得云殺云礫想見荀卿王肅行文時之附益焉

子曰無爲而治者其舜也與夫何爲哉恭己正南面而已矣

孔子在陳追慕虞舜德盛民化至誠感神不待其有所作爲也

(按)大傳子曰參乎汝以爲明主爲勞乎昔者舜左禹而右皋陶不下席而天下治(家語王言篇同)夫如此何上之勞乎新序(雜事三)舜舉衆賢在位垂衣裳恭己無爲而天下治孔子此言正在居陳時也

子張問行子曰言忠信行篤敬雖蠻貊之邦行矣言不忠信行不篤敬雖州里行乎哉

子張陳人夫子在陳時將適楚問行者猶子路去魯顏淵曰何以處我也(檀弓下)蠻貊指適楚言夫子之行蓋以忠信篤敬爲本也

立則見其參於前也在輿則見其倚於衡也夫然後行

參驂馬也立見參前蓋子張送行郊野見子驂馬駕車於前也在輿倚衡孔子登車之容夫然後行謂孔子之車發軔也

子張書諸紳

古者丹鉛隨身紳大帶也以帛爲之師於道途之間匆遽而記其言遂以夫子之說書於紳帛以代其簡策也

（按）子張陳人夫子適楚諸弟子尙皆從遊子張居近而不從隨者仲尼弟子列傳子張少孔子四十八歲時年甫十有五也故問行而不隨行古者臨別必有贈言夫子之言即晏子春秋云忠信篤敬上下同之天之道也雖蠻貊之邦行矣書諸紳者因在郊野急記其言書之於紳帛也

子曰直哉史魚邦有道如矢邦無道如矢君子哉蘧伯玉邦有道則仕邦無道則可卷而懷之

史魚衛大夫名鰌有道無道即衛治亂言之如矢言行直也伯玉亦衛大夫孔子至衛時已致仕有道則仕無道卷懷用舍行藏皆合於君子之道者也

（按）家語困誓篇衛靈公不用蘧伯玉而任彌子瑕史魚諫不從將卒命其子曰吾生不能正君死無以成禮宜置尸牖下其子從之靈公弔而問之子以父言告公曰是寡人之過也遂命殯於客位而進伯玉退子瑕孔子聞之曰古之諫者死則已矣未有若史魚死而尸諫忠感其君也可不謂直乎韓詩外傳同予玩史魚尸諫當在魯昭公二十四年衛靈公十七年之後衛靈公即位十有七年時也靈公在位四十二年卒年四十有七當魯昭公二十四年正靈公血氣未定寵倖彌子瑕日及見史魚尸諫於是退子瑕而用伯玉伯玉從政趙簡子不敢加兵見說苑時在衛靈公二十二三年也簡子用事見魯昭二十九年左傳伯玉於魯襄公十四年見於左傳毛奇齡稽求篇云强年鄭閩札記云壯年至魯定公十有四年伯玉年已九十有餘致仕久矣伯玉致仕彌子瑕宋朝等因再用事故孟子引彌子瑕語子路曰孔子主我衛卿可得也或謂定公十有三年史鰌猶見左傳尸諫當在定公時非在昭公時也予曰傳云初衛公叔文子朝而請享靈公退見史鰌而告之加一初字蓋追溯往事非此時也若在此時豈有耄年之伯玉尙待史鰌死後薦耶必無是理也韓詩外傳云外寬而內直自設於隱括之中直已不直人善廢而不悒悒蘧伯玉之行也善廢而不悒悒即卷而懷伯玉卷懷當在魯襄公十有四年衛獻公出亡至襄公二十六年獻公返國也論語記此當在夫子適陳返衛主伯玉家語及史鰌薦瑗遺事後與門徒尙論而品定也

子曰可與言而不與之言失人不可與言而與之言失言知者不失人亦不失言

人有智愚賢不肖之分中人以上可以語上中人以下不可以語上也惟智者必視人之賢否道同而言不同弗言治亂之機榮辱之繫不失則無二者之弊焉

（按）此因伐蒲之諫靈公善之而不能用故感言也孔子世家衛靈公聞孔子來喜郊迎問曰蒲可伐乎對曰可靈公曰吾大夫以爲不可今蒲衛之所以待晉楚也以衛伐之毋乃不可乎孔子曰其男子有死之志集解王肅曰公叔氏欲以蒲適他國而男子欲死之不樂適他婦人有保西河之志婦人恐懼欲保西河無戰意也索隱此西河在衛地非魏之西河也吾所伐者不過四五人靈公曰善然不伐蒲公老怠於政不用孔子孔子喟然歎焉失人失言正爲伐蒲而感明甚

子曰志士仁人無求生以害仁有殺身以成仁

志士有志之士仁人成德之人見理既明生死得正必不徇人欲而害天理違其心之所安者也

（按）殺身成仁志士如左傳哀五年云晉圍柏人張柳謂其子爾從主勉之我將止死王生授我矣吾不可以僭之遂死於柏人仁人如孔子世家云竇鳴犢舜華國之賢大夫也趙簡子未得志之時須此兩人而後從政及其已得志殺之

乃從政想見賢舜之死必爲大節所關不肯求生害仁曲徇簡子之意者故簡子從而殺之也夫子此言蓋在不用於衛將西見趙簡子至於河而聞竇鳴犢舜華之死及張柳朔死於柏人而歎感也

子貢問爲仁子曰工欲善其事必先利其器居是邦也事其大夫之賢者友其士之仁者

是邦衛邦也子貢衛人衛多君子利器猶言勵器勉其切磋以成德也賢有道者仁有德者大夫曰事士曰友以位言也

（按）家語（六本篇）孔子曰吾死之後商日益賜日損商好與賢己者處賜說不若己者此言事賢友仁正爲子貢說不若己者警也其假善事利器喩者子貢衛之賈人（韓詩外傳八）曾與百工相近能知其理者大夫之賢如蘧伯玉顏讐由公子荊公叔文子季札皆稱爲君子士之賢如子夏子羔（集解高柴注鄭玄曰衛人）廉絜（字庸鄭玄曰衛人孔子弟子）以及子路仕於衛原思隱衛草澤也

論語實測　卷十五　六

顏淵問爲邦子曰行夏之時乘殷之輅服周之冕樂則韶舞

爲邦治天下也萬物春生夏長秋收冬藏天地之正四時之極夏數得天百王所同乾鑿度曰三王之郊一用夏正蓋夏時以斗柄初昏建寅之月爲歲首也禮運孔子曰吾欲觀夏道是故之杞而不足徵也吾得夏時焉夏時之等吾以是觀之等謂小正氣候與天地萬物合也殷有三輅郊特牲曰大路繁纓一就先路三就次路五就至周飾以金玉而有金路玉路象路革路木路之分不若商路樸素渾堅等威已辨質文爲得其中也周冕有五祭服之冠也曰袞曰鷩曰毳曰絺曰玄冠上有覆前後有旒至周而制度儀等悉備視黃帝以來文質得中益加密焉韶舜樂季札歎其盛德蔑加孔子嘗謂盡美盡善則法也樂則韶舞取其聲容並盛陶淑人心於太和也

放鄭聲遠佞人鄭聲淫佞人殆

樂記云鄭音好濫淫志佞人辯言亂政者放遠皆屏之而不使近之意淫汏殆危也

（按）此因顏淵之志而敎之也家語（致思篇）農山言志對曰回願得明王聖主輔之敷其五教導之以禮樂今言行時乘輅服冕禮也韶舞樂也樂記鄭音好濫淫志宋音燕女溺志衛音促數煩志齊音敖辟驕志此四者皆淫於色而害於德是以祭祀弗用也茲獨云鄭聲者舉其甚也陽貨篇子曰惡鄭聲之亂雅樂也（繹說雅音中和鄭聲於中和內而佹黷之意）惡利口之覆邦家者鄭聲不放則雅樂不興佞人不遠則賢才不進必不能禮樂修明化底於大同也

子曰人無遠慮必有近憂

易未濟曰君子以思患而豫防之繫辭云安不忘危存不忘亡是以身安而國家可保也夫子之言繫易之意也（荀子仲尼篇智者之舉事也滿則慮嗛平則慮險安則慮危曲重其豫猶恐及其禍是以百舉而不陷也皆言不可無遠慮也）

（按）當時諸侯如齊景公不立太子衛靈公老忘於政荒於色爲夫人南子召宋朝皆非能有遠慮者也合觀下章此言實指靈公忘政荒色致遂蒯聵必見貽禍宗社也

論語實測　卷十五　七

子曰已矣乎吾未見好德如好色者也

孔子醜爲次乘去衛而歎之也

（按）孔子世家居衛月餘靈公與夫人同車宦者雍渠參乘出使孔子爲次乘招搖市過之孔子曰吾未見好德如好色者也於是醜之去衛過曹子罕篇好色章指魯君臣受女樂言此章子去衛言也

子曰臧文仲其竊位者與知柳下惠之賢而不與立也

柳下惠展氏名獲字禽居柳下而謚惠也墓在魯北齊南即惠食邑處梁履繩左通補釋宋家營有柳下惠墓惠爲士師臧文仲時爲司寇展喜受命犒師及祀爰居以爲季子之言不可不法使書之以爲三筴惠之賢皆文仲之素知也而獨不克推賢讓能薦惠從政故孔子斥爲竊位與立謂與己位同也柳下謚惠是其妻所謚也詳列女傳賢明篇楊倞荀子注柳下惠魯賢人公子展之後名獲字禽居於柳下謚惠季其伯仲也許慎淮南子注曰展禽之家有柳樹身行惠德因號柳下惠一曰邑名

（按）左傳文十八年莒太子僕弒紀公以其寶玉來奔納諸宣公季文子使司寇小司寇出諸境公問其故季文子使太史克對曰先大夫臧文仲教行父事君之禮行父奉以周旋勿敢失隊據是而觀文仲嘗爲大司寇矣微子篇柳下惠爲士師三黜士師司寇屬官也大司寇下即小司寇小司寇下即士師大司寇卿一人小司寇中大夫二人士師下大夫四人柳下惠躬爲士師文仲既知論祀爰居書諸三筴魯語又知公使展喜受命犒師僖二十六年左傳是明知惠爲賢也既知而仍三黜不使與己並立於卿大夫班故夫子譏其蔽賢斥以爲竊位也惠與文仲皆僖公時臣子忽論及之者蓋夫子爲魯司寇目見簡筴所記惠之功績有益於魯而爲文仲所抑遏也

子曰躬自厚而薄責於人則遠怨矣

責己厚則德日崇責人薄則事日舉故內外治而怨損焉

（按）春秋繁露仁義法篇以仁治人義治我躬自厚而薄責於外此之謂也呂氏春秋舉難篇故君子責人則以仁自責則以義責人以仁則易足易足則得人自責以義則難爲非難爲非則行飾故任天地而有餘孟子曰孔子爲魯司寇不用從而祭燔肉不至不稅冕而行不知者以爲爲肉也其知者以爲爲無禮也乃孔子則欲以微罪行不欲爲苟去君子之所爲固衆人所不識也想見孔子此言正爲司寇時不稅冕行也君子居是邦不非其大夫若明以受女樂故責君大夫而自去魯是暴人短而顯己長殊非遠怨之義也

子曰不曰如之何如之何者吾末如之何也已矣武億經讀考異已矣另句

凡事預思則曰如之何事成無濟則曰如之何者言事既不審慎於前必見貽悔於後迨及有悔雖聖人亦難補救於其間也已止也言祇有聽其自然而已

（按）荀子大略篇云天子即位上卿進曰如之何憂之長也陸賈新語辨惑篇故孔子遭君暗臣亂衆邪在位政道隔於王家仁義閉於公門故作公陵之歌傷無權力於世大化絕而不通道德私而不用故曰無如之何者吾末如之何也已矣又慎微篇語同春秋繁露執贄篇子曰人而不曰如之何如之何者吾莫如之何也矣故匿病者不得良醫羞問者聖人去之以爲遠功而近有災今攷諸說首言如之何是欲其審慎也次言如之何者是言不可救藥也琴操曰予欲望魯兮龜山蔽之手無斧柯兮龜山奈何孔子此言當在齊婦女樂去魯時而慨歎也

子曰羣居終日言不及義好行小慧難矣哉

終日竟日小慧私智務私智而昧公義必難大有作爲也此爲君臣玩忽於政者警焉

（按）頤齋經說鄭玄注小慧謂小小才智也戴望注哀公欲學小辨以觀於政孔子曰不可社稷之主愛日據戴注是爲哀公惜也閻若璩四書釋地三續通鑑晉紀懷帝永嘉三年初何曾侍武帝宴退謂諸子曰主上開創大業吾每宴見未嘗聞經國遠圖惟說平生常事非貽厥孫謀之道也及身而已後嗣其殆乎宴見即羣居惟說生平常事則言不及義後嗣其殆乎即難矣哉予玩此論臧武仲也左傳襄二十三年云季武子無嫡子公彌長而愛悼子欲立之臧紇曰飲我酒吾爲子立之季氏飲大夫酒臧紇爲客既飲臧孫命北面重席新樽潔之召悼子降逆之大夫皆起及旅而召公鉏使與之齒季孫失色孟孫惡臧孫季孫愛之愛紇立悼子成己志孟孫卒臧孫入哭甚哀多涕出其御曰孟孫之惡子也而哀如是季孫若死其若之何臧孫曰季孫之愛我

疾疢也孟孫之惡我藥石也美疢不如藥石夫石猶生我疢之美其毒滋多孟孫死我亡無日也孟氏告季孫攻臧氏臧孫如防使來告曰紇非能害也知不足也又仲尼曰知之難也有臧武仲之知而不容於魯國抑有由也作不順而施不恕也是證羣居終日是臧孫與季孫日相處也言不及義是季孫受悼子紇不能以無嫡立長大義告也好行小慧是飲酒潔樽選其私智也難矣哉是結怨公鉏爲孟氏立羯遂使己不容於魯也論語左傳互相表裏小慧私智確知指武仲也

子曰君子義以爲質禮以行之孫以出之信以成之君子哉

義即倫常之理人所當盡者故君子以爲質幹禮爲義之節文孫謙讓信誠實也四者本末相資蓋君子不可斯須相離者也

(按)凡稱君子皆謂有祿位者此言實指子家羈也羈諫公伐季氏義也齊侯

請饗請安羈以公出禮也反賜府人孫也公薨羈逃自踐冠出之言信也再言君子魯公卿大夫能當之而無愧者非子家羈誰與子家羈言行並詳昭公時左傳徐若晉荀吳帥師伐鮮虞圍鼓鼓人或請以城叛弗許使鼓人殺叛人而繕守備圍鼓三月鼓人或請降使其民見曰猶有食色姑修而城軍吏曰何以事君曰吾以事君也率義不爽好惡不愆城可獲而民知義所有死而無二心不亦可乎鼓人告食竭力盡而後取之克鼓而反不戮一人是皆可云義質禮行孫出信成無愧爲君子者也見昭十五年左傳

子曰君子病無能焉不病人之不己知也

能才能言有能者必見用於世也

(按)此孔子聞魏獻子爲政而言也獻子謂賈辛司馬烏爲有力於王室故舉之謂知徐吾趙朝韓固魏戊餘子之不失職能守業者也其四人者皆受縣而後見於魏子以賢舉也賈辛將適其縣見於魏子魏子曰辛來昔叔向適鄭鬷蔑惡欲觀叔向從使之收器者而往立於堂下一言而善叔向將飲酒聞之曰必鬷明也下執其手以上曰子若無言吾幾失子矣今女有力於王室吾是以舉女行乎敬之哉毋墮乃力仲尼聞魏子之舉也以爲義又聞其命賈辛也以爲忠昭二十八年左傳想見人苟有能絕無不爲人知者也

子曰君子疾沒世而名不稱焉

君子不疾無名疾其無實沒世而名不稱有虛譽而無實行者也

(按)孔子世家君子疾沒世而名不稱焉吾道不行矣吾何以自見於後世哉乃因史記作春秋想見此言蓋因臧武仲時人稱以爲聖襄二十二年左傳孔文子衛國諡以爲文名多不稱其實也

子曰君子求諸己小人求諸人

求責也正己而不求人言其中無怨尤能以恕心治天下也

(按)左傳昭二十年云齊侯疥遂痁期而不瘳諸侯之賓問疾者多在梁邱據與裔欵言於公曰吾祀鬼神豐於先君有加矣今君疾病爲諸侯憂是祝史之罪也諸侯不知其謂我不敬君盍誅於祝固史嚚以辭賓公說告晏子晏子對曰若有德之君外內不廢上下無怨動無違事其祝史薦信無愧心矣是以鬼神用饗祝史與焉其所以蕃祉老壽者爲信君使也其適遇淫君神怒民痛無悛於心其祝史薦信是言罪也其蓋失數美是矯誣也進退無辭則虛以求媚是以鬼神不饗其國以禍之祝史與焉所以夭昏孤疾者爲暴君使也梁裔之言責人是小人也晏子之言責己是君子也孔子之言因聞梁裔晏子之說而區別也

子曰君子矜而不爭羣而不黨

矜易於爭羣易於黨不矜不黨君子色嚴而氣和行公而守正也劉宗周論語學案矜者斬斬自持不爭則非絕物矣羣者油油與人不黨則非徇物矣此君子持世之準也

（按）此亦孔子論晏平仲也崔杼弒齊莊公魯襄二十五年左傳晏子立於崔氏之門外門啓而入枕尸股而哭興三踊而出矜而不爭也及盟國人於太宮曰所不與崔慶者晏子仰天歎曰嬰所不唯忠於君利社稷者是與有如上帝乃歃笑而不黨也又陳鮑欒高之爭魯昭十年晏平仲端委立于虎門之外四族召之無所往其徒曰助陳鮑乎曰何善焉助欒高乎曰庸愈乎然則歸乎曰君伐焉歸公召之而後入是又矜而不爭羣而不黨也魯昭出孫孔子適齊此皆在齊見聞晏子事實而言之也

子曰君子不以言舉人不以人廢言

舉揚也廢棄也君子惟明惟公察言觀人皆能不失其道者也

論語實測 卷十五 十二

（按）書舜典云敷奏以言明試以功周書芮良夫解自古舉人雖以言而必試以功者誠恐以言取人人飾其言也管子明法解云明主之擇賢人也言勇者試之以軍言治者試之以官試於軍而有功者則舉之試於官而事治者則用之詩曰大雅板篇先民有言詢于芻蕘合兩用中察言官人之法也春秋之世曹伯陽說曹鄙人公孫彊之言因訪政事有寵使爲司城以聽政遂亡其國見襄七年左傳楚子北師次於郔將飲馬於河而歸聞晉師既濟王欲還嬖人伍參欲戰令尹孫叔敖弗欲伍參曰晉之從政者新必敗且君而逃臣若社稷何王告令尹改轅而北勝晉霸楚見宣十二年左傳是皆合於此旨孔子此言蓋見晏子以越石父賢解驂贖歸越石父請絕懼然聞言延爲上客其御抑損晏子怪問御以妻言實對晏子薦爲大夫也並見史記晏子列傳

子貢問曰有一言而可以終身行之者乎子曰其恕乎己所不欲勿施於人

子貢明辨多才將求反約之功故以此問恕推己以及人也不欲勿施盡己盡人其道一以貫焉

（按）弟子列傳子貢不能匿人之過家語子貢說不若己者此皆非恕道也子因其病而藥之告曰己所不欲勿施於人正謂以心揆心度物量人絜矩之道也夫子之道忠恕而已矣設賜問一言爲主子必曰忠惟其問行子故曰恕大學曰有諸己而后求諸人無諸己而后非諸人所藏乎身不恕而能喻諸人者未之有也與此同指

子曰吾之於人也誰毀誰譽如有所譽者其有所試矣

毀貶也譽褒也孔子時修春秋褒貶嚴於筆削人因有以爲毀譽者故特言有所試明其事皆徵諸史策也

斯民也三代之所以直道而行也

論語實測 卷十五 十三

既曰吾有所試又曰斯民直道者蓋言春秋筆削胥視民意從違無非三代直道之心所以善其善惡其惡也

（按）孔子世家云乃因史記作春秋上至隱公下訖哀公據魯親周故殷中也運之三代約其文辭而指博故吳楚之君自稱王而春秋貶之曰子踐土之會實召周天子而春秋諱之曰天王狩於河陽推其類以繩當世貶損之義後有王者舉而開之春秋之義行則天下亂臣賊子懼焉時人見修春秋以爲毀譽任己孔子因明直道而行者實本三代之民意也

子曰吾猶及史之闕文也有馬馬當作焉者借人乘之今亡矣夫

此因史記而作春秋闕文以待攷正如夏五郭公之類也馬當爲焉周禮縫人喪縫棺飾焉注故書焉爲馬杜子春云馬當爲焉乘登也有焉者借人乘之言於傳聞疑辭闕而不書必容簡策待借他國史所有者而登之焉今亡矣夫蓋歎良史之亡杞宋之禮無徵

今後愈亡失也

（按）左氏得百二十國寶書始能作傳孔子應聘不遇自衛而歸與魯君子左邱明觀書於太史氏因魯史記而作春秋周自東遷威令不振諸侯無所稟承而史官有虛美隱惡者且有此詳而彼略者故夫子修魯史時必合列國史乘屬辭比事以成一代之信史也闕文不獨夏五郭公如桓十七年冬十月朔日有食之傳曰不書日官失之也董仲舒曰春秋分十二世有見有聞有傳聞有見三世則昭哀定有聞四世則文宣成襄有傳聞五世則隱桓莊閔僖既曰有見有聞有傳聞想見春秋筆削其借人之史攷實而發者多矣自焉字譌作爲馬文義兩截遂鑿柄不相入也

子曰巧言亂德小不忍則亂大謀

巧言變亂是非聽之使人喪其所守（集注）忍容忍也若急遽而發之暴不能平情以察理絕非好謀而成者也

（按）此指昭公在乾侯言也左傳（昭三十一年）季孫練冠麻衣跣行伏而對曰事君臣之所不得也敢逃刑命君若以臣爲有罪請囚於費以待君之察也亦唯君若以先臣之故不絕季氏而賜之死若弗殺弗亡君之惠也死且不朽若得從君而歸則固臣之願也敢有異心夏四月季孫從知伯如乾侯子家子曰君與之歸一慙之不忍而終身慙乎公曰諾衆曰在一言矣君必逐之荀躒（即智伯）以晉侯之命唁公公曰君惠顧先君之好施及亡人將使歸糞除宗祧以事君則不能見夫人已所能見夫人者有如河荀躒掩耳而走退而謂季孫君怒未怠子姑歸祭據是而觀季孫可謂巧言亂德昭公不聽子家之言可云小不忍則亂大謀也

子曰衆惡之必察焉衆好之必察焉（潛夫論引衆好句在衆惡前）

好惡當理則不蔽於所私衆好衆惡必察義之與比以道爲權衡而已

（按）管子（明法解）亂主不察臣之功勞譽衆者則賞之不審其罪過毀衆者則罰之如此則邪臣無功而得賞忠臣無罪而有罰惡惡之人失其職而廉潔之吏失其治故明法曰官之失其治也是主以譽爲賞而以毀爲罰也孔子此言實推原公伐季氏以及季氏被伐悉由衆言不察好惡失眞以致釀成禍亂也昭公出孫臧昭伯率從者將盟載書曰戮力同心好惡同之信罪之有無子家子曰鶩也不佞不能與二三子同心二三子好亡而惡定焉可同也子曰必察正惜昭公出孫衆好衆惡不能察也其後孟子云左右皆曰賢皆曰可殺必察勿聽以及齊威王封即墨大夫烹阿大夫皆用此說也（昭公出孫見二十五年左傳）

子曰人能宏道非道宏人

弘廓而大之也莫不有文武之道賢者識大不賢者識小人能宏道賢者識大可以希聖希天非道宏人不賢者識小凡聞文武之道者不皆即爲聖人也

（按）中庸哀公問政子曰文武之政布在方策其人存則其政舉其人亡則其政息漢書董仲舒傳夫周道衰於幽厲非道亡也幽厲不繇也至於宣王思昔先王之德興滯補弊明文武之功周道燦然復興下引此文予玩此言孔子因從郯子學官而感及昭公也左傳（昭十七年）郯子來朝公與之宴昭子問焉曰少皡氏鳥名官何故也郯子曰吾祖也我知之昔者黃帝氏以雲紀故爲雲師而雲名炎帝氏以火紀故爲火師而火名共工氏以水紀故爲水師而水名太皡氏以龍紀故爲龍師而龍名我高祖少皡摯之立也鳳鳥適至故紀於鳥爲鳥師而鳥名仲尼聞之見於郯子而學之既而告人曰吾聞之天子失官學在四夷猶信易象詩書盡在魯國而昭公善於儀而不知禮有子家羈而弗能用於道有何裨乎故曰人能宏道非道宏人

子曰過而不改是謂過矣

過失誤也不改有心陷溺於中而不能遷善者也

（按）穀梁傳僖二十年云過而不改是謂之過宋襄公之謂也予玩此爲昭公言也昭三十年春秋書公在乾侯左傳云不先書鄆與乾侯非公且徵過也杜預注徵明也二十七年二十八年公在鄆二十九年公在乾侯過謬猶可掩故不顯書其所在使若在國然自是鄆人潰叛齊晉卑公子家忠謀終不能用內外棄之非復過誤所當掩飾故每歲書公所在也

子曰吾嘗終日不食終夜不寢以思無益不如學也 武億經讀考異一讀以思 無益連句一讀以思屬上二句自吾嘗以下十二字作一氣讀無益另作一讀

學所以求益也不作無益害有益以思無益蓋於無益之事日涉遐想六合之外聖人存而不論者必欲探賾探隱爲後世述竟至寢食俱忘轉不如學踐其實猶爲有功效也

（按）易曰教思无窮書曰弗思胡獲孟子曰周公思而得之坐以待旦大戴記曾子制言篇曰君子思仁晝則忘食夜則忘寐日旦就事夕而自省以歿其身賈子新書修政語上湯曰學聖王之道者譬其如日靜思而獨居譬其若火夫舍學聖之道而靜居獨思譬其若去日之明於庭而就火之光於室也然可以小見而不可大知是故明君與君子貴尚學道而賤下獨思也合觀經傳思學不可偏廢若專尚思而不尚學以及所思者虛玄寂滅之理索隱行怪之事廢時失事轉不如勤學於禮樂詩書實踐乎中正仁義皆能有益於身心也孔子之時諸子百家萌芽於世逞思立說無非作無益害有益也故孔子預防之焉

子曰君子謀道不謀食耕也餒在其中矣學也祿在其中矣君子憂道不憂貧

道即聖王之道也君子勞心小人勞力勞力者耕勞心者學耕或有時而餒學則祿在其中故君子所憂者道不憂者貧也

（按）王符潛夫論釋難篇秦子問於潛夫曰耕種生之本也學問業之本也孔子曰耕也餒在其中學也祿在其中敢問今使舉世之人釋耨耒而程相於學何如潛夫曰善哉問君子勞心小人勞力故孔子所稱謂君子爾顧齋經說春秋世祿故士隱處而耕相謀力食不肯勵志於學也孔子言此勗進於德行焉予玩道有小體有大體從其小體爲小人從其大體爲大人君子有德位者宜從其大體也魯用田賦從政者志在斗筲爲士者學請稼圃耦耕者辟世成性干祿者入官爲心絕無謀道不謀食憂道不憂貧者謀言其始憂言其終原憲曰憲聞之無財謂之貧學而不能行謂之病君子既立志學道尤在得志行道不能得志行道所以日爲憂也豈在貧歟

子曰知及之仁不能守之雖得之必失之

知足以臨民仁不能守位雖有天下不能一朝居也

知及之仁能守之不莊以涖之則民不敬

涖臨也臨之以莊則敬不莊未有能敬者也

知及之仁能守之莊以涖之動之不以禮未善也

動之未善謂動容周旋不能聲律聲度範圍於禮樂之中化民成俗也孔子之言悉爲當時在位者警焉

（按）大戴記武王踐阼篇師尚父曰且臣聞之以仁得之以仁守之其量百世以不仁得之以仁守之其量十世以不仁得之以不仁守之必及其世此云仁不能守不莊以涖動不以禮皆指魯昭公也公善於儀可云知及矣晉女叔齊曰是儀也不可謂禮禮所以守其國行其政令無失其民者也今政令在家不能取

也有子家羈弗能用也好大國之盟陵虐小國利人之難不知其私公室四分民食於他思莫在公不圖其終爲國君難將及身（詳見昭五年左傳）公可謂仁不能守也初公立穆叔曰且是人也居喪而不哀在慼而有嘉容比及葬三易衰衰衽如故衰十九年猶有童心（見襄三十一年左傳）公可謂不莊以涖也大蒐于比蒲左傳（昭十一年）曰齊歸薨大蒐于比蒲非禮也又葬齊歸公不慼叔向曰君有大喪國不廢蒐有三年之喪而無一日之慼國不恤喪不忌君也君無慼容不顧親也能無卑乎殆其失國公可謂動不以禮也易曰何以守位曰仁今言仁不能守遂屠逼椄其爲論昭公也明甚

子曰君子不可小知而可大受也小人不可大受而可小知也

此言才德之分君子可以任重致遠而不甘於小試小人德薄智小而難責其大成也

（按）百里奚鬻於養牲管夷吾三仕三逐此皆不可小知也曹君說公孫彊田弋之說因訪政事以致曹亡（哀七年左傳）齊闞止說陳豹與之言政遂致簡公被弑（哀十四年左傳）此皆不可大受也淮南子（主術訓）云是故有大略者不可責以捷巧有小智者不可責以大功譬狸之不可使搏牛虎之不可使搏鼠也古今一轍聖言不容忽焉

子曰民之於仁也甚於水火水火吾見蹈而死者矣未見蹈仁而死者也

君子體仁足以長仁仁與水火同有生物之功而仁爲尤重也然水火或有時而害人仁則未嘗害人蹈踐也未見蹈死人何憚而不爲仁與（頤齋經說民非水火不生活蹈水火而死民因爭生活也）

（按）春秋之世如先軫狼瞫董安于張柳朔未嘗不蹈義而死然皆非蹈仁也所謂蹈仁者救民於水火之中視天下飢溺猶己飢溺鞠躬盡瘁雖捐軀而不惜也如冥勤其官而水死諒輔憂旱而積薪自焚（搜神記）斯皆蹈水火而蹈仁也至若靈均懷清介子守義甘就水火之中恰非純爲蹈仁而死然視郛子投床（定三年左傳）尾生抱柱死有重於泰山輕於鴻毛者已不侔矣歟曰未見蓋因愚夫愚婦輕生者易而踐仁者難也

子曰當仁不讓於師

師衆也當仁以仁爲己任不待衆爲而始爲也（頤齋經說取法曰師）

（按）易師彖曰師衆也孟子曰仁不可爲衆也當仁者正謂豎起脊梁擔當宇宙殺身報國死重泰山匹夫之志非衆能奪亦非衆所能及也春秋之世申包胥如秦乞師立依於庭牆而哭日夜不絶聲勺飲不入口七日（定四年左傳）董安于言于趙孟曰與其害於民甯我獨死請以我說（定十三年左傳）此皆己獨當仁不讓於衆亦非衆能爲者也

子曰君子貞而不諒

貞正而固也君子貞中自道不必求信於人也

（按）邢昺疏子產爲豐施歸州田於韓宣子（昭七年左傳）杜預注傳言子產貞而不諒言段受晋邑卒而歸之是正也知宣子欲之而言畏懼是不諒也予玩憲問篇子貢問管仲非仁子曰管仲相桓公覇諸侯一匡天下民到于今受其賜微管仲吾其被髮左衽矣豈若匹夫匹婦之爲諒也自經於溝瀆而莫之知也君子有德位者貞而不諒是指管仲之類而言也

子曰事君敬其事而後其食

事職事敬其事而後其食以職爲務不以祿爲謀也

（按）表記子曰君子莊敬日强又曰不以小言受大祿儒行云先勞而後祿春

秋之世管仲辭下卿之饗晏子不受邶殿之賜介之推不言祿申包胥逃賞是皆敬事後食中無利祿之心也

子曰有教無類

因材而教無方體也

(按)馬融注言人在見教無有種類予玩孟武伯孟懿子子游子夏問孝顏淵仲弓司馬牛問仁樊遲一再問仁問智子路冉求問聞斯行諸子路子夏葉公仲弓問政子貢子路問士孔子答各不同是即有教無類也

子曰道不同不相爲謀

道謂行道內聖外王之學各有極至之理道既不同勢必方圓鑿枘故不相助爲謀畫也

(按)老子與孔子同時孔子問禮老聃道家論說無不云儒者之道與老子之

道相謀而合也不知老子以清淨爲宗孔子以中正爲主老子志在無爲孔子志在有爲各具主宰要非可以强同也問禮是聖人虛心道不同不相爲謀是聖人宗旨即以儒家而論朱陸尚有異同何能强彼而從此與且古人之中伯夷伊尹柳下惠三子者不同道也是其明證

子曰辭達而已矣

辭言辭達謂通於事理已止也言既有中故無取於多焉

(按)聘禮記云辭多則史少則不達苟足以達義之至也此孔子因子貢使吳使齊而戒其毋華辯也若以教人立法尤貴簡潔不煩故論語所記數言即止也

師冕見及階子曰階也及席子曰席也皆坐子告之曰某在斯某在斯

師冕（漢書人表顏師古注一作師兒）魯樂師長瞽無目者及階及席曰某某在者鄉飲酒時告以樂工之各在也

師冕出子張問曰與師言之道與子曰然固相師之道也

相師之道夫子之言即周官樂師令相也子張之問蓋以師冕有弟子爲相不必夫子告之夫子言爲道者瞽者之相止於堂下夫子之相在堂上也

(按)鄉飲酒禮設席於堂廉東上工四人二瑟瑟先相者二人皆左荷瑟後首挎越內弦右手相樂正先升立於西階東工入升自西階北面坐相者東面坐遂授瑟乃降又曰笙入堂下磬南北面立鄉射禮席工于西階上少東樂正先升北面立于其西工四人二瑟云云笙入立於懸中西面足辨此章及階及席皆因鄉飲用樂而告以樂工階席之所在也曰某在斯某在斯正瑟工笙工諸伶所在之處故於師冕來時歷歷以告俾知伶人不缺然後可以安心奏樂也

師冕見時自必有相扶持惟及階則相者止於堂下他人不言而夫子獨告者鄉飲之日必夫子莅正其禮也

論語實測卷十六

泰州　徐天璋睿川　注

季氏

季氏將伐顓臾冉有季路見於孔子曰季氏將有事於顓臾

季氏季康子也韓非子外儲說右篇伐顓臾是康子事　顓臾風姓實司太皞與有濟之祀見僖二十一年左傳　有事謂將用兵也

孔子曰求無乃爾是過與夫顓臾昔者先王以爲東蒙主且在邦域之中矣是社稷之臣也何以伐爲

求爾是過責其爲主謀也東蒙蒙山東峰名胡渭禹貢錐指引邑人公鼐論曰蒙山高峰數處俗以在東者爲東蒙中央者爲雲蒙在西北者爲龜蒙其實一山綿山自任新泰亦非卽龜蒙峰也　在費西北顓臾國在山下當魯邦域之中也社稷之臣顓臾主東蒙祀故爲東蒙神臣命於天子附於諸侯言非季氏所當伐也主爲神主也鄭語主芣騩而食溱洧是其義

冉有曰夫子欲之吾二臣者皆不欲也

夫子謂季康子欲貪欲二臣己與季路也

孔子曰求周任有言曰陳力就列不能者止危而不持顛而不扶則將焉用彼相矣

周任古之良史文王時臣左傳隱六年云周任有言曰杜預注周任周大夫漢書人表於文王時與辛甲並列　陳力就列言當陳其才力度己所任以就其位不能則當止也危持顛扶相者之事明二子既相季氏則當諫諫而不入則當去也

且爾言過矣虎兕出於柙龜玉毀於櫝中是誰之過與

虎猛獸彪豹之類兕野牛龜守龜玉圭璧柙檻也櫝櫃也虎兕掌自囿人龜玉主自龜人典瑞各有職司者也喻二子之仕季氏本以陳誨進諫爲義不當居位而不言也

冉有曰今夫顓臾固而近於費今不取後世必爲子孫憂

固謂城池完固顓臾近費西北勢若建瓴水經沂水注沂水從臨沂縣東又東流南逕蒙山下又東南逕顓臾城北又東南逕費縣故城南按其里程相距祇七十里宋翔鳳論語說義費邑故城在今山東費縣西北二十里又西北六十里爲顓臾國又西北二十里有冠石之山又北爲陪尾此顓臾所以固而近於費也　冉有之言實見其與康子之謀也故欲及今取其土地人民以免子孫受其患焉

孔子曰求君子疾夫舍曰欲之而必爲之辭

疾嫉也欲貪欲責冉有以變爲飾辭也

丘也聞有國有家者不患寡而患不均不患貧而患不安蓋均無貧和無寡安無傾

諸侯有國卿大夫有家寡謂土地人民寡少均謂政治均平劉寶楠正義寡者民多流亡也均者言頗稱稼穡田里皆均平也　貧謂財乏安謂人心甯靜均則甘苦相同雖貧無困和則上下

維繫衆志成城安則不相疑忌故能宏濟艱難而無傾覆也俞樾羣經平議春秋繁露度制篇引孔子曰不患貧而患不均可據訂正此文寡貧二字傳寫互易

夫如是故遠人不服則修文德以來之既來之則安之

如是言其能均能和能安也文德謂禮樂修明劉氏正義周語有不享則修文有不王則修德　來歸也安綏輯言不當勤兵征伐遠人邦域之外者不僅爲顓臾也

今由與求也相夫子遠人不服而不能來也邦分崩離析而不能守也而謀動干戈於邦內吾恐季孫之憂不在顓臾而在蕭牆之內也

遠人不服而不能來如魯哀公時屢昔伐邾悉爲季氏主兵閻若璩釋地又續遠人謂鄒國曰聲擊柝聞於邾相距僅七十六里何以謂遠曰鄶國則遠人矣　分崩離析謂四分公室家臣屢叛干盾也廣雅釋器干戚楯也皆一物異名　戈戟也說文戟有枝兵也戈平頭戟也　蕭肅也牆屏也天子外屏諸侯內屏屏所以蔽

[內外大夫以簾士以帷]人臣至屏益加肅敬故曰蕭牆顓臾附庸於魯不失臣事之禮今季氏欲伐之者實以謀弱哀公故先取顓臾而剪除其忠公者夫子深誅其心曰季氏爲子孫計者非忠顓臾實忠魯君不曰魯君而曰蕭牆其意微其辭婉也

（按）孔子世家桓子卒康子代立已葬欲召仲尼因公之魚之言使召冉求冉求遂爲季氏用事桓子卒於哀公三年秋七月大夫三月而葬葬後方召冉子冉子反魯必在三年冬也斯時子路方從夫子在陳蔡間夫子去陳子路時又仕衛未嘗仕季氏也及魯哀公十一年冬子路從夫子返魯遂仕季氏時魯日患齊師未必能伐顓臾也謀伐顓臾當在哀十四年小邾射以句繹來奔句繹在費西南因而又謀西北之顓臾也冉有季路之見夫子當在此時顓臾爲東蒙主東蒙名山也古者名山大澤不以頒季氏謀欲伐之不獨目無魯君抑且目無天子子曰吾恐季孫之憂不在顓臾而在蕭牆內者言伐顓臾取後朝廷之上若君若孟孫叔孫側目疾視者多也鄭玄注後季氏之家臣陽虎果囚季桓子是以伐顓臾爲桓子事以蕭牆爲季氏家內予曰不然囚季桓子在定公五年時子尚未從政於魯由求何得相季氏也集注言不均不和內變將作其後哀公果欲以越伐魯而去季氏予又曰不然若以蕭牆之變爲指哀公欲伐季氏是孔子明挑君臣之釁也所謂蕭牆內者正指季孫專魯側目者多也[方觀旭偶記云時哀公欲去三桓季氏實爲隱憂又畏顓臾世爲魯臣與魯犄角以逼己惟有謀伐顓臾克之則如武子之取卞以爲己有而益其疆不克則魯師實已勞於外勢不能討己以干戈季氏非憂顓臾而伐顓臾實憂魯君疑己而將爲不臣所以伐顓臾耳]

孔子曰天下有道則禮樂征伐自天子出天下無道則禮樂征伐自諸侯出自諸侯出蓋十世希不失矣自大夫出五世希不失矣陪臣執國命三世希不失矣

有道無道以世運治亂言之有道之世聖王在位賞以禮樂罰以征誅諸侯奉承惟謹不敢擅專於其間也無道之世諸侯放恣五霸之主皆得挾天子以令天下禮樂征伐自諸侯出希鮮也十世蓋有監於齊晉之霸言之[劉逢祿論語述何云自諸侯出蓋十世希不失何也齊自僖公小霸桓公合諸侯歷孝昭懿惠頃靈莊景凡十世而陳氏專國晉自獻公啓疆歷惠懷文而代齊霸襄靈成景厲悼平昭頃而公族復爲強臣所滅凡十世魯自隱公僭禮樂滅極至昭公出奔凡十世]五世如魯三家之類[魯自季友專政歷文子武子平子桓子爲陽虎所執]陪臣陽虎南蒯侯犯之徒逆理愈甚失之愈速大約世數不過此也

天下有道則政不在大夫天下有道則庶人不議

天子之政謀於卿士諸侯之政議及大夫其柄實操自君非謂卿士大夫遂專主也外朝之詢庶人雖與其列若非國有大故則庶人無敢議及者也春秋既降倒行逆施君權日替故有僭竊而專行者如周尹士魯三家晉趙魏齊陳恆曹公孫彊之類皆是故夫子感而言也

（按）此章因伐臾顓而感及也中庸云雖有其德苟無其位不敢作禮樂焉周書云惟周王撫萬邦巡侯甸四征弗庭征者上伐下也敵國不相征也時至春秋齊晉創霸禮樂征伐公然諸侯自主齊霸桓公極盛至景公後政歸陳氏晉霸文公極盛至頃公時政入三家[韓趙魏]皆未有過十世者也大夫之專征伐僭禮樂如魯三家[孟孫叔孫季孫]自季平子始至季康子甫及三世言五世者寬以待也陪臣執命陽虎等及身不終言三世者相率效尤也政在大夫如新城之盟趙盾主之狄泉之盟魏舒南面魯政在平子齊政在陳恆也庶人之議如曹鄙人公孫彊君訪以政之類時皆非有道也

孔子曰祿之去公室五世矣政逮於大夫四世矣故夫三桓之子孫微矣

祿以駁富祿去公室言君貧也五世蓋自宣公成公襄公昭公至於定公政國

政逮及也四世言季氏文子武子平子桓子三桓孟孫叔孫季孫皆桓公之後也微末也言衰弱也

(按)左傳昭二十三年叔孫舍如宋宋樂祁曰魯君必出政在季氏三世矣魯君喪政四公矣又昭三十一年昭公薨於乾侯趙簡子曰季友有大功於魯受費以爲上卿至於文子武子世增其業魯文公薨而東門遂殺適立庶魯君於是乎失國政在季氏於此君也四公矣孔子云五世者定公與焉季平子時人言執政三世至桓子則四世矣不數哀公康子者悉指已往君臣言也魯三家推季氏用權最盛故政逮專指季氏爲四世也

孔子曰益者三友損者三友友直友諒友多聞益矣友便辟友善柔友便佞損矣

直正也諒信也多聞才識明達者集注便辟謂習於威儀而不直善柔謂工於媚悅而不諒便佞謂習於口給而無聞見之實三者損益正相反也劉寶楠正義便辟體柔即所謂足恭也善柔是面柔即所謂令色也便佞是口柔即所謂巧言也

(按)公羊傳定四年云朋友相衛何休注時子胥因仕於吳爲大夫君臣言朋友者闔廬本以朋友之道爲子胥復讐孔子曰益者三友損者三友予玩益友既指子胥損友當指伯嚭時在魯哀十有一年吳將伐齊越子率衆以朝子胥進諫夫差不信反而信伯嚭之言是不友益而友損也古者君臣稱爲朋友國策云舜有七友孟子費惠公曰吾於顏般則友之矣詩伐木序毛傳國君友其賢臣所謂友者重視其人不以臣下之使待之也

孔子曰益者三樂損者三樂樂節禮樂樂道人之善樂多賢友益矣樂驕樂樂佚遊樂宴樂損矣

樂喜好也樂節禮樂古之君子趨行進退皆合聲律之宜道善稱揚人善也賢

有德者驕樂謂恃尊貴以自恣放佚遊出入不知其節書云慢遊是好也宴樂宴安耽樂淫溺而狎小人三者損益亦相反也

(按)上言損益通上下言之此言損益專指有德位者也友猶淺近樂則深相結納樂節禮樂玉藻云古之君子必佩玉左徵角右宮羽趨以采齊行以肆夏周旋中規折旋中矩進則抑之退則揚之然後玉鏘鳴也益者三樂春秋之君惟晉悼公能無愧焉宴燕通漢書成帝紀注宴樂燕私之樂也公羊傳莊十二年疏言樂宴樂者樂欲安樂而好內矣據此而觀若無爵位何能要節禮樂又何能爲驕樂佚遊宴樂也左傳哀元年云昔闔廬在國親巡孤寡而共其困乏在軍熟食者分而後敢食勤恤其民而與之勞逸是以民不知勞死不知曠今聞夫差次有臺榭陂池焉宿有妃嬙嬪御焉珍異是聚觀樂是務視民如讐而用之日新夫先自敗也已安能敗我孔子此言實合上節見吳王夫差與闔廬喜好不同而區別其損益也

孔子曰侍於君子有三愆言未及之而言謂之躁言及之而不言謂之隱未見顏色而言謂之瞽

君子有德位者侍謂侍側愆過也躁急遽隱匿藏瞽朦昧不能察言觀色尹焞曰時然後言則無三者之弊矣

(按)孔子此言指季康子饗諸大夫謀伐邾也見哀七年左傳子服景伯曰背大國不信伐小國不仁孟孫曰二三子以爲何如杜預注怪諸大夫不言故指問之對曰禹合諸侯於塗山執玉帛者萬國今其存者無數十焉惟大不字小小不事大也知必危何故不言杜預注知伐邾必危自當言今不言者不危故也大夫以答孟孫所怪且阿附季孫魯德如邾而以衆加之可乎馬驌注知危而不言者非不言乃言而無益況魯德如邾何可以亂治亂耶不樂而出蓋景伯之言直激可謂躁矣諸大夫之言吞吐可謂隱矣其言皆未知合季孟之意以致不樂而出可謂瞽

矣斯謂不顧望而對故有三者之愆荀子勸學篇云未可與言而言謂之傲可與言而不言謂之隱不觀顏色而言謂之瞽君子不傲不隱不瞽謹慎其躬也

孔子曰君子有三戒少之時血氣未定戒之在色及其壯也血氣方剛戒之在鬥及其老也血氣既衰戒之在得

戒慎也血陰氣陽未定者弱冠之時血氣尚未充盛好色則貪多縱慾勢必自戕其生也血氣既定膂力方剛好鬬則血氣必不能爲義理所制養心性於中和也得謂貪得食以養陰飲以養陽血氣既衰飲食不節則營衛必有所傷脾胃亦難融化也三者皆衛生之學君子尤不可不慎者也

（按）人生二十曰弱冠弱冠少時也曲禮三十曰壯四十曰强王制五十始衰夫子勉人及時知戒者蓋見春秋之世卿大夫中孟僖子納泉邱弃女是漁色也昭十一年左傳子朱叔向撫劍拂衣是好鬬也襄二十六年鄭子公解黿染指是貪得也宣四年其在國君晉侯內有四姬因色生疾昭元年齊侯恃勇伐晉曰將雙雞是皆樂鬬貪得以致國亂者也

孔子曰君子有三畏畏天命畏大人畏聖人之言

畏嚴憚意天命即天道也順吉逆凶義理之所在大人居尊位者法令之所施聖人之言謨訓之所著君子時存敬惕故於義理法令謨訓不敢稍有怠忽於心也

小人不知天命而不畏也狎大人侮聖人之言

小人暴德之人不知天命即書曰謂己有天命不再以天爲寅畏也狎狎褻侮戲玩狎大人謂藐其法侮聖人是忽其言也

（按）何晏集解大人即聖人士相見禮鄭玄注大人卿大夫也予玩乾文言曰利見大人君德也離象曰明兩作離大人以繼明照於四方大人指君言也即非其君亦必公卿中德位兼隆爲一國所尊仰者絕非泛泛大夫可以比數也聖人神明德備之人不必在尊位者惟朝野之間有君子小人君子則旦明對越翼翼小心小人則恣睢自肆謂敬不足行也春秋之世楚有雲如赤烏夾日以飛王曰不穀不有大過天其夭諸有罪受罰又焉移之遂弗禜是知畏天命也哀六年左傳鄖公辛曰君討臣誰敢讎之君命天也若死天命將誰讎是知畏大人也定四年左傳解揚曰臣聞之義無二信信無二命下臣獲考死又何求是知畏聖人之言也若小人行險徼幸不知有天命也勇則害上不知有大人也侮慢自賢不知有聖言也事事與君子相反故夫子言此以儆勉也

孔子曰生而知之者上也學而知之者次也困而學之又其次也困而不學民斯爲下矣

生知聖也學知賢也困學衆也不學愚也雖曰生質之殊然能學皆可以造乎聖不學則甘終於愚此上智下愚所以不移者也古者農功既畢民皆入學惟自暴自棄者不知志學故曰斯爲下矣

（按）生知義文周孔也學知顏曾冉閔也困學孟僖子病不能相禮見能禮者必從之學也困而不學齊高厚歌詩不類以及誦茅鴟不答而又不知從事於學以補其過也僖子高厚詳見昭七年襄十六年左傳

孔子曰君子有九思視思明聽思聰色思溫貌思恭言思忠事思敬疑思問忿思難見得思義

此皆修身之要而總之以思者心爲人身之主孟子曰心之官則思思則得之也集注視無所蔽則明無不見聽無所壅則聰無不明色見於面者貌舉身而言言者心聲之所發事者躬行之所形二句見顧齋經說思問則疑不蓄思難則忿必懲思義則得不苟孔子此言蓋即洪範五事引伸其義俾君子涵養以成其德

也（輯語上六句是內出之順而正者下三節是外至之逆而危者蓋九思之理一言以蔽之曰君子以虛受人耳）

(按)書洪範五事貌曰恭言曰從視曰明聽曰聰思曰容思亦列五事之一今乃以思爲九事之綱而以視聽貌言爲九思之四又益以色爲事爲疑爲忿爲見得爲溫爲三變之一敬爲百事之統審問爲博學之繼以及懲忿窒慾皆君子學問之所存故非九不足盡君子之思而非思不足貫此九者也（說見潘維城論語古注集箋）予玩孔子此言因季康子謀伐邾也見其利不見其害視不明也違景伯之諫聽不聰也季孫不樂而出色不溫貌不恭忿不難也諸大夫模稜以對言不忠也夏盟鄫衍秋而背之事不敬也景伯諸大夫言互異兩端不察疑不問也入邾處宮衆師晝掠得不義也（並見哀七年左傳）其失由於不思豈可以爲君子乎

孔子曰見善如不及見不善如探湯吾見其人矣吾聞其語矣隱居以求其志行義以達其道吾聞其語矣未見其人也齊景公有馬千駟死之日民無得而稱焉伯夷叔齊餓于首陽之下民到于今稱之其斯之謂與

如不及者非眞求善而未能及蓋慮爲羨慕之意也探嘗試探湯謂試湯而嘗之如解黿染指之類（宣四年左傳）齊景公陽爲好善而又見善不能自用（齊景公待孔子曰吾老矣不能用也）見不善不能自遠（如近梁丘據之類）故沒世而民無得而稱伯夷叔齊隱居求志行義達道故民稱道勿衰景公孔子見者也夷齊孔子未見者也語古語首陽雷首之陽山名斯此也齊景公卒於魯哀公五年故孔子感而言也

(按)朱芹論語札記引蔡節論語集說云見善章當合齊景公章爲一其說曰見善如不及謂見善矣又若不及見之也于今則齊景公其人矣隱居以求其志志於求仁者也行義以達其道行吾得爲之義以達夫當然之道於天下後世者也求之於今則未見其人也求之於古則夷齊其人也景公知夫子之聖

而不能用晏子之言而不能行是見善如不及也田氏之不正而幸公室之僅存嗣子之不定而幸嬖子之得立是見不善如探湯也悠悠善惡之間故雖擁千乘之富而無一得之稱夷齊兄弟遜立舍國而逃是隱居以求其志也扣馬而諫恥食周粟是行義以達其道也即夫人心之安循夫大理之正雖餓死首陽而民到於今稱之即是人以證是語故曰其斯之謂與如蔡氏說不惟上章文勢不見斷續下章章首無子曰字亦不必疑而誠不以富二句亦無煩移就可謂洞澈千古有功聖經之格論也左傳（哀八年）鮑牧謂羣公子曰使汝有馬千乘乎（杜注有馬千乘使爲君也）此即景公千駟之證也首陽之說有五一在蒲坂一在偃師（水經注兩存其說）一在遼西一在隴西一在岐西（三西皆非）王伯厚斷以首陽在蒲坂閻若璩四書釋地從之云雷首山有夷齊廟闞駰十三州志曰山一名獨頭山夷齊所隱也山南有古塚松柏蔚然攢茂邱阜俗謂之夷齊塚云金鶚求古錄力駁諸說引唐風采苓詩云首陽在今平陽當蒲坂之北也

陳亢問於伯魚曰子亦有異聞乎對曰未也嘗獨立鯉趨而過庭曰學詩乎對曰未也不學詩無以言鯉退而學詩他日又獨立鯉趨而過庭曰學禮乎對曰未也不學禮無以立鯉退而學禮聞斯二者陳亢退而喜曰問一得三又聞君子之遠其子也

異聞異於弟子之聞也亢意聖人必有私於其子伯魚之對聖人詔學詩禮者詩則溫柔敦厚言必和平禮則恭儉莊敬行必堅卓遠子非疏遠其子也謂其進見有時接遇有禮不朝夕相褻狎也（司馬溫公家範說）親則近嚴則遠易曰家人之義有嚴君矣遠子之謂也

(按)齊景公卒於魯哀公五年伯魚卒於魯哀公十三年上章記云景公死日此問當在哀十一年孔子反魯後也孔子反魯身爲國老（國學之國老）刪詩訂禮詩合

韶武雅頌之音禮致中和位育之教學詩學禮祝夙昔樂正之教者正有進焉伯魚生於昭公十年至哀十一年年已五十學詩學禮陶成於學校者久矣豈猶待趨庭時問耶惟其詩禮爲返魯後刪訂絃歌節奏揖讓周旋必有釐正不同之處一再詢學子故殷殷爲眷注也古者命士以上父子異宮過庭謂東西徑過也禮經臣行過君前子行過父前皆當徐趨所以爲敬也大戴記勸學篇孔子曰鯉君子不可以不學見人不可以不飭不飭無貌無貌不敬不敬無禮無禮不立四書攷異曰夫子訓伯魚學詩之言別見於後學禮之言見大戴禮而其文皆不齊蓋伯魚述其略故記者記其詳也

邦君之妻君稱之曰夫人夫人自稱曰小童邦人稱之曰君夫人稱諸異邦曰寡小君異邦人稱之亦曰君夫人

曲禮天子之妃曰后諸侯曰夫人白虎通嫁娶篇國君之妻稱之曰夫人何明當扶進夫人謂非妾也年十五曰

童稱小童謙若未笄者然論語後錄言已智能寡少如童蒙也稱諸異邦如大夫士出使他邦致辭之類雜記夫人薨赴於諸侯曰寡小君不祿寡寡德謙辭君夫人左傳哀二年云君夫人在堂是在國也

（按）此孔子之微言也哀公十二年夏五月甲辰孟子卒左傳云昭夫人孟子卒昭公娶於吳故不書姓死不赴故不稱夫人不反哭故不言葬小君故記者歷述夫人之稱以明典禮之當盡也

論語實測卷十七

泰州　徐天璋睿川　注

陽貨

陽貨欲見孔子孔子不見歸孔子豚孔子時其亡也而往拜之遇諸塗

陽貨名虎季氏家臣之長爲大夫者豚烝豚歸饋也時陽虎謀去三桓欲引孔子以爲己助故孔子不欲往見亡出也時亡謂瞯其出禮玉藻大夫親賜士士拜受又拜於其室敵者不在拜於其室未見也見則不往拜焉陽貨爲家大夫其時孔子之亡而歸豚者欲令孔子來拜仍以敵體待子不敢自居爲大夫也遇塗不期而會於道路也

謂孔子曰來予與爾言懷其寶而迷其邦可謂仁乎曰不可好從事而亟失時可謂知乎曰不可日月逝矣歲不我與孔子曰

諾吾將仕矣

懷寶迷邦謂懷藏道德不救國之迷亂亟數也失時謂不及事幾之會集注曰不可者蓋貨庶擬問答代孔子爲審度也諾應辭吾將仕者言將策名委贄也定公八年陽貨去魯九年子宰中都孔子非不欲仕但不肯助貨亂也

（按）春秋經傳定五年九月乙亥陽虎囚季桓子及公父文伯而逐仲梁懷冬十月丁亥殺公何藐己丑盟桓子於稷門之內庚寅大詛逐公父歜及秦遄皆奔齊定六年陽虎又盟公及三桓於周社盟國人於亳社詛於五父之衢禮云非祭肉不拜貨饋烝豚孔子往拜者必爲盟詛之肉也陽虎時將作亂志逐三桓故有懷寶迷邦從事失時之諷子曰吾將仕者善於婉辭爲應對也明郝廷敬引史記留侯世家云今陛下能制項籍之死命乎曰未能也能得項籍頭乎曰未能也能封聖人墓表賢者閭式智者門乎曰未能也皆張良自爲問答至

、漢王輟食吐哺以下纔是高祖語此章至孔子曰以下纔是孔子語孔子答語祇此故記者特加孔子曰三字以別之（楚廷枚釋地補云孔子世家楚令尹子西曰王之使使諸侯有如子貢者乎曰無有王之輔相有如顏回者乎曰無有此亦子西自爲問答也）

子曰性相近也習相遠也

天命之謂性稟其天者性無不善所其天者性無不惡習善則善習惡則惡其習既分其相近者遂相遠也

(按)孟子曰性善荀子曰性惡孔子曰性相近也予玩性在人心湛然一泓秋水動於善則月映波澄動於惡則風翻浪湧善惡皆感於動也若非感之於動則孟子言性善者也何以居近墓間即學葬埋舍於市邑即爲賈衒若非其母三遷居近學宮焉能設俎豆而學揖讓進退乎故孔子云性相近者卽言習相遠也

子曰唯上知與下愚不移

唯思也與預也上上達下下達唯上者知故日進於高明與下者愚故日就乎汙下其勢既成遂不能爲移易也（頤齊經說上知特達之聖下愚自甘暴棄者上知不移孟子曰富貴不能淫貧賤不能移威武不能屈伯夷不以三公易其介柳下惠不浼於袒裼裸裎也下愚不移如盜跖日殺不辜肝人之肉暴虐恣睢也）

(按)唯與惟同爾雅釋詁惟思也廣韻與參預也上知下愚不移非指生初言實指究竟言也中庸云生知學知困知及其知之一也安行利行勉行及其成功一也若云生初不移何以言知之成功一與又何云雖愚必明與孟子何云人皆可以爲堯舜與藝若冉求何嘗不知而聚斂附益鳴鼓見攻謀伐顓臾爾過是責以其參預者爲季氏也愚若高柴何嘗稱智而孔悝之難明哲保身作宰於郕兄弟衰服以其所學者遵孔子也惟指究竟言之則日習日遠上者益上下者益下兩走極端知愚判若宵壤此時眞無可移易也（璋母宮旌孝孀偶至書齋聽璋與弟子講此兩章畢命璋荅卒右人論心性者次第述陳母氏反復研思尋繹義理適語璋曰陽善陰惡人禀天地陰陽之氣以生何獨有善無惡惟聖人得天地靈淑氣多故常見性之善庸愚得天地混濁氣多故常見性之惡修道立教自古人必以禮樂爲陶淑也縱有上知不能陶淑禮樂雖知必愚縱爲下愚能自陶淑禮樂雖愚必知孔言性近即天命之謂性合陰陽之氣以生也孔言習遠即智愚能率教不能率教也孔言不移即申言習善益上習惡益下判若天淵也孟子言性善偏於智也荀子言性惡偏於愚也中庸言天命謂性不言善不言惡知性本合陰陽之氣也纖曰率性謂道修道謂教率率引也道即禮樂教即以五禮致萬民之中以六樂致萬民之和也孔子言性近習遠習與中庸首章同旨超出孟荀言性上也璋聞母氏之訓拜而記焉）

子之武城聞弦歌之聲夫子莞爾笑曰割雞焉用牛刀

武城南武城也莞爾小笑貌牛刀屠牛之刀言庠塾而以絃歌爲化是以國學教胄子者用教童蒙大道近於小試也

子游對曰昔者偃也聞諸夫子曰君子學道則愛人小人學道則易使也

君子指在位者小人謂在野者道即禮樂詩書愛人易使基於學道蓋夫子所嘗言也

子曰二三子偃之言是也前言戲之耳

是謂學道是也笑言曰戲孔子言此實嘉子游篤信並解門人之惑也

(按)子游爲武城宰詳雍也篇尚書大傳新穀已入稷鋤已藏祈樂已入歲事既畢餘子皆入學是小人亦入學習禮樂也但餘子入學所習禮樂不過舞勺舞象擊鼓吹豳不聞有絃歌也絃歌是琴瑟之樂國學胄子肄業樂正教其搏拊歌詠雅頌協合音律者也武城魯之下邑有庠塾而無國學庠塾之教洒掃應對進退方名數目入孝出弟愛衆親仁以及六書訓故而已墨子（公孟篇）云誦詩三百絃詩三百歌詩三百舞詩三百絃歌是以人聲歌協琴瑟非成德達材不足以及此也故夫子有割雞用牛刀之喻及聞子游所對言近於理自明前言爲戲者正勉子游勵精圖治不囿於小學之成規也

公山弗擾以費畔召子欲往子路不說曰末之也已何必公山氏之之也子曰夫召我者而豈徒哉如有用我者吾其爲東周乎

費季氏邑弗擾費宰時將墮費弗擾與季氏聲勢相倚故據邑以叛魯也言請曰召既叛而召子者蓋弗擾昧於墮費之義冀孔子阻由之謀末無也之適也子路阻子之往實懼弗擾陰欲害子而子欲往之者蓋將曉以墮費之理使彼能從其謀則魯將日治即興周道於東方也

（按）孔子世家定公九年孔子年五十公山不狃以費畔季氏使人召孔子孔子循道彌久溫溫無所試莫能己用曰蓋周文武起豐鎬而王今費雖小儻庶幾乎欲往子路不說止孔子孔子曰夫召我者豈徒哉如用我其爲東周乎然亦卒不行予玩左傳定十三年仲由爲季氏宰將墮三都於是叔孫氏墮郈季氏將墮費公山不狃即弗擾叔孫輒帥費人以襲魯公與三子入于季氏之宮登武子之臺費人攻之弗克入及公側仲尼命申句須樂頎下伐之費人北國人追之敗諸姑蔑二子奔齊遂墮費據事而論信史不如信經弗擾之畔因魯墮費也公與三子入于季氏之宮鑿鈴解鈴明明望季氏解圍也弗擾既叛而猶召子者冀子有以阻其墮費之謀子之欲往實欲告以大義使彼從己之謀而勿據邑以叛耳及子爲由所阻弗擾遂率費人襲魯挺而走險子入公側即命申句須樂頎二人下伐弗擾卒不及防宜其立時敗北也如有用我吾爲東周實言成敗在此舉耳不然夫子時爲司寇豈有望費宰用己之理弗擾既以費畔豈反欲往而助其亂哉東周可爲指相定公不指助弗擾也

子張問仁於孔子孔子曰能行五者於天下爲仁矣請問之曰恭寬信敏惠恭則不侮寬則得衆信則人任焉敏則有功惠則足以使人

元善長人謂之仁恭寬信敏惠五者皆仁之用不侮得衆人任有功使人皆仁之效禮曰敬人者人恆敬之其行己恭則人亦必以禮待己故曰不侮得衆謂多助己任倚仗也人任謂人信己有功謂事易成足以使之謂人樂爲己用也行是五者則心存理得而治天下不難矣

（按）古分堯曰篇子張問以下別爲一篇與前季氏篇爲別一記者所錄以問仁章錯入陽貨篇體例不符而公山佛肸連類並誌中橫隔此文頗不倫其爲錯簡無疑辨見論語古注集箋論語正義予玩仲尼弟子列傳顓孫師陳人字子張少孔子四十八歲弗擾畔費史記云定公九年左傳云定公十二年此章既次費畔之後子張時甫髫年且居陳國何能至魯向夫子問仁其爲堯曰篇錯簡明甚若非錯簡則子張當爲琴子張也

佛肸召子欲往子路曰昔者由也聞諸夫子曰親於其身爲不善者君子不入也佛肸以中牟畔子之往也如之何

佛肸晉范氏邑中牟中牟在河北湯陰牟山之側宰也范氏中行氏共伐趙氏趙氏遂盟諸侯以討范氏兼討中行氏佛肸故爲范氏守中牟以拒晉師范氏奔齊佛肸遂以中牟畔入於衛故趙鞅伐衛圍之見哀五年左傳召謂致辭以請冀孔子爲己謀耳也子路不達其義故以不善不入止其往焉

子曰然有是言也不曰堅乎磨而不磷不曰白乎涅而不緇吾豈匏瓜也哉焉能繫而不食

磷穿裂也涅礬石即今皂礬能染白爲黑者緇黑色匏瓜匏類至老不材惟與人繫以共濟而已食蝕也焉能繫而不食言其繫久絕無不剝蝕者故不能如堅白不磷不緇也吾豈云者正明己完堅白焉能與匏瓜比例也

（按）孔子世家記此章於孔子再適衛時予玩再適衛時事在哀公二年佛肸尙未以中牟畔也哀公五年左傳云晉圍柏人荀寅士吉射奔齊又曰趙鞅伐衛范氏之故也遂圍中牟佛肸以中牟畔當在此時趙氏雖圍實未能取其後中牟畔入于衛據事跡言佛肸以晉中牟畔入於衛自心跡言佛肸爲忠范氏而拒趙氏與他臣據邑畔者實有不同其召孔子當在魯哀十年衛出公八年孔子適衛佛肸因見趙孟伐齊取犂及轅晉邑名毀高唐之郭侵及賴而還衛黨於齊齊敗則衛不可恃故召孔子爲己定安危之策也孔子欲往雖爲佛肸實兼爲衛韓非子外儲說左晉平公問趙武曰中牟三國之股肱邯鄲之肩髀想見中牟爲晉衛間要區也中牟能守則衛之邊陲益固惜子路守經而未達權遂阻夫子之行而夫子以堅白自喩曰吾豈匏瓜正明己有操守非佛肸所能浼也既不能浼而又不往者孔子因魯來召旋即去衛而返也晉人伐齊在哀十年夏佛肸來召必在十年秋冬孔子欲往一爲子路所阻再爲孔圉所止及十一年又聞魯人來召是以不果行也

子曰由也女聞六言六蔽矣乎對曰未也居吾語女好仁不好學其蔽也愚好知不好學其蔽也蕩好信不好學其蔽也賊好直不好學其蔽也絞好勇不好學其蔽也亂好剛不好學其蔽也狂

六言皆古語蔽障隔也居吾語女子見子路起對故命之使還坐焉愚則可陷可罔蕩謂窮高極廣賊謂傷害於物絞則急而無序亂悖逆狂躁率也好爲心之明不學爲心之障六言皆子路素能夫子懼其過中失正昧於義理之所在故言六蔽而勉其學也參用集注

（按）禮君子問更端則起而對夫子獨曰居吾語女者弟子列傳子路少孔子九歲此章次佛肸召後佛肸之畔在魯哀公五年其召孔子在哀公十年辨見上文子路之年時近六旬故夫子語之坐也仁蔽愚宰我問從井也知蔽蕩臧文仲作虛器縱逆祀祀爰居也信蔽賊宋襄公戰泓不鼓不成列也直蔽絞先軫不顧唾君也勇蔽亂南宮萬弒閔公批仇牧也剛蔽狂楚令尹子玉無禮不可以治民也好學則約禮比義陶淑躬行要非泛爲博覽者也

子曰小子何莫學夫詩詩可以興可以觀可以羣可以怨邇之事父遠之事君多識於鳥獸草木之名

小子弟子溫柔敦厚詩敎也能學則興觀羣怨皆得其中而養其和事父事君故皆不失義理其緒餘又足資多識也鳥獸草木物之動植各有性情者顧名思義故古人託興比賦而寓其羣怨之心令人爲觀感也

（按）四詩風也雅也大雅小雅頌也頌齋經說四詩南風雅頌雅有正變風體多託鳥獸草木以爲興起故曰可以興頌則稱揚功烈形容德化五聲和八風平節有度守有序

寬靜柔正雍雍乎中和之音隆平之禮故曰可以觀正雅則鹿鳴白華魚麗諸篇賓主燕饗歌於一堂故曰可以羣變雅則繁霜小弁哀思之情如泣如訴故曰可以怨事父如南陔杕杜陟岵鴇羽想見孝子之心事君如四牡皇華湛露蓼蕭宛覩明良之盛昔周公既作詩歌並著爾雅釋詁其後釋草釋木釋鳥釋獸雖爲後人增益然皆本於詩訓而成畀學者爲多識也且三百五篇之中於鳥獸草木有可興觀羣怨事父事君者見棫樸菁莪可以興見臺萊桑梓可以觀見羔羊呦鹿可以羣見脊令鸒斯可以怨見鵻鳥則思事父見柞枝則思事君其奈不善讀者於動植之物莫知名義無怪視詩爲淫風者多焉知三百五篇皆經夫子刪定歌合韶武之雅音哉

子謂伯魚曰女爲周南召南矣乎人而不爲周南召南其猶正牆面而立也與

為猶學也周南召南皆籥舞之歌國學所以敎冑子者其道皆齊家治國平天下之理雅化作人王業之所基也此即鯉趨過庭之所聞者面牆猶言面壁不學則一物無所見一步不能行也

（按）劉寶楠正義漢書匡衡傳謂室家之道修則天下之理得時或伯魚授室故夫子特舉二南以訓之與李兆蓮云伯魚入學時値孔子適齊及自齊返故夫子詢其在學之肄業也予玩禮云皆鼓南詩云以雅以南以籥不僭南為舞歌崇德象功開國承家之雅樂也周召分陝而治周公治外召公治內儀禮鄉聘燕射皆合歌周南召南誠以二南為王化之本卿大夫士不容不學者也古者年冠而字五十稱甫方為伯仲叔季鯉既稱曰伯魚年必及五十矣豈有周南召南猶待學乎夫子召伯魚為者蓋在哀公十一年冬返魯正樂聲容節奏較樂正之教者釐訂有不同也兩章所記一詔小子一謂伯魚悉在刪詩既成後也

子曰禮云禮云玉帛云乎哉樂云樂云鐘鼓云乎哉

玉帛者恭敬之文鐘鼓者聲容之盛禮以淑躬樂以淑心聖王所以敎中和也遺其本而事其末則豈禮樂之旨哉

（按）仲尼燕居云師爾以為必鋪几筵升降酌獻酬酢然後謂之禮乎爾以為必行綴兆興羽籥作鐘鼓然後謂之樂乎言而履之禮也行而樂之樂也荀子大略篇聘禮志曰幣厚則傷德財侈則殄禮禮云禮云玉帛云乎哉顧齊經說君子右佩徵角左佩宮羽趨以采齊行以肆夏樂云樂云鐘鼓云乎哉是無鐘鼓亦當合聲律也孔子反魯身為國老國老國學父師刪詩書訂禮樂雅頌各得其正三章連類誌者一敎小子一敎伯魚一敎子張此因敎子張而撮其略也杏壇設敎雅化作人趨庭之訓何嘗陰厚其子與

子曰色厲而內荏譬諸小人其猶穿窬之盜也與

厲威嚴荏柔弱也言世人飾貌矜情譬之小人之穿窬者揜不善而著其善愈矜持愈怯懼也穿穿壁窬窬之盜穿窬掘牆為洞如狗竇然古所謂狗盜者也

（按）禮表記子曰君子不以色親人情疏而貌親在小人則穿窬之盜也春秋之世若仲梁懷弗與陽虎璵璠又弗敬子洩見定五年左傳其色近厲及為陽虎所逐其內實荏陽虎囚季桓子殺公何藐逐公文歜及秦遄強使孟懿子報幣五年六年傳其色甚厲及聞處父苦夷之言而懼七年傳其內實荏是皆小人之類穿窬之盜也

子曰鄉原德之賊也

原與傆同黠也說文人部傆黠也詳見俞樾羣經平議蓋指沽名釣譽者假慈惠以濟貪欲也

（按）孟子謂鄉原言不顧行行不顧言踽踽涼涼閹然媚世同流合汙居似忠

信行似廉潔不可與入堯舜之道故曰德之賊也何晏集解鄉向也謂人不能剛毅而見人輒原其趣嚮容媚而合之言此所以賊德也皇侃義疏張憑曰鄉原原壤也孔子鄉人彼遊方之外不應規矩不可以訓故每抑其節所以弘德也予玩鄉原指少正卯也家語子曰天下有大惡五而竊盜不與焉心逆而險行僻而堅言偽而辯記醜而博順非而澤少正卯兼有之此人之姦雄者也不可以不除

子曰道聽而塗說德之棄也

道道德塗附也謂聽道德之事而坿會其說假六藝以文奸言則是自棄其德也

（按）塗訓杜一訓坿又訓汚呂氏春秋云古之學者說義必稱師說義不稱師命之曰叛所尊之業不習則隳棄師說與叛同科道聽塗說謂於聽道之後傅

以語人或杜塞其說或坿會其說或汚蔑其說無非戕害其德故曰德之棄也若曰道訓爲路塗亦訓路巷議街談人之恆事先民有言詢於芻蕘傾蓋班荊聖賢接談何嘗不在道路也豈有道聞忠孝而遂謂塗說忠孝之爲非乎詩角弓篇毋教猱升木如塗塗附塗附謂以不善附屬也道聽本爲善言而反以不善附會其說記醜而博言僞而辯孔子所以誅少正卯也

子曰鄙夫可與事君也與哉其未得之也患得之旣得之患失之苟患失之無所不至矣

鄙夫惡劣之人可與事君也與哉言不可與事君也得謂利祿所在失謂利祿所亡患憂也無所不至正謂居心邪僻無所不爲也

（按）家語在厄篇子路問於孔子曰君子亦有憂乎子曰無也君子之修行也其未得之則樂其意旣得之又樂其治是以有終身之樂無一日之憂小人則不然其未得也患弗得之旣得之又患失之是以有終身之憂無一日之樂荀子子道篇與潛夫論所說義同家語記其全論語記其半也禮雜記云旣得之而又失之君子恥之彼以言行言故爲君子此以利祿言故爲鄙夫予玩此指季康子殺南孺子之子也哀十一年孔子奉召返魯本與康子事君及其返也訪田賦盟小邾種種鄙行遂知不可與事也未得患得肥非嫡子而冀嗣桓子卿位也旣得患失冀南孺子生女不生男也苟患失之無所不至南孺子生子或殺之也

子曰古者民有三疾今也或是之亡也古之狂也肆今之狂也蕩古之矜也廉今之矜也忿戾古之愚也直今之愚也詐而已矣

氣失其平而有所偏謂之疾或疑也是此也昔所謂疾今疑此無者傷俗之衰也狂謂志願太高肆者輕世肆志蕩則踰大閑矣矜謂持守太嚴廉者稜角

陗厲忿戾則競爭矣愚謂性情戇鈍直者徑行無曲詐則以詐爲能攻發人之陰私矣參用集注

（按）古狂而肆如巢父許由輕天下而不爲矜而廉如伯夷叔齊思與鄉人立如以朝衣朝冠坐於塗炭愚而直如龍逄比干竭其忠忱不畏斧鉞今則原壤母死而歌非肆也直蕩也叔向拂衣而起見襄二十六年左傳非矜也直忿戾也闡人授劍僞固見定十年左傳非愚也直詐也孔子所以有古今之歎也

子曰巧言令色鮮矣仁山井鼎考文古本足利本無此章唐石經此章先無而後添注太平御覽三百八十八引論語陽貨曰巧言令色鮮矣仁是漢魏舊本有此章後人刪之非也

鮮少也謂言色旣爲飾僞則中存險詐絕非有仁心也

（按）巧令鮮仁隱指陳乞僞事國高見哀六年左傳陳豹得爲子我臣也見哀十四年傳此章與學而篇義旨不同觀上下章卽知彼章是望其美此章是惜其惡也

子曰惡紫之奪朱也惡鄭聲之亂雅樂也惡利口之覆邦家者

朱正色紫間色齊桓公貴紫世俗遂相效尤鄭音好濫淫志聽者遂致忘倦覆傾敗也利口覆邦史云仲尼弟子列傳子貢一出存魯亂齊破吳彊晉而霸越孔子惡其辯也

（按）子貢之事詳見史記據春秋書公會晉侯及吳子於黃池攷之事在哀公十有三年此章惡紫惡鄭皆是陪筆惟惡利口句實是主筆貴紫見管子鄭音見樂記先王之法析言破律亂名改作者殺之行僻而堅言僞而辯者殺之巧言亂德聽者失其所守未有不覆邦家者其害尤甚於紫奪朱色鄭亂雅音也齊亂吳破皆後日事而孔子於橐皐之會已知子貢善辭利口覆邦預測有將來之禍故先時爲子貢警也

子曰予欲無言子貢曰子如不言則小子何述焉子曰天何言

哉四時行焉百物生焉天何言哉

予欲無言夫子見賜多言而華故誘之使相問也述循也不言則道無所循小子門人也天何言哉天道不言而化時行物生上天之載無聲無臭也再言天何言哉畀賜深養其德恭默思道與於穆相契合也

（按）仲尼弟子列傳子貢利口巧辭孔子嘗黜其辯上云惡利口之覆邦家此云予欲無言是徵兩章皆爲子貢記也子貢聖門高弟嘗聞一貫之傳才識之明已臻上哲所未能者默契天道純一之旨靜參至誠不息之功耳荀子天道篇列星隨旋日月遞照四時代御陰陽大化風雨博施萬物各得其和以生各得其養以成不見其事而見其功夫是之謂神皆知所以成莫知其無形夫是之謂天予欲無言惟聖人與天合德先天而天弗違後天而奉天時此最上之道傳顏子既死故夫子特爲子貢明告之也

孺悲欲見孔子孔子辭以疾將命者出戶取瑟而歌使自聞之

孺悲魯人雜記恤由之喪哀公使孺悲之孔子學士喪禮悲因使使致辭欲見孔子孔子不見者禮聞來學不聞往教故因將命出戶取瑟而歌畀知其非眞疾令彼感悟而來學也

（按）少儀聞始見君子者辭曰某固願聞名於將命者不得階主此少者見尊長之禮當有介紹聘義所謂君子於其所尊弗敢質敬之至也今孺悲奉哀公之命學士喪禮使使將命徑達其辭中無介紹以致其敬殊非求學之誠心也故夫子託疾以辭瑟歌示意悲因自悟其失親來受業學士喪禮士喪禮於是乎書

宰我問三年之喪期已久矣君子三年不爲禮禮必壞三年不爲樂樂必崩舊穀既沒新穀既升鑽燧改火期可已矣

此因哀公命孺悲學士喪禮宰我因有問也魯自閔公吉禘文公喪娶哀公葬定姒不成喪禮三年之喪期年而止在魯行之久矣然思期年而已之故當時之人必有以三年之久禮壞樂崩爲說者穀五穀沒盡也升登也燧取火之木改火馬融曰周書月令春取楡柳之火夏取棗杏之火季夏取桑柘之火秋取柞楢之火冬取槐檀之火一年之中鑽木各異故曰改火集注已止也言期年則天運一周時物皆變喪至此可止也

子曰食夫稻衣夫錦於女安乎曰安

夫指公卿大夫之短喪者禮父母之喪既殯食粥麤衰既葬疏食水飲受以成布期而小祥始食菜菓練冠縓緣要絰不除無食稻衣錦之理若從越禮者行即食夫人之稻衣夫人之錦於女以爲何如蓋夫子欲宰我反求諸心自得其所以不忍者也宰我曰安正以公卿大夫皆安我何故不安遂直對而不察也 參用集注

女安則爲之夫君子之居喪食旨不甘聞樂不樂居處不安故不爲也今女安則爲之

爲猶行也君子指秉禮者孝經喪親章云服美不安聞樂不樂居處不安正言君子善居喪也初言女安則爲之絕之之辭再言女安則爲之正發其不忍之端以深警其不察也 參用集注

宰我出子曰予之不仁也子生三年然後免於父母之懷夫三年之喪天下之通喪也予也有三年之愛於其父母乎

通達也三年之喪自天子達於庶人明君子不忍於親所以必三年者蓋父母懷保其子出入顧復必至三年始免其褻先王制禮報本故以爲通喪也當時魯之君臣莫能行古喪禮故夫子因予之對而特借警予以警當世也

(按)春秋定十五年秋七月壬申姒氏卒九月辛巳葬定姒左傳姒氏卒不稱夫人不赴且不祔也葬定姒不稱小君不成喪也孟子滕文篇云三年之喪吾宗國魯先君莫之行吾先君亦莫之行也今哀公特命孺悲學士喪禮故宰我疑而有問士喪禮三年之服也魯以期年爲喪君臣相行已久且有禮壞樂崩穀燧改變之說無不以期爲可已也魯喪失禮夫子不能明辨其非遂藉食稻衣錦問予安否予曰安者公卿大夫既安於上予何不可安於下也食稻衣錦指君公言士庶喪畢絕無食稻衣錦者魯自閔公吉禘（二年）左傳云速也文公納幣（二年）公羊傳曰譏喪娶也公羊哀五年經秋九月癸酉齊侯處臼卒六年傳秋七月除景公之喪當世人君期已者多也士則有行三年喪禮者如子夏子張閔子三年喪畢見於孔子禮經所載是其明證今曰女安又曰夫君子之居喪聞樂不樂居處不安其隱爲哀公不成定姒之喪託諷明焉末節歷言聖王制

禮之原探其報本三年之意以爲喪服達於天下遂假宰我爲當世警深言期已爲不仁也大戴記盛德篇凡不孝生於不仁愛也不仁愛生於喪祭之禮不明喪祭之禮所以教仁愛也致仁愛故能致喪祭即此義也

子曰飽食終日無所用心難矣哉不有博奕者乎爲之猶賢乎已

用心謂志於學君子食無求飽故日進德修業就有道而正焉飽食終日無所用心言人志氣怠惰難成其德自暴自棄者也博六博奕圍棋賢勝也已止也言博奕者用心雖妄猶自勤不怠甚言飽食無爲者徒爲行尸走肉而已

(按)家語（五儀篇）哀公問於孔子曰吾聞君子不博有之乎孔子曰有之公曰何爲對曰爲其有二乘（一曰物雙曰雜）公曰有二乘則何爲不博子曰爲其兼行惡道也（博有三十六道）哀公懼焉皇侃義疏博者十二棋對而擲采者也說文奕圍棋也集注李翺曰聖人非教人博奕也甚言無所用心不可耳予玩孟子云飽煖衣逸居而無教則近於禽獸又曰奕秋誨二人奕其一人專心之至惟奕秋之爲聽是古之博奕有教者有學者若其飽食不學則眞難矣哉博物志云堯生子丹朱嚚訟慢遊朋淫無度帝悲之制圍棋以閑其情象棋武王所造其進退攻守之法日月星辰之象乃爭國用兵戰鬪之術爲之猶賢乎已孔子所以勉飽食終日者之用心也（太平御覽丹鉛總錄海錄碎事所載略同）

子路曰君子尙勇乎子曰君子義以爲上君子有勇而無義爲亂小人有勇而無義爲盜

尙上之也君子小人各以行言義者天理之節文義以爲尙則其勇也大矣無義則爲亂爲盜勢必爲害於世也

(按)此子路聞齊侯之設勇爵（襄二十一年左傳）以及昔師敗鄭師於鐵而問之也左

傳（哀二年）趙孟曰今日我上也太子（蒯聵）曰我右之上也郵良曰我御之上也皆以勇爲自尙孔子因由問勇而以義告者畀知衛齊豹（昭二十年左傳）蔡公孫翩爲亂（哀三年傳）春秋皆書曰盜正以懲不義也

子貢曰君子亦有惡乎子曰有惡惡稱人之惡者惡居下流而訕上者惡勇而無禮者惡果敢而窒者

惡憎也稱惡謂揚人之過訕謗毀窒塞也集註稱人惡則無仁厚之義下訕上則無忠敬之心勇無禮則爲亂果而窒則妄作也

曰賜也亦有惡乎（皇本高麗本乎作也）**惡徼以爲知者惡不孫以爲勇者惡訐以爲直者**

徼謂僥倖成功不孫倨慢無禮訐謂攻發陰私也

(按)聖賢問答皆因時事而補救也弟子列傳子貢喜揚人之美不能匿人之

過不匿過即稱惡也如夫子對司敗曰昭公知禮即非稱人之惡者下如訕上如子產治鄭氏歌蠆尾孔子治魯謗與麑裘勇無禮如公孫閼與穎考叔爭車（隱十一年左傳）顛頡魏犨爇僖負羈之宮（僖二十八年左傳）果而窒如慶封不聽慶嗣之言慶舍不聽盧蒲姜之止也（襄二十八年左傳）子貢所惡如陳文子冀得慶氏百木於莊（襄十二年左傳）是爲徼智舀涉佗捘衛侯之手及腕（定八年左傳）是謂不孫之勇楚直躬證父攘羊是謂訐直也

子曰唯女子與小人爲難養也近之則不孫遠之則怨

小人謂僕隸下人君子之於臣妾莊以涖之慈以畜之則無二者之患矣（集注）不孫謂侮慢無禮怨恨也

（按）左傳（僖二十四年）富辰諫惠王曰女德無極婦怨無終（杜預注婦女之志近之則不知止足遠之則忿怨無已終猶已也）夫子兼言小人者蓋鑒於齊悼公衛莊公及太叔疾之禍皆搆怨於女子小人也（並見哀公時左傳）

子曰年四十而見惡也其終也已

四十强仕道明德立之時見惡言其爲害於民其終也已深惜其不能改過遷善也

（按）此孔子爲冉求言也聚斂附益孔子使小子鳴鼓而攻顓臾之代孔子責求毋乃爾過時冉求年正四十也（弟子列傳冉求少孔子三十九年哀公十二年魯用田賦冉求年正四十也）孟子曰求也爲季氏宰無能改於其德而賦粟倍他日四十見惡是明徵也

論語實測卷十八

泰州　徐天璋睿川　注

微子

微子去之箕子爲之奴比干諫而死孔子曰殷有三仁焉

微國名子爵也微子名啓紂庶兄去謂去商適己封國（寰宇記博州聊城縣有微子城博州今東昌府治聊城爲附郭首邑與壽張毗連水經濟水注濟水又北逕微鄉東春秋莊公二十八年經書冬築郿京相璠曰公羊傳謂之微東平壽張西北三十里有故微鄉魯邑也杜預曰有微子塚）孔子適齊因過其地遂並箕子比干目爲三仁箕國名（春秋僖三十三年經晉人敗狄于箕杜預注太原陽邑縣南有箕城四書釋地謂在今山西遼州榆社縣東南三十里箕谷太谷縣東南三十五里是榆社縣西蓋一邑兩載也）因紂囚箕子爲奴故名箕子胥餘比干紂諸父路史謂唐之比陽有比水即比干國諫諍三人之行不同其爲仁則一也

（按）殷本紀紂愈淫亂不止微子數諫不聽乃與太師少師謀遂去比干曰爲人臣者不得以死爭迺强諫紂紂怒曰吾聞聖人心有七竅剖比干觀其心箕子懼乃佯狂爲奴紂又囚之宋微子世家所載略同惟云太師少師勸微子去遂行周武王代紂克殷微子乃持其祭器造于軍門武王乃釋微子復其位想見微子去商之時能即適周迺返國耳及武王克殷始持祭器造于軍門爲存宗祀之故不得不獻祭器於興王也若去商而即適周何能列爲殷三仁與

柳下惠爲士師三黜人曰子未可以去乎曰直道而事人焉往而不三黜枉道而事人何必去父母之邦

柳下惠魯賢臣也士師屬於司冠者三黜三考而未升庸也臧文仲時爲司冠（大司寇）故孔子譏其竊位去謂去魯直正也枉曲也父母之邦展禽之族出自魯孝公子公子展也（詳見隱八年左傳）

（按）黜非罷官也說文黜貶下也虞書舜典三載考績三考黜陟幽明三黜正三次下考而未升庸仍居士師職位也士師屬於司寇周官大司寇卿小司寇

中大夫二人士師下大夫四人若云黜爲罷去旣能去而猶不去謀爲士師至再至三何以爲柳下惠與柳下惠食邑與墓在魯北齊南(詳前衛靈公篇)此章下接景公云云蓋夫子往來齊魯過其邑墓而感言也

齊景公待孔子曰若季氏則吾不能以季孟之閒待之曰吾老矣不能用也孔子行

定公末年孔子適齊(辨見年譜)齊侯欲用孔子因與齊臣商待孔子之禮季氏魯上卿孟氏下卿待以季孟之閒亞卿也旣而曰吾老矣不能用者蓋聞孔子之言非立時能收其效因以自惜行謂孔子去齊接淅而返魯也

(按)孔子世家孔子適齊在昭公孫魯之日景公問政孔子曰政在節財景公說將欲以尼谿田封孔子晏嬰進曰周室旣衰禮樂缺有閒今孔子盛容飾繁登降之禮趨詳之節累世不能殫其學當年不能究其禮君欲用之以移齊俗

非所以先細民也後景公敬見孔子不問其禮異日景公止孔子曰奉子以季氏吾不能以季孟之閒待之齊大夫欲害孔子孔子聞之景公曰吾老矣弗能用也孔子遂行反乎魯(以上節錄史記)予玩景公三十二年魯昭公二十六年也孔子適齊測孔子仕魯不過爲季氏料量平司職吏定公九年孔子始仕爲中都宰春秋之時猶秉周禮仕於其國去仕異國授官必從其班降以一等豈有乘田委吏之士至齊方爲高昭子家臣一旦驟以季孟閒貴卿待之絕無是理也褒注述而篇聞韶章見下接衛輒事卽疑孔子於定哀閒必再至齊惜世家無攷也注顏淵篇景公問政在哀公閒饑之後季康子患盜之先又疑孔子在齊景公時所問必當魯哀元二年閒今注此章又疑孔子仕齊方爲高昭子家臣何以遽升諸公倏封尼谿位反與高昭子相捋也晏嬰爲賢大夫知人薦士善交久敬豈有孔子方兄事晏子而晏子轉忌孔子爲之讒阻也與今讀韓非子內儲說仲尼爲政於魯齊景公患之黎且謂景公曰君何不迎之重祿高位遺哀公女樂以驕榮其志哀公樂之必怠於政仲尼必諫諫必輕絕於魯景公曰善乃令黎且以女樂六遺哀公哀公樂之果怠於政仲尼諫不聽去而之楚莊子讓王篇云孔子阨於陳蔡之閒子路子貢相與言曰夫子再逐於魯削迹於衛伐樹於宋窮於商周圍於陳蔡予洒㦎然悟曰季孟閒待必仲尼於定公末年去衛之後西見趙子臨河不濟還轅息陬此時再至齊也定公十二年孔子爲魯司寇攝行相事夾谷之會景公深識其賢嗣因墮郈不成遂爲三家所讒夫子去魯一逐也息陬之日景公之臣必有爲子推轂者故景公欲以尼谿封子斯時晏嬰已死(晏嬰死在會夾谷之年見史記)其阻孔子者必晏嬰族人後遂指晏子爲晏嬰嬰冤眞莫白焉晏嬰如眞阻孔子用齊孔子猶謂晏子善交久敬豈非違心之論與嬰如未死必樂景公能用孔子尼谿必封孔子必不去齊也惟其嬰死讒

言易阻孔子去齊當在定公末年也何晏集解以聖道難成故云吾老不能用陋齋經說吾老之言蓋景公惜孔子所論者立時不能收效正中晏氏之讒阻也孔子去齊魯哀正立再用從政適在哀公元年國語吳伐越墮會稽(在魯哀元年)獲骨焉節專車吳子使來好聘發幣於大夫及仲尼仲尼爵若非孔子再從魯政吳何以發幣及仲尼也齊見政化大行洒聽黎且之計遺魯女樂君臣荒怠三日不朝祭又膰肉不致孔子因去魯適楚再逐也故下文次以歸樂楚狂諸章正卽公之魚云又用之不能終也足徵韓非子莊子之說不虛而史記之文有闕也

齊人歸女樂季桓子受之三日不朝孔子行

桓子名斯(季平子之子)魯上卿執政者哀公初年孔子從政於魯敎化大行故齊人歸女樂以沮之也

（按）魯周公世家季桓子受齊女樂孔子去（定公十四年）孔子世家齊人聞而懼曰孔子爲政必霸霸則吾地近焉我之爲先并矣盍致地焉犁鉏曰請先嘗沮之沮之而不可則致地庸遲乎於是選齊國中女子好者八十人皆衣文衣而舞康樂文馬三十駟遺魯君陳女樂文馬於魯城南高門外季桓子微服往觀再三將受乃語魯君爲周道游往觀終日怠於政事子路曰夫子可以行矣孔子曰魯今且郊如致膰乎大夫則吾猶可以止桓子卒受齊女樂三日不聽政郊又不致膰俎於大夫孔子遂行予玩定公之世桓子年未弱冠（平子於昭二十五年娶宋見於左傳）斯時孟孫叔孫同秉國政季孫聽成而已如桓子能執政柄夾谷之會何以孔子攝相也墮郈叔孫州仇躬自帥師墮費時書季孫斯仲孫何忌帥師師者斯弱未諳師旅故須何忌佐焉豈齊來歸女樂桓子一人獨能受耶且此章下記楚狂沮溺當從韓非子說魯君爲哀公也

楚狂接輿歌而過孔子曰鳳兮鳳兮何德之衰往者不可諫來者猶可追已而已而今之從政者殆而

楚狂楚國之狂（皇侃疏接輿楚人姓陸名通字接輿）接輿而歌鳳兮德衰蓋孔子相魯神鳳游集（見拾遺記）本爲興王之瑞也今乃道終不行故知爲德之衰往謂相魯來謂適楚已止也諷孔子及時隱去從政謂楚子西殆疑也

孔子下欲與之言趨而避之不得與之言

下自車下也接輿託歌而游於門及見孔子下車將欲與言而楚狂已趨避焉

（按）據論語所記接輿之歌似在道路鄭注孔子下下堂出門也據莊子所云接輿之歌是游其門（歌曰鳳兮鳳兮何如德之衰也來世不可待往事不可追也天下有道聖人成焉天下無道聖人生焉方今之世僅免刑焉福輕乎羽莫之能載禍重乎地莫之知避已乎已乎臨人以德殆乎殆乎畫地而趨迷陽迷陽無傷吾行吾行郤曲無傷吾足山水自寇也膏火自煎也桂可食故伐之漆可用故割之人莫知有用之用而莫知無用之用也）予玩此孔子適楚時昭王欲用將封書社

子西力沮適昭王卒於城父子因自楚反衛復經陳蔡也孔子將適旅舍接輿目見車停故歌此辭相諷及見孔子既下意欲與言轉趨而避情景昭然在目耳孔子相魯神鳳游集相魯不終德衰可見從政謂楚子西孔子世家子西說昭王曰且楚之祖封於周號爲子男五十里今孔丘述三王之法明周召之業王若用之則楚安得世世堂堂方數千里乎夫文王在豐武王在鎬百里之君卒王天下今孔丘得據土壤賢弟子爲佐非楚之福也昭王乃止是爲從政殆子明證

長沮桀溺耦而耕使子路問津焉

耕犁田也耦耕前挽後推以人力代牛力治田者長沮長而沮洳桀溺桀然高大而塗其足不知耕者姓名故記者以形狀稱也津濟渡處今在葉縣方城邑西黃城山側滍水東流地也

長沮曰夫執輿者爲誰子路曰爲孔丘曰是魯孔丘與曰是也曰是知津矣

執輿執轡在車也爲誰指問孔子知津言孔子老於周流是必能知也

問於桀溺桀溺曰子爲誰曰爲仲由曰是魯孔丘之徒與對曰然曰滔滔者天下皆是也而誰以易之且而與其從辟人之士也豈若從辟世之士哉耰而不輟

滔滔水疾流貌謂今江河日下舉國皆然誰用汝以爲治與辟人指孔子蓋言靈公蜚鴻仰視既辟而行桓子女樂受齊又辟而去於匡於蒲於宋無一不辟人也辟世自謂欲子路舍彼從己相率而隱也耕既發土而使之起耰疾治土而使之平不綴不已也

子路行以告夫子憮然曰鳥獸不可與同羣吾非斯人之徒與

而誰與天下有道丘不與易也

憮然猶悵然惜其不達己意也如其辟世則必深山之中與木石居與鹿豕遊日與鳥獸相親狎也斯人斯世之人孔子自明吾所與者惟在斯人同類耳若其天下有道則又何必待吾之治此實言栖遑道路欲救衰世之深衷也

（按）孔子世家敘此事於孔子去葉返蔡之時是爲哀公六年今考水經濦水注方城山水東流注濦水地理志南陽葉邑方城西有黃城山是長沮桀溺耦耕之所有東流水則子路問津處寰宇記說同括地志黃城山俗名栄山在許州葉縣西南二十五里與世所敘去葉返蔡吻合山東通志謂魚臺縣桀溺里在縣北三十里相傳爲子路問津處其地乃濟水經流之處有問津亭碑載夫子適陳蔡有渡有橋有廐俱以問津名考魚臺爲魯棠邑夫子時非去魯何緣於此問渡通志不足信也滔滔世家作悠悠漢書敘傳小顏注引論語慆慆者天下皆是也讀書叢錄曰魯論作慆慆古論作悠悠然則此當爲齊論也四書攷異曰莊子山木篇孔子辭其交游去其弟子逃乎大澤入獸不亂羣入鳥不亂行蓋又因此語而傅會也

子路從而後遇丈人以杖荷蓧子路問曰子曰夫子乎丈人曰四體不勤五穀不分孰爲夫子植其杖而芸

後謂相失在後丈人長者之稱蓧芸草器論語古注集箋丁教授曰說文芟以足踏夷草从艸从殳春秋傳曰芟夷蘊崇之今南昌人耘田用一具形如提梁旁加索納於足下手持一杖以足踏草入泥中名曰脚鏧是可爲論語以杖荷蓧植杖而芸之證勤勞也分理也四體不勤則五穀不理丈人自言爲己之事孰知爲爾夫子也植立持貌植杖而芸以手持杖以足踏蓧而芸草也

子路拱而立止子路宿殺雞爲黍而食之見其二子焉

拱垂拱也拱立恭敬之貌止留也一宿曰宿黍禾之黏者二子丈人子也

明日子路行以告子曰隱者也使子路反句**見之**句

明日翌日行告既宿而行見夫子而告其事也隱謂有道不仕反謂復至其室見之丈人見子路也

至則行矣子路曰不仕無義長幼之節不可廢也君臣之義如之何其廢之欲潔其身而亂大倫君子之仕也行其義也道之不行已知之矣

行子路行也既見丈人及至將行之際乃言之也蓋孔子以仕爲義丈人以隱爲心不仕無義故子路於臨別而切言也亂治也潔身亂倫謂丈人清潔其身而治長幼之倫君子之仕欲使上下有序正即行其丈人之義也道之不行不獨丈人云然己與孔子未嘗不知也

（按）此章人多誤解以四體不勤五穀不分爲責子路一也以使子路反見之讀句二也以至則行矣爲丈人避子路三也以亂大倫爲廢倫四也予玩四體

二句是丈人自說包注丈人云不勤勞四體不分植五穀誰爲夫子而索之邪朱呂本中紫微館說曰四體不勤二語荷蓧丈人自謂也使子路反讀句見之讀句至則行矣宜與子路曰合節蓋子路既反丈人見之彼此互有論議子路因見丈人之說堅以潔身齊家爲義故至將行因言大倫不獨長幼亦有君臣家修廷獻君子之仕正即行其義也故至行特發偉論者所謂臨別贈言也爾雅釋詁亂治也說文從乙乙治之也

逸民伯夷叔齊虞仲夷逸朱張柳下惠少連

逸遺佚也謂有出類拔萃之材而終遺佚於民之中故弟子因類記焉朱張字仲弓

子曰不降其志不辱其身伯夷叔齊與

不降不辱正言夷齊高風亮節非世俗所能及也

謂柳下惠少連降志辱身矣言中倫行中慮其斯而已矣

降志辱身謂屈身以就卑官降志而仕汙君也倫倫理慮思慮適當曰中言必合義行不枉道言雖降志辱身而自能不失其守者也少連東夷人

謂虞仲夷逸隱居放言身中清廢中權

隱隱處放棄置隱居放言身將隱焉用文辭故不立言以表見也身或作行（孔子世家作行中清）隱居則行中乎清放言則廢中乎權中庸曰其默足以容也夷逸夷詭諸之裔虞仲或曰春秋世虞公弟虞叔兄也

我則異於是無可無不可

我孔子自謂也無可不可仕止久速各當其義道在不失其時而已

（按）伯夷叔齊事詳史記列傳及公冶篇伯夷章虞仲或云泰伯弟仲雍或云周章弟封於虞者（仲雍生季簡季簡生叔達叔達生周章）鄭園札記仲雍嗣吳周章封虞身爲諸侯不得稱爲逸民且仲雍生於伯夷叔齊之前今敘次於夷齊之後虞仲蓋即春秋時求玉求劍虞公之弟因求劍求玉遂伐虞公之虞叔兄也虞仲見兄弟不義遂自隱居故列入逸民之中（俞樾羣經平議虞仲乃春秋時虞公之弟當時國君之弟每以伯仲繫國稱之若桓十七年蔡季莊二年紀季皆是也）尸子云夷逸者夷詭諸之裔或勸其仕曰吾譬則牛甯服軛以耕於野不忍被繡入廟而爲犧禮朱張鄭玄注作侏張王弼注字子弓柳下惠事見左傳國語頤齋經說柳下惠爲魯士師其列逸民者三黜之後終能官而隱處也少連雜記孔子曰少連大連善居喪三日不怠三月不解期悲哀三年憂東夷之子也孔子世家載此章於獲麟之後中無朱張此節雖列其名亦無解說必於孔子時已無行事之可述也首云逸民末云我則異是蓋孔子自楚返蔡歷遇接輿沮溺丈人皆爲隱者因感古今隱逸實有超出諸人上者若夷齊等似可爲效法矣然而我尚異是其不肯絕人逃世之義明焉

太師摯適齊亞飯干適楚三飯繚適蔡四飯缺適秦鼓方叔入

論語實測 卷十八 八

於河播鼗武入於漢少師陽擊磬襄入於海

太師樂官之長亞飯以下主樂侑食之官餘各職司樂器者摯干繚缺方叔武陽襄皆名也

（按）困學紀聞師摯之始鄭玄謂太師之名太師摯適齊孔安國以爲魯哀公時人鄭玄以爲周平王時人班固禮樂志謂紂作淫聲樂官師瞽抱其器而奔散或適諸侯或入河海古今人表列太師摯以下八人於紂時吳斗南云商本紀紂時抱樂器而奔者太師疵少師彊也人表亦列此二人於八人之後誤合兩事爲一葉石林曰司馬遷論周厲王事曰師摯見之矣則師摯厲王時人也予玩魯論所記八佾當在昭公出亡侯也若非昭公出亡何致曹部一空全體皆去況孔子明言師摯之始關雎之亂洋洋乎盈耳哉豈有紂時厲王時平王時之伶奏樂孔子能躬見其盛與且當紂時又何能預奏關雎也秦封於東遷之後楚原名荊至楚成王始改名楚悉在厲王後事與摯同官之干缺何能適其國與至於哀公之世禮壞樂崩孔子自衛返魯始有志於修明斯時太師摯適齊魯之樂正已易師冕何見干繚諸人仍在魯與惟當昭公出亡諸伶去國適秦適楚情事無不合焉師摯之始當指襄公（二十九年）時李札來聘請觀周樂斯時六代宮懸魯國俱備及至昭公中葉摯正服官諸伶悉在魯庭此樂所以洋洋盈耳也昭公孫魯太師適齊諸伶紛散師襄始而入海轉而至衛及定公時孔子適衛從之學琴而非學磬（詳見世家）事實昭然不必疑爲二人也（閻氏釋地疑入海之襄非學琴之襄）或謂天子四飯諸侯三飯（白虎通曰王者平旦食晝食餔食暮食）此言四飯非昭公時宜有也予曰諸伶中有四飯而無初飯正視王者減平旦一飯其仍爲三飯也明焉

周公謂魯公曰君子不施其親不使大臣怨乎不以故舊無大故則不棄也無求備於一人

論語實測 卷十八 九

魯公周公旦子伯禽也施舍也謂廢棄其族不施者君子克篤於親故不廢棄之也大臣秉國鈞者故舊老成之人求備求全責備也孔子追述周公之言蓋爲昭公隱規其失也

（按）魯頌閟宮篇曰乃命魯公俾侯於東鄭箋謂策命伯禽是魯公爲伯禽也中庸云親親則諸父昆弟不怨惠棟九經古義云大臣三卿也不以謂不用其言禮緇衣云大臣不親百姓不甯周官大宗伯云以賓射之禮親故舊朋友詩伐木序燕朋友故舊也毛傳國君友其賢臣大夫士友其宗族之仁者無求備於一人詩云采葑采菲無遺下體股肱心腹奔走禦侮各用其材而此章孔子爲昭公諷也左傳昭二十九年季公若之姊爲小邾夫人生宋元夫人生子以妻季平子昭子如宋聘且逆之公若從謂曹氏曹小邾姓通元夫人勿與魯將逐之曹氏告公公告樂祁樂祁曰與之如是魯君必出政在季氏三世矣魯君喪政四公矣

無民而能逞其志者未之有也據是而觀昭公欲去季氏魯人皆知豈有孔子不知與曰親曰大臣曰故舊曰一人其爲平子明焉求備者既用才能又求忠順恭敬也

周有八士伯達伯适仲突仲忽叔夜叔夏季隨季

八士尹氏也四產而得八男文王時生此天所以興周也

（按）盧文弨釋文考證引聖賢君輔錄云周八士見論語賈逵以爲文王時人晉語文王即位詢於八虞賈唐云八虞周八士皆在虞官漢書古今人表載周八士在中上列成叔武霍叔處之前二人皆文王子則班固亦以爲文王時人孔廣森經學卮言周書和寤篇曰王乃勵翼於尹氏八士武寤篇曰尹氏八士太師三公八士皆尹氏爲武王時人有明證也或疑十亂之南宮括即此伯适又克殷篇曰乃命南宮忽振鹿臺之財鉅橋之粟乃命南宮伯達史佚遷九鼎三巫古者命士以上父子皆異宮則居南宮者猶南宮敬叔本孟氏子而以所居稱之耳惠棟九經古義周有叔液鼎即八士之叔夜也或省作夜朱芹論語札記攷春秋繁露四產而八男皆俊雄君子此天之公以興我周也鄭玄曰成王時人劉向馬融曰宣王時人予玩八士當以逸周書尹氏八士爲是晉語文王詢於八虞蓋八士初仕同爲虞官也文王詢之以爲賢能至武王時遂佐興周位至太師三公至成王時猶有存者此皆情事顯見也或目爲宣王時人者因宣王時有南宮氏裔典軍旅也

論語實測卷十九

泰州 徐天璋睿川 注

子張

子張曰士見危致命見得思義祭思敬喪思哀其可已矣

命君命見危致命事君不避艱險必致其命於成以竟其功也得謂獲得思義審其義理之所在祭祭祖也喪親喪思敬則致其誠思哀則盡其孝四者立身之大節苟盡其道無愧於心斯眞不失爲士矣

（按）此子張見子路而歎美也見危致命見得思義左傳（哀十四年）云小邾射以句繹來奔曰使子路要我吾無盟矣子路辭對曰魯有事于小邾不敢問故死其城下可也彼不臣而濟其言是義之也由弗能祭思敬禮器云子路爲季氏宰季氏祭逮闇而祭日不足繼之以燭雖有强力之容肅敬之心皆倦怠矣有司跛倚以臨祭其爲不敬大矣它日祭子路與室事交乎戶堂事交乎階質明而始行事晏朝而退孔子聞之曰誰謂由也而不知禮乎喪思哀檀弓下子路曰傷哉貧也生無以爲養死無以爲禮也孔子曰啜菽飲水盡其歡斯之謂孝斂手足形還葬而無椁稱其財斯之謂禮家語子路見於孔子曰昔由事二親之時嘗食藜藿之實爲親負米百里之外親沒之後南遊於楚積粟萬鍾累茵而坐列鼎而食願欲食藜藿爲親負米不可得也子曰由也事親可謂生事盡力死事盡思者也凡此不言卿大夫獨言士者子路爲季氏宰官職時列於士也

子張曰執德不弘信道不篤焉能爲有焉能爲亡

弘以量言篤以志言弘則積德日廣篤則造道日深不弘不篤若云爲有非廣博也若云爲亡非空疎也兩言焉能介於才不才間猶言不足爲輕重也

（按）執德不宏謂子夏也子曰商也不及又曰無爲小人儒又曰商之爲人也甚悋於財（家語）信道不篤謂冉求也求說子道誘力不足子曰今女畫子張才高意廣故引兩人爲炯鑑也

子夏之門人問交於子張子張曰子夏云何對曰子夏曰可者與之其不可者拒之子張曰異乎吾所聞君子尊賢而容衆嘉善而矜不能我之大賢與於人何所不容我之不賢與人將拒我如之何其拒人也

交交接也可者與之擇善而從不可者拒毋友不如己也聞謂聞於夫子尊容嘉矜述孔子言也大賢不賢闢子夏說也二子之言各有所承商也謹故告之以拒人師也峻故語之以容衆因材而篤執兩用中非謂無所不容而損友即不當絕人將拒我而我獨不拒人也

（按）呂氏春秋（觀世篇）周公旦曰不如我者吾不與處累我者也惟賢者必與賢己者處大戴記（衛將軍文子篇）孔子曰詩云式夷式夷無小人殆而商也其可謂不險也是子夏所言本奉教於周公孔子者韓詩外傳子貢謂棠衣若曰君子尊賢而容衆嘉善而矜不能中庸曰嘉善而矜不能是子張所聞亦有所承受者子夏嘗爲莒父宰致仕之後遂爲官師斯時既有門人當在設教西河日也子夏門人據史記攷之有田子方段干木魏文侯斯吳起禽滑釐等又有高行子曾申公羊高穀梁淑以及荀卿等或親受業子夏之門或爲再傳弟子經典釋文錄引徐整及諸家記載可參考焉

子夏曰雖小道必有可觀者焉致遠恐泥是以君子不爲也

小道技藝之術農圃醫卜之類泥凝滯也君子所爲者大經大法修齊治平之要仁義中正之理絕非沾沾於小補也

（按）無逸豳風詳言農圃醫經卜筮傳自羲黃不皆爲小道也然以典謨訓誥比之則農圃醫卜恰爲小道者也子夏爲魏文侯師時至戰國權變破道者衆

名法縱横非無義理百家諸子爭勝目前要皆非治世之宏規聖王之大道也
子貢貨殖子曰賜不受命進請稼圃子曰小人樊須子夏此言蓋在孔居子閒
侍側之後得聞禮樂之原五至三無之道天時神氣之理文武三代之德也

子夏曰日知其所亡月無忘其所能可謂好學也已矣

亡失也易繫辭曰存不忘亡家語楚人亡弓楚人得之亡皆訓失能得也過既日省善自月增智及仁守擇善而固執也皇侃疏曰知其所亡是知新也月無忘其所能是溫故也

(按)後漢書列女傳樂羊子妻注引此爲孔子語表記子曰君子莊敬日強安肆日偷君子不以一日使其躬儳焉儳焉可輕賤之貌如不終日周語士晝而講貫夜而計過此皆日知其亡也易曰君子積小以高大詩曰日就月將學有緝熙於光明此正月無忘其能也好學指顏子言日知所亡月無忘能正即繫辭曰顏氏之子其殆庶幾乎有不善未嘗不知知之未嘗復行也頤齋經說古人禮以淑躬樂以淑心心偶外馳即爲失禮日克復即爲得孔子閒居云夙夜基命宥密無聲之樂也無體之禮日就月將子夏此言因聞子說遂致躬心於禮樂也

子夏曰博學而篤志切問而近思仁在其中矣

志與識同孔安國注廣學而厚識之博學篤志學而不厭默而識之也切問近思審思明辨思近於理則心不外馳故涵養無非仁焉

(按)此子夏述孔子言也後漢書章帝四年紀正經義詔引爲孔子之語中庸博學之審問之慎思之明辨之篤行之此不言篤行而言篤志者志謂在心未行也學而篇父在觀其志皇侃疏云家語夫子論易損益曰道彌益而身彌損夫學者損其自多以虛受人故能成其滿博哉子夏曰商請志之終身奉之博學即滿博篤志即請志終奉也切問如問詩問禮問五至三無近思如闕里志子夏家貧衣若懸鶉及見曾子曾子曰何肥也子夏曰吾入見先王之義則榮之出見富貴又

榮之兩者未知勝負故臞今先王之義勝故肥此仁所以在其中也

子夏曰百工居肆以成其事君子學以致其道

肆工聚之處學士習之區百工以肆爲陶成君子以學爲造就也

(按)肆市中陳物處周官有肆長而官府造作百工即居肆地齊語管仲對桓公曰昔聖王之處士也使就閒燕處工就官府今夫士羣萃而州處閒燕則父與父言義子與子言孝其事君也言敬其幼者言悌少而習焉其心安焉不見異物而遷焉今夫工羣萃而州處審其四時辨其工苦權節其用論比協材旦暮從事施於四方以飭其子弟相語以事相示以巧相陳以功少而習焉其心安焉不見異物而遷焉史記云自孔子卒後七十子散游諸侯大者爲師傅卿相小者友教士大夫或隱而不見故子夏居西河田子方段干木吳起禽滑釐之屬皆受業於子夏之倫爲王者師呂氏春秋段干木晉國之大駔也駔牙儈也駔儈會兩家交易如今之度市子夏此言蓋因干木受業兩明其義爲肆所以成百工交易爲學所以致君子之大道也

子夏曰小人之過也必文

文文飾也小人有過必巧爲之辭蓋掩其非也

(按)孔子世家齊景臣對景公曰君子有過則謝以質小人有過則謝以文孟子曰古之君子過則改之今之君子過則順之豈徒順之又從而爲之辭辭即文也子夏此言恰因喪子喪明聞曾子責己三罪見檀弓上投杖而拜曰吾過矣吾過矣吾離羣而索居亦已久矣既拜之後因自明謝過以質非若謝過以文爲小人也

子夏曰君子有三變望之儼然即之也溫聽其言也厲

遠視曰望儼然端莊貌即就也溫霽和容聞言曰聽厲嚴正也

（按）述而篇子溫而厲威而不猛恭而安表記云君子隱而顯不矜而莊不厲而威不言而信子夏此言蓋見魏文侯端冕而聽古樂則惟恐臥聽鄭衛之音則不知倦（樂記）遂引古之君子容貌顏色辭氣端冕臨民以爲文侯勗也

子夏曰君子信而後勞其民未信則以爲厲己也信而後諫未信則以爲謗己也（後漢書李雲傳論曰夫未信而諫則以爲謗己注引論語曰事君信而後諫其君未信則以爲謗己是未信上有其君二字武億經讀考異讀君子信而後勞句其民未信句今觀李雲傳注則武億讀句可從此章少事君二字彼注少也字一字）

信謂誠意交孚厲病也諫謂諫君謗訕毀也

（按）此子夏見文侯伐中山而言也樂羊用民而民怨任座諫君而君怒若非三年而克中山民未必信焉若非翟璜而善譬喻君未必召任座而反親下堂迎焉甚哉上下之間不可不以信先感孚也

子夏曰大德不踰閑小德出入可也

大德三綱五常人倫之大節也小德謂道有張弛禮有損益風俗之從違文質之異尚也閑闌也不踰閑者謂不越其禮義之防出入謂隨時制宜權輕重而不失也

（按）書酒誥云越小大德小子惟一旅獒云不矜細行終累大德畢命云惟公懋德克勤小物子夏篤信謹守絕非不拘小節者也蓋小德出入者正即禮與其奢寧儉喪與其易寧戚也晏子春秋（內篇雜上）晏子曰嬰聞兩楹之間君臣有位焉君行其一臣行其二君之來速是以登階歷堂上趨以及位也君授玉卑故跪以下之且吾聞之大者不踰閑小者出入可也韓氏外傳二孔子遭齊程木子於郯之間傾蓋而語終日有間顧子路曰由束帛十匹以贈先生子路曰昔者由也聞諸夫子士不中道相見孔子曰大德不踰閑小德出入可也此言出入者隨時求合於禮要非踰其防閑而遂不矜細行也時蓋有以段干木踰垣

不見文侯田子方遭道不禮子擊譏兩人爲已甚者子夏遂言此以解之也

子游曰子夏之門人（句）小子當洒掃應對進退則可矣抑末也本之則無如之何（武億經讀考異讀子夏之門人句）

門人兼童冠言小子童子也別於冠者末謂小節即洒掃應對進退本謂大道司徒之所教者六德（知仁聖義忠和）六行（孝友睦婣任恤）六藝（禮樂射御書數）也

子夏聞之曰噫言游過矣君子之道孰先傳焉孰後倦焉譬諸草木區以別矣君子之道焉可誣也有始有卒者其惟聖人乎

噫心不平聲子夏歎子游之言太過因言君子之道必審學者之材質度其先後爲教非有作輟於其間也倦止也謂非止而不教區萌達也譬諸草木方萌名種雜植長短豐羸相形易見栽培傾覆各因其材君子之道焉可躐等而求陵節而施與誣妄也始謂開其始卒謂竟其成有始有卒其惟聖人者言惟聖人下學上達故能循序而不失也

（按）古者家塾黨庠州序國學程度各分家塾之教洒掃應對進退方名數目入孝出弟等事黨庠之教則有射御德行道藝州序則考其射御德行道藝而黜陟之國學則樂正教以禮樂詩書子夏設教西河門人中既有小子所教必非國學也以洒掃應對進退觀之實爲庠塾子旂譏其爲末者蓋欲比己宰武城絃歌起化胥陶淑於禮樂詩書也本謂六德六行六藝於庠塾中而欲以教胄子之法以教小子不揣其本而齊其末也學記云不學操縵不能安弦不學博依不能安詩不學雜服不能安禮不興其藝不能樂學洒掃應對進退禮法既嫻入事出事自無隕越若捨幼學之教而遽教以成人典禮施悖求拂絕無不失者也況人材質不同猶草木各爲區別童穉之日即教大成是以蒲柳而任梁棟也君子之道焉能如斯妄與有始有卒其爲聖人者蓋言人之所學不

患有始而患無終若能即始要終下學上達而無廢於中道者非聖人其孰能與於斯

子夏曰仕而優則學學而優則仕

優饒也猶言勝也三年考績仕勝人者必視其學九年大成學勝人者必予之仕言聖王辨材官人悉準此以爲法也

(按)劉寶楠正義古者大夫士年七十致則設教於其鄉大夫爲大師士爲少師是仕而優則學也學至大成乃仕是學而優則仕也予玩則準則也仕而優則學三年考績既仕而列上考者必爲政治而有才學如春秋名卿大夫莫不深於掌故嫻習禮樂詩書至漢代尤重經義折獄也學而優則仕七年小成九年大成司馬辨論其材然後官之細不肖而簡賢良絕無學優者而不立加拔權也此言蓋在爲莒父宰後設教西河爲學者勗勉之也

子游曰喪致乎哀而止

禮問喪云哭泣辟踊盡哀而止矣君子居喪致極其哀聖人制禮毀不滅性致哀而止所以節哀而順禮也

(按)檀弓上子夏既除喪而見予之琴和之而不和彈之而不成聲作而曰哀未忘也先王制禮而弗敢過也子張既除喪而見予之琴和之而和彈之而成聲作而曰先王制禮不敢不至焉子夏彈琴失之不及子張彈琴失之於過皆非致哀而止惟將軍文子之喪既除喪而後越人來弔主人深衣練冠待於廟垂涕泣子游觀之曰將軍文氏之子其庶幾乎亡於禮者之禮也其動也中合於致哀而止之義也

子游曰吾友張也爲難能也然而未仁

張謂子張難能卽堂堂之貌上下相親謂之仁然而未仁言張容貌之盛於易與人相親也

(按)焦循論語補疏此文但言難能未言所以難能者何在故下連載曾子之言堂堂知堂堂爲難能即知難能爲堂堂此自相發明之例予玩大戴記(衛將軍文子篇)云業功不伐貴位不善不侮可侮不佚可佚不教無告是顓孫之行也孔子曰其不伐則猶可能也其不弊百姓者(指不侮不佚不教)則仁也夫子尙稱其仁而子游譏其未仁者經解云上下相親謂之仁家語子張有容貌資質寬冲博洽從容自務居不務立於仁義之行孔子門人友之而弗敬也蓋堂堂氣概難與並仁但能成己不能輔人也

曾子曰堂堂乎張也難與並爲仁矣

堂堂儀容之盛望之儼然而赫晅也上下相親謂之仁難與並仁言張不能與人相親人亦不能與張相親也

(按)列子仲尼篇子曰師(子張名)之莊賢於丘也又曰師能莊而不能同師莊賢丘正謂容貌堂堂能莊而不能同故曾子云難與並仁也

曾子曰吾聞諸夫子人未有自致者也必也親喪乎

致盡其極也蓋人之眞情所不能自已者(焦注)莫過於親喪哭泣辟踊於此不用其誠又焉用其誠也

(按)此曾子居喪言也檀弓上曾子謂子思曰伋吾執親之喪也水漿不入於口者七日子思曰先王之制禮也過之者俯而就之不至焉者跂而及之故君子之執親之喪也水漿不入於口者三日杖而後起想見曾子居喪人必有譏其過者故曾子引夫子之言解之

曾子曰吾聞諸夫子孟莊子之孝也其他可能也其不改父之臣與父之政是難能也

莊子名速其父獻子名蔑相繼爲大夫者也臣家臣政國政獻子爲魯賢卿莊子能守其法遵而行之故孔子歎其爲難能也

（按）春秋襄公十九年八月丙辰仲孫蔑卒二十三年八月己卯仲孫速卒莊子繼獻子從政不過四年孔子稱之曰孝歎之曰難能蓋見孟武伯閑馬於成（哀十四年左傳）及孟懿子卒武伯悉改其父之臣與父之政今曾子追述其言者哀十四年秋八月辛丑孟懿子卒成人奔喪弗納袒免哭于衢聽共弗許懼不歸十五年春成叛于齊武伯伐成不克遂城輸是武伯改父之臣與父之政不能比於莊子明焉（武伯莊子玄孫）

孟氏使陽膚爲士師問於曾子曾子曰上失其道民散久矣如得其情則哀矜而勿喜

孟氏即武伯也陽膚魯武城人曾子弟子（見一統志）士師（下大夫）治獄之官哀公之時武伯從政士師之使命爲司寇之屬官也道謂禮義之道上失其道故民無親附之心情義乖離不相維繫下遂譸張爲幻也哀謂哀其致刑矜謂矜其無知勿喜者明其不忍之義即書曰（呂刑）哀矜折獄也（劉寶楠正義荀子勸學篇注散謂民不自檢束）

（按）書大傳子曰聽訟雖得其指必哀矜之韓詩外傳三稱有父子訟者孔子曰夫民父子訟之爲不義久矣是則上失其道今曾子語陽膚者正以武伯圉馬病成成人奔喪弗納以及成叛入齊是皆上失其道以致民散者也得情勿喜即書曰惟明克允欽哉欽哉惟刑之恤哉

子貢曰紂之不善不如是之甚也是以君子惡居下流天下之惡皆歸焉

紂商辛也下流澤洳之地天下之惡歸者紂爲逋逃藪主（左傳昭七年楚芋尹無宇曰昔武王數紂之罪以告諸侯曰紂爲天下逋逃主萃淵藪杜預注天下逋逃悉以紂爲淵藪集而歸之）故天下惡人皆萃集焉子貢言紂

不善本非如此之甚惟其惡者皆歸是以助紂爲虐其惡至於貫盈也

（按）方以類聚物以羣分堯舜帥天下以仁是以有禹皋陶稷契伯益等爲臣桀紂帥天下以暴是以桀有趙梁等教爲無道紂有飛廉費仲惡來崇侯虎（見荀子非樂篇）左彊屈商（見淮南子覽冥訓道應訓）等爲臣必紂先居下流然後惡黨萃集而惡名愈叢於紂身其罪至於貫盈者焉（漢書敘傳班伯對帝問屏風畫紂醉踞妲己作長夜之樂曰書云迺用婦人之言何有踞肆於朝所謂衆惡歸之不如是之甚也）論衡引此章爲孔子語（論語古注集箋）頤齋經說子貢此言正述夫子之教也是甚指吳王夫差而言左傳（哀元年）逢滑曰吳日敝於兵暴骨如芥子西曰今聞夫差次有臺榭陂池焉宿有妃嬙嬪御焉一日之行所欲必成玩好必從珍異是聚觀樂是務視民如讎而用之日新又（哀二十年）吳公子慶忌驟諫吳子曰不改必亡弗聽吳語申胥諫曰今王既變鯀禹之功而高高下下以罷民於姑蘇天奪吾食都鄙薦饑又曰今王播棄黎老而孩童焉比謀曰余令而不違夫不違乃違也夫不違亡之階也員請先死遂自殺而吳王寵信太宰嚭西施等以至亡國故曰紂之不善不如是之甚也

子貢君子之過也如日月之食焉過也人皆見之更也人皆仰之

食者日月之行同道而掩其光也食不逾時言君子有過立改其人皆得仰見之也（凌曙典故數日月之行天下日居上月居下日爲月所掩故日食月在天上日乃在地下地球居中隔之日光爲地球所掩不能照月故月食頤齋經說日食在朔月食在望朔時月於黎明出自東方與日同道日輪高過月輪故月承下而掩日也望時日落西方光漸入地月資日明適行同道中爲地球遮蔽月不能受日光故月食也）

（按）孟子（公孫丑篇）曰古之君子其過也如日月之食民皆見之及其更也民皆仰之君子指人君也子貢此言實隱指衛出公說左傳（哀二十六年）衛出公自城鉏使以弓問子贛且曰吾其入乎子贛稽首受弓對曰臣不識也私於使者曰昔成

公孫於陳寧武子孫莊子爲宛濮之盟而君入獻公孫於齊子鮮子儀爲夷儀之盟而君入今君再在孫矣內不聞獻之親外不聞成之卿則賜不識所由入也詩曰無競惟人四方其順之若得其人四方以爲主而國於何有再孫內外無親是有過而不更也不吏則四方之民失其瞻仰其爲衛出言也明矣

衛公孫朝問於子貢曰仲尼焉學子貢曰文武之道未墜於地在人賢者識其大者不賢者識其小者莫不有文武之道焉夫子焉不學而亦何常師之有史記弟子列傳作陳子禽問

公孫朝衛大夫稱仲尼者蓋於聖人卒後問也文文王武武王文武之道禮樂行政布在方策者也識記也大謂承天治人小謂名物制度言孔子道無不該形上形下所在皆學問禮問官不拘拘於常師也

（按）魯楚鄭皆有公孫朝魯有成大夫公孫朝見昭二十六年傳楚有武城尹公孫朝見哀十七年傳鄭子產有弟曰公孫朝見列子與陽朱篇故加衛以別之檀公上魯哀公誄孔子曰尼父注尼父因其字以爲之謚疏云尼則謚也此下四章皆稱仲尼末且有其死也哀之文必在孔子既卒後語參用論語古注集箋孔子學無常師問禮老聃訪樂萇弘問官郯子習琴師襄集衆成以爲大成所以稱至聖也形上謂道形下謂器孔子之學本末兼該宜公孫朝莫測端倪而有焉學之問也頤齋經說攷十二諸侯年表計以年日朝爲衛襄公孫也問子焉學正以辨楛矢辨萍實辨羵羊辨防風之骨專車不知此學何得來也

叔孫武叔語大夫於朝曰子貢賢於仲尼子服景伯以告子貢子貢曰譬之宮牆賜之牆也及肩窺見室家之好夫子之牆數仞不得其門而入不見宗廟之美百官之富得其門者或寡矣夫子之云不亦宜乎

武叔魯大夫名州仇宮謂之室宮牆室之四面圍繞者九尺曰仞或疑也及肩牆與肩齊庶人之宮垣墉卑淺故得窺見堂室之有天子諸侯之宮垣墉高廣非入其門不得窺見其中美富遂疑中空無物不若庶人之宮顯然爲可見也言夫子道德宏深非武叔能易窺測所以疑賜賢於子也

（按）世本州仇公子叔牙六世孫叔孫不敢子也春秋定十年秋叔孫州仇帥師圍郈左傳武叔懿子圍郈是知叔孫武叔即州仇也仞有云七尺者包注鄭注高誘呂氏春秋適威注並同有云八尺者趙岐孟子注王逸楚辭注樊光爾雅注及許氏說文並云八尺有云五尺六寸者漢書食貨志有云四尺者考工記匠人疏引王肅說莊子庚桑楚釋文引小爾雅程瑤田通藝錄說以七尺爲是說曰楊雄方言云度廣曰尋杜預左傳仞溝洫注度深曰仞二書皆言人伸兩手以度物之名而尋爲八尺仞爲七尺者何也同一伸手度物而度深用之其勢自不得不異人長八尺伸兩手亦八尺用以度廣其勢全伸而不屈而用之以度深則必上下其左右手而側其身焉側則身與所度之物不能相際於是兩手不能全伸而成弧之形弧而求其弦以爲仞必不能八尺故七尺曰仞亦其勢然也劉寶楠正義宮牆者室四周有牆凡寢廟皆居其中也錢坫論語後錄王宮牆高五丈爲六仞六八四丈八尺四分仞之一爲二尺合四丈八尺爲五丈錢氏據仞爲八尺推之未知所據又曰考工記外有九室九卿朝焉注外路門之表也九室如今朝堂諸曹治事處百官之富指此及肩之牆是士庶人宮故以室家爲言數之牆指天子諸侯故有宗廟百官門謂宮牆之門及朝廟諸門也予玩乾文言云或之者疑之也門爲宗廟皐門古者天子諸侯外朝庶人皆可得見應門之內正朝亦可得見惟宗廟之內平時闔閉故曰閟宮鼓鐘琴瑟匏磬笙簧鼎俎籩豆彝器球圖無一不藏在內百官班列無不肅雍趨蹌裳泣事若非駿奔助祭無有能入者也既不能入雖有言其美富者彼終莫信惟能得入則疑意悉可祛也

叔孫武叔毀仲尼子貢曰無以爲也仲尼不可毀也他人之賢者邱陵也猶可踰也仲尼日月也無得而踰焉人雖欲自絕其何傷於日月乎多見其不知量也

毀謗也踰越也傷害也多與祇同（左襄二十九年傳多見疏也服虔本作祇云祇適也）適也土高曰邱大阜曰陵日月上繫於天非人所能幾及量分量也

（按）列子（仲尼篇）陳大夫聘魯見叔孫氏叔孫曰吾國有聖人曰非孔丘邪曰是也何以知其聖乎叔孫曰吾聞顏回曰孔丘能廢心而用形（繇圜札記列子用形下有陳大夫稱）四書考異曰稱聖人而以廢心用形爲詞即謂之毀聖人（亢倉爲聖人云云武叔故毀孔而尊亢也）可爾予玩武叔謂子貢賢於仲尼者蓋見哀公七年吳太宰嚭召季康子康子使子貢辭十二年吳請尋盟公不欲使子貢對又子服景伯使子貢請釋衛君十七年冬及齊平齊人歸郕武叔之毀仲尼正爲賢子貢處以爲非仲尼所能及也

陳子禽謂子貢曰子爲恭也仲尼豈賢於子乎子貢曰君子一言以爲知一言以爲不知言不可不愼也夫子之不可及也猶天之不可階而升也

執禮御賓曰恭（周書謚法解）孔子之後子貢嘗使齊使吳使越應對諸侯不辱君命故武叔子禽皆云賢於仲尼知智也愼敬謹階木梯升登也

夫子之得邦家者所謂立之斯立道之斯行綏之斯來動之斯和其生也榮其死也哀如之何其可及也

立謂植其生道謂興其敎綏撫綏動鼓舞也榮謂莫不尊親哀則如喪考妣聖人德化之盛感應神速如此者蓋與上下天地同流也

（按）皇侃義疏邢昺疏並云此子禽必非陳亢當是同姓名之子禽也朱芹札記云亢乃東方七宿之一其字子禽正與名合頤齋經說子禽姓陳名亢故曰陳子禽正即學於子貢者劉寶楠正義荀子（儒效篇）云大儒者善調一天下者也無百里之地則無所見其功夫子未得大用故世人莫知其盛而或毀之然至

誠必能動物存神過化理有不忒夫子仕魯未幾政化大行亦可識其略矣予玩左傳（哀二十七年）越子使后庸來聘且言邾田封于駘二月盟于平陽（屬鄒縣）三子皆從（季康子叔孫舒文子孟武伯）康子病之言及子貢曰若在此吾不及此夫陳子禽言子貢賢於仲尼蓋以吳越盟會比之夾谷之會則子貢爲尤難也子貢言夫子之得邦家立道綏動正卽孔子世家云與聞國政三月粥羔豚者弗飾賈男女行者別於塗塗不拾遺四方之客至乎邑者不求有司（集解王肅曰有司常供其職客求而有在也）皆予之以歸（家語歸作皆如歸）齊人聞而懼曰孔子爲政必霸霸則吾地近焉我之爲先幷矣盍致地焉生榮死哀孔子生時四方皆知其爲聖人諸侯莫不以禮迎待孔子死後哀公誄之曰旻天不弔不憖遺一老俾屏予一人以在位煢煢余在疚嗚乎哀哉尼父毋自律孔子葬魯城北泗上弟子皆服三年三年心喪畢相訣而去則哭各復盡哀是皆子貢之言明證也

論語實測卷二十

泰州　徐天璋睿川　注

堯曰

堯曰咨爾舜（潛夫論五德志堯舜禪曰格爾舜）天之曆數在爾躬允執其中四海困窮天祿永終舜亦以命禹

咨嗟也歷數天行之運堯將禪舜獨咨歎而後言者葢鄭重以授其位察天象之所與也中即禮之所在執中言執禮也四海困窮天祿永終堯言下民昏墊己旣遜位勉舜軫念民困永終是圖以承天祿也舜以命禹其辭見大禹謨焉

（按）洪範五紀五曰曆數曆數是歲月日星辰之紀史記曆書言黃帝考定星曆建立五行起消息正閏餘於是有天地神祇物類之官又曰堯復遂重黎之後立羲和之官明時正度年耆禪舜申戒於文祖廟云天之曆數在爾躬舜亦以命禹由是觀之王者所重也春秋繁露（郊祭篇）引此文釋之云言察身以知天也執中即中庸云執其兩端用其中於民毛奇齡稽求篇引閻潛邱云四海困窮是儆辭天祿永終是勉辭漢魏以還俱解永長（班彪王命論福祚流於子孫天祿其永終矣雋不疑謂暴勝之曰樹功揚名永終天祿韋賢傳匡衡曰其道應天故天祿永終靈帝立皇后詔曰無替朕命永終天祿漢獻帝禪位於魏冊曰允執其中天祿永終魏使鄭沖奉冊於晉王曰允執其中天祿永終漢武立子齊王閎策曰允執其中天祿永終吳大帝告天文曰左右有吳永終天祿皆作永長解）典午以後始解永絕（魏志山陽公深識天祿永終之運禪位文皇帝又曰山陽公皆知天命永終於己深觀曆數久在聖躬因詔禪位於晉）嗣後宋齊梁陳其文一轍皆曰敬禪神器授帝位於爾躬四海困窮天祿永終於戲王其允執厥中儀型前典以副昊天之望於是以天祿永終繼困窮之後爲却位絕天之辭而於是策書改即論語亦俱改矣予玩堯典云曆象日月星辰敬授人時舜典云在璿璣玉衡以齊七政天之曆數在爾躬者聖聖相承堯勉舜法天爲治也中即典禮先王以五禮教萬民之中允執厥中者即臯陶謨云五典五惇五禮五庸也四海困窮天祿永終者堯時儆於洪水黎民阻飢與烝敷

治而禪以位冀舜永終是圖也舜亦以命禹者禹平水土躬暨稷播奏艱食鮮食救下民於昏墊也包咸曰永長也夫終所以長終其注宜從

曰予小子履敢用玄牡敢昭告於皇皇后帝有罪不敢赦帝臣不蔽簡在帝心朕躬有罪無以萬方萬方有罪罪在朕躬

書湯誥篇旣克夏而告天也履成湯名用玄牡者夏尚黑未變其禮皇皇后帝猶言皇天后土赦宥釋簡閱也蔽掩隱朕我也罪辜也

（按）書湯誥云肆台小子將天命明威不敢赦敢用玄牡敢昭告于上天神后請罪有夏又云爾有善朕弗敢蔽罪當朕躬弗敢自赦惟簡在上帝之心其爾萬方有罪在予一人予一人有罪無以爾萬方（墨子兼愛下篇湯曰惟予小子履敢用玄牡告于上天后曰今年大旱即當朕身履未知得罪于上下有善不敢蔽有罪不敢赦簡在帝心萬方有罪即當朕身朕身有罪無及萬方呂氏春秋季秋紀云湯克夏而天下大旱湯以身禱於桑林曰今一人有罪無及萬夫萬夫有罪在予一人尸子韓嬰詩傳與墨子呂氏春秋說同）國語內史過引湯誓曰予一人有辠無以萬夫萬夫有辠在予一人書傳互異辭有詳略者葢古人得之傳聞記載不能一致也論語此篇述帝王禪革之事首言堯舜與禹次言及湯履爲湯名（大戴記少閒篇商履代興集解孔安國注履殷湯名）稱小子者王者父天母地爲天之子湯告天故謙言小子也（劉氏正義）玄牡祭天用牛夏時之色尚黑殷時未王天下故仍用其制也皇皇天上帝后帝五帝之德配天者（顧齋經說單言天地則曰皇天后土兼言上帝五帝則曰皇皇后帝）帝臣指伊尹即書云聿求元聖也而鄭玄以帝臣謂禹（鄭玄以爲舜命禹事疑曰字涉上文）請包咸以帝臣謂桀（包咸注言桀居帝臣之位也有罪過不可隱蔽以其簡在天心故也）是皆不可信也

周有大賚善人是富雖有周親不如仁人百姓有過在予一人

賜封曰賚書武成云武王克商大賚於四海周官云祿以馭富言雖大賚所祿皆善人也周至也雖有周親泰誓之辭言不在至親之多而在仁人之與也殷有三人而不能用此紂所以亡武有十亂而能用之此周所以興在察也

(按)書泰誓云受有億兆夷人離心離德予有亂臣十人同心同德雖有周親不如仁人天視自我民視天聽自我民聽百姓有過在予一人墨子兼愛中篇昔者武王將事泰山隧傳曰泰山有道曾孫周王有事大事既獲仁人尚作一作云是以祗商夏蠻夷醜貉雖有周親不若仁人萬方有過維予一人說苑貴德篇武王克殷問周公曰將奈其士衆何周公曰使各宅其宅田其田無變舊新惟仁是親百姓有過在予一人韓詩外傳三淮南主術訓與說苑同書傳所載詳略雖異實同爲武王克商封衆之言也詩周頌賚篇小序云大封於廟也申培詩說述武王大封於廟之詩大賚實爲封爵非爲發粟散財賜予民也武成云列爵惟五分土惟三既有封爵必有土田此章所言見周所封者皆善人也仁人謂箕子封於朝鮮微子封宋周親雖有仁人不如者如五叔無官之類也在予一人即天視天聽民之治亂察予以爲主也

謹權量審法度修廢官四方之政行焉

權稱錘量斗斛李惇羣經識小權量皆古小今大至唐時則一斗當古三斗一兩當古三兩觀孔疏及通典史記正義其說皆合案沈括筆談載唐斗於宋祇得十之九又案元史宋一斗視元祇得十之七通計古十斗於元祇得二斗一升也度丈尺法度謂準其輕重長短多寡以爲制度也廢官即掌權量法度之官失其職守者謹嚴慎審詳察修整治也漢書律曆志三代稽古法度章焉周衰官失孔子陳後王之法曰謹權量審法度修廢官舉逸民四方之政行焉

(按)閻若璩釋地又續權有五謂銖兩斤鈞石也量有五謂龠合升斗斛也度有五謂分寸尺丈引也三者居治天下之大端也特以度一字未足成句配以法字易曰制而用之謂之法是也成蓉鏡經義駢枝曰法度與權量相對爲文當爲二事法謂十二律度謂五度也漢志云分寸尺丈引堯典同律度量衡馬融注律法也量衡即論語之權量則律度亦即論語之法度矣包慎言溫故錄引劉歆鐘律篇分敘權量法度云權者所以稱物平施知輕重也職在大行人鴻臚掌之量者所以量多少也職在太倉大司農掌之度者所以度長短也職在內宮廷

論語實測 卷二十 三

尉掌之以修廢官爲修此數官故劉氏每敘一官而結云某職在某官某官掌之劉寶楠正義據成蓉鏡法訓律當據志補云聲所以作樂者職在大樂太常掌之予玩法爲典法爲禮法爲刑法不謂爲律法也爲法制爲法令爲法則不謹不爲法度也然權量度皆從律生算經云黃鐘萬事之本也黃鐘之長九十橫黍以爲分寸尺丈引則曰度而物之長短不差毫釐黃鐘之容千二百黍以爲龠合升斗斛則曰量而物之多寡不失圭撮黃鐘之容千二百黍之重以爲銖兩斤鈞石則曰權衡而物之輕重不爽忽微法字不謹言度亦非言律實兼權量而總該之也積久弊生奸民散法故興王特設專官以審察焉

興滅國繼絕世舉逸民天下之民歸心焉

滅國諸侯之國爲强鄰滅者絕世卿大夫家爲暴君收其田祿者逸民賢才遁於荒野者興滅如封黃堯虞夏之後繼絕如復商容之位舉逸如訪道於箕子也歸心詩曰自西自東自南自北無思不服也

(按)說苑君道篇與敬慎篇同武丁思先王之政興滅國繼絕世舉逸民尚書大傳古者諸侯始受封則有采地百里諸侯以三十里七十里諸侯以二十里五十里諸侯以十五里其後子孫雖有辠黜其采地不黜使其子孫賢者守之世世以祠其始封之人此之謂興滅國繼絕世書曰茲予大享於先王爾祖其從與享之此之謂也白虎通封公侯篇云王者受命而作興滅國繼絕世爲先王無道妄殺無辜及嗣子幼弱爲强臣所奪子孫皆無罪因而絕重其先人之功故復立之周本紀武王克商命召公釋箕子之囚命畢公表商容之閭命閎夭封比干之墓武王追思先聖王乃襃封神農之後於焦黃帝之後於祝帝堯之後於薊帝舜之後於陳大禹之後於杞是封功臣謀士興滅繼絕舉逸是皆武王之政仿效武丁而爲者也

所重句民食喪祭

民爲邦本食爲民天喪以送死盡其哀祭以追遠致其敬有國者不可不重故

論語實測 卷二十一 四

聖王著以爲令典焉

（按）集注引武成曰重民五教惟食喪祭遂以民食併爲一事孔安國注重民國之本也重食民之命也重喪所以盡其哀重祭所以致敬也讀以重字爲句俞樾古注擇從云孔注是也所重二字爲句民食喪祭四者平列與文行忠信怪力亂神文法一律予玩國策趙威后問齊使曰歲亦無恙耶（歲即食）民亦無恙耶又曰苟無歲何有民是食尤重於民也此言民食喪祭者民爲邦本食爲民天喪爲愼終祭爲追遠皆有國者不容不重也

寬則得衆信則民任焉敏則有功公則說（漢石經無信則民任焉五字皇侃疏說上有民字論語古注集箋劉氏正義並疑子張問仁一章原在古論子張篇首而此爲脫亂不盡之文古書簡盡則止不以章節分簡故雖一大章半脫去猶得餘其少半連絡于下章也下章子張問政孔子約數以示作子張請目然後詳晰言之與問仁章大勢畫一頗見其錄自一手又二十篇中惟此二章以子答弟子之言加用孔子蓋古分堯曰子張問以下別爲一篇與前季氏篇爲別一記者所錄稱孔子是其大例故知命章首齊本亦有孔字今以問仁章亂入陽貨之篇旣嫌其體例不符而公山佛肸迺類並移之閒横隔以此亦頗不倫論語後十篇朱子嘗言之堯曰篇頗倒失次東坡蘇氏又嘗言之民食喪祭以上已假輯之殘斷之餘以下則覺全脫一簡敍羣聖畢宜更有孔子論斷或弟子贊孔子若祖述堯舜之類今亦已脫去矣恭寬信敏惠之本獨舍此何未足該歷代帝王爲治之體要也）

衆謂民衆敏審也公公平說懌也

（按）論語大旨內聖外王之道也始以學而終以堯曰孔子之學家修廷獻繼往開來無一非祖述堯舜憲章文武也此章歷述帝王禪革之事而後儒云敘羣聖畢宜更有孔子論斷或弟子贊孔子若祖述堯舜之類今已脫去予玩公羊昭三十二年傳城成周何注書者起時善其修廢職有尊尊之意也孔子曰謹權量審法度修廢官四方之政行焉宣十七年傳公弟叔肸卒何注孔子曰興滅國繼絕世舉逸民天下之民歸心焉兩引皆有孔子曰想見自謹權量下四節悉孔子斷論治天下之大道也隨齊經說興滅國繼絕世寬也謹權量審法度信也帝臣不蔽善人是富敏也堯舜禪讓公也四句正總結上文之義子

張問仁孔子因重述其言以告也

子張問仁於孔子孔子曰能行五者於天下爲仁矣請問之曰恭寬信敏惠恭則不侮寬則得衆信則人任焉敏則有功惠則足以使人

注按詳見陽貨篇

子張問（皇侃本問下有政字）於孔子曰何如斯可以從政矣子曰尊五美屏四惡斯可以從政矣

尊尚也屏除也從政謂爲大夫

子張曰何謂五美子曰君子惠而不費勞而不怨欲而不貪泰而不驕威而不猛

費耗也怨恨也貪婪也驕肆也猛烈也

子張曰何謂惠而不費子曰因民之所利而利之斯不亦惠而不費乎擇可勞而勞之又誰怨欲仁而得仁又焉貪君子無衆寡無小大無敢慢斯不亦泰而不驕乎君子正其衣冠尊其瞻視儼然人望而畏之斯不亦威而不猛乎

因民之利不使水者居山渚者居中原三農各得其所而遂其生也擇可而勞三時不害入執公功宵爾索綯晝爾于茅亟其乘屋其始播百穀也欲仁得仁有孚惠心民悅無彊君子道求諸己非爲求諸人也衆寡小大無敢慢者出門如見大賓使民如承大祭動容周旋無不中禮處心以虛接物以敬也正其衣冠尊其瞻視衣無撥冠無免瞻無邪正色而立於朝則人莫敢過而致難於其君也

子張曰何謂四惡子曰不教而殺謂之虐不戒視成謂之暴慢令致期謂之賊猶之與人也出納之吝謂之有司

不教而殺是罔民也虐謂殘酷不仁戒告命也視成謂考其成功暴謂卒遽無漸慢緩也致期刻期緩於前而迫於後是誤民而賊害之也猶之與之人言物非己能主而獨吝於其間則是萃吏之守庫藏不敢輕易爲出納也

（按）陋齋經說因民所利居山者禽獸材本居澤者蜂蛤魚鹽居郊原者蠶桑農圃也擇可而勞如治溝洫講武事興土功習樹藝也欲仁得仁省刑罰薄稅斂壯者以暇日修其孝弟忠信也衆寡小大無敢慢者正己率物書無逸云至于小大無時或怨詩泮水云無小無大從公于邁也衣冠瞻視人望而畏者義形於色非徒外有其表如公羊傳（桓二年）云孔父正色而立於朝則人莫敢過而致難於其君也想見夫子此言皆因子張務外門人友而弗敬語之勉成其德也（荀子宥坐篇）魯有父子訟者拘之三月其父請止孔子舍之季孫不說孔子曰嫚令謹誅賊也今有時斂也無時暴也不教成功虐也然後刑可即也（家語始誅篇說同）韓詩外傳三子貢謂季孫曰賜聞之託法而治謂之暴不戒致期謂之虐不教而誅謂之賊以身勝人謂之責荀子所言四惡缺其一韓嬰所言有責而無有司與夫子所言不同而大致本此（集注古箋）大戴記子張問入官篇其說較此尤詳記傳述其全論語撮其要也

子曰（釋文皇邢本皆無石經並作孔子曰）**不知命無以爲君子也**

不知命不能樂天失其道義之所守故無以爲君子也

不知禮無以立也

人有禮則安無禮則危禮者萬事之本立身之幹也

不知言無以知人也

言者心之聲也人之邪正所由分能知則明目達聰身與天下無不治焉

（按）韓詩外傳六天之所生皆有仁義禮智順善之心不知天之所以命生則無仁義禮智順善之心謂之小人故曰不知命無以爲君子也（漢董仲舒傳對策曰天令之謂命命人受命於天固超然異於羣生貴於物也故曰天地之性人爲貴明於天性知自貴於物然後知仁誼禮智安處善樂循理謂之君子故孔子曰不知命無以爲君子此之謂也）禮謂天經地義曲禮曰道德仁義非禮不成君臣上下父子兄弟非禮不定班朝治軍涖官行法非禮威嚴不行禱祠祭祀供給鬼神非禮不誠不莊故曰不知禮無以立也易繫辭云將叛者其辭慚中心疑者其辭枝吉人之辭寡躁人之辭多誣善之人其辭游失其守者其辭詘故曰不知言無以知人也論語二十篇終於此章者蓋孔子五十而知天命四十而不惑六十而耳順身具內聖外王之道禮陶樂淑卓然爲萬世師表者也知命內聖之功知禮外王之法知言則別賢奸作春秋寓褒貶華袞之榮斧鉞之嚴不爽毫釐者也故爲全部總結束焉

論語實測釐謬表

卷一　君子不重章經無友不如己者下脫過則勿憚改句○註損我者也下脫長者難曰憚改還善也兩句　○貧而無諂章註實未能超乎貧富之外也乎爲作守

卷二　爲政以德章按夾註覺不以敬王爲德子朝爲不德也爲作覺不王爲德子以敬朝不德也　○子夏問孝章按商其悋財悋爲作悋　○吾與回言章按不知是說甚歷甚爲作其　○非其鬼章註是諂鬼以求福也諂爲作諂

卷三　子入太廟章經每事問下子聞之上誤空一字　○子貢欲去章按周用子也脫一用字○夾註猶供此羊之理乎理下脫一乎字　○事君盡禮章註人以爲諂按人以爲諂兩諂字皆爲作諂　○關雎樂章按搏拊琴瑟搏爲作搏　○哀公問社章按五月辛卯月爲作年　○子謂韶章按名之曰建爨爨爲作爨　○居上不寬章按三者皆見定公三爲作二

卷四　富與貴章按夕而自省而爲作自　○朝聞道章按不禁赤雲夾日禁爲作禁　○子懷德章註上有善養之政上字上爲多親字　○不患無位章按必體明也必爲作分　○事父母幾諫章註祭義曰中脫義字

論語實測　釐謬表　一

卷五　公治長章按予玩褻公玩爲作沉　○子謂南容章按問羿奡禹稷泉爲作界　○宰予晝寢章經晝爲作書○註各寫箴規之旨各爲作名○夾註且云當爲書字且云爲作且爲　○子路有聞章經子路宜頂格誤爲低空一格　○巧言令色足恭章按應長爲秦之官秦爲作春　○顏淵季路侍章經與朋友共五句宜用大字誤排小字

卷六　仲弓問子桑章註可也僅可而有未盡之意僅下脫可字　○子華使齊章夾註包氏曰十六斗爲庾庾字脫爲作○　○原思爲宰節註九百上士之祿爲作上士之子祿　○子謂仲弓章經犂牛之子耕犂互訓兩犂字悉爲作犂　○季康子問仲由章經季字爲作李○註果有決斷決爲作決　○季氏使閔子騫章按惟因要絰服事經爲作經○夾註永樂九年年爲作州　○子謂子夏章註不可以不弘毅也以下脫不字　○子游爲武城章按脊人攻鄭骨子辭於鄭君兩鄭字悉爲作郛

卷七　夫子爲衛君章註衛君名輒輒爲作輒　○入曰伯夷叔齊節按夾註時輒二十餘歲輒爲作輒　○子不語章按挾輈以走輈爲作輈　○二三子以我爲隱章按我行實避桓魋桓下脫去魋字　○互鄉章按日初出滄滄涼涼脫去一涼字　○若聖與仁章經則可謂云爾已矣謂爲作爲

卷八　泰伯章按我世當有興者有興爲作興者　○民可使由章按此則所謂可使由之此則爲作則此　○好勇疾貧章按昭公爲姬季氏季爲作李　○三年學章按遂師三歲則帥其吏而與貺遂師爲作遂長則帥爲作則師　○狂而不直章按侗無知貌侗而不愿兩侗字悉爲作侗　○學如不及章註非徒虧其一簣一簣爲作一虧　○大哉堯節按爲互右之極至也互爲作亘　○舜有臣節經武王曰予有亂臣十人亂臣爲作乎臣才難不其然乎然乎爲作然亂　○三分天下節註荊梁雍揚諸國按謂荊梁雍豫徐揚故雍梁荊豫徐揚之人荊梁雍豫徐揚周紂之土字阪章四揚字悉爲作楊　○禹吾無間章按禹見堯居土階茅茨堯居爲作黑居

卷九　子見齊衰章夾註冕或作絻先儒以爲絻兩絻字悉爲作絕　○子疾病章按是未自衛返魯之前爲作返魯自衛以家臣治喪不可家字下脫去臣字　○有美玉章經韞匵而藏諸賈爲作匵○按得時則沽則下脫空沽字　○子欲居九夷章按湖北鄖陽鄖下脫去陽字　○出則事公卿章按穆叔知用一獻之禮不爲酒困也一獻之禮爲作之一獻禮一獻禮不四字誤排橫仰

卷十　執圭節按賓皮弁襲迎於外門外門上脫去外字大夫升自西階鉤櫨爲作升自西使階擯多一使字脫一鉤字玉藻執圭玉玉藻爲作圭藻

論語實測　釐謬表　二

○享禮節按賓裼奉東帛加璧賓裼爲作賓獻公出迎賓以入揖讓如初讓上脫去揖字公升側受几几爲作幾　○私覿節按大夫使士介大夫爲作大命　○君子不以紺緅飾節按以朱湛丹秫秫爲作秫　○當暑節按振讀爲袗禪也禪爲作禪　○割不正節註不正不食正字爲作食字○按魚去乙乙爲作己○夾註搢反側之搢反爲作種反　○肉雖多節夾註腸胃俎胃爲作胃豕膮臐爲作脘　○不撤薑食節註齊時禁食食爲作再　○祭於公節按生肉爲脤脤爲作眼天王使石尚來歸脤脤爲作脤　○寢不尸節按應人見于君不爲容容爲作客　○升車節按下卿位卿爲作鄉

卷十一　孝哉閔子章按乃爲吾子爲爲作謂　○顏路請子車節夾註竊禮之不中者也竊爲作窮　○門人厚葬節按夾註出有所之則經爲作則由經多一由字入宜經可居出則不經居字經作也字　○由也喭句經喭爲作喭○夾註喭諺古通喭爲作喭　○子張問善人章經子張爲作子曰　○季子然章按以有冉有季路爲宰臣也冉有爲作有有　○赤爾何如節註衣玄端冠章甫也爲作衣冠端玄章甫也　○點爾何如節註古人製服每豫爲之每爲作冠

論語實測釐譌表 三

卷十二

顏淵問仁章註即能淑心爲仁也淑心爲作淑必○請問其目節經顏淵曰同雖不敏曰同誤作同日○按垂旒塞纊
塞纊爲作塞一○司馬牛問君子章經內省不疚疚誤作疚○子張問明章註靜以馭動馭字誤排橫仰
○盍徹乎節註征取米粟米粟誤作宋粟○百姓足節按夾註什一誤作升一○子曰君子成人
之美章經子曰君子成人之美不成人之惡小人反是子曰誤作曰子小人反是四字脫落○樊遲從遊舞雩章按必
爲雩禱之詞雩禱誤作雩禱

卷十三

野哉由也節經言之必可行也言之誤作君子○魯衛之政章經政字誤作敢字○善人爲邦章
經亦可以勝殘去殺矣亦字脫落○一言喪邦節經一言而喪邦有諸喪邦上誤多可以二字○不得中行章
按夾註何以謂之狂也曰其志嘐嘐然謂下多一志字其下少一志字○不恆其德節夾註鄭箋或常也鄭箋誤作鄭籌○按自
易恆卦象曰至細衣詳而論語路也原本夾註今誤排印單行直接兩引細衣細衣並誤作表記○以不教民戰章按是皆不
教戰而棄民也誤作不教師棄民也

卷十四

憲問恥章註故夫子因其問恥而區別言之別上脫區字○克伐怨欲節經夾註吳志鍾離牧傳鍾離誤作子離○
可以爲難矣節經難矣誤作難寬○士而懷居章按男子設弧於門左男子誤作男子想見弛人柄皇道路道路
誤作皇路○有德者章經有言者不必有德有言誤作有任○南宮适問章按及羿信用寒浞寒浞誤作寒熊○
愛之能勿勞章註盡其心於忠愛也其心誤作其必者德下脫一者字盡忠愛於季孫也○按失二德季字誤作李○問子
西節註子西楚公子申哉才也才哉古通彼哉彼哉言彼其有其才能讓楚國立昭王而改紀其政彼才爲可知也故重言以嘉美之○夾註
爾雅釋詁註茂哉茂哉釋文哉本作才道不行章皇侃疏無所取材亦作無所取哉古字材哉同○原稿本以此條另書附黏註上印時此條遺當
故排者仍用底稿今特釐正附此○公明賈對節經夾註知實錯誤作知失篤○晉文公譎章按小德出入權
譎也譎誤作詐○桓公九合節夾註管氏已卒已誤作以○管仲相桓公節註糾會諸侯於葵邱葵誤作蔡故夫
子言民受其賜焉其誤作而○豈若匹夫節經自經於溝瀆而莫之知也諒字遺脫誤空一格○以德報怨章
夾註而夫子深不謂然謂然誤作謂人然○莫我知也章按齊戒向北辰而拜向字誤作間字○道之將行節按愬
子路於季孫實因政見不合今文重複於季孫三字實因誤作它因修己以敬節註百姓指世族大家大家誤作大學○闕黨
童子章按今則所居所行誤作所所居多一所字

論語實測釐譌表 四

卷十五

子張問行章夾註梲弓下誤作弓梲下○顏淵問爲邦章註革路誤作岸路○不曰如之何章
按當在齊歸女樂齊歸誤作齊婦

卷十六

益者三樂章註道善稱揚人善也揚誤作揚○君子有三畏章經君子有三畏畏天命兩畏字脫一畏字

卷十七

唯上知節按聚斂附益附字誤作增○子之武城章經夫子莞爾而笑莞爾下脫一而字○公山弗擾章
註實懼弗擾陰欲害子實誤作貨○不曰堅乎節註匏瓜瓠類瓠類誤作匏類○夾註及十一年年字誤作稽字○小子
何莫學詩章經小子誤作小人○按雖爲後人附益附誤作增○女爲周南召南章經召南誤作台南○
禮云禮云章註禮以淑躬樂以淑心兩句間多樂躬二字○色厲內荏章註當之小人之穿窬者穿誤作窬○

卷十八

微子去之章按非即適周非即誤作他即○柳下惠章註士師獄於司寇者臧文仲時爲司寇兩寇字誤作延字○
齊景公待孔子章按將欲以尼谿田封孔子田誤作尼○孔子下節按夾註無偶吾行無誤作而○長沮
章經長沮桀溺耦而耕孔子過之使子路問津焉句中脫落孔子過之四字○夫子憮然節註與鹿豕遊與誤作興○過
丈人節經子見夫子乎子見誤作子曰○逸民章經柳下惠誤作鄭下惠○太師摯章按時季札來聘季誤作李
○周有八士章經叔夜叔夏誤作叔叔夏季隨季騧季下脫落騧字○按聖賢輩輔錄舉輔誤作君輔皆在虞官虞官誤作靈官

卷十九

雖小道章按蓋在孔子開居誤作孔居子開○大德不踰節經大德不踰閑大德誤作大德○言游過矣
節按子游譏其爲末者子游誤作子游○仕而優章按年七十致仕致下脫落仕字○吾友張也章註張謂子張張
字誤排頂格○按不敖無告教誤作敎○紂之不善章按暴背如恭恭誤作恭○夾註紂醉踞妲己妲己誤作妲己○子
貢曰君子之過章經子貢曰三字脫一曰字○按甯武子甯字誤作甯字○衛公孫朝章按辨殞羊辨防風甫
句中誤作辨賢羊羊○叔孫武叔語大夫章註不得窺見其中美富美富誤作美當○按數仞之牆數下脫一仞字無不肅
雍趨蹌趨下脫一蹌字○毀仲尼章按夾註鄰字排印橫倒○夫子之得邦家節按夾註索隱家語空格脫
去索字

卷二十

堯曰咨章註下民昏墊墊字誤作熱字○按中戒於文祖廟云文祖誤作文祖○何謂惠而不費節註瞻視無邪瞻
視誤作瞻邪○何謂四惡節按居山者鳥獸材木木字誤作木字

國學研究社詩文選

夏兆麐 輯

《國學研究社詩文選》四卷，夏兆麐輯，據泰州圖書館藏民國清稿本《耐庵从著》（二十四種）本影印。

夏兆麐（一八八五—一九四八），字紹侯，號耐庵，江蘇泰州人。清宣統三年（一九一一）畢業於兩淮師範本科。民國十六年（一九二七）入國立中山大學社教講習會學習，卒業後供職於泰縣圖書館，並擔任泰縣教育行政委員會委員、縣政府文獻會委員、修志局委員。日軍侵占泰州時期，堅持民族氣節。抗戰勝利後任泰縣圖書館館長。著有自傳《夢痕録》。

泰州國學研究社是民國十一年（一九二二）成立的一個合研究與教育爲一的公立機構。研究社設在泰縣（泰州時稱泰縣）圖書館内。民國十一年，縣知事鄭輔東延請韓國鈞、吴同甲、劉顯曾、王貽牟、袁鐮爲社長，劉法曾等十四人爲評議員。至十六年春停辦。研究社簡章説，本社爲保存國粹、造就通材而設立。專爲研究國學，不預聞地方其他事務，亦不蹈門户標榜之習。凡學界有願入社者先報名，由縣知事甄録爲本社學員。學員平日研究國學以經史詞章爲標準。學員每月一課，每課四題。凡課藝劄記由社長選其優者，彙印成册。研究社經費年撥小寶帶橋船捐一千元（以上參見殷勇《泰縣國學研究社述略》一文，原載泰州市海陵區政協學習文史資料研究委員會編《海陵文史》第十二輯，二〇〇一年十二月）。此詩文選即爲該社成員之作，大多與泰州歷史文化有關。第一卷有陳未朽、曹蔭槐、林善伯各自所撰《泰邑初立圖書館記》一篇，又有郘侯、章炳炎撰《泰縣公園記》三篇，曹蔭伯等九人撰《泰縣佛經流通處啓》九篇。卷二有林善伯、錢繼、朱觀《古今泰州共有三考》文三篇。卷三有《陳厚耀傳入國史儒林州志入文苑體例兩歧論》三篇、《岳武穆王像贊》六篇。陳厚耀爲泰州人，『像贊』記泰州岳墩之岳飛畫像。卷四爲詩詞選一卷，所收亦多與泰州歷史地理人文有關，如《海陵竹枝詞》《讀陋軒集詩集感懷》等。此詩文選體現了國學研究社的研究成績和關注要點。

（江慶柏）

耐庵从著　第三集之五

國學研究社文選一

泰縣國學研究社文選目錄

卷一

○泰邑初立圖書館記　陳未朽

泰邑舊無圖書館。今年縣長鄭先生輔東初立焉。館址即擇於縣治之左。事既聞。余乃提筆記之曰。民國十一年縣長鄭公輔東初立圖書館於縣治左。書畢。飲一斗。放歌浩歎不已。適摯友已朽子排扉入。見案頭所記。曰。無乃太簡乎。何惜墨若是也。曰。所記者備矣。若瑣其事泛其辭以記。則事與辭價值當俱跌落萬倍。弗可為也已。已朽子曰。願聞其詳。曰。圖書館有益人神智之功。無圖書館。則盲聵其地方人士。禍也。今民國十一年矣。我泰初立圖書館。溯往則殊可悲。憶其來。可由是日趨耳聰目明之境。其幸喜何若。故民國十一年。為我泰人士神智界悲喜代謝之時。則記之。民國以來。牧泰縣者非鄭公一人。舍鄭公從無倡立圖書館者。我泰人士亦從無提倡私立者。直至今

泰邑初立圖書館記

曹蔭槐

易傳有言。河出圖。洛出書。聖人則之。則、法也。聖猶取法。圖書亦重矣哉。自時厥後。蒼頡造字。箕子陳疇。大闡河洛之蘊。而柱史之藏。莫盛於周。周禮。司險掌九州之圖。以周知其山林川澤之阻。大司徒以天下土地之圖。周知九州之地域廣輪之數。職方氏掌天下之圖。辨其邦國都鄙四夷八蠻七閩九貊五戎六狄之人民。周知其利害。圖莫晰焉。太史掌國之六典。小史掌國邦之志。內史掌書王命。外史掌書使乎四方。書莫備焉。孔子羅百二十國寶書。故能成六經。而猶問禮老子者。以其為柱下史也。館職之崇。自昔然已。蕭何入關。收秦圖籍。漢武表章六經。成帝詔求遺書。諸儒講經於石渠。更生校書於天祿。班志藝文。圖書斯萃。分崩於三國。駢儷於六朝。策府遺編。強半遺佚。之鄭公始立之。為我泰人士闢一神智門徑。善人也。則記之。泰城可立圖書館之地至多。茲擇於縣治之左。地僻且狹。夫豈不欲擴大範圍。乃事既絀於費。則必勉為之而後成。其成之難可知矣。故記其地。有以也。而曰初立者。此為我泰圖書館第一所也。推至第二第三第四。則胎於是矣。初立者。內容不備也。推至盡善盡美。基於是矣。記初立二字。我有無窮望在焉。

至若如何地址。如何屋宇。如何興工。如何開幕。及其他各節如何。則凡圖書館設立事。莫不瑣瑣然同。何價值之有。我豈屑記之。已朽子聞而笑曰。記大不記細。記獨不記同。備矣備矣。亦欲一斗而去。

隋經籍志所錄。持較班書。存者寡矣。唐分四類。曰經史子集。而藏書莫盛於開元。宋之太清樓。元之奎章閣。明之永樂大典。其嗣音也。清室崇文。廣搜秘笈。乾隆中葉。蔚成四庫全書。又建三閣。以藏副本。東南人士。得讀中秘書。而以博學多文名者。皆杭之文瀾。鎮之文宗。揚州之文滙。有以佑啟之也。歐化東漸。儒術中替。元文覆瓿、論語代薪、所讀者旁行斜上之文、所通者象寄譯鞮之語、承學之士、靡然從風、偶語詩書、為世詬病、六藝九種七略之籍、求為高閣中物而不得、其甚者、舉究委遺編、羽陵蠹簡、付諸估舶、以易瓶金、嗚呼傷已。泰邑為揚之大縣。庠序之士、類多讀書郡城、得窺文滙鈔藏者、而鄉先生之著述、如宮氏之讀書紀數略。俞氏之類苑聯珠。非夙耽文史、富有墳籍者、庸能為乎。今雖怵於世變。弦誦中輟。而故家遺族。猶多以書自娛。魁儒耆紳。且有家居講學。紹胡安定王心齋之遺風者。雖不求知於世、而名山之藏、自有千古。彙而錄之、亦當代圖書之府也。桐城鄭公、雨牧吾邑。康明之譽。比於仁和中丞。（蘇撫春江陸公）從政之暇。留意文獻。既輯邑乘。又改志局為圖書館。以存國粹。附設國學研究社。以惠士林。而興古學。甚盛舉也。槐生也晚。不獲登文滙閣而讀其秘册。徒承青氈家學。守我楹書而已。幸賴賢長官之提倡。得奉教鄉先達而聆其緒論。童子無知。真厚幸也。故不辭謭陋而為之記。

○泰邑初立圖書館記

林善伯

政治之興廢係學術。學術之盛衰係教養。秦漢以前。養士教人之法具矣。唐以後尚科舉。而輔助教養之法重焉。其見於著述可考於今者。未可縷指數。如曾王之學記。東坡之藏書樓記。陽明之尊經閣記。吳殿麟之紫陽書院記。皆以一邑之教養。助興國家之政教者也。方今歐化盛行。士重西學。雖學校如林。而國粹已呈中衰之象。有識之士憾焉。以為昔者科舉之世。固有之文化未墜。尚懼天下之士。徒騖於利祿。而導之以通經學古之方。矧今日世界大通。各國皆講保存國粹之道。如圖書館。如博物院。如研究學術之集會。皆進行不遺餘力。而吾國乃慕尚新奇。厭棄國學。比匪獨失數千年教養之法。亦無以應世界之潮流矣。桐城鄭公來守吾邑。有感於茲。乃創立圖書館。並附設國學研究社。暨古物保存所焉。推鄭公之用心。蓋以為學者之成就。非博通羣籍不可。而寒士有弗勝。自有圖書館。而學者不患無可讀之書矣。又以為專門之學。非啟導其門徑。雖多讀亦不能得其要領也。自有國學研究社。而學者不患不能得羣書之旨矣。至於古物保存所。則以吾泰前賢之著述為要。而附以金石之類。使學者見之。得以興起其嚮慕研究之心。意至美也。館址設於縣署之東偏。為屋四楹。其東之二楹。為圖書館及古物保存所。館中所藏。略分經史子集。凡可讀之書皆具。而附以圖。所中則藏邑中前賢著述及金石之類。令人興起其摹效之念。西二楹則為國學研究社。與昔日書院之制略同。蓋寒士雖能來館閱圖書矣。然學有專門。非研究不足以得其門徑。是以茲館之設。實合三者而成。其功效甚偉。又聘績學之士陳君管侯為經理。聘老儒王吳韓劉袁五先生為社長。為常年經費如干數。法至良也。噫。鄭公其明於政教者耶。夫吏者精於刑名。而忽於教養。是所謂有政而無教。非善於為政者也。鄭公之舉。其知乎此矣。鄭公固桐城文派之巨子。而陳君與五先生。又皆吾邑之通碩。吾信其教養之成也。是以樂為之記焉。

泰縣公園記（集文選）

鄧侯

在昔上林禁苑。（西京）為娛樂之遊。（長楊）蕙圃蘭唐。（羽獵）侈遊觀之好。（南都）苑囿之大。（上林）於此賞心。（出新林林浦詩）林麓之饒。（西京）聊可閑步。（宿東園詩）文王囿百里。民以為尚小。齊王四十里。民以為大。（羽獵）蓋繚垣開囿。（魏都）務在獨樂。（上林）於義未可（同上）與百姓共之。（羽獵）則眾庶悅豫。（西京）宜也。（解嘲）海陵都（吳都）重城結隅。（吳都）東瞻海澨。（東都）賓為地之奧區神皋。（西京）徒以叔世民訛。（廣絕交論）遺黎偷薄。（荐元彥表）俚人不識。寡見鮮聞。（四子講德）而吉日良辰。（蜀都）綴賞無地。（王文憲集序）於是蕩樂娛心。（七發）荒淫相越。（上林）聲色是耽。（養生論）則耳倦絲竹。（求自試表）歡飫無厭。（吳都）則列坐縱酒。（七發）臨博企竦。（求自試表）則狙詐飈起。（廣絕交論）逍遙暇豫。（七啟）以縱性之至娛。（七命）下愚之蔽。（檄吳將校部曲）可為長太息矣。（頭陀寺碑）爾乃大雅宏達。（西都）順時而謀。（與彭龍書）洋洋搢紳。（西京）俯弘時務。（三國名臣頌）本

人物之至情。景福殿賦 因原野以作苑。東都 而子大夫之賢
者。魏都 褒贊有成。昭明原序 永言攸濟。永明十年策文 慕鄭樂道。幽憤
詩(鄭)謂縣長鄭輔(東) 勤恤民隱。晉紀總論 鳴琴置酒。策秀才文 樂與同之。
讓太常博士書 赫矣陳君。陳太邱碑(陳謂 主任陳伯和) 經營於其內。上林 命
般爾之巧匠。西京 度宏規而大啟。西都 終日經營。四子講德 日
不暇給。西都賦序 其為之者勞。東京 然後得成功也。運命論 觀
其結構。魯靈光殿賦 美者哉 邈乎。西征 其水則南都 曲池湛湛。陸機
樂府 綠水澹澹。東京 園淵方井。魯靈光殿賦 源泉灌注。西都 其山、
則崆峣嶱嵑。南都 盤石險峻。高唐 磈磈磈磈。蜀都 隆崇嵂崒。
子虛 其樹則有木蘭梫桂。蜀都 欆杼揳樅。同上 長楊映沼。芳
枳樹蘺。閒居 布綠葉之萋萋。蜀都 敷華蘂之蓑蓑。南都 其竹則
籦籠篁篾。南都 千霄秀出。蜀都 苞筍抽節。往往縈結。吳都 其
間。蜀都 曉樹迎風。七命 荒亭復明。長門 駕鼋為梁。恨賦 曲折要
紹。魯靈光殿賦 昔日芳草。離騷 厥跡猶存。西京 況復芙蓉覆水。

東京 菡萏敷披。閒居 丹藕凌波而的皪。綠芰泛波而浸潭。
魏都 紅葩獵狎。西京 隨風猗萎。江賦 此焉清暑。西京 不亦優乎。
答賓戲 於前、蜀都 則廨署棊布。吳都 繚以周牆。西都 警夜巡晝。
徼道外周。西京 庠序盈門。東都 兩學齊列。閒居 於後、蜀都 則棟
宇相望。同上 天窗綺疏。靈光殿賦 接閈白水。讓封侯表 里仁所廬。
通幽賦 其東、子虛 館室次舍。采飾纖縟。西京 辯論之士。同上 常
審其會。演連珠 經國之大業。論文 或能批評。論盛孝章 其西。上林
遭藪為圃。吳都 短草宿宿。離騷 青條總翠。古詩 繞屋扶疎。陶詩
睇目極覽。范曄詩 所在可盤游也。歐陽建句 夫締構之初。魏都
鐃樂若此。子虛 自茲厥後。褚淵碑 經之以歲月。累之以日
力。博弈論 踵其事而增華。昭明原序 推而廣之。同上 鳥集鱗萃。
西京 動物斯止。同上 而又枕經籍書。答賓戲 開集雅之館。石闕
銘 通闤帶闠。西京 陳天下之貨。吳都 洪業恢拓。檄蜀文 更築
然可觀。原序 於時都人士女。西都 雜遝交集。籍田 時往時來。

蜀都 休息於此。上林 朝觀夕覽。景福殿賦 近矚遠視。謝惠連詩 觀魚鳥。樂林草。逸民傳論 抱幽石。謝靈運詩 澄清影。曹植詩 乃慷慨而長嘯。嘯賦 飄游雲於太清。嘯賦 其所以娛耳目。樂心意者。上林 固不能徧舉也。東都 而宣和情志。琴賦 樂者未荒。南都 風俗移易。四子講德 可矯其弊。皇后紀論 豈惟盤樂而崇侈靡耶。景福殿賦 余雖不敏。七啟 昭千載之嘉會。西征 盛娛遊之壯觀。西都 歡欣踴躍。與滿炳書 何可勝言。二十八將傳論 是用綴輯遺文。王文憲詩集序 敷覺厥旨。孔尚書序 元元本本。西都 揚摧陳之。蜀都 雖燕音累氣。沈約傳論 不足以揄揚宏美。贈劉琨書 而珥彤記事。曲水詩序 亦以訓後而觀厥成云。景福殿賦 是時也。東京 惟華國。陽給事誄 年十三。與山濤絕交書 歲次元枵。西征 七月。封燕然銘 二十六日。宋皇后哀策文

○泰縣公園記

章炳炎

昔文王之囿方七十里。任民登靈臺。俯靈沼。東方氏稱之曰同樂囿。齊宣王之囿方四十里。屬吏禁樵蘇。止漁釣。司馬公惡之曰獨樂園。自古與民同樂則興。獨樂則亡。今泰縣之公園。亦文王之囿也。民國甲子歲。桐城鄭先生守是邦。假藕花洲之故址。闢其地而新焉。顏其額曰公園。與民同樂之盛意也。余弄墨之暇。時出遊眺。每至公園。流連忘歸。蓋其林屋蕭閒。水木明瑟。臨溪一覽。悉是釣徒。環流而居。半多學校。教育局第一高等在焉 桃梨錯雜。荇藻交橫。春梅破萼。紅滿一園。暑荷弄風。香聞數里。其北則蘆洲蕭瑟。聽水聲之潺湲也。其南則泰堂高古。望月光之輝映也。其東則聖宮高大。見哲學之昌明也。其西則虹橋卧波。則天矯如游龍也。而公園勝地。適居其中。觀其布置。亦極費

泰縣公園記

將為園圃亭池名花佳木於郊邑之中。則必浚泂壑。葺山石。用極人力。乃可以有為也。然而求天造地設之狀。不易得焉。逸具人。因其地。全其天。柳州所謂昔之所難。今是乎在者。泰縣有焉。泰為漢唐古郡。度土為城。泰堂之後。有池焉。伏於泥塗。有亭焉。圮於奧草。茂樹惡木。亂雜而無章。欲雖新之久矣。東有放生池。其碑為顏清臣書。端莊流麗。非他人所可及。其八十一池之一耶。抑後人摹之耶。鄭先生守是邦。甲子歲。公餘之暇。望其地且大異之。始命芟其蕪。闢其徑。築小亭。建新當堂。架虹橋。植荷於池中。奇勢迭出。美惡易位。清濁辨質。視其水則清且漣漪。視其木則佳氣青秀。視其花則幽香襲人。於是怪石森然。周於四隅。起者伏者。立者仆者。或如踞虎。或如走蛟。洞穴杳冥。變化經營矣。山石嶔崟。峯巒秀異。（米元章弄石峯巒秀異）或如蟠龍。有似踞虎。變化萬狀。莫可端倪。有放生池石碑。屹立岸側。字體如幽燕老將。氣韻沉雄。相傳為顏魯公書。（由平原摹刻）真勝跡也。有亭翼然臨於池上者。浮香亭也。亭名（仿古）遊人和暢。風景清妍。黃童倚笛。能唱竹枝。白叟吟詩。好歌桃葉。誠輞川之勝居。巢雲（宋史沈遼傳徙池州築室於山名曰雲巢園中多奇景邑中攬勝者多往遊焉）之奇秀也。然則是園也。豈獨水泉山石之適歟。林麓亭池之觀歟。將使斯園之景日新。與民偕樂。而恤民之苦。願繼文圃而並垂不朽也。

萬狀。凡其物類。無不依形輔勢。效伎於茲園之內。名之曰公園。亦文之靈囿歟。每當風日晴和。與客任遊憩於水亭。憑欄而視。則清冷之狀與目謀。洋洋之聲與耳謀。悠然而虛者與神謀。淵然而靜者與心謀。雖柳州所云。不難可擬。噫。以茲園之勝。風景常留。與泰邑並垂不朽。謂非泰邑之幸哉。

泰縣佛經流通處啟

曹蔭槐

蓋聞經馱白馬。溯東漢一千有餘年。劫度紅羊。建南朝三百六十寺。拜琳宮之瑞相。頂禮獅王。幡貝葉之梵書。心通象譯。傳燈有錄。爭編秘錄於禪宗。飛錫卓山。競摩名山之石。刻莫謂語言文字。總屬筌蹄。須知糟粕精華。皆為法乳。方今宗教平視。文化大同。四部之秘笈齊刊。萬國之寶書畢購。齊東野人之語。並錄禪官旁行斜上之文。設科學校。惟彼空王之法。祇供釋子之傳。五戒並受。雖不分居士大師。一卷難求。未免負善男信女。矧復神州板蕩。慾海橫流。天魔正肆淫威。地獄都變相。勸平等之說。忿而忘親。以捨身為名。勇於作亂。尤宜傳西方正法。冀以度東土衆生。然法炬於昏衢。容光必照。濟慈航於苦海。及溺能援。況我海陵。幸留淨土。地掘湧金之院。井通卓錫之泉。古

泰縣佛經流通處啟　陳釀

嘗聞水之蓄積者，必貴乎流行，路之阻塞者，必資乎通達，世界之萬物皆然。而佛家之經典，又何獨不然。蓋佛教之有經典，猶儒家之有經書也，儒書有五經七經十三經之別，佛經亦有五千四十八卷之多，儒言應世之方，佛言出世之妙，是佛經之功用，固與儒書並駕而齊驅，而佛經之流行，亦應與儒書並行而不悖，惟我泰縣。海隅僻處。聲教未通。儒書久見流行，佛經獨無通處，以致覺路未登。迷津莫渡，雖曰西方象教。遍於震旦乾坤。而甘露之門未闢。黃金之地奚佈。況貝葉不繙，蓮花未現，莫悟天龍之指，奚來白馬之馱，何怪乎三昧難聞，四禪莫學，化人城內，不少天魔，選佛場中。每多地獄，此有心人相與欷歔，覺世者同為浩嘆者也，今我泰縣。鑒及乎此，發菩提心，參微刹，莊嚴寺名光孝，藏經散佚，庵號吉祥，天目本屬名山，松林猶存古栢，既昭靈蹟，應悟真如，固宜人暢宗風，家宣梵唄已，然而黃金布地，旁門易飲貪泉，江湖多風，取經每艱遠道，既懼雞林之作偽。又虞烏馬之傳譌。同人有鑒於茲。爰設佛經流通處。凡西藏陳篇，南朝譯帙，金剛涅槃之卷，楞嚴法華之篇，本屬單行。架皆列舉，能誦經咒，可以洗心，如入寶山，未嘗空手，庶佛日增輝於震旦，俾法雷大響於坤輿，惟仗慈悲佛祖，三界超生，尚希慧業文人，一稱惠我，謹啟。

妙法。搜羅天竺之遺經。選集釋迦之妙旨。存儲以待。得價而沽。緇流固得所皈依。儒士亦便於諷誦。俾梵唄之音。廣傳東土。光明之燭。普照遐荒。如水之有源。流行而不滯。如地之有路。無往而不通。固非貿易之私衷，亦豈經營之性質，此乃流通處創辦之宗旨。亦即流通處覺世之苦心也。凡我泰人，同此血氣，覩茲盛典，際此鉅觀，孰不極口稱揚，而私心贊許者也。敢撰俚言，而為之啟。

泰縣佛經流通處啟

潘少漁

粵自周占寶氣。佛化已兆於西方。漢夢金人。象教方傳於東土。色相說南朝四百。覺路宏開。光明燭世界三千。靈山大啟。倡十行大同之教。抱萬物平等之心。無我無人。等儒家之胞與。大慈大悲。匪太上之忘情。八功不外能仁。三昧無非善慧。經馱馬背。靜演三車。道講雞園。俱融二諦。鳴法雷於震旦。曜慧日於中天。八難三途。同沾化雨。四生六道。廣被慈雲。是以三藏在唐。賢主稱為聖教。梵音入夏。學者奉作圓音也。慨自正教式微。魔道則乘機而起。神權杳渺。庸流則迷信愈深。困八垢而不知。侈言物質。任四禪之為縛。競尚文明。赤子無知。罔識輪迴之果。蒼生誤盡。無非機械之因。不傳獅吼於三空。孰悟鴉鳴於四大。乃有方外上人。寰中善士。霆雷霆聚聵。廣被梵音。日月羣盲。

大宣教乘。此萬國所以常開法會，而各地所以咸立經筵也。吾邑淮南巨鎮，江右名區，夙稱文化之邦，久詡醽良之地。證聖功之密諦，何必後人；參正覺之真如，尤當繼衆。然問津有志，入道無門，秘笈既不陳於選佛場中，法言復不見於化人城內。寒林孤露，誰開慧海之帆；廣漠淒風，何處迦陵之鳥。同人等傳燈抱願，苦以力綿；點石爲懷，焚如心緒。乃或代捐公益，或獨解私囊。原期集腋成裘，居然聚沙成塔。用是流通法寶，搜採真詮，舊槧既羅，新編並集。典籤宏鄴架，敢誇貝葉如林；地址卜吟香，記取籐花深處。邑中不少在家菩薩，出世大夫，修行路何事外求，自在天衹須近覓。欲參般若，何妨人手一編；欲樹菩提，惟有家藏數卷。果使楊枝甘露，灑大地都化清涼；剎利蓮花，證三摩盡成歡喜。豈惟古先生救世之深期，是亦儆同志焚香默禱者也。謹啟。

泰縣佛經流通處啟

夏卓然

蓋聞氣望函關，授道德青牛西去；佛迎天竺，馱經文白馬東來。開上乘下乘之門，分大千三千之界。法典盡成譯著，名重鳩摩；牟尼即是聖人，說傳蕭璐。自信佛者衆，一花一葉，俱現如來；惟講經者多，觀我觀人，應宣偈語。此泰縣所以有佛經流通處也。本處成立始於甲子之秋，經營及夫丙寅之歲，宗旨固為純正。佛經籍以流通，所獲良多。其益有四：一可以助佛化週刊之流行也（佛化週刊為現在泰縣報界中之一種出版物）。花生彩管，筆政宏司；經彙叢編，選材攸賴。執一紙而皈依三寶，取證前因；化多士而同入諸天，憑參妙諦。二可以示各處講經之師法也。虎邱說法，巖石點頭；龍象護經，沙門仗力。陳寶座者，勝列牙籤萬軸，直如梵語之頻聆；升講壇者，常持法卷一編，益見天花之亂墜。三可以資學佛者流之修養也。臨樽無酒，東坡不仙；醫俗有經，維摩豈病。習生涯於木魚金磬，倍添菩薩心腸；眈供養於貝葉香花，一醒人天眼目。四可以脫塵世浩叔之慘苦也。七情六慾，苦海難離；寶筏慈航，楞嚴可比。廣造浮屠七級，放生戒殺；多念阿彌，清持淨土。長齋茹蔬，諷經得延；懺悔人事，備徵四益。座隅宜置一通。海陵素號名城，本處早儲佛典，瑯嬛富有，可任取求。福善多緣，何妨招集。願舉世迷津，速悟讀佛經，盡入吾門。趁者畨臘鼓剛喧，展薛箋快書小啟。

泰縣佛經流通處啟

沈本淵

慨自新潮澎湃。聖教凌夷。天喪斯文。六籍束諸高閣。佛憂大道。三乘傳自上方。挽狂瀾於既倒。人欲橫流。扶正氣於不衰。佛經善說。九天欣化雨宏施。早開覺路。大地看香雲特起。頓豁迷途。洪惟我佛。普度衆生。靈蠢雖云異稟。性天端具善根。不辭苦口。藉慰婆心。智慧芽開。繙語言於西域。聲音輪轉。宣教化於南州。如如覺後之因。的的西來之意。金篦刮膜。深明大藏之心。寶鑑離銓。本是無遮之義。然而白法彌窮。元言無盡。啟榆欓而精搜。爇栴檀而冥誦。則龍宮萬笈。鹿苑三車。多倍儒書。繁逾道藏。烟海欲窮而無際。津梁未逮而先疲。於意云何。我聞如是。而已乃有齋心居士。淨業同人。提倡念佛。發表研經。何以使同入法門。心燈可接。何以使誕登彼岸。寶筏能艤。此吾泰縣佛經流通處所由設也。憶昔太虛法師。應光孝律寺之請。講維摩詰經也。廣揮智刃。妙悟言泉。慧了三摩。情空六入。為世尊說第一法。手自拈花。與如來參最上乘。頭頻點石。於是散千花之寶藏。闢雙樹之真詮。宏開佛域。大啟經幢。地初假乎道院。肆儼臨乎佛場。結大地之善緣。香縈寶蓋。聽隅牆之梵語。響雜金鐃。此固鄰光孝寺而闢小香岩為佛經流通處。蓋成立於甲子紀元也。無何而城徙化人。場虛選佛。設肆不宜乎僻地。閉門直等乎深山。然而欲慈航永渡。寶藏流通。則必大開舍利之城。蔭法雲於真際。廣造維摩之室。耀慧日於康衢。紫藤花下。重榜卍字而招徠。金谷園中。仍坐蒲團而參悟。（小香岩仍設有念佛會）唐梵同函。貯滿半三乘之典。圓通示應。聞思一法之門。本覺如而今覺來。梵文易解。不死般而不生涅。笈釋尤多。在家僧端資乎磋益。門外漢有待乎感興。運廣大神通。能馴御衆。具聰明智慧。能辨蚪蝌。掉廣長舌。免教墮入泥犁。發菩提心。冀顧挽回刦運。授簡飛來。置郵遞去。偶留歡喜之緣。不屑錙銖之較。薄收香楮之資。畧補棗梨之貴。是則諸天甘露。廣澆灌頂之醍醐。一指禪機。打破蒙心之魔障。一言了了。萬有有空空。雖南頓北漸之攸殊。實魚躍鳶飛之不異。何不可同游净域。並入化城也哉。敢布長牋。用申小啟。伏願十方之衆。同歸兩足之尊。抛開塵網。競趨功德之林。參透夙因。共證菩提之果。

泰縣佛經流通處啟

王光鏷

客曰。七發今天下巨猾閒釁竊弄神器。東京賦欃槍旬始。羣凶靡餘。仝上於時之亂。人生幾亡。神鬼泯絶。壑無完柩。東都日月為之失明。邱陵為之搖震。東都賦七雄并爭。不能厥政。政用多僻。仝上征稅盡。人力殫。仝上而欲幽幽林薄。頭陀寺碑飛遯離俗。羨此永生。七啟耽虛好靜。與物無營。仝上展季桑門。西京以為羽翼。七發其奚由至哉。枚乘啟東吴王孫。囅然而咍曰。吴都賦譆。七啟顧常以為士之生也。閑居賦非至聖無軌。微妙元通者。則必立功立事。効當年之用。潘岳賦唯力是視。東京賦乃救死於其頸。張平子順民終始。給園多士。頭陀寺築室種樹。逍遥自得。閑居賦窺東山之府。觀海陵之倉。吴都賦唯此名區。碑文天開涤池。帝獻方石。頭陀寺將世之所收者。常聞所未名者若無。海賦日新月故。虛往實歸。頭陀寺且布世之所聞。惡審其名。江賦 往來勃碣。仝上 莫之能獲。西京賦 於是不售。仝上 持籌而算之。萬不失一。七發 故能使三十七品。九十六種。頭陀寺表神妥於江都。江賦 混流宗於東會。仝上 以通得意之路。碑文 妙不可盡之於言。江賦 有樽俎之師。頭陀寺 無藩籬之固。仝上 川流之所歸湊。江賦 誰能不營。西京賦 則有身齊逸民。名綴下士。閑居賦 品物類生。何有何無。海賦 千類百聲。自相喧聒。江賦 士食舊德之名氏。農服先疇之畎畝。

商循族世之所鬻。工用高曾之規矩。西京賦 都人士女。西京賦 或漁或樵。江賦 忽忘夕而宵歸。仝上 三選七遷。西都賦 五都貨殖。仝上 洪鍾虛受。無來不應。頭陀寺 幽谷無私。有至斯嚮。仝上 興王之軌可接。泰階之平可升。赭白馬賦 教肄南移。方廣東被。頭陀寺 澤周萬物。施洽羣有。仝上 然後遺文閒出。澄什給轍於山西。碑文 幸見光臨。曹子建七啟 林遠肩隨乎江左。頭陀寺 謹啟。魏文帝啟

泰縣佛經流通處啟 集文選

張萍

蓋聞禍福無門。陳孔章檄吳將校部曲文 吉凶由人。班叔皮王命論 神人獲安。劉越石勸進表 福屢降瑞福。王子淵四子講德 是以如來利見。王簡棲頭陀寺碑 亦踐危而必安。陸士衡弔魏武帝文 出具言善。張茂先女史箴 千里不言而斯應。沈休文齊安陸昭王碑文 行之苟有恒。崔子玉座右銘 無不幸甚。劉越石勸進表 夫神仙雖不目見。嵇叔夜養生論 前史所載傳。嵇叔夜養生論 豈虛語哉。應休璉與侍郎曹長思書 居今觀古。任彥昇百

辟勸進今上牋 奉而行之。任彥昇奏彈曹景宗 皆有徵驗。劉子駿移書讓太常博士 由此觀之。陳孔章為曹洪與魏文帝書 其有必矣。嵇叔夜養生論 方今六合未康。桓元子薦譙元彥表 天厭漢德。潘安仁楊荊州誄 大災荐臻。劉越石勸進表 武人崛起。范蔚宗後漢書二十八將傳論 自相夷戮。丘希範與陳伯之書 轉相攻伐。曹子元六代論 死傷積野。李陵答蘇武書 比年以來。鍾士季檄蜀文 萬民騷動。東方曼倩非有先生論 危運之極。劉越石勸進表 以至今日。李陵答蘇武書 今江東之地。陳孔章檄吳將 幸四境無虞。王元長永

（明十一年策秀才文）神功無紀。（任彥昇到大司馬記室牋）長享其福。（阮元瑜為曹公作書與孫權）匪天之功。（任彥昇百辟勸進今上牋）誠如來命。（吳季重答魏太子牋）男女老幼。（沈休文齊安陸昭王碑文）皆願摩頂自踵。（劉孝標廣絕交論）喜歡無量。（應休璉與從弟君苗君胄書）大臨街衢。（沈休文齊安陸昭王碑文）東唱西和。（孫子荊為石仲容與孫皓書）接響傳聲。（沈休文齊安陸昭王碑文）不可勝數。（阮嗣宗為鄭沖勸晉王牋）仁而愛人。（蔡伯喈陳太丘碑文）錫類所及。（任彥昇啟蕭太傅固辭奪禮啟）遠無不懷。（沈休文齊安陸昭王碑文）善誘善導。（蔡伯喈陳太丘碑文）德流天下。（東方曼倩答客難）奄有三千。（王簡棲頭陀寺碑）今子大夫。（東方曼倩答客難）縉紳處士。（劉伯倫酒德頌）樂取名教。（任彥昇百辟勸進今上牋）陳發祕藏。（劉子駿移書讓太常博士）將以傳之於同好。（曹子建與揚德祖書）所傳經。（劉子駿移書讓太常博士）窮理盡微。（吳季重答魏太子牋）芬若椒蘭。（沈休文齊安陸昭王碑文）可法可象。（陸佐公新刻漏銘）有所廣益也。（孔明出師表）若不改轍。（吳季重答東阿王書）以相覺悟。（孫子荊為石仲容與孫皓書）年一過往。（魏文帝與吳質書）實不可追。（吳季重答魏太子牋）醒寤之後。

（吳季重在元城與魏太子牋）歲不我與。（吳季重答魏太子牋）況我神造。（陸佐公新刻漏銘）無幽不燭。（劉越石勸進表）大庇生民。（陸佐公石闕銘）邇無不肅。（沈休文齊安陸昭王碑）雲雨之澤。（陸士衡謝平原內史表）未足以喻。（陳孔璋為曹洪與魏文帝書）誠千載之嘉會也。（曹元首六代論）盛年一過。（吳季重答魏文帝牋）難可再遇。（吳季重答魏太子牋）然使長才廣度。（稽叔夜與山巨源絕交書）同胞之徒。（東方曼倩答客難）博通羣藉。（任彥昇宣德皇后令）形乎文墨。（吳季重答東阿王書）必資於不刊之書。（任彥昇為范始與作求立太宰碑表）以堪長久。（吳季重答魏太子牋）心合意同。（東方曼倩非有先生論）無不應響。（繁休伯與魏文帝牋）區區之心。（李陵答蘇武書）謹奉啟事以聞。（任彥昇為卞彬謝脩卞忠貞墓啟）

泰縣佛經流通啟

朱氷

蓋聞十宗六祖有大乘小乘之分。五蘊十支。闡因明聲明之奧。永平之世。印度齎經典而至者。攝摩竺法蘭兩師。魏晉之交。西域譯佛典而來者。佛圖澄法顯諸子。道安鑿齒。以儒者而倡淨土之宗。鳩摩羅什。以開士而啟梵音之秘。夫然後涅槃微妙之義。支那宏敷。華嚴唯識之經。震旦普被。慈悲作室。通慧為門。度一切苦厄。同證菩提。忝三乘禪機。漸摩明鏡。三藏十二部。不僅佛學之梯航。唯識三十誦。實亦哲學之寶筏也。吾泰佛寺八百餘所。舊為弘揚佛化之邦。歷來乘大願發大心者。雖不乏人。而求如唐法嚮之伏虎法力。明文銘之吐火功行。曾不數覯。上焉者。躭戀生死。迷信神權。妄立門戶。罔知宗法。下焉者。依附神佛。詖邪鉤引。指導無方。接引非路。固由吾泰阻於交通。亦原佛手牖於耳目。此佛經流通處所由設也。於戲。惡因遍殖。善果罕生。遠觀世界之殺機。近瞻全國之烽燧。五濁惡世。本衆生罪業所造成。多生曠劫。惟我佛慈悲能挽救。文殊妙智之吉祥。普賢行願之威力。無非如來秘要之典。即無一非解脫生死之門。炳然如列炬之照通衢。霍然如阿伽之投萬病。凡一切衆生。十方居士。發菩提心。掉廣長舌。倘不讀佛經。不治佛學。雖力行功德。有林普念彌陀。有社而仍不免茫茫然生。昧昧然死。其亦甚於盲者之不覩天日。跛者之不知行履也。夫此其毒。發見則禍延鄉國。潛伏則害在人心。惑世誣民。為害之厲。謗佛滅法。為教之蠹。蓋學佛者莫能辭其咎矣。所願披緇之比邱僧比邱尼。茹素之優婆塞優婆夷。幸向城北犁頭街本流通處求入學之門焉。謹啟。

泰縣佛經流通處啟

朱近吾

大乘妙諦，古稱教下三家，正法眼藏，授受禪門六祖。蓋佛學之空，與儒學之實，雖有兩端，而精一之旨，與三昧之奧，初無二致，均足以挽回浩劫，救正頹風者也。道安、習鑿齒，非儒者耶？以儒學之造詣高深，進而闡揚佛教焉。劉勰、謝靈運，非儒者耶？以儒學之研究豐富，進而宏揚佛化焉。是知羣經廿四史與三藏十二部，凡吾儕一切衆生，宜視如五雀六燕矣。溯炎漢永平之際，攝摩、竺法蘭兩大師應詔齎經典，姚秦弘始之初，鳩摩羅什三乂寶難，日夜繙繹梵音，隋唐之際，宗風極盛，宋明之交，法力尤宏，天台、法相、華嚴三宗，陳義閎深，説法博辨，視鄭孔賈馬諸儒，曾不多讓，黄梅、大鑑、神秀諸祖，教外别傳，專憑晤証，較老莊陸王諸子，抑豈少殊。泰邑儒風之盛，夙冠淮東，泰邑佛寺之多，著稱江北，故夫理學真儒，有安定、心齋開其先，沙門鉅子，有法響、文銘倡其首。儒與佛不等重耶？今繼國學研究社後，既有佛學研究社，而縣立圖書館後，獨可無佛經流通處哉？嗟夫！以儒學之淵博，華華學子，誠宜搜采圖書，而佛法之深宏，芸芸衆生，亦當尋繹經典矣。乃或則以師友遠隔，指授無人，或則以學説深廣，望洋而退，或則以耳目罕接，寡陋自安。庸詎知淺之則因果輪迴之説，可啟初機，大之則了生脱死之方，可証正覺，顯之則淨土往來之法，普破諸根，深之則法相法性，諸宗更昌絶學。本流通處諸材宏博，不啻聚諸佛於一堂，招徠殷勤，亦幾接千里於咫尺，所願披緇開士，茹素居士，踴躍購置，精進誦習，則無量法門，無窮津奥，皆可於本流通處得之。夫何有於師資之不足，法要之莫聞，生視儒學昌明，佛學哀敝哉。此啟。

千齡雅集圖攝影記　集文選句　沈偶非

逍遙乎山林之阿。（潘安仁秋興賦）休息乎篇籍之囿。（班孟堅答賓戲）清虛靜泰。（嵇叔夜養生篇）心妙體元。（同上）含華隱曜。（張景陽七命）不雜風塵。（劉孝標辨命篇）其惟神用者乎。（任彥昇王文憲集序）若而人者。（任彥昇百辟勸進今上牋）東、南、之、美。（潘正叔贈陸機詩）吾、每、（嵇叔夜與山巨源絕交書）慨、然、慕、之。（同上）於時（潘安仁射雉賦）涼、風振落。（張茂先勵志詩）暄氣初收。（張景陽七命）耆、儒、碩、老。（楊子雲劇秦美新）大、雅、宏、達。（班孟堅西都賦）連、交、合、眾。（同上）修、容、乎、禮、園。（司馬相如上林賦）清、明、內、昭。（沈休文齋故安陸昭王碑文）流、景、外、娫。（何平叔景福殿賦）鯢、齒、眉、壽。（張平子南都賦）既麗且、康。（同上）寫載其狀。（王文考魯靈光殿賦）巧盡於器。（陸士衡演連珠）金相玉、振。（昭明太子文選序）極丰采之異觀。（左太沖魏都賦）雍容揄揚。（班孟堅兩都賦）處乎斯列者。（班孟堅西都賦）相、兼、二、八。（左太沖三都賦謂圖中老者）（十六人）英、髦、秀、達、（劉孝標辨命論）有、一、於此。（任彥昇南徐州蕭公行狀。謂圖中）（有一少年）抑、亦、雅、頌、之、亞、也。（班孟堅兩都賦序）以、為、年、紀。（班孟堅西都賦）

數、逾、千、紀。昭明太子文選序謂圖名千齡、雅集。經、師、人、表。任彥昇王文憲集序資、生、仰、化。束廣微補亡詩蓋、云、備、矣。昭明太子文選序方、今、天、地、之、雖、刺。張平子南都賦顯、不、如、隱。袁彥伯三國名臣序贊至、若、齒、危、髮、秀、之、老。任彥昇王文憲集序含、經、味、道、之、生。同上保、殘、守、缺。劉子駿移書讓太常博士德通神明。同上遠濁世而自藏。賈誼弔屈原文居多暇日。昭明太子文選序於茲為羣。班孟堅西都賦更唱迭和。宋玉高唐賦標榜風流。袁彥伯三國名臣序贊左顧右盼。曹子建與吳季重書各以得志為

樂。嵇叔夜與山巨源絕交書可謂拔乎其萃。夏侯孝若東方朔畫像贊雖班孟堅西都賦白髮生鬢。吳季重答魏太子箋視明聽聰。王仲宣贈文叔良詩人生實難。王仲宣贈蔡子篤詩此乃天地之稟。陳孔璋答東阿王箋好學樂道之效。東方曼倩答客難庶可與羨門比壽。王喬爭年。嵇叔夜養生論垂令聞而不已。潘安仁西征賦硠硠高致。潘安仁馬汧督誄悠悠我情。東方朔畫像贊旋、侍、光、塵。繁休伯與魏文帝牋俾、若、神、對。任彥昇齊竟陵文宣王行狀賦詩稱壽。吳季重答魏太子牋蓋亦無量。繁休伯與魏文帝牋其辭曰。

司馬長卿長門賦仰、瞻、玉、容。陸士龍如、嶽、之、崇。同上散、璞、發、輝。潘安仁茂、德、淵、沖。陸士衡頤、性、養、壽。嵇叔夜年、其、逮、耇。韋孟超、哉、邈、猗。顏延年散、髮、巖、岫。嵇叔夜

○千齡雅集圖攝影記

趙鴻慶

緊昔會九老於香山。精神矍鑠。圖七賢於古剎。風致飄然。名士聯裾。孟仲寧稿成蓮社。高賢接轡。顧長康興托西園。要皆契合宗王。賦新詩而摘葉。圖同僑札評舊石而倚雲。既蘭芷分湛滫。托丹青以將意。寫得新圖於一紙。足傳佳話於千秋。從未有左麟右鳳。莫不望若神人。前輝後光。盡是榮登大耋。濟濟同扶鳩杖。頰無須添以三毫。翩翩咸若童顏。神自可傳於八面。如千齡雅集之攝影者也。吾泰袁先生季枚者。吳下經生。江東才子。一黌聲雋。燭未撤乎金蓮。三舍名高。人爭識乎琪樹。溯風流於前輩。雅類隨園。評月旦於先賢。追蹤陽夏。窮堅老壯。蕉夢奚悲。衆醉獨醒。桐炊何恨。故能身是恒春之樹。姿如寒歲之松。侶盡老人。交皆壽客也。今歲先生七十晉六壽辰。適吾縣公園落成。竹沼桂巖。導烟霞之奇趣。鶴洲鳧渚。溫邱壑之胸襟。盛夏清涼。甘露之園差擬。新秋窈窕。空青之府堪娛。於是東方合好於公孫。南郭通訊於列子。集諸耆宿。共遊公園。藉西郛攝影之機。映南極老人之像。適真州劉謙甫先生停旌吾邑。息影弟廬。因與誠甫先生聯袂偕來。駕車並至。頤灝並已鬢蒼。禮分先後。軾轍互看頭白。樂奏塤篪。珠湖吳棣軒先生。久作寓公。桐鄉鄭靖侯先生。重曆民社。聞斯盛舉。亦莅佳會。其間年齒最尊者。為凌子蘭先生。已逾梁灝射策之年。猶有伏波據鞍之意。譚小亭先生。猶揮墨客之毫。王笠農先生。大得散仙之福。汪先生拙尊。典型猶在。蘊先生柳樵。文采風流。鄧先生子衡。吞胸中之雲夢。管先生石青。撥灰裏之陰何。餘若高先生子愚。陳先生伯繩。雖在後進之列。皆逾耳順之年。其間有朱月樵羽士則術窮萬變。論契參同。固宜手駐彩延華。還年卻老也。參以幼童袁子過庭爲季枚先生之文孫。以甘羅爲相之年。作老彭持杖之侍。合主賓得十七人。計年齡已一千一百五十四歲。聚綺季於商顏。瞻靈光於魯國。斯時也。筵開名士。星爍老人。兜率宮中。白公教主。陳芳國裏。杜老詩王。話風流於座上。談笑載歡。留形跡於匣中。鬚眉如畫。功成頃刻。何須擊鉢催詩。壽考萬年。應合稱觴作頌。此某所以情殷三祝。試爲兔毫之拈。樂綴數言。以當驥尾之附也。

千齡雅集圖攝影記

章彭年

蓋聞千金之裘。非一狐之腋所能成也。千齡之壽。亦非一人之年所能享也。是宜聚杖家杖鄉之彥。杖朝杖國之英。乃可以增鶴算擬龜年。彼蟠桃之爲三千年。靈椿之爲八千歲者。物雖如此。人何以堪。然齒合千秋。眉壽則春秋共計。單題四字。手書則姓字分香。諸老句留。頌南山而益壽。是翁矍鑠。主東道而忘形。幸逢嘉會。未免有情矣。吾鄉有袁老先生者。鑣其名。枚其字。膠庠碩士。社會名流。具風流之大度。操月旦之公評。適值甲子之年。孟秋之月。祝鮐背稱兕觥。乃展投轄之忱。敦下車之誼。因以卧雪之名家。頓起停雲之舊思。請謁皆鴻儒。輻輳往來均鳩杖扶持。或則輝煌詞采。擅騷情賦手之能。或則純粹典型。洵良玉精金之品。雖日薄西山。偶感桑榆暮景。而星輝南極。

已如松栢後彫頌天保九如之什祝閟宮萬壽之辭其人為名宦名儒其志亦好仙好佛鄭公令宰推領袖於清班陳氏通儒殿觥籌於後酌更有燒丹羽士步仙李之後塵辟穀山人學赤松之秘術此皆享遐齡可祝上壽者乃恐盛筵難再勝事久湮欲為之摹其形乃為之攝其影由此而鬚眉畢顯秩序井然非染翰之有靈竟象形之惟肖不假丹青繪畫如道子之通神偏教黑白分明若將軍之寫照凡為後生若小子但使躬承笑貌目覩儀容即不啻登大雅之堂沐先生之教矣彼夫傾北海之樽嘉賓式好開南樓之宴僚客同登考蘭亭故事王公之書法常新聯梓澤豪情石氏之酒籌交錯秋水長天高閣羨滕王之結構陽春煙景芳園慚康樂之詠歌此或合少長而咸臨非盡屬耆英之好會也而茲則舊雨今雨悉淮甸之名師福星壽星僉海陵之望族冉冉龍鍾之態皤皤鶴髮之容眾仙多福地之遊霓裳同詠學士本瀛洲之侶風度絕佳五百里德星畢聚再續前因十六人佳日相逢新摹壽相傚香山之結社白司馬何多讓焉仿洛邑之寫真文潞公洵足式也既借公園而攝其圖乃就學社而為之記

千齡雅集圖攝影記

田李先

民國甲子年秋七月十七日。為袁君季枚納孫媳之良辰。遂假明倫堂行結婚禮。親友畢集。越數日。正擬謝客。適儀徵劉君謙甫。由揚蒞泰。會晤胞弟誠甫。誼篤友于。洵不多得。與袁君為四十餘年舊友。特為過訪。袁君因其遠道而來。爰為治酒洗塵。兼因納孫媳尚未謝客。遂假圖書館設宴。宴後。因公園落成。匠石堆積。嵌空玲瓏。疊作山穴。頗有可觀。即對石前攝影。計來賓十有六人。不分甲乙。謹以齒為序。最長者凌君子蘭。年八十三。任東鄉凌官庄。前清武孝廉。其子為省議員。精神矍鑠。好善樂施。譚君小亭。工詩善書。年八十。重遊泮水。劉君謙甫。年七八。戊子孝廉。胞弟誠甫。年七四。前掌甘肅道監察御史。經學傳家。為國學研究社社長。朱君月樵。羽士。年七八。工書畫。書則善於攷工。畫則墨龍壽星。南洋勸業會得有金質獎章。袁季枚。年七六。為文廟奉祀員。善詩書古文。博學多聞。為國學研究社社長。王君笠農。年七五。歲貢生。博學善詩書。為國學研究社社長。鄧君子衡。年七五。工詩。前在江西為幕府。子現任淮東當教員。蕪君柳橋。年七一。江蘇候補知縣。與王笠農為姻亞。汪君拙尊。年七十。湖北候補知縣。管君石清。年六七。前山東諸城縣。陳君融齋。年六六。乙未主事。現商會正會長。陳君伯繩。年六五。江西補用縣。現為圖書館清節堂主任。鄭君晴侯。年六三。壬辰進士。現任本縣知事。吳君棣軒。年六三。庚辰翰林。前安徽布政使。研究社社長。高君子愚。年六一。丁酉孝廉。現當本署第三科科長。另有小童。乃袁君之幼孫。可謂少長咸集矣。按此圖諸君。共一千一百四十一歲。所謂千齡者。乃舉大數也。猶之詩三百篇之意也。按攝影之術發明。凡有紀事。無不立就成圖。提何如焉。吾思當日蘭亭集序。僅傳其文。未傳其圖。亦憾事也。假使有之。雖千載下猶如見其人。噫、香山九老圖。洛下耆英詩。久不見矣。不意今日如或遇之。誠盛事也。今社長以此之命題。爰泚筆詳細而為之記。

◎擬海安平民工廠序贊

曹蔭槐

蓋聞太宰九職。以閒民為轉移。周禮六官。惟考工能補闕。戴記勸功。曠游是懼。呂覽咸理。淫巧為戒。豈非以末技游食。南畝非盡能服疇。人巧天工。西狩曾許其獻技。可以削墨督繩。納之軌物。祁寒暑雨。泯其怨咨也乎。然而工不居肆。則異物思遷。材非豫儲。則短綆徙汲。將作監乃冬官舊屬。文思院為天水專司。類皆閈閎式廓。陋彼衙官。瓦縫參差。多於織婦。重堂高閎。象蠶氣之樓臺。連里竟街。運風斤於廣廈。俾梁鴻免其賃廡。夏馥安於客作。好自為之。不可緩也。惟是度地庀材。鳩工築室。欲效梓材之樸斲。必需水衡之金錢。棟宇庖湢。非咄嗟可辦。善事利器。與河堵為緣。方今司農仰屋。既莫頒九府之財。縱教巧婦為炊。何能無雙弓之米。賈雖大腹。疇擲虛牝之黃金。家僅中資。又少儻來之白鏹。輸財既無卜式。惠工徒慕衛文。民散久矣。果孰從而噢咻之。生可謀乎。是所望於大力者。崇石韓公。海安巨室。曹武惠是好使相。左文襄本名孝廉。魏公旋里。先開晝錦之堂。郭令引年。久拜天孫之賜。當古稀之初度。廣推解之仁風。壽上南山。例有白璧玄纁之饋。主辭東道。不為貲糧扉屨之供。頗將酒醴膏粱化作仁漿義粟。微嗤散帛褸護寒可傑而飢尚調。並疑為粥黔敖。養有餘而教不足。爰移嘉貺。以惠平民。為籌生計。莫如工廠。茲一舉也、有三善焉。夫道逕河上。羣效清人。絡緯階前。不驚紅女。民多游惰。邑有流亡。倚門罷繡。陰教依虧。乞食吹簫。嘷爾不屑。蒙袂緝屨。與其枵腹半生。審曲面埶。何如餬口一技。木蘭織機。當户絳侯。起家曲箔。但毋荒嬉。何妨少賤。勿墜家聲。非聚教於圜土。自求口實。有操作之工場。其善一也。環球棣通。遠物麕集。琛未獻於蚕户。綃疑織於鮫人。波黎吉貝。品貴舶來。邛竹蜀布。市利三倍。非設仿造之廠。莫挽已頹之波。於是般倕延師。輸翟極巧。土摶埴而玉刮摩。材皆無棄。男刻鏤而女文采。人各有能。巧目利手。詎皆讓偃師之擅場。蔀屋茅簷。不必待晏嬰而舉火。生機既裕。物品滋多。其善二也。鎮湖海安。本古縣治。蒲濤名重。鳳山勢雄。星拱海陵。計程百二十里。烟炊都市。為户萬數千家。立發口既。利交通。南通縣夙精紡織。代柯之則不遠。互市之禁久開。南收蕪松之棉。機聲軋軋。北銷鹽阜之布。帆影幢幢。製造精良國貨。冀物產方駕美歐。編收失業游民。免無賴橫行市井。其善三也。爰為之贊曰。海安古縣。海陵之東。發縣有口。水陸交通。閭井晏然。不被兵革。歷數百年。生齒日殖。野未加辟。乃患人滿。

歸農無田。學賈不算。嵇康疏嬾。韓不治生。先任後罷。給事陳平。九職轉移。不為恒業。始於惰游。終以窮乏。民有飢色。孟子所悲。矯矯韓公。乃宏厥施。魏國歸田。堂開畫錦。睠念鄉閭。冀登席衽。丙寅之春。七十初度。不稱兕觥。而積泉布。泉布之積。專以惠工。既收丁白。亦課女紅。鳴機織布。揺車紡紗。以餬而口。以贍而家。既濟民生。又增國貨。衣被蒼生。賴茲工作。東通西揚。北則鹽阜。業精於勤。風聲所樹。民窮財盡。無過中華。農守舊法。商習浮夸。利權外溢。挽回在工。願我邦人。畫師韓公。

擬海安平民工廠序贊

潘少漁

欲提倡平等自由。當先謀民生幸福。工業固宜振作。藝能尤貴專精。考工記補冬官。六卿並重。左氏文稱少皞。五雉獨傳。作物便民。在乎居肆成事。生財有道。不外為疾用舒。在昔夷夏閉關。已如此矣。況今華洋互市。其可忽乎。此固治國者所當因時制宜。而亦養民者視為天經地義也。惟我海安。隸屬海陵。江左名區。淮南巨鎮。為通揚之鎖鑰。便水陸之交通。吳昔會盟。已稱上國。明初扼守。績著中山。人物久仰文明。版圖亦稱富庶。有子石公者。為荊州貴裔。齒德俱尊。質文兼茂。昔膺章綬。為國為民。今解簪纓。種桑種菊。樂優游以卒歲。甘淡泊而守真。娛老有息園。雅慕陶公歸去。安閑稱止叟。希蹤莊子逍遥。惟心雖淡乎勳位虛榮。而志常存乎地方造福。慨民生之不易。念民食之維艱。因解私囊。用謀實業。振興工藝。加惠平民。字換鶩籠。以補其不足。（先生鬻字捐助工廠）籌添鶴算。復固其深基。（先生七秩開筵所收壽儀概作工廠基金）與之聚之。惠而不費。因利而利。功莫大焉。廣廈千間。從此幈幪有託。工徒萬衆賴茲衣食無虧。利用厚生。豈異八材之化。振窮濟困。行看五袴之謌。爰獻鄙詞。先爲小引。

贊曰。天生烝民。原無等級。六載職竝崇。四民齊立。在昔專制。貴賤懸殊。共和締造。階級剷除。地方行政。首重自治。富國裕民。實業是視。惟茲工廠。自治之基。不有耆碩。誰制其宜。捐貲興造。經之營之。獨巧衆巧。藝材之府。男工女工。衣食之所。不用解推。使民自得。思斯勤斯。永歌盛德。

◎擬海安平民工廠序贊　陳震華

蓋聞萬間廣廈。杜工部猷猶病未能。一輿濟人。鄭子産徒知小惠。若乃恩周梓里。澤及芸黎。積筵資之巨欵。導實業之先聲。志切利民。在以養而以教。政惟平等。不壽已而壽人。如海安之平民工廠。有足稱焉。吾鄉韓公止叟者。人間大老。天上文星。以林下之風。作蒼生之雨。時維病月。歲在丙寅。正逢壽域之宏開。爰作商塲之建築。廣集工徒。敦延巧匠。技師之聘任。則不惜工資。出品之精良。則力求華美。務使人皆有用。不僅一技之長。士盡多能。並授專門之學。凡諸成績。猶可臚陳。若夫織素五丈。望若烟綃。弄梭九章。皆成雲錦。聽機聲之軋軋。手不停揮。覩屋瓦之鱗鱗。嘆爲觀止。輕煖本取乎吳棉。燦爛幾同於蜀錦。思同挾纊。竟留有口之碑。澤等淪肌。好作章身之具。此其布足、之、優、也。至於刺繡玲瓏。不由人力。成衣頃刻。竟奪天工。敏速固共訝其針神。製就更無煩手。閨女翻新、鮮、之、花、樣。小、大、成、宜。稱、修、短、之、身、材。穠、纖、合、度。添來弱線。不待五紋。例彼縫裳。何勞十指。此、又、縫、紉、之、巧、也。他如雞舌留芳。龍涎娩美。偏宜午睡之初。恰助茶餘之興。篆成卍字。烟裊窗前。灰撥博爐。香飄簾外。功能解穢。製成圓轉之形。氣可通幽。悟到循環之理。書案則佐以清芬。文人鑑賞。香奩則頓繞（饒）雅趣。美女珍藏。斯、固、衛、生、香、之、妙、用、也。矧其歐化既闢。人類漸繁。物品競尚夫新奇。日用當求其完美。織成線襪。可無踵決之虞。製就毛巾。藉作汗流之拭。高堂大廈。陳設宜新。幽閤深閨。鋪張必備。促文明之進化。求器具之改良。清風竹簟。宜夏而不宜冬。午夢籐牀。卜晝何妨卜夜。新機提倡。然費匠心。舊式蠲除。別開生面。斯則工、廠、物、品、之、大、宗、也。然而成功匪易。創始實難。非有大實力。不足底於成。非有大資本。無以善其後。所謂登高一呼。衆山皆應。支流萬派。入海朝宗。何等經營。實賴一人之力。是真慈善。忽騰萬姓之歡。從此大千世界。幸免流離。豈僅八百孤寒。同深愛戴。惟與人不若與衆。應推建設之功。由苟合以至苟完。好作落成之記。

贊曰。江北淮東。實生韓公。稱鄉前輩。有君子風。名成身退。不炫己功。儉約自奉。禮義是崇。優游珂里。晚遇尊榮。心存利物。建廠鳩工。規模爰大。善與人同。齊民政策。教養其中。生徒濟濟。樂也融融。邦人士庶。飲德無窮。

擬海安平民工廠序贊　陳叔才

粵自番舶西來。數利權之外溢。歐學東漸。羨藝術之翻新。炫異矜奇。欲奪天孫之錦。物競天擇。休誇孟母之機。此憂國者所以深望國貨之改良。而唯恐工藝之不振也。海陵夙稱沃壤。素號奥區。然斗米三千。嗟黔金之乏術。游民數百。或蹈刃而不辭。生活愈高。生機愈促。思博施而濟衆。涓滴何裨。僅平糶以安民。些須奚補。此韓上叟所以有平民工廠之設也。韓公一代英賢。兩膺疆寄。與民休息。愛甚於威。待人以誠。寬以濟猛。從容解組。賦陶令之歸來。快意臨池。學羲之之遁世。白太傅萬丈大裘之願。蓋裹四垠。杜少陵千間廣廈之心。牢籠萬有。相之度之。經之營之。屋既霧結而雲連。織者編者。染者削者。工則條分而縷晰。將見製造日精。國貨之暢銷有日。規模日大。洋貨之擁擠何憂。日新月異。層出不窮。工惠商通。漏卮足塞。實業專家。南通不得擅美於前矣。爰為之贊曰。

矯矯韓公。德重道隆。創興實業。開闢鴻濛。澤及桑梓。
巧奪天工。馳名東海。方駕南通。移壽作振。財力漸充。
喚醒游惰。藉濟貧窮。技藝精巧。製造玲瓏。光我泰邑。
一代之雄。

擬海安平民工廠序贊　袁遷北

粵自製作以厚生民首咨伯翳考工攸分典職翔紀周官良以莽莽坤輿元元子惠青疇綠埜曠土雖無方趾圓顱游民終寠解袍誰贈窮途之范叔尤多無米難炊仰屋之長卿莫救涼添五夜難回黍谷之春風緊一天欲下林皋之雪仳離瑣尾偃蹇闌珊安得大廈萬間酸寒廣被不有擎天一柱宗桷何支泰縣海安平民工廠用以興焉萬民洞邊百子橋下拓地數十畝建屋百餘楹長河帶周土阜環峙天有雨暘明晦異致時有冬夏榮菀殊觀近則闤闠比鱗城垣隱雉南北錯巷東西交衢雞犬聲聞花木陰翳織人染人分厥職金工木工殊其科毛羽則狐狸玃貐狒猬熊虎窮厥搜材木則梓棫楩杞樅栝椶柟供具用製器則硨磲瑪瑙金銀玻璃象貝奏其技既豐既引均輸槁聯寒暄不渝男媍區處向為溝中瘠藍縷風淒今則席上珍懽騰夏屋不至室人交謫稚子啼悲夜雨灑窗鴻案動歡愉之色胡風入牖牛衣免啜泣之嗟機杼聲聞錯落餘韻丁冬珠璣錦織天成操籌亥市昔之寒同凍雀情甘服而不飛僵類冰蠶勢難伸而常縮路鬼揶揄之色陌途庚癸之呼差可免矣庶有豸乎今夫朝多君子而蕭艾未由萌芽邑有正人而草木皆因噓植有埜勿壞慎毋一簣之虧掘井及泉勿使九仞之棄韓豫章所以代謀劉孝標因之著論惟高臺非百金可築豈大廈祇一木能興尤望同袍同澤助予應將伯之呼美奐美輪額滿向隅之憾推已及人由

我識彼奚侍質衣受困但當集腋蕆功流離鄭俠之圖罕逢仁宇介壽緻風之册偏見海隅跛躃痼聾廢疾胥歸陶鑄鰥寡孤獨煢黎得所依歸將卒歲以無憂俾禦窮而有術蔌蔌方有穀奉揚仁風緜緜生之瓜瓞淪恩露錦堂春日同披白傅之裘節屋秋風幸免杜陵之慮人忻樂土地號歸仁厥功偉矣是所望焉爰為贊曰

蕞爾蒲濤代出人豪工樂鳩聚媲謦蠶繅無袴五袴孕育賢勞型仁講讓望宇對茅嬉遊鼓腹痛飲醇醪羲皇以上憓懷葛之髙不有作者雨露誰叨愧無椽筆闌發韓潮

國學研究社文選二

泰縣國學研究社文選目錄

卷二

○古今泰州共有三考　林善伯

中夏之地名。代有沿革。而皆因於人事。緣於政治。是以地運之盛衰繫焉。此讀史所以必證方輿。而治地學之所以必究沿革也。觀於泰州可知已。泰州之名有三。而吾海陵最久而著。信乎其為泰也。若夫北魏與遼。皆當盛時以名都會。厥後旋用旋廢。迄於今已成古蹟。而不為人之所知焉。蓋三者命名之始。其國運地望皆副其實。今則存者猶盛。廢者咸衰矣。不亦奇耶。考海陵縣城置於西漢。而泰州之名始於南唐。其在南唐以前。雖無泰州之稱。而其民富庶安康。有魚鹽紅粟之利。固足副名泰之實矣。迄乎南唐之盛。而經營東南。獨海陵開化已久。地處衝要。於是以泰州名焉。蓋自南唐上溯西漢。其地以去中原不遠。為東南貢賦要地。故恒屬要郡。西漢屬臨淮。東漢以降屬廣陵。東晉後且置海陵郡焉。隋唐仍屬廣陵。枚乘稱海陵之倉。駱賓王言海陵紅粟。良有以也。此泰州未置以前之沿革也。南唐李昇昇元元年。改置泰州。其地愈重。是以周置團練使。宋置泰州軍事。元又置泰州路。至明清始仍屬揚州。然而迄於今日。其名實固未衰也。此泰州設置以來之沿革也。雖然。試返觀河東上京之泰州。則人亡政息。而地名旋復其故。今則久已泯泯沒無聞矣。河東之泰州。始於東晉永和十年。苻秦於蒲坂縣置。而咸安元年即廢。厥後屢易其名。直至北魏之延和元年。始復改泰州。而太和中罷。東魏天平初復。至後周明帝二年。則又改置蒲州。而泰州之名。僅見於唐武德初之龍門矣。大抵蒲州之地。為三晉沃土。又有著名之河東鹽池。而自漢迄唐。建都西京。與其地甚近。故苻秦創泰州之名。而北魏踵之。其在三者之中。可謂最早者也。試觀唐開元八年之兼置中都。亦足見苻秦命名之旨。以其地重要之故矣。後世其名泯滅。其地亦衰。而海陵得名。差與上京相先後者。乃永不絕。豈地運獨盛於東南歟。抑亦有關於政治地理者大耳。至上京之泰州在今郭爾羅斯旗地。據遼史地理志。則遼人因黑鼠族累犯通化州。遂移民建城於此。蓋此為契丹精華所在。且隸於根據地之上京。故亦用泰州之名也。然吾考遼人所以知用此名者。則由五代晉出帝時。遼人陷河北道之泰州。而旋為杜重威所克。故其後遼人移民上京。即假其名焉。此其以前之沿革也。至金承安二年。始移治長春。以舊泰州為金安縣。隸焉。此又其以後之沿革也。要而言之。則遼之泰州。居嫩江之南境。而金移長春。則任其東甚近。而亦近混同江。本鴨子河春獵之地。蓋、亦、居、沃、土。得、水、利。而、富、庶、安、康。克、當、泰、州、之、名、者、也。獨是遊牧之族。興也勃焉。亡也忽焉。不旋時而其名廢。而其國亦衰。與河東之於符秦北魏相類。雖地名之沿革。與國運無因果之關係。而立名之國。脩祚不長。版圖屢更。有足令具名不克久存者焉。豈如吾海陵民富俗美。從未嘗漸染夷風。堪稱為瑯環福地者耶。此講求政治地理者之所不可不知者也。

古今泰州共有三考

錢纘

泰州之名。古今有三。最初得名者。為北魏之泰州。世祖延和元年。改雍州為泰州。領郡二。河東郡。（河東、北鄉）縣七。（安定、蒲坂、南解、北解、猗氏、北猗氏、汾陰）太和初。罷州。置河東郡。天平初。復。（據魏書地形志）其地在今山西蒲州府。有蒲坂故城。相傳即北魏泰州刺史治所。此其一也。其後南唐升海陵為泰州。即今泰縣地。春秋屬吳越。戰國屬楚。秦屬九江郡。

漢置海陵縣。屬臨淮郡。後漢屬廣陵郡。三國六朝廢置不常。要其郡縣。不過廣陵海陵而已。隋唐皆為海陵縣。南唐升州。並興化鹽城泰興如皐為五屬縣。北宋以鹽城還楚州。南宋以泰興隸揚州。興化隸高郵。元仍之。明省縣入州。仍領如皐。清雍正時。以如皐屬通州。乾隆時分置東臺。州境日狹。僅為中縣而已。此其二也。最後為遼之泰州。本契丹二十部族放牧之地。因通化州民。不能禦黑鼠族之累犯。遂移城東南六百里以便防禦。置泰州德昌軍節度。州隸延慶宮。兵事屬東北路統軍司。統縣二。曰樂康。附郭之縣也。曰興國。本山前之民。因罪配遞至此。興宗置縣。戶七百。丁一千。四百。小縣也。遼泰州故城。在今郭爾羅斯前旗東南三百里。所謂內蒙古是也。此其三也。古今三泰州。惟吾泰邑。巍然獨存。遼之泰州。逼近黑鼠。為上京重鎮。觀遼史營衛志。太祖分圖魯卜室韋為二部。戍泰州東北。又使納喇諾觀部。戍泰州東。具為要塞可知。金雖移州長春。猶沿舊名。故人多知之者。惟北魏泰州。地形志誤為秦州。人無得而稱焉。按魏書地形志。岐州下。列秦州。又列南秦州。東夏州下。不應再列秦州。雖光義譙南郢諸州。亦有同名者。然彼係新附。猶可暫沿蕭梁舊稱。若兩泰州皆北魏舊疆。詎有並置數十年而不易者。且改雍為泰。在延和元年。正赫連定初平之日。泰州甫入版圖。更無復置泰州之現理。況魏書食貨志。并肆汾建晉泰陝東雍南汾九州靈徵志。太和二年泰州獻五色狗天平四年泰州井溢薛辨傳。贈都督冀定泰三州諸軍事出帝紀。泰州刺史万俟普撥齊書莫多婁貸文傳。仍為汾陝東雍晉泰五州大都督周書薛端傳。高祖謹泰州刺史侯植傳。父欣泰州刺史皆有泰州。地形志不應獨遺。蓋泰秦二字。形近易譌。讀史者未能刊正。遂不知魏有泰州耳。攷據家俯仰古今。非泛覽羣書。烏能為郡邑之證明也耶。

古今泰州共有三考

朱觀

古今泰州見於書史者凡六。若魏書地形志之泰州。按魏書有泰州無秦州參考各書乃知泰為秦字之譌若十國春秋之泰州。見康熙字典泰州志若廣輿記之泰州。若遼史地理志之泰州。若歷代地理志韻編之金元兩泰州皆是也。然就近今中國版圖及諸書考之。實共有三。曰北魏之泰州。見魏書在今山西省曰南唐之泰州。見十國春秋在今江蘇省曰遼之泰州。見遼史在今東蒙哲里木盟隸東三省至若廣輿記。謂清山東泰安州。本唐泰州。按即今山東泰安縣歷考諸書。無所證明。蓋臆說也。地理韻編所載金之泰州。與遼史所載。均在今內蒙古哲里本盟。蓋一地也。又其所載元之泰州。地在今朝鮮平安道。平壤府西北。久隸日本版圖。不復為中國領土矣。不必考。茲將北魏南唐遼所置三泰州之沿革。列表明之。

北魏所置泰州沿革

時代	春秋	戰國	秦	漢	三國	魏	晉	晉	東晉	北魏	北魏	北魏
地名	晉地	魏地	司隸校尉部地	同	司州部地	同	秦州	雍州	并州 冀州	并州	雍州	泰州
考據	春秋以前為蒲坂為冀州并州		秦為河東郡漢為司隸校尉地部				永和七年苻秦始於蒲坂置州	咸安元年改秦州為雍州	太和二年姚秦改為二州	義熙十三年姚秦來歸改并州	神麚元年置	延和元年改雍州為泰州太和中罷天平
正誤		自此以上一統志未詳今係推測而列之	初沿一統志之誤今改正						大清一統志混稱晉今改正			魏書及一統志均作秦州誤今改正

南唐所置泰州沿革

時代	春秋	戰國	秦	漢	東漢	三國	晉	東晉	宋	南齊	梁
地名	吳地後屬越	楚地	九江郡	海陵縣	同	廢	海陵縣	海陵郡	海陵縣	同	海陵郡
考據	春秋以前為揚州			屬臨淮郡	屬廣陵郡		元狩六年復置屬廣陵郡	安帝時分廣陵置海陵郡治海陵縣	時海陵郡廢從治建陵縣海陵仍屬廣陵	時廣陵郡移置海陵縣建元四年省濟陰下邳淮陽東莞四郡并	時縣復為郡治五縣仍屬之
正誤					州志混稱後漢今改正免與五代同						

遼所置泰州沿革

時代	春秋	戰國	秦	漢	三國	魏	晉	北魏	齊	周	隋	唐
地名	山戎地玁狁地	同	東胡地	匈奴地	烏桓地	同	鮮卑地	契丹二十部族放牧地	同	同	同	突厥地
考據	古幽冀并營五州北境											唐初地為突厥佔據
正誤							自此以上一統志未詳今係推測而列之	大清一統志作後魏今改正	自此至唐一統志未詳今係推測而列之			

攷歷代地理志韻編北魏固無泰州亦無泰州一統志唐武德三年改榮河縣為泰州從泰州二年移治龍門龍門在北魏為南汾州轄與河東河鄉二郡接壤北魏泰州在清為蒲州府唐榮河縣隸泰州在清則蒲州府泰州同在一地則唐改蒲州為榮河縣為泰州乃沿襲

初復置領河東河鄉二郡

北魏舊名明吳大抵校自魏書者以為秦州之名始於符秦故疑泰為秦

北齊 同
陳 同
北周 同
隋 海陵縣 開皇初郡廢以縣屬揚州建陵縣省尋析置江浦縣大業初復當入海陵屬江都郡
唐 吳州 武德三年以縣改置吳州更縣曰吳陵縣

北齊
北周 蒲州 周明帝二年改名隸河東郡
隋 河東郡 大業中廢州為郡治河東縣
唐 蒲州 武德元年復置隸河東郡
泰州 三年改榮河縣置又二年移治龍門隸河

吳陵縣
海陵縣 武德七年州廢縣復屬邗州
海安縣 景龍二年析海陵置開元十年省入海陵
楊吳 海陵縣 制置院 乾貞中置又析海陵置興化縣屬江都府
南唐 泰州 昇元元年升東都海陵縣為泰州
後周 同 顯德五年分泰之靜海都鎮置靜海軍尋升通州

五代 回紇地 旋又為回紇所奪
宋 契丹地 時仍復契丹故名
宋 同
遼 泰州 泰州德昌軍隸延慶宮史未詳建置時代今按當在興宗重熙時蓋泰州與長春州同隸延慶宮上京道長春州為重熙八年

置泰州之必與同時置
金 同 大定間廢承安二年移州於長春縣以故
金安縣 地為金安縣隸之
元 科爾沁地 遼王分封地地理志韻編所載金之泰州為科爾沁左翼前旗治即此 一統志未詳何名今据地理志韻編以科爾沁正之
明 郭爾羅斯 遼王分與其弟遂改名

東郡旋廢其蒲州如故
河中府 開元八年以蒲州改為河中府尋罷又復為蒲州天寶初改河東郡乾元初復為蒲州尋改河中府
五代 同 梁置護國軍節度於此
宋 同 屬陝西路
遼 同
金 同 初為蒲州至天德初復為河中府屬河東南路
元 晉寧路 何時改名未詳今依一統志
明 蒲州 洪武二年復故名
清 蒲州府 清初升州為府治永濟縣
今地 永濟縣、榮河縣 民國廢府為縣即山西省河東道永濟榮河二縣地

宋 同 建炎三年入於金旋復四年置通泰鎮撫使
泰州路 至元十四年置
泰州 後又改為州屬揚州路
遼 同
金 同
元 同
明 同 屬揚州府
清 同
今地 泰縣 民國成立改州為縣在江蘇省淮揚道轄

清 同 清初隸內蒙古哲里木盟改郭爾羅斯前旗牧地為長春府屬吉林省
長春府
洮南府 又改科爾沁右翼前旗牧地為洮南府屬奉天省
今地 東蒙哲里木盟十旗 一科爾沁左翼前旗一部郭爾羅斯前旗一郭爾羅斯後旗均在黑龍江道嫩江
之 之南境
屬東三省
長春縣 吉林省吉長道即清割郭爾羅斯前旗所置
洮南縣 奉天省洮昌道即清割科爾沁右翼前旗所置

右列之表。係據魏書遼史。大清一統志。歷代地理志韻編今釋。泰州志。泰州鄉土志。及辭源諸書。所考得者。間或參之以臆度。疏舛蕪謬。誠知不免。然急欲就正於有道。則有不能藏拙者矣。伏顧博雅君子。進而教之。是為考。

○路史鄖國發縣國左傳鄖邑發揚邑書後　潘少漁

春秋哀十二年秋。公會衛侯宋皇瑗于鄖。杜注。鄖、發陽也。廣陵海陵縣東南有發繇口。（原本作發繇亭。阮元校勘記作口。從之）又左傳哀十七年。發陽之役。注。發陽、鄖也。是鄖與發陽發繇。同一地也。而羅泌路史國名紀高辛氏後。則分鄖國發繇國為二。其紀鄖國云。鄖一作覞。吳地發揚也。今海陵。則又似與發繇為一地。豈路史之發繇國。非海陵之發繇口。別有一地歟。然而其子苹注發繇下。固指明即哀十二年之發揚也。若謂鄖與發繇為一國。則不當分為二。若為二國。則何得同在海陵。而又同名發揚。二者必有一誤。今考之諸家釋經及地理諸書。海陵固僅有一發繇口。從未有言二處者也。又按苹注云。桓王十二。鄖將與趙。楚敗之。則更令人迷離恍惚。此桓王當指周之桓王。此時固未有趙。而周桓之十二年。為魯桓之四年。春秋經傳皆未言鄖事。不知芊注何據。或云此乃翻刻之訛。桓王十二。當是桓公十一。趙當是隨。乃鄖人軍於蒲騷之鄖。故楚得敗之。然而路史本文云。吳地發揚今海陵。此又何故反覆推求。終不得其要領。嘗竊斷之以為此必路史有訛。蓋羅氏誤分鄖與發繇為二國。而芊注不能正其誤。反附會海陵東南西南各有一發繇。又牽涉楚地之鄖。一誤再誤。文字又多魯魚亥豕。故疑義終不白。仍當從左傳杜注鄖即發陽為是。按方輿紀要。如皐縣東有會盟原。相傳為吳楚會盟處。考春秋之世。吳楚始終無盟。殆即哀十二年魯宋衛會盟之訛也。今其地為立發橋。彙纂作立發壩。亦名古鄖。在春秋時屬吳。而王氏夫之春秋稗疏云。魯之會吳。衛宋皆與。因延吳而進之中國。海陵僻在江海之隅。為輪蹄所不至。必非會盟之所。琅玡姑幕縣南四十里有員亭。乃吳魯所由通之徑。員本音運。加邑亦同。公羊作運。以音相似而訛耳。當以姑幕之員為是。此說似是實非。試憑左傳一究其巔末。當知其謬矣。夫三國之會盟。乃為吳所徵。非延吳至中國也。畏吳強恐見逼。因竊盟。蓋暗結團體之意。故吳人知之。藩衛侯之舍。使非在吳地。則三國何必竊盟。而吳人又何得即時知之。傳又云。衛侯歸效夷言。夷言。吳人方言也。使非在吳地。則吳之方言何由而效。且在禹時。會尚會塗山。況鄖在春秋為吳之北境。水陸交通。豈獨不可會乎。王氏之說。固不足信也。然而一地也。或曰鄖、或曰運。或曰發陽。或曰發揚。或曰發繇。此又何故。曰。是亦有說。古者傳經。多憑口授。往往音同字異。故左氏作鄖。而公羊作運。發蓋水名。當在鄖之北。發陽

路史鄖國發繇國左傳鄖邑發揚邑書後

曹陰槵

泰之為邑，春秋屬吳。南蠻鴃舌，方言異於中國。謂善伊，謂稻緩。穀梁嘗為之說，曰：號從中國，名從主人。服虔注左傳（襄十年傳孔穎達正義引）釋壽夢乘之誼，亦云：吳蠻夷言多發聲，數語共成一言。壽夢一言也，經言乘，傳言壽夢，欲使學者知之也。號從中國，故經言乘；名從主人，故傳言壽夢。人名有之，地名亦然。杜氏春秋釋例襄十一年之延州來、哀十二年之鄖發揚，二名一地，即本乘壽夢例。數語成一言也。延州來無攷，杜注蓋闕。鄖發揚則以海陵東南發繇亭實之。鄖揚雙聲，揚繇亦雙聲，吳語多發聲也。號從中國，故傳言鄖；名從主人，故注言發揚。二名實一邑也。羅泌路史乃於吳地分鄖與發繇為二國，引桓王十二之鄖、哀十二年之發揚為證。按發繇為國，經傳皆無明文。鄖，漢南之者，發水之陽也。揚與陽通，爾雅釋名釋天：陽，揚也。發繇者，發水由此出口也。故陳氏經傳釋義：鄖亦名發谿口。按方輿紀要，於溪湖亦名發溪，正在海陵之北，安知非即古之發水乎？準此，不獨左傳一邑二名之疑可釋，而路史二國一地之誤又可知矣。至於或稱邑，或稱國，亦有說焉。古時諸侯號稱萬國，春秋時僅十二，大抵兼併所致。國亡而名存，因即名其地。後之邑名，蓋即古之國名也。

國。據說文左傳杜注。江夏雲杜縣東南有鄖城。桓十一年傳注非吳地。路史於鄖下一則曰吳地發揚也。再則曰今海陵。是以漢南之鄖國為吳之鄖邑。其誤一也。於發繇下。則曰海陵東南有發繇口。與鄖之海陵注同。其曰哀十二年之發揚。亦與鄖注發揚同。不應一地乃有兩國。其誤二也。路史知鄖與發繇。皆為發揚。而不知鄖邑可為發揚邑。鄖國不可為發繇國。路史所謂

鄖將與隨。桓王十二之鄖。國後屬楚。左傳所謂鄖發揚之鄖。邑本屬吳發揚。即發繇。在海陵東南。證以今地。當為泰境東南之立發口。據泰州志一名立發橋。橋繇疊韻即發繇口也。鄖之名無稱焉。綜而論之。鄖即發揚。左傳之發揚邑。即路史之發繇國。路史之鄖國。亦即左傳之鄖邑。皆為吳地。數語成一言。變蠻夷之發聲然也。特路史既引杜云鄖發揚也。又引桓王十二鄖將

與隨楚敗之。鄖國鄖邑。不免矛盾耳。

路史鄖國發縣國左傳鄖邑發揚邑書後 潘石和

左傳鄖邑發揚邑。杜注以之互訓。路史本之而作鄖國發縣國。其可疑之點。蓋有二焉。一則羅泌既以鄖與發縣為二國。且易發揚為發縣。一似另有所本。何以根據杜解。併為一談。一則左傳鄖凡三見。路史既列國名。何以舍近楚之鄖。若謂專指古國。何以知衛地之鄖非是國耶。前人亦有論釋此者。太抵不外申杜駁杜之言。而於二書之異同。地名之舛錯。未有能辨其故者也。請徵諸方輿之沿革。參以字音之轉變。以學理補文證之不足焉。考羅泌之列二國也。雖用杜注。而亦有足以發明杜注者。在鄖下解云。一作䢵。是謂海陵之鄖。本作䢵。假借作鄖。茲所列專指䢵。不與楚衛之鄖混。注路史者。更引桓十一年與隨謀楚之鄖以補之。似不明此旨。發縣國不同邑名。足見自

國夷邑。始稱發揚。而杜注之發縣口。蓋沿古名也。若其分為二國。而又襲用杜解。尤足以申明一地二名之故。蓋謂茲邑有此二者之稱。以古時曾有二國耳。一地之所以有二國。以先後異名耳。或以高辛之裔為䢵。後又為發縣。理或然歟。然則羅泌所紀。必有所受。特末學未能博覽。或具所本之書。今已久亡。絶非漫然為之也。假使全憑臆斷。則封建之演進。自萬國併為數十。烏得以䢵之文。屏楚衛之鄖不列耶。雖然。此尚就方輿言也。若字音則䢵讀若運。公羊即作運。假鄖亦然。與在楚衛者形同音異矣。是羅泌未嘗誤而注路史者亂其例耳。匪直此也。䢵之轉發縣也。雖有單字疊字之殊。而䢵發則成疊韻。䢵縣則為雙聲。迨其轉發揚也亦然。揚與縣亦雙聲也。揚一作陽。亦同音相假也。斯亦足徵杜注之互訓。羅泌之分劃。名異

路史鄖國發繇國左傳鄖邑發揚邑書後

吳星甫

鄖之見於載籍者。一為國名。一為邑名。名雖同而實則異。其為國名者。今湖北襄陽道鄖縣鄖西縣。是其為邑名者。今江蘇淮揚道泰縣東之立發壩是。邑言之。左傳。鄖人軍于蒲騷。杜註。鄖國在江夏雲杜縣。東有鄖城。或謂為湖北安陸縣境、亦作䢵。與鬬伯比淫於䢵子之女之䢵同。羅泌路史謂云員同。妘也。妘姓之祖。亦作伝傊娟鄖。又用䢵雲。晉志云。雲子古之雲夢。盟會圖云。䢵子國在安州。春秋鄖人楚滅之。封鬭辛為鄖公。今安之安陸有鄖鄉鄖水鄖城鄖公廟。審是則鄖之為國。其疆域名稱。諸家所說雖不無小異。然其為江漢間之小國。則有斷然者。至若春秋哀公十二年秋。公會衛侯宋皇瑗于鄖。杜註。鄖、發陽也。廣陵海陵縣東南有發繇亭。路史。鄖、一作䢵。吳地發

而實同也。此以字音而知羅之申杜之有本也。迺駁杜者。謬以莒州之員當海陵之鄖。是不信其為發揚之邑。又遑論夫䢵與發繇之國乎。申杜者知杜注之是矣。而亦泥其同而昧其異。於路史之說未之有明者也。爰本學理以發其旨云爾。

揚也。今海陵。且繫以註云。今泰州有發繇口。又謂海陵東南有發繇亭。哀十二年之發揚也。彙纂云。今江南揚州府如皋縣立發𪊨。古發揚也。亦名古鄖。考據精詳。引證確鑿。宜江氏永春秋地理考實。亦以為然。惟發繇與發陽乃音之轉。發陽與發揚。立發與力乏。乃字之譌。是不能無異耳。至立發𪊨。或謂其隸海陵。或謂其屬如皋。此又不足疑者。何則海陵如皋犬牙相錯。立發其界也。又按路史稱高辛氏後有發繇國。雖不詳其始封之君。亦不著其建置於何代。滅亡於何年。然觀杜謂鄖有發繇亭。則亭以發繇國名者即亭為發繇國之地也。杜征南註春秋傳。凡於地名多以秦漢而下之亭名為證。以今釋古。確有見地。如隱公四年。公及宋公遇於清。杜註。清、衛邑。濟北東阿縣有清亭。桓公三年。齊侯送姜氏於讙。杜註。濟北蛇邱縣有下讙亭。凡此之類不一而足。杜為晉人。去古未遠。所學亦博。必有所據而云。非同郢書而燕說也。且淮海惟揚州。揚乃禹迹所拚。固非僻壤。是以興化縣為楚將昭陽之采邑。吾泰北境之包老湖。周官挈壺氏嘗取其水以供漏滴。然則發繇國即為發繇亭。發繇亭即為立發𪊨。而其實即哀十二年之鄖邑也。鄖邑之沿革。有如此者。以是知海陵之為地。已著於春秋之前。特年歷數千。名稱不無稍殊。人亦習焉不察。以致修邑乘者數典忘祖。不知吾泰之見於遠古。且不知吾泰之載於春秋也。總之考古之輿地者。以其人之年代相近為較確。王氏夫之為晚近之儒。乃敢逞其臆說。以與元凱長源相反。謂海陵僻在江海之隅。方春秋時。為輪蹄所不至。必非會盟之所。而京相璠又謂瑯琊姑幕縣西南有員亭。姑幕今莒州。乃吳魯所由通之徑。員本音運。加邑亦同。公羊作運。以音相反而論。自當以姑幕之員為是。京氏所云。牽强求合。亦未足為據也。吾故曰鄖之為國名者。即今之鄖縣鄖西縣。鄖之為地名者。即今泰縣之立發壩一國一邑。相去數千里。固渺不相干者也。質之高明。以然然否。

路史鄖國發縣國左傳鄖邑發揚邑書後

李加獄

封建制度之沿革。莫要於都邑之變遷。尤莫要於名稱之異同。是以紬繹春秋之地名。當觀封建演進之局勢。參以文字音韻之變化。而後得詳焉。嘗讀鄖邑發揚邑左傳杜注。竊歎丘明博雅。紀述賅備。元凱淹通。因文徵義。誠無可議。迨觀路史。則原本其說。列於國名。甚有深意。特微有未盡耳。居嘗病後之人不能申其微旨。而春秋稗疏反駮其說也。迺徵諸封建之演進。以明國名之所由成邑。考諸文字之音韻。以表一地之所由異稱。蓋封建之演進。自部落而行國。而居國。迨於有史。則黃帝迄禹。號稱萬國。商周之世。尚以千數。至春秋僅餘數十而已。當世之邑名。疇能斷其非沿前古國都之號。若以吳地僻遠為疑。則夏禹會稽之會。尚遠在於越。矧其地為吳之北境。在上世固非要荒之外。在當世為古國夷隸强吳之版圖。理固然也。稗疏於杜注概行抹殺。其不信路史。更可知矣。吾以為元凱之說。必有師承。且覈諸丘明紀事。非不足徵。羅氏生千載之後。獨能本其說而列之於古國。可謂至當。而易發揚為發繇。亦若有徵。特其歧而二之。未知何據。其知為一國耶。則不當分列。其以一邑二名。緣於古有二國耶。又曷為遺屬衛之鄖邑。近楚之鄖國。是由前之說。例不免於雜。由後之說。辭不免於畧也。注路史者。惟沿羅之舊。於鄖下補引桓十一年與隨叛楚之文。則指近楚之鄖以正羅氏。惜尚未敢以衛之鄖為古國也。此由封建之演進。而知二書國邑之異點也。若其一地異稱。元凱非徒審其時事地望言也。以古音讀之。鄖與發成叠韻。與揚繇互為雙聲。故急讀之則曰鄖。緩讀之則曰發繇。曰發揚。古人多知音韵。舉凡哀十二年經書之鄖。哀十七年高柴所稱之發揚。未必以為異。即丘明據以敘事。亦未必以為異也。至元凱為注。尚明此旨。故以之互訓。以六書言之。直說段借耳。吾意其地本字當作鄖。與在楚衛者不嫌同稱。路史一作䢵。係以形相段。公羊作運。與夫曰發繇。曰發揚。又作陽。則皆以聲音段借。或謂高辛氏之國本作䢵。其後為發繇。理或可信。蓋上古字少。多以形段。厥後名稱變化。又用發繇耳。羅氏不明緩讀急讀之旨。故歧而二之。殆以為邑名可有二。國名不可以有二也。且即以為邑名之有二。由於古國之本有二也。又不明正字段字之别。以為高辛氏之國本作䢵。不必列楚衛之鄖也。至稗疏附會姑幕之員。證以公羊之運。雖亦本乎字學。而未能內籀一切。其輕疑古人。與羅氏過信之失。厥弊惟均。

此由文字之音韵。以證同地異名之原因也。吾説既明。而後前人考證之是非乃定。彙纂云。如皋縣東立發壩。古發陽也。亦名古鄖。春秋地名攷實云。如皋縣亦海陵地。縣南十里有會盟原。是皆為二書之功臣。足以證余言之不謬。特其言畧耳。若稗疏以元凱展轉求合。是不明文字之音韻也。以海陵僻在海隅，是不知封建之演進也。其亦疏矣。余故内籀二書之説，以正前人之疏畧焉。

弭下河水患策

王昌

下河水患。九縣共之。斜豐一港。我縣治標策也。居今日而談弭患。患不在北鄉而在鄰縣。且不在今日而在將來。湖海江淮。地勢所迫。滄桑之感。無時或已。請先言九縣公共之弭法。

一、西隄宜加高也。西隄由清口迄邵伯。經過清寶高江。不培新土。西水之來。患在漫塌。宜加土以弭之。

一、湖田宜禁墾也。湖田日墾。受水量小。安徽山水來時直下。湖不能容。患在決隄。宜禁墾以弭之。

一、諸湖宜撈深也。山水不來。湖易淺涸。湖西之人。向不撈深。淺涸之患。九縣攸關。宜合力撈深以弭之。

一、丘壩宜釐定也。中壩已廢。不能再開。西水來時。先開車邏、昭關，直對興泰。後患難料。宜永閉以弭之。

一、引河宜淘深也。引河不深。壩水東來。易於上岸。去年一衝直下。引河實屬大患。宜興工以弭之。

一東隄、宜修、閘也。丁草之閘。最關興泰東西來之水。閘不修固。不免壅遏之患。宜修閘以弭之。

一王港、宜善後也。今春挑後。遽東兩隄。反易阻西來之水。又下塞土壩。患任仍不暢。宜善後以弭之。

後附九縣下河形勢圖以證。

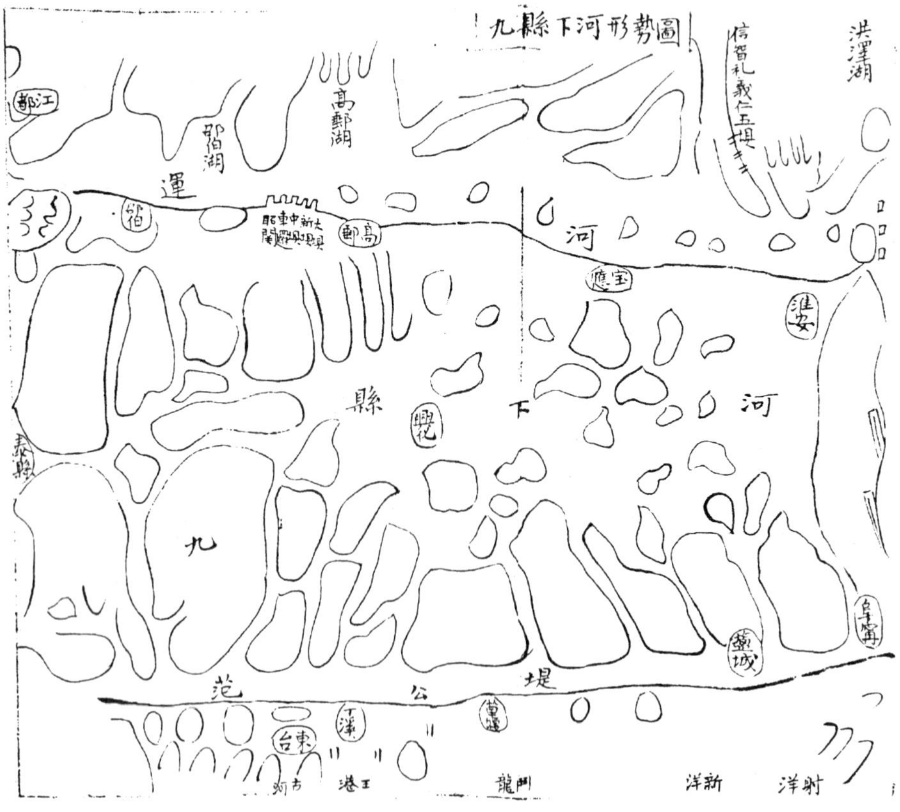

前圖所列。俱見九縣公共之水患。不得不弭。至於弭泰縣之水患。尤有不可緩者。請再言泰縣水患之弭法。

一、水道宜挑深也。下河河道。向係平水。祇易加寬而無深凹。西水來無停蓄。以致漫田。宜挑深以弭之。

一、蚌蜒宜助修也。蚌蜒河堤不修。斜豐雖固。終受間接之患。去年大水。前車可鑒。宜助修以弭之。

一、斜堤宜栽草也。斜堤修後。土不堅固。明春正月。多僱船隻。由農人自往海濱。挖取草根連塊運歸岸泥以實堤身。若恃德槐。恐遭大風。宜栽草以弭之。

一、田圩宜勸築也。田圩不築。西水之來。田稻受害。宜築子圩以弭之。

再附泰縣下河形勢圖以證。

泰縣下河形勢圖

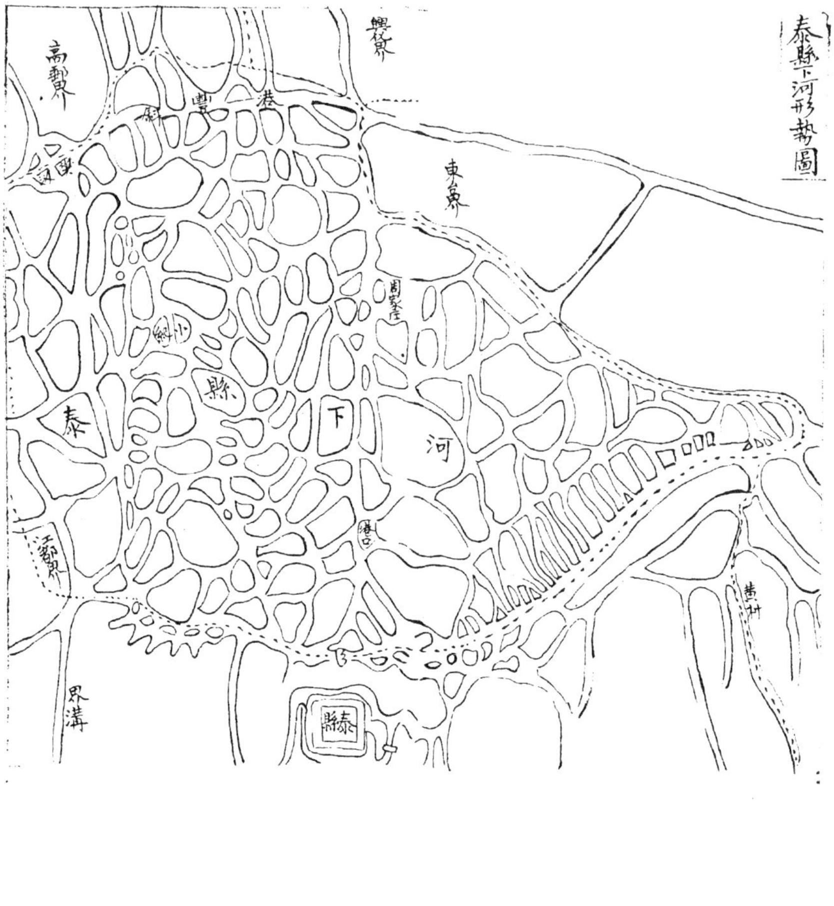

右圖所列。俱見斜豐不得不防。田圩不得不築。柴草不得不栽。蚌蜓不得不相助為理。此仍治標策也。至於如何治本。須使水不東來。或水即來。務使歸隄歸港。不致九縣下河汪洋一片。則仍恃乎淮揚水利協進會。日與運工局。逐一研究。究竟水來如何防法。水去如何善後。自不僅坐而言也。是在起而行者。

弭下河水患策

程大中

下河水患。鄉先輩凌海樓請開丁白洩水疏。陳蘭臺水患疏數論。宮紫玄水災六議。東臺馮務堂測海蠡言。淮揚水利圖說。言之詳矣。餘如罹水災詩則程瑞祊之海陵水災紀事。周天橋秋雨潰隄。郗耳山大水行。康伯山鬻牛歎。王子賓哀哉行。各本經歷。備言災狀。均播私家傳誦。展讀一過。憂從中來。何也。當日下河之水患。乃吾人目前借鑒鏡也。目前下河之水患。如何弭法。將來九縣下河公共之水患。更如何弭法。試就淮揚九縣之下河。及我縣下河東西各要害。逐一條舉。庶備知目前可患之處。然後再籌弭之之方。

一運河西隄大患也。運河西隄。由清江迄灣頭。長虹卧波。西阻洪湖諸水。實東隄第一重要之屏障。欲保東隄之不潰。須恃西隄之完固。西隄久已失修。則東隄如何安枕。自同治五年。清水潭閘漫塌後。經張之萬修補西隄。光緒五年。程國熙稟請修理。九年。黃祖絡又請修理。奈河督廢後。迄未興工。去年大水後。幾無舊跡可尋。僅楊柳一排。猶有可觀焉者。後附圖。

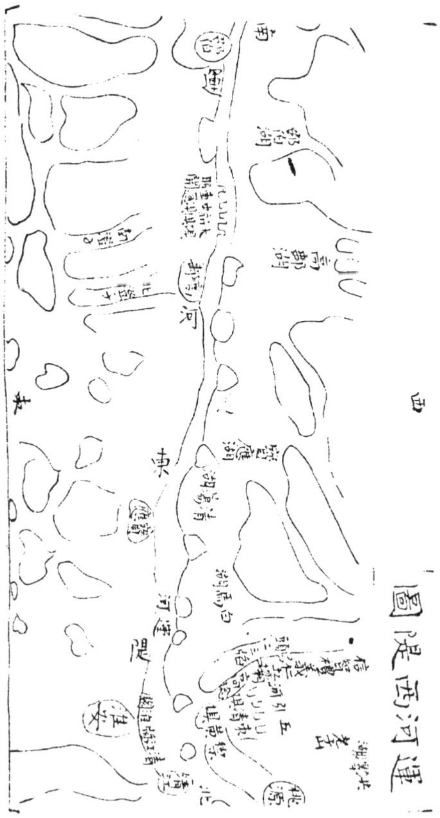

運河西堤圖

一 斜豐港官私口門不釐定大患也。港爲吾縣北面屏藩。西由樊川。東至淩亭閣。長四十五里。外山陽河十五里。自嘉慶年間興築後。其間官私口門極多。官修之口。現均建閘。私口仍多荒廢。有一於此。已非完璧。況公私相間。展轉貽誤。關係匪淺。後列圖。附嘉慶攤徵票式證之。至此專言泰縣下河

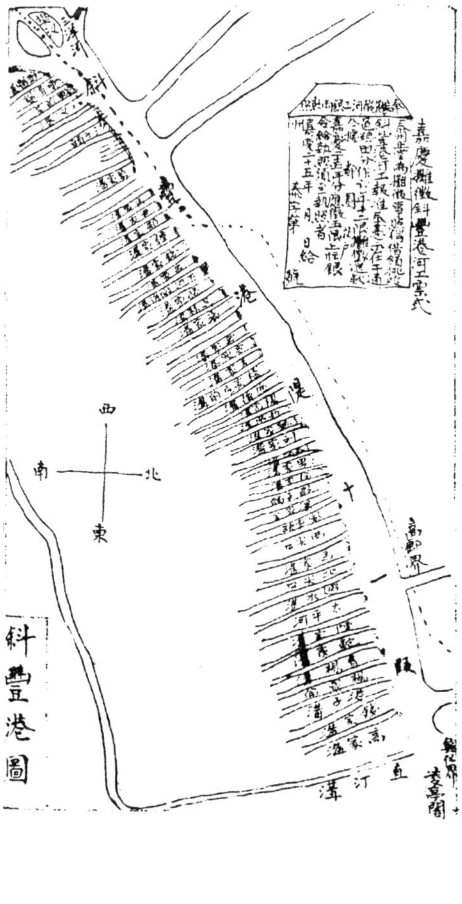

斜豐港圖

一湖、田、日、開大患也。　淮水之來。實係安徽一帶山水所積。洪湖瀦蓄。由來已久。高寶江都隄西之湖蕩草田。向係容納洪水之處。自隄西人漸次開墾湖日東小。水難停蓄。運河直下之路。勢必膨漲。況淮水大時。江水必大。江水由歸江十壩。設層層上阻。使淮水不得下江。不漫東隄。何從宣洩。此居運隄以東者。永遠一大患也。

一昭、關、壩、大患也。　壩距邵伯十里。為五壩中極大之壩。又為五壩中最下之壩。壩下引河久廢。去年水誌。漲至二丈三尺七寸。向例二丈二尺。即議開於放。高郵士紳爭持最烈。均以昭關不開。湖西受害。幸下五縣力爭。主持不開。方免滅頂之凶。嗣後水漲。恐難循此例也。

一范、隄、閘、壞、大患也。　下河去水之路。全賴丁溪草堰等出水諸閘。向來鹵水倒灌。則閉閘以阻之。西水東來。則開閘以放之。閘門一壞。開閉不靈。且閘底淤墊。西水奔騰。至此一停。場官不理。僅留司員。私索草費。閘石傾倒。並不顧問。將奈之何。附圖。

范公堤各閘圖

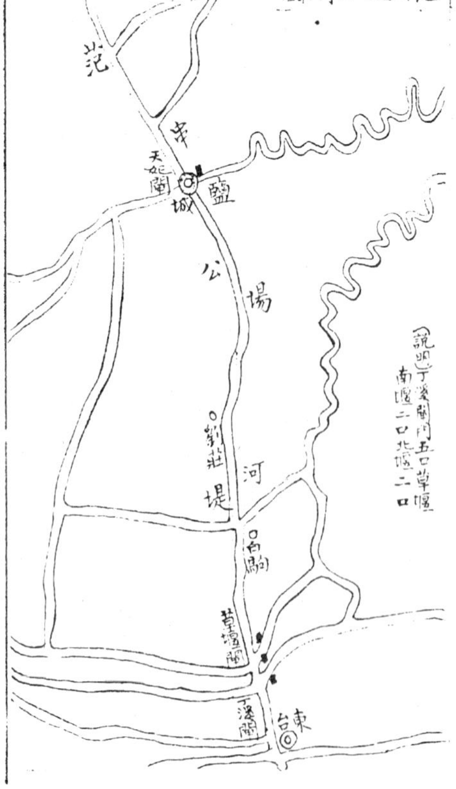

一大、豐、公、司、大、患、也。向來西水出閘。經古河口王家港關龍港等。平鋪出海。自各公司於近數年圍入各地。加以層層圩閘阻遏水道。是為積水不去之絕大病根。去年張督辦先治王港商榷書。於沿海各鹽墾公司。墾種各地。概未列入。僅言鹽墾已墾之地。其用意也深矣。後附圖。

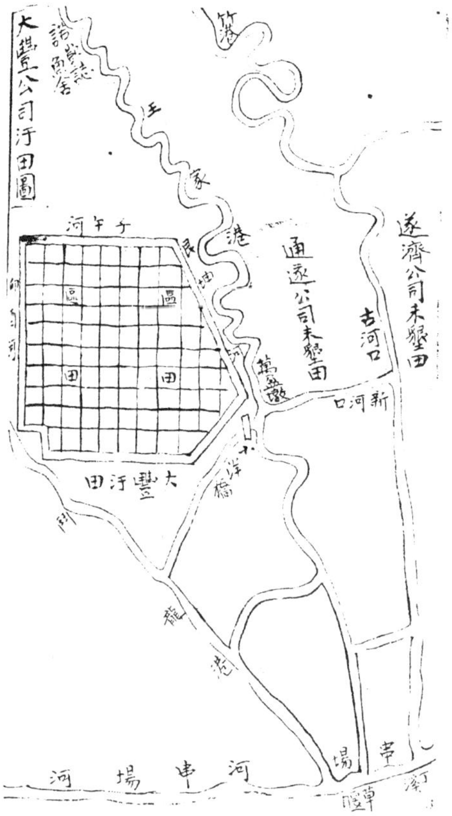

一小、洋、河、不、挑、大、患、也。小洋河線。由小洋橋東北入關龍港。自大豐公司開墾後。小洋河道。因之而塞。地勢南高北下。東去之水。暫不全洩。即分由小洋橋去。地勢然也。若任久淤。勢成廢河。查東台各場票捐。每畝灶田收大洋三分。自民國五年起。儲預備挑小洋河支用。奈已移挑了支港矣。附圖。

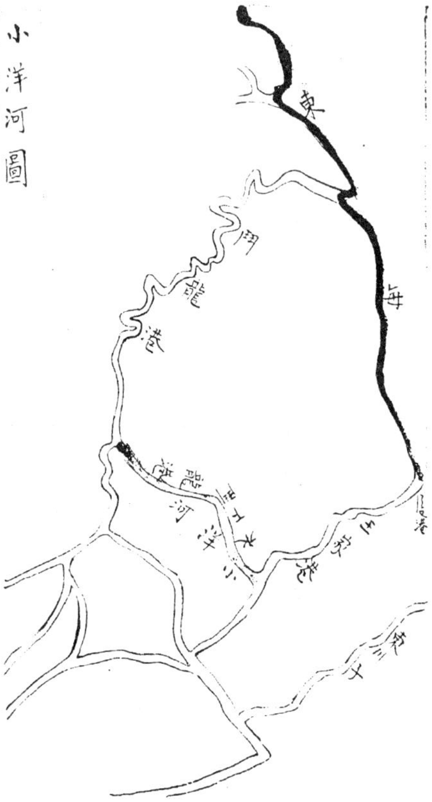

一王、港、挑、後、大、患、也。　今春王港之修。由了支港迄三環。計長二十七里。費十八萬金。兩面河台。堆土築堤。計河裁灣取直若干長。隄卽因之長若干。惟係艮坤。反阻西水。且西水來時。誰驅而納之隄中。惟勢將向來汪洋一片之水。至此反有阻撓。不先束上。以收壩下水。遽束下以阻之。奈何。後附圖。

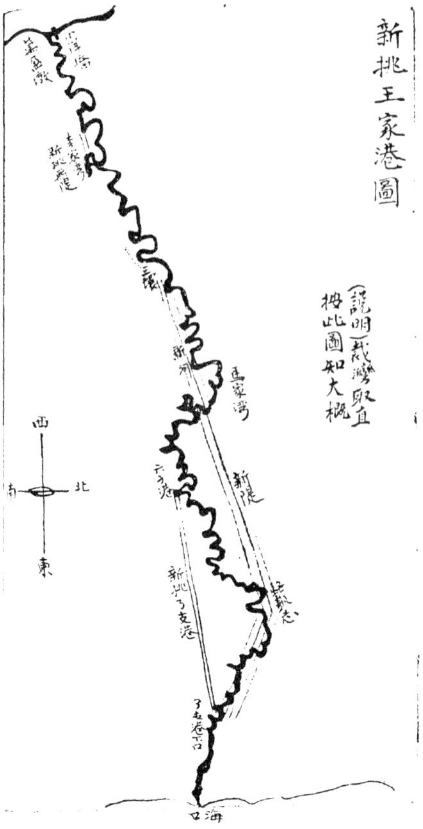

新挑王家港圖

一王、港、下、段、不、建、閘、大、患、也。　前圖所列王港情形。下段樂凱誌。現砌土壩。本留建閘之所。土壩之患在海水上湧。最易積淤。今正壩成。三月勘工。兩次潮來。沙積尺餘。由此類推。積沙極速。又海水西灌。民國五年。曾到時埝。去泰不遠。今王港裁去大灣數十里。假如土壩不實。海水誠屬大患。後附圖。

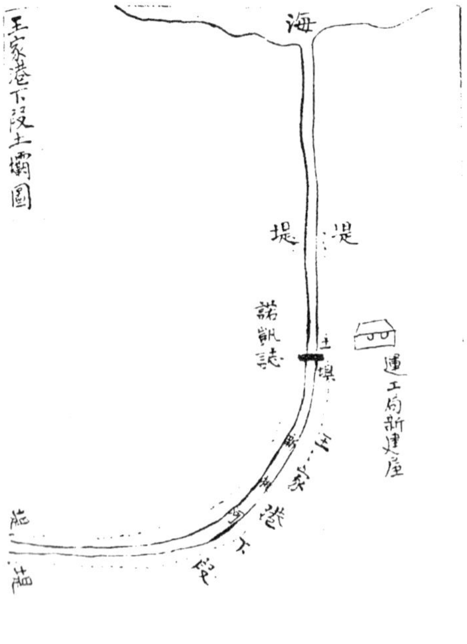

王家港下段土壩圖

一蚌、蜒、河、不、修、大、患、也。　斜港即使堅固。奈東台界之蚌蜒河。由淩亭閣東至海道口。東人置之不修。水由斜豐港隄循道而東。一入東界。便又回頭去年西水滿腹。即由東人不閉閘門之故。以致汪洋而來。四無阻攔。滔滔之狀。鄰人坐視。揣其原因。東界稲早。泰界稲遲。早故無須閉也。後附圖。

蚌蜒河堤圖

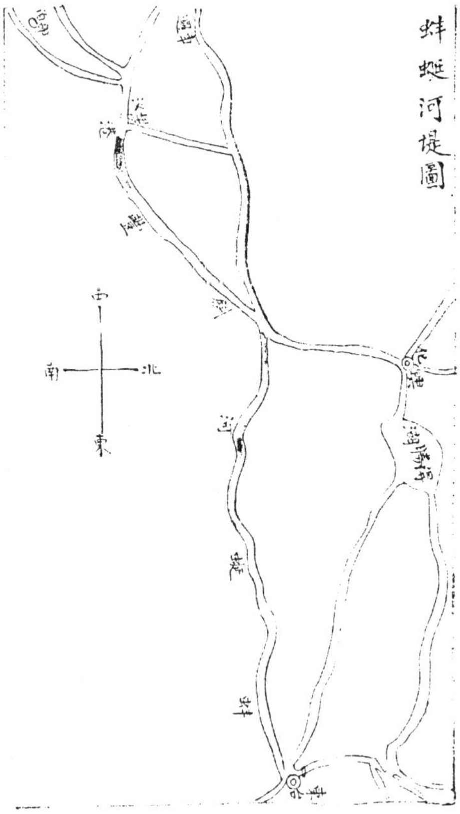

一界、溝、黄、村、不、建、閘、大、患、也。　界溝在泰。西三十里。黄村在泰。東三十里。均受仙女鎮宜陵西來之水。長江水漲。淮水又飽。湖水不下江。勢必轉入裏河。界溝黄村。裏河北下之口門。下河南來之咽喉也。若不建閘。以時啓閉。水來無時。直衝入下河腹地矣。後附圖。

界溝黄村圖

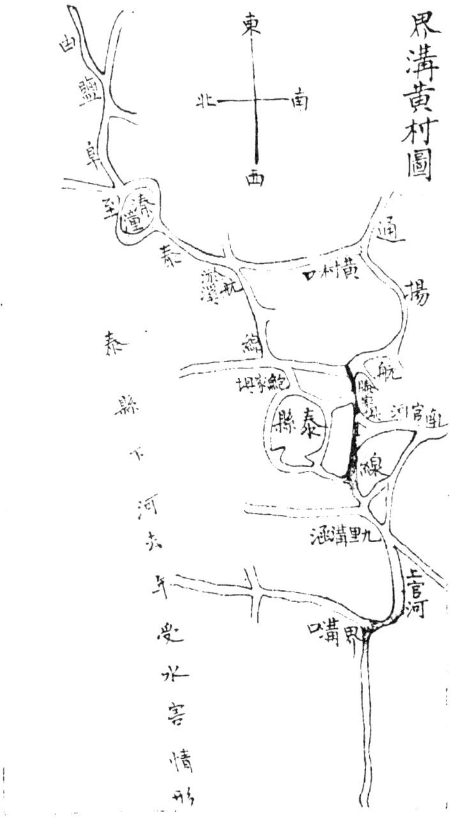

一、低田子圩不築大患也。湖西之田。均築子圩。大豐墾田。亦築子圩。高郵壩下。且築大圩。去年西水盛時。下河一帶。方憂口食。高郵隄東。如長盛等圩。田以萬畝計。依然耕牛種麥。此何如景象也。子圩之築。誠不可緩。苟沿大河加圩。卽照去年水誌各莊聯合。會議辦法。興工加土。誠永遠弭患策也。

以上十二條。有下河九縣公共之水患。有我縣下河單獨之水患。均已列圖詳明。瞭然可覩。至於弭之之方。不難按圖籌畫。參以鄉先輩之陳言。次第建議。所最難者。金錢之費用。人民之意見。土地之收用。主佃之工食。各縣之聯絡。督率之耐勞。是又在淮揚九縣協進會。及泰縣水利協會諸法團集思廣益。不徒以一人之私見。舞弄文墨已也。嗟乎。洞思後患。何可終極。南通佔海計劃。擬築新運河隄。方邀部准。一旦沿海興築。腹水將無出路。不知吾民具醒焉否也。

〔二〕海陵水利歷代沿革考

潘少漁

海陵地。南止泰興。北止興化。東止海門。西止泰州。命名始於漢。戰國為海陽。在彼時。東未有捍海堰。西未有漕渠堤。中未有官運河。滄海在其北。大江亘其南。東南江海所通。西北諸湖所滙。惟西南通陸路。興化地最卑下。非舟莫渡。以地形學言之。興化為島。與泰通如海東西相聯如帶等海股然。此秦漢以前海陵之水利也。自吳王濞開邗溝。通運海陵倉。水由茱萸灣入。東至斗門。入泰州境。經如皋通州海門入海。此即今之運河也。衣帶縈縈。橫亘南北。則所謂海股者又中分為二焉。運河支流之在海陵境者。南有濟川河通江。北有新城河入海。（新城之名始於偽吳不知以前何名）此漢魏六朝海陵之水利也。迨西有漕渠堤。東有捍海堰。始有下河之水利。蓋有漕堤。則湖水不為東患。有捍海堰。則海水不致西犯。故窪下澤國。一變而為魚米之鄉也。考漕堤之築。在捍海堰之先。相傳為隋煬帝幸江都所築。然按之揚州府志。召伯湖晉太元十一年。謝安築埭。以灌民田。民思其德。因名。猶召伯甘棠之意。是在隋之先。已有其基礎矣。隋益本此而增築之也。其後湖水浸淫。漸為民患。唐興元中。李吉甫重築之。謂之平津堰。宋張綸又增築之。長凡二百里。錮以巨石。為閘十。以洩橫流。至捍海堰。本唐李承實築。宋范仲海與張綸重築。置閘通海。今名范公堤。留紀念也。此東西二堤沿革之大畧。有二堤。然後有裡下河之水利。水自西來。泰州居海陵之西。言下河之水利請自此始。下河水道有三支。一自新城殿折而東北者。經於溪溱潼西溪。至西溪。復分為二。東北合興化之海溝河。經東臺場河梁場。又北歷丁溪草堰諸場者。謂之串場河，由興化鹽城以北入海。其自西溪東又二十里，至梁垛場南通安豐場，及富安場澗河。縣澗河南至海安鎮，四十里。鎮設東西中三壩以限之。壩南即上運河也。一自新城北經魚行市。又北十八里至港口鎮，過此為港口白。又北過寧鄉巡司，名浦汀河。又北達興化縣西十五里之海陵溪，通平望湖。一自新城西北經小紀鎮，至樊汊通江都之永安鎮。

與刋江接壤焉。此下河水道之大畧。及唐宋時，海陵之水利也。其後上河之底日高，嘗為下河之患，高田又嘗憂旱。明正德間，將東西二壩閉塞，上河始不與新城河通。至於牙橋河之開，始於張士誠之運私，清初始開。滕家壩築，則濟川河不通。楊公堤即鹽運河之旱堰，為明御史楊澄所建。凡此皆關於海陵水利之沿革者，大抵唐宋以後，無大更改，不過閘港之啟閉，河道之疏濬而已。而建築之最近者，厥惟斜豐港。道光三十年張之杲築，自樊汊鎮北首起，轉折而東，至陵亭閣止，計十一段，長四十五里。又由鎮南首起，上接三洋河，計四段，長十五里，分築口門六，隨時啟閉，通舟楫而衛田疇，誠下河莫大之利也。總之言水利者，不外固堤堰，濬水道，疏出口三法。堤堰固則上流之水不為患，水道深則豬蓄富，出口疏則下流暢，庶可轉來水為去水。治海陵之水如是，治天下之水亦如是。

〇海陵水利歷代沿革攷

曹蔭槐

泰邑為漢之海陵縣。屬廣陵。即揚州。澤國也。海水灌其東。淮水泛其北。江水注其南。江與淮又匯其西。水哉水哉。將不勝其害矣。而歷代蒙其利。號稱沃壤者。徒以邗溝通而湖隄固耳。泰邑之水。東南為上河。資於江淮。涵洞通其流。西北為下河。資於淮海。隄堰障其瀾。攷諸歷史。漢以前利用通。吳王濞開邗溝通運海陵。而紅粟滿倉是也。（泰州志海陵倉即漢吳王濞之倉）唐以後。利用障。代宗大麻時。李承為淮南西道黜陟使。創為捍海堰。自鹽城南入海陵。綿亘百里。兵農商竈舉得其利是也。（據泰州志）有宋一代。通障並用。自范希文修復捍海堰。西自鹽城。北接山陽。南抵通泰海門。綿亘數百里。築隄置牐。化斥鹵為良田。民享其利。稱為范公隄。厥後張子正繼之。（淳熙時）陳之綱又繼之。（慶元時）范隄遂為海陵保障。同時魏欽緒修桑子河堰。繚許氏莊。逕如皋境。陳損之築紹熙堰。引衆湖之水。北至淮陰。西達於淮。東至鹽城而極於海。南至揚州泰興而徹於江。為石碶十三。斗門七。海陵始免其魚之患。此下河水利。利用障也。熙寧九年。權江湖等路發運副使盧秉開運河。嘉泰四年。陳茂英疏太子港。此上河水利利用通也。元起漢北。奄有江南。水利不修。通障俱廢。觀成宗大德五年。江水泛溢。順帝至正元年。海潮湧灌。災區甚廣。海陵尤酷。水之為患。不亦深乎。明承元後。水仍為患。州志祥異。於萬歷一朝書水者凡十有六。被災可謂鉅矣。而經營水利。亦不遺餘力。永樂間既修泰州河塘一萬八千丈。復開運鹽河。萬歷間海防兵備道胥遇知下流海口壅閼。則東濬三場。穿范隄。達苦水洋牛灣河。北疏西河。從葫蘆港叀糧河達新豐市入海。上流湖水泛溢。則闢惠政橋引趨芒稻河。南注於江。知泰州李裕。請開丁溪口。以宣洩淤溪溱潼西溪寗鄉。及東臺何垜串場河諸水。阡陌皆復。上下河水利俱興。讀陳應芳地方形勢論。淩東城開海口碑記。宮紫陽河渠論。海陵水勢大畧可睹。已遜清一代。淮黃合流。康熙道光兩朝。海陵水災迭告。昭關壩放。不獨下河全渰。上河村廬亦多漂蕩。讀宮定庵請理海口疏。痛陳水患。幾於有害無利矣。而海陵紅粟。為世鹽稱。姜堰糧埠。冠冕江北。何耶。則以黃河北徙。淮流安瀾。范隄歲修。海潮不溢。車邏五里諸壩。以時啟閉。下河之田。有水之利而免其害也。牙橋建閘。蓄水於東。鮑壩築實。潴水於西。俾官運河水流入溝坳涵洞。灌溉田禾。上河之田。無水之害而享其利也。綜而論之。海陵水利。下河宜障。築壩修隄。歷代河臣所由殫力也。上河宜通。建閘濬河。歷代水官所由建議也。今者斛豐堤固。足障湖流。下河之田。歲收豐稔。水不為害而利溥焉。惟上河之田。因黃村河深。江流直注。閘雖建築。不能以時啟閉。由曲塘抵海安地高而流易涸。天稍亢旱。插禾無水。上腴坐荒。致海陵水利者。不可不三致意也。

海陵水利歷代沿革考　袁遷北

海陵古稱澤國今為沃壤蓋由歷代興築壩閘以禦水災其工雖大為利甚溥以故水患平而水利興也今試就海陵之水利考之一曰上河一曰下河上河利在轉運下河利在灌溉自漢吳王濞開茱萸灣通海陵之運道又開邗溝以通江淮而漕運之興實自此始明永樂二年又開運鹽河而淮南鹽引遂甲於天下矣其河則有南官運河由海陵之南門西通九里溝經六閘而西北則通淮南則通江此鹽漕轉運之利源也其東則通塘灣馮甸羅塘海安諸鎮經如皋縣界達通州而海安鎮東北又有揚冒河內通串場河為南河商鹽之運道由海蚕溝入濟川河至口岸是為泰興等處食岸又為百穀轉運之孔道故羅塘海安諸鎮百穀雲屯萬商畢集也其下河則有採蓮橋河蘄家潭港口前後白北過甯鄉鎮至凌亭閣距興化界又有唐港河在邊城之北直接興化之梓潼河城之西北四十五里有小溪又三十五里為樊汊西界邵伯鎮北止高郵下游然其源實發於淮淮水東流入六牐過仙女廟至孔家涵內注下河灌溉田畝利益宏多且自浦汀河入蚌蜒河通十二塲鹽艘裝運直抵板橋河掣驗過壩尤為大利然非興築壩閘捍禦狂瀾其害有不可勝言者吳王濞開茱萸灣通海陵轉運雖便而非自白蒲至黃浦築堰五百餘里則西水之害無窮漢末邗溝東道淤塞廣陵太守陳登穿樊良湖北注津湖更鑿白馬湖西北入淮然非築高家堰以捍黃淮之流則下五州縣皆汪洋矣晉唐以來西水雖無大災而海潮氾漲時復可虞宋范文正公築長堤百餘里以遏之然後人慶安瀾海

不為災文正之功顧不偉歟又吳遵路為國護民田之計於真楚泰州高郵置斗門十九既無乾涸之虞亦無衝決之患考宋自仁宗至孝宗先後一百八十年中泰如運道時有興修而范公捍海堰隄防既密東可無憂惟淮水西來江潮泛漲運道不修則水患滋大加以洪澤湖水勢下注則海陵之禍尚可問乎此斜豐港之功所以於今為烈也有明一代海陵為水禍萬歷間為烈至於清乾隆十八年泰州分司王又撲修築運鹽河堤尋圮於水二十三年鹽政高恒重修之增築南隄六十餘里嘉慶中淮水大至隄址蕩然自是十歲中水潦居半所幸上河諸壩堅築有加惟北門外東西二壩最為緊要不獨有關泰州下河且有關興化全境明洪武年建之至正德間築實民皆稱便今則鮑家壩為上下河命脈茍或崩潰上河之水直注下河有高屋建瓴之勢上河既宣洩就淺則轉運難以通行而下河又渰沒失收則灌溉竟成滅頂非僅如九里溝涵有關十三莊之利害也民國初大開寶帶橋門以通舟楫助餉收捐不知者以為利藪曾抑思大水之年等於決壩乎橋門狹小設遇水年亦如涵洞之可以堙堵也近年幸無水災一經大水雖有閘板不可遮攔觀於平時水勢可知也所謂利之所在害即隨之者也至城內市河不過有便居民而已或沿或革無關大要蓋有不足深考者矣

海陵水利歷代沿革考

潘福林

海陵之地利。歷代建置。多沿革焉。海陵之水利。歷代興治。尤多沿革焉。夫形勢家探源溯流。派别支分。舉地方受水之患害者。測量繪圖。莫不以疏瀹决排之故智。期治於一勞永逸之宏功。然而天時之有旱澇也。則水勢變。滄桑之有更遷也。則水勢變。河道之有泛濫淤塞也。則水勢又變。隄埂壩閘之有衝塌破壞也。則水勢愈變。此在一代之間。尚宜就利害而參酌沿革。况歷代以來。數千百年。若不經沿革。天下幾有吾其為魚之憂。至海陵水利歷代沿革。約有四大治。謹以管蠡之見。陳列如左。

一、漢初世代開通海陵河道。水利沿革。為創首大治之關鍵也。自禹王治水。開徐揚貢道。攷禹貢徐州浮于淮泗。達于河。揚州沿于江海。達于淮泗。蓋禹時江淮未通。故沿于海。海陵未建。官運河未開。至左哀九年。吳城邗溝。通江淮。江永注。夫差於邗江築城穿溝。通糧道。而江淮舟始行。海陵運河尚未開。直至漢吳王濞開茱萸灣。通海陵倉。載江南通志。及府志。海陵官運河始開。江氏謂隋人廣之。

一、宋初世代興築海陵河道。水利沿革。為倡首大治之關鍵也。寶慶二年。陳垓搬開東西北城外濠。濬南濠。淳祐元年。北兵突至。以濠深不敢向。紹興十一年。知州王琰開東西市河。名玉帶河。嘉定間。李駿開城內新河。以便農圃灌溉園田。淳熙三年。詔築泰州月堰。以遏潮水。天聖年。范希文以泰州舊有古堰。為唐李承實築。至宋久圮。疏請與張綸胡令儀。協力築成。名范隄。俱詳

見宋史

一、明、初、世、代。瓶修海陵河道。水利沿革。為繼起大治之關鍵也。王鴻緒明史稿。永樂二年。修泰州河塘一萬八千丈。並開運鹽河。成化七年。御史楊澄築河隄。名楊公隄。洪武年。建北門外東西二壩。正德間。開拓以防上河水洩。萬曆年。都御史李三才重濬中市河。

一、清、初、世、代。更築河隄壩牐。水利沿革。為後起大治之關鍵也。康熙年間。靳文襄治河底績而後興。乾隆十八年。王又樸髙恒增修楊隄。復開涵洞。設堡房。嘉慶間遭淮水隄圮。道光十五年。分運朱公濬河。有勸栽楊柳補隄詩刊行。三十年張之杲築斜豐港。同治五年。清水潭決。丁顯著論。請復淮水故道。闢清口。光緒年。陸張二公增修下河隄埂。改建石牐。

以上畧記海陵水利沿革。分為四大治。蓋運河水利自漢代興。市河水利自宋代興。下河水利則自明清兩代加意經營。夫往古諸君。固注重於海陵水利。後有作者。興利除弊。宜善為之沿革焉。

柴墟賦 以史部文章二百年為韻 林善伯

試一望兮。烟水蒼茫。蒹葭蒼萃。茅舍蟬聯。蘆洲鱗次。聲流瓜步。寒潮影落圖山。空翠到此江天。將成海肆。土人告余曰。此古柴墟地也。岳忠武爰始經營。儲文懿於焉布置。惟地靈而人傑。百代流芳。由學古以入官。一行作吏。緊我儲公。湖山之主。學邁儒林。才高藝圃。去壘里之囂塵。就林泉於樂土。誅草茆以為宮。編竹籬以代堵。登斯地者。覺神心曠而神怡。若有人兮。方斟今而酌古。嘯遂廬之風雨。襟懷獨有千秋。游芳草之池塘。鼓吹時呈兩部。方其吟哦篇什。諷誦典墳。漁歌互答。樵唱遙聞。萬頃汪洋。詞源倒峽。孤峯挺拔。筆陣陵雲。漢司馬詞華。游江山而得力。陳元龍才氣。歷湖海而揚芬。因茲掄芥科名。千軍避舍。莫道生材岐嶷。九歲能文。已而背鄉井。涉廟堂。持風憲。督倉場。載司考注。屢汲賢良。耿尚書服其讜論。劉內侍憚其威光。下獄諍臣。纓冠往救。注官考語。玉尺裁量。疏邊防五事之宜。推行盡利。奏民病四端之弊。出言有章。厥貌清癯。厥才縱恣。厥守剛方。厥品淳粹。典麗其詩歌。啇皇其論議。體國經野之謨。述舜稱堯之義。軼歸胡王唐而上。誰與為儔。當成弘隆萬之交。不能有二。是蓋伏處衡茅。聲出金石。肴核五經。笙簧六籍。陳子鄴留唱和之篇。張東田有往來之迹。十年面壁。由側陋以升朝。五秩投簪。復摩挲乎舊冊。青山不改。歸來則班鬢贏雙。黃卷猶存。醉後之詩篇累百。迄今思往事。景前賢。訪遺址。涉荒烟。水鳥風飄。悉入騷人吟詠。錦囊玉篋。猶聞野老流傳。所以縣改揚中。已易河山於兩姓。文雄宇內。不祧俎豆於千年。

柴墟賦 以吏部文章二百年為韻并序 章炳炎

柴墟即今口岸鎮。五代南唐縣治。為裏河之門戶。長江之重鎮。岳忠武駐軍於此。敗金兵於南壩周家二橋。使兀朮不敢東下。通泰之民。免遷徙流離之苦。殺戮傷殘之慘。忠武所賜也。鎮有得勝雄風二坊。皆忠武親筆所書。勝迹流傳。地之於江。可勝歎哉。不意三百年後。有儲文懿公卜居柴墟鎮。讀書於其地。因以為別號焉。僕本江蕪泰人。生於公後。按其圖籍。詳其風土。因援筆而賦之。

浩浩乎長江西來。有堤綿亘於通泰間者。古柴墟也。桑麻兮高士之村。松柏兮名賢之地。天下幾奇才。此中多英異。干青雲而直上。不愧為金闕詞曹。進黃卷於九重。無忝乎玉堂仙吏。儲巏字敬夫者。風俗才猷。素優抱負。詞華凌大蘇。詩歌勝小杜。奏議若宣公。文章似韓愈。大似荊公游蔣阜。說字義顧及兒童。正如李白在匡山讀書處。吟於工部。其東則有水一橫一縱。長江之上游無垠也。其西則有峯一環一抱。圌蔣之衆山羣分也。其北則數閣不知幾千家。海陵城繚繞如雲也。其南則波濤不知幾萬頃。蓮花池對江有蓮花池淵深而沄也。其產則黃梁紅秫。其木則丹楓白枌。其風俗則孝弟忠信。其學術則經史詩文。登高而望。鬱鬱蒼蒼。羽毛繁庶。草木輝光。盤桓釣游之所。工高貿易之場。看劍引杯。客無嫌於酩酊。撿書燒燭。士有樂乎詞章。昔三吳之一隅。今南通之縣治。忠武去已遥。文懿才獨粹。羌獨立之有懷。望美人兮不易。感東西廚成雙。羨南北閣無二。豈不聞柴墟之往事。岳少保之駐兵。籌勝算矣。金兀朮之敗走。亦喪魄矣。何南金之過鎮。思竹石矣。程泰象之懷古。已陳迹矣。通泰之形勢。非往昔矣。園林之風景。呈空碧矣。撫今思昔。感慨係之。詩句尚餘千首。酒杯卻有三百。然而文人代興。樂郊適彼。智士卜吉。仁里居焉。龜城已傾。龍安尚存。其曠逸地勢。濟川何處。高港猶見其天然。緬想地靈人傑。興懷境往情遷。而鴻才素著之解會二元。所以雄視於一代。享名於萬年也。

柴墟賦 以吏部文章二百年為韻

秦淮霖

朝廷樑棟之材。秋水蒹葭之思。地固鍾靈。人尤為瑞。粵稽明代名流。厥有儲公文懿。善言善行。為國人矜式之資。某水某邱。是昔日釣遊之地。遠溯茅州祖籍。猶眉山世系相傳。近徵梓里人言。與口岸地名並誌。當日疏陳馬政。爭傳金殿賢臣。早年名唱鴻臚。真是玉堂仙吏。原夫柴墟鎮者。蒲濤舊疆。蕪城屬土。當地之衝。瀨江之滸。龍游河共其源流。狼山鎮作其門戶。延令郝外。同供遷客流連。相見灣邊。亦設分司鎮撫。縣城徙治。屬當乾德二年。鄉邑分區。今隸泰興一郡。方公之幼讀於柴墟也。丁年刻勵。子夜精勤。僑居鎮邑。講學河汾。文名見重於一世。筆陣橫掃夫千軍。止水明心。直欲門前種柳。結廬篆額。居然窗外生芸。會當邊塞多艱。千百言封章入奏。時或詩詞盛會。二三子關韻論文。爾其別號柴墟也。若處士兮號洺水。若逋客兮號滄浪。若穎濱先生兮蕪轍。若華陽老人兮張綱。若茶山居士兮僑寓古寺。若蘆川老隱兮歸來故鄉。姓字爭傳。棗梨並壽。聲名卓著。桑梓增光。署壺山以寓鄉思。黃君士毅號鏡湖以彰天賜賀監知章。更以柴墟名其齋焉。因地命名。斷章取義。審容膝之易安。益賞心而得意。不數亭名同樂。偏東西籬菊野花。亦非居近玩芳。種多少莎蘆薜荔。王摩詰輞川寄傲。賦館藏修竹之詩。杜少陵潭水怡情。續堂號浣花之記。想像隅江烟景。星火兩三。構成滿苑風光。欄杆十二。且名其集為柴墟集焉。其文則洞達世情。其詩則銷除塵迹。其序記則備具規模。其碑表則永刊金石。其書啟則懷人贈友之章。其奏疏則長治久安之策。十五卷才華富有。價重兼金。數百年詞藻流芬。珍如拱璧。李北海碑銘墓誌。婉美於前。真西山讜論名言。自古在昔。夙具許燕手筆。文苑無雙。廣題泰漢牙籤。書城擁百。吁嗟乎潯陽柴桑。處士高隱。江北柴墟。文士流傳。一則詩懷冲淡。一則文筆高騫。同是光爭日月。墨染雲烟。迄今玫其碑碣。謁其隴阡。但見夕陽流水。蔓草墓田。剔原上之荊榛。淒涼翁仲。薦澗濱之藻蘋。展拜鄉賢。名論猶存。思閣馬南旋之日。先民不作。痛騎鯨上逝之年。

柴墟賦 以吏部文章二百年為韻　陸欽

北眺昌黎。峰巒櫛比。則韓吏部篤生之地也。東矚柴墟。汀洲鱗次。則儲吏部發祥所自也。披佳句與清詞。信出類而拔萃。文原有價。爭日月之光華。地亦能靈。是斗山之位置。露白葭蒼而外。自有伊人。洞天福地之中。常逢仙吏。原夫柴墟之為邑也。屬在荒陬。翻成安土。瓜步通其潮流。蒜山環其區宇。四圍皆水。飛鷗首之征帆。五縣分疆。錯犬牙於孤嶼。世外豈無天地。居然犬吠千家。池間饒有笙歌。祇是蛙鳴兩部。而我文懿公者。夙耽岑寂。久厭塵氛。闢開堂構。稽核典墳。詎逃名而避世。何索處以離羣。都因駭浪驚濤。酷似文瀾倒峽。況復層巒疊嶂。渾如筆陣凌雲。津即仙源。讓漁子輕來問渡。途非捷徑。謝朋儕勿事移文。爾乃根深實茂，源遠流長。詞成賡鍔，筆挾風霜。其詩歌則芊綿而清麗，其論議則典雅而喬皇，其傳記則扶疏而條達，其章奏則浩瀚而汪洋。九歲能文，類賦綦之夙慧；兩元高擷，聯奪錦於名場。從茲一路公卿，贊日盡皐夔之職；贏得幾篇文牘，挾天成雲漢之章。已而主功曹，陟郎位，轉田卿，改漕帥，風憲重司，詮衡載膺。上邊防民病之書，攄瘴惡彰賢之志。耿尚書比之介甫，公評固若南山；劉內監呼曰先生，咸稜伸於北寺。三十載義高霄漢，補闕衮於九重；數萬言字似金湯，勝雄關之百二。是由寢饋詩書，饜飫典冊，涵養於澤國江天，吟哦於風晨月夕，故能拾取紫衣，壓倒元白。青山笑我，仍匏繫於陪都；白髮得人，恐苔封於故宅。莫道筆鋒犀利，指麾常掃軍千；何如書卷安排，坐擁依然城百。迄今探尋故迹，景仰先賢，訪園亭佈置，罕父老流傳，惟見汙萊滿徑，蔓草盈田，與夫漁樵之互答，鷗鷺之閒眠。蓋已縣改揚中，帶礪全非舊主；然而書名垌野，琳瑯尚有殘篇。當時執掌半生，常厲首邱之志；今日傳心一辦，如親面壁之年。

○藕花洲消夏賦 以繞郭荷花三十里為韻

日長每苦煩襟擾。招涼何處尋芳沼。海陵城唱采蓮歌。清溪一曲波光遶。戲水有魚。眠沙何鳥。葉張影以重重。花吐香而裊裊。合名消夏灣兮洲中則風月雙清。洲外則烟雲四繞。在昔宋紹興初。州治宏開。城濠穿鑿。屋建軒楹。橋横略彴。藕植縱横。花開綽約。外有芍藥亭。上有芙蓉閣。宛如溪號浣花兮。杜子美堂成背郭。夏令如何。佳趣良多。清同南澗。涼勝東阿。有水勢如華渚。有亭名曰清波。芙蕖雨洗。菡萏風過。扇不揮箑。衣可披羅。又似溝名丈八兮。納涼而雨洗新荷。的皪朱華。在水之涯。地真辟暑。船可為家。涼飲碧筩之酒。香煎綠荚之茶。波清沈李。水淨浮瓜。衣香繚繞。人影横斜。地擅濂溪之勝。宜稱君子之花。每當炎威甫至。佳境同探。花香外溢。水影中涵。浮香亭址臨於北。須友亭影峙於南。藉茲勝景。暢我清談。琴三彈以音靜。棋一局而興酣。詩情共發。畫稿共參。比草閣兮生寒。夏五異蘭亭兮修禊。春三彼夫蘆洲雁飛。蓼洲鷺集。鳳池秋月瑩瑩。駝嶺春風習習。地亦名區。景傳泰邑。而斯洲也。荷蓋風搖。蓮房露浥。纖塵不侵。閒軒新葺。涼飈吹來。畫船穿入。水分南浦之三。景擬西湖之十。爰為之歌曰。流水昔為村。種蓮今滿沚。避暑盪蘭舟。人在煙波裏。又歌曰。清涼境少趨炎士。我愛紅蕖臨水汜。澄懷不作熱中人。棹買淵明歸栗里。

藕花洲消夏賦 以繞郭荷花三十里為韻并序

藕花洲在川治西南。茅茨十間。環水植蓮。畫室三楹。架橋以渡。德星館處其東。浮香亭立其西。芙蓉閣橫其南。須友亭矗其北。遠香海嶼遶其旁。留春大雅遥相對。實消夏之勝境也。今為桃源津。無有過而問之者。而宅東荷池。亦假名藕花洲。方承恩構小亭於東。王頫建草廬於南。荷池雖在。亭廬已圮。撫今思昔。能不慨然。乃援筆而賦之。

間嘗訪吳王消夏之灣。開水木之窅窱焉。遊杜老消夏之溝。見園林之靜悄焉。茲則芳溢銀塘。涼生玉沼。紅掩映而霞舒。綠翻飛而烟裊。最好簟疑冰透。滯夢蝶而酣眠。祇恐衣被香薰。惹遊蜂而浪繞。時則炎景侵簾。薰風入幕。輕扇裁蒲。小冠製籜。氣愛蘭素之清。火羨榴紅之灼。安得寒深草閣。地卜臨江。除非日礙楂林。堂成背郭。爰有藕花洲者。香流玉井。路隔銀河。風翻暈碧。雨潤顏酡。翦湖心而約半。占庭角以無多。客來雲水光中。帶防牽荇。人在烟波畫裏。衣合披荷。當夫珠承曉露。錦煥朝霞。是誰戳菂。有客浮瓜。匝地之綠雲低護。行天之赤日初遮。却宜仙枕清遊。身閒入夢。最好妓船小泊。貌艷如花。又若夕陽散彩。暮靄拖藍。殘棋一局。新詩半龕。白紵之歌聲未歇。碧筒之飲興方酣。恍疑晶殿凌虛。天違尺五。雅愛畫船穿處。月正更三。遥憶太守落成。名賢再葺。浪靜風甜。香清露挹。留連多墨客騷人。吟詠有雅篇艷什。只許張來翠蓋。斜侵苔徑弓三。任教飛到紅塵。難入茅齋笏十。迄今亭已荒。蘭澤堪訪梓。夢醒繁華。愁深烟水。雖逢雪藕良時。不見賞花舊址。卧小窗而北面。祇餘蒲柳數行。續韻事於南皮。無復芰荷十里。

○浮香亭梅花賦 以竹外一枝斜更好為韻有序 黃寶麒

夫眉山挺秀。藝文弦吹而雲興。天目鍾靈。儒林騈闐而波沸。乞婆夢醒。桄榔盧橘之圖。憶弟燈孤。揚柳櫻桃之什。集題淮海。在左遷則怨寫藤花。偈說參寥。禪定則泥吟柳絮。建溪花好。寄覽思於法曹。孤嶼香清。託瑶情於和靖。荃蘭比韻。松竹方清。蔵會不常。嘉名肇錫。此州治所以有浮香亭之建也。

自金源入寇。天水蒙塵。舳艫爭采石之磯。桴鼓震黃天之蕩。兵分庛步。烏珠之羽檄紛馳。營扼柴墟。忠武之英靈宛在。此邦素稱富庶。地匪要衝。鶯花彷彿乎江南。胡騎驛騷於境外。倉儲軍庫。征繕不遑。鐵板銅琶。觴詠斯歇。回陽春於庾嶺。憶燈火於樊樓。固花事之闌珊。亦亭臺之冷落已。既而斜陽換地。半臂忘書。畫淮之議既成。連江之營盡撤。星槎月萓。拓玳瑁以為窗。暘谷方洲。架珊瑚而作彩。鼓角傍將軍之宅。金碧迷離。環刀題孝子之坊。丹青濡染蓬萊閣上。風月常新瀛碧堂前。湖山不改。葺復土木者六十處。不被兵革者百餘年。奇花初胎。有亭如翼。庫開公使。濫用水衡。額賜茂陵。永留宸翰。此陳氏、亥、又有重修浮香亭梅花詩刻之舉也。無如紅羊刼重。白雁飛來。真人崛起於濠梁。元鼎復淪於沙漠。兩遭兵燹。全付榛墟。郡人大夫。同聲惋惜。舉凡亭名積翠。花植清漣。頒春而喜玩芳。問政而知無訟。莫不杳消玉滅。瓦碎垣殘。荊棘埋春。樓臺委土。不獨冬青杜宇。望北窖而愁添。桂子荷花。覽西湖而淚灑矣。今者山河小影。古蹟猶留。翰墨前緣。貞珉可訪。三年桃葉。論長恨於太虛。五嶺荔支。極揄揚於玉局。聯裾接襼。殿北宋之中音。前輝後光。啟西江之別派。匪惟藝林之佳話。抑亦梓里之光榮。幸有官師。頗躭風雅。莫不祠瞻元武。山認羅浮。劍埋歸鶴之林。舟艤迴龍之岸。葫蘆河畔。喜接清姿。叢桂坊中。眷懷曩哲。此日冰魂雪魄。共訪古於藕花洲前。當年白鷺瓊枝。曾留題於芙蓉閣上。其辭曰。

瘦影婆娑。清香馥郁。月映虛窗。霜鋪古屋。識錦繡之成堆。喜珠璣之滿幅。不比三賢堂畔。船採池蓮。渾如萬壽宮前。篁生階竹。嘻、此浮香亭也。結搆玲瓏。拓基舒泰。名士題襟。高僧傾蓋。陽和之噓拂常新。海氣之涵濡如繪。瓊英絳萼。人來玉照堂中。檀板金樽。春到紅羅亭外。亭影低垂。梅香清溢。整整斜斜。疏疏密密。參軍則亭景偏幽。須友則梅枝早出。倘逢明月花影。成太白之三幸。挹清風梅樹。認於放翁之一幾枝入畫。四壁題詩。巡簷索笑。擊鉢催歷。赤壁冬遊之日。黃昏月上之時。白敲禁體之詩。採芳華於北嶺。紅染孤臣之淚。豈惆悵於南枝。清癯風景。冷淡煙霞。堂悲蟋蟀蟀。更轉蝦蟆。天香歸仙人之室。暗香空處士之家。倘教踏雪西郊。湖何嫌小。若使尋春北郭。橋合名斜。芳意頻通。幽情誰詠。老幹橫陳。繁葩掩映。指傲骨兮娉婷。甘耐寒兮清淨。移向臨江驛畔。萬樹開齊。攜來望海樓前。一層上更。迄今遥想坡仙。追踪逋老。春瘴方生。冬霜趁早。憐真味於落英。寄長編於小草。但覺春生宫閣。放衙如觀院之清。何須雨訪斷橋。領郡道湖山之好。

○浮香亭梅花賦 以竹外一枝斜更好為韻 章炳炎

試一望兮。雲鎖苔深。風搖樹禿。鷟碎飛鴛。臺空走鹿。往事縈懷。新愁滿目。無復繽紛香雪。紅低九曲之欄。祇餘黯淡浮烟。翠繞二分之竹。居人告余曰。此浮香亭之古蹟也。昔之畫棟雲飛。雕樑霧藹。草細鋪茵。柳長飄帶。留題皆一代名流。賜翰更九重春靄。羨此處玲瓏窗槅。在清風積翠之間。問誰家金碧樓臺。正碧水斜陽而外。加以梅植萬株。香盈一室。蟾弄影而輝清。鶴守寒而夢逸。宜淡宜濃。亦疏亦密。從此春回海角。與東閣而稱雙。不煩詩寄江頭。折南枝而贈一。於是高軒特過。飛蓋交馳。太守則烟霞慣領。參軍則風月攸司。秦學士箋紅覓句。蕭長公紗碧籠詩。聽數聲玉笛歌殘。夢迷香徑。笑四座金樽酒滿。籌折花枝。羅浮仙境。香國人家。屐仍曳蠟。鋤慣攜鴉。簾攏旖旎。水月清華。舞簷牙之瑞雪。流屋角之紅霞。閴來錦幄重重。儼夢綠彩雲低駐。開到綺牕面面。正昏黃新月初斜。迄今衰草烟濃。古楊風勁。臺榭已墟。園林少盛。遠香亭不見幽閒。大雅亭未聞歌詠。何成趣以優游。乏玩芳之掩映。罔教詞客思長。那識美人妝靚。慨此際皆埋斷碣。悵故址之尋難。問何年樹返芳魂。步層樓而上。更惟願勝境重遊。名園再造。緣水仍斜。紅塵盡掃。茅蔭堂而蘿牽。樹欹屋而幹老。閑北牖以頻窺。祝南枝而默禱。春鎖繁華。夢裡猶然風靜香甜。人來金粉叢中。依舊月圓花好。

○考證西山白雲寺銅鐘係何代物　周　度

曩余與友遊邑城西。夕陽在樹。逸響徐來。客曰。古音揚抑。乃報國庵之鐘聲也。余目為之瞪。客曰。無異。報國庵、即西山白雲寺也。其寺名改於天竺老僧方誌之手。是年僧並於南山寺內建浮圖焉。其鐘有古音。洵為三百年之物。乃有此逸響。是鐘鑄於辛卯歲孟秋之月。有明鐫題書為證。明鐫僧係明末清初人也。書於是年。即鑄於是年。是年為順治八年辛卯也。不書國號而僅書年號者。明清交際。天下莫定。明鐫之書辛卯。善酌其間也。道古未已。遊入寺中。顧問山僧。參言依爾。及視其鐘之年號。與明鐫題鐘之字跡。模糊猶在。果如客所說。是鐘謂為清初物也。可謂為明末物也。亦無不可。噫、皆遊閒話。得故事焉。了然於胸。爰賦於筆。

白雲寺內白雲封。密處飛出一聲鐘。古音逸響繞城郭。記年已有三百逢。鑄鐘上有明鏄書。此僧明末又清初。獨記年號在辛卯。斟酌其間卻不虛。莫謂當年樂閒遊。眼前古蹟得尋求。知為明末清初物。免翻典籍之羅搜。

○西山白雲寺銅鐘考

汪九章

吾邑城之西偏有西山白雲寺。寺有銅鐘一。清代物也。鑄於順治康熙年間。上鐫金剛經一卷。大悲咒一卷。鐘刻創製之年。文曰辛卯吉旦鑄置。又刻書經咒之僧。文曰菩薩戒弟子明鏄盥沐焚香拜書。按辛卯不詳何代辛卯。而明鏄則斷知其為順康時僧也。寺與寺東之東嶽廟。共一住持。至今猶然。順康時想亦如是。予嘗尋古蹟至東嶽廟殿。殿之東壁有石碑。文叙建造之原起。末云康熙元年歲次壬寅吉旦。又署其末曰戒弟子明鏄拜書。足知明鏄為順康時人。而此鐘即順康時物也。詢之僧人。明鏄為該寺第三世祖。辛卯為順治八年之辛卯。非康熙五十一年之辛卯也。其言蓋信而有徵矣。

西山白雲寺銅鐘考

朱植甫

古昔郭璞知罌鏡。道安知銅斛。崔賾知藍田玉。凡不經見之物。均非博學多聞者不能辨也。泰邑城西經武橋下西山白雲寺。佛殿上有大鐘。其銅有寶光。擊之鏗然。聲聞數里。上刻金剛經全卷。大悲咒全卷。但載明辛卯孟春。僧明鐸所造。獨不詳創自何代。及披閱志書。博物類亦紀載闕如。即訪之耆老。俱無有能辨之者。嘗用是疑之。不得已偕二三知己。遊西山寺詢問老僧。冀得知其物之始自何代也。老僧答曰。明鐸者上良下初。係吾寺中第三代祖師。本前清康熙年間人。此鐘即其手創。吾聞僧言。恍然悟曰。然則此鐘為清康熙年間之物也。可知矣。獨不解泰邑志書。歷有年所。亦將此物付諸子虛。是曷以故。想博物家亦偶然遺忘耶。是耶非耶。

國學研究社文選 三

泰縣國學研究社文選目錄

卷三

其五 有序　吳陸評
其六 有序　王廷治
擬東山寺張王廟碑　沈本淵
其二　王永嘉
其三　丁傳書
其四 集選　陳叔才
其五　曹瘦樵
其六　唐桂芳
淮鹽不改道錢侍郎電求劉忠誠從緩入告侍郎有功於鄉里擬請入祀鄉賢祠呈文　章炳炎
其二　陳端
其三　張萍
其四
其五
附錄
張良佐漢王猛仕秦合論　顧生琥

宋史上括魏朝隋書仰包梁代論　巫其咸
讀吳薗次林蕙堂集駢體文書後　葉廷杰
班師振旅頌 並序 集選　程大中

◯召平考

沈本淵

古今人物。同姓同名。固屬習見不鮮。然有並世而雷同者。書諸簡冊。淆亂是非。難分皂白。信以傳疑。疑以傳訛。遂為千古之疑案。要在讀者詳辨之耳。竊聞曾參有三人。傳訛於家語。召平有三人。傳訛於史記。曾參注疏家辨之審矣。而三召平。為三人耶。為一人耶。抑一而二耶。讀者恆不能分辨之。但就史記觀之。三召平出處相異。志趣亦殊。似非一人也。夫五經諸子。廣書人物。雖氏族可驗。而邑里難詳。太史公起而革其體。其作史記也。必先述本居。至於國有弛張。鄉有併省。隨時而載。用明審實。即例得附書者。亦書其邑里。為後世讀者考證之資焉。謹按項羽本紀內。廣陵人召平。矯陳涉命。封項梁。齊悼惠王世家內。齊相召平。舉兵欲圍王。（亦見呂后本紀）蕭何世家內。有故秦東陵侯召平種瓜長安城東。世稱東陵瓜。之三人者。惟齊相召平。未書邑里人氏。其他同姓同名。且同為秦人。不亦異哉。許應元嘗謂齊相召平為別一召平非東陵種瓜者。斯期說也。蒙固韙之。胡三省亦曰。廣陵人召平。與東陵侯召平。及齊相召平。凡三人。齊相召平之子奴。以平死事封黎侯。見功臣表。是則齊相召平必非廣陵人。其子奴既以父功封黎侯。黎殆為其食邑歟。黎地名。今為潞州黎城縣。有黎侯故城在焉。齊相召平。與同秦人之兩召平。固不相牽涉也。而此同為秦人之兩召平。是不可不辨證之。召為周召公後。氏族博考云。召與邵。春秋本一姓。後分為二。汝南安陽之族。皆從邑。姓譜云。文王子季載之後。項羽本紀內之廣陵人召平。秦二世元年。為陳王徇廣陵。未能下。且矯命拜梁為上柱國。可見其非為秦東陵侯見也。矧秦三十六郡。無廣陵郡。水經注云。廣陵城。楚漢之間。為東陽郡。漢高祖六年為荆國。直至武帝元狩三年。始更曰廣陵。太史公書召平曰廣陵人者。殆為史家追書之也。蕭何世家內之秦故東陵侯之召平。於漢十一年。高祖拜何為相國時。諸君皆賀。召平獨弔。此召平為故秦東陵侯。秦破為布衣。種瓜長安城東以自活。世稱東陵瓜。從召平以為名者也。世又稱其瓜為青門瓜。青門為長安城東門。亦以召平種瓜於此得名。相傳廣陵有東陵亭。疑為平所封之地。今揚州宜陵為古東陵。且有以東陵為氏者。風俗通云。東陵侯召平。子孫氏焉。是則此召平流寓長安。與為陳王徇廣陵之召平。判然兩人。似非一人也。然為陳王徇廣陵之召平者。為居廣陵人。而種瓜之召平。秦亡後。東陵侯既廢。遂徙長安種瓜。似與蕭何有舊。依託以居者。不然。蕭何為相國。平又何以弔為。是則兩召平同隸廣陵郡。一則不知所終。一則種瓜以老。太史公所以畧其事迹者。蓋系乎史例而已。嗚呼。地以人傳。人以瓜傳。惟東陵侯有焉。

○召平考　潘少漁

史記召平有三。一為廣陵人。見項羽本紀。一為齊相。見悼惠王世家。一為秦故東陵侯。見蕭相國世家。齊相召平史記未載其出處。不知其是否為廣陵人東陵侯其中之一。抑為另一人。然自史遷之書法觀之。羽紀為與蕭相世家。既載明廣陵人東陵侯。而於悼惠王傳獨闕。蓋已暗示另是一人。故不載也。司馬貞索隱。謂三召平皆似別人也。殆非無見。功臣表中。有黎侯名召奴者。即齊相平之子也。而羽紀之召平既標明廣陵人三字。當然與東陵侯有別。不然。史公何必贅此三字。此固不待考。而為人人所共認者也。乃吾觀廖賓于尚友錄。則稱東陵侯為廣陵人。不知其何所據。此必有誤。原其所誤之由。蓋疑東陵廣陵為一地。後漢書郡國志注。廣陵有東陵亭。廖氏之誤。東陵侯為廣陵人。或即本此。然一為所侯之地。一為所居之地。以封邑為籍貫。固已誤矣。而蕭相世家云。東陵侯。秦亡後為布衣。當廣陵人召平為陳王狥廣陵之時。秦尚未亡。東陵侯焉得秦材楚用。此顯然為二人可知。且東陵侯果為廣陵人。何必隱於長安。豈斷髮文身之地。不足以寄高蹤。必冠蓋京華之邦。始可以遂肥遯乎。縱不為緇塵所染。寧能免捷徑之譏。雖賢者隨處而安。獨無秋風蒓鱸之思乎。眷懷桑梓。人之恒情。豈必錦衣始歸故鄉哉。東陵侯之非廣陵人。又可知也。且不但非廣陵人。即其所侯之東陵。亦非今廣陵所屬之宜陵。與東陵聖母之東陵有別。曷言之。東陵侯非秦之故侯乎。廣陵在六國時屬楚。始皇二十五年始滅楚。楚未滅之先。秦人固不得侯楚地。楚既滅之後。次年則已罷侯置郡矣。更無侯之可言。

審乎此則知故侯之東陵。當在秦地。阮籍詩云。昔聞東陵瓜。近在青門外。水經注。長安十二門。第三門本名霸城門。民見門色青。又名青城門。或曰青綺門。亦曰青門。今屬西安府。準此則種瓜之東陵。非後漢書郡國志之東陵亭地審矣。然則謂東陵侯為廣陵人者固誤。謂平所侯之東陵。即今廣陵地者。何嘗不誤乎。

召平考

潘福林

疑以傳疑。信以傳信。古來人物如林。傳諸書冊者。每多疑信相參。卽如一鄉一邑之中。耆舊遺流。鄉賢載志。事實間有真偽。出蹟恆見紛歧。則以兵凶水旱災疫之有遷徙也。游宦出使行役之有飄零也。漁樵農圃市井之有隱逸也。累代郡縣建置之有沿革也。姓字遠近流傳之有混同也。故論古者頗涉滋疑。如漢董永。據御覽作千乘人。方輿勝覽謂海陵西溪人。宋沈正孝親見諸宋史。舊州志又以正作政。入元代。類多傳疑。而召平同姓同名。計有三人。並出於史記漢書。獨載其一於府志者。尤為千古之疑案。蒙不憚縷晰條分。旁加考証。參以臆斷。而一釋其疑焉。謹列如左。

一 載項籍本紀。秦二年。廣陵人召平。為陳勝徇廣陵未下。聞陳勝敗走。秦將章邯且至。迺渡江矯陳王令。拜梁為楚上柱國。曰江東已定。急引兵要擊秦。

一載齊悼惠王世家。高后八年崩。劉章謀誅諸呂。立齊王。王與魏勃等陰謀發兵。齊相召平聞之。乃發卒入衛王宮。繼信魏勃之紿。以兵圍相府。召平遂自殺。

一載蕭何列傳。漢高五年。拜何為相國。諸君皆賀。召平獨弔。召平故秦東陵侯。秦破為布衣。貧種瓜於長安城東。瓜美。故世謂東陵瓜。從召平始也。使何讓封勿受。悉以家私財佐軍。

謇按去陳之召平廣陵人。史記考証。許應元曰。此別一召平。非東陵種瓜者也。相齊之召平。史記索隱。廣陵人召平。與東陵侯召平。及此召平。皆似別人也。功臣表。平子奴以父功封黎侯。然則召平別見有三。何召平之多也。夫姓字相同。間嘗有之。如趙漢兩相如。唐科試兩韓翃。而三召平並出於秦漢之交。供奔走効身命。客游說。調停阿附於王相之間。同為一時之顯出。非閭閻市井姓名混雜可比。陳勝楚項。齊悼蕭何。又皆讐敵之相抗。聲氣之相應。以三召平同一馳名。似乎耳而傳之。口而稱之者。互相錯亂。不免誤訛。果系雷同。當別更之。謇謂相齊一召平。後封於黎。非廣陵人。可知。若為陳為梁之召平。固同是為相國蕭何之一人。蓋其始迫於虎狼之秦。封為東陵侯。而不敢辭。廢東陳陵侯而又不敢怨。既而陳勝兵起。挺而走險。急何能擇。借以滅秦。陳王才力不敵。遂去而說梁。梁不克成事。遂至漢。以調護君若臣。身為布衣。若仲連鄒陽輩。往來於諸侯王。而芟暴鋤强。種瓜長安。

要亦資生之計。恥與雞鶩爭食。雖蕭何傳祇述故秦東陵侯。而廣陵人已於籍紀秦二年見之。遂不復書。且水經注。高祖六年。廣陵早建為荊國。不得再稱廣陵。此遷史分敘之筆法也。是以閣山樓龍文鞭影諸篇。皆稱秦召平廣陵人東陵侯。從其初也。要而言之。相齊一召平。籍本紀與蕭何傳內一召平。厥為廣陵東陵人。載之府志。固其宜也。

○胡安定王心齋陳泗源三先生先後經術合論

古無所謂經術也。學而已矣。自聖學集成於孔子。刪詩書。訂禮樂。贊周易。修春秋。後儒尊為六經。而經之名始著。術藝者流。慕而效之。述其宗派。皆思自託於經以別異諸子。於是有黃帝內經。周髀算經。李悝法經。甘石星經。經之為義浸廣矣。經之有術也。昉於漢儒術述也。（見禮記祭義疏）漢初經師。抱殘守缺。均以口耳相授受。傳述既久。成一家言。而經術始盛。觀班志所錄。不獨六經論語卓然名家。即歷譜算術。亦有傳者。博矣哉漢之經術也。三國六朝。崇尚文藻。諸經義疏至唐始立學官。陸孔諸儒。號通經術。而論語之微言大義。要非宋五子不能明也。自是經術遂分漢宋。漢宗許鄭。宋主程朱。多北方學者。其以南學名者。周濂溪外推胡安定。安定。海陵人也。海陵經術。古無傳人。傳者自安定始。安定弟子滿天下。未嘗私其鄉人。而海陵文化。實安定開之。安定所著論語說、中庸傳、宋五子之先河也。易傳尚書會解春秋要義、漢經師之家法也。樂圖記則兼通律歷。安定說經。可謂無門戶之見矣。海陵經術繼安定而興者。為心齋王先生。心齋之學。傳自姚江。皆南人也。所著孝弟箴勉仁方仁以為己任賦。皆發明論語。蓋宋學也。而格物要旨則從古本大學。未嘗輕詆漢儒。心齋經術。可謂能觀其通矣。王學既衰。海陵文化。渺焉莫紹。其能覃思經術繼心齋而興者。為泗源陳先生。泗源殫精算術。蓋能傳歷譜之學者。論者或以疇人少之。不知泗源所著如禮記分類左傳分類春秋世族譜春秋戰國異辭。多經生家言。春秋長術能補正杜元凱。尤為治漢學者所重。其推算之密。不差累黍。安定復生。制律當引為同調。豈區區算博士哉。況數列六藝。本羣經支流。譚學術者詎容歧視乎。胡王陳三先生。後先濟美。以經術論。皆可謂之鴻儒也已。安定而後。宋學大興。濂溪倡之。明道伊川橫渠和之。至考亭而盡發其蘊。六經不傳之秘。宋儒可謂得之矣。而追溯蘓湖之教。源遠流長。其醇厚和易之氣。足開伊洛之先者。不得不歸美胡安定也。心齋而後。王學盛行。顏山農何心隱。雖不免狂者之過。而顧高講習於東林。念臺著述於蕺山。士氣極盛。再傳至夏峯梨洲。遂啟遜清之學派。王學以明始。不以明終。前代經師。莫能及焉。而篤守師說。能輔翼龍溪緒山者。不得不推重王心齋也。泗源而後。天算日精。宣城梅氏。吳縣惠氏。皆以學世其家。海通以來。傳習尤衆。庠序至列為專科。漢儒歷譜之學。幾於家置一編矣。而覃精絕學。與梅文穆考訂成書者。不得不稱頌陳泗源也。三先生皆海陵人也。其經術關係天下之大如此。孔子之教。可不重歟。今日者泗源先生之學說。風靡一時。無待表章矣。邦人君子。有能為安定心齋之學。而上接孔孟心傳者乎。為之執經。所忻慕焉。

曹蔭樾

胡安定王心齋陳泗源三先生先後經術合論

近今哲學家有二派。曰實驗派。曰懷疑派。實驗派亦名格物派。懷疑派亦名窮理派。倡格物之說者。言理必實而有徵。倡窮理之說者。謂學必反諸吾心而始得。知此可與論泰州胡安定王心齋陳泗源三先生之經術矣。安定之解經也。至有要義。由經義而發為文章也。必以理勝。由經義文章而見諸施行也。若算數則成為理財學。若治民治兵則成為國家學。泗源之治經也。左傳有分類。禮記有分類。春秋有長歷。及其通經而致用也。則有算學。有歷學。有天文學。兩先生之經術。所謂實驗派是也。即所謂格物派是也。至於心齋生平。於大學格物亦頗研究。究之所著語錄格物要旨二書。其理論學皆涉於詭辯。惱於空想。徒冒格物派之名。詞終不達實驗派之目的。觀州志載心齋取孝經大學論語日日誦讀。置書袖中。逢人質疑。則其為懷疑派可知。又載心齋與守仁語良知有省。曰先生之學精深極微。得諸心者也。則其為窮理派之倡說可知。由此論之。三先生之經術。各得哲學之一派。不辨自明。噫。如三先生者。苟生今之世。為今之人。再進而上之。和合兩派。成一完全純備之哲學。則非獨今之大哲學家。抑亦今之大教育家乎。

胡安定王心齋陳泗源三先生先後經術合論

王昌

韓退之師說有言曰。聞道有先後。學業有專攻。言乎能自得師者。當降心以相從也。而況千百年後。尚論鄉賢。具生平學術。久已光昭乎史乘。而欲以其時之先後。術之派別。因存門戶之見。妄為甲乙之評。如之何其可乎。吾觀州志於三先生之經術。以為皆後學師資焉。爰合而論之。三先生維何。胡安定王心齋陳泗源是也。蓋就三先生出處言之。安定泗源。均以特旨召見。奏對稱旨。置身秘省。授職翰林。可謂榮矣。心齋則不事王侯。高尚其志。名聞天下。以布衣終。何其高也。求志達道。三先生儻亦各行其是歟。抑就其學派言之。安定倡明體達用之學。免宋儒迂拘無實之譏。心齋傳陽明良知之教。以悟性指明入德之門。泗源精春秋歷算之微。以著書糾正先儒之誤。獨標旗幟。三先生亦各有所發明與。然則三先生之出處不同。學派不同。州志以儒林文苑分傳之於兩門。固其宜已。合而論之。無乃未得其要領與。不知州志之分傳。從史體而分之也。予之合論。從經術而合之也。嘗聞六經之道無窮。研經之門至便。貫通諸家者。固足為千秋之師表。深通一藝者。亦可為後學之師資。三先生旁通諸經。姑不具論。即就其一藝專長。亦可融會為一氣。安定正樂器之差。心齋通聲音之道。音樂原出於一途。研究自同參乎一理。是安定之經術。即謂心齋能與之會通。其可也。安定窮究乎律呂。泗源深明乎歷算。律歷曾為一志。指歸應無二法門。是泗源之經術。即謂其出入於安定。亦奚不可乎。嗟嗟。學貴求其博也。必守約而名始見。稱藝貴求其精也。必博通而理始透達。三先生之經術。言一藝固不足賅其餘。而三先生之經術。舉一藝亦聊以充其類。烏可以其時之後先。遽信為其術之迥別乎。後生小子尚論先賢。但當具景仰之心。慎勿存等差之見。非若東筆纂修者。循史家之體例。必嚴為區分也。世有硏究音樂與律歷者乎。三先生洵不愧為師表矣。予故本昌黎師說而合論之。非好與前志立異也。

楊無悔

胡安定王心齋陳泗源三先生先後經術合論

三代而後。雜家出而聖道墜。功利重而儒術衰。然學術之命脉精神。卒未稍有剝削。而儒術仍由晦而昌明者何哉。雖帝王之道。賢聖之經。自堪千古。毋亦由明教之士。出其致用之學。有以成之乎。甚矣哉。提倡宗風之不可無人也。當世衰道微之世。有以經世之術為之提倡者。根據六藝。宏奬風流。而民氣以定。國步以進。而秀穎魁奇之士。自能志道據德。依仁游藝。彬彬然具大雅之觀。文翁振墜化而蜀學盛。程子闡性理而洛學昌。我泰為江北名區。士大夫之以經術學業著者。代不乏人。而安定心齋泗源三先生。尤為後世所宗仰。誠以三先生之經術。雖有先後之別。而其致用於世。則殊途合轍也。夫有漢以來。經術久已不振矣。延至五季時代。學雜道晦。而微言墜緒之不絕者。千鈞一髮耳。宋踵唐人餘習。競尚詞賦。安定設講學。立經義治事兩齋。而學者知以致用為主。明重科舉制度。專事制藝。心齋設講學。而獨衍唯心一派。而學者。知以致用為歸。清初沿襲明制。家絃而戶誦者。詞章耳。帖括耳。上以是求。下以是應。馴至儒服儒冠者。純盜虛聲。不求實用。泗源以通經著述之才。研算術。明地學。而學者知以致用為重。由斯以談。三先生之經術。其皆注重於實用乎。且夫天下之盛。盛於道德。儒術之衰。衰於功利。自後世道德廢墜。人皆急於功利之途。而援儒入墨之流。直欲舉夷狄之法。加於先王之教之上。虛名是競。聖學衰微。而天下英彥之流。馳逐於虛榮之境。甚至苞苴賄賂。白晝公行。天下事尚可為乎。惟明教之儒。鑒其然也。因思通經足以致用。講學可振宗風。別具勸懲。正其趨向。而儒教自克大昌。故宋因胡學興而民氣奮。明以王學盛而士風振。清以泗源之發明新理。闡揚舊學。而一時儒士。羣趨於實用。至於今而我邦英彥。其蓄道德能文章。研究術數之學者。猶未可僂指數。比殆三先生之流風餘韻之猶有存者乎。嗟乎。儒術之衰也久矣。橫流澒洞。墜緒湊夷。青青子衿。我傷學校。今或有繼三先生而起者。以經術為救世之具乎。

陳厚耀傳國史入儒林州志入文苑體例兩歧論

王鳳山

州志入陳厚耀文苑傳。偏私而已矣。國史入儒林。則天下之公義也。何者。夫國代有史。州縣各有志。志也者。亦史之支流餘裔也。史列文苑。始於范蔚宗後漢書。馬班二史。故所未有。自范書作俑。後此二者。其於史遂一分不可合。則推之州縣志。以儒林文苑並列。亦固其所。而獨無解州志之於陳氏厚耀。蓋予嘗讀史漢儒林傳矣。遷書自申公至瑕邱生。固書自丁寬至房鳳。其人無非經師。則是儒林傳者。經師之淵藪也。後世文儒經生。非必絕不相涉。然譬諸草木。區以別矣。經生而間及文翰。其為文仍述經也。文儒兼及經術。仍自矜其文事也。且如姚惜抱先生述經。簡貴澹蕩。是故樹幟文壇可證也。厚耀著有春秋長厤。春秋世族譜。禮記分類。十七史正譌諸書。褎然為吾州經學巨子。阮文達輩修國史。用此列之儒林。州志何故以入文苑乎。曰。此則所謂偏私之意也。蓋史自有宋。又分道學儒林為二。而泰州自明之季。篤生心齋王先生。於是有所謂泰州學派。漸被淮以南。本州尤繩繩不絕。以汔清初。州志既不能為道學傳。為王學之學者。當時苦其無所入。於是虛儒林一門以位若輩。明知通經之士。當入儒林。乃不獲已。降而屏之文苑已矣。

陳厚耀傳國史入儒林州志入文苑體例兩歧論

丁守愚

儒林與文苑之分。德行與文藝之分也。國史與邑志之分。一則斷代為書。縱橫數萬里。別擇宜嚴。一則巖穴搜羅。上下數千年。採取務博。匪獨國史與邑志體例不同。即廿四史中。體例亦不相沿習。邑志之歧異。更無論矣。乙部之中。首推史記。而史記則傳儒林而不傳文苑。漢書因之。范氏著後漢書。儒林之外。別立文苑。自後經學之士。性理之儒。萬莫不采入儒林之列。而文章華美著作繁多者。則入於文苑之傳矣。邑乘體例。畧仿史例。文苑儒林。分門立傳。吾泰為聲名文物之地。大儒輩出。史冊蜚聲。而州志之中。入儒林者僅十餘人。入文苑者多於儒林之數倍屣焉。陳泗源先生。曾舉進士之科。精研曆數之學。因阮文達公曾以先生與宣城梅氏。同列疇人傳中。經學之名。遂為算術所掩。不知先生之著作。於孔子家語。左傳。禮記。多所發明。十七史正譌。春秋戰國異辭。鎔經鑄史。更非小儒所能夢見。而春秋長術一書。以曆數之精。治春秋之學。實足為經學之功臣也。清史以其有功經學。列入儒林。誠非無見。而州志之入於文苑者。因先生著作之多。為文苑傳中之冠也。且州志舊有理學一門。安定先生為其首。列道當光志。移理學之士。入儒林之中。故州志儒林。安定心齋而外。非精研性理。即說經授徒之士也。泗源先生從事著作。非講學之儒。究性理之學者。此州志所以列於文苑之傳歟。大凡士之非僅以一行之高名一藝之精著者。往往列傳之中。難定其列入何傳。如胡安定舊志入性理。而道光志則入於儒林焉。繆肇甲州志入於儒林而府志則入於孝友焉。杜光先州志入於孝友。而府志入於文苑焉。張符驤府志入於文苑。而州志入於儒林焉。其所取之事實不同。則列傳亦因之而異。先生經學之精。著作之富。儒林文苑固皆可入。然與其入苑文苑不如列入儒林之為當也。後之修志者。移先生之傳入於儒林之中。庶足以臻纂輯之精而稱良史之才歟。

陳厚耀傳國史入儒林州志入文苑體例兩歧論

葉廷杰

儒林傳例。創始馬班。其所載皆傳經大儒鴻生碩師。咸著於篇。蔚宗而降。以迄晉唐書南北史相沿未改。蓋古之儒者。惟讀書稽古。實事求是而已。無所謂空談心性之學也。自宋史於儒林傳外。特立道學一傳。表章濂洛關閩諸公。其例始稍稍與古異。然其書道學自道學。儒林自儒林。猶未嘗概屏窮經篤古者於儒林外也。明中葉後。心學橫行。自王守仁良知說出。泰州王艮起而和之。天下靡靡然從風。一若非講心學不足稱儒。紀文達謂明之儒者。早年攻帖括。晚年講心學。便畢一生。故於徵實之學全荒。誠確論也。然而清修明史。秉筆特慎。以王氏學派。附入守仁傳。而儒林傳諸人。仍多學古研經之彥。若夫清史儒林傳例。阮文達所釐訂。國史絡館所昭垂者。則以顧炎武居第一。而陳厚耀亦列其間。良以經算俱稱絕學。其書多種收入四庫故耳。至於州志則大不然。道光志仿於雍正志。雍正志仿於崇禎志。維時明季心學盛行。儒林傳中人。大率非王氏子孫。即其弟子。他種學術。末由厠足。後來編纂。亦復沿波。以故雖卓卓如泗源先生。亦僅位置于文苑傳。而竟與國史兩歧焉。夫有儒林傳而無文苑傳。馬班二史。崇奬實學之微意也。可也。强宜入儒林傳之人。而使之入文苑傳。曾不顧名實不符。不可也。不覩國史之先例。而不知其自蹈鄙倍之愆。猶可也。若故違古儒林傳之成例。而徇宋明以來之俗見。以致虛談者僥倖。實學者屈抑。則大不可也。崇禎雍正兩志。年湮代遠。無足深論。道光時代。編志者既見聞不廣。而刊謬者又止毛舉細故。而於此大端不及焉。亦可謂但見蛟蚋而不見泰山者已。

○岳武穆王像贊有序

陳未朽

地方恒假湖山而稱名勝。湖山又必假古蹟以壯觀瞻。此古蹟之於地方。所以有足貴者多也。雖撮土之山。半畝之湖。苟有前代賢哲忠烈之偉蹟在。則自足為湖山與地方生色。若然。吾邑之岳墩。其近之矣。墩之高。僅數丈。上有岳武穆王廟。是廟為明萬曆十六年兵備道舒公大猷所建。殿三楹。中塑王像。左為王觀書像。右為小將軍雲像。兩旁更列像十數。大畧為隨王遇害者。及其幕僚部曲。墩下有湖。曰小西湖。湖旁有庵。曰臨湖禪院。庵中藏王及小將軍畫像二幀。相傳為清雍正壬子膠州高公西園。從西湖岳裔家傳遺像所摹得。像圓面豐頤。微有鬚。手一卷書。恂恂然儒者氣象。瞻之者無不羨其神韻有鎮靜雍容談笑指揮之概。若王生者然。如此之藏於是庵也。已歷二百年矣。孰知華夏靈秀之珍。蠻夷亦審為貴。乃當民國紀元之初。竟為奸人所竊。輾轉而浮海遠遊。惟遺其上端之題跋在焉。今像。乃後人不得已而補繪之者也。嗟乎。吾於此竊服夏退菴先生有先見之明焉。退菴曾曰、菴久荒落。僧去住不常。私相授受。久之恐有挈之而去。或為有力者所奪。如徐神翁故事。而今乃不幸。已如其說。噫。豈我邑人不能尊崇我王。且不知自保具珍貴以致之歟。抑蠻夷之能尊崇我王。且有過於我華人以致之歟。果蠻夷尊崇我王。有過於我華人。則謂其像為未失也可。不爾。則我邑地方湖山為之減色。復何如。是則吾於此新像。不能無所感。而回溯我王之一生。因亦有所贊。贊曰。炎宋寖衰。金胡猖獗。乘輿播遷。神州甌脫。惟我岳王。江淮保障。羆虎所臨。狐兔莫抗。方期黃龍直擣。還我河山舊狀。詎料十二金牌來。半生功業若飛灰。可憐三字獄。鬼神哀。如天柱之崩摧。如山嶽之傾頹。噫吁嚱我王精忠。堪銘金石。薄海咸欽。追尊楮墨。澤被民兮彌深。民何時兮或釋。雖然王之忠義蓋地天。胡為不圖像凌烟。徒崇此山麓湖邊。使吾民景仰佰年兮。乃像新跋舊。物毀神全。物毀神全。巍巍灝灝。穆穆淵淵。

岳武穆王像贊有序 集文選句

陳雲

宋人失馭。策秀才文 胡風南埃。陽給事誄 陽爻在六。答盧諶詩 羅填塞之阨災。北征賦 宮室隕顛。王仲宣誄 闕河蕩析。策秀才文 汾紜沸渭。長楊賦 橫流華域。答盧諶賦 羣黎為之不康。長楊賦 當此時也。答蘇武書 曳捎星之旗。羽獵賦 樹靈鼉之鼓。上林賦 奉義辭以代叛。西征賦 飈奮霆擊。與魏文帝書 一匡靖亂。百辟勸進牋 豈易為力哉。答蘇武書 嗟嗟我王。諷諫詩 資性忠果。陽給事誄 精貫白日。馬汧督誄 值國禍薦臻。陽給事誄 震悼於厥心。魏公九錫文 可奮其威怒。魏公九錫文 整輿誎戎。諷諫詩 率勵有方。馬汧督誄 使三軍告捷。七命 追奔逐北。答蘇武書 遂躐乎王庭。長楊賦 不圖天不悔禍。勸進表 讒人高張。卜居 三精霧塞。光武紀贊 雷動風驅。石闕銘 返旆而旋。燕然山銘 烈士扼腕。五等論 喞恨沒世。楊荊州誄 每一念至。答蘇武書 誰不為之痛心哉。答蘇武書 若乃遠心曠度。東方朔畫贊 允文允武。出師表 爰整精銳。闕中詩

言適茲邑。東方朔畫贊列營碁跱。闕中詩刷馬江洲。魏都賦作
屏作藩。責躬詩實恩是恃。責躬詩念功惟德。功臣頌良有以
也。與吳質書民思具軌。東方朔畫贊祠宇斯立。東方朔畫贊崇山惟
壞。功臣頌遺像在圖。東方朔畫贊敬躬祀典。釋奠會詩瞻惟我王。
諷諫詩樂薦歌笙。釋奠會詩昭事是肅。釋奠會詩及乎末季。東京賦
斯澆風下黷。頭陀寺碑文淪亡神寶。漢皇后紀論不度不臧。東京
賦斯有識之所悼心。東京賦大雅之所歎息者也。東京賦

乃命畫工。南徐州行狀侔色揣稱。雪賦庶聖靈之響像。弔魏武帝
文想幽神之復光。弔魏武帝文睿圖炳晬。釋奠會詩並方軌前
秀。謝靈運傳論垂範後昆。謝靈運傳論至於先士茂製。謝靈運傳論
恐永不復得。與吳質書而縣世浸遠。陶徵士誄式揚洪烈。頭陀寺碑
久而愈新。典引乃作頌焉。東方朔畫贊其辭曰。西都賦
大儀幹運。張茂先勵志詩氣分清濁。頭陀寺碑芒芒九有。贈陸機詩合
靈萬族。張茂先勵志詩今惟武穆。顏延年讌曲水詩昂靈降祥。褚淵碑文

奮其知勇。二十八將傳論出入三光。典引先民有作。張茂先勵志詩
體正心直。三國名臣序贊忠壯之烈。陽給事誄義形風色。三國名臣序贊
重元匪奧。功臣頌九地匪沈。功臣頌汪汪軌度。三國名臣序贊恂
恂德心。三國名臣序贊湛恩龐鴻。封禪文積實莫尚。顏延年讌曲水詩
謀解時紛。三國名臣序贊實靈所貺。讌曲水詩神光離合。洛神賦應
變知微。三國名臣序贊姦究寇賊。劇秦美新閏不震威。劇秦美新永惟
此邦。西征賦望古遥集。陶徵士誄存樹風猷。求作太宰碑表没著徽

烈。求作太宰碑表周旋祠宇。東方朔畫贊望影揣情。功臣頌怡顏高
覽。功臣頌神監孔明。東方朔畫贊

岳武穆王像贊 有序

潘法曾

戴逵塑像，畫工足備揣摩；周昉繪神，後儒妄加指摘。贗鼎作足以亂真，麟經絕因而補缺。物之成敗有數，事之得喪何常。伍員著書，嗣有越絕；賈誼賦鵩，續以鶡冠。黑白混淆，是非倒置。古今僞撰，不勝僂指。惟趙岐圖僑札，酷肖鬚眉；李渤畫黔萊，傳神阿堵。趙子昂羅漢十八，藏之南通琅峰；吳道子觀音一懸，彰於泰郵古刹。真跡燦著，題跋豁然。惜我泰縣岳忠武神像，為高君西園從西湖岳裔家傳摹繪而得，供奉臨湖禪院，歷有年所，事載退庵筆記。不意遜清鼎沸，為勢豪攘奪。嗟嗟！楚人之失之，泰人得之，其粉本猶在人間也。所幸葉子舊有摹繪，畫工盡力描寫，惟妙惟肖，俾後人拜瞻遺像，千秋崇祀，其英氣猶沸沸如爾生爾。贊曰：

臨軒一卷，危坐正襟。書生面目，中有韜鈐。靄乎其容，淵乎其心。泥馬有宋，黃龍無金。班師詔下，可畏孔壬。十年功廢，三字恨深。愁慘之狀，呼歎之音。活現紙上，留貽到今。我瞻遺照，我淚涔涔。

岳武穆王像贊有序

俞崇嶽

稽夫孝若言歸。贊東方之瓌瑋。少陵懷古。仰諸葛之清高。登武氏之堂。識來古帝。頌黃瓊之貌。作者中郎。莫不發潛德之幽光。景先民之遺軌。況乎威搖山嶽。志壯風雲。浩氣塞夫乾坤。精忠貫於日月。論其大節。則壯繆之後一人。不幸埋忠。則萇宏之寃千古。使當具誓心天地。唾手燕雲。齊呼蒼兕以渡河。欲抵黃龍而痛飲。神威天武。虜酋望影而逃。鐵骨冰心。豪傑聞風而至。果得金牌不下。鐵騎長驅。貝錦無張。欃槍迅掃。則銅駝無恙。奠再造之河山。鐵券新頒。策大勲於廊廟。將見凌烟閣上。圖來元老之容。豈徒貢水城邊。繪就感恩之像。而乃忠臣報國。宰相薰天。三字沉寃。千秋飲恨。素車白馬。空留伍子之靈。賸水殘山。盡入馬生之畫。縱使狀來藍面。鑄鐵像之羣奸。安能再失丹心。補金甌於既缺。迄今徘徊祠宇。憑弔衣冠。撫異代之丹青。想生平之節概。昔誦金佗之冊。曾揮涕淚於行間。今披帛素之圖。如對神明於紙上。載瞻遺像。是用慨然。不揣愚蒙。聊抒景仰。遂為之贊曰。

矯矯我王。惟宋之良。精忠自矢。大勇莫當。誓還二聖。復我金湯。但執臣節。豈為顯揚。嗟彼童昏。固竊天位。奸相乘機。陰覊天地。玉弩將銷。金牌奉使。一夕風波。長城遂墜。屬鏤飲痛。鐘室酬功。惟王尤甚。遺恨何窮。恨極一時。名垂千祀。求仁得仁。雖死不死。惟王不死。萬世攸利。聞王之勇。懦夫立志。聞王之忠。頑者知義。秩秩綱常。匪王曷寄。嗟嗟麟閣。亦有雲臺。昔胡彪炳。今沒蒿萊。豈如斯像。古往今來。掩圖太息。望古增哀。

岳武穆王像贊 有序

吳陸評

蓋聞羊叔子長民以德。閤郡為之立碑。司馬光生佛同恩。萬家為之設主。此亦足以見追思之意。致紀念之誠。然表揚祇繫夫誌銘。想像第憑夫尺木。思其德者究未如見其人。慕於心者終非遇之於目。奚若丹青所繪。足與日月同昭。故周畫公旦於明堂。漢繪霍光於麒閣。雲臺紀功。特狀鄧馮之貌。凌煙記績。聿圖褒鄂之形。人以像傳。像因人重。考古者所以於曠世而下。想見古人之容也。維我岳公。生當大宋少懷偉畧壯握兵符。自建炎初年。與金人轉戰。果使功成汗馬。府柢黃龍。則將表厥功勞。圖具風采。序次於趙鼎張俊之右。留像於昭勳崇德之間。使中國觀之。如楚人見沈諸梁之面。外夷見者。如契丹畏王德用之威。豈不足以令義士開顏。英雄生色也哉。顧乃三字埋冤。千秋飲恨。祇以鎮守通泰。建廟泰山。寫生家為繪遺容。都人士之所瞻仰。比徐神翁像之藏於樂真觀。比海陵十仙像之奉於中斗宮。氣象魁梧。不類留侯之狀。偷兒盜竊。竟發長康之廚。劍已失於平津。璧未歸於趙國。豈白香山之工著作也。見重於雞林。幸閻立本之善臨摹。尚不同於膺本。爰敬為之贊曰。

天生岳公。大宋元戎。以三字獄。廢十年功。皎皎白日。悠悠蒼穹。乾坤兩無極。公像在其中。丹青妙手筆具化工。圖狀貌之英偉。而即於毫端露志氣之精忠。我公如復作。則又何畏乎宇內之羣雄。

岳武穆王像贊 有序

王廷治

蓋聞展衣冠而羅拜，忠魂永奠；夫馨香瞻偶像之莊嚴，烈士常崇。夫祠廟凌烟，建閣李唐紀念勳臣；靖海名樓，清代不忘功將。若夫英雄報國，忽悲鬼蜮之射人；豪傑灰心，空使銅駝之下淚。致令偏安半壁，莫湔南渡之羞；竟教出狩兩宮，永抱中原之恨。獄成三字，當時蒙莫白之寃；名著千秋，後世有汗青之報。如宋岳武穆王者，武穆仕高宗朝，上赤九之符；丁元二之厄。習擒生蹋伏之勇，奮餐肉飲血之忠。禦敵張其五軍，取龍期諸三日。方謂旄頭落、燄車鼻成禽。還我江山，指兩河而盡返；來援父母，迎二聖以生歸。而乃氣王秦城，枝生檜樹；星宮惱夫奴僕，刀筆弄夫平章。慘慘黃沙，一身報國；幽幽白日，八字埋忠。引斛律於涼風，血難剗地；誅淮陰於鐘室，口絕呼天。結局如斯，吁其嗟矣！向使金牌不召，赤幟高張；和尚原既振軍威，仙人關又伸士氣；慷慨矯胡人之魄，激昂洒華夏之腥；呼蒼兕而渡河，削平故壘；抵黃龍而飲酒，殄滅匈奴。王輦言旋，神州無恙，意中事也。豈不快哉！抑或君命不受，將軍寄閫外之嚴威；王事無常，臣子盡防邊之勞瘁。軍援赴義，卒勵疲危。乘破竹之奇勳，振建瓴之威勢。八千里賀蘭山缺，大伸踏破之威；十萬人無定河邊，共奏凱歌之樂。金甌復合，王弩大張。奸相斷頭，忠臣報主，亦可以洗腥風之奇辱，正趙宋之綱維者。而乃織萋斐之錦，遂至旆引軍還；遮日月之光，致使環緣主賜。君言不速，臣罪當誅。中薰天宰相之陰謀，遭長舌婦人之毒手。三年碧血。傷哉恨永蓑宏。八月寒濤慘矣。怒生伍相。嗟嗟。匠石之斧。不能雕中蠹之樞。魯陽之戈。難以挽西馳之節。可慨也矣。我海陵襟江帶海之邦。為武穆駐鎮屯兵之地。江淮保障。雨露滋培。為思草野風行。父老等攀轅之志。共道土邱矗起。里人生遮道之思。豎偶像於宮中。高山仰止。鑄佞臣於階下。片石留汚。然而永後世之芳馨。猶未副鄉人之崇拜者。於是鳩工建築。廟貌巍巍。畫筆圖形。丰神奕奕。英風如此。正氣不磨。僕也仰岳阜而登高。過禪堂而隨喜。追念芳徽。冥冗。磷磷骨相之奇。展開錦軸觀瞻。浩浩鬚眉之氣。拜遺容之宛在。志慕先賢。歎詞藻之荒蕪。自慚幼婦。爰叙其畧。贊以詞。贊曰。

大鵬去矣。莫勝金牛。湖山無恙。宋室荒邱。幽幽忠魄。渺渺靈修。馨香萬古。史冊千秋。登堂展拜。英氣常留。飄然巾服。儒雅風流。手執一卷。知是春秋。遼金禍宋。秦楚爭周。嗟今慨古。形勢相侔。莽茲赤縣。已缺金甌。腥風混入。慾壑貪求。償金割地。忍辱貽羞。瞻我公像。我心悠悠。願公再出。捍我神州。

擬東山寺張王廟碑　沈本淵

夫山河都改，扁舟尚認吳墟；樓閣俱傾，勝地已成焦土。然而姬妾胥亡，心屢磨而不折；英靈未泯，魂雖死而猶生。痛遺孤而訣別，望故國而思歸；神威赫奕，千秋肅瑟祀之瞻；廟貌巍峨，百世仰弘謨之重。此我吳張王所以負南國版圖之富，享東山俎豆之馨香者也。在昔胡元失政，順帝寡謨；治乖教弛，賦重民艱。而乃魁柄下移，伯顏專權弒君；朝綱不正，哈麻淫戲招僧。慨豺狼之當道，歎狐鼠之憑城；羣雄蠭起，四顧鴟張。妖言惑衆，天完主僭號於漢陽；彌勒愚人，小明王稱帝於亳州。朱元璋以僧起濠梁，陳友諒以漁興沔水。明玉珍以山農而佔蜀北，方國珍以海盜而據浙東。競逐中原之鹿，爭操天下之牛。維我張王，輕財仗義，忍辱經營。既非麞頭鼠目之姿，豈甘雌伏；復具虎略龍韜之識。定要雄飛；雖無儋石，慣興慷慨之歌。誓滅匈奴，恒鬱生平之志。物華天寶，虹光貫牛斗之高；人傑地靈，雁序聯鴒原之盛。販鹽託業，誕白駒以發祥；斬木為兵，搗黃龍而起義。於是陷高郵城，殺李知府。勢如破竹，十八人勇往直前；地盡膏腴，二千里雄圖肇始。海濱傳檄，塌竈厲兵；拯民塗炭，飲馬江淮。據平江城而立郡，改承天寺而為宮。閭、開、萬歲。百姓騰歡。館啟宏文，羣賢競集；喜傳來偃武修文之頌。惜輸去開疆拓土之謀。毘陵告警，明師直下長江；士德成擒，餓將終為壯漢。軍威小挫，國計深籌。不得已降元闕，懷赤子無如何受制；造福蒼生，黃籙飛來。甘拜龍衣之錫，紅旗招展，肯遵鳳米之輸。益復厲精圖治，積穀屯兵。官山多鼓鑄之資，煮海盡魚鹽之利。富饒江左，雄視淮南。定闔閭城以立國，即夫差宮而稱王。左丞右相。玉葉金枝。擢黃蔡葉而爲輔。挾江淮海而自雄。盛稷下之文儒。播吳中之歌詠。雖古帝王之開創新猷。不是過也。例賢令主之謙恭下士。亶其然乎。然而天佑朱明。據虎踞龍蟠之勝。天亡胡虜。動風聲鶴唳之驚。指旌旗蔽野。竟同日月爭輝。聽鼙鼓連天。忽報江山易姓。嗟天道之難問。詎人謀之不臧。我吳王徒恃虎邱之險。竟失龍城之守。鮑魚口外。乏銀衡鐵壯之防。鳳凰城中。興猿鶴沙蟲之慘。內則鮮謀畫之臣。誰籌國計。外則少折衝之將。孰振邊威。仰首興嗟。噬臍無及。倏甲兵四面以重圍。縱金城百雉而莫固。而王猶以孤軍嬰危城而守。豈當倒海雄師。甯以閏運抗正統之君。弗作降幡豎子。無如十四年之天心已去。數萬衆之士氣難興。得勸諸之尺書。英雄束手。痛倉皇之一炬。妃媵焚身。蒼穹不佑。雖十條之龍何裨。黎庶銜恩。幸六尺之孤能託。王甘緘口。士盡行尸。忍飲金陵之水。羞看白下之秋。拓雄圖而未展。臨大節而不撓。豈不惜乎。良可嘉已。當夫濠圍初解。軍氣不揚。鄉里募兵。長江無主。向使長驅姑孰。畧定金陵。爲百里趨利之謀。奮一鼓先登之氣。朱明何敢覬覦。元虜不難殄滅矣。惜乎保境苟安。畫疆自治。多士貽素餐之誚。三吳蒙喋血之殃。且也僞漢頻摧。鄱陽大戰。既未仿樂毅之聯韓趙。復不學孔明之救孫吳。坐誤戎機。空拋孤注。何其悲也。豈不痛哉。惟是威淩一世。功在三吳。樓戀齊雲。自是英雄本色。涇荒畫楫。何殊帝子風流。夢繞鄉關。附客舟而遄還桑梓。像尊冠冕。薦僧寺而永受馨香。霸業銷沉。慘澹西風斜日。空王寂寞。淒涼暮鼓晨鐘。奏村莊之簫管。足代神絃。瀉溪水之清冷。堪當明酌。爰崇列祀。以憑靈爽。乃賦

大招以迓神庥迎春指東郭旌旗聲威尚在懷古弔前朝社稷風景全非用撰樂章同刊碣石具辭曰

神之來兮靈旗招張羽葆兮肅鸞鑣毅魄南歸兮心戀夫椒朱明旋滅兮王氣旋消暮日落兮風蕭蕭江南北兮隔水遙感興亡於異代兮散悲憤於雲霄將霸圖之餘恨兮付朝夕之江湖詢明祀兮倏而改問燕都兮今安在擊鼉鼓兮進龍醽五百年兮變滄海樂聲作兮奏新辭一瓣馨香兮妥侑享之前列王侍兮後擁王妃拜袞冕兮趨雲衣身殉社稷兮大節不移一門不屈兮昭垂千古復奚疑雲馬飆車兮天為開祝神靈兮歸去來河山幾易兮空徘徊笙竽嘈嘈兮酒酹一杯杜鵑啼兮聲正哀每望鍾山兮中心摧

擬東山寺張王廟碑　王永嘉

龍爭曠野斑斕血濺玄黃鹿逐中原勝負棋分黑白縱橫九萬里上下數千年度日月於白駒之隙殘生民於赤馬之災雖白骨青燐王業與霸圖俱盡而馨香俎豆梓鄉猶祠宇長存也焉吾泰有張王者具異稟富英姿產於淮甸籍乃亭民蛟龍非池中物鴻鵠有雲表思王侯將相寧有種耶甕牖繩樞非所願也而況有元末造順帝怠荒人心渙散天命靡常九土有瓜分之勢八方同鬻切之形兩湖屬於友諒東浙隸於國珍具他罔竊狗偷之輩龍驤虎步之雄無不欲恢漢家之土驅戎索之羣雖劉邦起沛闕輔建都項羽興吳烏江隕命君子不以成敗之故而為左右之袒焉王乃招同志豎義旗稱戈海右傳檄淮南馬走秦郵刀磨邗上蓋不待建都吳會立號大周固

擬東山寺張王廟碑　丁傳書

粤自興師涿鹿，不轉瞬而擒蚩尤。大會孟津，一戎衣而誅商受，以武功定天下。由來久矣。厥後英雄興於草澤，豪傑起於衡茅，陳勝則輟鋤而嗟，沛公則拔劍而起。雖其成敗利鈍不同。然皆為奮翼之鵾鵬，而非處堂之燕雀。天心未眷，人事何慚。洎夫有元至正之末，乾綱不振，秕政叢生。國有累卵之危，民具偕亡之恨。一時之自命不凡者，各據封疆，爭為雄長。若陳友諒之據湖廣，郭子興之據濠滁，橫澗山則大亨舉兵，方山寨則埜先僭立，雖各聚衆以稱雄，實則苟延夫殘喘。一旦真人崛起，天命攸歸，而莽莽羣雄，咸殷殷俯首。或連肩而入貢，或捧冊以稱臣，甚者拜舞彤庭，執梃作降王之長，趨蹌丹陛，安樂無思蜀之心，固不第叔寶之全無心肝，馮道之自鳴長樂也，維我張王。

已迅如破竹，順若建瓴，洪爐燎髮，索頭靡不膽寒，雷鼓震人，淮海盡皆臣附矣。無如火熖燭空，紅羅浮水，雷雨成瑩。伽藍卜吉。白水真人，已邀彼蒼之眷。鳳陽王氣。不同海宇之波。沛公殆上天之所授。張王豈人謀之不臧哉。或謂當朱氏之初起也，王宜長驅姑孰，略定建康，為疾雷不及掩耳之謀，效一鼓以作其氣之計，及明師之來攻也，王宜降旛高建，玉帛相將，河西三、郡，獻自竇融；新都六城，保於汪氏。余謂不然。夫百里趨利，必蹶上將。一朝失勢，恥作降王。昭其慎也。死所願焉。而況猿鶴蟲沙，一軍皆化，蛾眉粉黛，頃刻成灰，觀其烈烈轟轟，勝於伈伈俔俔者矣。今也秣陵宮殿，荊沒銅駝，吳郡蕪臺，草游麋鹿，而吾王廟貌巍峩，冕旒華麗，附東山之寺，走伏臘之翁，英靈不泯，其來歆乎。

奮與海角。崛起吳陵。紅羅幛未著嘉祥。白駒場已鍾靈秀。紛紛而岐嶷。跡匿魚鹽。長歷戎行。志存馬革。地居衝要。巍然坐鎮夫三吳。天塹長江。遂爾支撐夫半壁。猶且賦寬豐沛。澤及梓桑。苟或効命疆場。得萬夫莫當之將。運籌帷幄。獲千里決勝之臣。自可平定中原。力掃腥羶胡羯。躬膺天命。遍除大地荊榛也。無如元首明而股肱不良。勳猷莫建。發起優而贊成者尠功效難期。僚屬則諛諂成風。誰為北道主人之可恃。介弟則驕奢自侈。致來西風乾臒之讖詞。五丈原星斗無光。諸葛亮則躬逢厄運。零丁洋帆檣竟渡。文信國則心照汗青。以故志雖未伸。身仍不辱。時勢已形為難挽。氣節愈見為獨高。不惜卑污。豈作新朝之輔佐。自甘槁餓。長儕地下之夷齊。以視項羽之自刎烏江。雄風永在。田横之自戕客邸。勁節常存者。前後不出一轍哉。是宜丹青繪像。俾千秋拚祭享之誠。俎豆爍陳。使萬衆極尊崇之禮也。鯫生不敏。謹摭拾其遺事。而勒諸貞珉焉。爰為之銘曰。

維王之心。如石如金。維王之謀。如河如江。維王之勇。人皆驚悚。維王之德。民咸被澤。噫嘻張王。南服建疆。未曾席捲。坐守堪傷。

擬東山寺張王廟碑（集文選）

陳叔才

吳之興也◎（陸士衡辨亡論下）張王撫翼於陳相◎（劉孝標廣絕交論）龍犀日角◎（劉孝標辨命論）體貌多奇異◎（班叔皮王命論）通望乎東海◎（枚叔七發）鶩乎鹽浦◎（司馬長卿子虛賦）左江右湖◎（枚叔七發）煮海為鹽◎（左太冲吳都賦）英雄陳力。（班叔皮王命論）龍翔雲起。（王簡棲頭陀寺碑）羣雄蜂駭◎（辯亡論下）望風響應◎（陳孔璋檄吳將部曲）吳王乃巾玉輅。（吳都賦）建華旗。（司馬長卿上林賦）登東歌。（吳都賦）越廣陵。（鄒陽上吳王書）跨州連郡。（檄吳將校部曲）順命以創制。（班孟堅典引）造姑蘇之高臺◎（吳都賦）備皇居之制度◎（何平叔景福殿賦）具宮室也。（西都賦）長廊廣廡。（張平子西京賦）重軒三階。（西都賦）煥若雲梁承天。（何平叔景福殿賦）踵武前王。（王仲寶褚淵碑）百代之一時矣。（干令升晉紀總論）然而成敗異變◎（賈誼過秦論）明主程才以效業◎（陸士衡演連珠）之不競◎有自來矣◎（陸士衡五等論）明主聿興◎（演連珠）直指吳會◎（檄吳將校部曲）張陳所以凶終◎（廣絕交論）嗟芝焚而蕙歎。（陸士衡歎逝賦）瓦解而氷泮。（潘安仁西征賦）宗廟焚為灰燼。宮室變為榛藪。（曹元首六代論）可為長太息矣◎（頭陀寺碑）流澤加於生民◎（班叔皮王命論）祠宇斯立◎（夏侯孝若方朔畫贊）東觀海陵之倉◎（吳都賦）徘徊寺寢◎（東方朔畫贊）窺東山之府◎（吳都賦）慟興雲陸◎（沈休文昭王碑）金姿寶相。（頭陀寺碑）蓋百代之儀表。（昭王碑）遺芳餘烈◎（傅季友楚元王墓教）久彌新◎（褚淵碑）晨烟暮靄◎（顏延年陶徵士誄）競羞野奠◎（昭王碑）怡帳餘徽◎（褚淵碑）悽切兮增欷◎（潘安仁哀永逝賦）其辭曰。

龍駕兮帝服。（屈平雲中君）與日月兮齊光。（屈平涉江）溘吾遊此春宮兮。（屈平離騷經）奠桂酒兮椒漿◎（屈平東皇太一）龍丘狹其東皋◎（任彥昇齊竟陵文宣王行狀）掩零淚而薦觴◎（陸士衡弔魏武帝文）時不可兮再得◎（屈平湘君）又何懷乎故鄉◎（屈平離騷經）

擬東山寺張王廟碑

曹瘦樵

芒芒宇宙。漢高祖功臣頌天網渟濡。海賦陽文在六。答盧諶詩京室隕顛。王仲宣誄羣氏如蝟毛而起。馬汧督誄豺狼肆虐。蜀都賦分裂諸夏。冊魏氏九錫文生人陷塗炭之艱。為石仲容與孫皓書群黎為之不康。長楊賦比誠危急存亡之秋也。出師表當此時也。答蘇武書吳賓龍飛◎陸士衡答賈長淵一首出幽遷喬。劉越石答盧諶曳捎星之旗。羽獵賦樹靈鼉之鼓。上林賦然後興師出兵。喻巴蜀檄敢討賊以紓禍。西征賦羣英翹首。詣蔣公一首舉州同聲。為袁紹檄豫州天下之士。解嘲皆攝弓而馳。喻巴蜀檄自以為控弦十萬奔走足用。為石仲容與孫皓書乃命厥弟◎諷諫詩首唱義兵◎為吳令謝詢求為諸孫置守塚人表應命代之期。勸進表厲三軍之志。百辟勸進今上牋一首下淮東越廣陵◎上書吳王一首颷奮霆擊◎與魏文帝書鋒鏑縱橫◎魏都賦平滌九區。與嵇茂齊書代罪弔民。百辟勸進今上牋一首可使三軍告捷◎七命八首而與天下爭衡矣◎辯亡論上自是以來。勸晉王牋廣開土宇。與從弟君苗君冑書奄有舊吳。勸進表匡贊奉時之業。褚淵碑文張英風於海甸。北山移文用丕顯謀。冊魏公九錫文開國稱孤。與嵇茂齊書造姑蘇之高臺◎吳都賦采夫差之遺法◎吳都賦肇基王命◎王文憲集序流惠下民◎與吳質書吳王乃巾王軫。吳都賦朱輪華轂。與陳伯之書於是天下學士。石闕銘北面稱臣。為石仲容與孫皓書而圖富貴之榮。與從弟君苗君冑書廣期運而光赫。魏都賦猗歟偉歟。賢良詔一首豈不盛乎。為鄭沖勸晉王牋一首何圖數年之間◎與吳質書卒有彊臣專朝◎五等諸侯論羣凶覬覦◎冊魏公九錫文嗟祿命之衰薄◎鸚鵡賦何遭遇之無常◎思玄賦亦既三年◎陸士衡贈馮文羆遷斥丘令一首覆軍喪器◎馬汧督誄時不可兮再得。湘君咸驚號兮撫膺。衰哀永逝文已矣哉。恨賦勢土崩而莫振。西征賦蒼鷹鷙而受緤◎鵩鳥賦厥圖不果◎為袁紹檄豫州軍未浹辰而社稷夷矣◎辯亡論然天實為之◎謂之何哉◎求通親親表每一念至◎答蘇武書泫然不知涕之無從也◎

重答劉秣陵詒書民思具軌。東方朔畫贊祠宇斯立。上同義存祀典。為宋公修張良廟教樂薦歌笙。釋奠會詩周旋祠宇。東方朔畫贊遺像陳味。為宋公修張良廟教可改構棟宇。上同繕修毀垣。為宋公至洛陽謁五陵表庶聖靈之響像。西魏帝文武想幽神之復光。上同而縣世浸遠。陶徵士誄式揚洪烈。頭陀寺碑久而愈新。典引爰勒茲銘。郭有道碑文寄情銘頌。齊故安陸昭王碑文具辭曰。西都賦大儀幹運。張茂先勵志詩氣分清濁。頭陀寺碑芒芒九有。贈陸機詩含

靈萬族。張茂先勵志詩瞻惟我王。諷諫詩昴靈降祥。褚淵碑文奮其知勇。二十八將傳論出入三光。典引一匡靖亂。百辟勸進牋霸業已基。三國名臣序贊天命既集。北山移文兆民賴之。藉田賦時不我與。與嵇茂齊書時異事異。東方曼倩答難毀璧摧柯。潘安仁楊仲武誄吁其悲矣。趙景真與嵇茂齊書神光離合。洛神賦應變知微。三國名臣序贊姦究寇賊。劇秦美新罔不振威。上同永惟此邦。西征賦望古遙集。陶徵事誄存樹風猷。永作太宰碑表沒著徽烈。上同巍巍明聖。陸士龍大

將軍讌會被命作詩一首反側常思。為曹公作書與孫權乃刊圖徽。齊故安陸昭王碑文誰不曰宜。為吳令謝詢求為諸孫置守塚人表

擬東山寺張王廟碑

唐桂芳

蓋聞正直為神。不容以死生分畛域。興亡有數。詎能以成敗論英雄。夫張王者。生當亂世。寸心應怨不辰。僻處偏隅。全體驚聞崛起。信是地靈人傑。出身與海國之龍。倘能天與民歸。唾手得中原之鹿。長江天塹。可以畫楚漢鴻溝。吳苑蕪臺。更可執東南牛耳。最可感者。繞城禁殺。思留故里之棠。擊筑高歌。榮衣還鄉之錦。當具初也。拓土開疆。天祐曾傳國號。崇儒下士。景賢雅慕樓名。十八人起義泰郵。風雲變態。十五載深仁厚澤。雨露流膏。開館招賢。聘屈廉夫之駕。脩文偃武。扇題名士之詩。何期天命攸歸。成明代三百年江山之業。祇賸人心戀舊。貽吳陵千萬世桑梓之情。不得已而降元。只為蒼生請命。沒奈何而受爵。豈真白璧留瑕。何期玉石俱焚。有似建文殉國。魚鹽發起。無慚膠鬲之賢。都緣全體同仇。折衝之將。同胞誤國。謀畫無臣。先人邱墓所存。夜現鮎魚之怪。王者聲靈猶在。妖鳴鼉鼓之音。錦颿涇金花舟。想見風流歌舞。濶袖衫。方簷帽。依然太古衣冠。石將軍拚擲頭顱鋒爭一戰。黃蔡葉雖稱心腹。功在三吳。迄今廟建海陵。合受馨香之奉。此日像留佛地。足增俎豆之光。爰撰碑文。冀伸愛敬。其辭曰。

張王偉績。起義泰郵。三吳開國。一十五秋。謙恭下士。景賢名樓。樂民之樂。憂民之憂。錦颿之涇。金花之舟。流風善政。黎庶歌謳。重新廟貌。德報功酬。故鄉父老。瞻拜王侯。

淮鹽不改道錢侍郎電求劉忠誠從緩入告侍郎有功於鄉里擬請入祀鄉賢祠呈文 章炳炎

蓋聞開創者功也。保全者德也。李文靖北宋之良相。兩淮之功臣。凡有功於地方有功於人皆謂之功臣淮鹽之興自此始矣。當清末造。淮鹽過壩有改道之請。天子諭忠誠查辦。泰民為之驚惶。遂請錢侍郎電達劉忠誠。有從緩入告等語。忠誠力為奏銷改道之案。萬姓歡呼。歌侍郎之功。頌侍郎之德。請長生祿位。供之鹽宗廟。以酬其勳焉。而孰知侍郎保全鹽務之功。豈僅長生祿位所能了事哉。非請入鄉賢祠。不足以壓民心。乃有廣文先生。地方耆宿。有典有則。不慭不忘。行崇德報功之舉。誠盛世事也。今日者言利之商人。又欲開燕子溝。上下相通。省過壩之費。不顧地方受害。所謂得者小而失者大也。迴憶侍郎之功。美矣大矣。苟非電阻改道。則孔家涵一開。黃村口大啟。泰民有饑寒之苦。下河有魚鱉之憂。運河有壅道之擠。夫如是則雖務廢農功荒。水道礙大害頻興。而泰邑坵墟矣。迴憶侍郎具文潞國之精神。夷人拱手。兼裴晉公之德澤。天子傾心。不比交深回紇。頻拖郭令之戈。誰知沛入川民。爭繪葛侯之像。今者甘棠合抱。蔚荳成陰。膏潤常留。香花不輟。請入鄉賢祠。固泰人之大願也。

淮鹽不改道錢侍郎電求劉忠誠從緩入告侍郎有功於鄉里擬請入祀鄉賢祠呈文　陳璐

淮鹽創辦以來。至今八百餘載矣。而未有改道之說。當清末造。而言利之臣。紛然並進。遂有改道之請。天子命劉峴帥查復。泰民聞之。甚為驚惶。共議請侍郎保全鄉里。侍郎關心桑梓。即電忠誠。有從緩入告、細情飛函等語。忠誠具摺奏銷此案。泰民之心為之安矣。雖忠誠之力。實侍郎之功。僅具長生祿位。豈足以酬其大德哉。袁奉侍先生高才碩學。當代通儒。凡崇德報功之舉。無不行之。有請錢侍郎入鄉賢祠之文。蒙等捧讀欽佩。實深而先生風雲氣湧。金石聲多。出其詞藻。騰四裔之光華。述所見聞。即列朝之掌故。某也才慚彥伯。學愧昌黎。文惟質實。義取開通。迴憶侍郎早入詞林。晚歸鄉里。語具經學。本泰邑之無雙。論

其文辭。亦中興之第一。至於電函飛達。功德兼收。雖務為之再振。農功因以復興。固宜廟貌千秋。馨香萬古也已。

淮鹽不改道錢侍郎電求劉忠誠從緩入

告侍郎有功於鄉里擬請入侍鄉賢祠呈文 張萍

且新政之行。若無益於國計民生者。不如仍舊貫之為愈也。淮鹽改道。新政之累也。當清之末造。而言利之臣。紛紛而起。或欲開孔涵。或欲啟黃村口。上下相通。省過壩之費。為便利之圖。不知黃村一啟。孔涵一開。而裏下河一帶。收成化為烏有矣。省其小費。收其小利。得不償失。智者不為也。而況運河道窄。不便行舟。極形壅擠。此一患也。且西浦過壩。力食小民難免凍餓。此二患也。設遇水年。大雨如注。河流湧急直趨下河。民居民有魚鼈之憂。農事如鵲巢之覆。有此三患。而損國家元氣。非力阻之。其害大矣。錢侍郎關心桑梓。電達忠誠。有聞鹽改道。泰民驚惶從緩入 告。細情飛函等語。忠誠為之惻然。而改道之議遂寢。侍郎之功。不亦偉歟。迴憶皖南歸日。貯圖史於箱中。吳下謳思。乞韡鞭於馬上。宜乎拜晉公於道。在左見者心傾。何疑坐魏國於帳中。敵人膽落言改道者聞侍郎發電不敢爭衡乎。此則伏波之矍鑠未能方。而大樹之功名真足擬矣。即以鄉賢而言。才似儲柴墟而功烈過之。德若俞應龍而學術超之。今也請入鄉賢祠。行崇德報功之典。他年付之國史館。留千秋萬古之名。固宜配享聖宮。馨香泰邑也已。

淮鹽不改道錢侍郎電求劉忠誠從緩入
告侍郎有功於鄉里擬請入祀鄉賢祠呈文

淮鹽自李文靖創辦以來。至今八百餘載。未有改道之虐政。前清末季。言利之臣。建議欲開孔涵。欲啟黃村。上下相通。便於輸運。而不問民生之疾苦。鄉閭之利害。而徒便商家之獲大利。其有害於泰東興鹽阜豈淺鮮哉。夫淮鹽改道。正有三不便。於泰民。若孔涵黃村等口大開。則上下河之收成。十無一二。設遇旱潦之年。上河受其旱荒。下河變成澤國。一不便也。且泰邑西方之百姓。仰給於過壩。若水道通連。小民粒食維艱。二不便也。況鹽船載重。遇風始行。運河道窄。擁擠不堪。三不便也。錢侍郎泰邑之重望。士林之山斗。關心桑梓。為小民而請命。急電上峰。有聞鹽改道。泰民驚惶。從緩入告。細情飛函。其函劉忠誠一為收成。一為民無生計。一為不便於運河。而劉督披閱中心為之惻然。遂不改道。皆侍郎電函有以維持之也。昔范文正堤防海水。胡安定教育蕪湖。侍郎之功。亦不多讓。請入鄉賢。不獨泰邑之民所願。即江淮之廣大而羣沾利益。莫不鼓舞歡欣。理宜廟貌千秋。馨香萬古也已。

淮鹽不改道錢侍郎電求劉忠誠從緩入告侍
郎有功於鄉里擬請入祀鄉賢祠呈文

蓋聞功德在民宜從祀典鄉賢入社載見尚書大傳古禮則然今風未墜豈徒報祭俾仰止於高山亦志不忘示步趨於後進鄉先生侍郎錢公桂森者束髮受書潛心稽古奮鵬搏於乙榜膺鶚薦於丁年禮異恆僚常依日月恩叨異數直上雲霄為社稷之良臣亦文章之司命春風拂座記佳話於真州膏雨盈郊搜遺珠於滄海半生宦業常寄文衡一片冰心堪稱師表然而梅花骨傲不苟合於當時桐樹心孤嘗見慍於羣小識去就分明燭先幾賦歸去來不俟終日一官儆㞳臣心與秋水同清萬卷殘書扁舟與月明共載常從乎一琴一鶴優游於半水半山開瓊筵以坐花醉翁之意掩柴關而種菊高士之懷然情雖樂乎林泉而利常溥於桑梓舉凡公益無不關懷而鹽運之力爭尤巍猷之足述緣吾泰面江背海北下南高運河橫貫中心通倉儲之紅粟風帆達乎四境接海甸之白花（文天祥詩晚白結鹽花）惟地勢既有懸殊則利害不能一致低處恆有其魚之歎高田復有涸鮒之憂自壩建東西而河分上下從此農田水利兩得其全國計民生兼受其益矣此吾鄉所以號稱魚米而利盡農桑也雖鹽程必由此經不無小費而苦力因斯有濟實是大功況施於民者仍為民所出而取之於商者固與商無關也乃光緒二十七年鹺商徐某心存壟斷意欲溝通於是輿論大譁亂機堪虞先生覩此義不容辭責無旁貸十六字緩告息爭數千言為民請命挽狂瀾於俄頃回天意於一朝五縣哀黎同沾實惠萬家生佛竟載口碑功在當時澤垂後世吳隱

公黃村抗議賴有成規袁奉祀白社崇祠適符衆意理合請陳為此謹上仰祈　鈞座裁奪轉呈　教廳核准實為德便不勝切禱

張良佐漢王猛仕秦合論　顧生琥

暴秦灰飛五胡雲擾卯金應運草付徵文斬蛇逐鹿於中原化魚為龍於東海誰決運籌之勝消蝕而殞攙搶誰立僭位之朝侍帷幄而總戎旅張良王猛可合論焉竊謂良之佐漢猛之仕秦並建勳猷而互有同異請申言之天生豪傑亦有師承黃石授符先曰孺子可教還山諮事不拜督護之官非淮陰之對左車如燕秦之習鬼谷才為世用心必中虛其同一也道遇遂從曰殆天授聞名招見便若平生水受石投神交精契所謂龍興雲屬虎嘯風生其同二也吾用人傑卿為卧龍武闕闢鴻門窗棧道燒前箸借齊王立道契商洛位固元良礪山帶河賞既延於苗裔尸素放幽滯拔賢才顯兵革修儒學崇勸課農桑教以廉恥兵疆國富治亦垂及升平宏濟艱難後先輝

映、其同、三也、四時之運、成功者退、辟穀導引、願棄人間、披誠避賢、累上疏讓萬戶、封而不淫其志、六州聽而自解其權、鳳戢翼彌（文選彌翼鳳戢六臣集評俱作彌翼韻府引作弭翼）蟜蟠志雅、其同、四也、若、言其異、亦有數端、子房相門五世、不愛萬金、景略游於鄴城、少而貧賤、一則傾家結客任俠自為、一則鬻畚資生、時人罕識、君求滄海隱逌華陰、其異一也、芒碭之間、帝業成於五載、洪水必起、雄略限於一隅、為之主者、既有真偽之殊、為之臣者、各有遭逢之感、留城巷遇、渥火德於方興、函谷泥封、幸金行之不競、皇圖翊贊、載記附名、其異二也、海宇以統一為期、英雄須用武之地、漢惟東向而爭天下、止留蕭相於關中、晉雖北劃而守長淮、已見夷吾於江左、橫流大拯、彭城遂殘項羽之都、壤地相爭、鄴下僅係慕容之虜、功名大小、時勢為之、其異三也、

名士有真、視乎器量、良貌如婦人女子、與志氣不稱、猛惟（性）則剛明清肅、於善惡尤分、故卒然不驚、無故不怒、能忍而後就大事、若一餐之惠、睚眦之忿、褊心豈可憶、傲時、良已專氣而致柔、猛則英氣而難耐、殆庶黃中、（李友為宋公傳修張良廟教）後世尚罕然高望、被褐捫蝨、當日固旁若無人、其異四也、蒙竊論之、良擬莘渭之伊呂、（傳季友云深軌伊望）恐未敢當、比刀筆之蕭曹、過無不及、猛前方吳志之周郎、才略差堪相埒、後顧北朝之崔浩、文章殆亦同工、良出本為復讎、橫陽得立、褒中遣歸、仗此孤忠、竭其報韓之力、猛念不忘中國、枋頭未謀入寇、不與問以後事、願不以晉為圖、良知韓信無成、至佐漢始酬其志、猛與桓溫並世、非仕秦莫盡其長、是以贊傳班史、智勇足概其勳名、論定紫陽、官爵備書於綱目、若良者、固漢家創業之外臣、而猛也亦晉

代非常之人物歟。

宋史上括魏朝隋書仰苞梁代論

巫其咸

劉知幾史通之作。義主糾彈。體用駢儷。其限斷篇於沈約之宋書。魏徵之隋史。深致不滿。大有微詞。蓋一以為上括魏朝。一以仰苞梁代。滅絕畦封。叛亂畛域。平心察之。良然良然。雖然。居嘗尚論千祺。覆檢二書。竊謂隋書別有因由。未宜苛論。較諸彼猶善於此。豈合一概譏嘲。讀其書當論其時。方協千秋公議。若沈書則任意摘文。師心秉筆。自乖義例。全失制裁。鹵莽滅裂之誚。衆喙幾於一詞。蒙混牽涉之由。百思不得其解者已。何則。沈書志區八門。往往兼述魏晉。若云陳壽無志。聊仿束晳補亡。然亦似宜別紀三國之遺聞。不使混入六朝之典冊。何取出疆越界。跨祀踰年。於青衣擣藥之編。敘黃初膺符之制乎。若云龍門撰史。蘭臺著書。事有前規。匪同剏造。然在史公本非斷代為書其例不可同年而語班氏除古今人表外厥若地理志上述九州五行志推原洪範不過藉為緣起初非專事舖陳豈可引古人為護身之符假前史為飾非之地也歟又況符瑞一志事既不經詞尤多外乃竟上稱五帝下洎三代嬴秦赤漢之禎符鋪張累牘典午當塗之祥瑞粉飾連篇尼山之不語怪顯悖聖經盲史之好浮夸未如斯極豈惟枝蔓洵屬謬悠矣至於魏徵隋書之失視宋史則固有間已爰在初唐時代本屬五史並修南則蕭梁與陳之典章同臚於册府北則高齊及周之故實分屬於詞臣錯綜雜遝旁薄紛綸幾為魚貫之形難作鴻溝之劃編纂之難其故一也五史既皆一時衆手所修十志自為通紀歷朝而作初名五代史志原自名副其實不同似是而非後以隋書民居末遂乃編入其中猶之九共既析經生仍泥古稱二典久分書目統題堯帝稱名之誤其故二也貞觀十八載凡紀傳已告成志書三十卷擬續奏而未果倏遇宮車晚出縞素告哀因之史館諸臣殺青遲滯據其末而忘其始都緣鵰螓之變遷執其終以概其初略等豕魚之外盤年代之隔其故三也而論者顧弗攷源流雅多訾議不亦誣乎噫嘻偵矣要之家令文士珥筆或有牴牾魏公名臣修史詎容舛謬學者於此二史能通覽夫乙部四庫之評而不泥夫子元一家之說其庶幾乎

讀吳菌次林蕙堂集駢體文書後　葉廷杰

菌次先生名杳。清代治最湖州。以文采助其風流。以儒雅飾夫吏事。已洒罷二千石之守。郡學六一翁之歸田。號紅豆詞人。（先生詞云：把酒祝東風，種出雙紅豆。）住綠楊勝地東林佳墖。葺蘿屋以居。南粵貴官。贈草堂之費。（初歸貧不自給。）（墖江長六借屋居之，粵東制府吳留村贈貲，因築林蕙堂。）生平所著。駢偶為工。或以先生之與迦陵竝轡藝林。齊鑣文苑。一則規摹開府。一則含咀玉溪。良可頡頏。未容軒輊。不知迦陵南帆北轍。西抹東塗。後生之描畫已多。當代之交游太廣。未免語近囂浮。音傷狄濫。如陸劍南之有仰窠似劉隨州之少變化。先生則篇篇切響。句句新裁。方規圓璧。各肖其為人。研京鍊都。不苟於下筆。箸書掩戶。種字成林。（性愛花竹，乞詩文者不索潤筆，但種一樹，久之成林，因名曰種字林。）故當時名雖不若迦陵之高。而後世體亦不與迦陵俱敝焉。或又以先生與梅村生本竝時。系原一姓。似堪合傳。或許齊名。然觀二家倚聲。婉麗清新。幽悽豔逸。竝皆導源周柳。繼軌秦黃。若論文字一途。則梅村似駢似散。兩不成家。非古非今。終乖正體。豈若先生儷偶精工。聲病諧協。王楊盧駱。恪守三唐雅音。潘陸鮑江。弗侈六朝高格者乎。敢陳二義。用質千秋。世有論世知人。聆音識曲。攬國初諸老之風。通儷體專家之學。鋪觀歟作。諒韙斯言。

班師振旅頌 並序　集文選句　程大中

方今天下一統○（求自試表）中外禔福○（難蜀父老）辭人才子◎（謝靈運傳論）潤色鴻業◎（兩都賦序）蓋以强幹弱枝○（兩都賦序）輿徒不勞○（東京賦）思樂甸畿◎（藉田賦）問休牛之故林◎（東征賦）使海內澹然◎永亡邊城之災◎（羽獵賦）金革之患◎（羽獵賦）卓哉煌煌○（劇秦美新）中夏比焉畢世而罕見○（吳都賦）其取威也重矣◎（東京賦）何圖數年之間○（與吳質書）孫叔奉轡○（羽獵賦）振鱗南海◎（贈陸機為郎中令詩）其為廣也○（海賦）分裂諸夏◎（冊九錫文）轉相攻伐◎（六國論）而不振威○（劇秦美新）顧視帝京○（秋風詞序）有席捲天下○（過秦論）一宇宙之氣○（辨亡論上）當此之時○（報孫會卿書）馳騁北場○（與吳質書）自以為控弦十萬奔走足用○（北山移文）終日不離其輜重○（東京賦）京室眈眈○（魏都賦）華夷士女○（東征賦）聞鳴鏑而股戰○（與嵇茂齊書）遭時擾攘○（北山移文）計不得以已也○（東京賦）彼吳强大兮○（魯靈光殿賦）一人守隘○（蜀都賦）器械兼儲○（吳都賦）鋒鏑縱橫○（魏都賦）遞行天討○（史述贊）鷙擊相及○（舞賦）譬偏絃之獨張○（文賦）迴戈東指○（冊九錫文）及闕而歎○（與嵇茂齊書）良增邑邑○（與滿公琰書）然後與天下爭衡矣○（辨亡論上）乃使一介行人○（辨亡論上）今之仲連◎（與楊德祖書）伏鉤陳使當兵◎（魏都賦）曾不斯須○（答臨淄侯箋）出不交戰○（射雉賦）退無依據○（與嵇茂齊書）歷觀前後來入軍府○（與從弟君苗君胄書）競遯逃以奔竄○（東征賦）古人有言曰○（藉田賦）為不可為於不可為之時則凶○（解嘲）豈虛也哉○（天台賦）又有繼於此者○（東征賦）韓張良、（漢高祖功臣頌）奮三尺之劍○（六國論）建干將之雄戟○（子虛賦）殷天動地○（羽獵賦）翠幕黕以雲布○（藉田賦）於時之亂○（東都賦）方欲振策燕趙○（昭文碑文）遼水無極○（別賦）罔遠跡疆場○（北山移文）非有深入攻戰之計○（為曹公作書與孫權）此一役也○（藉田賦）而二美具焉◎（藉田賦）飲馬南海◎（北山移文）曜威中原◎（東京賦）擁帶燕胡○（北山移文）應聲而倒○（羽獵賦）非命世之雄○（晉紀總論）履虎尾而不蹈◎（東京賦）其孰能至於此乎◎（答臨淄侯牋）自是以來○（勸晉王牋）克寧區夏○（北山移文）若此二子○（求自試表）相翕以兵○（答客難）用成大變○（為曹公作書與孫權）反側常思○（為曹公作書與孫權）又北土之性○（與嵇茂齊書）氣力相高○（四子講德論）皆剝割萌黎○（宦者傳論）每一念至○（與楊德祖書）按轡而歎息也○（與嵇茂齊書）乃眷北燕○（漢功臣頌）流惠下民。(與吳質書)兼六合而交會焉。(蜀都賦)美哉邈乎。(西征賦)而今而後。(東京賦)矯之上古則如彼。(西都賦序)仰監唐典。(典引)三令五申。(東京賦)不以襲險為屏也。(魏都賦)六軍精練。(與孫皓書)重以此故。(為曹公作書與孫權)可無息乎。(與楊德祖書)自茲遂隆。(北山移文)奏陶唐氏之舞。(羽獵賦)儀型孚於萬國。(籍田賦)信天下之壯觀也。(東京賦)故曰。(豪士賦序)王侯設險以守其國。(辨亡論上)上覽古在昔。(劇秦美新)豈不然哉。(四子講德論)余既思摹二京而賦三都。(三都賦序)摛藻下筆。(答魏太子牋)請為右左揚搉而陳之。(蜀都賦)頌曰。(漢功臣頌)

躬覽載籍。(左傳序)巍巍唐基。(典引)天命既集。(北山移文)兆民賴之。(籍田賦)陳師鞠旅。(關中詩)周人之詩。(關中詩)既苗既狩。(魏都賦)祝史正辭。(籍田賦)俯覽今遇。(贈劉琨)澤洎幽荒。(東京賦)得會京畿。(責躬詩)雖有糇糧。(應詔詩)不恃隘害。(東京賦)習馬長楊。(羽獵賦)邁德振民。(漢功臣頌)南諧越裳。(東京賦)光輝眩燿。(魏都賦)事畢功弘。(魏都賦)陶唐既謝。(應吉甫詩)思和求中。(東京賦)良馬既閑。(贈秀才入軍)明試以功。(應吉甫詩)以今況古。(關中詩)與唐比蹤。(責躬詩)式燕嘉會。(贈士龍詩)南北崢嶸。(吳都賦)雍容垂拱。(聖主得賢臣頌)戎事既平。(關中詩)弘濟艱難。(東京賦)匪敢晏寧。(應詔詩)言不盡意。(贈劉琨)實為作京。(西都賦)

洪範五福不言貴與子孫說　丁守愚

必謂貴為非福乎。彼夫功名之士。攀龍鱗。附鳳翼。或上書宰相。或呈藝侯門。靡不以得貴人之嘉賞為非常之榮幸。偶或不遇。則又鬱鬱無聊。深以不得一官為恨。何也。將謂子孫之多為非福乎。則華封老人之祝。必及多男。周文聖德之頌。必曰螽斯衍慶。而伯道無兒。世且引為缺憾。抑又何耶。雖然。竊有說。夫一官拜命。受寵若驚。案牘勞形。不僅催科之拙。王事鞅掌。難辭奔走之勞。存患得患失之心。時虞隕越。保持祿位。仰承意旨。或不惜辱身喪志。鑽刺夤緣。以希榮而固寵。身雖顯貴。心實苦之。福於何有。若夫子孫日衆。生齒浩繁。雖不必啼飢號寒。恨室家之多累。而營營逐逐。為子孫衣食之計。有如牛馬推耕。一步不容少懈。甚至龍鍾老病。力已不支。猶復稻粱是謀。不願安居而家食。塹深之慾壑。曾無滿時。子孫之多。又福於何有。是故纍纍之纓組。自有識者觀之。不啻無形之桎梏也。濟濟之孫曾。自達觀者視之。不啻有權之債主也。禍之不遑。奚言夫福。況夫貴愈極而危害愈增。挾震主之威。未必無誅夷之禍。罷歸鄉里。謫官窮邊。其小焉者耳。子愈多而品類愈雜。雖創業之祖。且詈為田舍之翁。朱均不肖。後主癡愚。其善焉者耳。是則貴與子孫之非福也。其義甚明。且箕疇五福。與威用六極相對待。五福不言貴。而六極不言賤。五福不言子孫。而六極不言無子孫。紂為湯之子孫。貴為天子。而暴虐無道。失其天下。則五福之不言貴與子孫。箕子殆有深意存矣。

國學研究社文選 四全

泰縣國學研究社詩選一卷目錄

具五 五古
具六
九月二十二日壽吳野人先生
具二
具三
具四
具五
昇元五年石幢歌 並序
具二
具三
具四
具五
具六
具七
鐵鐘歌 用韓文公石鼓詩韻
具二

曹蔭樾
章炳炎
陳未杉
陳東生
潘少漁
趙鴻慶
吳友三
錢繼
俞崇猷
朱觀
曹蔭槐
朱潞
邱秉侯
宮森
宮潔

銅鐘歌 用蘇文忠公石鼓詩韻
具二
柴墟
具二
具三
具四
具五
具六
蘆洲
具二
具三
具四
具五
具六
新城
具二

宮森
宮潔
陳驤
曹蔭槐
潘少漁
沈本淵
沈偶非
李賡虞
陳驤
曹蔭槐
潘少漁
沈本淵
沈偶非
李賡虞
陳驤
潘少漁

其三　沈本淵
其四　沈偶非
其五　李賡虞
駝峯　陳驤
其二　潘少漁
其三　沈本淵
其四　沈偶非
其五　李賡虞
太子港　潘少漁
其二　曹蔭槐
其三　陳叔才
其四　袁遷北
其五　潘福林
其六　沈軼羣
其七　米觀
啓王井　潘少漁

其二　曹蔭槐
其三　潘福林
永甯宮　潘少漁
其二　曹蔭槐
其三　陳叔才
其四　袁遷北
其五　潘福林
其六　沈軼羣
馬盼墓　潘少漁
其二　曹蔭槐
其三　陳震華
其四　潘石和
其五　袁遷佰
其六　潘福林
其七　沈軼羣
繅絲井　沈本淵

其二	王永嘉
其三	漁少漁
其四	陳叔才
鮑家湖	沈本淵
其二	王永嘉
其三	潘少漁
其四	陳叔才
十勝街	沈本淵
其二	王永嘉
其三	潘少漁
其四	陳叔才
賣魚灣	沈本淵
其二	王永嘉
其三	潘少漁
其四	陳叔才
其五	陳震華
岳墩懷古 用武穆王滿江紅原韻	宮森
其二	宮潔
望海樓懷古	陳未朽
其二	曹蔭槐
其三	費杭
蓬萊閣懷古	陳未朽
其二	費杭
浮香亭梅花 用秦少游原韻	曹鴻元
其二	曹蔭槐
小西湖即景	林善伯
公園即景 七絕八首集成句	曹儀廷
其二 五絕二十首每首各綴小引集成句	趙鴻慶
其三	陳端
其四 詞四首	邵侯
公園春眺	曹蔭槐
其二	朱觀

海陵竹枝詞 集陸游句并引 程大中

暑假家居。日長思滯。正戀園林之樂。不辭稼穡之勞。念蟲技之久拋。效蟬吟之奚暇。適奉命詠竹枝。難免貽譏草率。況如前輩（趙漁亭先生等均有竹枝）風雅。徒縈懷舊之思。若隨近俗潮流。易致傷今之誚。何以銷夏。幸獲有秋。撫劍南之舊詩。日方手不釋卷。望城西之佳趣。時或情著於篇。爰仿東坡偶集陶句。庶歌南畝。得載豳詩。雖聊以藏拙。或幸能免俗爾。

胸中詩本漸無多（寄周洪道參政）。剩載郫筒醉綠蘿（北窗）。學廢文章傳世少（遣興）。恨無人續竹枝歌（雜題）。

竹枝忽復聽吾伊（次韻李季章參政哭其夫人）。忽見新篇乃爾奇（詹仲信出示下居詩佳甚作二絕句謝之）。不是詩人託高興（遊近山僧庵）。此心幸與古人期（遣孚）。

正是幽居一段奇（閉門）。坐消長日事兒嬉（愛閑）。歲時風俗相傳久（祭竈與鄰曲散神）。倒社迎神盡及期（社飲）。

鼕鼕畫鼓祭蠶神（春晚即事）。賓主歡娛一笑新（祭竈與鄰曲散神）。月淡烟深聽牧笛（看梅絕句）。相逢俱是畫中人（冬初出遊）。

眼中歷歷見漁蓑（初夏懷故山）。晚覺樊丘樂事多（小園）。小婦紅粧穗髻鬢（蔭麥初熟刈者滿野喜而有作）。蘋風生處采菱歌（初夏懷故山）。

晚知稼穡講豳風（晨起）。多稼如雲在眼中（枕上聞雨聲）。笑語相聞豐歲樂（村居初夏）。香粳炊熟泰州紅（對食戲作）。

炊飯家家起五更（夜坐忽聞村路報曉鐵牌）。村南村北鵓鴣聲（醉題）。東吳五月黃梅雨（夏日雜題）。雙犢且當乘雨耕（感憤）。

渡牛浮鼻望烟村（晚立）。窮巷蕭條早閉門（冬夜）。啜粥茹蔬茅屋裏（自詠絕句）。衣冠簡朴古風存（遊山西村）。

小舟月下載犁歸（農舍）。且醉蒼苔舊釣磯（北渚）。杵仰有聲聊足食（書喜）。數家燈火自相依（夜投山家）。

踏車人廢澈宵眠（露坐）。我讀豳風七月篇（讀豳詩）。陌上歌呼簪稻穗。（立秋前四日夜泛舟至跨湖橋）今年斟酌是豐年。（秋日郊居）却尋陳迹海陵倉。（送王仲言停泰州絶句）八月村村稻飯香。（稻飯）正有一簞元自足。（對食）從來吾亦愛吾鄉。（雜賦）腐儒碌碌歎無奇。（秋夜讀書每以二鼓盡爲節）坐媿文園屬思遲。（次韻元咨別後見寄）卧讀陶詩未終卷。（小園）更須時展放翁詩。（幽賞）

海陵竹枝詞

湯盤

漢唐古郡海陵城。控扼江淮夙著名。若論人才數先哲。心齋安定兩先生。

南栽菽麥北栽禾。南北平分上下河。豈獨民風區厚薄。由來賦税不同科。（下河田易熟出穀多民風頗厚賦亦較重上河反是）

汪洋淮水下游瀦。灌溉農田利有餘。不是斜豐隄一道。生靈百萬盡爲魚。

古來此地幾更名。民國建元名又更。野老至今循慣習。依然呼作泰州城。

城中城外都遊遍。景物周遭數一巡。東郭墓田西郭水。南門菩薩北門人。（諺云南門神北門人東門鬼西門水）

第一繁華坡子街。家家金字漆招牌。珍奇貨物如山積。没有方兄不必來。

西浦檯鹽自昔然。前年運道欲他遷。回天幸賴仁人力。數萬貧民衣食全。

枇杷門巷盡妖嬈。豈獨銷金志亦銷。底事翩翩年少子。終朝迷戀大東橋。

澡身最好知何處。城北大觀園浴堂。畢竟時髦八澗綽。渾湯不洗洗盆湯。

橋號迎春不見春。登臨四顧黯傷神。雙墩高過臨池廟。荒塚多於行路人。（迎春橋下有古廟廟東爲鳳凰墩墩下爲往來孔道旁多荒塚）

寶帶橋因何事鬧。交通捷徑扼江淮。但能船舶紛紛至。自有財源滚滚來。（寶帶橋閘於民國初年船過其地無不納捐閘具收項頗巨）

便是長官廉且明。無如胥吏勢縱橫。良民久作伊魚肉。何日衙門弊剔清。

改將察院作兵房。不辨文場與武場。在昔騰蛟和起鳳。而今紫電共清霜。（察院外東西二轅門舊有匾額一為騰蛟起鳳一為紫電清霜）

街衢凹凸素難行。石板重鋪似砥平。我願人心亦如此。襟懷坦蕩不相傾。

葱蘢聳翠岳墩孤。士女紛紛拾級趨。可笑鄉人真淺見。邱陵便作泰山呼。（俗呼岳墩為泰山）

岳墩西畔遊觀地。風景依稀似畫圖。橋斷水湮亭子塌。令人惆悵小西湖。

每逢燈節鬧元宵。火樹銀花燭萬條。照耀通衢天不夜。遊人如織語如潮。

幾般食品論時節。到處相同不問家。元旦湯圓端午粽。中秋月餅立秋瓜。

兩朝鼎革免干戈。此地人民幸福多。只是近來生計促。米珠薪桂奈之何。

三文雞蛋滾雄黃。價值今增七倍強。二十餘年竟如此。驚心世變太無常。（三文雞蛋滾雄黃俚語也吾幼年雞卵之價實不過兩三文耳）

近來穀價貴如珠。各處人民禁轉輸。真箇有錢無處買。行商坐賈總閒居。

洋油箱子響噹噹。無數貧民似發狂。箇箇手中持器械。許多米店盡爬光。

霎時聚食霎時分。麻雀會如麻雀羣。恃衆橫行無忌憚。可憐殷富活遭瘟。

種穀原期大有秋。那能歲歲是豐收。從來有備方無患。儲蓄全無我用憂。

積穀倉廒縣署東。備荒法與古人同。不知究竟緣何故。積到如今依舊空。

祇因積穀生流弊。新訂章程改積錢。款項本由公衆出。施恩宜溥不宜偏。

慈善也應計久長。豈宜徒顧眼前光。貧民工廠如推廣。粥廠雖無自不妨。

議員都是金錢買。選政卑汙最不堪。何物小人廉恥盡。街談巷議了無慙。

江河日下斯文喪。國學陵夷志士歎。此際若非研究社。更無砥柱挽狂瀾。

鄙俚無文亦自知。巴詞何足算吟詩。效顰聊博高人笑。不比劉郎誇竹枝。

海陵竹枝詞 有序　　費杭

粵自孔子删詩。國風首列。於是民俗之歌謠。遂為地方之公議。晚近人心不古。以偽亂真。往往假名團體。捏造輿論。公是公非。無所取决。獨此布衣下士之歌吟。白叟黃童之傳誦。類皆據實敷陳。不知顧忌。採民風者。或有取焉。鯫生僻處海隅。不聞理亂。惟於地方疾苦。慈善事宜。以及商業之新章。士女之文化。每據閭閻之論。發為下里之歌。謹步平聲。編成卅首。意參管見。詞仿竹枝。雖不足方駕前賢。亦庶幾自標清議云爾。

地方疾苦是民窮。負販羣誇因利功。第一便宜無利息。分期還本算抽豐。因利局

局所重重恩澤濃。居然殘婦也收容。從茲廢疾無歸女。兩字眠餐幸有供。殘婦收容所

商家彩票學申江。拍賣聲名未肯降。客得彩頭儂脫貨。大家上算計無雙。商店開彩

最難調護是貧兒。長養還須教育之。平地樓臺成院落。心誠保赤費敷施。貧兒院

夕陽西下薄言歸。蓮步姍姍履力微。纖手一揮身直上，東洋車子去如飛，（東洋車）

安步曾聞可當車。如何咫尺亦乘輿。祇緣籐轎多涼爽，吹到天風漾翠裾，（籐轎）

千年古物溯唐虞。得所收存絕覬覦。可惜岳王遺像失，音容無復見西湖，（古物保存所）

去秋洪水禍災愸。風雨飄搖舉室啼。幸有洋槐沿路植，根深葉茂護長堤，（洋槐掩護斜豐港）

衝衢第一數長街。凸凹渾如上下階。此日平行鋪直線，任憑雨後著花鞋，（修南北大街）

暑期已屆假期來。半畝軒中鞠部開。贖路儲金原急務，也該珍重到人才，（演劇儲金）

露天廁所最堪瞋。公益如何置不遵。日炙蠅鑽傳厲疫，木樨香味更薰人，（露天廁所）

好憑輿論作新聞。願具心香一瓣焚。為祝他年能發達，日銷泰報萬千分，（泰報）

尤園荒廢説泓園。城市山林花樣翻。既築臺池開眼界，如何四面砌長垣，（泓園）

米珠薪桂足長歎。貧賤爺兒度日難。幼女搖絲娘織布，私家工廠博三餐，（私家工廠）

自從洋貨進洋關。一本能收十利還。工藝振興為抵制，好將出品濟時艱，（工藝廠）

保存古蹟説時賢。拚却膏腴易石田。岳阜洋房成對峙，忠魂泉下可安然，（永租大校場於美）

程途四十不為遥。行旅惟愁雨雪朝。一旦龍滕通路線，穿梭車馬鬧蕭蕭，（龍藤馬路）

乩壇林立結神交。膜拜持經世所嘲。不是佛天魔力大，誰興善舉救同胞，（乩壇屢作善舉）

自來救火亂成糟。聯合商民會務勞。汽笛一聲歸去也。各龍夫仔認旌旄。救火聯合會

八口嗷嗷可奈何。華洋義賑沐恩波。小工日博三升米。大匠加薪十合多。以工代賑

去暑原知應食瓜。皮囊不合擲三叉。街頭巡警宜干涉。蠅蚋飛騰易觸邪。禁擲瓜皮

泰州中學久開張。經費瓜分閉講堂。賴有淮東延一脈。二千省款度飢荒。淮東中學

當今急務是裁兵。安插周詳定太平。警衛督工先試試驗。他年退伍好營生。警衛隊督工修街

清室將亡科舉停。可憐國學眼誰青。邑侯結社資研究。月課詞章史共經。國學研究社

地方新政已全興。次第推行到電燈。但得萬家離黑暗。商民有口自同稱。電燈廠

無米為炊世所憂。無柴熟食亦堪愁。家家建議燒煤炭。大塊難供並屑收。薪貴燒煤

海陵男校密如林。女學光芒尚沈沈。聞說城中新創立。從茲比賽得淵深。城中女校

實業原知賴指南。妙從實習事鉤探。先將土產來研究。半課栽桑半課蠶。蠶桑實習所

濱海州城食掃鹽。由來聲價總划廉。自從銅弊愁充斥。百物高昂值亦添。鹽斤加價

粥廠齊開民感啣。尤推半濟恤酸鹹。定章並代全康恥。未許無裙及短衫。半濟粥廠

海陵竹枝詞

曹蔭槐

東海文光燭太虛。蓉塘縣道接通如。汽車他日飛行快。力乏橋邊力有餘。

三十程途到界溝。維揚人語自輕柔。盈盈一水東西

岸依舊鄉音是泰州。
九曲江流口岸遷。龍滕馬路築條條。舟車水陸交通
便無數征帆寶帶橋。
長隄一綫斜豐港。西北膏腴萬頃田。淮海工程規劃
在。水災何日免顛連。

呂岱　　黃寶麒

定公事蹟史書存。知遇欣逢大帝尊。江漢功名同陸
遜。蠻荒身世異虞翻。每偕子敬聯交誼。不厭徐原好
直言。耿耿丹心昭日月。如皋東望弔忠魂。

呂岱　七絶四首　　章炳炎

大將雄威出海隅。武功猶自說名儒。江東盜賊都殲
盡。分鎮荊襄第一區。

治世才過諸葛恪。謨猷還與陸相齊。武昌德政今猶
在。萬姓歌功在鄂西。

徐原良友最交深。直諒多聞益漸生。幕府參軍才自
大。何如輔佐立功名。

決勝原來在運籌。三吳名將自風流。荊襄南北通衢
道。坐擁雄師鎮上游。

張懷瓘　黃寶麒

歷朝文獻亦何多。畫苑風流早占科。官佐鄂州非顯達。傳披唐代自巍峩。行書鸞鳳誇眞率。大篆龍蛇有揣摩。一代名流成競爽。叢殘是處廣搜羅。

張懷瓘七絕四首　章炳炎

名士海陵稱最富。呂公而後說張公。古今字學推秦漢。複道行空氣若虹。

歷朝書法盡收羅。斷序諸家自不訛。天下才人爭快覩。滔滔雄辯似江河。

字法精深論二王。張公聲價冠三唐。於今檢閱同懷事。噦噦原來屬鳳凰。歐陽公詩二子雙鳳凰百鳥之嘉瑞安得相從遊終日鳴噦噦

翰苑才華本出羣。一官司馬從如雲。荆襄繁盛多人物。努力書生善牧民。

東山寺謁張王像七律二首均用俞澄夫先生過東明寺韻　費杭

一怒揮戈效魯陽。驍雄項羽自稱王。王以十八人下泰州時人比之項羽失機坐困平江府。起義空傳大澤鄉。戰策倘能聯漢使。軍需況復擅鹽場。書生誤國知終敗。悽絕東山賸瓣香。

由來帝業繫陰陽。發塚屠龍殪漢王。史稱明祖發陳友諒祖墓已成龍形遂滅之天意已鍾皇覺寺。霸圖都付黑甜鄉。鴟原有弟悲俘虜。馬革何人裹戰場。千載劉妃應配祀。齊雲一炬痛埋香。

揭竿草澤位當陽。成敗無分寇與王。有志乘風終破浪。何心衣錦便還鄉。從龍將士懷麟閣。逐鹿英雄殉戰場。假使當年能一統。千秋不過姓名香。

明陵老樹黯斜陽。野寺於今尚祀王。廟貌未符英武

氣。神威常鎮釣遊鄉。將軍銅像齊千古。花草吳宮夢一場。異代興衰同逝水。邗江泰邑共聲馨香。

東山寺謁張王像七律二首周俞澄夫先生過東明寺韻 並引

王昌

慇淮張之遺像。久滯荒庵。痛澄夫之舊詩。不存刻本。偏查縣志。律言僅載一篇。愧乏家藏。原韻難搜二首。惟依題以為詠。不無韻脚偏枯。若隨興以抒懷。又苦詩心難遏。記得浮香亭上。曾傳疊韻於東坡。何妨弔古詩中。續訪遺風於南國。爰就感喟所及。勉疊兩章。庶盡吟咏之情。冀供一覽云爾。

憑弔興衰古海陽。泰州舊稱英雄崛起仰吳王。白駒自昔稱吾土。白駒場原屬泰州至分縣後隸東臺前年訟歸興化故史稱泰州張士誠兵起青鳥何時返帝鄉。地野史謂士誠微時見青鳥受傷墮地拾而哺之待羽毛豐滿放之去後夢示以王母使者逐遇害感士誠德報以寶珠事閩場官攫其珠士誠乃憤而起勢江水暗流亡國淚。史稱由福山至蕪州桃花虛度少年場。明楊儀金姬傳云士誠見姬人金兒姿容明麗欲立為妃取桃花簪具鬟曰以此為聘剩今荒寺鐘聲裏。可有金兒梵篋香。明楊儀金姬傳云金兒知不免遂啟篋出香梵之長跪私祝須臾即瞑時年十六死封仙妃詳見退庵筆記及宮闈小名錄等書迎春橋下黯朝陽。寺在迎春橋下牧豎如何識我王。退庵筆記吳王傳云邑張海房依歸草撰吳王張士誠傳凡稱軍曰我軍將曰我將他如我常州我長興我海陵之屬皆冠之以我字莫說龍興據淮海。劇憐狐死戀家鄉。二千里內仁為宇。退庵筆記云淮張創霸闢國十餘年闢地二千里禮賢下士多善政於吳十四年來夢一場。自元順帝至正十三年癸巳迄二十七年丁未太息史官修信史。不隨楚漢競流香。

再疊二首

有明天子運當陽。戰勝西南滅漢王。陳友諒陳理沿海進兵先取湖杭後進兵溫台思困我。隔江何計得還鄉。士誠死姑蘇後托夢糧船載還故鄉不堪回首殘棋局。却怪棲身選佛場。想為輸他皇覺寺。（明太祖曾爲皇覺寺僧）前因後果一鑪香。

殿宇衰頹棲夕陽。詩人到此悟空王。（張希復詩洞達見空王）皈心舍利誠安土。遥指姑蘇渺異鄉。記得鞭春瞻御座。（前修迎春之典於立春先一日每迂道瞻王像）笑隨樵月步詞場。（俞澄夫先生著有樵月山房詩）相看冠履香塵積。誰與山僧證眾香。

東山寺謁張王像七律二首用俞澄夫先生過東明寺韻并引

程大中

嗟乎。長江天塹。幾灣古渡斜陽。秋風雲飛。何處還鄉壯士。泣中土已經棘刺。賸殘局之堪危。問後庭誰報花開。留偈江之絕唱。緬懷九四。（見伯山詩集）不知胡地胡天。曾率八千奄有吳宮吳苑。痛此日半荒宿草。光沈赤帝劍芒。笑當年一現曇花。讖應金兜桃鬢。橋過迎春。幾步百感紛來。詩吟樵月一章。又言疊和。莫使東郊鬼雨。滴碎余心。只愁北地戰雲摧殘國脈。因感而起。謹繕以呈。

安懽帖木失乾陽。一髮中原誰可王。漢族式微悲故國。淮兵光復振吾鄉。號吳詔下新都會。排滿聲中舊劇場。功業東南收半壁。迄今祠宇壽馨香。

民國民心憤漢陽。遜清遜後罷封王。干戈猛醒摧胡夢。史冊爭輝起義鄉。富貴浮雲都色相。關山明月又殭塲。我來佛殿瞻遺像。弔古興亡一炷香。

讀陋軒詩集感懷　曹蔭槐

東海毓靈秀。篤生兩異人。心齋主格物。講學見性眞。
野人甘肥遯。唫詩妙入神。我讀淮南集。大義尼山申。
我讀陋軒集。冰玉無埃塵。清初去明季。不滿百秋春。
流風有存者。明哲仍保身。敗瓦覆老屋。志士甘長貧。
苦唫傲當世。賈孟為等倫。櫟園與阮亭。延譽到薦紳。
布衣自草履。抗顏座上賓。七歌平生事。血氣知尊親。
隱憂不可道。世運方更親（新）。桑海幾變易。天地一酸辛。
長歌當痛哭。桃源思問津。采芝慕四皓。薇蕨西山垠。
萬事不關慮。一卷自唫呻。嚴冷若冰雪。孤峭侔松筠。
迄今二百載。讀之氣益振。可以媿熱中。可以招隱淪。
世亂變夷夏。時衰輕君臣。北闕有逐客。東淘無逸民。
何處乾淨土。斥鹵到海濱。三復陋軒集。涕淚時沾巾。

讀陋軒詩感懷　五古一百韻　程大中

淡泊吳陋軒。寄傲東海地。苦吟三十年。謂是成名事。
蓬門蒿徑中。樂以寄衡泌。方之陶杜間。超然一位置。
故里沈畊閑。交遊不遺棄。倫表兄弟行。獨善敦友誼。
遐哉汲古堂。以詩逸者四。各自雄爾壇。誰復拔其幟。
厥惟陋軒吳。詩名早出類。平生相知深。獨有汪舟次。
後知周浚儀。復為櫟園器。刻、詩、並、序、詩。情、意、兼、美、備。
東南開高風。郵筒紛以至。相與聯詩交。漁洋抑何忌。
冰冷火熱煬。雪夜酒方醉。序言至更闌。鬼唱燭亦淚。
自詡愛才心。羣許詩壇帥。二分明月間。高吟方擁鼻。
恐終吳泒行。人情有軒輊。指數海陵人。孝威何如智。
繆、黃諸門生。造詣無或異。此獨從幽瀍。森出嚴冷致。
固、由、遇之、窮。益、徵、學之、粹。泰淮水不流。蕭瑟寒鴉翅。
向首完貞婦。阿男言或戲。退庵為不平。一篇筆以記。

後又檢其遺寶貴節溪寄舊藏施井亭斷錦搜之筍
不比竹癡刋得之良匪易寥寥百餘章獲睹先生字
古趣盎然生趣矣幽棲思且續且補遺藉展先生志
此刻相輔行畢竟神明賜尚書沈歸愚别裁高厥義
平心讀一過真樸淡名位多少華貴詩每為名位累
孤懷郊島情道誼露真偽斗大海陵城濱海築縣治
偶一溯源流古籍鮮人瑞秦漢六朝間萬言誰日試
南唐初改州時或有文吏炎宋三百年查周文風利
科第與人材閻儲王階侍迄今麟之詩娟娟挹古媚
誰是起辟薦安定卓然識有明繼元興柴墟共痂嗜
巍科壯兩京淵默儲文懿後啟王心齋理學人所企
最後吳陋軒絕學今已墜感舊一愴神終宵不能寐
高侃黃仙裳悠然何所自定山宮中丞翩翩結華駟
亦有著作聲紅椒更賢嗣迨暇仲松嵐三舍誰驅避
霜橋選霄峥命名亦鼓吹天橋與張星紛紛黃鑪肆
更有竹所吳遥遥接寒翠雲谿與芝山蕭蕭兩佛寺
腰雲訪百泉香雨漸浸漬詩杜結芸香此藝誰選寘
鶴舫憐花魂古軒泣蘇李未免寄情深念之心亦悸
布衣許筠園欲縱平原騎後起田少泉繼香且分轡
伯山詩話中品評洵附議譬如為高山培塿少一簣
若與陋軒衡仰視徒滋媿悲哉值亂離先生益顛頓
堰決隄亦崩倉中鮮儲積渺渺屋如舟高軒辱投刺
有時游廣陵枯槁誰供饋結廬問葦蘆落落幾枯桴
孤煙起鹽井無以恤窮匱野水白月浮海天青莎被
此中大有人騷壇爭把臂謂是幽逸姿謂是英華萃
即今過安豐陋軒誰指示徘徊吳家橋徒慨橋名識
道經梁垛場墓訪懋麟誌撮爾淤海沙詩人此邱隧
珠玉土中碧菁華麥上穟此調誰與彈其人焉可覬

惟有仰遺像。心餘詩不祕。或是讀遺詩。聲韻俱清邃。
恬淡想其人。品格誠堅緻。海氣結樓臺。海霞蒸錦幟。
蒼莽一大觀。庶幾遠取譬。否則徒望塵。安識人中驥。
欲試追風鞭。幾句徒驕恣。醜態何堪呈。末學庸可冀。
惟將懷抱抒。俾獲心意遂。茫茫近代中。益無容濫廁。
高歌揖漁亭。清詞訪黃、荔。後不見來者。前誰知攸暨。
嗟嗟吳陋軒。知是蒼天畀。我媿不能詩。藉此聊習肄。

世態復如此。野處雜狐魅。狐吟城西隅。夕陽餘蔭庇。
抱守書屋書。一編時曝曬。記與孫豹人。曾有合刻意。先京兆公夕陽書屋詩中有讀吳陋軒詩云同時健者孫、焦、穫自注此余五十年前舊願也蹉跎歲月未及成編

讀陋軒詩集感懷 五古　費杭

勝代有高人。幽棲在海瀆。幼操舉子業。文成可刻燭。
男兒自成名。青紫非所屬。卅年忘仕進。詩卷日三復。
工為嚴冷詞。名流皆折服。所撰今樂府。淒苦不忍讀。
我誦陋軒詩。身世多感觸。嚮昔詠陶詩。澹靜洗塵俗。
淵明善出處。晉末蹈高躅。罷官歸去來。怡情到松菊。
一觴復一詩。孤高自清穆。持以方公詩。同工非異曲。
丈夫不逢辰。無以展驥足。羞與流俗伍。同腐甘草木。
巖穴著新詩。懷抱訴幽獨。吁嗟避秦人。同聲為一哭。

讀陋軒詩集感懷 五古　陳未朽

竟夜不能寐。風鳴秋滿枝。遣病一籬菊。濁酒野人詩。
空我十年累。邈與太古期。磊磊且默默。庸愚競相嗤。
侶伴亦已寡。非無求侶思。知已不在眼。迂情共者誰。
除卻二三子。寂寞無人知。世上不容傲。善自調渴飢。
俄頃即已朽。好自愛須眉。

讀陋軒詩集感懷 五古

居士王侍庵遺文稱雄桀。大儒王心齋講學宗自浙。
東淘陋軒詩峙出成三絕。指事類多情刻露復高潔。
比之杜拾遺猖云涇渭別。隱逸不求售終南非所屑。
善哉周櫟園首為之表揭。交臂不及知阮亭尤心折。
才名十五州門前長者轍。方今時凌夷滔滔那可說。
鹽筴外人權軍輸窮剔抉。河患更鉅艱年年頻蕩決。
詎無記載人不文冥搜拙。安得起先生一一為論列。
有如流民圖當路供探閱。又如太史書官家資提挈。
啣石精衛誠化碧萇弘血。苦茗酌一杯灌地奠先哲。
痛飲求糢糊此語何哀咽。細柳撼秋風冷却心頭熱。

讀陋軒詩集感懷 曹蔭樾

東淘瀉澤地名世無聞焉。一卷陋軒集乃藉漁洋傳。
汪周互介紹為賦管鮑篇。生前名偶立死後名又湮。
遺稿久散失霞翫誰能全。詎意數百載死灰能復然。
荆州復品題退菴闡其先。吉光珍片羽梨棗爭雕鐫。
由此重聲價戶誦仍家絃。我今偶借讀朝夕手一編。
詩品貴敦厚古淡誠超然。辨香陶與杜言語多真詮。
善哉七歌旨至性根於天。所言能實踐可以希聖賢。

九月二十二日壽吳野人先生　章炳炎

先生之名足千古。先生之詩真老杜。頻過山年到白頭。隱處海濱心獨苦。不求聞達品自高。富貴浮雲那足取。詩卷長留天地間。奇芬四散天葩吐。時維九月菊花開。心香一瓣祝奇才。我來瞻拜先生像。神清貌古不染埃。德尊一代仰山斗。願以詩酒相追陪。羣賢畢至不須約。樽中酒滿酌新醅。若得先生三百年前友。終日噦噦鳴鳳凰。歐公懷友詩二子雙鳳凰百鳥之嘉瑞安得相從遊終日鳴噦噦欒園竹蛇醉瓊漿稱觴又有王漁洋歲星自古在吳越。南極老人應壽昌。

九月二十二日壽吳野人先生　陳未朽

古物保存善珍藏。先生玉照懸中堂。我來瞻拜望山斗。不凡氣宇何軒昂。記取登高賦落葉。高談雄辨平山堂。名馳四海誰不羨。三百年後猶馨香。時當九月壽筵開。諸君來祝皆奇才。庭柯籬菊何爍爛。圖書遊覽樂俳徊。願起明末先生友。漁洋竹垞相追陪。西溟欒園時附和。釀以綠螘獻新醅。野人先生群玉府後儒見之當舞拜舞。富貴詩酒壽一時。先生棃棗壽千古。詩卷常留天地間。胸中奇氣光芒吐。歲星自古照吳越。東海之濱稱樂土。

九月二十二日壽吳野人先生　陳東生

登高遠睇東亭東。蒼茫海色來安豐。（舊州境之安豐場人）天地蕭寥之秋晚。落葉飛墮庭戶中。（先生落葉詩云又隨天地意亂下戶庭中）緬懷先生丁清初。漁洋櫟園邀詩翁。先生高節處阨窮。平交當世文稱雄。誰言詩格學郊島。仁人之言長者風。天下蒼生盡人子。（先生詠僕詩句云猶然是人子）豈堪累歲殘兵戎。先生九原若可作。蒿目時危詩更工。祇今陋軒草久宿。精靈感格神明通。聊仿先生壽內篇。（先生有壽內詩）菊花插瓶酒滿筩。

九月二十二日壽吳野人先生序　潘少漁

野人先生。世居東淘。苦吟三十載。身居斗室。志在千秋。其詩多嚴冷寒苦之音。王漁洋互相酬唱。孫豹人引為知交。三百年後。夫何待下走壽。然覽陋軒集。見先生道貌。如野鶴孤松。想見麈尾隱囊。翩然自樂。古今文人。其飢寒憔悴寂寞無聞者何限。而先生未可謂之不遇也。下走橐筆四方。曩游都門。見當代賢豪。輒向予索陋軒詩卷。其聲譽之隆。可謂壯哉。袞袞諸公。不及斯人默默。竊嘗獨居深念。靜觀天地而知盈虛消息。理之自然。齒角羽毛。勢不兼有。造化每以昏蒙混濁之氣。聚為富貴福澤。而僅存清虛一脈。化而為才。使常處于荒江寂寞之地。辟諸披沙簡金。水加汰焉。火加煉焉。鏐則精矣。而餘質無幾。故千金之子。萬戶之侯。往往傫然一物。癡頑不靈。又或朝榮夕萎。

等於腐草為螢。隨風明滅。可哀也已。乃一畝之宮。環堵之室。顧有抱琴擁書。歌聲若金石者。百體堅强。手足便利。耳目聰明。性命壽長。豈非士之大願耶。而聖人所謂吉祥善事者歟。設使古之為市者。以其所有。易其所無。先生終不以此易彼矣。是月二十二日。為先生懸弧之辰。拜瞻遺像。登公堂。飲公酒。掀髯長嘯。為之作歌。歌曰。人生不滿百。常懷千歲憂。晝短苦夜長。何不秉燭遊。為先生晉一觴。又歌曰、采菊東籬下。悠然見南山。南山如公壽。時勢任往還。先生當听然而笑曰。何物狂奴。得一知已矣。

又七律二首

淪隱東淘六十春。海天寥泬寄吟身。衣冠古樸仍先制。鷗鷺栖遲若比鄰。名似坡仙躋北宋。志同靖節避西秦。明年又屆開籬菊。一例聯吟壽此辰。

風風雨雨重陽後。覓得茱萸插帽盈。願乞瓣香詩弟子。親承冰冷古先生。天留此老光同里。船泊揚州動滿城。我亦春秋逾耳順。推袁御李逐浮名。

九月二十二日壽吳野人先生　趙鴻慶

吳野人先生。生於明萬歷戊午九月二十二日。閉戶苦吟。蝸廬自樂。有顏子陋巷簞瓢之意。因名其軒曰陋軒。其詩沖澹似彭澤。瘦勁若柳州。而淒急幽奧。自為一宗。不落前人窠臼。巖棲之作。允推獨步。安豐場為心齋先生故鄉。先生雖生、非、與心齋先生同時。而孫枝蔚先生。稱其為心、齋、之、徒。則先生、又豈僅以詩名者耶。今值先生生日。爰集先生之詩。以壽先生。

冷雨淒風送暮秋（贈歌者）亭皋東望使人愁（送方爾止）羊裘嬾與軒車近（泛舟西谿）海水江波日夜流（寄揚佩蘭）華燈設宴今何夕（酒間口號）髮禿形羸已暮年（汎舟詞）南極一星相掩映（和老人詠燈）蓬門藝植謝人憐（贈程雲時四十初度）莫使衰顏逐轉蓬（懷吳雨臣）吾師經史滿胸中（喜劉師移家至淘上）盈車充棟都歸腹（贈王鴻寶七十初度）貧士嘗聞稱此翁（贈陸老人建之）雲水重對故時人（題王大像）落日踟躕淚滿巾（贈袁漢儒）野老沙鷗機慮少（泛舟西谿）瀟然蹤跡遠風塵（明毅先生）

昇元五年石幢歌 不限韻并序 吳友三

民國六年丁巳三月。泰縣鮑家壩之下壩河。有農民劉洪慶者。掘土得古壙如井。有體骨。及幢石二。一破壞。無建幢年月。一爲村童鑱鑿。字多不可辨。可辨者若干字。末載昇元五年九月二十九日重建。及建者與鐫匠姓名。幢石序文爲崇儒述。載唐永淳年云云。舍利從西國負來云云。蓋在昌黎諫佛骨前也。距今千二百餘年矣。後重建於南唐。壙中並有北宋錢數百枚。或重葬之所瘞歟。劉氏掘得此石後。邑人爲謀保存所。遂舁至光孝寺。今又移置圖書館。形式古樸。頗爲金石家之所愛重云。爰爲之歌曰。

我聞岐陽有石鼓。安排孔廟以十數。史籀大篆昌黎歌。漢瓦晉甎遜其古。今有一物名石幢。紀其年曰昇元五。距今亦有九百年。此物如何尚可覩。始如赤壁戟沈沙。後似豐城劍出土。得之海陵鮑壩河。剜苔剔蘚供摩撫。舁至光孝禪寺中。觀者何須來問主。未幾移置圖書館。左圖右史相爲伍。序文撰述惟崇儒。手筆應能匹李杜。鐫者許球徐延暉。具有神斤與鬼斧。所惜行間闕文多。夏五郭公不可補。相傳唐代有西僧。上乘禪能參佛祖。負將幢石來此鄉。没後即作豐碑樹。剗削有時被村童。剝蝕多年遭牧豎。閲年既久石柱傾。幢遂沈埋任水滸。吁嗟乎。石雖久辱泥塗間。終究不同草木腐。迄今位置圖史旁。石如能言氣當吐。

昇元五年石幢歌 錢繼

南唐去今千百載。物換星移人事改。澄心堂紙渺無存。野壙石幢赫然在。石幢建自昇元年。西僧遺蛻埋荒阡。徵文尚在中唐世。殉葬翻多北宋錢。有農有農劉洪慶。土田掘斷長鑱柄。永淳年間舍利來。鮑家壩下游觀盛。天開古壙年丁巳。森森二石一已毀。一石時日姓氏存。傳鈔頓貴吳陵紙。右軍家世（謂王笠農社長）儲藏富。模搨遺文能急就。未留副本贈荆州。（謂韓亮侯視學）馬卿（謂馬東皋評議）傳語爭先購。商量古碣沒荒邱。位置先移傳汝樓。光孝寺中爭辨識。圖書館裏許存留。君不見淮西碑拽長繩倒。吏部閎文掩蔓草。又不見岐陽石鼓字外駁。牧童敲火牛礪角。保護何如此石幢。字類剌滅文鼎扛。海陵石刻前無雙。

昇元五年石幢歌 俞崇嶽

海陵城東北邱道。下有古壙埋荒草。一朝發見田野中。玉盌金燈無異寶。髑髏一具雙石幢。一幢破碎一完好。年深土蝕剝落多。字蹟模糊不可考。惟餘建者石工名。云是昇元重建造。其中又見永淳元。序文欵識唐人豪。古物千年出世新。一時觀者動城闉。商盤周鼎多贋物。此石翻為希代珍。憶昔初從西國至。珠瓔寶珞佛前陳。雲深梵宇莊嚴燦。月照琳宮膜拜頻。西僧死去寺久廢。幢石悠悠經幾代。幾回顯露幾沉埋。人世滄桑同感慨。而今又復落塵寰。蘚暈苔封古色斑。海陵金石此最古。神物呵護非等閒。

昇元五年石幢歌

朱觀

保存所有古石幢。泰城古物無與雙。幢之緣起不可詳。但据昇元五年重修字蹟可辨為南唐末鐫主僧與維那。餘或剝傷或消磨。知係僧塔歷年多。文刻莫辨可奈何。行欵有如石鼓刊。僅餘兩截猶半殘。我來撫此發長歎。作歌不成徒慕韓。韓公舊有石鼓歌。謂得張生紙本石鼓文字毫髮盡備無差訛。石幢搨本更有麽。安得張生代搜羅。相傳幢湮鮑壩裏。近壩居民為取起。好古士紳見而喜。把玩摩挲重諦視。立命舁入光孝寺。寺僧咋舌驚為瑞。道是幢鐫近體字。非隸非蝌可證湼槃真與義。今復徙入古物保存所。乍見翻疑八角石柱礎。裝之以架宛如鼓。堪與石鼓並千古。嗟余好古生苦晚。情似昌黎殊繾綣。才薄只慙歌不穩。不及昌黎真趣遠。憶昔嵇康寫石經。躬就太學筆不停。衆人皆醉我獨醒。深宵忍負一燈青。吁嗟乎。相彼釋教非吾徒。法身不滅證浮屠。吾儒修學入歧途。對此石幢能愧無。

昇元五年石幢歌

曹蔭槐

海陵地僻東海東。摩厓勒石無奇峯。聖果院碑刻長孺。范公隄碣修士龍。搜羅金石人知重，年代莫先惟趙宋。郡佐題名誌宦游，吉祥碑記聽僧誦，世變滄桑歲幾千。漫漶廢碣埋荒阡。那知古塘壙飽家斸。猶傳唐代永淳年。澤農好事劉洪慶。掘土得壙如穿穽。見說高僧闡化城。從來戒體歸清淨。長物唯留二石幢。一已破毀如舂撞。一雖有字半鑱鑿。咄咄村豎真愚憃。石刻殘餘幸有存，五年猶自辨昇元。南唐時日刊遺碣，北宋錢刀瘞古原。忽忽唐宋經三易，賸有韓陵一片石。舍利曾從西域來，金身難錮南山隙。不知卓錫是何時。幽宅貞珉異代悲。未必讓皇曾頂禮，將毋徐誥建豐碑。當日南唐盛文藻。澄心堂紙真研好，晉帖唐碑耀四方。齋僧造寺依三寶。一佛出世稱辨才。

況聞胡僧西國來。不學禁中迎佛骨。還從地下驗仙胎。四大五蘊重覆土。期化幽宮成梵宇。雙埋貞石殉泉臺。大書深刻年代古。悠悠塵世幾百載。國體共和人事改。重教白骨見天日，那管劫灰變桑海。石幢建自昇元時。九月廿九藏幽室。石幢得自丁巳年，却當三月十三日。東飛秋鴻西春燕。物換星移互隱見。傳汝樓旁位置宜。圖書館裏收藏便。吁嗟乎海陵金石珍，吾曹晉唐碑版搜蓬蒿，渺不可得羞濡毫，石幢石幢真堅牢，南唐歲月去滔滔，保存古物為名高，勝事吳陵第一遭。

昇元五年石幢歌

朱潞

吴陵野人鑿地見古幢，一完一鈌得其雙。八觚森然高尺許，野人不識疑為矼。鈌者年月不可辨，完者字跡猶能見。上載昇元之五年，九月廿九日重建。細鐫梵偈陀羅尼，刻畫工整無差池。湮沒千載良可惜，吁嗟幢兮徒爾悲。緊昔初興東海鯉，海陵升州自此始。淮南重鎮興作繁，梵宇琳宮亦蔚起。貝葉經多傳妙音，經幢徧立優曇林。衆生觧脱吉祥海，想見當時禮拜心。談經鎮日依蓮座，豈知小刧紅羊墮。（見宋僧無畏傳）齋魚法鼓一時空，幢兮爾亦遭流播。苔封土蝕年復年，光明無復照三千。即今出土仗佛力，惜哉斷鈌難瓦全。南唐金石見匪易，鐘樓之鐘（見退庵筆記）並此二一般。散佚俱可念，珍藏合付嫏嬛地。我無慧業慚鈍根，摩挲年號百感存。揚花李花都落盡，幢兮爾壽齊乾坤。

昇元五年石幢歌 有序

邱東侯

邑之圖書館，專為存古而建也。凡經籍、圖畫、金石、玩好，以及殘編、斷簡、碎瓦、零甎，有美必收。然物不古則不取焉。石幢乃庋置館中之一者也。前數年修築城東鮑家壩壩隄岸，於沈沙中掘得之。類似殘碑斷碣，形圓而觚，高僅尺許，而字跡磨滅，不復可辨，惟有昇元五

音，經幢徧立優曇林。衆生觧脱吉祥海，想見當時禮拜心。談經鎮日依蓮座，豈知小刧紅羊墮。（見宋僧無畏傳）齋魚法鼓一時空，幢兮爾亦遭流播。苔封土蝕年復年，光明無復照三千。即今出土仗佛力，惜哉斷鈌難瓦全。南唐金石見匪易，鐘樓之鐘（見退庵筆記）並此二一般。散佚俱可念，珍藏合付嫏嬛地。我無慧業慚鈍根，摩挲年號百感存。揚花李花都落盡，幢兮爾壽齊乾坤。

昇元五年石幢歌 有序

邱東侯

邑之圖書館。專為存古而建也。凡經籍圖畫金石玩好。以及殘編斷簡。碎瓦零甎。有美必收。然物不古則不取焉。石幢。乃庋置館中之

考羅羅清疏，論全題在握，說似叔向習孔子脩後春秋歌，老筆紛披，序未經意而文自近古

跋：昇元見舊五代史僭偽列傳李昇傳凡七年 陸魯望詩山僧禮石幢 馬祖常詩閬苑涼風沸石幢 大約石帆石傘之類

年數字。瞭然尚存。竊考昇元年號。不知建於何代。史冊俱在。未之或見。且名之以幢。於義云何。案集韻。后妃車轞。釋名。幢容也。施之車蓋。童童然以隱蔽形容也。又韓延壽傳。建幢棨。植羽葆。註。晉灼曰。幢。旌幢也。師古曰。幢。麾也。石幢二字。不甚連合。或云恐是碹字之誤。俱置弗論。第取其拳石剝落。殊有古致。姑存之以俟博古者鑒定焉爾。爰為之歌曰。

一卷之石奇而古。非鼎非鐘非桴鼓。亦非浮磬浸泗濱。陷溺波中失其主。浮沈一任歷星霜。剝蝕幾經若苦風雨。濤翻浪激閱年深。昔沒泥沙今出土。工人掘得神為驚。父老乍見手屢撫。幾經拂拭幾摩挲。字跡糢糊難辨數。考夫時代似傳訛。審乎名稱義何補。殘碑斷碣等闕文。碎瓦零甎與參伍。塊然立異姑保存羅而致之列堂廡。以俟當代博物家。詳其始末揮談麈。

鐵鐘歌用韓文公石鼓詩韻　宮森

昔傳州牧侯公句。金陵曾作大鐘歌。今效侯公作長句。愧余才薄奈之何。追溯胡元起沙漠。四方從此靖干戈。不料數傳國運替。十朝旺氣漸銷磨。天生朱明聖主出。從龍將士廣搜羅。江南定鼎雄都建。江山帶礪勢嵯峨。天子當陽御正殿。乾綱嚴肅操太阿。景陽鐘動萬户啟。真主應運百神呵。帝德覃敷同解愠。薰兮一曲紀南訛。鐵鐘欲問何年鑄。歲月莫考無籀蝌。相傳明初悉用鐵。扣擊鞺鞳似鳴鼉。螭龍盤護勢壯麗。元音洪大震庭柯。沈埋已經六百載。流光易去如穿梭。胡為朝政多粉飾。君荒臣怠徒委蛇。流賊紛紛起草澤。將軍武望爭嫦娥。圓圓試聞歌一曲。燕京失陷淚滂沱。大清發祥營洲地。君臣交贊召天和。文治武功無不備。旁求碩彥開巍科。辟雍鐘鼓興雅化。豪傑蔚起英才多。神物有靈終出世。大力不煩載明駝。薦之太學比郜鼎。寶貴奚啻百倍過。諸生得此勤拂拭。互相砥礪共切磋。啞然不鳴歷年久。淵默雷聲挽頹波。剝苔剔蘚露棱角。巍然矗立不偏頗。金繩鐵索懸大廈。倫堂安設期無佗。憶昔堂上習古禮。大呼奏樂空嫽婀。近日鼓敗鐘尚在。朝夕足可供摩挲。大叩小扣無不應。推敲物理供吟哦。吉金樂石棄不顧。俗化樂翻奏捉天鵝。保存古器多世寶。薈萃吾邑豈不那。大成既集金聲振。萬世師表期淵軻。安得韓公大手筆。詞如泉湧口懸河。石鼓歌堪稱絕唱。愧難學步意蹉跎。

鉄鐘謌 用韓文石鼓詩韻　宮潔

自夔典樂教胄子。虞廷喜起颺賡歌。金聲玉振諧律呂。黃鐘為本音如何。周王鎬京辟雝建。修文偃武戢干戈。諸侯泮宮相繼造。文人肆業爭琢磨。陶情淑惟性資禮樂。笙簧管籥皆搜羅。八音迭作先金奏。鐘簴特立形巍峩。鑄由鳧氏專職守。採取美質從山阿。形作蒲牢有利用。騰聲豈藉鯨魚呵。上丁釋菜鳴鐘鼓。事經歷代非傳訛。東序大鏞典並重。鐫銘文字非隸蝌。海陵學署有古樂。逢逢鼓擊聲鳴鼉。鏗鏘鐘亦協節奏。取則不遠類伐柯。漢唐多士受教育。文如織錦成金梭。堂名明倫興禮教。諸生舉止皆委蛇。齊庭吹竽笑南郭。江鄉鼓瑟陋湘娥。兵戈擾攘值五代。堂廡傾圮雨滂沱。風霜剝蝕鼓已敗。鐘聲不復如鸞和。宋代陳垓復鼓鑄。喜與舊製形同科。龍文刻畫獅紐壯。廣文愛護功居多。湯盤禹鼎同寶重。非若荆棘埋銅駝。深簷蓋覆歷久遠。計年數已六百過。師儒有時振木鐸。諸生講學同切磋。我來黌宮訪禮器。泮池風靜水平波。鐘懸堂右勝部鼎。鉄質圓體無偏頗。鐘樓銅鐘南唐物。光彩迄今耀至他。或云飛來從天外。野老附會相婀娿。長樂宮鐘久埋沒。景陽宮鐘誰摩挲。闕典禮最貴重。不須文字供吟哦。儒生和聲能鳴盛。何必寫經效換鵝。西山寺鐘亦古物。辨識年月困檀那。泮宮芹藻今衰落。文人運亦遭坎軻。伐鼓摐金事爭戰。時勢日下如江河。狂瀾欲挽恨無策。此生歲月嗟蹉跎。

銅鐘歌 用蘇文忠公石鼓詩韻　宮森

春王正月歲逢丑。我與同學訪髯叟。銅鐘矗立城市中。星霜剝蝕龍蛇走。譙樓搖落故行宮。父老遺傳碑在口。夏公好古筆諸書。我生晚出在其後。滄桑變幻若風雲。否泰往復當陽九。曲巷參天有古榆。鐘臺側可補槐柳。鬼怪潛形動鄉愚。神靈感格崇香斗。苔蘚塵封漸露形。少時雀躍僅乃及肘。巍巍大器盤蛟螭。往事難復分良莠。東有鼓樓結芳鄰。南向松林伴良友。遠聞行密永寧宮。三百口餓爭雀㲉。南唐當日鑄巨鐘。字跡不克著隸蚪。輝皇宮殿本森嚴。楊氏子孫少耆。虐民日甚位亦促。仁規陰謀頻指嗾。罕儒團練勢豪雄。世宗酬庸錫圭卣。易云設險控淮海。詩歌奏功煩曚瞍。州牧締造慶經營。石刻文字嵌峿嶁。安得振聾警澆漓。禮教風化崇敦厚。飛來不載是何年。考據無由詢誰某。或云南唐或洪武。文獻無徵屬烏有。斑斕棱角希世珍。淪沒瓦礫隨栲杻。風風雨雨打蒲牢。色色形形變蒼狗。此物存留千百載。古今無匹誠寡偶。半辱泥塗半露身。儼若神龍儘見首。大叩小叩久不鳴。不嫌多事任攻掊。試問金鐘與石鐘。聲洪鏜鎝胥足取。鐘樓已廢鐘臺建。荊棘刪除脫塵垢。遷移不去飛不起。鎮壓荒城志堅守。鴻鈞造化藉人工。載諸邑乘永不朽。興亡事蹟已成塵。爾鐘獨占無量壽。

銅鐘歌 用蘇文忠公石鼓詩韻　宮潔

去歲記年為乙丑。散步街衢逢野叟。云鐘天外昔飛來。如獸不脛而自走。一在城中一在濠。謬論悠悠騰衆口。予聞此語莞爾笑。鑄造年月有先後。南唐篡祚昇元初。楊氏子孫十逐九。扁舟北渡至吳陵。永寧宮外栽花柳。宛然百里比侯封。莫笑州城大如斗。棨戟森嚴列兩階。讓皇印綬懸於肘。鼓樓東建去荆榛。鐘樓西建删稂莠。不知鑄者名為誰。想像古人難尚友。一朝殄滅無遺種。似鳥覆巢空㲉㲉。故宮風冷月清淒。不見碑文字類蚪。小兒冢上草迷離。憑弔欷歔有耆耇。樓空無人鐘不鳴。仁規助虐如獒嗾。周代世宗崛然興。分封功臣錫圭卣。永寧宮改為王府。在公奏樂藉矇瞍。擊鼓鳴鐘樓復修。樓高勢豈等岣嶁。周衰宋起判興亡。五代世宗澤猶厚。年深樓圮鐘沈埋。不知尋出為誰某。或云前代中山王。徐達帥府海陵有。鐘即明初所留遺。勢如山隰存栲杻。海陵風俗最純良。不惜鬭雞兼走狗。聞鐘出土競來觀。朋輩招邀行有偶。摩挲信手辨龍文。二三老人皆白首。銅質精純世所希。未許小兒輕擊掊。堪笑寶鼎沈汾中。漢武空勞人力取。炎劉社稷久坵墟。鼎亦消沈混塵垢。此鐘紐壯如虬龍。牆築四圍民保守。星移物換千百年。閱歷風霜形不朽。愚民迷信說神奇。焚香跪拜祝增壽。

柴墟　陳驤

海陵佳話說柴墟，地以人傳信不虛。訪尋地址今何在，相傳儲公舊門閭。江之濱兮水之涘，門前柴荻認蕭疏。文章勳業高聲價，別號留傳識舊居。非以柴愚慕高士，豈為柴扉愛吾廬。端因生長在其地，富貴榮華不可棄。柴墟文集娩垌野，千古留名俾弗墜。

柴墟　曹蔭槐

試訪柴墟鎮，環溪水一方。江流朝滾滾，萑葦夕蒼蒼。戰紀岳忠武，文傳儲侍郎。地名同不朽，閱世幾滄桑。

柴墟　潘少漁

金虜猖狂勢若焚，宋室江山半壁倒。賴有難撼岳家軍，屏障江東柴墟保。不是金牌十二召，雄師指日黃龍搗。英雄遺恨在和戎，致令豐功失草草。當年事蹟已成灰，歎惜猶聞話父老。後人憑弔訪遺蹤，古木寒鴉認舊堡。

柴墟　沈本淵

南瀾橋頭野火燒，斷戈折戟血未消。岳家軍搗黃龍恨，付與長江日夜潮。我來柴墟愁北顧，西風不解留人住。催到橋頭賣酒家，一問儲公讀書處。

柴墟　沈偶非

武穆屯軍地，文懿讀書處。陳跡渺邱墟，尋來復尋去。

又

驅車過柴墟，獵獵北風起。廢壘不可尋，蒼茫暮烟紫。

柴墟　李賡虞

琅琅讀書聲，忽起柴墟邑。賢俊生其間，地以人不滅。至今檢遺編，猶傳柴墟集。

蘆洲　陳驤

蘆洲地本在汀沙，緣何城市話桑麻，陳公慕雅留佳話，相傳雁宿夕陽斜，訪尋遺跡今何在，不知輾轉屬誰家，孔公讌集曾於此。清代猶存心竊喜。何為相去甫百年，勝地不常今已圮，馬家購得為別墅。世事滄桑無定所。從斯古蹟失遺蹤。離奇變幻誠如許。

蘆洲　曹蔭槐

莫羨西湖小，東城一水流，好沿楊柳岸，殊勝藕花洲。唼藻魚隨浪，銜蘆雁帶秋。東塘詩句在，讌集溯前游，

蘆洲　潘少漁

轉水墩前溪水曲，溪上蘆花年年綠。倒溪雉堞合千重，城市山林殊不俗，聞說當年陳州守，胸羅邱壑事畚揭，陳公往矣洲常存，流連賴有幽人續，臨流別墅一時新，幽棲乃為馬氏獨。我今來此寄游蹤，當日園林入望空，往事悠悠無限感。蘆花猶自響秋風。

蘆洲　沈本淵

我來蘆花雪滿頭，蘆花風捲雁聲秋，勝蹟蘆洲留韻事，相傳裙屐競風流，三百年前文酒讌，東塘博士會群彥，金尊檀板夠銷魂，雙鬟唱煞桃花扇。

蘆洲　沈偶非

寥落古蘆洲。征雁下殘照。亂葦戰風聲，已覺秋光到。

又

不見東塘老。蕭蕭蘆荻秋。風流今已歇。一雁下荒洲。

蘆洲　李賡虞

春雨護草堂，秋風起蘆洲，草堂時修葺，蘆洲今在不，天寒有棲雁，徒聞聲啾啾，

新城　陳驤

州北五里築新城。宋代許公費經營。周圍方丈計二百。沮洳湖蕩禦戰爭。元將遣兵曾拔得，張王竊據稱義兵，儼然樹立元帥府。泰堂遷徙著威聲。誰知天不祚吳室，明將赫然三軍出，攻城拔地一中原，蕞爾新城遑足恤，勢若摧枯盡掃平。舊址於今無足述。荒烟蔓草一憑臨。人世奚為爭得失。

新城　潘少漁

鳳皇城北五里外。地勢窪下水所會。不道湖蕩沮洳中。竟為南北之要害。宋備胡人建新城，舊城犄角相依賴，歷來兵家所必爭。孰謂一城如斗大。張吳據此抗中原，元人拔此逼吾泰，祗今舊址付東流，入目依然水一帶，寄語時賢須記取。人間誰不歸淘汰。

新城　沈本淵

中山數樓船下泰州，斗大新城戰雲愁，六百年來人事改，西風蕭蕭蘆荻秋。旌旗當日耀威武。今日朱家無寸土。慘淡斜陽湖蕩中，猶說張家元帥府。

又　新城　沈偶非

一片水雲橫。荒城没遺址。西風野火然。紅上開平壘。

新城　李賡虞

朝上新城來。暮下新城去。回首問當年。殘陽黯無語。

城舊猶繁華，城新轉寥落，殆經兵火餘，樓閣成瓦礫，蔬果產自饒。曷尋田家樂。

駝峯　陳驤

海陵八景最玲瓏，數來何處不精工，泰堂明月留千古，駝峯依舊是清風。坦平地勢成凹凸，依稀辨認路西東，可惜保存無點綴，將與全光厄運同，運之盛衰關氣數。人世榮華若朝露。駝峯古昔號稱奇。今日觀之亦坦路。人生何必好矜奇。曷不平心安吾素。

駝峯　潘少漁

昇仙橋東不數武。平原突起一坏土。天然風景境絕佳，駝峯名在八景數。北顧泰堂共月明，西瞻雲鶴來斗姥，年久荒蕪峯漸平。剩有清風存萬古。胡兒解賞來問津，金錢欲買海陵春，邑人知惜瞿然起，不教勝蹟染胡塵，力爭僅半為公有，未必廬山面目真，吁嗟乎，人生誰是林泉主。終讓林泉作主人。

駝峯　沈本淵

我來駝嶺挹清風，背駝背斜陽慘不紅。萋萋衰草竄狐兔，荒徑忽逢鶴髮翁，扶節為我指廢礎。道是當年守禦所。老樹杈枒欲攫人。怪鳥啾啾作鬼語。

駝峯　沈偶非

東上周公塔。西望岳家山。相看兩不厭，伴我白雲閑。

又

昔日此登臨。清風吹我襟。重來無限感，搔首發狂吟。

駝峯　李賡虞

高岡似駝聳，上有千戶廬，官廢廬亦廢，易為夷人居，但得數弓地，清風來徐徐。

太子港 詩不拘體韻　潘少漁

海陵西南太子港。漕河天目滋來往。唐食貨志疏太子港陳公塘以益漕河州志云在登仙橋西南者就湮塞以後言也衣帶縈縈水潺潺。非比江淮流浩蕩。昭明太子禮仙翁。東行由此湖蘭槳。地因人傳至千秋。古蹟名共陳塘響。陳塘水利自今存。此港湮塞成平壤。我欲考古訪遺蹤。父老不知徒惝怳。陵谷變遷理勢然。人生須臾何擾攘。仙翁太子此留名。聊咏詩歌寄遐想。

太子港　曹蔭槐

君王六代知多少。誰及昭明太子賢。經注金剛曾禮佛。舟行水國又求仙。唐王井涸名同著。文選樓空集自傳。今日小西湖上望。布帆無復過前川。

太子港 不拘體韻　陳叔才

江左六朝宮殿廢。惟留此港海陵城。昇仙橋畔漣漪水。曾渥昭明太子纓。

太子港　袁遷北

昭明出幸邵陵從。幻想仙人覿面逢。不向樓頭操選政。還且來天目訪高蹤。幸無城郭長途亘。剩有烟霞古渡封。何事陳公廢疏鑿。青疇依舊走三農。

太子港　潘福林

文選樓辭下。乘舟駕海東。雨添淮漲綠。日照錦帆紅。橋愛金蘭跨。河思玉帶通。朝山天目去。追古溯遺風。

太子港 詩不拘體韻　沈軼羣

眼前小劫閱滄桑。金粉南朝艷說梁。卅里晴嵐接天目。一帆夕照度羅塘。訂成仙子三生約。贏得昭明兩字香。自古英雄淘不盡。東流曲似九迴腸。

記曾訪古到揚州。百尺登臨文選樓。何幸海陵同不朽。一彎流水也千秋。

太子港　步劉萬春登望海樓韻　朱觀

天目曚曨久不開，市河淤塞長蒿萊，橋西空賦騰纜車軌，港口全無小艇迴，聞道仙人沖漢舉。曾經太子櫂舟來。即今過客知多少。可有昭明藻繪才。

唐王井　潘少漁

唐王才畧命世雄，開疆拓土逞武功，高麗不庭赫然怒，樓船指日下遼東，曲塘地處海之涘，屯兵掘井曾於此，井泉甘洌異海鹹，解渴功勝青梅指，祇今功業付雲烟，井址依稀南寺前，有井無泉存舊蹟，缽福雙胥相共傳，後人憑弔尋遺址，蔓草荒烟一惘然，

唐王井　曹蔭槐

見說港流來太子。又傳泉水飲唐王。六師敗北趨平壤，萬乘征東過曲塘，古井波瀾原不起。前朝社屋已全荒。文皇遺有吞吳恨。差勝臙脂辱竟忘。

唐王井　潘福林

聖主親征駕。屯兵駐曲塘。掘開溪井潤，流出海泉芳，載渴三軍解，征塵一洗忙。鄉人閒煮茗。舊蹟道唐王。

永寧宮　潘少漁

吳王唐末據江東。淮南轉戰氣何雄。其奈生兒不象賢。權臣篡竊霸圖空。讓皇徒歎能歸命。廢帝終羈永寧宮。永寧宮即今泰堂。重門洞闢甬道長。制度豐敞氣象巍。想見當年宮殿光。宮闕崇隆猶可覩。宮中王子今何所。譙樓鐘鼓無復聞。泰堂明月照千古。

永寧宮　曹蔭槐

憑弔楊吳歌哭處。不堪回首永寧宮。置諸城、顥、幽、囚、似封、以朱、方、聚族、同偏霸君王三世後。無辜男女一門中。澄心堂裏繁華夢。二姓興亡轉眼空。

永寧宮　陳叔才

讓皇坐困鳳凰城。防衛森嚴滿禁兵。淒絕永寧宮畔路。至今譙鼓帶悲聲。

永寧宮　袁遷北

永寧宮禁等高牆。指點吳陵弔讓皇。劉宋齊梁新榜樣。魏文舜禹舊壇場。小兒有塚埋荒草。明月無情照泰堂。割據河山終一統。興衰成敗漫平章。

永寧宮　潘福林

英雄傷氣短。零落海陵遷。楊氏諸孤藐。唐家獨主權。譙樓更寂寞。宮院月空圓。幾變滄桑後。猶堪舊址傳。

永寧宮　沈軼羣

百里雄封據一州。宮闈何處弔王侯。楊家骨肉千秋恨。唐代衣冠兩字留。殿閣可憐無片土。鼓鐘空自認譙樓。南朝多少興亡夢。附與蓬蒿共一邱。稱藩一代認封疆。荊棘銅駝弔夕陽。楊氏猶留遺址在。江山何處屬南唐。

馬盼墓 潘少漁

馬盼墓在州署左。西湖佳話記委瑣。邑乘採之退安疑。是虛是實未敢果。欲訪遺蹟試覘之。埋香已失一坏土。風流韻事重傳名。世人何必拘考古。紅顏不免歸青冢。豈獨真娘墓木拱。得與貞娘墓並傳。何用豐碑矗古壠。君不聞闗盼燕子樓。雖無遺址亦千秋。又不見纍纍盈東郭。幾人名氏得長留。

馬盼墓 曹蔭槐

佳話悼歌雙盼盼。尋幽弔古一潸潸。鳳皇原遠猶傳宋。燕子樓高莫誤關。艷跡有時搜志乘。芳魂何日返家山。淒涼署左埋香處。小小真真墓碣刪。

馬盼墓 陳震華

宋時營妓擅風流。荒冢斜斜陽幾度秋。惆悵芳魂招不得。令人腸斷藕花洲。

馬盼墓 潘石和

西湖佳話記原由。贏得名齊燕子樓。今日欲尋埋玉處。斜陽蔓草使人愁。

馬盼墓 袁遷北

關盼爭傳燕子樓。可憐馬盼祇荒坵。淋漓大筆東坡體。婉囀清歌北城地喉。安得薛濤箋仿製。誰將蕪小墓興修。退庵筆記西湖語。聚訟紛紛辨不休。

馬盼墓 潘福林

漫誇蘇小小。馬盼盼留芳。春草銷魂怨。桃花笑豔妝。東坡書法妙。南國姓名香。署左尋遺迹。場空照夕陽。

馬盼墓 沈軼羣

纍纍滿眼盡荒邱。營妓猶將姓字留。芳草有情埋白骨。名花何處認青樓。生前月旦書千古。死後風流土一坏。試問隨園疑案在。泰州何故作徐州。

工書才藝冠青樓。死後埋香土一邱。蘇小天然成妙對，風流端不讓杭州。

繅絲井 七古五絕各一首　　沈本淵

海陵城東孝子哭，親死無衣葬無木，鬻身葬父上感天，可憐天亦矜孤獨。世間孝行那有此，天女謫配董孝子。相將負土埋老親，同住曹家供驅使，儂繅絲，郎汲綆，軋軋機聲弄雙影，繅成浣向井欄邊，搖動春波一奩冷，傭工償貸了塵緣，笑謝西溪留古井，相傳年年蠶熟塲。井浮白草如絲長，謾論野語甚荒唐。千秋佳話令名香。

不見繅絲人，仙風動修綆，月上井欄來，曾照並頭影。

繅絲井　　王永嘉

孝子之古蹟也

精誠所感金石開，哭董哭竹聲何哀，坤靈俯念其愚孝，物生非時亦奇哉，粵有漢人名董永，繅絲令傳海邊井。梟魚抱得風木悲，宅穸未安心耿耿，鬻身聊報罔極恩。昊天特為降仙媛。織就縑素三百匹，七襄原自敵天孫，天宮村，孝子里，博與瀛海傳其美，大孝永為邑乘光。胭脂井乃污歷史。

繅絲井　潘少漁

賣身葬父世罕有，孝感天心賜仙耦，千足絲縑十日成，通負為清辭郎走，仙姬一去事悠悠，孝子之名永不朽，繅絲井，辭郎河，蹟留桑梓增光多，河水長流井水涸，井草年年自婆娑，草長如絲色如玉。欲考其名莫識何。應是天公著異蹟。留與世人常詠歌。瀛洲閭有天宮村，德安亦有孝里存，天生斯人本無雙，無非爭為邦邑光，孝子之名在天下，孝子之蹟在一方，天下之名固可假。一方之蹟不可藏。孝子兩入甦使夢。凜凜生氣非渺茫。表章自是書生責，為賦新詩當辯訛，

繅絲井　陳叔才

至德綿源泉。孝子永不匱。即今蠶熟時，天女繅絲賜，

鮑家湖

沈本淵

海陵城北四十里，鮑家湖水清無滓，流分涇渭嘆觀止。聞名見賞挈壺氏，供為銅漏挂人齒。我嘗刺棹鮑湖裏，歸來誇得鮑湖水。瓦爐活火沸聲起，新烹佳茗甘且美。供奉老親色然喜，兩腋風生舌本香。茶鐺煮月瀉銀潢，何物鮑老占此湖。我欲散髮歌滄浪，鮑家湖水清，風弄碧波縐。挈壺支瓦鐺，疑瀉蓮花漏。

鮑家湖

隱者之古蹟也

王永嘉

淮揚伊古稱澤國，水與長天為一色。寧獨甓社迸珠光，更有鮑湖望無極。撫今追發思古情，鮑老何由詳其名。（姓一作鮑老湖，相傳有隱君子鮑濱湖而居，今不詳其名矣）汀洲賸有蘆花白，秋水文波徹底清。我聞周官挈壺氏，銅壺點滴挹此水。（馬氏泰州鄉土志述之）是知吳陵由來傳，地非甌脫之可比，召伯埭，范公隄，兩賢千載名齊相齊。地得其人地益顯，惜哉鮑老無可稽。

鮑家湖

潘少漁

鮑家湖在海陵北，淤溪湖前枕湖側。水清無滓流不渾，挈壺取此供漏刻。一支溝通鰍魚港，天生此水為民食。（下河水鹹，惟此水可食，東臺人皆取之，此說得之土人）在昔東西堰未成，滄溟汪洋無從測。淮泗西阻海水東，為湖為溪始分域。不知何以屬鮑家，命名之始不可得。曩我過此掛帆來，水天一色畫圖開。湖上空明身在鏡，此心忽到白雲隈。勝地留名莫須究，人生忽忽等塵埃。安得水雲鄉裏住，日弄扁舟亦快哉。

鮑家湖

陳叔才

湖面清且漣，湖體深且瀾。用茲濯我心，我心得解脫。

十勝街　沈本淵

海陵城中戰鼓起。一日捷書傳十紙，三軍凱唱高入雲。將軍威壯柴藩喜。柴藩不祿陳橋興。將軍馬上作天子。勅名十勝誇雄功。英雄得意乃如此，我來十勝街前走。故事流傳父老口。戰氣銷沉燐火飛，千古伏龍橋不朽，英雄成事本欺人，奪取孤兒寡婦手，君不見趙家寸土已全非，謄有岳墩卧斜暉，

折戟沉沙地，斜陽野火燒，秋風吹不散，紅上伏龍橋，

十勝街　王永嘉

帝王之古蹟也

天子微時亦行伍，血染戰袍真神武。一日十次馳捷音，陣前無不如貔虎，南唐李氏為膽寒。金陵王氣漸摧殘。他年武惠成奇績。藝祖今朝倡厥端。滄桑陵谷幾遷變，此街猶復傳海甸，肩摩轂擊人駢闐，回憶當年曾鏖戰，陳橋驛。伏龍橋，蠖屈龍飛羨宋朝，海陵故老談遺事，掘得金戈血未消，

十勝街　潘少漁

唐末干戈起四方。中原久成逐鹿場。五十餘年極紛擾。賴有真人掃列强。羣雄割據次第服。二龍聯翩下南唐。飛龍威勢潛龍助。潛龍奮發勢莫當，皇甫生擒姚鳳鷙。破除直下搗淮陽。一日十勝聲威壯，金陵王氣漸消亡。祇今往事已成烟。尚有街名十勝傳，我今特來訪其地，滄海桑田形勢異。世事經過本渺茫。變遷改置更無常。鄉言邑乘雖可據，烟村荒樹知何處，伏龍橋下水悠悠，弔古情深不忍去，

十勝街　陳叔才

夭矯好身手，能攻更能守，街名留十勝，猶見伏龍否，

賣魚灣　　沈本淵

趙家不造胡元起。三軍氣墨鼓聲死。孤臣出走真州城。海陵東去狼山指。海風晴捲萬里沙。白結鹽花紅蝌子。南望中原烽火殷。揮淚歌詩傳萬紙。憔悴間關海上還。斜陽慘淡賣魚灣。君不見驚濤駭浪自終古。文山而後又厓山。寥落賣魚灣。孤臣去不還。我來重雪涕。望海哭厓山。

賣魚灣　　王永嘉

忠臣之古蹟也

汩汩河流趨瀛海。文山遺蹟今猶在。扁舟一棹此經過。間關九死終不悔。蝦子灣前水似油。賣魚灣口浪浮鷗。春紅盡是孤臣血。晚白何殊烈士頭。一路津亭張網罟。千里跋涉尋故主。山河依舊人民非。那有一寸乾淨土。顏頭斷。嵇血殷。疊山之外有文山。傷心柴市魂南返。應度吳陵水一灣。

賣魚灣　　潘少漁

南宋建都偏江表。偷安不恥朝廷小。益廣二王遁海陬。神州板蕩胡塵擾。忠臣惟有文文山。大氣磅礴塞兩間。出使虜廷遭困阨。匹馬潛逃走間關。豈是艱難畏一死。心存復楚故生還。泰城覊泊十二日。身處心流離心自閒。烟樹雲山詩寫志。字字總是孤臣淚。扁舟潛渡賣魚灣。浪花飛濺歸心碎。罡風吹起海雲黃。思君不問海天長。揚帆一去不重至。剩有詩傳邑乘光。江江山如昨世已更。海灣何處空留名。吁嗟人生誰不死。一讀公詩無限情。

賣魚灣　　陳叔才

愁掛片帆去。半夜賣魚灣。海畔泣孤臣。誰念文文山。

賣魚灣

陳震華

遥指狼山兩點蒼。賣魚灣曲映斜陽。扁舟不定波千頃。故國空餘水一方。鮭菜秋深思井里。魚鹽風味話江鄉。當年把酒題詩處。引起孤臣淚兩行。

岳墩懷古 用武穆王滿江紅原韻

宮森

廟貌巍峩。想英風。於今未歇。歎河山。半壁支持。丹心激烈。忠憤難消東海潮。干戈擾蕩中華月。憶當年。戰壘我登臨。徒悲切。恨胡虜。仇未雪。岳家軍。誓翦滅。金牌詔。宋室長城頓缺。功敗垂成誤老奸。冤獄欽泣刀頭血。表精忠。勝地至今傳。瞻貝闕。

岳墩懷古 用武穆王滿江紅原韻

宮潔

誓復中原。背嵬軍。鐃歌不歇。朱仙鎮。奉詔班師。頓隳功烈。宰相書和塞外戎。將軍淚灑營邊月。莫須有。三字永含冤。尤淒切。歎崴欽。恥未雪。抱精忠。名不滅。阜巍巍。遥對海陵城缺。敬將俎豆薦馨香。猶使男兒增熱血。恨高宗。萬里壞長城。誰補闕。

望海樓懷古　陳未朽

海潮東逝不回頭。我邑空餘望海樓。蜃市蛟宮原是幻。高僧才子亦難留。前朝建築前朝廢。此日登臨此日愁。漫問浮沈今古事。得閒還是弄扁舟。

蓬萊閣懷古　陳未朽

滄桑幾變我興哀。高閣蓬萊已久頹。前代香嵒青蘚洗。今朝警備綠槐栽。鹺猷休怪隨朝瀉。勝地從來總劫灰。君若欲尋真樂境。還須海上問蓬萊。

望海樓懷古　曹蔭槐

碧海曾經一望收。而今不見蜃營樓。尚餘鄧氏詩能誦。太息徐翁記莫搜。東國風雲多變幻。南朝寺院幾存留。滄桑今昔悲何限。欲挽狂瀾抱杞憂。

望海樓懷古　費杭

危樓高聳鳳城頭。海上烽烟望裏收。太息滄桑經幾變。巍然臺閣自千秋。兼天波浪今何在。滿地江湖古所愁。北顧裔氛連蜃氣。那堪擾擾徧神州。

蓬萊閣懷古　費杭

蓬萊宮闕集神仙。宋代標名意惑然。澄沼樓臺空倒影。香岩亭榭勝荒烟。清流曾叙簞瓢樂。幽徑惟存花草妍。多少前朝佳勝地。依稀風景憶當年。

浮香亭梅花 用秦少游原韻　　曹鴻元

生平作詩多枯槁。為惜浮香亭子倒。今朝欣賞少游詩。勝地不常心苦惱。情殷懷古詎無言，恨我生時苦不早。聊將微意倩詩鳴，藉與梅花結舊好。差幸古蹟留人間，滿地荒蕪尚可埽。何妨插棘更編籬。忍使九十春光老。暗香疎影淡清溪。欲遣幽芳藉瑶草。我今憑弔思悄然，長嘯一聲激清昊。

浮香亭梅花 用秦少游韻　　曹蔭槐

有竹青青松不槁。閒與梅花共傾倒。三友相期保歲寒。冰雪叢中無熱惱。友鶴浮香兩古亭。松林一庵得春早。勝蹟悠悠數百年。庵傾亭圮誰能好。難得尋幽賢長官。瓦礫蓁蕪空一埽。藕花洲前光景新。登亭訪梅延耆老。為言秦蘓唱和處。斷石荒涼埋蔓草。我來猶賦梅花詩。安得佳句問蒼昊。

小西湖即景　　林善伯

長堤楊柳亂棲鴉。着屐來游夕照斜。青靄插天殘壁壘。黃雲匝地熟桑麻。隔江岡嶺晴嵐落。環水霖亭故址差。獨立蒼茫詩自詠。雁拖秋色入蒹葭。

公園即景（七絕八首集成句每首各綴小引） 曹儀廷

公園在藕花洲舊址。池中現植白荷花。雨後清香
香襲人。誦白菡萏香初過雨之句。真入詩境矣。
魚動輕荷墜露香。（楊維楨獨猶生詩）雨餘新綠漲橫塘。（瞿佑過楓
涇詩）花房透露紅珠落。（溫庭筠和友溪居別業）綠樹陰濃夏日長。（高駢山
亭夏日）

池中有亭。舊為浮香亭。亭前有楊柳一株。每當紅
日西斜。柳陰入亭。足以蔭遊人焉。
好是春風湖上亭。（戎昱別湖上亭）池光天影共青青。（韓愈盆池
詩）風飄弱柳平橋晚。（溫庭筠和友溪居別業）疊石層巒擁畫屏。（楊時遊玉
華洞詩）

由池南至浮香亭。有三折板橋。
汀草浮香滿小橋。（釋斯植效樊川體詩）一渠春水柳千條。（白居易板
橋路詩）溪流潺潺風習習。（陳閏宿北樂館）醉拍欄杆酒易消。（薩都

（判城樓晚眺詩）
廳前新堆假山。怪石嵯峨。本俞太史園中舊石。已
屢易主人。今為公有。吾泰全縣人民。皆其主人翁
矣。
山石犖确行徑微。（韓愈山石）怪底江山起烟霧。（杜甫奉劉少府畫山
水障歌）松石依依當主人。（衛萬洞溪招隱）世人那得知其故。（杜甫
送孔巢父）

紅橋之南有垂柳一株。清風徐來。柳枝搖曳。不獨
攜雙柑斗酒。聽鶯其下。其樂無涯也。
聽鶯時立柳邊橋。（連文鳳春日田園雜興）斜裊東風伴舞腰。（溫庭
筠楊柳枝詩）繞郭烟嵐新雨後。（元稹重夸州宅旦暮景色）清吟半逐夢
魂銷。（蘇軾長符寺詩）

新植玉蘭花數株。當着花時。如香雪滿樹。
隔簾輕解白霓裳。（沈周詠玉蘭花詩）點破銀花玉雪香。（沈周題玉

蘭詩信州詩莫倚春風總吹卻。鮑君徽惜春花春風更比路人忙。高克恭過

圍之北相距數丈。即為城垣。園中可見雉堞。西望則北門城樓在焉。

城上春雲覆苑牆。杜甫曲江對雨夜來烟雨滿池塘。李商隱詩江山故宅空文藻。杜甫詠懷古跡極目城樓逸興長。張起青陽晴眺

園之東南。冬青數十株。綠樹成陰。夏引涼風。冬耐霜雪。點綴園林之佳木也。

好風吹動萬年枝。盧多遜詠冬青結屋栽花度四時。高翥趙仲莊都鈴山房詩人生如此自可樂。韓愈山石當得披香雨露滋。柳所詩

公園即景 五絕二十首集成句 趙鴻慶

公園在縣公署後。經營半載。規模粗具。入門東偏。新屋為調禽處。西則林木森森。

茅茨已就治。陶潛和劉柴桑每每顧林園。陶潛答龐參軍迢迢芳園樹。韋應物對芳樹時霽鳥聲繁。張九齡詩

曲沼中滿植荷花。當花開時。香氣襲人。幾若在西湖莫愁間矣。

風淡芰荷香。陳孚真州詩微波照夕陽。張良器河出滎光詩浩歌待明月。李白春醉起言志菡萏溢金塘。劉楨公宴

池中小亭。即舊日之浮香亭。亭前有楊柳一株。枝葉下垂。可以障日。

荷香襲小亭。葉景南題應上人淨深精舍詩草色入簾青。劉禹錫陋室銘含烟一株柳。杜牧獨柳詩餘霞翠擁屏。韓退之酬竇叔向詩

亭前有三折板橋。倚欄而立。如入畫圖。

雁齒小紅橋。白居易新春江次詩 斜暉綠樹腰。杜甫詩 佳人倚欄杆。朱濟芳春遊詩 艷曲半驚嬌。宋之問春日芙蓉閣侍宴詩

池中多魚。舊有顏魯公書放生池石碑在其側。余不善釣而觀釣者之釣。若有味於釣之外焉。

荷動知魚散。儲光義釣魚灣 魚戲蓮葉東。採蓮曲 釣竿不得把。岑參歸白閣草堂 覺道貧無窮。岑參登慈恩寺浮圖

池旁有井。汲水者大半為小家碧玉。雖汲水者多。而古井四旁。莓苔點點。

繚繞萬家井。韋應物有所思 汲多井水渾。杜甫示從孫濟 綠窗貧家女。白居易秦中吟 莓苔見屐痕。劉長卿常道士詩

園之北有冬青數十株。為知州侯牧所植。今則綠陰森森矣。

下有冬青林。杜甫詠冬青詩 高入浮雲端。杜甫營屋詩 溪山遊未厭。嚴武春遊詩 園中新經夏綠陰寒。許渾冬青詩

園中新砌假山。怪石嵯峨。園林點綴。藉以生色。

性本愛邱山。陶潛歸田園居 烟霞嶂幾重。杜甫謁真諦寺禪師 連山抱西南。杜甫劍門 娟娟林表峰。杜甫送王少尹赴成都

夏晚池邊流螢點點。另有野趣。惜晚間閉門。不納遊客也。

螢傍水軒邊。孟浩然閒園懷蘇子 轉盼生光輝。崔灝古游俠 今宵有明月。孟浩然途中遇晴 還掩故園扉。孟浩然留別王維

公園新築廣廈三間。啜茗具間。渾忘炎夏。

林木在庭戶。杜甫題衡山縣文宣王廟新學堂 春風啜茗時。杜甫重過何氏第三首 雙雙新燕子。杜甫春日登樓 來往亦無期。杜甫詩

廳之東種竹若干竿。他年綠竹漪漪。君子之風。足為詩料。

必種數竿竹。杜甫客堂 蕭蕭挂冷枝。杜甫詠懷 露翻兼雨打。杜甫

游何將軍山林 可以賦新詩。杜甫已上人茅齋

園中新植玉蘭數株。今歲開花。徜徉其下。殊覺秀色可餐。

木末芙蓉花。王維詠玉蘭 天質自清華。蘇軾詩 幽獨空林色。陳子昂感遇詩 東風細雨斜。李頻春日南遊有寄

園中最宜夏日納涼。聽樹間鳥聲。有無懷葛天之想。

南方六七月。杜甫贈華陽柳少甫 憶昔好追涼。杜甫羌村第二首 綠樹聞歌鳥。李白宮中行樂詞 小軒茶味長。陳鑒之晚涼步湖邊詩

池南地高。植梅多活。

只道梅花發。杜甫柳邊 梅花年後多。杜甫紅梅 自當逢雨露。高適送鄭侍御 生長漫婆娑。杜甫惡樹詠

籬菊頗多。深秋九月。當不虞老圃秋容淡矣。

綴席茱萸好。杜甫九日曲江 清霜九月天。杜甫雨詩 莫教明月去。李白宮中行樂詞 把酒意茫然。杜甫重過何氏第五首

新植桂樹數株。在假山之南。

賞月延秋桂。杜甫書懷 秋色正蕭灑。杜甫玉華宮 對酒還自傾。李白春日醉起言志 高文有風雅。杜甫詩

池邊夾植桃花。已活數株。

雙行桃樹下。李白古風 生此豔陽質。李白古風 行樂須及春。李白月下獨酌 池花春映日。李白謝公亭詩

沿岸蓼花頗多。秋日水濱。大有紅蓼花疎水國秋之意。

蓼花垂淺紅。王十朋詩 把釣待秋風。杜甫送裴虬 秋風已一起。孟雲卿傷情 蟬去又鳴鴻。姚合書懷

廳前植五色牡丹。

共道牡丹時。白居易買花 春雨有五色。李成用薔薇詩 邀我賞春酒。杜甫 新詩此處得。姚合寄馬戴

園中杏樹結實纍纍。

攜酒花林下。韋應物野飲 金盤襯紅瓊。庾信詩 味甘醒午寢。

馬祖雲謝人送杏子詩 得句不妨清。蘇軾雪中過淮詩

公園即景　陳　端

秋風蕭瑟滿園中。怪石嵯峨入畫工。安得米顛來共賞。不知世上有窮通。

霜落秋高天氣清。排空雁字最分明。何如曲徑冬青繞。閑傍欄杆自在行。

菊花齊放快稱觥。白紫紅黃不計名。菊花多種名目甚繁 安得淵明同一醉。栝漿不必解朝酲。

雞冠簇簇花猶紫。洋菊叢叢色尚黃。滿沼枯荷留聽雨。亭亭還挺水中央。

公園即景嶺詞 并序

頌周家之文囿，囿樂與民同。訪鄭郡之名園，時閭客至，公園之設，固所以供人遊覽也。甲子夏，余遊於邑之公園，見夫長楊映沼，修竹壓簷，嘉卉奇葩，掩映成趣。亟嘆為佳境，而菡萏敷披，洲不深兮藕好，梅花未老，亭雖小而香浮，柳覆橋低，欄杆曲折，苔封石滑，岫嶺清幽，尤足動思古之情。寄因時之感，看靈運從遊北固，想及林巢，嘆元暉閒眺東田，悲深花落，辭雖蕭瑟，興却幽深。觸景興懷，情難自已，爰因管見，填就蕪詞。

(一)藕花洲 調寄踏莎行 用寇準韻

笑臉初開，容顏未老，淡妝爭羨青蓮小。移舟水濺綠參差，風來池面波紋裊。 亭裏香浮，溪邊路杳，鄰娃隔水雙眸照，遊人幾許欲銷魂。採蓮偏惹多情草。

(二)浮香亭 調寄離亭燕 用張昇韻

古幹參差如畫，生愛風姿飄灑。香滿空亭人獨坐，雨過夕陽斜射。濶岸小橋紅，髣髴山村野舍。 醉後詩囊倒挂，豪興伊誰逼亞。閒道太虛題句好，曾說參軍舊話。悵望倚欄杆，怎把幽情拋下。

(三)小橋 調寄眼兒媚 用劉基韻

疎欄斜倚夕陽西，柳覆小橋低。曲池波泛，短亭風送，古樹烟棲。 題辭枉羨相如筆，生性愛山溪。無心求富，無心求貴，只守窮閨。

(四)假山 調寄小桃紅 用宗元鼎韻

不必崑崙去，不必蓬萊住。小小園亭，些些岩石，偏饒古趣。看層巒疊障總清幽，更烟雲繞樹。 佳境人爭慕，士女紛馳騖。芳草無情，夕陽有限，催歸故故。嘆浮生原是假非真，這機關誰悟。

公園春眺 曹蔭槐

廣場十畝樹森森。下隰高原盡碧陰。芳榭三間溪一曲。不知城市有山林。

奇石玲瓏出太湖。一邱一壑綠平蕪。碧闌干外凝眸望。樹影嵐光入畫圖。

小圃新培芍藥芽。長隄徧插萬桃花。公園春色真如海。烟景芳菲日影斜。

浮香亭上儘徘徊。四望溪流一鑑開。竹碧桃紅無限好。夕陽倒景浸樓臺。

公園春眺 朱觀

春入公園草木榮。鄉人爭赴海陵城。莫愁游矚無相識。遙指羣花帶笑迎。

去年曾向此中游。題徧公園志未酬。今日重來春已暮。與花相對轉含羞。

暖風如酒氣薰人。烘得公園爛熳新。我為看花心自醉。肯教寂寞度芳春。

嶙峋怪石勒殘碑。大塊文章亦好奇。游客當春自來往。詩成可有小溪隨。

滿園煙雨綠模糊。了了禽言夾道呼。為語游人慎容止。畫工已繪一張圖。

北城注水到公園。浸得新荷有綠有痕。春色十分闌不住。嫣紅姹紫太忘恩。

籬龍牆角破春泥。未許筠籃帶雨攜。遙憶家園三逕竹。幾枝新筍出林西。

梅亭西望接虛堂。烟樹蒼茫鎖夕陽。閒向藕花洲上立。忽驚魚起躍回塘。

東君作意釀芳辰。輕暖輕寒信未真。纔近柳邊翹首望。已看青眼送行人。

公園春景最幽閒。惹得游人戀此間。他日長官賦歸去，應留清夢在花闌。

公園春眺 不拘體韵　　巫其咸

芳園一以眺，春色正無涯。小雨滋桃媚，輕風拂柳斜。鶯花三月暮，雉堞萬人家。似入安仁縣，娟妍景物華。

又

春寒游迹滯。今日喜暄晴。君子蓮新茁，王孫草怒生。醉陪花共笑，閑聽鳥呼名。樹色旋催暝，哦詩惜未成。

公園春眺 七律二首有序　　潘必漁

公園舊為浮香亭地，藕花洲在其東，即今荷池中之亭址也。年久失修，古蹟蕩然。邑宰鄭公葺而新之，改為公園。取公諸民，有與民同樂之意也。然吾聞之，無憂而後能樂，有憂則雖有樂地，不能樂也。吾邑未經水旱兵燹之憂，固能樂矣。夫天下不少公園，未必盡能樂其樂也。吾為吾邑幸，吾且為災地悲矣。

三月鶯花照眼新，自攜柑酒趁芳辰。未窺大地無邊景，且看公園有脚春。今日濃陰初夾道，當年舊蹟已成塵。邑侯志在同民樂，我當桃源暫避秦。

園林築傍長官衙，差比河陽滿縣花。行樂及時留客屐，沾春近水有人家。溪流清淺浮亭浸，山石玲瓏曲徑遮。我幸頻來舒醉眼，春風知否遍天涯。

西園訪菊 程大中

落葉已如許，菊花開竟遲。逶迤凝碧路，蕭瑟冷黃期。寒日淡浮水，濕烟疎鎖籬。半城斜出樹，悵絕九游詞。（宋人續騷經有九游）

訪古德香閣。（王漁洋曾讌集此閣，在西橋西，見志）欹斜倚半園。（田氏別業，在西橋西，見志）石旁秋影瘦，草際野花繁。尋寺橋西路，玩芳亭（宋朱氏築，近小西湖，見志）外村。一松卧樓下，（常膏庵先生築一松樓於古士紳）何以慰詩魂。

好好舊園（見宮參西紅椒山房詩存中有好好園）址。草堂春幾叢。沿途感行露。何處泣秋風。野水蘆雙碧。夕陽（先京兆公夕陽書屋在西橋南，有南陝松菊集）樓半紅。（宮霜橋先生選半紅樓詩集處，在稅務橋西）霜橋珍一幅。寒壁畫花工。（霜橋先生工畫）雨香雲蔚碧。（光孝寺僧著香雨詩鈔）山冷雪圍腰。（泰山僧百泉著腰雪堂詩集）遠揖姚恭士。（鄧孝威先生婿也，居西圃，見志）近尋張鐵橋。（鐵橋先生名星

居西橋南，見貧交十傳）广危詩入畫，（王白舫先生居孝女巷，著入畫广詩，見志）寒極氣崢霄。（霜橋先生著霄崢集）藉問灌園者，如何垂喬木凋。

蔓絡藤蘿裏，荒烟草徑封。紅鮮支水蓼，蒼古秀亭松。寺外闢幽境，城西（尤氏城西草堂十二景中有菊圃吟蛩，見陳研香先生晚晴軒集）話逸蹤。王（王家望字小眉，居西園，見雍正志）尤迭興廢，誰僱灌花傭。

往日訪陳（俗呼陳蠻家花園）萬。（萬三萬四均業花，居西橋北）秋來猶賣花。瓦盆蔬菜圃。茅屋野人家。帶雨摘金蕊，經霜培土芽。至今尋舊址，不見竹籬笆。

壯士秋風起。秋花不值錢。偷將閒歲月，悶不問烽烟。且踐尋芳地，相看小有天。此時百感集，寫恨破長箋。

西園訪菊集陶靖節句八首

趙鴻慶

靜念林園好。（庚子歲五月中從都還阻風於規林第二首）山氣日夕佳。（飲酒第五首）清風脫然至。（飲酒第十七首）良辰入奇懷。（和劉柴桑）寒雲沒西山。（歲暮和張常侍）山中酒應熟。（問來使）徘徊邱壟間。（歸田園第四首）今生茂叢菊。（問來使）秋日淒以厲。（於王撫軍座送客）寒華徒自榮。（九日閒居）幾人得其趣。（詠二疏）林園獨餘情。（悲從弟仲德）

我願不知老。（雜詩第四首）露浥掇其英。（飲酒第七首）田園日夢想。（乙巳歲三月建威參軍使都經錢溪）清歌放新聲。（諸人共遊周家墓柏下）攜杖返西廬。（和劉柴桑）叩門拙言辭。（乞食）故老贈余酒。（連雨獨飲）登高賦新詩。（乞食）長吟掩柴門。（癸卯歲始春懷古田舍第二首）荊扉晝常閑。（癸卯歲十二月中作與仲弟敬遠）言笑無厭時。（移居第二首）緑酒開芳顏。（柏下）芳菊開林耀。（和郭主簿第二首）蔓草不復榮。（己酉歲九月九日）高舉尋吾契。（桃花源）林園無俗情。（辛酉歲七月赴假還江陵夜行塗中）菊為制頹齡。（九日閒居）擁褐曝前軒。（詠貧士第二首）傾壺絕餘瀝。（詠貧士第二首）且遂灌西園。（戊申歲六月中遇火）

詠海陵紅　宮肇榮

從來稼穡爲人寶。穀至西成收歛早。江南稻盡説紅蓮。此比紅蓮香更好。海陵地介江淮間。萬頃良田水一灣。桃花米外多紅稻。色與斜陽共一般。富家堪笑炊金玉。玉粒金秔隨所欲。須知民以食爲天。惟有海陵民食足。

詠海陵紅　曹蔭槐

滿滿篝車祝歲豐。别饒風味海陵紅。太倉有粟陳何凝。赤壤生芽色與同。墟里炊烟丹九轉。田家晨夕米雙弓。女兒適口籌前箸。莫誤胭脂點染工。

詠海陵紅　曹仲飛

米貴如珠莫怨嗟。海陵紅粟昔曾誇。爨來釜甑饒風味。豔比珊瑚射月華。辨種遥知宜赤壤。養生應勝服丹砂。三仙祠畔尋靈藥。辟穀還浮海角槎。

詠海陵紅集成句　田雨生

柴門臨水稻花香。許渾 一宿秋風憶故鄉。温庭筠 知否海濱紅粟好。釋道成 田家香稻喜新嘗。鄭登 楊柳絲牽兩岸風。花蕊夫人 落花時節過江東。嚴粲 三升雲澤桃花米。張蘊 案泰州志物産門泰州紅註桃花米即此 不愛深紅愛淺紅。劉克莊

詠閏魚 七古 顧生琥

天時信否從今變。閏魚有無顯易見。吳陵東北昔際海，東臺縣未分設前 海上濤頭如一線，忽傳浪湧巨魚來，誰遣長鯨卧荒甸，鬐鬣刺天鱗耀日，屈彊泥沙道神譴，防風之骨可專車，魚骨載車猶有羨，不須鞭石駕黿鼉，魚骨為橋尤利便，美矣肥流滿腹脂，斮之腥佐千夫膳，海濱有衆欣然喜，老饕染指嘗應徧，五年再閏再得魚，左券如操給廚傳，投犒不勞公子鈎，割鮮且入先生饌，計從置閏始軒轅，登盤當倍千頭薦，桐葉鳳翎參驗外，康熙朝事徵書卷。閏魚見舊泰州志 即今閏月有魚無。我為知魚心眷眷。

詠閏魚 七古 王蛻塵

海雲垂空海風疾，驚濤駭浪人股慄，下有水族森紛拏。奇形怪狀各異質，厥有一魚最奇突。每逢閏年乃一出。相隨地支為變更。象形維肖罕有匹。我聞此語心徬徨。山經爾雅未紀詳。齊東野人俚言耳。焉能收採入篇章。纖思奇事世多見，未必一一皆荒唐。君不見梧桐逢閏添一葉。池藕逢閏益一節。鳳凰本是鳥中王。逢閏添翎尤奇絕。造化生物各有靈。何獨茲魚而獨別。太歲今庚逢乙丑。閏魚聞說牛其首。牛在大陸魚在水。理所必無事或有，怪雨立兮腥風號，期須舉命漁人手，一般迷信莫敢前。不願爭先願居後。持刀執斧水之涯。前于後喁喧且譁，吁嗟乎。方今斯世逢閏運。事多反常綱紀紊。牛鬼蛇神競當道。小民頳尾誰過問，我作此詩心骨悲，澆愁逃入酒泉郡。

詠閏魚　七古　吳友三

談瀛之客東海居。偶來為我說閏魚。天生此魚為紀閏。閏魚生長在尾閭。尾閭之深深莫測。閏魚之大大無極。龍宮蛟窟惟所居。青蝦紫蟹供其食。鱗橫海兮鬣翻雲。跋浪衝波波浪黑。今年又是逢閏年。閏在四月清和天。楝子花開了風信。剛是石首初登筵。此時閏魚正跋扈。健兒賈勇濱海邊。手操强弓與毒矢。摩厲以須刃欲指。慷慨直如驅鱷韓。豪邁還逾釣鰲李。此魚本為紀閏生。閏月既過魚當死。致之死地利用推，推時人聲動如雷，一推海濱颶風作，再推海面洪濤開，推到極時窮所往，此魚亦如鯉暴顋，及鋒誰敢一先試。此呼彼應百千次，中有健者爭首功，身為禍始非所避，從此海上慶安瀾，盤踞差能無醜類。吁嗟乎。閏魚生在滄海中。力能破浪乘長風。由來尾大不可掉。吞舟漏網何其雄。那知日月曾未幾，大戮已與鯨鯢同，天假之時時易過。誰謂强者能全終。

詠閏魚　袁祖陶

奔騰洶沸颶風起。推得閏魚出海水。不知何年閏魚生，乃當閏月閏魚死，今年乙丑為牛頭，化工之巧乃如此。惡氛中人能為災，割取相戒奏刀始，砉然一聲無後先，庖丁解牛毋乃似，百石骨肉盡須臾，負戴往來深躊躇，架橋樑兮足燃料。不與鱸鱠供庖廚，閏魚或謂閏餘誤。豈知造物無奇無古今記載或未考。府志異物焉可誣。君不見鳳凰尾，梧桐葉。十三豈亦虛無涉。物理全憑造化推。不辨有無空喋喋。

擬合祀關岳迎神送神曲 樂府體 吳友三

君不見海陵城東小教場。參天松柏皆老蒼。巍然殿聳魯靈光。雲為棟。芝為梁。神之來兮居此堂。天生偉人為漢宋。先聖後聖相頡頏。春秋一部同嚮往。心源上欲接素王。無奈荊州一借不可返。黃龍痛飲願莫償。河山未復忠臣死。偏安之局終淪亡。吁嗟乎。丹忱萬古昭日月。後世崇拜隆馨香。迎神來兮何處。送神去兮何方。祀神兮何願。祝神兮何祥。願仗神靈之威武兮。為我中華民國掃盡欃槍。强鄰不敢來侵疆。軍閥從此毋鬩牆。人民安堵世平康。庶幾乎春秋奉祀勿替勿忘。

擬合祀關岳迎神送神曲 并序

樂府。古歌詩也。唐虞三代之際。上自郊廟朝廷。下至閭巷。凡有歌詩。皆以入樂。所謂詩言志。歌永言。聲依永。律和聲者是也。迨及孔子之詩時。詩存三百。孔子皆絃歌之。無非樂也。厥後樂廢詩亡。迄於戰國。屈原歌騷。不盡入樂。其祭神則作九歌等篇。自是而降。樂與詩遂分。漢魏以來。詩多而樂少矣。由此樂府遂為專門之學。别為一體。體各不同。愚以為樂府之立名本於屈。即作樂府體者宜學驗（騷）始。姑擬此曲。未知是否。

神之來兮來何遲。引領四望兮淚漣洏。中原板蕩兮朔風。憂悲高光不胙兮三分鼎峙。黃河莫渡兮三字獄罹。氣不舒兮心不怡。南風不競兮反覆惆悵不能以自持。雀臺空兮古塚疑。長舌爛兮將馬施。奸雄無終兮廟享幾時。利口覆邦兮吐駡奚辭。求食孰與兮不其餒而俎豆列兮芬芳馳。靈感命駕兮並轡來斯。道相合兮心相知。兩神為一兮陟降在茲。神之去兮無不宜。上下四旁兮任所之。或同駕兮或別離。各秉威靈兮同沛恩慈。熄烽烟兮洗瘡痍。内中國兮外四夷。南北一家兮東西服思。寰海文明兮無有執迷。樂有聲兮蝦有詞。拜叩默禱兮歌此詩。

江南曲 有序 集成句　　趙鴻慶

嗟乎。悲歡倏忽。本同竿木登場。離合參差。太息滄桑易變。秋風莫憶蓴鱸。場成瓦礫。世事幻驚蕉夢。景比雲烟。夕陽湖上。雷峯之斷塔何存。秋雨聲中。歐浦之怒潮難咽。風聲鶴唳。越女魂驚。月落烏啼。吳儂胆裂。比曰故園歸去。何處家山。他時燕子歸來。難尋故主。庭中栢子。空憶趙州。門外桃花。神傷崔護。青氈破碎。難祛庾亮之塵。紅樹凋零。易短杜陵之氣。照瘡痍之將士。燐火流青。溼涕淚於衣襟。杜鵑啼血。招魂調古。爰借樂府之新聲。擊石歌長。痛灑新亭之老淚。集古人之成句。作今世之箴言。世之聆吾曲者。其亦意憮然下神。適然驚乎。

落葉逐霜風。元結 霜葉滿階紅。白居易 赤血溢溝壑。鄭洪 長日烏啼紅。徐璣 吳越數千里。張九齡 百戰征王公。劉灣 艱難奮長戟。杜甫 功是將軍功。劉灣 清秋草木黃。杜甫 涕淚沾衣裳。陳子昂 戰哭多新鬼。杜甫 卧死黃沙場。喬知言 塗山烽候驚。虞世南 東南日烟霜。劉沓虛 軍敗鼓聲死。常建 野火燒枯桑。岑參 脫身得西走。杜甫 白雲橫谷口。陸游 兵革既未息。杜甫 不知家在否。杜甫 悲啼與寒氣。白居易 涼風吹戶牖。儲光羲 霜天已迫冬。陸游 雪花大如手。李白

踈疏影日光寒。王維 閨中只獨看。杜甫 行止皆無地。杜審言 王孫去未還。岑參 滿目悲生事。杜甫 塌然摧肺肝。杜甫 何時一尊酒。杜甫 歸來問夜餐。白居易

秋穫詩 不拘體

費杭

江北古稱產米鄉。海陵紅粟誇於唐。上河高原多黍稌。下河澤國宜稻粱。壬戌之秋歲中稔。村農入市沽酒漿。姻婭相逢色然喜。移舟解纜話道旁。上河老農開笑口。聞君收穫多豐穰。肥田畝收稻三石。瘠田亦得米兩筐。君家何幸邀天賜。早晚二稻皆登場。吾鄉田畝較君好。今歲歉收徒空望。暑無甘雨豆槁死。秋屢颶風秫半傷。猶冀蕎麥御冬窮。連朝淫雨受大創。豐歉懸殊地一方。我欲搔首問穹蒼。下河老農喟然歎。君知其畧不知詳。君家豆秫及蕎麥。收成雖歉未全荒。吾儕疾苦不堪道。去秋洪水悲懷襄。田廬漂没鮮蓋藏。竈無積薪舂無糧。海道阻塞水遲退。春無麥熟苦備嘗。米珠薪桂典質盡。親朋告貸秋收償。幸哉上天鑒民瘼。今秋收穫逾往常。除却衣租食稅外。尚

有餘粟入倉箱。可憐新穀值大減。加半還逋痛莫忘。無聊覓醉入城市。老友途遇開歡腸。莫嫌小艇僅容膝。請君登舟盡一觴。

秋穫詩 不拘體

費頌閑

海陵紅粟知名古。耕九餘三足倉庾。俗敎敦孝弟與力田。地本沃饒而近鹽。豐年常夢牧人魚。重斂幸無苛政虎。每見穰穰滿篝車。渾忘粒粒皆辛苦。迺來奸商恣懋遷。旋開海禁集胡賈。內地流通慣假名。漏卮輸出誰能杜。米珠薪桂民食艱。從此吾鄉非樂土。況復去秋天降災。時將收穫遭淫雨。齊開三壩水奔趨。汪洋一片風濤怒。田廬漂沒禾稼傷。杼柚具空嗟比戶。下流淤塞水退遲。禜鞠時過麥未樹。秋荒之後復春荒。徧地哀鴻多待撫。蠲租籌賑不辭勞。家賜人益賴官府。幸哉天不絕斯民。去年荒歉今年補。雨暘時若叶休徵。大有年占多黍稌。滿隴黃雲覆大田。銜山紅日明前浦。高廩安排萬億儲。甫田曾見十千取。鐮刀札札夜還勤。枷板聲聲力同努。田功既畢集高場。共飲村醪食豚脯。家家戶戶慶秋成。不知足蹈手之舞。

絡緯吟 並引

費杭

絡緯吟。思婦也。鰥生有糟糠。勤儉而賢。日操作。宵紡績。伴予誦讀。慮予倦學。每逢秋夜。必待啼殘絡緯。而後同夢焉。不幸中道殂。遺子二女一。倏忽數年。今皆將冠及笄矣。生遭多故。家中落。行將餬口四方。不復顧念兒女。自茲以往。故鄉絡緯不獲常聞。而一念亡荊。不禁哀吟不已。爰託久客之辭。循繪思鄉之景。亦古人駕言出遊。以寫我憂之意云爾。其辭曰。

庭梧一葉報新秋。久客忘歸不解愁。籬豆芳芬悅我目。月華皎潔蕩吾憂。空階夜色清如許。誰說三春景物幽。興酣獨酌不辭醉。蘧然入夢萬慮休。無端有物豆棚鳴。聽向床頭繫旅情。（朱之蕃絡緯詩）勞勞（張耒莎雞詩雞詩勞勞終夕語）聒聒（袁宏道促織志南人謂之紡線娘京師人謂之聒聒）震耳鼓。欲睡不得心怦怦。聞君絡繹終宵語。觸我頻年別緒生。憶昔年少好吟哦。子夜行歌日不足。（楊維楨子夜歌多情鳴絡緯啼近妾寒機）閨中有婦閨予勞。紡績深宵頻伴讀。劇憐此物更多情。啼近寒機相斷續。歌聲繅聲兼蟲聲。竟夕同功成異曲。何期人世多變遷。國破家貧共殘局。自從橐筆走天涯。物候頻頻感歲華。春江花朝秋月夜。無眠枯坐倍思家。吁嗟中饋無人久。兒女成羣若散沙。迺來幼孤得遂長。彼蒼博愛信非差。男就傅學塗鴉。女翦綵。戲為花。終朝姊弟不同處。聚首黃昏盼落霞。晚餐未熟先溫課。一讀詩書一紡紗。不知今夜故園裏。猶是當年唱和耶。

范公堤懷古 不拘體韻

尤晋孫

茫茫一水東復東。驚濤駭浪走蛟龍。海風晤天潮汐上。千村卷入狂瀾中。嗚乎此患誰能捍。望洋向若徒興歎。范公智勇敵洪濤。矶起長堤築板板。堤成蜿蜒似長蛇。春來更發揚柳花。綠陰行人歌折柳。為念我公莫舉手。柳色青青年復年。于今滄海化為田。非桑非麻非五穀。無邊一白雪團棉。棉多薪少鹽且匱。淮南井邑日蕭然。我來堤上空太息。悵望古人不可見。噫吁嘻。茫茫海水有時枯。公之此恩何時竭。